INTRODUÇÃO AO DIREITO E PARTE GERAL DO CÓDIGO CIVIL

O GEN | Grupo Editorial Nacional, a maior plataforma editorial no segmento CTP (científico, técnico e profissional), publica nas áreas de saúde, ciências exatas, jurídicas, sociais aplicadas, humanas e de concursos, além de prover serviços direcionados a educação, capacitação médica continuada e preparação para concursos. Conheça nosso catálogo, composto por mais de cinco mil obras e três mil e-books, em www.grupogen.com.br.

As editoras que integram o GEN, respeitadas no mercado editorial, construíram catálogos inigualáveis, com obras decisivas na formação acadêmica e no aperfeiçoamento de várias gerações de profissionais e de estudantes de Administração, Direito, Engenharia, Enfermagem, Fisioterapia, Medicina, Odontologia, Educação Física e muitas outras ciências, tendo se tornado sinônimo de seriedade e respeito.

Nossa missão é prover o melhor conteúdo científico e distribuí-lo de maneira flexível e conveniente, a preços justos, gerando benefícios e servindo a autores, docentes, livreiros, funcionários, colaboradores e acionistas.

Nosso comportamento ético incondicional e nossa responsabilidade social e ambiental são reforçados pela natureza educacional de nossa atividade, sem comprometer o crescimento contínuo e a rentabilidade do grupo.

ARNALDO RIZZARDO

INTRODUÇÃO AO DIREITO E PARTE GERAL DO CÓDIGO CIVIL

8.ª edição
Revista, atualizada e ampliada

Atualizado de acordo com o

Novo **CPC**
Lei 13.105, de 16.03.2015

- A EDITORA FORENSE se responsabiliza pelos vícios do produto no que concerne à sua edição (impressão e apresentação a fim de possibilitar ao consumidor bem manuseá-lo e lê-lo). Nem a editora nem o autor assumem qualquer responsabilidade por eventuais danos ou perdas a pessoa ou bens, decorrentes do uso da presente obra.

  Todos os direitos reservados. Nos termos da Lei que resguarda os direitos autorais, é proibida a reprodução total ou parcial de qualquer forma ou por qualquer meio, eletrônico ou mecânico, inclusive através de processos xerográficos, fotocópia e gravação, sem permissão por escrito do autor e do editor.

  Impresso no Brasil – *Printed in Brazil*

- Direitos exclusivos para o Brasil na língua portuguesa
  Copyright © 2016 by
  EDITORA FORENSE LTDA.
  Uma editora integrante do GEN | Grupo Editorial Nacional
  Travessa do Ouvidor, 11 – Térreo e 6º andar – 20040-040 – Rio de Janeiro – RJ
  Tel.: (21) 3543-0770 – Fax: (21) 3543-0896
  forense@grupogen.com.br | www.grupogen.com.br

- O titular cuja obra seja fraudulentamente reproduzida, divulgada ou de qualquer forma utilizada poderá requerer a apreensão dos exemplares reproduzidos ou a suspensão da divulgação, sem prejuízo da indenização cabível (art. 102 da Lei n. 9.610, de 19.02.1998).
  Quem vender, expuser à venda, ocultar, adquirir, distribuir, tiver em depósito ou utilizar obra ou fonograma reproduzidos com fraude, com a finalidade de vender, obter ganho, vantagem, proveito, lucro direto ou indireto, para si ou para outrem, será solidariamente responsável com o contrafator, nos termos dos artigos precedentes, respondendo como contrafatores o importador e o distribuidor em caso de reprodução no exterior (art. 104 da Lei n. 9.610/98).

- A presente obra, até a 7ª edição, era intitulada *Parte Geral do Código Civil*. A partir da 8ª edição, passou a ser intitulada *Introdução ao Direito e Parte Geral do Código Civil*.

- Capa: Danilo Oliveira

- Fechamento desta edição: 11.11.2015

- CIP – Brasil. Catalogação na fonte.
  Sindicato Nacional dos Editores de Livros, RJ.

  C35m

  Rizzardo, Arnaldo
      Introdução ao direito e parte geral do código civil / Arnaldo Rizzardo – 8.ed. – Rio de Janeiro : Forense, 2015.

  ISBN: 978-85-309-6504-4

  1. Previdência social – Legislação – Brasil. I. Lazzari, João Batista. II. Título.

  12-7696.   CDU: 349.3(81)

Obras do Autor

Prescrição e Decadência. Rio de Janeiro, Forense, 2015.

Títulos de Crédito – Lei nº 10.406, de 10.01.2002. 5. ed., Rio de Janeiro, Forense, 2015.

Direito das Sucessões – Lei nº 10.406, de 10.01.2002. 9. ed., Rio de Janeiro, Forense, 2015.

Responsabilidade Civil – Lei nº 10.406, de 10.01.2002. 7. ed., Rio de Janeiro, Forense, 2015.

Contratos – Lei nº 10.406, de 10.01.2002. 15. ed., Rio de Janeiro, Forense, 2015.

Condomínio Edilício e Incorporação Imobiliária. 4. ed., Rio de Janeiro, Forense, 2015.

Direito das Obrigações – Lei nº 10.406, de 10.01.2002. 8ª edição. Rio de Janeiro, Forense, 2015.

Curso de Direito Agrário. 3. ed. São Paulo, Revista dos Tribunais, 2015.

Direito das Coisas – Lei nº 10.406, de 10.01.2002. 7. ed., Rio de Janeiro, Forense, 2014.

Direito de Família – Lei nº 10.406, de 10.01.2002. 9. ed., Rio de Janeiro, Forense, 2014.

A Reparação nos Acidentes de Trânsito. 13. ed., São Paulo, Revista dos Tribunais, 2014.

Ação Civil Pública e Ação de Improbidade Administrativa. 3. ed., Rio de Janeiro, Forense, 2014.

Servidões. 2. ed., Rio de Janeiro, Forense, 2014.

Direito de Empresa – Lei nº 10.406, de 10.01.2002. 5. ed., Rio de Janeiro, Forense, 2014.

Parte Geral do Código Civil – Lei nº 10.406, de 10.01.2002. 7. ed., Rio de Janeiro, Forense, 2011.

Comentários ao Código de Trânsito Brasileiro. 9. ed., São Paulo, Revista dos Tribunais, 2013.

Promessa de Compra e Venda e Parcelamento do Solo Urbano – Lei nº 6.766/79. 10. ed., São Paulo, Revista dos Tribunais, 2014.

Contratos de Crédito Bancário. 10. ed., São Paulo, Revista dos Tribunais, 2013.

O 'Leasing' – Arrendamento Mercantil no Direito Brasileiro. 6. ed., São Paulo, Revista dos Tribunais, 2011.

Limitações do Trânsito em Julgado e Desconstituição da Sentença. Rio de Janeiro, Forense, 2009.

Factoring. 3. ed., São Paulo, Revista dos Tribunais, 2004.

Planos de Assistência e Seguros de Saúde (em coautoria com Eduardo Heitor Porto, Sérgio B. Turra e Tiago B. Turra). Porto Alegre, Livraria do Advogado Editora, 1999.

Casamento e Concubinato – Efeitos Patrimoniais. 2. ed., Rio de Janeiro, Aide Editora, 1987.

O Uso da Terra no Direito Agrário (Loteamentos, Desmembramentos, Acesso às Terras Rurais, Usucapião Especial – Lei nº 6.969). 3. ed., Rio de Janeiro, Aide Editora, 1986.

Reajuste das Prestações do Banco Nacional da Habitação. Porto Alegre, Sérgio Antônio Fabris Editor, 1984.

Da Ineficácia dos Atos Jurídicos e da Lesão no Direito. Rio de Janeiro, Forense, 1983.

Nota do Autor

Inovou a obra na presente edição, sabido que os cursos jurídicos começam com a Introdução ao Direito, desenvolvendo o estudo de noções básicas e estruturais do direito, numa extensão que não está perfeitamente abrangida na Parte Geral do Código Civil. Por isso, justifica-se a ampliação, que oferecerá aos que iniciam os cursos jurídicos e aos estudiosos interessados um panorama completo ou, no mínimo, suficiente para bem formar os sedimentos do direito como ciência, cultura e operação profissional.

Quanto à Parte Geral, inicia no art. 1º e segue até o art. 232, abrangendo três livros, de importância fundamental para todos os campos da Parte Especial. Temos, em primeiro lugar, o Livro I – Das Pessoas, o qual engloba o Título I, em que, do art. 1º ao art. 39, trata das pessoas naturais; o Título II, voltado à disciplina das pessoas jurídicas, o que faz do art. 40 ao art. 69; o Título III, disciplinando o domicílio, desde o art. 70 até o art. 78. Já o Livro II – Dos Bens, no Título Único, aborda as diferentes classes de bens, iniciando no art. 79 e concluindo no art. 103. Segue o Livro III – Dos Fatos Jurídicos, começando com o Título I – art. 104 ao art. 184, no qual contém a matéria relativa aos negócios jurídicos; em sequência, está o Título II – art. 185, com as disposições a respeito dos atos jurídicos lícitos; o Título III – art. 186 ao art. 188, desenvolvendo as regras relativas aos atos ilícitos; o Título IV – art. 189 ao art. 211, estatuindo sobre a prescrição e a decadência; e o Título V – art. 212 ao art. 232, cuidando da prova.

Significativas as mudanças relativas ao Código de 1916. Embora mantendo a estrutura anterior da divisão em duas partes, várias as inovações, que iniciam no art. 1º, e vão até o art. 232, que trata da prova. Veja-se, por exemplo, a redação do art. 2º do Código anterior, quando inicia com a expressão 'todo homem', enquanto o art. 1º do diploma atual ostenta que 'toda pessoa' é capaz de direitos e deveres na ordem civil, evidenciando uma preocupação de afastar eventuais dúvidas sobre a abrangência da expressão. Mereceu elevado destaque a pessoa humana no vigente Código, consoante se depara pela análise frente aos assuntos versados no diploma anterior, sendo digno de menção o capítulo dedicado aos direitos da personalidade. Acrescenta-se que o instituto da ausência é incluído na Parte Geral, o que se fez com óbvia razão, pois se trata da pessoa humana.

A Parte Geral do Código Civil destina-se à Parte Especial, que engloba o direito das obrigações (incluindo os contratos), o direito de empresa, o direito das coisas, o direito de família e o direito das sucessões.

Traz importantes disciplinas destinadas genericamente a todas as relações jurídicas, constituindo-se de regramentos universais e abstratos com a finalidade de impor uma ordem moral, ética, social e econômica extensível a qualquer pessoa física ou jurídica. Com efeito, além de instituir regras básicas sobre o próprio direito e sua formação, sobre princípios que sustentam o sistema jurídico, sobre a pessoa e os bens, sobre o exercício dos direitos no curso do tempo, passa a delinear os regramentos e as figuras aplicáveis aos demais campos do direito. As disposições que cuidam das pessoas, da personalidade, dos bens, dos fatos jurídicos, dos defeitos dos negócios jurídicos, das invalidades desdobradas em nulidades e anulabilidades, dentre outros múltiplos assuntos, constituem pressupostos para os campos específicos regulados na Parte Especial do Código Civil, a todos eles aplicando-se. Daí a grande importância de seu estudo, como primeiro passo para adentrar nos outros ramos. Impossível, *v.g.*, a compreensão do direito das obrigações, sobretudo quanto aos contratos, se desconhecido o campo da validade do negócio jurídico, que abrange desde a sua manifestação até os vícios do consentimento. O direito de família tem estreita ligação com as disposições que versam sobre a capacidade, enquanto o direito das coisas pressupõe conceitos e regramentos firmes acerca dos bens.

Mais que uma interligação, os vários setores específicos do direito civil dependem de princípios, noções, preceitos e institutos que se encontram na Parte Geral, cujo conhecimento é indispensável para avanços também em outros campos, como no direito administrativo e no empresarial, que aproveitam, sobretudo, os regramentos da capacidade, dos negócios jurídicos, da sua validade e invalidade, da culpa, da prescrição e decadência e da prova.

A par de vários trabalhos de realce, ainda dominam as obras tradicionais de algumas décadas atrás, cujo mérito é incontestável. No entanto, embora mantendo a atualidade na maioria dos pontos tratados, o aparecimento de novas situações e as constantes mudanças sociais, econômicas, familiares e culturais fizeram pesar a necessidade de enfoques atualizados frente ao atual Código Civil em comparação com o de 1916, de análises sob a ótica dos tempos presentes e de enfrentamento dos problemas que surgiram. Além disso, é indispensável acompanhar o tratamento dado pelos tribunais, sobretudo pelo Superior Tribunal de Justiça, que se alçou em importante órgão orientador em matéria infraconstitucional, malgrado certa precaução que se deve ter, para evitar que se torne esta última Corte a ditadora do direito nacional, constrangendo a criação e monopolizando a *mens legis*. Outrossim, não mais persistindo o interesse de velhas teorias, extensamente desenvolvidas até em obras bastante recentes, não há por que continuar a revelá-las, ficando deslocadas para meras notícias históricas.

Dentro do propósito de dar praticidade ao direito, desenvolveram-se mais extensamente as matérias de interesse atual, em especial as que envolvem os negócios jurídicos, sempre auscultando as manifestações dos pretórios, numa constante procura de colocar o direito à disposição do ser humano, em sintonia com a realidade e com os novos anseios de justiça que todos nutrem. Há, efetivamente, uma nova dimensão, cada vez mais alvissareira e consciente de buscar a concretização do direito para a plenificação da pessoa nos seus anseios, nas prerrogativas que lhe são próprias, na sua cultura, no seu desígnio eterno e na convivência social.

Embora já tenha adquirido maturidade o atual Código, entendeu-se de bom alvitre manter a sua correspondência com a ordem que vinha no Código anterior, de modo a sempre se referir, na análise dos artigos, aqueles que antes vigoravam.

Em vista do novo Código de Processo civil (Lei nº 13.105, de 16.03.2015, a entrar em vigor após decorrido um ano da data de sua publicação oficial, que ocorreu no dia 17 do mesmo mês) procedeu-se à atualização das regras processuais citadas e abordadas de acordo com a referência expressa da nova ordem que passará a vigorar.

Nota da Editora: o Acordo Ortográfico foi aplicado integralmente nesta obra.

Índice Sistemático

Capítulo I – O Direito Civil 1

1. A formação das condutas no estágio primitivo da sociedade 1
2. A conduta como norma 3
3. A composição dos conflitos 5
4. O direito e seu fundamento 6
5. Direito e moral 11
6. O direito, a lei, a justiça e a ética 14
7. Direito natural 18
8. Direito positivo 24
9. Direito público e direito privado 25
10. Direito objetivo e direito subjetivo 30
11. Direito romano e formação do direito privado 33
12. As codificações do direito civil 39
13. Tendência de unificação do direito privado 42
14. O direito civil brasileiro 43
15. O direito como ciência 49
16. Filosofia do direito 51
17. Sociologia do direito 56

Capítulo II – Fontes do Direito 61

1. O sentido de fonte 61
2. Classificação das fontes 63
3. A lei 66
    3.1. Origem do poder da lei 67
    3.2. Lei, norma, ordenamento e plebiscito 68
    3.3. Características da lei 71
    3.4. Classificação das leis 73
    3.5. Formação e constituição da lei 79
    3.6. O processo legislativo 81

4. O costume 86
5. A jurisprudência 90
6. Doutrina 92
7. A analogia 93
8. Princípios gerais do direito e brocardos jurídicos 96
9. A equidade 98
10. O direito comparado 101

Capítulo III – Da Vigência da Lei 103

1. O início da vigência da lei 103
2. A *vacatio legis* 105
3. Revogação da lei anterior e repristinação 107
4. Obrigatoriedade e desconhecimento das leis 116
5. A inconstitucionalidade das leis 118
6. Eficácia da lei no espaço 122
7. A irretroatividade da lei, o ato jurídico perfeito, o direito adquirido e a coisa julgada 127
8. Efeito imediato e retroativo das leis constitucionais e aplicação imediata das leis processuais civis 131
9. As leis de ordem pública e seu efeito no passado 133
10. Efeitos passados e efeitos futuros da lei 134
11. Efeitos da lei nos fatos pendentes 135
12. A irretroatividade frente às novas condições impostas no exercício de uma atividade 138
13. Incidência das normas de direito monetário e irretroatividade 139
14. Lei nova e expectativa de direito 140

Capítulo IV – Interpretação das Leis 143

1. Interpretação e compreensão do direito 143
2. Espécies de interpretação 145
3. Técnicas de interpretação 148
4. Interpretação extensiva, literal e restritiva 151
5. Norma, fato e valor 152

Capítulo V – A Relação Jurídica 155

1. Objeto das normas jurídicas 155
2. O vínculo advindo da norma 156

3. Vínculo, relação obrigacional e relação jurídica	157
4. Decorrências da vinculação à relação jurídica	159
5. Discriminação dos elementos da relação jurídica	160
6. Obrigação jurídica em face dos direitos	161
7. Espécies de direitos originados da relação jurídica	163

Capítulo VI – O Exercício dos Direitos 165

1. A capacidade no exercício dos direitos	165
2. Reconhecimento dos direitos e incapacidade para o seu exercício	166
3. Faculdade no exercício dos direitos	167
4. Abuso de direito	169
5. O direito adquirido	177
5.1. O direito adquirido frente à Constituição Federal	179
5.2. Alcance do direito adquirido	180
5.3. Direito adquirido e decisões do Judiciário	180
5.4. Direito adquirido e expectativa de direito	181

Capítulo VII – As Pessoas Naturais 183

1. O sentido de pessoa	183
2. A pessoa natural	184
3. Personalidade	186
4. Começo e fim da personalidade	188
4.1. O nascimento	188
4.2. O nascituro	189
4.3. A morte e a declaração de sua presunção	190
4.4. A comoriência	193

Capítulo VIII – O Estado da Pessoa e os Direitos da Personalidade 195

1. O estado das pessoas	195
2. Os estados da pessoa que persistem no direito moderno	196
3. Nacionalidade e cidadania	198
4. Direitos da personalidade	199
4.1. Direitos fundamentais	203
4.2. Direito à vida	206
4.3. Direito à saúde	209
4.4. Proteção da personalidade depois da morte	211

4.5. Proteção à integridade física e disposição do próprio corpo...... 213
   4.6. Mudança de sexo 217
   4.7. O direito à liberdade 218
   4.8. O direito à imagem e à voz 219
   4.9. Direito à honra, à dignidade, ao respeito, à privacidade e à intimidade.. 220
   4.10. Direito à igualdade 224
   4.11. Direito à identidade... 225
   4.12. Direito à segurança.. 225
   4.13. Direito ao sigilo.. 226
   4.14. Direito à informação 228
   4.15. Direitos de autor 229
   4.16. Direitos da personalidade da pessoa jurídica................................ 233
5. Tutela da personalidade e ações de estado.. 234

Capítulo IX – O Nome 237
1. O nome como fator de identificação das pessoas.................................... 237
2. Natureza do nome... 239
3. Elementos que compõem o nome.. 240
4. O registro civil do nome.. 243
5. Mudança, alteração e retificação no registro... 245
6. Registros de expostos e de menores abandonados 248
7. Registro fora do prazo 249

Capítulo X – Capacidade da Pessoa Natural 251
1. Personalidade e capacidade.. 251
2. Espécies de capacidade e distinções... 252
3. Capacidade e incapacidade 254
4. Incapacidade absoluta e incapacidade relativa... 255
5. Os absolutamente incapazes – menores de dezesseis anos 257
6. Os relativamente incapazes.. 260
   6.1. Os maiores de 16 e menores de 18 anos 261
   6.2. Os ébrios habituais e os viciados em tóxicos............................... 263
   6.3. Os impedidos de exprimir a vontade por causa transitória ou permanente.. 264
      6.3.1. Os que não têm o necessário discernimento por enfermidade ou deficientes mentais... 266
      6.3.2. Os ausentes 268
   6.4. Os pródigos 269

7. Limitações no exercício dos direitos.. 270
   7.1. Os indígenas.. 271
   7.2. O cônjuge e o encarcerado ou condenado criminalmente.......... 273
   7.3. Os cegos.. 274
   7.4. O marido e a mulher... 274
8. Casos especiais que ensejam o reconhecimento da incapacidade relativa... 279
   8.1. Perturbações mentais... 279
   8.2. A idade avançada... 279
   8.3. Doenças... 280
   8.4. Os surdos-mudos que não puderem exprimir a sua vontade..... 280
   8.5. Dúvida em relação ao momento em que apareceu a doença e presunção da capacidade.. 282
9. Normas de proteção aos incapazes.. 283
10. Cessação da incapacidade.. 284
    10.1. Desaparecimento da causa da incapacidade e advento da maioridade... 284
    10.2. Antecipação da maioridade.. 286

Capítulo XI – Ausência... 293

1. Caracterização... 293
2. Finalidade da declaração da ausência... 296
3. Hipóteses de declaração da ausência.. 298
4. Iniciativa na declaração da ausência e arrecadação dos bens................ 298
5. Arrecadação dos bens e declaração de ausência...................................... 299
6. Sucessão provisória... 301
7. Sucessão definitiva.. 306

Capítulo XII – Pessoas Jurídicas.. 311

1. Caracterização... 311
2. Conceito e requisitos... 313
3. A denominação.. 316
4. Natureza jurídica... 317
5. Visão histórica... 321
6. Classificação das pessoas jurídicas.. 322
   6.1. No pertinente ao campo de ação, ou à finalidade, ou ao objeto... 322
   6.2. No pertinente à estrutura organizacional................................... 332

7. Constituição das pessoas jurídicas 337
   7.1. Quanto às pessoas jurídicas de direito público............................. 338
   7.2. Quanto às pessoas jurídicas de direito privado 339
      7.2.1. As associações 339
      7.2.2. As sociedades.. 344
      7.2.3. As fundações... 351
      7.2.4. As organizações religiosas e os partidos políticos.......... 356
      7.2.5. As empresas individuais de responsabilidade limitada.... 357
8. Direitos, capacidade e representação da pessoa jurídica....................... 360
9. Responsabilidade civil.. 366
   9.1. Responsabilidade das pessoas jurídicas de direito público........... 367
   9.2. Responsabilidade das pessoas jurídicas privadas....................... 370
      9.2.1. Responsabilidade dos administradores e sócios pelas obrigações das pessoas jurídicas... 371
      9.2.2. Responsabilidade dos sócios pelas obrigações fiscais das pessoas jurídicas privadas... 376
      9.2.3. Obrigações pessoais dos sócios 379
10. Autorização para o funcionamento das pessoas jurídicas privadas...... 379
11. Transformação, incorporação, fusão, cisão e alteração das pessoas jurídicas privadas 382
12. Pessoas jurídicas privadas coligadas... 386
13. Resolução de quota de sócio e dissolução da pessoa jurídica privada ... 388
   13.1. Resolução de quota de sócio 388
   13.2. Dissolução da pessoa jurídica 390
14. Formas especiais de pessoas jurídicas privadas..................................... 396
   14.1. Cooperativas... 397
   14.2. Condomínio 398
   14.3. O empresário individual 399
   14.4. As sociedades não personificadas.. 401
   14.5. Entidades ou grupos personificados que não são pessoas jurídicas.. 405

Capítulo XIII – O Domicílio 409

1. Conceitos e distinções.. 409
2. Domicílio e competência.. 411
3. Domicílio das pessoas jurídicas.. 414
4. Domicílio de eleição.. 417

5. Espécies de domicílio.. 420
6. Mudança de domicílio.. 421

Capítulo XIV – Os Bens.. 423

1. O conceito de bem, patrimônio, coisa e objeto........................... 423
2. Características dos bens para serem objeto da relação jurídica............ 426
3. Classificação dos bens.. 427
4. Bens corpóreos e incorpóreos... 428
5. Os bens considerados em si mesmos 429
   5.1. Bens móveis, semoventes e imóveis................................... 429
      5.1.1. Bens considerados imóveis..................................... 432
      5.1.2. Bens considerados móveis...................................... 437
   5.2. Bens fungíveis e infungíveis.. 439
   5.3. Bens consumíveis e inconsumíveis..................................... 443
   5.4. Bens divisíveis e indivisíveis.. 444
   5.5. Bens singulares e coletivos.. 448
6. Os bens reciprocamente considerados...................................... 451
   6.1. Bens principais e bens acessórios..................................... 451
      6.1.1. Espécies de bens acessórios................................... 454
   6.2. As pertenças.. 459
   6.3. As benfeitorias.. 460
7. Bens considerados em função da titularidade do domínio. Bens públicos.. 464
   7.1. Classificação dos bens públicos... 465
   7.2. Caracteres dos bens públicos.. 473
8. Os bens insuscetíveis de serem negociados............................... 475

Capítulo XV – Os Fatos Jurídicos.. 479

1. Compreensão dos fatos, dos fatos jurídicos e dos negócios jurídicos.... 479
2. Conceito de fato jurídico.. 482
3. Classificação dos fatos jurídicos.. 484
4. Formação e aquisição dos direitos... 486
5. Direitos deferidos e direitos não deferidos................................ 488
6. Modos de aquisição dos direitos.. 489
7. Modificação dos direitos.. 490
8. Defesa dos direitos... 492
9. Perecimento ou extinção dos direitos.. 496

Capítulo XVI – Negócios Jurídicos ... 499

1. Ato jurídico e negócio jurídico no Código Civil ... 499
2. A teoria do negócio jurídico ... 501
3. Classificação dos negócios jurídicos ... 504
4. A manifestação da vontade nos negócios jurídicos ... 506
5. Interpretação dos negócios jurídicos ... 508
6. Requisitos dos negócios jurídicos ... 511
   - 6.1. Agente capaz ... 513
   - 6.2. Objeto lícito, possível, determinado ou determinável ... 514
   - 6.3. Forma prescrita ou não defesa em lei ... 516
   - 6.4. O consentimento ... 518
7. Decorrências naturais e acidentais ... 520
8. Invocação da incapacidade relativa em proveito próprio ... 521
9. A representação e a assistência ... 522

Capítulo XVII – A Representação ... 525

1. Conceito ... 525
2. Distinções ... 527
3. Elementos da representação ... 528
4. Espécies de representação ... 530
5. Incidência dos efeitos da representação ... 531
6. Representação no negócio consigo mesmo ... 532
7. Prova e extensão dos poderes na representação ... 534
8. Conflito de interesses na representação ... 535
9. Requisitos e efeitos da representação ... 536

Capítulo XVIII – Da Condição, do Termo, do Prazo e do Encargo ... 539

1. Espécies de elementos que compõem os atos ou negócios jurídicos ... 539
2. Condição ... 540
   - 2.1. Classificação das condições ... 542
3. Termo ... 553
   - 3.1. Espécies de termos ... 554
   - 3.2. Incidência das regras da condição ao termo ... 556
4. Prazo ... 557
5. Encargo ou modo ... 567

Capítulo XIX – Defeitos dos Negócios Jurídicos 569

1. Vícios de vontade e defeitos do consentimento 569
2. Erro ou ignorância 571
   2.1. Classificação do erro 572
   2.2. Execução do negócio de conformidade com a vontade real 581
   2.3. Casos específicos de ignorância 582
3. Dolo 582
   3.1. Classificação do dolo 584
4. Coação 590
   4.1. Requisitos da coação 591
   4.2. Coação por ameaça do exercício normal de um direito e por temor reverencial 593
   4.3. Coação exercida por terceiro 594
   4.4. Coação por sugestão hipnótica e a pressuposição 595
5. O estado de perigo 595
6. A lesão no direito 597
   6.1. Fundamentos da lesão 600
   6.2. Natureza da lesão 601
   6.3. Requisitos e elementos identificadores da lesão 602
   6.4. A lesão e a lei que trata dos crimes contra a economia popular 605
   6.5. Contratos anuláveis pela lesão 606
   6.6. A lesão e a onerosidade excessiva 607
7. Fraude contra credores 608
   7.1. Contratos suscetíveis de anulação por fraude 608
   7.2. Negócios presumidos de boa-fé 612
   7.3. Fraude e falência 613
   7.4. Ação própria para anular o contrato 614
   7.5. Fraude de execução 616

Capítulo XX – Invalidade do Negócio Jurídico por Nulidade 621

1. Abrangência da invalidade 621
2. Inexistência do negócio e a ineficácia 623
3. A nulidade do negócio jurídico 625
4. Espécies de nulidade 628
5. Causas de nulidade 630
   5.1. Pessoa absolutamente incapaz 630

5.2. Objeto do negócio ilícito, impossível ou indeterminável............ 630
5.3. Ilicitude do motivo determinante, comum a ambas as partes.... 633
5.4. Negócio não revestido da forma especial prevista em lei............ 633
5.5. Negócio praticado com a preterição de alguma solenidade essencial... 634
5.6. Negócio visando fraudar lei imperativa....................................... 635
5.7. Negócio nulo ou proibido por expressa declaração da lei, sem estabelecer alguma sanção.. 636
5.8. Simulação... 637
    5.8.1. Características e requisitos.. 639
    5.8.2. Espécies... 640
    5.8.3. Simulação e dissimulação.. 641
    5.8.4. Reserva mental... 641
    5.8.5. Simulação na interposição de pessoa.............................. 642
    5.8.6. Simulação através de declaração, confissão ou condição não verdadeira... 643
    5.8.7. Simulação de data.. 644
    5.8.8. Alegação da simulação pelos próprios contratantes...... 644
    5.8.9. Terceiros de boa-fé e legitimidade para arguir a simulação... 645
6. Legitimidade para alegar a nulidade... 646
7. Impossibilidade de confirmação do negócio nulo e sua imprescritibilidade.. 648
8. Efeitos da sentença que decreta a nulidade... 649
9. Supressão das nulidades e conversão do negócio............................... 650

Capítulo XXI – Invalidade do Negócio Jurídico por Anulabilidade 653

1. Conceito e decorrência da imperfeição da vontade............................ 653
2. Negócios anuláveis.. 654
3. Distinção relativamente às nulidades... 655
4. Efeitos da desconstituição do negócio anulável.................................. 656
5. Confirmação dos negócios anuláveis.. 657
6. Invalidade do instrumento... 661
7. Invalidade parcial do negócio, da obrigação principal ou da obrigação acessória... 662
8. Negócios praticados por menores relativamente incapazes.............. 663
9. Ocultação dolosa da idade pelo menor... 665
10. Responsabilidade do menor na prática de negócios ilícitos................ 666

11. Obrigação anulada e restituição do valor pago a incapaz 667
12. A decadência no negócio jurídico para a anulação 668

Capítulo XXII - Ato Jurídico Lícito e Ato Ilícito 671

1. Atos lícitos e atos ilícitos 671
2. Manifestações da conduta na prática do ato ilícito 674
3. Ato ilícito e culpa 674
4. Dolo e culpa 678
5. Formas da culpa propriamente dita 679
6. Classificação da culpa 680
7. Da culpa à responsabilidade 682
8. Elementos da responsabilidade 683
9. Responsabilidade subjetiva 686
10. Responsabilidade objetiva 686
11. Aplicação da responsabilidade subjetiva e objetiva 688
12. Situações excludentes de ilicitude 692
    12.1. O estrito cumprimento do dever legal 698
13. Responsabilidade civil do Estado 699
14. O dano 707
    14.1. Dano patrimonial 708
    14.2. Dano moral 710
    14.3. Dano contratual e extracontratual 717
    14.4. Dano indireto 717
    14.5. Danos patrimoniais, estéticos e morais 720

Capítulo XXIII - Prescrição e Decadência 725

1. Temporariedade da vida dos direitos 725
2. Prescrição e decadência 727
3. Prescrição e decadência frente à classificação das ações 731
4. Fundamento da prescrição e da decadência 733
5. Natureza de ordem pública da prescrição e faculdade em as partes estabelecerem a decadência 734
6. Espécies de prescrição 736
    6.1. Prescrição intercorrente 738
7. Prescrição como exceção 743
8. Prescrição, perempção e preclusão 743

9. Renúncia à prescrição 745
10. Momento e legitimidade para a alegação da prescrição 747
11. A prescrição e as pessoas jurídicas de direito privado e de direito público 749
12. A prescrição quanto aos relativamente incapazes e às pessoas jurídicas... 753
13. Sucessão na prescrição 754
14. Possibilidade de o juiz decretar de ofício a prescrição e a decadência que envolvem direitos de pessoas absolutamente capazes 755
15. A prescrição dos direitos acessórios 757
16. Suspensão da prescrição 758
17. Interrupção da prescrição 762
   17.1. Interrupção da prescrição e improcedência ou extinção da ação.... 770
18. O recomeço da prescrição interrompida 773
19. Legitimidade para promover a interrupção da prescrição 775
20. Citação nula e prescrição 776
21. A extensão da prescrição frente a terceiros e solidariedade 777
22. Prazos da prescrição 779
   22.1. Prazo ordinário 780
   22.2. Prazos especiais 783
      22.2.1. A pretensão para o pagamento das despesas de hospedagem e de alimentação 784
      22.2.2. A pretensão do segurado contra o segurador, ou deste contra aquele 786
      22.2.3. A pretensão na percepção de emolumentos, custas e honorários de árbitros e peritos 788
      22.2.4. A pretensão contra os peritos, pela avaliação de bens que entram para a formação do capital de sociedade anônima 789
      22.2.5. Pretensão dos credores não pagos contra os sócios ou acionistas e os liquidantes 790
      22.2.6. Pretensão a prestações alimentícias 790
      22.2.7. Pretensão às prestações relativas a aluguéis 792
      22.2.8. Pretensão ao recebimento de prestações vencidas de rendas temporárias ou vitalícias 793
      22.2.9. Pretensão em haver juros, dividendos ou quaisquer prestações acessórias 793
      22.2.10. Pretensão ao ressarcimento por enriquecimento sem causa 794
      22.2.11. Pretensão à reparação civil 794

22.2.12. Pretensão à restituição de lucros ou dividendos recebidos de má-fé.. 796
22.2.13. Pretensão ao ressarcimento contra fundadores, administradores, fiscais e liquidantes de sociedades anônimas ... 797
22.2.14. Pretensão para haver o pagamento de títulos de crédito ... 798
22.2.15. Pretensão do beneficiário e do terceiro prejudicado ao seguro obrigatório.. 800
22.2.16. Pretensão relativa à tutela.. 804
22.2.17. Pretensão para a cobrança de dívidas líquidas............... 805
22.2.18. Pretensão dos profissionais liberais, dos procuradores judiciais, dos curadores e professores por seus honorários.. 806
22.2.19. Pretensão para reaver o que se despendeu em juízo..... 807
22.2.20. A pretensão nas dívidas trabalhistas e no FGTS.......... 808
22.2.21. Pretensão nas obrigações da União, dos Estados, Municípios e de outros órgãos públicos............................ 811
22.2.22. Pretensão no direito de autor.................................... 819
22.2.23. Pretensão para a reparação do dano moral por crime de imprensa.. 822
22.2.24. Pretensão nas sociedades por ações............................ 823
22.2.25. Pretensões sobre as águas públicas 824
23. Início do prazo prescricional da ação indenizatória por ilícito penal . 825
24. A prescrição e o cumprimento da pretensão indenizatória 827
25. A decadência no Código Civil... 828
26. Exemplificações de decadência 831

Capítulo XXIV – A Forma e a Prova nos Negócios Jurídicos 847

1. Distinções. Conceito e importância da forma 847
2. A forma livre 850
3. A forma especial 851
4. O formalismo e o consensualismo 853
5. A escritura pública e outros instrumentos para o suporte de atos ou negócios formais e atos ou negócios não formais............................ 854
6. A prova nos negócios jurídicos. Conceito e finalidade...................... 860
7. Requisitos para a admissibilidade da prova...................................... 863
8. O ônus na produção da prova 865
9. A prova e os fatos notórios 869
10. A forma livre e a forma especial da prova.. 870

11. Os meios de provas 873
    11.1. A confissão 873
    11.2. Os documentos... 878
        11.2.1. A presunção de veracidade das declarações constantes nos documentos 879
        11.2.2. Prova da anuência ou autorização para a prática de um ato ou negócio 880
        11.2.3. Cláusula que estabelece o instrumento público 882
        11.2.4. A obrigatoriedade da escritura pública como prova e documentos públicos 882
        11.2.5. Os documentos particulares 886
        11.2.6. Autenticação do documento 889
        11.2.7. O *fac-símile* 891
        11.2.8. As cartas e os registros domésticos e os livros comerciais como provas 892
        11.2.9. A prova da data nos documentos para valer contra terceiros 894
        11.2.10. Autoria dos documentos 896
        11.2.11. Regulamentação da prova documental 897
    11.3. As testemunhas 899
        11.3.1. Espécies de prova testemunhal 900
        11.3.2. Pessoas que não podem testemunhar 900
        11.3.3. Escusas permitidas para não depor 905
        11.3.4. Restrições à prova exclusivamente testemunhal 907
        11.3.5. O ato da ouvida da testemunha 910
    11.4. A presunção 914
        11.4.1. Espécies de presunções 915
    11.5. Perícia 918
    11.6. Ata notarial 923

Bibliografia 925

Capítulo I
O Direito Civil

1. A FORMAÇÃO DAS CONDUTAS NO ESTÁGIO PRIMITIVO DA SOCIEDADE

A própria natureza humana forçou a pessoa humana a se relacionar. Desde o instante de sua distinção do animal, ou do brotar de um lampejo de inteligência, começou a disciplinar os conflitos com seus semelhantes. Não que ficasse isolada na fase inicial e obscura que antecedeu à sua existência como ser humano. Revelam-se da natureza do animal a agregação ou a convivência em grupo e a obediência instintiva a um padrão de comportamento. Mesmo as espécies mais selvagens e remotas seguem um ritmo cíclico e repetitivo de comportamento, não se rebelando e nem se desvirtuando de um determinado padrão, de sorte a perdurar uma certa automatização, que vai se renovando de geração em geração. A menos que haja adestramento da espécie, não há uma evolução espontânea da natureza, até para dar segurança e estabilidade à vida.

No entanto, com o desenvolvimento do instinto, num ponto tal que se consolidou em uma consciência do próprio ser, há o despertar do espírito, da inteligência, de modo a coordenar as condutas e a trabalhar com a natureza, submetendo-a à vontade geral, aos interesses, e adaptando-a para as conveniências da vida, dentro de uma ordem criada para possibilitar a vida grupal. As relações com os semelhantes impuseram tipos ou padrões de condutas, determinando limitações, como fundamenta Vicente Ráo: "Segundo Savigny, o homem vive circundado pelo mundo exterior e o elemento mais importante deste ambiente encontra-se nas relações que mantém com os seus semelhantes, ou seja, com aqueles que, com ele, têm de comum a natureza e os fins. Ora, se os seres livres convivem e praticam essas relações sem reciprocamente se erigirem em obstáculos à atividade de cada qual, antes, auxiliando-se uns aos outros, assim sucede por haver uma linha invisível de recíproca limitação, dentro da qual a existência de cada um encontra um espaço livre e seguro para se desenvolver".[1]

---

[1] *Direito e a Vida dos Direitos*, São Paulo, Editora Resenha Universitária, 1978, vol. II, tomo I, p. 23.

A recíproca limitação, dentro da qual se movimenta o ser humano, na interação com os seus semelhantes, conduz à implantação de uma ordem societária, que, mais tarde, dada a necessidade de um poder central, evoluiu para política estatal.

Justamente aí está a fonte da lei, que se impôs para a manutenção de um relativo equilíbrio na convivência e no domínio sobre a natureza. Num estágio primitivo, veio a disciplinar os espaços físicos, erigindo-se como um simples consenso que levava todos a respeitar os locais e as coisas que eram conquistados, ou a um consenso que impunha o temor ao domínio do mais forte, e a aceitar as determinações emanadas de seu comando. Foi a maneira que apareceu naturalmente e que conduziu a uma certa harmonia dos interesses e das vontades.

Com o tempo, tais coordenadas de comportamentos se expandiram, passando do círculo familiar ou grupal para atingir toda a coletividade que ocupava determinada região, acentuando-se a obediência a regras ditadas, mormente em situações de perigo e calamidades. Outrossim, com a diversificação dos relacionamentos, aumentaram as diretrizes de condutas, isto é, novas regras tornaram-se necessárias e foram se estratificando. Regras que autorizavam ou proibiam comportamentos, que estabeleciam limitações, acatadas pelo consenso comum, e tendo como força cogente a reação do ser atingido pelo desrespeito. Mais significavam linhas de condutas, adotadas espontaneamente, e ditadas pelas conveniências para uma coexistência pacífica ou possível.

Desenvolveram e evoluíram as regras, passando para comandos, e adquirindo força cogente no sentido de autorizar ou proibir comportamentos, prevendo já sanções diante de eventuais desvios. Isso num estágio de organização da sociedade, que se aglutinava em torno de um poder central, reconhecendo-se a uma pessoa ou a um conjunto a autoridade de impor regras e de punir. Estágio que é explicado por Arnoldo Wald: "Ulteriormente, tivemos uma fase de composição dos conflitos por uma autoridade competente, sem a existência de lei prévia. Uma autoridade determinada, o rei, o sacerdote, o chefe militar ou o juiz, passava a ter competência própria e obrigatória para decidir cada caso concreto, sem que houvesse, todavia, um comando geral prévio que indicasse às partes como deviam atuar e ao juiz como devia julgar".[2]

Enfim, para a harmonização e o equilíbrio entre vários interesses foi necessária a limitação das liberdades individuais e até coletivas. E para a organização e o ordenamento dos diferentes setores das condutas e das atividades, expandiram-se as regras, ou preceitos, ou ordenamentos, impostos por uma autoridade, vindo a constituir o acervo que formou o direito, segundo conclui o Prof. Francisco Amaral: "Ao longo de seu processo de evolução histórica, o

---

[2] *Curso de Direito Civil Brasileiro* – Introdução e Parte Geral, 7ª ed., Editora Revista dos Tribunais, São Paulo, 1992, p. 25.

direito vem se apresentando como um conjunto de normas que tem por objetivo a disciplina e a organização da vida em sociedade, resolvendo os conflitos de interesses e promovendo a justiça".[3]

2. A CONDUTA COMO NORMA

Nos momentos iniciais da civilização, ainda quando prevalecia a força bruta, nos raros momentos de domínio da razão, predominavam o bom senso, a razoabilidade, a equidade Os indivíduos pautavam as condutas pela necessidade de coerência, de convivência tolerável e de sobrevivência, sempre em obediência a regras singelas ou fáceis, já que a luta pela existência dependia mais do enfrentamento das forças da natureza, numa fase ainda de reduzida convivência e comunicação dos membros de um grupo. As soluções de conflitos ou desvios não se fundamentavam em regramentos, ou em uma norma anterior, mas cada caso concreto recebia um tratamento próprio ou particular. Compunham-se os conflitos, mesmo que coativamente, de acordo com o que se entendia por correto naquele momento. Inexistiam as regras gerais, abrangentes de uma gama de situações idênticas ou da mesma natureza. Foram se admitindo, no entanto, certas unanimidades em casos mais comuns, como no de ofensa, quando era admitida a reação, segundo revela Silvio Rodrigues: "Em sociedades muito primitivas tal sanção parte do próprio indivíduo ofendido e sua reação conta com o beneplácito da comunidade. Assim, em algumas delas, o homicídio confere, ao grupo a que pertencia a vítima, a prerrogativa de obter satisfação mediante o assassinato do delinquente ou de outro membro de seu clã".[4]

Foi decorrência da discrepância de soluções aplicadas que se formaram comandos gerais e até universais para dirigir as repressões e exigir uma ordem no incipiente meio social. Ou seja, surgiu a norma, o preceito, a regra, e, mais propriamente, a lei. Configura-se o direito, na visão de Rubens Limongi França, na medida em que a regra "atribuir às pessoas atingidas faculdades e obrigações que, por natureza, lhes sejam próprias", atendendo a convicção do justo, e "tornando-se uma ordem social obrigatória".[5] Concomitantemente, firmou-se a ideia da *norma anterior*, que era destinada a todos os componentes do grupo, de modo a servir para a solução de uma generalidade de casos, afastando-se, assim, a particularização da justiça, ou a imposição de um remédio para cada caso.

De outro lado, os seres humanos revelam diversas tendências, gostos, preferências, ideais, capacidades e graus de inteligência. Daí nasce a multiplicidade de condutas, de profissões e estados sociais, mas levando a uma complementação

---

[3] *Direito Civil Brasileiro* – Introdução, Rio de Janeiro, Forense, 1991, p. 7.
[4] *Direito Civil* – Parte Geral, 27ª ed., São Paulo, Editora Saraiva, 1997, vol. I, p. 3.
[5] *Manual de Direito Civil*, 4ª ed., São Paulo, Editora Revista dos Tribunais, 1980, 1º vol., p. 7.

nas necessidades de cada um, de modo a formar um todo unitário e a permitir o convívio. Nessa diversidade de funções ou desempenhos, para conseguir a coexistência pacífica e a realização do fim comum, decorre a necessidade de um ordenamento amplo e abrangente, de modo a atingir a unidade dos mais diversos grupos. Assim depreende-se da explicação de Carlos Alberto Bittar: "Ora, nesses grupos, em que se impõem a organização e a disciplinação do poder, nascem e consagram-se orientações, preceitos, regras e outras formas de expressão de Direito, destinadas à proteção de direitos de seres competentes e à defesa diante de investidas injustas, advindas do respectivo contexto ou do exterior, sob o controle e fiscalização do Poder Público".[6]

A conduta disciplinada se desenvolve e expande dentro de uma linha previamente fixada por causa da norma, ou em obediência à norma. Em sua função de disciplinar e ordenar as condutas, pode dirigir-se às pessoas em sua conduta individual; ou às pessoas em sua conduta inter-relacional, grupal, societária; ou em vista da relação com o poder central; ou, finalmente, nas relações com entes externos, isto é, com grupos inteiramente diferentes, soberanos e independentes, o que se dá no plano internacional.

Compreende-se, daí, que a norma abrange campos variados, pela diversidade de núcleos a que se dirige. Não somente nesse sentido. Diversifica-se o seu conteúdo em função da especialidade dos assuntos que procura dirigir ou ordenar. Ora abrange o setor das relações puramente patrimoniais (como o direito das coisas); ora dirige-se para o campo das relações pessoais mais no grupo familiar (direito de família); ou disciplina as questões fundamentais e básicas para a subsistência dos indivíduos como ente soberano (direito constitucional); e, além de vários outros âmbitos, traça regras de conduta e punições para aqueles que desrespeitam uma ordem necessária para a permanência da espécie (direito penal). Novamente Carlos Alberto Bittar aprofunda o assunto: "Nessa linha de colocação, didaticamente aconselhável para uma perfeita compreensão dos respectivos núcleos básicos, encontram-se, assim, os diferentes ramos do direito, como, do lado público, o Direito Constitucional e o Administrativo e, do lado privado, o Direito Civil e o Comercial, dentre vários outros. Biparte-se, destarte, o campo do direito, em função da natureza da relação enfocada e do interesse predominante, e em razão dos respectivos protagonistas: assim, são de Direito Público as relações em que participa o Estado, ou outra pessoa jurídica pública, em um dos polos, enquanto são de Direito Privado aquelas relações que se desenvolvem apenas entre particulares (pessoas naturais ou físicas, e coletivas ou jurídicas), tanto interna, como externamente".[7]

Em última instância, como enfatiza Washington de Barros Monteiro, "indispensável é, portanto, determinada ordem. Pressupõe esta certas restrições à

---

[6] *Curso de Direito Civil*, Rio de Janeiro, FU – Forense Universitária, 1994, vol. I, p. 4.
[7] *Curso de Direito Civil*, ob. cit., vol. I, p. 5.

atividade de cada um de nós, a fim de que possamos realizar nosso destino. O fim do direito é precisamente determinar regras que permitam aos homens a vida em sociedade. A ordem jurídica não é outra coisa senão o estabelecimento dessas restrições, a determinação desses limites, a cuja observância todos os indivíduos se acham indistintamente submetidos, para que se torne possível a coexistência social. O direito domina e absorve a vida da humanidade".[8]

3. A COMPOSIÇÃO DOS CONFLITOS

Desde o início da convivência humana manifestaram-se os conflitos. No próprio reino animal há as disputas pela sobrevivência, máxime na concorrência pela procriação, na conquista de refúgios e de alimentos.

Importa, aqui, considerar que o domínio do instinto e da inteligência sempre ensejou um apelo para a solução, o apaziguamento, ou para a imposição de um veredicto ante as forças dos conflitos que se defrontam.

Numa fase inicial da humanidade, predominava a lei da força. As dúvidas, as teimas, os atritos não eram dirimidos por preceitos e nem mesmo pelo bom senso. A vitória no enfrentamento pessoal conduzia à solução. Era a fase do domínio da força bruta do incipiente ser humano, forma que ainda perdura em momentos de desconcertos da razão. Já num passo adiante, reconhecia-se a autoridade a um ancestral comum, quando os conflitos envolviam grupos de um mesmo clã. Também se encontrava a solução na escolha de uma pessoa que tinha ascendência no grupo, escalando-a para dar solução – constituindo este avanço a ideia inspiradora da arbitragem.

Em tempos de domínio da civilização humana, verificada já a organização da sociedade em Estado, compunham-se os litígios através de uma justiça do estilo salomônico. Apresentavam-se os casos à autoridade, em geral concentrada na pessoa do rei, que decidia em favor de um dos envolvidos tomando por base princípios do bom senso e da equidade Não havia normas de conduta ou um sistema de preceitos imposto ao povo, o que revelava a instabilidade e o casuísmo da justiça. Nos governos monárquicos e despóticos despontava essa forma, com profundas incoerências e ofensa aos direitos, nada podendo fazer as partes prejudicadas, eis que careciam aqueles tempos de instâncias recursais.

Por último, já em estágio desenvolvido dos povos, existe a justiça organizada e com a finalidade de compor e resolver os litígios. O direito constitui um meio de solução dos conflitos, ou uma organização para impor condutas, no que se apropria a observação de Francesco Ferrara: "Il diritto esigendo un apparato di coazione suppone un potere politico che disponga di tale forza, cioè l'esistenza di un gruppo sociale costituito che abbia i mezzi per ottenere

---

[8] *Curso de Direito Civil* – Parte Geral, 3ª ed., São Paulo, Editora Saraiva, 1962, p. 2.

l'attuazione dei suoi comandi".[9] As condutas são regidas por um conjunto de normas, às quais todos devem obedecer sob pena de incorrer em infrações e suportar, então, a repressão do Estado. Vem a calhar a explicação de Arnoldo Wald: "Finalmente, tivemos a composição judicial que foi feita de acordo com o comando universal, geral e prévio, aplicável a todos os casos de determinada espécie, por uma autoridade com independência garantida em lei. A existência de norma anterior abstrata em vez de solução específica para cada caso concreto e as garantias constitucionais concedidas à magistratura asseguram às partes em conflito a imparcialidade do juiz, consolidando a justiça e, por outro lado, pela força preventiva e pela ação educativa que assim exerce a norma, garante-se a segurança nas relações jurídicas".[10]

Francesco Messineo desta maneira caracteriza essa fase: "Le norme giuridiche sono – di regol – statuite ('poste') de un potere (o autorità); è questo il caso delle norme che consistono in leggi".[11]

Esta última etapa se consolidou e vem se aperfeiçoando, posto que representa a garantia dos regimes democráticos. Através dela implanta-se a ordem jurídica, que se esteia em comandos gerais e prévios, que são as leis ou, mais amplamente, a norma. Dá-se o que se convenciona chamar de 'composição legal ou judicial' dos litígios. Uma vez colocada em prática essa 'composição', está-se garantindo a ordem e paz social, imprimindo segurança à sociedade e evitando o arbítrio. E justamente pela norma se alcança tal finalidade, como expõe Francisco Amaral: "Sua existência prende-se à necessidade de se estabelecer uma ordem que permita a vida em sociedade, evitando ou solucionando conflitos, garantindo a segurança nas relações sociais e jurídicas, promovendo a justiça, a segurança, o bem comum, com o que também garante a realização da liberdade, da igualdade e da paz social, os chamados valores fundamentais e consecutivos da axiologia jurídica. Seu objeto é, em suma, o comportamento das pessoas, que se visa disciplinar ou orientar de acordo com os valores fundamentais de cada grupo social".[12]

4. O DIREITO E SEU FUNDAMENTO

Não significa o direito apenas uma formação cultural, ou uma ciência, ou o conjunto de normas. Embora abrangendo esses três campos, engloba muito mais, pois compreende os componentes do Estado. Existe e impõe-se o Estado

---

[9] *Trattato di Diritto Civile Italiano*, Dottrine Generali, Parte I, Athenaeum, Roma 1921, vol. I, p. 11.
[10] *Curso de Direito Civil Brasileiro* – Introdução e Parte Geral, ob. cit., p. 25.
[11] *Manuale di Diritto Civile e Commerciale*, 7ª ed., Milão, Dott. A. Giuffrè – Editore, 1947, vol. I, p. 5.
[12] *Direito Civil Brasileiro* – Introdução, ob. cit., p. 48.

porque estruturado sobre um conjunto de ditames e suportes supremos, que deve refletir a manifestação da vontade de um povo. O direito, portanto, está acima do Estado, já que se posiciona como seu pressuposto. "Constitui", na acepção de Rubens Limongi França, "uma imposição da natureza das coisas e historicamente veio surgindo e aperfeiçoando-se gradativamente como fator indispensável ao convívio social".[13] Por isso diz-se o Estado de direito, que é aquela organização política firmada em um conjunto de normas estratificadas a partir da expressão da vontade de um povo. Do contrário, há o Estado ilegítimo, despótico, ilegal, ditatorial, que se mantém unicamente pela força.

De modo que se parte da visão do direito como um valor de grandiosidade incomensurável, que dá o suporte a todas as instituições que se formam em uma sociedade, desde o Estado até as mais simples agremiações de alguns seres humanos. Acontece que todos os entes devem estruturar-se em um sistema de leis e normas, ou de consensos, que fornecem as diretrizes para a constituição de uma lei fundamental. Já quanto aos indivíduos ou pessoas físicas, mesmo antes do nascimento possuem traçado um paradigma de proteção e uma formatação da vida futura, da qual não poderão fugir.

Por outras palavras, tem-se o direito não apenas no sentido de norma, mas sobretudo na dimensão de um panorama ou uma programação de como deverá ser e desenvolver-se a existência de tudo quanto há de cultura ou criação inteligente na humanidade. Nada se constitui ou se implanta sem regras ou um modelo a que tudo deve se afeiçoar.

Não é, porém, este o campo do direito que interessa na órbita da ciência jurídica. Tem em vista o direito no sentido de normas de conduta e de criação intelectual sobre o proceder, as próprias normas, a interpretação, a concepção do que é correto e justo, ou, nas palavras de Messineo, "l'ordinamento giuridico, in quanto prescrive doveri e attribuisce diritti e *status*, in quanto, cioè, determina, l'ambito di libertà dei singoli e altresì i limiti della libertà di ciascuno".[14] Ainda mais especificamente, cinge-se o objeto do estudo ao conjunto de normas e princípios que dirige as condutas, às normas gerais e positivas que regulam a vida social. Acrescenta-se, com Luiz da Cunha Gonçalves, que a função própria e específica do direito é "regular as relações dos homens entre si, nos agrupamentos mais ou menos vastos em que forçosamente convivem, relações que têm por fim a coexistência e a cooperação".[15] Constitui a expressão cultural que subordina o homem à ideia do correto e justo. Revela a manifestação instintiva ou inata do ser humano e da inteligência que o adequa à vida social. Esta conceituação, mais de cunho filosófico, é bem exposta por Caio Mário da Silva

---

[13] *Manual de Direito Civil*, ob. cit., 1º vol., p. 7.
[14] *Manuale di Diritto Civile e Commerciale*, ob. cit., vol. I, p. 4.
[15] *Tratado de Direito Civil*, 1ª ed. brasileira, São Paulo, Max Limonad Editor, 1955, vol. I, tomo I, p. 20.

Pereira: "O direito é o princípio de adequação do homem à vida social. Está na lei, como exteriorização do comando do Estado; integra-se na consciência do indivíduo que pauta sua conduta pelo espiritualismo de seu elevado grau de moralidade; está no ensejo da justiça, como ideal do homem; está imanente na necessidade de contenção para a coexistência. Princípio de inspiração divina para uns, princípio de submissão à regra moral para outros, princípio que o poder público reveste de sanção e possibilita a convivência grupal, para outros ainda".[16] Já para Clóvis Beviláqua, numa visão mais circunspecta, "o direito é uma regra social obrigatória, quer sob a forma de lei, quer sob a de costume. É esse o ponto de vista que Jhering o define: 'complexo das condições existenciais da sociedade, coativamente asseguradas pelo poder público'".[17] Mais objetivamente, sintetizava Lourenço Trigo de Loureiro: "Chama-se geralmente direito tudo o que é conforme com uma regra geral e obrigatória".[18]

Numa outra dimensão, significa as vantagens ou faculdades reconhecidas à pessoa. Sintetiza Baudry-Lacantinerie: "Les droits sont les facultés ou avantages que la loi accorde aux personnes; ce sont les rapports qu'elle établit et sanctionne entre elles, ou les pouvoirs qu'elle leur confère sur les choses".[19]

Provém o termo do correspondente latino *directum*, cuja tradução significa aquilo que está reto, ou a retidão, o que é correto, sempre equivalendo a correspondência da ação humana com o que está certo, tendo surgido por volta dos séculos IV ou V. Alcino Pinto Falcão lembra que o termo "direito ingressou no vocabulário das nações por via latina, de um primitivo radical ariano, em substituição ao latino clássico *jus*. O radical ariano *rj*, a significar *guiar, conduzir,*... é comum nas línguas célticas, germânicas e latinas...".[20] A conhecida expressão latina *jus*, com a tradução literal de 'jugo', é aplicável ao direito porque compreende a submissão das pessoas a regras, significando o jugo das normas sobre as pessoas. A palavra 'regra', de outro lado, com o sentido de norma, emana de *regula*, cuja tradução literal ao português é 'régua'. Mas passou a exprimir a norma, e assim porque o direito deve ser reto como a régua. A norma, pois, é regra em vista de corresponder ao que é certo e reto.

Consagrou-se a expressão 'direito' universalmente, indo além do sentido de lei, norma, regra, e abrangendo um conjunto formado pela lei, pela noção inata do certo, da equidade, do justo, do equilibrado, como aparece na imagem simbólica da balança. Em italiano, escreve-se *diritto*; em espanhol, *derecho*; em

---

[16] *Instituições de Direito Civil*, 9ª ed., Rio de Janeiro, Forense, 1986, vol. I, p. 5.
[17] *Teoria Geral do Direito Civil*, Rio de Janeiro, Livraria Francisco Alves, 1908, p. 10.
[18] *Instituições de Direito Civil Brasileiro*, 4ª ed., Rio de Janeiro, B. G. Garnier – Livreiro e Editor, 1871, tomo I, p. 17.
[19] *Précis de Droit Civil*, Paris, Librairie de la Société du Recueil Gal. des Lis et des Arrêts, 1905, tomo I, p. 71.
[20] *Parte Geral do Código Civil*, Rio de Janeiro, José Konfino – Editor, 1959, p. 2.

francês, *droit*; em alemão, *recht*; no direito inglês e no americano, *right*, ou *law*, mais no direito americano.

Vem expresso ou materializado em enunciados e postulados prescritivos, ou em determinações que traçam caminhos a serem seguidos e que delineiam condutas. Por emanarem do Estado, os enunciados e postulados prescritivos se transformam em normas jurídicas, isto é, em leis, que também podem se denominar ditames regulamentadores das condutas e das relações entre os indivíduos e os valores patrimoniais e espirituais.

É fundamental o direito trazer valores essenciais para a própria existência, como a ordem, a certeza, a paz, a segurança, a convivência pacífica e a justiça. Serve, ainda, como instrumento para evitar conflitos e solucioná-los quando desencadeados. Por isso, a sua implantação visa à consecução da estabilidade e da segurança jurídica, de modo a concretizar a justiça, a manter um estado de fato justo da sociedade e a assegurar a garantia da ordem no trato dos bens econômicos e dos valores espirituais.

O estudo do fundamento do direito sempre se fez acompanhar de profundas divergências. O assunto diz com a base e a razão primeira que originou a criação do direito. Tem e sempre teve forte aceitação a teoria do jusnaturalismo, que aponta para a própria natureza humana e a natureza dos bens ou das coisas como a origem ou a fonte inspiradora do direito. Decorre de uma série de emanações e princípios naturais, que são inerentes ao ser humano e que nascem com ele. Emanando do ser humano, esses princípios naturais conduzem a se formarem agrupamentos e organizações dos indivíduos em sociedade. Correspondem a impulsos naturais, que decorrem do fato do ser humano. São, pois, anteriores ao direito positivo.

O jusnaturalismo se divide em duas correntes. A primeira é o *jusnaturalismo teológico*, em que os valores sobre o certo e o errado advêm da revelação divina, sendo implantados por Deus na própria natureza humana. A pessoa, ser criado à imagem de Deus, tem um caráter transcendental, significando como que uma predisposição ou tendência para a ciência inata do bem, que se exterioriza em um rumo correto dado às condutas. A segunda defende o *jusnaturalismo racionalista*, alegando que o direito é inerente à condição humana, resultado da elaboração intelectual e anterior às organizações político-sociais humanas, as quais apenas concretizarão formas de conduta apropriadas a uma ordem que torna possíveis a convivência e as relações de domínio no que tange aos bens materiais e espirituais.

A verdade é que o ser inteligente nasce e se cria com uma gama de tendências e noções infusas sobre as condutas. Todo indivíduo normal tem uma ideia, certa ou errada, daquilo que deve ser feito. Ninguém pode olvidar a ciência natural do bem e do mal, conduzindo a existir uma correlação entre direito e justiça. Formam-se, a partir de tendências imanentes do nascimento humano e se desenvolvem com a formação e o evoluir das gerações, valorações sobre o direito, considerado com o significado do que é justo, e repudiando aquilo que é injusto. Entendendo-se que o direito é formado de princípios inerentes à natureza humana, existe coerência em pensar que é ele imutável e atemporal, tanto em relação à corrente teológica quanto à corrente racionalista, já que independente e anterior à formação e organização das sociedades e das próprias culturas, e colocando-se acima do direito positivo, se bem que este também tem sua origem primeira no direito natural.

Há um direito eterno, atemporal, imutável e universal, válido para todos os seres humanos em todas as épocas, independente do lugar onde se encontram as pessoas, que não muda em função do espaço-tempo, muito embora os seres humanos se organizem de maneiras distintas e variem os anseios e os interesses, sempre em constantes transformações. Nessa ordem, estão as tendências inatas da união de pessoas de sexos diferentes de modo a surgirem novos membros e a formarem comunidades ou núcleos familiares e parentais, com a imposição de normas de conduta condizentes com a convivência e a formação dos membros que surgem. Também sempre acompanha cada ente a ideia do justo, da propriedade individual, da criação intelectual, da autodefesa, da proteção do núcleo, da repulsa aos agressores – valores que não se adquirem ou se transmitem, mas que despontam naturalmente com o evoluir do indivíduo. Por conseguinte, no mínimo alguns princípios e valores fundamentais sobre os comportamentos, a autodefesa, a manutenção própria, a convivência social, a solidariedade, a união, constituem padrões e tendências que vêm desde o nascimento e se alastram e aperfeiçoam na medida em que se desenvolvem as pessoas.

Alguns desses princípios se generalizam e se aperfeiçoam vindo a formar uma verdadeira ciência, consolidada em diplomas e desdobrada em preceitos, com toda uma doutrina e uma ordem sobre o verdadeiro e o falso, o bom e o mau, o justo e o injusto. Surge, então, o direito positivo estabelecido, que se implanta em sistemas, instituições e normatizações. No entanto, não significa o direito positivo uma desvinculação dos valores e princípios emanados da própria natureza do homem. Não se pode falar em racionalismo dogmático, normativismo jurídico, de puro positivismo, como pretendeu Hans Kelsen.

A falha da teoria de Kelsen está no fato de propugnar o estudo do direito a partir de métodos jurídicos, e não a partir de uma metodologia sociológica, filosófica, antropológica, teológica. Não se pode olvidar que tudo emana do ser humano, mesmo que de suas vicissitudes. Inconcebível abstrair a ciência jurídica e, no caso, a norma, de sua vertente natural, pois seria criar um patamar artificial e inapropriado para a solução dos conflitos. Se toda ciência tem sua origem nos fatos, ou no ser das coisas, no mundo ôntico, para o dever-ser ou a formação de regras não se pode desvincular de tal pressuposto, isto é, da inspiração natural.

Digna de menção, também, é a teoria do tridimensionalismo do direito, proposta por Miguel Reale, consubstanciada em ver o direito como uma relação entre norma, fato e valor. Destaca, no desenvolvimento da teoria, a existência de três aspectos básicos, verificados em todo e qualquer momento da vida jurídica: o aspecto normativo, que é o direito como ordenamento e sua respectiva ciência; o aspecto fático, consistente no direito como fato, ou em sua efetividade social e histórica; e o aspecto axiológico, que equivale o direito como valor de Justiça.

A teoria tridimensional do direito diverge da teoria de Kelsen no sentido de que o direito não é só norma, nem só fato, ou apenas valor, mas uma integração dos três. Surgindo um fenômeno jurídico, há obrigatoriamente um fato subjacente, que pode ser econômico, geográfico, demográfico, de ordem técnica, ou de outra espécie; existe também um valor, dando uma determinada significação a esse fato e conduzindo a provocar uma ação própria das pessoas no sentido de atingir ou preservar certa finalidade ou objetivo; e, finalmente, há uma regra ou norma, a qual representa a relação ou medida que integra um daqueles elementos ao outro, ou seja, o fato ao valor. Para a teoria tridimensional do direito, a norma incide sobre o fato conforme uma determinada ordem de valores, ou seja, o valor é o que dá sentido ao fato, consubstanciando-se no elemento moral do direito.

Oportuna retratar essa visão nas palavras do próprio mestre:

> "Nas últimas quatro décadas, o problema da tridimensionalidade do direito tem sido objeto de estudos sistemáticos, até culminar numa teoria, à qual penso ter dado uma feição nova, sobretudo pela demonstração de que:
>
> a) Onde quer que haja um fenômeno jurídico, há, sempre e necessariamente, um *fato* subjacente (fato econômico, geográfico, demográfico, de ordem técnica etc.); um *valor*, que confere determinada significação a esse fato, inclinando ou determinando a ação dos homens no sentido de atingir ou preservar certa finalidade ou objetivo; e, finalmente, uma *regra* ou *norma*, que representa a relação ou medida que integra um daqueles elementos ao outro, o fato ao valor;
>
> b) tais elementos ou fatores (*fato, valor* e *norma*) não existem separados um dos outros, mas coexistem numa unidade concreta;
>
> c) mais ainda, esses elementos ou fatores não só se exigem reciprocamente, mas atuam como elos de um processo..., de tal modo que a vida do direito resulta da interação dinâmica e dialética dos três elementos que a integram".[21]

5. DIREITO E MORAL

Provém o termo *moral* da palavra latina *mores*, que se traduz por *costumes*. Daí concatenar-se o conteúdo de moral com a ideia de conduta aceita e aprovada pelos costumes num grupo social. Consiste sua essência na qualidade

---

[21] *Lições Preliminares de Direito*. 24ª ed., 2ª tiragem. São Paulo, Editora Saraiva, 1999, p. 65.

da conduta que se harmoniza e adequa com os fins existenciais consagrados pelo costume. A moral precede ao direito, transcendendo-o, revelando-se mais profunda, mais elevada, ampla, e é concebida segundo a lei natural. Acontece que o direito, não raras vezes, representa um consenso temporário de normas que o Estado impõe, mas não abrangendo todas as previsões de condutas que alguém deve observar. Não deixaria de ser condenável um furto, ou um assassinato, um sequestro unicamente porque o Estado, em determinado momento, eximia de penas quem praticasse uma dessas ações. Nem se afiguraria correto se uma lei simplesmente isentasse os pais do dever de alimentar a prole a partir de uma idade precoce. Não raramente, porém, obriga a moral e exime o direito. Assim quanto a socorrer uma pessoa faminta, ou a prestar socorro a um doente. Inúmeros os casos de ofensa à moral, sem que se encontre o caminho jurídico para a solução, como no pertinente aos juros exigidos pelas instituições financeiras. Reiteradamente os Pretórios superiores aceitam a liberação na fixação das taxas de juros, porquanto não impedidas pelo Conselho Monetário Nacional, mesmo que as cifras que levam à obrigação acarretem a total derrocada econômica do devedor.

Em suma, vislumbram-se na vida real várias obrigações que não se erigem em obrigação legal. Sabe-se que todos estão obrigados a cumprir deveres sociais, familiares, profissionais sem que a sua infração acarrete alguma repercussão jurídica. Neste diapasão, o cumprimento aos conhecidos, a postura digna perante uma autoridade ou chefe, o bom exemplo aos filhos, o respeito mútuo entre os cônjuges, a conduta atrelada às normas regimentais em uma sociedade, embora impostas as atitudes pela moral não acarretam decorrências punitivas ou ressarcitórias na sua inobservância. Caio Mário da Silva Pereira enriquece os exemplos: "A vida humana é submetida a uma grande variedade de normas. Para conservar a sua saúde, deve o indivíduo seguir os preceitos higiênicos. Para realizar um empreendimento, deve observar as regras técnicas. Para cultuar a divindade, deve obedecer aos princípios religiosos. Para viver em sociedade, tem de pautar a sua conduta pelas normas jurídicas e as normas morais".[22]

Desde o momento em que não prevista em um diploma legal, ou em uma norma, a conduta não encontra a reprimenda em um ordenamento jurídico. Sanção alguma pode ser aplicada. Possível que revele a ação um desrespeito aos semelhantes, ou um ato de heresia, ou um pecado, ou uma descortesia, e até arranhe o foro íntimo da consciência. Todavia, não interessa ao direito, posto que nenhuma norma impera no sentido de ordenar um comportamento diferente.

Possível notar, pelas colocações acima, a distinção entre direito e moral: o primeiro reclama a existência prévia de uma norma geral ou individual, que encerra a coercibilidade, isto é, cominações ou penas para o caso de incumpri-

---

[22] *Instituições de Direito Civil*, ob. cit., vol. I, p. 9.

mento ou desrespeito; já a segunda não traz, em sendo desrespeitada, qualquer efeito de ordem jurídica ou legal. Eduardo Espínola segue na caracterização do direito: "O complexo dessas normas, que têm por fim regular a vida em comum dos indivíduos unidos em Estado, é que constitui o direito objetivamente considerado".[23]

Todavia, possível observar que todo ato legal, ou a estrutura em si do direito, contém elementos da moral. Pode-se afirmar tranquilamente que a norma de direito pressupõe a moral, ou que é o arcabouço da moral. Esta forra e dá a consistência à norma, ou informa a norma jurídica. Se algum ato revela infringência à lei, em geral também se considera imoral. Todavia, nem todos atos ilegais ofendem a moral. Havendo leis injustas ou que instituem privilégios, a sua violação não atinge a moral. Pode-se tachar de ilegal a falta de recolhimento de um tributo sobre a importação de um bem destinado à cura de doentes que não podem tratar-se no exterior. Todavia, não haverá qualquer remorso no plano moral, porquanto a destinação visa um fim superior, consistente na preservação da vida, que a mera exação tributária.

No mesmo raciocínio, mas na ordem inversa, muitas das ações humanas alinham-se à lei, à norma, aos preceitos do direito positivo, sem que percam o caráter de ofensivo à moral. A veiculação de um determinado programa através da televisão pode enquadrar-se na lei de imprensa, sem ofender os cânones que tratam da liberdade de expressão. Todavia, possível que constituam um atentado à moral, à formação das pessoas, ao caráter daqueles com a personalidade em formação. Nem tudo o que se apresenta lícito é honesto, já advertia o apóstolo Paulo.

Geralmente, há muito em comum nos dois campos, como a base ética, a idêntica origem, dirigindo-se para o controle do comportamento. No entanto, o âmbito da moral é bem mais amplo, pois envolve obrigações do indivíduo para com a sua pessoa, para Deus e para a sociedade, enquanto o direito trata das relações entre os indivíduos, dos indivíduos para com as coisas e entre os indivíduos e o Estado.

Outrossim, a coação na moral restringe-se unicamente ao plano íntimo, à consciência. No máximo, ficam o remorso, o arrependimento, o desgosto, o pesar. Já no plano do direito, a norma comina as sanções, ou as penalidades, que lhe dão eficácia na prática.

A moral dirige-se à abstinência de erros ou atos nocivos e à prática do bem. Impõe que se abstenha a pessoa de cometer atos errados e a que pratique atos positivos dirigidos para o bem. Já o direito dirige-se a evitar que se lese ou prejudique a outrem.

---

[23] *Systema do Direito Civil Brasileiro*, Rio de Janeiro, Livraria Francisco Alves, 1917, vol. 1º, p. 26.

Luiz da Cunha Gonçalves expressa a distinção: "O direito é norma de garantia: regula somente as condições fundamentais do convívio social; e nada mais pode fazer, porque exorbita da sua função; ele abandona às outras normas a direção da conduta humana quanto às funções educadora, moralizadora, perfectiva. Assim, o direito, quando concede ao credor a faculdade de excutir todos os bens do devedor, sem se preocupar com a miséria deste, exerce a sua função de garantir a execução do contrato, por ser esta uma das condições da cooperação humana; mas não impede que esse credor seja benévolo; é a moral que tem de intervir para o desarmar".[24]

Ambos os institutos, porém, se interpenetram e acompanham as ações. Normalmente, onde está o direito antes existiu a moral, que ensejou a evolução para o direito. De igual modo, outras esferas normativas se envolvem com o direito, e, nesta extensão, citam-se os conceitos de religião, de bom trato social, de civilidade, da ética.

6. O DIREITO, A LEI, A JUSTIÇA E A ÉTICA

Desde que diga como a pessoa deve proceder, ou delineie caminhos a serem obedecidos, faz parte a norma do ordenamento jurídico. Maior é sua integração nesse campo se aparece feita e ordenada pelo Estado. Pode-se qualificá-la, então, como formadora do direito positivo.

Tem-se a lei como um comando, uma regra, uma imposição a respeito de condutas exigidas. As pessoas seguem linhas de condutas por força da própria natureza, ou pela conveniência social, ou pela necessidade de adaptação. Décio Moreira descreve o mundo das leis em que todos vivem, leis de toda espécie, ora como simples regras, ora como imposições vindas de um poder: "Incontestavelmente vivemos num mundo normativo; estamos sempre rodeados de normas, regras ou mandamentos. O homem é um ser essencialmente social; é obrigado a viver necessariamente em conjunto, carecendo, portanto, de regras de comportamento. Este mesmo homem está sujeito, então, a regras sociais éticas, morais, religiosas e jurídicas, regras estas que foram ou são construídas por ele mesmo. Está ainda subordinado a regras ou leis da física, sujeito assim aos fenômenos da natureza. Os terremotos, as chuvas, o espaço aéreo etc., também estão sujeitos a leis".[25]

Constitui, na ordem jurídica, quando emanadas do Estado, fonte do direito. Para impor a coercibilidade, deve nascer do comando do Estado. Não decorre dela a exigibilidade de condutas se não emanada do Estado. Mesmo as disposições comuns que estabelecem orientação aos particulares em suas avenças devem encontrar inspiração em uma norma elaborada e feita pelo Estado.

---

[24] *Tratado de Direito Civil*, ob. cit., vol. I, tomo I, p. 28.
[25] *Elementos de Direito Civil* – Parte Geral, Editora Revista dos Tribunais, 1983, p. 1.

Expõe, com clareza, Arnoldo Wald: "Todas as normas derivam, de modo direto ou indireto, de comandos do Estado. Quando os particulares estabelecem uma convenção, esta convenção deriva dos comandos estatais e deles adquire a sua força cogente".[26] De sorte que as leis, para obrigar, devem decorrer do Estado, que, em princípio, constitui uma emanação dos ideais e da vontade do povo. A lei surge como decorrência de uma necessidade em determinado setor do convívio ou da atividade humana.

Em vista da diferenciação de atividades, surgem formas próprias de conduta e de tratamento ao semelhante. Criam-se as leis para disciplinar campos determinados de ação. Nem sempre a lei ampla e geral traz soluções para casos específicos e totalmente diferentes dos outros. Daí que variam as leis, com o incessante surgimento de novas porque mudam o tempo, o espaço e os fatos. Os seres humanos dispõem das regras e se obrigam a disciplinar as situações que surgem, o que explica o constante aparecimento e a renovação de leis sempre atualizadas.

O conjunto de normas, de regras e preceitos que traçam o caminho que o homem deve seguir está dentro do direito e do ordenamento estatal. Daí perceber-se a diferença entre a lei e o direito. Enquanto com a primeira tem-se apenas uma disciplina sobre um assunto, já o direito abrange um conjunto de normas e princípios que regem coercitivamente o comportamento humano. Conclui-se, pois, que o direito abrange um campo bem mais vasto que a simples lei, posto que formado por leis, preceitos, interpretação, e pela cultura jurídica em si.

A justiça, embora possa abranger o direito e a lei, contém um sentido mais amplo, significando também uma virtude, nem sempre se limitando a conteúdos jurídicos. Expressa a equidade, o correto, o justo, o certo, o respeito ao próximo. Vai além de visões subjetivas sobre fatos e critérios de julgamento. Importa o termo na concretização do direito em situações fáticas, sempre de modo a atender aos princípios de coerência, do respeito aos valores dominantes nos conceitos que dominam e são aceitos por resultarem no bem. Corresponde ao sentido e ao sentimento de que se deu a cada um o seu direito, de sorte a satisfazer a convivência humana.

Em suma, nos alcances consolidados nas culturas e nos hábitos dos povos, o significado revela, sobretudo, um conjunto de virtudes positivas, saudáveis e que favorecem a existência humana na sociedade. Num plano transcendente, é considerada como via para a proximidade com Deus, assim julgada por Alf Ross:

> "... A justiça significa a virtude suprema, que tudo abrange, sem distinção entre o direito e a moral. A justiça, segundo esse modo de ver, é simplesmente a expressão do amor ao bem e a Deus. Neste espírito deve entender-se o Sermão da Montanha: 'Bem-aventurados os que têm fome e sede de justiça, porque serão satisfeitos'".[27]

---

[26] *Curso de Direito Civil Brasileiro* – Introdução e Parte Geral, ob. cit., p. 39.
[27] *Direito e Justiça*, ob. cit., p. 313.

Contudo, no campo jurídico, a justiça é vista em várias dimensões. Citam-se, mais exemplificativamente, as formas abaixo:

- A *justiça particular*, que tem em conta os atos particulares das pessoas, dando-se a elas o que lhes é devido.
- A *justiça social*, cujo objeto é o bem comum, em que os membros da sociedade dão sua contribuição para a constituição de uma sociedade de igualdade econômica, coletiva e política.
- A *justiça comutativa*, verificada na equivalência das prestações e contraprestações, dando-se a cada um o que lhe assegura o seu direito.
- A *justiça distributiva*, visando a entrega a cada um segundo a igualdade de direitos e as necessidades, e não propriamente em vista dos méritos.

São destacadas, a seguir, as principais violações da justiça distributiva na vida social contemporânea:

"a) O desnível entre nações industrializadas e nações subdesenvolvidas, dentro da comunidade mundial,

b) O desnível entre regiões de um mesmo país, de que é exemplo, o Brasil, a desigualdade de condições entre o Norte, Nordeste e o Centro-Sul; desnível entre os setores econômicos: primário (agricultura e mineração), secundário (indústria) e terciário (serviços: comércio, bancos, profissões liberais, ensino, serviço público.

c) O desnível entre os setores econômicos: primário (agricultura e mineração); secundário (indústria) e terciário (serviços: comércio, bancos, profissões liberais, ensino, serviço público).

d) o desnível entre classes sociais...".[28]

André Franco Montoro ainda sintetiza em cinco axiomas o conteúdo de justiça:

"a) A essência da justiça consiste em dar a outrem o que lhe é devido, segundo uma igualdade;

b) há uma justiça geral ou social, cujo objeto é o bem comum, e uma justiça particular, que tem por objeto o bem dos particulares;

---

[28] *Introdução à Ciência do Direito*. 26ª ed., rev. e atuali, São Paulo, Editora Revista dos Tribunais, 2005, pp. 220, 22 e 221.

c) esta se subdivide em justiça comutativa, que rege as relações entre particulares, e justiça distributiva, que se refere às obrigações da sociedade para com os particulares;

d) o fundamento das obrigações de justiça é a própria natureza humana;

e) o direito é o objeto da justiça".[29]

Não se pode olvidar um outro sentido ou conteúdo da palavra "justiça", que corresponde ao órgão estatal encarregado de aplicar a lei, ou seja, ao Poder Judiciário. Corresponde, nesta dimensão, à jurisdição, à autoridade judicial, aos tribunais, aos magistrados e a todas as pessoas encarregadas de aplicar as leis. Neste alcance, entende-se a presente constatação de Darcy Ribeiro: "Podemos honestamente desconhecer que temos uma Justiça injusta, porque tarda e cara?"

Passa-se para a ética. A palavra origina-se dos termos gregos *ethike* e *ethos*, expressando o caráter, o modo de ser de uma pessoa.

Considera-se a ética um conjunto de conhecimentos e princípios dirigidos a imprimir um comportamento humano moral em campos especificados. Conceitualmente, constitui os valores morais e princípios que norteiam a conduta humana na sociedade. Filosoficamente, corresponde a uma ciência que estuda os valores e princípios morais de uma sociedade e seus grupos.

Distingue-se de "moral" porque esta é concernente a regras aplicadas em geral no cotidiano e usadas continuamente pelo cidadão, formando ditames que orientam os indivíduos e norteiam as suas ações e as noções sobre o que é justo ou injusto, certo ou errado, bom ou mau, coerente ou não com os costumes e os conceitos de valores no meio social em que se vive.

Já as regras da ética são aplicáveis nos diversos campos das atividades humanas, como na medicina, na advocacia, na economia, na engenharia, formando um conjunto de preceitos que impõem o respeito na prática do trabalho, sem ofender o exercício da profissão dos que atuam no mesmo ramo, e em respeito às pessoas para as quais se presta os serviços. Concebe-se, acima de tudo, como um dever que o profissional tem com aquele que contrata o seu serviço.

Numa outra dimensão, a moral tem mais função interna ou está ligada ao foro íntimo dos indivíduos; diz com a consciência, com posturas pessoais, com o dever do procedimento adaptado às virtudes humanas de compreensão, recato, respeito, atenção, acolhimento, dedicação, tolerância, abertura ao outro. Já a ética visa dirigir as pessoas no âmbito social, profissional, nos grupos, nos setores das atividades, no atendimento das regras de convivência.

O domínio normativo da ética se aproxima do domínio normativo do direito, porém este é mais complexo, pois inclui normas pragmáticas, imperativas e coercitivas. Quando a norma ética envolve não apenas um juízo de

---

[29] *Introdução à ciência do direito*, ob. cit., p. 317.

valor sobre os comportamentos humanos, mas ordena a escolha de uma diretriz considerada obrigatória, contendo uma imperatividade, ingressa-se no campo do direito, da lei, como entende Miguel Reale.[30] Pode-se, pois, afirmar que a ética encerra um valor a ser realizado nas condutas, e desde que imponha o caráter de obrigatoriedade, do dever ser, entra na esfera do direito. A norma ética transforma-se em direito, ou se opera a normatização da conduta.

A ética, a moral e o direito estão interligados. Em princípio, o direito tem sua origem em valores que estão na esfera interna da pessoa, ditados pela consciência, isto é, pelos valores que integram a moral e, em determinados campos, mormente no que se externa em condutas, em atitudes na execução de atividades, transmuda-se em normas éticas. Há o direito a partir do momento em que se declara o dever ser ou a obrigatoriedade das normas éticas, que se inspiram em princípios da moral.

Em uma outra formulação da mesma ideia, a organização do comportamento por normas éticas que se julgam mais apropriadas ou dignas de serem cumpridas, e que nascem dos ditames morais e da consciência, passando a ser aceitas como obrigatórias e manifestadas em condutas, equivale à implantação do direito.

Pode-se concluir que, pelo fato de os princípios e valores internos da pessoa ditarem as condutas seguidas nas relações mútuas entre os indivíduos ou entre estes e a comunidade, e desde que passem a adquirir obrigatoriedade, ou revestindo-se de coercibilidade, o direito decorre da moral e da ética.

Decorrem diferentes sanções na violação de cada espécie de comandos. No desrespeito aos deveres morais, a sanção é interna, da consciência, externada no remorso ou na sensação pesarosa da violação de um compromisso e no temor do castigo eterno; se a ofensa atinge a ética, a reprovação parte da sociedade, ou do grupo, ou da classe profissional a que pertence o infrator; por último, havendo infração do direito, a penalidade consta no próprio ditame ofendido, sendo imposta e garantida pelo Estado.

7. DIREITO NATURAL

O direito natural consiste nas emanações espontâneas do espírito sobre a conduta que cada ser deve seguir. Considera-se natural porque não é produto da cultura, mas nasce com o próprio homem. Afirmava G. Baudry-Lacantinerie a sua inerência ao homem: "Le droit naturel est celui que la nature même a gravé dans nos coeurs".[31] É o direito congênito, resultando da própria natureza humana, como a vida, a liberdade, a defesa, a honra. No dizer dos antigos ro-

---

[30] *Lições Preliminares de Direito*, ob. cit., p. 33.
[31] *Précis de Droit Civil*, ob. cit., tomo I, p. 1.

manos, *jus naturale est quod natura omnia animalia docuit*, ou direito natural é o que a própria natureza ensina a todos os animais. Todos, independentemente de assimilar regras impostas de fora, já desenvolvem em seu interior uma série de tendências e ideias próprias, sobre o procedimento que deve seguir, sobre a maneira de se portar e de se relacionar com terceiros. Lourenço Trigo de Loureiro mostra como se refletem essas tendências inatas: "Sendo, pois, as leis naturais imediatas derivações da natureza moral e física do homem, e do fim de sua criação, elas podem ser conhecidas pela simples luz da razão, e produzem, à proporção que o são, o imenso bem de moverem a vontade de cada um a regular as suas ações para com os outros, de modo que possam todos coexistir em um estado de paz, de recíproca amizade e de muitos socorros, oficiosidades e consolações".[32] Soma-se a isso a carga de influências que as gerações vão adquirindo, e que se incrusta nos costumes, nos hábitos, nos usos, reflete indelevelmente na alma das pessoas, forra as consciências e acompanha as novas levas de indivíduos que vão se formando e dominando a terra.

Normalmente, da noção inata do que é certo ou errado, do conceito do bem e do mal, do respeito, da dedicação, da solidariedade, da equidade, da paz, e de uma grande quantidade de valores cria-se um conteúdo que acompanha as pessoas, perdurando, se aprofundando e dirigindo as condutas.

Resta mais entendido o direito natural com a explicação de Serpa Lopes: "Conceito de *naturalis* indica todo aquele complexo de normas existentes na sociedade e que a governa, criadas, porém, não pelo Estado nem por ele reconhecidas, senão pela moral, pela honra, pelo costume e conveniências sociais".[33] Aprofundando a matéria, Louis Josserand concebe esse direito como "elementos fijos e invariables que tienen el valor de dogmas eternamente verdaderos, tales como el respecto debido a la palabra dada, la fuerza obligatoria de los contratos, la no retroatividad de las leyes, la reparación de daños injustamente causados al prójimo, tantas verdades primeras que constituyen, en su conjunto, el contingente apriorístico del derecho natural".[34]

No direito romano encontramos referências expressas de sua aplicação. Impunha-se esta espécie perante as gentes, formando o *jus gentium*, o direito das gentes, ou dos *peregrini*, daqueles que vinham de fora, das terras conquistadas. Tal direito era aceito pelo direito civil, mas que dele se distinguia. Ocupava uma posição própria, tanto que as pessoas de fora, ou que não eram cidadãs romanas, e até os filhos e os escravos, não podiam assumir obrigações civis, mas unicamente as naturais. O *jus civile* abrangia o direito dos cidadãos, isto

---

[32] *Instituições de Direito Civil Brasileiro*, ob. cit., tomo I, p. 18.
[33] *Curso de Direito Civil*, 4ª ed., Rio de Janeiro, Livraria Freitas Bastos, 1966, vol. II, p. 41.
[34] *Derecho Civil*, Buenos Aires, Ediciones Jurídicas Europa-América – Bosch y Cía. – Editores, 1950, tomo I, vol. I, p. 10.

é, dos *cives* ou os nascidos em Roma. Transparece, aí, a *capitis diminutio* do *jus naturalis*, que era sobretudo o *jus gentium*.

Opera-se o direito natural em duas fases. A primeira delas está na sua mentalização, ou na consciência daquilo que se pretende cumprir. Sente-se que se deve fazer algo porque tal acusa a moral e impele a consciência. É a ideia do certo e do errado. Na segunda fase, opta a pessoa por cumprir aquilo que entende deva fazer. Realiza-se a obrigação natural, sabendo quem a cumpre que não o faz tanto por um impositivo legal, mas porque assim ordena a ideia do dever. Todavia, o ordenamento jurídico reconhece a validade do cumprimento voluntário, com o que não ampara a pretensão de se devolver o que se deu ou se fez.

Importante encontrar as raízes ou a natureza do direito natural. Existem aqueles que fundamentam a natureza em um simples exigir moral, e mesmo daí emergindo um direito da coletividade ou de alguém em reclamar determinado padrão de conduta dos outros, ou de uns para com os outros. Entrementes, este direito está desacompanhado da ação para a tutela judicial, com a qual se conseguiria impor a conduta recomendada. Não se cria nesta exigência, portanto, uma relação jurídica, eis que ausente a exigibilidade através de coerção. Em face da falta de tal elemento, embora possa insinuar-se a presença de um débito de todos os indivíduos para adotarem posturas convenientes, faltando a ação para a exigibilidade, jamais poderá nascer a responsabilidade pela rebeldia em adotar as condutas reclamadas.

Chega-se a uma única solução: encontrar a essência da exigibilidade na moral, ou na consciência social, e, assim, mais remotamente, chega-se aos princípios que vingavam no direito romano, isto é, embasa-se o direito natural na *fides*, ou na *pietas*, e até na *caritas*, tudo se situando em zonas limítrofes ou próximas ao direito positivo.

A exigibilidade do direito natural pode também encontrar razão em uma ordem sobrenatural, em Deus, aduzindo Alf Ross: "O direito natural busca o absoluto, o eterno, que fará do direito algo mais que a obra de seres humanos e livrará o legislador das penas e responsabilidades de uma decisão. A fonte da validade transcendente do direito foi buscada numa mágica lei do destino, na vontade de Deus, ou numa percepção racional absoluta".[35]

Na medida em que se aperfeiçoam os sistemas jurídicos, e mais se aprimoram o respeito e a crença no ser humano, vão sendo adotadas normas que em outros regimes jazem ainda no campo de meras obrigações da consciência ou da moral.

Nesta percepção da realidade humana, não resta dúvida quanto à importância do direito natural, que vai predominando na proporção em que evoluem

---

[35] *Direito e Justiça*, ob. cit., p. 302.

os comportamentos, de modo a se cumprirem certas obrigações unicamente porque ofendem os reclamos da consciência, podendo levar alguém a simplesmente cumprir obrigações não impostas pela lei, como no caso de uma injusta absolvição em processo judicial.

Do direito natural decorre a obrigação natural. Assim, o direito ao respeito leva a exigir dos vizinhos um tratamento comedido e educado. Mas trata-se de um direito que não pode resultar no constrangimento de outrem para alcançar a sua realização. Quem o respeita e porta-se de maneira a atendê-lo o faz por mera cortesia, ou por dever moral. Em outro sentido, residindo um estrangeiro no Brasil, e aqui procurando invocar um direito no sistema jurídico de seu país admitido, como o de, em certo horário do expediente de trabalho, interromper a atividade e oferecer preces à sua divindade, não pode exigir que o empregador aceite impunemente tal lapso laboral, porquanto não previsto o direito em nossa legislação. Unicamente por mera questão de consciência, ou simples tolerância, o superior permitirá o exercício daquele direito.

Igualmente quanto às obrigações militares ou eleitorais, embora a crença religiosa impeça a prática, falece o direito de sobrepor-se à legislação vigente.

Colocam-se tais direitos na esfera natural, e a obrigação decorrente para a sua satisfação também é natural. Jamais muda a obrigação de categoria, passando para civil.

Existindo, no entanto, controvérsias jurídicas sobre a interpretação do direito ou incidência de leis, não há que procurar a escusa no cumprimento de uma obrigação sob o argumento de que a mesma é natural. Nesta ordem, a questão dos juros livres relativamente às instituições que integram o Sistema Financeiro Nacional. Segundo muitos, não se disciplinam os juros pela Lei da Usura (Decreto nº 22.626, de 1933). Aos que defendem tal corrente, não se autoriza invocar o argumento de que a limitação ao dobro da taxa legal, por não atingir aquelas instituições, ficaria na órbita do direito natural, e, assim, não integrando o direito positivo.

Na verdade, há muitas exigências ainda não reguladas pelo direito positivo, e, assim, estariam fora da órbita da proteção do Estado. No entanto, transparecendo que são justas e indispensáveis ao equilíbrio social do homem, impõem-se. Acontece que o direito natural precedeu ao direito estabelecido em leis, e é subjacente a qualquer ordem que venha a implantar-se. Nesta linha, tem força coativa, no dizer de Ilves José Miranda Guimarães: "Como constitui o direito natural uma exigência da razão, o mesmo também é obrigatório, quer sob o aspecto de constituir princípios teóricos disciplinadores do agir humano, como também deve praticamente ser obedecido por todos os homens em sua conduta".[36] Trata-se da primeira das leis, na pregação da Encíclica *Libertas*

---

[36] *Direito Natural – Visão Metafísica e Antropológica*, Rio de Janeiro, Forense Universitária, 1991, p. 212.

prestatissimum, de Leão XIII: "Tal é a lei natural, primeira entre todas, a qual está escrita e gravada na mente de cada um dos homens, por ser a mesma razão humana mandando fazer o bem e vedando pecar. Mas estes mandatos da razão humana não podem ter a força de lei senão por ser a voz e intérprete de outra razão mais alta a que devem estar submetidos nosso entendimento e nossa liberdade". Em outro documento da Igreja Católica, já do Papa Pio XI, extraído da Encíclica *Mit Brennender Sorge*, de 1937, dirigida aos alemães para advertir contra o Nacional Socialismo que se expandia, advertia-se: "O direito natural é o mesmo que o direito da natureza, e como a natureza humana é a mesma em todos os homens, também o direito, derivado dela, é a única a todos os homens... As leis humanas que estão em oposição insolúvel com o direito natural padecem de vício original, que não se sana nem com opressões e nem com o aparato da força externa".

Do que decorrem imposições justamente em vista daqueles princípios que nascem com a natureza humana, e representam não propriamente culturas, mas uma expansão ôntica da pessoa.

Apesar das ponderáveis razões que justificam o direito natural, não se pode olvidar certos absurdos a que pode levar sua adoção plena e incondicional, valendo as observações de Dimitri Dimoulis:

> "O direito natural é caracterizado pela estabilidade, já que se refere ao poder normativo da natureza humana que dificilmente se transforma. Isso indica o caráter conservador das teorias do direito natural. Enquanto os conteúdos do direito positivo dependem de decisões políticas e ajustam-se às demandas da maioria, o direito natural permanece fixado no tempo e fiel na tradição, negando o poder transformador dos cidadãos. Dessa forma, revela-se como um conjunto normativo autoritário, geralmente a serviço dos mais poderosos, que apresentam seus interesses como consagrados pelo tempo e pela suposta 'natureza humana'.
>
> 'Natural' é o direito do mais forte que domina os mais fracos, tanto na selva como na concorrência do mercado. Devemos aceitar esse 'destino natural' ou, ao contrário, lutar pela abolição das distinções e discriminações sociais, inclusive por meio de mudanças jurídicas? Em nosso entender, o direito foi criado para transformar a ordem natural, para civilizar a convivência humana, para combater as fatalidades naturais e para limitar o poder social. Em uma palavra, o direito é um fenômeno contrafático e não uma 'cópia' da organização natural do mundo".[37]

Encontram-se, no direito brasileiro, alguns dispositivos que fazem referência ao direito natural, ou a objetos e pretensões que judicialmente não se pode exigir. Nesta ordem, o art. 882 do Código Civil de 2002 (art. 970 do Código Civil de

---

[37] *Manual de Introdução ao Estudo do Direito*, 5ª ed., São Paulo, Thomson Reuters/Revista dos Tribunais, 2013, p. 93.

1916), que expressa: "Não se pode repetir o que se pagou para solver dívida prescrita, ou cumprir obrigação judicialmente inexigível". Vê-se, aí, uma mera consequência de quem pagou por uma obrigação que não era mais exigível por lei. A pessoa satisfez por livre vontade uma obrigação passada, que não mais existia, segundo o dispositivo acima. Não se define, entrementes, o conteúdo da obrigação natural, que o Código Civil aprovado pela Lei nº 10.406, de 10.01.2002 passou a denominar de obrigação judicialmente inexigível, procurando dar uma extensão mais ampla que a obrigação natural. Apenas se estabelecem efeitos, o que será matéria a ser examinada adiante.

Outra referência à obrigação natural estava no art. 1.263 do Código Civil de 1916, onde também aparecia um pagamento a que não era obrigada a parte: "O mutuário, que pagar juros não estipulados, não os poderá reaver, nem imputar no capital". Presumia-se que a pessoa pagou voluntariamente, ou porque assim quis. A matéria, porém, não se apresentava simples. Efetivamente, em todas as operações com instituições financeiras, os juros eram (e ainda o são) fixados acima da taxa legal, ou de seu dobro, dentro dos parâmetros então delineados pelos arts. 1.262 e 1.062 do Código Civil revogado, combinados com o art. 1º do Decreto nº 22.626, de 1933. Existindo contratos padrões, sem a possibilidade de qualquer discussão para alterar os seus termos, não era possível ver em suas cláusulas a existência de voluntariedade ou liberdade na pactuação. Quando eram normais, não se repetiam, valendo a justificativa de Sérgio Carlos Covello: "Mas qual a fonte dessa obrigação natural, se os juros não foram contratados e o Código diz que não se presumem? A fonte só pode ser o dano: quem toma dinheiro emprestado a título gratuito causa um dano ao mutuante, máxime numa economia inflacionária. Destarte, o pagamento espontâneo dos interesses constitui indenização pelo uso do capital, conforme comenta Beviláqua: 'Ninguém é obrigado a pagar juros, se os não estipulou: mas se os pagar, entende-se que concordou em dar essa indenização ao mutuante pelo uso do seu capital'".[38]

Presentemente, diante do Código atual, não mais perdura disposição semelhante à do art. 1.263 do anterior Código.

Já no art. 814 do Código (art. 1.477 do Código anterior), relativamente a dívidas de jogo ou apostas, assinala-se: "As dívidas do jogo ou de aposta não obrigam a pagamento; mas não se pode recobrar a quantia, que voluntariamente se pagou, salvo se foi ganha por dolo, ou se o perdente é menor ou interdito". Nota-se claramente que as dívidas de jogo e apostas não determinam o respectivo pagamento. De modo que não existe uma ação para o ganhador impor o pagamento do que ganhou. Entrementes, uma vez paga a dívida ou a aposta espontaneamente, não se autoriza a ação de repetição, ou ajuizada para que seja restituído o valor entregue.

---

[38] *A Obrigação Natural*, São Paulo, Liv. e Ed. Universitária de Direito Ltda. – LEUD, 1996, p. 124.

Por outro lado, o art. 564, inc. III, também do Código Civil (art. 1.187, inc. III, do Código de 1916), mais explicitamente dando validade à obrigação natural, encerra: "Não se revogam por ingratidão: ... III – as que se fizerem em cumprimento de obrigação natural". Nesta previsão, havendo uma doação para compensar o atendimento desprendido e generoso concedido ao doador, não cabe, posteriormente, a revogação.

8. DIREITO POSITIVO

Parte-se de uma condição para que os fatos sejam jurídicos, que é a existência de regras jurídicas. Expõe Pontes de Miranda: "Para que os fatos sejam jurídicos, é preciso que regras jurídicas – isto é, normas abstratas – incidam sobre eles, desçam e encontrem os fatos, colorindo-os, fazendo-os jurídicos".[39]

Numa outra dimensão, mas sobre o fundamento do direito positivo, segue Nelson Godoy Bassil Dower: "Vivendo em sociedade, o homem encontra na ordem jurídica o instrumento para sua sobrevivência. A proteção coercitiva é elemento essencial para que haja paz e ordem social efetivas. São, portanto, as necessidades de grupos sociais que levam o Estado a impor tais regras de conduta, através de seus órgãos legislativos. Tais normas jurídicas provêm, exclusivamente, das leis jurídicas. Este é o preceito do direito, a regra a ser obedecida. Caso contrário, a sociedade pereceria pela violência, pelo arbítrio do mais forte sobre o mais fraco".[40]

De modo que se passa ao estudo do direito existente, dependente de regras jurídicas.

Trata a espécie do direito vigente e aplicado a um determinado povo, consoante Miguel Maria de Serpa Lopes: "Entende-se o direito em vigor num determinado povo, como, *v.g.*, o direito positivo brasileiro, para significar o conjunto de regras constitutivas da nossa legislação".[41] Compreende o conjunto de leis, princípios e regulamentos formulados em uma época, com poder coercitivo ou de força normalmente previsto na norma. Daí sintetizar-se como o ordenamento jurídico que impera em uma época e num lugar circunscrito ou delimitado. Sinteticamente, Messineo coloca-o como "il diritto posto, o statuito concretamente".[42] Enquanto o direito natural encerra os princípios ideais que inspira e obedece um povo, o direito positivo expressa o regime jurídico da

---

[39] *Tratado de Direito Privado – Parte Geral*, 4ª ed., 2ª tiragem, São Paulo, Revista dos Tribunais, 1983, tomo I, p. 6.
[40] *Curso Moderno de Direito Civil – Parte Geral*, 2ª ed., São Paulo, Nelpa Edições, 1996, 1º vol., pp. 3 e 4.
[41] *Curso de Direito Civil*, 6ª ed., Rio de Janeiro, Livraria Freitas Bastos S. A., 1988, vol. I, p. 23.
[42] *Manuale di Diritto Civile e Commerciale*, ob. cit., vol. I, p. 17.

via social. Na concisa apresentação de Washington de Barros Monteiro, não superada pelas definições de outros autores, constitui "o ordenamento jurídico em vigor num determinado país e numa determinada época".[43]

Todo povo politicamente soberano implanta um sistema de leis com o objetivo de se ordenar e organizar. As pessoas submetem a conduta a um esquema de ditames e normas oficializadas e por elas próprias criadas. Para impô-las e fazê-las respeitar, organizam-se mecanismos de coerção ou repressão, infundindo um temor em todos os indivíduos sobre os quais convencionou-se a sua abrangência. E justamente esse conjunto de regras ou normas promulgadas para um determinado povo forma o direito positivo.

Vai além da lei e até da norma. Salienta-se que a lei é criada pelo Estado, vindo a lume por éditos publicados, enquanto a norma tem um campo mais extenso, posto que abrange ditames de toda ordem e o acervo da cultura jurídica. Já o direito positivo aparece com maior amplidão ou dilata mais seu campo, porquanto compreende as leis promulgadas, os regulamentos, as disposições normativas, os princípios gerais de direito, a analogia, o costume, o uso, a jurisprudência etc., ou seja, todo o sistema jurídico de um país.

Observa-se, ainda, que o direito natural tende a converter-se em direito positivo, dado o seu constante aperfeiçoamento. E o direito positivo, embora não amplamente, constitui a encampação do direito natural, ou a integração no sistema jurídico vigente.

9. DIREITO PÚBLICO E DIREITO PRIVADO

Numa concepção bem antiga, tinha-se como *direito público* aquele que dizia respeito aos interesses do Estado, e também o direito que rege aquelas relações em que participa o Estado, ou uma pessoa jurídica pública em um dos polos Ou, na visão de Afrânio de Carvalho, "o direito público é o direito das entidades públicas e das relações jurídicas concernentes ao bem comum. Assim, regulamenta as atividades do Estado, em todas as suas entidades, União, Estados, Distrito Federal, Territórios, Municípios, Autarquias, bem como as relações dessas entre si e com o indivíduo, sob o signo da subordinação".[44] Nos tempos mais recentes, foi se ampliando o seu objeto, passando a compreender o conjunto de ditames ou normas que disciplina também a coletividade enquanto conjunto, e mais, os serviços oferecidos a todos, os interesses coletivos, difusos e comuns dos grupos ou conjuntos de pessoas unidas em uma meta única. Na medida em que se amplia o respeito à pessoa e aos direitos de todos, mais se publicizam os sistemas jurídicos, de modo a incluir como questão de Estado

---
[43] *Curso de Direito Civil* – Parte Geral, ob. cit., p. 8.
[44] *Instituições de Direito Privado*, 3ª ed., Rio de Janeiro, Forense, 1980, p. 4.

não apenas os crimes de lesa-majestade, ou aqueles que atingem o Poder constituído, mas a totalidade de atos que interessa a uma comunidade. Longe vai o tempo das influências do princípio romano de que *publicum est jus quod ad statum rei romanae spectat*. Não somente os interesses de entidades estatais defende, mas toda aquela gama de princípios, regras e reclamos necessários para manter o equilíbrio entre os seres humanos. Nessa visão, já propugnava Duranton que fazem parte do direito público "le leggi che hanno per oggetto il reprimere gli attentati contro la morale, contro il buon ordine, e contro la sicurezza dello Stato o dei cittadini; quelle che regolano le condizioni del matrimonio, che stabiliscono la podestà maritale o la paterna; che determinano la qualità delle persone etc."[45]

Afaste-se o surrado entendimento de que o direito público esgota-se na série de normas e ditames que disciplina as relações entre o Estado e o cidadão. Abrange também as normas e princípios de ordem pública, ou que disciplinam a vida das pessoas em aspectos de maior importância; que interessam à coletividade em geral; que defendem verdades, valores, institutos, a dignidade humana, os direitos fundamentais; que procuram amparar a família, o ensino, a economia popular, os direitos do consumidor, as garantias instituídas em favor do trabalhador; que protegem a natureza, o meio ambiente, a sociedade, a moral, a juventude, a infância. Em suma, o direito público ergue-se como o conjunto de normas dirigido a preservar os valores da pessoa, a sua dignidade, os seus direitos, os princípios fundamentais. Não mais se resume em um direito de subordinação, teoria muito em voga quando da preponderância do Estado, pela qual os seres humanos eram tratados como súditos, não se permitindo sequer questionar as ordens dos soberanos. Aos poucos, vão perdendo força os velhos primados da supremacia do direito público, contendo privilégios e favores negados na órbita do direito comum.

Constitui, é evidente, aquele conjunto de ditames que regula as relações em que o Estado é parte, que cuida da organização do Estado e das relações com outros países. Todavia, sem a superioridade que antigamente se constituía em privilégio.

Pode-se tentar uma discriminação, ou elencar os vários tipos de direitos públicos. Primeiramente, parte-se do Estado, considerado como uma entidade criada com a finalidade de tratar e cuidar dos interesses da coletividade. Os indivíduos reúnem-se e decidem constituir um ente superior, com o desígnio supremo de tratar do bem ou interesse comum. Está dentro de suas finalidades a criação ou o exercício de funções e atividades que favoreçam o conjunto de pessoas que o constitui.

---

[45] *Corso di Diritto Civile secondo il Codice Francese*, Torino, Libreria Della Minerva Subalpina, 1839, vol. I, p. 8.

No rol das atividades ou encargos a ele reservados, pode-se apontar aqueles dirigidos para a sua organização interna e externa, para a proteção dos indivíduos, para a administração dos bens de todos, para a defesa do povo e do espaço territorial, e para a promoção do progresso, da saúde, da harmonia, da paz, do trabalho, da cultura, do desenvolvimento, entre várias outras metas.

Escolhe-se um chefe ou poder central, que gerencia e administra os interesses e serviços comuns. No desempenho das atividades de proteção, de disciplina, de prestação de serviços, organiza-se em várias áreas. Trata especificamente de normas, segundo a importância para a sua afirmação como ente soberano e independência do povo.

Num plano das relações com povos distintos, já que o Estado convive com outros Estados e organismos supranacionais, há o direito público externo, tendo aí o *direito internacional público*, destinado justamente a disciplinar as relações entre Estados, considerado, na explanação de Nelson Godoy Bassil Dower, "o conjunto de regras, convenções ou tratados que disciplinam as relações entre as Nações, segurando, sempre, em um de seus polos, o Brasil, como país soberano";[46] e o *direito internacional privado*, com a finalidade de regular as relações entre o Estado e as pessoas pertencentes a Estados diversos.

Se a disciplina restringe-se ao âmbito interno do Estado, está-se diante do direito público interno.

Na ordem das normas que formaliza para a sua existência, aparece em primeiro lugar o *direito constitucional*, o qual dá a estrutura básica do Estado, a sua organização interna, a forma de governo, a divisão de poderes, as funções dos órgãos e entes que o representam, os direitos fundamentais dos cidadãos.

Vem, em seguida, o *direito administrativo*, que disciplina ou regula as várias atividades da competência do Estado e dos indivíduos destacados a desempenhar suas funções, ou delineia como se desenvolve a ação do Estado. Compreende o complexo de normas que trata do ingresso das pessoas na função pública e que materializa o exercício das funções dos órgãos públicos.

Na mesma ordem dos dois ramos acima, coloca-se o *direito tributário*, prevendo como fonte de arrecadação do Estado, para a sua subsistência e para munir-se de meios a fim de atender o bem comum, a participação na receita que os cidadãos dispõem, de modo a transferir para os cofres públicos parcela da renda, do preço dos produtos que circulam, do custo da fabricação, do resultado advindo do desempenho de atividades, dentre outras fontes.

A fim de conter as condutas, e colocar uma ordem nas relações entre as pessoas, e nas relações das pessoas com o Estado, com os bens e outros valores existentes internamente, existe o *direito penal*.

---

[46] *Curso Moderno de Direito Civil* – Parte Geral, ob. cit., 1º vol., p. 6.

Como *direito processual* reconhece-se o conjunto de preceitos que trata da atividade do Poder Judiciário, dos caminhos para seguir nas veredas da Justiça, ou da distribuição da justiça, dos ritos ou procedimentos para buscar a prestação jurisdicional e que devem seguir os processos, tanto na órbita civil como penal.

O *direito financeiro* inclui-se na categoria de público, constituindo aquele ramo que regula o planejamento da atividade do Estado, especialmente no que se refere ao orçamento, à aplicação dos recursos angariados e ao planejamento dos investimentos, de modo a atingir as finalidades sociais e econômicas visadas pelas metas governamentais.

O *direito registrário* pode incluir-se no direito público, destinando-se a levar a registro a série de atos realizados na vida civil das pessoas, desde os que marcam a existência humana, até aqueles que envolvem o estado civil, e os atos que significam a transferência e as limitações no direito de propriedade.

São os acima alguns dos ramos do direito público, sem excluir outros, como o *direito de trânsito*, o *direito aeronáutico*, o *direito marítimo*.

Numa linha intermediária, situada entre o direito público e privado, encontram-se vários ramos, e assim o direito do trabalho, o direito do consumidor, o próprio direito de família, o direito falimentar. Isto pela razão do alto intervencionismo do Estado, dando proteção às relações entre as pessoas e os organismos, e pela necessidade de se proteger certos valores e institutos primordiais para manter a sociedade. Leis que abordam tais assuntos classificam-se como de ordem pública, em vista da importância das matérias que tratam. Ninguém nega que um Estado forte depende também da família bem estruturada, e que para manter o equilíbrio econômico e social deve-se coibir a usura. Tem-se, aí, mais institutos de ordem pública, ou de direito público em sentido lato.

Já no pertinente ao *direito privado*, ingressa-se na seara onde é menor o interesse público e mesmo o social. A esfera das questões disciplinadas circunscreve-se aos interesses particulares. Os valores discutidos são puramente individuais, posto que regula as relações entre particulares, o que é uma constante em todos os sistemas, consoante Ludwig Enneccerus: "Regula las relaciones jurídicas de los particulares en cuanto tales, sobre la base de la coordinación".[47] Não contempla o indivíduo como cidadão, mas como membro da sociedade civil. Abrange o direito civil, o direito comercial, o direito do trabalho. Já em antiga visão, representada por Duranton, "il diritto privato è composto delle leggi che hanno per iscopo di regolare gli interessi pecuniari dei cittadini tra di loro; esso si occupa del tuo e del mio... Tali sono le leggi che reggono i contratti, i testamenti, le successioni, i diversi modi di acquistare la proprietà".[48]

---

[47] *Tratado de Derecho Civil* – Parte General, tradução da 39ª edição alemã, Bosch – Casa Editorial, Barcelona, 1947, vol. I, tomo 1, p. 1.

[48] *Corso di Diritto Civile secondo il Codice Francese*, ob. cit., vol. I, p. 8.

Na conceituação de Décio Moreira, o direito civil "cuida da personalidade, dos direitos de família, sucessórios, propriedade e obrigações, especialmente os contratos".[49] Mas não apenas nesses tópicos, posto que se alastra para vários outros campos, como o direito das coisas, o que trata dos atos jurídicos, da prescrição, e uma infinidade de assuntos que extrapolam ao Código Civil, e que igualmente regulam a esfera privada dos interesses, como os loteamentos, as incorporações imobiliárias, as locações de prédios urbanos, a propriedade rural, as instituições financeiras.

No direito comercial, ou mais apropriadamente direito empresarial, as relações discutidas ou disciplinadas são mercantis. Regula a atividade das pessoas comerciantes, ou os atos de comércio, que equivalem aos contratos envolvendo a circulação e a transmissão dos bens, e a constituição das sociedades criadas para finalidades de desenvolver o comércio. Mais resumidamente, cuida da atividade negocial do comerciante.

Evidentemente, como referido, vários outros ramos do direito existem, sendo exemplos o direito agrário, o direito falimentar, o direito bancário, o direito do consumidor, todos com certa carga de interesse público, numa linha intermediária de maior ou menor intervenção do Estado, proporcionalmente à importância do bem protegido e regulado.

Coerente afirmar a existência de uma forte tendência para publicizar o direito privado, tal a importância de muitos dos regramentos nas relações jurídicas privadas. Mais precisamente, há uma constitucionalização do direito privado, no perfeito enfoque dado por Francisco Amaral: "Superando a clássica dicotomia direito público-direito privado, os princípios fundamentais do direito privado deslocam-se para os textos constitucionais. Contrariamente ao que sucedia no século passado, quando os códigos civis eram o depositário dos princípios referentes ao indivíduo, como o direito à vida, à liberdade nos seus múltiplos aspectos, à segurança, à propriedade, à igualdade..., tudo isso se deslocou para a Constituição Federal (art. 2º), que reúne hoje os princípios básicos da ordem jurídica, estabelecendo os direitos e deveres fundamentais do cidadão e dos grupos sociais, e organizando as estruturas administrativas do Estado".[50]

Ricardo Luis Lorenzetti desenvolve o assunto: "A Constituição é uma fonte que exerce uma influência, tanto direta, através de normas operativas, quanto indireta, modificando o 'espírito informador do direito', e mudando os princípios gerais.

Por essa razão, o Direito Privado atual adota uma permanente 'perspectiva constitucional' em diferentes níveis.

---

[49] *Elementos de Direito Civil*, ob. cit., p. 7.
[50] *Direito Civil Brasileiro* – Introdução, ob. cit., p. 150.

A Constituição tem disposições de conteúdo civilista aplicáveis ao âmbito privado. Igualmente, tem em seu seio as normas fundamentais da comunidade, a sua forma de organizar-se, às quais se remete permanentemente o Direito Privado.

De outro ponto de vista, o Direito Privado é Direito Constitucional aplicado, pois nele se detecta o projeto de vida em comum que a Constituição tenta impor; Direito Privado representa os valores sociais de vigência efetiva.

Por isso é que o Direito Privado se vê modificado por normas constitucionais. Por sua vez, o Direito Civil ascende progressivamente, pretendendo dar caráter fundamental a muitas de suas regras, produzindo-se então uma 'constitucionalização do Direito Civil'.[51]

De outro lado, se retira espaço às ações do direito público restritamente em favor dos entes públicos, de modo que não pode ele estender-se aos direitos individuais consagrados na Constituição Federal. Ao mesmo tempo, adquirem importância os valores eminentemente sociais, como a dignidade, o idêntico tratamento entre Estado e cidadão, a derrogação de leis e privilégios em favor dos entes públicos. Inúmeras as demandas civis públicas, propostas pelo Ministério Público, fundamentadas no direito privado, mas movidas por atos generalizados de ofensa de direitos básicos da humanidade."

10. DIREITO OBJETIVO E DIREITO SUBJETIVO

Tem merecido destaque a distinção entre direito objetivo e direito subjetivo. O primeiro define-se como norma de agir – *norma agendi*, abrange o direito existente e concretizado em normas ou leis, regendo as condutas humanas, as relações entre as pessoas, e as relações das pessoas com o mundo externo, ou seja, com o Estado, com os homens e os bens. Compreende a série de direitos existentes e implantados, e assim o direito das coisas, o direito de propriedade, o direito de família, o direito que trata das incorporações imobiliárias. Bem claramente, diz Silvio Rodrigues ser "o conjunto de normas que a todos se dirige e a todos vincula".[52]

Há um sistema de dispositivos regulando inteiramente uma atividade, ou um setor da propriedade. Constitui, nesta visão, o conjunto de regras que rege os mais variados setores da vida ou o contexto social das pessoas. Observa-se, a título de exemplo, que uma pessoa tem o direito ao domínio, ou ao direito de reembolso por uma dívida paga em nome do afiançado. Esse direito ao domínio ou ao reembolso constitui a norma, o direito objetivo.

---

[51] *Fundamentos do Direito Privado*, tradução do espanhol por Vera Maria Jacob de Fradera, São Paulo, Editora Revista dos Tribunais, 1998, pp. 252 e 253.
[52] *Direito Civil – Parte Geral*, ob. cit., vol. I, p. 7.

Já o direito subjetivo coloca a posição da pessoa frente ao direito objetivo. De forma simples mas clara, diz Andreas von Tuhr que "es el derecho del sujeto, el 'derecho' subjetivo, como suele designarse en contraposición con el derecho objetivo (norma jurídica)".[53] Justamente em vista de vigorante uma norma que trata da propriedade, o indivíduo, que é proprietário, tem direitos protegidos pela norma, de modo a facultar-se-lhe a petição de proteção à propriedade, ou de defesa contra as investidas de estranhos. Dessas considerações práticas, retira-se que o direito subjetivo externa-se na garantia de usufruir ou aproveitar da proteção trazida pela norma. Constitui a faculdade de agir – *facultas agendi*, assegurada pelo ordenamento legal vigente. E a faculdade de agir se expressa por meio da ação. Messineo, em singular perfeição de conteúdo, menciona-o como "un potere giuridico (o dominio) della volontà", implicando "possibilità di dirizzare il proprio volere in certe maniere determinate".[54]

É como Alf Ross vê o assunto:

> "O conceito de direito subjetivo pressupõe, portanto, que o titular do direito dispõe, também, de uma *faculdade* relativamente à pessoa obrigada, isto é, que está aberta para ele a possibilidade de fazer valer seu direito instaurando um processo. Pressupõe-se, ao mesmo tempo, que nenhuma outra pessoa poder mover processos. O poder do proprietário de instaurar um processo é tão exclusivo quanto seu uso e gozo do objeto".[55]

De um lado, o direito objetivo ostenta-se na regra, na lei; de outro, o direito subjetivo revela-se e realiza-se no poder de exigir que vigore a regra ou a lei, de sorte a protegê-lo. Afrânio de Carvalho dá um exemplo prático: "Assim, sob o aspecto objetivo, a lei tutela a propriedade; sob o aspecto subjetivo, dá ao proprietário as faculdades de usar, gozar e dispor da própria coisa".[56]

A norma, enquanto inspira o sujeito a socorrer-se de seu conteúdo, forma o direito objetivo. E a invocação da norma, ou o poder de exercê-la, realiza o direito subjetivo.

Há o preceito geral; e, ao mesmo tempo, aparece a vontade que leva a conseguir a proteção do preceito geral. Exemplificando, integra o sistema jurídico de um país a lei que manda pagar as prestações de uma obrigação. Temos, aí, o direito objetivo. De outro, a faculdade de exigir o pagamento insere-se dentro do direito subjetivo. Complementa Alcino Pinto Falcão: "Enquanto o direito objetivo se apresenta como *norma agendi*, ordenação jurídica da sociedade, o

---

[53] *Derecho Civil*, tradução de Tito Ravà, Buenos Aires, Editorial Depalma, 1946, vol. I, p. 71.
[54] *Manuale di Diritto Civile e Commerciale*, ob. cit., vol. I, p. 76.
[55] *Direito e Justiça*, ob. cit., p. 210.
[56] *Instituições de Direito Privado*, ob. cit., p. 3.

direito subjetivo se revela como *facultas agendi*, possibilidade de manifestar o indivíduo a própria atividade num certo sentido, de acordo com a regra jurídica".[57]

Várias as teorias que procuram explicar o direito subjetivo, dar o seu fundamento, ou justificá-lo, tendo merecido a atenção dos autores formuladores do moderno direito civil. Vicente Ráo apresenta um estudo extenso, partindo da teoria da vontade, seguindo na teoria do interesse, e concluindo na teoria mista. Parece que o mérito dos estudos não atinge o lado prático, ficando no plano teórico e cultural. Mais exemplificativamente – resume-se na linha do autor acima –, embora a pouca clareza como veio exposta, a teoria da vontade assenta-se no conceito do direito subjetivo advindo da vontade da pessoa, considerada não em abstrato, mas através de uma relação sujeita à disciplina imposta pela norma jurídica, inicialmente costumeira e, mais tarde, legislativa.[58] A vontade é que domina e estabelece os atos jurídicos. Sempre depende de alguém a prática de um ato jurídico. Em vista do direito decorrente de uma lei, está a pessoa autorizada a obter os seus efeitos. Ou a faculdade da ação obedece ao impulso da vontade.

Caio Mário da Silva Pereira, em longa análise das várias teorias que grassam em volta da matéria, nem todas claras, salienta que esta teoria "traduz o direito a certo comportamento, seja da parte de uma pessoa qualquer, seja de uma pessoa determinada, em relação ao titular, que, com base no direito objetivo, tem a faculdade de fazer ou não fazer uso da norma, para exigir a efetivação de uma conduta, e para utilizar contra o transgressor as sanções cominadas".[59]

Todavia, nem sempre a vontade da pessoa determinará o direito subjetivo, ou muitos atos aparecem independentemente da vontade. É o que se dá com a morte, o nascimento, a formação de ilhas, o aluvião, a avulsão. Não se pode, pois, depender os direitos subjetivos unicamente da vontade. Numa outra dimensão, prossegue-se, há pessoas que exercem direitos embora não capazes e, obviamente, não têm vontade. O louco e o menor não possuem vontade, sem que, no entanto, não se lhes reconhece o direito, ou não possam ser sujeitos de direitos. Inclusive na sucessão, ignorando o herdeiro a morte, recaem sobre ele direitos, independentemente de sua vontade.

Alguns autores apegam-se à teoria do interesse. Por ela, busca-se a atuação da lei unicamente em vista do interesse que tem a pessoa na sua incidência. Trata-se do interesse material e direto. Não se vai à procura de um direito se não estiver presente o interesse, a vantagem que decorre. Ingressa-se como uma ação reivindicatória em vista da pretensão ao proveito do imóvel. Mas, contrapõem os autores, nem todas as pretensões judiciais encerram um inte-

---

[57] *Parte Geral do Código Civil*, ob. cit., p. 3.
[58] *O Direito e a Vida dos Direitos*, ob. cit., vol. II, tomo I, p. 24.
[59] *Instituições de Direito Civil*, ob. cit., vol. I, p. 24.

resse direto do promovente. Quando se busca a nomeação de curador a um interdito, o interesse não é do promovente da medida, e sim de um terceiro.

Pela teoria mista, determinam o direito subjetivo a vontade e o interesse. Conjugam-se esses dois pressupostos. Dois elementos revelam o direito subjetivo: a vontade pela qual se consegue o objeto; e o interesse. Por outras palavras, há a expressão de uma vontade, significando um querer, mas que desperta esse querer para a realização de um interesse. A pessoa quer (vontade) em vista da apreciação de um objeto (interesse). O interesse é que faz despertar a vontade.

Sem esses pressupostos, não se sobrepõe ou vinga o direito subjetivo. Seguindo na explicação, apresenta-se para a parte um interesse protegido ou assegurado pela lei. Em vista desse interesse, para o exercício do direito subjetivo deverá operar a vontade, ou a inclinação em satisfazer o direito o interesse.

11. DIREITO ROMANO E FORMAÇÃO DO DIREITO PRIVADO

Importante dar uma visão histórica do direito, cuja evolução acompanha o próprio desenvolvimento do ser humano, como Karl Marx bem expressou, ao observar que a história nada mais é que uma transformação contínua da natureza humana. Ademais, com suporte em Augusto Comte, lembrado por Armand Cuvillier, é sabido que "uma concepção qualquer não pode ser bem conhecida senão por sua história".[60]

Lembra-se, de início, que nas eras primitivas havia uma mistura de religião e direito, mas este visto como decorrência de princípios de preceitos religiosos. Vinha o caráter religioso do direito arcaico imbuído de sanções rigorosas e repressoras, conforme historia Antonio Carlos Wolkmer: "O receio de vingança dos deuses, pelo desrespeito aos seus ditames, fazia com que o direito fosse respeitado religiosamente. Daí que, em sua maioria, os legisladores antigos (reis sacerdotes) anunciaram ter recebido as suas leis do deus da cidade. De qualquer forma, o ilícito se confundia com a quebra da tradição e com a infração ao que a divindade havia proclamado".[61]

Já numa fase mais evoluída, e quanto ao direito civil, sua origem emana do direito romano, o qual nasceu dos costumes e da religião, compreendendo o período que inicia em 733 antes de Cristo e se estende até a morte do imperador Justiniano, no ano de 563 depois de Cristo.

Numa fase de formação, havia o direito pretoriano, com exacerbados poderes concedidos ao *pater familias*, que não constituía um sistema completo,

---

[60] *Introdução à Sociologia*, tradução de Luiz Damasco Penna e J. B. Damasco Penna, São Paulo, Companhia Editora Nacional/Editora da Universidade de São Paulo, 1966, p. 3.
[61] O Direito nas Sociedades Primitivas, *em Fundamentos de História do Direito*, organizador Antonio Carlos Wolkmer, 4ª ed., Belo Horizonte, Del Rey Editora, 2009, p. 3.

e nem vinha munido de autoridade e coerção pública na implementação das decisões judiciais. De modo semelhante à equidade no Direito anglo-saxão, representava apenas uma forma supletiva da ordem jurídica vigente: era criado *adjuvandi vel suplendi vel corrigendi juris civilis*. Além disso, não era apresentado na forma de proposições jurídicas materiais. A formalização inspirou-se no *jus civile*, o direito dos cidadãos, contrapondo-se ao *jus gentium*, o direito das gentes, daqueles que vinham de fora e dos escravos.

Dominou essa divisão até o final do século II a.C., quando já se conheciam três ramos, referidos nas *Institutas*, ao tempo de Justiniano: o *jus civile*, unicamente para os cidadãos romanos; o *jus gentium*, ou aquele sistema destinado aos que vinham de fora de Roma; e o *jus naturale*, criado pela natureza e que se forma com o homem. Quanto ao *jus civile* e ao *jus gentium*, ilustra Francisco Amaral: "O ponto de partida é o *jus civile*, o direito dos cidadãos romanos, os *cives*, direito baseado nos costumes dos antepassados (*mores maiorum*), e com sua primeira formulação legal na Lei das XII Tábuas... No ano 242 a. C. instituiu-se o cargo de *praetor peregrinus*, o juiz para os estrangeiros, de cuja atividade resultou o *jus gentium*. O *jus civile*, direito dos cidadãos, opunha-se, desse modo, ao *jus gentium*, direito dos estrangeiros. Com este, obra do *praetor peregrinus*, o direito romano vai assimilando novos elementos e sobrepondo-se às suas características nacionais, para converter-se, progressivamente, em um direito comum e universal".[62]

No período inicial e intermédio do direito romano, desenvolveu-se outra divisão: conhecia-se o direito escrito – *jus scriptum*, formado de éditos, de decisões vindas do senado, e de outros documentos emanados dos imperadores; e o direito pretoriano, vindo das decisões dos pretores, de caráter jurisprudencial.

A codificação teve o seu início através da *Lex XII Tabularum*.

Sobre a Lei das XII Tábuas, historia Thomas Marky:

> "O marco mais importante e característico desse período é a codificação do direito vigente nas XII Tábuas, codificação feita em 451 e 450 a. C. por um decenvirato, especialmente nomeado para esse fim.

As XII Tábuas, chamadas séculos depois, na época de Augusto (século I), fonte de todo o direito (*fons omnis publici privatique iuris*), nada mais foram que uma codificação de regras provavelmente costumeiras, primitivas, e, às vezes, até cruéis. Aplicavam-se exclusivamente aos cidadãos romanos".[63]

O *jus civile* e o *jus gentium* fundiram-se, agregando grande parte das formulações pretorianas, e consolidando aqueles setores em um grande direito, o direito comum e geral, até chegar ao direito privado propriamente

---

[62] *Direito Civil Brasileiro* – Introdução, ob. cit., pp. 107, 109 e 110.
[63] *Curso Elementar de Direito Romano*, 8ª ed., São Paulo, Editora Saraiva, 1995, p. 6.

dito. De sorte que a grande conquista do direito em si deu-se com a fusão de várias fontes, conduzindo a humanizar as leis rigidamente formalistas do *jus scriptum*, como na venda de uma coisa *mancipi*. Em que consistia? Consistia na solenidade da entrega manual de alguma coisa, de sorte que a ausência desse ato formal descaracterizava o contrato. No entanto, o vendedor passou a ter obstada a pretensão de devolução da coisa, por falta da solenidade essencial, sob o argumento pretoriano de se preservar a boa-fé. Pelo fato do recebimento do preço, não se lhe concedia a restituição, ou a consolidação da propriedade do bem em seu nome. O direito pretoriano criou essa inovação, que passou a prevalecer, embora a inexistência de texto escrito de lei. Assim, mesmo que não transferida a propriedade plena, ante a ausência do ato de solenidade, mantinha-se a posse, impedindo o esbulho, e abrindo-se o caminho para a aquisição pela via do usucapião.

Os vários ramos do direito civil foram se unificando, desaparecendo ou se diluindo pelo menos nos textos da lei as diferenças de direitos em razão da origem das pessoas. Nesse papel, tiveram grande influência os pretores, cujo direito formado se contrapôs ao dos reis e imperadores, chegando suas consolidações a virem a público e a se imporem por meio de éditos, até constituírem, com o *jus civile* e o *jus gentium*, um único direito, que foi o direito privado, meta alcançada no começo da Idade Média.

Num momento seguinte, promoveram-se as compilações, como o *Corpus Juris Civilis*, do século VI, sob a ordem e a orientação de Justiniano, compreendendo as *Institutas*, o *Digesto* ou *Pandectas*, o *Codex* e outros documentos do próprio Justiniano, que serviram de fundamentos para o direito que se realizou e expandiu na Idade Média. Salienta-se que as *Institutas* eram destinadas aos estudantes. Seguiram-se as *Novellae Leges*, compreendendo coletânea de éditos ou novas leis.

Mais detalhadamente, as *Institutas*, historia Sílvio de Salvo Venosa, "são um breve manual de estudo. Foram preparadas ao mesmo tempo que o *Digesto*, e elaboradas por três membros da comissão do *Digesto*". O *Digesto*, segue o autor, "conhecido igualmente pelo nome grego *Pandectas*, é uma compilação de fragmentos de jurisconsultos clássicos. É obra mais completa que o Código e ofereceu maiores dificuldades em sua elaboração".[64] O *Codex* compreende a compilação, seleção e catalogação das constituições imperiais vigentes (leis emanadas dos imperadores). Existiam também as *Novellae*, que compreendiam a compilação de novas constituições ou leis complementares do tempo de Justiniano.

Nessa época, além do direito civil, tinha grande repercussão o direito canônico ou eclesiástico, cujas emanações atingiam o indivíduo como membro da comunidade cristã. Há o fenômeno do começo da conformação do direito terreno ao direito canônico, que vinha iniciando, fomentando-se o pensamento

---

[64] *Direito Civil* – Parte Geral, São Paulo, Editora Atlas, 2001, pp. 72 e 75.

para chegar-se à ordem divina, quando a *lex* e a *ordo* (lei e ordem) passaram a conceber o direito medieval. A lei, na inspiração patrística e na visão de Tomás de Aquino, é considerada dentro da ordenação da razão ao bem comum, promulgada por autoridades encarregadas de comandar as gentes (Summa Theologica, 1, 2., q. 90, art. 4). O direito é idealizado sob um caráter sagrado, numa dimensão de sacralidade transcendente, com o progressivo afastamento das instituições romanas.

Ou seja, houve uma unificação e até simbiose entre o direito leigo e o eclesiástico, aquele oriundo do direito romano e o último constituindo criação da cultura teológica, especialmente da patrística, que teve seu ápice em Santo Tomás de Aquino. O apogeu foi alcançado no século XVI, quando se reuniram os *canones* no *Corpus Juris Canonici*, que compreendia cinco livros. Em 1917, veio com o Papa Bento XV a condensação no *Codex Juris Canonici*, num total de cinco livros e de 2.414 artigos.

O direito germânico também surgiu no final da Idade Média. Dominava, antes, o direito consuetudinário, variando os usos e costumes de região para região. Deu-se, paulatinamente, a introdução do direito romano, primeiro por imposição do imperador Maximiliano e, depois, pela sua própria universalização decorrente do Humanismo, movimento das letras que se desenvolveu paralelamente ao Renascentismo e à Reforma Protestante, dentro das transformações operadas a partir do século XV.

No final da Idade Média, despontava um novo direito, especial e dinâmico, imposto pela fulgurante expansão mercantil que ampliava os horizontes da Europa para outras regiões da terra. Era o direito comercial, de grande alcance nas relações de compra e venda de mercadorias carregadas em países distantes e trazidas para vários países europeus, como a Inglaterra, a França, a Itália, a Espanha e Portugal. Formavam-se tribunais de comércio, onde se encaminhavam e se resolviam conflitos entre comerciantes. A tendência se encaminhou para a divisão do direito privado em dois ramos: o direito civil e o direito comercial, ambos os ramos se codificando.

A transformação seguiu com a Revolução Industrial, a partir do final do século XVIII, com a mudança na forma de exploração dos bens, como o surgimento de novas realidades, a mecanização, o invento de novos produtos, a poluição ambiental, os conflitos sociais (decorrentes da exploração do homem pelo homem), dando origem aos movimentos operários, às greves etc.

Como resultado dessas mudanças, na França, em 1804 se promulgou o Código Civil (denominado Código de Napoleão), e em 1807 apareceu o primeiro Código Comercial, propagando-se a ideia nos países de certo desenvolvimento e cultura, como no Brasil, que publicou seu Código Comercial em 1850, bem antes da codificação do direito civil, que somente aconteceu em 1916. De certa forma, ambos os ramos atingiram a estrutura de códigos em épocas concomitantes ou próximas. O Código Civil de 2002, no entanto, abarcou considerável parte de assuntos de direito comercial (direito de empresa e sociedades), estabelecendo uma unificação parcial.

Prosseguiu a expansão do *jus civile* primitivo, sempre em função da evolução dos tempos. Pela segunda metade do século XIX, uma nova realidade surgia, revelando mais uma faceta dos problemas humanos, e decorrente do grande emprego da mão de obra. Esta a visão apresentada por Arnoldo Wald: "Criou-se, para essa finalidade, um Direito especial aplicável entre empregados e empregadores, Direito que se denominou legislação industrial. Posteriormente, chamou-se legislação do trabalho e hoje é conhecida como uma das cadeiras do currículo jurídico, sob o nome de Direito do Trabalho".[65] Vão adiante as transformações. Os trabalhadores são substituídos pelas máquinas que, em face do desenvolvimento científico e tecnológico, se tornam cada vez mais eficientes e eficazes, até se chegar à era da informática e à eletrônica, que, em passos rápidos, programam e comandam grande parte dos meios de produção.

De sorte que o direito privado abarca o direito civil propriamente dito, o direito eclesiástico ou canônico, o direito comercial e o direito do trabalho, como revelam as suas origens. Nas últimas décadas, um outro ramo despontou e criou estrutura, como o direito agrário, pugnando muitos pela necessidade de uma justiça especializada, destinada à solução dos litígios voltados à terra e à exploração da propriedade rural. Francisco Amaral acentua o fenômeno da "crescente separação em ramos jurídicos autônomos" do direito, "alguns com princípios próprios, outros vinculados ainda aos princípios fundamentais do direito civil".[66] E assim despontam os prenúncios de novas especializações, com características e importância tão fortes que merecem a autonomia, como o direito bancário, o direito condominial, o direito locatício, o direito de autor, o direito aeronáutico, o direito notarial, o direito de propriedade industrial. Compõem o direito privado, ou o *private law* do direito anglo-americano, sendo oportuno afirmar que a especialização em diferentes blocos ou ramos pode levar a reservar o direito civil, ou o *civil law*, ou, ainda, o primitivo *corpus juris civilis*, à parte do direito que trata de regras e princípios gerais dos direitos, da personalidade, das pessoas, dos bens, dos fatos jurídicos, das regras de hermenêutica, da prova dos negócios, dos defeitos dos atos jurídicos, da prescrição e decadência etc. É o que deixa antever Wilson Carlos Rodycz, em excelente trabalho sobre o assunto: "Atualmente, o espaço que poderia sobrar para os códigos é de *elemento central* do sistema jurídico e de facilitador da harmonização do direito privado.

Com efeito, conforme diz o Prof. Clóvis do Couto e Silva, como código central, o Código Civil seria mais amplo do que os códigos civis tradicionais. A linguagem seria outra e nela haveria 'cláusulas gerais', um convite para uma atividade judicial mais criadora, destinada a complementar o *corpus juris* vigente, com novos princípios e normas...

---

[65] *Curso de Direito Civil Brasileiro* – Introdução e Parte Geral, ob. cit., p. 31.
[66] *Direito Civil Brasileiro* – Introdução, ob. cit., p. 151.

No mesmo sentido, Fábio S. de Andrade propugna pelo estabelecimento de uma codificação estruturada em princípios, *standards*, ou mesmo por cláusulas gerais. Defende a adoção de um sistema aberto ou móvel, em comparação com a sistemática anterior, concebida como um sistema fechado".[67]

O direito civil, diante da própria evolução da humanidade, nunca absorverá ou abarcará todos os campos de regulamentações das atividades do homem e de suas relações intersociais e com os bens. Daí que, realmente, o mais apropriado é considerar a série de normas e princípios que tratam dos interesses mais particulares, sem relação com o Estado, como integrando o direito privado, num grande ramo que o distingue do direito público, mas nas linhas ou princípios gerais. A dificuldade de se incluir no direito civil todos os campos do direito não público já existia quando da elaboração do Código de 1916, segundo sentiu Caio Mário da Silva Pereira: "Muito embora pretendesse o (Código de 1916) regular os direitos e obrigações de ordem privada, concernentes às pessoas, aos bens e suas relações, encontram-se muitos outros direitos e obrigações da mesma ordem, relativos às mesmas matérias, de fora do seu corpo, e nem por isso deixam de ser direito civil. A necessidade de atualização, em outros assuntos já sistematizados no Código, reclamou que o legislador deles cuidasse em leis extravagantes, que imporiam derrogação do diploma de 1916, sem deixar, todavia, de se caracterizarem como direito civil".[68] Idêntico fenômeno se repetiu com o Código de 2002, surgindo críticas ante vazios verificados em certos temas, ou diante da não abrangência de assuntos regulados por diplomas especiais. Optaram, no entanto, os integrantes da Comissão que elaborou o Projeto, conforme palavras de Miguel Reale, em inserir no novo Código somente matéria já consolidada ou com relevante grau de experiência crítica, transferindo para a legislação especial aditiva o regramento de questões ainda em processo de estudo, ou, que, por sua natureza complexa, envolviam problemas e soluções que demandariam mais estudo e amadurecimento.

Oportuno observar que a integração verificada no direito romano entre as normas de direito positivo, vindas de éditos dos imperadores, de imposições do Senado, e das proclamações dos pretores, nascidas da necessidade de se fazer justiça, e, assim, impostas por princípios como o da boa-fé, da equidade, formando um único direito, se experimentam em todas as épocas. Tal se deu na Inglaterra, onde ao direito positivo se dá o nome de *common law*, que existe ao lado das criações dos tribunais, fundadas na equidade (*equity*), que se aplicam e têm força de lei. A tal ponto de avanço e aceitação chegam os princípios e criações da jurisprudência e da doutrina que, em determinado momento, são encampadas em lei, passando a integrar o direito positivo.

---

[67] "Codificar ou Não Codificar – Tendências Atuais", em *Revista da Ajuris – Associação dos Juízes do RGS*, nº 75, p. 417, setembro/1999.
[68] *Instituições de Direito Civil*, ob. cit., vol. I, p. 17.

12. AS CODIFICAÇÕES DO DIREITO CIVIL

Parte-se da multiplicidade de leis, embora tratando de um mesmo assunto. Chega-se a um momento em que se apresenta conveniente e apropriado condensar as leis, unificá-las, juntá-las e coordená-las, de modo a formar um todo único. A unificação, ou compensação – termo mais adequado –, possibilita a ordenação dos sistemas jurídicos. Processa-se de duas formas: a *consolidação* e a *codificação*.

Pela primeira, justapõem-se as normas legais, procurando encontrar uma linha comum entre elas, ou um ponto que irradia similitude de questões em toda a gama de leis ou regramentos. Não se pode olvidar o elemento para caracterizar a união ou algum ponto comum: a justaposição de normas, que se articulam sob uma orientação comum, para o interesse de todos. Todos os ordenamentos que tratam particularmente de um assunto, mas desde que se articulem as normas sob determinada orientação, formam a consolidação, que se distingue da *compilação*, porquanto nesta inexiste alguma unidade ou concatenação, sendo comum encontrar leis que se repetem no tratar dos assuntos, sendo exemplo o *Codex Juris Civilis*.

Já na codificação, além de se aproveitarem as leis existentes, outras surgem, fazendo-se eliminações, adaptações e inovações daquelas. Codificar compreende a coordenação de regras que revelam uma mesma natureza, uma idêntica unidade num campo do direito, de modo a conseguir-se uma sistematização no regramento dos assuntos. Parte-se dos assuntos gerais, nos mais variados aspectos, para seguir-se, depois, nas especificações ou particularizações. Não envolve o termo 'código', no sentido estrito, as leis que cuidam particularmente de uma matéria, como a que versa sobre as minas, ou as águas, ou a caça, ou o trânsito de veículos. Embora possam vir nominadas de códigos, como Código Minas, de Águas, de Caça, de Trânsito, não passam de leis especiais, porquanto a expressão destina-se a designar um conjunto de normas sobre um campo da atividade, ou do comportamento, ou da vida.

Duas características marcam os códigos: a *durabilidade*, pela qual se procura modificar o menos possível o código, sendo preferível, quando sujeitos alguns institutos a constantes alterações, em face das mudanças que acontecem na organização social, a regulamentação através de leis avulsas; e a *organicidade*, que envolve a interdependência e a interpenetração das várias matérias tratadas, de modo que um dispositivo não pode ferir outro, colocando em capítulo ou seção diferente.

Apropriado esclarecer que os códigos dividem-se, em geral, em duas partes básicas. A primeira denominada *Parte Geral*, destinada a normas e princípios gerais e abstratos, que dão embasamento às normas concretas e especiais do Código. A Segunda, denominada *Parte Especial*, destina a regular especificamente os campos da realidade a que se destina o código.

Essas partes, sendo mais comum a Parte Especial, subdividem-se em livros, títulos, subtítulos, capítulos, seções, subseções, artigos, parágrafos, incisos, alíneas e itens, de acordo com a extensão maior ou menor do assunto disciplinado. Na medida da necessidade de maior especificação da regulamentação, maior a subdivisão.

Cumpre anotar que os artigos destinam-se a estabelecer princípios ou regras; os parágrafos são utilizados para as explicitações e as exceções; os incisos, alíneas e itens tornam-se necessários nas discriminações de requisitos ou de situações tratadas.

Em geral, primeiro surge a consolidação, que realiza a unificação de leis que se justapõem ou se colocam lado a lado, a qual constitui um passo para a codificação. Na antiguidade, conheceu-se o Código de Hamurabi (2000 a. C.). Já no direito romano, pode-se incluir no termo a *Lex XII Tabularum*, que mais se enquadrava como compilações.

Nos tempos modernos, os primeiros países que tiveram códigos versando sobre o direito privado foram a Dinamarca (de 1683); a Noruega (de 1687); e a Suécia (de 1734).

Como grandes codificações, despontam: o Código Civil francês, de 1804; e o alemão, de 1896, exercendo ambos forte influência nas legislações que surgiam, o que aconteceu na Itália, na Espanha, na Romênia, e nos países da América Latina.

Destaque merece o Código Civil francês, que partiu de projeto de Pothier, em cuja discussão teve decisiva participação Napoleão, sendo formado por trinta e seis leis. Revela a unificação entre o direito costumeiro e o direito romano. É composto de um título preliminar, seguindo três livros, estes envolvendo o regramento sobre as pessoas, sobre os bens e as diferentes modificações da propriedade, e sobre os diversos modos de se adquirir a propriedade (pelos regimes matrimoniais, pelas obrigações ou contratos, pelas doações e testamentos). Embora as múltiplas modificações, com a introdução de novas leis, mantém a estrutura originária, encontrando forte corrente contra a sua reformulação, eis que considerado um patrimônio cultural histórico. Suas linhas fundamentais inspiram-se nos ideais da Revolução Francesa. Daí a superioridade dada ao indivíduo frente ao Estado, com a preponderância da vontade nos contratos, e reduzindo-se a intervenção do Poder Público. Efetivamente, um dos dogmas que encerra está no princípio da *pacta sunt servanda*.

Sílvio de Salvo Venosa acrescenta a seguinte informação:

> "O Código francês tentou conciliar o Direito Romano com o direito costumeiro, inspirando-se principalmente em Domat e Pothier. É um código essencialmente individualista e dá proeminência ao direito privado em suas relações com o direito público. Diz-se que é um código excessivamente 'burguês', mas é fruto de uma época e não se pode dizer que tenha uma lei para criar privilégio".[69]

---

[69] *Direito Civil* – Parte Geral, ob. cit., p. 115.

Não é possível olvidar, outrossim, o Código Civil alemão – o famoso B. G. B., abreviaturas de *Burgerlich Gesetzbuch*, que veio a lume em 1896, mas vigorando a partir de 1º de janeiro de 1900. Múltiplos os percalços que sofreram seus projetos, com a nomeação de várias comissões para a elaboração e o estudo da redação.

Duas as grandes divisões – a parte geral e a parte especial. Aquela abarcando o direito das pessoas, dos bens e os negócios jurídicos; a última é composta de quatro livros: o direito das obrigações, os direitos reais, o direito de família, e o direito hereditário.

Acompanha a lei de introdução, que disciplina especialmente o direito internacional privado e o direito local. Peca, no entanto, pelo excesso de tecnicismo, trazendo forte inspiração no direito romano, e revelando nítido cunho capitalista.

Teve destacada influência perante outros códigos, como evidencia Enneccerus: "El Código Civil (e incluso ya su proyecto) ha ejercido profundo influjo sobre la legislación de otros Estados. El Código Civil japonés tiene íntimo entronque con el derecho alemán; asimismo el proyecto de Código Civil chileno de 1925-26 y el Código Civil de Siam de primero de enero de 1935. También el Código Civil suizo, en cuanto a lo esencial de sus bases, a pesar de los muchos pensamientos jurídicos propios, y asimismo las novelas parciales al C. C. austríaco.

De igual modo el C. C. brasileño revela un íntimo parentesco en su sistema y muchas instituciones y disposiciones, y aun en más alto grado los proyectos del Código húngaro y el proyecto de Código Civil griego (1922) que en muchas partes es traducción literal del C. C. alemán".[70]

Lembra, mais, Sílvio de Salvo Venosa:

> "O conteúdo do Código Civil alemão é lógico-formal, apartando-se do casuísmo do direito local até então vigente. É lei excessivamente técnica e dirigida a juristas. Entenderam os elaboradores do Código que deviam apartar-se do método casuístico, prendendo-se a princípios abstratos e generalizados, como uma das formas de dar segurança ao direito".[71]

No começo do século XX, incentivou-se a codificação das leis e houve uma proliferação de códigos civis, como aconteceu, na Itália (1865), na Suíça (1912), no Brasil (1916), no México (1928), em Portugal (1967), dentre várias outras nações.

No entanto, nos tempos atuais, dadas a diversidade de questões a serem disciplinadas e a constante evolução de novas situações, perderam prestígio os

---

[70] *Tratado de Derecho Civil* – Parte General, ob. cit., vol. I, tomo 1, p. 37.
[71] *Direito Civil* - Parte Geral, ob. cit., p. 117.

códigos, merecendo transcrever o pensamento do Professor Ricardo Luis Lorenzetti: "O Código divide sua vida com outros Códigos, com microssistemas jurídicos e com subsistemas. O Código perdeu a centralidade, porquanto ela se desloca progressivamente. O Código é substituído pela constitucionalização do Direito Civil, e o ordenamento codificado pelo sistema de normas fundamentais. A explosão do Código produziu um fracionamento da ordem jurídica, semelhante ao sistema planetário. Criaram-se microssistemas jurídicos que, da mesma forma como os planetas, giram com autonomia própria, sua vida é independente; o Código é como o sol, ilumina-os, colabora em suas vidas, mas já não pode incidir diretamente sobre eles".[72]

13. TENDÊNCIA DE UNIFICAÇÃO DO DIREITO PRIVADO

Deu para perceber do item acima que razoáveis os argumentos em favor da unificação do direito privado. No Brasil, seguindo uma tendência colhida das unificações do Código Suíço das Obrigações, do Código Polonês das Obrigações, do Código Italiano, a tentativa que expressa esse pensamento revela-se no anteprojeto do Código das Obrigações, elaborado ainda em 1941 por Hanneman Guimarães, Orosimbo Nonato e Filadelfo de Azevedo, e, numa segunda versão, em 1961, por Caio Mário da Silva Pereira. Pelo trabalho desenvolvido, buscou-se abranger a matéria civil e comercial no Código das Obrigações, ficando, pois, excluída da Parte Especial do Código Civil, que se restringiria ao Direito Civil, como ocorre no México (que abrange unicamente o Direito de Família, o Direito das Coisas e o Direito das Sucessões). No Código Civil de 2002, a estrutura que foi imprimida não adotou a unificação, preponderando parecer de Miguel Reale, no sentido de prevalecer como 'linha diretora' consagrar o 'duradouro' e remeter a 'matéria candente e sujeita a transformações inevitáveis' para a 'legislação aditiva'.

Ninguém melhor que Caio Mário da Silva Pereira, autor de um dos anteprojetos, para dizer da conveniência da unificação: "A experiência dos sistemas legislativos que realizaram a unificação do direito privado (Suíça, Canadá, Itália) vem evidenciar a necessidade de pôr o problema em termos de maior precisão técnica. A redução dos princípios de direito privado a uma unidade orgânica obedece a um imperativo científico, e de conveniência prática, mormente enquanto se atém às regras de aplicação geral e comum. Não se compreende, na verdade, que um mesmo fenômeno jurídico, e. g., a compra e venda, seja submetida a duas ordens de disciplinas, destacando-se conceitualmente a compra e venda mercantil e a compra e venda civil; que se sujeite a regras diferentes, a prescrição em matéria civil e em matéria comercial".[73]

---

[72] *Fundamentos do Direito Civil*, ob. cit., p. 45.
[73] *Instituições de Direito Civil*, ob. cit., vol. I, p. 19.

Há, evidentemente, argumentos contrários à unificação do direito das obrigações, como aquele que, referentemente à personalidade do indivíduo, no direito comercial restringe-se apenas ao campo da circulação de riquezas, com objetivos de lucro nas negociações; já nas relações de direito civil, envolve mais aspectos, e assim a liberdade, a segurança, o respeito, a proteção frente ao Código de Defesa do Consumidor (Lei nº 8.078, de 1990). Todavia, a unificação não afasta as peculiaridades, viabilizando-se a manutenção de princípios próprios do direito comercial. Se bem que se verifica uma confusão ou comunhão entre direito civil e direito comercial, a ponto de utilizarem indistintamente vários institutos em um e em outro ramo desses direitos. Assim quanto às notas promissórias, às letras de câmbio, às duplicatas e aos cheques, que constituem instrumentos de crédito de uso dos comerciantes e dos não comerciantes.

14. O DIREITO CIVIL BRASILEIRO

No Brasil, resta evidente que, enquanto dependente de Portugal, o direito vigente era o mesmo de lá. Emana, pois, do direito romano e do direito canônico, deixando-se influenciar por leis civis estrangeiras. Eis um retrato do primitivo direito vigente na Metrópole e aplicável no então Brasil-Colônia, apresentado pelo Prof. Cláudio Valentim Cristiani:

> "As Ordenações Afonsinas foram a primeira grande compilação das leis esparsas em vigor. Resultaram de um vasto trabalho de consolidação das leis promulgadas desde Afonso II, das resoluções das cortes desde Afonso IV e das concordatas de D. Dinis, D. Pedro e D. João, da influência do direito canônico e Lei das Sete Partidas, dos costumes e usos. Pelo fato de terem sido substituídas, em 1521 pelas Ordenações Manuelinas, tiveram pouco espaço de tempo quanto à sua aplicação no Brasil-Colônia.
>
> As Ordenações Manuelinas, de 1521, foram a obra da reunião das leis extravagantes promulgadas até então com as Ordenações Afonsinas, num processo de técnica legislativa, visando a um melhor entendimento das normas vigentes.
>
> Promulgadas em 1603, as Ordenações Filipinas compuseram-se da união das Ordenações Manuelinas com as leis extravagantes em vigência, no sentido de, também, facilitar a aplicabilidade da legislação. Foram essas ordenações as mais importantes para o Brasil, pois tiveram aplicabilidade durante um grande período de tempo. Basta lembrar que as normas relativas ao direito civil, por exemplo, vigoraram até 1916, quando foi publicado o nosso Código Civil Nacional".[74]

De sorte que, quando da independência, em 1822, tinham pleno vigor, aqui, as Ordenações Filipinas, decretadas ainda em 11 de janeiro de 1603. Pode-se

---

[74] O Direito no Brasil Colonial, em *Fundamentos de História do Direito*, organizador Antonio Carlos Wolkmer, 4ª ed., Belo Horizonte, Del Rey Editora, 2009.

afirmar que inexistia um direito no Brasil. Muito pouco vigorava aqui o direito, dada a reduzida importância dada pelo Reino à Colônia, interessando-se apenas por aquilo que conviesse aos seus ímpetos econômicos, sendo que a ordem era imposta subjetivamente pelos governadores-gerais e outras autoridades administrativas. Em período anterior a 1603, quase nenhuma influência tiveram aqui as Ordenações Afonsinas e Manuelinas.

Digno de registro é a então revolucionária *Lei da Boa Razão*, de 1769, que a maioria dos historiadores fala, pela qual, nas lacunas das Ordenações, se buscassem, na solução dos litígios, os princípios da ética, do direito romano e do direito comparado dos países cultos. Esta abertura representou uma verdadeira revolução, posto que permitia sair da vetusta, anacrônica, anárquica e confusa legislação condensada nas Ordenações Filipinas, que reproduzia o direito da Idade Média. Proporcionou que se extraíssem do direito romano as máximas que refletiam a boa razão, que se aproveitassem glosas de comentadores do quilate de Bártolo, Acúrcio e outros, e que se introduzissem no direito luso princípios jurídicos consagrados no direito comparado. Representou uma flexibilização do direito, mas que pouca repercussão trouxe ao Brasil.

O alcance da soberania nacional, entrementes, não importou em uma imediata desvinculação do direito do além-mar. Tanto que em uma lei de 20.10.1823, o governo imperial estabeleceu que vigorariam em todo o território nacional as Ordenações Filipinas, leis e decretos de Portugal, enquanto não se implantasse um novo código, o que aconteceu em 1º de janeiro de 1916, com a entrada em vigor um ano depois. A primeira Constituição do País, de 1824, continha a previsão de um Código Civil, o que espelha a pretensão que grassava na época, bem revelada por Orlando Gomes: "Desde a Constituição do Império, de 1824, pretendeu-se dotar o país de um Código Civil e de um Código Criminal, assentados, segundo as expressões do texto constitucional, nas sólidas bases da justiça e da equidade Embora o propósito fosse de logo cumprido em relação ao Código Criminal, em 1830, não se logrou, no século XIX, a codificação do direito civil".[75]

Em 1845, Carvalho Moreira elaborava propostas de leis brasileiras, de natureza civis e processuais civis, que substituiriam os antigos diplomas portugueses. Teixeira de Freitas, cerca de uma década depois, recebeu a incumbência de apresentar uma consolidação das leis civis. A tendência evoluiu para a criação de um Código Civil, encarregando-se o mesmo Teixeira de Freitas para a importante missão de apresentar o anteprojeto, da qual se desincumbiu magnificamente, trazendo como sugestão o que denominou, por humildade, de 'esboço'. A comissão encarregada do exame perdeu-se em detalhes e discussões inúteis, provocando o afastamento do autor.

---

[75] *Introdução ao Direito Civil*, 3ª ed., Rio de Janeiro, Forense, 1971.

Mais impasses aconteceram, inclusive a rejeição de um segundo projeto, da autoria do mineiro Felício dos Santos. As tentativas prosseguiram, até que Clóvis Beviláqua, então professor da Faculdade de Direito de Recife, foi convidado pelo Ministro da Justiça Epitácio Pessoa para a confecção de novo projeto, o que fez em outubro de 1899. Submetido à apreciação no Congresso Nacional, sofreu longa discussão, com exame de proeminentes juristas da época, dentre os quais Rui Barbosa, que foi um dos mais ferrenhos críticos.

O trabalho de análise e crítica, entrementes, serviu para o aperfeiçoamento especialmente da forma. Aprovado o projeto, veio a lume pela Lei nº 3.071, de 1º.01.1916, com a entrada em vigor a partir de 1º.01.1917. Daí se conclui que as Ordenações Filipinas, de 1603, perduraram até 31 de dezembro de 1916.

Quando do estudo e da elaboração, no início do século, novas ideias eram destiladas pelas correntes políticas e filosóficas, preponderando as de índole socialista. Entrementes, historia Orlando Gomes, "Beviláqua assumiu, de modo nítido e firme, posição categórica contra as inovações de fundo social que se infiltravam, desde então, na legislação dos povos mais adiantados. Estava convencido de que as novas formações não possuíam substantividade, não se lhes devendo injetar seiva, para que se não processasse uma intervenção funesta na economia da vida social. Conhecia, portanto, o movimento incipiente de revisão do direito privado, mas as condições sociais do País, seu atraso econômico e a distribuição de sua riqueza, não ensejavam sua assimilação. Por mais esclarecido que fosse seu pensamento de professor de legislação comparada, não seria possível superar as limitações do meio".[76] Ideologia como essa, apesar da grande cultura do autor do projeto, revela a síndrome da causa do nosso atraso, da falta de iniciativa e da dependência cultural de outras culturas.

As tentativas de reforma e de um novo Código não demoraram a surgir, primeiramente buscando reunir o direito das obrigações em um diploma específico.

Assim, foi elaborado o projeto do Código de Obrigações, de 1940, organizado por uma comissão formada por Orosimbo Nonato, Philadelpho Azevedo e Hahneman Guimarães. Em 1963, Orlando Gomes apresentou um projeto do Código Civil. Nesse mesmo ano, Caio Mário da Silva Pereira concluiu o projeto do Código das Obrigações. Buscou-se também a reforma e revisão do Código Civil, criando-se a chamada 'Comissão Revisora e Elaboradora do Código Civil', de 1969, que não foi adiante, posto que se concluiu da necessidade de se elaborar uma nova codificação. É que novos institutos surgiram, constatando-se a falta de correlação entre a época do Código Civil de 1916 e a sociedade contemporânea. Ademais, a alteração de um ou mais artigos, e até de capítulos, repercutia necessariamente em outros.

---

[76] *Introdução ao Direito Civil*, ob. cit., p. 85.

Em 1975, foi submetido ao Congresso Nacional o projeto de um novo Código Civil, remetido pelo então Presidente da República Costa e Silva, que levou o nº 634, com profundas inovações e introdução de novos assuntos, surgidos alguns desde antes da entrada em vigor do Código de 1916. O Projeto nº 634 decorreu da elaboração de uma comissão composta pelos seguintes juristas: José Carlos Moreira Alves, Agostinho Alvim, Sílvio Marcondes, Erbert Chamoun, Clóvis do Couto e Silva e Torquato Castro, coordenada por Miguel Reale. Procurou, dentro do possível, manter a estrutura do Código de 1916, que se constituiu em uma conquista do Direito Brasileiro, especialmente nos artigos de cunho mais técnico, regulando assuntos de certa perenidade no tempo.

A longa tramitação foi fruto de intensos debates travados nas duas Casas do Congresso Nacional, com mais de mil emendas na Câmara dos Deputados, e de quatrocentas no Senado. A Constituição Federal de 1988 também influiu na demora, entendendo-se, por coerência, oportunizar a maturação dos novos princípios introduzidos, especialmente em matéria de direito de família.

Após recíprocas revisões pelas Casas do Congresso, restou aprovado o Código em 2001, indo à sanção presidencial, o que ocorreu em 10 de janeiro de 2002, com a publicação no dia seguinte, e prevista a entrada em vigor um ano após.

Dividido está o Código em duas partes fundamentais: Parte Geral e Parte Especial. A primeira é composta de três Livros: das pessoas – dos bens – dos fatos jurídicos. Destina-se a traçar os parâmetros do ordenamento jurídico civil. A segunda desdobra-se em cinco Livros: do direito das obrigações – do direito de empresa – do direito das coisas – do direito de família – do direito das sucessões.

Um 'Livro Complementar' encerra as 'disposições finais e transitórias'.

Nessa série de Livros, distribuem-se 2.046 artigos, marcados por normas de sentido genérico e especial, de grande alcance social, obedientes a uma sistematização, sem rigidez incompatível com a realidade. O desembargador gaúcho Wilson Carlos Rodycz sintetizou a linha das inovações, ainda quando do Projeto, cuja numeração dos artigos difere do Código aprovado: "De se realçar a redução da menoridade para dezoito anos (art. 5º), a introdução da noção de negócio jurídico (art. 104), de reserva mental (art. 110) e de estado de perigo (art. 156), a redução dos prazos prescricionais (arts. 205 e 206), a regulação da função social do contrato (art. 421), de algumas regras sobre a boa-fé (arts. 113 e 422), acerca da revisão e da extinção dos contratos (arts. 478 a 480), da responsabilidade objetiva decorrente de atividades de risco (art. 929) e sobre a quantificação da indenização pela extensão do dano (art. 946); reduziu o prazo do usucapião (art. 1.240), instituiu o direito de superfície (art. 1.368) e regulou a função social da propriedade (art. 1.229); no direito de família, quase todas as inovações são apenas a integração de normas legais e constitucionais já em vigor relativamente à igualdade dos cônjuges (art. 1.509) e dos filhos (art. 1.621) e à união estável (artigo seguinte ao art. 1.751); o pátrio poder passa a ser denominado *poder familiar* (art. 1.658); no direito das sucessões, o cônjuge sobrevivente passa a concorrer juntamente com os descendentes e ascendentes (art. 1.852, I e II), os testamentos foram simplificados quanto ao número de testemunhas (art. 1.914), os ônus impostos aos quinhões hereditários só prevalecerão se houver justa causa (art. 1.875) etc."[77]

Consoante Miguel Reale, coordenador do projeto, três princípios filosóficos inspiram o novo Código, sendo a *socialidade*, que envolve o sentido social dado ao Código, diferentemente do espírito individualista que imprimiu o Código anterior; *eticidade*, correspondendo ao realce dado a princípios como o da boa-fé, da equidade, da justa causa; e a *operabilidade*, significando desde a simplificação de textos, que se faz sentir de dispositivos cujo conteúdo ficou mantido, mas revestidos de redação mais objetiva e atual, até a capacidade de sua aplicação e realização, facilitando a sua aplicação em concreto, como se constata ao tratar separadamente da prescrição e da decadência ou caducidade.

O Código de 1916 era composto de 1.807 artigos, estando dividido em duas partes: a Geral e a Especial.

A primeira, num total de 179 artigos, compreendia assuntos de natureza comum e aplicáveis a todos os campos do direito privado, com a seguinte classificação: Pessoas, Bens e Fatos Jurídicos. Iniciava o Código (art. 1º) tratando dos direitos e obrigações de ordem privada, relativamente às pessoas, aos bens e às suas relações. Em seguida, as matérias disciplinadas envolviam as pessoas naturais e jurídicas, o domicílio, os bens e sua classificação, partindo-se, após, para os fatos jurídicos, que se desenvolveram em atos jurídicos, atos ilícitos e na prescrição.

Já a Parte Especial era dividida em quatro Livros, compreendendo o direito de família, o direito das coisas, o direito das obrigações e o direito das sucessões.

Vinha precedido por uma lei de introdução, mas que não fazia parte dele, e que já existia, que tratava de princípios sobre a obrigatoriedade da lei e sobre a eficácia da lei no tempo e no espaço.

Em suma, o Código Civil de 1916, resume Antônio José de Souza Levenhagen, disciplinava "especificamente os direitos e obrigações particulares, que dizem respeito às pessoas, aos bens e às suas relações, e é de observar-se que o Código, quando se refere às pessoas, não o faz somente com respeito às ditas físicas ou naturais, mas também às pessoas jurídicas ou morais".[78]

---

[77] "Codificar ou Não Codificar – Tendências Atuais", em *Revista da Ajuris – Associação dos Juízes do RGS*, nº 75, trabalho citado, p. 416.

[78] *Código Civil (Parte Geral) – Comentários Didáticos*, ob. cit., São Paulo, Editora Atlas, 1978, p. 23.

O presente estudo atém-se, por óbvio, à Parte Geral, que constitui o embasamento não apenas para os campos específicos do direito privado, mas para o próprio direito em si, nele incluído o de ordem pública.

No entanto, antes de encerrar o presente Capítulo, não se pode olvidar de referir a grande distância que existia entre o Código Civil de 1916 e o sistema jurídico que dominava nas últimas décadas, porquanto diferentes as épocas, e, em decorrência, as realidades. No começo do século passado, imperavam valores que não mais dominavam nas últimas décadas. Tinha-se em grande conta o indivíduo em função de sua capacidade, da liberdade de escolher suas metas e de se dirigir, com pouca interferência do Estado, bem diferente dos tempos vigentes, em que se considera a lei em função do homem, dimensionando-se sobremaneira a sua personalidade e os direitos inerentes à sua expansão plena. Passou a dominar a pessoa em si, relegando as liberdades de iniciativa e a valoração dos bens materiais a um segundo plano. Bem coloca a matéria a Prof. Maria Celina Bodin de Moraes, em inteligente estudo: "Enquanto o Código Civil brasileiro tutela, principalmente, os bens dos menores, o Estatuto da Criança e do Adolescente – posterior à promulgação da Constituição de 1988 – protege, de modo integral, a criança e o adolescente como pessoa em desenvolvimento; enquanto para o Código a propriedade é o direito subjetivo maior, para a Constituição a tutela deve ser dada à função social que ela cumpre; enquanto para o Código Civil todos os contratantes são iguais e os particulares têm liberdade para contratar o que quiserem com quem desejarem, o Código de Defesa do Consumidor estabelece que o consumidor é merecedor de especial proteção, elevando anda a boa-fé (objetiva) a princípio diretivo das relações de consumo.

E mais: enquanto o Código Civil dá poderes ao marido para chefiar a família, considerada como um valor em si mesma, a Constituição faz com que a família só deva ser protegida como ambiente no qual a personalidade de seus membros se desenvolva harmoniosamente; enquanto o Código tem por cláusula geral a responsabilização decorrente da culpa, significando dizer que alguém somente pode ser responsável civilmente se agiu de acordo com sua vontade, a Constituição e diversas leis especiais consagram o sistema de responsabilidade objetiva, estabelecendo o dever de indenizar independentemente de qualquer comportamento do causador do dano, valorizando a pessoa da vítima, qual jamais deve permanecer não ressarcida.

A propósito, no âmbito das relações jurídicas existentes, são importantes consequências da consolidação do novo paradigma, representado pela dimensão maior do princípio da dignidade da pessoa humana, o significativo desenvolvimento, nos últimos tempos, dos princípios da personalidade – ausentes da regulamentação coditícia – e a extensa ampliação do rol de hipóteses de dano moral, reconhecidas jurisprudencialmente, com atribuição de indenizações cada vez mais relevantes sob a orientação de que a lesão dos direitos relacionados com a personalidade é mais grave do que a violação a interesses patrimoniais...

Como resultado da nova ordem constituída, enquanto o Código dá prevalência e precedência às situações patrimoniais, no novo sistema de direito civil, fundado pela Constituição, a prevalência é de ser atribuída às situações jurídicas não patrimoniais porque à pessoa humana deve o ordenamento jurídico inteiro, e o ordenamento civil em particular, dar a garantia e proteção necessárias".[79]

Para finalizar, acrescenta-se que o Código vigente não dispôs sobre princípios básicos e gerais de aplicação das leis, sobre o direito internacional privado, sobre hermenêutica, sobre publicação, obrigatoriedade, fontes e fim da lei, cuja gama integra as normas de introdução ao direito brasileiro, de modo que se mantém em pleno vigor a Lei nº 4.657, de 04.09.1942, que servia de introdução ao Código revogado.

15. O DIREITO COMO CIÊNCIA

O direito é uma ciência, pois envolve o conhecimento. O significado de ciência corresponde ao conhecimento sistematizado dos fenômenos naturais, dos fatos, da composição das coisas, ou de certas realidades. Deriva o termo do latim *scientia*, cuja origem é o verbo *scire*, que se traduz por saber. Forma-se através da aprendizagem, do estudo, da prática, da vivência. Vai além da opinião, pois encerra critérios, raciocínios, verificações e conclusões sobre observações empíricas dos fatos da natureza e da vida. Nem corresponde ao dogma, que se trata de uma verdade proclamada pela fé ou pela autoridade, e não de um estudo dedutivo de fatos e coisas. Por abranger conceitos ou noções, juízos, raciocínios ou silogismos, exames e pesquisa, investigação e consultas, se desenvolve e realiza sobre conhecimentos, experiências, cultura, fenômenos sociais conhecidos. Estrutura-se através de métodos dirigidos à criação intelectual, de modo a estabelecer mais elementos e conhecimentos, de modo a constituir o chamado direito positivo.

Parte-se do estudo sobre fases anteriores da ciência; aproveitam-se noções e fundamentos consolidados no passado; busca-se na história elementos inspiradores ou básicos; e elaboram-se novos conceitos e avanços, de modo a coadunar e adaptar aos tempos presentes. De modo geral, sempre existe uma referência ao passado, à qual se reporta o estudo para ampliar um sistema e sugerir novas soluções. Nessa linha, acrescenta Miguel Reale, detendo-se na ciência do direito:

"A ciência do direito é sempre ciência de um *direito positivo*, isto é, positivado no espaço e no tempo, como experiência efetiva, passada ou atual. Assim é que o direito dos gregos antigos pode ser objeto de *ciência*, tanto como a Grécia de nossos dias. Não há, em suma, ciência do direito em abstrato, isto é, sem referência direta a um campo de experiência social".[80]

---

[79] "Constituição e Direito Civil: Tendências", em *Revista dos Tribunais*, nº 779, pp. 58 e 59.
[80] *Lições Preliminares de Direito*, ob. cit., p. 17.

Para Kelsen, reproduzido por Adrian Sgarbi, concebe-se como o "conhecimento que 'explica', que apresenta algum 'controle, e que torna possível a predição".[81] Já para Friedrich Müller, "O tema da ciência jurídica é a norma jurídica. Assim a ciência jurídica, justo como uma disciplina necessariamente prática, é tradicionalmente caracterizada como ciência normativa...".[82]

Aspectos teóricos e práticos estão incluídos na ciência do direito, com o aporte de elementos filosóficos, sociológicos, políticos e econômicos.

Em vista das várias extensões e dos ramos da ciência jurídica, cabe destacar algumas dimensões, como as seguintes:

- A *epistemologia*, palavra originada dos termos gregos *episteme* (ciência) e *logo* (estudo), tratando das origens e da validade do conhecimento. Tem a ver com a metafísica, a lógica e a filosofia da ciência. Mas, basicamente, serve para significar a teoria do conhecimento.

Estende-se André Franco Montoro na conceituação:

> "Epistemologia jurídica, consequentemente, será, em sentido estrito, a teoria da ciência do direito. Isto é, o estudo das características relativas ao objeto e aos métodos das diversas ciências jurídicas – a dogmática jurídica, a sociologia do direito, a técnica jurídica etc. -, sua posição no quadro das ciências e suas relações com as ciências afins.
>
> E, em sentido amplo, epistemologia do direito é a teoria do conhecimento jurídico em todas as suas modalidades: os conceitos jurídicos, as proposições ou juízos do direito, o raciocínio jurídico, a ciência ou ciências do direito etc".[83]

- A *axiologia*, cuja origem é também grega, com o significado de estudo dos valores, isto é, no caso, da ciência jurídica como valor. Tem em conta não os princípios inspiradores, mas a finalidade ou as metas a que se destina a aplicação do direito, como a busca da justiça, a equidade, o restabelecimento da ordem, a segurança social, a moral individual e social.

- A *deontologia*, no sentido de existir no direito um dever, uma obrigação, uma imposição. Realmente, é próprio e natural da ciência jurídica a inserção de deveres a que está o indivíduo impelido a se submeter. Tem-se, na composição do termo, o estudo do dever ("deontos", que é dever, e "logos", expressando o estudo), correspondendo ao conjunto de princípios e regras de conduta próprios das profissões, das condutas nos grupos sociais, das normas no cumprimento das obrigações assumidas.

---

[81] *Hans Kelsen - Ensaios Introdutórios (2001-2005)*, Rio de Janeiro, Editora Lumen Juris, 2007, p. 3.
[82] *Teoria Estruturante do Direito*, São Paulo, Editora Revista dos Tribunais, 2008, p. 16.
[83] *Introdução à Ciência do Direito*, ob. cit., p. 143.

- A *dogmática*, compreendendo o sistema de normas existentes e em vigor em determinado local e numa época delimitada no tempo. Considera-se a parte da ciência jurídica que expõe e classifica os princípios que servem de fonte do Direito positivo. Aceita-se o conjunto de regras estabelecidas, com o que se dá início à realização do direito e à verificação de sua incidência a certos fatos que exigem a intervenção judicial. Indica a constatação do direito e a abrangência do sistema de leis e princípios vigorantes e aplicáveis na condução da vida.

Tercio Sampaio Ferraz Junior apresenta a seguinte caracterização: "São disciplinas dogmáticas, no estudo do direito, a ciência do direito civil, comercial, constitucional, processual, penal, tributário, administrativo, internacional, econômico do trabalho etc. Uma disciplina pode ser definida como dogmática à medida que considera certas premissas, em si e por si arbitrárias (isto é, resultantes de uma decisão), como vinculantes para o estudo, renunciando-se, assim, o postulado da pesquisa independente".[84]

16. FILOSOFIA DO DIREITO

Com a filosofia, busca-se chegar à verdade pela razão, constituindo a reflexão crítica sobre as realidades da vida, ou o estudo sobre a existência, o conhecimento, a verdade, os valores morais e estéticos, a mente e a linguagem. Abrange vários setores, com destaque para a metafísica (estudo da realidade além da física, isto é, dos fundamentos, das condições, das leis, da estrutura básica, das causas ou dos princípios, bem como do sentido e da finalidade da realidade), a epistemologia (estudo do conhecimento), a lógica (o estudo e a composição do raciocínio e do silogismo), a ética (estudo do caráter), a ontologia (o estudo da essência do ser ou das realidades básicas dos bens), a estética (estudo do belo e da arte).

A filosofia do direito não se resume a uma reflexão sobre o direito, mas constitui um ramo do estudo centrado no fundamento das ciências e na formação do pensamento, procurando, no que interessa, apresentar questões acerca da natureza do direito e dos conceitos que estruturam a sua prática, as origens e as motivações de sua criação, as razões que impõem a existência de normas, e os princípios e postulados indispensáveis à sobrevivência humana. Enquanto a filosofia em si trata do questionamento da razão de ser das coisas, da busca da finalidade última da pessoa, do sentido da vida, da verdade, da justificação da conduta ética e moral dos indivíduos, quando concebida em vista do direito busca explicar esta ciência na sua profundidade ôntica, através de um processo reflexivo, como valor idealizado para as condutas dos indivíduos dirigidas ao bem supremo, consistente na mais perfeita ordem humana e social.

---

[84] *Introdução ao Estudo do Direito*, 6ª ed., São Paulo, Editora Atlas, 2012, p. 24.

Rubem Nogueira apresenta uma visão bem didática da matéria:

"Filosofia do direito é uma parte da filosofia geral, que estuda o direito sob o aspecto filosófico. Victor Cathrein define-a como o estudo do problema da universalidade dos supremos conceitos e princípios jurídicos. Ela investiga a universalidade conceitual do direito, determinando a essência (ontologia), a origem (etiologia) e a finalidade (teleologia) supremas do fenômeno jurídico. Miguel Reale esclarece: 'a Filosofia do Direito não é uma disciplina jurídica, mas a própria filosofia. Enquanto voltada para uma ordem de realidades que é a realidade jurídica. Tem por objeto não o direito positivo de um determinado país, mas o direito em geral, o direito em si, a natureza do direito, compreendendo todo o direito: passado, presente e futuro. Ela considera o direito no seu aspecto universal, ao passo que a ciência do direito o encara no seu aspecto particular (Direito no Brasil, na Alemanha e assim por diante)'".[85]

Michel Troper descreve as diferenças relativamente à teoria geral do direito, sendo que a filosofia do direito "seria especulativa e normativa e compreenderia:

- uma ontologia jurídica, que pesquisa a essência do direito e de certos conceitos como a democracia, o Estado ou o indivíduo;
- uma epistemologia jurídica, concebida como exame da possibilidade de alcançar o conhecimento dessas essências;
- uma teleologia jurídica, que tem como finalidade determinar os fins do direito;
- uma lógica jurídica, que procura analisar a argumentação jurídica.

A teoria geral do direito teria como interesse exclusivo descrever e analisar o direito em si, graças ao emprego de um método científico, e aspiraria ser isenta de qualquer julgamento de valor. Ela não substituiria a filosofia do direito, a qual perduraria, mas em nível maior de abstração".[86]

Ao longo dos tempos, formaram-se correntes filosóficas sobre o direito ou a lei, cuja importância revela-se nos expoentes do pensamento, como os que seguem.

Sócrates, autor de máximas que ainda são verdades, como "conhece-te a ti mesmo", e "sei que nada sei", vê no conhecimento próprio a fonte das normas e tem a ética como a busca do aperfeiçoamento do indivíduo.

Aristóteles concebe a justiça sob a perspectiva da ética, havendo uma complementaridade entre a política e o direito. Estampa-se a ética na conduta

---

[85] *Curso de Introdução ao Estudo do Direito*, 2ª ed., São Paulo, Editora Revista dos Tribunais, 1989, p. 21.
[86] *A Filosofia do Direito*, , tradução de Ana Deiró, São Paulo, Martins Editora Livraria Ltda, 2003, pp. 15 e 16.

humana que busca o *bem* individual e a ciência que a estuda, bem esse que, em grau máximo, vem a ser a felicidade.

Platão aponta na lei o elemento para a organização das cidades. Nessa organização, há três classes de indivíduos: os artesãos, comerciantes e agricultores; os que desempenham a função militar; e os legisladores, que são os responsáveis pela confecção das leis.

O direito romano, o qual teve em Cícero o grande pensador que buscou conciliar o direito ao bem comum, institui o direito como meio de resolução de conflitos e de pacificação social, transformando-se em um sistema de normas eficaz na produção de decisões judiciais.

A patrística, sendo Santo Agostinho o inspirador, busca a síntese do pensamento platônico com o pensamento cristão, enveredando para a construção da chamada Cidade de Deus, dirigida por leis inspiradas nos preceitos cujo guardião é a Igreja Católica e ditados por legisladores escolhidos por Deus.

Tomás de Aquilo despontou na Idade Média como expressão maior da filosofia escolástica, reelaborando a filosofia voltada para a ciência que conduz à gradativa revalorização do ser. Reintroduz a razão como fundamento para a ética, ao lado da fé, e procura adaptar a filosofia aristotélica ao cristianismo, defendendo o pleno acordo da verdade natural com as doutrinas reveladas pela fé, como sintetiz José de Oliveira Ascensão:

> "São Tomás de Aquino, numa análise que, neste ponto como em muitos outros, é prototípica, fala-nos na lei natural, como *participation legis aeternae in rationali creatura*. O homem participa por sua razão da lei eternal".[87]

Bem mais tarde, Hegel, versando sobre a lógica e o direito, vincula o direito à liberdade. Considera o direito como a concretização da liberdade. Quanto mais desenvolvida a consciência, maior a liberdade. A lei é colocada como condição para a liberdade. A respeito de sua filosofia, expõe Thadeu Weber:

> "Direito é a exteriorização e a objetivação da vontade livre, que é a vontade racional e autônoma. A ideia do direito, enquanto objeto da ciência da filosofia do Direito, não é senão o processo de objetivação dessa vontade racional e autônoma, que se sabe e se quer na sua universalidade como livre".[88]

Para Kant, em teoria sobre o conhecimento, a ação e o direito, encara o direito natural como uma abstração racional, sendo o mesmo necessário porque a maioria das pessoas não é capaz de escolher corretamente a melhor ação.

---

[87] *Introdução à Ciência do Direito*, 3ª ed., Rio de Janeiro, Livraria Editora Renovar, 2005, p. 156.
[88] *Ética e Filosofia do Direito*, Petrópolis/RJ, Editora Vozes Ltda, 2013, p. 90.

Segundo sua teoria, explicada por Thadeu Weber, a escolha se dá pela opção pelo bem ou pelo mal, entes "que devem ser julgados pela razão e não pela sensação. Só assim eles podem comunicar-se universalmente".[89]

Para Rousseau, a subsistência da sociedade depende da celebração de um pacto, de um contrato social, pelo qual a lei, no sentido formal, deriva de um processo de democracia direta, devendo ser aprovada somente após a concordância geral de todos; e, no sentido material, busca os valores com os quais todos concordam, que são a expressão de interesses gerais. Veja-se o seguinte texto:

> "Se o Estado ou a Cidade não é senão uma pessoa moral cuja vida consiste na união de seus membros, e se o mais importante de seus cuidados é o de sua própria conservação, é-lhe necessária uma força universal e compulsiva para mover e dispor cada parte da maneira mais conveniente ao todo. Assim como a natureza dá a cada homem um poder absoluto sobre todos os seus membros, o pacto social dá ao corpo político um poder absoluto sobre todos os seus, e é esse mesmo poder, dirigido pela vontade geral, que leva, como eu disse, o nome de soberania".

Em outra passagem:

> "O que é, então, propriamente, um ato de soberania? Não é uma convenção do superior com o inferior, mas uma convenção do corpo com cada um de seus membros: convenção legítima, pois tem por base o contrato social".

Conclui-se que o poder de uma sociedade está no povo e só dele emana.

Merece menção a ideia de Savigny, colocando o direito como um produto histórico decorrente da consciência coletiva de cada povo, vindo a se manifestar através de tradições e costumes.

Já nos tempos mais recentes, encontra-se a ideia de Hans Kelsen, concebendo o direito como, na síntese de Dimitri Dimoulis,

> "organização da força ou ordem de coação. As normas jurídicas são obrigatórias e aplicam-se mesmo contra a vontade dos destinatários por meio do emprego de força física. O direito vigora em determinado território porque consegue ser politicamente imposto e reconhecido pela maioria da população".[90]

Criou a teoria pura do direito, que é uma doutrina positivista, como sintetiza Michel Troper:

---

[89] Ética e Filosofia do Direito, ob. cit., p. 75.
[90] *Manual de Introdução ao Estudo do Direito*, ob. cit., p. 29.

"A ciência do direito, tal como a concebe, apresenta, com efeito, as características de toda ciência empírica, sem por isso ter objeto empírico: ela é distinta de seu objeto; descreve uma realidade objetiva, pois toma por objeto o direito positivo e nada mais; é composta de proposições, as quais são verdadeiras ou falsas de acordo com o princípio da verdade-correspondência, isto é, conforme a existência ou não, no mundo, de uma norma correspondente à proposição que a descreve".[91]

Lembra-se, também, o conceito de Eros Roberto Grau, sintetizado por Dimitri Dimoulis, vendo o direito segundo a função que exerce na sociedade, que

"é a solução de conflitos para encontrar um equilíbrio entre a liberdade do indivíduo e o interesse coletivo. Essa função é cumprida por meio de normas e decisões jurídicas que constituem um sistema".[92]

Dirige-se a filosofia do direito, pois, à busca de justificações racionais e culturais do direito e dos institutos que lhe são próprios, ingressando em vários campos, como a moral, a ética, à sua finalidade, à justiça, à função social.

Conforme o pensamento e as convicções, tende-se a imprimir uma linha própria à interpretação e aplicação do direito, e mais propriamente um regime jurídico na concepção dos direitos.

Assim, o *positivismo jurídico*, que teve a grande expressão em Augusto Comte, encara o direito com base em elementos empíricos, considerando sua base no conjunto de normas formuladas e postas em vigor por seres humanos, um produto da vontade de uma autoridade legislativa, com caráter vinculante. Há desvinculação da moral e afasta radicalmente a teologia e a metafísica. Conforme José de Oliveira Ascensão, "o direito tem de se limitar à consideração normativa, estuda regras. Estas são reconhecíveis por uma característica formal, particularmente pelo elemento exterior da coerção ou coercitividade".[93]

Para o *hegelianismo*, que dá força ao Estado, que se forma num vir a ser que se aperfeiçoa. Considera que a sociedade civil só existe através do Estado, que promove a integração de suas partes e "incorpora, ao mesmo tempo, os valores morais da família, da sociedade e da vida pública: o Estado é a liberdade e a moralidade".[94] Há uma primazia do Estado em relação aos indivíduos, elegendo-se a monarquia como melhor forma de governo, por não colocar o indivíduo em primeiro plano.

O *jusnaturalismo* constitui uma teoria iniciada por Hugo Grócio, que procura fundamentar a partir da razão prática, do princípio do que é natural,

---

[91] *A Filosofia do Direito*, ob. cit., pp. 47 e 48.
[92] *Manual de Introdução ao Estudo do Direito*, ob. cit., p. 31.
[93] *Introdução à Ciência do Direito*, ob. cit., p. 166.
[94] *Manual de Introdução ao Estudo do Direito*, ob. cit., p. 26.

do homem natural, da não alterabilidade dos princípios, havendo uma ordem imutável e independente por força da existência de um Deus.

O *liberalismo* surgiu como oposição ao absolutismo, formou uma corrente em que se afasta ao máximo os princípios consolidados nas épocas, pregando ao mesmo tempo que o Estado deve intervir o mínimo possível na esfera jurídica dos particulares.

O *kantinismo*, que tem base nos escritos da razão pura, é mais uma teoria que repudia o direito natural.

O *socialismo* e o *comunismo*, fundado o primeiro na socialização da produção (Karl Marx), na distribuição equilibrada de riquezas e propriedades, concedendo ao Estado e às pessoas constantes do contrato uma conduta participativa, sobretudo quanto à concepção da titularidade do patrimônio; e considerado o segundo como o regime político onde todos teriam o mesmo direito a tudo, abolindo-se a propriedade privada, tendo evoluído o conceito para a concentração da propriedade em nome do Estado, e não se permitindo a propriedade privada de indústrias, mesmo que se admita a variação da renda individual. Neste regime, há um sistema econômico em que os principais meios de produção pertencem ao Estado, que os explora por meio de seus órgãos no interesse público, com produção para o uso, e não para o lucro.[95]

Tem a filosofia do direito também essa dimensão, de apresentar as correntes do pensamento humano, que influíram para a implantação de diferentes regimes jurídicos através da história. Sim, resta evidente que o sistema imperialista ou absolutista e mesmo ditatorial repercute na implantação de um regime jurídico individualista, com exagerada importância à propriedade particular, enquanto um sistema socialista dá mais realce aos direitos sociais e desperta para valores como uma justa distribuição dos bens, o respeito aos direitos do consumidor e a função social da propriedade.

17. SOCIOLOGIA DO DIREITO

Tendo em vista o cunho social do direito, que conduz à sociologia do direito, escreve Niklas Luhmann que "todos les esfuerzos del derecho por conocer y reconocer tienen lugar en la sociedad".[96] De sorte que o fenômeno social é relevante na formação do direito.

Consiste a sociologia em uma ciência positiva que estuda a formação, transformação e desenvolvimento das sociedades humanas e seus vários fatores,

---

[95] Jay Rumney e Joseph Maier, *Manual de Sociologia*, tradução de Octávio Alves Velho, 6ª ed., Rio de Janeiro, Zahar Editores, 1968, p. 108.
[96] *El Derecho de la Sociedad*, Ciudad del Mexico, Universidad Iberoamericana, 2002, vol. 2, p. 665.

como econômicos, culturais, artísticos e religiosos. Jay Rumney e Joseph Maier reproduzem definições de sociólogos de renome. Assim, para M. Ginsberg, "sociologia é o estudo das interações e inter-relações humanas, suas condições e circunstâncias". Para R. E. Park e E. W. Burges, "é a ciência do comportamento coletivo".[97]

Já quanto ao direito vem a ser uma ciência normativa, contendo e sistematizando as regras necessárias para assegurar a normalidade das condutas dentro do meio social.

Na relação sociologia e direito, Alysson Leandro Mascaro fala da sociologia como uma reflexão sobre o direito:

> "A sociologia do direito é também tomada por alguns, tradicionalmente, como uma reflexão de juristas sobre a sociedade, sem um método próprio e tendo meramente em vista o direito positivo e as instituições. Entretanto, a sociologia do direito é uma reflexão da *sociologia* sobre o direito, que pode e deve ser feita também por juristas, mas a partir de outro prisma, mais amplo que o mero direito positivo. Portanto, não é um pensamento qualquer de juristas sobre a sociedade; deveria ser um pensamento dos juristas e dos sociólogos a respeito de um objeto específico que é o fenômeno jurídico na sociedade".[98]

Sendo o homem um ser social por natureza, relaciona-se com outros. Exercita a sociabilidade e exerce suas atividades nos grupos sociais. Em todos os relacionamentos existem regras, desde os mais simples. O mero cruzar de uma pessoa por outra impõe o cumprimento ou a concessão de espaço. Nas atividades, respeita-se a presença das pessoas, de modo a não importuná-las. No convívio de grupos, dispensa-se um tratamento respeitoso e evitam-se as importunações. Na prática de esportes, os regramentos são rigorosos, incorrendo os transgressores a vários tipos de sanções. Ditam-se e impõem-se regras para evitar conflitos.

Em Niklas Luhmann encontramos o resumo do assunto: "El derecho opera en la sociedad, se aplica en ella, desempeña una función social, se direciona para esta función de reproducción autopoiética propia".[99]

Armand Cuvillier dá o vínculo social das leis, ao afirmar que "os fenômenos sociais, tendo embora o homem por ator, obedecem a leis". Lembra, em seguida, o pensamento de Montesquieu: "... As leis são as relações necessárias que derivam da natureza das coisas", sendo que "as instituições jurídicas estão baseadas na natureza do homem e de seus ambientes".[100]

---

[97] *Manual de Sociologia*, ob. cit., p. 20.
[98] *Lições de Sociologia do Direito*, São Paulo, Editora Quartier Latin do Brasil, 2007, p. 22.
[99] *El Derecho de la Sociedad*, ob. cit., vol. 2, p. 625.
[100] *Introdução à Sociologia*, ob. cit., pp. 5 e 6.

Num enfoque mais profundo, a relação descrita pelo dinamarquês Alf Ross inclui

> "questões relativas à origem histórica e o desenvolvimento do direito; aos fatores sociais que em nossos dias determinam o teor variável do direito; à sua dependência da economia e da consciência jurídica popular e sua influência sobre estas; aos efeitos sociais de certas regras ou instituições jurídicas; ao poder do legislador em dirigir o desenvolvimento social; à relação entre o direito 'vivo' (isto é, o direito real como se desenvolve realmente na vida da comunidade) e o direito teórico ou dos livros; e às forças que de fato motivam a aplicação do direito em contraposição aos fundamentos racionalizados presentes nas decisões judiciais".[101]

Não se pode, pois, desvincular o homem do meio social e de regras de conduta. Daí a máxima latina: *ubi societas, ibi jus*.

Por isso, conclui-se que o direito tem sua conformação por influência do fato social. Os fenômenos sociais no mínimo inspiram a formação do direito. Determinadas normas surgem porque impostas pelos acontecimentos que decorrerem das formações humanas. Em especial das imposições das necessidades sociais, das constantes mudanças de comportamento do povo que forma uma nação, nascem as imposições das regulamentações e disciplinas. Trata-se, pois, a sociologia do direito da ciência que investiga, através de métodos e técnicas de pesquisa empírica, o fenômeno social jurídico em correlação com a realidade social, tornando-se fonte que inspira a formulação de normas feitas para ditar a conduta humana.

Esta ciência é vista por Rubem Nogueira como

> "um ramo da sociologia geral, cujo método utiliza. Define-a García Maynez como 'a disciplina que tem por objetivo a explicação do fenômeno jurídico, enquanto tal, no sentido de não descrever o direito como sistema de normas, nem procura saber quais devem ser essas normas, nem os fins por elas visados. Encara o direito em seu *ser* (não do *dever ser*, no plano *causal*)'.
>
> Como parte da sociologia geral, a sociologia jurídica investiga os fatores determinantes da formação e das transformações do direito, bem como a maneira de influir e os efeitos que na vida da comunidade derivam de um sistema jurídico".[102]

Indo mais adiante, com inspiração na teoria vitalista do espanhol Recaséns Siches, tem-se a norma jurídica como a solução de acordo com o razoável de determinado problema. É a norma o meio para a consecução dos valores con-

---

[101] *Direito e Justiça*, tradução de Edson Bini, 1ª edi. reimpr., São Paulo; EDIPRO – Edições Profissionais Ltda, 2003, p. 26.
[102] *Curso de Introdução ao Estudo do Direito*, ob. cit., p. 26.

cretos desejados pelo legislador, tais como justiça, bem-estar social, liberdade, igualdade, entre outros, no ambiente social em que se acham os seres humanos. Sua aplicação se dá a um caso concreto em um grupo definido. Leva-se em conta a lógica do razoável, que faz a investigação dos fatos em que se inspira a ordem jurídica vigente, sempre em vista dos fenômenos sociais que aparecem.

Já o também espanhol Ortega y Gasset, com a célebre frase "eu sou eu e minha circunstância", deixa perceber que o meio social, porque compõe a circunstância, faz parte da pessoa. O ser humano é a realidade que o circunda, abrangendo, evidentemente, o meio social.

Assim, a sociologia jurídica constitui a ciência do fato social, o qual é formado por grupos de pessoas, impondo-se que, na formulação das leis de condutas, se considere a realidade social. Não é sem razão que se encontram na Constituição Federal normas sobre a função social da propriedade (art. 5º, inc. XXIII) e sobre vários direitos sociais que dizem com a educação, a saúde, a alimentação, o trabalho, a moradia, o lazer, a segurança, a previdência social, a proteção à maternidade e à infância, a assistência aos desamparados e com o trabalho urbano e rural (arts. 6º e 7º). O Código Civil, no art. 421, é explícito em prever que a liberdade de contratar será exercida em razão e nos limites da função social do contrato. O Código de Defesa do Consumidor (Lei nº 8.078/1990) revela-se uma lei de caráter e função essencialmente sociais. A legislação que regulamenta o Sistema Financeiro da Habitação e o direito agrário possuem forte inspiração social, tanto que reduz os custos dos financiamentos justamente em vista da importância social dos setores disciplinados.

Pode-se, pois, concluir que o direito não pode se afastar do fato social, sendo dever do jurista, segundo Alysson Leandro Mascaro, "estudar a sociedade para conhecer a fundo suas estruturas, e conhecer para transformar, esta é a razão de ser da formação teórica do jurista".[103] Por outros termos, vale a afirmação de Niklas Luhmann de que "nunca ha existido una sociedad sin derecho".[104]

---

[103] *Lições de Sociologia do Direito*, ob. cit., p. 201.
[104] *El Derecho de la Sociedad*, ob. cit., vol. 2, p. 661.

Capítulo II
Fontes do Direito

1. O SENTIDO DE FONTE

O sentido de fonte corresponde à origem, à causa, aos princípios primários e inatos que vieram a formar um conjunto de normas e regramentos que governam ou dirigem as condutas e as relações humanas. Sem dúvida, o direcionamento universal e comum do ser humano encontra sua origem primeira numa espécie de consciência dirigida e amoldada visando determinados atos dirigidos para um mesmo sentido. Josserand fala em "la voluntad, más o menos consciente, de la colectividad".[1] Colhem-se dos conjuntos humanos máximas comuns que comandam a convivência das pessoas, e que passam a governar ou a dirigir as interações. De acordo com as circunstâncias históricas, e mesmo com as transformações da terra, evoluem os conceitos de valores, mudando os regramentos inspirados da consciência.

Por baixo de tudo está a ação humana, a qual pauta para determinadas linhas, ditadas pelo instinto de preservação, e em seguida da sociabilidade, da aspiração de conquistar e de engrandecimento. As condutas individuais convergem para pontos direcionados, que se tornam comuns, ou são trilhadas pela generalidade das pessoas. Daí abstraem-se condutas iguais, ou no mínimo equivalentes, culminando na formação de ideias do que é certo e deve ser obedecido por todos para facilitar a convivência e a própria subsistência. Uma vez atingida alguma uniformidade de comportamentos, emergem concepções e valorações acatadas e postas em prática para o futuro pelo grupo. Justamente neste estágio consolidam-se princípios, regras e ditames, que se incrustam nas consciências e passam a se impor por exigência dos próprios indivíduos. Estes princípios, regras e ditames constituem o direito natural.

Temos, aí, a gênese do direito natural. Diz-se, então, que as fontes primeiras do direito promanam do direito natural, da oficialização do direito natural, das concentrações de ideias comuns, de adaptações das condutas a padrões fixos e constantes. Estas são as fontes materiais, que nasceram com

---
[1] *Derecho Civil*, ob. cit., tomo I, vol. I, p. 22.

o indivíduo humano. Quando surgiu a necessidade de escrever esses ditames comuns e naturais, ou no momento em que se tornou indispensável documentar a regra cuja obediência se impunha como questão de sobrevivência, iniciaram a ser impostas por quem representava o poder, ou pelo mais forte, pelo líder. Eram escritas e divulgadas, constituindo a lei, o decreto, o regulamento, a norma, o julgado, o enunciado. Trata-se, nesse setor, das fontes formais, assim definidas por Ricardo Luis Lorenzetti: "As fontes formais são as normas jurídicas gerais, mediante as quais se estabelecem obrigações, emanadas de autoridade competente, e nas que se pode incluir logicamente as normas de inferior hierarquia. Este princípio de autoridade que as sustenta brinda, aparentemente, as máximas seguranças".[2]

De sorte que as fontes são os elementos geradores do direito, ou os elementos de onde deriva o direito, na visão de Serpa Lopes.[3] Tanto o direito natural como a lei, o diploma, o decreto. Não corresponde à realidade colocar a lei na qualidade de forma do direito, ou o modo pelo qual o direito se exterioriza. Ocorre que o direito natural, a consciência, a equidade, ao se amoldarem em regras, a normas adquirem um arcabouço, uma exteriorização escrita, uma síntese, recebendo a denominação de lei.

As fontes, pois, confundem-se com o elemento material do direito, inspiram a sua criação e lhe revelam a materialização. Entende Maria Helena Diniz que a fonte jurídica "seria a origem primária do direito, havendo confusão com o problema da gênese do direito. Trata-se da fonte real ou material do direito, ou seja, dos fatores reais que condicionaram o aparecimento da norma jurídica".[4]

As fontes englobam uma grande gama de elementos que levam a constituir o direito. Não apenas o direito material e natural, que encadeou a formação de uma cultura ou de um embasamento ao direito, o qual evoluiu para a lei propriamente dita, que passa a ser fonte por excelência, mas também os princípios gerais do direito e os princípios morais, políticos e sociais; as teorias jurídicas; os pareceres, os estudos, os julgados; a analogia, o uso, o costume, a jurisprudência, a doutrina, a equidade, o direito comparado.

Jamais se pode resumir as fontes na lei, no costume, na analogia, nos princípios gerais de direito (embora esses dois institutos são considerados por vários autores como fatores de integração da norma), como muitos insistem em defender. Quem ignora a importância que tem a jurisprudência na aplicação do direito? Quantas questões são dirimidas com base nas decisões de juízes e dos pretórios, embora contrariamente à lei, na equidade e no direito comparado.

---

[2] *Fundamentos do Direito Privado*, ob. cit., p. 251.
[3] *Curso de Direito Civil*, ob. cit., vol. I, 56.
[4] *Curso de Direito Civil* – Teoria Geral do Direito Civil, 3ª ed., São Paulo, Editora Saraiva, 1993, 1º vol., p. 16.

2. CLASSIFICAÇÃO DAS FONTES

Procura-se ver, aqui, as fontes não como elemento inspirador e último, que está na própria natureza da pessoa, e que constitui o direito natural, mas segundo uma ordem formal, já estruturada e colocada na criação intelectual.

Sob este enfoque, para efeitos de distinção e de melhor compreensão, há algumas divisões ou especificações.

Em primeiro lugar, embora não muito apropriada, está a classificação em *imediatas* ou *diretas*, e em *mediatas* ou *indiretas* – aquelas como as que por si sós resolvem a controvérsia, e as últimas consideradas de secundária importância, ou que ajudam na solução do litígio, tendendo, com o tempo, em transformar-se na lei, mediante o processo legislativo.

Igualmente sem maior importância a classificação em fontes *principais* e *acessórias* – as primeiras constituídas da lei, ou do ordenamento jurídico positivo, e as últimas formadas pelos princípios gerais do direito, pela analogia, pelo costume, e até por outros institutos também destinados a suprir a ausência da lei, malgrado não incluídos no rol do art. 4º da Lei de Introdução às Normas do Direito Brasileiro (que se aplica ao Código de 2002, posto não criada uma lei de introdução própria). Quanto à analogia e aos princípios gerais de direito, a maioria dos autores não os classifica como fontes propriamente ditas, e sim como subsídios para a integração e até para a solução de situações que não se encaixam especificamente em normas positivas.

Especificamente em relação à jurisprudência, antiga e persistente a discussão no enquadramento de fonte, posto que aos juízes compete declarar ou aplicar o direito, e não elaborar a regra, função esta destacada para o Poder Legislativo. Entrementes, já se observou que, na realidade, o direito não se cinge à lei. Muitas as aplicações de entendimentos que decorrem da constante, iterativa e uniforme manifestação dos pretórios. E, indo além, também se encontram formas de compreender matérias embasadas na doutrina, de profunda relevância quando da interpretação de leis. Entra-se no plano mais da interpretação da lei, o que se faz relativamente a uma lei frente a outra, em geral de categoria superior.

Orlando Gomes e Caio Mário da Silva Pereira desenvolvem uma visão das fontes segundo a doutrina realista, partindo do ato jurídico no sentido genérico, e não *stricto sensu*, embasados nos estudos de Duguit, Jèze e Bonnard. A norma é considerada uma espécie de ato jurídico. E no ato jurídico está inclusive a norma, eis que o seu conceito "sofre alteração, alargando-se, para conter todas as manifestações da vontade que se destinam à produção de um efeito jurídico. Na doutrina clássica, a noção de ato jurídico restringe-se à declaração de vontade cujo fim seja a criação, a conservação, a modificação ou a extinção de direitos individuais. Mas, em verdade, também a lei é manifestação de vontade tendente à produção de efeitos jurídicos".[5]

---

[5] Orlando Gomes, *Introdução ao Direito Civil*, ob. cit., Rio de Janeiro, Forense, p. 57.

Para bem compreender essa teoria, que, aliás, confunde as fontes do direito com os seus efeitos, útil anotar que o ato jurídico, no conceito do art. 81 do Código Civil de 1916 (não fazendo alguma menção o Código atual, que tratou do negócio jurídico), define-se como todo o ato lícito, que tenha por fim imediato adquirir, resguardar, transferir, modificar ou extinguir direitos. Corresponde, pois, à declaração de vontade dirigida a trazer ou a produzir um efeito que nasce da própria lei. Daí não ser possível desvincular o ato jurídico da lei, a qual, sendo um ato de vontade, inclui-se naquele. Ao produzir efeitos jurídicos, enquadra-se na conceituação de ato jurídico.

Costumam os autores, a fim de explicitar melhor a matéria, dividir o ato jurídico em quatro categorias, assim nomeadas e definidas:

a) *Ato-regra*, que se revela na lei, que é a "manifestação volitiva criadora de uma norma de conduta dotada e força obrigatória e apta a pautar um comportamento individual. No primeiro plano do ato-regra está a lei, como expressão de comando geral, dominadora de todo o grupo social".[6]

b) *Ato-subjetivo*, que é o contrato, ou uma declaração de vontade unilateral ou bilateral com o escopo de produzir efeitos jurídicos.

c) *Ato-condição*, destinado a integrar as pessoas numa situação legal já existente antes. De acordo com os defensores da teoria, através de uma manifestação da vontade inclui-se o interessado em um estado já previsto na lei. Exemplos típicos verificam-se no casamento, no qual não se criam efeitos diferentes daqueles já previstos na lei, mas a pessoa passa unicamente à situação de casada; na nomeação de alguém a um cargo público, porquanto se adquire a situação de funcionário.

d) *Ato jurisdicional*, em que o Estado expressa um ato de vontade mediante o Judiciário, visando estabelecer uma situação jurídica decorrente da vontade legal. Materializa-se o ato pela sentença, pelo julgado ou acórdão.

Ao que se percebe, não parece correto colocar o ato jurídico naquelas categorias como fonte de direito. Acontece que, indo a fundo da questão, o ato jurídico aparece porque existe a lei, que lhe dá suporte e legalidade. Induvidoso que o contrato, a sentença, dentre as outras hipóteses, determinam, é verdade, direitos e obrigações. No entanto, existem por força da própria lei, à qual se submetem. Embora apareçam os direitos e obrigações, o fator que os desencadeou constitui fruto da lei. Ou seja, embora constituam fatos de produção jurídica, não trazem o direito, que subsiste. Produzindo o nascimento, a modificação e a extinção de efeitos, assim ocorre em vista do direito preexistente. Podem considerar-se fontes das relações ou efeitos que emanam de uma regra, do contrato, da sentença, mas isto em virtude do direito anterior.

---

[6] *Instituições de Direito Civil*, ob. cit., vol. I, p. 44.

De grande importância as *fontes históricas* do direito civil, vistas sempre no aspecto não ontológico, que se concentra nas criações naturais da consciência. No sentido formal, ou de manancial de inspiração, verificado quando se procura investigar cientificamente a origem histórica do direito, ou encontrar subsídios e fundamentos em épocas pretéritas, as fontes denominam-se históricas. Vai-se à procura dos elementos primitivos, dos quais remontaram os sistemas vigentes na época atual.

No caso do direito ocidental, apesar de encontrarem-se elementos de direito já no Código de Hamurabi, nos hieróglifos egípcios, as fontes encontram-se no direito romano, que forma o substrato do direito privado dos tempos atuais.

Chega-se ao *jus naturale*, ao *jus civile* e ao *jus gentium* ou o direito natural, o direito dos cidadãos romanos e o direito das gentes ou dos estrangeiros.

Extraem-se alguns princípios comuns e fundamentais. Lembram-se o *neminem laedere* (a ninguém prejudicar), o *suum cuique tribuere* (dar a cada um o que é seu), e o *honeste vivere* (viver honestamente). Como fonte de direito, conhecia-se o direito escrito – *leges* (leis), *plebiscita* (leis decretadas pelo povo reunido em comício) e *senatus consulto* (decisão com força de lei expedida pelo antigo Senado romano, depois de sancionada pelos tribunos da plebe, que tinham o poder de vetá-la). Havia, igualmente, o direito não escrito – o *jus praetorum* (o direito dos pretores, ou originado das decisões dos pretores), e o *responsa prudentium* (a resposta dos prudentes).

No século VI, sob o império de Justiniano, foi promovida a compilação das leis, aparecendo a primeira obra de realce, ou seja, o *Corpus Juris Civilis*, composto de quatro livros:

a) As *Institutas*, considerado um livro elementar, com os princípios básicos e simples do primitivo direito.

b) O *Digesto* ou *Pandectas*, obra de grande extensão, contendo escritos de inúmeros jurisconsultos clássicos, como de Ulpiano, Paulo, Papiniano, Gaio e Modestino.

c) O *Codex repetitae praelectionis*, compreendendo as constituições imperais.

d) As *Novelas*, que abrangia leis imperiais do próprio Justiniano, derrogando as leis que tivessem conteúdo contrário.

O direito romano expandiu-se na Idade Média e nos séculos seguintes, primeiramente através dos glosadores, que procuravam fazer interpretações, explicações resumidas e acrescentar observações ou *glosas* aos textos justinianeus, entre as linhas ou nas margens dos escritos. Sobressaíram, nessa fase, Irnério, Acúrsio, Bártolo e Baldo. Em seguimento, verificou-se a tentativa de adaptar os textos antigos aos tempos que então vigoravam, até chegar ao direito dos tempos modernos, quando se atingiu um momento avançado do direito.

O direito da Idade Média, o direito canônico, o direito francês e o alemão prosseguiram como fatores de formação de nosso direito.

No entanto, serviu de fonte unicamente em alguns setores do direito civil. A evolução dos costumes e as novas realidades constituem um amplo manancial de formação de grande parte do direito.

Com vistas à sistematização do assunto, as fontes que vão estudadas são a lei, o costume, a jurisprudência, a doutrina, a equidade, o direito comparado, a analogia e os princípios gerais do direito. Observa-se que a analogia e os princípios gerais de direito podem também ensejar a aplicação do direito na solução de situações que não se subsumem claramente em lei. Enquanto representam caminhos para soluções jurídicas, revestem-se do caráter de fonte, e não de formas de integração do direito, posto que a fonte abrange todo valor apropriado para inspiração, a criação e a realização do direito.

3. A LEI

Inicia-se com o sentido jurídico de "lei", no sentido de regra de conduta necessária para a viabilidade não apenas do Estado, mas da própria vida em sociedade, e não em uma visão filosófica, cujo sentido varia, sendo exemplo a concepção de Balzac (1799-1850), ao alardear que "as leis são teias de aranha pelas quais as moscas grandes passam e as pequenas ficam presas; ou a incrédula máxima do italiano Carlo Dossi (1840-1910), proclamando que "a lei é igual para todos os miseráveis".

No que interessa ao rumo da matéria, a lei não é o próprio direito, pois não o absorve inteiramente, o qual é muito mais amplo. Nem se confunde com o direito positivo, o qual, já ensinava Lourenço Trigo de Loureiro, "deriva, repousa, parte sobre as leis expressas do poder soberano do Estado, e estas constituem o direito escrito, e parte sobre os usos e costumes, os quais, dadas certas circunstâncias, formam o direito não escrito, chamado consuetudinário, ou costumeiro".[7] Constitui uma parcela do direito, uma das formas de sua manifestação. Mas, para integrar plenamente o direito, há de revelar uma construção jurídica, de amoldar-se a certos princípios, como o justo, a equidade, o verdadeiro. Pontes de Miranda fala em regra jurídica como instrumento de submissão: "A regra jurídica foi a criação mais eficiente do homem para submeter o mundo social e, pois, os homens, às mesmas ordenação e coordenação, a que ele, como parte do mundo físico, se submete".[8]

No sentido técnico, lei é uma ordem que possui uma força intrínseca, um poder de coerção e, por isso, é obedecida. Ou, usando uma definição de G. Baudry-Lancantinerie, "on entend par lois des règles de conduite obligatoires

---

[7] *Instituições de Direito Civil Brasileiro*, ob. cit., tomo I, p. 18.
[8] *Tratado de Direito Privado* – Parte Geral, ob. cit., tomo I, p. 8.

pour toutes les hommes".[9] Ela emana de uma autoridade, de um poder, de uma força que supera os demais poderes internos de um país, ou, nas palavras de Josserand, "de poderes especialmente constituídos a este efecto".[10] Mantém-se lei enquanto carrega o poder de impor-se. "Trata-se", conceitua Carlos Alberto Bittar, "de norma escrita, oriunda de autoridades revestidas de poderes para a sua expedição, e que se impõe à observância da coletividade. Estabelece comandos, indicando que ações podem as pessoas fazer ou deixar de fazer, dentro do universo fático compreendido em seu contexto, sob efeitos previstos no ordenamento jurídico".[11]

Na definição de Serpa Lopes, em sentido estrito, "lei é uma disposição de ordem geral, permanente, emanada do Poder Legislativo, sancionada e promulgada pelo Presidente da República, visando a um indefinido número de pessoas e de atos ou fatos, aos mesmos aplicáveis *ipso iure*".[12]

Define-se, também, como um preceito jurídico, escrito, emanado de um poder considerado competente, ou que, no momento, era quem tinha poderes e podia impor-se. Constitui uma regra de comportamento, a que as pessoas devem obedecer. Possui eficácia plena, pois, em princípio, não se discute, ou nem se cogita o seu cumprimento, mas simplesmente cumpre-se. Nos outros campos do direito, como no costume, na jurisprudência, há certa precaução, dúvidas, questionamentos, sendo que a imposição advém, em geral, depois de uma definição e determinação judicial.

3.1. Origem do poder da lei

Todos os países, uns mais e outros menos, que vivem democraticamente, preveem uma técnica de conceber a lei, de ser formada, de impor-se. A questão que se oferece ao debate centra-se justamente no estudo da força da lei. Mais claramente, quando a lei é considerada lei, e como deve ser criada para impor-se.

Primeiramente, a lei constitui a regra que se impõe, ou norma protegida por um poder, que força o seu cumprimento pelas pessoas. Por isso, afirma-se que é *norma de conduta*. Essa regra, ou o preceito, ou norma escrita, aparece imposta por qual mecanismo, ou agente, ou poder?

Dir-se-á que emana do Poder Legislativo. Ou seja, somente existem leis que tenham sido criadas e aprovadas pelo Poder Legislativo. Não é, porém, isso. Historicamente, as leis não vinham obrigatoriamente desse órgão, ou de um órgão encarregado especificamente para criá-las. Até porque existiram ditaduras e países

---

[9] *Précis de Droit Civil*, ob. cit., tomo I, p. 3.
[10] *Derecho Civil*, ob. cit., tomo I, vol. I, p. 25.
[11] *Curso de Direito Civil*, ob. cit., vol. I, p. 27.
[12] *Curso de Direito Civil*, ob. cit., vol. I, p. 61.

sem o Poder Legislativo. No direito romano, dentre outras fontes, apenas os *senatus consulto* (decisão com força de lei expedida pelo antigo Senado romano, depois de sancionada pelos tribunos da plebe, que tinham o poder de vetá-la) emanavam de um órgão de proeminência legislativa. O *Codex* compreendia um conjunto de constituições imperiais, enquanto as *Novelas* encerravam as leis especiais baixadas por Justiniano, e as *Institutas* também incluíam leis imperiais, especialmente de Triboniano. Evidencia-se, com isso, que a lei basicamente não emanava da vontade popular através de representantes eleitos. Torna-se clara a existência de outras causas formadoras no direito canônico, cujas disposições, especialmente na Idade Média, nem tinham a origem no poder estatal, mas era tolerado e até admitido por este, criando uma situação anômala, o que se verificou especialmente ao tempo da Santa Inquisição. Também no direito e regras próprias a que estavam submetidos os vassalos, perante os suseranos; e nas corporações, criadas para disciplinar sobretudo os ofícios dos artesãos. Dominavam, pois, vários *direitos*, ou vários estatutos, sendo que alguns sem a força do Estado.

No entanto, para impor a submissão das condutas, há de existir um poder que possibilita e força o cumprimento. Sem esse poder, não terá eficácia a lei. E o poder está no comando do Estado, que dá a força cogente. Seja de origem legislativa ou executiva, e inclusive advenha de outros órgãos, mostra-se indispensável a força do Estado, para assegurar o seu cumprimento. Mais propriamente, deve ser imposta pela autoridade judiciária, no que já dizia Emidio Pacifici-Mazzoni: "L'autorità giudiziaria deve fare della legge applicazioni concrete alla specie sottoposta al suo giudizio e decisione".[13]

3.2. Lei, norma, ordenamento e plebiscito

A pessoa está constantemente submetida a regras, devendo pautar o comportamento de acordo com os padrões normais de conveniência social e pessoal, o que torna possível a sua própria sobrevivência.

De modo amplo e genérico, fala-se em lei da vida, na lei da natureza, na lei moral, nas leis religiosas, na lei da física, nas leis da matemática, e assim uma infinidade de leis, mas no sentido de regras, de comportamentos, de condutas, de sendas pelas quais as coisas acontecem, de manifestação dos efeitos dos elementos químicos e físicos, de fenômenos da natureza que se repetem. Correspondem à necessidade de pautarem as ações em uma linha que mais facilita e se reclama para todas as coisas irem bem. São as regras que impõem os pais em casa, ou as normas que se implantam nos estabelecimentos de toda

---

[13] *Istituzioni di Diritto Civile Italiano* – Parte Generale, 3ª ed., Florença, Eugenio e Filippo Cammelli – Editori-Librai, 1880, vol. I, p. 57.

ordem, às quais todos estão obrigados a obedecer, ou as diretrizes que devem ser seguidas para conseguir as finalidades a que se propõe uma organização.

Sintetizando, em todos os campos – desde os de natureza vegetal e animal, até os de comportamentos dos seres humanos – as coisas acontecem numa linha fixa, impondo que sejam obedecidas, que se exijam limitações, que haja disciplina. A necessidade de serem respeitados os pais revela-se como uma condição para a subsistência. Igualmente a necessidade de respeito à vida, ao próximo, de serem acatados os pactos celebrados, as convenções sociais, funda--se em princípios e regras ou normas.

Adrian Sgarbi também destaca o significado jurídico e o não jurídico da palavra "lei", valendo-nos da lição que reproduz o pensamento de Kelsen manifestado na sua *Teoria Pura do Direito*:

> "... O termo 'lei' é comumente empregado tanto com referência a fenômenos normativos (como as 'leis' jurídicas, as 'leis' morais, etc.), como não normativos (como as 'leis da física'). Esse é o caso quando se diz: 'Essa lei foi elaborada pelo legislador constituinte'; 'é uma lei da física a dilatação dos metais quando aquecidos'; 'respeitar os mais velhos é uma lei moral'.
>
> Para extremá-los, Kelsen afirma que, enquanto as 'leis' dos fenômenos da natureza são edificados com base no 'princípio da causalidade', os acontecimentos normativos se apoiam em princípio diverso, no 'princípio da imputação'".[14]

Após essa visão genérica da lei, ou norma, ou regra, cumpre se faça a delimitação em dois campos.

De um lado, há as normas, ou leis, ou regras que são ditadas pelas relações básicas da vida, ou relações constantes oriundas da natureza das coisas, e que formam as leis da física, as quais se concluem da experiência ou observação dos fenômenos das coisas. É o que Montesquieu definiu como "relação necessária que deriva da natureza das coisas".[15] De outro, temos as leis da moral, da religião, da família, da sociedade, das quais decorrem relações normativas, que, conforme a natureza, o alcance e as decorrências, podem ser morais, religiosas, ou jurídicas. Regendo as relações entre os indivíduos na vida social, denominam-se normas de conduta. Exemplificando, no conceito de Roberto de Ruggiero, "aquelas normas que regulam todo o mundo do espírito e que são o produto direto da vida social, são normas de costume, de conveniência, de etiqueta, de moral, de religião ou de direito".[16] Se criada pelo Estado, tratando do procedimento, e obrigando que se desenvolva em determinada forma, a

---

[14] Hans Kelsen – Ensaios Introdutórios (2001-2005), ob. cit., p. 6.
[15] "Esprit des Lois", citação de Clóvis Beviláqua, em *Teoria Geral do Direito Civil*, Rio de Janeiro, Livraria Francisco Alves, 1908, liv. I, Cap. 3, p. 11.
[16] *Instituições de Direito Civil*, tradução da 6ª edição italiana por Ary dos Santos, 3ª ed. brasileira, São Paulo, Edição Saraiva, 1971, vol. I, p. 12.

norma de conduta é jurídica. Seu fim maior é, explicita Maria Helena Diniz, "dirigir o comportamento dos indivíduos particulares, das comunidades, dos governantes e funcionários no seio do Estado e do mesmo Estado na ordem internacional".[17]

Não só porque dita o modo de seguir a conduta das pessoas, mas porque expressa a vontade do Estado, e porque este obriga ao seu cumprimento, ela revela-se jurídica, e, nesta parte, confunde-se com a lei, ou, conclui Michel Troper, cuida-se de norma válida, que é aquela "que pertence ao sistema jurídico e que deve ser obedecida".[18] Todavia, quanto ao âmbito de alcance, maior é o da norma, já que transcende a lei, abrangendo também o campo ético, moral. Indica o comportamento das pessoas, que pode ser exigido mesmo que não imposto em uma lei promulgada pelo Estado. Pode ser de caráter moral, religioso, educativo ou jurídico, sendo que, neste, confunde-se com a lei, e contendo sempre o caráter ético.

Utiliza-se o termo *norma* para significar diretrizes de comportamentos, ou regras de conduta, e assim norma moral, norma religiosa, norma de educação, norma de convivência, norma de civilidade. Há sempre a presença de um conteúdo ético. Todavia, se adotada por um ordenamento legal, ou pelo Estado, a norma confunde-se com a lei, sendo indiferente o uso de um ou outro nome.

O termo "ordenamento" expressa o conjunto de normas que abrange um sistema jurídico. Assim, fala-se em "ordenamento brasileiro", querendo significar o conjunto de leis vigorantes no Brasil. Mas é também restritivo o termo, quando abrange um ramo do direito, como o ordenamento civil. Há outros sentidos, conforme exposto por Tercio Sampaio Ferraz Junior:

> "A noção de ordenamento é complexa. Em princípio, um ordenamento é um conjunto de normas. O ordenamento jurídico brasileiro é o conjunto de todas as suas normas, em que estão incluídas todas as espécies que mencionamos ao classificá-las. No entanto, não apenas. Nele estão contidos critérios de classificação, como é o caso das classificações gerais das coisas (Código Civil Brasileiro de 1916, arts. 43 e ss e Código Civil de 2002, arts. 79 e ss) que organizam a matéria, esclarecem as relações de integração, mas não são normas, não constituem imposição vinculante e institucionalizada. Também nele se encontram meras definições (que não se confundem com as definições normativas, isto é, com a imposição compulsória de uma definição) como é, por exemplo, a definição de doação (Código Civil Brasileiro de 1916, art. 1.165 e Código Civil de 2002, art. 538: a definição constante do Código é uma orientação".[19]

---

[17] *Curso de Direito Civil Brasileiro*, ob. cit., 1º vol., pp. 21 e 22.
[18] *A Filosofia do Direito*, ob. cit., p. 145.
[19] *Introdução ao Estudo do Direito*, ob. cit., p. 145.

Desde Montesquieu, reserva-se a expressão *lei* mais para designar uma norma emanada de um órgão próprio para a sua elaboração, que é o Poder Legislativo. O termo *norma*, no sentido de regramento legal, envolve um conteúdo mais lato, eis que abrange as medidas provisórias, os decretos-lei, os decretos, os regulamentos, as resoluções emanadas de órgão por força de previsão em lei.

Digna de nota é a diferenciação que faz Paulo Nader:

> "Embora se empreguem, muitas vezes, as palavras *norma* e *lei* como se fossem sinônimas, na realidade elas possuem conceitos próprios. Norma jurídica é padrão de conduta ou de organização, escrita ou não, imposta pelo Estado por intermédio de lei ou de costume. Por ela o direito e os anseios de justiça se tornam práticos e acessíveis ao conhecimento. Uma vez criada, a norma jurídica passa a atuar como referencial de condutas na sociedade. A lei, por sua vez, é reunião de normas escritas e elaboradas em conformidade com o processo legislativo estabelecido na Constituição Federal. Enquanto que a norma jurídica, conforme o sistema jurídico, pode ter fontes distintas da lei, como o *costume*, a *jurisprudência* e a *doutrina*, a lei é sempre a reunião de normas".[20]

O plebiscito constitui uma consulta feita diretamente junto ao povo, passando o resultado a integrar a legislação. Algo que foi decidido na consulta passa a vigorar, a impor-se, a exigir a obediência. Por isso, constitui uma das fontes do direito.

Vários os países que admitem o plebiscito ou referendo popular, como a França, os Estados Unidos, a Itália, a Suíça. No Brasil, foi adotado em alguns momentos históricos de grande relevância política, como para decidir sobre a mudança de regime de governo.

A Constituição Federal, no art. 14, inclui o plebiscito como elemento formador da soberania popular. No art. 18, duas as previsões de plebiscito: para a incorporação, subdivisão ou desmembramento dos Estados ou Territórios Federais, mediante consulta junto à população diretamente interessada; e para a criação, a incorporação e o desmembramento de Municípios, também dependendo de consulta prévia, na forma de plebiscito, às populações dos Municípios envolvidos.

No art. 2º do Ato das Disposições Constitucionais Transitórias estabelecia-se que em 7 de setembro de 1993, mediante plebiscito, o eleitorado decidiria sobre a forma (república ou monarquia) e o sistema de governo (parlamentarismo ou presidencialismo). Efetuado, mantiveram-se a forma e o regime vigorantes.

3.3. Características da lei

A lei, no sentido de norma jurídica, apresenta vários caracteres, que merecem o estudo para a finalidade de encontrar o seu verdadeiro significado e a

---

[20] *Curso de Direito Civil* – Parte Geral, ob. cit., pp. 69 e 70.

distinção de outros preceitos ou regras de conduta. Trata-se de analisar o que ela é, como atua, e a eficácia que ela alcança.

Dentre as qualidades e aspectos que a identificam, sobressaem os abaixo:

É *universal*, porquanto dirigida a todos os indivíduos, ou a grupos especiais de pessoas, ao mesmo tempo em que não é reservada para solucionar ou derramar luzes sobre casos particulares e especiais. Não se destina ela a circunstâncias particulares ou casos concretos. Universal considera-se, ainda, porque, como ente ideal e abstrato, não surge para a solução de um conflito específico, ou para disciplinar um ou dois litígios, ou circunstâncias particulares. Segue Pontes de Miranda: "A incidência das regras jurídicas é sobre todos os casos que elas têm como atingíveis. Nesse sentido, as regras jurídicas são de conteúdo determinado, e não se poderia deixar ao arbítrio de alguém a incidência delas, ou não".[21] Pode ela, através de decreto, endereçar-se a um único fato, como uma lei desapropriatória. No entanto, há uma lei superior que regula a espécie, descrevendo as possibilidades de desapropriações, da qual emerge o decreto. De outro lado, não retira a feição universal a circunstância de reger um assunto específico, eis que todas as ocorrências que se enquadram nele submetem-se ao comando da lei.

Finalmente, o sentido de universal abrange a generalidade de pessoas que deve acatar a lei.

Decorre, daí, ser *abstrata*, ou de caráter geral, aplicando-se a uma multiplicidade de situações no que têm de comum. Sabe-se que a abstração constitui o ato pelo qual a inteligência pensa um objeto, deixando de lado seus caracteres singulares. A lei não se dirige aos aspectos individuais, mas a todos os casos de uma determinada espécie ou tipo. Observava Ferrara: "Il diritto positivo non rivolge comandi individuali a singoli, e per concreti rapporti, ma pone regole di condotta valevoli per tutti, e per casi tipici astrattamente determinati".[22]

Diz-se *prescritiva* a lei, no significado de prescrever, indicar condutas, ditar ou delinear os comportamentos.

Revela, também, o caráter de *imperativa*, ou de *obrigatoriedade*, eis que obriga que seja cumprida e impõe um modo de agir, e não apenas orienta ou abre alternativas. Regulando a conduta, exige um padrão de comportamento. E para conseguir impor-se, acompanha-a sempre uma sanção, que é a penalidade pela desobediência aos seus comandos. Válida a observação de Carlos Alberto Bittar, sobre o assunto: "A tônica de sua estrutura reside na força sancionatória de que se investe e que a faz reluzir, quando violado o seu comando. Completam-na as condições de aplicação e a disposição. Com isso, no conjunto orgânico de uma norma, encontram-se a forma, ou roupagem; o comando; o modo de aplicação e a sanção, embora nem sempre explícita".[23]

---

[21] *Tratado de Direito Privado* – Parte Geral, ob. cit., tomo I, p. 12.
[22] *Trattato di Diritto Civile Italiano*, ob. cit., vol. I, parte, I, pp. 16 e 17.
[23] *Curso de Direito Civil*, ob. cit., vol. 1, p. 29.

Entremetes, não é essencial esse caráter, segundo chama a atenção Francisco Amaral: "Não é elemento essencial nem característico da norma jurídica, pois existem normas sem sanção, como se observa no direito constitucional, no administrativo, no processual, em que a função básica é a organizativa, tanto dos poderes públicos quanto da administração judiciária. A sanção consiste, sim, em um meio criado pelo poder jurídico para motivar o respeito à lei, punindo a infração. Note-se que a grande maioria das pessoas observa, espontaneamente, as diretrizes da norma, sendo inconcebível que a eficiência do direito decorra apenas do receio às sanções. Estas consistem, sim, numa garantia do cumprimento da norma, embora sejam efeito da sua inobservância".[24]

Naturalmente, desponta a finalidade *preventiva* – ou tende a prevenir comportamentos nefastos para o Estado, para a pessoa e para a sociedade. Esta a grande finalidade, a qual justifica a própria lei, e lhe imprime a utilidade de evitar eventos ilícitos no futuro.

É inerente, ainda, à sua finalidade compor os litígios, daí chamar-se *norma de composição*, que se constata no propósito da lei solucionar os conflitos. Ela contém as decorrências se não obedecida. Ou seja, prevê como se comporá o prejuízo.

Deve, também, revelar *estabilidade*, pois, do contrário, geraria uma intranquilidade social. É importante que permaneça duradoura, persistente, com o que também imprime estabilidade à sociedade, além de se solidificar e difundir.

3.4. Classificação das leis

Classificar as leis é distingui-las, separá-las, destacá-las, ou dividi-las em grupos, segundo o caráter que denotam. O interesse do estudo revela-se mais cultural. Formam-se grupos em função da qualidade, do objeto ou da finalidade que encerram.

Nesta ótica, temos uma primeira forma de distinguir as leis, que é quanto à *duração*, ou que se destacam pelo tempo de vigência. Há leis 'temporárias', com previsão de vigência por um determinado lapso de tempo, como as que declaram uma situação de emergência em um Município ou Estado, ou dispensam de incidência de um imposto sobre um produto durante um período de anormalidade. Por outro lado, 'perpétuas' são aquelas normas sem prever um período de tempo para a sua duração, constituindo a grande maioria.

No pertinente ao *âmbito espacial* ou à *extensão territorial*, há as leis de 'direito geral', ou que se aplicam genericamente a todo um território, ou à população em geral; e as leis de 'direito local', dirigidas para incidir em uma região politicamente delimitada, ou em uma região definida, como as leis que favorecem uma classe de produtores atingida por fenômenos da natureza.

---

[24] *Direito Civil Brasileiro* – Introdução, ob. cit., p. 55.

Aproxima-se a divisão acima à classificação que coloca as leis em 'federais', 'estaduais' e 'municipais', conforme tenham origem da União, dos Estados ou dos Municípios.

Em outra ordem, no tocante ao grau de *imperatividade*, podem ser de 'imperatividade absoluta', ou aquelas normas que ordenam e impõem sem deixar margem para alternativas, como as que tratam do casamento, quando estabelecem as formalidades a serem seguidas (art. 1.533 ao art. 1.542 do Código de 2002 e art. 192 ao art. 201 do Código Civil de 1916); as que impedem o contrato de herança de pessoa viva (art. 426 do Código de 2002 e art. 1.089 do Código Civil de 1916); e as leis que arrolam as idades que indicam a incapacidade absoluta ou relativa.

De outro lado, existem as leis de 'imperatividade relativa', que unicamente abrem uma possibilidade, uma permissão, dando liberdade ao contratante na prática de um ato. Exemplo claro está na emancipação do filho menor, concedida pelos pais (art. 5º, parágrafo único, nº I, do Código de 2002 e art. 9º, § 1º, nº I, do estatuto civil de 1916), ou na escolha do regime de bens a vigorar durante o casamento, sendo necessária a manifestação escrita quando os cônjuges elegerem a separação total do patrimônio.

Conveniente lembrar as leis no pertinente ao seu *campo de abrangência*, que as distingue em 'comuns' ou 'gerais', em 'especiais' ou 'particulares', e em 'excepcionais' ou 'extravagantes'. As primeiras regulam um assunto na sua total amplitude, o que se verifica quanto aos Códigos e às leis conhecidas como verdadeiros estatutos. No tocante às segundas, regulam alguns aspectos ou campos delimitados, ou certas relações, sendo o caso da Lei nº 8.245, de 1991, que trata das locações de prédios urbanos, isto é, de uma pequena parte do Código Civil; da Lei nº 6.766, de 1979, sobre o parcelamento do solo urbano, igualmente um assunto que diz respeito à posse, à propriedade e às obrigações. Assim milhares de outras leis. As últimas cuidam de assunto já disciplinado pela lei comum, mas introduzindo algum aspecto novo e diferente, valendo citar como exemplo significativo a Lei nº 6.515, de 1977, que introduziu o divórcio como causa de dissolução da sociedade conjugal. Não se pode olvidar que não se confundem as leis excepcionais e as extravagantes. Embora revelem um ponto comum, consistente na regulamentação de matéria já submetida à lei, aparece alguma diferença. Enquanto nas excepcionais é dado um tratamento especial (exemplo: a Lei nº 9.138, de 1995, que prorroga o vencimento de dívidas provenientes de financiamentos rurais, além de outros benefícios), as extravagantes alteram algum item de uma lei existente (exemplos: a Lei nº 8.950, de 1994, e a Lei nº 9.139, de 1995, modificando várias normas do Código de Processo Civil de 1973, que dispõem sobre o agravo de instrumento).

Digno de nota é a especificação no tocante à *força obrigatória*, conhecendo-se as leis 'coativas' ou 'cogentes' e as 'supletivas' ou 'permissivas' – aquelas impondo a submissão incondicionada do indivíduo (*e. g.*, leis penais), e as últimas sujeitas à aceitação do indivíduo, como a lei de doação de órgãos, que incide caso não manifestada em contrário a vontade em algum documento (Lei nº 9.434, de 1997). Explica-as Francisco Amaral: "As normas cogentes são as que impõem de modo absoluto, não sendo possível a sua derrogação pela vontade das partes. São imperativas (determinam uma ação) ou proibitivas (impõem uma abstenção). Regulam matéria de ordem pública e de bons costumes... As normas não cogentes, ou permissivas, são aquelas que permitem o livre exercício da vontade individual na disciplina dos interesses particulares. Distinguem-se em dispositivas, quando permitem que os sujeitos disponham como lhes aprouver, e supletivas, quando se aplicam na falta de regulamentação privada, preenchendo no exercício de uma função integradora as lacunas por ela deixadas".[25]

Há a classificação ligada à *hierarquia*, ou à ordem de importância das leis, no cenário nacional.

Em primeiro lugar, encontram-se as leis 'constitucionais', pertencentes aos textos da Constituição Federal, impondo a subordinação de todas as demais leis. Esta dependência ou submissão segue na esfera estadual e municipal, mantendo-se sempre a hierarquia no concernente às demais leis da mesma órbita estadual ou municipal.

Neste patamar se encontram as 'emendas constitucionais', que alteram a Constituição. No caso da Constituição Federal, é relevante observar o § 4º do art. 60, impedindo emenda que altere ou que importe em abolir a forma federativa do Estado; o voto direto, secreto, universal e periódico; a separação dos Podres; e os direitos e garantias individuais.

Não se pode olvidar que a Constituição dos Estados e as leis orgânicas dos Municípios também obedecem à Constituição Federal.

Vêm, depois, as leis 'complementares'. Como o nome indica, são complementares da Constituição, a ela submetendo-se. A sua elaboração opera-se em obediência a dispositivos constitucionais, regulando assuntos tratados genericamente pelo texto constitucional.

As mais comuns e em maior quantidade são as leis 'ordinárias', elaboradas pelo Poder Legislativo, não tratando de matéria constitucional. Nesse mesmo pé de hierarquia estão as leis 'delegadas', as quais, como a palavra deixa antever, são ou deveriam ser elaboradas pelo Poder Legislativo. Entrementes, em vista da delegação, transfere-se a incumbência a outro Poder Executivo. O art. 68 da Carta Maior coloca como condição para a delegação a antecedente solicitação ao Congresso Nacional pelo Presidente da República. Seu § 1º impede a delegação de atos da competência exclusiva do Congresso Nacional, os de competência

---

[25] *Direito Civil Brasileiro* – Introdução, ob. cit., pp. 96 e 97.

privativa da Câmara dos Deputados ou do Senado Federal, de matéria reservada à lei complementar, nem de legislação sobre:

> "I – organização do Poder Judiciário e do Ministério Público, a carreira e a garantia de seus membros;
>
> II – nacionalidade, cidadania, direitos individuais, políticos e eleitorais;
>
> III – planos plurianuais, diretrizes orçamentárias e orçamentos".

O Congresso Nacional fará a delegação através de resolução, onde se especificarão o conteúdo e os termos do exercício (§ 2º). Faculta-se ao Congresso Nacional impor a votação do projeto em votação única, vedada qualquer emenda (§ 3º).

No mesmo grau se encontram as 'medidas provisórias', que constituem a delegação para antecipar a elaboração de uma lei. A Constituição Federal outorga poderes ao Presidente da República para emitir e promulgar leis, denominadas medidas provisórias, as quais, posteriormente, quando apreciadas pelo Poder Legislativo, a iniciar na Câmara dos Deputados, com o prévio exame por comissão mista (formada por deputados e senadores), consolidam os efeitos já praticados e transformam-se em leis. A previsão está no art. 62 da Carta Federal, na redação da Emenda Constitucional nº 32, de 11.09.2001: "Em caso de relevância e urgência, o Presidente da República poderá adotar medidas provisórias, com força de lei, devendo submetê-las de imediato ao Congresso Nacional". O § 1º, quanto à matéria que não poderá ser disciplinada por medidas provisórias, edita: "É vedada a edição de medidas provisórias sobre matéria:

> I – relativa a:
>
> a) nacionalidade, cidadania, direitos políticos, partidos políticos e direito eleitoral;
>
> b) direito penal, processual penal e processual civil;
>
> c) organização do Poder Judiciário e do Ministério Público, a carreira e a garantia de seus membros;
>
> d) planos plurianuais, diretrizes orçamentárias, orçamento e créditos adicionais e suplementares, ressalvado o previsto no art. 167, § 3º;
>
> II – que vise a detenção ou o sequestro de bens, de poupança popular ou qualquer outro ativo financeiro;
>
> III – reservada a lei complementar;
>
> IV – já disciplinada em projeto de lei aprovado pelo Congresso Nacional e pendente de sanção ou veto do Presidente da República".

Se tratar da instituição ou majoração de impostos, surtirá efeito unicamente no exercício financeiro seguinte, e desde que convertida em lei até o último dia daquele em que foi editada (§ 2º do art. 62).

É de sessenta dias o prazo para a aprovação e conversão em lei (§ 3º do art. 62), permitida a prorrogação em uma única vez, pelo mesmo prazo, se não levado a termo o seu exame pelo Congresso Nacional (§ 7º do art. 62). Deverá iniciar a apreciação dentro de quarenta e cinco dias da publicação. Não ocorrendo o exame, entrará em regime de urgência, subsequentemente, em cada Casa do Congresso Nacional, ficando sobrestado, até que se ultime a votação, todas as demais deliberações legislativas da Casa em que estiver tramitando (§ 6º do art. 62).

Veda-se a reedição, na mesma sessão legislativa, de medida provisória rejeitada ou perdido a sua eficácia.

A perda de eficácia se dá quando não aprovada no prazo referido de sessenta dias, que poderá ser renovado.

O Congresso Nacional, por decreto legislativo, disciplinará as relações jurídicas decorrentes das medidas provisórias que perderem a eficácia (§ 3º do art. 62).

Essas medidas provisórias substituem os antigos decretos-lei, permitidos na Carta anterior, prevendo o art. 25 do Ato das Disposições Constitucionais Transitórias o prazo de cento e oitenta dias para a revogação de todos os dispositivos que atribuíssem ou delegassem a órgão do Poder Executivo competência assinalada pela Constituição ao Congresso Nacional.

Estão previstas as 'leis delegadas', cuja previsão vem no art. 68 da Carta Federal, dando a sua ideia: "As leis delegadas serão elaboradas pelo Presidente da República, que deverá solicitar a delegação ao Congresso Nacional". Decorre que o Congresso Nacional transfere a competência ao Presidente da República para editar leis que não versem sobre matéria de competência privativa do Senado e da Câmara dos Deputados, e nem envolvam a organização do Poder Judiciário e do Ministério Público, ou nacionalidade, cidadania, direitos individuais, políticos e eleitorais, planos plurianuais, diretrizes orçamentárias e orçamento.

A delegação é emitida mediante resolução do Congresso Nacional, que especificará seu conteúdo e os termos de seu exercício.

No grau seguinte da escala descendente, estão os "decretos legislativos", que se enquadram no gênero de normas, mas que tratam dos assuntos da exclusiva competência do Congresso Nacional, como, dentre outros casos, a ratificação de tratados internacionais; o julgamento das contas do Presidente da República; a autorização do Presidente e do Vice-Presidente para se ausentarem do País, em prazo superior a quinze dias (art. 49 da CF).

Aparecem, em seguida, os 'decretos', que constituem atos do Poder Executivo, revelando dupla finalidade: de um lado, como atos de governo, ou a execução das funções e da administração, e assim sobre a destinação de verbas autorizadas, a nomeação de ministros, a intervenção federal, a celebração de tratados; de outro lado, constituem atos que regulamentam ou completam as leis. Dentro deste duplo caráter, ainda atual a lição de Décio Moreira: "O decreto é a forma do Executivo ditar normas disciplinadoras de ordem administrativa, com força de lei. O Estado (Executivo), seja na ordem Federal, Estadual ou Municipal, como amplitude, disciplina seus serviços através de publicação de decretos. O decreto que nomeia funcionários, o que disciplina a coleta de lixo etc. Paralelamente, muitas vezes, em decorrência da necessidade de facilitação da execução da lei, esta manda, obriga ao Executivo a regulamentá-la, o que é feito através do Decreto".[26]

Não apenas ao Poder Executivo é atribuída a função de regulamentação. Estende-se a mesma ao Legislativo e ao Judiciário, no pertinente às leis que os estruturam, o que se opera através dos respectivos regimentos internos.

Fazem parte do ordenamento legal as 'resoluções', que se definem como atos dos Poderes Executivo, Legislativo e Judiciário, sobre matéria mais de ordem interna, concernente à administração. No caso do Poder Legislativo, mediante resolução a Mesa determinará a instauração do processo de perda de mandato do Deputado Federal ou do Senador (art. 55, §§ 2º e 3º, da Carta Federal). Além disso, das leis ou dos decretos emanam o poder concedido a certos órgãos de emitir resoluções, disciplinando especificamente certos aspectos. Exemplo encontra-se na Lei nº 4.595, de 1964, cujo art. 4º, inc. IX, confere ao Conselho Monetário Nacional a função de limitar as taxas de juros às instituições que integram o Sistema Financeiro Nacional.

Além das resoluções, temos as 'portarias', 'avisos', 'ordens de serviços', 'as instruções', formando atos de administração, ou de esclarecimentos, ou de imposições, dirigidos aos órgãos internos dos ministérios e das repartições, adstritos aos funcionários e ao funcionamento dos serviços que prestam ao público. Todavia, a força coativa não está propriamente nesses atos, e sim nas leis em que se embasam.

Regem os atos e as relações das partes, ainda, as sentenças judiciais, os contratos, os tratados, as convenções, os estatutos, os regulamentos internos, que devem ser havidos como a concretização de um comando legal.

Existe a classificação das leis pelo seu *conteúdo*, como as 'autoexequíveis', que não dependem de regulamentação; as 'interpretativas', destinadas a explicar outras, servindo de exemplo leis que tratam do sistema tributário, colocando em prática os dispositivos constitucionais; as de 'direito material' ou 'substantivo', relativas ao direito em si sobre a matéria que versa (*v. g.*, o Código Civil); e as de 'direito processual', ou 'instrumental', ou 'formal', ou 'adjetivo', disciplinando os caminhos ou procedimentos para exercitar o direito, ou regulando as ações e as competências (*v. g.*, o Código de Processo Civil).

No tocante ao *campo de proteção* ou *de disciplina*, temos as leis 'de ordem pública', e as 'de ordem privada'. As primeiras, segundo Clóvis Beviláqua, "umas vezes referem-se às bases econômicas ou políticas da vida social, como as de

---

[26] *Elementos de Direito Civil*, ob. cit., p. 10.

organização da propriedade e as constitucionais; outras vezes, são protetoras do indivíduo no grêmio social, como as de capacidade; outras sancionam os direitos, quer do indivíduo, quer da sociedade, como as penais e as processuais; ainda outras têm o caráter de polícia jurídica, sempre que repelem as ofensas aos bons costumes; por fim, uma classe existe, que assume a feição de ordem pública, em razão de se derivar necessariamente da essência de um instituto jurídico estabelecido, como a que impõe o dever de convivência dos cônjuges, que é consequência imediata do casamento, segundo o compreende a cultura moral em nossos dias".[27] De ordem privada são as leis cujo campo de interesse é estritamente individual, cujo campo de aplicação envolve sobretudo os direitos e obrigações individuais, e assim, *v.g.*, as leis que tratam da locação, do arrendamento mercantil, as de ordem comercial, e a maior parte dos dispositivos do Código Civil.

Em consideração ao *objeto*, várias as subdivisões, como as 'substantivas' ou 'materiais' (exemplos: Código Civil, Código Penal, Código Comercial, Consolidação das Leis Trabalhistas); e as 'adjetivas', ou 'processuais', ou 'formais', ou 'instrumentais' (exemplos: Código de Processo Civil, Código de Processo Penal).

3.5. Formação e constituição da lei

A lei tem forma escrita. Impossível existir apenas na tradição, ou na manifestação oral. Normalmente elaborada por um poder destacado ou competente – o Poder Legislativo, tem a sanção de outro poder, que é o Poder Executivo, não sendo, entrementes, vital este ato de parte de um poder distinto. Revela um resquício do passado, do poder supremo dos monarcas de outrora. Todavia, existem leis que não passam pelo crivo ou sanção do Chefe do Poder Executivo, como a Constituição Federal.

Uma vez aprovado pelo Poder Legislativo, o projeto é encaminhado ao Presidente da República, a quem se reconhece o poder do veto se julgar, no todo ou em parte, inconstitucional a lei, ou contrária aos interesses nacionais (art. 66, § 1º, da CF).

Conhecem-se o veto total e o parcial, conforme abranja a totalidade ou parte da lei. Para a sua rejeição, devendo haver a apreciação em sessão conjunta dos Deputados e Senadores, dentro de trinta dias a contar do seu recebimento, necessária a maioria absoluta dos votos, em escrutínio secreto (art. 66, § 4º, da CF). Não mantendo o veto, encaminha-se o projeto para a promulgação, ao Presidente da República (art. 66, § 5º). Se esgotar-se o prazo de trinta dias para o exame, coloca-se o veto na ordem do dia da sessão imediata, sobrestadas as demais proposições, até sua votação final (art. 66, § 6º, na redação da Emenda Constitucional nº 32, de 11.09.2001).

---

[27] *Teoria Geral do Direito Civil*, ob. cit., pp. 12 e 13.

Uma vez aprovada a lei, vai a mesma para o chefe do Estado, que a sancionará, a promulgará e mandará publicá-la. A *sanção* significa a aprovação ou aquiescência da lei emanada dos legisladores. Constitui o ato final de elaboração da lei, podendo ser expressa ou tácita. É expressa quando o ato de aprovação é manifestado por escrito. Revela-se tácita se decorrer o prazo de quinze dias do recebimento do projeto aprovado, sem a aprovação e sem qualquer oposição à sua existência. Verifica-se, por este ato, unicamente uma aprovação da lei.

Como lembra Ruggiero, "não basta a sanção do soberano para tornar a lei executiva e obrigatória. Esta virtude só se consegue mediante dois atos posteriores: a promulgação e a publicação".[28]

Na *promulgação*, além de ficar subentendida a sanção, o Presidente da República declara oficialmente a existência da lei, votada pelo Congresso Nacional, determinando a sua publicação em órgão oficial, a obediência por todos e a execução pelos agentes da autoridade. Explica G. Baudry-Lacantinerie, em texto ainda atual, que não basta a votação pelo Poder Legislativo: "La loi votée par le pouvoir législatif n'est pas encore exécutoire. Elle le devient par la promulgation, que rentre dans les attributions du pouvoir exécutif".[29] Por este ato, segue Ruggiero, o Chefe do Poder Executivo atesta "a existência da lei e ordena que tenha execução".[30]

Pode dar-se a sanção sem a promulgação. Se este fato ocorrer, ao Presidente do Senado competirá promulgar. Consoante o art. 66, § 7º, da Carta Maior, esta competência verifica-se no caso de sanção sem a promulgação, e de não manutenção do veto, retornando a lei ao Presidente da República, e este omitir-se a sancionar e a promulgar a lei no prazo de quarenta e oito horas.

Vem, depois, a *publicação*, que corresponde à sua divulgação, visando torná-la conhecida em todo o território nacional, o que se dá com a sua inserção no Diário Oficial da União. Presume-se, com a publicação, que se dá o conhecimento por todas as pessoas, não se tolerando a alegação de seu desconhecimento.

Possui a lei diversas partes: o seu título, o nome, o número, a data, o texto ou a substância, e o encerramento. O número segue uma ordem crescente, recomeçando após longas épocas, especialmente quando um evento marcante marca uma nação.

A lei, especialmente a mais extensa, compõe-se de vários campos, dividindo-se em *Livros* (Livro I, Livro II e assim por diante), os quais se subdividem em *Títulos*, que discriminam os assuntos através de *Capítulos*. Se as matérias forem diferentes, ou tiverem contornos distintos dentro do mesmo Capítulo, são agrupadas em *Seções*, mas incluídas na mesma ordem numérica dos Capítulos.

---

[28] *Instituições de Direito Civil*, ob. cit., vol. I, p. 84.
[29] *Précis de Droit Civil*, ob. cit., tomo I, p. 20.
[30] *Instituições de Direito Civil*, ob. cit., vol. I, p. 84.

As leis, do início ao fim, decompõem-se ou particularizam-se em *artigos*, que vêm a ser os preceitos, as determinações, os conceitos da matéria tratada. Por sua vez, os artigos podem ter *parágrafos*, que são especificações, exceções, ou disposições secundárias, relacionadas à matéria do artigo. Seguem-se os *incisos*, destinados a disciplinar particularidades do mesmo assunto que está no parágrafo, ou a enumerar situações abrangidas na regra, e equivalendo, neste caso, a *itens* ou hipóteses contempladas na disposição, e que se estendem em números numa sequência crescente. Aparecem, também, as *alíneas*, que não se confundem com meros incisos ou itens, pois significam uma explicitação do parágrafo, ou de um assunto que se encontra no inciso.

3.6. O processo legislativo

O processo legislativo, segundo Maria Helena Diniz, revela-se como fonte jurídica formal do direito, compreendendo "a elaboração de leis, ou melhor, de todas as categorias normativas referidas no art. 59 da nova Carta. Como o direito regula sua própria criação ou elaboração, o processo legislativo está previsto na Constituição Federal".[31]

No sentido de procedimento para elaborar a lei, corresponde ao conjunto de fases ou etapas pelos quais passa uma ideia, materializado em projeto, até transformar-se em lei. A lei, na sua acepção de norma democrática, com origens na vontade popular, afora o plebiscito, constitui missão do Poder Legislativo. A Constituição Federal, nos arts. 61 a 69, cuida detalhadamente da iniciativa dos projetos de lei, do processo legislativo e de outros assuntos correlatos.

a) *Iniciativa da lei*

Inicia o processo com a apresentação do projeto, por iniciativa do Presidente da República, ou dos Deputados, ou dos Senadores, ou Tribunais Federais, ou do Procurador-Geral da República ou de parcela do eleitorado (art. 61 da CF).

Compete privativamente ao Presidente da República a iniciativa ou propositura de leis que (art. 61, § 1º):

"I – fixem ou modifiquem os efetivos das Forças Armadas;

II – disponham sobre:

a) criação de cargos, funções ou empregos públicos na administração direta e autárquica ou aumento de sua remuneração;

b) organização administrativa e judiciária, matéria tributária e orçamentária, serviços público e pessoal da administração dos Territórios;

---

[31] *Compêndio de Introdução à Ciência do Direito*, 2ª ed., São Paulo, Editora Saraiva, 1989, p. 264.

c) servidores públicos da União e Territórios, seu regime jurídico, provimento de cargos, estabilidade e aposentadoria;

d) organização do Ministério Público e da Defensoria Pública da União, bem como normas gerais para a organização do Ministério Público e da Defensoria Pública dos Estados, do Distrito Federal e dos Territórios;

e) criação e extinção de Ministérios e órgãos da administração pública, observado o disposto no art. 84, inc. VI (redação da Emenda Constitucional nº 32, de 11.09.2001), que versa sobre a exclusiva competência do Presidente da República em dispor, mediante decreto sobre organização e funcionamento da administração federal, quando não implicar aumento de despesa nem criação ou extinção de órgãos públicos, e em extinguir funções ou cargos públicos, quando vagos;

f) militares das Forças Armadas, seu regime jurídico, provimento de cargos, promoções, estabilidade, remuneração, reforma e transferência da reserva."

Quanto aos membros do Congresso Nacional, estende-se a competência para toda e qualquer outra lei e para as leis complementares. Os Tribunais Superiores (STF e STJ) e os Tribunais de Justiça têm restrita a competência na iniciativa das leis em matérias relativas ao número dos membros dos Tribunais inferiores, à criação e extinção de cargos, à remuneração dos seus serviços auxiliares e dos juízos que lhes forem vinculados, a fixação do subsídio de seus membros e dos juízes, inclusive dos Tribunais inferiores (art. 96, inc. II, letras *a*, *b*, *c* e *d*, da CF, na redação da Emenda Constitucional nº 41, de 2003). No mesmo sentido a competência do Ministério Público no encaminhamento de projeto de lei (art. 127, § 2º, da CF, também com alterações da referida Emenda nº 19/98).

A iniciativa popular para a apresentação de projeto de lei está contemplada no art. 61, § 2º, da Constituição Federal: "A iniciativa popular pode ser exercida pela apresentação à Câmara dos Deputados de projeto de lei subscrito por, no mínimo, um por cento do eleitorado nacional, distribuído pelo menos por cinco Estados, com não menos de três décimos por cento dos eleitores de cada um deles".

Algumas notas merecem as emendas à Constituição, matéria desenvolvida no art. 60, que inicia por admitir a emenda mediante proposta:

"I – de um terço, no mínimo, dos membros da Câmara dos Deputados ou do Senado Federal;

II – do Presidente da República;

III – de mais da metade das Assembleias Legislativas das unidades da Federação, manifestando-se, cada uma delas, pela maioria relativa de seus membros."

Há inúmeros atos, incluindo leis, da competência exclusiva do Congresso Nacional, e que aparecem no art. 49 do Texto Constitucional, em redação da Emenda Constitucional nº 19/98:

- resolver definitivamente sobre tratados e acordos ou atos internacionais que acarretem compromissos gravosos ao patrimônio nacional;
- autorizar o Presidente da República a declarar guerra e a celebrar a paz;
- autorizá-lo a permitir que forças estrangeiras transitem pelo território nacional ou nele permaneçam temporariamente por motivo de guerra;
- aprovar e suspender a intervenção federal e o estado de defesa;
- autorizar e suspender o estado de sítio;
- autorizar o Presidente e o Vice-Presidente da República a se ausentarem do País;
- julgar as contas do Presidente da República;
- fixar, para cada exercício, a remuneração dos membros do Congresso Nacional e do Presidente, do Vice-Presidente da República e dos Ministros de Estado;
- mudar temporariamente a sede do País;
- julgar, anualmente, as contas prestadas pelo Presidente da República;
- apreciar os relatórios sobre a execução dos planos de governo;
- sustar os atos normativos do Poder Executivo que exorbitem do poder de regulamentar o poder dos limites de delegação legislativa;
- fiscalizar e controlar os atos do Executivo, inclusive os da administração indireta;
- apreciar os atos de concessão ou renovação de concessão de emissoras de rádio e televisão;
- escolher dois terços dos membros do Tribunal de Contas da União;
- aprovar iniciativas do Executivo sobre atividades nucleares;
- autorizar referendo e convocar plebiscito;
- autorizar aproveitamento, exploração, pesquisa e lavra de recursos minerais ou hídricos ou terras indígenas e aprovar, previamente, a alienação ou concessão de terras públicas com área superior a dois mil e quinhentos hectares.

Ao Presidente do Senado, nas leis sobre as matérias descritas acima, incumbe a promulgação e a publicação.

b) *A tramitação do processo de aprovação*

Apresentado o projeto, desencadeia-se o ato de criação e formação da lei, que inicia na Câmara dos Deputados, a menos que de um senador parta a iniciativa, quando no Senado ingressa-se com o projeto. Sendo de iniciativa do Presidente da República o projeto, faculta-se o pedido de urgência, tendo, então, cada Casa, o prazo de quarenta e cinco dias para a apreciação. Ultrapassado esse lapso de tempo, inclui-se a proposição na ordem do dia, sobrestando-se a deliberação quanto aos demais assuntos até que se ultime a votação, com exceção dos que tenham prazo constitucional determinado, até que se ultime a votação. De notar, ainda, que, apresentadas emendas, retorna o projeto para a Câmara dos Deputados, ao qual se concedem dez dias para o exame (art. 64, §§ 1º, 2º e 3º, da CF, com as modificações da Emenda Constitucional nº 32, de 11.09.2001).

No órgão legislativo competente inicia-se, pois, a geração do direito positivo ou que vigorará. Apresentado o projeto, tem começo a discussão, ou, mais propriamente, o estudo, que submete-se, depois, à apreciação por comissões especializadas, formadas por membros do Legislativo, como a de Constituição e Justiça. Nesta fase de análise, autoriza-se o oferecimento de emendas, desde que não envolvam matéria que trará aumento de despesa. Depois do período destinado às emendas, entra o projeto em discussão para a aprovação. Assegurado e aproveitado o direito de manifestação, o plenário vota a favor ou contra o projeto de lei. Logra-se a aprovação pela obtenção da maioria simples de votos, isto é, dos votos dos legisladores presentes, em se cuidando de lei ordinária ou absoluta, exigindo, pois, a totalidade dos deputados ou senadores, se envolver lei complementar o projeto de lei. Passando por uma das Casas, inicia-se a revisão pela outra, em um só turno de discussão e votação. Ocorrendo emendas, retornará à Casa iniciadora (art. 65 e parágrafo único da CF), que as apreciará. Encaminha-se o projeto, após, ao Presidente da República, que, aquiescendo, o sancionará. Nesta incumbência, exerce a função legislativa, posto que somente existirá a lei depois da sanção, promulgação e publicação.

Se o projeto revelar inconstitucionalidade ou inconveniência à ordem ou ao interesse público, assiste ao Chefe do Poder Executivo vetá-lo, no todo ou em parte, tendo, para tanto, o prazo de quinze dias úteis, contados da data do recebimento, comunicando-se, dentro de quarenta e oito horas, ao Presidente do Senado Federal, os motivos que ensejaram o veto (art. 66, § 1º, da CF). Continua explicando Maria Helena Diniz como seguem os próximos passos, no caso do veto: "Se se vetar o projeto, este volta ao Legislativo, que poderá aceitar ou rejeitar o veto. Se o atacar, finda-se o processo legislativo; se o recusar por maioria qualificada, o projeto volta ao titular da função executiva para promulgá-lo. O veto, portanto, apenas alonga o processo legislativo, impondo a reapreciação do projeto pelos parlamentares. A sanção ou aquiescência do Executivo pode ser expressa, quando se manifesta por despacho, ou tácita, quando este se omite, deixando que se esgote o prazo constitucional de quinze dias, sem decisão (art. 66, § 3º, da CF)".[32] Sobre a votação do veto, estabelecido o prazo de trinta dias para a apreciação; não havendo deliberação, coloca-se na ordem do dia da sessão imediata, sobrestadas as demais proposições, até a votação final (art. 66, § 6º, com a alteração da Emenda Constitucional nº 32, de 11.09.2001).

---

[32] *Compêndio de Introdução à Ciência do Direito*, ob. cit., p. 265.

Depois da sanção, segue-se a promulgação, que constitui um ato revelado na assinatura da lei, inserindo-se no começo do texto que a lei entrará em vigor, que vigorará em todo o território nacional e que deverá ser cumprida. A promulgação automaticamente compreende a sanção. Ordenando o cumprimento, está-se sancionando.

De acordo com as disposições constitucionais que seguem (art. 66, §§ 5º e 7º, consoante Emenda Constitucional nº 32), obriga-se a promulgar o ato dentro de quarenta e oito horas da sanção, expressa ou tácita, ou do recebimento da comunicação de que o veto foi rejeitado.

Finalmente, é publicada a lei no Diário Oficial, com o objetivo de levá-la ao conhecimento público, ou divulgá-la e torná-la conhecida.

Quanto às emendas da Constituição, impede-se que se processem na vigência de intervenção federal, de estado de defesa ou de estado de sítio.

A tramitação segue praticamente a comum para a apreciação dos projetos de lei. Apresentada a proposta, desenvolve-se a discussão ou o exame em cada Casa do Congresso Nacional, em dois turnos. Considera-se aprovada desde que obtenha, em cada Casa, três quintos dos votos dos membros de cada uma delas.

A promulgação compete às Mesas da Câmara dos Deputados e do Senado, com o respectivo número de ordem.

Se rejeitada a proposta, unicamente na sessão legislativa seguinte poderá merecer nova proposta de emenda.

Vedam-se emendas sobre alguns pontos considerados essenciais na Constituição, e constituindo as chamadas *cláusulas pétreas*, indicadas no § 4º do art. 60:

> "I – a forma federativa de Estado;
> II – o voto direto, secreto, universal e periódico;
> III – a separação dos Poderes;
> IV – os direitos e garantias individuais."

Lembra-se, finalmente, que existem procedimentos legislativos especiais, estabelecidos para a elaboração de "*leis financeiras* (lei do plano plurianual, lei de diretrizes orçamentárias, lei do orçamento anual e de abertura de créditos adicionais), de *leis delegadas*, de *medidas provisórias* e de *leis complementares*. Quanto a estas últimas nada mais carece dizer senão que só diferem do procedimento de formação das leis ordinárias na exigência do voto por maioria absoluta das Casas, para sua aprovação (art. 69 da Constituição Federal), sendo, pois, formadas por procedimento ordinário com *quorum* especial".[33]

---

[33] José Afonso da Silva, *Curso de Direito Constitucional Positivo*, 14ª ed., São Paulo, Malheiros Editores, 1997, p. 502.

4. O COSTUME

Está-se diante da observância constante, uniforme e geral de uma regra, de uma conduta, ou de um preceito, embora não conste prevista em lei. Verifica-se a prática de uma forma de conduta, repetida de maneira uniforme e constante pelos membros de uma comunidade, explica o magistrado riograndense Sérgio Augustin.[34] A necessidade e a conveniência social determinam a convicção do cumprimento de certas regras, que passam a formar o costume. As pessoas criam modos de proceder, de relacionamentos, de vizinhança, de tratamento mútuo, de posturas frente a certos fatos, como de remuneração por serviços prestados, de pagamento em cifra ajustada pelo transporte de mercadorias, de contratação de pessoas determinadas para a prestação de serviços em áreas portuárias, levando a um ressarcimento condigno, apesar de não legislada a situação. As condutas, as ideias, o modo de ser adquirem corpo, repetem-se, reproduzem-se, multiplicam-se, formando um costume, um uso da população, até que se apresenta tão obrigatório como se fosse lei. Atinge-se um ápice da repetição e da obediência do costume que leva a colocá-lo, em certas situações, em pé de igualdade com a lei, formando o que se convencionou nominar de direito consuetudinário. Realmente, se a prática em uma região produtora de cereais avança para o pagamento em produto, cujo preço submete-se à regulamentação pelo Poder Público, admissível que seja observado o direito segundo essa prática. Não raramente evolui para o direito, como exemplifica Josserand: "Por ejemplo, es una tradición en nuestro país que la mujer toma, cuando se casa, el apellido de su marido; al prolongarse, esta tradición se ha convertido en derecho, aunque no existiese un texto que le confiriera esta facultad, de llevar el apellido de su marido y hacer uso de él".[35]

Washington de Barros Monteiro aponta as várias teorias que forçaram a obrigatoriedade do costume: "a) Teoria da vontade popular; b) teoria da convicção jurídica; c) teoria da razoabilidade judicial".[36] Todas contêm razoáveis fundamentos que justificam a obediência aos costumes e a sua posição de formação do direito. Assim a teoria da vontade popular, pois nada mais coerente que se adote como axioma aquilo que é por todos admitido. Pagando-se sempre, pela jornada de trabalho, uma quantia idêntica para todos os que exercem a mesma atividade, não se ostenta justo restringir a remuneração de uma pessoa aos níveis do salário mínimo. A vontade popular sempre se constituiu fonte não apenas do direito, mas até da soberania das nações, o que justifica a sua adoção para impor o costume.

---

[34] "Algumas Considerações sobre o Conceito Histórico do Costume", em *Revista da Ajuris – Associação dos Juízes do RGS*, nº 75, Porto Alegre, p. 388, setembro de 1999.
[35] *Derecho Civil*, ob. cit., tomo I, vol. I, p. 24.
[36] *Curso de Direito Civil – Parte Geral*, ob. cit., p. 19.

Com respeito à convicção jurídica, manifesta-se, malgrado as discussões quanto à sua formação, da uniformidade da convicção daquilo que é certo, da opinião comum da imprescindibilidade de se trilhar por uma conduta delineada, levando a entenderem as pessoas como necessária para a convivência social. Apesar das críticas dos doutrinadores, reveste-se de significativa ocorrência na condução do direito.

Finalmente, ingressando na razoabilidade judicial, procura-se entender que decorre o costume da constante manifestação das condutas, dos pensamentos, das manifestações sobre um assunto, sempre no mesmo sentido. É o que Ricardo Luis Lorenzetti chama de 'repetição homogênea': "O costume é uma conduta que, em determinadas circunstâncias semelhantes, os integrantes de um grupo social adotam; comportam-se da mesma maneira. Deve tratar-se de um comportamento generalizado, com certa uniformidade identificável e constante".[37]

Não resta dúvida, nos tempos atuais, que as condutas formam uma parcela do direito, evoluindo não apenas na interpretação das normas, mas formando um ambiente que leva à edição de normas de conduta. Aliás, lembrava Ferrara, já nos tempos primitivos o costume evoluía o direito: "Nell'ere primitive infatti domina quasi esclusivamente l'origine consuetudinaria del diritto".[38]

De modo que, conclui Michel Troper, "se uma prática foi repetida ao longo de certa duração de tempo e se foi provida do sentimento de seu caráter obrigatório, então devemos nos conformar com ela".[39]

Múltiplos os delineamentos jurídicos que se estabeleceram no plano jurídico, especialmente em assuntos não bem apreendidos ou subsumidos em regramentos legais, como acontece no arrendamento mercantil, no *factoring*, no contrato de distribuição, na teoria da imprevisão ou da *rebus sic stantibus* e da teoria da base objetiva do negócio. A omissão ou o hiato da lei não impede que se arquitetem institutos que passam a vigorar. Em direito bancário, a reiterada repetição de promessas de crédito, concedidas na medida da necessidade da pessoa, levou a criar-se o contrato de abertura de crédito, embora inexistente norma de direito positivo que trate da matéria.

Sempre foi o direito costumeiro uma das principais fontes do direito. Aliás, constituiu a manifestação primitiva para firmar uma ordem, uma obediência a regras. A própria Lei das XII Tábuas revela-se como a síntese de costumes que imperavam. O direito alemão surgiu em cima do direito costumeiro, sendo que na Idade Média iniciaram as influências do direito romano. Na Inglaterra, o próprio direito constitucional é consuetudinário. Em Portugal, ao tempo das Ordenações Filipinas, o costume dominava grande parte do direito.

---

[37] *Fundamentos do Direito Privado*, ob. cit., p. 272.
[38] *Trattato di Diritto Civile Italiano*, ob. cit., vol. I, parte I, p. 98.
[39] *A Filosofia do Direito*, ob. cit., p. 113.

Vários os requisitos ou até pressupostos para a admissão do costume como causa inspiradora do direito, embora alguns autores apontem duas ordens de elementos: a objetiva, ou externa, revelada na obediência constante, geral, uniforme, ininterrupta ou continuada de preceitos ou regras; e a subjetiva, ou interna, vista como a convicção, a certeza da necessidade na observância de certas regras, a *opinio necessitatis*, a ponto de alastrar-se em todas as consciências. Clóvis Beviláqua expõe a respeito: "Destacam-se no costume dois elementos: o *externo*, que é o uso, a observância constante; e o *interno*, que é a 'opinio necessitatis', a convicção de que a norma estabelecida funciona como lei, pela necessidade que há de regularizar o caso a que ela se refere, pelo modo nela estabelecido".[40]

Parece desprovida de importância a classificação em objetivos e subjetivos os requisitos, ou em externos e internos, eis que uma prática para converter-se em costume necessita unicamente que seja uniforme, que a verificação ou repetição se revele constante, que se apresente a moralidade ou a coadunação com o sistema jurídico vigente, de modo a não ofender o direito positivo. Sérgio Augustin acrescenta mais "a convicção ou consciência social de que tal conduta é necessária ou conveniente ao interesse da comunidade ('*opinio juris seu necessitatis*').[41] Uma vez detectados esses elementos, nada impede que o costume tenha força de lei, mas enquanto não vier promulgada uma lei que disponha sobre a matéria. Se contrariar a ordem legal, por mais que se afigure justo o costume, não se sobrepõe ou não prevalece ante a norma vigorante, dada a sua natureza de fonte subsidiária. Veda-se que se apresente *contra legem* (contra a lei), posto deve ou revelar-se *praeter legem* (complementa a lei), ou *secundum legem* (segundo a lei). Acrescenta Caio Mário da Silva Pereira: "Vigora e tem cabimento, até onde não chega a palavra do legislador, seja para regular as relações sociais em um mesmo rumo que o costume antes vigente, seja para estabelecer uma conduta diversa da consuetudinária".[42] De modo que não há de se cogitar na possibilidade de o costume revogar a lei. Mesmo que, no caso de ser *contra legem*. Ocorre que o normal é desencadear o costume uma lei, ou evoluir para a lei. Mesmo que a lei contravenha o costume, ou que as pessoas sigam um costume diferente do que dita a lei, pode dar-se o caso de não aplicação da mesma, e não de sua revogação, o que unicamente por meio de outra lei, em atendimento ao disposto no art. 2º da Lei de às Normas do Direito Brasileiro. Nesta linha, não é sua finalidade substituir as leis manifestamente injustas ou intoleráveis, ou não se justifica com o fim de inaplicar o juiz uma lei iníqua e írrita. Para tais eventualidades, mais apropriado invocarem-se a doutrina e a jurisprudência, que se posicionam como forças criadoras do direito, enquanto o

---

[40] *Teoria Geral do Direito Civil*, ob. cit., p. 26.
[41] *Algumas Considerações sobre o Conceito Histórico do Costume*, trabalho citado, p. 389.
[42] *Instituições de Direito Civil*, ob. cit., vol. I, p. 51.

costume está na posição do direito posto, de elemento existente com o escopo de suprir a omissão da lei, e não de enfrentá-la.

Outrossim, unicamente depois do pronunciamento judicial é que o costume se impõe. Não se cogita de invocá-lo para conseguir administrativamente uma pretensão. De sorte que a validade consiste na sua invocação para obter-se um pronunciamento judicial. Somente então reveste-se do caráter de norma ou de foro de direito. Mas a mera invocação é insuficiente. Cabe ao interessado fazer a prova, já que não se presume, máxime porque não aparece em forma escrita. A comprovação procede-se por testemunhas e documentalmente, com a apresentação de elementos evidenciando a prática da conduta. Assim quanto à cobrança de preço de transporte mais elevado durante o período noturno. Não constando em tabelas oficiais as tarifas, a constante cobrança em nível mais elevado pode levar à exigibilidade em sentença.

Tem semelhança com os usos, que constituem a prática constante e habitual, em uma determinada região, de atos que não ofendem a ordem legal vigorante. Admitidos no direito comercial como fontes do direito, os usos adquirem o significado de costumes. O art. 291[43] do Código Comercial conferia aos usos força para regular toda sorte de associação mercantil, "não podendo recorrer-se ao direito civil para decisão de qualquer dúvida que se ofereça, senão na falta de lei ou uso comercial". A distinção, na verdade, está na intensidade da prática e verificação entre uma e outra espécie. Nos usos, não se revela tão comum e generalizada a conduta, como acontece no costume. Nem se expandiu ou firmou a convicção. A definição de Messineo revela a maior restrição, vendo-o como um certo modo de agir que "un dato núcleo sociale adotta uniformemente e costantemente, durante un certo tempo".[44] Somente depois de se tornar o uso um procedimento constante, de se ampliar e alcançar uma generalidade na direção de condutas é que passa para a categoria de costume. Há uma longa prática, uma uniformidade, uma generalidade e constante repetição de tipos de comportamentos, incutindo a sua observância na ideia comum dos indivíduos. Há diferença de extensão, de profundidade, de aceitação, de amplidão, e de enraizamento nas condutas, relativamente ao uso.

Bem mais distante a equiparação ao hábito, que sequer chega, na intensidade como regra, ao uso. A distinção acentua-se na natureza de um e outro, pois enquanto no costume e até no uso encontra-se presente conteúdo mais ético, comportamental, ficando no nível da vontade, já o hábito decorre do caráter, do perfil, da índole, tendo indisfarçável conteúdo instintivo. Define-se como uma aptidão adquirida, para reproduzir certos atos, que se aperfeiçoa quanto mais se repetem os atos. A distinção com o costume interessa à filosofia, que vê o costume como um primeiro passo do hábito. Ensina Régis Jolivet: "O

---

[43] Artigo revogado pelo Código Civil de 2002.
[44] *Manuale di Diritto Civile e Commerciale*, ob. cit., vol. I, p. 41.

hábito não deve ser confundido com o costume. Sabe-se que os seres vivos são capazes de se acomodar, até um certo ponto, ao meio e às circunstâncias (clima, temperatura, alimentação etc.): o próprio organismo se transforma, de algum modo, sob a ação das novas condições em que for colocado. É a esses fenômenos de adaptação passiva (chamados, por vezes, mas de uma forma um pouco equívoca, hábitos passivos) que se dá o nome de costume.

Ora, o costume não é ainda o hábito propriamente dito. Assinala a plasticidade do organismo, mas esta plasticidade é apenas uma condição do hábito: este implica desenvolvimento de atividade. Cria a capacidade e permite ao ser vivo não apenas adaptar-se às circunstâncias, mas dominá-las".[45]

5. A JURISPRUDÊNCIA

Pelo art. 4º da Lei de Introdução às Normas do Direito Brasileiro, na omissão da lei decidirá o juiz também conforme a analogia, os costumes e os princípios gerais do direito. Não está incluída a jurisprudência. Entrementes, as decisões dos pretórios, máxime reiteradas no mesmo sentido, revelando alguma uniformidade de solução dos fatos da vida, elevam-se como uma importante fonte do direito. É como diz Niklas Luhmann: "Todo depende de que las decisiones anteriores que orientan perduran: salvo que se las cambie".[46] Não apenas para as situações desprovidas de regramento positivo, mas também quando desatualizada a lei, ou injusta, recorre-se à jurisprudência para a solução dos litígios.

Esclarece Niklas Luhmann que "en la jurisprudencia se trata de la aplicación del derecho a través de decisiones aplicadas a los casos particulares".[47]

De sorte que a jurisprudência, além de interpretar a lei durante a prestação jurisdicional, revela uma fonte do direito, devotados que se encontram os julgadores a decidir casos concretos, que nem sempre se acomodam nos parâmetros legais preestabelecidos.

Não que se julgue revogando uma lei, ou ignorando-a. Muito menos o julgador se reveste da função de legislar. Simplesmente, como vocacionado e destacado para a aplicação do direito, deve julgar em consonância com a sua consciência, com o justo, a equidade. Nesse sentido, há dois cuidados a serem observados. O primeiro a impor que evitem excessos, de modo a ignorar uma ordem imperante, um estado de direito, tornando o juiz um ditador, e causando total insegurança aos jurisdicionados, nos moldes da seguinte advertência, colhida dos próprios pretórios: "Não pode o juiz, sob a alegação de que a

---

[45] *Curso de Filosofia*, 7ª ed., tradução de Eduardo Prado de Mendonça, Rio de Janeiro, Livraria AGIR Editora, 1965, p. 128.
[46] *El Derecho de la Sociedad*, ob. cit., p. 378. Vol. 2.
[47] *El Derecho de la Sociedad*, ob. cit., vol. 2, p. 367.

aplicação do texto da lei à hipótese não se harmoniza com o seu sentimento de justiça ou equidade, substituir-se ao legislador para formular ele próprio a regra de direito aplicável. Mitigue o juiz o rigor da lei, aplique-a com equidade e equanimidade, mas não a substitua pelo seu critério".[48] "A figura do *judge made law* é incompatível com a tripartição do Poder, pois gera o arbítrio do Judiciário, a par de invadir a esfera legiferante, atribuição de outro Poder... Onde irá a certeza do direito, se cada juiz se arvorar em legislador?"[49]

A segunda precaução está na interpretação de acordo com os momentos históricos e o senso de justiça, em obediência à orientação do Superior Tribunal de Justiça: "A melhor interpretação da lei é a que se preocupa com a solução justa, não podendo o seu aplicador esquecer que o rigorismo na exegese dos textos legais pode levar a injustiças".[50] Em outra manifestação: "A interpretação das leis não deve ser formal, mas sim, antes de tudo, real, humana, socialmente útil ... Se o juiz não pode tomar liberdades inadmissíveis com a lei, julgando *contra legem*, pode e deve, por outro lado, optar pela interpretação que mais atenda às aspirações da Justiça e do bem comum".[51]

Se uma ordem legal dirige as condutas de um povo, e se o próprio povo a aceita, constitui a suprema iniquidade tripudiar da lei, indo além da justa interpretação ou do ajuste à prática.

Como fonte do direito, a jurisprudência vem conquistando grande espaço, o que se deveu principalmente à instalação do Superior Tribunal de Justiça e se ampliou com a súmula vinculante, introduzida pela Emenda Constitucional 45/2004, a qual obriga os juízes de todos os tribunais a seguirem o entendimento adotado pelo Supremo Tribunal Federal sobre determinado assunto com jurisprudência consolidada.

Eis a previsão constante no art. 103-A da Constituição Federal (redação da Emenda 45/2004): "O Supremo Tribunal Federal poderá, de ofício ou por provocação, mediante decisão de dois terços dos seus membros, após reiteradas decisões sobre matéria constitucional, aprovar súmula que, a partir de sua publicação na imprensa oficial, terá efeito vinculante em relação aos demais órgãos do Poder Judiciário e à administração pública direta e indireta, nas esferas federal, estadual e municipal, bem como proceder à sua revisão ou cancelamento, na forma estabelecida em lei".

---

[48] STF – *Revista de Direito Processual – RBDP*, 50/159, e *Amagis* 8/363, i'n' *Código de Processo Civil e Legislação Processual em Vigor*, de Theotônio Negrão, 29ª ed., São Paulo, Ed. Revista dos Tribunais1998, p. 171.
[49] *Revista dos Tribunais*, 604/43.
[50] *Revista do Superior Tribunal de Justiça*, 4/1.554 e *Revista dos Tribunais*, 656/188.
[51] *Revista do Superior Tribunal de Justiça*, 26/378, rel. o Min. Sálvio de Figueiredo, 'in' *Código de Processo Civil e Legislação Processual em Vigor*, de Theotônio Negrão, ob. cit., p. 171.

Revela importância, na formação do direito, o recurso repetitivo. Se houver multiplicidade de controvérsia, processa-se perante o STF, desde que a matéria se inclua na competência que lhe é própria. Se envolvida questão de direito, o recurso será, então, processado perante o Superior Tribunal de Justiça, naturalmente em se tratando de assunto que se inclua na sua competência. A espécie, em ambas as cortes, representa um grupo de recursos que possuem teses idênticas, constando a disciplina nos arts. 543-B e 543-C do Código de Processo Civil de 1973 (introduzidos, respectivamente, pelas Leis nº 11.418/2006 e 11.672/2008). O processo fica suspenso no tribunal de origem até o pronunciamento definitivo da corte superior, certificando-se nos autos a suspensão. Veja-se, a respeito, o § 1º, do art. 543-C do CPC/1973, em disciplina da competência do STJ: "Caberá ao presidente do tribunal de origem admitir um ou mais recursos representativos da controvérsia, os quais serão encaminhados ao Superior Tribunal de Justiça, ficando suspensos os demais recursos especiais até o pronunciamento definitivo do Superior Tribunal de Justiça". No novo CPC, as disposições do § 1º dos arts. 543-B e 543-C constam programadas no § 1º do art. 1.036, com tratamento igual para o STF e o STJ: "O presidente ou o vice-presidente de tribunal de justiça ou de tribunal regional federal selecionará 2 (dois) ou mais recursos representativos da controvérsia, que serão encaminhados ao Supremo Tribunal Federal ou ao Superior Tribunal de Justiça para fins de afetação, determinando a suspensão do trâmite de todos os processos pendentes, individuais ou coletivos, que tramitem no Estado ou na região, conforme o caso".

6. DOUTRINA

Não que os ensinamentos doutrinários imponham os rumos do direito aplicado no caso concreto. No entanto, trazem fundamentação, inspiram soluções e prenunciam o avanço do direito.

Apropriadamente, aduz Tercio Sampaio Ferraz Junior:

> "Em sentido estrito, a *communis opinio doctorum*, isto é, as posições doutrinárias dominantes (doutrina dominante), não chega, no sistema romanístico, a ser fonte do direito. Sua autoridade, porém, como base de orientação para a interpretação do direito, é irrecusável".[52]

Constitui a doutrina o acervo cultural sobre lições de direito, interpretando-o, explicando-o e aprofundando-o. Por meio de artigos, estudos, pareceres, trabalhos forenses, opiniões dos especialistas, teses e outras formas facilita-se o entendimento do direito, inspirando decisões judiciais, enriquecendo a

---

[52] *Introdução ao Estudo do Direito*, ob. cit., p. 212.

jurisprudência e fornecendo ao juiz subsídios para bem decidir. Muitas leis inspiraram-se de repetidos escritos ou de reiteradas manifestações doutrinárias. Nesse sentido serve de fonte do direito. Desde, porém, que revele a *communis opinio* dos jurisconsultos, porquanto não deixa de ser doutrina o pensamento isolado e divergente de um autor, que não consegue impor sua convicção.

Inestimável contribuição trouxe a doutrina ao direito, criando e introduzindo institutos de fundamental importância, como no que concerne às teorias da imprevisão, da quebra da base objetiva do negócio, da lesão enorme, da onerosidade excessiva. Introduziu no panorama do direito contratos não contemplados nos Códigos ou em leis especiais, como o de *factoring*, o de distribuição e de várias figuras de direito bancário.

As leis, de tão complexas e intrincadas, nem sempre facilitam a intelecção. As interpretações errôneas são corrigidas depois de extensos estudos e análises, a cargo daqueles que se especializam, passando, então, a influenciar na aplicação do direito.

7. A ANALOGIA

Melhor ter a analogia como subsídio para a aplicação do direito. Esta a visão mais coerente com a realidade.

Desde o momento em que serve para aplicar o direito, e, assim, para produzir o direito, nela encontrando-se elementos para a solução de um conflito, parece mais coerente inserir a analogia na classe de *fontes do direito*. Acontece que, ao solucionar-se um conflito com amparo na analogia, não encontrou o juiz a solução num dispositivo específico. Como, no entanto, a matéria é semelhante à que possui uma previsão legal, adota-se esta mesma previsão para o caso. Aproveita-se uma lei existente para uma situação não totalmente igual, mas parecida ou semelhante.

O seu fundamento ou fonte, na lição de Serpa Lopes, "não é a vontade do legislador, senão os supremos princípios da igualdade jurídica, exigindo a regulamentação de casos semelhantes por normas semelhantes, consoante as exigências íntimas do direito positivo".[53]

Grande parte dos autores inclina-se em ver a analogia como elemento de integração da norma ou do direito. O que significa *integração*? Corresponde o termo à união de uma coisa em outra, que é de maior extensão ou importância. Vista a analogia como um fator de integração, os fatos não capituláveis em uma norma são absorvidos por outra, dirigida para disciplinar matéria parecida. Indo adiante, existiriam axiomas legais que abrangem não apenas os fatos a que se destinam, mas estendem-se a outros que revelam alguma parecença. Aplica-se

---

[53] *Curso de Direito Civil*, ob. cit., vol. I, p. 150.

um princípio jurídico, ou um ditame legal, a outro fato não regulado, mas parecido ou semelhante àquele ao qual se dirige a lei. Bem entra Caio Mário da Silva Pereira no cerne do sentido: "A analogia consiste no processo lógico, pelo qual o aplicador do direito estende o preceito legal aos casos não diretamente compreendidos em seu dispositivo. Pesquisa a vontade da lei, para levá-la às hipóteses que a literalidade de seu texto não havia mencionado". Enquanto este o conteúdo, não se está integrando fatos diferentes em um só dispositivo de lei ou conceito, eis que se estaria ferindo a essência específica do fato diferente. Desvirtuar-se-ia a sua individualidade. Naturalmente, desapareceria, com o tempo, a diferença com o outro fato. Não se trata de um processo de interpretação, ou de exegese, mas de busca de um fundamento em outro campo para a solução. Daí, conclui o autor: "Não constitui, desta sorte, uma técnica de interpretação, mas verdadeira fonte de direito, se bem que subsidiária, e assim é tida pelo legislador (Lei de Introdução às Normas do Direito Brasileiro, art. 4º...), como já era em nosso direito anterior (Ordenações, Livro 3º, tít. 69), quando se determinava ao juiz que, na omissão da lei, procedesse 'de semelhante a semelhante', o que dá bem a ideia do processo".[54]

Muitas as dificuldades que encontra o juiz face à falta de previsão, no ordenamento positivo vigente, de uma norma específica para muitos dos casos que são levados ao julgamento. Numa das hipóteses, o *factoring* envolve, sem dúvida, a par outras finalidades, a cessão de título de crédito, mas não vem disciplinada esta espécie de cessão, e não correspondendo a um endosso. Utilizam-se, para a solução dos litígios que provoca, as disposições sobre a cessão de crédito, que aparecem no art. 286 ao art. 298 (art. 1.065 ao art. 1.078 do Código Civil de 1916). O contrato bancário de abertura de crédito também não encontra uma disciplina própria. As normas que se invocam, para resolver os inúmeros litígios que surgem, são as pertinentes ao empréstimo e ao mútuo civil.

Para invocar esse suporte jurídico, isto é, a analogia, alguns requisitos são impostos.

O primeiro está na *falta de previsão legal* para o caso, ou na inexistência, na lacuna de lei onde possa socorrer-se o interessado. Conforme aponta Messineo, "può darsi che una norma specifica, adeguata per la soluzione de dato caso, non esista".[55] O segundo consiste na *coincidência*, que é mais que a semelhança, em algum ponto entre o caso contemplado e o não contemplado na lei. A esse requisito Serpa Lopes dá o nome de identidade, que "significa a igualdade jurídica na sua essência, entre o caso a regular e o regulado, e para cujo confronto, no dizer de Ferrara, devem ser separados os elementos acidentais procurados ou decisivos. Como exemplo dá-nos a anulabilidade do negócio jurídico pelo dolo, onde tudo indica que esse vício de vontade não pode ser

---

[54] *Instituições de Direito Civil*, ob. cit., vol. I, p. 53.
[55] *Manuale di Diritto Civile e Commerciale*, ob. cit., vol. I, p. 65.

limitado só aos contratos".⁵⁶ Seguindo, requer-se que esse ponto comum seja *essencial*, ou de profunda importância, e não meramente acidental.

Não se admite a analogia em certos assuntos, como em matéria penal, exceto se favorável ao réu ou apenado; nas leis de ordem pública, naquelas que dizem com os tributos, com a administração, com direito constitucional, com as leis de exceção, em matéria de trânsito. Ou seja, naqueles assuntos de exigibilidade de apenas aquilo que se encontra nos preceitos, envolvendo, de modo geral, obrigações, penalidades, encargos.

No caso de matéria tributária, o STJ, no Recurso Especial nº 969.799/SC, da 2ª Turma, j. em 11.09.2007, *DJ* de 25.09.2007, foi explícito em afastar a aplicação: "Em se tratando de interpretação da legislação tributária acerca de atividades similares, não se presta a analogia para legitimar ato administrativo concebido com o propósito de obstaculizar isenção fiscal prevista em lei".

Também de certa relevância a distinção entre *analogia legal* e a *analogia jurídica*. Na primeira, não se encontrando uma regra específica para um caso, toma-se uma outra norma para a solução. A identidade de razão nos eventos faz que coincidam na prática. E se o legislador tivesse previsto essa situação, daria a mesma solução criada para o caso que se encontra subsumido na lei. Em vista disso, invoca-se a lei estabelecida para a situação paralela com a finalidade de resolver o que não veio acompanhado de lei, ou que surgiu depois. Serve de exemplo a invocação do art. 161, § 1º, do Código Tributário Nacional (Lei nº 5.172, de 25.10.1966), que estabelece, como regra geral, a taxa de juros de um por cento ao mês nos débitos tributários, para justificar a postulação da mesma taxa nos créditos do contribuinte, seja na repetição ou na compensação, cuja previsão do art. 167, parágrafo único, do mesmo diploma, omite sobre o montante da taxa. No Código Civil revogado, havia a regra do art. 248, inc. III, autorizando a mulher a anular as fianças ou doações feitas isoladamente pelo marido. Nada estipulando o Código relativamente a esses atos procedidos pela mulher, levava-se em conta idêntica regra para o marido proceder a anulação. Presentemente, o art. 1.642, inc. IV, do vigente diploma civil, é expresso em garantir a anulação indistintamente à mulher e ao marido.

No pertinente à analogia jurídica, dada a falta de norma suscetível de aplicação à hipótese, vale-se quem opera no direito de princípios apropriados a um assunto para estendê-los a outro assunto, mas que se revestem as duas matérias de caracteres ou de semelhança essencial. Pode-se colher um exemplo no depósito bancário, quando um cliente entrega à instituição valores para serem guardados. Como o banco cobra encargos por qualquer valor que empresta ou financia, não fere a razoabilidade exigir o cliente a correção monetária e os juros legais das quantias depositadas, posto que, inquestionavelmente, todos os

---

[56] *Curso de Direito Civil*, ob. cit., vol. I, p. 152.

ingressos no Banco são investidos, trazendo algum resultado positivo ou lucro os depósitos que as pessoas fazem.

Convém não confundir a analogia com a indução, que significa a extensão de uma regra a todas as situações que apresentam as mesmas características. De uma norma não se induz ou depreende e nem decorre a aplicabilidade a toda uma série de casos diferentes, mas semelhantes. Muito menos, conforme observado acima, equivale a uma técnica de interpretação, que se exerce através da análise do texto, para a exata compreensão, à luz de outros elementos, como da doutrina e da jurisprudência.

8. PRINCÍPIOS GERAIS DO DIREITO E BROCARDOS JURÍDICOS

Os princípios gerais do direito correspondem à cultura jurídica, aos elementos de direito extraídos historicamente do pensamento filosófico, das pesquisas científicas, e compreendem também às máximas supremas de valores como a verdade, a liberdade, a igualdade, a justiça, a democracia. Definem-se como regras ou cânones consagrados pela história, pelos costumes, pelo direito natural, pela consciência humana, pelo bom senso, pela razão. Segue Miguel Reale:

> "Podemos dizer que os princípios são 'verdades fundantes' de um sistema de conhecimento, como tais admitidas, por serem evidentes ou por terem sido comprovadas, mas também por motivos de ordem prática de caráter operacional, isto é, como pressupostos exigidos pelas necessidades da pesquisa e da *práxis*".[57]

Foram obtidos, lembra Alcino Pinto Falcão, "por via de abstrações sucessivas, do conjunto de normas particulares".[58] Procura-se a coadunação da solução que exige o caso concreto aos fundamentos supremos do direito, ao direito natural, às verdades dogmáticas, que se encontram acima das tendências filosóficas e políticas. Assim o direito à subsistência, o direito à vida, o direito à liberdade, o direito à propriedade, inerentes ao ser humano, que emanam desde o seu aparecimento ou criação, alçam-se em princípios que ninguém pode colocar em dúvida ou preterir face a outros direitos.

Alguns desses princípios tanto despertaram a atenção e apelaram para as consciências que acabaram por transformar-se em leis. Assim o direito à moradia, vindo a Lei nº 8.009, de 1990, sobre a impenhorabilidade do imóvel residencial; o direito ao acesso à propriedade, culminando nas leis que tratam da reforma agrária; o direito de proteção contra a exploração usurária, ensejando o surgimento do Decreto nº 22.626, de 1933; os direitos do consumidor nas relações com o fornecedor, fazendo aparecer a Lei nº 8.078, de 1990.

---

[57] *Lições Preliminares de Direito*, ob. cit., p. 305.
[58] *Parte Geral do Código Civil*, ob. cit., pp. 18 e 19.

Na apreciação dos casos concretos, a par das leis que tratam especificamente da matéria a ser resolvida, não poderá o juiz olvidar-se das regras supremas de justiça, da dignidade humana, da liberdade, impedindo, *v.g.*, o despejo violento, com a colocação de pessoas e seus bens em plena via pública. Tarefa essa de extrema magnitude, porquanto referidos direitos ou princípios precedem o direito positivo, encontrando-se acima de qualquer lei materializada pelo Estado.

Não se colocam como fatores de integração das normas, pois não se está interpretando, ou adaptando a lei ou algum de seus dispositivos, de modo a alcançar-se uma harmonia entre as leis e entre a lei e o fato. Classificam-se melhor como fontes de direito pela forte razão de se buscar um elemento, uma inspiração, um subsídio, um supedâneo nas regras máximas de comportamento humano. Daí considerar-se como aporte para uma decisão utilizar-se de lineamentos básicos, como aquele estabelecendo que ninguém será condenado sem previamente oportunizar-se a sua ouvida; as construções jurídicas que põem restrições ao princípio do *pacta sunt servanda*; a regra de que ninguém pode valer-se da própria torpeza; a argumentação da possibilidade de alteração do contrato em vista da forte mudança verificada quando da realização do contrato.

No entanto, não se pode descambar para o lado completamente oposto, de modo a suprimir-se um princípio que se encontra materializado em uma norma. Se o preço para o reconhecimento de um direito importa em abalar ou soterrar outro direito, ou o direito de outrem, maior é a desgraça, constituindo a suprema iniquidade A pretexto de se conceder moradia ou terras a pessoas desabrigadas ou desprovidas de possibilidades para o trabalho, não se revela justo que se pratique contra os proprietários absurdos e graves injustiças, permitindo invasões, destruições e outras práticas vandalistas, como uma decisão do Tribunal de Justiça do Rio Grande do Sul fez, não titubeando em ignorar milênios de direito, ao admitir "a prevalência dos direitos fundamentais de seiscentas famílias acampadas em detrimento do direito puramente patrimonial de uma empresa" (*Agravo de Instrumento* nº 598360402 da 19ª Câm. Cível do TJRGS), omitindo as motivações políticas da invasão, consistentes em unicamente pressionar o governo federal para a liberação de recursos destinados a desapropriações, e não levando em consideração que a leva de sedizentes sem terra já tinha uma área para acampar. Até porque a solidariedade humana não pode ser imposta e não convive com a injustiça. De modo que não podem os princípios gerais revogar de modo puro e simples o direito positivo vigente.

Os princípios gerais acompanham os direitos fundamentais, mas constituindo um campo de maior abrangência, sem que uma espécie anule a outra. Daí, pois, a cautela exigida quando da aplicação dos princípios gerais, posto que, nos últimos tempos, formaram-se frentes que os impõem abusivamente.

Têm importância, também, na compreensão do direito, os chamados brocardos jurídicos, ou parêmias, ou adágios – palavras com o significado de máximas, provérbios com saber jurídico, axiomas, ideias diretoras do conhecimento, ou uma síntese conclusiva sobre determinadas verdades que foram se consagrando com o tempo. São vistas essas expressões do saber, por Miguel Reale, como cristalizações históricas de princípios gerais, de inegável alcance prático.[59] As seguintes servem de exemplo, sendo algumas catalogadas pelo mesmo autor:

- *ubi eadem legis ratio, ibi eadem legis dispositivo*: onde a razão da lei é a mesma, igual deve ser a disposição;
- *permittitur quod non prohibitur*: tudo o que não é proibido, presume-se permitido;
- *excepciones sunt strictissimae interpretationis*: as exceções são de interpretação estrita;
- *semper in dubiis benigniora proeferenda sunt*: nos casos duvidosos deve-se preferir a solução mais benigna;
- *ad impossibilia nemo tenetur*: ninguém está obrigado ao impossível;
- *utile per inutile non vitiatur*: o que num ato jurídico é útil não deve ser prejudicado por aquilo que não o é;
- *dormentibus non socorrit jus*: o direito não socorre a quem dorme;
- *dura lex, sed lex*: a lei é dura, mas é lei;
- *ignorantia juris non excusat*: a ignorância da lei não é desculpa;
- *in claris non fit interpretatio*: no que é claro não cabe interpretação;
- *iura novit curia*: juiz conhece a lei;
- *nullum crimen, nulla poena sine praevia lege poenali*: o crime é nulo, a pena é nula sem prévia lei que o defina;
- *pacta sunt servanda*: os pactos devem ser observados;
- *acessorium sequitur pincipale*: o acessório segue o principal.

9. A EQUIDADE

Equidade é uma das mais antigas e frequentemente usadas fontes do direito, com o sentido de se fazer justiça para o caso concreto. Compreende a justiça que se funda na boa razão, na ética, no bom senso, no direito natural, visando suprir a imperfeição da lei ou amenizar os rigores de seus comandos. Nas lúcidas palavras de Pacifici-Mazzoni, "l'equità è la giustizia manifestada da coscienza juridica del popolo".[60] Visa tornar a lei humana, interpretando-a mais branda e favoravelmente em favor do fraco, do pobre, do desvalido, do consumidor, do contribuinte. Dentro deste conteúdo coloca a equidade como

---

[59] *Lições Preliminares de Direito*, ob. cit., p. 321.
[60] *Istituzioni di Diritto Civile Italiano – Parte Generale*, ob. cit., vol. I, p. 2.

fator "di temperare la ridigità della norma scritta. In tali casi, l'equità non è fonte di diritto; è criterio di applicazione".[61]

Em outro campo, equivale, pelo menos em parte, ao conteúdo do *equity* do direito americano e inglês, que, mais objetivamente, abrange o conjunto de normas jurídicas especiais existente nos Estados Unidos e na Inglaterra com o sentido de direito natural, destinado a corrigir ou modificar benignamente os eventuais rigores da *common law*. No direito romano, havia a *aequitas naturalis* e a *aequitas civilis* – a primeira valendo-se de princípios naturais para impor frente a situações concretas determinadas soluções; e a segunda amparando-se em princípios extraídos do próprio direito para resolver conflitos em outros campos.

Para os mais diversos casos aparecem soluções. Em primeiro lugar, procura-se o amparo na lei. Constatada a omissão, que nada contempla sobre o assunto, o caminho apropriado é buscar outras fontes, como o costume, os princípios gerais do direito. Mas se perdura a falta de solução, resta a equidade, ou decidir por equidade, isto é, de acordo com o justo, o certo, o ponderado. Mas não apenas neste aspecto. Às vezes, diante da situação concreta, sendo demasiado forte uma cominação pelo descumprimento da norma, a equidade suaviza o rigor da lei. Assim quanto ao descumprimento de uma cláusula de um contrato, possibilitando o art. 475 do Código Civil (art. 1.092, parágrafo único, do Código Civil de 1916) a resolução. Se quase completamente cumpridas as obrigações, a equidade leva a não admitir o desenlace drástico, mas a encaminha para a possibilidade de cobrar o montante devido.

É com amparo nessa fonte que se ameniza o rigor da lei, que se procura aplicar o conceito ideal de justiça, em obediência ao princípio *summum jus, summa injuria*. Trata-se mais da justiça do caso concreto, não se devendo seguir a literalidade da lei. No entanto, não pode dar lastro a tergiversações, à liberdade exagerada na aplicação da lei, a ignorar o direito constituído. É que, a pretexto de não se prender a axiomas legais vetustos e ultrapassados, se instaura verdadeira insegurança ou intranquilidade social, que é o caminho natural para a desordem e o caos.

Visando evitar abusos, ou colocando a matéria no devido limite, ponderou o Superior Tribunal de Justiça: "A proibição de que o juiz decida por equidade, salvo quando autorizado pela lei, significa que não haverá de substituir a aplicação do direito objetivo por seus critérios pessoais de justiça. Não há de ser entendida, entretanto, como vedando se busque alcançar a justiça no caso concreto, com atenção ao disposto no art. 5º da Lei de Introdução".[62]

A equidade, pois, se presta para o abuso, para o desrespeito à lei, para o subjetivismo jurídico. Normalmente, a própria lei diz quando é aceitável, ou

---

[61] *Manuale di Diritto Civile e Commerciale*, ob. cit., vol. I, p. 47.
[62] *Revista do Superior Tribunal de Justiça*, 83/168.

deve incidir nas decisões. O art. 127 do Código de Processo Civil (art. 140, parágrafo único, do novo CPC) põe um freio a este recurso nas sentenças: "O juiz só decidirá por equidade nos casos previstos em lei".

Há princípios gerais, inseridos nos arts. 4º e 5º da Lei de Introdução às Normas do Direito Brasileiro, que, embora não refiram expressamente a equidade, trazem apoio à determinação do juiz, indicando várias formas e alguns tipos de ações quando omissa a lei. Especificamente, inúmeros os dispositivos legais que indicam várias soluções a cargo do juiz, devendo ele escolher uma delas. O critério para a eleição depende de seu tirocínio, da visão e da realidade, mas valendo como fator decisivo a equidade As regras que preveem uma faculdade atribuída ao juiz, de sorte que ele decidirá dentro de várias probabilidades colocadas à sua frente, automaticamente obrigam a decidir pela equidade Na separação dos cônjuges, regulada pela Lei nº 6.515, de 1977, o art. 13 assegura ao juiz a decisão, a bem dos filhos, de dispor de maneira diferente da estabelecida na lei. Ou seja, mesmo que culpado pela separação, e, assim, firmar-se o direito da guarda dos filhos na pessoa da progenitora, há a abertura para o juiz decidir contra o cônjuge inocente e a favor do culpado pela separação. Sempre que algum dispositivo confere ao juiz decidir entre duas ou mais viabilidades, ou definir sobre o *quantum* de um valor, ou decidir sobre um direito dentre alguns, tem lugar a equidade Veja-se o disposto no art. 413 (art. 924 da lei civil de 1916): "A penalidade deve ser reduzida equitativamente pelo juiz se a obrigação principal tiver sido cumprida em parte, ou se o montante da penalidade for manifestamente excessivo, tendo-se em vista a natureza e a finalidade do negócio".

No pertinente a regras processuais civis, quando se trata de procedimentos especiais de jurisdição voluntária, o art. 1.109 do Código de Processo Civil permite ao juiz não "observar critério de legalidade estrita, podendo adotar em cada caso a solução que reputar mais conveniente ou oportuna". Esta liberdade de decidir se mantém no art. 723, parágrafo único, do novo CPC. Exemplo claro da indicação da norma encontra-se na Lei nº 9.307, de 23.09.1996, com os acréscimos da Lei nº 13.129, de 26.05.2015, cujo art. 2º faculta a arbitragem por equidade, ao lado da que decide pelo direito.

Regras aparecem que não dão espaço para a equidade, eis que rígidas e estanques, definindo os direitos assegurados. O art. 1.829 do Código Civil (1.603 do Código Civil anterior), serve de exemplo: "A sucessão legítima defere-se na ordem seguinte: I – aos descendentes, em concorrência com o cônjuge sobrevivente, salvo se casado este com o falecido no regime da comunhão universal, ou no da separação obrigatória de bens (art. 1.640, parágrafo único) ou se, no regime da comunhão parcial, o autor da herança não houver deixado bens particulares; II – aos ascendentes, em concorrência com o cônjuge; III – ao cônjuge sobrevivente; IV – aos colaterais". Explica Maria Helena Diniz, fixada na ordem do Código de 1916: "Assim, por exemplo, se um indivíduo sem filhos, casado com comunhão de bens, morre, deixando viúva, metade dos bens do casal irá para os ascendentes do falecido. Ora, suponha-se que a morte tivesse ocorrido no dia das núpcias; presuma-se, ainda, que o morto nada tivesse levado para o casal e a viúva sim; suponha-se, mais, que os pais do falecido sejam multimilionários e inimigos da nora viúva. Todas essas circunstâncias juntas, diz Agostinho Alvim, não impedem que a viúva, que não desfrutou do casamento, viesse a repartir, do seu pouco, com os ricos sogros e desafetos seus. É, segundo ele, o princípio da *dura lex, sed lex* ("Da Equidade", RT, 132 (494: 3-4). O mesmo se diga do art. 183, I, do Código Civil que contém proibição de casamento entre ascendentes e descendentes".[63] O art. 183, I, citado, equivale ao art. 1.521, I, do Código, Lei nº 10.406.

10. O DIREITO COMPARADO

Também no direito comparado encontram-se subsídios e a própria força para a aplicação do direito. Em vista de uma norma do direito externo, de grande alcance, busca-se a solução de um litígio com fulcro na mesma. Não se pode olvidar a importância do direito estrangeiro, trazendo luzes em situações não raramente disciplinadas na legislação local. Numa época de acentuada comunicação, de crescente globalização, as culturas interpenetram-se e difundem-se em todos os campos, tendo grande relevância os tratados e acordos entre países de um mesmo continente, facilitando o comércio e derrubando barreiras fiscais.

Especialmente na formação dos princípios de direito, dos fundamentos básicos dos institutos jurídicos, invoca-se o direito comparado. Adotam-se, nos sistemas locais, teorias que influíram nos sistemas jurídicos de outros países. Exemplo clássico, no direito civil pátrio sobre a posse, está a teoria de Jhering, aceita pelo nosso Código Civil, pela qual basta o *corpus* para exercer a posse, ou seja, é possuidor quem procede com a aparência de dono, definindo-se, daí, a posse como a visibilidade do domínio, sem necessidade da intenção, ou da vontade. Nessa visão, protege-se a posse do locatário, do comodatário, o depositário, e mesmo aquele que externa atos de uso e de proveito da coisa. O direito civil brasileiro incorporou essa teoria no Código Civil, como se constata, *v.g.*, no art. 1.196 (art. 485 do Código Civil aprovado pela Lei nº 3.071, de 1916) que expõe: "Considera-se possuidor todo aquele que tem de fato o exercício, pleno ou não, de algum dos poderes inerentes à propriedade". Basta exercer um dos poderes inerentes à propriedade, como o uso ou a fruição, independentemente da convicção de ser dono. Já a teoria de Savigny apregoa a necessidade também da intenção, ou do *animus*, que é a vontade de proceder em relação à coisa como procede o dono, elemento adotado no direito brasileiro relativamente ao usucapião. Mais recentemente, introduziram-se no Brasil institutos que se formaram nos Estados Unidos, e assim o *leasing*, o *factoring*.

---

[63] *Compêndio de Introdução à Ciência do Direito*, ob. cit., p. 425.

O direito comparado, pois, coloca-se como fonte do direito, em vista da adoção de teorias vindas de outros povos, da inspiração em princípios alienígenas na formulação de leis, da informação que se colhe em escritos e estudos de cientistas do direito sitos em outras plagas. Da França, da Itália, da Espanha, de Portugal, da Alemanha vêm mananciais de ideias e escritos, sobre a formação dos principais institutos jurídicos, que muito contribuíram para o desenvolvimento de nosso direito.

Capítulo III

Da Vigência da Lei

1. O INÍCIO DA VIGÊNCIA DA LEI

A lei tem início a partir normalmente de sua publicação no órgão de imprensa previsto para essa finalidade.

Passando por todas as etapas da elaboração, isto é, depois de votada, promulgada e publicada, passa a produzir efeitos, a exercer comandos, a impor-se, cumprindo a finalidade a que se destina, determinando condutas, proibindo certos atos, e exigindo a obediência às suas ordens. E assim prossegue durante toda a sua existência, com plena eficácia, devendo ser obedecida e cumprida. No entanto, quando muito encanecida, desatualiza-se, como tudo na vida, perdendo o interesse, ficando esquecida, num processo de degeneração tal que ninguém dá importância ou preocupa-se pelo seu descumprimento. Realmente, muitas leis encontram-se ainda em vigor, embora completamente ignoradas, e não trazendo qualquer efeito nos tempos vigentes. É o que se depara com as leis de séculos passados, e até algumas mais recentes, cujas situações previstas não mais perduram, ou perderam os contornos de tempos de antanho. Embora muitas delas não tenham sido revogadas, ignora-se a sua existência, constituindo até um contrassenso o seguimento de seus preceitos, como se constata no art. 41, § 1º, Decreto-lei nº 167, de 14.02.1967, que faculta a venda imediata dos bens penhorados em processo de execução de dívida agrária, não se aguardando o julgamento da defesa ou dos embargos. No Código Civil de 1916, detectavam-se vários dispositivos que não despertavam interesse, eis que dificilmente ocorriam as situações previstas. Os arts. 678 e seguintes disciplinavam extensamente a enfiteuse, instituto que há muito tempo perdeu importância, eis que raras as ocorrências de enfiteuse. Tanto que abolidas novas instituições no cenário jurídico do Código Civil de 2002, em seu art. 2.038: "Fica proibida a constituição de enfiteuses e subenfiteuses, subordinando-se as existentes, até sua extinção, às disposições do Código Civil anterior, Lei nº 3.071, de 1º de janeiro de 1916, e leis posteriores". E assim o capítulo do Código anterior, que regula as rendas constituídas sobre imóveis (arts. 749 e segs.), assunto omitido no Código da

Lei nº 10.406. O fenômeno da falta de aplicação ou da inoperância da norma também se faz presente em leis recentíssimas, sendo exemplo o capítulo do Código Civil que disciplina a promessa de recompensa – arts. 854 a 860 (arts. 1.512 e segs. do Código de 1916), os dispositivos que regulam e algumas espécies de testamento (o marítimo e o militar) – arts. 1.888 e segs. e 1.893 e segs. (arts. 1.656 e 1.660 do Código revogado).

Iniciam a vigorar quando da publicação, mas nascem no momento da promulgação. A promulgação atesta a sua existência, definindo-se como o ato pelo qual o Poder competente do Estado, em geral o Presidente da República quanto às leis federais; ou o Governador estadual no pertinente às leis estaduais; ou o Prefeito municipal para as leis municipais, declara oficialmente existente uma lei ou ato legislativo. Necessário destacar a relação com o ato de sanção, que significa a aprovação da lei pelo chefe do Poder Executivo. Dando-se a sanção, aprova-se e coloca-se a assinatura. Já a promulgação, embora tênue a distinção, pressupondo a sanção, e sendo automática a distinção, corresponde mais a um comando, a uma ordem, não sendo exclusiva do Poder Executivo. Manda-se que seja cumprido o ditame já sancionado. Ao sancionar, a autoridade competente está aprovando; quando promulga, que não passa da assinatura, impõe o cumprimento. Mas a sanção já envolve a promulgação.

Inicia a vigorar a lei, geralmente, com a publicação, conforme consta, na maioria das vezes, no último de seu dispositivo. Efetivamente, insere-se que a lei entrará em vigor na data da publicação no *Diário Oficial*. Nessa data começa a eficácia da lei, a todos incumbindo a sua submissão.

É comum, também, reservar a lei um espaço de tempo entre a publicação e a entrada em vigor. Não é outro o objetivo senão reservar um período de tempo para a devida preparação, para o conhecimento geral, para a difusão, para as adaptações, o que se dá mormente em matérias que alteram profundamente um sistema anterior vigente, ou quando a lei passa a gerir situação antes a descoberto da legislação, afigurando-se como exemplos a Lei nº 9.503, de 23.09.1997 (que trata do Código de Trânsito Brasileiro), consignando a entrada em vigor daí a cento e vinte dias após a data de sua publicação; e a Lei nº 9.656, de 3.06.1998 (dispondo sobre planos e seguros privados de assistência à saúde), com previsão para vigorar no prazo de noventa dias da publicação. O Código Civil de 2002 assinala, no art. 2.044, que "entrará em vigor 1 (um) ano após a sua publicação", que ocorreu em 11.01.2002. Bem explica Caio Mário da Silva Pereira: "Ao contrário, estipula uma data precisa, e mais remota, para aquelas leis que, pela importância, pela alteração sobre o direito anterior, pela necessidade de maior estado e mais ampla divulgação, reclamam se estenda no tempo a data de início da eficácia".[1]

---

[1] *Instituições de Direito Civil*, ob. cit., vol. I, p. 81.

Possível que a lei já especifique o dia quando começará a vigorar, encontrando-se exemplo clássico na Lei nº 6.015, de 31.12.1973, prevendo seu art. 298 que entraria em vigor no dia 1º de janeiro de 1976. O Código Civil de 1916, em seu art. 1.806, assinalava que a vigência começaria em 1º de janeiro de 1917. O Código de Processo Civil de 1973 é outro exemplo, constando do art. 1.220 a sua entrada em vigor no dia 1º de janeiro de 1974.

E se nada vier referido? Aplica-se, então, a regra do art. 1º da Lei de Introdução às Normas do Direito Brasileiro: "Salvo disposição contrária, a lei começa a vigorar em todo o país quarenta e cinco dias depois de oficialmente publicada". O período entre a data da publicação e do começo da vigência é reservado para as pessoas tomarem conhecimento do novo diploma, e para as devidas providências de preparação.

2. A *VACATIO LEGIS*

Denomina-se *vacatio legis* o período de tempo entre a publicação e a entrada em vigor da lei. Nesse lapso de tempo, já existe a lei, em toda a sua validade e perfeição. Unicamente não entrou em vigor, dominando, obviamente, o estatuto que será substituído. Até a data prevista para o começo da incidência, não obriga, não se aplica, impede-se a sua invocação, e não cria direitos e deveres. No máximo, serve como mera fundamentação para situações que, no futuro, se encaixam perfeitamente no seu comando.

Entra em vigor a lei na data prevista em todo o território nacional, independentemente das distâncias dos diversos locais em relação ao Distrito Federal. Em tempos passados, antes da atual Lei de Introdução (Decreto-lei nº 4.567, de 04.09.1942), estabeleciam-se diferentes prazos para o começo da vigência. Assim, *v. g.*, na capital federal, tornava-se obrigatória, na falta de previsão em contrário, três dias depois de publicada; no Estado do Rio de Janeiro, passados 15 dias; já nos Estados marítimos e no de Minas gerais, após trinta dias, seguindo-se o prazo de cem dias para os demais Estados ou Territórios estaduais. Nos dias atuais, dada a facilidade de comunicação, que se processa em um ou dois dias em toda a extensão do País, não se justifica a prática do então chamado *prazo progressivo*.

Não se pode olvidar o alcance das leis brasileiras às pessoas que se encontram ou residem no exterior. Na falta de previsão do tempo do começo de vigência, a *vacatio legis* estende-se por três meses, no conteúdo do § 1º do art. 1º da Lei de Introdução às Normas do Direito Brasileiro: "Nos Estados estrangeiros, a obrigatoriedade da lei brasileira, quando admitida, se inicia três meses depois de oficialmente publicada". Fica induvidoso que o prazo indicado restringe-se para as hipóteses de omissão da lei quanto ao prazo, pois deve manter coerência com o art. 1º, que versa unicamente sobre o prazo na omissão da lei em estabelecer o momento em que passará a aplicar-se a lei. De modo que as leis destinadas aos brasileiros que se encontram em território de outros países, como aos cônsules, embaixadores e demais funcionários, e mesmo a quaisquer brasileiros que residam no exterior, somente se aplicam depois de três meses de oficialmente publicadas no Brasil.

Como se conta o prazo da *vacatio legis*? A resposta se encontra no próprio *caput* do art. 1º da Lei de Introdução, quando prescreve que iniciará quarenta e cinco dias depois de oficialmente publicada.

Não se exclui o dia da publicação, começando no mesmo dia, e encerra-se quando completar o período, também incluindo-se o dia em que ocorre. Sempre é obedecido tal método, se prevista a vigência dentro de certo período, contado em dias ou meses. Esta forma é diferente da estatuída para a contagem dos prazos em geral, sendo exemplo o art. 184 do Código de Processo Civil, regra que está no art. 224 do novo CPC), com a seguinte redação: "Salvo disposição em contrário, os prazos serão contados excluindo o dia do começo e incluindo o dia do vencimento".

Oportuna, a respeito, a lição de Maria Helena Diniz:

> "O prazo de *vacatio legis* contar-se-á de acordo com o art. 8º, § 1º, da Lei Complementar nº 95/1998, com a redação da Lei Complementar nº 107/2001 e do art. 20 do Decreto nº 4.176/2002, incluindo-se o *dies a quo*, o da publicação oficial, e incluindo-se o *dies ad quem*, em que se vence o prazo, não mais prevalecendo a velha parêmia romana: *Dies a quo non computatur in termino, dies termini computatur in termino*. Conta-se o dia da publicação (*dies a quo*), e se inclui o último dia (*dies ad quem*). Por exemplo, -se a lei for publicada oficialmente no dia 2 de janeiro, o primeiro dia do prazo será 2 de janeiro, e o último, sendo o prazo de quinze dias, 16 de janeiro, e a norma entra em vigor no dia 17 de janeiro. Se, porventura, o *dies ad quem* cair em feriado ou domingo, não se considerará prorrogado o prazo até o dia útil seguinte, por não se tratar de cumprimento de obrigação, mas de início de vigência da lei, que deve ser obedecida mesmo nos domingos e feriados. Portanto, a prorrogação para o dia útil imediato, quando o *dies ad quem* for domingo ou feriado, não será aplicável ao cômputo da *vacatio legis*, pois só se refere ao adimplemento obrigacional".[2]

Verificados erros ou omissões na lei, impondo-se nova publicação, o prazo previsto para a entrada em vigor inicia a contar da data em que se verifica a nova publicação, se esta se der antes de entrar em vigor a lei. Revela-se expresso o § 3º do art. 1º da Lei de Introdução, a respeito: "Se, antes de entrar a lei em vigor, ocorrer nova publicação de seu texto, destinada à correção, o prazo deste artigo e dos parágrafos anteriores começará a correr da nova publicação". É normal que assim ocorra, posto que o reconhecimento do erro importa em

---

[2] *Lei de Introdução às Normas do Direito Brasileiro Interpretada*, 18ª ed., São Paulo, Editora Saraiva, 2013, p. 75.

inexigibilidade das regras impostas. Não importa que se encontre o erro em um ou em poucos dispositivos. Não começam a ter eficácia os cânones mantidos hígidos. A lei em sua totalidade terá novo prazo para a vigência.

Não se estende a regra acima para os casos de simples erro tipográfico, que não importa em alteração de texto. Existe, aí, mera republicação, com a observação de erro tipográfico ou de escrita.

De outra parte, o § 4º aponta o caso de correção quando já em vigor a lei: "As correções a texto de lei já em vigor consideram-se lei nova". Por conseguinte, toda a lei virá publicada. Entra ela em vigor, revogando a anterior.

Dependendo de regulamentação, a entrada em vigor dependerá do advento do decreto regulamentador. Enquanto não explicitados os dispositivos da lei, ou estabelecidas as especificações, não há como exigir o cumprimento. Entrementes, apenas naqueles dispositivos que dependem de regulamentação, e que constam a previsão expressa. Não quanto aos preceitos já claros, cuja interpretação e aplicação não demandam o menor aclaramento. Mesmo que a lei consigne, no seu final, a regulamentação, unicamente aos dispositivos que remetem à mesma não são de imediato aplicáveis.

Duas interessantes questões apresenta Serpa Lopes: "A primeira, se um contrato for pactuado na vigência da lei não revogada, porém em conformidade com os ditames da lei futura, e ainda não vigente; a segunda, no caso desse mesmo contrato haver sido estabelecido, de acordo com a lei então vigente, mas para escapar aos efeitos da lei nova ainda não em vigor. No primeiro caso, a doutrina é pacífica quanto a aceitar a possibilidade do contrato, desde que não vulnere normas cogentes ou de ordem pública contidas na lei ainda em vigor, pois esta continua com a sua eficácia em toda sua plenitude, embora com os dias contados. Pelo mesmo princípio do império da lei até o seu último momento, tem-se entendido válido o contrato, posto que visando a escapar aos rigores da lei nova".[3]

3. REVOGAÇÃO DA LEI ANTERIOR E REPRISTINAÇÃO

Depois de iniciada a vigência, perdura a lei até que outra expressamente a revogue, ou trate da matéria que era disciplinada na anterior. Ou seja, nasce a lei com o ato que a criou, passa a vigorar, e termina porque assim impõe outra lei, ou porque a matéria de que trata passou para a disciplina de um novo diploma legal. De modo que a lei não é eterna. Raras são as leis de longa duração, poucas passando dos cem anos. Uma das mais antigas é a Lei nº 556, de 25.06.1850, e que trata do Código Comercial, proclamada por Dom Pedro II. Outra antiquíssima, e em pleno vigor, é o Decreto nº 2.044, de 31.12.1908,

---

[3] *Curso de Direito Civil*, ob. cit., vol. I, p. 70.

que define a letra de câmbio e a nota promissória, e regula as operações cambiais. Importante também o Decreto nº 2.681, de 07.09.1912, disciplinando a responsabilidade civil das estradas de ferro.

Domina, pois, a temporariedade das leis.

Adrian Sgarbi, interpretando Kelsen, justifica a duração temporária das leis:

> "... Não há perpetuidade de normas porque as valorações humanas mudam no tempo. Hoje, tem-se uma determinada conduta como merecedora de proteção; amanhã, esta mesma conduta é tida como irrelevante. É nesse sentido que a técnica das revogações normativas desempenham papel crucial para o direito: ela possibilita a contínua alteração das normas mercê das mobilizações valorativas e discussões políticas que as envolvem".[4]

O art. 2º da Lei de Introdução às Normas do Direito Brasileiro dá o norte até quando permanece a lei: "Não se destinando à vigência temporária, a lei terá vigor até que outra a modifique ou revogue". Dificilmente uma lei prevê a vigência temporária, ou até um determinado momento. A título de exemplo, aponta-se a Lei nº 7.538, de 24.09.1986, suspendendo a execução das ações de despejo até 1º de março de 1987, em face da grave crise econômica imperante na época. Várias, aliás, as leis sobre o inquilinato de duração temporária. Para fazer frente a problemas temporários, introduzem-se leis de eficácia temporal limitada. Igualmente o Decreto-lei nº 2.065, de 26.10.1983, reduzindo o aumento das prestações nos financiamentos para a aquisição da casa própria para oitenta por cento do salário mínimo vigente até 30.06.1985. Exemplo mais típico das leis temporárias está nas leis orçamentárias, que a cada ano são elaboradas, com vigência para o período seguinte. Como se percebe, a extinção da lei não se opera através da revogação, ou da superveniência de outra lei.

Maria Helena Diniz aponta situações de revogação temporária, que denomina *cessação da lei por causas intrínsecas*, sendo elas:

> "*a) decurso do tempo* para a qual a lei foi promulgada, por se tratar de lei temporária (lei *ad tempus*), salvo se a sua vigência for expressamente protraída por meio de outra norma (p. ex., a lei orçamentária que estabelece a despesa e a receita nacional pelo período de um ano, cuja temporariedade advém da própria natureza da norma, ou a lei que venha a limitar o tempo de sua duração, estipulando data da cessação de sua vigência); *b) consecução do fim a que a lei se propõe* (p. ex., lei que manda pagar uma subvenção ou suspende a realização de um concurso para preencher vagas com os contratados, a fim de que se efetivem; com o aproveitamento do último funcionário contratado, a norma cessará de existir; é o que sucede também com as disposições transitórias, que se encontram no final dos Códigos ou de certas leis); *c) cessação do estado de*

---

[4] *Hans Kelsen* – Ensaios Introdutórios (2001-2005), ob. cit., p. 7.

coisas não permanente (p. ex., lei emanada para atender estado de sítio ou guerra, ou para prover situação de emergência oriunda de calamidade pública) ou *do instituto jurídico pressuposto pela lei*, pois, finda a anormalidade, extinguir-se--á a lei, que a ela se refere. Todavia, desaparecendo os motivos determinantes da lei, ter-se-á, na verdade, sua ineficácia social, apesar de a norma não estar revogada, pois não perdeu a sua vigência ..."[5]

O assunto segue mais definido nos parágrafos do art. 2º.

Omissa a lei quanto ao período de sua duração, segue seu império até que outra apareça, revogando expressamente a anterior, ou passando a regular totalmente a matéria, morrendo de inanição a lei que antes existia.

Colocam-se três tipos de revogação, na previsão do § 1º do art. 2º da Lei de Introdução: o *expresso*, quando taxativamente insere-se que é revogada a lei, apontando o seu número ou a característica que a torna conhecida; o *tácito*, que se verifica quando uma nova lei passa a tratar ou a disciplinar inteiramente a matéria que se encontrava submetida à lei anterior; e o *indireto*, constatado nas situações de surgir uma nova lei regulando de tal maneira um assunto que fica incompatível com o que vinha antes disciplinado.

Conforme demonstra Clóvis Beviláqua, "as leis, desde o momento em que se tornam obrigatórias, põem-se em conflito com as que anteriormente regulavam a matéria de que elas se ocupam, regulando-a por outro modo".[6] Neste modo de revogação, transparece um exemplo na Lei nº 6.766, de 19.12.1979, na qual insere-se a revogação das disposições em contrário. Não afasta declaradamente o Decreto-lei nº 58, de 10.12.1937. No entanto, passando a impor regras especiais quanto ao loteamento, obviamente arreda os dispositivos do Decreto-lei nº 58 que não se coadunam com os da Lei nº 6.766, os quais exigem novos e mais extensos requisitos sobre o parcelamento do solo urbano.

Apresenta-se a diferença tênue relativamente à revogação indireta quanto à revogação tácita. Um exemplo encontra-se no art. 1.262 do Código Civil de 1916, que permitia a taxa livre de juros. A liberação ficava sem efeito diante do Decreto nº 22.626, de 1933, que cerceia um percentual superior ao dobro da taxa legal de seis por cento. Veja-se outro exemplo mais claro na Lei nº 9.278, de 10.05.1996, cujo art. 1º reconhecia como "entidade familiar a convivência duradoura, pública e contínua, de um homem e uma mulher, estabelecida com objetivo de constituição de família". Já o art. 1º da Lei nº 8.971, de 29.12.1994, tratando do direito dos companheiros a alimentos e à sucessão, impunha mais requisitos para admitir-se a mesma união: "A companheira comprovada de um homem solteiro, separado judicialmente, divorciado ou viúvo, que com ele viva há mais de 5 (cinco) anos, ou dele tenha prole, poderá valer-se do disposto

---

[5] *Lei de Introdução às Normas do Direito Brasileiro Interpretada*, ob. cit., pp. 85 e 86.
[6] *Teoria Geral do Direito Civil*, ob. cit., p. 19.

na Lei nº 5.478, de 25 de junho de 1968, enquanto não constituir nova união e desde que prove a necessidade". Na verdade, se para a entidade familiar no sentido de união estável, e, assim, equiparada ao casamento, não se exigia um prazo mínimo de vigência, e nem um determinado estado civil do companheiro, naturalmente o mesmo havia de se impor para efeito de conseguir alimentos, como, aliás, se infere do art. 1.723 do Código Civil de 2002. Sílvio Rodrigues apresenta outra situação: "Assim, a Lei nº 883, de 21 de outubro de 1949, que permitiu o reconhecimento dos filhos adulterinos após a dissolução do casamento de seu genitor adúltero, revogou, parcialmente, o art. 358 do Código Civil, que vedava o reconhecimento dos filhos incestuosos e dos adulterinos".[7]

Também quanto ao seguro encontra-se um exemplo de incompatibilidade de leis. É do conhecimento geral que sempre se aplicava, respeitante à prescrição, a velha norma do Código Civil de 1916, estatuída no art. 178, § 6º, inc. II, na seguinte redação: "Prescreve: § 6º em 1 (um) ano: . II – a ação do segurado contra o segurador e vice-versa, se o fato que a autorize se verificar no país; contado o prazo do dia em que o interessado tiver conhecimento do mesmo fato (art. 178, § 7º, V)". Com o Código de 2002, art. 206, § 1º, inc. II, mantém-se o prazo de um ano, mas contado o dito prazo: "a) para o segurado, no caso de seguro de responsabilidade civil, da data em que é citado para responder à ação de indenização proposta pelo terceiro prejudicado, ou da data que a este indeniza, com a anuência do segurador; b) quanto aos demais seguros, da ciência do fato gerador da pretensão". Outrossim, vem expresso, no art. 3º, § 2º, da Lei nº 8.078, de 1990 (Código de Defesa do Consumidor), o significado de serviço: qualquer atividade fornecida no mercado de consumo, mediante remuneração, inclusive as de natureza bancária, financeira, de crédito, *securitária*, salvo as decorrentes das relações de caráter trabalhista. O *caput* do art. 2º dá o conceito de consumidor: toda pessoa física ou jurídica que adquire ou utiliza produto ou *serviço* como destinatário final. Por conseguinte, resta evidente a proteção do *serviço de seguros* no âmbito do Código de Defesa do Consumidor. Daí que, sendo consumidor o segurado, apropriado a ele o art. 27 do mesmo Código, o qual fixa em cinco anos o prazo de prescrição para as pretensões reparatórias formalizadas pelos segurados. Eis a redação do dispositivo: "Prescreve em cinco anos a pretensão à reparação pelos danos causados por fato do produto ou do serviço prevista na Seção II deste Capítulo, iniciando-se a contagem do prazo a partir do conhecimento do dano e de sua autoria".

A Seção II cuida da responsabilidade pelo fato do produto e do serviço, ou seja, dentre outros assuntos, da falta de qualidade do produto ou serviço, de seus defeitos, das informações insuficientes e inadequadas ou enganosas.

Conclui-se que era incompatível o art. 178, § 6º, inc. II, da lei civil anterior, e é o art. 206, § 1º, inc. II, do Código em vigor, com o art. 3º, § 2º, da

---

[7] *Direito Civil* – Parte Geral, ob. cit., vol. I, p. 20.

Lei nº 8.078, em sendo consumidor o segurado, embora inicie o prazo, se o seguro for de responsabilidade civil, a partir da citação para responder à ação indenizatória proposta pelo terceiro prejudicado.

Quanto à revogação tácita, há uma certa modificação em face da Lei Complementar nº 95, de 26.06.1998. Em seu art. 9º, no texto introduzido pela Lei Complementar nº 107, de 26.04.2001, está ordenado que "a cláusula de revogação deverá enumerar, expressamente, as leis ou disposições legais revogadas". Entrementes, não é de se desconsiderar o instituto da revogação tácita, porquanto possível que não venha a referência da lei revogada, até porque viável o desconhecimento pelo legislador de toda a legislação existente, e em especial aquela que se contraponha à que surge.

Temos, ainda, uma segunda divisão de revogação: a *total*, atingindo toda a lei, nada persistindo de seus comandos, e denominada esta forma *ad-rogação*; e a *parcial*, quando alguns preceitos ficam revogados, como acontece com as inúmeras leis que alteram os Códigos, levando o nome de *derrogação*.

Mais um modo de extinção ou revogação surge, que é o resultante da inconstitucionalidade, declarada em incidente promovido no Supremo Tribunal Federal, e ficando incumbido o Senado Federal de suspender a sua vigência. A matéria merecerá exame em item adiante.

Disposição especial encontra-se no § 2º do art. 2º da Lei de Introdução às Normas do Direito Brasileiro: "A lei nova, que estabeleça disposições gerais ou especiais a par das já existentes, não revoga nem modifica a lei anterior". Depreende-se que, embora nova a lei, e mesmo tratando do assunto que era cuidado na lei anterior, não derroga aquela se as regras que traz são de ordem geral, e mesmo especial, mas não coincidindo com aquelas regras que se encontram na lei antiga, e nem regulando o mesmo assunto. Afrânio de Carvalho exemplifica a situação: "Quer isso dizer que, ao lado de uma lei geral para os ocupantes de cargos públicos, que é o Estatuto dos Funcionários Civis da União, pode coexistir outra para os ocupantes dos cargos de magistério. Nessa conformidade, o advento de uma lei para o funcionalismo em geral não prejudica uma lei acaso já existente para o magistério, pois aquela dominará todo o campo do serviço público, exceto o ocupado pelo magistério. Este, embora ilhado no meio da legislação geral, conservará a sua autonomia".[8]

No tocante à repristinação, constitui o fenômeno do surgimento de uma lei nova que revoga lei anterior. Entretanto, essa lei revogadora perde a vigência, eis que também é revogada por lei posterior, ou em razão de ter se esgotado o seu prazo de vigência. Em consequência, indaga-se se a lei anterior torna a vigorar, isto é, a ter novamente vida e a incidir. A resposta é negativa, consoante expressamente estabelece o § 3º do art. 2º da Lei de Introdução às Normas do

---

[8] *Instituições de Direito Civil*, ob. cit., p. 14.

Direito Brasileiro: "Salvo disposição em contrário, a lei revogada não se restaura por ter a lei revogadora perdido a vigência".

O termo "repristinação" é empregado, pois, para significar que uma lei revogada volta a renascer, a ter vigência ou validade em razão da perda de validade ou de vigência da norma revogadora, e em razão do restabelecimento vindo da lei nova. Não se dá a restauração por ter a lei revogadora perdido a vigência, já que a repristinação só é admitida se vier expressa em outra lei.

Costuma-se estabelecer uma divisão da repristinação em tácita e expressa.

Na primeira forma, uma lei altera dispositivos ou lei anterior. Todavia, é a mesma revogada por outra lei que, *v. g.*, dispõe sobre um assunto de modo completamente diferente. Embora não refira a perda de validade da lei revogadora, deixa ela de existir. A rigor, voltaria a ter vigência a lei revogada, não fosse o § 3º do art. 2º da Lei de Introdução. Aqui, portanto, não se dá o ressurgimento da lei.

Na repristinação expressa, ou imprópria, a lei menciona que a lei revogada por outra lei torna a existir. Opera-se a restauração da validade de lei revogada por expressa determinação de outra lei, que pode ser da lei revogadora.

Deve-se considerar que a eficácia da lei revogada se mantém no período de sua vigência.

A matéria torna-se controvertida quando se declara a inconstitucionalidade da lei que revoga outra lei ou um dispositivo da mesma. A lei revogada torna a ter vigência? Deve-se entender o caráter declaratório da decisão que reconhece a inconstitucionalidade, pois apenas admite determinada situação, que, no caso, é a nulidade.

Daí que a lei declarada inconstitucional já o era quando revogou outra lei. Se tal o vício, não traz efeito o comando consistente em revogar outra lei. Decorre, então, naturalmente a vigência da lei indevidamente revogada. Em síntese, havendo a declaração de inconstitucionalidade de uma norma revogadora, a norma revogada volta a ter vida. É o que entende Alexandre de Moraes:

> "A declaração de inconstitucionalidade de uma norma acarreta a repristinação da norma anterior que por ela havia sido revogada, uma vez que norma inconstitucional é norma nula, não subsistindo nenhum de seus efeitos".[9]

Revela-se significativo o seguinte julgado:

> "O vício da inconstitucionalidade acarreta a nulidade da norma, conforme orientação assentada há muito tempo no STF e abonada pela doutrina dominante. Assim, a afirmação da constitucionalidade ou da inconstitucionalidade da norma, mediante sentença de mérito em ação de controle concentrado,

---

[9] *Direito constitucional,* 13ª ed., São Paulo, Editora Atlas, 2003, p. 626.

tem efeitos puramente declaratórios. Nada constitui nem desconstitui. Sendo declaratória a sentença, a sua eficácia temporal, no que se refere à validade ou à nulidade do preceito normativo, é *ex tunc*.

A revogação, contrariamente, tendo por objeto norma válida, produz seus efeitos para o futuro (*ex nunc*), evitando, a partir de sua ocorrência, que a norma continue incidindo, mas não afetando de forma alguma as situações decorrentes de sua (regular) incidência, no intervalo situado entre o momento da edição e o da revogação.

A não repristinação é regra aplicável aos casos de revogação de lei, e não aos casos de inconstitucionalidade. É que a norma inconstitucional, porque nula *ex tunc*, não teve aptidão para revogar a legislação anterior, que, por isso, permaneceu vigente.

No caso dos autos, foi declarado inconstitucional o art. 25, § 2º, da Lei 8.870/94, que determinava a revogação do art. 22, I, da Lei 8.212/90, alterando a base de incidência da contribuição da folha de pagamentos para o faturamento. Não tendo essa lei, porém, face ao reconhecimento de sua inconstitucionalidade, jamais sido apta a realizar o comando que continha, vigeu e vige, desde a sua edição até os dias atuais, o art. 22, inc. I, da Lei 8.212/90, que determina que as empresas de atividade rural recolham a contribuição sobre a folha de salários".[10]

Embora a declaração de inconstitucionalidade, por si só, não tenha o condão de revogar a lei inconstitucional, pois tal função está reservada ao Poder Legislativo, autoriza-se que o STF retire a eficácia do ato normativo, de modo a operar efeitos vinculantes contra todos, desde o momento em que a norma inconstitucional passou a ter existência jurídica *(erga omnes et ex tunc)*. É o que permitem o art. 27 da Lei 9.868/1999 e o art. 11 da Lei 9.882/1999, praticamente com mesma redação. Nesse sentido, consta do citado art. 27:

> "Ao declarar a inconstitucionalidade de lei ou ato normativo, e tendo em vista razões de segurança jurídica ou de excepcional interesse social, poderá o Supremo Tribunal Federal, por maioria de dois terços de seus membros, restringir os efeitos daquela declaração ou decidir que ela só tenha eficácia a partir de seu trânsito em julgado ou de outro momento que venha a ser fixado".

O assunto é desenvolvido por Francisco Gilney Bezerra de Carvalho Ferreira:

> "Importa destacar, porém, que em qualquer hipótese, seja decisão de mérito ou liminar, é possível o STF manifestar-se expressamente pela não restauração da lei revogada. Nesse sentido, o art. 27 da Lei 9.868/99 e o art. 11 da Lei 9.882/99 estabelecem: 'Ao declarar a inconstitucionalidade de lei ou ato normativo, e tendo em vista razões de segurança jurídica ou de excepcional interesse social, poderá

---

[10] Embargos de Divergência em Resp nº 445.455/BA, da Primeira Seção do STJ, j. em 9.11.2005, rel. Min. Teori Albino Zavascki, *DJe* de 5.12.2005.

o Supremo Tribunal Federal, por maioria de dois terços de seus membros, restringir os efeitos daquela declaração ou decidir que ela só tenha eficácia a partir de seu trânsito em julgado ou de outro momento que venha a ser fixado'. Desse modo, o STF poderá, além de proceder à modulação temporal, restringir também os efeitos da declaração para que esta não produza o resultado automático do efeito repristinatório. Para tanto, o STF deve manifestar-se expressamente e, ainda, assim como ocorre na modulação temporal, respeitar os requisitos: (i) votação pelo quórum de 2/3 dos membros; (ii) razões de segurança jurídica ou excepcional interesse público".[11]

A restauração da eficácia da lei revogada por lei inconstitucional segue orientação ditada pelo STJ:

"... A declaração de inconstitucionalidade em tese, ao excluir do ordenamento positivo a manifestação estatal inválida, conduz à restauração de eficácia das leis e das normas afetadas pelo ato declarado inconstitucional.

Sendo nula e, portanto, desprovida de eficácia jurídica a lei inconstitucional, decorre daí que a decisão declaratória da inconstitucionalidade produz efeitos repristinatórios, que irão atingir, inclusive, a cláusula de revogação, seja ela expressa ou implícita, a não ser que o STF, tendo em vista razões de segurança jurídica ou de excepcional interesse social, restrinja os efeitos da medida.

O chamado efeito repristinatório da declaração de inconstitucionalidade não se confunde com a repristinação prevista no artigo 2º, § 3º, da LICC, sobretudo porque, no primeiro caso, sequer há revogação no plano jurídico".[12]

A razão de restabelecer a lei revogada é dada também no seguinte aresto do STF:

"A declaração de inconstitucionalidade de uma lei alcança, inclusive, os atos pretéritos com base nela praticados, eis que o reconhecimento desse supremo vício jurídico, que inquina de total nulidade os atos emanados do Poder Público, desampara as situações constituídas sob sua égide e inibe – ante a sua inaptidão para produzir efeitos jurídicos válidos – a possibilidade de invocação de qualquer direito.

– A declaração de inconstitucionalidade em tese encerra um juízo de exclusão, que, fundado numa competência de rejeição deferida ao Supremo Tribunal Federal, consiste em remover do ordenamento positivo a manifestação estatal inválida e desconforme ao modelo plasmado na Carta Política, com todas as consequências daí decorrentes, inclusive a plena restauração de eficácia das

---

[11] *O efeito repristinatório indesejado e a evolução da jurisprudência do Supremo Tribunal Federal*, em <http://jus.com.br/artigos/26202/o-efeito-repristinatorio-indesejado-e-a--evolucao-da-jurisprudencia-do-supremo-tribunal-federal>.

[12] EDcl no REsp 445.455/BA, 2ª Turma, rel. Min. João Otávio de Noronha, *DJU* de 15.09.2003.

leis e das normas afetadas pelo ato declarado inconstitucional. Esse poder excepcional – que extrai a sua autoridade da própria Carta Política – converte o Supremo Tribunal Federal em verdadeiro legislador negativo".[13]

Há situações de serem inconstitucionais a lei revogada e a lei revogadora, isto é, as duas normas padecem do mesmo vício de inconstitucionalidade, sendo que a primeira não foi objeto da ação direta. Chama-se a repristinação em abstrato ou não desejada. O próprio STF deve declarar o vício de ofício. Não se impede que aja de ofício para, incidentalmente, apreciar a norma anterior não impugnada para fins de modulação dos efeitos no controle da norma posterior, como Francisco Gilney Bezerra de Carvalho Ferreira reconhece no trabalho já citado.

Sobre o assunto:

"A declaração de inconstitucionalidade *in abstracto*, considerado o efeito repristinatório que lhe é inerente (RTJ 120/64 - RTJ 194/504-505 - ADI 2.867/ES, v.g.), importa em restauração das normas estatais revogadas pelo diploma objeto do processo de controle normativo abstrato. É que a lei declarada inconstitucional, por incidir em absoluta desvalia jurídica (RTJ 146/461-462), não pode gerar quaisquer efeitos no plano do direito, nem mesmo o de provocar a própria revogação dos diplomas normativos a ela anteriores. Lei inconstitucional, porque inválida (RTJ 102/671), sequer possui eficácia derrogatória. A decisão do Supremo Tribunal Federal que declara, em sede de fiscalização abstrata, a inconstitucionalidade de determinado diploma normativo tem o condão de provocar a repristinação dos atos estatais anteriores que foram revogados pela lei proclamada inconstitucional. Doutrina. Precedentes (ADI 2.215-MC/PE, Rel. Min. Celso de Mello, 'Informativo/STF' nº 224, v.g.).- Considerações em torno da questão da eficácia repristinatória indesejada e da necessidade de impugnar os atos normativos, que, embora revogados, exteriorizem os mesmos vícios de inconstitucionalidade que inquinam a legislação revogadora.- Ação direta que impugna, não apenas a Lei estadual nº 1.123/2000, mas, também, os diplomas legislativos que, versando matéria idêntica (serviços lotéricos), foram por ela revogados. Necessidade, em tal hipótese, de impugnação de todo o complexo normativo. Correta formulação, na espécie, de pedidos sucessivos de declaração de inconstitucionalidade tanto do diploma ab-rogatório quanto das normas por ele revogadas, porque também eivadas do vício da ilegitimidade constitucional. Reconhecimento da inconstitucionalidade desses diplomas legislativos, não obstante já revogados".[14]

4. OBRIGATORIEDADE E DESCONHECIMENTO DAS LEIS

Uma vez publicada a lei, ninguém se escusa de cumpri-la, alegando desconhecimento. A publicação oficial faz presumir que todos estão cientes da

---

[13] ADI 652/MA (QO), Plenário, rel. Min. Celso de Mello, j. em 2.04.1992, *DJU* de 2.04.1993.
[14] ADI 3.148/TO, do Pleno, j. em 13.12.2006, *DJ* de 28.09.2007, rel. Min. Celso de Mello.

existência da lei. Trata-se de uma *praesumptio juris et de jure*, decorrente da mera publicação. O art. 3º da Lei de Introdução revela clareza: "Ninguém se escusa de cumprir a lei, alegando que não a conhece". Ou, como se professa desde os primórdios do direito, *ignorantia legis neminem excusat* – ninguém se escusa, alegando ignorar a lei. Do contrário, seria o mesmo que inexistir a lei, ou importaria na indenidade das infrações, tornando inútil e vã a lei. Não importa a total ausência de cultura de uma pessoa, ou o seu completo confinamento da civilização, sem contatos sociais e acesso aos meios de comunicação. Todos a ela submetem-se, independentemente do grau de cultura, da categoria social, de profissão e da localidade de residência.

Para todos repercute a lei, expôs o STJ: "O dispositivo da Lei de Introdução ao Código Civil não comporta exceção, valendo destacar, outrossim, que a lei, embora de caráter geral e abstrato, não exige, para que assim seja qualificada, repercussão na esfera jurídica de toda coletividade, bastando, para tanto, que vigore para todos os casos da mesma espécie" (Recurso Especial nº 404.628/DF, da 6ª Turma, j. em 11.06.2002, *DJ* de 19.12.2002). De observar que a Lei de Introdução ao Código Civil passou a denominar-se Lei de Introdução às Normas do Direito Brasileiro.

Há, no entanto, temperamentos.

Primeiramente, necessário assentar que não é possível entender literalmente o disposto no art. 3º mencionado, no pressuposto da presunção do conhecimento das leis. Inviável, na prática, conhecer a infinidade de leis existentes, as quais, aproximadamente, ultrapassam a cento e cinquenta mil. Mesmo aos mais cultos, inteligentes e estudiosos, a capacidade não absorve nem de perto a compreensão ou o conhecimento do universo de leis vigorantes no País. Quem pode guardar as milhares e milhares de regras que se encontram em plena vigência? Os próprios juristas não conseguem atualizar-se constantemente, de modo a acompanhar a fantástica evolução legislativa no Brasil. Uma das críticas mais antigas e constantemente repetida centra-se na avalanche desenfreada de leis que diariamente aumenta. Esta descontrolada torrente de diplomas causa tormentos e reflete uma síndrome de insegurança, de falta de tradição, de instabilidade econômica, social e jurídica.

Tem-se à frente o sintoma de um mal que nasce da falta de amadurecimento, que é decorrência do jogo dos interesses políticos e que reflete o domínio das classes econômicas. Em verdade, na prática, incoerente o princípio da presunção de que todos conhecem a lei. Constitui uma falsidade a pretensão de imputar a todos a ciência das leis. Por isso, a força determinante da obrigatoriedade das leis não se assenta tanto na presunção de que todos a conhecem, pois vai contra o bom senso e a prática. Nem se esteia na ficção, ou na ideia de supor-se o conhecimento, porque tal não ocorre na realidade. A fragilidade das teorias mostra-se evidente, levando a procurar outros suportes. E o mais coerente está em impor-se a obrigatoriedade porque somente assim é viável a vida em comunidade. Para viabilizar uma convivência razoável, é necessário o respeito mútuo; exige-se uma vida social organizada; determina-se a obediência a uma ordem. Enfim, não se pode alegar a ignorância da lei para eximir-se de seu cumprimento, mesmo que inviável à capacidade humana a ciência do universo de leis. Em decorrência da imposição para viabilizar a permanência do próprio Estado, exige-se o cumprimento.

Mesmo em vista de tal fundamento, há casos que comportam temperamentos.

O art. 139, inc. III, em matéria nova quanto aos arts. 87 e 88 do Código anterior, destaca o tipo de erro, devendo ser substancial, para anular o negócio: "O erro é substancial, quando: (...) III – sendo de direito e não implicando recusa à aplicação da lei, for o motivo único ou principal do negócio jurídico".

É o que se dá quando alguém está convicto que uma norma jurídica se encontra em pleno vigor, mas está revogada. A vontade, no erro de direito, é emitida na certeza de que o agente procede rigorosamente dentro dos ditames do direito, sem o conhecimento de que a norma de lei não existe mais. A vontade opta seguir por um caminho pensando que assim impõe a lei. Vende-se, por exemplo, um imóvel loteado, embora não cumpridas as exigências prévias do loteamento impostas por regulamento legal do Município, não porque ignorada essa previsão legal, mas porque se desconhecia que a particularidade do imóvel impunha a sua incidência. Agindo de boa-fé, há um *error juris*, mas não é possível a pessoa subtrair-se das decorrências. Isenta-se o vendedor da sanção penal, apenas, se prevista.

O art. 8º da Lei das Contravenções Penais (Lei nº 3.688, de 3.10.1941) abre a faculdade de não se aplicar a pena no caso de ignorância ou de errada compreensão da lei, se se apresentar uma escusa razoável. No direito civil, existe o erro de fato e o erro de direito – o primeiro verificado quando recai sobre as circunstâncias de fato, confundindo o agente as condições de fato sobre que atua, como supondo que está para ser agredido, e reage delituosamente; o segundo constatado em face do desconhecimento da norma legal que ordena uma conduta ou proíbe um ato. Desconhece-se a lei, e pratica-se um ato. São pagos juros acima dos limites fixados nos arts. 591 e 406 (arts. 1.262, 1.062 e 1.063 do Código Civil de 1916), e no art. 1º do Decreto nº 22.626, de 1933. Embora a ninguém é permitido ignorar a lei, o pagamento exacerbado permite a busca da repetição, desprezando-se a restrição do art. 877 do Código Civil (art. 965 do Código Civil de 1916), que só admite a repetição se provado erro no pagamento. Uma vez demonstrado que o pagamento se deveu à falta de noção da taxa de juros exigível, é permitida a ação para devolver. Daí que o desconhecimento da lei também constitui fator de não aplicação do art. 877 da lei civil. A matéria será abordada mais amplamente no Capítulo XIX, item 2, letra 'c'.

5. A INCONSTITUCIONALIDADE DAS LEIS

As leis inconstitucionais não obrigam. Desrespeitando um princípio da Constituição Federal, não podem cercar-se dos meios de defesa, e muito menos exigir determinada conduta das pessoas.

Deve-se observar a escala da hierarquia das leis, do que decorre uma unidade intrínseca, que tem em seu ápice último a Constituição Federal. Realmente, na base encontram-se as leis ordinárias, subindo para as leis complementares e para a Constituição.

Na Constituição, estipula-se o regime das leis complementares, que aparecem na posição hierárquica inferior à Constituição. O caminho da aprovação obedece aos trâmites das leis comuns, com a diferença de que necessitam, para a aprovação, da maioria absoluta dos votos dos membros da Câmara dos Deputados e do Senado. Na Constituição aparece quais os dispositivos que carecem de complementação. Depois vêm as leis ordinárias, as medidas provisórias, os decretos e outros atos normativos.

O interesse, aqui, prende-se mais à inconstitucionalidade da lei ou de ato normativo federal ou estadual e à ação declaratória de constitucionalidade de lei ou ato normativo federal. Ou seja, algum de seus dispositivos bate-se contra as normas constitucionais.

A matéria sempre se revelou complexa, porquanto não basta constatar o vício e alegá-lo. Na medida em que se aperfeiçoam as condutas, e evolui o espírito humano, também evoluem e se apuram os direitos, em crescente exigência de sua afeição à Carta Federal.

Uma vez constatado que uma lei ofende um dispositivo da Constituição Federal, a fim de impedir que outras pessoas sejam atingidas pela mesma, o correto está em levar a inconstitucionalidade ao órgão do Poder Judiciário competente, que se pronunciará sobre a alegada ofensa.

Dois são os remédios previstos na lei para se declarar a inconstitucionalidade: o *controle difuso* e o *controle concentrado*.

Pelo *controle difuso*, declara-se a inconstitucionalidade para o caso examinado, e aproveita-se um processo para a sua declaração. Apresenta-se um pedido ao órgão competente do Tribunal de Justiça, ou do Tribunal Federal, ou dos Tribunais Superiores, que, apreciando-o, considerará constitucional ou não a lei. Percebe-se a peculiaridade: no próprio feito inicia-se o incidente. É o que está no art. 480 do Código de Processo Civil: "Arguida a inconstitucionalidade de lei ou de ato normativo do poder público, o relator, ouvido o Ministério Público, submeterá a questão à turma ou câmara, a que tocar o conhecimento do processo". O novo CPC, no art. 948, regulamenta a inconstitucionalidade em controle difuso e manda que se ouçam também as partes: "Arguida, em controle difuso, a inconstitucionalidade de lei ou de ato normativo do poder público, o relator, após ouvir o Ministério Público e as partes, submeterá a questão à turma ou à câmara à qual competir o conhecimento do processo".

Uma vez apresentada a questão, os membros do órgão julgarão do cabimento ou não da arguição Se acolhida, remete-se o processo para o plenário do Tribunal, ou para o Órgão Especial, ou para a Corte Especial, variando as denominações de acordo com os regimentos internos. O julgamento segue as regras do art. 482 do Código de Processo Civil (art. 950 do novo CPC), enviando-se cópia do acórdão que suscitou o incidente a todos os juízes componentes do órgão que fará o julgamento.

Permite-se a manifestação, antes do julgamento, do Ministério Público e das pessoas jurídicas de direito público que emitiram o ato questionado, na forma do § 1º do citado art. 482 (§ 1º do art. 950 do novo CPC, com alteração quanto à legitimidade para a manifestação, restrita somente às pessoas jurídicas de direito público responsáveis pela edição do ato questionado): "O Ministério Público e as pessoas jurídicas de direito público responsáveis pela edição do ato questionado, se assim o requererem, poderão manifestar-se no incidente de inconstitucionalidade, observados os prazos e condições fixados no Regimento Interno do Tribunal". A forma de manifestação está descrita no § 2º (§ 2º do art. 950 do novo CPC) "Os titulares do direito de propositura referidos no art. 103 da Constituição poderão manifestar-se, por escrito, sobre a questão constitucional objeto de apreciação pelo órgão especial ou pelo Pleno do Tribunal, no prazo fixado em Regimento, sendo-lhes assegurado o direito de apresentar memoriais ou de pedir a juntada de documentos". Por decisão irrecorrível do relator, em face da importância da matéria, admite-se a manifestação de outros órgãos ou entidades.

Uma vez declarada a inconstitucionalidade, os regimentos internos e a jurisprudência dão efeito vinculante à matéria nos feitos submetidos às Turmas e às Seções, não podendo mais os órgãos fracionários submeter ao Plenário novamente a mesma controvérsia se já decidida, segundo o texto do parágrafo único do art. 481 (parágrafo único do art. 949 do novo CPC).

Embora não dentro do controle difuso exercido pelos Tribunais, reconhece-se aos próprios juízes, em suas decisões, o poder de não aplicar uma lei que entendem inconstitucional. José Afonso da Silva escreve, sobre o assunto: "De acordo com o controle por exceção, qualquer interessado poderá suscitar a questão de inconstitucionalidade, em qualquer processo, seja de que natureza for, qualquer que seja o juízo".[15] Ante uma ordem hierárquica de diplomas, tem preponderância aquele que se encontra em uma escala superior. A decisão vale unicamente para o caso em julgamento. Absolutamente se defende que o juiz

---

[15] *Curso de Direito Constitucional Positivo*, 9ª ed., São Paulo, Editora Revista dos Tribunais, p. 55.

julgue contrariamente a lei, ou ignore-a em seu silogismo sentencial, porquanto a pior das ditaduras é a dos juízes, que representam a derradeira esperança contra os totalitarismos e as arbitrariedades, sendo que a sociedade nada mais anseia que os julgamentos se processem dentro de uma ordem legal vigente, de modo que não sejam produto de subjetivismos, de opiniões pessoais, de simpatias ideológicas, de bons ou maus humores, de impulsos altruístas ou de rancores justificados ou não.

Existem leis injustas, que se chocam contra princípios constitucionais. É meta suprema dos juízes fazer justiça, mesmo que se defrontando com uma lei injusta. Não lhe compete, porém, decidir se a lei apresenta-se ou não injusta. Permite-se que julgue contra a lei unicamente quando encontra um amparo superior, ou se a lei contraria uma outra lei de hierarquia mais elevada, ou a Constituição Federal. Apresentando-se a Constituição como a *lei fundamental* da organização do Estado, sendo a *lei das leis* que orienta a vida jurídica de um país, sempre que uma norma infraconstitucional se revelar incompatível com algum mandamento constitucional, a antinomia se resolve através do critério hierárquico, segundo o qual, no confronto entre duas normas incompatíveis, prevalece a hierarquicamente superior, critério este que decorre do fato de serem as normas dispostas em planos diferentes, colocadas que são em ordem hierárquica vertical.[16]

A matéria é controvertida desde o tempo das escrituras sagradas, encontrando-se no Evangelho de Marcos que "o sábado foi estabelecido por causa do homem e não o homem por causa do sábado". Todavia, esta sentença lançada por Cristo, verberando a literalidade da lei, a ponto de sequer permitir aos apóstolos colher espigas de trigo para se alimentarem, ou de se condenar as curas ou a salvação de seres humanos por causa de um texto de lei inútil, teve como razão de ser uma norma superior, assentada em outros mandamentos e em uma nova ordem que estava se iniciando.

Um país é democrático quando os valores supremos, comuns e sociais nascem da vontade do povo, e não da cabeça de um juiz. Preferível que decidam o que é certo, correto e justo os representantes do povo e não um juiz, posto que mais fácil e comum a falibilidade ou o erro na manifestação de uma vontade que a de várias pessoas. Até porque não se afeiçoa com a razoabilidade admitir que alguém faça a lei e a aplique.

O *controle concentrado* é exercido, com exclusividade, pelo Supremo Tribunal Federal, dada a competência atribuída pelo art. 102, inc. I, *a*, e art. 103 da Constituição Federal. O processamento da ação e o procedimento vieram regulados pela Lei nº 9.868, de 10.11.1999. Possuem legitimidade para propor a

---

[16] Norberto Bobbio, *Teoria do Ordenamento Jurídico*, 4ª ed., Brasília, Ed. UnB, 1994, p. 92.

ação direta de inconstitucionalidade e a ação declaratória de constitucionalidade conforme art. 103 da CF em redação da Emenda Constitucional nº 45, de 2004:

"I – o Presidente da República;

II – a Mesa do Senado Federal;

III – a Mesa da Câmara dos Deputados;

IV – a Mesa de Assembleia Legislativa ou da Câmara Legislativa do Distrito Federal;

V – o Governador de Estado ou do Distrito Federal;

VI – o Procurador-Geral da República;

VII – o Conselho Federal da Ordem dos Advogados do Brasil;

VIII – partido político com representação no Congresso Nacional;

IX – confederação sindical ou entidade de classe de âmbito nacional".

Apontam-se, na inicial, o dispositivo da lei ou o ato normativo impugnado, e os fundamentos jurídicos em relação, acompanhando a cópia integral da lei ou do ato normativo impugnado. Processa-se o pedido, abrindo-se vistas ao órgão ou autoridade do qual emanou a lei ou o ato normativo, com pedido de informações, no prazo de trinta dias. Admite-se a abertura de vistas a outros órgãos ou entidades, especialmente se a matéria revelar interesse aos mesmos. Depois de transcorrido o prazo, e manifestando-se o Ministério Público, leva-se a suscitação a julgamento.

A ação direta de inconstitucionalidade sempre foi admitida, sendo um instituto dos mais democráticos e necessários para a aferição da exata constitucionalidade das leis. Efetuado o julgamento, exigindo-se a presença, no mínimo, de oito ministros, e o voto favorável de seis, é proclamado o resultado, favorável ou não à tese defendida na inicial. Se a ausência de ministros for em número que possa influir no resultado, suspende-se o julgamento, renovando-se até alcançar o número para a prolação da decisão. Cumpre notar que a presença deve ser tal que possa garantir o *quorum* mínimo de oito ministros, e possibilite colher-se o voto favorável de seis deles. Até que não se alcance esse número favorável, e enquanto não verificada a presença da totalidade dos ministros, assegura-se a faculdade de suspender o julgamento.

No mesmo art. 103, em redação da Emenda Constitucional nº 45, de 2004, também está prevista a ação direta de declaração de constitucionalidade, ou simplesmente a ação declaratória de constitucionalidade de lei ou ato normativo federal, pela qual procura-se afirmar que uma lei é constitucional, especialmente quando reiteradamente combatida, ou quando não se quer aplicá-la, sob a razão de inaplicabilidade da lei. Visa-se, com a ação, impor a plena aplicação da lei. O art. 14 da referida Lei nº 9.868 indica os elementos da inicial: "I – o dispositivo da lei ou do ato normativo questionado e os fundamentos jurídicos do pedido; II – o pedido, com suas especificações; III – a existência de controvérsia judicial relevante sobre a aplicação da disposição objeto da ação declaratória".

No mais, de modo geral, seguem-se os trâmites estabelecidos para a ação direta de inconstitucionalidade.

Tanto para a ação de inconstitucionalidade como para a declaratória de constitucionalidade, a Lei nº 9.868 introduziu a faculdade de se pedir a medida liminar cautelar (arts. 10 e 21). Apresenta-se o pedido perante a Secretaria do Supremo Tribunal Federal, efetuando-se o sorteio do relator, e encaminhando, depois de lançado o parecer do Ministério Público, para a apreciação pelo Plenário, que somente decidirá se presentes na sessão pelo menos oito ministros. Restritamente para a ação direta de inconstitucionalidade, dada a qualidade da matéria, admite-se, quando da apreciação do pedido cautelar, o julgamento definitivo da ação. É o que reza o art. 12 da lei em estudo: "Havendo pedido de medida cautelar, o relator, em face da relevância da matéria e de seu especial significado para a ordem social e a segurança jurídica, poderá, após a prestação das informações, no prazo de dez dias, e a manifestação do Advogado-Geral da União e do Procurador-Geral da República, sucessivamente, no prazo de cinco dias, submeter o processo diretamente ao Tribunal, que terá a faculdade de julgar definitivamente a ação".

Há, também, a inconstitucionalidade por omissão, contemplada no art. 103, § 2º, da Carta Maior, e constituída da falta de iniciativa dos legisladores para tornar efetiva norma constitucional. Encerra o dispositivo: "Declarada a inconstitucionalidade por omissão de medida para tornar efetiva norma constitucional, será dada ciência ao Poder competente para a adoção das providências necessárias e, em se tratando de órgão administrativo, para fazê-lo em trinta dias".

6. EFICÁCIA DA LEI NO ESPAÇO

A lei tem incidência no território do país onde foi promulgada. Se federal, atinge a todas as pessoas que se encontram dentro dos limites onde é exercida a soberania, não importando que sejam nacionais ou estrangeiras. Por outras palavras, por força da soberania nacional, vigora a lei federal no espaço delimitado pelas fronteiras do Estado. A incidência abrange o Distrito Federal, os Estados, os Territórios e os Municípios. Já as leis estaduais alcançam as pessoas que se encontram nos limites do Estado-membro, dentro da competência legislativa que não ofende as atribuições da União, ou a soberania nacional, e adstritamente aos assuntos que podem as unidades da Federação decidir e comandar. As leis municipais restringem-se unicamente aos assuntos que afetam ou atingem os interesses locais e próprios dos Municípios, observada a competência reservada pela Constituição Federal.

De modo que o sistema vigorante no país é o da *territorialidade*, ou a *lex forii*(lei do foro), ou o princípio que estabelece a aplicação da lei no espaço delimitado pelas fronteiras do Estado soberano. Por outras palavras, a lei alcança todo o território do Estado, nele incluídos o solo, o espaço aéreo, as aeronaves que nele se encontrarem, a sede das embaixadas e consulados, as embarcações de guerra, os navios mercantes e os estrangeiros que se encontrarem no mar territorial.

No entanto, não é absoluto esse sistema ou princípio. Acontece que muitas pessoas de um determinado país residem ou se encontram em território de outro país. Mesmo assim, muitas leis do país de onde promanam atingem essas pessoas, especialmente as leis de natureza política e fiscal, como as de direito eleitoral, as atinentes ao imposto de renda, as que obrigam a prestar alimentos ou a dar assistência econômica aos membros da família. Especialmente os cidadãos que trabalham no exterior, em embaixadas, consulados e outros órgãos públicos ou se encontram em navios e aviões do Estado do qual são provenientes devem seguir e obedecer toda a legislação do país que servem. Quanto a essas últimas pessoas, no entanto, costuma-se dizer que se encontram no território ficto, ou seja, fictamente integram o território nacional, já que as embaixadas, os navios e as aeronaves fazem parte do país a que servem ou onde têm a sua sede. De notar que há a exigência de também se observar a legislação do país onde se encontram. E assim os navios e aviões estrangeiros que navegam em águas ou no espaço do Brasil devem acatar a legislação própria do Brasil, sem, com isso, deduzir que não se submetam ao regime legal do país de onde procedem.

Isto também quanto aos navios ou embarcações de guerra e às aeronaves da mesma natureza, que, de regra, não têm afetada a soberania da nação de onde são provenientes. Jamais se aceita o desrespeito às leis do país em que se encontram.

Em outros aspectos verifica-se a limitação do princípio da territorialidade, admitindo-se a aplicação do direito forâneo, mais por convenção ou consenso tácito das nações. Nesta dimensão, aceita-se a validade do casamento de estrangeiros de acordo com a lei do país de onde procedem. O documento de identidade é considerado válido na modalidade vigorante do local da origem. Aceita-se a habilitação para dirigir veículo automotor em consonância com o documento fornecido pela autoridade de onde a pessoa é proveniente.

No entanto, sem esquecer que o estrangeiro que casa no Brasil deve acatar a lei brasileira, e submeter-se às regras especiais do matrimônio aqui vigentes. Aliás, antes da Lei nº 6.515, de 1977, quando não era admitido o divórcio no Brasil, nem podiam os estrangeiros divorciados casar no Brasil. O brasileiro que se une matrimonialmente a uma estrangeira, em país estrangeiro, deverá acatar as leis próprias do local onde se encontra. Ao contratar com uma empresa brasileira, o estrangeiro submete-se à nossa legislação, e vice-versa quanto ao brasileiro.

De regra, o princípio da territorialidade domina os direitos e obrigações. É a aplicação da *lex rei sitae*, do *jus soli*, ou do princípio *locus regit actum*, ao qual submetem-se o regime de bens, as obrigações e o rol de direitos e deveres a que se submetem as pessoas. Há a prevalência do direito do domicílio das partes.

Pelo princípio da *extraterriotorialidade*, acompanham as pessoas que se encontram em outro país as leis do país de onde são provenientes. Unicamente através de convenções ou tratados internacionais admite-se esse estatuto, ou o estatuto pessoal, conhecido também como o estatuto da nacionalidade, pelo qual domina a lei do domicílio no país onde está o estrangeiro. A lei do país de origem rege o estrangeiro. Em alguns sistemas, esse princípio vai mais longe: acompanha os descendentes dos estrangeiros, mantendo-se a nacionalidade em virtude do sangue. É o que se chama de princípio do *jus sanguinis*, isto é, o direito de sangue que estende a nacionalidade a todos os descendentes das pessoas que saíram do país.

No direito brasileiro, domina o regime da territorialidade ou do domicílio, exceto em alguns campos. Em vista do art. 7º da Lei de Introdução às Normas do Direito Brasileiro, por esse princípio regem-se as questões relativas ao começo e ao fim da personalidade, ao nome, à capacidade das pessoas, ao direito de família e das sucessões, à competência da autoridade judiciária. Na extraterritoriedade, conforme Maria Helena Diniz,

> "possível será a aplicação da lei em território de outro Estado, de conformidade com o estabelecido em princípios e convenções internacionais. A norma ultrapassará, portanto, suas fronteiras, atendendo aos interesses de vários países. O princípio *leges non valente ultra territorium* inclina-se ante o interesse das nações. Assim sendo, a territorialidade designaria os efeitos legais das normas além dos limites do Estado. A lei extraterritorial teria duas funções: *a*) proteger a pessoa em território estrangeiro; e *b*) regular os efeitos de atos estrangeiros que venham a se cumprir, no todo ou em parte, no país. A extraterritorialidade, no entanto, encontrará restrições, pois o Estado apenas poderá permitir que, dentro de seu território, se aplique norma alienígena que não atente contra a soberania nacional, a ordem pública e os bons costumes".[17]

Já o art. 8º manda que se aplique a *lex rei sitae*, isto é, a lei do lugar onde está a coisa, quanto aos imóveis. Relativamente aos móveis, encontrando-se em poder de alguém, a lei domiciliar é que prevalece. O art. 9º cuida do direito interespacial das obrigações: aplica-se a lei do lugar onde elas se constituíram. Contratando-se por carta, firma-se a competência do país de onde partiu a proposta aceita pela outra parte.

A herança rege-se pela lei do último domicílio do falecido, como assevera o art. 10 da Lei de Introdução: "A sucessão por morte ou por ausência obedece à lei do país em que era domiciliado o defunto ou o desaparecido, qualquer que seja a natureza e a situação dos bens". Há uma norma especial restrita aos bens de estrangeiros, sitos no Brasil: regula-se a sucessão pela lei brasileira, sempre que não mais favorável ao cônjuge e aos filhos a lei do país do falecido. A lei do domicílio do herdeiro ou legatário regula a capacidade para suceder, segundo o § 2º do art. 10.

---

[17] *Lei de Introdução às Normas do Direito Brasileiro Interpretada*, ob. cit., pp. 230 e 231.

Também quanto às sociedades, às organizações destinadas a fins de interesse coletivo, e às fundações, vem disciplinada a incidência do regime legal: seguem a lei do Estado em que se constituíram. A aferição de sua legalidade, da validade e da aplicabilidade no mundo jurídico terá em conta a lei onde foram constituídas. Realmente, não se compreende como razoável que se enfrente a legalidade de uma associação ou sociedade, constituída fora do Brasil, tomando como base ou parâmetro a lei brasileira. O Decreto-lei n° 2.627, de 26.09.1940, regulava a autorização e outras exigências. Presentemente, a disciplina está no Código Civil de 2002, especificando, a partir do art. 1.134, os requisitos do pedido, como a prova de achar-se a sociedade constituída conforme a lei de seu país; o inteiro teor do contrato ou dos estatutos; a relação de todos os órgãos da administração da sociedade, com os nomes, nacionalidade, profissões, domicílio e, salvo quanto a ações ao portador, o valor da participação de cada um no capital da sociedade; cópia do ato que autorizou o funcionamento no Brasil e fixou o capital destinado às operações no território nacional; prova de nomeação do representante no Brasil, ao qual devem ser concedidos poderes para aceitar as condições em que é dada a autorização; e o último balanço.

Consoante o § 2° do art. 1.134, "os documentos serão autenticados, de conformidade com a lei nacional da sociedade requerente, legalizados no consulado brasileiro da respectiva sede e acompanhados de tradução em vernáculo".

No mais, vasta é a discriminação das exigências, estabelecida para a autorização, para a inscrição no órgão competente, à existência de representante permanente no Brasil com poderes para resolver quaisquer questões e para citação, ao nome que existe no exterior a ser mantido com o acréscimo das palavras 'do Brasil' ou 'para o Brasil', à permissão de sua nacionalização e outras matérias.

Para certas atividades ou finalidades, de acordo com a Constituição Federal, não é permitida sequer a participação de empresas estrangeiras, e assim no tocante às empresas jornalísticas (art. 222 e parágrafos); às empresas de assistência à saúde (art. 199, § 3°); à pesquisa e lavra de recursos minerais (art. 176, § 1°); à exploração agrícola (art. 190).

E se as sociedades, organizações ou fundações criadas no exterior possuírem filiais no Brasil? Exige-se previamente a obediência à autoridade brasileira. Seus atos constitutivos passarão pelo crivo das leis brasileiras. De acordo com o tipo de sociedade, há requisitos para a sua criação e implantação. O § 1° do art. 11 da Lei de Introdução menciona a necessidade de aprovação pelo governo brasileiro, isto é, a submissão à lei do Brasil: "Não poderão, entretanto, ter no Brasil filiais, agências ou estabelecimentos antes de serem os atos constitutivos aprovados pelo Governo brasileiro, ficando sujeitas à lei brasileira".

Embora sem muita ligação entre assuntos, os §§ 2° e 3° cuidam da aquisição, por Estados estrangeiros ou organismos a eles subordinados, de bens no Brasil, proibindo a inclusão de bens imóveis suscetíveis de desapropriação. No entanto, perfeitamente consentida a aquisição de propriedades destinadas à sede de representantes diplomáticos ou dos agentes consulares.

Realmente, a propriedade imobiliária de um Estado estrangeiro, no território de outro país, restringe-se às construções de suas embaixadas, dos consulados e legações, e desde que imprescindíveis às sedes e à execução de serviços inerentes aos cargos exercidos.

De outro lado, pondo-se freios à extraterritorialidade, não se aplicam as leis, as sentenças e os atos de países estrangeiros, no Brasil, aos seus cidadãos, se ofendem a soberania nacional, a ordem pública, os bons costumes e a própria lei nacional.

Mais regras contém a Lei de Introdução sobre direito internacional privado, ou definindo a competência nas relações travadas com pessoas ou organismos do exterior, ou tiver que ser cumprida a obrigação no Brasil. Assim o art. 12, que define a competência da autoridade brasileira: "É competente a autoridade judiciária brasileira, quando for o réu domiciliado no Brasil ou aqui tiver de ser cumprida a obrigação".

Há a proibição de os Estados independentes e soberanos exercerem a jurisdição sobre outros Estados. Normalmente, as questões entre os Estados são submetidas a cortes de arbitragem internacional.

Se imóveis forem envolvidos nessas relações com pessoas estrangeiras, com mais rigor assenta-se a competência da autoridade brasileira. Assim encontra-se no § 1º do mesmo art. 12: "Só à autoridade judiciária brasileira compete conhecer das ações relativas a imóveis situados no Brasil".

Muitas outras normas tratam de assuntos envolvendo estrangeiros, cuja prática deva executar-se no Brasil. O cumprimento de determinações da justiça de outros países depende do *exequatur* do Supremo Tribunal Federal, ou da autoridade judiciária brasileira, consoante o § 2º do art. 12: "A autoridade judiciária brasileira cumprirá, concedido o *exequatur* e segundo a forma estabelecida pela lei brasileira, as diligências deprecadas por autoridade estrangeira competente, observando a lei desta, quanto ao objeto das diligências".

Da máxima importância a diretriz quanto à valoração de prova dos fatos ocorridos no país estrangeiro, seguindo a lei que lá vigorar, conforme art. 13: "A prova dos fatos ocorridos em país estrangeiro rege-se pela lei que nele vigorar, quanto ao ônus e aos meios de produzir-se, não admitindo os tribunais brasileiros provas que a lei brasileira desconheça".

Outrossim, exigindo-se a aplicação da lei estrangeira, o que se dá no cumprimento de sentença proferida em outro país, autoriza o art. 14 ao juiz exigir de quem a invoca prova do texto e da vigência, princípio que vem do direito antigo, como se encontra em Pacifici-Mazzoni: "Chi invoca l'una o l'altra legge, deve darne la prova, quando non sia quella stessa che impera nel luogo dove il giudizio si agita; giacchè il giudice deve conoscere la propria, ma non è egualmente obbligato di conoscere le leggia straniere".[18]

---

[18] *Istituzioni di Diritto Civile Italiano* – Parte Generale, ob. cit., vol. I, p. 166.

7. A IRRETROATIVIDADE DA LEI, O ATO JURÍDICO PERFEITO, O DIREITO ADQUIRIDO E A COISA JULGADA

O estudo envolve o direito intertemporal, que compreende o conjunto de diretrizes normativas que determina qual a lei a se aplicar, quando surge outra lei, ou quando leis regulam diferentemente uma matéria.

Parte-se do princípio de que a lei tem um limite no tempo e um limite no espaço, como professava Pacifici-Mazzoni: "Le leggi hanno un limite di tempo e un limite di spazio nei loro effetti di obbligare le persone cui reguardiano, alla loro osservanza".[19]

Segundo a singela previsão do texto do art. 6º da Lei de Introdução às Normas do Direito Brasileiro , "a lei em vigor terá efeito imediato e geral, respeitados o ato jurídico perfeito, o direito adquirido e a coisa julgada". A norma envolve a obrigatoriedade da lei no tempo e da limitação da eficácia da lei nova em conflito com a anterior. A aparente clareza do dispositivo não condiz com a realidade, dadas as constantes e intrincadas discussões que surgem a respeito do assunto, constituindo um dos fatores de maior discórdia no direito.

Para apreender a matéria, esclarece-se que é *retroativa* a norma quando vai para trás, e disciplina os efeitos de uma lei revogada, ou estende seus comandos para o passado, dispondo diferentemente do que vinha regulado. Considera-se *irretroativa* se é aplicada unicamente para os fatos futuros, sem qualquer repercussão para o passado, em obediência ao princípio de que *tempus regit factum*, no que afirmava Ferrara: "Ogni fatto giuridico, sia avvenimento casuale od atto giuridico, è regolato tanto per le sue condizioni di forma che di sostanza, quanto per tutti i suoi effetti – passati, presenti e futuri – dalla legge del tempo in cui il fatto fu giuridicamente compiuto".[20]

Em princípio, a lei é feita para regular ou disciplinar situações e fatos futuros, sem alcance no passado. A vigência inicia na data prevista no próprio texto, em geral a partir da publicação, sendo comum, também, a fixação de prazo ou a estipulação de data para começar a valer. Na omissão de alguma referência, segundo já abordado, o início se dá depois do transcurso de quarenta e cinco dias da publicação oficial. Mantém-se a vigência até que outra lei apareça e a revogue, ou até que a matéria venha disciplinada por uma nova lei, revogando implícita e automaticamente a norma anterior. Luiz Otávio de Oliveira Amaral aprofunda a matéria:

> "Nenhuma lei retroage por natural impossibilidade ou desnecessidade, tanto quanto o morto já não pode ser alcançado pela lei, nem haveria qualquer utilidade social nisto. Ademais, não há dúvidas que a não retroatividade da lei

---

[19] *Istituzioni di Diritto Civile Italiano* – Parte Generale, ob. cit., vol. I, p. 58.
[20] *Trattato di Diritto Civile Italiano*, parte I, ob. cit., vol. I, p. 366.

é princípio de garantia e estabilidade da ordem jurídica, sem o que faltaria o pressuposto básico de ordem e firmeza nas relações sociais".[21]

Todavia, de início dois pontos que fogem à regra comum aparecem: de um lado, quando as relações jurídicas já foram celebradas sob o império da lei anterior, perdurando seus efeitos e mantendo-se ao surgir a lei nova; de outro, lei nova vai ao passado e enfrenta consequências jurídicas de fatos ocorridos ao tempo da lei anterior. Washington de Barros Monteiro coloca estas duas possibilidades: "Há casos, porém, em que determinados atos, ocorridos ou realizados sob o domínio de uma lei, só vão produzir efeitos na vigência de lei nova, sem que sobre eles possa ter qualquer influência. Por outro lado, casos existem ainda em que a lei nova retroage no passado, alcançando consequências jurídicas de fatos efetuados sob a égide de lei anterior".[22]

Temos, aí, questões das mais acirradas divergências, tendo a doutrina prestado valiosa contribuição na elaboração de teses para a solução dos litígios. Trata-se do que se denomina de conflito de leis no tempo.

Chega-se a um ponto comum que leva a afirmar que a regra geral é a irretroatividade da lei. As leis valem para o futuro, não sendo feitas com vistas ao passado. Aquilo que passou é intocável, e merece o devido respeito, levando a firmar os dogmas sacramentais do direito adquirido e do ato jurídico perfeito, que constituem o alicerce, a força, a estabilidade da ordem jurídica, afigurando-se indispensáveis para a viabilidade do estado de direito.

Não se retroprojetam as leis, o que é tão velho como o direito natural, constituindo o princípio um patrimônio de toda a humanidade. A primeira Constituição do Brasil, de 1824, já implantava o princípio da irretroatividade da lei, com a assertiva de que a "sua disposição não terá efeito retroativo", mantendo-se o princípio na Constituição de 1891.

Mantida a irretroatividade na Carta de 1934, mas silenciando a respeito a ditatorial de 1937. A primeira Lei de Introdução ao Código Civil, no entanto, previa a possibilidade de uma lei retroagir, como lembra Décio Moreira: "... a regra da Lei de Introdução ao Código Civil sofreu alteração, declarando: 'A lei em vigor terá efeito imediato e geral. Não atingirá, entretanto, *salvo disposição em contrário, às situações jurídicas* definitivamente constituídas e a execução do ato jurídico perfeito'. Logo, passou a valer a retroatividade, desde que a lei nova assim determinasse.

Um exemplo marcante de retroatividade foi o Decreto-lei nº 1.907/1939, que dispunha sobre herança jacente, afetando as situações anteriores já resolvidas com o único propósito de passar para o Estado o patrimônio de estrangeiros".[23]

---

[21] *Teoria Geral do Direito*, ob. cit., p. 172.
[22] *Curso de Direito Civil* – Parte Geral, ob. cit., p. 31.
[23] *Elementos de Direito Civil*, ob. cit., p. 19.

A Constituição de 1946 e as posteriores restauraram a plenitude do princípio, incorporando-se na então denominada Lei de Introdução ao Código Civil, ainda na versão de 1942, mas com algumas exceções. A vigorante, no art. 5º, inc. XXXVI, proclama institutos que decorrem da irretroatividade, o que se verifica pela menção das exceções não atingidas para o futuro: "A lei não prejudicará o direito adquirido, o ato jurídico perfeito e a coisa julgada". De sorte que, não se dando ensanchas para navegar no passado, exclui situações que não serão atingidas no futuro, e que se constituem do direito adquirido, o ato jurídico perfeito e a coisa julgada.

Os parágrafos do art. 6º da Lei de Introdução conceituam o ato jurídico perfeito, o direito adquirido e a coisa julgada:

> "§ 1º Reputa-se ato jurídico perfeito o já consumado segundo a lei vigente ao tempo em que se efetuou.
>
> § 2º Consideram-se adquiridos assim os direitos que o seu titular, ou alguém por êle, possa exercer, como aquêles cujo começo do exercício tenha têrmo prefixo, ou condição preestabelecida inalterável, a arbítrio de outrem.
>
> § 3º Chama-se coisa julgada ou caso julgado a decisão judicial de que já não caiba recurso".

Mais desenvolvidamente, o *ato jurídico perfeito*, e conforme a mesma autora Maria Helena Diniz, em outra de suas obras, "é o já consumado, segundo a norma vigente, ao tempo em que se efetuou, produzindo seus efeitos jurídicos, uma vez que o direito gerado foi exercido. É o que já se tornou apto para produzir os seus efeitos. A segurança do ato jurídico perfeito é um modo de garantir o direito adquirido pela proteção que se concede ao seu elemento gerador, pois se a nova norma considerasse como inexistente, ou inadequado, o ato já consumado sob o amparo da norma precedente, o direito adquirido dele decorrente desapareceria por falta de fundamento".[24]

Quanto ao *direito adquirido*, matéria que será mais extensamente analisada no item 5 do Capítulo VI da presente obra, é o que já está no domínio da pessoa, sendo resultado da conquista em consonância com os estritos termos da lei. A lei posterior, que dispõe diferentemente sobre certa matéria, não atinge o direito já conquistado, que se incorpora no patrimônio da pessoa. Assim, alguém que se aposentou aos sessenta anos de idade não tem o benefício revogado porque uma lei posterior elevou a idade para sessenta e cinco anos como limite mínimo para o mesmo benefício.

Já a *coisa julgada* exige uma decisão imodificável, o que acontece quando, explica Natal Nader, "na ordem jurídica não há previsão de recurso ou porque a parte interessada não o exercitou... Para alcançar a coisa julgada, não é

---

[24] *Lei de Introdução às Normas do Direito Brasileiro Interpretada*, ob. cit., p. 209.

imprescindível que o feito alcance a superior instância, uma vez que as partes, por qualquer razão, podem não impetrar o recurso cabível. Coisa julgada tem força de lei e se impõe imperativamente".[25]

Em dois dispositivos do Código de Processo Civil retiram-se os conceitos de coisa julgada.

No art. 301, § 3º (art. 337, § 4º, do novo CPC): "... há coisa julgada, quando se repete ação que já foi decidida por sentença, de que não caiba recurso".

No art. 467 (art. 502 do novo CPC, com redação diferente, mas conservando o sentido): "Denomina-se coisa julgada material a eficácia, que torna imutável e indiscutível a sentença, não mais sujeita a recurso ordinário ou extraordinário".

Na explicação *en passant* de Maria Helena Diniz, "o ato jurídico perfeito é o que se consumou segundo a norma vigente ao tempo em que se efetuou; o direito adquirido é o que já se incorporou definitivamente ao patrimônio e à personalidade de seu titular; e a coisa julgada é a decisão judiciária de que já não caiba mais recurso. É a decisão definitiva do Poder Judiciário, trazendo a presunção absoluta de que o direito foi aplicado corretamente ao caso *sub judice*".[26]

Em termos gerais, em vista dos princípios acima, são respeitados os direitos. Quando promulgada a Lei nº 6.515, de 1977, que trouxe o divórcio para o Brasil, obviamente não permitiu esta forma de dissolução do vínculo conjugal apenas para os casamentos que se realizariam daí por diante, mas abrangendo todos os já realizados, desde que atendidos os requisitos legais. Se abreviada para dezoito anos a maioridade plena, desde então se consideram capazes as pessoas que chegarem a essa idade e aquelas que já a tinham ultrapassado, mas ainda consideradas menores pela lei revogada. Todavia, como exemplifica a doutrina, se elevado para vinte e cinco anos o limite, aqueles que já eram maiores pela lei anterior assim continuam, não retroagindo a lei.

Identicamente em múltiplas outras situações. Contribuindo um segurado para uma entidade previdenciária, num ramo de seguro de vida, manterá o vínculo embora lei posterior simplesmente afaste o ramo de seguro contratado. Mantendo o regime jurídico o direito ao reconhecimento do domínio se exercida a posse por um determinado lapso de tempo, não afasta esse direito a superveniência de lei abolindo o diploma anterior, desde que cumprido o lapso de tempo previsto. Não interessa que não exercitada, ainda, a pretensão, ao reconhecimento do direito. De igual maneira, seguindo a mesma lógica, contemplando a lei o prazo de trinta anos para a concessão da aposentadoria, e sobrevindo lei que altere para trinta e cinco anos, vale a lei antiga para aqueles que completaram o lapso exigido quando de sua vigência. Não quanto aos que não tinham inteirado tal lapso, eis que havia uma simples expectativa de direito.

---

[25] *Curso de Direito Civil* – Parte Geral, Rio de Janeiro, Editora Forense, 2003, p. 156.
[26] *Curso de Direito Civil Brasileiro*, Teoria Geral do Direito Civil, ob. cit., 1º vol., p. 66.

Percebe-se que a matéria revela grande importância, afigurando-se várias as situações de prevalência da lei anterior para o futuro, atingido por lei nova, que modificou o regime anterior.

8. EFEITO IMEDIATO E RETROATIVO DAS LEIS CONSTITUCIONAIS E APLICAÇÃO IMEDIATA DAS LEIS PROCESSUAIS CIVIS

Da irretroatividade advém o direito adquirido. As leis não atingem, em princípio, os efeitos já consumados sob a égide da lei anterior.

No entanto, há o entendimento de que a situação das pessoas passa a ser dirigida pelo diploma que iniciou a vigorar posteriormente, máxime em se tratando de matéria constitucional. Não seria possível invocar um suposto direito adquirido contra a própria Constituição.

As normas constitucionais, como em regra aquelas de direito público, são retroativas, ou, mais precisamente, de aplicação imediata, não se podendo invocar contra elas direitos adquiridos.

Pontes de Miranda explica existirem leis que, por força de sua natureza, não podem ser barradas por leis do passado: as leis que tratam da supressão da escravidão, dos direitos feudais etc.; a lei compulsória de contratos de locação de trabalho e a de intervenção arbitrária na economia. "Mas, quer no Brasil, quer na França, nenhum princípio existiu ou existe contra o efeito imediato, que é normal. O intérprete deve partir de que a lei nova incide desde logo, isto é, no presente. Se texto expresso o diz, supérfluamente é, no terreno prático, a realização do futuro". Prosseguindo, finda em salientar que tais regras jurídicas (de ordem pública), nos casos examinados, não precisam retroagir, nem ofender direitos adquiridos para que incidam desde logo. O efeito, que se lhes reconhece, é normal, o efeito do presente, o efeito imediato, pronto, inconfundível com o efeito do passado, o efeito retroativo, que é anormal.[27] Ou seja, tem efeito imediato a lei, não se mantendo a situação iniciada no passado. É o caso de uma lei que tivesse admitido a equiparação de quaisquer espécies de remuneração de funcionários. Sobre o assunto, reza o art. 37, inc. XIII, da Constituição Federal: "É vedada a vinculação ou equiparação de quaisquer espécies remuneratórias para o efeito da remuneração de pessoal do serviço público". O que não impede a possibilidade de isonomia, para cargos de atribuições iguais ou assemelhadas, como assegura o art. 39, § 1º. Com o advento da Constituição Federal, simplesmente perde a eficácia a lei que admitia a equiparação. Aqueles funcionários que se encontravam adquirindo o direito, ou na expectativa do direito, não mais poderão propugnar pela equiparação.

---

[27] *Comentários à Constituição de 1967*, Editora Revista dos Tribunais, São Paulo, 1968, tomo V, pp. 80 e 81.

Outra previsão igual encontra-se no art. 17 do Ato das Disposições Transitórias da CF: "Os vencimentos, a remuneração, as vantagens e os adicionais, bem como os proventos de aposentadoria que estejam sendo percebidos em desacordo com a Constituição serão imediatamente reduzidos aos limites dela decorrentes, não se admitindo, neste caso, invocação de direito adquirido ou percepção de excesso a qualquer título".

E se uma lei vem a ser declarada inconstitucional, a decisão atinge os momentos do passado? As situações criadas ou erigidas quando ainda valia a lei não ficam resguardadas contra a inconstitucionalidade. É que a declaração de inconstitucionalidade opera *ex tunc*, com a nulidade de pleno direito de todos os atos praticados sob o manto do texto inconstitucional.

Nesta linha a lição de Alfredo Buzaid: "A sentença, que decreta a inconstitucionalidade, é predominantemente declaratória, não constitutiva. A nulidade fere-a *ab initio*. Embora executória até o pronunciamento definitivo do Poder Judiciário, a sentença *retro* gerou os seus efeitos até o berço da lei, valendo, pois, *ex tunc*. O Poder Judiciário não modifica o estado da lei, considerando nulo o que unicamente era válido. Limita-se a declarar a invalidade da lei, isto é, declara-a *nati morta*".[28]

Quanto às leis processuais civis, incidem também de imediato, não importando que o processo se encontre em andamento. A disposição está no art. 14 do novo CPC (Lei 13.105, de 16.03.2015), sem regra equivalente no regime do Código de 1973, embora aplicada a aplicação imediata:

"A norma processual não retroagirá e será aplicável imediatamente aos processos em curso, respeitados os atos processuais praticados e as situações jurídicas consolidadas sob a vigência da norma revogada".

É clara a disposição, com a expressa referência de que serão respeitados os atos jurídicos já praticados. Em corroboração veio o art. 1.046 do mesmo estatuto:

"Ao entrar em vigor este Código, suas disposições se aplicarão desde logo aos processos pendentes, ficando revogada a Lei nº 5.869, de 11 de janeiro de 1973".

A aplicação imediata das leis processuais civis constitui princípio consolidado no direito, como reiteradamente vem manifestado pela jurisprudência, sendo exemplo a seguinte ementa do STJ:

"A Primeira Seção do STJ, em julgamento de recurso submetido ao regime do art. 543-C do CPC, assentou que a alteração promovida pela LC n. 118/2005, no

---

[28] *Da Ação Direta*, 1958, p. 132, *in* "O Direito Adquirido nas Relações de Direito Privado e nas Relações de Direito Público", de José Augusto Delgado, publicado em *Jurisprudência Brasileira*, nº 101, Juruá Editora, Curitiba, p. 24, 1985.

sentido de atribuir ao despacho citatório o efeito de interromper a prescrição, constitui norma processual com aplicação imediata aos processos em curso, ainda que ajuizados antes de sua entrada em vigor".[29]

O art. 543-C corresponde ao art. 1.036 do novo CPC.

9. AS LEIS DE ORDEM PÚBLICA E SEU EFEITO NO PASSADO

Não podem ser mantidos, passando a valer de imediato a lei, em consonância com Limongi França, que se reporta em Dernburg (*Pandette*, I/110, Parte 1ª, Turim, 1906), em Trabucchi (*Istituzioni dei Diritto Civile*, 9ª ed., Pádua, 1956, pp. 23 e 24), "aqueles direitos que entram em áspera contradição com a consciência pública, tornando-se danosos de modo geral ou considerando-se imorais...". Excepcionam-se da irretroatividade "as leis de ordem pública, com as quais são tutelados os fundamentais interesses do Estado, não se valorando aquelas leis que abalam a consciência pública". Não se pode manter, prossegue, "o que perturba a ordem, ou ofende os bons costumes, visto que não pode haver direitos adquiridos contra a maior felicidade dos Estados... Os direitos adquiridos particulares devem ceder lugar, submetendo-se aos interesses de ordem geral, aos interesses de ordem pública, com os quais não podem entrar em conflito, porque estes preponderam e têm supremacia".[30]

Prossegue Cunha Gonçalves: "Essas leis são imediatamente aplicáveis a todas as situações da natureza das que constituem o seu objeto, isto é, às relações entre os cidadãos e o Estado considerado como poder soberano ou entidade pública. Assim, não serão retroativas as leis que regulerem o sufrágio popular..., a organização dos serviços públicos, inclusive o ensino público, as condições de admissão, promoção, aposentação ou reforma, demissão etc., dos funcionários públicos e os respectivos vencimentos...".[31]

Uma lei sobre a igualdade dos direitos de todos entra em vigor de imediato, não importando antigos diplomas que estabeleçam privilégios, pois não há direito adquirido que contrarie os princípios gerais de direito, como o da igualdade de todos perante a lei; não é tolerada a criação de situações de privilégios em favor de alguns; nem se permite que vigore um dispositivo de lei de caráter particular, conflitante com regras do mesmo teor, mas que se dirigem a uma ampla parcela do povo.

---

[29] AgRg no REsp 1451681/SP, da Segunda Turma, rel. Min. Humberto Martins, j. em 4.11.2014, *DJe* de 14.11.2014.
[30] *Direito Intertemporal Brasileiro*, 2ª ed., São Paulo, Editora Revista dos Tribunais, 1968, pp. 477 a 482.
[31] *Tratado de Direito Civil*, ob. cit., vol. I, tomo I, pp. 428 e 429.

Já defendia Pacifici-Mazzoni: "Le leggi riguardanti l'ordine, la salute e la sicurezza pubblica; giacchè riguardo alla materia regolata da esse, niuno può aver diritti quesiti, il cui rispetto importi lesione di tali interessi sociali... Così un regolamento municipale che ordina la costruzione di latrine, à aplicabile anche alle case già edificate; appunto perchè niuno può vantar diritto di usare della cosa sua in guisa arrecar nocumento alla sale pubblica".[32]

O direito dos particulares está condicionado ao interesse coletivo, impondo-se o seu sacrifício em face do direito da supremacia do Estado, ou de quem faça suas vezes desde que amparado economicamente o interesse patrimonial que ele representa. Aduz Osvaldo Aranha Bandeira de Melo que tal revogação "traz em seu bojo a expropriação ou encampação desse direito adquirido que desta forma é resguardado. Embora subsista, no seu conteúdo, não constitui empecilho ao poder de administração pública de revogação dos atos administrativos anteriores, uma vez que essa providência se imponha por razões de conveniência ou oportunidade no desempenho de sua função de alcançar e ampliar a utilidade pública".[33]

10. EFEITOS PASSADOS E EFEITOS FUTUROS DA LEI

Explica Orlando Gomes, inspirado em J. S. Areco, que "toda lei nova se aplica desde a publicação a todos os efeitos futuros de situações jurídicas nascidas a partir de sua vigência, ficando sob o império da lei antiga os acontecimentos verificados antes de entrar em vigor, isto é, os efeitos produzidos e esgotados. Diz-se, no primeiro caso, que a lei tem aplicação imediata e, no segundo, a aplicação seria retroativa. Não há como confundir as duas noções, principalmente depois dos esclarecimentos de Roubier. Em sua conhecida obra, distingue-as, depois de dizer que o efeito retroativo é a aplicação no passado e o efeito imediato a aplicação no presente, nos seguintes termos: se a lei pretende aplicação a fatos consumados (*facta praeterita*), é retroativa; se pretende aplicação a situações em curso (*facta pendentia*), é preciso fazer uma separação entre partes anteriores à data da mudança da legislação que não podem ser atingidas sem retroatividade e as partes posteriores, para as quais a lei nova, se deve ser aplicada, somente terá efeito imediato, estando, em síntese, *vis a vis* de fatos vindoiros (*facta futura*), e, portanto, jamais podendo ser retroativa".[34]

---

[32] *Istituzioni di Diritto Civile Italiano* – Parte Generale, ob. cit., vol. I, p. 79.
[33] *Princípios Gerais de Direito Administrativo*, 1º/567, transcrição da Apel. Cível nº 28.405, da 1ª Câm. Cível do TJ do RGS, de 13.09.1977, publicada in *Jurisprudência Brasileira*, 83/180, ob. cit.
[34] *Novas Questões de Direito Civil*, São Paulo, Edição Saraiva, 1979, pp. 233 e 234.

Em outro momento, também enfaticamente:

"Em matéria contratual, os efeitos são intocáveis pela lei nova, mas os efeitos pendentes e futuros por ela se regem. Não há que falar, quanto a estes, de direitos adquiridos e, portanto, de retroatividade da lei. Se assim não fosse, isto é, se a lei nova não produzisse efeito imediato, os direitos oriundos do contrato seriam inexplicavelmente condição privilegiada, porquanto institutos como a escravidão, os censos, a enfiteuse podem ser abolidos sem que se considere retroativa a lei que os extingue, certo, como é, e assinalava Portalis, que a lei nova não pode fazer com que uma coisa existente jamais tenha existido, mas pode decidir que não existirá mais. Do mesmo modo, direitos contratuais que ainda não se exerceram, porque futuros, podem cair sob o império da lei posterior ao contrato que os modifique".[35]

Com tais argumentos pretende-se justificar a incidência imediata de leis em situações vigentes, mas nascidas no passado, com alterações nas cláusulas outrora estabelecidas.

Novas obrigações podem surgir, tornando possível a redução dos direitos até então vigentes.

11. EFEITOS DA LEI NOS FATOS PENDENTES

Roubier, um dos oráculos da exata exegese, aponta que, em muitos casos, o efeito imediato é excluído, da mesma forma que o efeito retroativo. Isto acontece sempre nos contratos em curso, para os quais a regra é a da sobrevivência da lei antiga. A lei nova atinge as partes posteriores dos *facta pendentia*, com a condição de não ferir o ato jurídico perfeito, o direito adquirido e a coisa julgada. O limite do efeito imediato é o direito adquirido em sentido amplo. As novas leis, ainda que não expressas, se estendem às partes posteriores dos fatos pendentes, ressalvado o direito adquirido,[36] isto é, desde que não disciplinados pela lei revogada. Estende-se no exame Luiz da Cunha Gonçalves: "O valor do fato jurídico é apreciado também em confronto com a lei vigente na ocasião, conforme esta dupla regra: a) o que sob a antiga lei era eficaz e produziu os efeitos, conserva estes efeitos e a potencialidade de produzir outros iguais sob a nova lei; b) o que sob a lei anterior não podia produzir efeitos alguns continua sem eficácia, mesmo que a nova lei lhe atribua, já se vê, em relação ao passado. Desse modo, fatos e relações conservam o cunho jurídico e os efeitos fixados pela lei que os viu nascer".[37]

---

[35] *Questões de Direito Civil*, 3ª ed., São Paulo, Edição Saraiva, 1974, p. 357.
[36] "Dinstinction de l'Éffet Rétroactif et de l'Éffet Immédiat de la Loi", em *Révue Trimmestrielle du Droit Civil*, 1928, p. 579.
[37] *Tratado de Direito Civil*, ob. cit., vol. I, tomo I, p. 412.

A aplicação da lei nova não quer dizer retroatividade, e sim apenas o alcance dos efeitos pendentes do contrato, desde que não disciplinados diferentemente.

Carlos Maximiliano traça os seguintes postulados:

> "O princípio da irretroatividade das leis reveste-se de característica especialmente rigorosa na esfera das obrigações, e, dentre estas, sobretudo no tocante às bilaterais. Por isto, os postulados imperantes quando se concretiza obrigação comum ou contrato lhes regulam não só as consequências mas também os efeitos... A lei posterior não cria consequências ou efeitos novos para obrigações pretéritas, nem suprime antigos, instituídos por norma do tempo em que se constituiu o vínculo jurídico; pouco importa que sejam diretos, indiretos ou eventuais, causas ou não de resoluções, rescisão ou revogação... Os efeitos de contrato em curso no dia da mudança da legislação regulam-se conforme a lei da época, da constituição do mesmo; a norma anterior não os modifica, diminui ou acresce... Os pagamentos sucessivos, ou a efetuarem-se em épocas sucessivas, embora prossigam sob a lei nova, realizam-se de acordo com a velha".[38]

Daí que, prossegue o grande hermeneuta, "a lei vigente, quando se concretizou o acordo de vontades, regula o dever e a maneira de cumpri-lo, isto é, objeto, lugar, tempo, cuidados recíprocos, a pessoa a quem deve fazer a prestação... A forma de cumprimento rege-se pelos preceitos atuais".[39]

Mas a obrigação continua de acordo com as diretrizes anteriormente pactuadas.

Também acentua Nelson Godoy Bassil Dower a permanência da lei antiga, em algumas situações: "... existem hipóteses em que se admite a sobrevivência da lei antiga. São os casos, por exemplo, em que a lei nova reduz o prazo exigido para a prescrição e o prazo fixado pela lei antiga deveria terminar antes do prazo novo, contado a partir da lei nova. Evidentemente, a aplicação da lei antiga deverá ser mantida. Trata-se, pois, de um caso de sobrevivência tácita da lei antiga, porque seria contraditório que uma lei, cujo fim é diminuir a prescrição, pudesse alongá-lo (*in RT* 418/160)".[40]

Limongi França, no pertinente inclusive às leis de ordem pública, lança três máximas, envolvendo a incidência da lei no passado, justamente se pendentes efeitos:

> "a) Ainda que se cuide de matéria ligada aos mais altos interesses públicos, não pode haver retroatividade se a lei não for expressa a respeito;

---

[38] *Direito Intertemporal*, 2ª ed., Livraria Freitas Bastos S. A., pp. 196, 197 e 203, nos 167, 168 e 173.
[39] *Direito Intertemporal*, ob. cit., p. 196, nº 170.
[40] *Curso Moderno de Direito Civil* – Parte Geral, ob. cit., 1º vol., p. 44.

b) as leis de ordem pública, em princípio, têm efeito imediato, só encontrando barreira nas partes anteriores dos efeitos dos fatos passados;

c) o critério para se saber quando uma lei de ordem pública não deve atingir direito adquirido, quer retroativa, quer imediatamente, é o de que o fundamento da ordem pública para desconhecer o direito não pode ir a ponto de atingir os casos em que esse desconhecimento geraria desequilíbrio social e jurídico".[41]

Daí que, quando o direito já iniciou a executoriedade, embora seja ela sucessiva e com o termo final dependente de evento incerto, a teoria da retroatividade encontra limite no instituto do direito adquirido.

As leis novas não afetam aquelas situações já criadas, como vem explícito num antigo julgado: "Havendo sucessão de leis em que a mais nova altera critérios para atualizações, entende-se deva prevalecer a incidência da legislação vigente ao tempo do contrato. Caso contrário, se a lei nova abarcasse situações pretéritas, afetando o ato jurídico pretérito, encontrar-se-ia inconstitucionalidade na lei nova que atingisse o passado. Interpretada como respeitando o ato jurídico perfeito, isto é, com eficácia apenas futura, fica respeitada a disposição contratual convencionada livremente pelas partes, sem afetar os termos constitucionais".[42]

Convém lembrar que há duas espécies de contratos quanto ao momento em que surgem os efeitos. Em primeiro lugar, aquele que é instantâneo, em virtude do qual o cumprimento se dá na oportunidade da celebração. Os efeitos ocorrem em determinada ocasião, exaurindo-se o objeto. Há, de outro lado, os contratos sucessivos, os quais não têm uma satisfação integral de imediato, mas a sua realização se produz em etapas preestabelecidas. Nestes, segundo o ensinamento do argentino Juan S. Areco, ou naqueles "que no se cumplen *unico momento*, debe considerarse comprendida, de manera implícita, una cláusula representada por la condición de subsistencia del régimen jurídico imperante cuando se celebró el contrato, para que puedan ser cumplidas normalmente las obligaciones, y ejercitarse de idéntica manera los derechos que resulten de sus disposiciones". Não pode a nova lei, acrescenta, "arrebatar o alterar un derecho adquirido al amparo de la legislación anterior".[43]

Na prática, muitas prestações ou contraprestações são alteradas em virtude do surgimento de lei nova. Especialmente nos seguros de vida, no aspecto que manda reajustar os prêmios e a indenização. Antigamente, adveio a Lei nº 6.205, de 29.04.1975, desvinculando os reajustes das pensões aos índices de aumento dos salários mínimos. Introduziu valores de referência, bem inferiores ao percentual de elevação do salário mínimo, em total afronta aos princípios acima, eis

---

[41] *Direito Intertemporal Brasileiro*, ob. cit., p. 545.
[42] *Revista de Jurisprudência do TJ do RGS*, 97/114.
[43] *La Irretroactividad de la Ley y los Contratos Sucesivos*, Buenos Aires, Editorial Guillermo Kraft Ltda., 1948, p. 196.

que desrespeitado o vínculo que se formara. Em contrapartida, posteriormente, vinculou o aumento dos prêmios aos índices da então Obrigação Reajustável do Tesouro Nacional, provocando total desequilíbrio entre obrigações e direitos.

Também quanto ao Sistema Financeiro Nacional, desvinculando o reajuste das prestações do salário mínimo, e atrelando-o ao da correção monetária, provocando uma considerável defasagem no comprometimento da renda do mutuário.

Nos contratos de mútuo bancário, e em outras obrigações de natureza pública, com a Lei nº 8.177, de 1º.03.1991, introduziu-se a Taxa de Referência Diária – TRD, para a correção monetária, em cujo índice está embutida a remuneração ou o juro.

Há hipóteses de extrema complexidade, como no caso de uma lei que altera profundamente os encargos, obrigando a entidade à qual se aplica a lei a repassar os encargos. Assim as companhias de assistência ou seguro-saúde. Veja-se a hipótese da Lei nº 9.656, de 3.06.1998, que determina o ressarcimento ao Sistema Único de Saúde – SUS, pelos serviços que presta à pessoa que participa de um seguro (art. 32), comprometendo, destarte, os planos de saúde complementares, embora contratados em época quando não se vedavam tais planos.

12. A IRRETROATIVIDADE FRENTE ÀS NOVAS CONDIÇÕES IMPOSTAS NO EXERCÍCIO DE UMA ATIVIDADE

Sabe-se que a irretroatividade diz inteiramente com o direito adquirido.

É bem possível que se conceda um alvará para o desempenho de profissões ou a execução de obras, o que representa a satisfação de uma série de requisitos emanados de determinada lei. Isto não impede que leis posteriores surjam, e exijam a satisfação de mais encargos para continuar a exercer a atividade. Isto porque não há direito adquirido a regime jurídico de um instituto de direito. Se a lei nova modificar esse regime, ela retroage para o momento do contrato. São, portanto, perfeitamente válidas as novas regulamentações que traz o ente público para atividades já autorizadas, como as que impõem a redução de ruídos em determinada zona da cidade, ou as que diminuem o trânsito de veículos pesados em certos períodos do dia.

Leis surgem que alteram o zoneamento das cidades. Se em determinado local, por força de lei antiga, era permitido o funcionamento de indústrias, admite-se que lei nova regularize diferentemente tal zona, proibindo o exercício de certas atividades poluidoras ou prejudiciais à saúde: "Não existe direito adquirido contra o interesse público, como o avanço da higiene e da criação de melhores condições de vida. Não se pode invocar direito adquirido contra avanços de princípios no campo da higiene e da saúde pública, mesmo quando se tratar de construções particulares realizadas sob a égide de omissa legislação anterior... Não se compreenderia que os avanços políticos e científicos relacionados à higiene e à saúde pública pudessem ficar coarctados ante pretensos direitos adquiridos de particulares...".[44]

Em outra manifestação do Supremo Tribunal Federal: "O direito de edificar é relativo, dado que condicionado à função social da propriedade. CF, art. 5º, XXII e XXIII. Inocorrência de direito adquirido. No caso, quando foi requerido o alvará de construção, já existia a lei que impedia o tipo de imóvel no local. Inocorrência de ofensa aos §§ 1º e 2º do art. 182, CF. Inocorrência de ofensa ao princípio isonômico, mesmo porque o seu exame, no caso, demandaria a comprovação de questões, o que não ocorreu. Ademais, o fato de ter sido construído no local um prédio em desacordo com a lei municipal não confere ao recorrente o direito de, também ele, infringir a citada lei".[45]

Há, por conseguinte, nestes campos a retroatividade da lei.

Do contrário, aqueles que mantinham animais em zona urbana, porque nada proibiam leis antigas, poderiam continuar a ter os animais embora a evolução havida e o aumento populacional na zona.

O fundamento está no axioma de que a legislação urbanística na qual se inserem as leis de zoneamento é de ordem pública, de aplicação imediata. E, assim, na verdade, em todos os campos, pois ninguém adquire direitos contra o interesse público, o qual prevalece sempre sobre o interesse privado.

Na verdade, não se trata propriamente de retroatividade. É que as normas administrativas, de direito público, como pondera Pontes de Miranda, "não precisam retroagir, nem ofender direitos adquiridos, para que incidam desde logo. O efeito, que lhe reconhece, é normal, o efeito do presente, o efeito imediato, pronto, inconfundível com o efeito no passado, o efeito retroativo, que é anormal". Mais adiante, acentua que não são retroativas, mas também incidem desde logo, "as leis que exigem autorização administrativa para certo fato ou ato, bem como as que a dispensam, ou a modificam, as leis de direito público relativas à propriedade e ao seu exercício (construções perigosas, higiene, medidas necessárias à defesa nacional, servidões públicas)".[46]

13. INCIDÊNCIA DAS NORMAS DE DIREITO MONETÁRIO E IRRETROATIVIDADE

Tem-se entendido que as normas de direito monetário são de ordem pública e incidem imediatamente, atingindo os próprios contratos em curso e

---

[44] TJSP. Apelação Cível nº 217.776. 3ª Câm. Cível, de 5.04.1973, em *Jurisprudência Brasileira*, nº 85, ob. cit., p. 249.
[45] STF. Recurso Extraordinário nº 178.836-4-SP. 2ª Turma, publ. em 20.08.1999, *in ADV Informativo*, boletim semanal, nº 50, p. 692, dez. 1999.
[46] *Comentários à Constituição Federal de 1967*, ob. cit., 1968, vol. V, pp. 91, 92, 93 e 94.

envolvendo as prestações das partes nos reajustamentos, de modo a garantir o equilíbrio da relação jurídica estabelecida. Do contrário, possível o surgimento de um enriquecimento incomensurável de uma das partes, sem causa, com o prejuízo da outra.

Se os contratos, formalizados em época de estabilização econômica, sem uma aparente inflação, em virtude de leis impedindo a correção monetária, nada preveem quanto à atualização das prestações, e mesmo a proíbam, não se depreende daí a obrigação do credor em receber valores que perderam a significação econômica, sob o respaldo do direito adquirido.

Havendo leis que procuram reajustar valores, ou recuperar o poder aquisitivo de prestações, aplicam-se, de imediato, alterando, inclusive, os padrões das cláusulas contratuais. Neste sentido, mostram-se sensíveis as decisões pretorianas: "Incidência imediata de lei nova, de ordem pública (Lei nº 6.345, de 15.07.1977), regulando, a partir de sua vigência, a atualização das contribuições e dos benefícios, previstos em relação jurídica contratual de trato sucessivo, sem afronta a suposto direito adquirido, sobretudo por não acarretar desequilíbrio social ou jurídico".[47]

Pode-se afirmar que não há prevalência da lei anterior a um determinado padrão monetário pretérito, ou a uma forma superada de indexação das prestações. O pagamento far-se-á sempre pela moeda definida pela lei do dia do pagamento. Repele-se o direito adquirido quando leva o contrato firmado ao desequilíbrio social e jurídico.

Assim, parece legítimo o interesse em rever velhos ajustes que, em face das transformações ocorridas ao longo dos anos, vão tornando totalmente insignificantes as prestações. Neste campo encontram-se os contratos relativos ao Sistema Financeiro da Habitação que estabelecem reajustes anuais, indexados aos índices da categoria profissional do mutuário, os quais merecem uma revisão com a finalidade de recuperar a expressão econômica que representavam as prestações quando de seu início.

14. LEI NOVA E EXPECTATIVA DE DIREITO

Uma das questões de grande discussão prende-se às situações em que a pessoa já preencheu os requisitos previstos numa lei, mas ainda não exerceu o direito, vindo uma lei com novas exigências, ou simplesmente revogando aquele direito contemplado na lei pretérita.

Por outra maneira, é possível que, em determinado momento, vigore uma lei que traga direitos, como o exercício de uma profissão sem uma gama de requisitos para a investidura imposta por lei posterior. Se a pessoa exercia a

---

[47] STF. Recurso Extraordinário nº 110.930-1, de 15.07.1977.

atividade, mas não a legalizou, mostra-se incabível a pretensão em regularizar a profissão atendendo os requisitos da lei passada, e não da posterior. Tinha a pessoa, na ocasião, uma expectativa de direito, mas sem a constituição definitiva do título, ou sem a nomeação para o exercício de um cargo pretendido. Por isso, não foi alcançado o estágio do direito adquirido.

Na expectativa de direito, cumpre esclarecer, conforme Andreas von Thur, que para plenificar o direito "son necesarios varios hechos, que pueden verificarse sucesivamente. Cada hecho acaecido de la serie constituye un escalón preliminar del derecho".[48]

Interessa, entrementes, no caso, que, embora satisfeitos todos os requisitos, ou cumpridos todos os passos, não foi executado ou usufruído o direito. Reconhecendo um diploma anterior o direito à pensão para filhas que se mantenham solteiras, independentemente da idade, e adimplida a condição para a aposentadoria antes de lei nova que derroga tal direito, não ampararia mais o direito à concessão do benefício se postulada no curso da lei nova.

Resumindo, a expectativa de direito não ficaria abrigada sob o manto da lei antiga.

A exegese acima não se evidencia tranquila.

Defendem muitos que a pessoa não perde o direito porque não o exerceu antes da revogação da lei que o concedia, ou antes do surgimento de lei nova dispondo uma situação bem diferente.

Uma decisão bastante antiga assentou a possibilidade acima, com força em Pontes de Miranda: "Não se pode dividir o domínio das leis segundo a sucessão dos fatos: fatos passados, regidos por leis anteriores; fatos presentes, pelas leis do presente; fatos futuros, pelas leis do futuro. O que se tem de dividir é o tempo: passado, regido pela lei do passado; presente, pela lei do presente; futuro, pela lei do futuro. Quando se fala em sobrevivência da lei antiga, em verdade se cai em grave engano; o que nos dá a ilusão da sobrevivência é o fato de confundirmos incidência e aplicação da lei; o que consideramos efeito de invasão da lei antiga no presente é derivado de pensarmos que a lei incide quando a aplicamos: a lei já incidiu; a aplicação é, apenas, o dizer-se que a lei já incidiu (*Comentários à Constituição de 1967*, tomo V/84).

A jurisprudência deste Tribunal e do STF tem aplicado rotineiramente esses princípios, ao reconhecer direito adquirido ao servidor público que se podia aposentar ou contar tempo segundo determinada lei, mas que não se aposentou nem contou, e, revogada a lei, nem por isso perdeu aquele direito, que se tornou adquirido, desde que preencheu os requisitos legais ao tempo em que estava em vigor (*RT*, 473/95, 446/60)...

---

[48] *Derecho Civil*, ob. cit., vol. I, p. 226.

Um direito adquirido não se pode transmudar em expectativa de direito, só porque o titular preferiu continuar trabalhando e não requereu a aposentadoria antes de revogada a lei em cuja vigência ocorrera a aquisição do direito. Expectativa de direito é algo que antecede à sua aquisição: não pode ser posterior a esta. Uma coisa é a aquisição do direito; outra, diversa, é o seu uso ou exercício. Não podem as duas ser confundidas (*RTJ*, 64/408)".[49]

A rigor, por tal *ratio*, todas as vantagens não aproveitadas por funcionários ao tempo de certa lei, a qual veio a ser revogada, poderão ser requeridas e usufruídas, mesmo que já se encontrem aposentados os funcionários. Assim quanto a promoções não requeridas, ou ao acesso a funções gratificadas a cargos assegurados após determinado período de tempo de serviço. Mas é importante distinguir: desde que a lei não se dirija a atender interesses públicos. Se na vigência de lei já derrogada preenchia uma pessoa requisitos para a construção de um prédio para comércio em zona que veio, mais tarde, a ser destinada para finalidades diferentes, não existe o prolongamento da lei antiga.

Na posição contrária, defende-se que não se confunde com o direito subjetivo a expectativa jurídica. Argumenta Vicente Ráo: "E com o direito subjetivo, tampouco, se confunde a expectativa jurídica, embora a pessoa a quem pertença reúna os requisitos de capacidade e de legalidade para a aquisição do direito, pois, mesmo nesta hipótese, o direito somente surge e se adquire ao se verificar o fato ou ato capaz de produzi-lo, ou de lhe conferir aperfeiçoamento e vida".[50]

---

[49] Pleno do Tribunal de Justiça de São Paulo. Mandado de Segurança n° 250.920, de 20.10.1976, em *Jurisprudência Brasileira*, n° 83, Curitiba, Juruá Editora, 1984, p. 264.
[50] *O Direito e a Vida dos Direitos*, ob. cit., vol. II, tomo I, p. 113.

Capítulo IV

Interpretação das Leis

1. INTERPRETAÇÃO E COMPREENSÃO DO DIREITO

Normalmente, os trabalhos da doutrina não passam de interpretações ou explicações da lei, não se olvidando, porém, que o direito vai bem mais além das leis.

Nunca se revelou fácil entender a lei, exigindo conhecimentos, técnicas, compreensão de termos e de linguagem, cultura, e, acima de tudo, profunda meditação.

Unicamente através da interpretação chega-se à compreensão, e, daí, possibilita-se a aplicação da norma.

A interpretação já constitui uma forma de entender, ou, mais apropriadamente, ao conhecimento das normas. À medida que se interpreta, compreende-se. Pela interpretação, parte-se de fórmulas linguísticas contidas nos textos das normas e alcança-se o enigma do conteúdo normativo. Bem expõe o magistrado paulista Luís Maurício Sodré de Oliveira, em excelente trabalho: "A interpretação é um processo intelectivo, através do qual, partindo-se de fórmulas linguísticas contidas nos atos normativos (os textos, enunciados, preceitos, disposições), alcançamos a determinação do seu conteúdo normativo. Nela, a partir dos significantes (os textos), alcançamos os significados. Interpretar (textos normativos), diz Canotilho, significa compreensão, investigação e mediatização do conteúdo semântico dos enunciados linguísticos que formam o texto legislativo. Assim, interpretar é atribuir um significado a um ou vários símbolos linguísticos escritos em enunciado normativo".[1]

Realmente, interpretar é dar o significado ao texto da lei. Além de dar clareza à lei, através do exame de elementos fáticos, sociológicos, históricos, procura-se encontrar o sentido real e apropriado, aduzindo Maria Helena Diniz: "Interpretar é, portanto, esclarecer; dar o sentido do vocábulo, atitude

---

[1] "Notas sobre a Interpretação do Direito", trabalho publicado em *Tribuna da Magistratura*, Cadernos de Doutrina, São Paulo, p. 159, set. 1999.

ou comportamento; reproduzir, por outras palavras, um pensamento exteriorizado; mostrar o verdadeiro significado de uma expressão, assinalando, como o disse Enneccerus, o que é decisivo para a vida jurídica; extrair da norma tudo o que nela se contém".[2]

Impõe-se o exercício de interpretação mormente frente à ambiguidade do texto, da redação confusa, das palavras não usadas adequadamente, dos erros gramaticais, das orações extensas, das proposições onde falta a concordância. Vários os dispositivos de leis que revelam sentido dúbio, cujo entendimento é possível unicamente colocando o texto em frente ao conjunto dos artigos que antecedem ou vêm depois. Exemplo de redação intrincada está no art. 25 da Lei nº 6.766, de 1979, que reza: "São irretratáveis os compromissos de compra e venda, cessões e promessas de cessão, os que atribuam direito à adjudicação compulsória e, estando registrados, confiram direito real oponível a terceiros". Na primeira impressão, parece expressar a norma que se consideram irretratáveis os compromissos de compra e venda registrados no ofício imobiliário que possibilitam a adjudicação compulsória e que conferem direito real oponível a terceiros. Para muitos, a interpretação foi a necessidade sempre do registro para a adjudicação. Entrementes, considerando o intuito da lei em proteger o promitente comprador de terreno loteado, não dependendo do proprietário a transferência definitiva se implementado o pagamento, exprime o texto que a adjudicação compulsória não depende do registro imobiliário da promessa; pelo contrário, o único efeito do registro é conferir direito real oponível a terceiros.

A interpretação de um artigo da lei requer, pois, que se tenha em conta o objetivo da lei, fazendo-se a interpretação frente aos demais dispositivos. Ou, seguindo Von Thur, "para la interpretación de la ley – e igual es el caso del negocio jurídico – no es decisivo el sentido literal de cada una de sus disposiciones separadamente, sino el valor que les corresponde en la ley entera y en todo el orden jurídico".[3]

Vê-se que importante a interpretação, que forma a ciência da boa exegese da lei, denominada 'hermenêutica jurídica', na qual se encontram as regras, a sistematização e os métodos de interpretação.

Lenio Luiz Streck bem coloca esta ciência:

> "Hermenêutica significa, tradicionalmente, *teoria ou arte da interpretação e compreensão do texto*, cujo objetivo precípuo consiste em descrever como se dá o processo interpretativo-compreensivo. Ainda em seu sentido tradicional, a hermenêutica comporta, além desse *caráter teórico-descritivo*, uma dimensão *prescritiva*, na medida em que, deste processo descritivo, procura-se estabelecer um conjunto mais ou menos coerente de regras e métodos para se interpretar

---

[2] *Curso de Direito Civil Brasileiro*, ob. cit., 1º vol., p. 48.
[3] *Derecho Civil*, ob. cit. vol. I, p. 54.

e compreender *corretamente* os diversos textos que povoam o cenário cultural humano, seja no âmbito da arte (literatura, poesia etc.), seja no âmbito religioso (na interpretação dos textos sagrados), seja no âmbito jurídico (na interpretação dos textos de leis, decretos, jurisprudência etc.)".[4]

2. ESPÉCIES DE INTERPRETAÇÃO

A interpretação é necessária nos textos duvidosos da lei. Verificada clareza na redação, não se faz, em princípio, necessário o estudo para encontrar o sentido que encerra, em vista da parêmia *in claris cessat interpretatio*, ou *in claris non fit interpretatio*. Todavia, apropriada a recomendação do Prof. Norton Luiz Faria de Medeiros: "Não se pode conceder, em qualquer hipótese, que o nobre papel de julgar seja banalizado diante das leis claras, irrefletidamente. Mesmo nos casos que, com frequência, aportam nas salas dos tribunais, o julgador tem de examinar caso por caso e já possuir, em seu acervo intelectual, os resultados de outros julgados, aos quais se deteve, como pesquisador responsável, para a consecução da justiça".[5]

Na atividade de encontrar o exato e real alcance dos textos, incumbe se veja o significado das palavras no momento histórico de seu uso. Sabe-se que, na lição de Carlos Maximiliano, que "a palavra, quer considerada isoladamente, quer em combinação com outra para formar a norma jurídica, ostenta apenas rigidez ilusória, exterior. É por sua natureza elástica e dúctil, varia de significado com o transcorrer do tempo e a marcha da civilização. Tem, por isso, a vantagem de traduzir as realidades jurídicas sucessivas. Possui, entretanto, os defeitos das suas qualidades; debaixo do invólucro fixo, inalterado, dissimula pensamentos diversos, infinitamente variegados e consistência real".[6]

Efetivamente, com a evolução dos tempos, dos direitos, dos conceitos de valores, variam os conteúdos das palavras. Assim, o termo *sustentar* empregado no art. 234 do Código Civil de 1916, que não foi reproduzido no Código de 2002, resumia-se mais à alimentação, à residência, ao vestuário, enquanto, nos tempos atuais, abrange novos elementos, como divertimento, participação social, saúde física e psíquica. A expressão *representação legal da família*, conferida ao marido, contida no art. 233 do mesmo diploma de 1916, igualmente sem equivalente no Código atual, não suprimia a dispensa da citação e da presença

---

[4] *Hermenêutica Jurídica e(m) Crise*, 10ª ed., Porto Alegre, Livraria do Advogado Editora, 2011, pp. 233 e 234.
[5] "A Clareza da Lei e a Necessidade de Interpretá-la", *in ADV Seleções*, edição da COAD, p. 14, nov. 2000.
[6] Citação de Luís Maurício Sodré, no trabalho *Notas sobre a Interpretação do Direito*, citado, p. 158.

da mulher nas ações que diziam respeito ao casal, aos bens comuns, consoante enumeração de hipóteses do art. 10 do Código de Processo Civil (art. 73 do novo CPC, o qual dispensa o consentimento do cônjuge quando o casamento é pelo regime de separação absoluta de bens).

Para encontrar a exata dimensão das normas jurídicas, existem diversas espécies de interpretação, destacando-se as seguintes:

a) A *legislativa*, com o nome também de *autêntica*, na qual a própria lei dá o sentido da regra, ou do termo, de modo a facilitar o entendimento e a impedir possíveis conjecturas desvirtuadas. Em geral, uma segunda lei interpreta a anterior, como se verifica comumente com os regulamentos. Frequente uma lei trazer uma definição sobre alguma matéria, e, em seguida, explicitar seus elementos. No art. 96 do Código Civil (art. 63 do Código de 1916), descrevem-se as benfeitorias em voluptuárias, úteis ou necessárias. Nos parágrafos que vêm após, cada espécie é definida. O Código de Trânsito Brasileiro (Lei nº 9.503, de 23.09.1997) utiliza, no seu decorrer, vários termos, constando de seu art. 4º que os conceitos e definições constam em anexo.

Dentro da interpretação legislativa podem-se colocar as regras expressas na lei sobre como dar o alcance a dispositivos que envolvem a regulamentação de certas matérias especiais. Nesta dimensão, tem-se o art. 112 do Código de 2002 (art. 85 do CC revogado): "Nas declarações de vontade se atenderá mais à intenção nelas consubstanciadas do que ao sentido literal da linguagem".

Há o art. 114 do Código Civil (art. 1.090 do Código antigo): "Os negócios jurídicos benéficos e a renúncia interpretam-se estritamente".

O art. 819 (art. 1.483 do Código de 1916), sobre a fiança: "A fiança dar-se-á por escrito, e não admite interpretação extensiva".

O art. 843 (art. 1.027 do CC revogado), quanto à transação: "A transação interpreta-se restritivamente, e por ela não se transmitem, apenas se declaram ou reconhecem direitos".

Desponta o art. 1.899 (art. 1.666 do CC anterior): "Quando a cláusula testamentária for suscetível de interpretações diferentes, prevalecerá a que melhor assegure a observância da vontade do testador".

No Código de Defesa do Consumidor (Lei nº 8.078, de 11.09.1990), há importante regra concernente às cláusulas contratuais: "As cláusulas contratuais serão interpretadas de maneira mais favorável ao consumidor".

b) A *jurisprudencial*, ou *judicial*, dada pelas decisões dos tribunais, verificada no reiterado enfoque sobre assuntos determinados, envolvendo a aplicação de uma lei. Exemplo claro colhe-se das constantes decisões, sempre no mesmo sentido, a respeito da Lei nº 6.099, de 12.09.1974, que disciplina o arrendamento mercantil no Brasil, aos dispositivos relacionados à posse do bem pelo arrendatário e ao pagamento das prestações, de modo a tipificar como precária a posse quando verificado o inadimplemento e notificado o devedor, o que enseja a reintegração.[7] Em outro exemplo, quanto ao sentido do art. 5º do Decreto-lei nº 167, de 14.02.1967, versando sobre a capitalização dos juros, permitindo que seja mensal em vista da combinação das partes, e não existindo qualquer controvérsia no tocante à semestralidade.[8] Relativamente aos juros bancários, embora a limitação do art. 192, § 3º, da CF, revogado o § 3º pela Emenda Constitucional nº 40, de 29.05.2003, entendia o STF a inaplicabilidade da regra, por falta de lei complementar ou regulamentação específica.[9]

c) A *doutrinária*, consistindo nos pareceres dos juristas, que analisam a lei de acordo com o seu entendimento e os conhecimentos técnicos, em pareceres e outros trabalhos publicados. Procura-se dar a exata interpretação de um dispositivo de lei, que passa a ser acolhida pelos tribunais. Colhe-se exemplo na reiterada manifestação de estudiosos sobre o art. 3º, § 2º, da Lei nº 8.078, de 11.09.1990, culminando com o entendimento de que se aplica o Código de Defesa do Consumidor às relações contratuais entre instituições financeiras e clientes. O art. 920 do Código Civil revogado (art. 412 do Código Civil de 2002) ensejava interpretações de que o valor da cominação imposta em cláusula penal limitava-se em 10% sobre o valor devido. Atendendo constantes posições da doutrina, especialmente de Pontes de Miranda, manifestada em seu *Tratado de Direito Privado* (vol. XIII, 4ª ed., 1977, pp. 250 a 253), o STF firmou posição da inviabilidade da aplicação pura e simples do art. 1.088 do Código Civil revogado (dispositivo sem equivalente no Código Civil de 2002), se desenvolvido o pagamento das prestações em contrato de promessa de compra e venda, consoante Súmula nº 166: "É inadmissível o arrependimento do compromisso de compra e venda sujeito ao regime do Dec.-lei nº 58, de 10.12.1937".

d) A *lógica*, que é a voltada a descobrir a intenção do legislador, buscando encontrar as motivações políticas, históricas e momentâneas que impuseram a elaboração. Já era lembrada esta espécie no direito italiano, por Pacifici-Mazzoni: "L'interpretazione logica tende a disco-

---

[7] TJSC. Agravo de Instrumento nº 21.630, de 8.03.1984. 2ª Câm. Cível, em *ADV Advocacia Dinâmica – COAD*, São Paulo, p. 299, item 15.913, 1984. Apel. Cível nº 120.783, de 29.03.1982. 1ª Câm. Cível do 2º TACivSP, *in JUTACivSP*, 76/173.

[8] STJ. Recurso Especial nº 23.844-8/RGS. Relator: Min. Nilson Naves. 3ª Turma. Julgado em 1º. 09.1992. Súmula nº 93 também do STJ: "A legislação sobre cédulas de crédito rural, comercial e industrial admite o pacto de capitalização de juros."

[9] ADIn nº 4-7, de 07.03.1991.

prire e a determinare l'intentenzione del legislatore, mediante il nesso logico delle idee contenute nella legge e la razione sia politica, sia giuridica della medesima, ed anche coll'esame d'ogni specie di circostanze attinenti alla legge medisima".[10]

e) A *social*, definida como a interpretação que tem em conta os fenômenos sociais, e, assim, voltada para as ações sociais, seguindo na visão de Bruno Augusto Sampaio Fuga: "... Não está o direito isolado dos problemas sociais do seu tempo; não é ele um sistema fechado e não ligado às perspectivas da sociologia do direito, da história do direito, da teoria moral e da teria da sociedade. Assegura também Habermas que a doutrina e a prática tomaram consciência de que existe uma teoria social que serve como pano de fundo; o exercício da justiça não mais pode ficar alheio ao modelo social.

Há, também, uma função de justiça social, não somente individual, sendo que essa mudança ocorre a partir do século XIX. Tal mudança se deu do modelo liberal para o modelo do estado social e há, com isso, uma mudança de paradigma do direito que passa a entender a autonomia privada de forma diferente".[11]

f) A *histórica*, que leva a ver a formação da lei, ou a regulamentação anterior, desde a origem do primeiro diploma sobre a matéria. Igualmente, os dados históricos da sociedade que conduziram à suscitação da norma, a tradição da compreensão sobre o assunto, bem como o encaminhamento de sugestões e de projetos de lei, com a apresentação de motivos.

Dá Lenio Luiz Streck mais a seguinte razão: "Toda a compreensão jurídica pressupõe uma inserção no processo de transmissão da tradição. Há um movimento antecipatório da compreensão, cuja condição ontológica é o círculo hermenêutico".[12]

3. TÉCNICAS DE INTERPRETAÇÃO

Algumas técnicas criadas para a interpretação ou critérios, e, assim, chegar à *mens legis*, são descritas pela doutrina.

Lenio Streck fala em "método ou procedimento para alcançar a 'vontade da norma', o 'espírito do legislador', a correta interpretação do texto". Isto porque,

---

[10] *Istituzioni di Diritto Civile Italiano* – Parte Generale, ob. cit., vol. I, p. 48.
[11] Teoria crítica: influência na filosofia do direito, no ordenamento jurídico e no poder. Em *Direito & Teoria Crítica*, Organizador Clodomiro José Bannwart Júnior, Birigui – SP, Editora Boreal, 2015, p. 27.
[12] *Hermenêutica Jurídica e(m) Crise*, ob. cit., p. 268.

segue, "acredita-se que o ato interpretativo é um ato cognitivo e que 'interpretar a lei é retirar da norma tudo o que nela contém', circunstância que bem denuncia a problemática metafísica nesse campo do conhecimento".[13]

Em primeiro lugar, é apontada a *gramatical*, que é centrada no estudo do sentido literal das palavras. É a maneira mais fácil, pois entende-se a lei pela compreensão das palavras. Para tanto, deve-se ver o significado dos termos e das expressões, ou a origem etimológica. Procede-se a análise filológica das frases, isto é, deve-se ter o conhecimento do idioma, da composição das palavras, de onde provêm, sendo indispensável ir à sua formação, como, *v.g.*, ao latim e ao grego, de cujos idiomas derivou grande parte da língua portuguesa. Cumpre notar, porém, que é assaz tópico esse método, não permitindo a visualização ampla e global. Ademais, no curso da história os usos e costumes desvirtuam o sentido etimológico. Útil, em parte, o seguinte ensinamento de Carlos Maximiliano, na interpretação das palavras ou das frases: "Prefere-se adotar, como base da exegese, o significado vulgar dos vocábulos ao invés do científico, a linguagem própria da localidade, de determinada época, dos profissionais de um ramo de ocupações, ou peculiar ao que ditou ou redigiu o ato; e tomam-se em consideração até os gracejos habituais dos indivíduos".[14]

Em se tratando de uma lei, nem sempre é possível emprestar uma importância relevante ao sentido local dos termos. Cumpre que se chegue ao momento da elaboração da lei, com o estudo do significado e conteúdo que então dominava, tarefa de extrema dificuldade. O sentido técnico, comum aos profissionais de uma área, ou às pessoas que usam o termo, é que prevalecerá.

A interpretação gramatical, não raras vezes, traz prejuízo ao art. 112 do Código Civil (art. 85 do Código de 1916), pelo qual, nas declarações de vontade, se atenderá mais à intenção nelas consubstanciada do que ao sentido literal da linguagem.

Vem, em seguida, a interpretação *lógica*, acima já abordada, ou seja, importa o sentido do preceito, e não tanto o significado das palavras. Analisam-se os períodos da lei, de modo a encontrar um significado que liga um tópico a outro. Se levadas em consideração as palavras isoladas, ou atendo-se aos períodos sem conectá-los um ao outro, diverso é o sentido daquele a que se chega se considerado o conjunto, através de um raciocínio lógico. Por outras palavras, deve-se encontrar uma lógica, uma concatenação nas palavras ligadas entre si e nas frases ou orações que formam. Realmente, o direito, por ser um sistema que supõe ordenação e unidade, não se interpreta em tiras, aos pedaços. Necessária a visão de modo sistemático, eis que constitui um ordenamento de princípios e regras, sendo que cada norma é parte do todo, de modo que não se pode conhecer a regra sem se compreender o sistema na qual se encontra inserta.

---

[13] *Hermenêutica Jurídica e(m) Crise*, ob. cit., p. 243.
[14] *Hermenêutica e Aplicação do Direito*, 9ª ed., Rio de Janeiro, Editora Forense, 1979, p. 346.

De modo que não se tem uma boa interpretação se conduz ao vago, ao contraditório e ao absurdo, porquanto a inteligência deve encontrar sentido no que se faz.

Dentro desta técnica, cabe fazer menção à *lógica do razoável*, criada por Recaséns Siches, que criou fama e revela um alto grau de justiça, pela qual se extraem a *mens legis* e o sentido dos ensinamentos, da experiência da vida humana. Investiga-se a realidade e o sentido dos fatos, compelindo-se as conclusões que permitem a razoabilidade das coisas e a racionalidade dos fatos.

Prosseguindo, há a técnica pela análise *histórica*, ensejando que se dê preferência à inteligência que melhor atende a tradição do direito, o qual se efetiva mediante o estudo e a compreensão do momento destacado no tempo em que surgiu a lei. Procura-se compreender o diploma dentro do contexto histórico, das conflagrações sociológicas então dominantes, do panorama econômico e outras circunstâncias imperantes. Muitas leis, realmente, perduram unicamente em função da omissão legislativa em revogá-las. Com efeito, inconcebível que persistissem dispositivos do Código Civil revogado dando proeminência ao marido, relativamente à mulher. Justifica-se, outrossim, apenas historicamente a existência de leis contemplando com o direito a pensão previdenciária às filhas solteiras, embora maiores, posto que elaboradas ainda quando a mulher raramente desempenhava funções remuneradas, sendo sua posição relegada aos cuidados do lar.

Este método foi defendido por autores de escol, como Savigny, Gabba, Holder, Biermann e Espínola.

O critério *sociológico* ou *teleológico*, muito defendido pelas mentes voltadas à defesa dos direitos humanos, à atualização e evolução do direito, assenta-se na visão da adaptação da norma às exigências sociais, à igualdade de todos, ao atendimento dos direitos fundamentais. O direito tem a finalidade voltada ao justo. A função jurisdicional, para alguns, transcende à função de servir aos caprichos e à vontade do legislador. Se dirigida para atender interesses isolados de uma classe de pessoas, como acontece com muitas leis, não tendo uma finalidade social, fatalmente conterá alguma inconstitucionalidade. No caso, importa que se veja, na sua interpretação, sempre os fins sociais e o bem comum, em atendimento ao que está no art. 5º da Lei de Introdução às Normas do Direito Brasileiro: "Na aplicação da lei, o juiz atenderá aos fins sociais a que ela se dirige e às exigências do bem comum". Necessário, porém, não olvidar a relatividade dos fins sociais, eis que muda o conteúdo conforme o enfoque filosófico, tendo observado Alcino Pinto Falcão: "Para um liberal será a liberdade individual o fim social por excelência; para um comunista, o interesse da classe proletária; e para um nazista ou fascista, o interesse do Estado. Por outro lado, nem sempre o juiz poderá levar em consideração o fim social da lei, mas sim o individual do beneficiado pela lei; assim ocorrerá sempre que a lei estiver ligada a uma das garantias individuais previstas na Constituição, pois que estas não se confundem com os direitos sociais e, historicamente e por definição, existem para valer inclusive contra a sociedade".[15]

Existe, ainda, a forma *sistemática* ou *sistêmica* de interpretar, devendo-se encontrar a exegese não em função única da lei, mas do sistema vigente no direito em geral sobre o assunto. Considera-se o sistema do qual faz parte a norma. Embora nada disponha sobre um assunto, ou mesmo estabeleça determinada relação, não se coadunando com as demais normas, que tratam de idêntico assunto, não pode prevalecer. Mais propriamente, dá-se a interpretação de acordo com o que ordenam ou preveem os demais diplomas. Nessa ordem, sendo comum e previsto no ordenamento em geral a correção monetária sobre créditos das pessoas relativamente a devedores, não está de acordo com o sistema imperante a disposição de uma lei não reconhecendo a correção monetária, ou sendo omissa a respeito. Sendo a correção monetária um instituto de direito econômico, inconcebível, *v.g.*, que uma lei de direito tributário não reconheça o direito de compensar, com os débitos, o crédito corrigido.

Em direito de família, dada a igualdade constitucional entre o homem e a mulher (art. 5º, inciso I), já não mantinha coerência com o sistema implantado o art. 233 do Código Civil de 1916, que colocava o marido como chefe da sociedade conjugal.

4. INTERPRETAÇÃO EXTENSIVA, LITERAL E RESTRITIVA

Extensiva é a interpretação quando se aproveitam os preceitos previstos para uma hipótese específica a outra situação equivalente. Esclarece mais Tercio Sampaio Ferraz Junior: "Na interpretação extensiva, partimos de uma norma e a estendemos a casos que estão compreendidos implicitamente em sua letra ou explicitamente em seu espírito".[16]

Incluem-se na sua letra casos não expressamente contemplados, mas semelhantes ou equivalentes. Salienta Pacifici-Mazzoni que "il fondamento dell'interpretazione estensiva è riposto nel principio *ubi eadem est ratio legis, eadem este eius dispositio*, devendo la legge applicarsi a tutti i casi, i quali se non indica nella sua lettera, comprende però virtualmente nel suo spiritto".[17] Costumam os autores apontar o exemplo do proprietário que, nas leis do inquilinato, tem assegurado o direito de pretender a restituição do imóvel para o seu próprio uso. Equipara-se, no mesmo direito, o usufrutuário, também reconhecendo-se a faculdade de postular a retomada para uso próprio. Em outra situação, se todas as aplicações de valores em instituições financeiras comportam a remuneração através de rendimentos, justo que se estenda o di-

---

[15] *Parte Geral do Código Civil*, ob. cit., p. 23.
[16] *Introdução ao Estudo do Direito*, ob. cit., p. 279.
[17] *Istituzioni di Diritto Civile Italiano – Parte Generale*, ob. cit., vol. I, p. 45.

reito nos meros depósitos bancários, desde que permaneça a cifra em dinheiro por período longo nas mãos do estabelecimento bancário, posto evidente o investimento em atividades da instituição.

Em matéria de direito público ou administrativo, a interpretação deve manter-se *literal*, já que os atos dos agentes públicos estão circunscritos aos princípios da legalidade, da impessoalidade, da publicidade, da moralidade, dentre outros (art. 37 da CF modificado pela Emenda Constitucional nº 45, de 2005).

No caso, interessa o princípio da legalidade, sequer permitido-se a interpretação da lei, ou dar-lhe um elastério pessoal e extensivo. Conhecida a lição de Hely Lopes Meirelles, elevada já a uma máxima: "Na Administração Pública, não há liberdade nem vontade pessoal. Enquanto na administração particular é lícito fazer tudo o que a lei não proíbe, na Administração Pública só é permitido fazer o que a lei autoriza. A lei, para o particular, significa 'pode fazer assim'; para o administrador significa 'deve fazer assim'".[18] Enquanto ao administrador incide o art. 37 da CF, ao particular tem aplicação seu art. 5º, inc. II, pelo qual "ninguém será obrigado a fazer ou deixar de fazer alguma coisa senão em virtude de lei".

Restritiva há de se revelar a interpretação nas disposições benéficas, ou que trazem benefícios e garantias a uma parte, em detrimento de obrigações da outra, e assim sobre a fiança ou garantia, renúncia, cessão e transação. Prescreve o art. 819 do Código Civil (art. 1.483 da lei civil de 1916): "A fiança dar-se-á por escrito, e não admite interpretação extensiva". Mais dispositivos constam transcritos no item 2, letra 'a', acima.

Igualmente o revogado art. 257 do Código Comercial: "A fiança só pode provar-se por escrito; abrange sempre todos os acessórios da obrigação principal, e não admite interpretação extensiva a mais do que precisamente se compreende na obrigação assinada pelo fiador".

O mesmo princípio segue-se nas leis especiais ou excepcionais, porquanto modificam a norma geral. Nessa visão, há uma escala quanto ao âmbito de abrangência. O regramento constitucional tem uma incidência universal, eis que programático e amplo, constituído mais de princípios. Já as leis complementares apanham campos delimitados, como a Lei nº 8.078, de 11.09.1990, dispondo sobre a proteção do consumidor. E assim prossegue com as ordinárias, enfocando pontos setorizados das relações sociais ou patrimoniais.

5. NORMA, FATO E VALOR

Na aplicação do direito, não basta ter-se em conta a norma. As relações humanas encontram-se em perpétuo movimento, modificando-se e adaptando-se às novas exigências e necessidades da vida.

---

[18] *Direito Administrativo Brasileiro*, 18ª ed., São Paulo, Malheiros Editores, 1993, pp. 82 e 83.

De outro lado, o homem vive no tempo, sendo o direito considerado um produto cultural que deve abranger as experiências e vivências históricas, sociológicas e axiológicas. A partir deste ponto, não é admissível limitar o direito à norma. Pelo contrário, é fato, norma e valor. Parte-se da conhecida teoria tridimensional do direito de Miguel Reale, que muito encantou e alvoroçou uma plêiade de aplicadores do direito, que se expandiu a partir da região sul do País, formando a corrente do chamado 'direito alternativo', a qual, apesar dos exageros e ingenuidades, contribuiu para a humanização da justiça. Efetivamente, a norma é feita para ser aplicada à realidade, não podendo desvincular-se dos fatos de um povo ou do fenômeno social. Sintetiza Sílvio Rodrigues: "Na aplicação do direito, o juiz procura, tendo em vista a norma geral, nela encaixar o caso concreto".[19]

Indo além, seu objetivo é conseguir um valor, um ideal concreto, colocando-se em especial relevo este componente, no dizer de Rui Portanova: "O caso concreto: os valores jurídicos (devem) ser captados *in concreto*, e não apenas por se referirem a pretensos valores ideais ou transcendentes".[20] Adiante, segue o autor: "O direito é relação. É direito *in fieri*. É a busca de alguma coisa sempre diferente, na medida em que são diferentes os mecanismos de opressão. Só a busca é igual a si mesma e por isso pode-se chamar de Direito a esta busca através da história, muito embora a sua forma e o seu objetivo se alterem".[21]

Por isso, deve-se partir do fato, considerando o momento histórico, com todas as suas concretudes e limitações, mas objetivando o valor, escalonado numa ordem suprema dentro do ordenamento vigente.

Nunca, porém, esquecendo que a lei, em princípio, representa um fim axiológico. Apesar dos escritos tópicos, desconexos, personalistas e sem uma linha filosófica definida dos que escrevem sobre o direito alternativo, consegue-se encontrar um ou outro momento de reflexão coerente, em obretas sem técnica e confusas, onde, revelando total ignorância interpretativa de culturas de milhares de anos atrás, chega-se a pregar a rebelião do homem à ordem divina retratada na bíblia. Diz Amilton Bueno de Carvalho, enfezando a importância da lei: "A lei é instrumento necessário à busca da vida em abundância. A luta pela sua existência, desde que positive conquistas na direção da utopia, é vital. Negar sua importância representa ótica política favorecedora aos interesses dos dominadores, que lhe atribuem o devido valor, criando leis e usando-as para perpetuação do seu projeto de vida. Urge uma relação de amor para com a lei".[22]

---

[19] *Direito Civil* – Parte Geral, ob. cit., vol. I, p. 25.
[20] *Motivações Ideológicas da Sentença*, Porto Alegre, Livraria do Advogado, 1992, p. 80.
[21] *Motivações Ideológicas da Sentença*, ob. cit., p. 92.
[22] *Magistratura e Direito Alternativo*, São Paulo, Editora Acadêmica, 1992, p. 59.

Capítulo V

A Relação Jurídica

1. OBJETO DAS NORMAS JURÍDICAS

Primeiramente, deve-se partir da importância das relações entre os seres humanos, o que é apresentado por Dimitri Dimoulis:

> "O mundo é feito de relações. Relação significa encontro entre pessoas, liame, contato, influência recíproca, determinação de uma situação por outra. Se alguém decidir 'cortar relações' com os demais, isolando-se completamente, morrerá em poucos dias! Aquilo que somos e seremos é devido ao contínuo relacionamento com outros seres humanos e com elementos da natureza".[1]

As normas jurídicas surgem não tanto para disciplinar as condutas humanas individuais, e sim para ordenar a conduta enquanto relacionada com as pessoas. E enquanto tal, envolvem o direito subjetivo da pessoa, o qual, na visão de Von Thur, consiste "en una relación del sujeto con una cosa o con una persona",[2] ou, aprofunda-se Ruggiero, se apresenta como "um poder da vontade, uma faculdade de agir dentro dos limites fixados pelo direito objetivo".[3] Mesmo na conduta individual, sem qualquer expansão social, a regulamentação tem importância diante dos reflexos causados a terceiros. Não interessa ao direito a pessoa individual ou isolada, desterrada de qualquer convívio ou imersa em sua pessoalidade. Não se encontra uma regra que imponha ao homem algum tipo de conduta, ou exija determinados atos, senão em vista das consequências de seus atos relativamente às demais pessoas.

De sorte que a norma impõe deveres aos indivíduos em função dos outros, advertindo Serpa Lopes: "O direito objetivo estabelece as normas de conduta humana dentro da sociedade, isto é, a conduta humana naquela parte que inte-

---

[1] *Manual de Introdução ao Estudo do Direito*, ob. cit., p. 232.
[2] *Derecho Civil*, ob. cit., vol. I, p. 158.
[3] *Instituições de Direito Civil*, ob. cit., vol. I, p. 180.

ressa à ordem jurídica".[4] Mesmo aquelas leis que tratam unicamente dos bens patrimoniais, como a propriedade, o fazem para garantir os direitos e estabelecer os deveres no pertinente a terceiros. Aquelas normas que, aparentemente, nenhum respeito dizem às relações das pessoas (*v.g.*, Lei dos Registros Públicos, Lei das Desapropriações) desenvolvem longos ritos e procedimentos por causa das repercussões junto aos outros, e em vista de garantir os direitos emergentes de atos da lei. Ordenando um dispositivo legal certos requisitos para o registro imobiliário, como a referência à denominação, ao quarteirão onde se situa o imóvel, o lado par ou ímpar da via pública, o faz para facilitar a localização e dar perfeita distinção ou individuação ao bem, de sorte a garantir a titularidade inconteste frente aos terceiros. Aliás, o principal efeito do registro imobiliário objetiva dar ciência aos terceiros, de sorte tal a não contratarem diferentemente sobre o mesmo bem.

Na definição da norma jurídica, destaca a doutrina o ingrediente do relacionamento intersubjetivo dos indivíduos. Marcos Bernardes de Mello evidencia esse elemento: "Deste modo, a norma constitui uma proposição através da qual se estabelece que, ocorrendo determinado fato ou conjunto de fatos (= suporte fático) a ele devem ser atribuídas certas consequências no plano do relacionamento intersubjetivo (= efeitos jurídicos)".[5]

2. O VÍNCULO ADVINDO DA NORMA

Justamente em vista de se dirigir a norma às pessoas, prevenindo suas condutas ou exigindo que se mantenham dentro de um padrão de normalidade, força a mesma o surgimento de um vínculo jurídico entre os seres humanos. Querendo ou não o indivíduo, pela só existência da norma nasce um vínculo, ou um complexo de obrigações, que se torna o lastro embasador dos comportamentos. Este vínculo abrange todas as pessoas, abrange o universo inteiro, ninguém ficando imune de seu envolvimento. Dirigindo-se a norma às pessoas enquanto se encontram ou convivem, pois é indiferente a atitude do indivíduo se ele se mantém isolado, e se exige uma postura ou conduta nas relações mútuas, resta claro que a norma cria naturalmente um vínculo entre as mesmas pessoas.

As obrigações individuais, sem qualquer liame com o mundo que as cerca, e não refletindo o menor efeito aos terceiros, revelam-se de natureza moral ou religiosa. São as obrigações oriundas de relações sociais puras, ditadas por princípios morais e por regras de trato social, citando-se exemplificativamente as de decoro, de cortesia, de protocolo, de boas maneiras, de amizade, de educação, decorrentes mais da sociabilidade humana. Individualmente, alguém

---

[4] *Curso de Direito Civil*, ob. cit., vol. I, p. 187.
[5] *Teoria do Fato Jurídico*, 4ª ed., São Paulo, Editora Saraiva, 1991, p. 19.

pode sentir-se obrigado e determinar a sua conduta para um rumo específico, como prestar atos de solidariedade, não frequentar bordéis, abdicar da bebida, não assistir determinados programas de televisão, visitar doentes, doar parte de seus bens, assistir carentes, e assim uma infinidade de outras ações ou omissões. No entanto, nenhum vínculo, ou nenhuma obrigação nasce dos princípios, das normas morais, éticas e religiosas que orientam tal postura. Mesmo que reiterados os atos de benemerência por anos a fio, e sempre para a mesma pessoa, não criam um liame, uma ligação jurídica, a ponto de ensejar algum direito.

Há situações especiais, passíveis de redundar em direitos. Permitindo alguém que um terceiro ocupe um bem, tendo a posse mansa, contínua e ininterrupta por um determinado prazo previsto em lei, decorre o direito ao domínio, facultando a lei que procure o seu reconhecimento pela via do usucapião. Não se opondo um vizinho, durante o período de ano e dia, por amizade, que se abra janela, ou se estenda sacada ou terraço, ou caia goteira do imóvel vizinho sobre seu terreno (art. 1.302 do CC de 2002), nasce daí a obrigação de não mais exigir a retirada de tais proveitos ou comodidades.

Também situações existem que levam a obrigações, criando-se uma relação jurídica. Num momento inicial, não passavam de simples condutas pessoais de relacionamento, nascidas de um forte afeto, de uma amizade forte, de uma inclinação pessoal de simpatia. Posteriormente, os sentimentos que entrelaçavam as pessoas levam à coabitação, ou ao casamento, e à geração da prole. Desde que se chegue a esses estágios, nascem as obrigações e forma-se uma relação jurídica, porquanto existente uma disciplina legal.

Já as normas legais criam um vínculo porque impõem determinada conduta, ou sujeitam os indivíduos a encargos, obrigações, a condutas específicas.

Aparecendo um vínculo, submete-se a pessoa a uma relação de direitos e obrigações.

3. VÍNCULO, RELAÇÃO OBRIGACIONAL E RELAÇÃO JURÍDICA

O vínculo corresponde mais ao liame que submete alguém a uma norma. Já a relação, que não deixa de pressupor e envolver o vínculo, encerra uma ligação no plano concreto de direitos e deveres. Francisco Amaral estende-se na definição: "Relação jurídica é o vínculo que o direito estabelece entre pessoas ou grupos, atribuindo-lhes poderes e deveres. Representa uma situação em que duas ou mais pessoas se encontram, a respeito de bens ou interesses jurídicos".[6]

Trazendo o vínculo a exigência de uma conduta específica ou geral de abstenção ou respeito, como no dever geral que a todos se impõe de não praticar atos de vandalismo contra os bens de outrem, naturalmente a relação tem

---

[6] *Direito Civil Brasileiro* – Introdução, ob. cit., p. 153.

uma forte carga obrigacional. Uma norma une dois ou mais seres humanos, e no momento em que passam a valer os reclamos de comportamento, com a prestação de encargos, ou deveres, ou com a exigência de omissões de condutas ofensivas, chega-se à relação obrigacional. Daí que toda relação jurídica é também obrigacional. Acontece que a relação obrigacional requer atos e submissão a uma ordem, em vista de um vínculo celebrado concretamente. Porque baseada na lei a relação obrigacional, ou imposta por um ordenamento, chama-se jurídica. Por conseguinte, trazendo o vínculo obrigações, e encontrando na lei a sua força, essa relação obrigacional é jurídica.

Carlos Alberto Bittar mostra a gênese da relação: "Observa-se, assim, na relação jurídica, a existência de submissão de uma pessoa a outra (vínculo), em função de determinado fenômeno qualificado juridicamente (fato gerador), por meio do qual se lhe exige certa conduta (objeto mediato), que pode ser comportamento positivo (ação), ou negativo (omissão), em torno de um bem jurídico protegido (objeto mediato). De poderes, de deveres gerais e de sujeições (deveres e obrigações) compõem-se, assim, essas interações, na medida da realização dos valores protegidos e da consecução dos fins visados, individualmente, pelos envolvidos. É, aliás, na satisfação dos interesses individuais, com a proteção da personalidade e do patrimônio de cada integrante da relação, que se lhe atribuem efeitos jurídicos, no plano do direito civil, respeitadas as normas de ordem pública".[7]

Está evidenciado o liame do vínculo entre as pessoas, que impõe uma conduta especial, encontrando força na lei, razão que a qualifica como jurídica.

A norma é geral, impondo deveres ou obrigações a todos os indivíduos, ou, quando específica, a uma classe determinada de pessoas. Já a relação jurídica expressa a carga de condutas impostas pela norma, mas em consideração dos indivíduos entre si. É relação jurídica se as relações humanas ou entre os indivíduos são reguladas pelo direito. Por conseguinte, se coadunada a conduta a uma lei, e desde que realizada a conduta frente a uma outra pessoa, forma-se uma relação jurídica. Equivalente a definição de Pontes de Miranda: "Relação jurídica é a relação inter-humana, a que a regra jurídica, incidindo sobre os fatos, torna jurídica".[8]

Aprofundando o conceito, Enneccerus coloca a relação jurídica como "una relación de la vida ordenada por el derecho objetivo, y que consiste en una dirección jurídicamente eficaz de una persona hacia otras personas o hacia ciertos objetos". Seguindo, com exemplos: "Por conseguiente, es relación jurídica la que medi entre el comprador y el vendedor; asimismo son jurídicas las relaciones de los cónyuges en cuanto están jurídicamente reguladas...".[9]

---

[7] *Curso de Direito Civil*, ob. cit., vol. I, p. 49.
[8] *Tratado de Direito Privado* – Parte Geral, ob. cit., tomo I, p. 117.
[9] *Tratado de Derecho Civil* – Parte General, ob. cit., vol. I, tomo I, p. 285.

4. DECORRÊNCIAS DA VINCULAÇÃO À RELAÇÃO JURÍDICA

Formada a relação jurídica, que se concretiza pela simples incidência da lei, ou pela celebração de um contrato, nas pessoas atingidas e, assim, vinculadas ou ligadas pelo nexo, várias decorrências aparecem. Devem os sujeitos ligados pela relação jurídica respeitar os interesses dos outros, abster-se de agir contrariamente ao direito, não ir além dos limites permitidos ou tolerados, adotar uma conduta adequada ou apropriada à ordem legal então incidente. Exsurge a exigência de comportamentos omissivos ou comissivos no âmbito de abrangência da relação. Neste panorama, inadmite-se que se penetre em imóvel atribuído pela lei a um titular, ou que se use diretamente um bem locado, ou que se pratique condutas inapropriadas quando unidas as pessoas matrimonialmente. Todos os demais serem ficam no polo passivo, ficando obrigados a respeitar o bem jurídico. O direito irradia efeitos *erga omnes*, isto é, tornando-se oponíveis a todas as pessoas.

Essa exigência de condutas é destacada pela obrigação de dar, fazer ou não fazer, por Carlos Alberto Bittar: "Assim, por exemplo, ao firmar contrato com alguém, assume a pessoa, voluntariamente, a obrigação de dar, de fazer, ou de não fazer alguma coisa (obrigação jurídica); ao poder de alguém sobre determinada coisa (propriedade) corresponde o dever legal da coletividade de abster-se de ações que possam turbar o seu exercício; ao direito à vida de alguém compete o dever jurídico de respeito da coletividade; à condição de filho que alguém possui em relação a outra pessoa impõe-se a esta o dever de reconhecimento, e assim por diante".[10]

As decorrências são denominadas também deveres, que se classificam de natureza positiva e negativa: o primeiro envolve uma ação, isto é, fazer alguma coisa, incumbindo à pessoa a realização de ato; o segundo impõe o dever de omissão, de não fazer ou de suportar, que se apresenta em situações de imposição do respeito à propriedade alheia, de não invadir o que pertence a outrem, de não furtar ou subtrair, de tolerar o uso de uma servidão, de permitir o direito de passagem.

Mais um fator importante cumpre ressaltar. Basta examinar qualquer incidência de lei, para concluir que sempre há um sujeito ativo e um sujeito passivo. Como ativo posiciona-se aquele que a lei lhe reconhece direitos ou poderes, ou portador de direito subjetivo. O possuidor legal e o proprietário com posse têm, a seu favor, uma série de proteções, como a que se refere à posse, a que garante as benfeitorias necessárias, a que assegura o proveito dos frutos. Sujeito passivo é a pessoa que suporta as obrigações, o dever jurídico, ou que deve respeitar os direitos das outras pessoas, envolvendo a totalidade dos seres humanos. A propriedade assegura o direito de oponibilidade a terceiros. Por conseguinte, a todos

---

[10] *Curso de Direito Civil*, ob. cit., vol. I, p. 50.

incumbe o dever não invadir uma área de terras de outrem, ou de portar-se de modo a evitar turbações, incômodos, perturbações ao sossego etc.

Uma vez incidindo a lei, cria-se a relação jurídica, que se realiza entre pessoas, entre pessoas e coisas, e entre pessoas e o lugar.

Na primeira espécie, alguém tem a seu favor, a protegê-lo, uma lei. Todos os demais seres colocam-se numa posição de respeito. Assim, reconhecendo a lei que a pessoa tem uma qualidade, impende que os demais indivíduos acatem a qualidade ou autoridade que decorre da posição da pessoa.

Na segunda, a relação vincula o bem à pessoa, submetendo-o à sua autoridade, domínio e posse. De sorte que está afetado o bem ao indivíduo, que se materializa por meio da posse, do domínio, ou de um título que concede direitos.

A última, embora mais rara, mostra-se na relação entre a pessoa e o lugar. Em razão do lugar do domicílio, surgem liames ou obrigações, como pagamento de tributos, taxas e contribuições.

5. DISCRIMINAÇÃO DOS ELEMENTOS DA RELAÇÃO JURÍDICA

Na relação jurídica temos os sujeitos ativo e passivo, o objeto e o vínculo. É a discriminação feita por Luiz Otávio de Oliveira Amaral: "A *relação jurídica* em sua estrutura orgânica mais simples apresenta os seguintes elementos constitutivos (seus termos essenciais, como nas orações, lá na Gramática): dois sujeitos, um objeto e um vínculo".[11]

Quanto aos sujeitos, há o titular do direito – sujeito ativo, e o titular do dever – sujeito passivo.

Ao primeiro assegura-se uma gama de poderes, de proteções, de favores, de faculdades, de modo que possa usufruir aquilo que a lei lhe assegura. Quem é proprietário tem a lei a seu favor, o que lhe permite exercer os poderes de uso, gozo e disposição do bem. A execução de um trabalho assegura a exigência do pagamento, do descanso, da assistência previdenciária, da proteção contra acidentes. O locador está amparado a receber os aluguéis, a impor a conservação do imóvel, a reclamar a devolução do prédio quando do vencimento do contrato.

Já o titular do dever está obrigado a adotar uma conduta de modo a não ofender o direito do sujeito ativo. Assume uma posição de dever, o qual revela-se em uma ação ou omissão. Coloca-se no polo passivo, posto que se submete a várias obrigações que lhe compete realizar, ou a situações que lhe cabe evitar. Esta atitude omissiva ou comissiva abrange toda a comunidade ou indivíduos determinados. O primeiro caso configura-se sempre que a lei assegura direitos, como na propriedade. A universalidade das pessoas está coagida

---
[11] *Teoria Geral do Direito*, ob. cit., p. 217.

a não espoliar os bens de outrem, a respeitar a honra alheia, a abster-se de atos ofensivos, prejudiciais, atentatórios ao valor, ao patrimônio, aos direitos de outrem. Apresenta-se o segundo caso na relação negocial, como num contrato de compra e venda, de depósito, de locação, de seguro, e inclusive na ofensa de valores específicos das pessoas, dentre outras centenas de hipóteses. Ao direito do credor de receber cabe a obrigação do devedor de pagar, seja por força de um empréstimo, seja em razão de um ato ilícito que causou dano.

Por outras palavras, cada direito importa em um dever. Explica Orlando Gomes que "a posição ativa na relação jurídica designa-se com o termo genérico *poder*, a passiva, correlatamente, *dever*, surgindo, como figura típica da relação jurídica *privada*, aquela em que o *poder* constitui um *direito subjetivo*".[12]

Nesta visão, do crédito (poder) a alimentos do filho decorre o dever do pai em sustentar. Além disso, cada prestação leva a uma contraprestação, como na realização de serviços que traz a obrigação de efetuar o pagamento.

O bem protegido e a conduta exigida – de ação ou abstenção – constituem o objeto da relação jurídica. Compreendem a série de valores assegurados ao titular do direito e de ações ou omissões reclamáveis, impostas ao sujeito passivo.

Restritamente às ações impostas ao sujeito passivo, compreendem os comportamentos a serem adotados, classificados em positivos (ações), ou negativos (abstenções ou omissões).

Este mútuo relacionamento, formando um nexo entre os indivíduos, advém do vínculo jurídico, imposto pela lei.

Não realizando o sujeito passivo de modo espontâneo as ações determinadas, ou não abstendo-se de atos proibidos pela ordem legal, suportará a reação pela força do Poder Público, através do Judiciário, com as decorrências próprias, quando coativamente coaduna-se a conduta esperada à ordem imposta. A todo indivíduo outorga-se o poder de exigir do sujeito passivo o dever de atender a ordem legal, realizando a ação competente, ou abstendo-se de atentar contra o objeto assegurado pela norma ou pelo negócio.

Dentro do âmbito acima desenvolve-se ou realizam-se as relações jurídicas, de modo a tornar possível o convívio das pessoas, a coexistir a paz social e a garantir o domínio e o proveito dos bens disponíveis e suscetíveis de apropriação pelo homem.

6. OBRIGAÇÃO JURÍDICA EM FACE DOS DIREITOS

O ato de sujeição do sujeito passivo ao sujeito ativo, de modo a respeitar a relação jurídica nascida da lei em geral ou do contrato, denomina-se *obrigação*

---

[12] *Introdução ao Direito Civil*, ob. cit., p. 94.

jurídica. Essa obrigação corresponde à subordinação jurídica de uma pessoa ao titular de um direito, o que se dá de duas maneiras: ou mediante o simples dever de respeitar a posição jurídica do titular do direito outorgado e reconhecido pela lei, como nos direitos reais, quando todos se colocam na posição de não praticarem atos atentatórios ao domínio; ou através do dever específico e determinado, instituído em um contrato, ou decorrente de uma relação bilateral sobre um assunto específico, como acontece em um contrato de locação.

Na obrigação jurídica advinda da lei a sujeição é genérica. O sujeito passivo é universal. Todas as pessoas, à exceção do titular, encontram-se numa relação de sujeitos passivos. Mas essa relação não tem natureza pessoal, pois não emerge de uma relação humana, de um vínculo entre indivíduos específicos. Constitui fruto do ordenamento jurídico, impondo-se como corolário necessário para a convivência social.

Aquele a quem a lei ou o contrato favorece, isto é, o sujeito ativo, tem o direito absoluto ou relativo à obrigação jurídica imposta às demais pessoais. É direito absoluto o advindo do comando da lei, ou que resulta da conduta de respeito de todas as pessoas, da coletividade em geral. Relativo considera-se o nascido de uma relação contratual e específica, ou de um contrato, ficando o sujeito passivo a satisfazer e a obedecer às condições acertadas. O direito passivo é determinado, individuado, posto que preso a uma relação contratual. Arnoldo Wald explica a diferenciação: "Chamamos direitos relativos aqueles em que o sujeito passivo é determinado, enquanto, ao contrário, são direitos absolutos aqueles cujo sujeito passivo é pessoa indeterminada, ou seja, nos quais o dever recai sobre todos os membros da coletividade.

Os direitos relativos são, por excelência, os chamados direitos de crédito, ou direitos obrigacionais, em que o dever é imposto a uma determinada pessoa.

Os direitos absolutos, ao contrário, são aqueles em que são sujeitos passivos todos os membros da coletividade, ou seja, o sujeito passivo é pessoa indeterminada".[13] O sentido é o mesmo encontrado em von Tuhr: "El poder de voluntad que otorga el derecho subjetivo puede dirigirse contra una persona determinada (así es en los créditos y en los derechos personales recíprocos de los cónyuges) o existir frente a todos los sujetos jurídicos (como en la propiedad, que otorga al sujeto el poder sobre una cosa, negando igual facultad a los terceros). Los derechos de la primera categoría suelen designarse como relativos; los de la segunda, como absolutos".[14]

Os direitos absolutos constituem todos aqueles previstos na lei, desdobrando-se em múltiplas espécies, como o direito à vida, à propriedade, à honra. Tendo a pessoa o direito real em um prédio, faculta-se reivindicá-lo junto a qualquer pessoa que tenha praticado ato de esbulho, já que amparado pelo direito de

---

[13] *Curso de Direito Civil Brasileiro* – Introdução e Parte Geral, ob. cit., p. 127.
[14] *Derecho Civil*, ob. cit., vol. I, p. 254.

sequela Os relativos decorrem de um contrato. Numa compra e venda, tendo o comprador entregue o preço, nasce o direito relativo subjetivo de receber o objeto da compra e venda junto ao vendedor, e não perante a terceiro, caso indevidamente entregue por aquele.

7. ESPÉCIES DE DIREITOS ORIGINADOS DA RELAÇÃO JURÍDICA

Da relação jurídica decorre o direito subjetivo, conforme vastamente abordado atrás. E o direito subjetivo compreende o poder que a pessoa tem em exigir as prerrogativas advindas da relação jurídica, esta criada, segundo já observado, ou pela lei ou pelo contrato. Mais objetivamente, é o poder em impor a satisfação de seus interesses emanados da lei ou do contrato, ou o poder que leva a prevalecer os efeitos da lei e do contrato. Esse poder dimensiona-se em vários campos ou setores, como no de ter, de fruir e de dispor, de invocar as ações para a sua proteção e para a sua efetivação ou o exercício normal. Exemplificando, a quem se reconhece a propriedade, o direito subjetivo é exercido através da posse, conferindo à pessoa o uso e o gozo do bem. Judicialmente, poderá conseguir a proteção ou a satisfação de seus interesses.

De sorte que as diferentes categorias de direitos subjetivos, vindos da relação jurídica, originam as prerrogativas ou faculdades de exercitar esses direitos. E no universo das categorias dos direitos destacam-se os direitos de personalidade, direitos intelectuais, direitos da pessoa, direitos de família, direitos obrigacionais, direitos reais, direitos contratuais, direitos sucessórios, direitos previdenciários, direitos societários, e várias outras espécies. A título de exemplo, no direito de família há a relação jurídica do parentesco, que acarreta um vasto campo de direitos subjetivos. Apresenta Von Tuhr a seguinte especificação, ao apontar a relação jurídica e os direitos decorrentes: "La relación jurídica de hijo legítimo" importa "la patria potestad, la obligación alimentaria y de ajuar, que tienen su base en ella"; "la relación matrimonial" acarreta "los diversos derechos recíprocos de los cónyuges"; "la relación jurídica del régimen patrimonial" traz "los diversos derechos patrimoniales del marido y de la mujer".[15]

Os direitos assim destacados dizem respeito, num plano genérico, à pessoa e ao patrimônio, ou dirigem-se à pessoa consigo mesma, com outras pessoas, à coletividade, e às coisas ou a toda série de bens – bipartindo-se em direitos *pessoais* e direitos *reais*, incluindo-se nos primeiros os direitos de personalidade e na segunda os direitos intelectuais (direito de autor e propriedade industrial).

Há, ainda, a divisão através de outras palavras, ou em mais classes. Num sentido quase equivalente a direitos pessoais e reais, conhece-se a especificação de *direitos extrapatrimoniais* e *patrimoniais*, em função da valoração pecuniária

---

[15] *Derecho Civil*, ob. cit., vol. I, pp. 161 e 162.

ou econômica. Nos primeiros encontram-se os direitos de personalidade, os intelectuais e os de família, enquanto os segundos abrangem os pessoais e os reais – direitos da pessoa, direitos obrigacionais, direitos contratuais, direitos reais. Naqueles, em princípio, inexiste transmissão, ou impossibilita-se a compra e venda, a sua disponibilidade, como no direito à saúde, à vida, à integridade física, a alimentos; nos últimos, possibilita-se a livre disponibilidade, a transação, a transmissão, a disposição.

Outra denominação digna de nota classifica os direitos em *materiais* ou *substanciais* (propriedade) e em *instrumentais* ou *acessórios* (benfeitorias) – de conforme com a primordialidade ou a secundariedade de sua importância.

Há os direitos *absolutos*, *erga omnes*, universais, a todos se impondo, como o direito de personalidade; e os *relativos*, isto é, os disponíveis, e assim os direitos obrigacionais.

Públicos consideram-se os direitos que interessam os entes estatais, e que se referem ao direito constitucional, ao direito administrativo, ao direito tributário. Já os direitos *privados* situados na órbita particular, envolvendo o direito real, o direito de família, o direito das sucessões.

Finalmente, temos os direitos *potestativos*, aqueles que se impõem sem exigir a correlação de uma contraprestação, ficando na exclusiva vontade de uma das partes para o seu exercício, o que se verifica, *v.g.*, na revogação do mandato, de uma doação, de uma disposição testamentária, no direito de extinguir o condomínio, na retomada de um imóvel alugado após o vencimento do prazo. Unilateralmente um dos contratantes decide expressar a sua vontade, impondo um efeito unilateral garantido pela lei.

No exercício dos direitos, são envolvidas as pessoas, mesmo que contra as respectivas vontades; os bens disponíveis; a coletividade, as pessoas jurídicas de direito privado ou público. Forma-se um complexo de relações, dentro de uma esfera de atuação que envolve cada pessoa e as demais pessoas, e no âmbito do interesse que as envolveu. Adotam-se comportamentos compatíveis à criação de um clima próprio à convivência normal e pacífica. Todos se posicionam segundo o papel que ocupam dentro do conjunto das relações que ligam as pessoas. Nessa órbita, encontram-se as posições do pai, do filho, do marido, da esposa, do proprietário, do locador, do credor, do devedor, numa infinidade de papéis. Há uma bipolaridade entre o titular do direito subjetivo e do devedor, de sorte que, ainda exemplificativamente, ao direito de personalidade de um deriva o dever de respeito dos outros; ao direito de propriedade decorre o dever de não invadir; ao direito de receber os aluguéis corresponde a obrigação do inquilino de pagar.

Capítulo VI

O Exercício dos Direitos

1. A CAPACIDADE NO EXERCÍCIO DOS DIREITOS

O exercício do direito consiste, na definição de Francisco Amaral, "na prática de atos próprios das faculdades que lhe formam o conteúdo. O proprietário exerce o seu direito de propriedade quando pratica atos correspondentes às faculdades de usar, gozar e dispor da coisa que lhe pertence (CC, art. 524). O credor exerce seu direito quando exige o pagamento que lhe compete".[1] O art. 524 citado corresponde ao art. 1.228 do Código Civil de 2002.

A ninguém se nega, nos tempos atuais, o exercício dos direitos. A pessoa, no conceito de Clóvis Beviláqua, "é o ser a que se atribuem direitos e obrigações. Equivale, assim, a sujeito de direitos".[2] A todos assegura-se a plena capacidade de aproveitar os direitos constantes na ordem jurídica do País, devendo, outrossim, não se escusar de cumprir as obrigações que correlatamente se exigem. Parte-se do art. 1º do Código Civil (art. 2º do Código de 1916), que dogmatiza: "Toda pessoa é capaz de direitos e deveres na ordem civil". A Constituição Federal, especialmente no art. 5º e em seus inúmeros incisos, relaciona várias categorias de situações nas quais se percebe o exercício dos direitos. Ao estatuir que homens e mulheres são iguais em direitos e obrigações, está garantindo o exercício pleno dos direitos implantados no sistema constitucional brasileiro. Não se encontra qualquer regra colocando alguma ressalva nesse campo. Por mais abjeto que se revele o indivíduo, ou mesmo que se encontre condenado por delitos bárbaros, não se tolhe usufruir dos benefícios da lei.

Na esteira da lição de Antônio José de Souza Levenhagen, "essa capacidade para adquirir direitos e assumir obrigações – que é inerente a todo ser humano nascido com vida – vem a ser a capacidade jurídica, ou capacidade de direito, também chamada capacidade de gozo porque caracteriza a aptidão, surgida com

---

[1] *Direito Civil Brasileiro* – Introdução, ob. cit., p. 208.
[2] *Código Civil dos Estados Unidos do Brasil Comentado*, Rio de Janeiro, Livraria Francisco Alves, 1953, vol. I, p. 138.

o nascimento, de a pessoa passar, prontamente, a gozar de todos os direitos e a submeter-se a todas as obrigações previstas em leis".[3]

Nem sempre foi assim. Em épocas remotas, limitava-se o proveito integral dos direitos a algumas categorias de pessoas, como aos nobres, aos reis, ao clero, aos abastados, e aos que tinham influência política. Ao tempo do Império Romano, e até antes, os escravos nem pessoas eram considerados, o que se estendeu nas escravidões verificadas em outros países. A legislação então vigente lhes negava a plena capacidade, tratando-os como bens negociáveis. Os estrangeiros posicionavam-se em um *status* semelhante, não se lhe reconhecendo, em alguns períodos, a titularidade dos direitos. Pelo contrário, qualificava-se como inimiga do Império essa categoria de pessoas.

Na Idade Média e começo da Moderna, hostilizam-se várias categorias de indivíduos, e assim os estrangeiros, os clérigos (em alguns países), os vassalos, os camponeses, as mulheres, com o cerceamento de alguns direitos. Em geral, os vencidos nas guerras eram reduzidos à condição de escravos, obrigados a trabalhar nas obras dos soberanos, nas galeras e em colônias distantes de suas terras. Ainda nessas eras, a prática de certos crimes, em geral de natureza política, importava no exílio, no desterro ou deportação, com a morte civil ou ficta, não mais se reconhecendo qualquer titularidade de direitos.

Todos aqueles aos quais o direito reconhece personalidade – pessoas naturais ou físicas e pessoas jurídicas – são sujeitos de direitos, tendo plena proteção do Estado para o seu exercício. Não se admite, no estágio de evolução do direito atual, sistemas que ponham óbices ao proveito dos direitos consagrados nas leis. Desde que se porte o sujeito ou indivíduo dentro de uma ordem existente, nada se lhe proíbe. Já em ocorrendo uma condenação sobretudo de ordem penal, pode haver uma limitação de direitos, como o de dirigir veículo automotor, em ocorrendo condenação em tipos definidos de crimes de trânsito. Igualmente se declarada a falência de uma pessoa, fica cerceado o responsável pela pessoa jurídica de exercer o comércio até a sua reabilitação. A prática de crimes contra a Administração Pública, no exercício de mandato eletivo, pode ensejar a suspensão dos direitos políticos por um período assinalado na lei. Essas eventualidades constituem, no entanto, exceções. O normal é a plena capacidade para o exercício dos direitos assegurados pela ordem legal.

2. RECONHECIMENTO DOS DIREITOS E INCAPACIDADE PARA O SEU EXERCÍCIO

A todos reconhecem-se os direitos, salientando Serpa Lopes: "Na atual organização da sociedade, todo homem é sujeito de direitos. Por conseguinte,

---

[3] *Código Civil (Parte Geral) – Comentários Didáticos*, ob. cit., p. 24.

a pessoa e o direito subjetivo são qualidades contratuais, e toda construção do direito subjetivo se funda precisamente no respeito à dignidade humana".[4] Não admite a ordem constitucional vigente a distinção de classes. Veda-se a atribuição de mais ou menos direitos às pessoas em razão do *status* social, da cor, do credo religioso professado, da condição econômica, e inclusive da nacionalidade. É incisivo o art. 5º da Carta Nacional, sobre a matéria: "Todos são iguais perante a lei, sem distinção de qualquer natureza, garantindo-se aos brasileiros e aos estrangeiros residentes no País a inviolabilidade do direito à vida, à liberdade, à igualdade, à segurança e à propriedade...". Esmiuçam-se, nos incisos que seguem, a igualdade dos direitos, apresentando-se um quadro vasto de situações.

No entanto, uma distinção é ressaltada: quanto ao *gozo* e quanto ao *exercício* dos direitos. No que toca ao gozo, estende-se à universalidade das pessoas. Relativamente ao exercício, verificam-se acentuadas diferenças. Com efeito, ao incapaz não se permite grande parte dos atos da vida civil, como a celebração de contratos. Entra-se, aí, no campo do exercício, que se realiza através da prática e da livre soberania. Realmente, os menores não podem celebrar contratos de bens imóveis, a não ser que se façam representar ou assistir. Aos estrangeiros é vedada uma série de atos, como a aquisição de imóveis da União situados dentro da faixa da fronteira (Decreto-lei nº 9.760, de 5.09.1946, art. 100). Os indignos, assim declarados, são afastados da sucessão. O analfabeto fica alijado de várias atividades, e inclusive do emprego público, especialmente se exigido concurso público para o ingresso. O falido perde o direito de administrar os seus bens e deles dispor (Lei nº 11.101, de 09.02.2005, art. 103). Ao condenado criminalmente, em certos delitos, aplicam-se interdições e perda de direitos como o do poder familiar ao progenitor que deixar em abandono o filho (art. 244 e parágrafo, e art. 246 do Código Penal).

No pertinente à incapacidade por doença mental ou idade, são os direitos usufruídos por meio de representante legal, não havendo propriamente o não exercício.

3. FACULDADE NO EXERCÍCIO DOS DIREITOS

Existem direitos disponíveis e direitos indisponíveis.

Quanto aos primeiros, faculta-se ao seu titular aproveitá-los ou renunciá-los. Não são encarados como dever, ou obrigação em usufruí-los. A posse em um imóvel constitui um poder inerente ao domínio, mas que fica na livre decisão de sua vontade em aproveitá-la ou enjeitá-la.

---

[4] *Curso de Direito Civil*, ob. cit., vol. I, p. 196.

Há, no entanto, direitos de ordem ou interesse público. Embora constituam um poder assegurado à pessoa do titular o exercício, não tolera a lei a sua renúncia ou recusa em aproveitá-los. São aqueles direitos que dizem respeito à vida, à saúde, à dignidade, à igualdade, à liberdade, à remuneração pela atividade exercida, à intimidade, à residência, à educação, ao lazer, ao trabalho, à honra. Constam normalmente discriminados na Constituição Federal. A negativa em exercê-los vem em detrimento da sociedade e do próprio Estado, porquanto é de seu interesse, dentre outros valores, a vida, a saúde, a liberdade, a dignidade das pessoas. Inadmissível que alguém renuncie ao salário de seu trabalho, ou ao respeito que merece na coletividade.

A própria moradia eleva-se em questão de interesse do Poder Público, especialmente se o titular do imóvel possui dependentes, ou se não dispõe de condições de instalar-se em outra residência. Com efeito, especialmente em vista da Lei nº 8.009, de 29.03.1990, tem-se entendido que, embora oferecido à penhora imóvel residencial, próprio do casal ou da entidade familiar, é admitida a exceção da impenhorabilidade em qualquer processo e em qualquer momento de sua tramitação, de sorte a excluí-lo da constrição, com repulsa à disposição abnegando do direito, na lição do Superior Tribunal de Justiça: "O bem imóvel destinado à família dos devedores não pode ser objeto de penhora na execução de nota promissória, ainda que o mesmo imóvel tenha sido dado para garantia hipotecária de outra dívida. A ressalva do inciso V do art. 3º da Lei nº 8.009/90 aplica-se apenas para a execução hipotecária".[5]

É ineficaz a renúncia a favor em documento particular de confissão de dívida justamente porque não se permite a disponibilidade do direito.[6]

Adiciona-se outra decisão do mesmo Superior Tribunal de Justiça, abrangendo situações de renúncia através de confissão de dívida e de oferecimento de bem destinado à residência da família para a penhora: "Bem de família. Renúncia. Documento particular. A imunidade assegurada ao bem de família não é passível de renúncia, podendo ser excluída a proteção social prevista na lei de ordem pública apenas nos casos por ela ressalvados".

No voto do Min. Ruy Rosado de Aguiar, rememoram-se decisões inviabilizando a renúncia em confissão de dívida e em oferecimento do bem à penhora.[7]

Na mesma ordem a liberdade, que fica fora da órbita de decisão do indivíduo. Não encontra suporte na lei a decisão de continuar preso, de recusar as prerrogativas ou benefícios contemplados nas leis penais ou processuais penais.

---

[5] STJ. Recurso Especial nº 84.592-PA. Relator: Min. Ruy Rosado de Aguiar. 4ª Turma do STJ Julgado em 25.03.1996.
[6] STJ. Recurso Especial nº 205.040-SP. Relator: Min. Eduardo Ribeiro. 3ª Turma do STJ. Julgado em 15.04.1999.
[7] Recurso Especial nº 223.419-SP. 4ª Turma. julgado em 23.11.1999, publ. em 17.12.1999, in ADV Informativo, nº 29, p. 469, jul. 2000.

Não se conforta no ordenamento legal a recusa em beneficiar-se da suspensão condicional da pena, ou em passar de um regime para outro de penas no cumprimento da condenação.

Outrossim, enquanto não operada a prescrição, não se esgotam os direitos. Irrelevante a falta de exercício. Verificado um esbulho em uma área de terra, a promoção da lide competente é exercitável enquanto não atingido o lapso prescricional.

4. ABUSO DE DIREITO

Como a expressão está a indicar, compreende os excessos colocados em prática pela pessoa, no exercício de seus direitos. Como é apregoado no direito francês, *le droit cesse où l'abus commence*.

Aparentemente, haveria uma incongruência na denominação, pois o exercício do direito não encontra limites, não sendo apropriado falar-se em abuso no proveito de algo plenamente permitido pela lei ou pela ordem jurídica.

Deixando de lado as controvérsias que grassam em torno da matéria, a ideia envolve o exagero no exercício dos direitos, ou, mais hodiernamente, a aplicação literal da lei, a imposição de normas feitas para a proteção de uma classe, fatores que sufocam os direitos primordiais da pessoa humana. Revela-se a figura quando o titular do direito leva outrem a malefício ou a prejuízos, e não quando a execução de uma obrigação atendeu todos os requisitos legais. O abuso está na forma de agir, nos excessos empregados. No gozo ou exercício de um direito provoca-se uma grave injustiça, incorrendo na máxima romana *summum jus, summa injuria*, o que se verifica quando se acumulam cláusulas abusivas em contratos de adesão, ou se executam medidas violentas para a proteção de eventual direito. Consoante analisa Everardo da Cunha Luna, "a ilicitude é a essência do abuso de direito, o que implica afirmar ser o ato abusivo uma das muitas variedades do ato ilícito – esse o fundamento para detenção de um seguro conceito do abuso".[8]

Incontáveis as situações que revelam abuso. Apontam-se ilustrativamente a pretensão de cobrar uma dívida, não importando que tal importe em apropriação do imóvel residencial do devedor; a prisão de uma pessoa que alienou fiduciariamente um veículo, por ter se desfeito do mesmo, enquanto se encontrava em sua posse; a viabilidade das instituições financeiras em cobrar juros em níveis estratosféricos, no financiamento de um bem, a ponto de superar a dívida várias vezes o valor do bem financiado; o protesto de título cambial quando não preenche os requisitos legais; a retirada de um inquilino do imóvel sem o devido prazo para providenciar outra moradia; na reparação por dano

---

[8] *Abuso de Direito*, 2ª ed., Rio de Janeiro, Editora Forense, 1988, pp. 73 e 74.

moral em cifras que constituam um enriquecimento sem causa; a fixação de alimentos em montante desproporcional à necessidade do alimentando e à capacidade econômica do alimentante; o pedido abusivo da falência de um devedor, como favorece o art. 101 da Lei nº 11.101, de 09.02.2005; nos direitos de vizinhança, quando o mau uso da propriedade redunda em graves perturbações ou desassossego aos moradores próximos (art. 1.277 do CC vigente, que equivale ao art. 554 do Código revogado); a proibição aos avós em visitar os netos; a colocação de detritos em local de frequência popular; a propositura de demanda judicial injustificável, sem a necessária aferição de sua viabilidade, escrevendo, a respeito, Pedro Baptista Martins: "O exercício da demanda não é um direito absoluto, pois que se acha, também, condicionado a um motivo legítimo. Quem recorre às vias judiciais, deve ter um direito a reintegrar, um interesse legítimo a proteger, ou, pelo menos, como se dá nas ações declaratórias, uma razão séria para invocar a tutela jurídica. Por isso, a parte que intenta ação vexatória incorre em responsabilidade, porque abusa de seu direito".[9]

De modo que perdeu a pujança de outrora o princípio romano *qui suo iure utitur neminem laedit* (quem usa de seu direito a ninguém prejudica).

Sobre o pedido abusivo de falência, acima referido, útil transcrever o art. 101 da Lei nº 11.101, de 09.02.2005: "Quem por dolo requerer a falência de outrem será condenado, na sentença que julgar improcedente o pedido, a indenizar o devedor, apurando-se as perdas e danos em liquidação de sentença".

O § 1º: "Havendo mais de 1 (um) autor do pedido de falência, serão solidariamente responsáveis aqueles que se conduziram na forma prevista no 'caput' deste artigo".

O § 2º: "Por ação própria, o terceiro prejudicado também pode reclamar indenização dos responsáveis".

A respeito do assunto, cuja disciplina vinha, no art. 20 do Decreto-Lei nº 7.661, de 21.06.1945, escrevia Everardo da Cunha Luna: "Como se vê, no *caput* do art. 20, a lei se ocupa do requerimento doloso da falência; e no parágrafo único, refere-se ao requerimento por culpa ou abuso. Em ambos os casos, obriga-se o agente a indenizar os prejuízos que causou, sendo condenado ora na sentença que denegar a falência, ora na ação própria, promovida pelo prejudicado".[10]

Acontecem os abusos também nas acusações criminais descabidas, nas denúncias infundadas, na lavratura de ocorrências policiais de fatos incomprovados: "O abuso no exercício de um direito gera a obrigação de indenizar o dano moral decorrente. A atribuição de prática de ato delituoso, que gera ação policial enérgica e repercussão na vizinhança, constitui ilícito, passível de

---

[9] *O Abuso do Direito e o Ato Ilícito*, 3ª ed., Rio de Janeiro, Editora Forense, 1997, p. 71.
[10] *Abuso de Direito*, ob. cit., p. 127.

indenização".[11] "Responde pela indenização por danos morais aquele que falsamente imputa a prática de crime a outrem, levando o fato ao conhecimento da autoridade policial, em cujo inquérito concluiu pelo não indiciamento".[12]

No campo do direito administrativo, vasto o campo de abusos. Na estruturação dos organismos estatais – órgãos do governo, autarquias, repartições públicas nos mais variados setores – surgem leis de favorecimento às diversas classes, permitindo soma de benefícios, cumulação de vencimentos, cômputo de tempo de serviço em dobro, pagamentos de licenças-prêmio, incorporação de gratificações, vinculações de vencimentos dos mais diversos tipos disfarçadas em isonomias salariais, efetivações de classes de servidores contratados – tudo bem sedimentado, organizado e fundamentado em um enredo de leis e diplomas, cuja intrincada combinação de artigos, parágrafos, incisos e alíneas conduz a elevar vencimentos, vantagens, prêmios que, após algum tempo, transforma a remuneração do servidor ou funcionário em uma pequena fortuna mensal, quando o retorno econômico ou prático da atividade exercida não representa nem um centésimo de seu custo.

Em todas as situações acima, existe o amparo em alguma norma ou princípio de direito. Entretanto, extrapolam-se seus limites, indo-se além do necessário e obtendo efeitos excessivamente pesados.

No campo das instituições bancárias, exemplo flagrante está na apropriação de saldos credores na conta do depositante para abater dívidas, de acordo com o seguinte exemplo: "Conta corrente. Apropriação do saldo pelo banco credor. Numerário destinado ao pagamento de salários. Abuso de direito. Boa-fé. Age com abuso de direito e viola a boa-fé o banco que, invocando cláusula contratual constante do contrato de financiamento, cobra-se lançando mão do numerário depositado pela correntista em conta destinada ao pagamento de salários de seus empregados, cujo numerário teria sido objeto junto ao BNDS. A cláusula que permite esse procedimento é mais abusiva que a cláusula mandato, pois, enquanto esta autoriza apenas a constituição do título, aquela permite a cobrança pelos próprios meios do credor, nos valores e no momento por ele escolhidos" (REsp. nº 250.523-SP, da 4ª Turma do STJ, *DJU* de 18.02.2000).

O não pagamento de obrigações por empresas, levando a evidente enriquecimento de seus diretores, ostenta modalidade clara de abuso de direito, pois busca-se a proteção de um ato ilícito no manto da pessoa jurídica distinta da sociedade.

Mesmo que uma lei dê apoio ao ser humano, sua desatualização ou o evidente caráter protetivo em favor de uma classe ou um grupo conduz ao

---

[11] TJRS. Apel. Cível nº 599.382.744. 10ª Câm. Cível. Julgada em 12.08.1999, em *ADV Jurisprudência*, nº 42, p. 666, out. 1999.

[12] TJRS. Apel. Cível nº 599.369.592. 10ª Câm. Cível. Julgada em 12.08.1999, em *ADV Jurisprudência*, nº 42, p. 666, out. 1999.

abuso. Lembra-se que o direito não se revela unicamente na lei, mas encontra terreno fértil no costume, na doutrina, na jurisprudência, dentre outras fontes. Em princípio, a lei poderá servir como roteiro, itinerário, linha de referência, enquanto o direito direciona-se aos critérios de justiça, aos interesses sociais e individuais, às finalidades supremas da vida, da saúde, da harmonia humana.

Não significa, porém, que envolvam abuso o simples exercício de direitos, a execução de uma dívida contra uma pessoa pobre, o protesto normal de um título, o interdito possessório, a antecipação da tutela, a concessão de cautelar, a apreensão de pessoas e coisas, posto que as hipóteses encontram-se permitidas na lei, desde que não executadas violentamente, e não se respeite do direito da outra parte envolvida no litígio. Embora o exercício do direito segundo os padrões e trâmites normais, sempre há um prejuízo ou dano para a pessoa atingida, que é o resultado inevitável ao exercício do direito, mas caracterizando abuso.

O direito civil brasileiro contém regras de onde se retiram matérias a respeito do assunto. Do parágrafo único do art. 188 (art. 160 do Código Civil de 1916) extraem-se elementos significativos da espécie. Necessário, para bem perceber o conteúdo, transcrever todo o artigo 188: "Não constituem atos ilícitos: I – Os praticados em legítima defesa ou no exercício regular de um direito reconhecido; II – a deterioração ou destruição da coisa alheia, ou a lesão a pessoa, a fim de remover perigo iminente". O parágrafo único coloca limites para considerar-se legítimo o ato: "No caso do inciso II, o ato será legítimo somente quando as circunstâncias o tornarem absolutamente necessário, não excedendo os limites do indispensável para a remoção do perigo". Nota-se a exigência do ato no exato limite do necessário.

O art. 1.277 (art. 554 do Código anterior) também revela caráter de proteção contra o abuso: "O proprietário ou o possuidor de um prédio tem o direito de fazer cessar as interferências prejudiciais à segurança, ao sossego e à saúde dos que o habitam, provocadas pela utilização de propriedade vizinha".

O art. 187, inspirado no art. 334 do Código Civil português, encerra norma específica sobre o abuso do direito: "Também comete ato ilícito o titular de um direito que, ao exercê-lo, excede manifestamente os limites impostos pelo seu fim econômico ou social, pela boa-fé ou pelos bons costumes". Analisando a redação ainda quando da previsão no Projeto, escreve o magistrado trabalhista Cléber Lúcio de Almeida: "Os critérios – fim econômico e social, boa-fé e bons costumes – utilizados no Projeto, permitem ao juiz, pela sua generalidade e abstração, decidir se o titular do direito agiu de conformidade com a realidade que o cerca e também atender à constante evolução social... A alusão somente à finalidade econômica e social, à boa-fé e aos costumes permite afirmar que o Projeto adotou a teoria objetiva, deixando de incluir a intenção de causar dano a outrem entre os requisitos para a configuração do abuso do direito... O dano, no Projeto, não foi alçado à condição de requisito da configuração do abuso, mas uma de suas consequências possíveis, o que equivale dizer que o abuso pode ser punido ainda que nenhuma lesão ocorra. Para o projeto, o abuso do direito é o seu exercício com manifesto desrespeito aos limites impostos pelo seu fim econômico ou social, pela boa-fé e pelos bons costumes".[13]

Em antiga monografia de Pedro Baptista Martins, atualizada por José da Silva Pacheco, aponta-se mais a hipótese do art. 572 do Código anterior, cuja redação está no art. 1.299 do atual: "Consoante o disposto no art. 572, o direito que assiste ao proprietário de construir em seu terreno está condicionado não só aos regramentos administrativos, senão também ao direito dos seus vizinhos. Além das limitações definidas pelos artigos subsequentes, o direito de construir comporta outras limitações não definidas casuisticamente em lei".

Em seguida, o autor aborda o sentido do art. 875 também do Código de 1916, encontrando-se o mesmo texto no art. 244 do Código em vigor, ensejando o equilíbrio nas prestações: "A preocupação de assegurar a equivalência das prestações e, com ela, o equilíbrio dos interesses em conflito, transformando a regra jurídica num meio eficiente de conciliação, transparece com clareza do preceito enfeixado no art. 875 do Código Civil, onde se atribui ao devedor, nos casos omissos, o direito à escolha, quando a sua prestação consistir em coisas determinadas, não qualitativamente, mas apenas pelo gênero e quantidade. Esse direito de escolha não é, todavia, absoluto, pois que o último período do dispositivo legal o limita e o condiciona à observância de uma justa medida: '... mas não poderá dar a coisa pior, nem era obrigado a prestar a melhor'".[14]

O Código de Defesa do Consumidor (Lei nº 8.078, de 11.09.1990) encerra várias normas de proteção contra abusos do direito, como a que permite a revisão de cláusulas que estabeleçam obrigações desproporcionais (art. 6º, inc. V); a que manda, antes de lançar o nome de devedor em cadastro, a prévia comunicação do mesmo por escrito (art. 43, § 2º); a que discrimina as cláusulas abusivas (art. 51) e exageradas (art. 51, § 1º); a que proíbe a previsão da perda das importâncias pagas por consumidor, em razão de inadimplemento (art. 53); a que limita o valor das multas a 2% do valor da prestação (art. 52, § 1º); a que ordena a redução proporcional dos juros e demais encargos na liquidação antecipada do débito (art. 52, § 2º); a que condiciona a inserção de cláusula resolutória desde que alternativa, cabendo a escolha ao consumidor (art. 54, § 2º).

Exemplo clássico de abuso, condenado pelo Código de Defesa do Consumidor, é a cláusula de decaimento, em promessas de compra e venda. A matéria já mereceu exame pela jurisprudência: "O Código de Defesa do Consumidor traz previsão específica de abusividade das cláusulas de perda total das prestações pagas. O seu art. 53 dispõe: 'Nos contratos de compra e venda de móveis

---

[13] "Abuso do Direito no Projeto do Código Civil", em *Revista Forense*, nº 347, pp. 440 e 441.
[14] *O Abuso do Direito e o Ato Ilícito*, Rio de Janeiro, Editora Forense, ob. cit., p. 98.

ou imóveis, mediante pagamento em prestações, bem como nas alienações fiduciárias em garantia, consideram-se nulas de pleno direito as cláusulas que estabeleçam a perda total das prestações pagas em benefício do credor que, em razão do inadimplemento, pleiteia a resolução do contrato e a retomada do produto alienado'.

Como se observa, a própria norma do Código de Defesa do Consumidor aproxima o regime dos contratos de consórcio e das promessas de compra e venda de imóveis, no que se refere à abusividade de referidas cláusulas.

A norma geral do art. 51, IV, do Código de Defesa do Consumidor esclarece o motivo de tal nulidade e da reação negativa do direito. Considera abusiva as cláusulas que: 'Estabeleçam obrigações consideradas iníquas, abusivas, que coloquem o consumidor em desvantagem exagerada ou sejam incompatíveis com a boa-fé ou a equidade'.

No caso em tela, estamos frente a uma cláusula, prevendo a perda total das prestações já pagas em benefício dos credores.

O § 1º do art. 51 do Código de Defesa do Consumidor fornece ajuda para que se verifique, no caso concreto, o exagero da desvantagem.

Efetivamente, a cláusula de decaimento assegura uma vantagem exagerada a uma das partes. Condena o contratante que rescinde o contrato, com causa ou sem causa, não a suportar os prejuízos que eventualmente decorrem, mas à perda total das prestações, a renunciar a todas as expectativas legítimas ligadas ao contrato, assegurando ao outro contratante o direito de receber duas vezes pelo mesmo fato".[15]

Pedro Baptista Martins destaca mais dois exemplos: "No período pré--contratual pode manifestar-se o abuso do direito quando o comerciante recusa, sem motivo sério e legítimo, a oferta do pretendente. A recusa abusiva de contratar pode ocorrer nas locações de imóveis, destinados a fins comerciais... Os estabelecimentos que expõem os seus artigos, oferecendo-os aos consumidores mediante o pagamento de um certo preço, não poderão recusar-se a vendê-los, desde que a oferta esteja de acordo com as condições anunciadas".[16]

Também na resolução do contrato, se mínimo o inadimplemento, ou escassa a importância devida, configura-se o abuso, valendo transcrever Ruy Rosado de Aguiar Júnior: "O contrato não pode ser resolvido se a inexecução de uma das partes tiver escassa importância, levando em consideração o interesse da outra".[17] Totalmente injusto resolver-se uma promessa de compra e venda por

---

[15] TJRJ. Apelação nº 3.655/97. 2ª Câmara Cível, de 1997, em *Direito Imobiliário – COAD*, acórdãos selecionados, janeiro de 1998, p. 21.
[16] *O Abuso do Direito e o Ato Ilícito*, ob. cit., p. 39.
[17] *Extinção dos Contratos por Incumprimento do Devedor (Resolução)*, Rio de Janeiro, Aide Editora, 1991, p. 130.

ficarem sem pagamento algumas prestações de um grande número, ou admitir-se a execução hipotecária, com a adjudicação do bem, num contrato de financiamento da casa própria, também pelo não pagamento de algumas parcelas.

No direito processual civil encontram-se várias normas coibindo o abuso do direito, expondo Humberto Theodoro Júnior: "O Código de 1973... evitou a invocação genérica dos vícios do ato processual à luz da nomenclatura do direito civil (dolo, coação, simulação, fraude etc.). Deu, porém, maior expressão ao *dever de veracidade*, ampliando-o, subjetivamente, para a conduta não só das partes, mas de todos os que intervêm na relação processual, e alargando as dimensões do *dever de probidade*, pela definição de várias condutas vedadas aos sujeitos processuais. Com isso, o amplo *princípio da probidade* foi estendido 'a todos que intervêm no processo: Juiz, Ministério Público, auxiliares da justiça, testemunhas' (Alcides de Mendonça Lima, *Probidade Processual e Finalidade do Processo*, Uberaba, Ed. Vitória, 1978, n° 11, p. 21)".[18]

Vários os preceitos processuais que apontam os deveres processuais das partes, destacando-se os arts. 14 (art. 77 do novo CPC), 15 (art. 78 do novo CPC), 16 (art. 79 do novo CPC), 17 (art. 80 do novo CPC), 18 (art. 81 do novo CPC), 31 (sem regra equivalente no novo CPC), 314 (§§ 4° e 5° do art. 146 do novo CPC), 574 (art. 776 do novo CPC), 600 (art. 774 do novo CPC) e 601 (parágrafo único do art. 774 do novo CPC).

Transcreve-se o art. 14, dos mais importantes sobre o assunto: "São deveres das partes e de todos aqueles que de qualquer forma participam do processo:

I – expor os fatos em juízo conforme a verdade;

II – proceder com lealdade e boa-fé;

III – não formular pretensões, nem alegar defesa, cientes de que são destituídas de fundamento;

IV – não produzir provas, nem praticar atos inúteis ou desnecessários à declaração ou defesa do direito;

V – cumprir com exatidão os provimentos mandamentais e não criar embaraços à efetivação de provimentos judiciais, de natureza antecipatória ou final (*inciso incluído pela Lei n° 10.358, de 27.12.2001*).

Parágrafo único. Ressalvados os advogados que se sujeitam exclusivamente aos estatutos da OAB, a violação do disposto no inciso V deste artigo constitui ato atentatório ao exercício da jurisdição, podendo o juiz, sem prejuízo das sanções criminais, civis e processuais cabíveis, aplicar ao responsável multa em montante a ser fixado de acordo com a gravidade da conduta e não superior a vinte por cento do valor da causa; não sendo paga no prazo estabelecido, contado do

---

[18] "Abuso de Direito Processual no Ordenamento Jurídico Brasileiro", em *Revista Forense*, n° 344, p. 46.

trânsito em julgado da decisão final da causa, a multa será inscrita sempre como dívida ativa da União ou do Estado" (*incluído pela Lei nº 10.358, de 27.12.2001*).

O correspondente art. 77 do novo CPC, com incisos e parágrafos, vem na seguinte redação:

"Além de outros previstos neste Código, são deveres das partes, de seus procuradores e de todos aqueles que de qualquer forma participem do processo:

I - expor os fatos em juízo conforme a verdade;

II - não formular pretensão ou de apresentar defesa quando cientes de que são destituídas de fundamento;

III - não produzir provas e não praticar atos inúteis ou desnecessários à declaração ou à defesa do direito;

IV - cumprir com exatidão as decisões jurisdicionais, de natureza provisória ou final, e não criar embaraços à sua efetivação;

V - declinar, no primeiro momento que lhes couber falar nos autos, o endereço residencial ou profissional onde receberão intimações, atualizando essa informação sempre que ocorrer qualquer modificação temporária ou definitiva;

VI - não praticar inovação ilegal no estado de fato de bem ou direito litigioso.

§ 1º Nas hipóteses dos incisos IV e VI, o juiz advertirá qualquer das pessoas mencionadas no caput de que sua conduta poderá ser punida como ato atentatório à dignidade da justiça.

§ 2º A violação ao disposto nos incisos IV e VI constitui ato atentatório à dignidade da justiça, devendo o juiz, sem prejuízo das sanções criminais, civis e processuais cabíveis, aplicar ao responsável multa de até vinte por cento do valor da causa, de acordo com a gravidade da conduta.

§ 3º Não sendo paga no prazo a ser fixado pelo juiz, a multa prevista no § 2º será inscrita como dívida ativa da União ou do Estado após o trânsito em julgado da decisão que a fixou, e sua execução observará o procedimento da execução fiscal, revertendo-se aos fundos previstos no art. 97.

§ 4º A multa estabelecida no § 2º poderá ser fixada independentemente da incidência das previstas nos arts. 523, § 1º, e 536, § 1º.

§ 5º Quando o valor da causa for irrisório ou inestimável, a multa prevista no § 2º poderá ser fixada em até 10 (dez) vezes o valor do salário mínimo.

§ 6º Aos advogados públicos ou privados e aos membros da Defensoria Pública e do Ministério Público não se aplica o disposto nos §§ 2º a 5º, devendo eventual responsabilidade disciplinar ser apurada pelo respectivo órgão de classe ou corregedoria, ao qual o juiz oficiará.

§ 7º Reconhecida violação ao disposto no inciso VI, o juiz determinará o restabelecimento do estado anterior, podendo, ainda, proibir a parte de falar nos autos até a purgação do atentado, sem prejuízo da aplicação do § 2º.

§ 8º O representante judicial da parte não pode ser compelido a cumprir decisão em seu lugar".

Podem-se delinear alguns requisitos, que deverão aparecer no reconhecimento do abuso de direito:

a) A pessoa deve ter assegurado um direito, que lhe é reconhecido por lei, ou dele está revestida juridicamente. Assim, *v.g.*, é titular do direito de retomar a posse de um bem.
b) A conduta é praticada durante o exercício do direito, como na defesa da propriedade, na repulsa de uma agressão, na prática de uma atividade profissional.
c) Há excesso manifesto dos limites impostos pelo seu fim econômico ou social, ou pela boa-fé ou pelos bons costumes. Quem executa ou realiza seu direito vai além do que permite o próprio valor econômico do bem objeto do exercício.
d) Violação do direito alheio. Inconcebível que se destrua um prédio porque traz umidade aos prédios vizinhos, ou que se inutilizem os móveis de uma residência quando de sua retomada em uma ação de despejo; ou que, na repulsa de uma simples agressão, se atente contra a vida do agressor.
e) Dispensa-se a pesquisa do elemento culpa, porquanto o abuso pressupõe a existência do elemento subjetivo. Inconcebível pensar em excesso, ou em abuso, desvinculadamente da culpa. Se o sujeito ativo vai além do que se lhe permitia no momento, procedeu com culpa, por mais leve que seja a sua manifestação. Aduzem Cristiano Chaves de Farias e Nelson Rosenvald que "o critério do abuso não reside no plano psicológico da culpabilidade, mas no desvio do direito de sua finalidade ou função social". Citam o Enunciado 37 da I Jornada de Direito Civil, pelo qual "a responsabilidade civil decorrente do abuso de direito independe de culpa, e fundamenta-se somente no critério objetivo-finalístico".[19]

A boa-fé e os costumes também ditam as medidas que devem ter os atos. Nos negócios, quando alguém se aproveita da credibilidade ou da confiança da outra parte, comete ato ilícito, sendo exemplo as compras e vendas cujo pagamento é feito a prazo, exigindo o vendedor encargos elevados ou procedendo anotações de produtos sem conferir com a realidade, ou cobrando valores que fogem à realidade vigente na localidade.

5. O DIREITO ADQUIRIDO

A matéria tem ligação direta com a irretroatividade da lei, posto que é em sua função que existe o direito adquirido.

---

[19] *Curso de Direito Civil* – 1 – Parte Geral e LINDB, 13ª ed., São Paulo, Editora Atlas, 2015, p. 587.

Considera-se o direito adquirido como o direito que já se incorporou ao patrimônio da pessoa, o que passou a pertencer a alguém e que merece a proteção jurídica contra qualquer oposição de terceiros. Existe uma lei vigente ao tempo em que se adquiriu um bem ou uma vantagem, a qual dá garantia e proteção ao que se incrustou no patrimônio da pessoa, não podendo ser alterado quando entra em vigor uma lei nova, dispondo o contrário daquilo que antes vinha disciplinado ou regulamentado. Isto porque a lei nova só deve reger os fatos jurídicos ocorridos sob sua vigência, permanecendo no comando da lei anterior todos os fatos ocorridos e acabados sob seu domínio temporal.

Daí a configuração, também, como toda a vantagem advinda a alguém em razão de um fato jurídico concreto, amparado em uma lei, que se incorpora definitivamente em seu patrimônio, e que não mais pode ser tirado.

Os seguintes elementos compõem sua estrutura: o surgimento de um fato idôneo ou jurídico; a existência de uma lei que lhe dá a envergadura jurídica; a integração ao patrimônio material ou moral do sujeito; a prevalência ante o aparecimento de lei nova, dispondo diversamente sobre o mesmo assunto, ainda que não se fez valer quando do advento da lei nova.

A proteção maior está na Constituição Federal, art. 5º, inc. XXXVI: "A lei não prejudicará o direito adquirido, o ato jurídico perfeito e a coisa julgada".

A Lei de Introdução às Normas do Direito Brasileiro, no art. 6º, § 2º, traz a seguinte definição, na qual estão concentrados os elementos acima: "Consideram-se adquiridos assim os direitos que o seu titular, ou alguém por ele, possa exercer, como aqueles cujo começo do exercício tenha termo prefixo, ou condição preestabelecida inalterável, a arbítrio de outrem".

Pelo texto legal, portanto, direito adquirido não é apenas aquele que, preenchidos todos os requisitos da lei, já tenha sido integrado no patrimônio do seu titular, mas também o direito que depende de termo suspensivo ou de condição inalterável a arbítrio de outrem.

Dentro desta ordem, visando resguardar a segurança jurídica, uma colocação bastante comum que procura dar uma ideia de direito adquirido é a seguinte, colhida de um aresto: "A lei nova tem caráter imediato e geral, mas não pode atingir a situação jurídica definitivamente constituída sob a égide da lei anterior".[20]

É que as relações interpessoais, e máxime as de fundo econômico, exigem uma certa firmeza na estrutura legal de um país, sem o que inexistiria a necessária segurança para a normalidade e o desenvolvimento das riquezas.

---

[20] Recurso Extraordinário nº 67.134-RS. Relator: Min. Djaci Falcão, de 05.05.1970.

5.1. O direito adquirido frente à Constituição Federal

Vigora o entendimento de que o direito adquirido diz com as leis ordinárias e não com a Constituição Federal, a qual incide imediatamente por força de sua própria natureza e em vista da posição hierárquica que ocupa. A unidade de tratamento legal no que diz com as principais questões da nação exige a supremacia da ordem constitucional.

Nesta linha, se a validade dos concursos para o ingresso na função pública é de quatro anos, e a Constituição vem a reduzir o prazo para dois anos, eventual candidato aprovado e ainda não nomeado direito algum terá para que prevaleça o prazo anteriormente previsto.

De outro lado, não há direito adquirido para que seja aplicada uma lei considerada inconstitucional. E se a lei vem a ser tida como inconstitucional posteriormente? Mesmo assim, não se forma o direito adquirido. As situações criadas ou erigidas quando ainda valia a lei não ficam resguardadas contra a inconstitucionalidade. É que a declaração de inconstitucionalidade opera *ex tunc*, com a nulidade de pleno direito de todos os atos praticados sob o manto do texto inconstitucional.

Nesta linha a lição ainda atual de Alfredo Buzaid: "A sentença, que decreta a inconstitucionalidade, é predominantemente declaratória, não constitutiva. A nulidade fere-se *ab initio*. Embora executória até o pronunciamento definitivo do Poder Judiciário, a sentença retro gerou os seus efeitos até o berço da lei, valendo, pois, *ex tunc*. O Poder Judiciário não modifica o estado da lei, considerando nulo o que unicamente era válido. Limita-se a declarar a invalidade da lei, isto é, declara-a *nati morta*".[21] Os atos administrativos praticados com base em tal lei poderão ser desfeitos porque restaram sem o amparo que os determinou.

Afirma-se que, se ilegal a situação, não encontra amparo no direito adquirido, segundo ementou o Superior Tribunal de Justiça: "A Administração Pública não pode ser compelida a manter situações de notória irregularidade, sob o argumento de a Constituição Federal vedar a redução de vencimentos. O escopo constitucional leva em conta situação jurídica perfeita, ancorada na regularidade funcional dos detentores. Não faz sentido a invocação de preceitos constitucionais para albergar situação desprovida de legalidade e consequente regularidade".

Ou seja, se ilegal o diploma que concedeu vantagens incorporadas aos vencimentos, não dá amparo o direito adquirido, porquanto, justifica-se no acórdão, "a Administração Pública, em toda a sua atividade, está sujeita ao

---

[21] *Da Ação Direta*, 1958, p. 132, *in* "O direito adquirido nas relações de direito privado e nas relações de direito público", de José Augusto Delgado, publicado em *Jurisprudência Brasileira*, nº 101, Curitiba, Juruá Editora, 1985, p. 24.

princípio da legalidade e da indisponibilidade do interesse público, deles não se podendo afastar, sob pena de invalidade do ato e responsabilidade de seu autor. Qualquer ação sem o correspondente amparo legal é injurídica e expõe-se à anulação. A eficácia de toda atividade administrativa, portanto, está condicionada à observância de normas legais.

A Administração Pública, porque atua estritamente vinculada ao princípio da legalidade, pode, constatado o erro ou ilegalidade do ato, revê-lo por seus próprios meios, não se exigindo formalidades especiais".[22]

5.2. Alcance do direito adquirido

Há o princípio de que o direito adquirido impede que se perca aquilo que foi conquistado, mas não constitui meio de acumular benefícios que se excluem. Assim, se uma lei dá ao funcionário opção entre vantagem que vigorava anteriormente e vantagem nova, ele conserva a opção que preferiu, mas não pode acumular os benefícios de ambas as vantagens, com a posterior formalização de pedido para incorporar as vantagens concedidas a funcionários novos.

Em outra situação, se a pessoa reunia condições para o proveito de um benefício sob a vigência de determinada lei, não perde o direito ao benefício se advier lei posterior revogando aquelas disposições, eis que um direito não perde seu efeito ou deixa de existir unicamente porque não procurado no momento próprio. Neste caso, se em determinada época era permitido para o cômputo do tempo de serviço em setor público o acréscimo do tempo no setor privado, lei posterior não pode suprimir tal vantagem. Seguindo o princípio, se uma lei previdenciária reconhece o direito à pensão até determinada idade aos filhos de segurado, a nova lei que não mais contempla a hipótese não alcança quem já havia adquirido o direito, mas ainda não o exerce.

5.3. Direito adquirido e decisões do Judiciário

Em princípio, as sentenças em decisões dos juízes revestem-se da eficácia da imutabilidade. Consequentemente, há um direito adquirido quanto à situação determinada pela sentença. E se lei posterior advier, dispondo inteiramente o contrário da lei que possibilitou a decisão? Ou se uma nova ordem jurídica prescrever algo bem diferente do comando sentencial?

Não haverá qualquer desconstituição do julgado, eis que, além do direito adquirido a um estado de coisas que veio a ser estabelecido, apresenta-se o

---

[22] STJ. Recurso em Mandado de Segurança nº 9.286. 5ª Turma. Julgado em 7.12.1999, publ. em 07.02.2000, *in Revista do Superior Tribunal de Justiça*, 132/500.

ato jurídico perfeito, sem qualquer repercussão quanto a uma possível ação rescisória, limitando-se esta ao exame do caso julgado e das normas vigentes ao tempo em que se formou e concluiu a lide.

5.4. Direito adquirido e expectativa de direito

A matéria tem muito a ver com o assunto do item 14 do Capítulo III.

Sabe-se que os direitos adquiridos constituem patrimônio do respectivo titular, não podendo a lei posterior, que vier a tratar diferentemente da matéria, alterar a ordem já constituída. Por outro lado, formam-se os direitos adquiridos não aos poucos, mas de imediato, ou no momento em que se implementam as condições e os elementos necessários para a sua realização. Não se pode endossar a tese de que existem direitos que se formam aos poucos, na medida em que se implementam as condições ou as obrigações assumidas, como no contrato de promessa de compra e venda. Nesta espécie, a propriedade não se adquire paulatinamente, ou através de parcelas, e sim com o pagamento integral do preço. Na alienação fiduciária, não vai retornando a propriedade do bem ao alienante proporcionalmente ao preço que vai sendo adimplido. No arrendamento mercantil, não significam as prestações que vão sendo solvidas transferência paulatina do domínio ao arrendatário, porquanto a mesma se dá no momento do exercício da opção de compra. Bem lembra Orlando Gomes: "A legítima expectativa não constitui direito. A conversão que é automática, somente se dá quando se completam os elementos necessários ao nascimento da situação jurídica definitiva".[23] Pode haver, nessas situações, uma expectativa de direito, ou uma perspectiva de que, em seguindo o cumprimento do contrato, chega-se ao direito de propriedade plena. Existe uma esperança de, atendidas as exigências impostas, realizar-se ou conquistar-se plenamente o direito. Nessa visão, várias as expectativas com tal significado, algumas com maior ou menor grau de alcançar o direito. Há a perspectiva de direito do herdeiro em herdar, com o futuro falecimento do progenitor; de o donatário receber um bem, na promessa de doação; do possuidor tornar-se proprietário através de usucapião, se não for alijado da posse; do herdeiro testamentário vir a ser contemplado com parte da herança, se não revogado o testamento.

O sentido de expectativa de direito, no caso aqui tratado, é diferente, correspondendo ao preenchimento dos requisitos previstos na lei antiga, mas sem que a pessoa tenha feito valer o benefício pela mesma assegurado. Isto porque diversa a situação entre aquele indivíduo que vai implementando as condições ou os requisitos para determinado resultado ou efeito, e aquele que satisfez os pressupostos ou exigências, mas ainda não providenciou em

---

[23] *Introdução ao Direito Civil*, ob. cit., p. 120.

usufruir ou aproveitar o benefício esperado. Nesta segunda situação, pode a pessoa invocar o direito adquirido, ou alegar o atendimento das condições que se impunham, e reclamar a concessão do direito, embora disposição contrária da lei superveniente?

Normalmente, o tempo é regido pela lei da vigência: o tempo passado, regido pela lei do passado; o presente, pela lei do presente; o futuro, pela lei do futuro. Na hipótese acima, não há sobrevivência da lei antiga, que já incidiu e produziu consequências. A mera omissão em aproveitar os resultados da lei antiga não tem o condão de derrogar a lei que, na época, vigorava. O exercício do direito é uma faculdade da parte, ficando a seu critério decidir sobre o momento do proveito. Tendo uma pessoa implementado os requisitos para o reconhecimento do domínio sobre uma área de terras, não importa que, antes do ingresso em juízo da cabível ação de usucapião, uma lei amplie o prazo ou restrinja o direito. Contribuindo alguém para uma instituição de seguro de vida ou de seguro-saúde, mostra-se irrelevante o aparecimento de lei posterior reduzindo o benefício, ou mesmo ampliando o prazo para a concessão de cobertura ou pensão. Tendo o beneficiário completado as condições quando vigorava uma lei que protegia o direito, converte-se este em adquirido, consolidado, assegurado, não perdendo essa natureza só porque o titular preferiu continuar pagando, ou trabalhando, ou não requereu a concessão antes da revogação da lei. De certa maneira, inclusive inapropriada a expressão *expectativa de direito*, porquanto um direito adquirido não se transmuda em expectativa de direito só porque o titular preferiu não usufruir de imediato do efeito dele decorrente.

O uso do direito não se confunde com direito adquirido. A falta de uso não faz soçobrar o direito. A aquisição do direito está consumada, não dependendo de seu uso para valer.

Capítulo VII

As Pessoas Naturais

1. O SENTIDO DE PESSOA

De grande importância dar o significado do termo *pessoa*. Na concepção tradicional, corresponde ao ser humano dotado de razão, de inteligência, com capacidade de entender, de portar-se segundo uma lógica e de submeter a si os demais seres do universo. Na órbita jurídica, considera-se o ente físico apto a ter direitos e obrigações. De acordo com a antiguidade romana, o termo tinha um significado diferente, sendo usado para simbolizar a máscara que alguém usava no rosto durante uma encenação teatral, para conseguir uma entonação diferente na voz. A finalidade era exprimir um detalhe à manifestação por meio de palavras, fazendo que estas chegassem a todos os planos da plateia: "Servia o vocábulo para designar a máscara usada pelos atores teatrais que, à altura da boca, possuía lâminas metálicas que proporcionavam o aumento do som para atingir aos lugares mais distantes da plateia".[1] Daí, de acordo com os historiadores do direito, o verbo *personare* exprimia ecoar, ressoar a voz, ou eclodir mais nítida a voz. Traduzia-se a palavra pessoa por *máscara*, mas no sentido de instrumento de elevar ou ressoar a voz.

Posteriormente, evoluiu para um conteúdo diverso, servindo para exprimir o personagem que alguém procurava traduzir no teatro. Era a figura que vinha encenada por um figurante do papel ou artista. Escreve J. M. Leoni Lopes de Oliveira: "Na confrontação entre homem e pessoa, segundo o Direito romano, nota-se que a noção de homem é biológica, enquanto a ideia de pessoa está intimamente ligada à máscara de teatro... Pois bem, essa qualidade atribuída ao homem é o seu *status*, donde o seguinte conceito: *persona est homo consideratus cum suo statu* (a pessoa é o homem considerado com seu *status*)".[2] Seguindo, terminou por revelar o próprio indivíduo, ou aquele que encenava. Este é o conteúdo que seguiu e se firmou, prevalecendo ainda hoje, isto é, o ente

---

[1] Décio Moreira, *Elementos de Direito Civil* – Parte Geral, ob. cit., p. 31.
[2] *Direito Civil* – Teoria Geral do Direito Civil, Rio de Janeiro, Editora Lumen Juris, 1999, vol. 2, p. 14.

humano, o animal dotado de inteligência, sem abranger as sociedades ou as entidades sujeitas de direitos e obrigações. Por analogia, o termo passou a designar o ser humano enquanto considerado na esfera jurídica. Há, também, a acepção filosófica e teológica de pessoa, envolvendo o ser inteligente, destinado a um fim que vai além do terreno, sujeito a uma moral, portador de uma espiritualidade que faz não lhe bastarem as coisas materiais, e destinado a um fim supremo, que é Deus. Firma-se como um ser livre, com a carga de todas as consequências daí decorrentes e que agravam sua responsabilidade, a ponto de Sartre lembrar que *o ser humano está condenado a ser livre*.

Finalmente, tem-se o conceito jurídico, como todo ente suscetível de adquirir direitos e contrair obrigações, ou capaz de ser sujeito ativo ou passivo de direitos. Este o sentido tradicional, envolvendo também o ente jurídico, salientando Maria Helena Diniz: "Pessoa é o ente físico ou coletivo suscetível de direitos e obrigações, sendo sinônimo de sujeito de direito. Sujeito de direito é aquele que é sujeito de um dever jurídico, de uma pretensão ou titularidade jurídica, que é o poder de fazer valer, através de uma ação, o não cumprimento do dever jurídico, ou melhor, o poder de intervir na produção da decisão judicial".[3]

Por conseguinte, tradicionalmente tem-se na pessoa o sentido de ente físico ou o ente jurídico, capaz de direitos e obrigações. Presentemente, o conceito acima não basta, máxime quando fundado no destaque do ser humano *sujeito de direitos*, visto que, pelas leis de proteção aos animais, também a estes se reconhecem direitos, além de colocarem-se no mesmo patamar as pessoas jurídicas. Em épocas passadas, também não era plenamente suficiente a definição, porquanto aos escravos não se reconheciam direitos, sendo considerados como coisas.

2. A PESSOA NATURAL

O art. 1º do Código Civil de 2002, reeditando o conteúdo do art. 2º do Código de 1916, faz pressupor o sentido de pessoa como sujeito de direitos e obrigações: "Toda pessoa é capaz de direitos e deveres na ordem civil". A extensão do campo de abrangência é vasto. Diz respeito aos direitos e obrigações dos seres humanos e inteligentes em relação às coisas, aos bens, à propriedade, de tal sorte que ao direito de um sujeito decorre a obrigação do outro, formando um entrelaçamento dessa mútua correspondência, a ponto de tornar possível a vida em sociedade. Direitos e obrigações restritos à ordem privada dos interesses, como anotou Clóvis Beviláqua: "O pensamento do artigo é assinalar que no Código Civil se não encontram disposições relativas ao direito público, ao direito comercial e ao processo".[4]

---

[3] *Curso de Direito Civil Brasileiro*, Teoria Geral do Direito Civil, ob. cit., 1º vol., p. 81.
[4] *Código Civil dos Estados Unidos do Brasil Comentado*, ob. cit., vol. I, p. 136.

Deriva da previsão ampla do dispositivo acima uma delimitação do campo, que é o reconhecimento a favor de todo ser humano e inteligente de direitos e obrigações na ordem civil.

O sentido de 'toda pessoa' é pessoa no aspecto físico, como todo ser humano dotado de inteligência, abrangendo homens e mulheres, independentemente de raça, cor, credo religioso, tendência política, nacionalidade e outras notas particularizadoras, normais ou não – "anche esseri anomali e deformi diventano persone", conclui Ferrara.[5] Não se faz qualquer distinção, exceto quanto aos estrangeiros, restritamente aos direitos políticos e a algumas limitações no direito civil, como na aquisição de propriedade imóvel, e na participação em certas atividades industriais e societárias, especialmente as de natureza bélica. Em épocas remotas, restritos eram os direitos dos escravos, dos estrangeiros e dos apátridas, estes considerados as pessoas que perderam a nacionalidade de origem e não adquiriram outra, como os expulsos, os deportados, os exilados. Pela evolução do reconhecimento dos direitos humanos em todos os cantos da terra, a ninguém mais se subtrai a qualidade de sujeitos de direitos, o que representa uma ênfase da própria natureza humana. Relativamente aos animais, diz-se que não se enquadram como sujeitos de direitos, sendo unicamente protegidos pela lei. Não se lhes reconhece capacidade, e não podem, por óbvio, exercer alguma reclamação. Todavia, se enfocada a situação sob o ângulo de que as entidades de ordem pública e privada que os representam, estas podem ingressar em juízo para a sua defesa, percebe-se que há o exercício de direito. Vai mais a fundo Luiz Otávio de Oliveira Amaral:

> "Por coerência lógica e por precisão técnica, só pode ser sujeito de direito, ou seja, da relação jurídica, quem seja dotado do atributo básico da personalidade (constitutivo/pressuposto lógico da pessoa), isto é, somente quem é considerado, em direito, pessoa, pode ser sujeito de direito e logo ter direito, ser titular de direitos. Os animais, assim, são, na verdade, objetos do direito, objeto da relação jurídica, jamais sujeitos. Isso não significa desproteção, desrespeito. Há coisas (i. é, tudo que existe afora o homem), os bens, ou seja, objetos de direito, que têm valor ímpar para o homem e para a humanidade, inclusive protegidos por direito penal. *Animais são objetos de direito* cujo titular é a própria humanidade, a sociedade, eis que maus-tratos aos animais ofendem o sentimento de piedade do homem; até porque somos todos, animais e vegetais, partes (mais ou menos importantes) de uma unidade universal maior: a vida sensível".[6]

No ponto de relação, a mesma se estabelece unicamente entre as pessoas –, pois o termo utilizado é 'pessoa', substituindo a palavra 'homem' que vinha no Código anterior, com a finalidade de evitar distinções ou não ferir a igualdade.

---

[5] *Trattato di Diritto Civile Italiano*, ob. cit., vol. I, parte I, p. 465.
[6] *Teoria Geral do Direito*, ob. cit., p. 221.

Abrange os homens e as mulheres, sempre na dimensão de um indivíduo para outro indivíduo. Apenas contra uma outra pessoa alguém pode reclamar uma prestação. Não ajuíza a lide atacando um bem, ou um animal, ou um ente abstrato não personalizado. Na relação que cria ou procura impor uma tipicidade jurídica, é possível que tenha em vista um bem ou coisa inanimada, mas sempre litigando contra um ser humano ou ente jurídico, disputando a titularidade do domínio, a posse, um dano causado, uma conduta de fazer ou não fazer, uma reclamação relativamente ao bem ou coisa inanimada. Na mesma linha, não se admite pretender instaurar relações jurídicas com entes inanimados, metafísicos, celestiais, místicos ou presumidamente sitos em outras esferas, em outros mundos. Não se enquadra no campo do direito dos seres humanos mortais inserir uma relação com uma alma, um santo, uma divindade, contemplando no testamento um herdeiro falecido, presumivelmente santo, como titular de direitos ou de bens.

No direito romano, salienta Thomas Marky, era profundamente diferente:

> "Para ter a completa capacidade jurídica de gozo, isto é, para ter a idoneidade de ter direitos e obrigações, era necessário, no direito romano, que a pessoa fosse: 1º) livre; 2º) cidadão romano; e 3º) independente do pátrio poder (*sui iuris, paterfamilias*)".[7]

3. PERSONALIDADE

O termo *personalidade* corresponde à aptidão da pessoa natural em adquirir direitos e de contrair obrigações, em exercer ou praticar os atos da vida civil, por si ou por outrem. Resume Alcino Pinto Falcão o conceito: "A capacidade de direito, isto é, a aptidão para ser titular de um direito subjetivo".[8] Igualmente Pontes de Miranda: "Personalidade é o mesmo que (ter) capacidade de direito, poder ser sujeito de direito".[9] Decorre o sentido do art. 1º do Código Civil (art. 2º do Código de 1916), onde está assegurada a capacidade de ter direitos e assumir obrigações. Enquanto a pessoa realiza essa capacidade, está revestida de personalidade, dado que a mesma exprime os poderes e faculdades sendo vivenciados. O sentido vem do direito alemão, afirmando Enneccerus: "Pero la personalidad no es un derecho (subjetivo), sino una cualidad jurídica, que constituye la condición previa de todos los derechos y deberes; equivale a la capacidad jurídica".[10]

---

[7] *Curso Elementar de Direito Romano*, ob. cit., p. 29.
[8] *Parte Geral do Código Civil*, ob. cit., p. 85.
[9] *Tratado de Direito Privado – Parte Geral*, ob. cit., tomo I, p. 154.
[10] *Tratado de Derecho Civil – Parte General*, ob. cit., vol. I, tomo 1, p. 325.

É, pois, personalidade o conjunto de poderes, direitos, faculdades, prerrogativas em exercício, ou em prática, consagrado e admitido pela ordem jurídica existente em um país. Enquanto a pessoa restringe-se ao sujeito capaz de direitos e obrigações, já a personalidade decorre da pessoa, mas na aptidão para o exercício dos direitos e obrigações, como afirmam os Mazeaud: "El ser humano, dotado de la personalidad, es apto para ser sujeto de derechos y de obligaciones; es capaz de adquirir derechos; posee lo que se denomina la capacidad de goce".[11] Nessa concepção de personalidade, encontram-se no sistema jurídico os direitos e deveres admitidos, sendo vasta a quantidade, como o direito à vida, à saúde, à liberdade, ao nome, à propriedade, à honra, à defesa, à reputação, à autoria de suas obras. Na Constituição Federal encontra-se, num plano teórico, a maior parte desses direitos, enquanto na lei ordinária disciplinam-se, desenvolvem-se, esmiúçam-se os direitos e obrigações.

O universo de direitos compreende vários campos, como os seguintes: os direitos ligados à *integridade do patrimônio*, ou o conjunto de situações jurídicas derivadas de relações econômicas e patrimoniais; os direitos que formam a *integridade política*, com referência ao direito do voto, ao exercício da política; os direitos que envolvem a *integridade física*, como a vida, a saúde, os alimentos, o próprio corpo vivo ou morto, a segurança, a proteção; os direitos destinados à *integridade intelectual*, e assim a liberdade de pensamento, a autoria das obras, dos inventos e sua propriedade; os direitos relativos à *integridade moral*, no que se refere à honra, à dignidade, ao respeito, à intimidade, ao segredo pessoal, à vida privada, à imagem. O assunto virá desenvolvido no Capítulo seguinte, item nº 4, quando se estudará especificamente os direitos da personalidade.

De modo que a personalidade, enquanto vista no âmbito das relações jurídicas, revela os vários campos acima.

O conceito jurídico de personalidade abrange o ser humano e o ente jurídico enquanto pode estar em juízo, enquanto exercita ou executa os direitos consagrados no sistema jurídico.

No plano mais psicológico, filosófico, ou até sociológico, o termo 'personalidade' compreende o conjunto de qualidades da pessoa, distinguindo-a das outras. Revela o caráter de cada pessoa, suas virtudes, a áurea que lhe dá a performance própria, o perfil que a torna única no universo dos seres humanos, o modo de ser de alguém. Diz-se, neste conteúdo, que um indivíduo revela uma personalidade forte, autoritária. 'Personalidade' quer dizer também a evidência de uma qualificação externa da pessoa, alguém importante em determinado setor, uma celebridade em assunto técnico ou cultural, como um autor que se qualifica de uma personalidade em direito público, em medicina, na informática.

---

[11] Henri, Léon e Jean Mazeaud, *Lecciones de Derecho Civil*, Buenos Aires, Ediciones Jurídicas Europa-América, 1959, vol. II, parte Primeira, p. 7.

4. COMEÇO E FIM DA PERSONALIDADE

4.1. O nascimento

Desde o nascimento e até a morte a pessoa é sujeita de direitos e obrigações. O art. 2º do Código Civil (art. 4º do Código anterior) define o assunto, refletindo certa unanimidade que se verifica em outros sistemas: "A personalidade civil da pessoa começa do nascimento com vida; mas a lei põe a salvo desde a concepção os direitos do nascituro". Sintetizava Enneccerus: "El niño en el seno materno no es aún persona".[12]

O nascimento, na definição de Francisco Amaral, é "o fato natural ou artificial, da separação do feto do ventre materno. Com a primeira respiração, tem início o ciclo vital da pessoa, marcando, também, o nascimento, o início da capacidade de direito".[13]

Importa o nascimento com vida para dar começo à fluência dos direitos. Não se questionam ou indagam os aspectos concernentes à viabilidade de vida do nascido, à forma como nasceu, à perfeição ou não do corpo. Tão prontamente verificado o nascimento, ou o desprendimento do novo ser do útero materno, ficando separado do corpo da mãe, com vida própria, verificada na emissão de vagidos, ou em movimentos próprios, ou na circulação sanguínea, fenômenos que são sintomas da respiração, torna-se a criança sujeita de todos os direitos reservados às demais pessoas. Ainda apropriada a visão de Clóvis, embora não suficiente, de que o início da vida se constata pela respiração, que "é a inalação de ar, cuja penetração nos pulmões vai determinar a circulação do sangue no novo organismo".[14] No direito de outros países aponta-se o mesmo fenômeno como marco inicial da pessoa, sendo que já dizia Ferrara: "La vita si rivela per un complesso di fenomeni fisiologici, di cui caratteristico e decisivo è quello della respirazione".[15] Já Luiz Otávio de Oliveira Amaral nomeia os fatores para saber se reconhecer a personalidade:

> "Como a personalidade do homem só começa do nascimento com vida, é de suma importância jurídica que dois fatos sejam precisados: o nascimento (quando se consuma) e a respiração (se existiu ou não). Quanto ao nascimento, só estará concluído com a absoluta autonomia do organismo neonato em relação ao da mãe, assim costuma-se firmar tal momento no ato do corte do cordão umbilical. Quanto à respiração (autônoma) ao ar atmosférico pelo recém-nascido (marco inicial de sua personalidade jurídica) se não houver como comprovar se ele respirou ou não (se viveu ou não, após o nascimento), recorre-se às perícias médicas

---

[12] *Tratado de Derecho Civil* – Parte General, ob. cit., vol. I, tomo 1, p. 327.
[13] *Direito Civil Brasileiro*, ob. cit., p. 234.
[14] *Código Civil dos Estados Unidos do Brasil Comentado*, ob. cit., vol. I, p. 145.
[15] *Trattato di Diritto Civile Italiano*, ob. cit., vol. I, parte I, p. 463.

específicas, denominadas *docimasias* (do grego *dokimasia* = experiência, prova). São duas as docimasias hidrostáticas: a gastrointestinal e a pulmonar de Galeno, essa bem mais antiga".[16]

A principal prova da vida, mas não a única, é, pois, apurar se houve respiração, que se obtém através da 'docimasia pulmonar'.

Verificado o fenômeno da vida, pode o novo ser humano acionar as outras pessoas, passando a ser herdeiro, donatário, proprietário, e merecendo o respeito, a defesa de seu corpo, a proteção contra atos ofensivos.

4.2. O nascituro

O nascituro, diferentemente, não tem capacidade para exercer direitos, e, assim, impedido está de ingressar em juízo, de contratar uma compra e venda, de receber doações, ou herança, embora há o fundamento naturalista de que o ser humano inicia desde a concepção, consoante revela J. M. Leoni Lopes de Oliveira: "Segundo o Pacto de São José da Costa Rica e a Convenção dos Direitos da Criança, a existência das pessoas começa a partir do momento da concepção. De acordo com esse pensamento, a partir da união entre os gametas masculino e feminino passa a existir um novo ser, uma pessoa, individualizada e distinta de outro indivíduo".[17] Entrementes, unicamente a proteção da lei é que vinga desde a concepção. Em vários dispositivos do Código Civil encontram-se formas de proteção, o que já se encontrava no Código Civil de 1916, como em seu art. 353, o qual, embora em afronta à Constituição Federal (eis que, dada a igualdade total, não era necessário), retirou toda diferenciação entre os filhos adotados e os não adotados, introduzindo a legitimação, com o casamento dos pais, do filho concebido antes. O art. 1.609, parágrafo único (art. 357, parágrafo único, do Código anterior) autoriza o reconhecimento do filho antes de seu nascimento. Pelo art. 1.779 (art. 462 do Código revogado), pode-se nomear curador ao nascituro, se o pai falecer estando a mulher grávida, sem que tenha ela o poder familiar, naturalmente por ato de decisão judicial, como no caso de interdição. O art. 1.799, inc. I (art. 1.718 do Código de 1916), admite a disposição testamentária contemplando aos filhos ainda não concebidos, de pessoas indicadas pelo testador, desde que vivas estas ao abrir-se a sucessão. O Código Penal, em seus arts. 124 a 126, proíbe e comina sanções ao aborto, se provocado sem justa causa, como para a sobrevivência da mãe.

Em suma, reconhece-se a existência do ser humano a partir da concepção. A personalidade é condicional, dependente do nascimento com vida, valendo transcrever a lição sempre atual de Serpa Lopes: "Antes do nascimento, portan-

---

[16] *Teoria Geral do Direito*, ob. cit., pp. 264 e 265.
[17] *Direito Civil* – Teoria Geral do Direito Civil, ob. cit., vol. 2, p. 48.

to, o feto não possui personalidade. Não passa de uma *spes hominis*. É nessa qualidade que é tutelado pelo ordenamento jurídico, protegido pelo Código Penal e acautelado pela curadoria do ventre... A aquisição de todos os direitos surgidos *medio tempore* da concepção subordina-se à condição de que o feto venha a ter existência: se tal acontece, dá-se a aquisição; mas, ao contrário, se não houver nascimento com vida, ou por ter ocorrido um aborto ou por se tratar de um natimorto, não há uma perda ou transmissão de direitos, como deverá de suceder se ao nascituro fora reconhecida uma ficta personalidade".[18]

4.3. A morte e a declaração de sua presunção

Cessa a personalidade jurídica da pessoa natural com a morte, que é o desaparecimento das funções vitais e cerebrais do organismo, embora a dificuldade científica para determinar o exato momento em que ocorre. Não comporta ingressar, aqui, nos profundos meandros do conceito de morte, observando apenas como se dá o fenômeno, explicado por Rita Maria Paulina dos Santos: "Inicialmente morre a célula, depois o tecido e a seguir o órgão; trata-se de um fenômeno em cascata. Estabelecido o processo, ele pode atingir os órgãos dos quais depende a vida do indivíduo, os chamados órgãos vitais. Dessa forma, desencadeia-se a parada da respiração, do coração, da circulação e do cérebro".[19] Interessa, no caso, a cessação das atividades dos órgãos internos e externos do corpo humano. Termina com esse evento a existência (art. 6º do Código Civil de 2002 e art. 10 do Código Civil de 1916) da personalidade jurídica, não mais podendo o defunto considerar-se sujeito de direitos e obrigações. Protege a lei o corpo ou seus restos mortais, a memória do falecido, a sua imagem, os bens deixados, mas não remanesce a sua personalidade. É o que se extrai do parágrafo único do art. 12 do Código Civil, assegurando o direito de indenização em favor do cônjuge sobrevivente e de certos parentes, se verificada a lesão ao nome do morto, o que se abordará no Capítulo VIII, item 4.4. As obrigações, porém, criam-se até o momento do óbito. As que posteriormente vierem criadas por causa da pessoa do morto são assumidas pela herança, ou por aquele que as firmou. *Mors omnia solvit*, ou a morte tudo termina, não mais persistindo valores patrimoniais, culturais, morais de propriedade do morto. Tudo se transmite aos herdeiros, que ocupam a posição de sujeitos ativos, e que podem exercitar ações ligadas à pessoa do morto desde que neles repercutam moral ou economicamente.

Extinguindo-se a personalidade natural, dissolve-se a sociedade conjugal (art. 1.571, inc. I, do Código Civil e art. 2º, inc. I, da Lei nº 6.515, de 1977). De acordo, ainda, com o Código Civil, entre outros efeitos, extingue-se o poder

---

[18] *Curso de Direito Civil*, ob. cit., vol. I, 254.
[19] *Dos Transplantes de Órgãos à Clonagem*, Rio de Janeiro, Editora Forense, 2000, p. 34.

Cap. VII • AS PESSOAS NATURAIS | 191

familiar (art. 1.635, inc. I); cessam os contratos personalíssimos ou *intuitu personae*, sendo exemplo o de locação de serviços (art. 607), de mandato (art. 682, inc. II), de sociedade em relação a um sócio (art. 1.028), de gestão de negócio (art. 865), de fiança no pertinente à responsabilidade do fiador (art. 836); terminam as obrigações de prestar alimentos uma vez esgotado o patrimônio do alimentante falecido (art. 1.700), de fazer quando exigido o cumprimento pessoal (art. 248); não mais prevalece o pacto de preempção (art. 520); extinguem-se o direito para propor a ação assegurada ao doador por ingratidão do donatário (art. 560), o usufruto (art. 1.410, inc. I), a doação na modalidade de subvenção periódica (art. 545), o encargo testamentário (art. 1.985); os filhos menores são colocados sob tutela com o falecimento dos pais (art. 1.728, inc. I); caduca o fideicomisso se o fideicomissário morrer antes do fiduciário, ou antes de realizar-se a condição resolutória (art. 1.958); morrendo o locador ou o locatário, transfere-se aos seus herdeiros a locação por tempo determinado (art. 577); nos casos de morte, ausência ou interdição do tutor, as contas serão prestadas por seus herdeiros ou representantes (art. 1.759); cabe a indenização no caso de morte de paciente causada no exercício de atividade profissional, em que se apura a existência de negligência, imprudência ou imperícia (art. 951).

Não mais persiste a morte civil (*civil mors*), admitida outrora aos condenados a penas perpétuas por crimes de traição, a deportados, e aos religiosos de algumas ordens monásticas, que morriam para o mundo e viviam reclusos em conventos. Consistia, na explicação de Duranton, na exclusão das pessoas da sociedade civil, afastando-se "ogni participazione ai diritti civili e politici".[20] Já assinalava João Luiz Alves: "Enquanto viva, a pessoa conserva a sua capacidade jurídica. Não existe, no nosso direito, a morte civil, nem como pena, nem como resultado de votos religiosos: só a morte física extingue a personalidade".[21] Não se extingue a personalidade daquele que perde a liberdade, daquele que é condenado e subjugado, do escravo, como nas eras antigas acontecia. No entanto, alguns resquícios remanescem no direito brasileiro, como se depreendia do art. 157, nº 3, do Código Comercial (que integra a parte revogada pelo art. 2.045 do Código Civil), onde constava que o mandato acabava com a morte natural ou civil, sem defini-la; e como ainda se verifica do art. 1.816 do Código Civil (art. 1.599 do Código revogado), que transfere aos herdeiros do sucessor excluído por indignidade a herança que lhe cabia, como se fosse morto.

Consagra o direito a presunção da morte, verificada na ausência. A segunda parte do art. 6º (art. 10 do Código Civil de 1916) expõe que se presume a morte quanto aos ausentes, nos casos em que a lei autoriza a abertura

---

[20] *Corso di Diritto Civile secondo il Codice Francese*, ob. cit., vol. I, p. 30.
[21] *Código Civil da República dos Estados Unidos do Brasil Anotado*, F. Briguiet & Cia. – Editores e Livreiros, Rio de Janeiro, 1917, p. 30.

de sucessão definitiva. Esses casos estão nos arts. 37 e 38 (arts. 481 e 482 do Código anterior). Prescreve o art. 37: "Dez anos depois de passada em julgado a sentença que concede a abertura da sucessão provisória, poderão os interessados requerer a sucessão definitiva e o levantamento das cauções prestadas". O prazo de dez anos já vinha no art. 1.167, inc. II, do Código de Processo Civil. Esse prazo não consta no novo CPC, conforme seu § 3º do art. 745, bastando que se cumpram os requisitos da declaração de ausência para pedir a abertura da sucessão definitiva. Todavia, sendo a regra de direito material, mantém-se a exigência do Código Civil com a vigência do novo Código de Processo Civil.

Por sua vez, o art. 38 do Código Civil permite que "pode-se requerer a sucessão definitiva, também, provando-se que o ausente conta 80 (oitenta) anos de idade, e que de 5 (cinco) datam as últimas notícias dele".

Outros diplomas tratam da morte presumida, como o Decreto-lei nº 5.782, de 30.08.1943, relativamente à morte presumida do servidor público; o Decreto-lei nº 6.239, de 3.02.1944, sobre a morte presumida do militar da aeronáutica. Já a Lei nº 6.015, de 31.12.1973, no art. 88 e parágrafo único traz regras sobre a justificação para o assento de óbito de pessoas desaparecidas em naufrágio, incêndio, inundação, terremoto ou em qualquer outra catástrofe.

De acordo com as normas do Código de Processo Civil – arts. 1.159 a 1.169 (arts. 744 e 745 do novo CPC) –, a toda pessoa interessada e ao Ministério Público reconhecem-se legitimidade para requerer ao juiz a declaração de ausência do desaparecido. Arrecadam-se os bens e nomeia-se curador, avisando-se, através de edital, republicado de dois em dois meses durante um ano, da arrecadação e chamando o ausente para comparecer e entrar na posse de seu patrimônio. Não vindo ao processo, aos interessados cabe requerer a sucessão provisória, com o início da partilha dos bens. Os herdeiros que recebem o patrimônio devem administrá-lo, prestando caução real como garantia da restituição na eventualidade de aparecer o ausente. Dez anos depois da abertura da sucessão provisória, ou cinco anos depois das últimas notícias se contar a pessoa mais de oitenta anos, declara-se a morte presumida, e converte-se a sucessão provisória em definitiva. Comparecendo o desaparecido nos dez anos seguintes, receberá os bens no estado em que se encontram, ou assiste-lhe pretender o preço alcançado no caso de venda pelos herdeiros. Regressando após esse prazo de dez anos, direito nenhum mais lhe assistirá.

O Código Civil de 2002 ampliou a matéria, introduzindo a possibilidade da morte presumida, mas simplesmente para o caso de morte presumida, que acontece em situações especiais, como a queda de um avião em alto mar, com passageiros, os quais não mais são encontrados; ou no desaparecimento de um militar que fora preso e, terminada a guerra, passados dois anos, não reaparece; ou no sumiço de pescadores que incursionaram mar adentro. Não mais é necessária a declaração de ausência, sendo possível a mera declaração da morte presumida, desde que verificada qualquer das hipóteses do art. 7º:

> "Pode ser declarada a morte presumida, sem decretação de ausência:
>
> I – se for extremamente provável a morte de quem estava em perigo de vida;
>
> II – Se alguém, desaparecido em campanha ou feito prisioneiro, não for encontrado até 2 (dois) anos após o término da guerra".

O parágrafo único exige, antes da declaração da morte presumida, que se procedam buscas e averiguações para localizar o desaparecido: "A declaração da morte presumida, nesses casos, somente poderá ser requerida depois de esgotadas as buscas e averiguações, devendo a sentença fixar a data provável do falecimento".

Como se depreende, a declaração da morte presumida busca-se através de declaração judicial. Ingressa a pessoa – parente em linha reta ou colateral, em grau próximo, ou um terceiro, sempre justificando o interesse – com a ação, na qual apresenta os fatos que justificam a presunção da morte. Requer a sua declaração, com a determinação do respectivo registro. Procede-se a citação da própria pessoa tida como morta, e do cônjuge ou de um parente próximo. Embora a omissão de regras processuais a respeito, têm-se como exigências mínimas estabelecer o contraditório, mesmo que simples, de modo a formar-se um juízo de convencimento, devendo participar obrigatoriamente o Ministério Público.

Desenvolve-se um procedimento que vai mais além que a mera justificação judicial.

4.4. A comoriência

A comoriência é morte de duas ou mais pessoas na mesma ocasião, causada pelo mesmo acontecimento, sendo elas reciprocamente herdeiras umas das outras.

A matéria sempre revelou preocupação, e remonta desde o direito romano, no qual, falecendo pais e filhos impúberes no mesmo evento, presumia-se que os últimos tinham morrido antes dos primeiros; em se tratando de filhos púberes, os mesmos consideravam-se como tendo sobrevivido aos pais. Atingindo o falecimento marido e mulher, esta era considerada como extinta antes. Nos diversos sistemas lavra controvérsias nos critérios, predominando a solução adotada pelo direito alemão, a que aderiu a lei brasileira, que firma a morte ao mesmo tempo em não se apurando a precedência do decesso de um ou de outro.

Realmente, reza o art. 8º do Código Civil (art. 11 do Código de 1916): "Se 2 (dois) ou mais indivíduos falecerem na mesma ocasião, não se podendo averiguar se algum dos comorientes precedeu aos outros, presumir-se-ão simultaneamente mortos".

Não são raros os casos de morte na mesma hora e em idêntico lugar, especialmente em acidentes de trânsito, de pessoas parentes e vinculadas por liame sucessório, como cônjuges. Conforme quem precedeu no desenlace final, poderão herdar determinadas pessoas, ou outras. Assim, sabendo-se que a sucessão abre-se com a morte da pessoa, obrigatoriamente herdarão os filhos. Mas se não tiverem herdeiros necessários os que faleceram, isto é, descendentes e ascendentes, ou se estes também faleceram, em se provando que primeiro faleceu o marido, mesmo que seja por fração de instantes, a mulher herda, e daí seus herdeiros (irmãos ou sobrinhos) receberão todo o patrimônio – isto é, o seu e o do marido. O inverso ocorre se a primeira morte é da mulher, quando os colaterais do marido é que serão contemplados. Isto porque se tem em conta a ordem da vocação hereditária: descendentes, ascendentes, cônjuge sobrevivente e colaterais. Na escala, o cônjuge aparece em terceiro lugar. Os colaterais receberão aquilo que pertencia ao irmão ou tio, e aquilo que este recebeu de seu cônjuge.

Mas, havendo herdeiros necessários, na hipótese ascendentes, demonstrada a anterioridade da morte de um dos cônjuges, os respectivos herdeiros ficarão contemplados. Por outros termos, os ascendentes do marido e aqueles da mulher sucederão nos bens que deixou cada um destes.

De modo que, ocorrendo a morte simultânea, decorre que as pessoas não serão herdeiras entre si, ou não transmitirão uma à outra a herança. A solução é a habilitação dos herdeiros de cada uma dessas pessoas falecidas, abrindo a sucessão por morte em separado. Ou seja, *v. g.*, os pais do marido receberão os bens que a ele pertenciam, neles incluída a meação. Da mesma forma quanto aos progenitores da mulher. Nesta ótica, Walter Moraes: "Não sendo possível precisar a precedência da morte entre os comorientes, presumem-se simultaneamente mortos. Assim, nenhum herda do outro. Os sucessores subsequentes de cada um recolhem as respectivas heranças, como se os comorientes não estivessem na ordem da vocação sucessória um do outro".[22]

---

[22] *Teoria Geral e Sucessão Legítima*, São Paulo, Editora Revista dos Tribunais, 1974, p. 31.

Capítulo VIII

O Estado da Pessoa e os Direitos da Personalidade

1. O ESTADO DAS PESSOAS

O estado da pessoa corresponde à posição que ela ocupa no meio social, ao seu destaque, à situação na sociedade política e familiar, à sua qualificação e individualização da personalidade no meio onde se encontra. Assinala G. Baudry-Lacantinerie que o termo significa "une place determinée" especialmente dentro da sociedade.[1] É a posição jurídica do ser humano no meio da sociedade. Clóvis Beviláqua assim resume: "Estado da pessoa é o seu modo particular de existir. É uma situação jurídica resultante de certas qualidades inerentes à pessoa".[2]

No direito romano, tinha-se o *status*, equivalente aos predicados derivados da posição. Havia o cidadão, o escravo, o estrangeiro, sendo que o grau maior abrangia a liberdade, a cidade e a família – *status libertatis*, *status civitatis*, e *status familiae*. Atingia-se a plenitude com a reunião dos três estados, passando a denominar-se *caput civile*. Já a falta ou perda de um dos estados denominava-se *capitis deminutio*, que podia ser máxima, média e mínima. A perda da liberdade importava a *capitis deminutio maxima*, que levava à perda dos demais estados, como acontecia com os escravos. Já *capitis deminutio media* significava a perda da cidadania, verificada com o estrangeiro, ou a perda do direito de cidade, não sendo o indivíduo considerado cidadão romano, advindo também a inibição do estado de família. Já a *capitis deminutio minima* compreendia o estado do marido e pai, que era o chefe de uma família romana, tendo ascendência sobre a mulher e os filhos.

Em épocas posteriores, desapareceu a discriminação acima, mas perdurou a diferença de posição dos seres humanos, como na Idade Média, quando

---

[1] *Précis de Droit Civil*, ob. cit., tomo I, p. 72.
[2] *Teoria Geral do Direito Civil*, ob. cit., p. 92.

sobressaíam os nobres, classificados em diversas classes, como duques, condes, barões, e, posteriormente, num nível inferior, os plebeus.

Nos tempos atuais, embora a permanência de posições de destaque em razão do sangue, da família, da concessão de títulos em alguns países, como na Inglaterra, domina a igualdade de todos os cidadãos – princípio reiterado nas cartas constitucionais do Brasil, e constante no art. 5º da vigente. Na prática, porém, sempre se fizeram sentir as distinções, que decorrem naturalmente da situação econômica, cultural, familiar e até de origem e raça.

2. OS ESTADOS DA PESSOA QUE PERSISTEM NO DIREITO MODERNO

Em um sentido amplo, há o estado civil, ou a capacidade de exercer direitos e deveres, explicando-o Marcelo Planiol e Jorge Ripert: "El estado civil de una persona sirve para determinar la existencia de los derechos y de las obligaciones que le incumben y su aptitud para ejercitar sus derechos y cumplir suas obligaciones".[3]

Particularizadamente, temos quatro estados: o estado individual, o estado profissional, o estado familiar e o estado político.

O *estado individual* constitui a situação de cada indivíduo no seio da sociedade, ou a gama de suas características, como o sexo (homens e mulheres), mas sem envolver a idade (maiores e menores), ou a saúde (sãos ou insanos). Da idade e da saúde decorrem a capacidade e a incapacidade, conforme maior ou menor a pessoa, ou o perfeito juízo ou a demência. Conclui-se, pois, que não se confundem o estado e a capacidade, como explica Josserand: "Toda persona tiene un estado, mientras que existen individuos que son absolutamente incapaces, en el sentido por lo menos de que no pueden ejercer sus derechos: los niños, por ejemplo. Hay acontecimientos que influyen sobre la capacidad de las personas, pero que en nada interesan a su estado: la debilidad mental, la locura; una persona no cambia de estado por razón de que sus facultades mentales se hayan alterado; su situación en la familia continúa siendo la misma".[4]

Já o *estado profissional* tem ligação com a profissão ou atividade que a pessoa desempenha, revelando realce na identificação das categorias profissionais, e servindo de realce o destaque do indivíduo como bancário, pedreiro, funcionário público, médico, e assim centenas de outras profissões.

O *estado familiar* compreende a situação da pessoa no âmbito da família e frente ao casamento, havendo três ordens de relações: o parentesco por consanguinidade, dando-se a identificação por filho, filha, pai, mãe, avô, avó; a

---

[3] *Tratado Práctico de Derecho Civil Francés*, tradução de Mario Diaz Cruz, Havana, Editora Cultural S. A., 1946, tomo I, p. 9.
[4] *Derecho Civil*, ob. cit., vol. I, tomo I, p. 224.

relação pela afinidade, destacando-se o sogro, a sogra, o cunhado, a cunhada; e a posição decorrente do casamento, sendo a pessoa, então, solteira, casada, separada, divorciada, viúva.

O *estado político* dá a qualificação em função do destaque do indivíduo em uma sociedade organizada politicamente, em especial se faz ou não parte de um ente político soberano. Assim, numa classificação mais simples, dividem-se as pessoas em nacionais ou estrangeiras, conforme pertençam a um determinado país ou sejam de um outro. Os nacionais decorrem de seu nascimento no país ou da naturalização, isto é, são natos ou naturalizados. No entanto, diante do art. 5º da Carta Magna, domina a perfeita igualdade entre brasileiros e estrangeiros quanto à inviolabilidade do direito à vida, à liberdade, à igualdade, à segurança e à propriedade.

O tratamento jurídico isonômico está assegurado no art. 5º da Constituição Federal (vinha, em menor extensão no art. 3º do Código Civil de 1916): "Todos são iguais perante a lei, sem distinção de qualquer natureza, garantindo-se aos brasileiros e aos estrangeiros residentes no País a inviolabilidade do direito à vida, à liberdade, à igualdade, à segurança e à propriedade, nos termos seguintes". Em princípio, segundo já observava João Luiz Alves, pelo nosso regime, o estrangeiro, embora não residente no Brasil, "pode adquirir e exercer aqui direitos civis, como os adquire e exerce o nacional, domiciliado em outro país: para essa aquisição, exercício e gozo de direitos individuais não há distinção de nacionalidade".[5] A norma constitucional, todavia, não espelha a realidade, já que a legislação brasileira está eivada de exceções. Inúmeras leis reservam atividades, profissões, poderes, propriedades unicamente a brasileiros. A título de exemplo, a própria Constituição Federal traz limitações aos estrangeiros, reservando, no art. 12, § 3º, vários cargos políticos a brasileiros (*v.g.*, o Presidente e o Vice-Presidente da República, os Presidentes das Casas do Congresso Nacional, os Ministros do Supremo Tribunal Federal); e dispondo no art. 190 que a lei regulará e limitará a aquisição ou o arrendamento de propriedade rural por pessoa física ou jurídica estrangeira e estabelecerá os casos que dependerão do Congresso Nacional. A Lei nº 5.250, de 9.02.1967 (Lei de Imprensa), nos arts. 2º e 4º, traz exceções à igualdade entre brasileiros e estrangeiros, na exploração dos serviços de jornalismo e outros correlatos. A Lei Complementar nº 45, de 30.01.1969, e as Leis nº 5.709, de 7.10.1971, e nº 6.634, de 2.05.1979, colocam restrições à aquisição de imóveis, à exploração do comércio e da indústria nas faixas da fronteira. Constatavam-se, até há pouco tempo, diferenciações de tratamento na aquisição de ações da Petrobras, e ainda se verificam no setor da radiodifusão e da informática, com reserva na exploração aos brasileiros.

---

[5] *Código Civil da República dos Estados Unidos do Brasil Anotado*, ob. cit., p. 24.

3. NACIONALIDADE E CIDADANIA

A nacionalidade é atributo dos nascidos no Brasil, em territórios e espaços brasileiros, mesmo que localizados em outros países; e dos naturalizados brasileiros. Indistintamente a uns ou outros são assegurados os direitos fundamentais, como os concernentes à vida, à liberdade, à segurança individual, à propriedade, estatuídos no art. 5º e em seus vários incisos da Carta Maior.

Os nacionais consideram-se brasileiros, vindo a relação discriminada no art. 12 da Constituição Federal: "São Brasileiros:

> I – natos:
>
> a) os nascidos na República Federativa do Brasil, ainda que de pais estrangeiros, desde que estes não estejam a serviço de seu país;
>
> b) os nascidos no estrangeiro, de pai brasileiro ou mãe brasileira, desde que qualquer deles esteja a serviço da República Federativa do Brasil;
>
> c) os nascidos no estrangeiro, de pai brasileiro ou mãe brasileira, desde que venham a residir na República Federativa do Brasil e optem, em qualquer tempo, pela nacionalidade brasileira;
>
> II – naturalizados:
>
> a) os que, na forma da lei, adquiram a nacionalidade brasileira, exigidas aos originários de países de língua portuguesa apenas residência por um ano ininterrupto e idoneidade moral;
>
> b) os estrangeiros de qualquer nacionalidade residentes na República Federativa do Brasil há mais de quinze anos ininterruptos e sem condenação penal, desde que requeiram a nacionalidade brasileira".

Proíbe o § 2º do art. 12 a distinção entre brasileiros natos e naturalizados. Todavia, para vários cargos o § 3º reserva-se a titularidade unicamente aos brasileiros natos, sendo os seguintes:

> "I – de Presidente e Vice-Presidente da República;
>
> II – de Presidente da Câmara dos Deputados;
>
> III – de Presidente do Senado Federal;
>
> IV – de Ministro do Supremo Tribunal Federal;
>
> V – da carreira diplomática;
>
> VI – de oficial das Forças Armadas;
>
> VII – de Ministro de Estado da Defesa."

Enumera o § 4º as causas de perda da nacionalidade do brasileiro que:

> "I – tiver cancelado sua naturalização, por sentença judicial, em virtude de atividade nociva ao interesse nacional;

II – adquirir outra nacionalidade, salvo nos casos:

a) de reconhecimento de nacionalidade originária pela lei estrangeira;

b) de imposição de naturalização, pela norma estrangeira, ao brasileiro residente em Estado estrangeiro, como condição para permanência em seu território ou para o exercício de direitos civis."

Dois os critérios para adquirir a nacionalidade: o *jus sanguinis* e o *jus soli*, ou seja, por direito de sangue, pela descendência, e pelo lugar do nascimento. Impera no Brasil o segundo, como se denota do art. 12 da Carta Federal, explicando-os Serpa Lopes: "Dois são os critérios propostos, como elementos básicos para a caracterização da nacionalidade: o *jus sanguinis* e o *jus soli*. São princípios radicalmente opostos: o primeiro funda-se na filiação, sendo o sistema peculiar aos Estados europeus, dada a influência do Código Civil francês; o segundo, baseado no critério do lugar do nascimento, é o seguido pelos países americanos, sendo o que entre nós vigora, atendendo às condições políticas e demográficas do nosso país. Trata-se de um critério secular, adotado desde a Constituição de 1891, de onde evoluiu e aperfeiçoou-se...".[6]

A cidadania não se identifica com a nacionalidade. Corresponde ao estado do brasileiro que possui e exerce a totalidade dos direitos políticos. Estende-se a qualidade não somente ao que pode votar e ser eleito, mas também àquele que é apto a, no futuro, desempenhar ou ocupar cargos públicos. Outrossim, não carece, para merecer a denominação, da capacidade para ocupar cargos públicos, para atuar em atividades reservadas estritamente a brasileiros. Basta que reúna a pessoa os requisitos para participar da vida política, e que tenha aptidões para esse exercício de direito.

4. DIREITOS DA PERSONALIDADE

Há direitos que se destacam da pessoa e outros que a ela são inerentes. Sílvio Rodrigues faz a distinção: "Dentre os direitos subjetivos de que o homem é titular podem-se facilmente distinguir duas espécies diferentes, a saber: uns que são destacáveis da pessoa de seu titular e outros que não o são. Assim, por exemplo, a propriedade ou o crédito contra um devedor constitui um direito destacável da pessoa de seu titular; ao contrário, outros direitos há que são inerentes à pessoa humana e portanto a ela ligados de maneira perpétua e permanente, não se podendo mesmo conceber um indivíduo que não tenha direito à vida, à liberdade física ou intelectual, ao seu nome, ao seu corpo, à sua imagem e àquilo que ele crê ser sua honra. Estes são os chamados direitos da personalidade".[7]

---

[6] *Curso de Direito Civil*, ob. cit., vol. I, p. 280.

[7] *Direito Civil – Parte Geral*, ob. cit., vol. 1, p. 81.

O Código Civil de 2002 trouxe um capítulo específico sobre os direitos da personalidade (Capítulo II, que faz parte do Título I do Livro I – Parte Geral), o qual atendeu a uma aspiração que há tempos se fazia sentir e era reclamada, porquanto constitui a pessoa a fonte e a razão de ser de todos os valores jurídicos.

Trata-se dos direitos decorrentes da personalidade, que vêm do nascimento, sendo intransmissíveis, irrenunciáveis, imprescritíveis e inegociáveis. São essenciais à plena existência da pessoa humana, à sua dignidade, ao respeito, à posição nas relações com o Estado e com os bens, à finalidade última que move todas as instituições, eis que tudo deve ter como meta maior o ser humano. Para Mílton Fernandes, "são os direitos que cada ser humano, sempre com base no ordenamento jurídico de cada país, pode pretender a respeito de suas qualidades específicas e da explicação de suas atividades próprias".[8] Dizem respeito à vida, à liberdade física e intelectual, à saúde, à honra, ao respeito, ao nome, à própria imagem. Consoante Pontes de Miranda, "o direito de personalidade, os direitos, as pretensões e ações que dele se irradiam são irrenunciáveis, inalienáveis, irrestringíveis. São direitos irradiados dele os de vida, liberdade, saúde (integridade física e psíquica), honra, igualdade".[9]

Constituem, na síntese de Alcino Pinto Falcão, "aqueles direitos subjetivos cuja função, respeito à personalidade, se especializa, constituindo o *minimum* necessário e imprescindível do seu conteúdo. São estes os direitos essenciais para a personalidade, sem os quais os demais direitos subjetivos perderiam todo o interesse para a pessoa".[10] Estão fora do comércio, ressaltando os franceses Mazeaud: "Los derechos de la personalidad no pueden ser separados, escindidos, de la persona, de la que no son sino una prolongación necesaria; más exactamente, no son susceptibles de cambiar de titular. Son, pues, intransmisibles".[11]

Para melhor distinguir os direitos, costuma-se separá-los em dois campos: os referentes à *integridade física* e os referentes à *integridade moral*. De acordo com a doutrina, nos primeiros, encontram-se o direito à vida, o direito sobre o próprio corpo e o direito ao cadáver; nos segundos, se destacam o direito à honra, o direito à liberdade, o direito ao recato, o direito à imagem, o direito ao nome e o direito moral de autor.

Os direitos da personalidade influíram grandemente as legislações dos últimos tempos, crescendo de importância na medida em que mais se valoriza a pessoa humana e se colocam em primeiro plano os seus direitos. Já adquiriam destaque com a Declaração dos Direitos do Homem, de 1789, passando a valer universalmente com a reedição da mesma Declaração pela Organização das

---

[8] *Proteção Civil da Intimidade*, São Paulo, Editora Saraiva, 1977, p. 39.
[9] *Tratado de Direito Privado* – Parte Geral, ob. cit., tomo I, p. 162.
[10] *Parte Geral do Código Civil*, ob. cit., p. 101.
[11] *Lecciones de Derecho Civil*, ob. cit., vol. II, primeira parte, p. 280.

Nações Unidas, de 1948. Saindo da órbita patrimonial, constitui o apanágio do que se convencionou chamar de *direitos humanos*, eclodindo movimentos e campanhas em todo o mundo, especialmente em locais e épocas da prática de violações nas guerras, nas catástrofes, nas perseguições, nas revoluções internas por motivos de raças e ideologias políticas, nas epidemias, nas perseguições e nos atos de terroristas.

Adquiriu relevância a matéria no projeto do Código Civil, acabando por serem incluídas as disposições em capítulo próprio, integrando o Código que aportou com a Lei nº 10.406, trazendo várias regras a respeito.

Múltiplos os setores enfrentados, a iniciar pelo art. 11, onde se destacam as características fundamentais, tornando os direitos inalienáveis, intransmissíveis, imprescritíveis e irrenunciáveis: "Com exceção dos casos previstos em lei, os direitos da personalidade são intransmissíveis e irrenunciáveis, não podendo o seu exercício sofrer limitação voluntária". Nessa previsão, não é negociável, ou transferível, ou renunciável, o direito à liberdade. Nem se permite a disposição sobre a vida, ou um órgão do corpo humano que importe em morte.

Propiciam-se à pessoa, no art. 12, meios de impor a cessação da ameaça ou da lesão, assinalando-se para o direito de buscar a indenização do prejuízo causado: "Pode-se exigir que cesse a ameaça, ou a lesão, a direito da personalidade, e reclamar perdas e danos, sem prejuízo de outras sanções previstas em lei".

O parágrafo único indica quem está legitimado para pedir a cessação e a reparação, se falecida pessoa ofendida: "Em se tratando de morto, terá legitimação para requerer a medida prevista neste artigo o cônjuge sobrevivente, ou qualquer parente da linha reta, ou da colateral até o quarto grau".

A proteção ao próprio corpo assegura o art. 13, sequer permitindo-se, exceto por exigência médica, a sua disposição: "Salvo por exigência médica, é defeso o ato de disposição do próprio corpo, quando importar diminuição permanente da integridade física, ou contrariar os bons costumes".

O parágrafo único autoriza que se doem órgãos do corpo, se a finalidade é o transplante: "O ato previsto neste artigo será admitido para fins de transplante, na forma estabelecida em lei especial". A doação de órgãos é admitida, presumindo-se, se nada for disposto em sentido contrário no documento de identidade ou de habilitação para dirigir veículo automotor, que é implícita, de acordo com a Lei nº 9.434, de 4.02.1997, regulamentada pelo Decreto nº 2.170, de 4.03.1997.

O art. 14 admite a validade da disposição mesmo para fins científicos ou altruísticos, mas somente fazendo-se o aproveitamento após a morte: "É válida, com objetivo científico, ou altruístico, a disposição gratuita do próprio corpo, no todo ou em parte, para depois da morte". Sempre, porém, assegura-se a revogação do ato de vontade, na ordem do parágrafo único: "O ato de disposição pode ser livremente revogado a qualquer tempo".

O art. 15 dá plena liberdade ao paciente para submeter-se a tratamento médico ou a intervenção cirúrgica que importe em risco de vida: "Ninguém pode ser constrangido a submeter-se, com risco de vida, a tratamento médico ou a intervenção cirúrgica". A relevância da regra está nos casos de doença grave, quando remotas as possibilidades de cura, e grande o risco de desenlace fatal. Não estando consciente a pessoa, nem os parentes próximos podem substituir a decisão. Prevalece, aí, a determinação médica, posto que, do contrário, possível a caracterização de omissão de socorro. Havendo, porém, recusa do paciente, fica afastada a intervenção cirúrgica, em qualquer situação, como domina no direito francês, segundo relatam os autores Mazeaud, que se reportam em anteprojeto do Código Civil e apontam precedente da Corte de Angers. Todavia, não ensejando risco de vida, ou risco anormal, perde a pessoa eventual direito de indenização contra o eventual causador da lesão ou doença: "Si el tratamiento no implica ningún riesgo anormal, aquélla pierde, en caso de negarse, el derecho de alegar la enfermedad o la invalidez que el tratamiento habría podido impedir, suprimir o atenuar. El texto no parece ser más que la aplicación de la jurisprudencia dominante, que se niega a constreñir a la víctima a someterse a una intervención quirúrgica, desde el momento en que esa intervención presenta un riesgo cualquiera o es susceptible de llevar consigo un gran sufrimiento".[12]

Nos arts. 16 a 20, se encontram regras relativas ao nome, compreendidos o prenome e o sobrenome, a que toda pessoa tem o direito, sem que a exponha ao ridículo, e vedando-se a sua exploração desautorizada:

"Art. 16. Toda pessoa tem direito ao nome, nele compreendidos o prenome e o sobrenome.

Art. 17. O nome da pessoa não pode ser empregado por outrem em publicações ou representações que a exponham ao desprezo público, ainda quando não haja intenção difamatória.

Art. 18. Sem autorização, não se pode usar o nome alheio em propaganda comercial."

Protege o art. 19 o pseudônimo: "O pseudônimo adotado para atividades lícitas goza da proteção que se dá ao nome".

Quanto ao nome e pseudônimo, a Súmula 221 do STJ, na proteção, a responsabilidade é tanto do autor do dano quanto do proprietário do veículo de divulgação: "São civilmente responsáveis pelo ressarcimento do dano, decorrente da publicação pela imprensa, tanto o autor do escrito quanto o proprietário do veículo de divulgação".

---

[12] *Lecciones de Derecho Civil*, ob. cit., vol. II, primeira parte, p. 288.

O art. 20 ampara a obra intelectual, cuja utilização depende de permissão do autor, salvo duas exceções. "Salvo se autorizadas, ou se necessárias à administração da justiça ou à manutenção da ordem pública, a divulgação de escritos, a transmissão da palavra, ou a publicação, a exposição ou a utilização da imagem de uma pessoa poderão ser proibidas, a seu requerimento e sem prejuízo da indenização que couber, se lhe atingirem a honra, a boa fama ou a respeitabilidade, ou se se destinarem a fins comerciais". A primeira ressalva está na utilização do uso se necessário à administração da justiça ou à manutenção da ordem pública; a segunda restringe a proibição quando a divulgação da palavra ou da imagem ofende a honra, a boa fama ou a respeitabilidade da pessoa, ou se o objetivo dirige-se a fins comerciais. Já o parágrafo único outorga a defesa, na violação aos direitos, ao cônjuge, aos ascendentes ou aos descendentes: "Em se tratando de morto ou de ausente, são partes legítimas para requerer essa proteção o cônjuge, os ascendentes ou os descendentes".

Cuida o art. 21 da intimidade: "A vida privada da pessoa natural é inviolável, e o juiz, a requerimento do interessado, adotará as providências necessárias para impedir ou fazer cessar ato contrário a esta norma". Mais extensamente, já vinha a proteção no art. 5º, inc. X, da Carta da República: "São invioláveis a intimidade, a vida privada, a honra e a imagem das pessoas, assegurado o direito à indenização pelo dano material ou moral decorrente de sua violação". Pelo inc. XII do citado artigo, estende-se a inviolabilidade ao sigilo de correspondência e das comunicações telegráficas, aos dados e às comunicações telefônicas, a menos que haja ordem judicial em contrário, concedida em hipóteses que a lei complementar há de estabelecer para fins de investigação criminal ou de instrução processual penal.

Obviamente, outros direitos existem, consagrados na Constituição Federal. Os assinalados pelo Código Civil abrangem a mais proteção e disposição do corpo, a liberdade sobre a incolumidade física, a submissão a tratamento médico ou intervenção cirúrgica com risco de vida, o nome, as criações intelectuais, os valores morais, e a vida pessoal e a intimidade.

Para ter-se uma ideia geral, analisam-se, em primeiro lugar, os direitos fundamentais, ou os mais importantes, e especificadamente alguns direitos da personalidade, que englobam os direitos elencados pelo Código Civil, como segue:

4.1. Direitos fundamentais

Como fundamentais dizem-se porque necessários para a vida, tornando-a possível e assegurando dignidade à pessoa. São os direitos primários e mais importantes, assegurados pela Constituição Federal, e que não podem ser revogados. Ou seja, aduz Ingo Wolfgang Sarlet, foram

"guindados pelo Constituinte à condição de limites materiais à reforma constitucional, incluídos que foram nas assim chamadas 'cláusulas pétreas' (art. 60, § 4º,

IV) de nossa Lei Fundamental. Os indicadores referidos demonstram, portanto, mesmo que se queira negar a existência de um autêntico sistema dos direitos fundamentais em nossa Constituição, que, no mínimo, há como sustentar – na esteira de Klaus Stern – uma convergência sistêmica nesta seara, com reflexos imediatos no que concerne à sua concretização, aplicação e interpretação".[13]

Integram, pois, as chamadas cláusulas pétreas, que são as não atingíveis pelas possíveis reformas da Constituição. Constituem, segue Ingo Wolfgang Sarlet,

> "todas aquelas posições jurídicas concernentes às pessoas, que, do ponto de vista do direito constitucional positivo, foram, por seu conteúdo e importância (fundamentalidade em sentido material), integradas ao texto da Constituição e, portanto, retiradas da esfera da disponibilidade dos poderes constituídos (fundamentalidade formal), bem como as que, por seu conteúdo e significado, possam lhes ser equiparados, agregando-se à Constituição material, tendo, ou não, assento na Constituição formal (aqui considerada a abertura material do Catálogo)".[14]

Envolvem os direitos personalíssimos, considerados, na classificação de Ricardo Luis Lorenzetti, como "as prerrogativas de conteúdo extrapatrimonial, inalienáveis, perpétuas e oponíveis *erga omnes*, que correspondem a toda pessoa, por sua própria condição e desde antes de seu nascimento até depois de sua morte, e de que não pode ser privada pela ação do Estado ou de outros particulares, porque isto implicaria desprezo ou menoscabo da personalidade".[15]

Dividem-se em quatro grandes ordens, nesta sequência:

a) Direitos individuais, que se estendem a cada pessoa, considerada como ente individual, sobressaindo o direito à vida, à saúde, à liberdade, à propriedade, à segurança, à igualdade, à defesa, enfocados como direitos de personalidade. Destacam-se, ainda, o direito à intimidade, à inviolabilidade do domicílio, à liberdade de reunião, de associação, de agremiação política; ao direito de resposta e de autor; o direito à liberdade de consciência e de crença; e de indenização por dano moral ou à imagem.

b) Direitos sociais, que estabelecem garantias sociais, ou reconhecidos de modo geral a todos. Salientam-se os direitos à assistência previdenciária, social e médica, ao amparo à infância e à velhice, ao lazer, ao ensino, ao trabalho, à segurança, ao transporte. Normalmente são prestados pelo Estado. Nos direitos sociais está a assistência social prevista no

---

[13] *A Eficácia dos Direitos Fundamentais*, ob. cit., p. 74.
[14] *A Eficácia dos Direitos Fundamentais*, 12ª ed., Porto Alegre, Livraria do Advogado Editora, 2015, p. 74.
[15] *Fundamentos do Direito Privado*, ob. cit., p. 291.

art. 203 da Constituição Federal, mas que depende de lei, diante da decisão na ADIn nº 1.232-DF, de 7.12.1993, e de outros precedentes do STF, conforme explica Ingo Wolfgang Sarlet:

"Percebe-se, com base nestas decisões, que o Supremo Tribunal Federal acabou por considerar ambos os direitos fundamentais (salário mínimo e assistência social) como direitos dependentes de lei e, portanto, positivados como normas de eficácia limitada".[16]

c) Direitos econômicos, ou de conteúdo material, financeiro, como o direito de propriedade, de remuneração digna, de preços de produtos agrícolas que atendam os investimentos e a sobrevivência, de proteção contra reajustes abusivos nos preços, de propriedade industrial, de participação dos trabalhadores nos lucros nas empresas, de indenização pelos prejuízos ou danos materiais. Dentro dessa classe, proíbe-se a retenção de salários, ou a sua penhora: "Banco que para satisfazer o seu crédito retém os salários do devedor. Conduta que fere as disposições dos arts. 5º, LIV, e 7º, X, da Constituição Federal, os quais visam à proteção do salário e impedem a privação de bens do devedor sem um anterior provimento jurisdicional. Impenhorabilidade dos vencimentos dos servidores públicos (art. 649, IV, do CPC). Se esses valores não podem sofrer constrição judicial, exceto na hipótese de execução por dívida de alimentos, muito menos o banco credor tem direito à retenção *sponte propria* dos vencimentos do devedor creditados em conta corrente, porque tais verbas têm natureza alimentar".[17]

O art. 649, IV, acima citado, corresponde ao art. 833, IV, do novo CPC.

No tocante ao referido art. 649, inc. IV (art. 833, IV, do novo CPC), necessário anotar que a redação trazida pela Lei nº 11.382, de 6.12.2006, ampliou o rol de direitos protegidos: os vencimentos, subsídios, soldos, salários, remunerações, proventos de aposentadoria, pensões, pecúlios e montepios; as quantias recebidas por liberalidade de terceiro e destinadas ao sustento do devedor e sua família, os ganhos de trabalhador autônomo e os honorários de profissional liberal.

d) Direitos políticos, que asseguram a participação do indivíduo na organização do Estado, como o direito ao voto, de ser votado, de participar nas atividades políticas, de impor o respeito à lei, de exigir a obediência das decisões, de fiscalizar os atos das autoridades ou administradores. Nesta categoria podem ser incluídos os direitos de cidadania, como representar, em ação popular, contra os que, em cargos públicos, praticam

---

[16] *A Eficácia dos Direitos Fundamentais*, ob. cit., p. 321.
[17] TJDF. Apelação nº 39.143/96. 3ª Turma Cível, de 10.06.1996, em *Revista Forense*, 342/395.

atos ilegais, causando prejuízo ao erário público; e requerer perante os órgãos públicos o atendimento das necessidades sociais e serviços que lhe são afetos.

Formam os chamados direitos do estado civil, que são imprescritíveis, segundo escrevem Planiol e Ripert: "Ni aun el tiempo es bastante a permitir que se eluda el estado civil cuando éste se deriva de una situación independiente de la duración como en la filiación, por ejemplo".[18]

4.2. Direito à vida

O direito à vida, proclamado no art. 5º da Carta Federal, constitui o maior dos direitos, sem o qual perdem qualquer sentido os outros direitos. É o mais primário dos direitos, pressuposto ontológico de todas as aspirações, da existência e finalidade do próprio Estado, desdobrando-se em vários campos, nos quais incluem-se o direito à saúde, à segurança, ao trabalho, ao sustento, à moradia, à integridade física e moral, com a decorrente abominação do aborto, da eutanásia, das penas corporais. Engloba todos os componentes necessários para o proveito e o pleno desenvolvimento da vida. Inicia desde a concepção, quando o ser humano vai tomando forma, configurando a pessoa; prossegue com o nascimento e acompanha toda a existência da pessoa, terminando com a morte.

Revela-se a vida em um constante devenir, ou em uma contínua criação, com novas conquistas e perspectivas. Há um perene fluxo de avanços, progressos, transformações, expansões, enriquecimentos, o que importa no direito a um clima ou ambiente favorável à realização de infindáveis propósitos e ideais que integram a própria natureza humana.

Proclamando a inviolabilidade do direito à vida, importa em afirmar que de ninguém se tolera a prática de atos atentatórios ao conjunto de valores e componentes que integram esse direito.

O direito à vida importa no direito à procriação, não existindo leis no território nacional que imponham alguma limitação da natalidade. Podem as pessoas ter tantos filhos quanto quiserem. Não existem óbices à plena liberdade de procriar, mesmo que total a incapacidade material, cultural e social para o sustento, a educação, e a capacitação dos filhos ao futuro.

Verdade que existe a Lei nº 9.263, de 12.01.1996, sobre o planejamento familiar, sem, no entanto, impor algum cerceamento ao número de filhos que alguém pode ter. Trata-se de uma lei programática, introduzindo normas sobre o planejamento familiar, e não sobre a limitação de filhos. Assim transparece do

---

[18] *Tratado Práctico de Derecho Civil Francés*, ob. cit., tomo I, p. 11.

art. 4º: "O planejamento familiar orienta-se por ações preventivas e educativas e pela garantia de acesso igualitário a informações, meios, métodos e técnicas disponíveis para a regulação da fecundidade". O art. 10 aponta duas técnicas de limitação procriativa, permitindo a esterilização nas seguintes situações:

> "I – em homens e mulheres com capacidade civil plena e maiores de vinte e cinco anos de idade ou, pelo menos, com dois filhos vivos, desde que observado o prazo mínimo de sessenta dias entre a manifestação da vontade e o ato cirúrgico, período no qual será propiciado à pessoa interessada acesso a serviço de regulação da fecundidade, incluindo aconselhamento por equipe multidisciplinar, visando desencorajar a esterilização precoce;
>
> II – risco à vida ou à saúde da mulher ou do futuro concepto, testemunhado em relatório escrito e assinado por dois médicos".

Indispensável a autorização expressa da pessoa que se submete à esterilização.

Na ordem do § 4º do art. 10, a esterilização cirúrgica como método contraceptivo somente será executada através de laqueadura tubária, vasectomia ou de outro método cientificamente aceito, sendo vedada através de histerectomia e ooforectomia.

No entanto, em situações especialíssimas, estende-se a autorização a outros casos, como quando a mulher é pessoa com problemas mentais, sem as mínimas condições materiais para a criação e sendo viciada em drogas, como reconheceu o Tribunal de Justiça do Rio Grande do Sul, em ação promovida pela mãe da mesma, quando o relator retratou o seguinte quadro, transcrevendo parecer do Ministério Público: "O planejamento familiar no Brasil tem conteúdo incompreensível. Enquanto as classes bem favorecidas planejam suas famílias, utilizando todos os meios contraceptivos, inclusive a esterilização, colocam-se inúmeros obstáculos quando os pobres desejam fazer a mesma coisa..."

Adiante:

> "Esquizofrênica, viciada em drogas, prostituiu-se nas ruas e mendigou para adquirir novas doses para satisfazer seu vício. Já sofreu dois abortos e dois partos, o último dos quais, ora noticiado, gerou criança malformada, com defeitos congênitos sérios e cujas funções mentais provavelmente estão comprometidas pelo alto consumo de tóxicos durante a gravidez. Em outras palavras, os malefícios estão transpondo a pessoa que se autopune para transferir-se a terceiros inocentes, no caso uma criança indefesa que arrostará, ao longo de sua vida, fardo de suas graves deficiências congênitas... Logo, este é um caso concreto em que a esterilização se impõe".[19]

---

[19] Apelação Cível nº 598388.213. Relator: Des. J. C. Teixeira Giorgis, *in ADV Informativo*, nº 43, p. 664, out. 2000.

Na vigência da sociedade conjugal, depende da autorização de ambos os cônjuges a esterilização – § 5º do mesmo artigo; se a pessoa é absolutamente incapaz, requer-se a autorização do juiz – § 6º do art. 10.

A matéria estende-se a vários outros campos, tendo profunda repercussão ética, religiosa e enfrentando forte oposição de setores ligados à Igreja Católica.

Para procriar, podem as pessoas se socorrerem da inseminação artificial, que envolve métodos de procriação sem relações sexuais, compreendendo dois métodos:

a) a inseminação assistida, a qual se efetua através da introdução do esperma na vagina por meio de uma cânula;

b) a fertilização assistida ou fecundação *in vitro*, realizada pela retirada, quase sempre pela laparoscopia, de um ou vários óvulos de uma mulher, colocando-os em um meio nutritivo, nos quais se injeta o esperma. Desde que constatada a fecundação, introduz-se o óvulo no útero da mulher, dando-se, se bem-sucedido o procedimento, a nidificação, que é a adesão ao útero, iniciando, então, a gravidez.

O direito à vida não permite o aborto, pois dando-se a concepção, há uma nova vida, surge um indivíduo novo. Discutem os filósofos e teólogos a respeito do começo ou da individualização da vida nascente no ser humano. Consuma-se a concepção da vida humana com a separação de fragmentos do corpo masculino e do corpo feminino e a sua união, interpenetrando-se. Há uma nova vida humana, ou um indivíduo diferente, separado e distinto do pai e da mãe; um ser humano em si mesmo, que possui tudo o que é necessário para organizar seu próprio desenvolvimento, seu crescimento e sua individualidade, num ambiente apropriado. A ambientação biológica num lugar natural (no útero materno) ou artificial (*in vitro*) é uma circunstância acidental. Todo ser humano, recém-iniciado ou adulto, são ou enfermo, com funções biológicas ou insuficientes, deve ser respeitado em sua vida e dignidade. Aí está o embrião humano, que é pessoa desde o instante da fusão do esperma e do óvulo, através de meio normal, ou da inseminação artificial, seja pela introdução do esperma no útero por meio de uma cânula, seja pela introdução do esperma no óvulo *in vitro*. Os diversos momentos ou etapas posteriores que se seguem formam simples hiatos necessários para a sua continuidade, até chegar ao feto e ao parto.

Duas exceções à proibição do aborto encontram-se no art. 128 do Código Penal:

"Não se pune o aborto praticado por médico:

I – se não há outro meio de salvar a vida da gestante;

II – se a gravidez resultar de estupro e o aborto é precedido de consentimento da gestante ou, quando incapaz, de seu representante legal".

A interpretação das exceções estende-se a situações próximas, como no caso de estar sem o cérebro o feto, e acarretar a continuidade da gestação perigo à mãe: "Tendo em vista o dever do Estado de assegurar o bem comum, promovendo a saúde e atendendo aos fins sociais da lei, admissível a interrupção da gravidez, comprovando-se que o feto é portador de má formação congênita, caracterizada por anencefalia – ou ausência de cérebro – afecção irreversível que impossibilita totalmente a sobrevivência extrauterina, hipótese em que, ao direito da gestante, não cabe opor interpretação restritiva da legislação penal".[20]

O Código Penal, além de proibir, como regra geral, o aborto (arts. 124 a 127), discrimina outros crimes contra a vida, e assim o homicídio, nas suas diversas formas (art. 121 e parágrafos); o induzimento, instigação ou auxílio ao suicídio (art. 122); e o infanticídio (art. 123).

De outro lado, o direito constitucional à vida exclui a possibilidade da eutanásia, que constitui o auxílio ativo de outrem para realizar o desejo de uma pessoa, apoiada em razões justificáveis, em pôr fim à sua vida.

4.3. Direito à saúde

Consta esse direito previsto nos arts. 196, 197 e 198 da Constituição Federal, sendo a concretização ou uma dimensão do direito à vida. Inútil colocar em primeiro lugar o direito à vida se negados os direitos decorrentes, que o asseguram. Estabelece o art. 196: "A saúde é direito de todos e dever do Estado, garantido mediante políticas sociais e econômicas que visem à redução do risco de doença e de outros agravos e ao acesso universal e igualitário às ações e serviços para sua promoção, proteção e recuperação". Já o art. 197, dentre outras previsões, atribui ao Poder Público a regulamentação, a fiscalização e o controle dos serviços de saúde, serviços esses que serão executados diretamente ou através de terceiros. O art. 198 traça as diretrizes que orientam a prestação dos serviços ligados à saúde, estabelecendo a responsabilidade atribuída à União, aos Estados, ao Distrito Federal e aos Municípios, que manterão e administrarão o Sistema Único de Saúde – SUS, oportunizando a participação das instituições privadas de forma complementar.

As normas constitucionais tiveram consolidada a sua eficácia plena com o advento da legislação complementar integrativa, destacando-se a Lei nº 8.080, de 1990, que implantou o SUS, enfatizando no art. 2º: "A saúde é um direito fundamental do ser humano, devendo o Estado prover as condições indispensáveis ao seu pleno exercício".

O direito à saúde importa em conceder os meios para a sua efetivação. A matéria vem sendo constantemente enfrentada pelos pretórios, chegando ao

---

[20] TAMG. Apel. Cível nº 0219008-9/00. 1ª Câm. Cível, de 12.06.1996.

Supremo Tribunal Federal, que manda o Poder Público fornecer medicamentos àqueles que não dispõem de recursos para o tratamento necessário à cura.

Num dos vários pronunciamentos do Supremo Tribunal Federal, lançaram-se os seguintes fundamentos, para ordenar o Estado a fornecer os remédios indispensáveis: "A saúde, ou doença, está no corpo, impondo-se preservar a primeira, nas ações programáticas, e curar a segunda, na atenção particularizada, fornecendo aos carentes os medicamentos excepcionais, como os necessários ao tratamento da AIDS, como é de previsão legal...".

No curso da decisão, colhe-se, ainda: "O preceito do art. 196 da Carta da República, de eficácia imediata, revela que 'a saúde é direito de todos e dever do Estado, garantido mediante políticas sociais e econômicas que visem à redução do risco de doença e de outros agravos e ao acesso universal e igualitário às ações e serviços para a sua promoção, proteção e recuperação'. A referência, contida no preceito, a 'Estado', mostra-se abrangente, a alcançar a União Federal, os Estados propriamente ditos, o Distrito Federal e os Municípios. Tanto é assim que, relativamente ao Sistema Único de Saúde, diz-se do financiamento, nos termos do art. 195, com recursos do orçamento, da seguridade social, da União, dos Estados, do Distrito Federal e dos Municípios, além de outras fontes. Já o *caput* do artigo forma, como diretriz, a descentralização das ações e serviços públicos de saúde que devem integrar rede regionalizada e hierarquizada, como direção única em cada esfera de governo. Não bastasse o parâmetro constitucional de eficácia imediata, considerada a natureza, em si, da atividade, afigura-se como fato incontroverso, porquanto registrada, no acórdão recorrido, a existência de lei no sentido da obrigatoriedade de fornecer-se os medicamentos excepcionais, como são os concernentes à Síndrome da Imunodeficiência Adquirida (SIDA/AIDS), às pessoas carentes".[21]

Em mais uma ocasião: "Doente portadora do vírus HIV, carente de recursos indispensáveis à aquisição dos medicamentos de que necessita para seu tratamento. Obrigação imposta pelo acórdão ao Estado. Alegada ofensa ao artigo 196 da CF. Decisão que teve por fundamento central dispositivo de lei (artigo 1º da Lei nº 9.908/93), por meio do qual o próprio Estado do Rio Grande do Sul, regulamentando a norma do artigo 196 da Constituição Federal, vinculou-se a um programa de distribuição de medicamentos a pessoas carentes, não havendo, por isso, que se falar em ofensa ao dispositivo constitucional apontado. Recurso não conhecido".[22]

---

[21] Agravo de Instrumento nº 238.828. Relator: Min. Marco Aurélio. 2ª Turma, publ. de 18.02.2000, em Seleções Jurídicas do periódico *Advocacia Dinâmica – ADV*, p. 10, maio-jun. 1999.

[22] Recurso Extraordinário nº 247.120-8-RS. Relator: Min. Ilmar galvão. 1ª turma, publ. em 29.10.1999, publicação *adv advocacia dinâmica*, jurisprudência, boletim semanal nº 5, p. 68, fev. 2000.

Efetivamente, aos portadores de HIV (Vírus da Imunodeficiência Humana) e doentes da AIDS (Síndrome da Imunodeficiência Adquirida), a Lei nº 9.313, de 1996, no art. 1º, manda que "receberão, gratuitamente, do Sistema Único de Saúde, toda a medicação necessária a seu tratamento", sendo suportadas as despesas exigidas pelos Estados, Distrito Federal e Municípios, conforme o art. 2º, os quais terão, como suporte, o repasse, pela União, através de convênio, de verbas destinadas aos custos com a saúde.

Em todos os campos estende-se o fornecimento de meios ao tratamento, justamente porque a vida não se ergue como um valor ideal, não bastando a mera proteção de sorte a ninguém ceifá-la injustamente, isto é, sem se encontrar numa situação de legítima defesa. Compreende uma série de atos importantes para a sua proteção. Vem a propósito a análise aos dispositivos constitucionais feita por José Afonso da Silva: "Vida, no texto constitucional (art. 5º, *caput*) não será considerada apenas no seu sentido biológico de incessante autoatividade funcional, peculiar à matéria orgânica, mas na sua acepção biográfica mais compreensiva. Sua riqueza é de difícil apreensão porque é algo dinâmico, que se transforma incessantemente sem perder sua própria identidade. É mais um processo (processo vital), que se instaura com a concepção, transforma-se, progride, mantendo sua identidade até que muda de qualidade, deixando, então, de ser vida para ser morte. Tudo que interfere em prejuízo deste fluir espontâneo e incessante contraria a vida".[23]

Realmente, aquilo que contraria a saúde, ou não assegura os meios para a sua defesa, contraria a vida.

Ingo Wolfgang Sarlet inclui o fornecimento de bens e serviços para assegurar o direito fundamental à saúde:

> "Outro ponto crucial vinculado ao direito à saúde (mas também a outras prestações na esfera do que se pode designar de um mínimo existencial) é o fornecimento de bens e serviços essenciais pelo poder público ou por sua delegação, como é o caso do saneamento básico (incluindo especialmente o acesso às fontes de água potável) e do fornecimento de energia elétrica, de resto, crucial ponto de contato entre o Direito Público e o Privado, do que dá conta especialmente a inserção da matéria no Código de Defesa do Consumidor".[24]

4.4. Proteção da personalidade depois da morte

Além do observado no item 4.3 do Capítulo VII, deve-se assegurar proteção à memória, à imagem, às obras, isto é, à personalidade, do falecido. Merecem proteção especialmente os direitos morais, a honra, o passado, a obra.

---

[23] *Curso de Direito Constitucional Positivo*, ob. cit., p. 176.
[24] *A Eficácia dos Direitos Fundamentais*, ob. cit., p. 340.

Pelo bom senso ou pela razoabilidade de qualquer raciocínio, reconhece-se ao cônjuge sobrevivente, aos ascendentes e descendentes, e até aos parentes colaterais legitimidade para exigir a cessação de ataques ou violações.

O Código Civil institui esse direito de exigir a cessação de ataques ou ofensas aos falecidos. Realmente, estatui o art. 12: "Pode-se exigir que cesse a ameaça, ou a lesão, a direito da personalidade, e reclamar perdas e danos, sem prejuízo de outras sanções previstas em lei".

O parágrafo único indica as pessoas às quais se admite legitimidade para postular a cessação das ofensas, e inclusive se pleiteiem os direitos decorrentes: "Em se tratando de morto, terá legitimação para requerer a medida prevista neste artigo o cônjuge sobrevivente, ou qualquer parente da linha reta, ou colateral até o quarto grau". Explica-se que parentesco em linha reta envolve a precedência de umas pessoas das outras, e, assim, iniciando com o bisavô, o avô, o filho, o neto e o bisneto. Já no parentesco em linha colateral, também chamada transversal ou oblíqua, há um tronco comum, sem descenderem as pessoas umas das outras. Tem-se um ascendente comum, do qual advêm os descendentes, e formando-se uma relação de parentesco entre, v.g., os filhos dos descendentes. Assim, parte-se de determinados parentes, e chega-se ao ascendente comum, que pode ser o avô. Inicia-se dos parentes dos quais se quer saber o parentesco em relação ao ascendente comum. Vai-se ao tronco comum, e retorna-se ao parente que se quer saber o grau de parentesco. Numa hipótese exemplificativa, os primos são filhos de irmãos ou irmãs. O avô é o tronco comum. Temos, pois: do filho ao pai – uma geração; do pai ao avô – outra geração; e, no retorno, do avô ao filho – uma geração; do filho para o neto – mais uma geração. Na ida e volta, são quatro gerações, sempre tendo em conta o ascendente comum, e o parentesco na linha colateral.

De modo que, na linha reta, o ascendente ou descendente reveste-se de legitimidade para o exercício do direito. Na linha colateral, o direito reserva-se aos primos (filhos de irmãos) e aos tios (pais irmãos).

Prolongando-se os valores para além da morte, a tutela também deve estender-se. Não se está defendendo um objeto, ou uma coisa, que é o corpo humano, mas sim o valor pessoal, a emanação da pessoa, os atributos decorrentes do espírito.

O respeito aos mortos também impõe a proteção, tanto que a lei penal pune a violação ao cadáver. Mais detidamente, em vários dispositivos o Código Penal trata da matéria. Seu art. 209 traz cominações para quem impede ou perturbe a cerimônia fúnebre e o enterro; o art. 210 cuida da violação de sepultura; o art. 211 prevê penas para a subtração ou ocultação de cadáver; e o art. 212 assinala as penalidades para o vilipêndio a cadáver, ou às respectivas cinzas. Não interessa que, com a morte, tudo cessa, e que nada mais sinta o falecido. Até por dever de reverência não aceita a sensibilidade humana ofensas a quem não mais pode se defender, o que constitui um legado que vem desde o início da humanidade.

4.5. Proteção à integridade física e disposição do próprio corpo

A lei penal protege a integridade física da pessoa, atribuindo penas àqueles que causam delituosamente lesões corporais a outros atentados à saúde de outrem. Lembra Carlos Alberto Bittar: "O bem jurídico visado é a incolumidade física e intelectual. Preservam-se, com o direito reconhecido, os dotes naturais e os adquiridos pela pessoa, em nível físico e em nível mental, profligando-se qualquer dano ao seu corpo ou à sua mente. Condenam-se atentados ao físico, à saúde, e à mente, rejeitando-se, social e individualmente, lesões causadas à normalidade funcional do corpo humano".[25]

No âmbito da proteção contemplada no Código Penal, encontra-se a integridade física (art. 129), a exposição a contágio de moléstia venérea (art. 130), o perigo de contágio de moléstia grave (art. 131), o perigo para a vida ou a saúde de outrem (art. 132), o abandono de incapaz (art. 133), a exposição ou abandono de recém-nascido (art. 134), a omissão de socorro (art. 135), os maus-tratos (art. 136), e a participação em rixa (art. 137).

De outro lado, está dentro dos direitos da personalidade a doação de órgãos, tecidos ou partes do corpo humano, constando a autorização no art. 1º da Lei nº 9.434, de 04.02.1997, alterada pela Lei nº 10.211, de 23.03.2001: "A disposição gratuita de tecidos, órgãos e partes do corpo humano, em vida ou *post mortem*, para fins de transplante e tratamento, é permitida na forma desta Lei". Não se incluem entre os tecidos referidos no dispositivo o sangue, o esperma e o óvulo (parágrafo único do mesmo dispositivo). No art. 9º é repetida a permissão à pessoa viva juridicamente capaz: "É permitida à pessoa juridicamente capaz dispor gratuitamente de tecidos, órgãos e partes do próprio corpo vivo para fins terapêuticos ou para transplante em cônjuge ou parentes consanguíneos até o quarto grau, inclusive, na forma do § 4º deste artigo, ou em qualquer outra pessoa, mediante autorização judicial, dispensada esta em relação à medula óssea". Constata-se nos dispositivos a condição da gratuidade para a permissão. Outrossim, tanto em vida como *post mortem* assegura-se a disposição, que terá em vista o transplante e o tratamento.

É indispensável a autorização, para a retirada de órgãos ou tecidos depois da morte, do cônjuge ou certos parentes do doador: do cônjuge ou parente até o segundo grau, maior de idade, obedecida a linha sucessória, reta ou colateral, até o segundo grau inclusive, nos termos do art. 4º: "A retirada de tecidos, órgãos e partes do corpo de pessoas falecidas para transplantes ou outra finalidade terapêutica dependerá da autorização do cônjuge ou parente, maior de idade, obedecida a linha sucessória, reta ou colateral, até o segundo grau inclusive, firmada em documento subscrito por duas testemunhas presentes à verificação da morte".

---

[25] *Curso de Direito Civil*, ob. cit., vol. 1, p. 250.

A autorização dos parentes acima mencionados revela-se indispensável. Não importa que haja a autorização do doador, em vida, para a retirada *post mortem*, como vinha na versão original da Lei nº 9.343, e muito menos deixa de prevalecer a permissão mesmo que expressa em vida a negativa do doador em documento. Anteriormente à Lei nº 10.211, pelo então § 1º do art. 4º, para impedir a utilização de órgãos ou partes do corpo, impunha-se a oposição gravada na Carteira de Identidade Civil e na Carteira Nacional de Habilitação, de forma indelével e inviolável. Ou seja, se nada constasse em tais documentos, prevalecia o intuito de doar.

O assunto foi tratado a fundo por Rita Maria Paulina dos Santos, expondo a necessidade de consentimento manifesto do doador, exigência imposta pela Medida Provisória nº 1.734/98, alterando a legislação que foi evoluindo até o advento da Lei nº 10.211.[26]

Várias as exigências técnicas e médicas determinadas para a retirada depois da morte.

O art. 3º coloca como condição o diagnóstico da morte: "A retirada *post mortem* de tecidos, órgãos ou partes do corpo humano destinados a transplante ou tratamento deverá ser precedida de diagnóstico de morte encefálica, constatada e registrada por dois médicos não participantes das equipes de remoção e transplante, mediante a utilização de critérios clínicos e tecnológicos definidos por resolução do Conselho Federal de Medicina". Faculta o § 3º do mesmo artigo o acompanhamento de médico da família do falecido.

Em prontuários médicos constarão os resultados ou laudos dos exames no cadáver: "Os prontuários médicos, contendo os resultados ou os laudos dos exames referentes aos diagnósticos de morte encefálica e cópias dos documentos de que tratam os arts. 2º, parágrafo único; 4º e seus parágrafos; 5º; 7º; 9º, §§ 2º, 4º, 6º e 8º, e 10, quando couber, e detalhando os atos cirúrgicos relativos aos transplantes e enxertos, serão mantidos nos arquivos das instituições referidas no art. 2º por um período mínimo de cinco anos".

Para a retirada, os estabelecimentos devem estar habilitados e autorizados pelo Sistema Único de Saúde, imposição que está no art. 2º: "A realização de transplante ou enxertos de tecidos, órgãos ou partes do corpo humano só poderá ser realizada por estabelecimento de saúde, público ou privado, e por equipes médico-cirúrgicas de remoção e transplante previamente autorizados pelo órgão de gestão nacional do Sistema Único de Saúde".

Nos termos do § 2º do mesmo artigo, as instituições autorizadas remeterão relatórios ao Sistema Único de Saúde – SUS, contendo os nomes dos pacientes receptores.

Outrossim, o parágrafo único do citado artigo ordena a submissão do corpo do doador à prévia triagem de exames para o diagnóstico de infecções

---

[26] *Dos Transplantes de Órgãos à Clonagem*, ob. cit., p. 48.

e infestações de doenças: "A realização de transplantes ou enxertos de tecidos, órgãos e partes do corpo humano só poderá ser autorizada após a realização, no doador, de todos os testes de triagem para diagnóstico de infecção e infestação exigidos em normas regulamentares expedidas pelo Ministério da Saúde".

O art. 5º cuida da remoção *post mortem* de tecidos, órgãos ou partes do corpo de pessoa juridicamente incapaz, que faz depender da permissão de ambos os pais ou de seus responsáveis: "A remoção *post mortem* de tecidos, órgãos ou partes do corpo de pessoa juridicamente incapaz poderá ser feita desde que permitida expressamente por ambos os pais, ou por seus responsáveis legais".

Proíbe-se a remoção de órgãos *post mortem* de pessoa não identificada, nos termos do art. 6º: "É vedada a remoção *post mortem* de tecidos, órgãos ou partes do corpo de pessoas não identificadas".

Não havendo assistência médica na morte, a remoção dependerá de autorização de patologista de serviço de verificação de óbito, como ordena o parágrafo único do art. 7º: "No caso de morte sem assistência médica, de óbito em decorrência de causa mal definida ou de outras situações nas quais houver indicação de verificação da causa médica da morte, a remoção de tecidos, órgãos ou partes de cadáver para fins de transplante ou terapêutica somente poderá ser realizada após a autorização do patologista do serviço de verificação de óbito responsável pela investigação e citada em relatório de necropsia".

Na doação em vida, autorizada pelo art. 9º, várias particularidades são discriminadas nos §§ 3º ao 5º, sendo que os anteriores ficaram vetados:

- Permite-se a doação quando se tratar de órgãos duplos, de partes de órgãos, tecidos ou partes do corpo cuja retirada não impeça o organismo do doador de continuar vivendo sem risco para a sua integridade e não represente grave comprometimento de suas aptidões vitais e saúde mental, nem cause mutilação ou deformação inaceitável, para atender a uma necessidade terapêutica comprovadamente indispensável à pessoa receptora.
- O doador autorizará, preferencialmente por escrito e diante de testemunhas, especificamente o tecido, órgão ou parte do corpo objeto da retirada.
- Permite a revogação da doação pelo doador ou pelos responsáveis legais a qualquer momento antes de sua concretização.
- Admite-se que o indivíduo juridicamente incapaz, com compatibilidade imunológica comprovada, faça doação nos casos de transplante de medula óssea, havendo consentimento de ambos os pais ou seus responsáveis legais, e autorização judicial, e desde que o ato não ofereça risco para a sua saúde.
- À gestante faculta-se dispor de tecidos, órgãos ou partes de seu corpo vivo, exceto quando se tratar de doação de tecido para ser utilizado

em transplante de medula óssea, e desde que o ato não ofereça risco à sua saúde ou ao feto.
– Depende unicamente do consentimento do próprio indivíduo o autotransplante (que é a transferência de tecidos, órgãos ou partes do corpo humano de um lugar para outro do corpo de uma mesma pessoa), registrado em seu prontuário médico; sendo ele juridicamente incapaz, depende de um de seus pais ou responsáveis legais.

Outrossim, indispensável a compatibilidade sanguínea em todos os casos entre o doador e o receptor, exigida a demonstração quando retirados os órgãos de pessoa viva, como expõe J. M. Leoni Lopes de Oliveira: "No caso de doação de órgãos ou parte do corpo de pessoa viva, é necessária a histocompatibilidade sanguínea e imunológica comprovada entre o doador e o receptor. Receptor é a pessoa em condições de receber, por transplante, órgão ou partes do corpo de pessoa viva ou morta. Justifica tal exigência o fato de estar vinculada à finalidade do transplante, que deve apresentar perspectivas fundadas de prolongamento de vida ou melhora de saúde. Ora, se não existir histocompatibilidade sanguínea e imunológica comprovada entre o doador e o receptor, não haverá, certamente, perspectivas fundadas de prolongamento de vida ou melhora de saúde".[27]

O art. 10 condiciona que o transplante ou enxerto se fará sempre com o consentimento do receptor, que se habilitará à recepção em lista única de espera, controlada pelo Sistema Único de Saúde: "O transplante ou enxerto só se fará com o consentimento expresso do receptor, assim inscrito em lista única de espera, após aconselhamento sobre a excepcionalidade e os riscos do procedimento". Se tratar-se de pessoa incapaz, ou sem condições de por si decidir em face de seu estado de saúde, dará a autorização um dos progenitores ou responsáveis, em obediência do § 1º.

Quanto à lista única de espera, será controlada por órgãos, submetendo-se ao critério estabelecido pelos órgãos próprios do Sistema Único de Saúde, devendo as instituições hospitalares, onde ocorreu o diagnóstico da morte encefálica, notificar a unidade federada da ocorrência em pacientes por elas atendidas, com a finalidade de se dar um tratamento uniforme e igualitário aos pacientes inscritos e necessitados de transplantes.

A matéria envolve vários outros aspectos, de profundo questionamento, inclusive de ordem ética, penal e administrativa, com a previsão de diversos tipos de sanções ou penas que vão desde a aplicação de multa até a reclusão, bastando os apresentados para evidenciar que está na área dos direitos da personalidade a disposição do próprio corpo, quanto a órgãos, tecidos e partes do corpo humano para fins de transplante e tratamento médico.

---

[27] *Direito Civil – Teoria Geral do Direito*, ob. cit., vol. 2, p. 216.

4.6. Mudança de sexo

Frequentes têm sido as celeumas em torno da mudança de sexo, realizada por meio de cirurgia, que envolve ato sobre a disposição do próprio corpo. Objetiva-se, com a prática, a alteração do estado individual, passando do sexo masculino para o sexo feminino, ou, mais raramente, do feminino para o masculino.

Na primeira hipótese, amputam-se seus órgãos sexuais. Aproveita-se a pele sensível do pênis para a feitura de uma vagina artificial, e aumentam-se os seios, segundo explica J. M. Leoni Lopes de Oliveira, que segue, quanto às mulheres: "Nas mulheres, consistem (as cirurgias) em remover os seios e na histerectomia. Com pele retirada da região abdominal ou inguinal, é preparado o novo pênis (faloneoplastia), conseguindo-se, muitas vezes, segundo informa Roberto Farina, em *Cirurgia Plástica e Reparadora*, um pênis de dimensões normais e funções também quase normais".

Adiante, segue: "Essas cirurgias são complementadas com a ministração de hormônios sexuais: testosterona para os que passam a ser considerados homens e estrogênio para as mulheres 'reconstruídas', destinados a estimular as características secundárias do sexo adotado".[28]

Ocorre que, nas cirurgias, não se dá a instalação de novos órgãos, e nem há o implante de órgãos diferentes, substituindo outros. A menos que se encontrem existentes os órgãos em estado imaturo, num procedimento de correção, o que vem a caracterizar uma recondução do que já se encontra no organismo humano, fazendo que passe a preponderar. Em seres humanos ambivalentes, com o domínio de características psíquicas femininas, encontra-se essa realidade.

Normalmente, porém, as cirurgias de mudança de sexo não passam de procedimentos mutiladores, pois se desenvolvem na remoção de órgãos existentes, substituindo-se por outros, feitos artificialmente, semelhantes aos normais e originais encontrados comumente nas pessoas. É realmente mutiladora a cirurgia, posto que retira órgãos do corpo humano, enxertando outros que constituem uma imitação grosseira do correspondente ao do sexo oposto, não alimentado por células e hormônios próprios da natureza inata.

Diz-se, em vista deste simulacro ou arremedo, não acompanhado pelas funções que desempenham os órgãos sexuais nascidos normalmente, que não existe mudança real do homem para mulher, ou vice-versa. Daí a impossibilidade de retificar o assento de nascimento para o fim de trocar o sexo na qualificação. Não pode um ato cirúrgico descaracterizar uma sexualidade e criar outra. Mesmo que embutida uma vagina no lugar do pênis, não se implanta no organismo as funções procriadoras ou próprias do sexo feminino. A emasculação do indivíduo não o transforma em procriador, sendo impossível

---

[28] *Direito Civil* – Teoria Geral do Direito Civil, ob. cit., p. 218.

desenvolver em seu organismo um útero, e conseguir que brotem óvulos aptos a serem fecundados. Por isso, embora as mudanças causadas nas feições exteriores dos apêndices sexuais, não se justifica a mudança de sexo na qualificação do registro civil, devendo ser indeferido pedido para a sua retificação. Apesar das transformações físicas para a adequação sexual do indivíduo à sua realidade psicossocial, acentuada pela realização da cirurgia de transgenitalização, e mesmo que o indivíduo pareça-se fisicamente com o sexo oposto e sinta-se como tal, o sexo biológico permanece inalterado.

Ocorre que, em vista dos sinais dos tempos, o STJ já determinou a averbação da mudança e sexo, o que se percebe no Recurso Especial nº 678.933/RS, da 3ª Turma, j. em 22.03.2007, *DJ* de 1.05.2007: "Mudança de sexo. Averbação no registro civil. 1. O recorrido quis seguir o seu destino, e agente de sua vontade livre procurou alterar no seu registro civil a sua opção, cercada do necessário acompanhamento médico e de intervenção que lhe provocou a alteração da natureza gerada. Há uma modificação de fato que se não pode comparar com qualquer outra circunstância que não tenha a mesma origem. O reconhecimento se deu pela necessidade de ferimento do corpo, a tanto, como se sabe, equivale o ato cirúrgico, para que seu caminho ficasse adequado ao seu pensar e permitisse que seu rumo fosse aquele que seu ato voluntário revelou para o mundo no convívio social. Esconder a vontade de quem a manifestou livremente é que seria preconceito, discriminação, opróbrio, desonra, indignidade com aquele que escolheu o seu caminhar no trânsito fugaz da vida e na permanente luz do espírito. 2. Recurso especial conhecido e provido".

4.7. O direito à liberdade

O direito à liberdade está assegurado pelo art. 5º da Constituição Federal, vindo reiterado em vários de seus incisos. Consagra-se a liberdade de pensamento (inc. IV), de consciência e crença (inc. VI), da expressão intelectual, artística, científica e de comunicação (IX), do exercício de qualquer trabalho (inc. XIII), de locomoção ou de ir e vir (incs. XV e LXVIII), de associação (inc. XVII). Várias as previsões constantes em outros pontos da Carta Magna e em diversos diplomas, não se restringindo o livre desempenho de profissões, a prática da religião que escolher a pessoa, o exercício do comércio em geral, a confecção de contratos sobre os mais diversos interesses lícitos, a escolha de divertimentos, a comunicação de notícias, a manifestação do pensamento, dentre outros setores.

Define-se a liberdade como o poder assegurado à pessoa de direcionar e dirigir sua vida. Age em consonância com a sua vontade nos planos da vida, dos negócios, do trabalho, das uniões. Consiste na faculdade de fazer ou não fazer aquilo que a ordem pública permite, e desde que não se encontre obrigada a realizar certos atos, especialmente aqueles que interessam ao público em geral, como recolhimento de tributos, de taxas.

Há múltiplas dimensões, que enfocam vários sentidos, os quais se completam e revelam a amplidão de seu campo, concebendo-a como poder, como ausência de dominação, como o indivíduo senhor de seus próprios atos, como o exercício do livre comércio e da livre-iniciativa, como manifestação das expressões francesas do final do século XVIII *laissez-faire, laissez-passer, le monde va de lui-même*. Há consenso em se afastar um conceito único ou parcial. Sequer é possível afirmar um conceito sobre a parcial expressão de liberdade que se apresenta no âmbito das relações privadas, o que permite por em dúvida as pretensões de formulação de conceitos fechados exaurientes. De outro lado, não se encara a liberdade apenas no aspecto negativo, isto é, de não sofrer privações, limitações ou cerceamentos, mas, como enfatiza Carlos Eduardo Pianovoski Ruzyk, abrange "a liberdade de realização de projetos de vida, o que diz respeito também às condições materiais para esse exercício, necessárias à confirmação do que aqui se está a denominar de liberdade substancial".[29] Mais aprofundadamente, a liberdade compreende o poder de decisão da própria pessoa sobre os rumos do seu agir e do trajeto de sua história pessoal.

É a liberdade protegida pelo Estado, tanto no plano interior como nas ações exteriores, estas desde que não afetem a liberdade de outros.

No campo do direito penal encontra-se com maior amplitude a proteção. Pune o Código Penal várias ofensas à liberdade, como o constrangimento ilegal (art. 147), o sequestro e cárcere privado (art. 148), a redução à condição análoga à de escravo (art. 149), a conduta que impede a cerimônia religiosa (art. 208), ou que atinge a liberdade sexual (arts. 213 e segs.).

4.8. O direito à imagem e à voz

O inc. X do art. 5º da Carta Maior, juntamente com outros valores, protege a imagem das pessoas, assegurado o direito à indenização pelo dano material ou moral decorrente de sua violação. No inc. XXVIII está prevista a proteção à reprodução da imagem e voz humana, o que é colocado em prática pelos tribunais: "O direito à imagem constitui direito personalíssimo, protegendo o interesse que tem a pessoa de opor-se à divulgação de sua imagem, em proteção à sua vida privada. A legitimidade ativa, portanto, é da própria pessoa que teve a sua imagem indevidamente veiculada, que em juízo pode ser representada ou assistida por quem de direito".[30]

---

[29] *Institutos Fundamentais do Direito Civil e Liberdade(s)*, Rio de Janeiro, GZ Editora, 2011, p. 135.
[30] STJ. Recurso Especial nº 182.977-PR. 4ª Turma. *DJU* de 7.08.2000, em *ADV Jurisprudência*, boletim semanal, nº 46, p. 735, nov. 2000.

A Lei nº 9.610, de 19.02.1998, sobre os direitos autorais, no art. 46, letra *d*, expressamente exige a autorização da pessoa representada ou de seus herdeiros, para a reprodução de retratos, ou de outra forma de representação da imagem, feitos sob encomenda, quando realizada pelo proprietário do objeto encomendado. Já no art. 90, no capítulo onde trata dos direitos conexos, assegura ao artista e intérprete o direito exclusivo de, a título oneroso ou gratuito, autorizar ou proibir:

"I – a fixação de suas interpretações ou execuções;

II – a reprodução, a execução pública e a locação das suas interpretações ou execuções fixadas;

III – a radiodifusão das suas interpretações ou execuções, fixadas ou não;

IV – a colocação à disposição do público de suas interpretações ou execuções, de maneira que qualquer pessoa a elas possa ter acesso, no tempo e no lugar que individualmente escolherem."

Parece evidente que as interpretações se fazem também através da voz, levando a merecer a proteção quando difundidas, estendendo-se aos radialistas, que mereceram a regulamentação através da Lei nº 6.615, de 16.12.1978.

De modo que, integrando o direito de personalidade a imagem e a voz das pessoas, não é permitido o uso desautorizado em publicidade, visando proveito econômico ou outra finalidade proveitosa, como acontece na divulgação de entidades, produtos, serviços; ou simplesmente maior venda de revistas, jornais, livros e outras espécies de publicações e gravações; ou conseguir grande audiência em programas audiovisuais, transmitidos por cinemas, canais de televisão ou rádios. Aproveitam-se pessoas de destaque, conhecidas por dotes físicos, artísticos, científicos, intelectuais, esportistas etc., dando-se realce a aspectos como o rosto, os cabelos, os olhos, o perfil, as pernas, os seios, a cintura, as nádegas, o porte, a musculatura, o timbre da voz, dentre outros aspectos.

O uso não consentido importa em ato ilícito, acarretando a competente indenização civil.

4.9. Direito à honra, à dignidade, ao respeito, à privacidade e à intimidade

Ainda no art. 5º, inc. X, da Carta Magna, está assegurada a tutela aos valores acima, lembrando observar que, no pertinente à intimidade, a proteção também se encontra no art. 21 do Código Civil.

A honra e a dignidade se aproximam, equivalendo à reputação, ou à consideração social que cada um merece. Todavia, enquanto a honra envolve mais o meio social, o grupo de pessoas onde se vive, a dignidade já compreende também um autoconceito de si que a pessoa faz, aos valores de que se reveste, aos títulos que recebeu, à função exercida em uma atividade, incluindo um rol de ingredientes relacionados a qualidades, como a honestidade, a capacidade, a decência, o decoro.

Mas não termina aí o alcance. Abrange todos os campos relativos à integridade da pessoa, como defende Ingo Wolfgang Sarlet:

> "Assim, não restam dúvidas de que a dignidade da pessoa humana engloba necessariamente o respeito e a proteção da integridade física e corporal do indivíduo, do que decorrem, por exemplo, a proibição da pena de morte, da tortura, das penas de natureza corporal, da utilização da pessoa humana para experiências científicas, limitações aos meios de prova (utilização de detector de mentiras), regras relativas a transplante... Uma outra dimensão intimamente associada ao valor da dignidade da pessoa humana consiste na garantia de condições justas e adequadas de vida para o indivíduo e sua família, contexto no qual assumem relevo de modo especial os direitos sociais ao trabalho, a um sistema efetivo de seguridade social, em última análise, à proteção da pessoa contra as necessidades de ordem material e à asseguração de uma existência com dignidade".[31]

O respeito revela-se no tratamento nobre que todos merecem, com o uso de referências e palavras que expressem apreço, valor moral, honorabilidade, de modo a não usar expressões grotescas, epítetos ofensivos, depreciativos ou humilhantes. Evitam-se palavras, gestos, sons, mímicas que causem sentimento de humilhação, ou desconforto, e reflitam o escárnio, a depreciação, a desconsideração.

O Código Penal contém normas protetivas da honra. O art. 138 pune o delito de calúnia; o art. 139 traz sanção para a difamação; e o art. 140 cuida da injúria.

A proteção da honra e dos demais valores relativos à posição pessoal e social da pessoa se impõe pela razão de que todos querem colocar-se bem socialmente. De grande importância a autoestima, formada em grande parte pelo bom conceito social tributado ao indivíduo. Daí constituírem-se direitos da personalidade os mencionados valores.

Em relação à privacidade e intimidade, que adquiriram grande importância no direito europeu e no americano, também previstas no inc. X do art. 5º da Carta Federal, compreendem a proteção contra injeções, intromissões ou interferências na vida pessoal do indivíduo e de sua família, sem qualquer relação com o interesse público ou social. Acrescenta Ricardo Luis Lorenzetti que se pode exigir a cessação da atividade de "quem se intromete na vida alheia, publicando fotografias, difundindo correspondência, mortificando a outrem em seus costumes ou sentimentos, ou perturbando de qualquer modo sua intimidade".[32]

---

[31] *A Eficácia dos Direitos Fundamentais*, ob. cit., pp.104 e 105.
[32] *Fundamentos do Direito Privado*, ob. cit., pp. 340 e 341.

A privacidade diz mais com a vida pessoal, com o recôndito do lar, com os assuntos individuais e particulares, com a gama de questões relativa à esfera pessoal, inclusive de não sofrer moléstias constantes de cobrança de dívidas, com telefonemas e outros expedientes, porquanto, para tanto, aparelhado está o Poder Judiciário. Atitude contrária ofende inclusive o art. 42 do Código de Defesa do Consumidor, abrindo ensanchas para a ação indenizatória, segundo já decidido: "O caso, aliás, é típico, conforme se observa dos comentários que ao art. 42 do CDC fez Antônio Benjamin. Depois de recordar que, no País, inexistia proteção contra condutas irregulares de cobrança, escreve: 'O consumidor – especialmente o de baixa renda – é exposto ao ridículo, principalmente em seu ambiente de trabalho, tendo, ainda, seu descanso perturbado por telefonemas, muitos destes em cadeia e até em altas horas da madrugada'.

E, mais adiante, sob o título de 'A interferência com o trabalho, descanso ou lazer', complementa ser ilícito 'telefonar ao chefe, colegas, vizinhos ou familiares do devedor... Vedados estão, igualmente, telefonemas ou visitas sucessivos' (*Código de Defesa do Consumidor*, 1991, pp. 238 e 246)".[33]

Já a intimidade circunscreve-se sobretudo ao circuito interno do ser humano, à sua consciência, àquilo que se situa na esfera interior e que envolve afeto, carinho, subjetividade. Discorrendo sobre o assunto, escreve Mílton Fernandes, em obra específica, que a vida íntima deve permanecer inacessível até mesmo a conhecidos e amigos: "É o âmbito do segredo ou do sigilo, *der Geheimbereich*, da doutrina alemã, o espaço de tranquilidade e de imperturbalidade em que a pessoa sonha, ama, crê, planeja e é feliz, sem qualquer sinal exterior necessário. Nesta área situam-se o segredo das cartas confidenciais, dos documentos e escritos particulares, o sigilo profissional e o doméstico...".[34]

Procura-se com a tutela afastar o estranho, as especulações, a divulgação, as incursões dos meios de comunicação na vida privada, no lar, na família, no mundo interior. De realce as garantias dos incisos XI e XII do já citado art. 5º, tornando a casa do indivíduo inviolável, ninguém podendo nela penetrar sem consentimento do morador, salvo em caso de flagrante delito ou desastre, ou para prestar socorro, ou, durante o dia, por determinação judicial; e determinando a inviolabilidade do segredo de correspondência e das comunicações telegráficas, de dados e das comunicações telefônicas, a menos que haja determinação judicial, para fins de investigação criminal ou instrução processual penal.

Em relação à intimidade, destaca Carlos Alberto Bittar alguns bens tutelados: "No campo do direito à intimidade são protegidos, dentre outros, os seguintes bens: confidências, informes de ordem pessoal (dados pessoais); recordações pessoais; memórias, diários; relações familiares; lembranças de família; sepultura;

---

[33] TJRS. Apel. Cível nº 598.648. 6ª Câm. Cível. Julgada em 22.09.1999, *in ADV Informativo*, boletim semanal, nº 49, p. 807, dez. 1999.
[34] *Proteção Civil da Intimidade*, ob. cit., p. 137.

vida amorosa, ou conjugal; saúde (física e mental); afeições; entretenimentos; costumes domésticos e atividades negociais, reservados pela pessoa para si e para seus familiares (ou pequeno circuito de amizade) e, portanto, afastados da curiosidade pública".[35] Sujeitam-se à reparação as indiscrições injustificadas; a utilização abusiva e sem autorização das comunicações sociais; a espionagem; a revelação de dados ou segredos pessoais; a propagação ou as notícias sobre problemas de ordem estritamente familiar, como de atritos entre os cônjuges e pais e filhos; as incursões amorosas de pessoas casadas com estranhos. Ou seja, não é admissível a intromissão na via alheia privada dos indivíduos.

Há os que pensam e defendem não abrigar a proteção aquelas pessoas dotadas de notoriedade em face do exercício de atividade pública de grande importância, como Presidente da República, Ministros, Governadores, membros do Poder Legislativo, e até pessoas conhecidas por seu carisma; pelos dotes físicos, esportivos ou atléticos, artísticos. Entretanto, desde que o fato não tenha relação com fato público, com a profissão a que todos têm acesso, com a atividade esportiva ou atlética desempenhada, a privacidade ou intimidade merece proteção. A notoriedade não abre as portas para a devassa da vida privada. Unicamente quanto aos fatos relacionados à função ou atividade do domínio público permite-se a franquia da imprensa, dos noticiários, da divulgação.

Em qualquer caso, permitem o acesso por todos, com a propagação, aqueles fatos contemplados em lei, ou que estão ligados a atividades públicas. Se um ato consta alinhado em lei, ou infringe um diploma, torna-se de ordem pública, permitindo a comunicação, pois tudo o que se relaciona à lei pode ser divulgado. Por aí se encontra a legalidade das notícias sobre as comunicações de fatos criminosos, inclusive dos autores, eis que as autuações, as incriminações, os indiciamentos são atos públicos, não havendo lei que obrigue o sigilo, ou a não divulgação.

O Código Penal, nos seguintes dispositivos, trata da proteção, prevendo penas às transgressões: o art. 150, referente à violação do domicílio; o art. 151, sobre a violação da correspondência; os incisos I e II do § 1º do mesmo artigo, quanto à sonegação ou destruição de correspondência e à violação de comunicação telegráfica, radioelétrica ou telefônica; os arts. 209 a 212, contra o respeito aos mortos.

De observar, por último, que a matéria relativa à privacidade e à intimidade tem estreita relação com o direito em não se submeter à prova para determinar a identificação da pessoa através de exames de sangue, ou para definir a paternidade através do DNA, o que é admitido segundo tem proclamado o Supremo Tribunal Federal. A matéria será examinada no Capítulo sobre 'a forma e a prova dos negócios jurídicos', em seu item 'requisitos para a admissibilidade da prova'.

---

[35] *Curso de Direito Civil*, ob. cit., vol. 1, p. 274.

4.10. Direito à igualdade

O *caput* do art. 5º da Carta da República proclama o direito à igualdade de todos "perante a lei, sem distinção de qualquer natureza, garantindo-se aos brasileiros e estrangeiros residentes no País a inviolabilidade do direito à vida, à liberdade, à igualdade, à segurança e à propriedade...".

Todos os cidadãos brasileiros devem merecer tratamento igual, sendo proibida a discriminação, especialmente a de sexo, ordenada no inc. I do art. 5º; a de crença religiosa, ou de convicção filosófica ou política, assegurada no inc. VIII do mesmo artigo; a dos direitos e liberdades fundamentais, e a de raça, cujos cânones proibitivos estão nos incisos XL e XLI, também do art. 5º.

Não se pode, porém, impor uma igualdade que ignore outros princípios ou direitos fundamentais, como a livre iniciativa, a soberania da vontade (desde que não infrinja a lei), o respeito à capacidade da pessoa, o direito da propriedade privada, que levam à diversificação de estados sociais e econômicos.

Sem dúvida, a matéria comporta várias incursões, sendo ponto das mais extensas análises e investidas em múltiplos campos. Aqui, porém, no âmbito geral, pode-se resumir a dois os campos dignos de nota, consoante já sintetizara J. M. Leoni Lopes de Oliveira: de um lado, impedindo que a norma possa dar "tratamento distinto a pessoas que, de todos os pontos de vista legitimamente adotados, se encontrem na mesma situação, ou, dito de modo diverso, impedindo que se outorgue relevância a circunstâncias que não podem ser levadas em consideração por proibidas...; de outro, a igualdade perante a lei obriga a que esta seja aplicada de modo igual àqueles que se encontrem na mesma situação, sem que o aplicador possa estabelecer diferença alguma na razão das pessoas, ou das circunstâncias que não sejam precisamente as presentes na norma".[36]

Pode-se destacar os seguintes pontos fundamentais da igualdade contemplados na Constituição Federal:

- Proíbe-se a discriminação por motivo de sexo, como observado e consta do art. 5º.
- Considera-se crime a prática de racismo – inc. XLII do art. 5º.
- Relativamente ao nascimento. Ninguém pode ser discriminado em razão do nascimento, constando do art. 227, § 6º, da Constituição Federal: "Os filhos, havidos ou não da relação do casamento, ou por adoção, terão os mesmos direitos e qualificações, proibidas quaisquer designações discriminatórias relativas à filiação.
- Os direitos e deveres referentes à sociedade conjugal são exercidos igualmente pelo homem e pela mulher – art. 226, § 5º.

---

[36] *Direito Civil* – Teoria Geral do Direito Civil, ob. cit., vol. 2, p. 229.

4.11. Direito à identidade

A individuação da pessoa é uma necessidade, porquanto permite a sua identificação, o que é necessário para distinguir os indivíduos uns dos outros, para saber quem é o titular dos bens, e para determinar a legitimidade dos que realizam os atos públicos, além de uma grande gama de outras finalidades.

O ponto de realce, aqui, restringe-se à identidade como direito da personalidade, para que tenham as pessoas uma presença na sociedade e perante o Estado, e para que não se considerem simples quantidades ou números na ordem do gênero humano. Por isso, decorre do direito da personalidade o tratamento como uma individualidade, dentro de uma performance própria – ou um ser que se destaca, merecedor de respeito e titular de uma posição única.

Unicamente com o nome e outros sinais convencionais são as pessoas identificadas na sociedade, tornando possível o reconhecimento e as relações nos vários setores que integram a vida, como no meio familiar, social, político e nas atividades desenvolvidas. Mais precisamente, refere Josserand que "el nombre tiene como misión la de asegurar la identificación y la individualización de las persianos".[37] Para efeito de publicidade, lavra-se o registro do nome civil, junto ao Cartório Público do Registro Civil das pessoas naturais, em obediência ao regime da Lei nº 6.015, de 31.12.1973.

Além de acessar as pessoas umas às outras, evita o nome a confusão entre elas. Uma vez referidos os nomes, tornam-se presentes pela imagem, mesmo que materialmente se encontrem distantes.

A proteção vem nos arts. 17 e 18 do Código Civil, na Lei nº 6.015, e em outros diplomas. No plano penal, o respectivo Código proíbe a violação do direito de autor (art. 184) e a usurpação do nome (art. 185); contempla as figuras do uso de nome falso (art. 307), e da mudança ilegal de nome, introduzindo-o em documentos, utilizando-os como próprios (art. 308).

A matéria será analisada a fundo no capítulo seguinte, em suas múltiplas nuances.

4.12. Direito à segurança

A segurança coloca-se como um dos direitos mais combalidos nos tempos atuais, em vista do crescente aumento da criminalidade.

O preâmbulo da Constituição Federal já proclama a segurança como um dos direitos fundamentais, vindo expressamente contemplado no art. 5º.

---

[37] *Derecho Civil*, ob. cit., vol. I, tomo I, p. 195.

Efetivamente, a insegurança, de acordo com os níveis que atinge, representa um atentado à vida dos cidadãos, sendo vários os campos em que repercute e, assim, a *pública*, verificada na falta de policiamento e pelo aumento da criminalidade; a *econômica*, que defende um mínimo de condições financeiras e materiais para a subsistência; a *social* e *assistência*, constatada na concessão de subsídios, no atendimento médico, em programas que atacam o desemprego, na existência de um salário mínimo, dentre outros vários campos; a *familiar*, impedindo a penhora e consequente venda de bens ligados sobretudo ao imóvel residencial e ao mobiliário que se encontra no seu interior.

4.13. Direito ao sigilo

No estudo sobre a prova, torna-se a abordar a matéria sobre o sigilo.

Compreende o sigilo, neste âmbito, o direito em não revelar elementos guardados na consciência, no íntimo, seja de natureza pessoal ou de outra, como negocial, documental, profissional e comercial, de acordo com a natureza dos fatos guardados.

Pode-se afirmar que o sigilo decorre dos direitos à privacidade e à intimidade.

A Constituição Federal prevê o sigilo de correspondência e das comunicações telegráficas, dos dados e das comunicações telefônicas, a menos que haja ordem judicial em contrário, concedida em hipóteses específicas (art. 5º, XII); o sigilo das criações industriais (art. 5º, inc. XXIX); e o sigilo do júri (art. 5º, XXXVIII, *b*). No Código Penal indicam-se algumas figuras delituais, em proteção ao sigilo: a divulgação de segredo, inclusive documental (art. 153); a violação do segredo profissional (art. 154); a concorrência desleal pela apropriação de segredo ou aproveitamento de patentes e marcas (art. 196); a franquia de segredo funcional, praticado por funcionário público (art. 325). No Código de Processo Civil, art. 155, também se encontra norma pertinente ao segredo de justiça no pertinente a certos processos:

> "Os atos processuais são públicos. Correm, todavia, em segredo de justiça, os processos:
>
> I – em que o exigir o interesse público;
>
> II – que dizem respeito a casamento, filiação, separação dos cônjuges, conversão desta em divórcio, alimentos e guarda de menores".

O novo CPC, no art. 189, apresenta mais hipóteses:

> "Os atos processuais são públicos. Tramitam, todavia, em segredo de justiça os processos:
>
> I – em que o exija o interesse público ou social;

II - que versem sobre casamento, separação de corpos, divórcio, separação, união estável, filiação, alimentos e guarda de crianças e adolescentes;

III – em que constem dados protegidos pelo direito constitucional à intimidade;

IV – que versem sobre arbitragem, inclusive sobre cumprimento de carta arbitral, desde que a confidencialidade estipulada na arbitragem seja comprovada perante o juízo".

Ainda relativamente ao processo processual civil, art. 406 (art. 448 do novo CPC), não é obrigada a testemunha a depor sobre fatos que lhe acarretem grave dano, bem como ao seu cônjuge, companheiro e aos seus parentes consanguíneos ou afins, em linha reta, ou na colateral em segundo grau; e sobre fato a que, por estado ou profissão, deva guardar sigilo.

Restritamente nas comunicações telefônicas, e desde que alvitrando a instrução processual penal, abre-se a exceção para a quebra do sigilo, excluindo-se a possibilidade no âmbito do inquérito civil, que precede a ação civil pública mesmo que de improbidade. Quanto à correspondência e aos telegramas ou fonogramas, a proibição é absoluta, sequer se ensejando pedido de autorização judicial. Exceto a intercepção de telefonemas, para a sua escuta, domina, pois, a inviolabilidade do segredo da correspondência e das comunicações telegráficas, jamais se autorizando que se abram curtas e telegramas.

Em face da Lei nº 9.296, de 24.07.1996, em seus arts. 1º e 3º, está reafirmada a limitação do pedido pelo Ministério Público ou pela autoridade policial, para fins de investigação criminal, visando à instrução processual penal, e desde que presentes indícios razoáveis de autoria ou participação em infração penal punível com sanção mais grave que a detenção, devendo oferecer-se a perfeita qualificação da pessoa investigada e a descrição das imputações que pesam contra ela.

Relativamente às informações bancárias, existe maior elasticidade se visada à elucidação de situações envolvendo os agentes públicos implicados no desvio do dinheiro do erário. Mesmo assim, não se dispensa a autorização judicial. Não se dá poderes ao Ministério Público, e muito menos à autoridade policial, para desvendar a vida privada, incluindo as contas bancárias, de qualquer cidadão, em obediência ao princípio do art. 5º, inc. X, da Constituição Federal.

Pela Lei nº 4.595, de 31.12.1964, com função de lei complementar, em seu art. 38, impunha-se às instituições financeiras, bancárias e creditícias conservar o sigilo em suas operações ativas e passivas, e nos serviços prestados, excetuadas as requisições judiciais, restritamente para os motivos inerentes à causa em discussão.

Com a Lei Complementar nº 105, de 10.01.2001, não veio confirmado o sigilo bancário no rigor que antes vigorava, porquanto admitidas situações de se prestarem informações para agentes fiscalizadores da arrecadação tributária, e, sobretudo, nas requisições de iniciativa do Ministério Público.

Entrementes, no âmbito do inquérito administrativo, e inclusive na ação civil pública regulada pela Lei nº 7.347, de 24.07.1985, é vedada a prestação de informações não amparada por ordem da autorização judicial. Com efeito, impõe o art. 3º, em seu § 1º: "Dependem de prévia autorização do Poder Judiciário a prestação de informações e o fornecimento de documentos sigilosos solicitados por comissão de inquérito administrativo destinada a apurar responsabilidade de servidor público por infração praticada no exercício de suas atribuições, ou que tenha relação com as atribuições do cargo em que se encontre investido".

Há, porém, uma exceção, se se constatar a ocorrência de crime definido em lei como de ação pública. Cabe a comunicação ao Ministério Público pelo Banco Central e pela Comissão de Valores Mobiliários. É o que dispõe o art. 9º: "Quando, no exercício de suas atribuições, o Banco Central do Brasil e a Comissão de Valores Mobiliários verificarem a ocorrência de crime definido em lei como de ação pública, ou de indícios da prática de tais crimes, informarão ao Ministério Público, juntando à comunicação os documentos necessários à apuração ou comprovação dos fatos".

Não se exige, nesses casos de ação pública, a autorização judicial. Agem de ofício as instituições acima. Não importa que as situações contenham configurações de fatos subsumidos pela Lei de Improbidade Administrativa.

4.14. Direito à informação

É um direito constitucional a obtenção de informações sobre a pessoa, guardadas nas repartições ou arquivos de órgãos públicos. Com efeito, estabelece o inc. LXXII do art. 5º da Carta Maior:

> "Conceder-se-á *habeas data*:
>
> a) para assegurar o conhecimento de informações relativas à pessoa do impetrante, constantes de registros ou bancos de dados de entidades governamentais ou de caráter público;
>
> b) para retificação de dados, quando não se prefira fazê-lo por processo sigiloso, judicial ou administrativo".

Direito esse que vem sendo reconhecido pela jurisprudência: "O *habeas data* constitui remédio adequado para a obtenção de informações constantes de banco de dados e registros governamentais ou de caráter público (art. 5º, LXXII, CF), não sendo possível ao Poder Judiciário denegar a ordem, se houve a observância de todos os requisitos legais, ao argumento de ser imprópria a via eleita".

Efetivamente, justifica o voto do Relator: "Em face desta regra constitucional, todo indivíduo tem garantido o direito fundamental de informação sobre sua pessoa, constante de qualquer registro ou banco de dados governamental ou de caráter público, assegurando-se-lhe, ainda, o direito de retificação de dados eventualmente inexatos".[38]

4.15. Direitos de autor

Abrange o direito às criações intelectuais, ou ao produto do intelecto. O alicerce da proteção está no art. 5º, inc. XXVII, da Carta Maior: "Aos autores pertence o direito exclusivo de utilização, publicação ou reprodução de suas obras, transmissível aos herdeiros pelo tempo que a lei fixar".

A matéria sobre direitos autorais é extensa, encontrando-se regida, presentemente, pela Lei nº 9.610, de 19.02.1998.

Analisam-se aspectos pertinentes à propriedade da obra, que interessam ao caso.

O direito de propriedade aparece no art. 22 da Lei nº 9.610: "Pertencem ao autor os direitos morais e patrimoniais sobre a obra que criou".

Vários outros dispositivos da citada lei devem ser vistos.

O art. 11 explica que é autor a pessoa física criadora de obra literária, artística ou científica. Com esta definição, compreende-se que a propriedade envolve a obra literária, artística ou científica.

No art. 28 é reforçado o princípio de propriedade: "Cabe ao autor o direito exclusivo de utilizar, fruir e dispor da obra literária, artística ou científica". Acrescenta o art. 29 que "depende de autorização prévia e expressa do autor a utilização da obra, por quaisquer modalidades".

Como se nota, afirmado se encontra o direito de propriedade no diploma que disciplina a matéria, tal como vinha regido nos diplomas anteriores, e assim na Lei nº 5.988 e no art. 649 do Código Civil de 1916.

O direito em questão volta-se para a proteção do autor, máxime no que se ajusta ao resguardo da obra de engenho, da criação intelectual ou da produção do espírito.

Compõem ou realizam a propriedade os elementos *utilizar, fruir* e *dispor* da obra que nasce da atividade do intelecto. Os termos *utilizar* e *fruir* são redundantes, segundo Walter Moraes, porque "em direito de autor 'utilizar' é o mesmo que auferir proveito econômico, que explorar: coincide justamente com o significado do *jus fruendi*, com 'fruir'".[39]

Não se empregou o termo *usar*.

---

[38] STJ. Petição nº 803-MG. 2ª Turma, de 2.12.1999. *DJU* de 21.02.2000, in *Revista do Superior Tribunal de Justiça*, 130/143.
[39] *Questões de Direito de Autor*, São Paulo, Editora Revista dos Tribunais, 1977, p. 61.

Quanto à palavra *dispor*, envolve a transferência ou cessão dos direitos autorais, mas sempre restritivamente, eis que é impossível desvincular-se o criador ou autor da obra. Há a inalienabilidade e a irrenunciabilidade dos direitos morais, como o nome e a defesa contra o plágio e a contrafação.

Há os direitos morais e os direitos patrimoniais:

a) *Direitos morais*

São aqueles que objetivam garantias à propriedade da obra, de sorte a manter intocável a paternidade na criação intelectual, que reflete a própria personalidade do autor.

Visam, assim, proteger a personalidade do criador, que se manifesta na obra, e dizem com o direito do inédito, o direito de reivindicar a paternidade da obra, o direito de sua integridade, de arrependimento e de retirar a obra de circulação, de destruição, de tradução e de modificação.

A discriminação desses direitos está no art. 24, sempre da Lei nº 9.610, havendo aqueles que tratam da paternidade da obra (incs. I e II), os que disciplinam a sua integridade (incs. IV e V), os direitos que se dirigem à publicação (incs. III e VI), e o direito concernente à preservação (inc. VII).

Eis a relação:

"I – o de reivindicar, a qualquer tempo, a autoria do autor;

II – o de ter seu nome, pseudônimo ou sinal convencional indicado ou anunciado, como sendo o do autor, na utilização de sua obra;

III – o de conservar a obra inédita;

IV – o de assegurar a integridade da obra, opondo-se a quaisquer modificações ou à prática de atos que, de qualquer forma, possam prejudicá-lo ou atingi-lo, como autor, em sua reputação ou honra;

V – o de modificar a obra antes ou depois de utilizada;

VI – o de retirar de circulação a obra ou de suspender qualquer forma de utilização já autorizada, quando a circulação ou utilização implicarem afronta à sua reputação e imagem;

VII – o de ter acesso a exemplar único e raro da obra, quando se encontre legitimamente em poder de outrem para o fim de, por meio de processo fotográfico ou assemelhado, ou audiovisual, preservar sua memória, de forma que cause o menor inconveniente possível a seu detentor, que, em todo caso, será indenizado de qualquer dano ou prejuízo que lhe seja causado."

Várias conotações aparecem nos parágrafos que seguem aos incisos.

A primeira é concernente à transmissão dos direitos enumerados nos incisos I a IV aos sucessores do autor, quando de seu decesso (§ 1º; a segunda atribui ao Estado a defesa da integridade e autoria da obra caída em domínio público; a terceira assegura a indenização a terceiros, quando couber, nos casos de modificação da obra antes ou depois de sua utilização, e de sua retirada de circulação em ocorrendo afronta à reputação e imagem do autor.

Já o art. 25 reserva exclusivamente ao diretor de obra audiovisual o exercício de direitos morais. Por sua vez, o art. 26 permite que o autor repudie a autoria de projeto arquitetônico alterado sem o seu consentimento, respondendo o proprietário da construção pelos danos que causar ao autor se, depois do repúdio, der como sendo dele a autoria do projeto. Finalmente, instituíram-se a inalienabilidade e a irrenunciabilidade dos direitos morais, o que já consagrava a lei anterior.

b) *Direitos patrimoniais*

São aqueles que dizem respeito aos resultados econômicos da obra, assegurados ao autor. Advêm eles da reprodução e da comunicação do trabalho intelectual ao público. Com isso, possibilita-se ao criador auferir os proventos econômicos compensatórios de seu esforço. Carlos Alberto Bittar ressalta a decorrência da comunicação ao público e da reprodução de tais direitos: "O direito patrimonial manifesta-se, positivamente, com a comunicação da obra ao público e a reprodução, que possibilitam ao seu criador auferir os proventos econômicos que lhe puder proporcionar".[40]

A matéria aparece extensamente regulada no Capítulo III da Lei nº 9.610, iniciando no art. 28 e terminando no art. 45.

O art. 28 assegura ao autor o direito exclusivo de utilizar, fruir e dispor da obra literária, artística ou científica.

O elenco de direitos está no art. 29, com algumas inovações relativamente à lei anterior. Eis os direitos:

> "I – a reprodução parcial ou integral;
>
> II – a edição;
>
> III – a adaptação, o arranjo musical e quaisquer outras transformações;
>
> IV – a tradução para qualquer idioma;
>
> V – a inclusão em fonograma ou produção audiovisual;
>
> VI – a distribuição, quando não intrínseca ao contrato firmado pelo autor com terceiros para uso ou exploração da obra;
>
> VII – a distribuição para oferta de obras ou produções mediante cabo, fibra ótica, satélite, ondas ou qualquer outro sistema que permita ao usuário realizar a seleção da obra ou produção para percebê-la em um tempo e lugar previamente determinados por quem formula a demanda, e nos casos em que o acesso às obras ou produções se fará por qualquer sistema que importe em pagamento pelo usuário;

---

[40] *Direito do Autor na Obra Feita sob Encomenda*, São Paulo, Editora Revista dos Tribunais, 1977, p. 21.

VIII – a utilização, direta ou indireta, da obra literária, artística ou científica, mediante:

a) representação, recitação ou declamação;

b) execução musical;

c) emprego de alto-falante ou de sistemas análogos;

d) radiodifusão sonora ou televisiva;

e) captação de transmissão de radiodifusão em locais de frequência coletiva;

f) sonorização ambiental;

g) a exibição audiovisual, cinematográfica ou por processo assemelhado;

h) emprego de satélites artificiais;

i) emprego de sistemas óticos, fios telefônicos ou não, cabos de qualquer tipo e meios de comunicação similares que venham a ser adotados;

j) exposição de obras de artes plásticas e figurativas;

IX – a inclusão em base de dados, o armazenamento em computador, a microfilmagem e as demais formas de arquivamento do gênero;

X – quaisquer outras modalidades de utilização existentes ou que venham a ser inventadas."

O principal direito está evidentemente na percepção do pagamento pelo contrato de edição ou de cessão. Uma vez não verificada uma anuência no preço, a solução encontra-se no art. 57, ordenando que o preço da retribuição será, então, arbitrado "com base nos usos e costumes". Para as situações de elevação do preço no curso da edição, quando há venda do original de obra, o art. 38 e seu parágrafo único, reproduzindo o art. 39 e seu parágrafo único da Lei nº 5.988, com exceção no que se refere ao percentual, mandam que se pague o equivalente a cinco por cento do aumento ao autor, verificável em cada revenda.

Os arts. 49 e seguintes declaram transferíveis e cessíveis os direitos patrimoniais, consoante já observado.

Já quanto à sucessão, a disciplina consta do art. 24, § 1º, que expressa, relativamente aos direitos morais: "Por morte do autor, transmitem-se a seus sucessores os direitos a que se referem os incisos I a IV". De acordo com tais incisos, transmitem-se, pois: I – o direito de reivindicar, a qualquer tempo, a autoria da obra; II – o de ter seu nome, pseudônimo ou sinal convencional indicado ou anunciado, como sendo o do autor, na utilização de sua obra; III – o de conservar a obra inédita; IV – o de assegurar a integridade da obra, opondo-se a quaisquer modificações ou à prática de atos que, de qualquer forma, possam prejudicá-la ou atingi-lo, em sua reputação ou honra.

Se assim rege-se a matéria quanto aos direitos morais, com maior força os de valor patrimonial, acima arrolados, desde que incluídos no lapso de proteção de setenta anos, contado a partir de 1º de janeiro do ano subsequente ao de seu falecimento. Tanto que a parte final do art. 41 manda que seja obedecida a ordem sucessória da lei civil. Jamais se pode negar no direito de autor uma relação de propriedade, da qual decorre a transmissão hereditária.

Protege a lei também o direito à propriedade industrial, encontrando-se a regra fundamental no inc. XXIX do mesmo art. 5º da Constituição Federal. Todavia, enquadra-se mais no direito patrimonial e não da personalidade, eis que sobressai o caráter econômico.

4.16. Direitos da personalidade da pessoa jurídica

Desde que reconhecida a pessoa jurídica, constituída legalmente ou de fato, reconhecem-se os direitos de personalidade. A matéria virá estudada com toda a profundidade no Capítulo XII.

Lembra-se, aqui, a proteção que merecem as pessoas jurídicas, porquanto reconhecida a personalidade, tanto que podem ser partes nos litígios. Se é facultado atuarem como sujeitas de direitos e deveres, e, assim, na qualidade de partes, tal acontece em vista de sua personalidade e autonomia frente a outros institutos. O Código de Processo Civil, no art. 12 (art. 75 do novo CPC), discrimina a representação das pessoas jurídicas, enquanto os arts. 40 a 69 do Código Civil (arts. 13 a 30 do Código Civil de 1916) disciplinam a sua constituição e vida.

Sendo sujeito de direitos e deveres, pode estar em juízo, tanto ativa como passivamente. Reconhece-se a prática dos atos normais da vida civil, predominando no próprio Código Civil e em leis especiais a regulamentação essencial.

Interessa, aqui, observar a personalidade, ou a qualidade de sujeito de direitos e obrigações. Ilustra J. M. Leoni Lopes de Oliveira: "A proteção dos atributos morais da personalidade que justifica a demanda de ação judicial para a reparação do dano também se estende às pessoas jurídicas. No caso de ofensa à pessoa jurídica, atingindo sua reputação e, como consequência, trazendo-lhe prejuízos ou, até mesmo, levando-a à ruína, isso justifica proteção mediante a reparação do dano moral".[41]

Adiante, ficará analisada a capacidade de pleitear a reparação por danos morais. A título de exemplo, adianta-se o seguinte aresto, do Superior Tribunal de Justiça: "A Honra objetiva pode ser ofendida pelo protesto indevido de título cambial. Cabível a ação de indenização, por dano moral, sofrido por pessoa jurídica, visto que a proteção dos atributos morais da personalidade não está reservada somente às pessoas físicas".[42]

---

[41] *Direito Civil* – Teoria Geral do Direito Civil, ob. cit., vol. 2, p. 253.
[42] Recurso Especial nº 58.660-7-MG. Relator: Min. Valdemar Zveiter. 3ª Turma. Julgado em 3.06.1997.

A Constituição Federal, no art. 5º, incs. V e X, consagra o direito à indenização por dano moral, independentemente de se tratar de pessoa física ou jurídica.

José de Aguiar Dias foi o precursor na defesa do direito, sendo transcrita passagem de sua doutrina no acórdão acima: "A pessoa jurídica pública ou privada, os sindicatos, as autarquias podem propor ação de responsabilidade, tanto fundada no dano material como no prejuízo moral. Este ponto de vista, esposado pela generalidade dos autores, é sufragado hoje pacificamente pela jurisprudência estrangeira (*Da Responsabilidade Civil*, vol. II, 7ª ed., Forense, Rio de Janeiro, 1983)".

Os danos não patrimoniais, na lição de De Cupis, seriam objetivos, atingindo o bom nome, a reputação, as qualidades, o apreço, a fama, da pessoa jurídica, contrapondo-se aos danos não patrimoniais subjetivos, que ficam na esfera da dor, da tristeza, da saudade, do sentimento de frustração e de pesar pela morte de um familiar.[43]

5. TUTELA DA PERSONALIDADE E AÇÕES DE ESTADO

Há uma tutela aos direitos de personalidade, assegurando a lei que se busque a ação correspondente ao direito atacado. Verificada a ofensa aos direitos à vida e sobre o corpo, que abrangem a integridade física, pode a pessoa demandar a sua proteção mediante uma ação civil, embora não prevendo a lei uma espécie de procedimento específico para o caso. Na verdade, envolvendo a matéria assunto de interesse público, a proteção encontra-se essencialmente no Código Penal, como nos arts. 121 e 129, de caráter repressivo, e não preventivo. Todas as figuras atentatórias à integridade física, como castigos imoderados aos filhos, maus-tratos, cárcere privado, constam previstas na lei penal.

Estende-se o amparo ao direito de dispor do próprio corpo, desde que para finalidade legal, como a doação de órgãos. No cerceamento de qualquer pretensão a esse respeito, dá suporte a lei para a ação apropriada. Pode a pessoa ajuizar uma medida para que o juiz permita a doação de um órgão, se alguma resistência encontrar de parte de terceiros. Todavia, embora não se localize uma regra proibitiva de dispor do corpo para finalidades de prostituição, desde que não abranja a exploração do lenocínio, não encontra o interessado uma previsão legal para buscar a declaração do direito nesse campo.

Os direitos à integridade moral exercem-se mediante ações preventivas, de modo a encontrar a pessoa a tutela de não ser ofendida publicamente, de não ver uma foto sua publicada sem licença, de não se inserir em jornal uma notícia

---

[43] Citação por Arnaldo Marmitt, em *Perdas e Danos*, Rio de Janeiro, Editora Aide, 1992, p. 136.

desabonatória ou ofensiva à honra; e mediante ações indenizatórias, ou mais propriamente reparatórias por danos causados. As publicações e a divulgação da imagem e de fatos de interesse geral encontram respaldo em leis específicas, como na Lei nº 5.250, de 9.02.1967, e na Lei nº 9.610, de 19.02.1998.

As ações de estado não se confundem com aquelas de tutela aos direitos de personalidade – vão além, têm um campo mais amplo. Como o nome está a indicar, referem-se ao estado da pessoa, isto é, à sua posição individual, social, familiar, política. Denominadas antigamente de ações prejudiciais, a finalidade visada é criar, modificar, declarar ou extinguir um estado.

Cria-se um estado, envolvendo o significado também a modificação e a declaração, quando passa o indivíduo, *v.g.*, de solteiro para casado; ou de casado para separado, divorciado, viúvo; de capaz para incapaz; ou quando se declara a paternalidade de alguém. Ingressa-se com a ação de separação, de divórcio, de interdição, de investigação de paternidade. Ao mesmo tempo em que se cria um estado novo, declara-se o mesmo e modifica-se o que existia. Já a extinção significa o término de um estado existente. É o caso de anulação do casamento, ou da paternidade declarada em momento anterior. Simplesmente desaparecem o estado de casado e o estado de filho.

Conclui-se que a ação de estado tem em mira alguma particularidade própria da personalidade, algum direito ou uma prerrogativa da pessoa. Diz respeito ao ser humano enquanto sujeito de direitos e obrigações originados de sua natureza espiritual e material. Por isso, as ações configuram-se como *personalíssimas, imprescritíveis* e *intransmissíveis*. Ficam circundadas nas pessoas que as envolvem, sendo de realce ao que o direito americano chama de *privacy*, ou à *riservatezza* dos italianos, não admitindo a interferência de terceiros. Não prescrevem nunca, posto que a situação que se quer modificar existe no momento da ação da pessoa. Apropriada a lição dos autores franceses Mazeaud: "Puesto que el estado civil es imprescriptible, las acciones de estado no pueden prescribir: no se extinguen, ni siquiera por la prescripción de treinta años, a diferença de las demás acciones judiciales".[44]

Outra nota está na intransmissibilidade, não passando para os sucessores, a menos que contenham as ações um fundo econômico, mas unicamente o aspecto econômico.

---

[44] *Lecciones de Derecho Civil*, ob. cit., vol. II, primeira parte, p. 40.

Capítulo IX

O Nome

1. O NOME COMO FATOR DE IDENTIFICAÇÃO DAS PESSOAS

Dos direitos da personalidade ressalta como um dos mais importantes o nome, que serve para identificar e individuar a pessoa, destacando Baudry-Lacantinerie: "Le nom (de famille ou patronymique) sert à désigner les membres d'une même famille descendant par les mâles d'un auteur commun".[1] Todos os seres humanos têm uma presença na história, no espaço, na sociedade e na família. Os atributos, o valor, as qualidades positivas ou negativas, o aspecto físico, a fisionomia e outros elementos da pessoa se incorporam no nome. Quando é referida a palavra ou o conjunto de palavras que identifica alguém, está-se apontando ou chamando não um indivíduo apenas no aspecto físico, mas o indivíduo como um todo, no seu cabedal de valores e potencialidades existentes, decorrendo daí que o significado vai além da mera identificação.

De sorte que o nome, mais que uma simples palavra que serve para destacar as pessoas entre si, passa a constituir um patrimônio, um símbolo de valor, revela uma história, uma realidade de acordo com o desempenho de quem representa. Os que passaram pela história e permaneceram, as pessoas famosas, os conquistadores, os sábios, os que sobressaíram, e mesmo os maiores criminosos, os que a história condenou e repudiou continuam conhecidos porque vinculados a um nome.

O Código Civil, no art. 16, proclama: "Toda pessoa tem direito ao nome, nele compreendidos o prenome e o sobrenome".

Daí consolidar-se como um direito da personalidade. Na visão de J. M. Leoni Lopes de Oliveira, estribado em Trabucchi, "um direito personalíssimo, essencial à pessoa humana, inalienável e imprescritível, dotado de natureza privada, mas com certas características, e com uma tutela, em parte, de direito público".[2]

A proteção, por representar patrimônio do indivíduo, está no art. 17 do Código Civil: "O nome da pessoa não pode ser empregado por outrem em

---

[1] *Précis de Droit Civil*, ob. cit., tomo I, p. 77.
[2] *Direito Civil – Teoria do Direito Civil*, ob. cit., p. 224.

publicações ou representações que a exponham ao desprezo público, ainda quando não haja intenção difamatória".

Efetivamente, o nome, segundo a generalidade dos autores, representa o sinal exterior pelo qual se indica ou identifica as pessoas, constituindo um direito inerente à pessoa e, assim, um direito da personalidade, merecendo a proteção. É o meio de designar os indivíduos, tornando possível o conhecimento mútuo entre as pessoas, de modo a destacar cada uma no seio da comunidade. É vedada a utilização de modo a prejudicar a pessoa que representa, seja qual for o meio de propagação (publicações, cartazes, transmissões visuais e representações teatrais), incutindo o desprezo, ou um sentimento de aversão, ou outras sensações nocivas nas pessoas.

Utiliza-se o nome, também, para designar uma atividade, ou para denominar um estabelecimento comercial, como já reconhecia Enneccerus: "Pero no sólo constituye uso del nombre el hecho de llevarlo personalmente, sino también, por ejemplo, el utilizarlo para designar una explotación industrial o unas mercancias o para obras de arte o literales".[3]

Sempre existiu uma forma de chamar os seres humanos, desde as suas primeiras manifestações históricas. Nos povos antigos, havia apenas um nome utilizado para a designação. Assim entre os gregos, como revelam os livros de história, mantendo-se conhecidos os filósofos Sócrates, Platão, Aristóteles, Demóstenes, Péricles. Igualmente entre os hebreus, onde se apresentava um nome, mas sempre com a referência ao pai, como Abidau, filho de Gedeão; Abraão, filho de Terá; Isaac, filho de Abraão; Rebeca, filha de Batuel. No tempo do Império Romano, adotou-se um prenome, ou um indicativo da pessoa, acrescentado ao nome da *gens*, do tronco antigo, e de um cognome, que era o designativo da família. Isto quanto aos nobres, que procuravam remontar a origem de antigas famílias, como 'Marco Túlio Cícero' – sendo 'Marco' o apelido, Túlio a *'gens'*, e 'Cícero' o cognome da família, segundo rememoram os tratadistas. Já quem não pertencia à nobreza, vindo da plebe, designava-se através de apenas um nome.

Foi com a finalidade de distinguir as várias pessoas que, com o tempo, tinham o mesmo nome, e, assim, para evitar a confusão entre os indivíduos, que surgiu a designação composta de dois ou mais nomes, o que se generalizou a partir da Idade Média.

Várias são as origens do segundo nome, que se tornou a marca, o designativo de família, e que se convencionou chamar de *sobrenome*. A fonte mais comum encontra-se na profissão que algum ascendente desempenhava. Conhecia-se uma pessoa pelo nome, ligado à profissão. Por exemplo, Marcos, o ferreiro – de onde adveio o nome 'Ferreira', sendo que todos os descendentes, ao invés de se distinguirem pela aposição das palavras 'filhos de Marcos, o ferreiro', passaram a ser identificados com a palavra 'Ferreira'.

---

[3] *Tratado de Derecho Privado* – Parte General, ob. cit., vol. I, tomo 1, p. 419.

Acresceu-se ao nome, em tempos mais distantes, uma qualidade que distinguia a pessoa, como 'Paulo, o forte', dando o nome 'Fortes'. E assim outras palavras – 'bravo', 'valente', 'preto'. De origem romana também a prática que ligava o nome ao do progenitor, utilizando o caso genitivo. Ao invés de se chamar alguém de 'Antônio, filho de Marcos', abreviou-se expressão 'filho de Marcos' na palavra 'Marques'. Na mesma situação 'filho de Henrique', que se tornou 'Henriques'.

Em épocas de outrora, especialmente em Portugal, para fugir das perseguições a famílias conhecidas por determinado nome, engendrou-se uma saída: a mudança de nome daqueles que tinham o mesmo nome do perseguido. Na mudança, foi comum a adoção da denominação de seres animados ou inanimados, como 'Pereira', 'Laranjeira', 'Figueira', 'Carvalho', 'Pedreira'.

Em alguns países, acrescenta-se um tipo de sufixo, ou, mais apropriadamente, uma significação ao nome. Na Rússia, aos homens acrescia-se a expressão *witch* ou *vicz*, com o significado de filho, ao nome (exemplificando, Carlos Petrovicz – Carlos, filho de Pedro). Já as mulheres tinham o designativo *ovna*, traduzido como filha (Míriam Petrovna – Míriam, filha de Pedro).

2. NATUREZA DO NOME

Aborda-se a natureza do nome no sentido de constituir ou não um direito subjetivo da pessoa. No caso afirmativo, nenhuma outra pessoa poderia adotar nome que alguém já possui.

Acontece que o nome, além de ser meio de individuação, abrange os atributos da pessoa, ou o indivíduo como personalidade, com todas as qualidades inerentes e as conquistadas.

Muitos adotam a teoria de que não há o direito subjetivo ao nome, tanto que se repete, não raramente, em milhares de pessoas. Com toda a certeza, esta a melhor *ratio*, desde que devidamente entendida. Ninguém encontra supedâneo legal para opor-se à utilização de determinada designação. Mesmo que revele um patrimônio o nome, como o de artistas, cantores, cientistas, cineastas, políticos, escritores, atletas e profissionais famosos, a lei não coíbe a adoção pelas novas pessoas que nascem, fato bastante comum no meio popular, em todas as épocas. Há, todavia, casos raros de decisões reconhecendo o interesse moral em impedir a utilização do nome, lembrando Alcino Pinto Falcão, em épocas priscas, exemplos: "Assim, já se julgou procedente (*DJ* de 26.05.1944, p. 2.152) uma ação cominatória, para abstenção do uso do nome de família, que se erigiu em direito subjetivo; esse aresto, decidindo *de lege ferenda* e por isso mesmo merecendo reservas, expressamente adotou a tese de que... não é necessário prejuízo material, sendo suficiente o interesse moral do uso do nome de família, para caracterizar o direito de impedir o seu uso a pessoa estranha".[4]

---

[4] *Parte Geral do Código Civil*, ob. cit., p. 105.

Todavia, o direito subjetivo ao nome tem um alcance diferente. Não pertine à escolha e apropriação para os que nascem e são registrados no Registro das Pessoas Naturais. A questão prende-se à conduta de alguém que muda seu nome pelo de outra pessoa, ou se fazendo passar pela pessoa vastamente conhecida. Está o direito subjetivo ao direito de ninguém se apropriar do nome com o conteúdo dos atributos de certa personalidade. E muito menos para fins comerciais ou de exploração econômica, autoriza-se a utilização, consoante regra do art. 18 do Código Civil: "Sem autorização, não se pode usar o nome alheio em propaganda comercial".

De outro lado, não é incomum alguém se apresentar na identidade de uma pessoa conhecida, com o escopo de conseguir vantagem, aceitabilidade, acolhimento de um pedido, ou sensibilizar aqueles com os quais se relaciona. Por conseguinte, nesse sentido o direito subjetivo ao nome, ou de somente determinado indivíduo poder usar o nome como conteúdo de atributos, ou patrimônio formado e conquistado através de dotes intelectuais, culturais, artísticos etc., não se tolerando que terceiro se aproprie e passe a tirar proveito ou a usufruir desse cabedal de valores.

Aspecto importante também em relação à natureza do nome refere-se a ser ou não um direito patrimonial. Não é patrimonial no sentido de poder a pessoa dispor do nome, à semelhança como acontece com os direitos de autor, de marcas e patentes, de propriedade industrial, e com o nome comercial, revelando um conteúdo econômico e permitindo a transferência. Embora protegível o nome da pessoa, e mesmo ensejando uma apreciação econômica, por ser um atributo pessoal e espiritual, é inalienável e intransferível.

3. ELEMENTOS QUE COMPÕEM O NOME

Como se evidenciou, nos tempos atuais não compõe o nome uma única palavra. Em geral, dois são os componentes que formam o nome: o *prenome*, ou o designativo que vem em primeiro lugar, ligado à pessoa; e o *nome de família* ou *sobrenome*, que expressa o patronímico, a denominação da família, o nome ou apelido de família, da estirpe, do tronco comum.

O *prenome* consiste na palavra ou palavras para individuar cada pessoa, a que também se convencionou chamar de *nome de batismo*, ou o primeiro nome. Em geral, compõe-se de uma única palavra, sendo escolhido pelos pais, quando do nascimento do filho. Se formado de uma única palavra, é simples, como Antônio, Pedro, Carmo, Ângela. Já considera-se duplo, se duas as palavras – Antônio Carlos, João Pedro, Maria Carolina. Será triplo ou quádruplo, se três ou quatro as palavras, afigurando-se mais raras as hipóteses.

Acrescenta-se, quando adotado um prenome de parente, o *agnome*, termo que significa a palavra que distingue do nome de outra pessoa, sendo as mais conhecidas 'filho', 'júnior', 'neto', 'sobrinho', como João Carlos Ferreira Neto. Não se utiliza, no Brasil, um número ordinal ('primeiro', 'segundo') para destacar pessoas da mesma família – Antônio Carlos Segundo – quando se revela mais frequente em outros países.

Aduzem-se aos nomes títulos de nobreza, honoríficos, eclesiásticos, qualificativos, acadêmicos ou axiônimos, que representam a estirpe, a origem, o destaque do cargo dentro da religião, a profissão, o grau de formação, como 'duque', 'barão', 'bispo', 'mestre', 'doutor', mas que são genéricos, designando a classe de pessoas de acordo com os atributos de família, de profissão ou de cultura.

A alcunha é uma modalidade de identificação da pessoa por uma característica especial, ou uma qualidade, que a torna conhecida. É o apelido, o epíteto, não raramente depreciativo e decorrente de uma característica ou defeito, de uma profissão, de uma arte, de um modo de ser. Nesse campo pode-se incluir o apelido hipocorístico, palavra que designa um modo carinhoso, afetuoso, íntimo de denominar alguém, mais no círculo familiar, servindo de exemplos: Fernando – 'Nando'; Antônio – 'Toninho'; Roberto – 'Beto' ou 'Betinho'.

Utiliza-se, também, o pseudônimo, que constitui uma alcunha ou apelido, pelo qual alguém se torna conhecido, especialmente no mundo das artes, das letras e do jornalismo. O art. 19 contempla a sua proteção: "O pseudônimo adotado para atividades lícitas goza da proteção que se dá ao nome".

Quanto ao *nome de família* ou *sobrenome*, expressa a procedência da pessoa, a origem familiar, a filiação, a estirpe, denominado *nome patronímico*, advindo do lado paterno da família, ou materno se não constando o nome do pai no registro civil, ou de ambos os ramos, como é costume em muitos casos, sendo frequente a precedência da partícula 'de', 'do', 'da', 'dos' e 'das'.

Em geral, do mero nascimento decorre o sobrenome, bastando o ato declaratório do nascimento no registro civil. Quando não admitida a filiação no ato do registro, pode advir do reconhecimento da paternidade em momento posterior, ou do reconhecimento da paternidade por sentença judicial; do casamento, quando a mulher opta pelo nome do marido. No que diz com o casamento, é um direito de qualquer dos cônjuges, se quiser, usar o patronímico do outro (art. 1.565, § 1º, do Código Civil). Separando-se judicialmente, confirmada a culpa de um dos cônjuges, dá-se a perda do direito ao sobrenome do outro, de acordo com o art. 1.578 do Código Civil, mas

> "desde que expressamente requerido pelo cônjuge inocente e se a alteração não acarretar:
>
> I – evidente prejuízo para a sua identificação;
>
> II – manifesta distinção entre o seu nome de família e o dos filhos havidos da união dissolvida;
>
> III – dano grave reconhecido na decisão judicial".

Por força do § 1º do art. 1.578, faculta-se ao cônjuge inocente na ação de separação judicial renunciar, a qualquer momento, ao direito de usar o sobrenome do outro.

O art. 25, parágrafo único, da citada Lei nº 6.515, em consonância com a redação da Lei nº 8.408, de 1992, já previa as hipóteses do art. 1.578 acima. Enfrentando a matéria na redação da mencionada lei, entendeu o Superior Tribunal de Justiça que "trata-se de norma cogente, de incidência imediata. Não concorrendo motivo que se enquadre nas exceções da lei, quando da conversão da separação judicial em divórcio, a sentença determinará que a mulher volte a usar o nome que tinha antes de contrair o matrimônio".[5]

A mulher solteira, separada, ou viúva que conviva com pessoa cujo estado civil impeça o casamento, ou vice-versa, poderá requerer ao juiz competente que, no registro de nascimento, seja averbado o patronímico de seu companheiro, sem prejuízo dos apelidos próprios de família. Isto, volta-se a repetir, desde que haja impedimento legal para o casamento, decorrente do estado civil de qualquer das partes. Esta averbação do sobrenome depende de outras condições: a existência de filho com o companheiro, a vida em comum já por cinco ou mais anos, e a concordância do companheiro (art. 57, §§ 3º e 4º, da Lei nº 6.015, de 31.12.1973). De sorte que a união com divorciado constitui óbice para a pretensão de acrescer o nome de família do companheiro, dada a inexistência de impedimento para casar. No pertinente a viúva ou viúvo, o impedimento verifica-se na existência de filho havido com o cônjuge falecido, enquanto não levado a termo o inventário dos bens do casal e não se der partilha dos bens aos herdeiros (art. 1.523, inc. I, do Código Civil).

Da adoção advém o desvinculamento da família anterior, e o recebimento do sobrenome do adotante. Realmente, ordena o art. 1.626 do Código Civil que o adotado desliga-se do vínculo com os pais de sangue e parentes, exceto no pertinente aos impedimentos matrimoniais, passando, por conseguinte, a receber o nome do adotante. Já o art. 1.627, bem explicitamente, preceitua que a decisão concedendo a adoção confere ao adotado o sobrenome do adotante, sendo possível, se razões justas aconselharem, a modificação do prenome. Isto inclusive ao adotado maior de dezoito anos, porquanto o Código Civil, ao tratar da matéria, não faz qualquer distinção. Não era assim no regime do Código de 1916, conforme lição de Antônio Chaves: "É disposição expressa do Código Civil que a adoção estabelece parentesco meramente civil entre o adotante e o adotado, preocupando-se o art. 376 em acentuar que o parentesco resultante da adoção limita-se aos dois, ressalvada a exceção que indica. Ora, se assim é, nem sequer a inserção dos nomes dos pais dos adotantes é possível no assento de nascimento; muito menos, a eliminação dos nomes dos pais de sangue".[6]

---

[5] Recurso Especial nº 57.007-7-RJ. 3ª Turma. Julgado em 14.08.1995, *DJU* de 18.12.1995, em *Revista dos Tribunais*, 731/215.

[6] *Adoção, Adoção Simples e Adoção Plena*, 3ª ed., São Paulo, Editora Revista dos Tribunais, 1983, p. 853.

4. O REGISTRO CIVIL DO NOME

O Registro Público tem duas finalidades básicas: documentar e dar publicidade ao estado das pessoas e à situação dos bens. Ao mesmo tempo em que se destina a provar um estado da pessoa, a existência de uma pessoa jurídica, a propriedade de imóveis, igualmente leva ao público, ou ao conhecimento de todos tais atos, de modo que a ninguém se justifica a alegação da falta de ciência. Já revelava Clóvis Beviláqua a importância: "Os fatos capitais da existência da pessoa, tais como o seu nascimento, casamento, emancipação, interdição, declaração de ausência, devem constar de livros para esse fim destinados, e mediante os quais possam ser conhecidos e autenticamente provados".[7] O Código Civil, no art. 9º (art. 12 do Código anterior), enumera os atos sujeitos ao registro civil: os nascimentos; os casamentos; os óbitos; a emancipação por outorga dos pais ou por sentença do juiz; a interdição por incapacidade absoluta ou relativa; a sentença declaratória de ausência e de morte presumida. Em consonância com o art. 10 do mesmo Código, averbam-se (e não mais se procede o registro), junto aos registros, as sentenças de nulidade ou anulação do casamento, de divórcio, de separação judicial, de restabelecimento da sociedade conjugal; e mais os atos judiciais ou extrajudiciais de declaração ou reconhecimento da filiação, e de adoção.

Na linha do Código Civil, não mais se procede o registro ou a outrora chamada inscrição dos atos de desconstituição do casamento ou de sua dissolução. É suficiente a mera averbação, ao lado do ato que está registrado.

Além do registro das pessoas físicas ou naturais, do registro civil das pessoas jurídicas, do registro de títulos e documentos e do registro de imóveis, submetidos à Lei nº 6.015, de 14.12.1973 (Lei dos Registros Públicos), existem vários outros registros, como os da Propriedade Industrial; da Propriedade Literária, Artística e Científica; das sociedades comerciais, procedidas nas Juntas Comerciais; dos navios e embarcações; das aeronaves; dos veículos automotores, levados a efeito nos Departamentos de Trânsito dos Estados. No caso, interessa o nome nos atos do registro civil.

O registro civil dos nascimentos, e, por conseguinte, dos nomes das pessoas, está regulado na Lei nº 6.015, ordenando seu art. 50: "Todo nascimento que ocorrer no território nacional deverá ser dado a registro, no lugar em que tiver ocorrido o parto ou no lugar da residência dos pais, dentro do prazo de 15 (quinze) dias, que será ampliado em até 3 (três) meses para os lugares distantes mais de 30 (trinta) quilômetros da sede do cartório". A grande finalidade é servir de prova do estado da pessoa, pois, universalmente, tal exigência é uma constante na vida, assinalando os autores Mazeaud: "Por ejemplo, en la esfera del derecho civil, un hijo que quiere reclamar alimentos

---

[7] *Teoria Geral do Direito Civil*, ob. cit., p. 136.

a sus padres o recoger su sucesión, debe probar su filiación, su estado de hijo; un cónyuge que pretende los derechos sucesorios concedidos al cónyuge supérstite por la ley, debe probar su matrimonio. En la esfera administrativa, para ser funcionario, para ingresar en determinadas escuelas, para presentarse a exámenes o concursos, cada qual deve justificar su estado civil desde un punto de vista nacional o familiar".[8]

Incumbe primeiramente ao pai, e, na sua falta ou impedimento, à mãe, encaminhar o registro. Na omissão do pai, deslocando-se, então, a obrigação para a mãe, o prazo para providenciar no ato alonga-se para quarenta e cinco dias. Na falta ou impedimento de ambos, assinala o art. 52, sempre substitutivamente, em quem recai a obrigação: ao parente mais próximo, se se achar presente e maior de idade; ao administrador de hospitais ou aos médicos ou parteiras que tiverem assistido o parto; a pessoa idônea da casa em que ocorrer, sendo fora da residência da mãe; às pessoas encarregadas da guarda do menor.

Outrossim, se o menor entre dezoito e vinte e um anos não se encontrar registrado, poderá requerer que se proceda o ato, isento de multas (art. 50, § 3º, da Lei nº 6.015).

Várias exigências do assento do nascimento, o que importa em torná-lo público, indica no art. 54 da lei acima:

a) o dia, mês, ano e lugar do nascimento e a hora certa, sendo possível determiná-la, ou aproximada;
b) o sexo do registrando;
c) o fato de ser gêmeo, quando assim tiver acontecido;
d) o nome e o prenome, que forem postos à criança;
e) a declaração de que nasceu morta, ou morreu no ato ou logo depois do parto;
f) a ordem de filiação de outros irmãos do mesmo prenome que existirem ou tiverem existido;
g) os nomes e prenomes, a naturalidade, a profissão dos pais, o lugar e cartório onde se casaram, a idade da genitora, do registrando em anos completos, na ocasião do parto, e o domicílio ou a residência do casal;
h) os nomes e prenomes dos avós paternos e maternos;
i) os nomes e prenomes, a profissão e a residência das duas testemunhas do assento, quando se tratar de parto ocorrido sem assistência médica em residência ou fora de unidade hospitalar ou casa de saúde (artigo alterado pela Lei nº 9.997/2000).[9]

---

[8] *Lecciones de Derecho Civil*, ob. cit., vol. II, parte primeira, p. 64.
[9] *Lecciones de Derecho Civil*, vol. II, parte primeira, p. 64.

Não sendo os pais casados entre si, a interpretação do art. 59 da Lei dos Registros Públicos impõe que não se declarará o nome do progenitor sem que este expressamente o autorize e compareça, por si ou por procurador especial, para, reconhecendo o filho, assinar, ou, não sabendo ou não podendo, mandar assinar a seu rogo o respectivo assento com duas testemunhas.

5. MUDANÇA, ALTERAÇÃO E RETIFICAÇÃO NO REGISTRO

Várias as causas que permitem a alteração do registro.

Lembra-se, antes, o reconhecimento de dois princípios que teoricamente vigem quanto aos registros públicos: o da fé pública e o da continuidade ou irrevogabilidade ou inalterabilidade. No que diz com o primeiro, uma vez efetuado o assento no registro civil, emerge uma presunção *juris et de jure* quanto à realidade e veracidade do que encerra. Unicamente por ação de natureza pública consegue-se a alteração dos dados que encerra, ou a sua nulidade. Havendo, porém, algum vício, erro, ou irregularidade, a restauração, o suprimento e a retificação dependem de um procedimento judicial, através de ação ordinária, prevista nos arts. 109 a 113 da Lei dos Registros Públicos.

Já o princípio da continuidade envolve o encadeamento de todos os atos relacionados ao mesmo indivíduo, de modo a formar-se um histórico da situação jurídica do interessado. Nada pode ser olvidado. Todos os atos relacionados ao mesmo indivíduo devem constar do Registro. Tem-se, assim, um panorama geral e completo do que concerne à identificação da pessoa.

Havendo defeito no nome, procura-se a retificação, que não se confunde com a mudança, e nem com a alteração, segundo explica Walter Ceneviva, que transcreve parte de antigo acórdão da 4ª Câmara Cível do TJSP, de nº 154.678, publicado em Jurisprudência do Tribunal de São Paulo, nº 1, p. 100: "Não se deve confundir a retificação do prenome com a sua mudança, nem mesmo com alteração propriamente dita. Na mudança substitui-se, na alteração modifica--se o que era certo e definitivo, sem qualquer eiva de erro. Na retificação, cogita-se de corrigir erros ou reparar omissões, cometidos na relação do ato de nascimento, ... não se mudando um nome por outro, senão restaurando o nome verdadeiro, com eliminação das alterações ou omissões havidas... Na mudança, substitui-se".[10]

Para a retificação por erro de grafia, encaminha-se o pedido ao cartório onde se fez o assentamento, que formará um expediente, o qual será encaminhado ao Ministério Público, e, após, ao juiz, que despachará em quarenta e oito horas, tudo de acordo com o art. 110 e parágrafos da Lei nº 6.015. Salienta-se que ao próprio interessado faculta-se que assine o pedido, ou que se faça representar

---

[10] *Lei dos Registros Públicos Comentada*, São Paulo, Editora Saraiva, 1979, p. 140.

através de procurador. Se necessária a produção de prova, e isto naturalmente em situações mais complexas de retificação, como na hipótese de erro grave, ou de falta de alguma palavra, segue-se um procedimento ordinário.

De modo que existem a mudança, a alteração e a retificação. Todavia, a mudança e a alteração recebem o mesmo enfoque, não se encontrando uma distinção clara. Tem-se procurado distinguir uma e outra espécie através de minúcias. Assim, na mudança, o que envolve alteração, coloca-se outro nome, dada a situação vexatória, ou porque a pessoa é conhecida por outro nome. Apurando-se que o prenome leva ao ridículo, ao ofensivo, ou que a sua presença é revelada por uma denominação diferente, é justo que se mude para outro designativo, ou substitui-se um nome por um diverso. Ainda, suprimem-se dois ou mais vocábulos por um único ('Luciferino Barrabás' por 'Carlos'). A previsão está nos arts. 56, 57 e 58 da Lei dos Registros Públicos, encerrando o primeiro: "O interessado, no primeiro ano após ter atingido a maioridade civil, poderá, pessoalmente ou por procurador bastante, alterar o nome, desde que não prejudique os apelidos de família, averbando-se a alteração que será publicada pela imprensa". O segundo dispositivo: "Qualquer alteração posterior de nome, somente por exceção e motivadamente, após audiência do Ministério Público, será permitida por sentença do juiz a que estiver sujeito o registro, arquivando-se o mandado e publicando-se a alteração pela imprensa". E o último – art. 58, com a redação da Lei nº 9.708, de 18.11.1998: "O prenome será definitivo, admitindo-se, todavia, a sua substituição por apelidos públicos notórios". Seu parágrafo único coloca um limite: "A substituição do prenome será ainda 'admitida' em razão de fundada coação ou ameaça decorrente da colaboração com a apuração de crime, por determinação, em sentença, de juiz competente, ouvido o Ministério Público".[11]

A mudança propriamente dita expressa substituição, com fundamento nos arts. 56 e 58, nem sempre para evitar zombarias ('Antoninho' por 'Antônio', 'Angelino' por 'Ângelo', 'Hitler' por 'Carlos'). Ou autoriza a troca do nome antigo pelo apelido que tornou a pessoa conhecida, o que sói acontecer especialmente no meio artístico, literário e esportivo, quando o apelido passa a ocupar o prenome que consta no registro, desde que não se encontre o mesmo proibido em lei, ou não signifique a apropriação do nome de outra pessoa famosa. A alteração envolve mudança parcial, com a retirada de uma palavra ou a introdução de outra. Inclui-se no nome o apelido materno, procede-se a tradução das palavras significativas do nome, coloca-se um termo no lugar de outro. O seguinte exemplo de decisão revela hipótese de alteração, embora não seja relevante a denominação: "Pela leitura de todo o processado, nota-se que a apelante pretende acrescentar nome, de origem japonesa, tendo em vista sua filiação. A pretensão exposta pelo recorrente, preservado o entendimento do

---

[11] Alterado pela Lei nº 9.807/1999.

ilustre prolator da sentença hostilizada, merece acolhida. Isto porque o nome da pessoa, composto pelo sobrenome e pelo prenome, é um sinal que a identifica perante a sociedade em que vive e como tal transforma-se num modo de ser do indivíduo. Ora, impor à requerente um tratamento diferente, em especial por conta do nome de seus familiares (irmã), é injustificável, ainda mais se notamos a inexistência de qualquer óbice, quer de fato, quer de direito, apto a ensejar a solução dada à demanda. Outrossim, a retificação neste momento da vida da menor lhe é vantajosa, na medida em que ainda não pratica atos identificadores da vida civil, passível de alterações no futuro".[12]

Existem decisões que suavizam as exigências para a mudança. Havendo motivos, inclusive de ordem subjetiva, sem levar ao ridículo, permite-se a troca de nome, sendo exemplo a seguinte passagem de uma decisão: "O nome pode ser modificado desde que motivadamente justificado. No caso, além do abandono pelo pai, o autor sempre foi conhecido por outro patronímico. A jurisprudência..., ao buscar a correta inteligência da lei, afinada com a 'lógica do razoável', tem sido sensível ao entendimento de que o que se pretende com o nome civil é a real individualização da pessoa perante a família e a sociedade".[13]

Aduz-se que a exegese do art. 56 não pode ser literal, de modo a possibilitar a mudança não apenas ao atingir a maioridade. Mesmo antes é aceito o pedido, se devidamente representado ou assistido o menor.

A jurisprudência vem admitindo a mudança ou acréscimo para ajustar situações especiais que surgem com a separação dos cônjuges. Assim, quanto à inclusão do patronímico da mãe no nome dos filhos:

> "A dificuldade de identificação em virtude de a genitora haver optado pelo nome de solteira após a separação judicial enseja a concessão de tutela judicial a fim de que o novo patronímico materno seja averbado no assento de nascimento, quando existente justo motivo e ausentes prejuízos a terceiros, ofensa à ordem pública e aos bons costumes.
>
> É inerente à dignidade da pessoa humana a necessidade de que os documentos oficiais de identificação reflitam a veracidade dos fatos da vida, de modo que, havendo lei que autoriza a averbação, no assento de nascimento do filho, do novo patronímico materno em virtude de casamento, não é razoável admitir-se óbice, consubstanciado na falta de autorização legal, para viabilizar providência idêntica, mas em situação oposta e correlata (separação e divórcio).
>
> Recurso Especial a que se nega provimento".[14]

---

[12] TJSP. Apel. Cível nº 88.603-4/0. 7ª Câm. de Direito Privado, de 28.07.1999, em *ADV Jurisprudência – COAD*, nº 52, p. 826, dez. 1999.

[13] TJPR. Apelação Cível nº 74.503-3. 6ª Câm. Cível, publ. em 14.06.1999, em *ADV Jurisprudência*, boletim semanal nº 13, p. 202, mar. 2000.

[14] REsp. nº 1.041.751/DF. Relator: Min. Sidnei Beneti. Terceira Turma. Julgado em 20.08.2009, *DJe* de 3.09.2009.

"Direito civil. Interesse de menor. Alteração de registro civil. Possibilidade.

Não há como negar a uma criança o direito de ter alterado seu registro de nascimento para que dele conste o mais fiel retrato da sua identidade, sem descurar que uma das expressões concretas do princípio fundamental da dignidade da pessoa humana é justamente ter direito ao nome, nele compreendido o prenome e o nome patronímico.

É conferido ao menor o direito a que seja acrescido ao seu nome o patronímico da genitora se, quando do registro do nascimento, apenas o sobrenome do pai havia sido registrado.

É admissível a alteração no registro de nascimento do filho para a averbação do nome de sua mãe que, após a separação judicial, voltou a usar o nome de solteira; para tanto, devem ser preenchidos dois requisitos: (i) justo motivo; (ii) inexistência de prejuízos para terceiros.

Recurso especial não conhecido".[15]

Em qualquer das situações acima, procede-se judicialmente o pedido, com o encaminhamento de mandado para a mudança, alteração ou retificação.

6. REGISTROS DE EXPOSTOS E DE MENORES ABANDONADOS

Os expostos são os menores até sete anos de idade, encontrados em estado de abandono, de acordo com antigo decreto, de nº 17.943-A, de 12.10.1927. Presentemente, não tem relevância a denominação, eis que se inserem tais menores no conceito de abandonados, que envolve todos os menores sem uma família, ou não abrigados em instituição apropriada. Os menores são considerados 'crianças' até os doze anos incompletos, e 'adolescentes' desta idade aos dezoito anos (art. 2º da Lei nº 8.069, de 13.07.1990).

Para o registro civil, adotam-se as normas dos arts. 61 e 62 da Lei dos Registros Públicos.

Em consonância com o primeiro dispositivo, os estabelecimentos de caridade, as autoridades ou os particulares que encontrarem os menores em estado irregular, comunicarão ao oficial do Registro Civil, no prazo de cinco dias, sob pena de multa correspondente a um décimo do salário mínimo. Se possível, farão a entrega do menor ao oficial, mas, naturalmente, para aferir os dados necessários ao registro.

O parágrafo único discrimina os passos do registro, e os elementos que conterá o ato: "Declarar-se-á o dia, mês e ano, lugar em que foi exposto, a hora em que foi encontrado e a sua idade aparente. Nesse caso, o envoltório, roupas e quaisquer outros objetos e sinais que trouxer a criança, e que possam

---

[15] REsp. 1.069.864/DF. Rel.ª Min.ª Nancy Andrighi. Terceira Turma. Julgado em 18.12.2008, *DJe* de 3.02.2008.

a todo o tempo fazê-lo reconhecer, serão numerados, alistados e fechados em caixa lacrada e selada, com o seguinte rótulo: 'Pertence ao exposto tal, assento de fls. ... do livro ...', remetidos imediatamente, com uma guia em duplicata, ao Juiz, para serem recolhidos a lugar seguro. Recebida e arquivada a duplicata com o competente recibo do depósito, far-se-á à margem do assento a correspondente anotação".

De modo que o registro não conterá os elementos sobre a filiação e outros dados, em vista do total desconhecimento. Se não tiver ou desconhecido o nome, torna-se indispensável que se atribua unicamente o prenome, pois, do contrário, nem o registro seria viável.

A regra abrange os atos de registro de qualquer menor, isto é, dos *expostos* e dos *abandonados*, remetendo o art. 62 ao art. 61, quanto ao registro dos abandonados: "O registro do nascimento do menor abandonado, sob jurisdição do Juiz de Menores, poderá fazer-se por iniciativa deste, à vista dos elementos de que dispuser e com observância, no que for aplicável, do que preceitua o artigo anterior".

7. REGISTRO FORA DO PRAZO

O registro do nascimento deve ser providenciado nos prazos indicados no art. 50, que é de quinze dias, se o parto tiver ocorrido no lugar da residência dos pais. Nos lugares distantes mais de trinta quilômetros da sede do cartório, amplia-se em até três meses o lapso de tempo para o registro.

Se, porém, não lavrado o assento do nascimento, em qualquer tempo permite-se o ato, incidindo, então, uma penalidade de multa. Tratando da matéria, reza o art. 46 da Lei nº 6.015: "As declarações de nascimento feitas após o decurso do prazo legal somente serão registradas mediante despacho do juiz competente do lugar da residência do interessado. § 5º Se o juiz não fixar prazo menor, o oficial deverá lavrar o assento dentro em cinco (5) dias, sob pena de pagar multa correspondente".

Como preceito geral, por conseguinte, deve-se lavrar um pedido de registro, encaminhado ao juiz, que decidirá. Sendo a idade inferior a doze anos, dispensa-se o despacho do juiz, procedendo-se diretamente o ato de assento.

Se a parte revelar-se pobre, é dispensado o pagamento da multa. De outro lado, a Lei nº 6.848, de 12.11.1980, autoriza a Fundação Legião Brasileira de Assistência – LBA, a formular o pedido, representando o menor, quando automaticamente importa em dispensar o pagamento da multa.

O chamado registro tardio do nascimento formaliza-se, portanto, de modo simples, através do encaminhamento de um simples pedido ao juiz. Entrementes, algumas questões devem ser esclarecidas. Unicamente quando assinado o pedido por ambos os progenitores coloca-se a filiação completa do registrando.

Embora se declare casada a mãe, não basta a sua mera afirmação da filiação do pai, para consigná-la no ato registrário.

Havendo dúvidas sobre a veracidade da declaração, ou suspeitando-se da falsidade, cabe ao juiz proceder uma instrução, mediante justificação judicial, ou a exigência de provas seguras. A previsão está expressa no § 3º do art. 46 da Lei nº 6.015: "O juiz somente deverá exigir justificação ou outra prova suficiente se suspeitar da falsidade da declaração".

Encaminha-se o pedido no cartório da residência do interessado, onde se arquivará a petição com o despacho do juiz.

Capítulo X

Capacidade da Pessoa Natural

1. PERSONALIDADE E CAPACIDADE

De grande importância caracterizar a personalidade e a capacidade das pessoas naturais ou físicas, eis que distintos os conteúdos dos institutos.

Especialmente no Capítulo VII, item 3, foi desenvolvido o sentido de personalidade, que corresponde ao ser humano como sujeito de direitos e deveres na ordem civil. Mais especificamente, a personalidade é a pessoa natural enquanto apta de seus direitos e obrigações, o que é assegurado desde o começo do Código Civil – arts. 1º e 11 a 21 do vigente Código Civil, e se proclama mais extensamente no art. 5º e em seus vários incisos da Constituição Federal.

Tem-se, pois, a personalidade como o conjunto de poderes, direitos, faculdades, prerrogativas em exercício, ou em prática, consagrado e admitido pela ordem jurídica existente em um país. Enquanto a pessoa restringe-se ao sujeito capaz de direitos e obrigações, já a personalidade decorre da pessoa, mas no exercício dos direitos e obrigações. Nessa concepção de personalidade, encontram-se no sistema jurídico os direitos e deveres admitidos, sendo vasta a quantidade, como o direito à vida, à saúde, à liberdade, ao nome, à propriedade, à honra, à defesa, à reputação, à privacidade, à autoria de suas obras. Pelo fato de existir como ser humano, independentemente da fortuna, da origem, da raça, do sangue, do sexo, do credo religioso, há a proteção do Estado dentro de uma esfera ou áurea que garante a existência digna, livre, segura e soberana.

Por conseguinte, o conceito de personalidade envolve a pessoa como sujeita de direitos e obrigações, isto é, sem consideração de sua posição social ou categoria profissional.

Já a capacidade diz respeito à aptidão para adquirir direitos e contrair obrigações. Mais especificamente, embora nem todos os autores percebam, o termo expressa a aptidão em realizar atos da vida civil, de desempenhar as funções asseguradas pela ordem jurídica na sociedade, e assim de celebrar contratos, de adquirir, de vender, de decidir, de postular perante os órgãos públicos, de opor-se a certas determinações, de comprometer-se, de reclamar ou exigir condutas, de participar da vida pública, de representar, e assim uma infinidade de atos. Serpa Lopes, abrangendo essa dimensão, faz a distinção entre capacidade como aptidão em ser sujeito de direitos e obrigações e capacidade como aptidão em exercer esses direitos e cumprir obrigações: "Consequentemente, do ponto de vista clássico, a palavra capacidade é suscetível de dupla acepção: 1º) significa uma aptidão a se tornar sujeito de direitos, ou de todos os direitos, ou de alguns dentre eles, o que se costuma denominar *capacidade de direito*; 2º) aptidão ao exercício desses direitos, isto é, a capacidade de exercício ou capacidade de fato".[1]

Não se pode confundir o âmbito de atuação de poderes e conteúdos da personalidade com os da capacidade. Equivocam-se aqueles que fazem depender o exercício da personalidade do exercício da capacidade, como Caio Mário da Silva Pereira, que afirma: "De nada valeria a personalidade sem a capacidade jurídica... Quem tem aptidão para adquirir direitos deve ser hábil de gozá-los e exercê-los, por si ou por via de representação".[2] O pleno exercício dos direitos da personalidade não está na dependência de ser ou não capaz a pessoa. Concretamente, os direitos de personalidade são direitos subjetivos, que emergem pelo fato da existência do ser humano, e dizem com a identidade, o respeito, a liberdade, a sociabilidade, a reputação, a honra, a igualdade, a saúde, a vida, a dignidade, a subsistência, além de outros campos. Já a capacidade atua no campo da expansão da personalidade, que é a realização de certos atos da vida civil, como assumir obrigações e conquistar direitos. Esta aptidão é maior ou menor em função da idade, a saúde, o desenvolvimento intelectual de certas pessoas. Mais simplesmente, a capacidade restringe-se à realização dos atos da vida civil, aos contratos. Num exemplo claro, o absolutamente incapaz, como o menor, o doente mental, goza plenamente dos direitos de personalidade; já pertinentemente à incapacidade, é total, posto que a realização dos atos da vida civil depende sempre de representante.

O campo da capacidade constitui uma expansão da personalidade. É próprio da personalidade a realização de atos da vida civil. Todavia, restringe-se o âmbito ao aspecto da realização dos atos da vida civil, e não se estende ao setor dos direitos fundamentais do ser humano, que se impõe indistintamente da existência ou não da capacidade.

2. ESPÉCIES DE CAPACIDADE E DISTINÇÕES

A capacidade envolve, segundo foi visto, a aptidão para a pessoa ser sujeita de direitos e obrigações. Duas as espécies que se costuma distinguir: a de direito e a de fato.

---

[1] *Curso de Direito Civil*, ob. cit., vol. I, p. 267.
[2] *Instituições de Direito Civil*, ob. cit., vol. I, pp. 172 e 173.

A de *direito*, também conhecida como de *gozo*, equivale à possibilidade de adquirir direitos e contrair obrigações por si ou por terceiros. É ela inerente ao ser humano, e está incluída na personalidade, sendo esta, no entanto, mais ampla, por não se restringir a aspectos ou campos, e por abranger aqueles direitos considerados fundamentais. A capacidade de direito é limitada, envolvendo direitos particularmente considerados, como a potencialidade em contratar, em manifestar um ato de vontade, em reclamar, em se autodeterminar, que permanece em estado latente enquanto menor a pessoa. Naturalmente, decorre dos direitos da personalidade, como do direito à vida, à saúde, à liberdade, à propriedade. Na prática, a diferença entre a personalidade e a capacidade de direito é mais teórica, sendo restrita a última quanto ao exercício pela própria pessoa dos direitos de personalidade, sem necessitar de autorização do juiz, ou de representação dos responsáveis.

A capacidade de *fato*, ou de *exercício*, compreende a de praticar atos da vida civil, ou à possibilidade de alguém executar pessoalmente tais atos, como de contratar, de negociar, de representar, de exercer profissão. Esta aptidão inexiste quando absolutamente menor o indivíduo, sendo, então, representado. Se relativamente maior, ou com idade a partir dos dezesseis anos, a atividade civil requer a assistência.

O grau da capacidade de fato é determinado pela idade, pela saúde mental do indivíduo e pela lei. O menor entre 16 e 18 anos precisa da assistência do responsável. Uma vez plenamente maior, não há restrições para o exercício dos direitos. Da mesma forma quanto à saúde mental, impondo-se, se diagnosticada, o reconhecimento da incapacidade de fato. Tem-se a faculdade de se impor os direitos.

Afrânio de Carvalho apresenta com simplicidade a distinção entre uma espécie e outra: "A capacidade de direito inere necessariamente a toda pessoa, qualquer que seja a sua idade ou o seu estado de saúde. A capacidade de fato, isto é, a capacidade para exercer pessoalmente os atos da vida civil, é que pode sofrer limitação oriunda da idade e do estado de saúde".[3]

Não há de se confundir a incapacidade com a proibição do exercício de direitos. Não se considera incapaz quem encontra óbices para certos atos ou contratos. Desta sorte, se a lei proíbe negócios a pessoas determinadas, não se classifica ela como incapaz. O tutor está proibido de adquirir bens de seu tutelado; o ascendente, para vender bens a descendentes, carece do consentimento dos demais descendentes; não pode o cônjuge alienar imóveis sem a participação do outro cônjuge; veda-se ao herdeiro indigno de herdar. Têm-se, aí, impedimentos, ou preceitos proibitivos para a prática de certos atos da vida civil, sem afetar a capacidade do tutor, do ascendente, do cônjuge, do indigno.

---

[3] *Instituições de Direito Privado*, ob. cit., p. 21.

3. CAPACIDADE E INCAPACIDADE

O reconhecimento do pleno exercício dos direitos e das potencialidades do ser humano corresponde não à capacidade, mas à personalidade. Mesmo a criança, ou o recém-nascido, ou o louco, ou o portador de enfermidade que o desliga da realidade, são pessoas dotadas de personalidade, com a plenitude dos direitos. No entanto, qualquer deles não está apto, por si só, a praticar muitos atos da vida civil, como celebrar negócios, votar, ser votado, representar outros, exercer cargos de comando, decidir, optar, destinar o patrimônio, contrair obrigações, atuar na administração, e assim em várias outras funções e atividades. Acontece que uma coisa é a personalidade, e outra a capacidade.

Distinta, pois, a capacidade de ser a pessoa sujeita de direitos, o que decorre da personalidade, da capacidade em praticar atos regulados pelo ordenamento jurídico. E quando se parte para esta segunda função ou dimensão do ser humano, se está falando da capacidade civil, que, no caso de plena, equivale à total aptidão para adquirir direitos e contrair obrigações na prática de atos da vida civil. Nota-se a particularidade: não se está falando preponderantemente em sujeito de direitos, mas sujeito de direitos e obrigações na realização dos atos da vida civil, ou, além de usufruir direitos, existe a assunção de obrigações enquanto são exercidos vários atos regulados e permitidos pela ordem jurídica. Esta ampliação de ações decorre do art. 1º do Código Civil (art. 2º do Código de 1916), atribuindo ao homem a capacidade de adquirir direitos e contrair obrigações. A diferença da personalidade está justamente em assumir obrigações enquanto se executa uma atividade ou se pratica um ato normalmente permitido.

E quando se revela plena esta aptidão, sem limitações, vedações, exigências especiais, a capacidade é plena. Em princípio, reconhece-se esta capacidade total à generalidade das pessoas. Unicamente se aparecem particularidades especiais permite-se a observação da redução de sua plenitude. Ou seja, em vista de certos estados, como a menoridade, o estado psíquico, a saúde. Eduardo Espínola coloca da seguinte maneira a matéria: "Quem é capaz de direitos é em regra capaz de atos juridicamente reconhecidos... Há, entretanto, indivíduos que, tendo capacidade jurídica, não podem exercer os seus direitos, isto é, há certas causas que fazem suspender, por certo tempo, no sujeito do direito, a capacidade de praticar atos jurídicos".[4]

Baudry-Lacantinerie assim define a capacidade e a incapacidade: "La capacité juridique est l'aptitude à jouir d'un droit ou à l'exercer. Le défaut de capacité constitue l'incapacité".[5]

Para a satisfação de necessidades e a realização dos interesses individuais, sociais, econômicos, espirituais do homem, há necessidade da realização de

---

[4] *Sistema do Direito Civil Brasileiro*, ob. cit., vol. 1º, pp. 322 a 323.
[5] *Précis de Droit Civil*, ob. cit., tomo I, p. 92.

atos civis, isto é, de contratos de toda ordem, de atividades, compras, vendas, locações, representações, prestação de serviços, mútuos, propostas, e assim uma infinidade de negociações combinadas. Desde o momento em que não se colocam restrições ou óbices para o pleno desempenho, existe a capacidade, que é plena. Todavia, se limitações interferem no seu exercício, como a menoridade absoluta ou relativa, a insuficiência somática (enfermidade ou deficiência mental, causa transitória que impeça exprimir a vontade, pessoa ébria, viciada, excepcional, pródiga), depara-se com a capacidade limitada, ou relativa, ou, sendo total a falta de percepção, a incapacidade absoluta. Chega-se à conclusão derradeira de que a incapacidade atinge a aptidão em realizar os atos da vida civil. Se limitada, tem-se a capacidade relativa; abrangendo qualquer ato da vida civil, é absoluta.

4. INCAPACIDADE ABSOLUTA E INCAPACIDADE RELATIVA

Nota-se, pois, que a incapacidade diz respeito não ao grau de plenitude em usufruir direitos, e até mesmo em contrair obrigações, mas em realizar atos permitidos na ordem jurídica, dos quais decorrem direitos e obrigações. Se totalmente proibida a pessoa de praticar atos por si mesma, e, assim, coimados estes de nulos se realizados, tem-se a nulidade absoluta. Configura-se a nulidade relativa se não tão grave a infringência, se há restrições sem a assistência do representante, e se dependente a alegação da iniciativa ou de um ato da pessoa que o pratica, ou de seu assistente, ou daquele que foi lesado, e quando não atingida a ordem jurídica em sua plenitude, ou se revelava algum grau de discernimento a pessoa que praticou o ato.

A diferença entre a incapacidade absoluta e a relativa é de grau quando o ato decorre da vontade de quem o praticou. Todavia, a nulidade absoluta do ato pode advir tanto da incapacidade da pessoa como de outras causas, e assim da ilicitude, ou impossibilidade, ou indeterminação do objeto; da ilicitude do motivo determinante comum a ambas as partes; da falta de forma prescrita em lei; da preterição de solenidade considerada essencial; da finalidade objetivada de fraudar lei imperativa; ou da declaração taxativa de nulidade pela lei, ou da proibição de sua prática (art. 166 do Código Civil, substituindo o art. 145 do Código de 1916); ou da simulação (art. 167 do Código Civil atual, correspondente aos arts. 102 e 105 do CC revogado). Igualmente na nulidade relativa, considerada pelo art. 4º do Código Civil como incapacidade relativamente a certos atos ou à maneira de os exercer, onde, além da incapacidade relativa do agente, outros fatores estão previstos no Código como ensejadores da anulação do ato, e assim o vício de erro, dolo, coação, estado de perigo, lesão ou fraude contra credores (art. 171 do Código Civil, que está no lugar do art. 147 do Código de 1916). Vê-se, pois, que a incapacidade é apenas uma das causas das nulidades ou anulabilidades.

As demais nulidades e anulabilidades vêm estudadas, respectivamente, nos capítulos 'Invalidade do Negócio Jurídico por Nulidade' e 'Invalidade do Negócio Jurídico por Anulabilidade'.

Em qualquer das situações – incapacidade total ou relativa –, anula-se o ato, que se declarará insubsistente. Todavia, a diferença reside, no tocante à relativa, na possibilidade de sua ratificação pelas partes, desde que não envolva direitos de terceiros (art. 172 do Código Civil, que equivale ao art. 148 do Código de 1916), e na legitimidade para se alegar ou suscitar a incapacidade. Na absoluta, inadmite-se a ratificação, sendo que qualquer interessado e o Ministério Público encontram-se autorizados a alegá-la (art. 168 do Código Civil, correspondente ao art. 146 do Código de 1916); já na relativa, é possível ratificar, restringindo-se aos interessados a titularidade da ação para a sua arguição (art. 177 do CC, equivalente ao art. 152 do Código anterior).

Acrescenta-se que, na incapacidade absoluta, a ofensa à lei é extremamente mais grave. O ato praticado violou inteiramente o regramento que trata do assunto, como na escritura de compra e venda, na qual participou pessoa totalmente incapaz. Já na relativa, menos relevante ou decisivo o vício, como quando um menor realiza um negócio sem a presença de seu assistente, do que podem decorrer outros vícios, e, assim, o dolo, a coação. Converge nessa visão Sílvio Rodrigues, cujos ensinamentos mantêm válidos na estrutura do novo Código Civil: "Com efeito, em outros casos, a lei parte do postulado de que o grau de imaturidade do menor púbere ou do silvícola, bem como a deficiência que caracteriza a prodigalidade, é menor que a dos incapazes absolutos... Trata-se de pessoas que, sem terem um julgamento adequado das coisas, apresentam um grau de perfeição intelectual não desprezível. De maneira que a lei, restringindo sua liberdade de ação dentro da órbita das atividades jurídicas, permite-lhes a prática de atos jurídicos. Condiciona, entretanto, a validade do ato jurídico praticado pelo relativamente incapaz ao fato de ele se aconselhar com pessoa plenamente capaz – seu pai, tutor ou curador –, que o deve assistir nos atos jurídicos".[6]

A incapacidade absoluta vem prevista no art. 3º do Código Civil, com a mudança da Lei nº 13.146, de 06.07.2015 (Estatuto da Pessoa com Deficiência), vigorando a partir de 180 dias depois da sua publicação, que ocorreu em 07.07.2015, sendo absolutamente incapazes aqueles que não podem, por si mesmos, realizar ou praticar os atos da vida civil, que são os menores de 16 anos. Já a incapacidade relativa consta no art. 4º do Código, também na mudança da Lei nº 13.146/2015, sendo concernente a certos atos, ou à maneira de os exercer, e abrangendo os maiores de dezesseis e menores de dezoito anos; os ébrios habituais e os viciados em tóxicos; aqueles que, por causa transitória ou permanente, não puderem exprimir a sua vontade; e os pródigos.

---

[6] *Direito Civil* – Parte Geral, ob. cit., vol. 1, pp. 43 e 44.

Na vigência do Código atual, com as mudanças da Lei 13.146/2015, há apenas uma incapacidade absoluta, consistente na prática do ato por menores de 16 anos. De modo que, diante do novo regramento, o embriagado crônico ou habitual tem afetadas as faculdades mentais; assim também quanto ao toxicômano. A todos quantos se apurar uma redução do discernimento, não podendo exprimir sua vontade, estende-se a incapacidade relativa aos atos que praticarem, seja em razão de doença, que pode levar a um estado de sonolência e redução de lucidez o doente moribundo; ou por causa da idade, em vista da confusa percepção provocada pela esclerose; e assim em outros estados de precariedade mental. Verificado qualquer um de tais quadros, é relativa a incapacidade, tornando-se anulável o ato, e possibilitando a ratificação.O Código Civil de 2002 trata diferentemente a matéria quanto ao Código de 1916. Pela Lei nº 13.146/2015, aumentou a diferença. Ficou reduzida a casuística dos estados de incapacidade total, já que restrita única e exclusivamente aos menores de 16 anos.

Quanto à incapacidade relativa, que é denominada como incapacidade para certos atos ou a maneira de os exercer, a Lei nº 13.146/2015 também trouxe modificações nos incisos II e III. No inciso II, manteve a incapacidade para certos atos ou à maneira de os exercer unicamente para os ébrios habituais e os viciados em tóxicos. No inciso III, considerou, para reconhecer a incapacidade, a prática dos atos por aqueles que não puderem exprimir a sua vontade, seja por causa transitória ou permanente. Evidente que nesta situação se incluem todos aqueles que têm afetadas a sua vontade, seja por deficiência mental, seja por doença que retire o discernimento, seja por confusão na percepção da realidade.

Quanto aos tóxicos, permanece a incapacidade que já vinha prevista na forma original do art. 4º.

Domina, pois, com a Lei nº 13.146/2015, o enquadramento das incapacidades no grau relativo, impondo-se a demonstração, quando for o caso, da sanidade ou não do ato, isto é, se o agente pode ou não exprimir a sua vontade.

A incapacidade absoluta ou relativa é estabelecida para proteger a pessoa. Em vista das condições pessoais, procura a lei munir de precauções seus atos, especialmente os que conduzem a celebrar negócios comerciais. Acontece que os incapazes não revelam a maturidade indispensável para bem aferir os contratos, as possíveis vantagens, as perdas, a indispensabilidade do bem negociado. Não está formado o desenvolvimento mental, e assim não há o tirocínio para bem decidir o que é conveniente, necessário, útil para a vida e o futuro. Por isso o enquadramento dos incapazes a um sistema que visa a sua proteção.

Passa-se a examinar especificamente as incapacidades.

5. OS ABSOLUTAMENTE INCAPAZES – MENORES DE DEZESSEIS ANOS

As pessoas absolutamente incapazes não podem realizar os atos da vida civil sem a devida representação, que significa a colocação de alguém para decidir por elas. Não possuem as mesmas nenhum discernimento para a decisão de um ato da vida civil. Ou, se alguma clarividência está presente, não é plena e em grau suficiente para discernir entre o correto e o incorreto. Todavia, desde que devidamente representadas, e se o contrato não lhes trouxer prejuízo, podem contrair direitos e obrigações. O art. 84 do Código Civil de 1916 enumerava os representantes: "As pessoas absolutamente incapazes serão representadas pelos pais, tutores, ou curadores em todos os atos jurídicos...". O Código de 2002 não repetiu em separado essa regra, eis que a contém quando trata dos incapazes, como no art. 1.634, inc. VII (quanto aos filhos sob o poder familiar), no art. 1.747 (quanto aos menores sob tutela), e no art. 1.781 (quanto aos incapazes sob curatela).

A indicação dos incapazes está no art. 3º do Código Civil que, antes da reforma da Lei nº 13.146/2015, era de seguinte redação:

"São absolutamente incapazes de exercer pessoalmente os atos da vida civil:

I – os menores de 16 (dezesseis) anos;

II – os que, por enfermidade ou deficiência mental, não tiverem o necessário discernimento para a prática desses atos;

III – os que, mesmo por causa transitória, não puderem exprimir sua vontade".

O Código Civil de 1916 elencava situações que se encontravam abrangidas no art. 5º. O inciso II do art. 5º especificava como incapazes os loucos de todo o gênero, que assim consideram-se porque portadores de enfermidade ou deficiência mental. O inciso III incluía os "surdos-mudos que não puderem exprimir a sua vontade", ou seja, um tipo de pessoas portadoras de uma causa que pode impedir a expressão da vontade, sendo que outras existem, como o surto de uma febre que conduz à falta de consciência, ou uma fratura que provoca o completo esquecimento, mesmo que transitoriamente. De outro lado, o mesmo art. 5º, no inc. IV, alcançava os ausentes, declarados tais por ato do juiz. Em verdade, o ausente não é incapaz se maior. Por não se encontrar onde está seu patrimônio, não desaparece a higidez física ou mental. Nomeia-se curador porque tem interesses e bens, que necessitam de cuidado e administração. A finalidade dirige-se para os atos concernentes à representação nessa esfera.

A categorização de incapacidades indicadas no acima transcrito art. 3º atende mais tecnicamente a matéria. Com a Lei nº 13.146/2015, unicamente os menores de 16 anos foram considerados totalmente incapazes. As demais classes que constavam no art. 3º passaram para a incapacidade relativamente a certos atos ou a maneira de os exercer. Evidente que houve uma mudança correta, consumando-se uma tendência em se estabelecer a incapacidade total em função do estado da pessoa no momento da realização do ato. Conforme se verá adiante, as reduções ou deficiências de capacidade são aferidas na realização do ato. No momento da sua realização é que se irá verificar a higidez mental ou capacidade da pessoa.

Certas doenças e estados do organismo ou da mente existem que importam na redução da capacidade, que foram incluídos no art. 4º, em face da mudança pela Lei nº 13.146/2015, e que, no sistema do Código de 1916, por falta de uma melhor divisão da matéria, eram tidas como reveladoras da incapacidade total. Incluía-se no rol dos incapazes a pessoa viciada pela bebida, ou por substâncias tóxicas, que, sem dúvida, uma vez minada a vontade, não podia se controlar, ou tinha reduzido o grau de entendimento, de inteligência e, obviamente, de decisão. A toxicomania veio introduzida como fator de incapacidade posteriormente ao Código Civil de 1916 pelo Decreto-lei nº 891, de 25.11.1938. Unicamente é tida como doença quando se dá a intoxicação habitual, afetando a vontade. O entendimento prevalecente já era, no entanto, a equiparação do toxicômano ao relativamente incapaz, o que veio a ser aceito pelo atual Código Civil, e consolidado na redação da Lei nº 13.146/2015.

Lembra-se que a incapacidade é apenas uma das causas de nulidade dos atos jurídicos. Existem, ainda, na previsão do art. 166 do Código (art. 145 do Código de 1916), a ilicitude, a impossibilidade ou a indeterminação do objeto do contrato; a ilicitude do motivo determinante do ato, comum a ambas as partes; a falta de observância da forma prescrita em lei; a preterição de alguma solenidade que a lei considere essencial para a sua validade; a direção do ato para fraudar lei imperativa; e a declaração expressa de nulidade do ato pela lei, ou a proibição de sua prática, sem cominar sanção. Acrescenta-se a simulação, que está contemplada no art. 167, e que no Código de 1916 integrava as causas de anulação, consoante o então os arts. 102 e 105.

Importa, aqui, a nulidade por incapacidade do autor do ato porque menor de dezesseis anos. A razão da incapacidade fundamenta-se na falta de discernimento necessário para dirigir a sua pessoa e administrar seus bens. Pelos atos praticados, os progenitores ou tutores são responsáveis perante a lei, assumindo a obrigação de indenizar se causados danos a terceiros. O menor não tem vontade em razão de seu exíguo desenvolvimento mental. Não que desconheça as consequências de seus atos. Além de estar ciente, ele quer o resultado, o que importaria em validade. Entrementes, nos juízos de avaliação, ou nas estimativas dos atos, não alcança a profundidade das consequências, não sopesa com segurança os efeitos. Trata-se da imaturidade, da falta de experiência, do exame superficial – fatores, dentre outros, que justificam a incapacidade. Exsurge, daí, a probabilidade da falta de conhecimento e de maturidade.

No direito pré-codificado brasileiro, que tomava por base a puberdade, atribuindo-a para a mulher aos doze anos e para o homem aos quatorze, até essas idades eram eles respectivamente incapazes de modo absoluto. Em alguns regimes, o limite da idade para a incapacidade retrocede, como na Argentina, fixado em quatorze anos; na Alemanha, recua a idade para os sete anos, sendo que somente depois se concedem direitos com limitações; já na França, não se faz a divisão entre incapacidade absoluta e relativa, ao juiz competindo aferir o grau, fixando-a na sentença.

De conformidade com o art. 1.634, inc. VII, e o art. 1.747, inc. I, do estatuto civil, os menores de dezesseis anos devem ser representados pelos pais ou tutores em todos os atos jurídicos da vida civil. A estes compete, inclusive, decidir quanto às alienações dos bens imóveis, dentro da regra do art. 1.691, que encerra: "Não podem os pais alienar, ou gravar de ônus real os imóveis dos filhos, nem contrair, em nome deles, obrigações que ultrapassem os limites da simples administração, salvo por necessidade ou evidente interesse da prole, mediante prévia autorização do juiz".

Ilustra-se que o Estatuto da Criança e do Adolescente (Lei nº 8.069, de 13.07.1990) trouxe regras específicas de proteção aos menores de 12 a 18 anos.

6. OS RELATIVAMENTE INCAPAZES

O estudo envolve aqueles que a lei reconhece a capacidade para praticar os atos da vida civil, mas desde que acompanhados ou assistidos por quem a lei civil indica, podendo ser determinados parentes, ou pessoas especificamente nomeadas, ou as designadas em uma determinação judicial. Clóvis Beviláqua bem caracterizava os relativamente incapazes: "Relativamente incapazes são os que podem praticar por si os atos da vida civil que não lhes são vedados, devendo praticar todos os mais autorizados por outrem".[7] A deficiência de capacidade é menos grave que na incapacidade absoluta, ou não se revela tão intensamente, posto que estabelecida em favor de quem possui um certo grau de entendimento, de compreensão, e, assim, de discernimento. Por fatores ou circunstâncias pessoais, como falta de uma perfeita coordenação das faculdades mentais, de amadurecimento psíquico, ou de experiência e visão, mas existindo uma mediana compreensão, a lei instituiu uma zona intermediária entre a representação plena e a total autonomia, entendendo suficiente a mera assistência. O objetivo é dar um assessoramento, um acompanhamento, relativamente a atos de maior relevância, como na alienação ou comprometimento do patrimônio em contratos e obrigações assumidas em favor de terceiros. Mais simplesmente, busca a lei proteger a pessoa diante de sua inexperiência, a fim, *v.g.*, de evitar que seja iludida, coagida e prejudicada. A validade do ato fica na dependência da vontade do interessado, que é o árbitro da situação, único capaz de saber se lhe convém, ou não, que se mantenha o ato, ou que se torne ineficaz, decretando-se a nulidade. Ou seja, uma vez omitida a assistência, não se anulam automaticamente os atos. É possível que sejam convalidados por meio da ratificação, ou pela ausência de qualquer impugnação, ou pela falta de interesse em sua revisão.

De várias ordens a incapacidade relativa. Predominam a decorrente da *idade* – entre dezesseis e dezoito anos; da *saúde* – como no caso do pródigo;

---

[7] *Teoria Geral do Direito Civil*, ob. cit., pp. 105 e 106.

do *estado familiar* – tanto o homem como a mulher casados ficam cerceados de realizar certas vendas ou de contrair obrigações durante a sociedade conjugal se não houver o mútuo consentimento ou a outorga conjugal. De lembrar que não mais subsiste a restrição em vista do *sexo* desde a Constituição de 1988, em razão de seu art. 5º, inc. I, proclamando a igualdade plena entre o homem e a mulher.

Consoante o art. 171, inc. I, do Código Civil, "Além dos casos expressamente declarados na lei, é anulável o negócio jurídico: I – por incapacidade relativa do agente". No art. 4º do Código Civil, em texto da Lei nº 13.146/2015, encontramos a relação das pessoas relativamente incapazes:

> "São incapazes, relativamente a certos atos, ou à maneira de os exercer:
> I – os maiores de 16 (dezesseis) e menores de 18 (dezoito) anos;
> II – os ébrios habituais e os viciados em tóxicos;
> III – aqueles que, por causa transitória ou permanente, não puderem exprimir sua vontade;
> IV – os pródigos."

Na redação original do art. 4º do Código Civil, os incisos II e III possuíam redação diferente, nos seguintes termos: "II - os ébrios habituais, os viciados em tóxicos, e os que, por deficiência mental, tenham o discernimento reduzido; III - os excepcionais, sem desenvolvimento mental completo".

O parágrafo único trata dos indígenas, cuja capacidade será regulada por legislação especial.

Outras incapacidades relativas há, como se verá adiante.

6.1. Os maiores de 16 e menores de 18 anos

Nesta idade, o indivíduo, sem dúvida, já atingiu um certo desenvolvimento, sendo que se encontra intelectualmente amadurecido para razoavelmente entender e medir ou aquilatar as consequências de seus atos, mas não em grau suficiente para agir com plena autonomia ou independência. O Código de 1916 ampliava a menoridade relativa entre os dezesseis e vinte e um anos. A redução para dezoito anos encontra perfeita coerência, porquanto o ser humano evoluiu para um desenvolvimento mais precoce das mentalidades, a que levou a gama de informações e conhecimentos oferecida nos últimos tempos. Dificilmente, com dezoito anos, não sabe a pessoa as dimensões dos atos que pratica, ao mesmo tempo que a consciência se encontra com suficiente noção para as decisões da vida. De sorte que os menores nessa faixa etária consideram-se relativamente incapazes. Para a validade plena dos atos jurídicos, imprescindível a assistência dos pais, ou, encontrando-se impossibilitado ou não existindo um deles, indistintamente do pai ou da mãe, eis que o poder familiar é exercido de modo igual por ambos; ou do tutor, se aqueles não detêm o poder familiar; ou de um curador nomeado pelo juiz para o ato, em não se encontrando sob tutela.

Para muitos atos, dispensa-se qualquer assistência. Neste sentido, expressa o art. 666 (art. 1.298 do Código anterior) que "O maior de 16 (dezesseis) e menor de 18 (dezoito) anos não emancipado pode ser mandatário, mas o mandante não tem ação contra ele senão de conformidade com as regras gerais, aplicáveis às obrigações contraídas por menores".

Situando-se neste limite de idade, permitida é a capacidade de testar, como se depreende da leitura do parágrafo único do art. 1.860. Igualmente para ser testemunha autoriza-se o relativamente menor (art. 405, § 1º, inc. III, do CPC e art. 447, § 1º, inc. III, do novo CPC), e para o exercício do comércio ou para a relação de emprego, desde que seja com economia própria, diante do previsto no art. 5º, parágrafo único, inc. V, do Código Civil, o que lhe dá a emancipação. Para casar, autoriza o art. 1.517 a idade de dezesseis anos para o homem e para a mulher. Para a celebração de contrato de trabalho, o art. 7º, inc. XXXII, da Constituição Federal; o Decreto nº 95.730, de 1988; e a Lei nº 8.069, de 1990, em seu art. 60, colocam a idade mínima de quatorze anos. De acordo com a Carta Maior, o voto é obrigatório aos dezoito anos (art. 14, § 1º, inc. I), e facultativo dos dezesseis aos dezoito anos (art. 14, § 1º, inc. II, letra *c*). Existem vários outros casos discriminados em leis especiais.

Traz a jurisprudência a distinção entre assistência e representação, sendo ainda útil a lição, embora seja do tempo do Código Civil anterior: "Os maiores de 16 e menores de 21 anos são assistidos e não representados pelo pai. Na representação, o representante emite a vontade em nome do representado. Na assistência, o menor comparece ao ato e manifesta a vontade, autorizado pelo assistente", posto que a lei supõe que ele tenha capacidade relativa.[8] Aliás, estabelece o art. 1.690 do Código vindo com a Lei nº 10.406 (art. 384, inc. V, do Código anterior) que compete aos pais, quanto à pessoa dos filhos menores, "representá-los até os dezesseis anos de idade, nos atos da vida civil, e assisti-los após essa idade, nos atos em que forem partes, suprindo-lhes o consentimento".

Prevalecendo a capacidade relativa, o art. 154 do Código Civil de 1916 estabelecia que as obrigações contraídas por menores entre dezesseis e vinte e um anos seriam anuláveis quando resultassem de atos por eles praticados, sem autorização de seus legítimos representantes, e sem a assistência do curador, quando obrigado a intervir. O art. 171 do Código da Lei nº 10.406 abrange a regra no art. 154 acima, que sujeita à anulação negócio jurídico praticado por agente relativamente incapaz. Daí a razão de que não veio o seu conteúdo contido em dispositivo específico e em separado do Código em vigor.

---

[8] *Revista de Jurisprudência do TJ do RGS*, 62/367.

Não basta o simples comparecimento do assistente, mas faz-se mister a intervenção do menor, que é incontestavelmente essencial para a validade, em vista da falta da condição para o assistente agir em nome do mesmo.

No concernente à participação do curador, a sua presença torna-se imprescindível nas situações relacionadas pelo Código, e nos procedimentos judiciais onde se faz necessária a permissão do juiz.

A fim de anular o contrato, entendem alguns autores a desnecessidade da prova da lesão resultante ao menor. Salienta-se que a obrigação assumida é já um ato prejudicial, ou o fato da menoridade estabelece a favor dele uma presunção de lesão.

A discussão é mais acadêmica, destituída de interesse, pois, naturalmente, se não adveio prejuízo jamais demandará o interessado a anulação do negócio.

De outro lado, preceitua o art. 180: "O menor, entre 16 (dezesseis) e 18 (dezoito) anos, não pode, para eximir-se de uma obrigação, invocar a sua idade se dolosamente a ocultou quando inquirido pela outra parte, ou se, no ato de obrigar-se, declarou-se maior".

Compete ao lesado provar a má-fé ou o dolo de que se valeu o agente para ser ilaqueado em sua crença. Solidariamente, responde pela obrigação assumida o seu assistente, pois, é de curial evidência, os meios empregados caracterizam a ilicitude de seu comportamento.

Sobre a matéria da afirmação da maioridade, assentou a jurisprudência: "Autodeclaração de capacidade. Se o menor púbere dolosamente se firmou capaz e maior, não pode invocar a idade para anular ato praticado ou livrar-se de responsabilidade".[9]

6.2. Os ébrios habituais e os viciados em tóxicos

O inc. II do art. 4º, com a mudança da Lei nº 13.146/2015, elenca situações não previstas no art. 6º do Código de 1916. Salienta-se que a nova ordem do Código Civil reduziu a incapacidade absoluta a uma única causa, podendo ser consideradas as demais situações de deficiência da capacidade, remetendo para a incapacidade relativamente a certos atos ou à maneira de os exercer situações que anteriormente eram incluídas como incapacidade absoluta.

Dentro da ordem do inc. II, em primeiro lugar estão os ébrios habituais, ou aqueles que são dominados pelo vício das bebidas alcoólicas. A tal ponto chegou o vício que o organismo reclama a ingestão de bebidas com álcool, tendo se criada uma irresistível inclinação que não consegue a pessoa suportar,

---

[9] *Revista de Jurisprudência do TJ do RGS*, 78/399.

passando a viver constantemente sob o seu efeito. Não incide a previsão se eventualmente se embriagam ou bebem.

Mesmo que íntegras as faculdades intelectuais, a embriaguez habitual e inveterada deteriora a capacidade mental, conduzindo à lentidão de raciocínio, à não apreensão correta das situações da vida. Com a persistência, a afecção mental será inevitável e irreversível, levando a invalidar o ato emitido. Daí a não dispensa da assistência mesmo se praticado o ato em momento de plena lucidez.

Os viciados em tóxicos, ou aqueles que não usam a droga eventualmente, também foram colocados como incapazes relativos.

Os toxicômanos já eram incluídos na incapacidade relativa pelo Decreto-lei nº 891, de 25.11.1938, que considerava a toxicomania como a doença que limitava a capacidade civil, provocadora da interdição, à semelhança do que acontecia com as doenças mentais comuns.

A interdição para certos atos ou para maneira de exercê-los importa na equiparação do viciado em tóxicos aos relativamente incapazes, dando-se a sua assistência nos atos da vida civil.

À autoridade policial e ao Ministério Público, além das pessoas diretamente interessadas, se faculta a promoção do procedimento judicial para determinar a medida de internamento, no qual atuarão sempre um perito, para examinar o viciado, e um curador à lide, se não for nomeado um defensor.

Uma vez caracterizado um dos quadros acima, importa em viabilidade da interdição da pessoa, para que tenha a assistência ou representação em certos atos que serão especificados na sentença.

6.3. Os impedidos de exprimir a vontade por causa transitória ou permanente

A disposição do inc. III do art. 4º do Código Civil, em texto também da Lei nº 13.146/2015, inclui essa categoria de pessoas como incapazes relativamente a certos atos ou à maneira de os exercer. Não se trata de uma incapacidade total, mas unicamente para os atos que vierem nomeados na decisão que estabelece a interdição. O *caput* do art. 4º é de clareza meridiana. Retira-se do texto a necessidade de especificação dos atos, os quais normalmente dizem respeito à decisão sobre a vida da pessoa, ou à disposição do seu patrimônio. Abrange a maneira de exercer os atos, cumprindo que seja explicitada a forma da prática, como a presença de curador, ou a autorização judicial.

A impossibilidade de exprimir a vontade decorrerá de causa transitória ou permanente. Não se retira do texto que a incapacidade só vigorará, na primeira parte, enquanto se manifestar uma situação transitória. Mesmo que não seja constante ou contínua a doença mental ou outra causa, decreta-se a incapacidade, com a interdição da pessoa e nomeação de curador.

A abrangência da norma é extensa, fazendo-se necessária a análise de vários estados mentais da pessoa.

A incapacidade por loucura, em princípio, requer uma situação ou um estado permanente, o que não se caracteriza se verificados momentos transitórios de obnubilação mental e alucinações por fatores mais externos, como a embriaguez, a hipnose, a tensão pré-menstrual, o traumatismo, o choque cardíaco, o enfarte ou supressão circulatória sanguínea de um território vascular, verificada também na exagerada aproximação das pressões arteriais alta e baixa. Unicamente se praticados durante esses lapsos de tempo os atos sujeitam-se à nulidade, e desde que amparados por uma prova robusta e insuspeita. Essas situações não constituem enfermidade ou deficiência mental.

Todavia, havendo intervalos intermitentes de loucura e sanidade, o que não é raro, não se reconhece a validade. O Código Civil invalida os atos praticados durante a manifestação dos estados de loucura, ainda que por causa transitória, eis que não podem exprimir a vontade. Na causa transitória, incluem-se os períodos de loucura. Isto porque é difícil precisar o exato momento da sanidade ou da insanidade mental. A debilidade mental não é constante. Ela se acentua ou recrudesce constantemente, através de surtos, não se mantendo num ritmo perene. E nem sempre é ostensiva por atos, gestos ou palavras. Há períodos que atinge o pensamento, a ideia, o mundo interior, ficando o portador da doença num mutismo completo, como no autista, ou exteriorizando um proceder aparentemente normal ou coerente. De súbito, há a alteração violenta e inesperada da conduta, em níveis que não se enquadram na mudança comum do ânimo ou do humor, ou na passagem do estado sereno para o irado, a que todas as pessoas estão sujeitas.

E mesmo para os que já revelam um quadro psicótico, paranoico, ou esquizofrênico, se em longos períodos mantêm a normalidade e a lucidez, não se classificam como sadios, eis que o direito não distingue entre loucura constante e loucura intermitente. Importa levar em conta a presença de um processo psicopatológico pelo qual a pessoa não mais sai do quadro mórbido em que se encontra e que se repete numa sequência perene.

De modo que na loucura intermitente, ou intercalando-se lapsos de tempo de conduta normal e de conduta atípica, não há de se convalidar o ato, não importando a prova da plena lucidez, mesmo que atestada medicamente.

Se a alteração das faculdades mentais não é grave, embora duradoura, permitindo ao paciente reger a sua pessoa e administrar os bens, não é de se reconhecer a incapacidade absoluta, permitindo-se a realização dos atos normais da vida, como efetuar pequenas compras, gerir as atividades normais e domésticas, decidir quanto ao destino de coisas pessoais.

Dentro dos quadros que suprimem a vontade está a afasia. Os afásicos são aqueles que perdem os sinais que usa o homem civilizado para a troca de ideias com os seus semelhantes. Ficam eles sem os meios comuns para representar o que pensam. Há a incapacidade de compreensão ou comunicação do pensamento por meio de palavras articuladas, da escrita, audição, permanecendo íntegros os aparelhos de fonação, visão, audição e mesmo a inteligência, em certo grau. E isto justamente em razão do desaparecimento dos símbolos, ou dos instrumentos que revelam o pensamento, o que limita a possibilidade de transmissão de ideias.

Sempre quando atingida a inteligência, presume-se a incapacidade. Se persiste a inteligência, e encontrando-se um meio de sua expressão, persiste a responsabilidade, eis que capaz a pessoa.

Adianta-se que certas deficiências de discernimento, provocadas pela idade avançada e por doenças, são causas de anulação, segundo se verá adiante.

Passa-se a examinar algumas categorias especiais de pessoas com carências em exprimir a vontade.

6.3.1. Os que não têm o necessário discernimento por enfermidade ou deficientes mentais

O Código anterior denominava esta classe de incapazes como loucos de todo o gênero, que constituem os alienados de qualquer espécie, como o idiota, que está parado no desenvolvimento mental; o demente; o regredido pela senilidade; os psicopatas, enfim, todos os que sofrem de afecções mentais, incapazes de conformar a sua conduta às conveniências de uma determinada situação e que correspondem aos que não têm discernimento por enfermidade ou deficiência mental.

Com a enfermidade ou deficiência mental, falta o discernimento para a prática dos atos da vida civil, cujos sintomas não se resumem nos distúrbios mentais revelados na falta de percepção da realidade e de conexão ou coerência das ideias traduzidas em palavras. Os desequilíbrios das funções cerebrais revelam-se nas anomalias ou deficiências que impedem o bom senso, a lógica no raciocínio, a acuidade do espírito, a falta de consciência do que se está fazendo. Há um mau ou deficiente funcionamento dos órgãos vitais do cérebro, implicando a supressão de entendimento e mesmo da vontade, o que leva a ficar a pessoa sem aptidão para dirigir sua conduta pessoal. A causa está em uma enfermidade ou acidente; nas lesões ou deformações congênitas dos centros cerebrais, das interligações de nervos ou canais que levam os estímulos e conjugam as reações; no rompimento da harmonia intrapsíquica (neuroses), na deterioração global do funcionamento psíquico em seus aspectos intelectivos, emocionais e cognitivos (demências); na paralisia mental geral e progressiva (psicoses, que se subdividem em esquizofrenias, psicoses maníaco-depressivas e epilepsias). Tudo acarreta a ausência do discernimento, que é o elemento essencial da desorganização mental.

Em alguns estados, não há a total imbecilidade, ou falta de percepção da realidade ou de noção das coisas que circundam o indivíduo. A pessoa sabe se conduzir, reagindo aos estímulos do intelecto, e reage positivamente às orientações impostas. Adapta-se, embora depois de muita insistência e mais demoradamente do que o normal, às exigências sociais e ao meio em que vive. Verifica-se a alienação mental em grau médio, com a ausência do senso comum, ou da exata medida das decisões e dos atos praticados; ou a deficiência física, ou falta de órgãos por mutilação, deformação, paralisia, precário desenvolvimento; ou a deficiência sensorial, manifestada na cegueira, na surdez, na mudez etc.

Apesar da deficiência ou retardamento mental, e da alienação em grau médio, a pessoa revela alguma noção de si e de seus atos, sabendo manter um relativo controle, e sendo receptiva aos impulsos externos que buscam dirigir sua conduta.

A limitação mental não oportuniza a apreensão ou compreensão de questões e problemas complexos. Nem permite o entendimento ou o conhecimento mais profundo da ciência, da técnica ou da cultura. Entrementes, assimila o ser humano a série de conhecimentos comuns e necessários para a vida, que leva a coadunar a conduta às imposições para a convivência e a subsistência.

Não equivale tal estado à ausência de cultura, ou de conhecimentos, ou de estudo; nem corresponde à dificuldade em se comunicar, em se expressar, em efetuar simples cálculos, em se deslocar de um local para outro. Imprescindível que exista um *déficit* mental, a ponto de se tornar notória a limitação.

A insanidade, para o seu reconhecimento, depende de declaração judicial, que se processa através da ação de interdição, matéria regulada nos arts. 1.177 a 1.186 do Código de Processo Civil de 1973 e nos arts. 747 a 756 do Código de Processo Civil de 2015. Em síntese, ingressa-se com o pedido de interdição, legitimando-se como sujeitos ativos os parentes diretos e o Ministério Público. Depois de entrevistado e procedida a perícia, declarará o juiz a incapacidade, com a limitação imposta aos atos da vida civil, e nomeando-se um curador para a representação. Todavia, dada a natureza declaratória da sentença, e não constitutiva, os atos praticados anteriormente, para a sua invalidade, dependem da prova do estado mórbido ou de insanidade quando de sua realização.

Sempre é necessário que a perícia, realizada por equipe técnica interdisciplinar, constate a incapacidade realmente de discernir e decidir.

Não se pode olvidar, para efeitos da interdição, o art. 6º da Lei nº 13.146/2015, que reconhece a capacidade do deficiente mental, inclusive especificando alguns atos permitidos, sem excluir outros:

"A deficiência não afeta a plena capacidade civil da pessoa, inclusive para:
I - casar-se e constituir união estável;
II - exercer direitos sexuais e reprodutivos;

III - exercer o direito de decidir sobre o número de filhos e de ter acesso a informações adequadas sobre reprodução e planejamento familiar;

IV - conservar sua fertilidade, sendo vedada a esterilização compulsória;

V - exercer o direito à família e à convivência familiar e comunitária; e

VI - exercer o direito à guarda, à tutela, à curatela e à adoção, como adotante ou adotando, em igualdade de oportunidades com as demais pessoas".

Portanto, a incapacidade depende de laudo comprovando a impossibilidade de expressão da vontade, por causa transitória ou permanente.

6.3.2. Os ausentes

Quanto aos ausentes, não existe a incapacidade, mas medidas de proteção ao patrimônio que possuem.

Os ausentes, cujos atos são suscetíveis de nulidade, devem ter sua condição de ausência declarada pelo juiz. Não são aqueles que se afastam de seu domicílio, se a existência sequer é posta em dúvida. O Código Civil, no art. 26, estabelece a definição ou a condição da pessoa considerar-se ausente:

> "Decorrido 1 (um) ano da arrecadação dos bens do ausente, ou, se ele deixou representante ou procurador, em se passando 3 (três) anos, poderão os interessados requerer que se declare a ausência e se abra provisoriamente a sucessão".

O instituto da ausência visa proteger os interesses daqueles que desaparecem do centro de atividades sem deixar notícias a respeito do novo paradeiro. Mais apropriadamente, referia Francisco Pereira de Bulhões Carvalho que "trata-se de prover à administração e, posteriormente, à sucessão, em determinados bens deixados pelo ausente em abandono".[10] A pessoa afasta-se de seu domicílio, normalmente sem deixar representante ou procurador, desconhecendo-se por completo o endereço para onde se dirigiu, e ficando os respectivos bens abandonados. Considera-se mais apropriadamente um instrumento para evitar o perecimento do patrimônio dos indivíduos que desaparecem, o qual, depois de certo tempo, transmite-se aos herdeiros.

O ausente não é incapaz, tanto que, ao reaparecer, passa a exercer todos os atos da vida civil. Reassume a administração de seu patrimônio e convalida aquilo que eventualmente tenha realizado. Por isso, durante o lapso da ausência, ocorre mais a interrupção do exercício do comando ou da direção do patrimônio. No local onde se encontra, tudo o que prossegue o indivíduo a realizar mantém-se válido, o que demonstra a impropriedade do tratamento dado pela lei.

---

[10] *Incapacidade Civil e Restrições de Direito*, ob. cit., tomo I, p. 267.

A declaração de ausência segue um procedimento especial, regulado pelo Código de Processo Civil de 1973, nos arts. 1.159 a 1.169 (arts. 744 a 745 do novo CPC). Toda pessoa interessada (parentes sucessíveis, o cônjuge, os que têm ações para ingressar contra o ausente e os credores) e o Ministério Público revestem-se de legitimidade para requerer ao juiz a declaração de ausência do desaparecido. Os atos iniciais constituem-se, por determinação do juiz, da arrecadação dos bens, da nomeação de curador e de aviso, através de edital, republicado de dois em dois meses durante um ano, da arrecadação que está sendo procedida.

Quanto ao aviso, o CPC/2015 determina a publicação de editais, que é feita em vários órgãos, indicados no seu art. 745:

> "Feita a arrecadação, o juiz mandará publicar editais na rede mundial de computadores, no sítio do tribunal a que estiver vinculado e na plataforma de editais do Conselho Nacional de Justiça, onde permanecerá por 1 (um) ano, ou, não havendo sítio, no órgão oficial e na imprensa da comarca, durante 1 (um) ano, reproduzida de 2 (dois) em 2 (dois) meses, anunciando a arrecadação e chamando o ausente a entrar na posse de seus bens."

Tão prontamente arrecadados os bens, nomeia-se curador. Chama-se, pelo mesmo edital, o ausente para comparecer e entrar na posse de seu patrimônio. Não vindo ao processo, aos interessados cabe requerer a sucessão provisória, com o início da partilha dos bens, quando cessa a atuação do curador. Os herdeiros que receberem o patrimônio devem administrá-lo, prestando caução real como garantia da restituição na eventualidade de aparecer o ausente.

Dez anos depois da abertura da sucessão provisória, ou cinco anos depois das últimas notícias se contar a pessoa com mais de oitenta anos, declara-se a morte presumida e converte-se a sucessão provisória em definitiva. Comparecendo o desaparecido nos dez anos seguintes, receberá os bens no estado em que se encontram, ou assiste-lhe pretender o preço alcançado no caso de venda pelos herdeiros. Regressando após esse prazo de dez anos, direito nenhum mais lhe assistirá. Com o novo CPC, não mais se aguardará o decurso de tais prazos, nem se declara a morte presumida do desaparecido. Simplesmente converte-se a arrecadação provisória em definitiva.

Tais regramentos estão coadunados aos arts. 37 a 39 do Código Civil.

6.4. Os pródigos

Pródigo é aquele que, movido por irreprimível impulso, dissipa, malbarata, desperdiça os seus bens. Desfaz-se desordenadamente do patrimônio, numa conduta habitual, com gastos imoderados e injustificáveis. Já era criticada a inclusão dessa causa de incapacidade relativa por João Luiz Alves, quando do começo do Código de 1916: "Embora dando à interdição por prodigalidade uma feição mais restrita (art. 460), não foi feliz o Cód. em manter o arcaico instituto. Se o dispêndio desordenado, o desperdício dos próprios bens, revela um estado mental mórbido, que coloque o agente entre os que devem, segundo a medicina, ser incluídos na classe dos loucos de todo o gênero (art. 5º, inc. II), a sua interdição se legitimará por este fato sem necessidade de recorrermos à noção imprecisa da prodigalidade".[11] O Código de 2002 reeditou tal causa de interdição, mantendo-se ainda presentes as críticas.

Raras as situações práticas que evidenciam o desperdício do patrimônio a ponto de provocar a medida de interdição.

Destaca-se a prodigalidade se os gastos inusitados tornarem-se uma tendência incontrolada, acentuando-se na forma de mania ou dependência, numa medida que não corresponde às reservas e fontes pecuniárias, pondo em perigo o patrimônio econômico.

O pródigo também é submetido à curatela. Decreta-se a interdição e limita-se a capacidade no tocante aos atos de emprestar, transigir, dar quitação, alienar, hipotecar, demandar ou ser demandado e praticar, em geral, ações que não sejam de mera administração. Os demais atos não dependem da assistência do curador, conforme encerra o art. 1.782: "A interdição do pródigo só o privará de, sem curador, emprestar, transigir, dar quitação, alienar, hipotecar, demandar ou ser demandado, e praticar, em geral, atos que não sejam de mera administração".

O Código Civil anterior trazia restrições para promover a interdição. Assim, o interesse em se procurar a medida existiria desde que o pródigo tivesse cônjuge, ascendentes e descendentes legítimos que a promovessem (art. 460 do Código de 1916). Persistia a limitação enquanto perdurasse a incapacidade, e unicamente ao pródigo e às pessoas referidas no dispositivo reconhecia-se legitimidade para suscitar a nulidade dos atos do pródigo, desde que praticados após a decretação da interdição.

Sendo o cônjuge o curador, e o casamento celebrado pelo regime de comunhão universal de bens, o art. 1.783 dispensa a prestação de contas, a menos que o juiz o exija.

7. LIMITAÇÕES NO EXERCÍCIO DOS DIREITOS

Diferentemente da previsão do art. 4º do Código Civil, em sua redação da Lei nº 13.146/2015, existem situações de limitações no exercício de direitos, ou incapacidades para certos atos da vida civil. Em vista de determinado estado em que se encontra a pessoa, restringe a lei a plena capacidade para algumas atividades, atos, ações, contratos e funções, como em relação aos indígenas e,

---

[11] *Código Civil da República dos Estados Unidos do Brasil*, ob. cit., p. 27.

em relação a todas as pessoas, quando ocorre a condenação penal e o casamento. Não se incluem essas restrições na incapacidade relativa propriamente dita, porque não condicionada a realização dos atos da vida civil em geral à assistência, mas ou simplesmente veda-se a prática, como no tocante ao condenado criminalmente, ou determina-se o acompanhamento de uma entidade (no caso dos indígenas), ou impõe-se a realização conjunta pelos cônjuges.

Passa-se a discriminar as hipóteses mais comuns.

7.1. Os indígenas

No magistério de Carvalho Santos, apoiado em Clóvis Beviláqua, numa concepção e denominação que não mais se coaduna com os tempos atuais, "o Código emprega a palavra 'silvícolas' no sentido de habitantes da floresta e como que para tornar claro que só estes são relativamente incapazes, e não os que se acham confundidos na massa geral da população, aos quais se aplicam os preceitos do direito comum".[12] Parece óbvio que se mantém atual o princípio, pois o regime de proteção pressupõe a falta de assimilação da cultura própria dos demais seres humanos.

A denominação usual atualmente é "indígenas".

Pelo Código de 1916 (art. 6º, inc. III) eram relativamente capazes os indígenas (silvícolas). Pelo parágrafo único do art. 4º do atual Código, em redação da Lei nº 13.146/2015, a regra é que "a capacidade dos indígenas será regulada por legislação especial". Por conseguinte, a lei própria especificará as hipóteses de limitação da capacidade.

A realidade vigente não comporta denominar essa classe de pessoas como silvícolas, porque conduz a imaginar que ocorre a vida permanente em florestas. Considerável parcela de indígenas se localiza em arredores de alguns municípios mais retirados dos grandes centros, às vezes em aglomerados e povoações ou reservas destinadas para a sua fixação, com a exploração de atividades rurais e mesmo desempenhados empregos em setores urbanos, embora se mantenha uma organização nos moldes das antigas tribos indígenas.

De acordo com a Lei nº 6.001, de 19.12.1973, que dispõe sobre o Estatuto do Índio, os índios são classificados desta maneira (art. 4º):

> "I – Isolados: quando vivem em grupos desconhecidos, ou de que se possuem poucos e vagos informes através de contatos eventuais com elementos da comunhão nacional;

---

[12] *Código Civil Brasileiro Interpretado*, 10ª ed., Rio de Janeiro, Livraria e Editora Freitas Bastos S. A., 1963, vol. I, p. 276.

II – Em vias de integração: quando, em contato intermitente ou permanente com grupos estranhos, conservam menor ou maior parte das condições de sua vida nativa, mas aceitam algumas práticas e modos de existência comuns aos demais setores da comunhão nacional, da qual vão necessitando cada vez mais para o próprio sustento;

III – Integrados: quando incorporados à comunhão nacional e reconhecidos no pleno exercício dos direitos civis, ainda que conservem usos, costumes e tradições característicos da sua cultura."

Os índios e as comunidades indígenas não integrados, classificados nos itens I e II acima, estão sujeitos ao regime tutelar do direito comum, incumbindo à União, através da Fundação Nacional do Índio – FUNAI, o exercício da proteção. Unicamente têm a capacidade limitada. Embora o intuito da lei seja a proteção e não a restrição, são anuláveis os atos praticados entre o índio não integrado e qualquer pessoa estranha à comunidade indígena, quando não tenha havido a assistência do órgão específico. Mas, se não advierem prejuízos ao silvícola, e se ele revelou conhecimento e consciência do ato praticado, não é este invalidado, consoante o art. 8º e seu parágrafo único, do Estatuto.

Faculta a lei especial, no art. 9º, a liberação do regime tutelar, e consequentemente da incapacidade relativa, desde que atendidos os seguintes requisitos:

"I – idade mínima de 21 anos;
II – conhecimento da língua portuguesa;
III – habilitação para o exercício de atividade útil, na comunhão nacional;
IV – razoável compreensão dos usos e costumes da comunhão nacional."

Processa-se o pedido judicialmente, ouvindo-se o órgão de assistência ao índio e o Ministério Público, seguindo-se na instrução sumária, em que deverão restar comprovados os requisitos. Após, decidirá o juiz, e se conceder a liberação, ordenará seja transcrita a decisão no registro civil.

Mesmo o órgão de assistência ao indígena tem poderes para reconhecer a condição de capacidade total, uma vez obedecidos os preceitos citados, mediante uma simples declaração formal, homologada judicialmente.

Evoluindo uma tribo ou comunidade indígena, de forma a restar integrada na comunhão universal, por decreto do Presidente da República, atendendo pedido da maioria dos membros do grupo e verificadas as condições do art. 9º citado, que se apuram mediante sindicância procedida por órgão público federal, admite-se seja reconhecida a capacidade civil plena da comunidade, emancipando-se do regime tutelar previsto na lei.

Em qualquer caso, com ou sem o ato de liberação do regime tutelar, para o ingresso em juízo, e defender seus direitos, reconhece o art. 232 da Constituição Federal a capacidade plena, sem a necessidade de representação ou consentimento do órgão protetor, exigindo-se apenas o acompanhamento do Ministério

Público. Preceitua o dispositivo: "Os índios, suas comunidades e organizações são partes legítimas para ingressar em juízo em defesa de seus direitos e interesses, intervindo o Ministério Público em todos os atos do processo".

Finalmente, permitido o registro facultativo do índio em livro da Fundação Nacional do Índio – FUNAI, consoante o art. 50, § 2º, da Lei nº 6.015, de 31.12.1973, com as alterações da Lei nº 9.053, de 25.05.1995: "Os índios, enquanto não integrados, não estão obrigados à inscrição do nascimento. Este poderá ser feito em livro próprio do órgão federal de assistência aos índios".

7.2. O cônjuge e o encarcerado ou condenado criminalmente

Em várias situações restringe-se o exercício de direitos dos cônjuges, descritas no art. 1.570 (art. 251 do Código de 1916): "Se qualquer dos cônjuges estiver em lugar remoto ou não sabido, encarcerado por mais de 180 (cento e oitenta) dias, interditado judicialmente ou privado, episodicamente, de consciência, em virtude de enfermidade ou de acidente, o outro exercerá com exclusividade a direção da família, cabendo-lhe a administração dos bens".

Ou seja, o cônjuge exercerá com exclusividade a direção da família e a administração dos bens, encontrando-se o outro cônjuge:

– em lugar remoto ou não sabido,
– encarcerado por mais de cento e oitenta dias,
– interditado judicialmente,
– privado episodicamente de consciência em virtude de enfermidade ou acidente.

Merece destaque a situação do encarceramento de um dos cônjuges por decisão judicial. De modo geral, não advém à pessoa limitações em sua vida civil. Conservará os direitos que gozava anteriormente, e nesta qualidade continuará a administrar seus bens particulares.

No antigo direito português, impunha-se a suspensão do exercício dos direitos civis ao condenado em sentença transitada em julgado.

A privação da direção da família e da administração dos bens do casal decorre do encarceramento. Já ao condenado, o art. 47 do Código Penal, alterado pelas Leis nº 7.209, de 11.07.1984, e nº 12.550, de 15.12.2011, prevê as penas de interdição temporária de vários direitos, como:

"I – proibição do exercício de cargo, função ou atividade pública, bem como de mandato eletivo;

II – proibição do exercício de profissão, atividade ou ofício que dependam de habilitação especial, de licença ou autorização do Poder Público;

III – suspensão de autorização ou de habilitação para dirigir veículo;
IV – proibição de frequentar determinados lugares;
V – proibição de inscrever-se em concurso, avaliação ou exame públicos."

Aplicam-se as penas acessórias para todo o crime cometido no exercício de profissão, atividade, ofício, cargo ou função, sempre que houver violação dos deveres que lhe são inerentes (art. 56). Quanto à pena referida no item III, incide nos crimes culposos de trânsito (art. 57). A cominação se dá em substituição à pena privativa de liberdade, fixada em quantidade de tempo inferior a um ano, ou nos crimes culposos (art. 54).

7.3. Os cegos

Referentemente aos cegos, mesmo os de nascença, reconhece a lei civil a capacidade. Não eram aceitos como testemunhas quando a ciência do fato que intentassem provar dependeria da visão. Era a norma do art. 228, inc. III. No entanto, deu-se a revogação do citado dispositivo pela Lei nº 13.146/2015.

Permite-se aos cegos unicamente o testamento público, o qual será lido duas vezes, em voz alta, sendo que na primeira vez pelo oficial e na segunda por uma das testemunhas, designada pelo testador, tudo de acordo com as diretrizes do art. 1.867 (art. 1.637 do Código de 1916).

De modo geral, a capacidade é plena, sem constrangimentos quanto às alienações, onerações de bens, celebração dos contratos, exercer profissões que se adaptem ao exercício sem a visão.

7.4. O marido e a mulher

O art. 6º do Código Civil de 1916, antes do advento da Lei nº 4.121, de 27.08.1962, que dispôs sobre a situação jurídica da mulher casada, incluía também esta no rol das pessoas relativamente incapazes.

O sobredito diploma veio a alterar diversos artigos do então Código Civil, salientando-se as disposições que terminaram com a incapacidade relativa da mulher para alguns atos da vida civil. Introduziram-se direitos até então inexistentes. Tornou-se ela civilmente capaz de comerciar, sem que para isso se fizesse presente a autorização marital. Passou à função de colaboradora no interesse comum do casal e dos filhos, zelando pela direção material da família, e exercendo, com o marido, o então chamado pátrio poder, atualmente com a denominação de poder familiar. Com a Constituição Federal de 1988, art. 5º, inc. I, desapareceu por completo a distinção de direitos e deveres, não persistindo mais qualquer denominação de encargos que acarretassem diferenciação na posição social e familiar.

Quanto às dívidas assumidas por um ou outro, o art. 3º da apontada Lei nº 4.121 preceituou: "Pelos títulos de dívida de qualquer natureza, firmados por um só dos cônjuges, ainda que casado pelo regime de comunhão universal, somente responderão os bens particulares do signatário e os comuns até o limite de sua meação".

Vale dizer: marido e mulher passaram a não mais precisar de autorização recíproca para contraírem dívidas. Os dois tornaram-se livres neste particular, justamente em decorrência da plena capacidade que se reconheceu a cada um.

O Código Civil de 2002 plenificou a igualdade.

Entretanto, emergem várias indagações quanto à responsabilidade por obrigações contraídas individualmente por um dos cônjuges. As dívidas, em regra, só devem atingir a metade dos bens do casal. Se forem superiores é que surge a grande indagação. Poderiam ser feitas? Até onde têm validade os compromissos assumidos?

A resposta está a impor outra indagação: as dívidas contraídas beneficiaram ou não o patrimônio familiar?

Como primeira solução, afirma-se que, se a dívida firmada pelo cônjuge veio a beneficiar toda a família, o patrimônio inteiro do casal por ela responde. Tendo o cônjuge tomado emprestado certa quantia em dinheiro, presume-se, até prova em contrário, que tal compromisso teve em mira os interesses comuns. Se não beneficiou o conjunto familiar, unicamente seus bens respondem pelo compromisso. Mediante os embargos de terceiro, assegura-se ao outro cônjuge a defesa de sua meação.

Neste ponto, a jurisprudência mais coerente, desde tempos antigos, firmada ainda quando se fazia distinção entre os direitos e deveres do marido e da mulher, defende que "a mulher casada pode oferecer embargos de terceiro senhor e possuidor, visando a excluir sua meação da penhora, procedida em executivo contra o respectivo marido, ainda que, neste feito, tenha sido citada *ad cautelam* e intimada da penhora, não se defendendo".[13]

O Código Civil enumera atos em que o marido e a mulher devem agir em conjunto. Isoladamente vistos, encarados fora do círculo das restrições à capacidade jurídica, que o casamento impõe a ambos, são pessoas absolutamente capazes para praticar, cada uma por si, a maioria dos atos jurídicos. Mas, em situações discriminadas nos ordenamentos jurídicos, eles sofrem restrições na prática de certos atos ou negócios jurídicos. Nesta ordem, o art. 1.647 do Código Civil (arts. 235 e 242 do Código Civil revogado) estipula:

"Ressalvado o disposto no art. 1.648, nenhum dos cônjuges pode, sem autorização do outro, exceto no regime da separação absoluta:

I – alienar ou gravar de ônus real os bens imóveis;

II – pleitear, como autor ou réu, acerca desses bens ou direitos;

---

[13] *Revista dos Tribunais*, 444/209; *idem* nos números 420/205 e 405/272.

III – prestar fiança ou aval;

IV – fazer doação, não sendo remuneratória, de bens comuns, ou dos que possam integrar futura meação".

Especificamente à fiança, a jurisprudência, de longa data, vem consolidada no sentido de considerar-se nula se dada por um dos cônjuges sem o consentimento do outro.[14]

Em certas hipóteses, o cônjuge tem capacidade plena, dispensando a participação do outro. É exemplo o elenco de situações do art. 1.570 do Código (art. 251 do Código revogado): "Se qualquer dos cônjuges estiver em lugar remoto ou não sabido, encarcerado por mais de 180 (cento e oitenta) dias, interditado judicialmente ou privado, episodicamente, de consciência, em virtude de enfermidade ou de acidente, o outro exercerá com exclusividade a direção da família, cabendo-lhe a administração dos bens".

Mais casos contempla o art. 1.651 (*caput* e parágrafo único do art. 251 do Código anterior):

> "Quando um dos cônjuges não puder exercer a administração dos bens que lhe incumbe, segundo o regime de bens, caberá ao outro:
> I – gerir os bens comuns e os do consorte;
> II – alienar os bens móveis comuns;
> III – alienar os imóveis comuns e os móveis ou imóveis do consorte, mediante autorização judicial".

Para ingressar em juízo, o art. 10 do Código de Processo Civil especifica quando o cônjuge necessita do consentimento do outro: nas ações que versem sobre direitos reais imobiliários. O correspondente art. 73 do CPC/2015 dispensou o consentimento do outro cônjuge quando o casamento tiver sido realizado pelo regime de separação absoluta de bens.

Ao falar a lei nas ações que versem sobre direitos reais imobiliários, ou direito real imobiliário na redação do art. 73 do novo CPC, pretendeu significar aquelas em que se discute direitos sobre imóveis. "Se a ação versar sobre imóvel mas for de natureza obrigacional, como, por exemplo, nas ações de locação, não é exigível o consentimento do cônjuge para o ingresso em juízo. Esse ponto de vista é reforçado pelo próprio Código Processual que, no § 1º do art. 10, ao exigir a citação de ambos os cônjuges para certas causas, diz, no item I, que são as que versem sobre direitos reais imobiliários, e, no item IV, que são também as que tenham por objeto o reconhecimento, a constituição ou a extinção de

---

[14] *Revista Trimestral de Jurisprudência*, 36/559. Seguiu reiterado o entendimento, consoante julgados que constam na mesma Revista – 38/31, 54/136, 56/743 e 74/387.

ônus sobre imóveis", esclarece Celso Agrícola Barbi.[15] O mencionado § 1º do art. 10 equivale ao § 1º do art. 73 do novo CPC.

Na propositura de ações possessórias, já se tem consenso antigo no tocante à dispensa do consentimento do cônjuge que não praticou o ato atentatório contra a propriedade ou a posse: "Nas ações possessórias é desnecessária a outorga uxória, requisito esse exigível, apenas, quando se tratar de contenda que verse sobre direitos reais".[16] O § 2º do art. 10 (§ 2º, do art. 73, do novo CPC) aponta quando necessária a participação do cônjuge: "Nas ações possessórias, a participação do cônjuge do autor ou do réu somente é indispensável nos casos de composse ou de ato por ambos praticado".

Agrícola Barbi, entretanto, apoiado em Orlando Gomes e Caio Mário da Silva Pereira, sustenta a indispensabilidade sempre da presença do outro cônjuge, pelo fato de predominar o entendimento de que a posse é um direito de natureza real.[17]

No § 1º do art. 10 do Código de Processo Civil de 1973 estão apontadas as ações nas quais ambos os cônjuges serão citados:

"I – que versem sobre direitos reais imobiliários;

II – resultantes de fatos que digam respeito a ambos os cônjuges ou de atos praticados por eles;

III – fundadas em dívidas contraídas pelo marido a bem da família, mas cuja execução tenha de recair sobre o produto do trabalho da mulher ou os seus bens reservados;

IV – que tenham por objeto o reconhecimento, a constituição ou a extinção de ônus sobre imóveis de um ou de ambos os cônjuges."

Quanto ao inc. I, explica Cândido Rangel Dinamarco, relativamente à redação anterior, quando constava 'nas ações reais imobiliárias': "Com o ajuste vocabular trazido na Lei nº 8.952, aquele texto passou a aludir a 'ações que versem sobre direitos reais imobiliários'. Entendem-se compreendidas nessa locução as demandas em que se defende um direito real sobre imóvel próprio e também aquelas em que se defende direito real sobre imóvel alheio. A redação antiga, aparentemente desmembrando duas situações, poderia dar a impressão de que toda 'ação versando sobre imóvel próprio' só pudesse ser proposta mediante outorga do cônjuge – independentemente de ser fundada em direito real ou pessoal (p. ex., despejo)".[18]

Mais adiante, segue esclarecendo que os cônjuges não formam um litisconsórcio ativo necessário, bastando a vênia: "O cônjuge que a concede não

---

[15] *Comentários ao Código de Processo Civil*, ob. cit., vol. I, tomo I, pp. 9 e 10.
[16] *Revista dos Tribunais*, 429/268.
[17] *Comentários ao Código de Processo Civil*, ob. cit., vol. I, tomo I, p. 136.
[18] *A Reforma do Código de Processo Civil*, 2ª ed., São Paulo, Malheiros Editores, 1995, p. 47.

figurará como parte no processo, mas somente o cônjuge autorizado".[19] Para o ingresso da ação é desnecessário o litisconsórcio ativo. Basta o mero consentimento, que, aliás, pode ser tácito. O simples ajuizamento de uma lide, mesmo que verse sobre direito real imobiliário, faz depreender a vênia do outro cônjuge.

Relativamente a figurar no polo passivo, a nova redação apresentada no inc. I ampliou o âmbito de atuação conjunta dos cônjuges, abrangendo igualmente aquelas demandas dirigidas para a defesa de um direito real sobre imóvel alheio.

Exemplo do inciso II temos na ação de indenização por fatos praticados pelos filhos, ou coisas, ou animais do casal.

Na terceira hipótese, nomeia-se a ação de execução de uma dívida, contraída pelo marido e proveniente da aquisição de imóvel, ou de pagamento de bens para guarnecer o lar, cuja execução ou cobrança alcança dinheiro ou joia da mulher. A redação do dispositivo afronta o disposto no art. 226, § 5º, da Carta Maior. Deverá entender-se as ações fundadas em dívidas contraídas por um dos cônjuges a bem da família, cuja execução poderá atingir bens particulares do outro cônjuge.

Na última situação, cita-se a lide para a execução de uma promessa de conceder servidão ou hipoteca.

Em todas, ambos os cônjuges são demandados. Não contestando o marido, a mulher tem o direito de ingressar no feito, para defender os interesses do casal, que dizem respeito inclusive à prole.

O novo CPC indica as hipóteses no § 1º do art. 73, com algumas mudanças de redação:

> "I - que verse sobre direito real imobiliário, salvo quando casados sob o regime de separação absoluta de bens;
>
> II - resultante de fato que diga respeito a ambos os cônjuges ou de ato praticado por eles;
>
> III - fundada em dívida contraída por um dos cônjuges a bem da família;
>
> IV - que tenha por objeto o reconhecimento, a constituição ou a extinção de ônus sobre imóvel de um ou de ambos os cônjuges".

Desde que injustificada a recusa de outorga, pode ser suprida judicialmente, se não reconhecido o justo motivo, ou houver impossibilidade de concedê-lo, como no caso de interdição. A previsão está no art. 11 do CPC de 1973 e no art. 74 do CPC de 2015.

---

[19] *A Reforma do Código de Processo Civil*, ob. cit., p. 48.

8. CASOS ESPECIAIS QUE ENSEJAM O RECONHECIMENTO DA INCAPACIDADE RELATIVA

8.1. Perturbações mentais

Há situações em que não são atingidas as faculdades mentais, ou não se apresenta um atrofiamento do poder de pensar e decidir com discernimento; nem desaparecem os meios de o homem levar ao outro a sua comunicação.

O fenômeno que se apresenta consiste na redução do discernimento em determinadas circunstâncias, no *déficit* mental, na momentânea ou permanente perturbação, como no delírio febril, na emoção intensa, na intoxicação por substância tóxica, na embriaguez, na tristeza profunda, na depressão prolongada, e em outros estados inclusive de ânimo, que subtraem a capacidade de pensar e decidir, ou que conduzem a ver a realidade e a pender para decisões de modo totalmente diferente e viciado.

O ato ou negócio praticado num dos momentos acima torna-se suscetível de anulação, desde que verificada a prática em momento no qual, por causa transitória ou permanente, não era possível a pessoa exprimir a vontade, o que pode acontecer em qualquer um dos estados acima descritos.Em alguns quadros, como no hipnotismo, desaparece a vontade, pois ausente o domínio sobre si e as circunstâncias que envolvem o homem, levando à nulidade. No entanto, em certos estados interiores, como na depressão, na tristeza, no exagerado otimismo e entusiasmo, no repentino espírito de altruísmo, não desaparece a vontade, e muito menos a capacidade de discernir. Valem, nessas eventualidades, os atos de vontade.

8.2. A idade avançada

Outra faceta de realce diz respeito à idade avançada do emitente do ato. Em princípio, mesmo na decrepitude corporal, a experiência tem demonstrado a presença da sanidade mental. O normal é depararmo-nos com pessoas de idade provecta plenamente lúcidas, e com capacidade para gerir a sua vida e os bens. Não está, pois, em função da idade a presunção da incapacidade.

Mas, sobrevindo a arteriosclerose, acompanha um *déficit* mental, ou uma deficiência, em vista da dificuldade de raciocínio, de analisar e enfrentar com normalidade os fatos. Nem sempre se apresenta o quadro de uma psicopatia, e sim de uma redução da capacidade mental, e até de uma alienação total da realidade.

Ainda válida a lição de Afrânio Peixoto, esclarecendo que a demência senil dificilmente poderá ser pronunciada como causa de incapacidade, mesmo valendo-se do recurso da perícia médico-legal, salvo nos casos especiais de ação absurda, atos incontrolados, comportamento pueril, doação fraudulenta entre vivos etc.[20]

A idade avançada não comporta a interdição, embora anulável o ato se verificada a falta de lucidez durante a sua prática.

8.3. Doenças

A incapacidade revela-se, outrossim, nos estados mórbidos das pessoas, em que a natureza da doença, sua intensidade, duração, deficiências de nutrição e abatimento natural e constante influem na liberdade de decidir. Na ainda atual lição de Hélio Gomes, "há doenças que terminam, geralmente, pelo delírio: as infecciosas, as tóxicas, as do cérebro. Outras existem que terminam por sonolência, prostração, como as doenças crônicas, hemorragias, estados mórbidos caquetizantes (tuberculose, câncer). O moribundo sonolento, prostrado, vencido pelo sofrimento e pela moléstia, ou o doente delirante pela febre ou pela autointoxicação, não tem lucidez, está perturbado no seu juízo e na sua vontade, em situação equiparável ao de um alienado".[21]

Os atos jurídicos, porventura praticados, são, no mínimo, anuláveis. Importa que se tenham em conta especialmente os testamentos, não raramente lavrados nos derradeiros momentos da vida.

É perfeitamente aplicável, ocorrendo as hipóteses referidas, o inc. III do art. 4º do Código Civil, na redação da Lei nº 13.146/2015.

8.4. Os surdos-mudos que não puderem exprimir a sua vontade

O Código Civil de 1916, no art. 5º, inc. III, arrolava como incapaz o surdo-mudo que não pudesse exprimir a sua vontade.

Realmente, deve-se considerar incapaz o surdo-mudo que não exprime a sua vontade. Aquele que recebeu educação, no entanto, tem limitada a incapacidade na proporção de seu desenvolvimento intelectual. Aplica-se a este tipo de deficiente a regra do art. 1.772 do Código Civil, alterado pela Lei nº 13.146/2015, preceito, no entanto, que não mais vigorará com a entrada em vigor do novo CPC, dada a revogação por seu art. 1.072, inc. II. Eis a redação do art. 1.772, *caput*: "O juiz determinará, segundo as potencialidades da pessoa, os limites da curatela, circunscritos às restrições constantes do art. 1.782, e indicará curador". O art. 1.782 menciona alguns atos de que é privado o relativamente

---

[20] *Medicina Legal – Psicopatologia Forense*, 5ª ed., Livraria Francisco Alves, Rio de Janeiro, 1938, vol. II, p. 311.
[21] "Medicina Legal", vol. I, *in Revista dos Tribunais*, nº 529, p. 191.

incapaz: emprestar, transigir, dar quitação, alienar, hipotecar, demandar ou ser demandado, e outros atos que não seja de mera administração.

Com a entrada em vigor do novo Código de Processo Civil, em 17 de março de 2016, o assunto fica regulado pelo seu art. 755, incs. I e II, nos seguintes termos:

> "Na sentença que decretar a interdição, o juiz:
> I - nomeará curador, que poderá ser o requerente da interdição, e fixará os limites da curatela, segundo o estado e o desenvolvimento mental do interdito;
> II - considerará as características pessoais do interdito, observando suas potencialidades, habilidades, vontades e preferências".

O limite tem em conta a aptidão para exprimir a vontade. A medida da sua educação indicará a medida da capacidade. Uma vez recebida uma formação ou educação, que o leva a manifestar-se por alguma forma de sinais, reconhece-se o grau de capacidade.

Tratando-se o surdo-mudo, em geral, de deficiente, é possível, em vez da curatela, aplicar a tomada de decisão apoiada, cuja regulamentação se encontra no art. 1.783-A do Código Civil, introduzido pela Lei nº 13.146/2015. Oportuno ver o *caput* do dispositivo:

> "A tomada de decisão apoiada é o processo pelo qual a pessoa com deficiência elege pelo menos 2 (duas) pessoas idôneas, com as quais mantenha vínculos e que gozem de sua confiança, para prestar-lhe apoio na tomada de decisão sobre atos da vida civil, fornecendo-lhes os elementos e informações necessários para que possa exercer sua capacidade".

Não se aventa a dependência da incapacidade à surdo-mudez congênita. Não interessa o surgimento posterior, posto que traz o desligamento da pessoa em relação à realidade social e à capacidade de expressar o ato de vontade.

O limite da incapacidade é definido na sentença, na linha do transcrito art. 1.772, em texto da Lei nº 13.146/2015, que fica revogado com a entrada em vigor do novo CPC, quando passará a vigorar o seu art. 755.

O Código Civil autoriza o direito de fazer o testamento público, em atendimento ao art. 1.860, pois impedido o ato somente àqueles que não tiverem o pleno discernimento; e mesmo o cerrado, como permite o art. 1.873, "pode fazer testamento cerrado o surdo-mudo contanto que o escreva todo, e o assine de sua mão, e que, ao entregá-lo ao oficial público, ante as 2 (duas) testemunhas, escreva, na face externa do papel ou do envoltório, que aquele é o seu testamento, cuja aprovação lhe pede".

8.5. Dúvida em relação ao momento em que apareceu a doença e presunção da capacidade

Em certos casos, acontece um processo de regressão lenta da inteligência. Muitos doentes conservam, não obstante, por vários anos, a capacidade relativa, antes que a demência e a decadência corporal a removam inexoravelmente. Todavia, em qualquer período ou forma em que a doença seja estudada na sua evolução, estando já o doente em plena incapacidade para os atos da vida civil, nem sempre é possível definir desde quando data o início ou a instalação dessa incapacidade. Daí o porquê da impossibilidade ou da dificuldade para se comprovar algum grau de deficiência no instante do negócio. E, como ilustra um antigo julgado, calcado na mais erudita doutrina, "o ato anterior à interdição só poderá ser anulado quando a alienação for notória por ocasião de sua prática. Fora disso, a boa-fé do outro contratante tem de preponderar, mesmo porque não será possível provar a alienação por aquela ocasião, podendo, quando muito, se estabelecer uma dúvida. E, na dúvida, em virtude da presunção da capacidade da pessoa, o ato deverá prevalecer".[22]

Realmente, segundo o sistema de nosso direito civil, a capacidade se presume. Até prova em contrário, toda pessoa é tida como capaz. E enquanto não há sentença de interdição, não incide a incapacidade. A presunção é de que não havia alienação mental. O ato anterior será passível de anulação quando a debilidade mental for notória por ocasião de sua prática. Fora disso, a boa-fé do outro contraente tem de prevalecer, mesmo porque não será possível provar a alienação naquela ocasião. No máximo, se estabelecerá uma dúvida. E, nesta, o negócio valerá, por força da norma da presunção da capacidade do ser humano. Neste rumo delineia-se a jurisprudência: "O ato jurídico praticado por pessoa maior, considerada mentalmente enferma, antes de decretada a sua interdição, não pode ser declarado nulo, de ofício, pelo juiz, segundo o previsto no art. 146 do CC de 1916, sendo anulável, mediante ação própria onde o interessado deverá comprovar que a sua efetivação deu-se em ocasião na qual já se definia a doença grave e incapacitante de seu praticante, embora não proclamada judicialmente. Inexistente, nos autos, prova inequívoca de que, por doença mental, o cônjuge varão encontrava-se sem capacidade para a prática de atos da vida civil, ao tempo em que ocorreu a reconciliação do casal. Para a invalidade de ato das partes, ratificado em juízo, e homologado por sentença, não mostra-se suficiente a simples possibilidade ou mesmo probabilidade de que tivesse sido executado por agente incapaz".[23] De observar que o art. 146 citado na decisão equivale ao art. 168 do Código em vigor.

---

[22] Apelação nº 193.902, da 3ª Câmara Cível do TJSP, j. em 1º.04.1971 - *Revista dos Tribunais*, 428/190.

[23] Embargos Infringentes nº 204/97, do 3º Grupo de Câms. Cíveis, do Tribunal de Justiça do Rio de Janeiro, publ. em 17.12.1998, em *ADV Jurisprudência*, nº 20, p. 316, expedição de 23.05.1999.

Se houver de ser anulado o ato, não importa o fato de a outra parte ignorar a doença mental, pois o que viciou o ato não foi o dolo ou a má-fé, e sim a incapacidade de consentir, advinda da doença mental.

Admitindo-se o contrário, cair-se-á no perigo de nunca se invalidar o contrato, sejam quais forem os prejuízos acarretados ao demente.

9. NORMAS DE PROTEÇÃO AOS INCAPAZES

A representação e a assistência existem para a proteção dos incapazes. Justamente em vista da falta de discernimento total ou relativo é que se instituíram tais figuras jurídicas, com as quais se visa dar segurança à pessoa e ao respectivo patrimônio, garantindo-se, também, o exercício dos direitos. Através de instrumentos apropriados e normas específicas, o Estado desempenha seu dever de tutela, impondo um regime de amparo aos incapazes, de controle e fiscalização dos atos que realizam e de conservação dos bens de sua titularidade.

Vários os dispositivos do Código Civil dirigidos a esse escopo.

O art. 181 não permite que se reclame de um incapaz uma quantia paga por uma obrigação que veio a ser anulada, se não provar que a mesma aproveitou a ele: "Ninguém pode reclamar o que, por uma obrigação anulada, pagou a um incapaz, se não provar que reverteu em proveito dele a importância paga". A quem pagou cabe o ônus da prova, diante da culpa em que incide a pessoa que contrata com um irresponsável. Eivado de nulidade o negócio, por envolver um incapaz, intenta-se apenas a reposição do prejuízo havido e nada mais, conforme já alertava João Luiz Alves: "Revertendo a importância, paga ao incapaz, em seu proveito, reconhecem os códigos a obrigação de restituí-la, até à concorrência de proveito, porque não se deve permitir que alguém se locuplete à custa alheia".[24]

O art. 198, inc. I, impede a fluência do prazo de prescrição contra os absolutamente incapazes.

Quanto ao mútuo feito a menor, unicamente nos casos do art. 589 pode ser reavido, e que são os seguintes:

> "I – se a pessoa, de cuja autorização necessitava o mutuário, para contrair o empréstimo, o ratificar posteriormente;
>
> II – se o menor, estando ausente essa pessoa, se viu obrigado a contrair o empréstimo para os seus alimentos habituais;
>
> III – se o menor tiver bens ganhos com o seu trabalho. Mas, em tal caso, a execução do credor não lhes poderá ultrapassar as forças;
>
> IV – se o empréstimo reverteu em benefício do menor;
>
> V – se o menor obteve o empréstimo maliciosamente."

---

[24] *Código Civil da República dos Estados Unidos do Brasil*, ob. cit., p. 122.

Consoante o art. 814, ao incapaz se autoriza recobrar quantia voluntariamente paga em razão de dívida de jogo ou aposta.

Não é permitida a partilha amigável, em inventário, se houver herdeiro incapaz, segundo o art. 2.015, que reza: "Se os herdeiros forem capazes, poderão fazer partilha amigável, por escritura pública, termo nos autos do inventário, ou escrito particular, homologado pelo juiz".

Consoante o art. 1.691 – regra igualmente inserida no art. 148, parágrafo único, letra *f*, da Lei nº 8.069, de 13.07.1990 – sempre que, no exercício do poder familiar, colidirem os interesses dos pais com o do filho, a requerimento deste ou do Ministério Público (e mesmo de ofício), o juiz lhe dará curador especial.

Os pais, por força do art. 1.691, poderão alienar ou gravar de ônus real os imóveis dos filhos, ou contrair obrigações que ultrapassem os limites da simples administração, unicamente por necessidade ou evidente interesse da prole, e sempre mediante prévia autorização do juiz.

10. CESSAÇÃO DA INCAPACIDADE

De várias maneiras decorre a capacidade plena da pessoa, segundo se especificará a seguir.

10.1. Desaparecimento da causa da incapacidade e advento da maioridade

Termina a incapacidade, tanto a absoluta como a relativa, por várias causas naturais, como pelo desaparecimento da doença mental ou física que afetava a pessoa, pela cura da toxicomania ou da embriaguez crônica, e pelo alcance da maioridade. Uma vez constatado um desses fenômenos, dá-se a capacidade de pleno direito unicamente no pertinente à idade. Nenhum ato judicial se exige para sinalar o começo da capacidade. No caso de alguma outra incapacidade, se não declarada a mesma em ação de interdição, igualmente não se reclama qualquer providência. Na verdade, juridicamente nem existia a incapacidade.

Se ficou curada a pessoa interditada, não mais persistindo a loucura, cumpre se ingresse com pedido de levantamento da interdição, de acordo com o art. 1.186 do Código de Processo Civil (art. 756 do novo CPC), cujos parágrafos programam o procedimento a ser adotado. Reza o § 1º: "O pedido de levantamento poderá ser feito pelo interditado e será apensado aos autos da interdição. O juiz nomeará perito para proceder ao exame de sanidade no interditado e após a apresentação do laudo designará audiência de instrução e julgamento".

O novo CPC estende ao curador e ao Ministério Público a legitimidade para o pedido de levantamento, ditando, também, o tratamento para o exame de sanidade e a instrução, consoante os §§ 1º e 2º do art. 756:

§ 1º: "O pedido de levantamento da curatela poderá ser feito pelo interdito, pelo curador ou pelo Ministério Público e será apensado aos autos da interdição".

§ 2º: "O juiz nomeará perito ou equipe multidisciplinar para proceder ao exame do interdito e designará audiência de instrução e julgamento após a apresentação do laudo".

Já o § 2º do art. 1.186 descreve os atos a serem seguidos se acolhido o pedido: "Acolhido o pedido, o juiz decretará o levantamento da interdição e mandará publicar a sentença, após o trânsito em julgado, pela imprensa local e órgão oficial por 3 (três) vezes, com intervalo de 10 (dez) dias, seguindo-se a averbação no Registro de Pessoas Naturais". No novo CPC, o § 3º do art. 756 estabelece que a publicação obedecerá o disposto no § 3º do art. 755, ou seja, será publicada na rede mundial de computadores, no sítio do tribunal a que estiver vinculado o juízo e na plataforma de editais do Conselho Nacional de Justiça, onde permanecerá por seis meses, na imprensa local, uma vez, e no órgão oficial, por três vezes, com intervalo de dez dias.

No pertinente ao ausente, embora não sendo incapaz, pois é simplesmente nomeado curador para administrar seus bens, uma vez reaparecendo ele, ou comparecendo seu procurador ou quem o represente, cessa a curadoria para aquela finalidade, segundo a previsão do art. 1.162 do mesmo diploma processual civil (sendo omisso a respeito o novo CPC, pois desnecessária a regra, já que não existe incapacidade), exigindo sempre a manifestação judicial, com a publicação de edital. Não transformada em definitiva a sucessão provisória, retornam os bens ao até então ausente, cessando a curadoria a partir do ato judicial que determina a restituição dos bens.

De acordo com o art. 104 da Lei dos Registros Públicos (Lei nº 6.015, de 31.12.1973), é necessária a averbação do término da interdição e da ausência: "No livro de emancipação, interdições e ausências, será feita a averbação das sentenças que puserem termo à interdição, das substituições dos curadores de interditos ou ausentes, das alterações dos limites de curatela, da cessação ou mudança de internação, bem como da cessação de ausência pelo aparecimento do ausente, de acordo com o disposto nos artigos anteriores".

Quanto à menoridade, alcança-se a capacidade plena aos dezoito de idade, de acordo com o art. 5º do Código Civil: "A menoridade cessa aos 18 (dezoito) anos completos, quando a pessoa fica habilitada à prática de todos os atos da vida civil". Anotava Clóvis Beviláqua, em lição ainda de evidente utilidade: "A maioridade, conferindo ao indivíduo a plenitude de sua capacidade civil, dissolve os laços de subordinação a que ele estiver submetido, em razão da idade, como o pátrio poder e a tutela."[25]

---

[25] *Teoria Geral do Direito Civil*, ob. cit. p. 124.

10.2. Antecipação da maioridade

A cessação da incapacidade pela aquisição da maioridade não se dá apenas pelo fato de atingir a pessoa a idade de dezoito anos. Há outras hipóteses de antecipação da maioridade, que fazem parte do instituto da emancipação. Com efeito, tendo em conta a pessoa do menor, reconhece-se ter ela a maturidade necessária para reger a si e os bens que lhe pertencem. Esta a presunção que autoriza antecipar a maioridade, embora nenhum requisito formal deva revelar para evidenciar tal presunção. Realmente, está no puro arbítrio dos progenitores decidir em conceder ou não a maioridade, e na ocorrência de certos eventos. Pela sua simples verificação, alcança-se a maioridade, do que decorre a plena capacidade.

Eis as hipóteses apontadas no parágrafo único do art. 5º do Código Civil (§ 1º do art. 9º do Código anterior):

> "Cessará, para os menores, a incapacidade:
>
> I – pela concessão dos pais, ou de um deles na falta do outro, mediante instrumento público, independentemente de homologação judicial, ou por sentença do juiz, ouvido o tutor, se o menor tiver 16 (dezesseis) anos completos;
>
> II – pelo casamento;
>
> III – pelo exercício de emprego público efetivo;
>
> IV – pela colação de grau em curso de ensino superior;
>
> V – pelo estabelecimento civil ou comercial, ou pela existência de relação de emprego, desde que, em função deles, o menor com 16 (dezesseis) anos completos tenha economia própria".

O Código Civil de 2002, em relação ao § 1º do art. 9º do diploma civil anterior, manteve as hipóteses, mas aperfeiçoou a redação do inciso I, adaptando-o à ordem constitucional. Reduziu a idade mínima para dezesseis anos e introduziu nova situação no inc. V. No inc. I, § 1º, do art. 9º do Código de 1916, a concessão vinha primeiramente do pai, e, se morto, da mãe, ou por sentença do juiz, tendo-se como mínima a idade de dezoito anos. No inc. V, era fato ensejador simplesmente o estabelecimento civil ou comercial com economia própria.

Salienta-se que, afora as situações de formalização através de averbação no registro civil, que se verifica no casamento e na emancipação pelos pais ou por concessão do juiz, o ato constitutivo da emancipação (documento que prova o ato de nomeação em cargo público, ou a colação de grau em curso superior, ou o exercício de comércio ou de relação de emprego que tenham redundado economia própria) depende de declaração judicial para valer quando necessário. Não basta a mera apresentação do documento, e, *v.g.*, praticar um ato reservado ao maior, como uma escritura pública. Mediante a prova do preenchimento da condição, autorizará o juiz a prática do ato.

Necessária a abordagem específica de cada caso previsto no Código Civil vigente.

a) *Por concessão dos progenitores ou ato do juiz.* De acordo com a redação do Código anterior, a concessão adviria do pai, e unicamente se morto ele, se daria pela mãe. Presentemente, o ato depende de concessão de ambos os progenitores, exigência que decorre também do art. 226, § 5º, da Carta Maior Federal, pelo qual os direitos e deveres referentes à sociedade conjugal são exercidos em igualdade pelo homem e pela mulher. De modo que, se ambos os pais estiverem presentes, nenhuma interferência judicial se faz mister, devendo o ato proceder-se por meio de escritura pública.

No entanto, não se impede o ingresso de pedido por apenas um dos pais, se o outro progenitor estiver falecido. De igual modo deve-se entender quando há a destituição ou perda do poder familiar por ato do juiz. O inc. I do art. 5º, na parte do texto que expressa 'ou de um deles na falta do outro, por instrumento público, independentemente de homologação judicial', restringe-se à situação de falecimento do outro progênito, mas com extensão na hipótese do afastamento do poder familiar. Não é aceitável a exigência da presença do progenitor que não mais desempenha o poder familiar.

Se ausente ou desconhecido um dos progenitores, ou se negada a concessão, há de se obter autorização judicial, com a citação do progenitor ausente.

Igualmente em outros casos, como se está o menor sob tutela, encaminha-se o pedido ao juiz, formulado pelo menor assistindo pelo tutor. A lei não contempla a possibilidade do tutor em conceder a emancipação. O menor órfão, ou aquele abandonado, sendo desconhecidos os progenitores, e sem tutor, terá o encaminhamento providenciado pelo Ministério Público.

Especificamente na inexistência dos pais, ou não exercendo eles o poder familiar, também o art. 148, parágrafo único, letra *e*, da Lei nº 8.069, de 13.07.1990, impõe o caminho judicial. Ingressa-se com pedido específico, seguindo-se o procedimento de jurisdição voluntária dos arts. 1.103 a 1.112 do Código de Processo Civil (arts. 719 a 725 do novo CPC). Necessária a ouvida dos interessados, dentre os quais o tutor, se houver, e mesmo os progenitores sem o poder familiar.

Necessário observar que, perante terceiros, no que diz respeito à responsabilidade civil, a emancipação outorgada não desvincula o menor dos responsáveis por seus atos. Acontece que, relativamente a terceiros, a maioridade antecipada não tem o condão de afastar o instituto da solidariedade dos pais pelos atos dos filhos que se encontrarem sob sua autoridade, segundo as regras do art. 932, inc. I, do Código Civil, independentemente da culpa, em vista do art. 933 do mesmo Código. Decorrente o prejuízo de ação cometida pelo filho menor, mesmo que não verificada a falta de vigilância, ou de negligência na educação, mantém-se a responsabilidade solidária dos progenitores, e assim dos tutores e curadores pelos pupilos e curatelados, eis que, do contrário, tornar-se-ia o instituto da emancipação concedida um instrumento para eximir-se do dever legal de ressarcir os prejuízos que possivelmente venham a causar a terceiros os filhos ou menores e incapazes sob tutela ou curatela.

Nesse sentido, decidiu o STJ, no Recurso Especial nº 122.573/PR, da 3ª Turma, j. em 23.06.1998, *DJ* de 18.12.1998: "A emancipação por outorga dos pais não exclui, por si só, a responsabilidade decorrente de atos ilícitos do filho".

Na mesma linha, não se transforma a maioridade antecipada em meio de se liberarem os progenitores da obrigação de prestar alimentos. Como a sua concessão não depende da concordância do filho, se a tanto trouxesse efeito, bastaria a sua mera formalização para isentar os obrigados da responsabilidade em prestar alimentos.

Finalmente, não se trata de uma obrigação dos pais, ou do juiz, quando posto o menor sob tutela, em emancipar. Como consta da lei, cuida-se de uma *concessão*, o que revela a ideia de benefício, de favor, de dependência do ato a uma vontade. Negando-a os progenitores, e ingressando o menor em juízo, não é a mesma concedida, porquanto não existe um direito que a assegure, nem se discriminam os requisitos que, preenchidos, devam automaticamente ser deferidos. Acresce notar, entretanto, que, concedida, não pode ser revogada, e nem se reconhece a terceiros legitimidade para a oposição, seja através do ingresso de ação judicial própria, seja mediante a manifestação contrária no ato de sua lavratura ou do registro civil. Desde o momento de sua formalização, todos os efeitos civis decorrem. Nesta ordem, não mais se exige a assistência dos responsáveis nos contratos, mesmo os que envolvam alienações de imóveis. Se vinculado o patrimônio de que é titular o emancipado a cláusulas de inalienabilidade e incomunicabilidade, fica de imediato liberado, podendo exercer-se o poder de disposição.

> b) *Pelo casamento*. O casamento acarreta a maioridade. Diferentemente do caso anterior, a idade mínima não será de dezoito anos, eis que a idade nupcial para o homem e a mulher é dezesseis anos, art. 1.517 do Código Civil. Mesmo assim, autoriza-se o casamento de pessoas com menos de dezesseis ou dezoito anos, como permite o art. 1.520, desde que para evitar imposição ou cumprimento de pena criminal, ou em caso de gravidez. Era comum outrora a prática de se autorizar o casamento se constatada a gravidez da mulher, pois estava muito em voga a importância social e institucional do instituto. Costuma-se designar essa maneira de aquisição de capacidade de emancipação tácita, que se estende, consoante Josserand, "a todo matrimonio de un menor o de una menor, aun al contraído con dispensa de idad, y aun cuando los esposos estén ya antes emancipados expresamente y dicha emancipación les haya sido después retirada".[26]

---

[26] *Derecho Civil*, tomo I, ob. cit., vol. I, p. 276.

Justifica-se ao corolário da maioridade com o casamento. Entende-se que, se admite a lei o reconhecimento das condições para assumir as responsabilidades que advêm do casamento, com sobradas razões leva-se a concluir o preenchimento dos requisitos para alcançar a plena capacidade.

Na verdade, os raros casamentos de pessoas jovens, e mais em idade ainda não núbil, que atualmente acontecem, em geral não prosperam. Futuramente, os problemas adquirem dimensões tão graves que leva a concluir que melhor se afiguraria não tivessem casado.

De modo que, uma vez casada, a pessoa adquire plena capacidade civil, não importando que em seguida seja dissolvido o vínculo conjugal pela morte, ou pela anulação, ou pelo divórcio. Não retorna o ex-cônjuge ao estado de menor. A maioridade alcançada torna-se irreversível, mesmo tendo a pessoa menos de dezesseis anos de idade.

c) *Pelo exercício de emprego público efetivo.* De acordo com esta causa, requer-se a nomeação da pessoa como funcionário público, o que normalmente se consegue depois da aprovação em concurso público. Não é este, porém, o único caminho de ingresso. A nomeação em cargo comissionado, ou para uma função de confiança (anteriormente ao Código Civil atual inclusive por meio de eleição, como para vereador, em que a idade mínima exigível é de dezoito anos – art. 14, § 3º, letra *d*, da Constituição Federal), traz a maioridade, eis que, embora a temporariedade do cargo, está presente a efetividade pela razão de não estar previsto um determinado prazo de permanência na atividade. Mesmo que em comissão, ou em cargo de confiança, nada garante que, concluído o período previsível de duração, não se prorrogue ou renove a nomeação.

Tem surgido discussão no atinente a funções em autarquias e até em empresas públicas. Desde, porém, que domine o caráter público, criadas por lei, e especialmente subsidiadas por verbas públicas, ou nelas haja participação majoritária do Poder Público, executando funções de caráter público, e criados por lei os cargos, constituem pessoas de direito público. O ingresso de pessoas em seus quadros faz-se por meio de provimento, com a nomeação em ato administrativo, para determinado cargo. Nessas condições, apesar do entendimento divergente em torno da matéria, quem é nomeado adquire a maioridade.

E não poderia ser diferente. Inadmissível que se considere menor quem o Poder Público vê capacidade e amadurecimento para executar as importantes funções que lhe são inerentes. Se admitido o preparo para o desempenho da representação do Estado, também há de se reconhecer nos atos da vida civil, que dizem respeito mais à sua pessoa.

Diferente é a situação dos interinos, diaristas, mensalistas, tarefeiros, contratados, e outras categorias temporárias de trabalhadores que prestam serviços a órgãos ou pessoas jurídicas de direito público. Esses trabalhadores denominam-se empregados públicos, na definição de Hely Lopes Meirelles, que "são todos os titulares de emprego público (não cargo público) da Administração direta e indireta, sujeitos ao regime jurídico da CLT; daí serem chamados também de 'celetistas'. Não ocupando cargo público e sendo celetistas, não têm condição de adquirir a estabilidade constitucional (CF, art. 41), nem podem ser submetidos ao regime de previdência peculiar, como os titulares de cargo efetivo e os agentes públicos, sendo obrigatoriamente enquadrados no regime geral da previdência social, a exemplo dos titulares de cargo em comissão ou temporário. Salvo para as funções de confiança e de direção, a serem previstas à luz dos princípios de eficiência e razoabilidade nos respectivos quadros de pessoal das pessoas jurídicas da Administração indireta (na Administração direta, autárquica e fundacional as funções de confiança só podem ser exercidas por ocupantes de cargo efetivo – art. 37, V), os empregados públicos devem ser admitidos mediante concurso ou processo seletivo público, de modo a assegurar a todos a possibilidade de participação".[27]

A idade mínima se circunscreve aos dezoito anos. Nada impede, no entanto, que a contratação envolva pessoas com menos idade, mas como empregados públicos, sem acarretar a maioridade.

    d) Pela colação de grau em curso de ensino superior. Pelo fato de formar-se em curso superior, normalmente dirigido para o exercício de uma profissão, a presunção é do desenvolvimento humano, cultural e profissional suficiente da pessoa para dirigir-se, para decidir e comandar os seus negócios, e realizar os demais atos da vida civil. Se habilitado alguém para desempenhar uma atividade que requer conhecimentos e habilitações, com mais razão terá qualidades e desenvoltura para considerar-se maior.

Embora rarissimamente, pode haver pessoas que se formem em curso superior, ou no terceiro grau, com menos de dezoito anos, especialmente quando o currículo pode ser cumprido em três anos.

De outra parte, não se incluem na regra os formados em cursos técnicos de segundo grau, voltados para conhecimentos rurais, eletrônicos, elétricos, de informatização, de mecânica, de nutrição, de enfermagem e outros, embora a preponderância profissional de sua finalidade, e destinados a colocar os formados no mercado de trabalho.

    e) Pelo estabelecimento civil ou comercial, ou pela existência de relação de emprego, desde que, em função deles, o menor com dezesseis anos

---

[27] *Direito Administrativo Brasileiro*, 25ª ed., São Paulo, Malheiros Editores, 2000, pp. 376 e 377.

completos tenha economia própria. Duas as situações que conduzem à maioridade. Segundo consta do inciso V do § 1º do art. 5º, para alcançar-se a maioridade, na primeira hipótese, é necessário que o menor tenha um estabelecimento civil ou comercial (que pode ser industrial), dele tendo quotas ou ações em quantidade significativa. Não basta a mera participação em uma pessoa jurídica de direito privado. Ele deve dirigi-lo ou administrá-lo, não importando a forma como o constituiu. Interessa que tenha participação preponderante, ou que seja comerciante em nome individual, com razoável capital social, de modo a manter economia própria.

Indispensável que exerça o comércio, participando ativamente, comprando, vendendo, produzindo bens, tratando com o público e fornecedores. Não é suficiente a simples aquisição de quotas ou do capital social, mesmo que na sua maioria, pois aos progenitores permite-se que incluam um menor na sociedade e coloquem em seu nome o capital, sem que o mesmo tenha condições de praticar atos de comércio. Fosse o contrário, até uma pessoa de tenra idade alcançaria a maioridade. Justamente por isso, impõe-se que a pessoa tenha, no mínimo, dezesseis anos, posto que deve-se partir de uma idade limite, como ocorre com a emancipação pelos pais. É o que conclui Pontes de Miranda, embora a menção da idade de dezoito anos, que vigorava no regime do Código da Lei nº 3.071: "Se é menor de dezoito anos, a cessação da menoridade não se operou, e pode ser dada a prova, *incidenter*, ou em ação declaratória, ou, como questão prévia, em ação de nulidade ou anulação, contra a presunção".[28]

Necessário observar que a expressão 'estabelecimento comercial' deve ser compreendida em sentido amplo, dentro do conteúdo que está no art. 966 do Código Civil, envolvendo toda atividade econômica organizada para a produção ou a circulação de bens ou de serviços, ou que tenha objetivo lucrativo. Para tanto, de realce a regra do art. 974, autorizando a continuidade, pelo relativamente menor, do exercício de atividade que antes era desempenhada por ele enquanto capaz, por seus pais ou pelo autor de herança.

A pessoa jurídica ou o exercício de atividade de empresário deverá encontrar-se regularizada, com seus estatutos arquivados no Registro Público de Empresas mercantis, e, ainda, com os registros na Receita Federal, na Secretaria da Fazenda do Estado, e na Secretaria da Fazenda Municipal. Necessária a sua organização interna, com os livros exigidos para o registro de mercadorias e para lançamentos contábeis.

A segunda hipótese (não contemplada no regime do Código da Lei nº 3.071) assenta-se na existência de relação de emprego, que envolve o emprego efetivo, através de contrato documentado ou escrito, e registros nos arquivos da

---

[28] *Tratado de Direito Privado* – Parte Geral, tomo I, ob. cit., p. 206.

empresa e em órgãos competentes. Indispensável o fornecimento de carteira de trabalho, de maneira a restar devidamente comprovada a relação. Não basta a mera execução de tarefas esporádicas, ou o exercício de atividades avulsas, sem a ligação regular com um empregador definido. Nem se configura a causa que leva à maioridade a prestação de serviços, mediante a contratação de tarefas, por pessoa que é autônoma. De outro lado, seja qual for a atividade – manual, braçal, intelectual, técnica, serviçal – faz cessar a incapacidade.

Como na situação anterior, a idade mínima é de dezesseis anos.

Condição, para as duas hipóteses, a ser implementada é a constituição de economia própria, o que importa em ser independente financeiramente a pessoa, subsistindo por conta de sua atividade, e com bens em seu nome, sejam de que natureza forem. Do estabelecimento civil ou comercial, ou da relação de emprego, deverão advir meios econômicos que formem um patrimônio próprio.

O Código anterior incluía mais um caso, que era o alistamento ou o serviço militar. Em consonância com seu art. 9º, § 2º, unicamente para efeito do alistamento ao serviço militar, ou para candidatar-se à prestação do serviço militar, é que cessava a incapacidade, e não para outros atos, a cuja prática continuava incapaz o menor. Bem observava Pontes de Miranda: "Há capacidade, dentro do que é a esfera jurídica do que está a prestar serviço militar, não para os atos que estão fora (*v.g.*, venda de imóveis)".[29] Como o alistamento é feito a partir dos dezessete anos, nessa idade é que cessava a menoridade, o que, aliás, vinha desde o Decreto-lei nº 9.500, de 1946, que foi confirmado pela Lei nº 4.375, de 1964, e pelo Decreto nº 57.654, de 1966. Permitido o serviço militar à mulher, também a ela se estendia a capacidade para a mesma finalidade.

---

[29] *Tratado de Direito Privado* – Parte Geral, tomo I, ob. cit., p. 204.

Capítulo XI

Ausência

1. CARACTERIZAÇÃO

Eis mais um instituto assistencial, que visa à proteção ou à curadoria de ausentes relativamente à administração de seus bens. Embora demonstre importância o assunto, tem revelado pouquíssima utilidade prática, dado o reduzido número de demandas que ingressam judicialmente envolvendo a matéria. Mesmo a literatura jurídica é escassa, inexistindo monografias específicas que tratem do instituto.

Em geral, as pessoas que desaparecem do seu domicílio não possuem bens e muito menos fortunas, condição esta que levaria os parentes a procurar o processamento judicial da ausência. Os casos que ingressam em juízo, todavia, não trazem grandes debates jurídicos e não exigem profundas incursões no direito.

A matéria veio introduzida na Parte Geral, Livro I, do Código Civil, integrando o Título I, que trata das pessoas naturais, sendo desenvolvida no Capítulo III. No Código de 1916, estava incluída no Título VI do Livro I da Parte Especial, destinado ao direito de família. Entendeu, assim, o legislador que melhor se coadunava a disciplina na parte destinada às pessoas naturais. Com efeito, não se vislumbra alguma proximidade ou afinidade com o direito de família.

Destina-se o instituto a preservar o patrimônio do desaparecido, o qual é declarado ausente pelo juiz e recebe um curador com a finalidade de administrar seus bens. Daí calhar o seguinte conceito de ausência: expressa o instituto que disciplina ou cuida dos interesses e bens de uma pessoa que simplesmente desaparece ou some de seu domicílio. Efetivamente, está-se diante de um instituto que procura a proteção dos bens do ausente, tanto que o subtítulo é 'Da curadoria dos bens do ausente', enquanto, no sistema revogado, era 'Da curadoria de ausentes'.

Importante considerar o sentido de ausente, dentro do contexto jurídico do instituto. Consoante Mário de Assis Moura, ausente, no sentido técnico, "é o que desaparece de seu domicílio sem que dele se saiba notícia. É a pessoa cuja habitação se ignora, ou de cuja existência se duvida e cujos bens ficam ao desamparo, cessando esse desamparo pelas providências da lei".[1] Não está envolvido, no estudo, o indivíduo cuja habitação se ignora ou de cuja existência se duvida. Não se trata da simples não presença em determinado local, ou da revelia de uma pessoa num processo.

Washington de Barros Monteiro deixou claro o sentido jurídico: "Ausente é aquele que, devido ao seu desaparecimento, é declarado tal por ato do juiz. Não basta a simples não presença para configurar a ausência no sentido técnico. É essencial, ainda, a falta de notícias do ausente, de modo a existir dúvida sobre a sua existência, bem como a declaração judicial desse estado".[2]

O objetivo do Código é preservar os bens da pessoa que desaparece, impedindo a sua deterioração ou o perecimento.

Preserva a lei os bens deixados pelo ausente não só para a hipótese de seu possível regresso, mas também para proteger os interesses dos herdeiros.

Ocorre algo como que semelhante à revelia do réu nos processos judiciais quando, não comparecendo aos autos após a citação por edital, nomeia-lhe o juiz um curador (art. 9º, inc. II, do Código de Processo Civil, e art. 72, inc. II, do novo CPC) com o fim de defender-lhe determinados atos ou interesses jurídicos naquele processo. Na ausência como figura do direito civil, há o desaparecimento de uma pessoa, desconhecendo-se o seu paradeiro ou se continua viva, mas existindo bens, interesses jurídicos e negócios em seu nome. Daí nomear-se um curador, que terá a função de cuidar, gerir e administrar ditos bens, interesses e negócios.

O instituto surgiu mais no direito moderno, embora os romanos tivessem a figura da curatela ou da proteção dos bens do ausente (*cura bonorum absentis*), mas sem uma estruturação jurídica.

Busca, o instituto, disciplinar e proteger os bens, interesses ou negócios de quem se encontra realmente ausente, e não de quem está longe do centro de suas ocupações. Assim, caso alguém tenha empreendido uma longa e demorada viagem, não retornando na época marcada, mas sabendo-se onde se encontra, malgrado o abandono em que ficaram os bens, a lei não lhe vem em socorro, pois aí se nota mais um afastamento da pessoa, que não perdeu o contato com parentes ou conhecidos. Há situações que se aproximam da ausência, mas não a caracterizam. O simples abandono do bem, mesmo com o definitivo não comparecimento no local onde se encontra, não tipifica a figura. Desta maneira ocorre com o total abandono de imóveis situados em regiões distantes, eis que importa ter em conta o desaparecimento da pessoa da localidade onde tinha o domicílio, e não o abandono dos bens, que é uma simples consequência.

---

[1] *Inventários e Partilhas*, 2ª edição, São Paulo, Saraiva & Cia. – Livraria Acadêmica, p. 271.
[2] *Curso de Direito Civil, Direito de Família*, ob. cit., p. 335.

Com razão, afirmava Carvalho Santos: "Quando, porém, ao invés do indivíduo não presente, não há notícias e não se sabe nem ao menos se ele ainda vive, não se podendo considerá-lo, portanto, como capaz de providenciar seus próprios interesses, neste caso intervém o legislador e edita normas especiais para tutelar os direitos do ausente".[3]

Com efeito, reza o art. 22 do Código Civil (art. 463 do Código anterior): "Desaparecendo uma pessoa do seu domicílio, sem dela haver notícia, se não houver deixado representante ou procurador a quem caiba administrar-lhe os bens, o juiz, a requerimento de qualquer interessado, ou do Ministério Público, declarará a ausência e nomear-lhe-á curador". Regra esta com o mesmo conteúdo do art. 1.159 do Código de Processo Civil de 1973 (art. 744 do novo CPC).

Daí se inferir a necessidade de se provar a ocorrência dos seguintes requisitos, para configurar a espécie: o desaparecimento de uma pessoa do seu domicílio; a existência de bens em abandono, diante do desaparecimento; total falta de notícias do proprietário; a falta de um representante ou procurador para cuidar dos bens, ou, deixando, se recuse a exercer o cargo, ou simplesmente não o exerce, deixando os bens em abandono.

Declara-se, em se verificando tais requisitos, a ausência e nomeia-se curador em obediência aos ditames da lei.

Tem a figura alguma aplicação aos desaparecidos durante conturbações nacionais em um país, nas perseguições políticas, e especialmente em crises ou insolvência econômica, quando as pessoas, tendo contraído empréstimos vultosos, e não podendo pagá-los, simplesmente desaparecem.

Mas, diante do complexo e demorado procedimento estabelecido, amiúde se procuram soluções mais rápidas quanto aos bens. É comum requerer-se a alienação dos bens, especialmente se herdeiros dependentes existirem, e mostrar-se imprescindível à obtenção de dinheiro para a subsistência. Sobre esta via, foi decidido: "Entretanto, do confronto das respectivas normas com as questões fáticas a serem dirimidas, fácil é perceber que exatamente aquelas pessoas que poderiam estar jungidas à complexidade do sistema legal estabelecido, normalmente não desaparecem. E o Código Civil, que objetiva alcançar a solução legal principalmente de questões patrimoniais, estaria, então, a entravar a dirimência de quem não está a pretender se locupletar com a ausência, ou de quem pouco teria a ganhar com sua condição de sucessora ou simplesmente meeira. Ou seja, a elevada complexidade das normas aplicáveis não guarda a necessária proporção com o valor patrimonial dos bens que poderiam ser atribuídos ao esposo desaparecido, existente urgência em estabelecer não uma sucessão patrimonial, sucessão em créditos, em débitos, em relações jurídicas remanescentes, mas um remédio não formal para o próprio custeio das despesas cotidianas, podendo ser percebido pelo valor dos bens que a mais não daria o importe

---

[3] *Código Civil Brasileiro Interpretado*, ob. cit., vol. VI, p. 449.

das alienações, mormente quando a circunstância de pairar condomínio sobre os bens, a pertencer à esposa, pela sucessão dos pais, apenas uma oitava parte, é reveladora de que não se poderia cogitar de bem rentável, de cujo desfrute poderiam advir benefícios econômicos".[4]

2. FINALIDADE DA DECLARAÇÃO DA AUSÊNCIA

De acordo com o observado, resta evidente que o escopo principal da declaração da ausência é a preservação do patrimônio da pessoa que desaparece. Há o interesse social de proteger os bens, conservando-os e impedindo a deterioração ou o perecimento. E a conservação tem em vista a hipótese do eventual retorno, de modo que não haja dilapidação durante a ausência.

A decretação de ausência, no regime do Código de 1916, era possível também para a simples declaração da incapacidade e para a nomeação de curador, máxime se o desaparecido aguardava o recebimento de bens ou herança.

Tanto isto que o art. 5º, inc. IV, do Código Civil da Lei nº 3.071, considerava absolutamente incapaz o ausente assim declarado por ato do juiz. Observava, sobre o assunto, José Olympio de Castro Filho: "...A nomeação de curador não é somente *cura rei*, mas também *cura personae*, pois o ausente, assim declarado pelo juiz, se torna incapaz (Código Civil, art. 5º, IV), e o seu interesse há de ser preservado pelo curador, bem como se deverá ter em vista o interesse dos seus herdeiros ou sucessores".[5]

Atualmente, como já ressaltado, a curadoria visa somente à proteção patrimonial. O Código Civil não mais inclui o ausente como incapaz, segundo se observa do art. 3º, em redação da Lei nº 13.146/2015.

Mesmo nesta situação, não se trata propriamente da ausência com esse escopo, e sim também daquela que objetiva finalidades civis próprias do casamento, e que exigem a atuação conjunta dos cônjuges. Com a ausência, apenas um dos cônjuges pode desempenhar tais funções, como as do art. 1.570, do art. 1.647, sendo indispensável que o juiz supra o consentimento do cônjuge que não concorda, por força do art. 1.648.

Claramente vem exposta a diferença nos seguintes tópicos de um julgamento: "Resta saber se há possibilidade de declaração de ausência, mesmo quando não se podem mencionar bens administráveis.

A jurisprudência vem admitindo se declare a ausência mesmo sem fins de arrecadação, desde que se comprove interesse de ordem previdenciária (*RJTJESP*, Ed. Lex, vols. 35/63 e 90/350).

No derradeiro acórdão mencionado justifica-se a declaração de ausência e independentemente de haver ou não bens para serem arrecadados.

---

[4] TJSP. Embargos Infringentes nº 102.946-1. 8ª Câmara Cível, de 29.11.89, em *Revista de Jurisprudência do TJ de São Paulo*, Lex Editora, 126/359.
[5] Ob. cit., p. 223.

E conclui-se no julgamento apontado, com apoio na lição de Washington de Barros Monteiro, a possibilidade de tão só nomeação de curador ao ausente...

A apelante arrima-se em lição de Pontes de Miranda, mas fazendo-o de forma incompleta. Confira-se em *Comentários ao Código de Processo Civil*, Rio de Janeiro, Forense, 1977, vol. XVI/325, onde fica bem claro:

> "A ação do art. 1.159 do Código de Processo civil é ação arrecadativa. A decisão sobre *status* é inclusa, como questão prévia, na decisão mandamental. Tal ação é inseparável da questão prévia, mas a questão prévia pode ser concebida como questão separada, correspondendo-lhe a ação de decretação de ausência, como ação constitutiva. Funda-se no art. 5º, inc. IV, do Código Civil. O rito tem de ser não o dos arts. 1.187/1.193 do Código de Processo Civil, mas o ordinário nomeado *ad instar* do que se fez nas interdições defensor.
>
> O ausente pode não ter deixado bens e ter-se-lhe de declarar a ausência e nomear curador (ação constitutiva declarativa), ou só declarar-lhe a ausência (ação declarativa), que aparece inclusa em todas as questões em que se declare ausência sem se nomear curador, *erga omnes*, na espécie do art. 251, inc. I, e na dos arts. 242 e 245 do Código Civil.
>
> Bem de ver, pelo que ficou transcrito, que é sempre a declaração de ausência; ao menos para os fins do disposto nos artigos 251, inc. I (direção e administração do casal pela mulher quando o marido estiver em lugar não sabido), 242, inc. I (prática de atos que exigem autorização do marido) e 245 (suprimento judicial de autorização marital), todos do Código Civil."[6]

O art. 1.159 do CPC, citado acima, corresponde ao art. 744 do novo CPC.

Quanto aos dispositivos do Código Civil revogado acima nomeados, o art. 5º, inc. IV, não encontra parâmetro no Código atual; o art. 251, inc. I, relativamente ao atual diploma, equivale ao art. 1.651, I e II; o art. 242 equivale ao art. 1.647, *caput* e inciso I; e o art. 245 equivale ao parágrafo único do art. 1.567.

Realmente, em inúmeros casos basta um simples pedido ao juiz para, *v.g.*, suprir a participação do cônjuge desaparecido na venda de um bem, ou para a contratação de obrigação ou garantia hipotecária.

Quanto ao caminho para a arrecadação, em primeiro lugar procura-se a proteção por um determinado período de tempo. Depois, alongando-se a ausência, outras medidas serão efetuadas, até se consumar a partilha aos herdeiros. Por outras palavras, durante um lapso de tempo, é nomeado um curador provisório. Mas, à medida que transcorre o tempo, percebendo-se que dificilmente retornará o ausente, nasce a presunção da morte do desaparecido, e torna-se improvável a volta. Já aí se preocupa a lei com os herdeiros e com a nomeação de um curador provisório.

---

[6] TJSP. Apel. Cível nº 102.837-1. 5ª Câmara Cível, de 22.09.1988, em *Revista de Jurisprudência do TJ de São Paulo*, Lex Editora, 116/49.

E novamente depois de algum outro período de tempo, permite-se a sucessão definitiva. Sílvio Rodrigues analisa esta fase, valendo o pensamento para o novo regime: "Finalmente, se transcorre um enorme período de tempo sem que o ausente volte; seu retorno se torna cada vez mais problemático, acentuando-se a probabilidade de ele haver perecido, de modo que, sempre contemplando a possibilidade remota de seu regresso, atende a lei principalmente ao interesse de seus herdeiros e a estes defere a sucessão definitiva".[7]

3. HIPÓTESES DE DECLARAÇÃO DA AUSÊNCIA

Embora frequentes os casos de desaparecimento de pessoas, conforme constantemente noticiam os jornais e se constata em órgãos encarregados da localização, como delegacias de polícia, somente em duas situações cabe o procedimento para se declarar a ausência e nomear-se curador a fim de administrar o patrimônio – procedimento este complexo e dificultado por inúmeras diligências que desencorajam o procedimento judicial.

No seu art. 22 (art. 463 do Código revogado), encontra-se o primeiro caso: desaparecendo uma pessoa de seu domicílio, sem que dela haja notícia, e não tendo ela deixado representante ou procurador a quem caiba a administração dos bens.

E no art. 23 (art. 464 do Código revogado) temos a seguinte hipótese: quando o ausente, tendo nomeado mandatário, este não aceita o encargo, ou não possa exercer e continuar o mandato, ou se os seus poderes forem insuficientes.

O desaparecido, em ambas as previsões, não se encontrava em perigo de vida, como navegando em alto mar, ou viajando em aeronave, o que imporia a incidência do art. 7º, assunto enfrentado no Capítulo nº VII, item 4.3.

O pressuposto em quaisquer das situações é a existência de bens. Não havendo, desaparece a finalidade, até porque, de modo geral, não teria sentido a nomeação de curador. Mas é evidente que isto não basta. Importa, ainda, o desaparecimento de seu proprietário com a total falta de notícias do paradeiro.

Declarada a ausência, nomeia-se curador, assinala o art. 24 (art. 465 do Código Civil de 1916): "O juiz, que nomear o curador, fixar-lhe-á os poderes e obrigações, conforme as circunstâncias, observando, no que for aplicável, o disposto a respeito dos tutores e curadores". A nomeação de curador tem a finalidade de cuidar os bens, administrando-os ou gerindo-os.

4. INICIATIVA NA DECLARAÇÃO DA AUSÊNCIA E ARRECADAÇÃO DOS BENS

Há uma série de normas do Código Civil e do Código de Processo Civil que devem ser conjugadas, para a perfeita interpretação.

---

[7] *Direito Civil* – Direito de Família, ob. cit., vol. VI, p. 424.

Parte-se, primeiramente, do fato do desaparecimento da pessoa, e da constatação de se encontrarem abandonados os bens, sem conhecer-se alguém que se encontre na sua administração.

Quem pode pedir ou noticiar a ausência?

Segundo deflui do art. 22, qualquer interessado e o Ministério Público terão legitimidade para comunicar ao juiz o sumiço da pessoa e pedir a arrecadação dos bens.

A simples comunicação é suficiente para o juiz ordenar a arrecadação e iniciar o procedimento da ausência, porquanto o art. 1.160 do Código de Processo Civil deixa entrever esta conclusão, devendo o juiz tomar as providências cabíveis. Com efeito, consta de seus termos que o juiz mandará arrecadar os bens do ausente. O novo CPC, no art. 744, prevê a arrecadação somente após a declaração da ausência, com nomeação de curador, seguindo-se o regramento correspondente à herança jacente, que se enconra nos arts. 738 a 743. Eis a regra do art. 744: "Declarada a ausência nos casos previstos em lei, o juiz mandará arrecadar os bens do ausente e nomear-lhes-á curador na forma estabelecida na Seção VI, observando-se o disposto em lei".

Toda pessoa que tiver conhecimento da situação e comunicar ao juiz desencadeará o início do procedimento. O juiz encaminhará a notícia ao Ministério Público, que ajuizará o pedido. Sobretudo aos interessados assiste o direito de pedir a arrecadação, na qualidade de possíveis herdeiros, ou de credores. E, com sobradas razões, ao cônjuge, aos ascendentes, descendentes, colaterais e parentes afins.

5. ARRECADAÇÃO DOS BENS E DECLARAÇÃO DE AUSÊNCIA

Uma vez constatado o desaparecimento de alguém do seu domicílio, ou propriamente de sua residência, ou do local onde habitualmente vivia, procede-se a arrecadação dos bens, desde que não apareça o cônjuge, ou o testamenteiro (art. 1.151 do Código de Processo Civil, e art. 740, § 6º, do novo CPC).

Mas se não conhecidos os bens, ou se inexistirem, processa-se o pedido para que se declare a ausência e se nomeie curador, o que pode ser necessário e conveniente em razão e aguardar o ausente o recebimento de herança, ou estar contemplado em testamento, que está se processando.

Interessa, no primeiro momento, a arrecadação dos bens.

A respeito, preceitua o art. 1.160 da lei processual (art. 744 do novo CPC):

> "O juiz mandará arrecadar os bens do ausente e nomear-lhe-á curador na forma estabelecida no Capítulo antecedente".

O procedimento para arrecadar segue as regras da arrecadação da herança jacente. Para tanto, o juiz, autuado o pedido feito pelo Ministério Público, ou por interessado, ou lavrado termo da notícia que chegou a seu conhecimento, irá até onde estiverem os bens e mandará que se faça o arrolamento e que se proceda à arrecadação, com a sua descrição minuciosa em auto apartado, e o recolhimento dos bens móveis e perecíveis, na forma do art. 1.145. Em seguida, nomeará um curador, que deverá ser o cônjuge, ou, inexistindo, um parente próximo. No regime do Código de Processo Civil novo, art. 740, § 1º, ao oficial de justiça cabe fazer a descrição dos bens, em auto circunstanciado: "Não podendo comparecer ao local, o juiz requisitará à autoridade policial que proceda à arrecadação e ao arrolamento dos bens, com duas testemunhas, que assistirão às diligências".

Com efeito, encerra o art. 25 do Código Civil: "O cônjuge do ausente, sempre que não esteja separado judicialmente, ou de fato por mais de 2 (dois) anos antes da declaração da ausência, será o seu legítimo curador".

E o § 1º: "Em falta do cônjuge, a curadoria dos bens do ausente incumbe aos pais ou aos descendentes, nesta ordem, não havendo impedimento que os iniba de exercer o cargo".

Quanto aos descendentes, esta a ordem, por força do § 2º: "Entre os descendentes, os mais próximos precedem os mais remotos".

É possível, no entanto, por razões de conveniência, que a ordem não seja seguida, e mesmo a nomeação de estranho, conforme abertura dada pelo § 3º: "Na falta das pessoas mencionadas, compete ao juiz a escolha do curador".

Na arrecadação, far-se-ão presentes o órgão do Ministério Público e o representante da Fazenda Pública, que serão apenas comunicados do ato, o qual não fica invalidado se ausentes. De outro lado, observam-se as regras dos arts. 1.145 e seguintes do estatuto processual civil (arts. 740 e segs. do novo CPC), efetivando-se o recolhimento dos bens durante tantos dias quantos forem necessários, sendo relacionados e examinados, em especial no que toca aos documentos encontrados.

No ato, poderá valer-se o juiz de requisição à autoridade policial ou qualquer outra. Da mesma forma, se o juiz não puder comparecer ao local, quando incumbirá à dita autoridade a arrecadação, devendo, então, duas testemunhas assistirem e assinarem as diligências (art. 1.148, parágrafo único, da lei processual civil de 1973, e art. 740, § 1º, do novo CPC).

Durante a arrecadação, buscará o juiz ou a autoridade policial informações junto aos vizinhos sobre o desaparecido e seus parentes.

De tudo, lavrar-se-á auto circunstanciado.

Interrompe-se o recolhimento se ao ato comparecer o cônjuge, ou testamenteiro, ou mesmo um representante, ou parente próximo, desde que, qualquer um deles, apresente idoneidade, seja conhecido e prove documentalmente sua qualidade. Tanto o curador como o Ministério Público podem se opor à interrupção.

Depois da arrecadação, publicam-se editais de dois em dois meses, durante um ano, na imprensa local e na oficial, e afixam-se no átrio ou lugar visível do foro, anunciando a arrecadação e chamando o ausente, e, por precaução, os parentes. Se tanto o desaparecido como os parentes vierem a ser conhecidos, serão citados por mandado. É o que se extrai do art. 1.161 do diploma instrumental. Evidentemente, o chamamento do ausente será para tomar posse dos bens. O novo CPC, no art. 745, contempla também a publicação por meio eletrônico:

> "Feita a arrecadação, o juiz mandará publicar editais na rede mundial de computadores, no sítio do tribunal a que estiver vinculado e na plataforma de editais do Conselho Nacional de Justiça, onde permanecerá por 1 (um) ano, ou, não havendo sítio, no órgão oficial e na imprensa da comarca, durante 1 (um) ano, reproduzida de 2 (dois) em 2 (dois) meses, anunciando a arrecadação e chamando o ausente a entrar na posse de seus bens".

Encontrando-se bens perecíveis, ou deterioráveis, ou de incômoda e difícil conservação, e mesmo os semoventes, autorizará o juiz a alienação, em hasta pública ou mediante propostas, e até a quem revelar interesse se o preço for compatível com o valor de mercado – tudo em consonância com o art. 1.155, também da lei processual (art. 742 do novo CPC, com o mesmo conteúdo). Nota-se que a arrecadação é uma providência que o juiz ordena desde que ninguém promova a ausência. Afigura-se evidente que, apresentado o pedido para se declarar a ausência, virá a descrição dos bens, e desde logo será nomeado um administrador ou curador provisório.

Mas, uma vez levada a efeito a arrecadação, e não comparecendo o ausente, ou parentes sucessíveis durante um ano, deve seguir o processo, com a decretação da curadoria provisória e, após, a definitiva, quando se abrirá a sucessão. E se nem parentes sucessíveis houver nesta fase, os bens passam a compor a herança jacente, caso em que se fará a incorporação ao domínio da União, do Estado ou do Distrito Federal (art. 1.143 do CPC de 1973 e art. 739 do novo CPC, sendo que, neste dispositivo, está prevista a conservação e a administração do patrimônio por um curador, até a respectiva entrega ao sucessor legalmente habilitado ou até a declaração de vacância).

Cessa a curadoria instituída na arrecadação nas seguintes hipóteses, apontadas no art. 1.162 do diploma adjetivo civil (regra que não consta do novo CPC, pois de qualquer das situações apontadas decorre naturalmente a cessação): I – pelo comparecimento do ausente, de seu procurador ou de quem o represente; II – pela certeza da morte do ausente; III – pela sucessão provisória.

6. SUCESSÃO PROVISÓRIA

Inúmeras disposições constam acerca da sucessão provisória, como ocorre com a arrecadação, de acordo com o que se observou.

Tantos os percalços judiciais e processuais que praticamente desestimulam os interessados a ajuizar o pedido.

No caso da sucessão provisória, convém destacar duas situações:

a) Aquela em que foi realizada a arrecadação.
b) Aquela que não teve fase preliminar.

E é possível que não se faça a arrecadação. Isto quando o cônjuge ou um parente sucessível ingressa com uma ação para se abrir a sucessão provisória, relacionando os bens e dizendo quem os administra e o local do depósito.

Mas, ao ingressar com o pedido, mesmo relacionando o patrimônio, não se omitem as diligências do art. 1.161 do Código de Processo Civil, isto é, publicam-se os editais de dois em dois meses, durante um ano.

Lembra-se que, pelo mencionado art. 745 do novo CPC, a publicação se faz, também, na rede de computadores, no sítio do tribunal e na plataforma de editais do Conselho Nacional de Justiça:

O art. 27 do Código Civil, em redação semelhante ao art. 1.163, § 1º, do Código de Processo Civil de 1973, indica os interessados para promover a ausência e sucessão provisória:

> "I – O cônjuge não separado judicialmente;
> II – Os herdeiros presumidos, legítimos ou testamentários;
> III – Os que tiverem sobre os bens do ausente direito dependente de sua morte;
> IV – Os credores de obrigações vencidas e não pagas."

O art. 745, § 1º, do novo CPC não especifica quais são os interessados, pois já estão indicados no art. 27 do Código Civil.

No tocante ao item terceiro, consideram-se que têm sobre os bens do ausente direito subordinado à dependência da morte os legatários universais e particulares; os donatários a quem foi feita a doação, reservando o doador o usufruto; os colegatários do ausente, com direito a acrescer; o doador com direito de retorno em caso de morte do donatário; o nu-proprietário dos bens de que o ausente é fiduciário; o fideicomissário dos bens de que o ausente é fiduciário.

Ao próprio Ministério Público se reconhece legitimidade se entre os herdeiros houver pessoa menor ou algum interdito. Também na hipótese de nenhum daqueles interessados promover a sucessão provisória, cabe a iniciativa ao agente do Ministério Público, de acordo com o § 2º do art. 1.163 da lei instrumental (sem regra correspondente no CPC novo, pois já consta a previsão do assunto no § 1º, do art. 28, do Código Civil): "Findo o prazo deste artigo e não havendo absolutamente interessados na sucessão provisória, cumpre ao órgão do Ministério Público requerê-la".

Não, porém, os credores dos herdeiros, e nem os cessionários dos bens do ausente, por cessão dos herdeiros. Na primeira hipótese, há divergência, preponderando, em nosso direito, a impossibilidade. Todavia, se o crédito pode ser cedido, e como na sucessão ao credor do herdeiro se faculta a abertura, o mesmo deve ocorrer na sucessão por ausência. Mas, quanto à segunda hipótese, não se concebe que alguém ceda um direito do qual ainda não tem titularidade. Ademais, o direito não convalida transações sobre cessões futuras.

Unicamente admite-se a cessão após a sucessão definitiva.

A sucessão provisória pode ser aberta depois de transcorrido um ano da publicação do primeiro edital. É o preceito do art. 1.163 do Código de Processo Civil de 1973: "Passado 1 (um) ano da publicação do primeiro edital sem que se saiba do ausente e não tendo comparecido seu procurador ou representante, poderão os interessados requerer que se abra provisoriamente a sucessão".

Diferente é a regra do novo CPC - no art. 745, § 1º: "Findo o prazo previsto no edital, poderão os interessados requerer a abertura da sucessão provisória, observando-se o disposto na lei". O prazo previsto no edital é de um ano, como assinala o *caput* do art. 745.

O art. 26 do Código Civil impõe igual prazo, mas alongando-o para três anos se há representante ou procurador: "Decorrido um ano da arrecadação dos bens do ausente, ou, se ele deixou representante ou procurador, em se passando três anos, poderão os interessados requerer que se declare a ausência e se abra provisoriamente a sucessão".

Ao entrar com o pedido, o interessado pedirá a citação pessoal dos herdeiros conhecidos e do curador, se já nomeado, o que acontece se procedida a arrecadação dos bens; do ausente e dos herdeiros não conhecidos e não localizados por edital; e requererá a intimação do Ministério Público, para se manifestar inclusive antes de ordenar alguma providência o juiz.

O § 1º do art. 28 do Código Civil atribui ao Ministério Público a incumbência de requerer sucessão provisória, se não houver interessado no curso do prazo de um ano da arrecadação dos bens, ou de três anos em havendo representante ou procurador.

Se não arrecadados os bens, nomeia-se um curador à lide, o qual acompanhará o desenvolver de todo o processo, e ficará na administração dos bens.

Não havendo contestação, depois de manifestar-se o Ministério Público, decidirá o juiz. Mas, se a contestação exigir e o processo comportar a realização de provas, segue-se a instrução.

Uma vez proferida a sentença, procede-se à publicação na imprensa, na forma de edital, nos termos do art. 28 do Código Civil: "A sentença que determinar a abertura da sucessão provisória só produzirá efeito cento e oitenta dias depois de publicada pela imprensa; mas, logo que passe em julgado, proceder-se-á à abertura do testamento, se houver, e ao inventário e partilha dos bens, como se o ausente fosse falecido".

A publicação deve ocorrer de acordo com o art. 745 do Código de Processo Civil de 2015, já que se trata de uma regra processual. Não bastasse isso, haverá incongruidade com as demais disposições processuais sobre a matéria, estabelecendo a publicação, inclusive através de meio eletrônico. Em suma, procedesse à intimação no sítio do tribunal a que estiver vinculado o juiz e na plataforma de editais do Conselho Nacional de Justiça, ou, inexistindo sítio, na imprensa oficial e na imprensa da comarca.

Quais os efeitos? Há vários, disseminados no Código Civil, como a administração dos bens e do lar pelo cônjuge que ficou – art. 1.570; a responsabilidade da herança pelas dívidas – art. 1.997; a responsabilidade em suportar as ações existentes pelos herdeiros, se já empossados nos bens – art. 32; o direito aos frutos e rendimentos produzidos pelos bens se o sucessor provisório for cônjuge, ascendente ou descendente, enquanto os demais herdeiros deverão capitalizar metade, no mínimo, de tais resultados em favor do ausente – art. 33. Não se dá a suspensão da prescrição – art. 198, inc. I, o que é óbvio, eis que o ausente não mais é considerado incapaz, diferentemente com o que acontecia no Código de 1916.

O § 2º do art. 28 do Código Civil encerra: "Não comparecendo herdeiro ou interessado para requerer o inventário até trinta dias depois de passar em julgado a sentença que mandar abrir a sucessão provisória, proceder-se-á à arrecadação dos bens do ausente pela forma estabelecida nos arts. 1.819 a 1.823".

Os arts. 1.819 a 1.823 tratam da herança jacente.

De acordo com seus termos, no prazo de trinta dias deverá comparecer interessado ou herdeiro para requerer a abertura do inventário. Iniciam os trinta dias a partir do decurso dos cento e oitenta dias após a publicação da sentença.

A herança jacente é aquela deixada por alguém que não tem herdeiros. Uma vez declarados vacantes os bens, e passados cinco anos da abertura da sucessão, os arrecadados passarão ao domínio do Município, ou do Distrito Federal, conforme o domicílio do *de cujus*, ou à União, se o domicílio estiver em território ainda não constituído em Estado – art. 1.822.

Procedidas as citações, comparecendo ou não os herdeiros ou interessados, proferirá o juiz a sentença, conforme foi observado. Tomam-se, em seguida, as providências para o inventário, como se o ausente fosse morto.

Levada a termo a partilha, antes de os herdeiros tomarem posse nos bens, estão obrigados a oferecer garantia, como consta do art. 30 do Código Civil: "Os herdeiros, para se imitirem na posse dos bens do ausente, darão garantias da restituição deles, mediante penhores ou hipotecas equivalentes aos quinhões respectivos".

A lei civil reputa importante a garantia, tanto que, não tendo o herdeiro como oferecê-la, fica excluído da posse provisória, segundo o § 1º do mesmo dispositivo acima: "Aquele que tiver direito à posse provisória, mas não puder prestar a garantia exigida neste artigo, será excluído, mantendo-se os bens que lhe deviam caber sob a administração do curador, ou de outro herdeiro designado pelo juiz, e que preste essa garantia".

A este herdeiro garante o art. 34 metade dos rendimentos do quinhão, se necessitar para a própria subsistência: "O excluído, segundo o art. 30, da posse provisória, poderá, justificando falta de meios, requerer lhe seja entregue metade dos rendimentos do quinhão que lhe tocaria".

Várias outras normas vêm contidas em dispositivos do Código Civil, trazendo minúcias que dificilmente ocorrerão. Sobressai a do § 2º do art. 30, pela qual entregar-se-ão os bens do ausente, independentemente de garantia, aos ascendentes, descendentes e ao cônjuge, uma vez provada a sua qualidade de herdeiros.

Importante notar, também, conforme o art. 31, que a alienação de imóveis, em princípio, é vedada, a menos que o juiz ordene, sempre por necessidade. Autoriza-se a alienação dos imóveis que estejam ameaçados de ruína, com a vênia judicial. A permissão estende-se aos bens móveis deterioráveis e àqueles que se destinem à venda por sua própria natureza, como os produtos agrícolas e os semoventes. A alienação dos bens e as medidas de conservação ou precaução podem partir de ato do próprio juiz, como faculta o art. 29: "Antes da partilha, o juiz, quando julgar conveniente, ordenará a conversão dos bens móveis, sujeitos a deterioração ou a extravio, em imóveis ou em títulos garantidos pela União".

Uma vez provada a morte, abre-se de imediato a sucessão definitiva. Aparecendo, todavia, o ausente durante a sucessão provisória, restabelece-se a capacidade do mesmo, assumindo ele a posse dos bens.

Mas, suponha-se que venha a conhecer-se a data exata da morte do ausente, sem restar a menor dúvida. Na hipótese, considera-se aberta a sucessão nessa data e só poderão figurar como herdeiros aquelas pessoas que o eram quando da morte. Eis, a respeito, a regra do art. 35: "Se durante a posse provisória se provar a época exata do falecimento do ausente, considerar-se-á, nessa data, aberta a sucessão em favor dos herdeiros, que o eram àquele tempo".

E assim há de ser: serão herdeiros aqueles que o eram no tempo do desaparecimento, ou quando se deu a ausência, e não que seriam quando da sucessão definitiva. E com mais razão se vier a lume o conhecimento da data exata em que ocorreu o óbito.

De modo que se, quando das últimas notícias, ou do desaparecimento, o ausente tinha determinados herdeiros, como os pais, e se quando da declaração judicial da ausência ou da sucessão definitiva não mais existiam os mesmos, parece certo que serão contemplados os herdeiros respectivos, e não apenas o cônjuge, que ainda vivia quando da abertura da sucessão definitiva. Isto a menos que haja dúvida quanto ao momento da ausência. Aí, parece correto que a ordem de vocação hereditária obedecerá a do tempo da averbação dos bens, ou do ingresso da ação que objetiva a sucessão provisória.

Se bem que há entendimento diferente, representado por Pontes de Miranda e Carvalho Santos, observando este último: "Poder-se-á objetar que, com este argumento, também não se justifica sejam considerados herdeiros os que o forem ao tempo em que se completou o prazo da lei para ter lugar a abertura da sucessão provisória. Mas a verdade é outra. Embora com a sucessão provisória não haja ainda certeza ou presunção da morte, como já dissemos, o certo é que, para os efeitos de proteção dos interesses do ausente, e de certo modo também nos interesses dos herdeiros existentes a esse tempo, determina a lei seja aberta a sucessão provisória, antecipadamente admitindo que os herdeiros sejam justamente aqueles que, na ocasião, puderem se apresentar como tais".[8]

Tomando posse nos bens, os sucessores provisórios representarão ativa e passivamente o ausente. Importa isso em afirmar que terão eles de responder pelas ações pendentes e as que no futuro vierem a ser movidas contra o ausente (art. 32 do Código de 2002).

De outro lado, há um privilégio em favor do descendente, do ascendente e do cônjuge, na qualidade de sucessores provisórios: farão eles jus a todos os frutos e rendimentos advindos dos bens. Aos outros sucessores, caberá somente a metade de tais frutos e rendimentos. A parte restante há de se depositar, de modo a trazer rendimentos, prestando anualmente contas ao juiz competente (art. 33 do Código de 2002).

Aparecendo o ausente, e provado que a ausência foi voluntária e injustificada, assinala o parágrafo único, do art. 33, do Código Civil que perderá ele, em favor do sucessor, sua parte nos frutos e rendimentos.

Salienta-se, por último, que o sucessor provisório difere do curador. Este administra bens alheios, os quais não lhe pertencerão, devendo, no tempo oportuno, prestar contas. Já aquele é um herdeiro presuntivo, que administra um patrimônio supostamente seu, e que poderá lhe pertencer quando da sucessão definitiva. Mas, aparecendo o ausente, extinguem-se todas as vantagens do sucessor provisório. Cabe-lhe, se for exigido, até a prestação de contas.

Aparecendo o ausente, entregam-se de imediato a ele os bens, ou tão logo seja possível, não importando a razão da ausência, por ordem do art. 36. Naturalmente, assegura-se ao que detinha a posse a indenização pela guarda que exerceu, e das despesas impostas.

7. SUCESSÃO DEFINITIVA

O terceiro e último momento da ausência é a sucessão definitiva, que ocorre após vários anos da abertura da sucessão provisória, ou na ocorrência de determinadas situações. Conforme o art. 37 do Código Civil, passados dez

---
[8] *Código Civil Brasileiro Interpretado*, obra citada, vol. VI, p. 493.

anos da sentença que julgou a abertura da sucessão provisória, abre-se oportunidade aos interessados requerer a sucessão definitiva, com o levantamento das cauções prestadas. Acrescenta o art. 38 mais uma causa para pedir a abertura da sucessão definitiva: provando-se que o ausente conta oitenta anos de idade, e que de cinco anos datam as últimas notícias dele.

Mas, se acontecer o aparecimento antes de suplementar-se o período previsto, automaticamente cessa a sucessão provisória.

Temos, no art. 1.167 do Código de Processo Civil de 1973:

"A sucessão provisória cessará pelo comparecimento do ausente e converter-se-á em definitiva:

I – quando houver certeza da morte do ausente;

II – dez anos depois de passada em julgado a sentença de abertura da sucessão provisória;

III – quando o ausente contar 80 (oitenta) anos de idade e houvessem decorrido 5 (cinco) anos das últimas notícias suas".

Não consta a enumeração das hipóteses acima no CPC novo. No seu art. 745, § 3º, tem-se uma regra geral: "Presentes os requisitos legais, poderá ser requerida a conversão da sucessão provisória em definitiva". Ou seja, obedecidas as exigências para a decretação da sucessão provisória, parte-se para a abertura da sucessão definitiva.

Como a matéria está disciplinada no Código Civil, parece correta a omissão.

A situação mais comum é o decurso de dez anos da sentença de abertura da sucessão provisória. Uma vez transcorrido o prazo, não importando a inexistência de certeza sobre sua morte, ou a idade superior a oitenta anos, há o pressuposto para requerer a sucessão definitiva.

Mas qualquer das previsões acima possibilita o pedido. Os interessados poderão requerer a sucessão definitiva e o levantamento de cauções prestadas.

Não são aquelas previsões as únicas. Sabendo-se onde se encontra o ausente, ou tendo-se notícia dele, ou mesmo da nomeação de um procurador, não se decreta a sucessão definitiva. Aliás, até a sucessão provisória desaparece.

A transformação da sucessão provisória em definitiva não é automática, ou de pleno direito. Os interessados deverão encaminhar o pedido ao juiz, instruído com elementos que provem a sucessão provisória e uma das hipóteses ensejadoras da sucessão definitiva.

De outro lado, há de se provar como decorreu a gestão, com a conservação dos bens recebidos.

Qual o procedimento processual a seguir? O Código de Processo Civil nada prevê especificadamente. Para casos tais, segue-se o rito das Disposições Gerais dos arts. 1.103 e seguintes (arts. 719 e segs do novo CPC), com a apresentação do pedido, que poderá ser apensado ao processo de sucessão provisória, ou instruído com as peças necessárias.

Citam-se, sob pena de nulidade, todos os interessados, e inclusive o ausente, por edital, participando obrigatoriamente do feito o Ministério Público. O prazo para a resposta é de dez dias (quinze dias no novo CPC, art. 721). Evidente que o aparecimento do ausente dará por findo o processo. Nada terá ele a provar a seu favor, senão o aparecimento, ou que vive. Mas aos interessados sucessores cabe impugnar o vínculo hereditário e a forma da partilha, dentre outros assuntos, como o fornecimento do endereço do ausente.

Produzida a prova eventualmente requerida, proferirá o juiz a sentença, declarando a ausência definitiva, concedendo a sucessão também definitiva.

A definitividade é em termos, pois se em dez anos comparecer o ausente, ficará sem efeito a sucessão. De igual modo, altera-se a ordem hereditária, se algum descendente ou ascendente se fizer presente.

Realmente, diz o art. 1.168 do Código de Processo Civil de 1973: "Regressando o ausente nos dez (10) anos seguintes à abertura da sucessão definitiva, ou algum dos seus descendentes ou ascendentes, aqueles ou estes só poderão requerer ao juiz a entrega dos bens existentes no estado em que se acharem, os sub-rogados em seu lugar ou o preço que os herdeiros e demais interessados houverem recebido pelos alienados depois daquele tempo" (§ 4º, do art. 745, do novo CPC).

Regra de igual conteúdo está no art. 39 do Código Civil: "Regressando o ausente nos 10 (dez) anos seguintes à abertura da sucessão definitiva, ou algum de seus descendentes ou ascendentes, aquele ou estes haverão só os bens existentes no estado em que se acharem, os sub-rogados em seu lugar, ou o preço que os herdeiros e demais interessados houverem recebido pelos bens alienados depois daquele tempo".

Apesar da omissão do § 4º do art. 745 do CPC/2015, quanto ao prazo para o regresso, prevalece a disposição da lei substantiva civil, por se tratar de direito material.

Da conjugação dos arts. 37 e 39 do Código Civil advém a conclusão de que os herdeiros contemplados na sucessão definitiva somente terão segurança absoluta no tocante à titularidade do domínio depois de vinte anos da abertura da sucessão provisória. Daí o desinteresse prático em promover o processo de ausência, que tantos percalços apresenta até atingir o sucessor a plenitude da propriedade.

Se bem que, depois do período de dez anos, ao ausente e aos seus ascendentes, descendentes, em concorrência com o cônjuge sobrevivente, e, respeitada a ordem sucessória, aos demais herdeiros, adstringe-se o direito de receberem apenas os bens que ainda existirem, e no estado em que se encontrarem, os sub-rogados em seu lugar ou adquiridos pela venda daqueles recebidos na herança, ou o preço alcançado pela alienação.

Vale afirmar que ficam excluídos de restituição somente os frutos e rendimentos percebidos pelo sucessor.

Uma vez verificado o comparecimento, para fazer valer o direito, terá o ausente, ou o descendente, ou o ascendente, em concorrência com o cônjuge sobrevivente, que intentar a ação de revogação da sucessão definitiva. Em razão do art. 1.169 do estatuto processual (§ 4º, do art. 745, do novo CPC), citam-se os sucessores contemplados com a herança, o órgão do Ministério Público e o representante da Fazenda Pública, para a contestação, que deverá dar-se no prazo de quinze dias, pois o procedimento será o comum (o que consta referido no § 4º, do art. 745, do novo CPC), já que nenhum outro vem previsto. É obrigatória a presença do Ministério Público, bem como da Fazenda Pública.

Não aparecendo o ausente ou algum sucessor, dispõe o parágrafo único do art. 39 da lei civil: "Se, nos 10 (dez) anos a que se refere este artigo, o ausente não regressar, e nenhum interessado promover a sucessão definitiva, os bens arrecadados passarão ao domínio do Município ou do Distrito Federal, se localizados nas respectivas circunscrições, incorporando-se ao domínio da União, quando situados em território federal". Ou seja, se nos dez anos depois da sucessão provisória, não aparecer o ausente ou o sucessor, os bens passam para o Município, ou ao Distrito Federal, ou à União, conforme o local do domicílio. Assim, quem não promove a sucessão definitiva está sujeito a perder os bens recebidos provisoriamente.

Necessário salientar uma distinção quanto aos bens arrecadados, mas não partilhados em sucessão provisória: a herança será considerada jacente, isto é, a herança sem herdeiro, que passará posteriormente ao Poder Público.

O citado parágrafo único não está bem redigido, ensejando dúvidas na seguinte parte: 'Se, nos dez anos a que se refere este artigo, o ausente não regressar.' Ora, nota-se a referência ao art. 39, que trata do retorno do ausente nos dez anos seguintes à abertura da sucessão definitiva. Não mais se reclama algum outro ato judicial para validar tal sucessão, e, muito menos é de se esperar o aparecimento do ausente ou de interessado, de modo que não poderia o parágrafo único fazer menção ao conteúdo do *caput* do art. 483, e sim à sucessão provisória.

Capítulo XII

Pessoas Jurídicas

1. CARACTERIZAÇÃO

Trata-se da personificação de um grupo de pessoas físicas, ou de um ente criado por lei, ou de um patrimônio, mas geralmente envolvendo uma quantidade de pessoas, as quais resolvem criar um laço de união que as congrega em torno de um objetivo comum, para alcançar determinado objetivo. Além de existir o ser humano como ente personalizado, a quem se reconhece a existência da titularidade de direitos e deveres, podendo figurar como sujeito de relações jurídicas, criou a lei um outro ente sujeito de igual titularidade, que pode agir e atuar no mundo jurídico, também constituindo, nos termos de Clóvis, "realidades de direito, porém não realidades fisiopsíquicas".[1] Acontece que, na colocação de Enneccerus, "muchos intereses humanos no lo son meramente del individuo, sino comunes a un conjunto más o menos amplio de hombres y sólo pueden satisfacerse por la cooperación ordenada y duradera de esa pluralidad".[2] Tem-se, aí, a pessoa jurídica, que assim se concebe quando várias pessoas se unem e se organizam, com estatutos ou contrato social, sendo ela registrada no órgão competente, e passando a ter existência ao lado das pessoas físicas ou naturais; ou quando aparece uma individualidade coletiva instituída por lei, em geral supondo a sua composição por várias pessoas; ou quando se dá uma destinação específica a um conjunto ou acervo de bens, vindo a instituir a fundação. Nessa qualidade, se lhe reconhece personalidade, adquirindo uma posição no mundo jurídico, e podendo figurar como sujeito ativo e passivo de direitos e obrigações. Não se confunde a sua individualidade com a individualidade dos seres humanos que a compõem, sendo, em princípio, uma realidade totalmente distinta, com seu rol de direitos e responsabilidades.

De modo que várias pessoas naturais se congregam e formam uma unidade, dando origem a um novo ser, que passa a ter sua personalidade completamente separada e diferente daquela dos indivíduos que a constituíram. Esta

---

[1] *Código Civil dos Estados Unidos do Brasil Comentado*, ob. cit., vol. I, p. 178.
[2] *Tratado de Derecho Civil* – Parte General, ob. cit., vol. I, tomo 1, pp. 434 e 435.

a pessoa jurídica mais comum, sem olvidar o aparecimento de outras formas, como a decorrente por disposição da lei, e assim os Estados, as autarquias, as sociedades de economia mista, as empresas públicas, a empresa individual de responsabilidade limitada (EIRELI); e como as originadas pela destinação de um acervo de bens para a realização de uma finalidade específica. No entanto, nunca se dispensa a presença de seres humanos.

O seu surgimento decorreu da própria limitação da pessoa natural ou física, que, por seus próprios esforços, não conseguiria realizar determinados objetivos. A união de forças, o ajuntamento dos patrimônios ou recursos, o direcionamento para metas planejadas formam o substrato que ensejou a criação de agrupamentos organizados. Aliás, a natureza do próprio homem coloca-o como um ser sociável. A concepção já é um ato social, e toda a sua história, desde o nascimento, é construída por um conjunto de indivíduos. Daí decorre que o início do ser humano impõe a vida social, do que advém a formação de agrupamentos para a expansão e realização da humanidade. A natureza humana leva à conjugação de forças das pessoas para a realização das atividades comuns da vida, o que se consegue não apenas através da formação de grupos, mas da organização ou da vinculação a um sistema, a uma ordem, a princípios, a uma ideia comum, a uma finalidade ou ideal específico. Com isso, cria-se uma unidade orgânica, que lhe dá uma existência jurídica, quando passa a formar um ente próprio e determinado, que se distingue dos elementos humanos que a compõem. Desde o momento em que se opera a organização, nascendo um ente específico, cria-se a personalidade dos agrupamentos, o que os leva a denominarem-se pessoas jurídicas.

As pessoas jurídicas, portanto, são os grupos humanos dotados de personalidade, ou os entes públicos originados de lei, ou os conjuntos de bens dirigidos a finalidades específicas, ou uma entidade mesmo que composta por uma única pessoa com a destinação para certa finalidade econômica. Já se expôs que a personalidade define-se como o conjunto de poderes, direitos, faculdades, prerrogativas em exercício, ou em prática, consagrado e admitido pela ordem jurídica existente em um país. Por conseguinte, a pessoa jurídica é o grupo de indivíduos organizado, ou o ente público, ou o acervo de bens individuado, ou um ente privado direcionado para uma atividade econômica, a quem se reconhecem poderes, direitos, faculdades, prerrogativas, obrigações, podendo agir como sujeito ativo e figurar como sujeito passivo, não se confundindo com as pessoas físicas que a compõe, salientando Planiol e Ripert que o próprio patrimônio é distinto: "El concepto de la personalidad moral tiene como consecuencia el hacer que se considere a la persona moral, y no a los miembros que la componen, propietaria de los bienes afectados al servicio que constituye su objeto o a los intereses defendidos por el establecimiento".[3]

---

[3] *Tratado Práctico de Derecho Civil Frances*, ob. cit., tomo I, p. 76.

Sobre os direitos de personalidade, estão assegurados no art. 52 do Código Civil de 2002, que não tem regra similar no Código revogado: "Aplica-se às pessoas jurídicas, no que couber, a proteção dos direitos da personalidade".

2. CONCEITO E REQUISITOS

Percebe-se do exposto que não se resume a pessoa jurídica a um agrupamento, a um conjunto, a uma união de seres humanos para determinada finalidade, a uma entidade pública, a um conjunto de bens, ou a um indivíduo. Há necessidade da aquisição ou formação de uma personalidade, o que traz uma identidade própria e leva a constituir um ente jurídico com atuação distinta dos indivíduos que o compõem, com capacidade para exercer direitos e obrigações. Daí definir-se a pessoa jurídica como o ente personalizado composto de uma, duas ou mais pessoas físicas, dirigidas ou unidas por um nexo visando a uma finalidade específica, e com capacidade para realizar vários atos da vida civil, em especial de natureza econômica; ou o ente público instituído por lei, mas que pressupõe normalmente a presença de vários indivíduos; ou o acervo de bens com destinação especial, no qual também se congregam indivíduos.

É o conteúdo que aparece na definição de Sílvio Rodrigues: "Pessoas jurídicas, portanto, são entidades a que a lei empresta personalidade, isto é, são seres que atuam na vida jurídica, com personalidade diversa da dos indivíduos que os compõem, capazes de serem sujeitos de direitos e obrigações na ordem civil".[4] Mais resumidamente, conceitua-as Francisco Amaral como "o conjunto de pessoas ou de bens, dotado de personalidade jurídica".[5] Em síntese, tem-se a personificação de grupos de pessoas, ou de um patrimônio, ou de um ente criado por lei. Existe a personificação quando nasce o poder de realizar atos jurídicos, isto é, de contratar, de adquirir, de comprometer-se, de decidir, de postular, de prestar fatos, de impor-se, de alienar, de fazer, tudo distintamente dos membros que integram o ente. Para tanto, e para efeito de reconhecimento pela ordem pública, quando não decorrente de lei a pessoa jurídica, pelos indivíduos e demais entes personalizados, mister que se efetue um ato de registro, ou de inscrição, de modo a se levar ao conhecimento público a sua existência. Não que negue a existência sem esse elemento, porquanto se verá que outros os requisitos de constituição. Todavia, para a oficialização dos atos, para acreditar-se na existência ou ensejar credibilidade, é indispensável dar forma instrumental e imprimir publicidade aos atos constitutivos.

No pertinente aos requisitos, embora a sua colocação envolva aspectos relativos à complexa matéria da natureza, firmou-se uma unanimidade bastante

---

[4] *Direito Civil* – Parte Geral, ob. cit., vol. 1, p. 64.
[5] *Direito Civil Brasileiro* – Introdução, ob. cit., p. 275.

pacífica a seu respeito. Necessário, antes, lembrar que o direito brasileiro, em princípio, impôs o chamado *sistema das disposições normativas*, o qual consiste na especificação dos requisitos necessários para a formação da pessoa jurídica.

Outrossim, fundam-se os requisitos em alguns pressupostos, como a liberdade de associação para fins lícitos, previsto na Constituição Federal, no art. 5º, inc. XVII; a dispensa, de modo geral, de autorização do Poder Público; e a existência de alguma finalidade ou objeto almejado.

Para a formação da pessoa jurídica do tipo sociedade, em primeiro lugar exige-se a *união de várias pessoas*, posto que impossível a sua formação por um único indivíduo; se do tipo ente público, há a criação e a organização por lei; na hipótese de fundação, necessária a presença de bens com uma destinação especial.

Existe, em direito, o empresário que se institui e registra, com a inscrição ou arquivamento do ato no Registro Público de Empresas Mercantis. Todavia, confunde-se, nos efeitos legais relativamente a terceiros, com a pessoa física.

O segundo requisito está na vontade humana dos componentes concentrada na *mesma e única finalidade* criada pelas pessoas que a compõem, ou *em uma determinada finalidade* que prevê a lei. No caso de sociedades, todos os integrantes da pessoa jurídica objetivam o mesmo fim, mas na direção do organismo que os congrega. Não basta trabalharem duas pessoas na idêntica atividade e juntas, visando a um fim comum. Impõe-se que a tarefa tenha em vista o ente comum, e redunde em seu benefício o resultado.

Destacou Caio Mário da Silva Pereira esse fator distintivo: "Frequentemente, indivíduos labutam em parceria. Mas não nasce daí uma personalidade jurídica autônoma. Para que isto ocorra é mister a conversão das vontades dos participantes do grupo na direção integrativa deste em um organismo".[6] É justamente na direção da atividade para a finalidade do organismo que se revela a *affectio societatis*, no caso das sociedades, que é a vontade de cooperar, assumindo os figurantes a responsabilidade dos resultados da atividade social. Vem a representar o elemento psicológico que firma o contrato e o distingue das outras espécies, como o do arrendamento, da parceria, da edição etc, nas quais os integrantes só procuram os objetivos que lhes interessam particularmente. Trata-se do requisito de real importância, correspondendo ao consentimento para a mesma finalidade, especialmente nas sociedades de direito empresário, consoante ressalta a jurisprudência: "No âmbito do direito comercial, as sociedades estão lastreadas no princípio do consentimento, o que significa que, para sua subsistência, é necessário que todos os sócios se mantenham em harmonia de vontades. Caso o dissenso prevaleça, o substrato da sociedade estará alcançado e ela não terá continuidade. A este requisito intrínseco da sociedade, a doutrina denomina e significa a impossibilidade de impor à pessoa jurídica

---

[6] *Instituições de Direito Civil*, ob. cit., vol. I, p. 200.

nova composição de sócios que não aquela originariamente pactuada. Tal somente seria possível caso houvesse, desde logo, uma cláusula autorizadora da sucessão societária, que é diversa da sucessão hereditária".[7] Em verdade, mesmo com a previsão de ingresso dos sucessores do sócio, é necessária a alteração contratual, impondo-se sempre a unanimidade de consentimento, pelo menos nas sociedades simples.

O terceiro requisito está na *obediência aos requisitos legais* para a sua formação, seguindo-se os passos constantes da lei, que exige o ato de constituição e uma série de providências perante órgãos administrativos, culminando com o seu registro civil ou no órgão empresário.

Exige-se, como quarto requisito, a *licitude de suas finalidades*, ou do objeto social que motivou a sua criação. Não reconhece a lei, embora a conjugação de indivíduos em um esforço comum, tudo agregado para uma finalidade previamente estabelecida, como válida a pessoa jurídica se o objeto não anda em compasso com o direito. De modo que não são reconhecidas as pessoas jurídicas dirigidas para a exploração do lenocínio, ou para o tráfico de produtos proibidos, ou para instalar uma casa clandestina de jogo.

A contribuição dos integrantes ou sócios para o *fundo social*, se formadas por sociedades, ou da verba destinada por orçamento ou arrecadada pela cobrança de tarifas, no caso de entes públicos, constitui mais um requisito. No primeiro caso, todos os que integram a sociedade devem participar com algum bem ou valor na formação do fundo social, seja com dinheiro, com bens móveis ou imóveis, com títulos, seja através da prestação de serviços. A entrada de cada sócio pode consistir em bens, no seu uso e gozo, e em cessão de direito, ou em prestação de serviços. A respeito das sociedades simples, estabelece o art. 1.005 do Código Civil: "O sócio que, a título de quota social, transmitir domínio, posse ou uso, responde pela evicção; e pela solvência do devedor, aquele que transferir crédito". Já o art. 1.006, quanto à contribuição em serviços: "O sócio, cuja contribuição consista em serviços, não pode, salvo convenção em contrário, empregar-se em atividade estranha à sociedade, sob pena de ser privado de seus lucros e dela excluído". Mais amplamente, o revogado art. 289 do Código Comercial delineava a composição do capital social: "Os sócios devem entrar para o fundo social com as quotas e contingentes a que se obrigarem, nos prazos e pela forma que se estipular no contrato. O que deixar de o fazer responderá à sociedade ou companhia pelo dano emergente da mora, se o contingente não consistir em dinheiro; consistindo em dinheiro pagará por indenização o juro legal somente (art. 249). Num e noutro caso, porém, poderão os outros sócios preferir, à indenização pela mora, a rescisão da sociedade a respeito do sócio remisso".

---

[7] TJSP. Apelação nº 003.900-4/4. 6ª Câmara Cível, de 22.02.1996, em *Revista dos Tribunais*, 728/208.

A *finalidade patrimonial* igualmente acompanha a formação da pessoa jurídica quando sociedade, mostrando-se importante para revelar os diversos tipos. Não é, porém, exclusivo, porquanto inúmeras sociedades aparecem com objetivos unicamente espirituais, religiosos e culturais.

A *participação nos lucros e nas perdas* é mais um requisito, se sociedade. Os resultados da sociedade repartem-se entre os sócios. Leciona Maria Helena Diniz sobre o assunto: "Se o pacto social não declarar a parte cabível a cada sócio nos lucros e nos prejuízos, entender-se-á proporcionada, quanto ao sócio de capital, à soma com que entraram (CC, art. 1.381) e, quanto ao sócio de indústria, à menor das entradas (CC, art. 1.409, parágrafo único); se houver apenas dois sócios, um de indústria e outro de capital, repartir-se-ão os lucros igualmente, exceto se houver estipulação em contrário".[8] O art. 1.381 corresponde ao art. 1.007 do Código em vigor, enquanto o parágrafo único do art. 1.409 não tem dispositivo equivalente.

Apresentam-se, ainda, outras exigências ou requisitos. Assim os que se referem à capacidade que as partes devem ter para praticar atos da vida civil. Em princípio, os menores e outros incapazes não possuem a capacidade de contratar a instituição de uma pessoa jurídica na forma de sociedade.

3. A DENOMINAÇÃO

Algumas observações são oportunas no tocante ao assunto, já que várias as maneiras correntemente utilizadas para expressar a realidade do agrupamento de pessoas formado para atender conjuntamente finalidades comuns, e que constituem pessoas jurídicas coletivas do tipo sociedade.

É frequente o uso de algumas palavras ou expressões diferentes para manifestar o mesmo conteúdo. E assim as denominações *sociedades, associações, pessoas coletivas, pessoas morais, pessoas ideais, pessoas civis* e *pessoas sociais*, ou *místicas, abstratas, fictícias, intelectuais, compostas, universais*. Lembra-se de que, na antiguidade romana, o conjunto de indivíduos unidos para um fim comum vinha com a denominação de *collegium*, ou *corpus*, ou *universitas*. Dos raros casos em que se reconhecia personalidade, destacava-se a *hereditas* ou herança.

Não se procura, aqui, destacar as diferentes modalidades ou tipos de agrupamentos, mas unicamente definir a melhor forma de serem nominados esses agrupamentos, quando a eles se referirem as pessoas.

Alguns sistemas jurídicos, como o da França e o da Suíça, utilizam a denominação *pessoa moral*. Encontram-se, em nosso antigo direito, anteriormente

---

[8] "Sociedade e Associação", em *Contratos Nominados*, coordenação de Yussef Said Cahali, São Paulo, Ed. Saraiva, 1995, p. 350.

ao Código Civil, as expressões *pessoas ideais* e *pessoas coletivas*, mas ao lado de outras, e mais no sentido de explicitações.

Não se prestam essas e outras combinações para bem revelar o conteúdo dos grupos de pessoas formados, organizados e admitidos juridicamente para as mais diferentes utilidades. Exemplificando, *pessoa moral* pode ensejar a referência ao aspecto moral de alguém, enquanto *pessoa ideal* sugere um ser humano perfeito ou modelar. Já *pessoa civil* leva a pensar em qualquer indivíduo ou ente enquanto capaz, e *pessoa abstrata* conduz a pensar em um ente espiritual ou desligado de conteúdo material. E *pessoa coletiva* lembra simplesmente uma sociedade com alguma organização interna, mas mesmo que de fato ou sem personalidade jurídica própria.

O nome que domina na maioria dos sistemas legais e que mais se adapta ao significado que encerra o instituto é *pessoa jurídica*, adotado pelo Código Civil, destinado às formadas por sociedades, por entes públicos criados por lei, e por acervo de bens, e que já vinha no diploma de 1916. Embora não insira na composição das palavras o aspecto de coletividade e união de indivíduos, significando a existência em função do direito, e por causa da previsão da lei, sempre prevaleceu ao longo dos tempos. O conteúdo literal compreende um ente que se adapta às normas legais, ao direito, não importando que seja individual ou coletivo, a quem se reconhece personalidade, isto é, se permite o exercício de direitos e obrigações, e podendo praticar atos regulados pela lei. Todavia, dado o emprego reconhecido tradicionalmente, e considerando que corresponde a um ser existente por força da lei, que lhe dá personalidade, parece a denominação mais adequada para expressar o conteúdo que encerra na prática.

4. NATUREZA JURÍDICA

Cuida-se de um assunto de grande importância e de relativa controvérsia, porquanto, apesar das várias teorias que se formaram a respeito, a matéria está bastante pacificada, sendo bem definida a sua feição jurídica, como se verá.

Primeiramente, sobressai a corrente que chega a negar a existência de personalidade jurídica, que alguns denominam teoria *individualista*, estruturada e defendida por Ihering, com várias ramificações, a qual não encontra respaldo na realidade. As pessoas jurídicas, no enfoque de seus defensores, não estão sujeitas a direitos e obrigações. Unicamente os indivíduos que as constituem exercem tal titularidade. No entanto, não merece maiores considerações este posicionamento, porquanto foge da realidade. Todos os entes jurídicos societários contratam ou praticam atos comerciais. Em algumas ocasiões, é verdade, parte-se para a despersonificação e responsabilizam-se os sócios, mormente em assuntos que envolvem obrigações. Tal se dá caso utilizada a pessoa jurídica para o proveito ilícito dos sócios, desfalcando-se seu patrimônio de modo a não se capacitar a arcar com os compromissos assumidos.

Mesmo que verificado este fenômeno, não há perda de personalidade, mas a sua desconsideração em algumas circunstâncias.

Uma variante dessa teoria é a da *ficção*, oriunda do direito canônico, defendida por Savigny em sua obra 'Sistema do Direito Romano Atual', que acentua a abstração da pessoa jurídica, e, assim, inserindo conteúdo da despersonificação. Trata-se de uma criação mental, legal, fictícia, sendo um ato do espírito, uma projeção, posto que os reais sujeitos de direitos e obrigações são aqueles que a compõem. Orlando Gomes procurou retratar o conteúdo da teoria: "Segundo alguns (Bolze, Ihering), quando se associam indivíduos para a realização de fim comum, são eles próprios os sujeitos de direito; considerados em conjunto, somente por ficção dogmática, se podendo admitir, para explicar certas situações jurídicas, que o conjunto dos indivíduos associados exerça atividade jurídica diferenciada".[9] Para outros, menos aficionados, o reconhecimento da pessoa jurídica depende da concessão da lei. Em princípio, explicam Marcelo Planiol e Jorge Ripert, "las personas físicas son los únicos verdaderos sujetos de derechos; pero, por concesión, la ley les da ficticiamente una personalidad calcada en las suyas a ciertos establecimientos que considera útiles; esta es la personalidad moral".[10] Não basta a sua constituição para incluí-la no campo dos direitos e obrigações. Existe porque o Estado a cria. É uma criação do Estado, através da lei. De modo que não pode ser reconhecida a não ser na forma e nos casos previstos pela lei. Em resumo, trata-se de um produto da lei, que é promulgada, e traz a criação da pessoa jurídica. A lei cria especialmente as pessoas jurídicas de direito público, mas nada impede a previsão de criação daquelas de direito privado. Desde o momento que prevê a existência de sindicatos, de associações, de agremiações, e de outras espécies, está possibilitando a criação.

Há, na construção, um respaldo de relativa verdade, a que todos se defrontam, sobretudo em momentos de serem exigidas as responsabilidades. Não foi sem fundamentos que os autores alemães e franceses chegaram a criá-la. Se for auscultado em instância última a quem aproveita a pessoa jurídica, notar-se-á que tudo o que ela cria e realiza redunda em favor de seus membros. Por si, ela não existe efetivamente. A sua forma constitui uma abstração. Existe a pessoa jurídica porque as pessoas físicas a compõem. E a elas é que redundam os proveitos. Mesmo as pessoas jurídicas de direito público, instituídas por lei, não passam de abstrações, se desconsiderados os indivíduos que a compõem. Uma instituição nasce em vista dos membros. E uma vez surgindo porque a lei a criou, como sucede quanto às autarquias, e até às sociedades de economia mista, às empresas públicas, impossível abstraí-las dos membros que as materializam e corporificam. Sem as pessoas físicas, fica puramente abstrata, transforma-se em uma ficção.

---

[9] *Introdução ao Direito Civil*, ob. cit., p. 176.
[10] *Tratado Práctico de Derecho Civil Francés*, ob. cit., tomo I, p. 65.

Todavia, não se encontram argumentos para explicar os atos que realizam as pessoas jurídicas. Eles atuam na vida civil, contratam, responsabilizam-se, assumem compromissos, podem ser acionadas ou demandadas. Ou seja, são aptas de exercer direitos e de assumir obrigações, possuindo personalidade jurídica, não se podendo assentar que são unicamente os indivíduos, que as compõem, que celebram os contratos, atuam juridicamente e se responsabilizam.

Num outro plano, aparece também uma antiga formulação defendendo que a pessoa jurídica se equipara à pessoa natural. Trata-se da teoria da *equiparação*, de origem alemã. Alguns patrimônios equiparam-se à pessoa natural, e passam a figurar como se fossem pessoas naturais. Nesse sentido estariam a massa falida, a herança, os bens na insolvência civil de devedores. Teriam titularidade de direitos e obrigações, o que é inviável, posto que os patrimônios são propriedades, jamais se lhes reconhecendo direitos e deveres.

Já uma terceira teoria, a da *realidade objetiva* ou da *vontade*, também formulada por teóricos alemães, defende um posicionamento diametralmente oposto, equiparando a pessoa jurídica em tudo à pessoa física, inclusive no que toca à vontade. A pessoa jurídica tem existência própria e tão real como a da pessoa física, sendo constituída para a realização de um fim social. Ela tem vontade própria distinta da de seus membros, constituindo um ente autônomo, decidindo por si os atos que realiza. Até certo ponto, há razoabilidade na argumentação que arquitetou a teoria. A dificuldade está no ponto que defende a vontade da pessoa jurídica, a qual deve ser perscrutada em seus atos constitutivos. Aliás, é difícil situar onde se encontra ou se revela a vontade. Mesmo que tenha personalidade, e, assim, seja sujeito de direitos e deveres, não tem vontade, que é um atributo exclusivo do ser humano. Unicamente ele pode querer e manifestar as opções, e numa um ser teórico, inanimado, que age pelas forças dos que o constituem.

Em quarto lugar, cita-se a teoria da *realidade técnica* ou *jurídica*, e que aproveita elementos das anteriores, constituindo um meio termo entre a da ficção e a da realidade objetiva. Na verdade, não se pode olvidar que a pessoa jurídica é uma criação, uma ficção, existindo abstratamente, pois se destaca de seus membros, constituindo um ser distinto. No entanto, não deixa de ser uma realidade, criada pelo ordenamento jurídico, que a reconhece, lhe dando proteção e assegurando o exercício de direitos e deveres. E quem a cria, lhe dá existência e a faz titular de direito e obrigações, é o direito. Efetivamente, o direito a reveste de personalidade, da mesma forma como atribui direitos e obrigações ao ser humano.

Francisco Amaral estende-se na explicação: "Para tal concepção, a pessoa jurídica resulta de um processo técnico, a personificação, pelo qual a ordem jurídica atribui personalidade a grupos em que a lei reconhece vontade e objetivos próprios. As pessoas jurídicas são uma realidade, não ficção, embora produto da ordem jurídica. Sendo a personalidade um produto da técnica jurídica, sua essência não consiste no ser em si, mas em uma forma jurídica, pelo que se considera tal concepção como formalista. A forma jurídica não é, todavia, um processo técnico, mas a tradução jurídica de um fenômeno empírico, sendo função do direito apenas a de reconhecer algo já existente no meio social".

Apesar das críticas levantadas por alguns autores, constitui a mais adequada à realidade, de acordo com o pensamento majoritário da doutrina. Com efeito, nem sempre é possível desconsiderar o aspecto da ficção, mormente nos casos de simulações e fraudes, quando se impõe que se parta para a desconsideração da personalidade jurídica, responsabilizando-se os sócios. Aliás, presentemente cria força a tendência de se chamar os seus membros para satisfazer os direitos dos que contrataram com a pessoa jurídica, não apenas em hipóteses de excesso de poderes exercidos pelos administradores, como também na constatação de abuso de direito, infração da lei, violação do estatuto e prática de fato ou ato ilícito, de acordo com o art. 28 e seus parágrafos do Código de Defesa do Consumidor (Lei nº 8.078, de 11.09.1990).

De outro lado, o Código Civil firmou-se na realidade objetiva das pessoas jurídicas, tanto que lhes reconhece a personalidade. Desde o momento que a institui como um ser e lhe consagra a existência, decorre a responsabilidade. O Código de 1916 era específico, no art. 20, proclamando que "as pessoas jurídicas têm existência distinta da dos seus membros". A omissão da regra semelhante decorre do fato de que a responsabilidade advém do reconhecimento de personalidade própria. Em princípio, portanto, pelos atos que realiza, responde preponderantemente a pessoa jurídica, já que se lhe reconhece a personalidade jurídica. A título de exemplo, de observar o art. 1.022, que cuida da sociedade simples: "A sociedade adquire direitos, assume obrigações e procede judicialmente, por meio de administradores com poderes especiais, ou, não os havendo, por intermédio de qualquer administrador". Quando, porém, decorrem prejuízos a terceiros, fortalece-se a tendência de se conceber como abstração, ou ficção, e até desvincular a personalidade jurídica. Veja-se, sobre o assunto, o art. 1.024, também relativo à sociedade simples: "Os bens particulares dos sócios não podem ser executados por dívidas da sociedade, senão depois de executados os bens sociais".

Digna de nota é também a teoria da *propriedade coletiva*, defendida especialmente por Planiol e Berthélémey, pela qual a pessoa jurídica é uma propriedade coletiva, isto é, de todos os que a integram, e distinta da propriedade individual. Existe o acervo ou a massa patrimonial coletiva ou do grupo, ou seja, as pessoas jurídicas não passam de um conjunto de coisas de propriedade de todos os associados. Não calha esta forma de explicar a natureza, porquanto, de um lado, nem todas as pessoas jurídicas compõem-se de patrimônio. Há sociedades puramente abstratas, sem fundo econômico, e assim acontece geralmente com as recreativas, as literárias, as científicas. De outra parte, sendo a pessoa jurídica um ente com personalidade própria, o patrimônio, se existente, lhe pertence, e não aos sócios, que não são titulares coletivos do acervo. Do contrário, sempre recairia nos sócios a responsabilidade civil pelos atos da sociedade.

Por último, menciona-se a chamada teoria *institucionalista* de Hauriou, que, na verdade, mais descreve os elementos necessários para caracterizar certas pessoas jurídicas, sendo eles: a ideia ou o elemento interno que cria o vínculo social unindo os integrantes num mesmo fim; e a organização para atingir esse fim comum eminentemente útil. Ou seja, a pessoa jurídica considera-se uma organização social para conseguir fins específicos e úteis, o que não tem muito a ver com a natureza, além de não justificar as sociedades sem a finalidade de prestar um serviço ou de preencher uma necessidade.

5. VISÃO HISTÓRICA

Sempre existiram agrupamentos de pessoas, formados no início não propriamente para finalidades específicas, mas como tendência natural de aproximação, o que se impôs como decorrência da própria limitação do homem. Entretanto, no sentido jurídico, unicamente encontram-se fontes no direito romano, que promanam desde o tempo da primeira fase do Império, indo até a morte de Justiniano, isto é, até o período pós-clássico, quando se consolidou a *societas*.

As fontes são extraídas de textos que mencionavam as *sodalitates* e as *universitates*, que eram associações de interesse público; as *collegia* e as *corpora* (corporações), servindo os termos para designar conjuntos unitários de pessoas ou bens. Especificamente dando o caráter de pessoa jurídica, lembra Francisco Amaral: "Encontra-se, porém, uma passagem de Fiorentino, em que se empregava *persona* para designar a herança jacente, os bens deixados pelo falecido e ainda sem titular, formando um conjunto patrimonial".[11] No *Digesto* havia elementos distinguindo o patrimônio social do patrimônio individual dos membros da sociedade.

No direito canônico surgiram as fundações, com a denominação de *corpus mysticum*, e envolvendo instituições religiosas que tivessem algum patrimônio. Expandiram-se essas entidades com a criação de ordens e congregações religiosas, que tinham seus patrimônios, envolvendo as sedes, as casas de formação, os mosteiros, os conventos, as igrejas, os hospitais, os colégios, as terras que cultivavam. Numa fase inicial, eram subordinadas à Igreja, formando um patrimônio único. Posteriormente, com a expansão de muitas ordens e das Igrejas nos mais diversos locais da terra, adquiriram independência ou autonomia, passando à propriedade de cada entidade, o que perdura até hoje. Essas entidades eram as titulares dos patrimônios, às quais se reconheciam direitos, não podendo os respectivos membros fazer uso pessoal dos bens, ou dispô-los individualmente. Aparece, portanto, a ideia da *persona ficta*, ou uma personalidade abstrata, que leva a destacar a diferença entre pessoa física e pessoa jurídica. Firmou-se, na Idade Média, o conceito da universalidade como pessoa jurídica, considerada uma realidade ficta.

---

[11] *Direito Civil Brasileiro* – Introdução, ob. cit., p. 278.

Foi nessa época, em torno do século XIII, que mais se acentuou a distinção, quando se aboliu a aplicação de castigos a uma cidade inteira por causa de sua revolta contra o rei, o papa ou o bispo, quando se condenavam ou se excomungavam todos os habitantes porque não se conseguia destacar a *universitas* da pessoa física. Concluiu-se, entretanto, que havia distinção entre o homem e a cidade, e, assim, entre as corporações e seus membros.

Ainda no final dessa fase, sugiram as grandes companhias de navegação, formadas à base da união de capitais, e que tinham personalidade distinta da de seus membros. Com o reconhecimento das corporações de ofícios, de artífices, de aprendizes, adquiriu uma definição mais nítida das pessoas jurídicas, como entes distintos das pessoas físicas.

Depois da Revolução Francesa firma-se a ideia das *personae fictae*, adquirindo novas denominações, como *pessoa moral*, adotada pelos Códigos Civis da Prússia e da Áustria, e finalmente como *pessoa jurídica*, que se impôs na maior parte dos Códigos modernos.

6. CLASSIFICAÇÃO DAS PESSOAS JURÍDICAS

A classificação tem em vista, aqui, a ordenação ou especificação segundo o campo de ação, ou as finalidades ou o objeto a que se destinam as pessoas jurídicas, e também quanto à sua estrutura organizacional. Pelo primeiro critério, algumas se destinam para atender interesses públicos, outras para atuar no setor privado. Já sob o enfoque da forma e da organização, consideram-se como se apresentam e se estruturam, com ou sem o registro, por meio de estatutos ou através de leis, por um ato individual de uma pessoa ou por ata de fundação.

Passa-se para a devida caracterização dos dois grandes ramos, e das espécies dentro de cada um deles.

6.1. No pertinente ao campo de ação, ou à finalidade, ou ao objeto

Costuma-se estabelecer dois grandes setores, em vista da finalidade ou objeto: pessoas jurídicas de direito público e de direito privado, como consta do art. 40 do Código Civil (art. 13 do Código de 1916): "As pessoas jurídicas são de direito público, interno ou externo, e de direito privado".

a) *As pessoas jurídicas de direito público*

São aquelas destinadas a atender finalidades do Estado, criadas pela Constituição Federal ou por lei, gozando do *jus imperii*, e tratando de interesses públicos ou preponderantemente de todos.

Temos as pessoas jurídicas de *direito público interno*, formadas de entes instituídos para a organização política do Estado, e das entidades arquitetadas para a realização de seus fins públicos. São as seguintes, consideradas de administração direta e indireta, na previsão do art. 41, com alteração da Lei nº 11.107/2005 (art. 14 do Código anterior):

"I – a União;

II – os Estados, o Distrito Federal e os Territórios;

III – os Municípios;

IV – as autarquias, inclusive as associações públicas;

V – as demais entidades de caráter público criadas por lei."

Cada uma dessas entidades constitui pessoa jurídica distinta, numa organização hierárquica de princípios e atribuições que se encontram contemplados na Constituição Federal, nas Constituições estaduais, nas Leis Orgânicas dos Municípios e em outros diplomas de natureza administrativa, especialmente no que se refere à organização interna.

As assinaladas nos incisos IV e V integram as de administração indireta. Fazem parte daquelas do item V as sociedades de economia mista, as empresas públicas e as fundações públicas.

É importante observar o parágrafo único do art. 41, sem regra correspondente no Código de 1916, dirigido justamente a este último tipo: "Salvo disposição em contrário, as pessoas jurídicas de direito público, a que se tenha dado estrutura de direito privado, regem-se, no que couber, quanto ao seu funcionamento, pelas normas deste Código".

Procura-se delinear melhor as espécies dos incisos IV e V.

As autarquias se apresentam como órgãos descentralizados, criadas por lei, com personalidade jurídica própria, podendo se administrar, e tendo orçamento distinto. Dirigem-se a atender setores de interesse público, ou a suprir necessidades básicas do povo. No art. 5º do Decreto-lei nº 200, de 25.02.1967, consta a definição como o serviço autônomo, criado por lei, com personalidade jurídica, patrimônio e receita próprios, para executar atividades típicas da administração pública, que requeiram, para seu melhor funcionamento, gestão administrativa e financeira descentralizada.

As associações públicas aparecem reguladas pela Lei nº 11.107/2005 e são formadas por consórcios públicos, para a realização de objetivos de interesse comum, tendo personalidade de direito público. A previsão dos consórcios parte do art. 241 da Constituição Federal, que prevê a sua formação:

"A União, os Estados, o Distrito Federal e os Municípios disciplinarão por meio de lei os consórcios públicos e os convênios de cooperação entre os entes federados, autorizando a gestão associada de serviços públicos, bem como a transferência total ou parcial de encargos, serviços, pessoal e bens essenciais à continuidade dos serviços transferidos".

Entes públicos se unem ou se consorciam para certas atividades, como no campo da saúde, havendo uma participação no desempenho. Cada consórcio forma uma associação pública, com o caráter de autarquia. Constituem associações públicas, devendo submeter-se a um protocolo de intenções para que adquira personalidade jurídica. Terá, assim, o consórcio público personalidade jurídica de direito público, integrando a administração indireta de todos os entes da Federação consorciados.

Quanto às demais entidades de caráter público, igualmente decorrem de leis instituidoras. As empresas públicas têm a finalidade de atender uma atividade que seria específica do setor privado; as sociedades de economia mista são previstas para a exploração de atividade econômica; e as fundações públicas formam-se com a destinação de um patrimônio individualizado para um fim específico, assim destacadas por Maria Helena Diniz: "Surgem quando a lei individualiza um patrimônio a partir de bens pertencentes a uma pessoa jurídica de direito público, afetando-o à realização de um fim administrativo, e dotando-o de organização adequada".[12]

Sobretudo as empresas públicas e as sociedades de economia mista seguem o regime jurídico específico das empresas privadas. No entanto, possuem um caráter público, dado o interesse do campo em que atuam, não se afigurando incoerente a sua aproximação às pessoas jurídicas de direito público. A sua previsão se encontra no art. 173 da Carta Federal: "Ressalvados os casos previstos nesta Constituição, a exploração direta de atividade econômica pelo Estado só será permitida quando necessária aos imperativos da segurança nacional ou a relevante interesse coletivo, conforme definidos em lei".

Em complementação, o § 1º: "A lei estabelecerá o estatuto jurídico da empresa pública, da sociedade de economia mista e de suas subsidiárias que explorem atividade econômica de produção ou comercialização de bens ou de prestação de serviços, dispondo sobre: ... II – a sujeição ao regime jurídico próprio das empresas privadas, inclusive quanto aos direitos e obrigações civis, comerciais, trabalhistas e tributários".

Quanto às fundações, também criadas por lei, têm um capital destinado a uma finalidade do interesse público, em geral envolvendo matéria social, técnica, cultural, científica, ligada à saúde, à educação, à pesquisa, dentre outros campos.

Existem, também, as pessoas jurídicas de *direito público externo*, que são as nações estrangeiras e organismos internacionais, como a ONU, a OEA, a UNESCO, a FAO, a Santa Sé, sendo que as relações entre elas se regem pelo Direito Internacional Público, conforme prevê o art. 42 do Código Civil: "São

---

[12] *Curso de Direito Civil Brasileiro* – Teoria Geral do Direito Civil, ob. cit., 1º vol., p. 119.

pessoas jurídicas de direito público externo os Estados estrangeiros e todas as pessoas que forem regidas pelo direito internacional público". Dentro desse âmbito, o Estado como pessoa jurídica de direito internacional, vem a ser o organismo que reúne três elementos essenciais, destacados por Celso D. de Albuquerque Mello (*Curso de Direito Internacional Público*, 1º vol., Biblioteca Jurídica Freitas Bastos, p. 241), e que são a população, formada por nacionais e estrangeiros; o território, cujos limites não precisam necessariamente ser definidos; e o governo, que deve ser afetivo e estável.

b) *As pessoas jurídicas de direito privado*

Constituídas de entidades particulares, cuja formação decorre de ato das pessoas, se reúnem em torno de determinado objetivo, e se organizam através de estatutos ou regimentos internos, sendo necessário o devido registro público. É bem claro Caio Mário da Silva Pereira: "As pessoas jurídicas de direito privado são entidades que se originam do poder criador da vontade individual, em conformidade com o direito positivo, e se propõem a realizar objetivos de natureza particular, para benefício dos próprios instituidores, ou projetadas no interesse de uma parcela determinada ou indeterminada da coletividade".[13]

Dirigem-se a atender vários setores dos interesses, ou das necessidades, ou das atividades, sem ou com fundo econômico.

A classificação consta no art. 44 do Código Civil, com as alterações das Leis nºs 10.825/2003 e 12.441/2011, mudando sensivelmente a que vinha no art. 16 do Código de 1916:

"São pessoas jurídicas de direito privado:

I – as associações;

II – as sociedades;

III – as fundações;

IV – as organizações religiosas;

V – os partidos políticos;

VI - as empresas individuais de responsabilidade limitada".

As *associações* vêm a ser forma de pessoa jurídica, incluídas dentre as que não contêm interesse econômico. A sua especificação é conveniente em razão do campo que abrangem, de natureza não lucrativa, e visando normalmente interesses sociais, comunitários, literários, culturais, recreativos, especialmente de bairros, vilas, de entidades religiosas, sociais, comunitárias, e de classes de profissionais, como associações de militares, de professores, de juízes etc. Não

---

[13] *Instituições de Direito Civil*, ob. cit., vol. I, p. 215.

importa que tenham patrimônio, o qual se destina para atingir as finalidades estatutárias próprias. Irrelevante, outrossim, que realizem algumas atividades lucrativas, desde que dirigidas para os mesmos propósitos, e não se distribuam os ganhos ou lucros aos associados. Possuem estatutos, e se aproximam das sociedades civis sem interesse econômico, cingindo-se a diferença mais na denominação.

As *sociedades* dividem-se em duas classes básicas, conforme a existência ou não do fator econômico, vindo sua regulamentação estabelecida no Livro II da Parte Especial (arts. 981 a 1.141) do Código Civil.

Quando não há preponderante interesse econômico, denominadas 'simples', podem se estabelecer para tratar de bens de conteúdo patrimonial ou não.

As primeiras buscam cumprir finalidades mais ligadas às próprias pessoas que as formam, sem uma exploração econômica dos bens, ou sem procurar extrair resultados lucrativos das atividades. São as sociedades civis propriamente ditas, como as formadas em torno de um condomínio, a engendrada para a administração de bens, para a construção de prédios de um grupo de pessoas, para o exercício de atividades que não redunda em exploração econômica.

As segundas são as sociedades civis com a mais variada gama de finalidades, que se organizam em torno de um ente ou finalidade imaterial, e assim as recreativas, as educacionais, as científicas, as religiosas, as caritativas ou filantrópicas. É como sintetizava Afrânio de Carvalho: "Na segunda categoria, entram todas as entidades que visam a outro fim que não o econômico, como o literário, o científico, o artístico, o esportivo, o beneficente, o religioso, o político".[14] São as sociedades pias, as beneficentes, as comunitárias, os hospitais, as ordens e congregações de religiosos. Podem adotar um dos modelos estabelecidos no Código, isto é, o de sociedade em nome coletivo, o de sociedade em comandita simples, o de responsabilidade limitada, e o de sociedade cooperativa.

Segundo entendimento de alguns, neste tipo ingressam as sociedades formadas para a prática de atividades profissionais liberais, técnicas e científicas, que trazem rendimentos, como de advogados, de médicos, de engenheiros etc.

Lembra-se que a denominação introduzida no Código Civil de 2002 encontra precedentes em outras legislações, como no Código Civil suíço de 1907 e no Código Civil italiano de 1942.

As mais numerosas objetivam um fim econômico, tendo o nome de 'empresárias', e visam ao lucro, à exploração de bens, à execução de tarefas. E aqui também há duas classes.

De um lado, existem as de natureza civil, e que no anterior regime do Código Civil se consideravam civis, mas que exploram a prestação de atividades lucrativas, como os estabelecimentos de ensino, as creches, os hospitais, as

---

[14] *Instituições de Direito Civil*, ob. cit., p. 36.

construtoras, as imobiliárias, as loteadoras, os laboratórios de análises clínicas, os centros de recuperação de doentes mentais, as agências de publicidade e propaganda, as clínicas médicas, as empreiteiras de mão de obra, e centenas de outras empresas prestadoras de serviços. Segue explicando-as Maria Helena Diniz: "É (a sociedade civil) que visa a fim econômico ou lucrativo, que deve ser repartido entre os sócios, sendo alcançado pelo exercício de certas profissões ou pela prestação de serviços técnicos. P. ex.: uma sociedade imobiliária (Lei nº 4.728/65, art. 62); uma sociedade que presta serviços de pintura (*RT* 39/216); que explora o ramo hospitalar ou escolar; que presta serviços de terraplanagem (*RT* 395/205). Mesmo que uma sociedade civil venha a praticar, eventualmente, atos de comércio, tal fato não a desnatura, pois o que importa para identificação da natureza da sociedade é a atividade principal por ela exercida (*RT* 462/81)".[15] Não se confundem com as comerciais ou mercantis, consoante bem evidencia Décio Moreira: "Importante é assinalar que não devemos confundir as sociedades civis com finalidade lucrativa com as mercantis. O fato de exercer uma atividade lucrativa não caracteriza a prática do exercício comercial. É o que ocorre com as sociedades ou empresas imobiliárias, escolas, hospitais e escritórios especializados que prestam serviços".[16]

No entanto, existe uma linha de entendimento de que essas sociedades, isto é, que prestam serviços de natureza civil, se classificam entre as simples. Nesta ótica, o registro cinge-se ao Cartório de Registro de Pessoas Jurídicas.

De outro lado, aparecem as que têm por objeto a prática de atos de comércio, ou de indústria, por essência empresárias, tornando-as de natureza comercial ou industrial, que são as mais numerosas, e formadas para o exercício de atividades mercantis ou industriais, e mesmo de prestação de serviços. Trata-se das sociedades empresárias de responsabilidade limitada (reguladas pelos arts. 1.052 a 1.087 do Código Civil, e anteriormente à sua vigência pelo Decreto nº 3.708, de 10.01.1919), das sociedades anônimas (reguladas pela Lei nº 6.404, de 15.12.1976), das em nome coletivo (arts. 1.039 a 1.044 do Código Civil), dentre outras formas. O objeto é a prática de atos de comércio, ou de indústria, ou a produção de bens e a sua mercancia ou circulação, bem como a prestação de serviços.

Nas pessoas jurídicas com interesse econômico, destacam-se duas formas que adquirem um caráter público, embora com organização eminentemente de sociedade privada, delineadas na empresa pública e na sociedade de economia mista, submetendo-se ao regime jurídico das sociedades de direito privado, segundo o art. 173, § 1º, inc. II, da Constituição Federal, pelo qual a empresa pública, a sociedade de economia mista e outras entidades que explorem ativi-

---

[15] *Curso de Direito Civil Brasileiro* – Teoria Geral do Direito Civil, ob. cit., 1º vol., pp. 120 e 121.
[16] *Elementos de Direito Civil*, ob. cit., p. 47.

dade econômica sujeitam-se ao regime jurídico próprio das empresas privadas, inclusive quanto aos direitos e obrigações civis, comerciais, trabalhistas e tributários. Dependem, no entanto, de lei especial para a sua criação, de acordo com o art. 37, inc. XIX, da mesma Carta, que reza: "Somente por lei específica poderá ser criada autarquia e autorizada a instituição de empresa pública, de sociedade de economia mista e de fundação, cabendo à lei complementar, neste último caso, definir as áreas de sua atuação".

Constitui a empresa pública uma entidade dotada de personalidade jurídica de direito privado, com patrimônio próprio e pertencendo o capital exclusivamente ao Poder Público. Consoante Maria Helena Diniz, é criada "por lei para a exploração de atividade econômica que o governo seja levado a exercer por força de contingência ou de conveniência administrativa, podendo revestir-se de qualquer das formas admitidas em direito (Dec.-lei nº 200/67, art. 5º, II, com redação dada pelo Dec.-lei nº 900/69; Súmula 501 do STF)".[17]

Também a sociedade de economia mista é entidade dotada de personalidade jurídica de direito privado, sendo criada para a exploração de atividade econômica comum às demais empresas, normalmente em um campo de interesse público, adotando a forma de sociedade anônima. As ações, com direito a voto, pertencem, na sua maioria, ao Poder Público.

Existem as *fundações*, tratando o Código Civil das particulares, constituídas através de um patrimônio destinado por uma pessoa física ou jurídica para um fim especial. Define-as Antônio José de Souza Levenhagen como "uma organização com personalidade jurídica que, embora constituída por pessoa física ou jurídica, tem por objeto um fim de utilidade pública ou beneficente".[18] Um indivíduo ou um grupo de pessoas, através de ata ou outro documento, cria a fundação, a partir de um patrimônio ou acervo inicial, tendo em vista uma finalidade determinada, como uma instituição educacional, ou de amparo a carentes. Envolve a destinação de um acervo de bens, que se reveste, por força da lei, de capacidade jurídica para realizar finalidades pretendidas pelo instituidor. É indispensável que os fins visados sejam sempre altruísticos, visando estimular ou promover a cultura, a ciência, o amparo, a filantropia, a saúde pública, a educação.

Quatro as características, que dão um destaque próprio das fundações relativamente às sociedades, segundo aponta Rubens Limongi França, resumidas na finalidade, na origem, na estrutura e no modo de administração: "Com relação à finalidade, a fundação difere da sociedade em virtude da circunstância de que, enquanto nesta os fins podem ser alterados pelos sócios, naquela, uma vez instituída, esses fins são permanentes, não podendo ser modificados pelos administradores (Cód. Civil, art. 28, II). Quanto à origem, ao passo que a so-

---

[17] *Curso de Direito Civil Brasileiro* – Teoria Geral do Direito Civil, ob. cit., 1º vol., p. 121.
[18] *Código Civil (Parte Geral)* – Comentários Didáticos, ob. cit., p. 61.

ciedade é constituída pelos próprios sócios, que a administram e levam a bom termo, a fundação é criada por um instituidor, cuja pessoa não se confunde com a dos administradores da entidade (art. 24).

No que concerne à estrutura, é de se ressaltar, na fundação, o papel primacial do patrimônio. É sobre este que o instituidor, ao separar uma porção de seus bens, determinando-lhe finalidades especiais, erige todo o arcabouço, diferentemente do que se passa na sociedade, onde a união moral das pessoas constitui o alicerce fundamental.

Finalmente, com referência ao modo de administrar, cumpre advertir que nas fundações, a despeito do caráter privado, desempenha papel ativo e importantíssimo a constante intervenção do Ministério Público...".[19] Os citados arts. 28, II, e 24 equivalem aos arts. 67, II, e 62 do Código de 2002, alterados pela Lei nº 13.151, de 28.07.2015.

Essas pessoas jurídicas tinham o prazo até 11 de janeiro de 2007 para se adaptarem às novas regras nele estabelecidas, de acordo com o art. 2.031, na letra da Lei nº 11.127, de 28.06.2005: "As associações, sociedades e fundações, constituídas na forma das leis anteriores, bem como os empresários, deverão se adaptar às disposições deste Código até 11 de janeiro de 2007".

É de puro teor abstrato a regra, e de difícil determinação, eis que deveria o Código especificar os setores de imposição de adaptações. Esclareça-se que devem envolver, *v.g.*, os elementos que conterão os estatutos das associações, consoante a previsão do art. 54 do Código Civil, modificado pela Lei nº 11.127, de 28.06.2005, e, genericamente, todas as pessoas jurídicas, os requisitos para o registro, constantes do art. 46, sendo que alguns deles não vinham no Código anterior, art. 19, como o nome e a individualização dos fundadores ou instituidores, e dos diretores.

O referido prazo não se aplica às organizações religiosas e aos partidos políticos, porquanto não estão sujeitas a adaptações, nos termos do parágrafo único do art. 2.031, em redação provinda da Lei nº 10.825: "O disposto neste artigo não se aplica às organizações religiosas nem aos partidos políticos".

As *organizações religiosas* foram incluídas como pessoas jurídicas pela Lei nº 10.825, de 22.12.2003, mais por influência de setores ligados a credos religiosos.

De início, nota-se a incongruência de incluí-las entre as pessoas jurídicas de direito privado, ignorando as demais organizações. Transparece a diferença de tratamento, numa parcialidade que fere o princípio de igualdade constitucional imperante no sistema jurídico brasileiro.

Constituem-se de entidades formadas por um agrupamento de entidades menores, todas ligadas por uma ideia comum, embora não convirjam necessariamente na mesma crença. Assim a organização das igrejas ecumênicas, vol-

---

[19] *Manual de Direito Civil*, ob. cit., 1º vol., pp. 179 e 180.

tadas ao mesmo Deus, e centradas em uma doutrina sobre interesses e pontos convergentes. No entanto, o significado mais próprio envolve a coligação de entidades com um mesmo campo de ação e de inspiração religiosa, ou conjunto de centros religiosos, de igrejas, de pessoas espalhadas em toda uma região, que professam o mesmo culto, tendo uma direção unitária central.

Várias associações compõem a organização, cada uma com a sua constituição jurídica, os seus estatutos ou contrato, a sua direção e sede. O conjunto dessas associações é que forma a organização, com um centro administrativo e comando que se estende a todas as associações.

Têm-se, pois, agrupamentos de entidades, de movimentos, visando harmonizar as ideias básicas e fundamentais, e traçar as ações unitárias dentro de certa fidelidade a uma doutrina, a uma fé. Adotam-se métodos comuns, práticas iguais e liturgias repetidas em todas as associações ou grupos que integram a organização.

Na organização existem órgãos que têm a função de coordenação, de assessoria, de mando, de chefia em assuntos de primordial importância, a fim de manter a unidade dos membros das associações e destas em torno de princípios e propósitos gerais.

Numa esfera mais ampla, tem-se, dentre outras, a Organização das Nações Unidas – ONU, a Organização dos Estados Americanos – OEA, que são agrupamentos de Estados voltados para mesmas finalidades, que é manter a paz em nível mundial ou continental.

Em nível nacional, ou regional, e no campo religioso, conhecem-se as organizações das igrejas evangélicas, ou das igrejas luteranas, anglicanas e de outros credos, à semelhança com as federações no campo do sindicalismo.

Como emerge do art. 44, com a nova redação da Lei nº 10.825, as organizações religiosas passaram a fazer parte das pessoas jurídicas. Isto, no entanto, se organizadas estatutariamente, com o devido registro, em obediência aos arts. 46 e 47 (arts. 18 e 19 do Código revogado).

Domina a plena liberdade na sua criação, organização, estruturação e funcionamento, sem interferência ou cerceamento de parte do Poder Público, desde, obviamente, que não ilícitos os fins, os serviços e o objeto social, de acordo com o § 1º do art. 44, em texto da Lei nº 10.825: "São livres a criação, a organização, a estruturação interna e o funcionamento das organizações religiosas, sendo vedado ao poder público negar-lhes reconhecimento ou registro dos atos constitutivos e necessários ao seu funcionamento".

Os *partidos políticos* também integram as pessoas jurídicas de direito privado. De observar que, pelo art.16, inc. III, do Código de 1916, com a redação dada pelos arts. 1º e 60 da Lei nº 9.096, de 19.09.1995, lei que presentemente os rege e os organiza (art. 44, § 3º, do CC, na redação dada pelo art. 2º da Lei nº 10.825) foram incluídos entre as pessoas jurídicas de direito privado. Encontravam-se na categoria de pessoas jurídicas de direito público interno desde a Lei nº 5.682, de 21.06.1971, em seu art. 2º. São formados através de estatutos, segundo a constituição das pessoas jurídicas de direito privado, efetuando-se o respectivo registro no Ofício do Registro Civil das Pessoas Jurídicas (arts. 114, inc. III, e 120, da Lei nº 6.015, de 31.12.1973, na redação da Lei nº 9.096, de 19.09.1995) e no Tribunal Superior Eleitoral (art. 17, § 2º, da CF).

Quanto às *empresas individuais de responsabilidade limitada*, vieram instituídas pela Lei nº 12.441, de 11.07.2011. A caracterização está no art. 980-A do Código Civil, cujos elementos são: a composição por uma única pessoa natural, a limitação do capital até cem vezes o salário mínimo nacional vigente, a titularidade de todo o capital em nome da pessoa que constitui a empresa e a integralização do capital: "A empresa individual de responsabilidade limitada será constituída por uma única pessoa titular da totalidade do capital social, devidamente integralizado, que não será inferior a 100 (cem) vezes o maior salário mínimo vigente no País".

Com a inscrição na Junta Comercial do local onde possuir a sede, a empresa individual assim constituída adquire personalidade jurídica e passa a ter patrimônio próprio, distinto do patrimônio do seu titular, cuja responsabilidade pessoal fica limitada ao montante do capital que a ela for atribuído, até a sua completa realização. Desde que integralizado esse capital, o titular da empresa individual não responde pelas dívidas da empresa, a menos que verificado o abuso da personalidade, nos termos do art. 50 do Código Civil; ou se houver a prática de atos ilícitos verificados no exercício da administração, sendo exemplos a apropriação de recursos superiores aos lucros produzidos, o não recolhimento de valores retidos dos empregados, a sonegação de tributos.

O § 1º do art. 980-A dispõe sobre a denominação da empresa, impondo que, após o nome, se inclua a expressão "EIRELI": "O nome empresarial deverá ser formado pela inclusão da expressão 'EIRELI' após a firma ou a denominação social da empresa individual de responsabilidade limitada".

Já o § 2º do mesmo artigo não permite que a pessoa natural constitua mais de uma empresa individual: "A pessoa natural que constituir empresa individual de responsabilidade limitada somente poderá figurar em uma única empresa dessa modalidade".

Por sua vez, o § 3º oportuniza que uma sociedade empresarial resulte em uma empresa individual, se vier a concentrar-se o capital na pessoa de um único sócio: "A empresa individual de responsabilidade limitada também poderá resultar da concentração das quotas de outra modalidade societária num único sócio, independentemente das razões que motivaram tal concentração".

O § 5º faculta que se atribua à empresa individual de responsabilidade constituída para a prestação de serviços a remuneração decorrente da cessão de certos direitos patrimoniais, vinculados à atividade profissional: "Poderá ser atribuída à empresa individual de responsabilidade limitada constituída para a prestação de serviços de qualquer natureza a remuneração decorrente da cessão de direitos patrimoniais de autor ou de imagem, nome, marca ou voz de que seja detentor o titular da pessoa jurídica, vinculados à atividade profissional".

No mais, incidem as normas do Código Civil, no que forem aplicáveis, a teor do § 6º: "Aplicam-se à empresa individual de responsabilidade limitada, no que couber, as regras previstas para as sociedades limitadas".

Cabe, ainda, referir que, dentre as sociedades civis, com ou sem finalidade econômica, são organizadas aquelas destinadas à prestação de serviços especializados, ou para atender os interesses de classes profissionais ou categorias, como sociedades de engenharia, de medicina, de advogados, de corretores, de seguradoras.

Incluem-se nessas sociedades os sindicatos, que têm em vista controlar a profissão, atender interesses, e servir à classe a que pertencem. Constituem-se, também, para formalizar a união de profissionais em um escritório ou clínica, ou agência, sempre através de contrato social, que é registrado no órgão de controle da profissão.

Eis a definição de sindicato, apresentada por José Martins Catharino: "Sindicato, em sentido amplo, é a associação trabalhista de pessoas, naturais ou jurídicas, dirigida e representada pelas primeiras, que tem por objetivo principal a defesa dos interesses total ou parcialmente comuns, da mesma profissão ou atividade, ou de profissões ou atividades similares ou conexas".[20] Também proveitosa a definição de João Régis F. Teixeira: "É a associação de trabalhadores, empregadores ou de profissionais liberais e autônomos, aglutinados em busca de melhores condições de vida e sobrevivência".[21]

6.2. No pertinente à estrutura organizacional

O exame acima procedido teve em vista os tipos de pessoas jurídicas em função do objeto ou das atividades que desenvolvem. Importa, agora, a distinção em vista de sua estrutura organizacional, ou dos atos necessários para a constituição, aparecendo as pessoas jurídicas de direito público e as de direito privado.

a) *As pessoas jurídicas de direito público*

As de direito público são criadas pela Constituição Federal ou pela lei, à exceção do Estado como nação, cuja criação decorreu de um ato de conquista através da rebeldia relativamente ao Estado que o dominava anteriormente, ou de um movimento que levou ao seu reconhecimento como país soberano. Esta a origem preponderante de todos os Estados soberanos.

---

[20] *Tratado Elementar de Direito Sindical*, 1ª ed., São Paulo, Ltr Editora, 1977, p. 164.
[21] *Introdução ao Direito Sindical*, São Paulo, Editora Revista dos Tribunais, 1979, p. 87.

Já os Estados-membros, o Distrito Federal e os Municípios têm sua origem e fonte na Constituição Federal (arts. 1º, 18, 25 e 29).

As demais pessoas jurídicas, como as autarquias, e assim, por assimilação, as empresas públicas, podem ser consideradas entidades paraestatais, necessitando de lei que as crie, a qual torna-se o estatuto ou documento constitutivo próprio.

São as autarquias ou, na linguagem comum, os estabelecimentos públicos, entidades de administração distinta da administração geral, com autonomia e orçamento próprio, sofrendo a fiscalização do Poder Público que as criou. Realizam a descentralização da administração, sendo indispensável a sua existência para a execução de serviços de interesse público, que, pela natureza, são atribuições do Estado. O conceito de Hely Lopes Meirelles exprime os elementos acima: "As autarquias são entes administrativos autônomos criados por lei específica, com personalidade jurídica de Direito Público interno, patrimônio próprio e atribuições estatais específicas".[22] Pontes de Miranda destaca dois elementos que se juntam: "1) A paraestatalidade, pelo menos (vale dizer: a *fortiori*, o ser fração do Estado, que se despregou e se personalizou, por alguma conveniência fundamental da administração pública); 2) a autonomia. Portanto, há a autarquia de substância estatal (*e. g.*, as Universidades oficiais autônomas) e a autarquia de substância paraestatal".[23]

As empresas públicas, embora a administração de acordo com as diretrizes da lei que as criou, sujeitam-se ao regime jurídico próprio das empresas privadas, como já restou observado.

As pessoas de economia mista também decorrem de lei, organizando-se, no entanto, segundo as regras das sociedades anônimas. Correspondem à fusão do capital público ao capital particular, não aquele necessariamente em percentual superior ao último.

b) *As pessoas jurídicas de direito privado*

As pessoas jurídicas de direito privado envolvem as *sociedades*, que o Código Civil as divide em dois ramos: as sociedades não personificadas, isto é, aquelas que, embora com estatutos ou contrato social, não têm o registro; e as personificadas, com o ato constitutivo e o registro, dividindo-se em sociedades simples e sociedades empresárias (sociedade limitada, sociedade por ações etc.).

As não personificadas são as de fato, ou as não constituídas, ou com os atos constitutivos não inscritos. Aduz Paulo Nader: "Pode, assim, ocorrer a circunstância de um grupo de pessoas se associar, com determinação duradoura e para fins lícitos, sem, todavia, o formal reconhecimento do Estado. Muitas vezes tal grupo organizado pratica atos de comércio, negócios jurídicos de na-

---

[22] *Direito Administrativo Brasileiro*, 18ª ed., ob. cit., 1993, p. 307.
[23] *Tratado de Direito Privado* – Parte Geral, ob. cit., tomo I, p. 300.

tureza vária, constituindo-se na realidade verdadeira unidade orgânica". Assim extrai-se do art. 986: "Enquanto não inscritos os atos constitutivos, reger-se-á a sociedade, exceto por ações em organização, pelo disposto neste Capítulo, observadas, subsidiariamente e no que com ele forem compatíveis, as normas da sociedade simples".[24]

Dividem-se em sociedade em comum e as em conta de participação, como se ilustrará adiante.

As personificadas são as formal e legalmente constituídas, nos termos do art. 997:

> "A sociedade constitui-se mediante contrato escrito, particular ou público, que, além de cláusulas estipuladas pelas partes, mencionará:
>
> I – nome, nacionalidade, estado civil, profissão e residência dos sócios, se pessoas naturais, e a firma ou a denominação, nacionalidade e sede dos sócios, se jurídicas;
>
> II – denominação, objeto, sede e prazo da sociedade;
>
> III – capital da sociedade, expresso em moeda corrente, podendo compreender qualquer espécie de bens, suscetíveis de avaliação pecuária;
>
> IV – a quota de cada sócio no capital social, e o modo de realizá-la;
>
> V – as prestações a que se obriga o sócio, cuja contribuição consista em serviços;
>
> VI – as pessoas naturais incumbidas da administração da sociedade, e seus poderes e atribuições;
>
> VII – a participação de cada sócio nos lucros e nas perdas;
>
> VIII – se os sócios respondem, ou não, subsidiariamente, pelas obrigações sociais".

Como personificadas classificam-se as diferentes sociedades discriminadas no Código Civil, e, assim, a sociedade simples, a sociedade em nome coletivo, a sociedade em comandita simples e a por ações, a sociedade limitada, a sociedade anônima, as cooperativas, as sociedades coligadas, e a sociedade dependente de autorização, desde que se providencie na sua inscrição, aplicando-se a norma do art. 985: "A sociedade adquire personalidade jurídica com a inscrição, no registro próprio e na forma da lei, dos seus atos constitutivos (arts. 45 e 1.150)". Procede-se no Registro Público de Empresas Mercantis a inscrição da sociedade empresária, enquanto se leva a efeito no Registro Civil das Pessoas Jurídicas o da sociedade simples, o que deve ser procedido nos trinta dias subsequentes à constituição, em obediência aos ditames do art. 998 e de seus parágrafos.

Cumpre se desenvolvam mais amplamente os dois elementos de sua organização, que são o ato constitutivo e a inscrição.

O 'constitutivo' compreende a primeira fase na organização, correspondendo ao contrato de formação da sociedade, externado por meio de uma

---

[24] *Curso de Direito Civil* – Parte Geral, ob. cit., p. 248.

ata de fundação, de um estatuto ou contrato social. Esse ato de formação, ou mais apropriadamente de fundação da pessoa jurídica, realiza-se *inter vivos* (à exceção das fundações, quando o instituidor pode prever a sua existência para depois de sua morte), sendo bilateral ou plurilateral, e exigindo agente capaz, objeto lícito e forma prescrita ou não defesa em lei, com o que não são válidas as sociedades onde figuram menores ou incapazes não representados ou assistidos, ou que visam à execução de atividades ilícitas (exploração de lenocínio ou prostituição), ou sem os requisitos para a sua formação, como a subscrição dos sócios na ata de fundação.

Alguns requisitos impõem-se para a formalização. Evidentemente, há de existir mais de uma pessoa física, pois a sociedade compõe-se necessariamente de dois ou mais sócios, os quais, não raramente, pertencem a diferentes categorias, como sócios fundadores, sócios honorários, sócios beneméritos, sócios contribuintes etc.

Em todas pessoas jurídicas, e assim nas associações, nas sociedades simples, nas empresárias, nas individuais de responsabilidade limitada, nas organizações religiosas, nos partidos políticos, há os estatutos ou o contrato social, que pode ser materializado através da ata de fundação, em instrumento particular ou público.

Quanto às *fundações*, externa-se o ato de vontade por instrumento público ou testamento, no qual constam o ato de doação ou destinação, os fins a que se destina e o modo de administração, consoante o art. 62 do Código Civil, que reza: "Para criar uma fundação, o seu instituidor fará, por escritura pública ou testamento, dotação especial de bens livres, especificando o fim a que a destina, e declarando, se quiser, a maneira de administrá-la".

A criação passa por quatro momentos, assim sintetizados por Rubens Limongi França:

a) o da dotação, feito pelo instituidor, que destinará os bens para a fundação;
b) o da elaboração dos estatutos, que se dá com a dotação do patrimônio, a cargo do instituidor, ou pela pessoa designada, ou pelo Ministério Público;
c) o da aprovação do estatuto, que se submeterá ao Ministério Público do Estado onde a fundação estiver situada;
d) o do registro, com o qual passa a fundação a ter existência legal.

Todas as fundações, mesmo as instituídas para fins diversos dos previstos no parágrafo único do art. 62, alterado pela Lei nº 13.151/2015 – para fins de assistência social; cultura, defesa e conservação do patrimônio histórico e artístico; educação; saúde; segurança alimentar e nutricional; defesa, preservação e conservação do meio ambiente e promoção do desenvolvimento sustentável;

pesquisa científica, desenvolvimento de tecnologias alternativas, modernização de sistemas de gestão, produção e divulgação de informações e conhecimentos técnicos e científicos; promoção da ética, da cidadania, da democracia e dos direitos humanos; e das atividades religiosas –, seguem as determinações do Código Civil, devendo se adaptar, em razão do art. 2.032: "As fundações, instituídas segundo a legislação anterior, inclusive as de fins diversos dos previstos no parágrafo único do art. 62, subordinam-se, quanto ao seu funcionamento, ao disposto neste Código".

Certas *pessoas jurídicas* dependem de autorização governamental. Nesse sentido, citam-se as instituições financeiras, as seguradoras, os estabelecimentos de ensino, as empresas que exploram o seguro-saúde e a previdência privada, as fábricas de armas e instrumentos bélicos, as que exploraram petróleo, as de mineração, as cooperativas e as de navegação.

Restritamente aos *sindicatos*, há exigências especiais para a sua formação. Anteriormente à Constituição vigente, o art. 512 da Consolidação das Leis Trabalhistas exigia primeiro a criação de uma associação profissional. Depois, em assembleia, convertia-se a entidade em sindicato. Não mais impõe essa providência, eis que não contemplada pela vigente Ordem. Os pressupostos e requisitos para a formação estão no art. 8º da Constituição Federal, afigurando-se de realce lembrar o inciso II, pelo qual "é vedada a criação de mais de uma organização sindical, em qualquer grau, representativa de categoria profissional ou econômica, na mesma base territorial, que será definida pelos trabalhadores ou empregadores interessados, não podendo ser inferior à área de um Município". Está-se diante do princípio da unicidade sindical, bem revelado pela doutrina de Amauri Mascaro Nascimento: "Unicidade sindical é a proibição, por lei, da existência de mais de um sindicato na mesma unidade de atuação. Pode haver unicidade total ou apenas em alguns níveis, como, por exemplo, o da empresa. Esta ocorrerá quando a lei determinar que na mesma empresa não pode existir mais de um sindicato. Será em nível de categoria quando a referência legal se fizer nesse âmbito. As mesmas observações são pertinentes quanto no nível da profissão".[25]

Se tiverem de funcionar no Distrito Federal, ou em mais de um Estado, ou em territórios não constituídos em Estados, a autorização será do Governo Federal; se em um só Estado, do governo deste.

As *sociedades estrangeiras*, segundo o art. 11, § 1º, da Lei de Introdução às Normas do Direito Brasileiro, não podem ter, no Brasil, filiais, agências ou estabelecimentos antes de serem os atos constitutivos aprovados pelo governo brasileiro, ficando sujeitas à lei brasileira.

A organização é o primeiro ato que se exige para a sua formalização. O art. 11 da mesma Lei de Introdução manda que obedeça à lei do Estado em

---

[25] *Direito Sindical*, 2ª ed., São Paulo, Editora Saraiva, 1991, p. 241.

que se constituíram. O assunto será mais ampliado adiante, em item específico, lembrando que o Código Civil (arts. 1.134 a 1.141) as disciplina extensamente.

O segundo ato imposto é a 'inscrição', também denominado registro, que se procede, quanto às pessoas jurídicas, como sociedades simples, nos Registros Públicos; e no tocante às empresárias, no Registro Público de Empresas Mercantis. Relativamente às associações, estabelece o § 1º do art. 44 (art. 16, § 1º, do Código de 1916), que se aplicam, subsidiariamente, as disposições concernentes às sociedades que são objeto do Livro II da Parte Especial deste Código.

Ou seja, terá incidência, no que for pertinente, a vasta regulamentação que disciplina o direito de empresa e mormente da sociedade simples, mostrando-se relevante o art. 998:

> "Nos 30 (trinta) dias subsequentes à sua constituição, a sociedade deverá requerer a inscrição do contrato social no Registro Civil das Pessoas Jurídicas do local de sua sede.
>
> § 1º O pedido de inscrição será acompanhado do instrumento autenticado do contrato, e, se algum sócio nele houver sido representado por procurador, o da respectiva procuração, bem como, se for o caso, da prova de autorização da autoridade competente.
>
> § 2º Com todas as indicações enumeradas no artigo antecedente, será a inscrição tomada por termo no livro de registro próprio, e obedecerá a número de ordem contínua para todas as sociedades inscritas".

Quanto às modificações dos contratos, se de ordem constitutiva, é de se notar a necessidade do consentimento dos sócios e, em qualquer hipótese, da averbação no registro. Ordena o art. 999, quanto às sociedades simples, mas cujo conteúdo é abrangente e extensivo às demais formas de pessoas jurídicas: "As modificações do contrato social, que tenham por objeto matéria indicada no art. 997, dependem do consentimento de todos os sócios; as demais podem ser decididas por maioria absoluta de votos, se o contrato não determinar a necessidade de deliberação unânime". Já o parágrafo único: "Qualquer modificação do contrato social será averbada, cumprindo-se as formalidades previstas no artigo antecedente".

No pertinente aos sindicatos, o registro no Ministério do Trabalho é que autoriza o funcionamento.

Em suma, no tocante à forma de organização, classificam-se as pessoas jurídicas em as criadas por lei, quanto às públicas, e em as criadas por contrato social registrado ou arquivado em órgão de registro público relativamente às privadas.

7. CONSTITUIÇÃO DAS PESSOAS JURÍDICAS

Na classificação das pessoas jurídicas, já se desenvolveu uma ideia da criação ou constituição das mesmas.

A pessoa física natural surge com o fato biológico do nascimento, que significa o desprendimento do feto com vida do útero materno. A pessoa jurídica tem o início da existência através das seguintes formas básicas: a) ou por força de um fato histórico de criação e de reconhecimento ou pela criação vinda da lei (a de direito público); b) ou em razão de um ato jurídico contratual (a de direito privado). Realmente, há um fato criador, não podendo resultar do nada, ou formar-se sem uma causa ou elemento que lhe dá consistência, contorno, exteriorização, tanto em um como no outro tipo de pessoas jurídicas.

7.1. Quanto às pessoas jurídicas de direito público

No tocante a esta espécie de pessoas jurídicas, primeiramente esclarece-se que o seu aparecimento decorre de várias origens ou fatos históricos. Exemplificativamente, pode advir da organização de um povo primitivo, assentado em uma área específica; ou do desmembramento de uma região pelo levante de uma população, que, através da força, conseguiu formar uma unidade territorial e política soberana. Todos os países surgiram da organização do povo, inicialmente com a escolha de um chefe ou líder, e evoluindo com o tempo para formas organizadas do poder; ou da secessão de um território, que se desvincula do qual fazia parte; ou da conquista de uma região, que compunha ou integrava outra nação; ou pela imposição de outros países. Desde o momento em que há a imposição de um poder ou comando, que pode se operar pela vitória no confronto com outro povo, forma-se uma nova pessoa jurídica de direito público.

Já as divisões internas do país, concedendo organização própria e certa autonomia, como aconteceu no Brasil, com a criação de *Estados-membros*, *Distrito Federal*, *Territórios* e *Municípios*, constituem fruto das sucessivas Constituições Federais. As demais pessoas jurídicas de direito público nascem da previsão de lei, como sucede com as *autarquias*, que podem ser federais, estaduais ou municipais. De igual modo, com outras entidades paraestatais, e assim as *empresas públicas*, as *sociedades de economia mista*, as *fundações públicas*, sendo que nas primeiras o capital é totalmente público, enquanto nas segundas verifica-se a participação do capital público, e nas últimas destina-se uma verba específica para a criação e a manutenção de uma atividade ou um patrimônio.

No pertinente às fundações públicas, decorrem da destinação, pela lei, dos bens pertencentes a uma pessoa jurídica de direito público, para uma finalidade administrativa geralmente de cunho social ou cultural. Em princípio, sempre estiveram disciplinadas pelo direito civil. No entanto, nos últimos tempos, explica Hely Lopes Meirelles, "pelo fato do Poder Público vir instituindo fundações para prossecução de objetivos de interesse coletivo – educação, ensino, pesquisa, assistência social etc. – com a personificação de bens públicos e, em alguns casos, fornecendo subsídios orçamentários para sua manutenção, passou-se a atribuir personalidade pública a essas entidades, a ponto de a própria Constituição da República de 1988, encampando a doutrina existente, ter instituído as denominadas *fundações públicas*, ora chamando-as de 'fundações instituídas e mantidas pelo Poder Público' (arts. 71, II, III e IV; 169, parágrafo único; 150, § 2º; 22, XXVII), ora de 'fundação pública' (arts. 37, XIX, e 19 das Disposições Transitórias), ora 'fundações mantidas pelo Poder Público' (art. 37, XVII), ora, simplesmente, 'fundação' (art. 163, II)".[26]

No concernente às pessoas jurídicas de *direito público externo*, são justamente as outras nações, cuja origem ou constituição coincide com a formação ou origem do país, consoante acima foi visto. Acrescentam-se os organismos internacionais, formados e organizados por vários outros países, decorrentes de tratados ou acordos internacionais. Exemplos comuns são a Organização das Nações Unidas – ONU, a Santa Sé, a Organização dos Estados Americanos – OEA, o Mercado Comum do Sul – MERCOSUL, e o Mercado Comum Europeu.

7.2. Quanto às pessoas jurídicas de direito privado

As pessoas jurídicas de direito privado são as associações; as sociedades, as quais se dividem em dois grandes grupos: as *simples* e as *empresárias*, que têm alguma equivalência com as sociedades civis e as comerciais do antigo Código Civil e da revogada Parte Primeira do Código Comercial de 1850; as fundações, as organizações religiosas, os partidos políticos e as empresas individuais de responsabilidade limitada art. 44 do Código Civil, no texto das Leis nºs 10.825/2003 e 12.441/2011. Dentro desses ramos, há outras, algumas com certo caráter ou interesse público, como se verá.

7.2.1. As associações

O Código Civil de 2002 tratou mais amplamente das associações, delimitando sua configuração, e separando-as das sociedades civis, o que não havia feito o Código de 1916.

As associações compõem-se da união ou aproximação ordenada de um determinado número de pessoas, em torno de objetivos comuns, ou em prol do mesmo ideal, colocando em comum os serviços, as atividades, os conhecimentos, mas sem fins econômicos, consoante contempla o art. 53 do Código Civil: "Constituem-se as associações pela união de pessoas que se organizem para fins não econômicos". Na lição de Ruggiero, "há uma pluralidade de pessoas

---

[26] *Direito Administrativo Brasileiro*, ob. cit., 18ª ed., 1993, p. 316.

que se unem e que se destinam a um fim que ultrapassa o interesse particular e individual e há um vínculo entre os associados".[27]

A finalidade pode conter um fundo econômico, isto é, ao lado da finalidade altruística, há uma dimensão lucrativa. Embora não constitua um caráter econômico, a angariação de fundos não o será para os sócios individualmente, e sim para a finalidade social a que se destina a associação. Neste sentido é de se interpretar a parte final do art. 53, onde está assentado que a reunião é para fins não econômicos. Ocorre que o objetivo deve ser altruístico, ou cultural, ou puramente social, nada impedindo que haja contribuições dos sócios, se arrecadem colaborações e mesmo se pratiquem algumas atividades que tragam benefícios econômicos.

Embora não contemple a lei regras de distinção entre associação e sociedade, a regulamentação de cada espécie lhe dá o perfil próprio e característico.

Ademais, a doutrina fornece critérios de distinção entre associação, sociedade civil e sociedade comercial.

Na associação, não há o fim lucrativo, o que não impede que exista patrimônio e que sejam realizados atos tendentes a angariar rendimentos, ou até atos de comércio, com a diferença, entrementes, de não serem divididos os lucros entre os associados.

Já em se tratando de sociedade empresária, admite-se que o lucro alcançado seja repartido entre os sócios, como acontece em certas sociedades, e assim na de advogados, na de médicos, na de pintores e de outros profissionais prestadores de serviços.

Nelson Godoy Bassil Dower destaca tal caráter específico: "Uma associação não visa a lucros de qualquer natureza. Os associados ou seus diretores não podem receber dividendos ou lucros e toda a sua renda líquida deve reverter em proveito de suas finalidades estatutárias.

Difere das sociedades civis (como espécie), porque estas são reservadas mais propriamente às pessoas jurídicas que têm fins econômicos. Trata-se de uma espécie de sociedade entre duas ou mais pessoas que congregam capitais ou esforços, para realização de um fim lucrativo a ser repartido entre os sócios".[28]

Luiz Otávio de Oliveira Moral dá ênfase a outras distinções:

> "Na sociedade, o fim buscado é o proveito comum dos sócios; na associação, o fim colimado é ideal (religioso, cultural, político, assistência, esportivo) e sua constituição tem o propósito de atender a interesse de caráter geral ou de uma categoria particular de indivíduos. Quanto à vinculação entre os membros, somente a sociedade estabelece entre os sócios direitos e obrigações recíprocas. Na associação, os associados não se acham nessa relação de prestações correlatas ...".[29]

---

[27] *Instituições de Direito Civil*, ob. cit., vol. I, p. 400.
[28] *Curso Moderno de Direito Civil* – Parte Geral, ob. cit., 1º vol., p. 89.
[29] *Teoria Geral do Direito*, Rio de Janeiro, Editora Forense, 2004, p. 293.

Quanto à sociedade empresária (a antiga sociedade comercial), o escopo ou propósito máximo é o lucro (art. 982 do Código Civil), que se apresenta comum nos atos de comércio, de indústria, de prestação de serviços, salientando-se, como exemplos máximos, as sociedades por quotas de responsabilidade limitada e as sociedades anônimas.

Outro grande traço que separa a sociedade das associações reside na constante mutação de membros permitida na associação, ao passo que na sociedade aparece um rigoroso controle, sendo excepcionalmente permitida a substituição de pessoas.

Organiza-se a associação através de contrato na forma de estatuto e regimento interno, nos quais se estabelecem a denominação, a sede da associação, a finalidade ou os fins que justificam a sua existência, a fundação, a administração, o regime de sócios ou associados, os requisitos para a admissão dos sócios, os motivos que levam à demissão e exclusão, as causas de dissolução ou como se extinguirá e a destinação do capital, os direitos e deveres para com a associação, o funcionamento dos órgãos diretivos e deliberativos, a representação ativa e passiva em juízo e fora dele, as viabilidades de alteração do estatuto, a responsabilidade dos associados, as fontes de recursos, as funções dos sócios, os motivos de exclusão, além de outras cláusulas e avenças.

A discriminação dos requisitos está no art. 54, na redação da Lei nº 11.127, de 28.06.2005:

"Sob pena de nulidade, o estatuto das associações conterá:

I – a denominação, os fins e a sede da associação;

II – os requisitos para a admissão, demissão e exclusão dos associados;

III – os direitos e deveres dos associados;

IV – as fontes de recursos para a manutenção;

V – o modo de constituição e funcionamento dos órgãos deliberativos;

VI – as condições para a alteração das disposições estatutárias e para a dissolução;

VII – a forma de gestão administrativa e de aprovação das respectivas contas".

Quanto aos direitos e deveres, não são recíprocos entre os associados, como assinala o parágrafo único do art. 53: "Não há, entre os associados, direitos e obrigações recíprocos". Em relação ao grupo de pessoas, e dentro da associação, todos têm os mesmos direitos, sem que se impeça a divisão em categorias, com vantagens especiais, ou mais direitos em favor de uma do que a outra, colocada num grau inferior na escala hierárquica. É comum a divisão em classes de associados, uns com direito de voto, outros podendo participar unicamente de certas atividades. O art. 55 permite essa divisão: "Os associados devem ter iguais direitos, mas o estatuto poderá instituir categorias com vantagens especiais". Possível, portanto, a previsão, dentro da entidade, de uma graduação de associados, atingível um status superior por votação interna, ou pelos serviços prestados, ou pelo mérito, ou pelo período de tempo de associado.

Consoante o art. 58, garante-se o exercício dos direitos e funções conferidos aos sócios, exceto nos casos que constarem dos estatutos.

Essa qualidade de associado é intransferível, a menos que conste a autorização no estatuto, por força do art. 56: "A qualidade de associado é intransmissível, se o estatuto não dispuser o contrário". De sorte que, em princípio, não há compra ou outro modo de aquisição da qualidade de associado.

Na constituição da sociedade por quotas, ou por fração ideal do patrimônio, de forma que os associados sejam titulares de quotas ou frações, a sua transferência não importa na transferência automática da qualidade de associado, salvo permissão no estatuto. A disposição encontra-se no parágrafo único do art. 56: "Se o associado for titular de quota ou fração ideal do patrimônio da associação, a transferência daquela não importará, de per si, na atribuição da qualidade de associado ao adquirente ou ao herdeiro, salvo disposição diversa do estatuto".

Certas associações estabelecem requisitos especiais para a admissão, especialmente as de grupos fechados, de cunho religioso, ou de esportes, recreação, e de clubes sociais. Há mecanismos que conduzem a uma seleção de pessoas, ou que restringem o ingresso a quem apresenta um nível cultural mais elevado, e mesmo uma situação econômica privilegiada. Para tanto, exigem-se requisitos para o ingresso dificilmente alcançáveis pela maioria das pessoas, como o pagamento de taxas e mensalidades altas.

No concernente à exclusão, as causas são editadas pelos estatutos. Unicamente a infração grave comporta o afastamento obrigatório, ou a conduta que não se compactua com o espírito e os princípios basilares da associação. Há uma graduação de infrações, com as penalidades correspondentes, até chegar à de grau máximo, que é a exclusão. Encerra o art. 57, sobre a matéria: "A exclusão do associado só é admissível havendo justa causa, assim reconhecida em procedimento que assegure direito de defesa e de recurso, nos termos previstos no estatuto" (redação da Lei nº 11.127/05).

Deve-se assegurar a defesa ao associado, podendo manifestar-se reunião do corpo julgador ou na assembleia convocada, com a apresentação das provas que tiver à disposição, sem, entrementes, se igualar o julgamento aos rigores de um processo administrativo ou judicial. Admitem-se unicamente os meios que puder apresentar no ato.

Cabe, da decisão que decretar a exclusão, recurso para a assembleia geral, apesar da revogação do preceito que garantia esse recurso. O parágrafo único do art. 57 do Código Civil garantia a via recursal para os casos de destituição dos administradores e de alteração do estatuto. No entanto, houve a expressa revogação do preceito pela Lei nº 11.127. Mesmo assim, pensa-se que não é possível retirar esse direito, que é exercido na via administrativa.

O art. 59 arrola a competência da assembleia geral, convocável na forma do estatuto, e assegurando o art. 60 a convocação se requerida por um quinto dos associados. Eis a competência, conforme o art. 59, em redação da Lei nº 11.127, de 28.06.2005:

"I – destituir os administradores;
II – alterar o estatuto."

Todavia, outras atribuições lhe são afetas, se preverem os estatutos. Quanto às funções dos incisos I e II, na ordem do parágrafo único do art. 59, são necessários os votos fixados no estatuto ou, na omissão, pela assembleia, especialmente convocada para esse fim, cujo 'quorum' será estabelecido no estatuto, bem como o critério de eleição dos administradores. De acordo com o art. 60, no texto da citada Lei nº 11.127, garante-se a um quinto dos associados o direito de convocar a assembleia.

Na forma do art. 61 e seus parágrafos (art. 22 e parágrafo único do Código anterior), dissolvida a sociedade, depois de pagas as obrigações e entregues as quotas ou frações ideais do patrimônio ao associado titular das mesmas, o patrimônio remanescente se distribuirá à entidade de fins não econômicos prevista nos estatutos; na omissão, deliberarão os associados sobre a entrega a uma instituição municipal, estadual ou federal, de fins idênticos ou semelhantes. Na inexistência de tais entidades na sede da associação, o remanescente irá para a Fazenda do Estado, do Distrito Federal ou da União. Permite-se aos associados, havendo sobras, se constar dos estatutos, ou por aprovação na assembleia, decidir pelo reembolso das contribuições pagas à entidade.

Salientam-se as seguintes espécies de associações mais comuns:

– As associações de utilidade pública, dirigidas para atender finalidades assistenciais, educacionais, hospitalares, em geral subsidiadas por verbas públicas, desde que declaradas de utilidade pública federal, estadual ou municipal.
– As associações que congregam categorias profissionais, como as de companhias de seguro, de agentes de seguro, de autores de obras literárias, científicas ou artísticas.
– As associações de poupança e empréstimo regidas pelo Decreto-lei nº 70, de 1966.
– As associações de servidores ou funcionários públicos, de cooperativados, de empregados que se reúnem em categorias, de militares, de aviadores, de profissionais liberais, de produtores rurais, de industriais, de comerciários.
– As associações desportivas, dirigidas para organizar, ensinar, promover ou fomentar a prática dos desportos.
– As associações recreativas, para proporcionar o divertimento e o descanso de pessoas ligadas a setores da comunidade, a clubes sociais e aos mais diversos setores dos agrupamentos urbanos e rurais.

- As associações religiosas ou pias, formadas em torno de determinados credos, ou para o desempenho de atividades caritativas e filantrópicas, de assistência às pessoas carentes, de manutenção de santas casas de misericórdia, de atendimento a indigentes, a crianças abandonadas, a doentes, e mesmo para a prática da vida religiosa.
- As associações paroquiais, denominadas em geral como sociedades, são encarregadas de administrar os bens ou propriedades da Igreja católica, apostólica, romana.
- As confrarias ou irmandades religiosas, constituídas de grupos de pessoas leigas, submetidas, em determinados assuntos, à autoridade dos padres ou bispos, tendo como metas principais a prática do culto, a manutenção dos primados religiosos, o auxílio às autoridades eclesiásticas, a administração de bens da Igreja, a conservação de atos litúrgicos tradicionais, o incentivo da piedade, a propagação da fé.
- As ordens monásticas, reunindo grupos que se isolam da convivência social comum, optando pela vida contemplativa, de oração e espiritual, em grupos isolados, com votos de pobreza, obediência e castidade.
- As associações espiritualistas ou espíritas, com a finalidade de propagar e conservar as práticas e a crença na reencarnação e outras doutrinas esotéricas e kardecistas.

Várias as modalidades de extinção das associações, como o distrato, a determinação legal, a dissolução por ato governamental ou judicial, a perda de objeto.

7.2.2. As sociedades

Define-se a sociedade como o contrato pelo qual duas ou mais pessoas convencionam reciprocamente unir os seus esforços ou recursos, visando o fim comum.[30] A ideia que se extrai do art. 981 do Código Civil (art. 1.363 do Código anterior) é um tanto diferente, dado o caráter econômico que procura imprimir: "Celebram contrato de sociedade as pessoas que reciprocamente se obrigam a contribuir, com bens ou serviços, para o exercício de atividade econômica e a partilha, entre si, dos resultados". É preciso convir, no entanto, que a sociedade pode firmar-se sem visar um fim econômico.

Em vista de seus objetivos, concebe-se como a organização na qual a atividade produtiva não é finalidade em si mesma, mas um meio para a realização de um ganho através da satisfação das necessidades de mercado.[31] Não resta

---

[30] Eduardo Espínola, ob. cit., *Dos Contratos Nominados no Direito Civil Brasileiro*, p. 373.
[31] Antônio Chaves, *Tratado de Direito Civil*, 3ª ed., São Paulo, Editora Revista dos Tribunais, 1984, vol. II, tomo II, p. 1.083.

dúvida de que se trata de um contrato sinalagmático, através do qual duas ou mais pessoas colocam alguma coisa em comum com vistas a partilhar o benefício que daí possa resultar.

Lembra-se, quanto à sua apresentação, que existem as personalizadas, ou afeiçoadas a uma das formas reguladas pelo Código Civil; e as não personalizadas, que são as de fato, ou não constituídas por um instrumento, ou, mesmo que venham exteriorizadas através de forma, não foram registradas.

Dentre as personificadas, destaca-se uma grande divisão das sociedades, que se manifesta em simples e em empresária, o que se passará a explicitar.

a) *As sociedades simples*

Analisam-se, primeiramente, as *sociedades simples*, cujas normas aplicáveis envolvem mormente as relativas às antigas sociedades civis sem fins econômicos, encontrando-se a regulamentação no Capítulo I do Subtítulo II, Título II, Livro II, da Parte Especial (Capítulo XI, Título V, Livro III da Parte Especial do Código de 1916). No Código Civil anterior, vinham determinações impondo a forma que deveria revestir a sociedade civil que, em limitada extensão, corresponde à atual sociedade simples.

Depreende-se, pela leitura do art. 987 do Código de 2002 (art. 1.366 do Código revogado), que só por escrito se admitirá a sua constituição, porquanto do mesmo se extrai que, nas questões entre sócios ou com terceiros, a prova escrita é necessária: "Os sócios, nas relações entre si ou com terceiros, somente por escrito podem provar a existência da sociedade, mas os terceiros podem prová-la de qualquer modo". Ademais, em consonância com o art. 45 (art. 18 do Código de 1916), a personalidade jurídica tem início com a inscrição do ato constitutivo, como estatutos e compromissos, no respectivo registro, precedendo, quando necessário, de autorização ou aprovação do Poder Executivo.

Neste aspecto, quanto às sociedades simples, é claro o art. 985 do Código Civil: "A sociedade adquire personalidade jurídica com a inscrição, no registro próprio e na forma da lei, dos seus atos constitutivos (arts. 45 e 1.150)". Obviamente, para se efetuar a inscrição, pressupõe-se o instrumento. Mesmo pela redação do art. 983 (art. 1.364 do Código anterior), impõe-se que as sociedades civis se revistam das formas estabelecidas nas leis comerciais, devendo, entrementes, ser inscritas no Registro Civil, o que implica a necessidade de contrato social, ou estatuto, ou outro instrumento de constituição.

A fim de caracterizar perfeitamente a sociedade, o registro conterá os seguintes requisitos, indispensáveis em qualquer tipo, que devem ser extraídos dos estatutos ou contrato social, de acordo com o art. 46 (anteriormente o art. 120 da Lei dos Registros Públicos – Lei nº 6.015, de 31.12.1973 –, e as modificações vindas da Lei nº 9.096, de 19.09.1995, e da Lei nº 9.042, de

9.05.1995, que revogavam o disposto no art. 19 do então Código Civil, que também discriminava os requisitos):

> "I – a denominação, os fins, a sede, o tempo de duração e o fundo social, quando houver;
>
> II – o nome e a individualização dos fundadores ou instituidores, e dos diretores;
>
> III – o modo por que se administra e representa, ativa e passivamente, judicial e extrajudicialmente;
>
> IV – se o ato constitutivo é reformável no tocante à administração, e de que modo;
>
> V – se os membros respondem, ou não, subsidiariamente, pelas obrigações sociais;
>
> VI – as condições de extinção da pessoa jurídica e o destino do seu patrimônio, nesse caso."

Tais elementos deverão constar do registro, que serão retirados dos estatutos, ou contrato social, ou outro ato constitutivo. O instrumento de constituição conterá os elementos que assinalam a forma de pessoa jurídica prevista no Código Civil. Para a sociedade simples, eis os elementos, consoante o art. 997, de modo geral exigíveis para qualquer sociedade, acrescidos daqueles específicos para o tipo particular de sociedade:

> "A sociedade constitui-se mediante contrato escrito, particular ou público, que, além de cláusulas estipuladas pelas partes, mencionará:
>
> I – nome, nacionalidade, estado civil, profissão e residência dos sócios, se pessoas naturais, e a firma ou a denominação, nacionalidade e sede dos sócios, se jurídica;
>
> II – denominação, objeto, sede e prazo da sociedade;
>
> III – capital da sociedade, expresso em moeda corrente, podendo compreender qualquer espécie de bens, suscetíveis de avaliação pecuniária;
>
> IV – a quota de cada sócio no capital social, e o modo de realizá-la;
>
> V – as prestações a que se obriga o sócio, cuja contribuição consista em serviços;
>
> VI – as pessoas naturais incumbidas da administração da sociedade, e seus poderes e atribuições;
>
> VII – a participação de cada sócio nos lucros e nas perdas;
>
> VIII – se os sócios respondem, ou não, subsidiariamente, pelas obrigações sociais".

Outrossim, consoante o art. 121 da Lei dos Registros Públicos, em texto modificado pela Lei nº 9.096, de 19.05.1995, para o registro serão apresentadas duas vias do estatuto, compromisso ou contrato, pelas quais far-se-á o registro mediante petição do representante legal da sociedade, lançando o oficial, nas duas vias, a competente certidão do registro, com o respectivo número de ordem, livro e folha. Uma das vias será entregue ao representante e a outra arquivada em cartório, rubricando o oficial as folhas em que estiver impresso o contrato, compromisso ou estatuto. A forma de apresentação, com pequenas diferenças, também consta no art. 998 do Código Civil, dirigido às sociedades simples, isto é, para aquelas sociedades civis que não têm um tipo especial descrito: "Nos 30 (trinta) dias subsequentes à sua constituição, a sociedade deverá requerer a inscrição do contrato social no Registro Civil das Pessoas Jurídicas do local de sua sede".

Descreve o § 1º como se fará o encaminhamento do pedido de inscrição: "O pedido de inscrição será acompanhado do instrumento autenticado do contrato, e, se algum sócio nele houver sido representado por procurador, o da respectiva procuração, bem como, se for o caso, da prova de autorização da autoridade competente".

Já o § 2º, explicando a maneira de se proceder a inscrição: "Com todas as indicações enumeradas no artigo antecedente, será a inscrição tomada por termo no livro de registro próprio, e obedecerá a número de ordem contínua para todas as sociedades inscritas".

Outros elementos são ressaltados por Antônio Chaves, para inserirem-se nos instrumentos, para a finalidade de dirimir futuras dúvidas ou prevenir controvérsias. Assim, no tocante ao capital, expresso em moeda corrente, discriminam-se os bens nos quais se realizará; descrevem-se as prestações para integralizar o capital; discriminam-se os direitos e deveres dos sócios, os casos de extinção e dissolução, as penalidades etc.[32]

Não se pode esquecer, como já foi observado, que essas pessoas jurídicas têm o prazo até 11 de janeiro de 2007 para se adaptarem às novas regras nele estabelecidas, de acordo com o art. 2.031, em texto vindo com a Lei nº 11.127, de 28.06.2005: "As associações, sociedades e fundações, constituídas na forma das leis anteriores, bem como os empresários, deverão se adaptar às disposições deste Código até 11 de janeiro de 2007".

b) *As sociedades empresárias*

As sociedades *empresárias*, que correspondem às antigas sociedades comerciais e industriais, são aquelas que têm por objeto o exercício de atividade própria do empresário (art. 982 do Código Civil atual), isto é, com destinação dirigida à produção ou à circulação de bens ou de serviços (art. 966 do Código Civil atual), apresentando várias espécies, ainda valendo a seguinte classificação: a sociedade em nome coletivo, a sociedade em comandita simples, a sociedade em conta de participação, a sociedade de responsabilidade limitada, a sociedade por ações, a sociedade em comandita por ações e a sociedade cooperativa. A

---

[32] *Tratado de Direito Civil*, 3ª ed., São Paulo, Editora Revista dos Tribunais, 1984, vol. II, tomo II, p. 1.086.

regulamentação de cada tipo consta no Livro II da Parte Especial, Títulos I e II, do Código Civil, com exceção das sociedades anônimas, que se submetem à regência da lei especial (basicamente a Lei nº 6.404, de 15.12.1976).

Em nome coletivo é a sociedade em que todos os sócios possuem responsabilidade subsidiária, ilimitada e solidária pelas obrigações sociais.

A sociedade em comandita simples corresponde àquela composta de sócios com responsabilidade subsidiária, solidária e ilimitada e sócios que respondem apenas pela importância de sua participação no capital.

A sociedade em conta de participação só aparece, perante terceiros, por meio de um dos sócios, o qual responde ilimitadamente pelas obrigações assumidas, sendo que a sua existência como sociedade restringe-se aos sócios.

A sociedade por quotas de responsabilidade limitada é aquela em que os sócios respondem, perante terceiros, pelo total do capital social. Todavia, cada sócio arca pelo que falta para integralizar a sua quota, na lição de Nelson Abrão: "Cada sócio deve, como primeira obrigação, no que tange à integralização do capital, carrear o montante do valor de sua quota e, quando posto em xeque globalmente o patrimônio social (liquidação, falência, execução singular, afetando todo o patrimônio), completar o faltante ao capital sob pena de incorrer na ilimitação de sua responsabilidade patrimonial".[33]

A sociedade por ações tem o capital social dividido em partes iguais, denominadas *ações*, que são títulos negociáveis livremente, limitando-se a responsabilidade dos sócios às importâncias das ações subscritas. Aponta Rubens Requião dois requisitos fundamentais na sua caracterização: "a) Capital social dividido em ações; b) responsabilidade dos sócios limitada ao preço de emissão das ações".[34]

A sociedade em comandita por ações tem duas espécies de sócios: os diretores ou gerentes, que respondem subsidiária, solidária e ilimitadamente pelas obrigações sociais; e os sócios que não se revestem de tal qualidade, que simplesmente adquiriram ações, arcando com as obrigações no correspondente às ações adquiridas.

A sociedade cooperativa veio contemplada nos arts. 1.093 a 1.096 do Código Civil (era omisso o Código anterior), sendo a formada por um grupo de pessoas ligado a determinado setor de atividade ou produção, objetivando o bem comum, desde que presentes as seguintes características, elencadas pelo art. 1.094:

"I – variabilidade, ou dispensa do capital social;

II – concurso de sócios em número mínimo necessário a compor a administração da sociedade, sem limitação de número máximo;

---

[33] *Sociedade por Quotas de Responsabilidade Limitada* (atualização por Carlos Henrique Abrão), 6ª ed., São Paulo, Editora Revista dos Tribunais, 1998, p. 78.

[34] *Curso de Direito Comercial*, 18ª ed., São Paulo, Editora Saraiva, 1992, 2º vol., p. 2.

III – limitação do valor da soma de quotas do capital social que cada sócio poderá tomar;

IV – intransferibilidade das quotas do capital a terceiros estranhos à sociedade, ainda que por herança;

V – *quorum*, para a assembleia geral funcionar e deliberar, fundado no número de sócios presentes à reunião, e não no capital social representado;

VI – direito de cada sócio a um só voto nas deliberações, tenha ou não capital a sociedade, e qualquer que seja o valor de sua participação;

VII – distribuição dos resultados, proporcionalmente ao valor das operações efetuadas pelo sócio com a sociedade, podendo ser atribuído juro fixo ao capital realizado;

VIII – indivisibilidade do fundo de reserva entre os sócios, ainda que em caso de dissolução da sociedade".

Entre todas, salientam-se a sociedade limitada e a por ações (anônima), observando, no pertinente à sua constituição, Fábio Ulhoa Coelho: "A sociedade limitada, normalmente relacionada à exploração de atividades econômicas de pequeno e médio porte, é constituída por um contrato celebrado entre os sócios. O seu ato constitutivo é, assim, o contrato social, instrumento que eles assinam para ajustarem os seus interesses recíprocos. Já a sociedade anônima – também chamada 'companhia' – se relaciona normalmente à exploração de grandes atividades econômicas, e o documento básico de disciplina das relações entre os sócios se denomina estatuto".[35]

Havia, no regime do Código Comercial de 1850, a sociedade de capital e indústria, composta de sócios que entravam com o capital e sócios cuja participação era unicamente o trabalho.

Todas as sociedades constituem-se de contrato social, ou de ata de fundação, ou documento equivalente, podendo ser instrumento público, no qual se inserem os requisitos necessários para identificar a pessoa jurídica, os nomes dos sócios e sua qualificação completa, a firma pela qual deve ser conhecida (em caso de sociedade por pessoas), a sua constituição, o objeto, a forma de sua administração, o capital, a remuneração dos administradores, a distribuição dos dividendos ou lucros, a época da prestação de contas, o prazo de duração, os modos de dissolução e o destino do capital.

Há necessidade do registro, denominado, quanto às sociedades comerciais, de 'arquivamento', não se confundindo com a matrícula, que se restringe a certos agentes ou profissionais, como aos leiloeiros, aos tradutores públicos, aos intérpretes comerciais, aos trapicheiros e administradores de armazéns-gerais. Explica Fábio Ulhoa Coelho que "o arquivamento se refere à generalidade dos atos levados ao registro de empresas. Assim, os de constituição, alteração, dis-

---

[35] *Curso de Direito Comercial*, vol. 1, São Paulo, Editora Saraiva, 1998, p. 63.

solução e extinção de sociedade (não só das empresárias, como também das cooperativas) são arquivados na Junta. Também serão objeto de arquivamento a individuação do empresário que desempenha atividade lucrativa, os atos relativos a consórcio e grupo de sociedades, as autorizações de empresas estrangeiras e as declarações de microempresas. Do mesmo modo será arquivado qualquer documento que, por lei, deva ser registrado pela Junta Comercial, como, por exemplo, as atas de assembleias gerais de sociedades anônimas. Esses documentos todos, de registro obrigatório, só produzem efeitos jurídicos válidos, após a formalidade do arquivamento".[36]

O registro é regulado pela Lei nº 8.934, de 18.11.1994, ordenando que qualquer sociedade com finalidade econômica, independentemente de seu objeto, será registrada no órgão próprio. Realmente, esta lei, bem como o Decreto nº 1.800, de 30.01.1996, que a regulamentou, estabelecem que o registro compreende o arquivamento dos atos relativos à constituição, alteração, dissolução e extinção de firmas mercantis individuais, sociedades mercantis e cooperativas, dos atos relativos a consórcios e grupo societário, assim como dos atos concernentes às empresas estrangeiras autorizadas a operar no Brasil (art. 32, inc. II, alíneas *a*, *b* e *c*). O art. 6º do Decreto nº 1.800 confere às Juntas Comerciais proceder o registro das empresas mercantis e cooperativas, e inclusive de empresas mercantis estrangeiras, autorizadas a funcionar no Brasil.

Quanto à sociedade formada para a prestação de serviços de advocacia, registra-se junto aos órgãos da Ordem dos Advogados do Brasil. E assim as sociedades que envolvem o exercício de outras profissões regulamentadas, com órgãos próprios que as dirigem, como a de medicina, de odontologia, de engenharia e arquitetura etc.

A falta de registro das pessoas jurídicas importa, dentre outros efeitos, de acordo com o art. 990 do Código Civil, na responsabilidade solidária e ilimitada de todos os sócios pelas obrigações sociais, ficando excluído do benefício de ordem aquele que contratou pela sociedade. Pelo benefício de ordem, contemplado no art. 1.024, os bens particulares dos sócios não podem ser executados por dívidas da sociedade, senão depois de executados os bens sociais.

A omissão do ato não impede, todavia, a agir contra terceiros, restrição que vinha no Código anterior, no art. 20, § 2º.

Sobre a matéria, adverte Fábio Ulhoa Coelho: "A principal sanção imposta à sociedade empresária que explora irregularmente sua atividade econômica, isto é, que funciona sem registro na Junta Comercial, é a responsabilidade ilimitada dos sócios pelas obrigações da sociedade. O arquivamento do ato constitutivo da pessoa jurídica – contrato social da limitada, ou os estatutos da anônima – no registro de empresas, é condição, nos termos do art. 301,[37]

---

[36] *Curso de Direito Comercial*, vol. 1, ob. cit., p. 68.
[37] Artigo revogado pela Lei nº 10.406, de 10.01.2002.

in fine, do Código Comercial, para a limitação da responsabilidade dos sócios... Além dessa sanção, a sociedade empresária irregular não tem legitimidade ativa para o pedido de falência de outro comerciante (LF, art. 9º, III, *a*, do Decreto-lei 7.661/1945 – Revogado pela Lei n. 11.101/2005, que prevê a hipótese no art. 97, inc. IV e § 1º) e não pode impetrar concordata, preventiva ou suspensiva".[38] Acrescentam-se outras sanções, como impossibilidade de inscrições nos cadastros gerais dos contribuintes das Receitas Federal e Estadual, inviabilizando-se o exercício da própria atividade.

Diante do art. 12, inc. VII, do Código de Processo Civil (art. 75, inc. IX, do novo CPC, cuja redação é a seguinte: "Art. 75. Serão representados em juízo, ativa e passivamente..." "IX - a sociedade e a associação irregulares e outros entes organizados sem personalidade jurídica, pela pessoa a quem couber a administração de seus bens"), tem evoluído a interpretação, no sentido de admitir mais direitos à sociedade sem registro, ou não personificada. Consignando o dispositivo que é representada, em juízo, ativa e passivamente, a sociedade sem personalidade jurídica pela pessoa a quem couber a administração de seus bens, tem-se admitido o ingresso em juízo das sociedades de fato, e assim os condomínios, os consórcios, as incorporadoras e outras sociedades de fato. Do contrário, favorecer-se-ia o enriquecimento ilícito, especialmente nos condomínios não organizados e registrados.

7.2.3. As fundações

Disciplina o Código Civil – art. 44, III – as fundações particulares. São constituídas por um patrimônio destinado por uma pessoa física ou jurídica a um fim especial, de cunho altruístico, ou cultural, ou científico, ou, mais especificamente na delimitação do parágrafo único do art. 62 do Código Civil, alterado pela Lei nº 13.151/2015, restritamente para fins de assistência social; cultura, defesa e conservação do patrimônio histórico e artístico; educação; saúde; segurança alimentar e nutricional; defesa, preservação e conservação do meio ambiente e promoção do desenvolvimento sustentável; pesquisa científica, desenvolvimento de tecnologias alternativas, modernização de sistemas de gestão, produção e divulgação de informações e conhecimentos técnicos e científicos; promoção da ética, da cidadania, da democracia e dos direitos humanos; e das atividades religiosas. São pessoas jurídicas, mas não sociedades, cuja distinção resta bem definida por Mário Diney Corrêa Bittencourt: "O legislador teve em seu espírito a nítida diferença de natureza e estrutura que existe entre as sociedades civis e as fundações, embora tenham em comum a qualidade de pessoas jurídicas de direito privado.

---

[38] *Curso de Direito Comercial*, ob. cit., vol. 1, pp. 71 e 72.

Distinguem-se como água e vinho as sociedades civis e as fundações. Por esse motivo e por essa razão, são institutos jurídicos disciplinados por normas diferentes, situadas em seções diferentes do Código Civil. Não se confundem, de modo algum.

As sociedades civis têm membros (art. 20, *caput*, e § 2º, e art. 21, inc. I, do Código Civil) ou sócios (arts. 22 e 23). Tudo indica que, nesses dispositivos legais, os vocábulos 'membros' e 'sócios' foram empregados como sinônimos pelo legislador de 1916. Nas fundações, como se trata de 'dotação de bens livres' com especificação do fim a que se destina (art. 24 do Código Civil), não há 'membros nem sócios'. Nas sociedades civis ou comerciais há partes contratantes, que se obrigam mutuamente a combinar seus esforços ou recursos para lograr fins comuns (art. 1.363 do C. Civ.). Nas fundações, não há partes contratantes, nem sócios, nem entradas de sócios (arts. 1.276, 1.377, 1.378, 1.381 e 1.390 do C. Civ.), ou quinhão social (arts. 1.372 e 1.388 do C. Civ.), que gerem participações em resultados, a título de lucros (arts. 1.379, 1.381, 1.409 do C. Civ.)".[39] Os dispositivos do Código Civil anterior citados correspondem aos arts. 40 e seguintes, e aos arts. 997 e seguintes do atual Código Civil.

Estabelece-se a criação das fundações mediante duas formas: ou por escritura pública, ou por testamento, em vista do art. 62 do Código. No ato, dispõe-se quanto à administração.

Define-se, pois, a fundação como uma instituição com personalidade jurídica própria, constituída por pessoa física ou jurídica, tendo por objeto um fim de utilidade pública ou beneficente. Os antigos comentadores a definiam como uma universalidade de bens personalizada. Destaca-se um patrimônio a uma finalidade específica, dando-lhe uma personalidade jurídica. Um indivíduo ou um grupo de pessoas, através de ata ou outro documento, cria a fundação, a partir de um patrimônio ou acervo inicial, tendo em vista uma finalidade determinada, como uma instituição educacional, ou de amparo a carentes. Envolve a destinação de um acervo de bens, que se reveste, por força da lei, de capacidade jurídica para realizar finalidades pretendidas pelo instituidor. É indispensável que os fins visados sejam sempre altruísticos, visando estimular ou promover a cultura, a ciência, o amparo, a filantropia, a saúde pública, a educação.

A ideia nuclear de fundação está no art. 62 do Código Civil: "Para criar uma fundação, o seu instituidor fará, por escritura pública ou testamento, dotação especial de bens livres, especificando o fim a que se destina e declarando, se quiser, a maneira de administrá-la".

---

[39] "Fundações. Direito Civil. Dissolução. Possibilidade de Incorporação de seu Patrimônio a outra Fundação. Impossibilidade de Transformação em Sociedade", em *Revista Forense*, nº 349, p. 465.

O parágrafo único, alterado pela Lei nº 13.151/2015, restringe a finalidade para fins de assistência social; cultura, defesa e conservação do patrimônio histórico e artístico; educação; saúde; segurança alimentar e nutricional; defesa, preservação e conservação do meio ambiente e promoção do desenvolvimento sustentável; pesquisa científica, desenvolvimento de tecnologias alternativas, modernização de sistemas de gestão, produção e divulgação de informações e conhecimentos técnicos e científicos; promoção da ética, da cidadania, da democracia e dos direitos humanos; e das atividades religiosas, de modo a restar bem definida a proibição de se instituir para finalidades econômicas.

Outrossim, é necessário que o patrimônio destinado se revele suficiente e capaz de alcançar os objetivos visados. Do contrário, não terá condições de perdurar e muito menos de alcançar o propósito a que se propôs o instituidor. Revelando-se insuficientes os bens, se não especificar diferentemente o instituidor, incorporar-se-ão a outra fundação ligada a um fim igual ou semelhante, em consonância com o ordenado no art. 63: "Quando insuficientes para constituir a fundação, os bens a ela destinados serão, se de outro modo não dispuser o instituidor, incorporados em outra fundação que se proponha a fim igual ou semelhante".

Se se constituir entre vivos a fundação, obriga o art. 64 a transferir a propriedade, ou outro direito real incidente sobre os bens dotados, sem protelações. Tal não ocorrendo, pode-se providenciar judicialmente na ordem para o registro imobiliário, o que se conseguirá por meio de uma ação própria, facultada a legitimidade ao Ministério Público, que é o curador natural desta espécie de pessoa jurídica.

Consoante o art. 65 e seu parágrafo único, uma vez tendo ciência do ato instituidor da fundação, por escritura pública ou ato de última vontade, as pessoas encarregadas para a aplicação do patrimônio providenciarão na formulação dos estatutos, seguindo as bases do ato de instituição, e encaminharão à aprovação da autoridade competente, para o devido registro, assegurado recurso ao juiz se negado. Não vindo o estatuto no prazo que estiver estipulado, ou em cento e oitenta dias caso inexista a previsão do prazo, ao Ministério Público caberá a incumbência de sua elaboração.

O Código de Processo Civil de 1973 dita o ritual da aprovação.

De acordo com seu art. 1.199 (sem disposição equivalente no novo CPC, pois a matéria não é processual), o instituidor, ao criar a fundação, elaborará o seu estatuto ou designará quem o faça. O interessado submeterá o estatuto ao órgão do Ministério Público, que verificará a observância ou não das bases da fundação, e se os bens são suficientes ao fim objetivado. Se este o aprovar, simplesmente registra-se a fundação. Se não aprovar, ou exigir alterações, à parte faculta-se o ingresso em juízo, para a devida aprovação, através de procedimento de jurisdição voluntária, regulado pelos arts. 1.103 a 1.112 da lei processual civil (arts. 719 a 725 do novo CPC). Este é um dos casos em que se demanda a discussão judicial, facultando-se ao juiz determinar modificações e outras providências. Outras duas situações contempla a lei, no art. 1.202 (disposição não prevista no novo CPC, eis que se trata de matéria própria do direito civil), e que dizem com a falta de estatuto próprio: "I – quando o instituidor não o fizer, nem nomear quem o faça; II – quando a pessoa encarregada não cumprir o encargo no prazo assinado pelo instituidor ou, não havendo prazo, dentro em 6 (seis) meses". Nesses casos, ao Ministério Público incumbe elaborar os estatutos, e submetê-los à aprovação do juiz, que, naturalmente, mandará ouvir eventuais interessados.

Quando já pronto o estatuto, e havendo concordância do Ministério Público, simplesmente registra-se. O art. 1.201 da lei processual civil (sem regra igual no novo CPC), inapropriadamente, ordena a autuação do pedido ao Ministério Público, quando sequer ingressa-se, nessa fase, em juízo. Explica José Olympio de Castro Filho: "O parecer do Ministério Público é dado no próprio documento, ou em separado, e os autos somente irão ser formados, e, pois, existirá autuação, quando, se negada a aprovação do Ministério Público, o interessado requerer ao juiz a aprovação mediante petição (§ 1º do art. 1.201), com o que, então, se iniciarão os autos".[40]

O CPC/2015 trata da aprovação do estatuto no art. 764 e em seus parágrafos, merecendo a devida transcrição:

> "O juiz decidirá sobre a aprovação do estatuto das fundações e de suas alterações sempre que o requeira o interessado, quando:
>
> I - ela for negada previamente pelo Ministério Público ou por este forem exigidas modificações com as quais o interessado não concorde;
>
> II - o interessado discordar do estatuto elaborado pelo Ministério Público.
>
> § 1º O estatuto das fundações deve observar o disposto na Lei nº 10.406, de 10 de janeiro de 2002 (Código Civil).
>
> § 2º Antes de suprir a aprovação, o juiz poderá mandar fazer no estatuto modificações a fim de adaptá-lo ao objetivo do instituidor".

Por conseguinte, afora as previsões de submissão do processo ao Judiciário, é administrativa a aprovação, pois restrita ao Ministério Público.

No Registro Civil de Pessoas Jurídicas se procederá o registro, seguindo-se os preceitos dos arts. 114 a 121 da Lei nº 6.015, de 31.12.1973. É de cento e oitenta dias o prazo para a formalização dos estatutos, caso não previsto outro lapso de tempo no ato do instituidor. Na omissão dos encarregados, ao Ministério Público se incumbe a tarefa da elaboração, o que fará após ter ciência da disposição, e desde que entenda conveniente, ou conclua pela viabilidade de alcançar os objetivos propostos, que devem naturalmente destinar-se a uma

---

[40] *Comentários ao Código de Processo Civil*, Rio de Janeiro, Forense, 1976, vol. X, p. 305.

finalidade constante no parágrafo único do art. 62 do Código Civil, alterado pela Lei nº 13.151/2015.

O art. 66 e parágrafos do Código Civil atribuem ao Ministério Público do Estado onde se situam velar pelas fundações, incumbência cometida ao Ministério Público do Distrito Federal e Territórios se estiverem localizadas no Distrito Federal ou nos Territórios; caso estenderem a atividade por mais de um Estado, o encargo recai ao Ministério Público de cada um deles.

Discrimina o art. 67 as condições para a alteração dos estatutos, devendo a reforma:

> "I – seja deliberada por dois terços no mínimo dos membros competentes para gerir e representar a fundação;
>
> II – não contrariar ou desvirtuar o fim desta;
>
> III – seja aprovada pelo órgão do Ministério Público no prazo máximo de 45 (quarenta e cinco) dias, findo o qual ou no caso de o Ministério Público a denegar, poderá o juiz supri-la, a requerimento do interessado. (Redação dada pela Lei nº 13.151, de 2015)."

Pelo art. 68, não logrando a alteração aprovação unânime, os administradores requererão ao Ministério Público que se dê ciência à minoria vencida, para a impugnação, se assim entender, no prazo de dez dias. Há de se esclarecer que este procedimento, embora sugira a instauração de um processo contencioso, não perde o caráter administrativo, reservando-se sempre a via judicial, para a desconstituição do ato.

O art. 69 (art. 30 do Código da Lei nº 3.071) elenca os casos de extinção da fundação:

a) se tornar-se ilícita, impossível ou inútil a finalidade a que visa;

b) se vencido o prazo de sua existência.

Em suma, se não mais cumprir os objetivos determinantes de sua criação, seja por desvirtuamento das atividades e finalidades, seja pelo vencimento do prazo, permite-se a extinção, a ser promovida pelo Ministério Público ou qualquer interessado. Incorpora-se o patrimônio a outra fundação designada pelo juiz, que desenvolva fim igual ou semelhante, se os atos de instituição não derem outra destinação.

De observar, finalmente, que todas as fundações, mesmo as instituídas para fins diversos dos previstos no parágrafo único do art. 62 – para fins religiosos, morais, culturais ou de assistência –, seguem as determinações do Código Civil, devendo se adaptar, em razão do art. 2.032: "As fundações, instituídas segundo a legislação anterior, inclusive as de fins diversos dos previstos no parágrafo único do art. 62, subordinam-se, quanto ao seu funcionamento, ao disposto neste Código".

7.2.4. As organizações religiosas e os partidos políticos

Quanto às organizações religiosas, a criação, a organização, a estruturação interna e o funcionamento, em vista do § 1º do art. 44 da lei civil, na versão da Lei nº 10.825/2003, são livres, não cabendo ao Poder Público negar-lhes o conhecimento ou o registro. Entrementes, desde que lícitas, e constituídas com estatutos devidamente inscritos no Registro Civil das Pessoais Jurídicas, consoante já observado.

A forma livre de sua constituição, entrementes, não importa em desconsiderar requisitos mínimos, que são os das associações, pela semelhança de natureza. Do contrário, importa na sua indefinição e na própria inexistência. Assim, remete-se ao item acima, onde ficou abordada a matéria.

Quanto aos partidos políticos, a constituição está regulamentada pela Lei nº 9.096, de 19.09.1995, nos arts. 8º, 9º, 10 e 11, sendo relevante a sua transcrição:

"Art. 8º O requerimento do registro de partido político, dirigido ao cartório competente do Registro Civil das Pessoas Jurídicas, da Capital Federal, deve ser subscrito pelos seus fundadores, em número nunca inferior a cento e um, com domicílio eleitoral em, no mínimo, um terço dos Estados, e será acompanhado de:

I – cópia autêntica da ata da reunião de fundação do partido;

II – exemplares do Diário Oficial que publicou, no seu inteiro teor, o programa e o estatuto;

III – relação de todos os fundadores com o nome completo, naturalidade, número do título eleitoral com a Zona, Seção, Município e Estado, profissão e endereço da residência.

§ 1º O requerimento indicará o nome e função dos dirigentes provisórios e o endereço da sede do partido na Capital Federal.

§ 2º Satisfeitas as exigências deste artigo, o Oficial do Registro Civil efetua o registro no livro correspondente, expedindo certidão de inteiro teor.

§ 3º Adquirida a personalidade jurídica na forma deste artigo, o partido promove a obtenção do apoiamento mínimo de eleitores a que se refere o § 1º do art. 7º e realiza os atos necessários para a constituição definitiva de seus órgãos e designação dos dirigentes, na forma do seu estatuto.

Art. 9º Feita a constituição e designação, referidas no § 3º do artigo anterior, os dirigentes nacionais promoverão o registro do estatuto do partido junto ao Tribunal Superior Eleitoral, através de requerimento acompanhado de:

I – exemplar autenticado do inteiro teor do programa e do estatuto partidários, inscritos no Registro Civil;

II – certidão do registro civil da pessoa jurídica, a que se refere o § 2º do artigo anterior;

III – certidões dos cartórios eleitorais que comprovem ter o partido obtido o apoiamento mínimo de eleitores a que se refere o § 1º do art. 7º.

§ 1º A prova do apoiamento mínimo de eleitores é feita por meio de suas assinaturas, com menção ao número do respectivo título eleitoral, em listas organizadas para cada Zona, sendo a veracidade das respectivas assinaturas e o número dos títulos atestados pelo Escrivão Eleitoral.

§ 2º O Escrivão Eleitoral dá imediato recibo de cada lista que lhe for apresentada e, no prazo de quinze dias, lavra o seu atestado, devolvendo-a ao interessado.

§ 3º Protocolado o pedido de registro no Tribunal Superior Eleitoral, o processo respectivo, no prazo de quarenta e oito horas, é distribuído a um Relator, que, ouvida a Procuradoria-Geral, em dez dias, determina, em igual prazo, diligências para sanar eventuais falhas do processo.

§ 4º Se não houver diligências a determinar, ou após o seu atendimento, o Tribunal Superior Eleitoral registra o estatuto do partido, no prazo de trinta dias.

Art. 10. As alterações programáticas ou estatutárias, após registradas no Ofício Civil competente, devem ser encaminhadas, para o mesmo fim, ao Tribunal Superior Eleitoral.

Parágrafo único. O Partido comunica à Justiça Eleitoral a constituição de seus órgãos de direção e os nomes dos respectivos integrantes, bem como as alterações que forem promovidas, para anotação:

I – no Tribunal Superior Eleitoral, dos integrantes dos órgãos de âmbito nacional;

II – nos Tribunais Regionais Eleitorais, dos integrantes dos órgãos de âmbito estadual, municipal ou zonal.

Art. 11. O partido com registro no Tribunal Superior Eleitoral pode credenciar, respectivamente:

I – delegados perante o Juiz Eleitoral;

II – delegados perante o Tribunal Regional Eleitoral;

III – delegados perante o Tribunal Superior Eleitoral.

Parágrafo único. Os delegados credenciados pelo órgão de direção nacional representam o partido perante quaisquer Tribunais ou Juízes Eleitorais; os credenciados pelos órgãos estaduais, somente perante o Tribunal Regional Eleitoral e os Juízes Eleitorais do respectivo Estado, do Distrito Federal ou Território Federal; e os credenciados pelo órgão municipal, perante o Juiz Eleitoral da respectiva jurisdição".

7.2.5. As empresas individuais de responsabilidade limitada

A caracterização ficou abordada no item 6.1.b) do presente capítulo.

As empresas individuais de responsabilidade limitada (EIRELI) se constituem por um único indivíduo, que será o titular da totalidade do capital social, devidamente integralizado, sendo que não poderá ser inferior a cem vezes o maior salário mínimo vigente no País, como se colhe do art. 980-A do Código Civil, em redação trazida pela Lei nº 12.441/20011, matéria já observada.

A Professora Maria Bernadete Miranda, em excelente e metódica síntese, discrimina os elementos constitutivos da empresa:

No preâmbulo do ato constitutivo da empresa individual de responsabilidade limitada deverá constar:

a) qualificação do titular da empresa e, se for o caso, de seu procurador: nome civil, por extenso; nacionalidade; estado civil; data de nascimento; profissão; documento de identidade, número e órgão expedidor; cadastro de pessoas físicas; endereço residencial (tipo e nome do logradouro, nº, complemento, bairro, município, unidade federativa e CEP; e
b) tipo jurídico: Empresa Individual de Responsabilidade Limitada.

O corpo do ato constitutivo deverá contemplar, obrigatoriamente, as seguintes cláusulas, conforme disposto no art. 980-A e parágrafos c/c art 1.054, do Código Civil de 2002:

a) nome empresarial, que poderá ser firma ou denominação, do qual constará obrigatoriamente, como última expressão, a abreviatura EIRELI;
b) capital expresso em moeda corrente, equivalente a pelo menos, 100 (cem) vezes o maior salário mínimo vigente no País;
c) declaração de integralização de todo o capital;
d) endereço completo da sede (tipo e nome do logradouro, número, complemento, bairro/distrito, município, unidade federativa e CEP), bem como o endereço das filiais;
e) declaração precisa e detalhada do objeto da empresa;
f) prazo de duração da empresa;
g) data de encerramento do exercício social, quando não coincidente com o ano civil;
h) a(s) pessoa(s) natural(is) incumbida(s) da administração da empresa, e seus poderes e atribuições; (*Revista Eletrônica de Direito, Justiça e Cidadania vol.5, nº 1, 2014*).
i) qualificação do administrador, caso não seja o titular da empresa; e
j) declaração de que o seu titular não participa de nenhuma outra empresa dessa modalidade.

Sendo o administrador nomeado no ato constitutivo, é obrigatória a indicação de seus poderes e atribuições.

O ato constitutivo poderá conter cláusulas facultativas; são elas: a) atos que dependam de aprovação prévia do titular da empresa para que possam ser adotados pela administração (por exemplo, assinatura de contratos acima de determinado valor, alienação de ativos etc.); b) declaração, sob as penas da lei, de que o administrador não está impedido, por lei especial, e nem condenado ou encontrar-se sob os efeitos de condenação, que o proíba de exercer a administração de empresa individual de responsabilidade limitada; c) outras, de interesse do titular da empresa.

Na parte final do ato constitutivo da empresa individual de responsabilidade limitada deverá constar a localidade, data, nome do titular e sua assinatura. O ato constitutivo da empresa individual de responsabilidade limitada deverá ser assinado por seu titular. A assinatura será lançada com a indicação do nome do signatário, por extenso, de forma legível, não sendo necessário o reconhecimento da firma. Na dúvida quanto à veracidade da assinatura aposta, deverá a Junta Comercial exigir o reconhecimento da firma".[41]

Também se insere cláusula na qual se declara, sob as penas da lei, que o administrador ou o titular não está impedido de ser empresário, nem se condenado ou sob os efeitos de condenação que o proíba de exercer a administração de empresa individual de responsabilidade.

Questão relevante diz respeito à possibilidade ou não de ser a empresa constituída unicamente por pessoa natural ou também por pessoa jurídica, como por outra sociedade. Para chegar a uma conclusão, é necessário observar que o art. 980-A somente restringe a constituição por um único titular, sem obrigar que ele seja pessoa natural. Já o § 2º do citado dispositivo não permite que a pessoa natural constitua uma outra empresa da mesma modalidade de empresa individual. *A contrario sensu*, não se impede que uma pessoa jurídica constitua empresa individual de responsabilidade limitada. A abertura para esse entendimento está na referência, pelo § 2º, da restrição à pessoa natural, levando-se a admitir a possibilidade de constituição por pessoa jurídica.

Também de lembrar a Lei nº 12.470/2011, acrescentando os §§ 4º e 5º ao art. 968 do Código Civil, que trata dos atos de abertura, registro, alteração e baixa do microempreendedor individual, autorizando a sua realização através de meios eletrônicos, e insistindo no trâmite especial e simplificado. Eis as regras:

> "§ 4º O processo de abertura, registro, alteração e baixa do microempreendedor individual de que trata o art. 18-A da Lei Complementar nº 123, de 14 de dezembro de 2006, bem como qualquer exigência para o início de seu funcionamento deverão ter trâmite especial e simplificado, preferentemente eletrônico, opcional para o empreendedor, na forma a ser disciplinada pelo Comitê para Gestão da Rede Nacional para a Simplificação do Registro e da Legalização de Empresas e Negócios - CGSIM, de que trata o inciso III do art. 2º da mesma Lei. (Incluído pela Lei nº 12.470, de 2011)
>
> § 5º Para fins do disposto no § 4º, poderão ser dispensados o uso da firma, com a respectiva assinatura autógrafa, o capital, requerimentos, demais assinaturas, informações relativas à nacionalidade, estado civil e regime de bens, bem como remessa de documentos, na forma estabelecida pelo CGSIM".

---

[41] *O Ato Constitutivo e o Titular da Empresa Individual de Responsabilidade Limitada*, em: <http://www.uninove.br/marketing/fac/publicacoes_pdf/direito/v5_n1_2014/Bernadete1.pdf>.

Com sua inscrição na Junta Comercial do local onde possuir a sede, a empresa individual adquire personalidade jurídica e passa a ter patrimônio próprio, distinto do patrimônio de seu titular, cuja responsabilidade limitada fica restrita ao montante do capital que a ela for atribuído, até sua completa realização. Desde que integralizado o capital, o titular da empresa não responde pelas dívidas desta, exceto apurados desmandos, desvio da finalidade, descumprimento de obrigações e outras violações legais.

8. DIREITOS, CAPACIDADE E REPRESENTAÇÃO DA PESSOA JURÍDICA

Desde que reconhecida a pessoa jurídica, e mesmo a de fato, admite-se a capacidade para exercer os direitos e suportar as obrigações. Pode, portanto, atuar no polo ativo e passivo, tanto na esfera patrimonial como na extrapatrimonial. A existência legal da formada estatutariamente começa, expõe Serpa Lopes, "com a inscrição dos seus contratos, estatutos ou compromissos no seu registro peculiar, regulado por lei especial, ou com a autorização ou aprovação do Governo, quando precisas (art. 18 do Código Civil)".[42] O art. 18 citado no texto equivale ao art. 45 do atual Código.

Envolve a capacidade uma extensa gama de direitos, revelando-se ainda oportuna a exemplificação de Clóvis Beviláqua: "Considerando somente as pessoas de direito privado, é certo que lhes falecem os direitos de família e facção testamentária ativa, mas não se lhes pode desconhecer:

1º) Os direitos à vida, à boa reputação e à liberdade, dentro do círculo de suas funções.

2º) Os direitos patrimoniais. Sobre este ponto, não há divergência entre os autores.

3º) Direitos industriais, como privilégios de invenção, desde que a pessoa jurídica os explore como causa sua.

4º) Direito de serem nomeadas herdeiras ou legatárias em testamento, e de, em alguns casos, recolherem, por força da lei, o patrimônio de outras pessoas congêneres que se dissolvem".[43]

Pode praticar e exercer os negócios ou atos da vida civil em geral, desdobrados em postular ou requerer, representar, defender-se, acusar, receber citação, promover ações judiciais, criar organismos, elaborar regimentos e regulamentos, exercer mandato, confessar, aceitar compromissos, assumir funções com o cargo de síndico, liquidante, árbitro, gestor de negócios alheios, deliberar e usar do

---

[42] *Curso de Direito Civil*, ob. cit., vol. I, p. 325.
[43] *Teoria Geral do Direito Civil*, ob. cit., p. 181.

direito de voto nas demais sociedades, ser sócia, adquirir ações, contratar das mais variadas formas, como comprar, vender, alugar, emprestar, dar em comodato, doar, desistir, acordar, renunciar direito, conceder remissão, receber em testamento (art. 1.799 do Código Civil). Em suma, as funções equiparam-se, de modo geral, às das pessoas físicas ou naturais.

Assiste-lhe o direito ao nome, à reputação, à liberdade, à existência, a adquirir patrimônio, e inclusive à indenização por atos nocivos de ordem moral, como já tem reconhecido o Superior Tribunal de Justiça, quando atacada a honra objetiva: "A honra objetiva da pessoa jurídica pode ser ofendida pelo protesto indevido de título cambial. Cabível a ação de indenização, por dano moral, sofrido por pessoa jurídica, visto que a proteção dos atributos morais da personalidade não está reservada somente às pessoas físicas". No curso do voto, com base no art. 5º, incs. V e X, da Constituição Federal, que admite a indenização por dano moral sem distinguir a pessoa física da jurídica, e com escólios em autores do renome de Yussef Said Cahali, Arnaldo Marmit, José de Aguiar Dias, Wilson Melo da Silva, destaca-se a seguinte passagem, que bem demonstram a juridicidade dos fundamentos: "Bem é verdade que a pessoa jurídica não sente, não sofre com uma ofensa à sua honra, à sua imagem, o que é inerente somente à pessoa natural, consubstanciando-se num direito de personalidade. Entretanto, ao acontecimento de dano à empresa, haverá a ofensa à reputação, ao nome da empresa, o que merece ser tutelado pelo direito".

Transcrevem-se precedentes da Quarta Turma do mesmo Pretório (*Recursos Especiais* nos 45.889-7/SP e 60.032-2/MG): "Quando se trata de pessoa jurídica, o tema da ofensa à honra propõe uma distinção inicial: a *honra subjetiva*, inerente à pessoa física, que está no psiquismo de cada um e pode ser ofendida com atos que atinjam a sua dignidade, respeito próprio, autoestima etc., causadores de dor, humilhação, vexame; a *honra objetiva*, externa, que consiste no respeito, admiração, apreço, consideração que os outros dispensam à pessoa. Por isso se diz ser a injúria um ataque à honra subjetiva, à dignidade da pessoa, enquanto a difamação é ofensa à reputação que o ofendido goza no âmbito social onde vive. A pessoa jurídica, criação de ordem legal, não tem capacidade de ter emoção e dor, estando por isso desprovida de honra subjetiva e imune à injúria. Pode padecer, porém, de ataque à honra objetiva, pois goza de uma reputação junto a terceiros, passível de ficar abalada por atos que afetam o seu bom nome no mundo civil ou comercial onde atua.

Esta ofensa pode ter seu efeito limitado à diminuição do conceito público que goza no seio da comunidade, sem repercussão direta e imediata sobre o seu patrimônio. Assim, ... trata-se de verdadeiro dano extrapatrimonial, que existe e pode ser mensurado através de arbitramento... E a moderna doutrina francesa recomenda a utilização da via indenizatória para a sua proteção: 'A proteção dos atributos morais da personalidade para a propositura da ação de responsabilidade não está reservada somente às pessoas físicas. Aos grupos personalizados tem sido admitido o uso dessa via para proteger seu direito ao nome ou para obter a condenação de autores de propostas escritas ou atos tendentes à ruína de sua reputação. A pessoa moral pode mesmo reivindicar a proteção, senão de sua vida privada, ao menos do segredo dos negócios' (*Traité de Droit Civil*, Viney, 'Les Obligations – La Responsabilité', 1982, V. II, p. 321)".[44]

Instituída, a respeito, a Súmula nº 227, do STJ: "A pessoa jurídica pode sofrer dano moral". Aplicando-a, assentou a mesma Corte: "A evolução do pensamento jurídico, no qual convergiram jurisprudência e doutrina, veio a afirmar, inclusive nesta Corte, onde o entendimento tem sido unânime, que a pessoa jurídica pode ser vítima também de danos morais, considerados esses como violadores da sua honra objetiva".[45]

Quanto à capacidade, lembra Nelson Godoy Bassil Dower ser "elementar que as sociedades regularmente inscritas no Registro próprio adquiram personalidade jurídica, com existência distinta da dos seus integrantes, visando atingir certos objetivos que o homem isoladamente, muitas vezes, não consegue. Decorre daí a capacidade de determinar-se e agir para a defesa e consecução dos seus fins, limitada à finalidade para a qual ela foi criada, podendo praticar todos os atos da vida civil ou comercial, contratando ou destratando, adquirindo ou vendendo propriedade etc."[46]

A capacidade é exercida mediante a representação, como resumia Sílvio Rodrigues: "Para exercer tais direitos, para atuar na vida cotidiana, a pessoa jurídica recorre a pessoas físicas que a representam".[47] Judicialmente, ativa e passivamente, a representação dá-se por quem os respectivos estatutos designarem, ou, não os designando, por seus diretores (art. 12, inc. VI, do CPC de 1973, e art. 75, VIII, do novo CPC). A Administração das sociedades simples, no que se estende às outras formas, é exercida por quem os estatutos designarem (art. 1.010 do Código Civil).

Para a pessoa jurídica manifestar-se, para fazer contratos, para comunicar-se, para estar presente, e, assim, desenvolver os atos de que é capaz, necessita de pessoas, que são aquelas que os estatutos designam como representantes. Para materializar a sua vontade ou o querer, utiliza-se das vontades individuais dos sócios, concentradas nos representantes.

O ato constitutivo, instrumentalizado nos estatutos ou no contrato social, traz regras sobre o órgão de representação, que poderá ser perene (especialmente

---

[44] STJ. Recurso Especial nº 58.660-7-MG. Relator: Min. Valdemar Zveiter. 3ª Turma. *DJU* de 22.09.1997, p. 46.440.
[45] Recurso Especial nº 134.993-MA. 4ª Turma, de 3.02.1998, *DJU* de 16.03.1998, em *Revista do Superior Tribunal de Justiça*, 131/24. Ainda, no mesmo repertório, Recursos Especiais nºs 129.428-RJ, 161.739-PB, 161.913-MG, e 177.995-SP.
[46] *Curso Moderno de Direito Civil* – Parte Geral, ob. cit., 1º vol., p. 83.
[47] *Direito Civil* – Parte Geral, ob. cit., vol. I, p. 71.

nas por quotas de responsabilidade limitada), ou periódica, quando se renova a diretoria de acordo com os prazos previstos. Em alguns casos, mormente nas sociedades civis, a administração é escolhida pelo conselho deliberativo, ou conselho de administração. Dentre seus membros, escolhe-se um órgão executivo, cujos membros serão os representantes. De modo que a assembleia dos sócios elege os integrantes de tal conselho, não participando diretamente na eleição dos representantes diretos.

Na hipótese de não constar no contrato qualquer disposição sobre a administração ou gerência social, consigna o art. 1.013 (art. 1.386, inc. I, do estatuto civil de 1916), relativo às sociedades simples, que a cada um dos sócios caberá o direito de administrar, considerando-se válidos os atos que praticar, mesmo que os outros sócios desaprovem a gestão. A regra, aliás, estava igualmente no art. 316, segunda alínea, do Código Comercial, conforme lembra Waldemar Ferreira: "Não havendo no contrato designação do sócio ou sócios que tenham a faculdade de usar privativamente da firma social, nem algum excluído, presume-se que todos os sócios têm direito igual de fazer uso dela".[48] O Código Civil, no art. 49, em relação à pessoa jurídica em geral, assinala solução totalmente nova se vier a faltar a administração, autorizando a qualquer dos integrantes postular ao juiz a nomeação de administrador provisório: "Se a administração da pessoa jurídica vier a faltar, o juiz, a requerimento de qualquer interessado, nomear-lhe-á administrador provisório".

O Código de Processo Civil, no art. 12, arrola os representantes de várias pessoas jurídicas:

"Serão representados em juízo, ativa e passivamente:

I – a União, os Estados, o Distrito Federal e os Territórios, por seus procuradores;

II – o Município, por seu Prefeito ou procurador;

III – a massa falida, pelo síndico;

IV – a herança jacente ou vacante, por seu curador;

V – o espólio, pelo inventariante;

VI – as pessoas jurídicas, por quem os respectivos estatutos designarem, ou não os designando, por seus diretores;

VII – as sociedades sem personalidade jurídica, pela pessoa a quem couber a administração dos seus bens;

VIII – a pessoa jurídica estrangeira, pelo gerente, representante ou administrador de sua filial, agência ou sucursal aberta ou instalada no Brasil (art. 88, parágrafo único);

IX – o condomínio, pelo administrador ou pelo síndico".

---

[48] *Instituições de Direito Comercial*, Rio de Janeiro, Editora Freitas Bastos S. A., 1947, vol. II, tomo I, 2ª parte geral, p. 350.

Pelo novo CPC, art. 75, introduziram-se algumas modificações, em especial quanto à União e às autarquias:

> "Serão representados em juízo, ativa e passivamente:
>
> I - a União, pela Advocacia-Geral da União, diretamente ou mediante órgão vinculado;
>
> II - o Estado e o Distrito Federal, por seus procuradores;
>
> III - o Município, por seu prefeito ou procurador;
>
> IV - a autarquia e a fundação de direito público, por quem a lei do ente federado designar;
>
> V - a massa falida, pelo administrador judicial;
>
> VI - a herança jacente ou vacante, por seu curador;
>
> VII - o espólio, pelo inventariante;
>
> VIII - a pessoa jurídica, por quem os respectivos atos constitutivos designarem ou, não havendo essa designação, por seus diretores;
>
> IX - a sociedade e a associação irregulares e outros entes organizados sem personalidade jurídica, pela pessoa a quem couber a administração de seus bens;
>
> X - a pessoa jurídica estrangeira, pelo gerente, representante ou administrador de sua filial, agência ou sucursal aberta ou instalada no Brasil;
>
> XI - o condomínio, pelo administrador ou síndico".

Relativamente à representação da União, a Lei nº 9.649/1998 atribui-a ao Advogado-Geral da União, a quem compete patrocinar as causas de interesse do Poder Público Federal, inclusive as concernentes aos titulares dos Poderes da República, podendo delegar aos respectivos representantes legais a tarefa judicial, como também, se for necessário, aos seus substitutos nos serviços de Advocacia-Geral.

Já em cada Estado e nos Municípios, as funções próprias de representação, correspondentes à Advocacia-Geral da União, competem a quem a legislação específica indicar, sendo que os Estados se fazem representar por um Procurador-Geral.

De notar, quanto ao inc. VII (inc. IX, do art. 75, do novo CPC), a importância que adquiriu, diante da regulamentação das sociedades não personalizadas pelo Código Civil. Sobre a representação, observava Pontes de Miranda, em *Comentários ao Código de Processo Civil*, vol. I, 4ª ed., Editora Forense, 1995, p. 253: "Quaisquer ações e medidas podem ser pedidas ou ir contra a entidade não personificada... Tudo isso hoje é sem relevância, porque não mais se cogita da capacidade processual só passiva. A entidade não personificada pode, no direito brasileiro, (a) ir a juízo ou postular perante as autoridades administrativas, se preciso ou se lhe é negada a autorização para se criar: não são só os componentes que têm legitimação ativa; tem-na a entidade não personificada".

Outrossim, no pertinente às associações ou sociedades de classe, e aí estão os sindicatos, desde que devidamente autorizadas a funcionar, seus presidentes ou diretores as representam judicial e extrajudicialmente, por força do art. 5º, inc. XXI, da Carta Maior, o que, aliás, já era autorizado pela Lei nº 1.134, de 1950.

Pelos atos praticados em consonância com os poderes do administrador, responde a sociedade perante terceiros. É peremptório, sobre o assunto, o art. 47 do Código Civil: "Obrigam a pessoa jurídica os atos dos administradores, exercidos nos limites de seus poderes definidos no ato constitutivo". Outrossim, consigna o art. 48 do mesmo diploma, quanto à pessoa jurídica de administração coletiva: "Se a pessoa jurídica tiver administração coletiva, as decisões se tomarão pela maioria de votos dos presentes, salvo se o ato constitutivo dispuser de modo diverso". Limita o parágrafo único o prazo de três anos para anular "as decisões a que se refere este artigo, quando violarem a lei ou estatuto, ou forem eivados de erro, dolo, simulação ou fraude".

Sendo insuficiente o patrimônio da pessoa jurídica, obrigam-se os sócios na proporção em que participarem nas perdas e danos, segundo os estatutos, distribuindo-se na mesma razão entre os demais a parte que tocar ao insolvente. É o que ordena o art. 1.023 do Código Civil (art. 1.396 do Código de 1916), justificando esta conclusão o fato de ter o administrador a representação da sociedade.

Para ser oposto a terceiros o excesso por parte dos administradores, e não respondendo, assim, os sócios, há de configurar-se uma das seguintes hipóteses, arroladas pelo parágrafo único do art. 1.015 do Código Civil, e que se estende a qualquer tipo de sociedade, se não prever o contrário a respectiva lei ou o contrato social:

"I – se a limitação de poderes estiver inscrita ou averbada no registro próprio da sociedade;

II – provando-se que era conhecida do terceiro;

III – tratando-se de operação evidentemente estranha aos negócios da sociedade."

De qualquer forma, na letra do art. 1.016, "os administradores respondem solidariamente perante a sociedade e os terceiros prejudicados, por culpa no desempenho de suas funções".

Finalmente, de realce lembrar que a representação não conforme com os estatutos ou o contrato social torna inexistente o ato, colhendo-se do Superior Tribunal de Justiça o seguinte exemplo: "A manifestação volitiva da pessoa jurídica somente se tem por expressa quando produzida pelos seus 'representantes' estatutariamente designados. No caso de ser o ato praticado pela pessoa jurídica representada por apenas um dos seus sócios, quando seus estatutos determinam seja ela representada pelos dois em conjunto, o que ocorre não é deficiência na representação, no sentido técnico-jurídico, que aceita convalidação, mas ausência de consentimento da empresa, por falta de manifestação da vontade, requisito fático para a formação do ato. O ato jurídico para o qual não concorre o pressuposto da manifestação da vontade é de ser qualificado como inexistente, cujo reconhecimento independe de pronunciamento judicial, não havendo que se invocar a prescrição...".[49]

Em manifestação semelhante, pelo Tribunal de Justiça do Distrito Federal: "Afirmando o estatuto da entidade como indispensável, para caracterizar-se a sua manifestação de vontade, a assinatura de duas pessoas físicas adrede indicadas, tem-se como inoponível à dita jurídica obrigação contraída em seu nome, por apenas um de seus representantes".[50]

9. RESPONSABILIDADE CIVIL

A matéria da responsabilidade civil é vasta, abrangendo diversos aspectos. Como princípio geral, toda pessoa capaz responde pelos seus atos, o que abrange também a pessoa jurídica pela simples razão de existir e ser reconhecida como ente individuado. Daí, pois, a insofismável obrigação de ter a pessoa jurídica responsabilidade pelo que realiza ou pratica, devendo cumprir as obrigações que assume e responder pelos prejuízos que causa. Realizado um negócio jurídico dentro dos padrões estabelecidos pela lei, observadas as exigências do estatuto ou contrato social, e verificada a legítima representação na sua consecução, há validade do ato e exigibilidade no cumprimento da obrigação. Responde a entidade com seu patrimônio pelo inadimplemento contratual, tendo incidência a regra do art. 389 do Código Civil (art. 1.056 do Código anterior), que preceitua: "Não cumprida a obrigação, responde o devedor por perdas e danos, mais juros e atualização monetária segundo índices oficiais regularmente estabelecidos, e honorários de advogado".

O art. 173, § 5º, da Constituição Federal, também proclama a mesma responsabilidade, sem desconsiderar a individual dos dirigentes, a qual se verá adiante: "A lei, sem prejuízo da responsabilidade individual dos dirigentes da pessoa jurídica, estabelecerá a responsabilidade desta, sujeitando-a às punições compatíveis com sua natureza, nos atos praticados contra a ordem econômica e financeira e contra a economia popular".

Abrange a responsabilidade os atos realizados pelos prepostos da pessoa jurídica, ou seus integrantes, enquanto por ela atuam, ou em seu nome ajam, no que se ingressa na responsabilidade extracontratual ou por culpa. O art. 47 do

---

[49] Recurso Especial nº 115.966-SP. 4ª Turma, publ. em 24.04.2000, in *ADV Jurisprudência*, nº 31, p. 491, agosto de 2000.
[50] Agravo-ED-Ap. nº 17.236-0/98. 1ª Turma Cível, publ. em 2.08.2000, em *ADV Jurisprudência*, nº 48, p. 764, dezembro de 2000.

Código Civil, mantendo a ideia que vinha no art. 17 do Código revogado, é de clareza solar: "Obrigam a pessoa jurídica os atos dos administradores, exercidos nos limites de seus poderes definidos no ato constitutivo". Especificamente para as sociedades simples, arcam elas pelo excesso dos atos dos administradores, a menos que se comprove uma das seguintes situações, elencadas no parágrafo único do art. 1.015:

> "I – se a limitação de poderes estiver inscrita ou averbada no registro próprio da sociedade;
>
> II – provando-se que era conhecida do terceiro;
>
> III – tratando-se de operação evidentemente estranha aos negócios da sociedade."

Em qualquer situação, domina a presunção, pelos danos causados, de que os administradores procederam com culpa, incumbindo a elas a prova em contrário, no que se coaduna com a Súmula nº 341 do STF, que tem aplicação à espécie: "É presumida a culpa do patrão ou comitente pelo ato culposo do empregado ou preposto".

Estende-se a responsabilidade às pessoas jurídicas sem finalidade lucrativa, como às associações e sociedades civis beneficentes, não ficando imunes de adimplir os compromissos assumidos, e de reparar os danos que causarem, seja por atos seus ou dos prepostos, desde que vislumbrada a culpa nas condutas, no que encontra amparo o art. 186 do Código Civil (art. 159 do Código da Lei nº 3.071), do qual decorre a obrigação de reparar a violação da lei e os prejuízos provocados por ação ou omissão voluntária, negligência ou imprudência, eis que considerada a prática ato ilícito.

Pode-se resumir a responsabilidade na lição de Clóvis Beviláqua: "A responsabilidade civil das pessoas jurídicas de direito privado pelos atos de seus representantes, no exercício de suas funções e dentro dos limites da especialidade das mesmas pessoas jurídicas, é princípio hoje definitivamente inscrito no direito privado moderno".[51]

Os fundamentos estendem-se às pessoas jurídicas de direito público, posto que de todos se exige o cumprimento das obrigações e o ressarcimento do dano causado. O desenvolvimento da matéria recomenda a sua apreciação sob o enfoque separado das pessoas jurídicas de direito público e de direito privado.

9.1. Responsabilidade das pessoas jurídicas de direito público

Nem cabe discutir se incide ou não a responsabilidade contratual, posto que se o Estado não estivesse obrigado a cumprir os contratos sequer teria

---

[51] *Teoria Geral do Direito Civil*, ob. cit., pp. 181 e 182.

condições de subsistir. Ninguém contrataria com o mesmo, e nem lhe prestaria serviços. A única saída consistiria em exigir pela força a execução de atividades, e confiscar militarmente os bens de que necessitaria.

A discussão envolve a responsabilidade extracontratual, ou se o Estado responde pelos prejuízos que causa através de seus funcionários, no exercício das funções que lhe são cometidas. Houve um tempo quando se apregoava a irresponsabilidade absoluta, o que constituía o apanágio das ideias do Estado absolutista, ou tido como ente todo poderoso, o qual estava imune das vicissitudes humanas. O mais grave é que, no ápice do absolutismo, e inclusive ao tempo dos déspotas esclarecidos, o Estado era confundido com o monarca.

O ressarcimento pelo prejuízo resultante dos eventuais erros lesivos, sob esta teoria, deveria ser intentado junto aos que exercem a atividade estatal, isto é, perante os funcionários.

Nos tempos modernos foi se afirmando a responsabilidade objetiva do Estado, com base na teoria do *risco integral*, pela qual, na lição de Maria Helena Diniz, "cabe a indenização estatal de todos os danos causados, por comportamentos comissivos dos funcionários, a direitos de particulares. Trata-se da responsabilidade objetiva do Estado, bastando a comprovação da existência do prejuízo".[52]

Já Rui Barbosa a defendia, em parecer citado por José de Aguiar Dias: "Essa responsabilidade nasce direta e essencialmente do princípio jurídico da representação, não das relações da culpa *in eligendo* ou da culpa *in vigilando*; pelo que não pode a administração pública eximir-se à responsabilidade, provando que o empregado *bonos mores mutavit in malos*, ou que a vigilância mais cabal dos seus superiores não poderia ter evitado o fato dano.

E como a violação de um direito pode resultar não só da ação de um fato colisivo com ele, como da omissão de um ato destinado por lei a protegê-lo, a consequência é que as administrações públicas, no tocante ao procedimento dos seus funcionários, respondem tanto pela culpa *in omittendo*, quanto pela culpa *in faciendo*...

Nem mesmo a legalidade do ato exclui em absoluto a responsabilidade civil (Obras Completas, vol. 25, tomo IV, pp. 171 e 176)".[53]

Para dimensionar a extensão de Estado, necessário observar que o mesmo constitui conjunto de poderes criados, distribuídos e dirigidos pelo governo, e cuja atividade na execução dos serviços públicos empregados para atender às necessidades e aos interesses coletivos e conveniência do Estado – determina a perfeita harmonia de suas funções, no atingir os seus fins específicos.

---

[52] *Curso de Direito Civil Brasileiro*, ob. cit., 1º vol., p. 129.
[53] *Da Responsabilidade Civil*, 4ª ed., Rio de Janeiro, Forense, 1960, vol. II, p. 615.

A teoria da responsabilidade absoluta, contemplada no art. 15 do Código Civil anterior, ficou mantida no art. 43 do atual diploma: "As pessoas jurídicas de direito público interno são civilmente responsáveis por atos dos seus agentes que nessa qualidade causem danos a terceiros, ressalvado direito regressivo contra os causadores do dano, se houver, por parte destes, culpa ou dolo".

O art. 37, § 6º, da Carta Federal transformou em dogma a responsabilidade objetiva: "As pessoas jurídicas de direito público e as de direito privado prestadoras de serviços públicos responderão pelos danos que seus agentes, nessa qualidade, causarem a terceiros, assegurado o direito de regresso contra o responsável nos casos de dolo ou culpa".

O risco integral, adotado em nosso direito, atinge aqueles atos que dependem do Poder Público, segundo Hely Lopes Meirelles, e não aqueles que ficam fora de sua esfera de atuação, como os de terceiros ou fatos da natureza: "O que a Constituição distingue é o dano causado pelos 'agentes da Administração' (servidores) dos danos causados por atos de terceiros, ou por fenômenos da natureza. Observe-se que o art. 37, § 6º, só atribui responsabilidade objetiva à Administração pelos danos que seus agentes, nessa qualidade, causem a terceiros. Portanto, o legislador constituinte só cobriu o 'risco administrativo' da atuação ou inanição dos servidores públicos; não responsabilizou objetivamente a Administração por atos predatórios de terceiros, nem por fenômenos naturais que causem danos aos particulares. Para a indenização destes atos e fatos estranhos à atividade administrativa, observa-se o princípio geral da culpa civil, manifestada pela imprudência, negligência ou imperícia na realização do serviço público que causou ou ensejou o dano. Daí por que a jurisprudência, mui acuradamente, tem exigido a prova da culpa da Administração nos casos de depredação por multidões (TJSP, *RDA* 49/198; 63/168; 211/189; 255/328; 259/148; 297/301) e de enchentes e vendavais que, superando os serviços públicos existentes, causam danos aos particulares (TJSP, *RT* 54/336; 275/319). Nestas hipóteses, a indenização pela Fazenda Pública só é devida se se comprovar a culpa da Administração. E, na exigência do elemento subjetivo 'culpa', não há qualquer afronta ao princípio objetivo da responsabilidade 'sem culpa', estabelecido no art. 37, § 6º, da Constituição da República, porque o dispositivo constitucional só abrange a 'atuação funcional dos servidores públicos' e não os atos de terceiros e os fatos da natureza. Para situações diversas, fundamentos diversos".[54]

Percebe-se que a responsabilidade objetiva atenta para a obrigação de indenizar ou reparar os danos quando o agente ou funcionário procede erradamente ou com culpa. Por outras palavras, não se indaga se o Estado agiu com culpa ou não em contratar ou nomear o funcionário. Neste aspecto é objetiva, pois não importa a conduta estatal na contratação.

---

[54] *Direito Administrativo Brasileiro*, ob. cit., 15ª ed., 1990, pp. 552 e 553.

Não se pode ampliar o sentido, de modo a inculcar dever de ressarcir todo evento danoso que ocorre, independentemente da culpa da pessoa. Daí que perfeitamente aplicável antiga lição de Guimarães Menegale: "A responsabilidade do funcionário público é o *substractum* da responsabilidade direta do Estado; onde, de fato, não houver responsabilidade direta do funcionário, não pode haver responsabilidade do Estado".[55] Não compreende a obrigação de indenizar todos os eventos prejudiciais que acontecem, pois, do contrário, abrangeria a universidade de danos provocados por criminosos, como nos furtos, nos assaltos, nas ofensas à saúde ou à integridade física. A previsibilidade é relativa. Impossível imaginar todas as hipóteses de danos, ou de ataques às pessoas, porquanto as situações mais originais e inesperadas acontecem.

9.2. Responsabilidade das pessoas jurídicas privadas

Como exposto na primeira parte do presente item, respondem as pessoas jurídicas de fins lucrativos ou não pelos prejuízos que causarem. O atual Código manteve tendência que vem do passado, impondo a obrigação de indenizar. É incisivo seu art. 47: "Obrigam a pessoa jurídica os atos dos administradores, exercidos nos limites de seus poderes definidos no ato constitutivo". Quanto às sociedades não personalizadas, está a responsabilidade apontada no art. 989: "Os bens sociais respondem pelos atos de gestão praticados por qualquer dos sócios, salvo pacto expresso limitativo de poderes, que somente terá eficácia contra o terceiro que o conheça ou deva conhecer". Já as sociedades simples têm a responsabilidade estabelecida em vários dispositivos, como o parágrafo único do art. 1.015, o art. 1.022 e o art. 1.023, rezando o segundo: "A sociedade adquire direitos, assume obrigações e procede judicialmente, por meio de administradores com poderes especiais, ou, não os havendo, por intermédio de qualquer administrador". Aliás, as disposições próprias de cada tipo de sociedade proclamam a responsabilidade. Não fosse assim, atingir-se-ia uma situação insustentável, decorrendo o enriquecimento indevido, e ninguém contrataria com as entidades puramente civis, como as associações, dada a insegurança que incutiriam as relações com elas travadas. O art. 186 (art. 159 do Código de 1916) é de incidência genérica e universal, indistintamente ao tipo de pessoas.

Em princípio, pois, pelos danos provocados, deve responder a pessoa jurídica, seja de que tipo for. Severa é a lição de Carvalho Santos, ao assentar que as pessoas jurídicas têm existência distinta da existência de seus membros, "como uma consequência imediata da personificação da sociedade, que passa a ser uma unidade, não obstante a pluralidade de membros; havendo, portanto, uma individualidade, de um lado, e muitas outras individualidades isoladas de outro lado, as quais congregadas formam aquela outra unidade". Frisa que

---

[55] *Direito Administrativo e Ciência Administrativa*, Rio de Janeiro, 1939, p. 360.

"a característica fundamental da pessoa jurídica encontra-se na separação da *universitas* do particular, ou seja, de cada pessoa, *universitas distat a singuilis: quod universitati debetur, singulis non debetur; quod debet universitas, singuli non debet*. É dessa separação que resulta a constituição de um patrimônio, que não pertence aos particulares, mas à *universitas*. Vale dizer que se a sociedade tem personalidade distinta da dos seus membros, os bens dela serão da sociedade e não dos seus membros isoladamente. A personalidade da pessoa jurídica assim formada exclui, por completo, qualquer ideia de condomínio ou comunhão".[56]

Daí que, como regra geral, não se devem imiscuir os patrimônios, e muito menos as responsabilidades. Embora quem, na realidade, pratica o ato ilícito não é a pessoa jurídica, mas o seu representante, a existência de personalidade jurídica importa em responsabilizar as sociedades, sejam de que tipo forem, tanto na órbita contratual como na extracontratual, sendo que nesta assenta-se o fundamento inclusive na culpa revelada na escolha indevida ou imprudente de administradores ou representantes incapazes e ímprobos.

9.2.1. Responsabilidade dos administradores e sócios pelas obrigações das pessoas jurídicas

No pertinente aos administradores, a situação mais comum verifica-se quando o representante age com excesso de mandato, ou com violação do contrato ou do texto legal. Nessas condições, o sócio-gerente é responsável pelas obrigações irregularmente contraídas em nome da firma. Restou mais solidificada a responsabilidade com o art. 50 do Código Civil, direcionado à pessoa jurídica em geral, e que destaca dois campos o abuso de personalidade jurídica: o desvio da finalidade e a confusão patrimonial: "Em caso de abuso da personalidade jurídica, caracterizado pelo desvio de finalidade, ou pela confusão patrimonial, pode o juiz decidir, a requerimento da parte, ou do Ministério Público, quando lhe couber intervir no processo, que os efeitos de certas e determinadas relações de obrigações sejam estendidos aos bens particulares dos administradores ou sócios da pessoa jurídica". O desvio de finalidade consiste no direcionamento da sociedade para atividades ou objeto diferentes daqueles que constas dos estatutos ou do contrato social. A confusão patrimonial se dá na transferência do patrimônio social para o nome dos administradores ou sócios. Estes os dois elementos configuradores: o desvio de finalidade e a confusão patrimonial. Conforme Cristiano Chaves de Farias e Nelson Rosenvald,

"o *desvio de finalidade* tem ampla conotação e sugere uma fuga dos objetivos sociais da pessoa jurídica, deixando um rastro de prejuízos, direto ou indireto, para terceiros ou mesmo para outros sócios da empresa. A outro giro, a *confusão*

---

[56] Ob. cit., 10ª ed., 1963, vol. I, pp. 389 e 390.

patrimonial, que também é critério para efetivar a desconsideração, pode ser caracterizada em diversas hipóteses, nas quais o sócio utiliza o patrimônio da pessoa jurídica para realizar pagamentos pessoais e vice-versa, atentando contra a separação das atividades entre empresa e sócio. É o que se convencionou chamar de *comingling of funds*, ou seja, *promiscuidade de fundos*, explicitando essa mistura patrimonial. Sem dúvida, é hipótese bastante comum, podendo ser muito bem exemplificada com casos envolvendo empresa controladora e empresa controlada".[57]

Ainda em relação aos administradores, consoante o art. 1.016, se envolvidas sociedades simples, sempre que se desvirtuarem do contrato, ou cometerem excessos, ou por culpa no desempenho de suas funções, respondem perante a sociedade e os terceiros prejudicados, exceto em alguns casos, elencados pelo parágrafo único do art. 1.015:

"I – se a limitação de poderes estiver inscrita ou averbada no registro próprio da sociedade;

II – provando-se que era conhecida do terceiro;

III – tratando-se de operação evidentemente estranha aos negócios da sociedade."

Quanto aos sócios em geral, o normal é que o patrimônio da pessoa jurídica suporte as obrigações e os prejuízos que provoca. O patrimônio de seus membros apenas em situações particulares e especificadas em lei é que pode ser comprometido. O art. 46, inc. V, do Código Civil (art. 19, inc. IV, do Código revogado), assinala uma hipótese, que consiste na previsão do registro, e, em decorrência, dos estatutos. Mas outros dispositivos assinalam a responsabilidade dos membros ou sócios. Assim, quanto à sociedade não personalizada, há a regra do art. 990: "Todos os sócios respondem solidária e ilimitadamente pelas obrigações sociais, excluído do benefício de ordem, previsto no art. 1.024, aquele que contratou pela sociedade".

No pertinente à sociedade em conta de participação, em princípio atribui-se a responsabilidade unicamente ao sócio ostensivo. Eis o parágrafo único do art. 991: "Obriga-se perante terceiro tão somente o sócio ostensivo; e, exclusivamente perante este, o sócio participante, nos termos do contrato social".

Já na sociedade simples, a responsabilidade está mais presente. Encerra o art. 1.023: "Se os bens da sociedade não lhe cobrirem as dívidas, respondem os sócios pelo saldo, na proporção em que participem das perdas sociais, salvo cláusula de responsabilidade solidária". Mas ressalva o art. 1.024: "Os bens particulares dos sócios não podem ser executados por dívidas da sociedade, senão depois de executados os bens sociais".

---

[57] *Curso de Direito Civil* – 1 – Parte Geral e LINDB, ob. cit., p. 395.

A proibição não alcança os comportamentos desviados da gerência da firma, bem como os casos de fraude contra credores, de prática de atos contrários à lei, de obtenção de vantagens ilícitas e de infringência aos termos do contrato ou do estatuto social.

No tocante às sociedades estritamente mercantis, hoje empresárias, no art. 350 do Código Comercial já vinha regra de que os bens particulares dos sócios não poderiam ser executados por dívidas sociais, senão depois de executado todo o patrimônio da sociedade.

No pertinente às sociedades de responsabilidade limitada, cada sócio responde restritamente ao valor de suas quotas, mas todos respondem solidariamente pela integralização do capital social. Por força do art. 1.053, aplicam-se a estas sociedades as regras das sociedades simples, no que se mostrar omisso o regramento específico. Nada vindo previsto especificamente quando da disciplina de outras sociedades, no tocante à responsabilidade dos sócios e administradores, as regras acima é que incidem. Assim, as deliberações dos sócios, quando infringentes do contrato social ou da lei, geram responsabilidade ilimitada daqueles que expressamente hajam ajustado tais deliberações contra os preceitos contratuais ou legais. Na linha do art. 51, § 1º, do Código Civil, mantendo princípio que constava no art. 338 do Código Comercial, impõe-se o registro do distrato ou da dissolução da firma, providência a ser tomada perante o Registro Público das Empresas Mercantis.

Sem esta medida, todos os sócios suportam a responsabilidade pelas obrigações assumidas por algum deles em nome da pessoa jurídica.

Considera-se infração ao contrato social e à letra da lei o desaparecimento da sociedade sem a prévia dissolução regular e sem o pagamento das dívidas. Atinge a responsabilidade as pessoas que se retiram sem providenciarem na alteração e no registro do contrato social.

Revela destacada importância o registro de comércio para as pessoas que comercializam com a firma e para terceiros. Dele nasce a confiança para contratar, a segurança quanto às obrigações futuras e a garantia do cumprimento das avenças. No entanto, mesmo que cumpridos os atos de regularização das alterações da vida societária, as práticas desonestas tornam-se possíveis. Não é incomum o desaparecimento repentino da sociedade, máxime a comercial, ficando pendentes inúmeras obrigações.

Para essas hipóteses, o engenho jurídico procurou soluções, surgindo a teoria do *disregard ol legal entity*, ou da desconsideração da personalidade jurídica, além do objetivo de fazer frente aos desmandos dos sócios. Ante suspeitas fundadas de que o administrador agiu de má-fé, com fraude a interesses de credores e com prova de abuso de direito, desconsidera-se, embora momentaneamente, a personalidade jurídica da empresa, permitindo-se a apropriação de bens particulares para atender as dívidas contraídas por uma das formas acima. Já o Decreto nº 3.708, no art. 10, disciplinando as sociedades por quotas de responsabilidade limitada, preceituava que os sócios "não respondem pessoalmente pelas obrigações contraídas em nome da sociedade, mas respondem para com esta e para com terceiros, solidária e ilimitadamente, pelo excesso de mandato e pelos atos praticados com violação do contrato ou da lei". Esta norma, que regulava as sociedades de responsabilidade limitada antes do Código Civil de 2002, desconsiderava a personalidade e autoriza a comunicação dos patrimônios. Outras leis igualmente trazem proibições aos sócios administradores de sociedades, como a Lei nº 4.595, de 31.12.1964, cuja infringência importa em responsabilidade.

Toda vez que a sociedade se desativar, deixando de formalizar a sua dissolução, assume a condição de sociedade irregular. Como tal, reproduzindo princípio que se encontrava no art. 305 do Código Comercial, o art. 990 do Código Civil, os seus membros são solidária, pessoal e ilimitadamente obrigados com terceiros. Mas essa responsabilidade dos sócios e a possibilidade de penhora de seus bens particulares são extensivas a muitas outras situações fáticas. Não seria justo deixar ao desamparo o direito do credor, frente a atos contrários à lei e ao contrato, praticados pela empresa. A amplitude da exceção à impenhorabilidade engloba qualquer atitude ilícita da sociedade empresária, como a que maliciosamente não registra o seu instrumento constitutivo, definidor de suas responsabilidades; a que atua em nome de determinado sócio, em vez da sociedade; a que coloca seus bens em nome de terceiros, para não serem atingidos por penhora; a que instrumentaliza sucessões, absorções ou mudanças outras; a que fomenta empresas fictícias e opera com firma existente só como pessoa jurídica no papel etc., tudo para prejudicar os credores. Irregularidades desse jaez levarão à responsabilização solidária todos os membros da sociedade, com a sujeição de seus haveres particulares a tantas penhoras quantas se fizerem necessárias.

Tendo hoje em conta 1.052 do Código Civil, mantendo a ideia do art. 2º do Decreto nº 3.708, que fixa a responsabilidade dos sócios à importância total do capital social, não podendo, pois, a sociedade contrair obrigações superiores às suas forças medidas pelo capital, ainda aplicável antiga linha jurisprudencial que conduz a responsabilizar os sócios até tal limite de capital: "De acordo com a lei brasileira, nas sociedades por quotas de responsabilidade dos sócios é pelo total do capital social (art. 2º do Decreto nº 3.708, de 1919). Questão que tem preocupado os que tratam das sociedades por quotas é a de saber se, uma vez integralizado o capital social, continuam os sócios a responder pelo mesmo, em caso de ser ele desfalcado, na vida da sociedade.

Em face dos termos taxativos do art. 2º do Decreto nº 3.708, somos de opinião de que a responsabilidade dos sócios, no Brasil, é sempre pelo total do capital social e, assim, mesmo integralizado o capital da sociedade, se, posteriormente, este for desfalcado, os sócios poderão ser compelidos, solidariamente, a completá-lo.

Assim, em qualquer circunstância, mesmo depois de integralizado o capital, os sócios respondem pela integralidade do mesmo, já que os terceiros contrataram com a sociedade baseados em que os sócios assumiriam essa responsabilidade subsidiária (Fran Martins, *Curso de Direito Comercial*, Forense, 1981, pp. 295/296)". Arremata o julgado afirmando que o sócio, para que prevaleça o *beneficium excussionis*, "haverá de nomear bens da sociedade, sitos na mesma comarca, quantos bastarem para pagar o débito".[58]

O entendimento acima deve revelar-se, no entanto, comedido, de sorte a não envolver um sócio de diminuta participação e que nunca exerceu cargo de chefia, em consonância com a jurisprudência: "Embora a irregularidade da dissolução da sociedade por quotas de responsabilidade limitada, não se pode aplicar a teoria da desconsideração da personalidade jurídica para quem detinha parte mínima das quotas sociais e integralizadas, não exerça atividade gerencial, enquanto o ex-marido da sócia detinha praticamente a totalidade das ações e a responsabilidade da gerência. A este poder-se-ia cogitar da aplicação da teoria. Ilegitimidade passiva evidenciada".[59]

Veio a responsabilidade dos sócios reforçada com o Código de Defesa do Consumidor (Lei nº 8.078, de 11.09.1990), que desconsidera a personalidade jurídica da sociedade quando atingidos os direitos dos consumidores. Com efeito, encerra o art. 28: "O juiz poderá desconsiderar a personalidade jurídica da sociedade quando, em detrimento do consumidor, houver abuso de direito, excesso de poder, infração da lei, fato ou ato ilícito ou violação dos estatutos ou contrato social. A desconsideração também será efetivada quando houver falência, estado de insolvência, encerramento ou inatividade da pessoa jurídica provocados por má administração".

Em princípio, legalizou-se o direito implantado pela doutrina e pela jurisprudência.

Estende-se a responsabilidade às várias sociedades pertencentes a grupos societários, às controladas, às consorciadas e às coligadas, desde que houver culpa, de acordo com os vários parágrafos do mesmo art. 28, no que endossa a jurisprudência: "É lícita a desconsideração da pessoa jurídica executada para incidir a penhora sobre os bens da empresa controladora, a qual, em evidente fraude à execução, cedeu cotas da sociedade por ela comandada. Fraude à execução caracterizada. Ineficácia do ato de cessão".[60]

Na área trabalhista, as decisões mostram-se mais incisivas no sentido de preservar os direitos ofendidos, reconhecendo-se validez à penhora de bens do sócio que não indica bens sociais da empresa executada, em forma e tempo

---

[58] *Revista Forense*, 289/326 e 327.
[59] TJRGS. Acórdão unânime. Relator: Des. Jasson Torres. 13ª Câm. Cível, de 04.06.1998. *ADV Jurisprudência*, nº 17, p. 265, 1999.
[60] TJRJ. Apel. Cível nº 857/98. 5ª Câm. Cível, publ. em 10.09.1998.

hábeis. O mesmo ocorre com os haveres particulares do sócio-gerente, se não nomear bens a constritar, pertencentes à sociedade executada, e ainda mais, se esta tiver sido dissolvida extralegalmente. Se não forem localizados bens da sociedade, e não havendo prova de sua regular extinção, evidencia-se a responsabilidade dos sócios "e, em especial, daqueles que detinham poderes gerenciais. Por outro lado, a prevalecer a orientação de que a configuração da insolvência ou extinção irregular da sociedade comercial somente poderia ser apreciada pela Justiça Comum, estar-se-ia castrando a competência da Justiça do Trabalho de cumprir suas próprias decisões. Em virtude desta competência é que a jurisprudência dos tribunais trabalhistas reconhece pacificamente a licitude da penhora que recai sobre bens pertencentes a sócios de sociedade por quotas cujo patrimônio desapareceu sem que tenha havido o procedimento processual adequado para os casos de insolvência".[61]

9.2.2. *Responsabilidade dos sócios pelas obrigações fiscais das pessoas jurídicas privadas*

Busca-se definir se os bens particulares dos sócios-gerentes de sociedade respondem ou não pelo débito fiscal da empresa, quando executada esta e não localizados bens suficientes à satisfação da dívida.

A solução emerge da leitura dos seguintes dispositivos do Código Tributário Nacional (Lei nº 5.172, de 25.10.1966).

Art. 134: "Nos casos de impossibilidade de exigências do cumprimento da obrigação principal pelo contribuinte, respondem solidariamente com este nos atos em que intervierem ou pelas omissões de que forem responsáveis: ... III – Os administradores de bens de terceiros, pelos tributos devidos por estes".

O art. 135: "São pessoalmente responsáveis pelos créditos correspondentes a obrigações tributárias resultantes de atos praticados com excesso de poderes ou infração de lei, contrato social ou estatutos: I – As pessoas referidas no artigo anterior. II – Os mandatários, prepostos e empregados. III – Os diretores, gerentes ou representantes de pessoas jurídicas de direito privado".

E o art. 136: "Salvo disposição de lei em contrário, a responsabilidade por infrações da legislação tributária independe da intenção do agente ou do responsável e da efetividade, natureza e extensão dos efeitos do ato".

Vê-se, pois, quão ampla é a responsabilidade dos administradores, gerentes, diretores ou representantes das pessoas jurídicas de direito privado, frente ao Estado. Basta a menor culpa dos dirigentes na insolvência da sociedade para redundar em responsabilidade dos mesmos, pelas obrigações sociais decorrentes.

---

[61] *Revista do Tribunal Regional do Trabalho da 4ª Região*, 16/264.

Daí colher-se o seguinte rol de obrigações:

a) Os sócios-gerentes ficam revestidos de uma responsabilidade subsidiária.

b) Respondem eles sempre quando se verificarem hipóteses de omissões culposas, excesso de poderes, infração à lei, ao contrato ou aos estatutos.

Todavia, quanto à sociedade de responsabilidade limitada, procura-se incutir a ideia de que, na simples impossibilidade de cumprimento das obrigações pela sociedade (art. 134 do Código Tributário Nacional), não emerge a responsabilidade do sócio-gerente, sob o enfoque de que, ainda que doutrinariamente a sociedade por quotas de responsabilidade limitada possa ser considerada como sociedade de pessoas, não se elimina, com isso, o traço que a lei e a doutrina lhe conferem de sociedade em que a responsabilidade dos sócios é limitada à importância total do capital social.

Ocorre, porém, que a impossibilidade de cumprimento das obrigações não significa que não houve o pagamento do tributo pelo contribuinte de fato. Se existia a obrigação de recolher aos cofres da Fazenda Pública o valor correspondente, houve infração, em dado momento, de disposições da lei.

Inegável que deixar de recolher o tributo já repassado aos consumidores na oportunidade de venda de seus produtos ou da prestação de seus serviços configura, para o contribuinte de direito, infração da lei tributária e da lei penal, recaindo a responsabilidade por tais atos na pessoa dos encarregados da administração da pessoa jurídica, ou, mais especificamente, em seus diretores e gerentes. Não se trata de mera impontualidade, ou de singelo inadimplemento.

Dá-se o que se denomina, na espécie, responsabilidade por substituição, no que é claro Aliomar Baleeiro, quando diz que o art. 135, inc. III, acima transcrito, prevê não apenas "caso de solidariedade, mas de responsabilidade por substituição, passando as pessoas ali enumeradas a serem os responsáveis em vez de contribuintes".[62]

Dirimidora, ainda, a seguinte ementa do STF: "As pessoas referidas no inciso III do art. 135 do CTN são sujeitos passivos da obrigação tributária, na qualidade de responsáveis por substituição, e, assim sendo, aplica-se-lhes o disposto no art. 568, V, do Código de Processo Civil, apesar de seus nomes não constarem no título extrajudicial. Assim, podem ser citados – e ter seus bens penhorados – independentemente de processo judicial prévio para a verificação da ocorrência inequívoca das circunstâncias de fato aludidas no art. 135, *caput*, do CTN, matéria essa que, no entanto, poderá ser discutida, amplamente, em embargos do executado (art. 745 do CPC/1973)".[63] Os arts. 568, V, e 745, citados na decisão acima, correspondem aos arts. 779, VI, e 917 do novo CPC.

---

[62] *Direito Tributário Brasileiro*, 2ª ed., Rio de Janeiro, Forense, 1970, p. 435.
[63] *Revista Trimestral de Jurisprudência*, nº 122, p. 438.

A responsabilidade incide, nos casos do art. 135 do Código Tributário Nacional, sobre o diretor, gerente ou sócio dirigente. Mas unicamente na pessoa do sócio responsável pelo ato, e, assim, que tinha poderes de administração ou gerência, na lição do seguinte aresto: "O sócio e a pessoa jurídica formada por ele são entidades distintas... Um não responde pelas obrigações da outra. Em se tratando de sociedade limitada, a responsabilidade do quotista, por dívidas da pessoa jurídica, restringe-se ao valor do capital ainda não realizado (Dec. nº 3.708/1919 – art. 9º). Ela desaparece tão logo se integralize o capital. O CTN, no inc. III do art. 135, impõe responsabilidade não ao sócio, mas ao gerente, diretor ou equivalente. Assim, sócio-gerente é responsável, não por ser sócio, mas por haver cometido ilegalidades no exercício da gerência. Quando o gerente abandona a sociedade, sem honrar-lhe o débito fiscal, ele é responsável, não pelo simples atraso de pagamento dos tributos. A ilicitude que o torna solidário é a dissolução irregular da pessoa jurídica".[64]

No caso de dissolvida irregularmente a sociedade, a responsabilidade recai porque os titulares não requereram a autofalência ou a dissolução legal, nem efetuaram o pagamento das dívidas fiscais: "Constitui infração da lei e do contrato com a consequente responsabilidade fiscal do sócio-gerente, o desaparecimento da sociedade sem prévia dissolução legal e sem o pagamento das dívidas tributárias".[65] Na má gestão, necessário que haja excesso de poderes, ou se impute ao sócio-gerente conduta dolosa ou culposa, com violação da lei ou do estatuto social.

Quanto à falta de recolhimento de tributos, a responsabilidade é reconhecida por antiga jurisprudência: "Execução fiscal. Alegação de sonegação de ICM. Execução contra sócio que exerceu a gerência da sociedade em parte do exercício em que se alega ter havido a sonegação. Sócio nessas condições é sujeito passivo da obrigação tributária na qualidade de responsável tributário por substituição (art. 135, III, c/c o art. 121, parágrafo único, item II, ambos do CTN). Não é, pois, parte legítima para apresentar embargos de terceiro à penhora de bens de sua propriedade, feita em decorrência de executivo fiscal em que figura como litisconsorte passivo".[66]

Outrossim: "O sócio-gerente é, em princípio, solidariamente responsável com a firma pelo não recolhimento do tributo, podendo, entretanto, isentar-se, caso possa comprovar que o não recolhimento foi decorrência de uma situação

---

[64] STJ. Recurso Especial nº 149.849-SE. Relator: Min. Gomes de Barros. 1ª Turma. *DJ* de 15.03.1999, publicado em *ADV Jurisprudência*, nº 28, p. 433, expedição de 18.07.1999.

[65] *Lex – Jurisprudência do Supremo Tribunal Federal*, 41/232. Linha de pensamento que seguiu o Superior Tribunal de Justiça, consoante inúmeras manifestações, dentre as quais o REsp. nº 69.308-SP, da 1ª Turma, de 4.12.1995, em *Jurisprudência do Superior Tribunal de Justiça*, 83/63, onde aparecem citados, em idêntico sentido, os Recursos Especiais nºs 19.648 e 1.846.

[66] *Revista Trimestral de Jurisprudência*, 85/979.

anômala, de um caso de força maior, de um incêndio, de um furto, de um grande desfalque e outras circunstâncias dessa ordem".[67]

9.2.3. Obrigações pessoais dos sócios

Responde a quota do sócio pelas obrigações por ele assumidas, como já assentou o Superior Tribunal de Justiça: "É possível a penhora de cotas pertencentes ao sócio de sociedade de responsabilidade limitada, ainda que esta esteja em regime de concordata preventiva, em execução por dívida sua, e não da sociedade".

Consoante o art. 66 da Lei nº 11.101, de 09.02.2005 – Lei de Recuperação de Empresas e Falência (anteriormente art. 149 do Decreto nº 7.661, de 1945), as quotas sociais não podem ser penhoradas porque inalienáveis. Todavia, segue o voto do relator, não envolvendo a penhora bens da sociedade, mesmo que concordatária, "mas constrição que incide sobre quotas pertencentes ao sócio da concordatária", segue-se que, integrando tais quotas o patrimônio do devedor, nada impede que se proceda a penhora: "Não se trata de débito da sociedade concordatária, mas sim de um de seus sócios. Daí por que inaplicável o disposto no art. 149 da Lei Falimentar, que veda a alienação de bens pela concordatária, enquanto não for cumprida a concordata, porque de débito de concordatária não se trata".

Sendo objeto da penhora o patrimônio particular do sócio, e não o da sociedade, nenhuma pertinência encontra-se com a penhora do ativo da pessoa jurídica.[68]

Duas as regras do Código Civil sobre o assunto. O art. 1.026, autorizando a penhora sobre os lucros do devedor na empresa, ou sobre o que lhe couber na liquidação: "O credor particular de sócio pode, na insuficiência de outros bens do devedor, fazer recair a execução sobre o que a este couber nos lucros da sociedade, ou na parte que lhe tocar em liquidação". O parágrafo único do mesmo art. 1.026, possibilitando ao credor requerer a liquidação da quota do devedor, e o depósito do valor: "Se a sociedade não estiver dissolvida, pode o credor requerer a liquidação da quota do devedor, cujo valor, apurado na forma do art. 1.031, será depositado em dinheiro, no juízo da execução, até 90 (noventa) dias após aquela liquidação".

10. AUTORIZAÇÃO PARA O FUNCIONAMENTO DAS PESSOAS JURÍDICAS PRIVADAS

Algumas pessoas jurídicas, de modo especial as sociedades, além do ato de constituição e do registro, necessitam da autorização do Poder Público.

---

[67] *Revista de Jurisprudência do TJ do RGS*, 94/417.
[68] STJ. Recurso Especial nº 114.129-MG. 4ª Turma, de 23.11.1999, *DJU* de 8.03.2000, em *Revista do Superior Tribunal de Justiça*, 132/408.

O Código Civil veio a tratar da autorização para o funcionamento ao disciplinar as sociedades, o que não acontecia no Código de 1916.

A regulamentação está nos arts. 1.123 a 1.141, salientando-se que o estudo pormenorizado é próprio do direito societário.

No momento, incumbe observar que a competência para a autorização será sempre do Poder Executivo (art. 1.123, parágrafo único). Uma vez conseguida a autorização, assinala-se um prazo para entrar em funcionamento, o qual se estende por doze meses a contar da publicação (art.1.124). Reveste-se o Poder Público da faculdade de cassar o ato de autorização, desde que infringidas disposições de ordem pública ou praticados atos contrários aos fins declarados nos estatutos (art. 1.125).

O Código traz normas específicas para a autorização da sociedade nacional e da sociedade estrangeira. A sociedade nacional é aquela organizada de conformidade com a lei brasileira e que tenha no País a sede de sua administração (art. 1.126). A estrangeira tem a sede no exterior, não podendo, qualquer que seja seu objeto, funcionar no País sem autorização do Poder Executivo, ainda que por estabelecimentos subordinados, o que não impede, ressalvados casos especiais, participar como acionista de sociedade anônima brasileira (art. 1.134).

A autorização, tanto para as sociedades nacionais como para as estrangeiras, expede-se através de decreto do Poder Executivo (arts. 1.131 e 1.135, parágrafo único). Para as últimas, constará o montante do capital destinado às operações no Brasil. Uma e outra espécies publicarão os atos constitutivos e a autorização, no prazo de trinta dias depois da publicação do decreto de autorização.

Quanto às sociedades nacionais, o requerimento de autorização de sociedade nacional deverá vir acompanhado de cópia do contrato, assinada por todos os sócios, ou, tratando-se de sociedade anônima, de cópia, autenticada pelos fundadores, dos documentos exigidos pela lei especial (art. 1.128). Se a constituição se fez por escritura pública, basta a juntada da certidão (art. 1.128, parágrafo único). Facultam-se a exigência de alterações ou aditamentos no contrato ou estatuto, e a recusa da aprovação, se não atender às condições econômicas, financeiras ou jurídicas que a lei impuser (art. 1.130). Mais regramentos discriminam os arts. 1.132 e 1.133, sendo relevantes os que exigem a aprovação pelo Poder Público das alterações e modificações e as exigências para a subscrição de capital público.

Para a autorização da sociedade estrangeira, eis os elementos que devem acompanhar o requerimento (art. 1.134, § 1º):

"I – prova de se achar a sociedade constituída conforme a lei de seu país;

II – inteiro teor do contrato ou do estatuto;

III – relação dos membros de todos os órgãos da administração da sociedade, com nome, nacionalidade, profissão, domicílio e, salvo quanto a ações ao portador, o valor da participação de cada um no capital da sociedade;

IV – cópia do ato que autorizou o funcionamento no Brasil e fixou o capital destinado às operações no território nacional;

V – prova de nomeação do representante no Brasil, com poderes expressos para aceitar as condições exigidas para a autorização;

VI – último balanço."

Autenticam-se os documentos de conformidade com a lei nacional da sociedade requerente, legalizados no consulado brasileiro da respectiva sede e acompanhados de tradução em vernáculo (§ 2º do art. 1.134).

Depois da aprovação das sociedades, leva-se a termo a inscrição no Registro Público de Empresas Mercantis, ou órgão instituído do lugar onde devem se estabelecer, acompanhando cópia do ato de autorização e dos documentos de constituição. Quanto às estrangeiras, junta-se cópia também do depósito do valor, em dinheiro, no estabelecimento bancário, que representa o capital social constante em seus estatutos (art. 1.136, § 1º). No órgão do registro, deverá existir livro especial para as sociedades estrangeiras, com o número de ordem contínuo para todas as sociedades inscritas, onde se lançarão os seguintes dados (§ 2º do art. 1.136):

"I – nome, objeto, duração e sede da sociedade no estrangeiro;

II – lugar da sucursal, filial ou agência, no País;

III – data e número do decreto de autorização;

IV – capital destinado às operações no País;

V – individuação do seu representante permanente."

Evidentemente, sujeita-se a sociedade estrangeira à lei brasileira, facultando--se que se acrescente à sua denominação ou razão social a expressão 'do Brasil' ou 'para o Brasil' (art. 1.137 e seu parágrafo único).

Terá no Brasil um representante com poderes de decisão e inclusive para receber citação, arquivando junto ao registro do contrato o instrumento de nomeação (art. 1.138 e seu parágrafo único).

As alterações ou modificações do contrato social dependem de autorização governamental (art. 1.139).

Várias outras normas contempla a lei civil (arts. 1.140 e 1.141), como a necessidade da publicação do balanço patrimonial e do resultado econômico, inclusive das sucursais, filiais ou agências existentes no País; e a possibilidade de nacionalização, com a descrição do procedimento a ser obedecido.

Ainda em relação às sociedades estrangeiras, há os adendos da Lei de Introdução às Normas do Direito Brasileiro, que vieram a ser reproduzidos pelos cânones do Código Civil atual. Assim, na forma do art. 11, se regularão elas pela lei do Estado ou País em que se constituíram. Consoante o § 1º do mesmo dispositivo, devem ser aprovadas pelo Poder Público brasileiro: "Não poderão, entretanto, ter no Brasil filiais, agências ou estabelecimentos antes de serem os atos constitutivos aprovados pelo Governo brasileiro, ficando sujeitas à lei brasileira".

Em alguns setores, o exercício de atividades ou a prestação de serviços é vedado às empresas estrangeiras. Estas restrições, de acordo com a vigente Constituição Federal, ficaram reduzidas às empresas jornalísticas (art. 222 e parágrafos); às empresas de assistência à saúde (art. 199, § 3º); à pesquisa e lavra de recursos minerais (art. 176, § 1º); à exploração agrícola (art. 190); e às instituições financeiras (art. 192).

Dependem do consentimento do Poder Público, exemplificativamente, as sociedades seguradoras – art. 74 do Decreto-lei nº 73, de 21.11.1966; as companhias de mineração – Decreto-lei nº 227, de 28.02.1967, cuja autorização concede-se em regime de concessão, ou de autorização e licenciamento, ou de matrícula, ou de monopolização (art. 2º), sendo que o aproveitamento das jazidas virá sempre acompanhado de Alvará de Autorização ou de Concessão de Lavra (art. 7º), a ser concedido pelo Ministério de Minas e Energia, através do Departamento Nacional de Produção Mineral; as sociedades; as empresas de seguro e planos de saúde subordinam-se ao Conselho Nacional de Seguros Privados – CNSP para o funcionamento, na forma da Lei nº 9.656, de 3.06.1998.

Enquanto não obtida a autorização especial, não se efetua o registro ou arquivamento, nem se inicia a sua existência, como decorre do art. 45 do Código Civil (art. 18 do Código anterior): "Começa a existência legal das pessoas jurídicas de direito privado com a inscrição do ato constitutivo no respectivo registro, precedida, quando necessário, de autorização ou aprovação do Poder Executivo, averbando-se no registro todas as alterações por que passar o ato constitutivo". Todavia, qualquer impugnação, de parte de terceiros, deve ser oferecida no prazo de três anos, sob pena de decair o direito, como assinala o parágrafo único do artigo citado: "Decai em 3 (três) anos o direito de anular a constituição das pessoas jurídicas de direito privado, por defeito do ato respectivo, contado o prazo da publicação de sua inscrição no registro".

11. TRANSFORMAÇÃO, INCORPORAÇÃO, FUSÃO, CISÃO E ALTERAÇÃO DAS PESSOAS JURÍDICAS PRIVADAS

O Código Civil, que incorporou parte do direito comercial, passou a disciplinar a matéria, relativamente às sociedades em geral.

A transformação envolve a passagem de uma pessoa jurídica para outra. Exemplificando, os membros de uma pessoa jurídica de responsabilidade por quotas decidem passar para uma sociedade por ações. Uma vez conseguida a deliberação, levam-se a termo os atos para a criação da sociedade anônima, não sendo incomum que ocorra o inverso.

O art. 1.113 distingue a transformação da dissolução ou liquidação, exigindo, porém, a obediência aos preceitos que regem a sociedade para a qual se quer transformar: "O ato de transformação independe de dissolução ou liquidação da sociedade e obedecerá aos preceitos reguladores da constituição e inscrição próprios do tipo em que vai converter-se".

Há necessidade do consentimento de todos os sócios, a menos que haja previsão no ato constitutivo da sociedade, assegurando-se, no entanto, ao dissidente retirar-se, apurando-se os seus haveres. É o que está no art. 1.114: "A transformação depende do consentimento de todos os sócios, salvo se prevista no ato constitutivo, caso em que o dissidente poderá retirar-se da sociedade, aplicando-se, no silêncio do estatuto ou do contrato social, o disposto no art. 1.031".

Ficam ressalvados os direitos de credores, conforme o art. 1.115: "A transformação não modificará nem prejudicará, em qualquer caso, os direitos dos credores".

No caso de falência, unicamente os sócios anteriores à transformação serão atingidos. É o que encerra o parágrafo único do artigo acima: "A falência da sociedade transformada somente produzirá efeitos em relação aos sócios que, no tipo anterior, a eles estariam sujeitos, se o pedirem os titulares de créditos anteriores à transformação, e somente a estes beneficiará".

A Lei nº 6.404, de 15.12.1976, que dispõe sobre as sociedades por ações, cuida da transformação no art. 220: "A transformação é a operação pela qual a sociedade passa, independentemente de dissolução e liquidação, de um tipo para outro".

A transformação pode manifestar-se por meio da incorporação, da fusão e da cisão. Embora o Código não o diga, qualquer incorporação, ou fusão ou cisão opera uma transformação.

A incorporação se dá quando uma ou mais sociedades são absorvidas por outra, dando-se evidente aumento de capital da segunda, no correspondente ao capital daquela ou daquelas que incorporou.

Esta a conceituação do art. 1.116 do Código Civil: "Na incorporação, uma ou várias sociedades são absorvidas por outra, que lhes sucede em todos os direitos e obrigações, devendo todas aprová-la, na forma estabelecida para os respectivos tipos".

Vários os atos de tramitação.

Em primeiro lugar, é necessária a deliberação dos sócios, estabelecendo as bases e o projeto de reforma do ato constitutivo, nos termos do art. 1.117: "A deliberação dos sócios da sociedade incorporada deverá aprovar as bases da operação e o projeto de reforma do ato constitutivo".

A sociedade que será incorporada aprovará previamente o ato, traçando as diretrizes contratuais. Encerra o § 1º do art. 1.117: "A sociedade que houver de ser incorporada tomará conhecimento desse ato, e, se o aprovar, autorizará os administradores a praticar o necessário à incorporação, inclusive a subscrição em bens pelo valor da diferença que se verificar entre o ativo e o passivo".

Nomeiam-se peritos para a avaliação do patrimônio, segundo os termos do § 2º: "A deliberação dos sócios da sociedade incorporadora compreenderá a nomeação dos peritos para a avaliação do patrimônio líquido da sociedade, que tenha de ser incorporada".

Procedida a incorporação, fica extinta a sociedade incorporada, segundo está no art. 1.118: "Aprovados os atos da incorporação, a incorporadora declarará extinta a incorporada, e promoverá a respectiva averbação no registro próprio".

A incorporação vem contemplada, também, quanto às sociedades por ações, no art. 227 da Lei nº 6.404: "A incorporação é a operação pela qual uma ou mais sociedades são absorvidas por outra, que lhes sucede em todos os direitos e obrigações".

Tem-se, também, a fusão, modalidade que se materializa pela união de duas ou mais pessoas jurídicas, constituindo uma nova e diversa das anteriores, com estatutos e registro próprios. Extinguem-se as sociedades antigas e forma-se uma nova, a teor do art. 1.119 do Código Civil: "A fusão determina a extinção das sociedades que se unem, para formar sociedade nova, que a elas sucederá nos direitos e obrigações".

Indispensável é a decisão pelas assembleias das sociedades que se unem, como impõe o art. 1.120: "A fusão será decidida, na forma estabelecida para os respectivos tipos, pelas sociedades que pretendam unir-se". O § 1º requer a aprovação do projeto da nova sociedade e do plano de distribuição do capital social pelas assembleias de cada sociedade, com a nomeação de peritos para a avaliação do patrimônio: "Em reunião ou assembleia dos sócios de cada sociedade, deliberada a fusão e aprovado o projeto do ato constitutivo da nova sociedade, bem como o plano de distribuição do capital social, serão nomeados os peritos para a avaliação do patrimônio da sociedade".

O § 3º veda aos sócios votar o laudo de avaliação da sociedade de que façam parte: "É vedado aos sócios votar o laudo de avaliação do patrimônio da sociedade de que façam parte".

Procede-se a inscrição da nova sociedade, com a averbação da extinção das anteriores, consoante o art. 1.121: "Constituída a nova sociedade, aos administradores incumbe fazer inscrever, no registro próprio da sede, os atos relativos à fusão".

Está a fusão prevista também no art. 228 da Lei nº 6.404, relativamente às sociedades por ações: "A fusão é a operação pela qual se unem duas ou mais sociedades para formar sociedade nova, que lhes sucederá em todos os direitos e obrigações".

A cisão se apresenta quando parte ou todo o patrimônio de uma sociedade é transferido para outra, como enseja o art. 229, também da Lei nº 6.404, concernente às sociedades por ações, mas que se estende às demais formas: "A cisão é a operação pela qual a companhia transfere parcelas do seu patrimônio para uma ou mais sociedades, constituídas para esse fim ou já existentes, extinguindo-se a companhia cindida, se houver versão de todo o seu patrimônio, ou dividindo-se o seu capital, se parcial a versão".

Não traz o Código Civil a disciplina específica, embora, em alguns dispositivos, envolva esta forma de mudança ou modificação das sociedades.

O art. 1.122 reserva o prazo de noventa dias aos credores anteriores ao ato para impugnar a incorporação, a fusão e a cisão: "Até 90 (noventa) dias após publicados os atos relativos à incorporação, fusão ou cisão, o credor anterior, por ela prejudicado, poderá promover judicialmente a anulação deles".

No entanto, às sociedades faculta-se neutralizar o pedido de anulação, consignando o valor devido ao credor. Consta do § 1º do artigo supra: "A consignação em pagamento prejudicará a anulação pleiteada".

Se for ilíquida a dívida, é possível à sociedade oferecer garantia à execução da dívida, consoante o § 2º: "Sendo ilíquida a dívida, a sociedade poderá garantir-lhe a execução, suspendendo-se o processo de anulação".

Se no prazo de noventa dias vier a falir a sociedade incorporadora, ou a nova, ou a cindida, garante o § 3º a reserva de patrimônio para a satisfação do crédito do credor anterior: "Ocorrendo, no prazo deste artigo, a falência da sociedade incorporadora, da sociedade nova ou da cindida, qualquer credor anterior terá direito a pedir a separação dos patrimônios, para o fim de serem os créditos pagos pelos bens das respectivas massas".

Quanto às sociedades limitadas, assegura o art. 1.077, ao sócio que dissentiu na modificação do contrato, fusão ou incorporação de sociedades, nos trinta dias subsequentes à reunião, a dissolução ou resolução relativamente à sua participação, liquidando-se sua quota: "Quando houver modificação do contrato, fusão da sociedade, incorporação de outra, ou dela por outra, terá o sócio que dissentiu o direito de retirar-se da sociedade, nos trinta dias subsequentes à reunião, aplicando-se, no silêncio do contrato social antes vigente, o disposto no art. 1.031".

Já a alteração não interfere a existência ou extinção da sociedade, verificando-se mais nas sociedades de responsabilidade limitada, como quando há o aumento de capital, ou a retirada de sócios, ou ingresso de outros, ou alguma nova disposição que se introduz no contrato social. Assinala Afrânio de Carvalho: "*Alteração do contrato*, quando se dá a retirada de um dos sócios, às vezes seguida da entrada de outro, com a anuência dos demais, ou outra mudança menos importante".[69] Fenômenos esses frequentes, exigindo-se sempre o registro ou arquivamento dos atos correspondentes, como ordena

---

[69] *Instituições de Direito Privado*, ob. cit., p. 55.

o art. 45 do Código Civil (parágrafo único do art. 18 do Código anterior), ao ordenar a averbação no registro de todas as alterações por que passar o ato constitutivo.

Vários outros dispositivos do Código Civil disciplinam as alterações ou modificações das sociedades. O art. 999 exige o consentimento para alterar ou modificar a sociedade simples no que diz respeito à sua estrutura e aos elementos necessários para a sua constituição.

O art. 1.081, restritamente à sociedade limitada, assinala hipóteses de alteração para o aumento do capital, desde que integralizadas as quotas. Assegura-se a preferência aos sócios para participar do aumento, desde que exerçam o direito em trinta dias após a deliberação. Não manifestada a preferência, abre-se oportunidade a terceiros. Verificada a subscrição, procede-se reunião ou assembleia para a aprovação da modificação do contrato.

O art. 1.082 autoriza a redução, também alterando-se o contrato, que se fará:

"I – depois de integralizado o capital, se houver perdas irreparáveis;

II – se excessivo em relação ao objeto da sociedade."

Procede-se a redução, na ordem do art. 1.083, com a diminuição proporcional do valor nominal das quotas. É necessária a devida averbação da ata da assembleia de aprovação de tais modificações no registro da sociedade. Outras regras encerram o art. 1.084 e seus parágrafos. Assim, restitui-se aos sócios a parte do valor das quotas que corresponde à redução do capital, ou compensa-se esta restituição com o valor das prestações ainda devidas para a integralização. Aos credores quirografários abre-se o prazo de noventa dias para opor-se à redução, desde que o crédito decorra de título anterior à data da assembleia que aprovou a redução. Torna-se eficaz a redução de, decorrido o prazo de noventa dias, não se oferecer impugnação, ou caso vier, se provado o pagamento da dívida, ou se efetuado o depósito do respectivo valor. Unicamente depois de decorrido o prazo, e satisfeitas as condições acima, se apresentada impugnação, é que se leva a efeito a averbação.

Em questão de aplicação da lei no tempo, as disposições do Código de 2002 abrangem as pessoas jurídicas criadas ao tempo do Código revogado, salvo disposição de lei especial em contrário. É o que ordena o art. 2.033: "Salvo o disposto em lei especial, as modificações dos atos constitutivos das pessoas jurídicas referidas no art. 44, bem como a sua transformação, incorporação, cisão ou fusão, regem-se desde logo por este Código".

12. PESSOAS JURÍDICAS PRIVADAS COLIGADAS

As pessoas jurídicas, concernentes às sociedades, podem ser coligadas, definindo-as o art. 1.097 do Código Civil: "Consideram-se coligadas as sociedades que, em suas relações de capital, são controladas, filiadas, ou de simples participação, na forma dos artigos seguintes". Em suma, duas ou mais sociedades se unem, mas sem perder qualquer uma delas a sua individualidade ou personalidade jurídica.

Esclarece José Edwaldo Tavares Borba: "Há sociedades que, embora não sujeitas ao controle, encontram-se a outras coligadas em virtude da relação de participação entre elas existente. Quando, consideradas duas sociedades, uma detenha dez por cento ou mais do capital da outra, essas companhias serão consideradas coligadas. A coligação corresponde, portanto, a um nível de participação igual ou superior a dez por cento, desde que incapaz de conduzir ao controle, haja vista a possibilidade de controlar-se uma companhia (controle minoritário) com dez por cento do capital, ou até com uma participação inferior".[70] A Lei das Sociedades Anônimas (Lei nº 6.404, de 15.12.1976), no § 2º do art. 243, já previa a espécie.

Em consonância com o Código Civil, que introduziu a figura para qualquer sociedade, com a coligação as sociedades podem ser coligadas, filiadas ou de simples participação.

O art. 1.098 tem como controlada:

> "I – a sociedade de cujo capital outra sociedade possua a maioria dos votos nas deliberações dos quotistas ou da assembleia geral e o poder de eleger a maioria dos administradores;
>
> II – a sociedade cujo controle, referido no inciso antecedente, esteja em poder de outra, mediante ações ou quotas possuídas por sociedades ou sociedades por esta já controladas."

Já o art. 1.099 refere-se à sociedade propriamente dita coligada ou filiada: "Diz-se coligada ou filiada a sociedade de cujo capital outra sociedade participa com 10% (dez por cento) ou mais, do capital da outra, sem controlá-la".

Será de simples participação a sociedade, nos termos do art. 1.100: "É de simples participação a sociedade de cujo capital outra sociedade possua menos de 10% (dez por cento) do capital com direito de voto".

A participação da sociedade em outra, que seja sua sócia, em obediência ao art. 1.101 e seu parágrafo único, dá-se até o montante das próprias reservas, vedando-se que exceda, excluída a reserva legal. Verificando-se que ultrapassou, não poderá a sociedade que participa exercer o direito de voto naquele excedente de ações ou quotas que excedeu, impondo-se a sua alienação no prazo de cento e oitenta dias.

---

[70] *Direito Societário*, 5ª ed., Rio de Janeiro, Livraria e Editora Renovar Ltda, 1999, pp. 470 e 471.

13. RESOLUÇÃO DE QUOTA DE SÓCIO E DISSOLUÇÃO DA PESSOA JURÍDICA PRIVADA

A resolução e a dissolução não estão desenvolvidas no Título I do Livro I da Parte Geral do Código Civil, que trata das pessoas jurídicas. A discriminação das hipóteses vem sobretudo na parte relativa às sociedades simples. Os preceitos que cuidam das demais sociedades remetem às previsões estabelecidas para a sociedade simples.

13.1. Resolução de quota de sócio

A resolução, figura introduzida pelo atual Código Civil, restringe-se à saída de um ou mais sócios da sociedade. Não abrange a sua extinção, pois continua ela existindo com os outros integrantes.

Várias as situações que ensejam a resolução da sociedade em relação a um sócio, elencadas pelo Código Civil, arts. 1.028 a 1.032, com a liquidação de sua quota:

a) *Por morte de sócio.* Está inserida a causa no art. 1.028:

> "No caso de morte de sócio, liquidar-se-á sua quota, salvo:
> I – se o contrato dispuser diferentemente;
> II – se os sócios remanescentes optarem pela dissolução da sociedade;
> III – se, por acordo com os herdeiros, regular-se a substituição do sócio falecido".

Percebe-se que os herdeiros do sócio falecido não ingressam automaticamente na sociedade, a menos que o contrato permita ou os sócios remanescentes, por acordo, regularem a substituição. Podem eles, também, optar pela dissolução.

b) *Por iniciativa ou livre disposição do sócio.* Eis a redação do art. 1.029, contemplando esta hipótese: "Além dos casos previstos na lei ou no contrato, qualquer sócio pode retirar-se da sociedade; se de prazo indeterminado, mediante notificação aos demais sócios, com antecedência mínima de 60 (sessenta) dias; se de prazo determinado, provando judicialmente justa causa".

Ademais, encontra-se fundamento constitucional na retirada espontânea do sócio. Constitui, realmente, preceito da Lei Maior a liberdade de associação e também de afastamento, pois ninguém pode ser obrigado a fazer parte do corpo social. Em nome da liberdade de associação, os membros podem se desvincular da instituição livremente. Dispõe a Constituição Federal por seu art. 5º, XX: "Ninguém poderá ser compelido a associar-se ou a permanecer associado".

Na sociedade por prazo determinado, há necessidade de se provar uma justa causa. Não basta a mera disposição do sócio, o que não é aceitável, porquanto não se pode obrigar a sua permanência. No entanto, a justa causa que abre caminho para retirar-se se interpretará como qualquer motivo relevante, e não no sentido de conduta ilícita ou culposa dos demais sócios. Nesta concepção, a mera falta de sintonia com os outros sócios, ou desaparecimento da *affectio societatis*, é suficiente.

Faculta o parágrafo único do dispositivo aos demais sócios, nos trinta dias subsequentes à notificação, optar pela dissolução da sociedade.

c) *Por exclusão judicial, promovida pela maioria dos sócios.* Consta esta possibilidade no art. 1.030: "Ressalvado o disposto no art. 1.004 e seu parágrafo único, pode o sócio ser excluído judicialmente, mediante iniciativa da maioria dos demais sócios, por falta grave no cumprimento de suas obrigações, ou, ainda, por incapacidade superveniente". A viabilidade é de grande importância e utilidade, por viabilizar o afastamento de sócios inconvenientes pela conduta nociva aos interesses da sociedade, e mesmo pela superveniência da incapacidade.

A ressalva ao art. 1.004 do Código Civil e ao seu parágrafo único diz respeito ao descumprimento na satisfação das contribuições estabelecidas no contrato social, o que acarreta a responsabilidade pelo dano emergente, se não adimplir no prazo de trinta dias a contar da notificação. Faculta-se à maioria dos demais sócios preferir, em vez da indenização, a exclusão do sócio remisso, ou reduzir a sua quota ao montante já satisfeito, ou compensar a dívida com a redução proporcional do capital da quota.

Dá-se de pleno direito a exclusão, na previsão do parágrafo único do art. 1.030, do sócio declarado falido, ou daquele cuja quota foi liquidada para o pagamento de dívida em favor de credor particular do sócio.

Cuidam o art. 1.031 e seus parágrafos da liquidação da quota do sócio que afasta ou é afastado. Procede-se a liquidação da quota do sócio excluído, a menos que disponha de modo diferente o contrato, e tomando como base o montante da quota efetivamente realizado e o valor em vista da situação patrimonial da sociedade à data da resolução, verificada em balanço especialmente levantado.

Com a entrega da quantia equivalente à quota, reduz-se proporcionalmente o capital social, exceto se os demais sócios suprirem o valor da quota.

Efetua-se o pagamento da quota em dinheiro, no prazo de noventa dias a contar da liquidação, se o acordo ou o contrato não estabelecerem forma e prazo diferentes.

A retirada, exclusão ou morte do sócio não afasta, segundo o art. 1.032, a responsabilidade pelas obrigações sociais anteriores, e nem exime os herdeiros, até dois anos após averbada a resolução da sociedade. Mantém-se, também, a responsabilidade, nos casos de retirada e exclusão, pelas obrigações posteriores, durante dois anos, enquanto não se requerer a averbação.

13.2. Dissolução da pessoa jurídica

Pela dissolução, extingue-se a pessoa jurídica, ou termina ela de existir no mundo jurídico.

O art. 21 do diploma civil de 1916 arrolava os eventos que determinavam o término da existência da pessoa jurídica. O atual Código não mais repete as situações no Capítulo que disciplina as pessoas jurídicas. Limita-se a estabelecer algumas regras relativas à liquidação, às providências que devem ser observadas e a certos efeitos. O art. 51 prevê, na dissolução e na cassação da autorização para o funcionamento, que permanecem até que se conclua a sua liquidação: "Nos casos de dissolução da pessoa jurídica ou cassada a autorização para seu funcionamento, ela subsistirá para os fins de liquidação, até que esta se conclua".

Vale afirmar que se apurará o líquido após conferido o ativo e o passivo, com o pagamento das obrigações e a distribuição do que sobrar.

O § 1º do mesmo artigo impõe, num primeiro momento, a averbação, junto ao registro, da dissolução: "Far-se-á, no registro onde a pessoa jurídica estiver inscrita, a averbação de sua dissolução".

O § 2º estende a todas as pessoas jurídicas as disposições estabelecidas para a dissolução das sociedades: "As disposições para a liquidação das sociedades aplicam-se, no que couber, às demais pessoas jurídicas de direito privado".

Finalmente, pelo § 3º, uma vez encerrada a liquidação, procede-se a o cancelamento da inscrição: "Encerrada a liquidação, promover-se-á o cancelamento da inscrição da pessoa jurídica". O cancelamento se dá unicamente depois de concluída a liquidação.

Os eventos que desencadeiam a dissolução constam arrolados na parte relativa à sociedade simples, para a qual remetem os dispositivos que regulam as demais modalidades de sociedades.

Discrimina o art. 1.033 os casos de dissolução:

> "Dissolve-se a sociedade quando ocorrer:
>
> I – o vencimento do prazo de duração, salvo se, vencido este e sem oposição de sócio, não entrar a sociedade em liquidação, caso em que se prorrogará por tempo indeterminado;
>
> II – o consenso unânime dos sócios;
>
> III – a deliberação dos sócios, por maioria absoluta, na sociedade de prazo indeterminado;
>
> IV – a falta de pluralidade de sócios, não reconstituída no prazo de 180 (cento e oitenta) dias;
>
> V – a extinção, na forma da lei, de autorização para funcionar".

O art. 1.034 acrescenta mais duas hipóteses de dissolução:

"A sociedade pode ser dissolvida judicialmente, a requerimento de qualquer dos sócios, quando:
I – anulada a sua constituição;
II – exaurido o fim social, ou verificada a sua inexequibilidade".

No entanto, é possível a previsão de outras causas, que deverão ficar consignadas no contrato, a teor do art. 1.035: "O contrato pode prever outras causas de dissolução, a serem verificadas judicialmente quando contestadas".

Dentre as outras causas, mesmo que não constem no contrato, destacam-se a falência, a liquidação extrajudicial, a insolvência civil, a incapacidade ou morte de sócio.

Passa-se a examinar cada uma das hipóteses.

a) *Pelo vencimento do prazo de duração, salvo se não entrar a sociedade em liquidação.* É normal que, vencendo o prazo da pessoa jurídica, se extinga. Promoverão os integrantes a liquidação, apurando o ativo e o passivo, e distribuindo as sobras aos sócios. No entanto, raramente ocorre essa forma de dissolução. Embora previsto um prazo determinado, sempre é incluída cláusula estabelecendo a possibilidade de prorrogação. A simples omissão em provocar algum dos sócios a liquidação importa em prorrogação. Passa a pessoa jurídica a ter prazo de vigência indeterminado, com o que, para se dissolver, deve configurar-se uma das cláusulas que aparecem nos demais itens do art. 1.033.

b) *Pelo o consenso unânime dos sócios.* É o modo convencional, decorrente de decisão dos sócios ou associados, respeitando-se sempre os direitos da minoria, a qual, se quiser, poderá organizar outra sociedade. Devem ser atendidos os direitos de credores, ou titulares de direitos relativamente à sociedade. Na dissolução, cumpre aos membros deliberar sobre a destinação do capital ou patrimônio, sempre em vista dos estatutos.

c) *Pela deliberação da maioria absoluta dos sócios, na sociedade de prazo indeterminado.* O consenso unânime é exigido para a extinção quando ainda vigora o prazo de duração. Se a sociedade se encontra funcionando em razão de prorrogação tácita do prazo, basta a decisão da maioria absoluta dos membros, para impor a dissolução. Apura-se a maioria absoluta pelo montante das quotas existente, e não pela presença na assembleia que decide ou vota.

A exegese mais coerente, no entanto, é a dissolução parcial, ou a resolução em relação a um ou mais sócios, a qual tem o aval do STF, ao permitir retirada do sócio descontente, com a apuração de seus haveres: "Dando aplicação mais ampla às regras legais pertinentes à dissolução de sociedades mercantis, a orientação jurisprudencial se fixou no sentido de transformar a dissolução total, pedida por alguns dos sócios, em dissolução parcial, quando essa fórmula concorre para a preservação do empreendimento econômico representado pelas atividades da sociedade".[71]

Mais recentemente, se passou a permitir a continuação da sociedade mesmo se a minoria não concordar com a extinção: "Se um dos sócios de uma sociedade por quotas de responsabilidade limitada pretende dar-lhe continuidade, como na hipótese, mesmo contra a vontade da maioria, que busca a sua dissolução total, deve-se prestigiar o princípio da preservação da empresa, acolhendo-se o pedido de sua desconstituição apenas parcial, formulado por aquele, pois a sua continuidade ajusta-se ao interesse coletivo, por importar em geração de emprego, em pagamento de impostos, em promoção do desenvolvimento das comunidades em que se integra, e em outros benefícios gerais".[72]

d) *Pela falta de pluralidade de sócios, não reconstituída no prazo de cento e oitenta dias.* Esta previsão indica uma causa totalmente nova de perdurar a sociedade, a qual não apenas vinha omitida no Código anterior, mas a própria jurisprudência e a doutrina dela não cogitavam. Ou seja, deixando de existir pluralidade de sócios, extingue-se a sociedade, o que era comum e pacífico. Presentemente, no entanto, mesmo que remanesça um único sócio, e se ele se opuser à extinção, mantém-se a sociedade, se, dentro de cento e oitenta dias, for recomposto o quadro social, com um mínimo de dois sócios. Haverá problema se, havendo dois sócios, um pretender afastar o outro. Assegura-se o direito se amparada a pretensão no descumprimento de dever contratual ou legal. Encontrando-se justificativa para a retirada ou afastamento, não propriamente se dissolve a sociedade. A procedência da ação é para ordenar a saída do sócio, oportunizando-se a recompor o quadro no prazo de cento e oitenta dias. Não satisfeita esta condição, é automática a dissolução.

e) *Pela extinção de autorização para funcionar.* Dá-se a extinção pela cassação do ato que a instituiu, ou por uma disposição legal que declara o ato da extinção. O ato governamental cassa a autorização do funcionamento, por motivos como a desobediência à ordem pública, por não mais atender ao interesse geral, por desviar-se da função a que se destinava, pela prática de ilicitudes, por desaparecer o objeto que determinou a sua criação. As pessoas jurídicas de direito público, especialmente quanto às autarquias, extinguem-se por expressa disposição de lei.

---

[71] *Revista Trimestral de Jurisprudência*, 91/356; ainda, 89/1.054; e *Lex – Jurisprudência do Supremo Tribunal Federal*, 37/105.

[72] STJ. Recurso Especial nº 61.278-SP. Relator: Min. César Asfor Rocha, de 25.11.1997, colacionado em *LBJ – Boletim Informativo da Legislação Brasileira Juruá*, nº 183, p. 260, maio de 1998.

f) *Pela anulação do ato constitutivo da sociedade.* Após a constituição, ingressa-se com uma ação de anulação, por terem sido olvidados princípios inerentes à própria sociedade, ou pela formação com vícios de consentimento, ou por alguma das causas de nulidade estabelecidas no art. 166 do Código Civil. Exemplificativamente, numa sociedade de responsabilidade limitada, estabelece-se um grau de responsabilidade que não corresponde ao valor das quotas; ou induz-se os membros a ingressarem na sociedade por erro, levando a crer que seu objeto dirige--se a uma atividade lícita, quando serve para encobrir a exploração do lenocínio; coloca-se como sócio um indivíduo totalmente incapaz.

g) *Pelo exaurimento do fim social, e pela sua inexequibilidade.* Opera-se a primeira pelo implemento da condição, a que foi subordinada a sua durabilidade, ou pelo vencimento do prazo estabelecido no contrato, hipótese esta que também vinha prevista no art. 335, nº 1, do Código Comercial. Assim, versando a sociedade sobre um negócio de duração limitada, terminará tão logo se conclua o mesmo. Ou fica a duração submetida ao vencimento de um prazo. De igual modo, se constituída para determinado fim a sociedade, ela cessa de existir com a realização de tal finalidade. Há a consecução do fim social a que se propôs.

Verifica-se a mesma causa de dissolução pela extinção do capital social, ou seu desfalque em quantidade tamanha que a impossibilite de continuar. A extinção do capital compreende a sua perda ou perecimento, como pode ocorrer com a coisa mediante a qual o sócio passaria a integrar a pessoa jurídica.

A inexequibilidade do fim a que se destina enquadra-se no mesmo quadro de causas de dissolução. Não conseguirá a sociedade executar a atividade que levou à sua constituição, como quando surge a proibição na fabricação de um produto a que se dedicava, ou desaparece a matéria prima utilizada na fabricação da mercadoria. Igualmente, se o objeto social não está ao alcance da sociedade, e, assim, por exemplo, a construção de prédios cujo preço foge às condições econômicas da sociedade.

h) *Pela falência, liquidação extrajudicial, insolvência civil, incapacidade ou morte de sócio.* Pela falência, incapacidade ou morte de um dos sócios. Unicamente a sociedade comercial pode falir, de modo que a falência não abrange as demais pessoas jurídicas. No entanto, há a liquidação extrajudicial de certas sociedades, como das instituições financeiras e cooperativas de crédito, regulada pela Lei nº 6.024, de 13.03.1974, das entidades previdenciárias, prevista na Lei nº 6.435, de 15.07.1997 (Revogada pela Lei Complementar nº 109, de 29.05.2001), e das sociedades seguradoras, que segue o Decreto-lei nº 73, de 21.11.1966, também as extinguindo.

A insolvência civil dirige-se às pessoas jurídicas e aos sócios não comerciantes. A penhora das quotas dos sócios, embora civis as dívidas, também pode levar ao esvaziamento da sociedade.

A incapacidade decorre de fato superveniente, o que se verifica no caso de loucura. Todavia, unicamente se constituída em razão das pessoas as sociedades, eis que, do contrário, é possível a representação. Ainda, na falta de pluralidade de sócios, e se não manifestada a pretensão de seguir, com a reconstituição no prazo de cento e oitenta dias, dentro do permitido pelo inc. IV do art. 1.033.

Relativamente à morte, não se trata de um modo terminativo *pleno jure*, permitindo-se que se disponha o contrário no contrato, ou que continue com os herdeiros do sócio falecido, ou que se dê a resolução da sociedade em relação à quota. Para prosseguir com os herdeiros, deverá haver previsão nos estatutos, impondo-se a sua alteração posterior, se empresária a pessoa jurídica, a menos que seja de ações. Enquanto não procedida a alteração, os herdeiros participam nos rendimentos atribuídos à quota do sócio extinto.

Várias regras seguem, dirigidas a disciplinar a liquidação.

O art. 1.036 trata da nomeação de liquidante e da limitação das atividades para negócios inadiáveis, ficando proibidas novas operações, sob pena de responderem por elas os administradores: "Ocorrida a dissolução, cumpre aos administradores providenciar imediatamente a investidura do liquidante, e restringir a gestão própria aos negócios inadiáveis, vedadas novas operações, pelas quais responderão solidária e ilimitadamente".

O parágrafo único autoriza ao sócio pedir, desde logo, a liquidação: "Dissolvida de pleno direito a sociedade, pode o sócio requerer, desde logo, a liquidação judicial".

Ocorrendo a dissolução em razão da extinção de autorização para funcionar (art. 1.033, inc. V), ao Ministério Público cabe promover a liquidação, desde que omissos os administradores ou os sócios no prazo de trinta dias a contar da perda da autorização, conforme o art. 1.037: "Ocorrendo a hipótese prevista no inciso V do art. 1.033, o Ministério Público, tão logo lhe comunique a autoridade competente, promoverá a liquidação judicial da sociedade, se os administradores não o tiverem feito nos 30 (trinta) dias seguintes à perda da autorização, ou se o sócio não houver exercido a faculdade assegurada no parágrafo único do artigo antecedente".

Mantendo-se omisso o Ministério Público, a autoridade competente para conceder a autorização nomeará interventor para a finalidade de encaminhar a liquidação, nos termos do parágrafo único do artigo acima: "Caso o Ministério Público não promover a liquidação judicial da sociedade nos 15 (quinze) dias subsequentes ao recebimento da comunicação, a autoridade competente para conceder a autorização nomeará interventor com poderes para requerer a medida e administrar a sociedade até que seja nomeado o liquidante".

O art. 1.038 cuida da eleição de liquidante, se não designado no contrato social: "Se não estiver designado no contrato social, o liquidante será eleito por deliberação dos sócios, podendo a escolha recair em pessoa estranha à sociedade". Assegura o parágrafo primeiro a destituição do liquidante, mediante deliberação dos sócios, se eleito pelo contrato social; ou mediante a via judicial, em qualquer caso, a requerimento de um ou mais sócios, havendo justa causa.

A extinção, dentro das várias hipóteses acima, e também por razões diferentes, pode dar-se *judicialmente*, isto é, através de ato do juiz proferido em sentença, atendendo pedido de um dos sócios. Mesmo o Ministério Público legitima-se para postular a extinção, se algum interesse público tiver a sociedade, ou naquelas sociedades autorizadas a funcionar.

A liquidação, por força do § 2º do art. 1.038, seguirá os princípios longamente desenvolvidos nos arts. 1.102 a 1.112 do Código Civil, onde se elencam as atividades, as obrigações e a responsabilidade do liquidante, e se define a partilha do ativo e passivo.

O procedimento judicial para a dissolução e liquidação, se não se proceder amigavelmente ou na forma do contrato social, está nos arts. 655 a 674 do Código de Processo Civil de 1939, por disposição do art. 1.218, inc. VII, do atual diploma processual civil (no novo CPC, a dissolução está regrada nos arts. 599 a 609). A parte interessada ingressará em juízo, com petição acompanhada do contrato social ou dos estatutos. Após o processamento do feito, o juiz proferirá sentença, declarando ou decretando a dissolução. É o que vem sendo entendido: "Na primeira fase do processo, o juiz julgará em sentença, com todos os requisitos do art. 458 do CPC, quanto à pretendida dissolução; na segunda, processa-se a liquidação, se tiver transitado em julgado a sentença que dá pela procedência da ação de dissolução".[73] O dispositivo citado equivale ao art. 489 do novo CPC.

Na mesma sentença de primeira fase, nomeará o juiz um liquidante, obedecendo a escolha àquilo que constar nos estatutos ou na lei. Se nada estiver indicado, prevalecerá a eleição por meio de votos entregues em cartório, que se computarão obviamente pelo capital dos sócios que votarem. Nas sociedades de capital variável, naquelas em que houver divergência sobre o capital de cada sócio e nas de fins não econômicos, o critério para a escolha será pelo número de sócios votantes, reservando-se aos sucessores um voto apenas. Se forem dois os sócios e divergirem, o juiz fará a escolha dentre pessoas estranhas à sociedade.

Dentre as várias obrigações atribuídas ao liquidante, destacam-se o inventário dos bens, o balanço da sociedade, a cobrança de créditos, o pagamento de dívidas, vender bens de fácil deterioração com autorização do juiz, representar ativa e passivamente a sociedade, propor a forma de divisão ou partilha e de pagamento dos sócios, apresentar relatório dos atos ou balancete das operações mensalmente ou quando for exigido pelo juiz, prestar contas da gestão.

---

[73] *Revista de Jurisprudência do TJ do RGS*, 56/350.

Apresentado o plano de partilha, intimam-se as partes, que poderão apresentar impugnações, decidindo após o juiz.

Em se tratando de sociedade simples com personalidade jurídica, que promove atividade ilícita ou imoral, procede-se a dissolução por ação direta, mediante denúncia de qualquer pessoa do povo, ou do órgão do Ministério Público. Já tratando-se da extinção de uma associação, não havendo previsão quanto à destinação do patrimônio, transfere-se o mesmo a um estabelecimento municipal, estadual ou federal, de fins idênticos ou semelhantes à sociedade que se extingue – art. 61 do Código Civil (art. 22 do Código revogado).

Algumas considerações merecem a extinção das *fundações*, cuja única previsão está no art. 69 do Código Civil (art. 30 do Código anterior): "Tornando-se ilícita, impossível ou inútil a finalidade a que visa a fundação, ou vencido o prazo de sua existência, o órgão do Ministério Público, ou qualquer interessado, lhe promoverá a extinção, incorporando-se o seu patrimônio, salvo disposição em contrário no ato constitutivo, ou no estatuto, em outra fundação, designada pelo juiz, que se proponha a fim igual ou semelhante".

De modo que se abre a possibilidade da extinção pela incorporação em outra fundação de fim igual ou semelhante. Se não se inviabilizar essa incorporação, o caminho será a extinção pura e simples, transferindo-se o patrimônio para entidades de cunho social.

Outras causas de extinção das fundações há, e, assim, pelo vencimento do prazo de sua existência, e pelo cumprimento da finalidade a que se destinara, reconhecendo-se ao Ministério Público a titularidade de ação para tanto.

Resta óbvia a necessidade de averbação da extinção no registro civil da pessoa jurídica, a teor do § 3º do art. 51 do Código Civil, assim redigido: "Encerrada a liquidação, promover-se-á o cancelamento da inscrição da pessoa jurídica".

Vale, finalmente, lembrar a regra do art. 2.034, quanto às sociedades elencadas no art. 44 – associações, sociedades privadas e fundações formadas antes do Código Civil vigente: "A dissolução e a liquidação das pessoas jurídicas referidas no artigo antecedente, quando iniciadas antes da vigência deste Código, obedecerão ao disposto nas leis anteriores". Importa firmar que se processarão a dissolução e a liquidação de conformidade com as regras que então regulavam a matéria.

14. FORMAS ESPECIAIS DE PESSOAS JURÍDICAS PRIVADAS

É vasta a matéria que trata das pessoas jurídicas, sendo necessário o estudo de algumas formas específicas com denominações próprias, mas que, em vista de terem personalidade jurídica, da *affectio societatis*, e da finalidade comum, se caracterizam como pessoas jurídicas. Pela importância que têm, e diante de suas particularidades, merecem o estudo individualizado, embora muitas observações já tenham ficado delineadas nos assuntos abordados.

14.1. Cooperativas

Segundo a Lei nº 5.764, de 16.12.1971, art. 3º, "celebram contrato de sociedade cooperativa as pessoas que reciprocamente se obrigam a contribuir com bens ou serviços para o exercício de uma atividade econômica, de proveito comum, sem objetivo de lucro". Constituem, pois, sociedades dirigidas para a congregação de esforços e bens para o proveito de todos os que as compõem. A finalidade principal é o atendimento de necessidades dos cooperativados, e não o lucro em si.

Não pertencem as cooperativas ao ramo do direito empresarial, havendo expressa menção de que são sociedades simples no parágrafo único do art. 982 do Código Civil, eis que a perspectiva de lucro não é o escopo perseguido. A preponderância da natureza civil, no sentido de não econômica, está sinalizada também no art. 4º da mesma Lei nº 5.764, de 1971: "As cooperativas são sociedades de pessoas, com forma e natureza jurídica próprias, de natureza civil, não sujeitas à falência, constituídas para prestar serviços aos associados. Mesmo assim, e mais em razão de a grande maioria dessas entidades estarem constituídas para fins comerciais, o art. 18, § 6º, exige o registro na Junta Comercial".

O Código Civil veio a disciplinar as cooperativas nos arts. 1.093 a 1.096, mas ficando ressalvadas a legislação especial e a incidência das regras relativas à sociedade simples. Ao longo do art. 1.094 destaca as características:

"I – variabilidade, ou dispensa do capital social;

II – concurso de sócios em número mínimo necessário a compor a administração da sociedade, sem limitação de número máximo;

III – limitação do valor da soma de quotas do capital social que cada sócio poderá tomar;

IV – intransferibilidade das quotas do capital a terceiros estranhos à sociedade, ainda que por herança;

V – *quorum*, para a assembleia geral funcionar e deliberar, fundado no número de sócios presentes à reunião, e não no capital social representado;

VI – direito de cada sócio a um só voto nas deliberações, tenha ou não capital a sociedade, e qualquer que seja o valor de sua participação;

VII – distribuição dos resultados, proporcionalmente ao valor das operações efetuadas pelo sócio com a sociedade, podendo ser atribuído juro fixo ao capital realizado;

VIII – indivisibilidade do fundo de reserva entre os sócios ainda que em caso de dissolução da sociedade."

Em relação à responsabilidade dos sócios, o art. 1.095 e seus parágrafos autorizam a previsão estatutária em ser limitada ou ilimitada. Na primeira, responde o sócio somente pelo valor de suas quotas e pelo prejuízo verificado nas operações sociais, guardada a proporção de sua participação nas mesmas operações. Na segunda, assume o sócio a obrigação de arcar ilimitadamente pelas obrigações sociais.

14.2. Condomínio

Todos sabem que o condomínio consiste na propriedade em comum de qualquer bem. Uma coisa pertence a mais de uma pessoa, o que decorre do art. 1.314 do Código Civil (art. 623 do Código anterior). As diversas pessoas coproprietárias têm uma porção ideal sobre o todo, o que, na prática, é diferente da propriedade de uma parcela destacada do bem.

O condomínio que passa a ser examinado é a copropriedade de imóvel dividido em apartamentos, constituindo uma sociedade, ou seja, o condomínio edilício. Um grupo de pessoas se une com um objetivo comum, o qual é a construção ou a aquisição de imóveis com o propósito de sua divisão por frações destinadas a serem atribuídas aos sócios. A disciplina encontra-se nos arts. 1.331 a 1.358 do Código Civil, mas ainda perdurando as disposições da Lei nº 4.591, de 1964, nos pontos não abrangidos pela lei civil.

Despontam os elementos próprios da sociedade, isto é, a presença de uma *res* comum, que é a coisa; a pluralidade de sujeitos; e a conjugação de esforços para a respectiva administração, respondendo os condôminos pelas despesas comuns. Desde que constituído o condomínio, tem personalidade, com direitos e obrigações de um sujeito ativo e passivo, que são exercíveis judicialmente. Veja-se, exemplificativamente, a capacidade assegurada ao condomínio para ingressar em juízo para a cobrança de prestações devidas pelos condôminos. Relativamente ao leilão por dívida do condômino, por falta de pagamento das prestações decorrentes da aquisição da unidade autônoma, autoriza o art. 63, § 3º, da Lei nº 4.591, de 1964 (dispositivo que continua em vigor, eis que não regulada a matéria pelo Código Civil), a aquisição pelo condomínio: "No prazo de vinte e quatro horas após a realização do leilão final, o condomínio, por decisão unânime de assembleia geral em condições de igualdade com terceiros, terá preferência na aquisição dos bens, caso em que serão adjudicados ao condomínio".

Desde que admitida a legitimidade do condomínio em acionar a satisfação de direitos ou o cumprimento de obrigações, não há como negar a personalidade jurídica de uma sociedade. É comum o ingresso em juízo para a cobrança de dívidas, contra os condôminos. Não é por menos que o art. 12, inc. IX, do Código de Processo Civil (art. 75, inc. XI, do novo CPC) assegura a representação judicial do condomínio pelo administrador ou pelo síndico.

O Superior Tribunal de Justiça mantém posição firme sobre a personalidade jurídica, quando garante a representação em juízo pelo síndico, sem necessidade da prévia autorização pela assembleia geral dos condôminos.[74]

De sorte que se assegura ao condomínio, por meio do síndico, a propositura de ação de cobrança ou indenização por dívidas ou danos do interesse dos condôminos. Inclusive para a reparação de vícios de construção, se os danos afetaram as partes comuns e as unidades autônomas.[75]

14.3. O empresário individual

Resta evidente que o empresário, enquanto exerce profissionalmente uma atividade econômica individual, não constitui uma sociedade, mas se enquadra como um ente com personalidade, incluindo-se no rol das pessoas jurídicas. A denominação já revela que se trata de uma entidade econômica constituída por uma única pessoa, de cunho industrial, ou comercial, ou de prestação de serviços, e que antes do Código Civil em vigor tinha o nome de 'firma individual'. Para os efeitos fiscais, o tratamento aplicado é o mesmo previsto para as sociedades empresárias, outrora denominadas mercantis.

Sabe-se que a 'firma' ou 'razão social', cujo significado se mantém no vigente Código, constitui o nome sob o qual o empresário ou a sociedade exerce a atividade econômica e assina os atos a eles referentes. Desde que o empresário se organiza individualmente para o exercício de atividade econômica dirigida à produção ou à circulação de bens ou de serviços, tem-se a empresa individual, que deve submeter-se, no campo tributário, às exigências dispensadas para a sociedade empresária. Enquanto, pois, organizada a pessoa individual para exercer uma atividade ligada à produção de bens, ou à sua comercialização, ou à prestação de serviços, necessitando de inscrições em órgãos de fiscalização e controle tributário, com declaração do nome empresarial e seu registro no registro público de empresas, tem-se o empresário, recebendo uma denominação e uma configuração específicas. Embora, quanto às responsabilidades confunde-se a pessoa física com aquela registrada no órgão próprio, sem dúvida a última tem uma individualidade própria e uma personalidade distinta daquela de seu titular. Quem realiza os atos de empresário é a pessoa registrada nos órgãos competentes, e não o indivíduo que a forma.

Incluem-se nas atividades de empresário as exercidas individualmente com finalidade lucrativa ou econômica (para produção ou circulação de bens ou de serviços) por pessoas físicas, de prestação de serviços, e que exigem alguma especialização ou profissionalidade, tais como as médicas, odontológicas, as de

---

[74] Recurso Especial nº 9.584-SP. 4ª Turma, de 11.02.1992.
[75] STJ. Recurso Especial nº 63.941-7-SP. 3ª Turma, de 26.06.1996.

engenharia, de contabilidade, de advocacia, exigindo-se a inscrição no Registro Público de Empresas Mercantis da respectiva sede. Não basta a mera regularização junto aos órgãos municipais e aos órgãos de classe. Antes do vigente Código, a então firma individual constituía-se unicamente para fins comerciais ou industriais, e não para a prestação de tais serviços.

O indivíduo, pois, que desempenha atividade na produção ou circulação de bens, ou de prestação de serviços, é empresário, segundo o art. 966 do Código Civil, que tratou da matéria: "Considera-se empresário quem exerce profissionalmente atividade econômica organizada para a produção ou a circulação de bens ou serviços". O Código Civil definiu a profissão de empresário, que abrange aqueles que desempenham atividade econômica na produção ou a circulação de bens ou de serviços. De notar, porém, que a denominação não se limita àquele que monta uma empresa individual, mas se estende ao integrante de qualquer sociedade empresária. Todavia, a constituição e a inscrição individual se fazem desde que organizada a pessoa, sem outras pessoas ou sócios, em uma atividade dirigida à produção (fabricação), ou circulação de bens (comércio), ou à prestação de serviços (profissões liberais).

De observar que não se enquadra como empresário quem desempenha a atividade intelectual, de natureza científica, literária ou artística, ainda que com o concurso de auxiliares ou colaboradores, a menos que essa atividade seja elemento de sua atividade (parágrafo único do art. 966).

Para a qualificação da pessoa como empresária, não basta o exercício de atividades econômicas. Deve inscrever-se, ainda, no Registro Público de Empresas Mercantis, antes do início de sua atividade (art. 967).

Leva-se a termo a inscrição mediante requerimento com os seguintes elementos (art. 968, em redação da Lei Complementar nº 147/2014):

> "I - o seu nome, nacionalidade, domicílio, estado civil e, se casado, o regime de bens;
>
> II - a firma, com a respectiva assinatura autógrafa que poderá ser substituída pela assinatura autenticada com certificação digital ou meio equivalente que comprove a sua autenticidade, ressalvado o disposto no inciso I do § 1º do art. 4º da Lei Complementar nº 123, de 14 de dezembro de 2006;
>
> III - o capital;
>
> IV - o objeto e a sede da empresa".

Lavra-se a inscrição em livro próprio do Registro Público de Empresas Mercantis, seguindo um número de ordem contínua para todos os empresários inscritos, em cuja margem se averbarão quaisquer modificações que ocorrerem.

Em suma, procede-se o registro do empresário, com a empresa da qual é titular ou participa. Na abertura de sucursal, filial ou agência, providenciará a abertura de nova inscrição no registro, em caso de ser diferente a jurisdição do lugar onde se deu a abertura. Mesmo que não haja jurisdição de outro Registro, abre-se o novo registro do estabelecimento secundário (art. 969 e parágrafo único).

14.4. As sociedades não personificadas

O Código Civil reservou um capítulo (Capítulo I do Subtítulo I, Titulo II, Livro II da Parte Especial) às sociedades não personificadas, no que era omisso o Código anterior. Considerou dois tipos de sociedades não personificadas: a comum e a em conta de participação. Interessa, aqui, mais a primeira, que corresponde à antiga e conhecida sociedade irregular, ou sociedade de fato, identificando-se em vários aspectos, a qual, na concepção de muitos, se confundia com a sociedade de fato. No entanto, havia uma distinção.

Pode-se dizer que a chamada sociedade irregular ou de fato era a que, embora constituída por instrumento, carecia de elementos legais, como a capacidade das partes, ou a validade dos estatutos, ou a inscrição dos mesmos.

Designava-se a sociedade de fato mais aquela formada sem instrumento.

Seja um ou outro o tipo, duas ou mais pessoas podem se unir na realização ou exploração de uma determinada atividade, atuando elas em conjunto e cumprindo a finalidade a que se propuseram. Ou, no dizer de Planiol e Ripert, "varias personas sin haber celebrado entre si ningún convenio preciso, ni siquiera verbal, se conducen de hecho como verdaderos socios".[76]

Se a prova conduz à conclusão da existência da comunhão de interesses e de bens, no desempenho de uma ou várias funções econômicas, admite-se o reconhecimento do estado de sociedade, com todas as implicações patrimoniais próprias da sociedade regularmente constituída. A regulamentação do Código Civil, pelo teor dos dispositivos pertinentes, restringe-se à sociedade estabelecida através de contrato ou estatutos, mas sem o devido registro. Essa sociedade denomina-se, presentemente, 'sociedade em comum não personificada'. Rege-se pelas regras trazidas nos arts. 986 a 990 do Código Civil, além de princípios próprios das sociedades personificadas e do direito formado pela doutrina e jurisprudência. Reza o art. 986: "Enquanto não inscritos os atos constitutivos, reger-se-á a sociedade, exceto por ações em organização, pelo disposto neste Capítulo, observadas, subsidiariamente e no que com ele forem compatíveis, as normas da sociedade simples". Dos termos 'enquanto não inscritos os atos constitutivos' extrai-se a aplicação unicamente para aquelas sociedades com estatutos não registrados.

---

[76] Marcelo Planiol e Jorge Ripert, *Tratado Práctico de Derecho Civil Francés*, Editora Cultural S. A., Havana, tradução ao espanhol por Mário Diaz Cruz, 1946, tomo XI, p. 39.

Mas com ou sem instrumento, desde que comprovada a sua existência, seja simples ou empresária, os seguintes efeitos decorrem:

a) Direito à restituição dos bens com os quais o sócio ingressou na sociedade, na medida em que existirem. Pondera Salvat, a respeito: "Se supone, por otra parte, que los aportes han consistido en dinero u otras cosas; pero la disposición no puede tener aplicación en el caso de un socio industrial, cuyo aporte consiste en su hecho definitivamente consumado".[77]
b) Direito à liquidação da sociedade, ou, pelo menos, das operações realizadas em comum, com a apuração do patrimônio social existente.
c) Direito à participação dos lucros e dos bens adquiridos em comum, o que envolve, obviamente, as perdas.

Tais princípios têm aplicação mesmo às sociedades irregulares no sentido amplo, ou àquelas que, fundadas em instrumento, não têm existência legal por falta de capacidade dos sócios ou registro, por nulidade do contrato, ou por outros quaisquer defeitos. Mas não se estendem às constituídas em torno de um objetivo ilícito, pois as partes, nesta situação, carecem de ação uma contra a outra.

Mais algumas decorrências exsurgem:

a) Aos sócios permite-se demandar a terceiros pelas obrigações contratadas. Assim, se realizado um empréstimo, eles possuem legitimidade para reclamar a cobrança; de igual modo, na hipótese de celebrada uma compra e venda, autoriza-se a ação para haver o preço. De outro lado, os terceiros não têm amparo jurídico para alegar a inexistência da sociedade, pois, ao efetuarem a operação, não se precaveram em examinar a sua constituição. Do contrário, estampar-se-ia um enriquecimento sem causa. Esta a *ratio* correta. No entanto, a letra do art. 987, quanto às sociedades irregulares por falta de inscrição, sugere um conteúdo diferente: "Os sócios, nas relações entre si ou com terceiros, somente por escrito podem provar a existência da sociedade, mas os terceiros podem prová-la de qualquer modo". Não revelou coerência a redação com outros princípios de direito. Desde que aos terceiros se concede a prerrogativa de provar de qualquer modo a relação, não se ostenta justa a restrição aos sócios. Se o direito é reconhecido, deve sê-lo para todos, e não a uma das partes.

---

[77] Raymundo M. Salvat, *Tratado de Derecho Civil Argentino – Fuente de las Obligaciones*, 2ª ed., Contratos, Buenos Aires, Tipografica Editora Argentina, 1957, vol. II, p. 401.

b) Em decorrência, os terceiros podem alegar contra os sócios a existência da sociedade, não socorrendo a eles a negação de tal realidade. Seria injusto que a sociedade, depois de haver criado relações jurídicas com terceiros, pudesse invocar a falta de constituição e forma, para ilidir o cumprimento de seus encargos. Os terceiros depositaram fé em sua existência e seus integrantes devem responder. É como reconhece, desde que demonstrada a existência da sociedade, a jurisprudência: "O condomínio dito irregular, diante de sua existência fática, tem capacidade para ser parte e estar em juízo. Em virtude da circunstância especial que incide sobre referido tipo de *associação*, a qual visa regularizar parcelamento urbano irregularmente implantado, quando da cobrança das 'taxas condominiais', deverá, de forma iniludível, comprovar que o demandado realmente a integra, presente, inclusive, o *animus* associativo, sob pena de ser este considerado parte ilegítima para a demanda".[78]

c) Os bens e dívidas pertencem a todos os sócios, não podendo considerar-se entes distintos, nos estritos termos do art. 988 (malgrado restringir-se o dispositivo apenas às sociedades irregulares por alta de inscrição): "Os bens e dívidas sociais constituem patrimônio especial, do qual os sócios são titulares em comum". Mas decorre também a inteligência que leva a presumir a titularidade exclusiva de cada sócio. Efetivamente, inexistindo um documento que atribui a propriedade à entidade, advém a presunção de pertencer àqueles ou àquele que exerce a posse.

d) O patrimônio da sociedade responde pelas suas obrigações, e inclusive pelos atos dos sócios se inexistente pacto em contrário conhecido do terceiro. É o que expressa o art. 989, cujo conteúdo constitui um princípio de direito, incidente em sociedade com ou sem contrato escrito: "Os bens sociais respondem pelos atos de gestão praticados por qualquer dos sócios, salvo pacto expresso limitativo de poderes, que somente terá eficácia contra o terceiro que o conheça ou deva conhecer".

e) Há a responsabilidade solidária dos sócios pelas obrigações sociais, nos termos do art. 990, princípio aplicável a qualquer sociedade – irregular ou de fato, mesmo que não houvesse regra expressa: "Todos os sócios respondem solidária e ilimitadamente pelas obrigações sociais, excluído do benefício de ordem, previsto no art. 1.024, aquele que contratou pela sociedade". O art. 1.024 exclui a execução dos bens particulares dos sócios enquanto não executados os bens sociais.

---

[78] TJDF. Apel. Cível nº 1998.01.1.009022-7. 1ª Turma do Tribunal de Justiça do Distrito Federal, publ. em 5.05.1999, colacionada pelo boletim *ADV Jurisprudência*, nº 27, p. 427, expedição de 11.07.1999.

Nas sociedades de fato, ou não personificadas, a dissolução judicial seguirá a forma do processo ordinário e a liquidação far-se-á pelo modo estabelecido para a liquidação das sentenças.

Evidentemente, antes da liquidação pressupõe-se o ato de reconhecimento ou declaratório da existência da sociedade.

Quanto à sociedade não personificada em conta de participação, que vinha prevista nos arts. 325 a 328 do Código Comercial, não depende de registro ou inscrição, sendo expresso o art. 992 do Código Civil: "A constituição da sociedade em conta de participação independe de qualquer formalidade e pode provar-se por todos os meios de direito". Os efeitos do contrato restringem-se entre os sócios, sendo indiferente o registro, por força do art. 993: "O contrato social produz efeito somente entre os sócios, e a eventual inscrição de seu instrumento em qualquer registro não confere personalidade jurídica à sociedade".

Nesta sociedade, na explicação de José Edwaldo Tavares Borba, "uma ou mais pessoas fornecem dinheiro ou bens a um comerciante, a fim de que este os aplique em determinadas operações, no interesse comum". Quanto aos sócios, acrescenta: "Aquele que aparece perante terceiros é chamado sócio ostensivo ou operador e os fornecedores de recursos são chamados sócios ocultos ou participantes".[79]

Exemplo bastante comum da sociedade em conta de participação encontra-se nas incorporações imobiliárias. Há uma pessoa jurídica, cujo objeto está na construção de prédios. Em uma obra, ingressa o dono do terreno, que o entrega à pessoa jurídica (sócio ostensivo ou operador), participando, depois, dos resultados em uma proporção fixada no prédio.

O sócio ostensivo ou operador – aquele que aparece – deverá ser comerciante, com firma individual ou pessoa jurídica. Junto a ele os demais sócios participam através da aplicação de recursos ou outros bens, que serão anotados nos registros contábeis. Assemelha-se o investimento a um empréstimo, sofrendo os riscos que lhe são próprios.

No sócio ostensivo recai toda a responsabilidade pelos negócios que realiza, assumindo as obrigações e agindo unicamente ele perante terceiros. Já quanto ao sócio participante, sua relação cinge-se ao sócio ostensivo. É como assinala o art. 991: "Na sociedade em conta de participação, a atividade constitutiva do objeto social é exercida unicamente pelo sócio ostensivo, em seu nome individual e sob sua própria e exclusiva responsabilidade, participando os demais dos resultados correspondentes". O parágrafo único: "Obriga-se perante terceiro tão somente o sócio ostensivo; e, exclusivamente perante este, o sócio participante, nos termos do contrato social". Não participa o sócio participante nessas relações. Verificada, porém, a sua presença, ou atuando junto com o sócio ostensivo, torna-se responsável, a ele estendendo-se os efeitos, como consta

---

[79] *Direito Societário*, ob. cit., pp. 69 e 70.

do parágrafo único do art. 993: "Sem prejuízo do direito de fiscalizar a gestão dos negócios sociais, o sócio participante não pode tomar parte nas relações do sócio ostensivo com terceiros, sob pena de responder solidariamente com este pelas obrigações em que intervier".

Conforme o art. 994 e parágrafos, o patrimônio formado pela contribuição do sócio participante com a do sócio ostensivo torna-se um patrimônio especial, à parte dos demais patrimônios, destinado à conta de participação aos negócios sociais que forem feitos. A especialização patrimonial restringe-se ou produz efeito unicamente em relação aos sócios, não se estendendo a outras pessoas, ou a negócios diferentes. De sorte que deve haver uma delimitação das atividades que envolvem os recursos carreados nessa conjunção de vontades, vedando-se que se empreguem em outros negócios paralelos e próprios da pessoa física ou jurídica ostensiva. Falindo o sócio ostensivo, decorre a dissolução da sociedade, e procede-se à sua liquidação. O saldo credor do sócio participante classifica-se como crédito quirografário. Já a falência do sócio participante traz a consequência de submeter-se o contrato aos efeitos da falência nos contratos bilaterais do falido, ou seja, procura-se levar para a massa os créditos ou débitos do falido, para a posterior a posterior realização do ativo.

O art. 995 ordena o consentimento dos sócios participantes para o sócio ostensivo admitir novos sócios, exceto se o contrato disponha diferentemente.

No mais, finaliza o art. 996, nas omissões, incidem as regras das sociedades simples. A liquidação segue as normas processuais relativas à prestação de contas. E havendo mais de um sócio ostensivo, as respectivas contas serão prestadas e julgadas no mesmo processo.

14.5. Entidades ou grupos personificados que não são pessoas jurídicas

Certos grupos ou patrimônios existem, possuem obrigações e direitos, mas não se apresentam como pessoa jurídica. Considerando que a personalidade corresponde ao exercício de direitos e obrigações, para tanto não se pressupõe necessariamente a organização como pessoa jurídica. Mesmo que não organizado o grupo, encontrando-se sem estatutos ou contrato social, não se afasta o exercício de funções em defesa dos direitos que não são próprios apenas da pessoa jurídica. Conhecem-se institutos que prescindem da constituição da pessoa jurídica, em geral porque planejados pela lei. Embora não se apresentem organizados em contratos ou estatutos, asseguram-se os direitos e deveres. Ou seja, alguns institutos encontram-se já delineados por lei, podendo agir em juízo e nos atos jurídicos em geral. Citam-se, como exemplos mais comuns, a massa falida, a herança ou o espólio, a herança jacente e a vacante, e o condomínio.

De outra parte, há grupos, também criados pela lei, constituindo até institutos ou entidades, que não podem agir por um de seus representantes, ou não têm um representante previsto na lei, figurando como ilustração a família, a sociedade de fato; e grupos de pessoas que se reúnem constantemente para fins esportivos, intelectuais, filantrópicos, religiosos ou sociais.

Quanto aos primeiros, tanto são reconhecidas a sua existência e a capacidade que muitos têm alguma regulamentação na lei. Exemplo encontra-se na *massa falida*, à qual se reconhece personalidade jurídica, eis que o art. 12, inc. III, do Código de Processo Civil (art. 75, inc. V, do novo CPC), assinala que a mesma será representada pelo síndico. Efetivamente, a massa falida constitui uma entidade criada pela lei, vindo a ser o acervo de bens do falido, e se lhe reconhecendo vários direitos, como, dentre outros, pleitear em juízo, agir contra devedores, defender os bens da massa, contratar, vindo sempre representada pelo síndico, e devendo estar autorizada pelo juiz.

Igualmente o *espólio* ou a *herança* de pessoa falecida, cuja representação cabe ao inventariante (art. 12, inc. V, da Lei Processual Civil) (art. 75, inc. VII, do novo CPC), possui personalidade. Compõe-se o espólio do conjunto de direitos e obrigações do *de cujus*. Os direitos compreendem os bens imóveis, os móveis, os semoventes, os títulos de crédito, as ações, as importâncias em dinheiro, os privilégios, os títulos da dívida pública, e tudo quanto pertencia ao *de cujus* e revela apreciação econômica. A representação abrange extenso rol de funções, como decidir pelo espólio, administrar os bens, efetuar pagamentos, agir em juízo, contratar, realizar e encaminhar o inventário, cumprindo as funções que estão ordenadas nos incisos do art. 991 do CPC (art. 618 do novo CPC).

Cita-se, ainda, a *herança jacente*, ou a herança sem herdeiros e não disponibilizada em testamento, que, após decorridos cinco anos da abertura da sucessão, passará a *vacante*, dando-se a transferência dos bens para o domínio do Município ou do Distrito Federal. Nomeando-se curador, conforme prevê o art. 1.819 do Código Civil (art. 1.591 do Código de 1916), é reconhecida a capacidade para agir e responder em juízo, e para a celebração de atos jurídicos, até que se dê a transmissão ao Município ou ao Distrito Federal.

No tocante ao *condomínio*, embora já se tenha dito que se classifica como pessoa jurídica, revela contornos especiais. Não se constitui o mesmo, no caso de erigido em edificações, isto é, no caso de condomínio edilício, através de um contrato ou estatuto à semelhança das pessoas jurídicas em geral, com o registro ou a inscrição no Registro Civil das Pessoas Jurídicas. Forma-se por meio da convenção do condomínio, que é um contrato especial próprio para os condomínios constituídos em edifícios, no regime dos arts. 1.331 a 1.346 do Código Civil, e subsidiariamente da Lei nº 4.591, de 1964. Escolhe-se, na convenção, o síndico ou administrador, cujo cargo será renovado periodicamente, com as funções elencadas no art. 1.348 da lei civil, vindo, ainda, prevista a representação no art. 12, inc. IX, do CPC (art. 75, inc. XI, do novo CPC. Se formado em outro tipo de propriedades, rege-se pelo contrato que for estabelecido, a par das normas jurídicas previstas nos arts. 1.314 e seguintes do Código Civil (arts. 623 e seguintes da lei civil anterior). Nesta modalidade, a menos que o contrato indique o administrador, não há um síndico, ou representante específico, de sorte que inexiste a representação por um dos condôminos.

Àquele regido pelos arts. 1.331 a 1.346 e supletivamente pela Lei nº 4.591, de seus próprios dispositivos e do art. 12, inc. IX, da lei processual civil (art. 75, inc. XI, do novo CPC), infere-se a existência de personalidade jurídica, posto que se lhe reconhece a capacidade de exercer e postular direitos, sendo ainda sujeito de obrigações. Assim, coincide a visão com a esposada acima, no item nº 14.2.

O condomínio comum – arts. 1.314 e segs. do Código Civil –, se não tiver administrador não se reveste de personalidade jurídica, cabendo a cada condômino pessoalmente exercer e procurar os direitos derivados da união.

Outros dois exemplos são apresentados por Paulo Nader, no livro 'Curso de Direito Civil – Parte Geral', Editora Forense, 2003, pp. 251/252, que não se enquadram como pessoas jurídicas: o grupo de consórcio e o grupo de convênio médico. Explica: "Ambos configuram organizações que reúnem pessoas com igual interesse individual. No grupo de consórcio, cada membro visa à aquisição de um bem, móvel ou imóvel. O objetivo se torna viável em razão da participação dos demais membros e dos critérios adotados para a satisfação dos interesses individuais. Para que a ideia se viabilize, indispensável é a figura da administradora do consórcio, que possui personalidade jurídica própria, enquanto o grupo consorcial é *despersonalizado*. Como consequência prática, tem-se que somente a administradora pode praticar atos e negócios jurídicos, além de figurar em polo ativo ou passivo de relação jurídico-processual.

Os grupos de convênio médico são uma realidade que surgiu na segunda metade do século passado e que, no presente, atinge um nível crescente de adesão, seja da parte de pacientes, seja pelo interesse dos profissionais da área... As duas categorias – pacientes e profissionais – firmam contratos de adesão com aquela que possui personalidade jurídica – *a administradora dos convênios*... Somente a administradora do convênio médico é pessoa jurídica e detém o poder de gerir o interesse comum, que é o da eficiência do sistema".

Já os grupos que a lei não destaca um representante não podem figurar como parte em demandas, e nem realizar atos da vida civil. No caso da família, em princípio não outorga a lei a um dos cônjuges decidir os assuntos comuns em nome do outro. Ambos devem participar nas lides e figurar nos contratos. Entrementes, em algumas situações, como quando da defesa do patrimônio ou dos interesses comuns, os atos desenvolvidos por um deles repercutem no outro consorte. Nas sociedades de fato, afora algumas hipóteses permitidas pelo art. 12, inc. VII, do CPC (art. 75, inc. IX, do novo CPC), todos os seus integrantes deverão participar. As sociedades de fato são denominadas *sociedades sem personalidade jurídica* por esse dispositivo. No entanto, a personalidade jurídica aí considerada equivale ao registro do contrato ou estatutos no Ofício do Registro competente. Mas se o dispositivo permite a representação, é porque a personalidade jurídica corresponde à capacidade de exercer direitos e contrair obrigações. Por conseguinte, essas sociedades, tendo estatutos, e neles indicado o representante, possuem personalidade jurídica.

Se o grupo possui uma entidade instituidora, ela responde, o que encontra respaldo na jurisprudência: "A responsabilidade civil pelos atos de entidade desprovida de personalidade civil é da sua instituidora, mormente quando esta pratica os atos causadores do dano ou lesão em nome daquela. Correto é o entendimento de que as comissões efêmeras, instituídas para a prática de atos específicos, a exemplo da Comissão Organizadora do Carnaval, não têm personalidade jurídica, e, consequentemente, aptidão para serem demandadas em juízo por seus atos, pelos quais responde sua instituidora".[80]

---

[80] TJAP. Apelação Cível nº 367/97. Câmara Única. Julgada em 30.09.1997, *in Revista Forense*, 345/389.

Capítulo XIII

O Domicílio

1. CONCEITOS E DISTINÇÕES

Todas as pessoas situam-se em determinado lugar. É próprio da natureza humana ter um ponto de referência, um local, um espaço na terra onde se demoram e podem indicá-lo para serem encontradas. Ninguém é inteiramente nômade ou peregrino, constituindo necessidade comum de todos terem um centro de fixação, de descanso, de ocupações, de interesses.

Outrossim, os negócios, os contratos, as atividades, os trabalhos, os contatos humanos, os centros das ocupações, enfim as relações jurídicas, concentram-se em um lugar determinado, onde se desenvolvem e lá acorrem as pessoas. Há um imperativo social, de ordem geral, econômico, político e jurídico que impõe uma delimitação do centro de interesses, colocando-o como ponto de referência para a prática dos atos jurídicos. Ou seja, existe uma necessidade que vincula as ações humanas de caráter jurídico a um lugar. Essa vinculação denomina-se *domicílio*, que é o lugar em que se realizam e se desenvolvem as relações jurídicas.

O domicílio, pois, define-se como a sede jurídica e social da pessoa, para a qual todos se dirigem com a finalidade de se relacionar juridicamente com ela. Ou, nas palavras de Caio Mário da Silva Pereira, "é o lugar de exercício dos direitos e cumprimento das obrigações, no sentido da exigibilidade".[1] Segue Rubens Limongi França esclarecendo que "a palavra domicílio vem de *domus*, que quer dizer 'casa'. Originariamente é, com efeito, o lugar em que o homem estabelece o seu lar doméstico e concentra o conjunto dos seus interesses".[2] O Código Civil apresenta o seguinte conceito, no art. 70 (art. 31 do Código revogado): "O domicílio da pessoa natural é o lugar onde ela estabelece a sua residência com ânimo definitivo". Transparecem dois elementos: um objetivo – a residência; e outro subjetivo – o ânimo definitivo. Mas insuficiente o conceito para dimensionar todo o conteúdo de domicílio, que se alastra para abranger o

---
[1] *Instituições de Direito Civil*, ob. cit., vol. I, p. 250.
[2] *Manual de Direito Civil*, ob. cit., 1º vol., p. 187.

centro das ocupações, da vida, dos negócios, a sede das atividades. Unicamente a residência e o ânimo de fixação definitiva não abarcam todo o conteúdo do domicílio. Pode-se residir com intuito definitivo, fixando-se, no entanto, outro domicílio que tem como fator o lugar onde a profissão é exercida. Por isso, o Código Civil, em dois dispositivos, destaca o domicílio em função da residência, e em função do lugar onde é exercida a profissão. O art. 71 (art. 32 do Código de 1916) refere-se à fixação em vista da residência: "Se, porém, a pessoa natural tiver diversas residências onde, alternadamente, viva, considerar-se-á domicílio seu qualquer delas". Por sua vez, o art. 72 (art. 32 do Código de 1916) trata do lugar do exercício da profissão: "É também domicílio da pessoa natural, quanto às relações concernentes à profissão, o lugar onde esta é exercida". Complementa o parágrafo único (art. 32 do Código de 1916), no caso do exercício da profissão em vários lugares: "Se a pessoa exercitar profissão em lugares diversos, cada um deles constituirá domicílio para as relações que lhe corresponderem".

Como se percebe, trouxe o Código mais de um domicílio: aquele em razão da residência, e o determinado pelo lugar do exercício da profissão.

Normalmente se confunde o lugar de residência definitiva com domicílio, posto a residência abranger todos os centros de interesses da pessoa, observando Enneccerus que "casi siempre coincide con la residencia permanente de hecho, con el lugar en que se habita".[3]

O sentido de *residência* é menos abrangente, pois constitui o mero lugar onde a pessoa habita, mesmo que seja com a intenção de permanecer. Não constitui o centro das relações jurídicas, dos negócios, das atividades. Corresponde ao lar, ao teto, ao abrigo estável e duradouro, à habitação da pessoa e de sua família, sem que nesse lugar se resolvam os problemas e se remetam as correspondências, as consultas, os pedidos de serviços ou compras.

Francisco Amaral acentua os seguintes elementos na distinção, estendendo-a também quanto à habitação: "Distingue-se o domicílio da residência e da habitação ou morada. Aquele é um conceito jurídico, estas são realidades de fato. Além disso, a residência é figura intermediária entre o domicílio e habitação. O domicílio pressupõe dois elementos: objetivo, a residência; outro, subjetivo, o ânimo definitivo. A residência é apenas o local em que a pessoa mora com intenção de permanecer; a habitação é uma residência transitória. Se, todavia, a pessoa tiver várias residências onde alternadamente viva, ou vários centros de ocupação habitual, qualquer daqueles ou destes poderá ser considerado seu domicílio... O direito brasileiro admite, assim, pluralidade de domicílio".[4] Normalmente, a residência, nos últimos tempos, passou a ser o local de refúgio da pessoa, o abrigo para as horas de descanso, um canto de pura convivência da família, tanto que tornou-se comum o não fornecimento do endereço. Cresce

---

[3] *Tratado de Derecho Civil* – Parte General, ob. cit., vol. I, tomo 1, p. 403.
[4] *Direito Civil Brasileiro* – Introdução, ob. cit., p. 253.

uma tendência de separar o domicílio da residência, em grande parte forçada pela complexidade da vida; pelo aumento de compromissos; pelas dificuldades na gestão da vida profissional, comercial, industrial, estudantil; pelo constante perigo que se enfrenta nas metrópoles, e por vários outros fatores. O lar, ou a morada, mesmo que na dimensão de fixação definitiva, não se converte em domicílio, em virtude da total abstração de negócios, de lugar onde se decidem os contratos, ou do centro da vida dinâmica e econômica do indivíduo.

2. DOMICÍLIO E COMPETÊNCIA

De grande importância o instituto do domicílio em todos os campos do direito. Além de servir para indicar o local em que se realizam as relações jurídicas, tem importância especialmente para definir a competência das ações judiciais a serem propostas, isto é, para estabelecer o lugar do ajuizamento das ações. Merecem destaque as situações que abaixo vão discriminadas, consoante o tipo de matéria ou as pessoas envolvidas no polo passivo.

– *Móveis ou imóveis*. A diretriz está no art. 94 do Código de Processo Civil (art. 46 do novo CPC): "A ação fundada em direito pessoal e a ação fundada em direito real sobre bens móveis serão propostas, em regra, no foro do domicílio do réu". Conforme a regra do art. 95 do mesmo diploma (art. 47 e seus §§ 1º e 2º do novo CPC), em se tratando de imóveis, predomina o foro da situação da coisa. Não envolvendo a ação direitos reais – propriedade, vizinhança, servidão, posse, divisão e demarcação, e nunciação de obra nova, dá-se a opção em se encaminhar a ação no foro do domicílio do réu, ou de eleição.

O novo CPC, no § 2º do art. 47, introduz norma sobre a competência das ações imobiliárias possessórias, cuja autoridade é definida pelo foro da situação da coisa: "A ação possessória imobiliária será proposta no foro de situação da coisa, cujo juízo tem competência absoluta".

– *Direito de herança*. Em se cuidando de direito de herança, a competência para as ações decorrentes é determinada pelo domicílio do autor da herança, isto é, não interessa onde faleceu a pessoa, e sim o lugar de seu domicílio, que é o lugar da sucessão, nos termos do art. 1.796 do Código Civil (art. 1.770 do CC anterior), como expressa a redação do art. 96 da lei processual civil: "O foro do domicílio do autor da herança, no Brasil, é o competente para o inventário, a partilha, a arrecadação, o cumprimento de disposições de última vontade e todas as ações em que o espólio for réu, ainda que o óbito tenha ocorrido no estrangeiro". O art. 48 do novo CPC acrescenta as ações que tratam da impugnação ou anulação de partilha extrajudicial:

> "O foro de domicílio do autor da herança, no Brasil, é o competente para o inventário, a partilha, a arrecadação, o cumprimento de disposições de última

vontade, a impugnação ou anulação de partilha extrajudicial e para todas as ações em que o espólio for réu, ainda que o óbito tenha ocorrido no estrangeiro".

Reservam-se algumas exceções, como a competência do lugar da situação dos bens, se não tinha o autor da herança domicílio certo; e a do lugar da ocorrência do óbito, se, além de inexistir domicílio certo, os bens espalhavam-se em distintos lugares (parágrafo único, do art. 96, do CPC de 1973, e parágrafo único, do art. 48, do novo CPC).

– *Pessoas estrangeiras*. Em direito internacional, também adquire relevância o assunto, eis que se impõe a lei do domicílio nos litígios envolvendo vários assuntos especificados, não prevalecendo o princípio do estatuto pessoal. Consta, a respeito, no art. 7º da Lei de Introdução às Normas do Direito Brasileiro: "A lei do país em que for domiciliada a pessoa determina as regras sobre o começo e o fim da personalidade, o nome, a capacidade e os direitos de família". Dentre outras exceções, destaca-se a que versa sobre as obrigações, aplicando-se a lei do país em que se constituíram (art. 9º da Lei de Introdução).

O Código de Processo Civil, nos arts. 88 a 90 (arts. 21 e 24 do novo CPC), define a competência da autoridade brasileira para as ações em que réu estiver domiciliado no Brasil, qualquer que seja a sua nacionalidade; quando no Brasil deve ser cumprida a obrigação; a ação se originar de fato ocorrido ou de ato praticado no Brasil. Para fins de definição de domicílio, a pessoa jurídica estrangeira que tiver agência, filial ou sucursal no Brasil é considerada brasileira. Também à autoridade brasileira cabe conhecer das ações relativas a imóveis situados no Brasil, e proceder a inventário e partilha dos bens que se encontram no Brasil, não importando que estrangeiro ou resida em outro país o autor da herança.

O art. 23 do novo CPC inclui na competência da justiça brasileira as ações que envolvem, em sucessão hereditária, a confirmação do testamento particular, o inventário e partilha, e as ações de divórcio, separação judicial ou dissolução da união estável, se o domicílio for no Brasil. Outrossim, o art. 22 do novo CPC atribui a competência da autoridade judiciária brasileira, se o domicílio for no Brasil, se houver vínculos no Brasil, nas ações de alimentos, nas decorrentes de relação de consumo e naquelas em que há a opção expressa pela jurisdição brasileira. Eis a regra:

"Compete, ainda, à autoridade judiciária brasileira processar e julgar as ações:

I – de alimentos, quando:

a) o credor tiver domicílio ou residência no Brasil;

b) o réu mantiver vínculos no Brasil, tais como posse ou propriedade de bens, recebimento de renda ou obtenção de benefícios econômicos;

II – decorrentes de relações de consumo, quando o consumidor tiver domicílio ou residência no Brasil;

III – em que as partes, expressa ou tacitamente, se submeterem à jurisdição nacional".

– *O incapaz e o ausente*. A condição especial de certas pessoas constitui fator para determinar a competência, que será a de seu domicílio. Assim no pertinente aos incapazes, processando-se a ação no foro do domicílio do representante (art. 98 do CPC de 1973 e art. 50 do novo CPC, que inclui, para definir a competência, também o domicílio do assistente do incapaz, e parágrafo único do art. 76 do CC de 2002, consignando-se que, no CC revogado, constava a matéria nos arts. 36 e 37). Expõe Alcino Pinto Falcão: "Na enumeração legal, depara-se, em primeiro lugar, o caso dos incapazes..., que têm por domicílio o dos seus representantes. Assim, o menor que frequente um internato em localidade diferente da do domicílio do pai ou tutor continua com o domicílio destes últimos".[5]

Quanto aos ausentes, ingressa-se com o processo no foro do último domicílio dos mesmos (art. 97 do CPC de 1973 e art. 49 do novo CPC).

– *Funcionário público, do militar, e das pessoas da marinha, aeronáutica, do marítimo e do preso*. O domicílio dos funcionários públicos determina-se pelo lugar onde exercem permanentemente suas funções; já ao militar fixa-se o domicílio no lugar onde está servindo, e sendo da Marinha ou da Aeronáutica, o domicilio será a sede do comando a que se encontrar imediatamente subordinado; o domicílio do marítimo, onde o navio estiver matriculado; e o do preso, o lugar em que cumprir a pena – tudo de acordo com o parágrafo único do art. 76 do Código Civil, cuja redação, embora diferente, não alterou a substância das regras que vinham nos arts. 37, 38, 39 e 40 do Código de 1916.

– *Agente diplomático*. Consoante o art. 77 do Código Civil (art. 41 do Código anterior), "o agente diplomático do Brasil, que, citado no estrangeiro, alegar extraterritorialidade sem designar onde tem, no país, o seu domicílio, poderá ser demandado no Distrito Federal ou no último ponto do território brasileiro onde o teve". Assim define-se o domicílio, o que determina a competência, se citado no estrangeiro. Quando a citação ocorrer no Brasil, reconhece-se o domicílio onde se consumou dito ato, se lá exercia as atividades diplomáticas, ou no Distrito Federal, se a função era de âmbito nacional.

– *A mulher, o alimentando, o devedor*. Na categoria de pessoas especiais vêm arrolados alguns casos, contemplados no art. 100 do estatuto processual civil, definindo-se a competência pela residência ou domicílio:

"É competente o foro:

I – da residência da mulher, para a ação de separação dos cônjuges, e a conversão desta em divórcio e para a anulação de casamento;

II – do domicílio ou da residência do alimentando, para a ação em que se pedem alimentos;

III – do domicílio do devedor, para a ação de anulação de títulos extraviados ou destruídos (...)".

---

[5] *Parte Geral do Código Civil*, ob. cit., p. 150.

O novo CPC, no art. 53, acrescenta mais hipóteses, incluindo as relações parentais e familiares, o idoso, e omitindo a regra referente ao domicílio do devedor relativamente às ações que envolvem títulos extraviados ou destruídos:

> "É competente o foro:
>
> I - para a ação de divórcio, separação, anulação de casamento e reconhecimento ou dissolução de união estável:
>
> a) de domicílio do guardião de filho incapaz;
>
> b) do último domicílio do casal, caso não haja filho incapaz;
>
> c) de domicílio do réu, se nenhuma das partes residir no antigo domicílio do casal;
>
> II - de domicílio ou residência do alimentando, para a ação em que se pedem alimentos".

Salienta-se que, quanto ao inc. I do art. 100 do CPC de 1973, parece contradizer-se a regra com o disposto no art. 5º, inc. I, da Carta Magna, que firma a igualdade do homem e da mulher em direitos e obrigações. Há, também, frente ao mesmo princípio constitucional, mais dispositivos incoerentes, atribuindo o domicílio de modo discricionário à decisão do marido, como o § 7º do art. 7º da Lei de Introdução às Normas do Direito Brasileiro.

– *Ações que envolvem indenização por acidentes de trânsito*. Outra situação de tratamento especial digna de nota está na competência para as ações motivadas por acidentes de trânsito, favorecendo o parágrafo único do art. 100 da lei processual (art. 53, V, do novo CPC), para o aforamento, o juízo do domicílio do autor da ação, ou o do local do fato.

3. DOMICÍLIO DAS PESSOAS JURÍDICAS

De acordo com o art. 41 do Código Civil (art. 14 do Código revogado), as pessoas jurídicas de direito público interno são a União, os Estados, o Distrito Federal e os Territórios; os Municípios; as autarquias; e as demais entidades de caráter público criadas por lei. Já as pessoas jurídicas de direito privado classificam-se, pelo art. 44 (art. 16 do CC anterior), associações, sociedades e fundações.

Em relação às sociedades de direito público interno, o art. 75 do Código Civil (art. 35 do Código anterior) especifica qual é o domicílio: "Quanto às pessoas jurídicas, o domicílio é:

> I – da União, o Distrito Federal;
>
> II – dos Estados e Territórios, as respectivas capitais;
>
> III – do Município, o lugar onde funcione a administração municipal;

IV – das demais pessoas jurídicas, o lugar onde funcionarem as respectivas diretorias e administrações, ou onde elegerem domicílio especial no seu estatuto ou atos constitutivos".

O art. 99 do Código de Processo Civil elege o foro da capital do Estado ou do Território para as causas em que a União for autora, ré ou interveniente, e para as causas em que o Território figurar como autor, réu ou interveniente. No entanto, há duas exceções: uma quando a União for autora, e a outra na hipótese dela figurar como ré. Quanto à primeira, as ações promovidas pela União Federal, ordena o § 1º do art. 109 da Carta Federal, serão propostas no juízo federal do domicílio da parte ré: "As causas em que a União for autora serão aforadas na seção judiciária onde tiver domicílio a outra parte". Em relação à segunda, a União poderá ser acionada, dentre outros juízos, no domicílio do autor da ação, conforme o § 2º do citado artigo: "As causas intentadas contra a União poderão ser aforadas na seção judiciária em que for domiciliado o autor, naquela onde houver ocorrido o ato ou fato que deu origem à demanda ou onde esteja situada a coisa, ou, ainda, no Distrito Federal".

Relativamente aos dispositivos acima, o novo CPC, no art. 51 e em seu parágrafo único, prestigiou a definição da competência pelo domicílio do réu, em litígio proposto pela União; e do autor, ou no de ocorrência do ato ou fato que originou a demanda, no de situação da coisa ou no Distrito Federal, em ação contra a União:

"É competente o foro de domicílio do réu para as causas em que seja autora a União.

Parágrafo único. Se a União for a demandada, a ação poderá ser proposta no foro de domicílio do autor, no de ocorrência do ato ou fato que originou a demanda, no de situação da coisa ou no Distrito Federal".

Já o art. 52 e seu parágrafo único do mesmo novo CPC também privilegiam a competência pelo domicílio do réu na ação ajuizada pelos Estados ou pelo Distrito Federal, bem como pelo domicílio do autor, no de ocorrência do ato ou fato que originou a demanda, no de situação da coisa ou na capital do respectivo ente federado se promovida a demanda contra tais entes públicos:

"É competente o foro de domicílio do réu para as causas em que seja autor Estado ou o Distrito Federal.

Parágrafo único. Se Estado ou o Distrito Federal for o demandado, a ação poderá ser proposta no foro de domicílio do autor, no de ocorrência do ato ou fato que originou a demanda, no de situação da coisa ou na capital do respectivo ente federado".

As ações de natureza previdenciária, envolvendo seguros, aposentadorias, pensões, serão ajuizadas, consoante o § 3º do referido art. 109 da Carta Federal, na Justiça estadual do foro do domicílio dos segurados ou beneficiários, sempre que a comarca não seja sede de vara do juízo federal, apreciando-se, no entanto, o recurso cabível no Tribunal Regional Federal da área de jurisdição do juiz de primeiro grau.

Já em relação aos Estados e Territórios, nas demandas em que são partes, ou das mesmas participarem seus órgãos e autarquias, o domicílio está na capital respectiva. As Constituições estaduais encerram norma fixando a capital como sede dos Poderes Executivo, Legislativo e Judiciário. O art. 75, inc. II, do Código Civil (art. 35, inc. II anterior), é expresso a respeito: "Quanto às pessoas jurídicas, o domicílio é: ... II – dos Estados e Territórios, as respectivas capitais". Todavia, em qualquer cidade reconhece-se o direito para os cidadãos promoverem as ações judiciais, desde que o Estado ou Território tenha representantes que atuem na Procuradoria Geral. É que o Estado envolve todo o território que o delimita, constituindo um absurdo obrigar as pessoas a procurarem as capitais para o ajuizamento de ações.

A matéria amiúde é levantada nos tribunais, posto que grande a quantidade de lides envolvendo os Estados. Normalmente, decorrem as controvérsias da falta de cumprimento de obrigações, ou de danos causados. Incide, também, a regra do art. 100, inc. IV, letra *d*, do Código de Processo Civil (art. 53, inc. III, letra *d*, do novo CPC), preceituando: "É competente o foro... IV – do lugar ... d) onde a obrigação deve ser satisfeita, para a ação em que se lhe exigir o cumprimento".

A citação, porém, procede-se nas Capitais, na pessoa que as leis próprias ordenarem.

Quanto aos Municípios, seus órgãos e autarquias, promovem-se as ações em que estão envolvidos na comarca onde se situam.

Outrossim, as leis de organização interna estabelecem juízos ou varas privativas com competência para o atendimento das ações em que o Estado, seus órgãos e autarquias figurem como parte ou interessado, tanto no lado ativo como passivo. No entanto, somente por isso, não atraem a competência para as capitais, já que os juízos especializados valem para as ações que são propostas nas capitais.

Passando para as pessoas jurídicas de direito privado, o domicílio é o lugar onde se encontram estabelecidas a direção e administração, ou o especial que constar de seus estatutos, segundo o art. 75, inc. IV, do Código Civil (art. 35, inc. IV, do Código de 1916): "O lugar onde funcionarem as respectivas diretorias e administrações, ou onde elegerem domicílio especial no seu estatuto ou atos constitutivos". Salienta-se que a direção ou administração coincide com a sede da pessoa jurídica, o que importa em concluir que equivale ao domicílio. Daí não haver contradição com a determinação da competência constante do inc. IV do art. 100 do Código de Processo Civil (art. 53, inc. III, do novo

CPC), no qual, além de fixar a competência para a pessoa jurídica com filiais ou sucursais, está consignado que é competente o foro do lugar:

"a) onde está a sede, para a ação em que for ré a pessoa jurídica;

b) onde se acha a agência ou sucursal, quanto às obrigações que ela contraiu;

c) onde exerce a sua atividade principal, para a ação em que for ré a sociedade, que carece de personalidade jurídica;

d) onde a obrigação deve ser satisfeita, para a ação em que se lhe exigir o cumprimento".

O inc. III do art. 53 do novo CPC traz mais situações:

"É competente o foro: (...) III – do lugar:

a) onde está a sede, para a ação em que for ré pessoa jurídica;

b) onde se acha agência ou sucursal, quanto às obrigações que a pessoa jurídica contraiu;

c) onde exerce suas atividades, para a ação em que for ré sociedade ou associação sem personalidade jurídica;

d) onde a obrigação deve ser satisfeita, para a ação em que se lhe exigir o cumprimento;

e) de residência do idoso, para a causa que verse sobre direito previsto no respectivo estatuto;

f) da sede da serventia notarial ou de registro, para a ação de reparação de dano por ato praticado em razão do ofício".

Acresce notar que não desborda das diretrizes acima o § 1º do art. 75 do Código Civil (§ 3º do art. 35 do Código anterior), que dá a opção, em tendo a pessoa jurídica vários estabelecimentos, o domicílio de qualquer um deles para propor a ação atacando os atos neles praticados: "Tendo a pessoa jurídica diversos estabelecimentos em lugares diferentes, cada um deles será considerado domicílio para os atos nele praticados".

A pessoa jurídica com sede ou domicílio no exterior será acionada no juízo onde se encontra o estabelecimento no Brasil. É o que ordena o § 2º do art. 75 do mesmo diploma (§ 4º do art. 35 do Código de 1916): "Se a administração, ou diretoria, tiver a sede no estrangeiro, haver-se-á por domicílio da pessoa jurídica, no tocante às obrigações contraídas por cada uma das suas agências, o lugar do estabelecimento, sito no Brasil, a que ela corresponder".

4. DOMICÍLIO DE ELEIÇÃO

Considera-se domicílio de eleição aquele escolhido pelos contratantes. Também denominado convencional, corresponde à escolha de um local para o cumprimento dos direitos e obrigações, e para a solução judicial das controvérsias.

Em princípio, é possível às partes disporem sobre o domicílio, em face da previsão do art. 78 do Código Civil (art. 42 do Código de 1916): "Nos contratos escritos poderão os contratantes especificar domicílio onde se exercitem e cumpram os direitos e obrigações deles resultantes". Na lei processual civil, a permissão para se dispor sobre o domicílio está no art. 95 (art. 47 e seus §§ 1º e 2º do novo CPC, sendo que, no § 2º, define a competência, que é absoluta, no foro de situação da coisa na ação possessória imobiliária, no que foi omisso o Código de 1973), desde que não recaia o litígio sobre direito de propriedade, vizinhança, servidão, posse, divisão e demarcação de terras e nunciação de obra nova.

Já o art. 111 do CPC exclui expressamente a liberdade em fixar o domicílio na competência em razão da matéria e da hierarquia que dizem respeito: "A competência em razão da matéria e da hierarquia é inderrogável por convenção das partes; mas estas podem modificar a competência em razão do valor e do território, elegendo o foro onde serão propostas as ações oriundas de direitos e obrigações".

A disciplina, no CPC novo, está nos arts. 62 e 63, vindo substituída a palavra "hierarquia" pelas palavras "pessoa" e "função".

Reza o art. 62: "A competência determinada em razão da matéria, da pessoa ou da função é inderrogável por convenção das partes".

E o art. 63, com seus parágrafos:

> "As partes podem modificar a competência em razão do valor e do território, elegendo foro onde será proposta ação oriunda de direitos e obrigações.
>
> § 1º A eleição de foro só produz efeito quando constar de instrumento escrito e aludir expressamente a determinado negócio jurídico.
>
> § 2º O foro contratual obriga os herdeiros e sucessores das partes.
>
> § 3º Antes da citação, a cláusula de eleição de foro, se abusiva, pode ser reputada ineficaz de ofício pelo juiz, que determinará a remessa dos autos ao juízo do foro de domicílio do réu.
>
> § 4º Citado, incumbe ao réu alegar a abusividade da cláusula de eleição de foro na contestação, sob pena de preclusão".

Em razão da matéria consideram-se as causas sob o ponto de vista da natureza da questão ajuizada, como direito de família, direito das sucessões, acidente no trabalho, registros públicos, direito tributário, direito do trabalho. Já a competência no ângulo da hierarquia é a funcional, como expõe Celso Agrícola Barbi: "Melhor teria andado o nosso legislador se, em vez de se referir à competência em razão da hierarquia, se reportasse à fixada pelo critério funcional, pois esta foi a expressão sob a qual, na Seção II deste Capítulo, constam as fontes da competência dos Tribunais, que é aquela em razão da hierarquia". Para compatibilizar as normas do Código, é preciso entender que a competência em razão da hierarquia (da pessoa ou da função, no novo CPC), mencionada no art. 111 (art. 62 do novo CPC), é a dos tribunais, referida no art. 93 (sem norma equivalente no novo CPC).[6]

Trata-se da competência distribuída para julgar as causas iniciais, os recursos em todos os níveis, e da que é estabelecida para conhecer e julgar as ações que envolvam certas pessoas em função da qualidade de que se revestem, como os deputados, os próprios juízes, os senadores, os Ministros de Estado e dos Tribunais, e o Presidente da República, dentre outras múltiplas situações.

A competência, pois, distribuída em razão da matéria e da hierarquia, não se sujeita ao foro de eleição, cuja possibilidade está restrita ao território e ao valor da causa, no que é pertinente ao cumprimento dos direitos e obrigações. Nos arts. 94 a 100 do Código de Processo Civil (arts. 46 a 53 do novo CPC), encontram-se regras sobre a competência em razão do território, envolvendo as ações que versam sobre bens móveis, sobre imóveis, e todas as matérias sobre direito privado indicadas nos dispositivos, desde que não estabelecidas normas especiais de competência em favor de determinadas pessoas, como no atinente aos ausentes e aos menores. Quanto ao valor, é aquela competência fixada pela estimativa econômica da causa, verificada na distribuição dos feitos para juizados especiais se o valor se mantém, dentre outros casos, até um montante estabelecido. Exemplo típico encontra-se na Lei nº 9.099, de 26.09.1995, que criou os juizados cíveis e criminais especiais, cujo art. 3º sujeita ao seu rito as causas cíveis "cujo valor não exceda a quarenta vezes o salário mínimo".

A cláusula que fixa a competência nas hipóteses previstas é válida desde que não constitua um obstáculo à parte em propor uma ação ou em contestá-la. Neste sentido o pronunciamento dos tribunais, eis que, do contrário, fixar-se-ia o foro de eleição em localidade distante do domicílio da parte obrigada, impossibilitando a defesa.[7] De acordo com a Súmula nº 335, do STJ, "é válida a cláusula de eleição do foro para os processos oriundos do contrato". A inteligência do enunciado não pode afrontar a *ratio* hoje propagada da não validade quando constitui um obstáculo à parte, dificultando-lhe o comparecimento em juízo, em reiterada posição do mesmo Superior Tribunal de Justiça.[8] Nesta interpretação, coaduna-se com a norma do art. 51, inc. I, do Código de Defesa do Consumidor (Lei nº 8.078, de 11.09.1990), cominando de nulidade a cláusula, por impossibilitar, exonerar ou atenuar a responsabilidade do fornecedor, e por implicar renúncia de direito.

Outrossim, a eleição do foro não obsta à propositura de ação no foro do domicílio do réu. Mesmo havendo eleição de foro, não fica a parte inibida de

---

[6] *Comentários ao Código de Processo Civil*, Rio de Janeiro, Forense, 1975, vol. I, tomo II, p. 481.
[7] REsp. nº 40.988-8-RJ. Relator: Min. Eduardo Ribeiro. Julgado em 15.03.1994.
[8] REsp. nº 41.540-3-RS. Relator: Min. Costa Leite. Julgado em 12.04.1994.

propor a ação no domicílio da outra parte, desde que não demonstrado prejuízo, consoante conclusão do Sexto Encontro de Tribunais de Alçada, no que seja adequado à seguinte ementa do Superior Tribunal de Alçada: "No caso de eleição de foro, tal circunstância não impede que seja a ação intentada no domicílio do réu e com razão maior quando este, ao excepcionar o foro, não demonstra a existência de prejuízo".[9]

5. ESPÉCIES DE DOMICÍLIO

Algumas especificações cabem quanto aos vários tipos de domicílio.

Aponta-se, em primeiro lugar, o *voluntário*, que é o escolhido livremente pela parte, confundindo-se com o de eleição pela razão de que não se impede ao interessado de ingressar no juízo do domicílio do demandando. Já o conceituava da seguinte maneira Lourenço Trigo de Loureiro: "É o que depende da vontade da pessoa; e é o fixado pelo fato da residência, e ânimo de continuar a residir. Para se conservar, basta o ânimo, enquanto por declaração expressa, ou por outras circunstâncias não se presumir ânimo de o fixar em outra parte".[10] Nesta espécie está o previsto para o ajuizamento da ação de reparação do dano sofrido em razão de delito ou de acidente de trânsito, posto que voluntariamente a vítima escolhe o seu domicílio ou o do réu (art. 100, parágrafo único, do CPC de 1973; e art. 53, inc. V, do novo CPC)O domicílio *legal* ou *necessário* corresponde ao imposto pela lei, sendo comum aos representantes de pessoas jurídicas de direito público, como no caso de magistrados, obrigando a lei a se estabelecerem no município onde está situada a comarca. Quanto aos incapazes, o domicílio será o de seus representantes, em consonância com o art. 98 do Código de Processo Civil (art. 50 do novo CPC).

O domicílio *ocasional* é o que se atribui à pessoa sem residência habitual, que vive em viagens ou executa atividades em diversos locais, para distintos empregadores.

Domicílio *múltiplo* confunde-se com aquele decorrente de várias residências que possui o indivíduo. Tratando do assunto, assinala o § 1º do art. 94 do CPC: "Tendo mais de um domicílio, o réu será demandado no foro de qualquer deles" (idêntica redação tem o art. 46, § 1º, do novo CPC).

O domicílio *incerto*, ou *itinerante*, ou *ocasional*, vem a ser quando não definido pelo ser humano, que ora está num lugar e ora em outro. Permite o § 2º do mesmo art. 94 (com a mesma redação o art. 46, § 2º, do novo CPC) que o réu será demandado onde for encontrado ou no foro do domicílio do autor. Está previsto também no art. 73 do Código Civil (art. 33 do Código de

---

[9] REsp. nº 10.998-DF. Relator: Min. Nilson Naves. Julgado em 4.02.1992.
[10] *Instituições de Direito Civil Brasileiro*, ob. cit., tomo I, p. 53.

1916), que preceitua: "Ter-se-á por domicílio da pessoa natural, que não tenha residência habitual, o lugar onde for encontrada".

O domicílio no *exterior* é aquele que está fora do Brasil. Nesta eventualidade, incide a regra do § 3º do citado art. 94 do estatuto processual civil (art. 46, § 3º, do novo CPC, com igual texto), propondo-se a ação no domicílio do autor; será proposta em qualquer foro se o autor também residir fora do Brasil: "Quando o réu não tiver domicílio nem residência no Brasil, a ação será proposta no foro do domicílio do autor. Se este também residir fora do Brasil, a ação será proposta em qualquer foro".

Ouve-se falar de outras modalidades, como o domicílio *de origem*, para indicar o lugar do domicílio dos pais do indivíduo; o domicílio *doméstico*, significando o endereço onde está a família, que serve como centro de referência para a solução das questões de natureza doméstica; o domicílio *contratual*, com o sentido de expressar o local do cumprimento dos direitos e obrigações do contrato, ou "aquele designado pelas partes quando do entabulamento de um contrato, para o fim de fixar a sede jurídica onde as obrigações devam ser cumpridas e, no caso de inadimplência, reclamadas";[11] o domicílio *profissional*, para simbolizar o centro onde se exerce a profissão, e no qual se fazem os contratos relativos ao trabalho e à prestação de serviços; o domicílio *geral*, no qual se centralizam os negócios e interesses da pessoa; o domicílio *específico*, estabelecido para o cumprimento de uma obrigação determinada; o domicílio *político*, aquele onde se pode votar e ser votado; o domicílio *forense*, estabelecido para determinar o lugar onde a pessoa pode ser demandada.

6. MUDANÇA DE DOMICÍLIO

Consoante o art. 74 do Código Civil (art. 34 do Código revogado), "muda-se o domicílio, transferindo a residência, com a intenção manifesta de o mudar".

Indica o parágrafo único as formas de manifestação da intenção: "A prova da intenção resultará do que declarar a pessoa às municipalidades dos lugares, que deixa, e para onde vai, ou, se tais declarações não fizer, da própria mudança, com as circunstâncias que a acompanharem".

Resta clara a pouca significância real da disposição, porquanto o elemento externo da fixação da pessoa em determinado lugar é que indica o domicílio. A intenção evidencia-se pela exterioridade, isto é, pela constância da situação do indivíduo em um endereço localizado.

Não demovem essa presunção os afastamentos esporádicos e até seguidos, desde que sempre há o retorno para o ponto onde está situada a residência principal, como salientava outrora Clóvis Beviláqua: "Ausências temporárias

---

[11] Rubens Limongi França, *Manual de Direito Civil*, ob. cit., 1º vol., p. 190.

não influem sobre a sua permanência. Mas, para mudar o domicílio já fixado, é preciso aliar o elemento físico da deslocação da morada ao elemento moral da vontade de deixar a residência anterior, e fixá-la noutra parte".[12]

Carvalho Santos aponta alguns exemplos reveladores da falta de intenção:

> "a) Não se pode considerar domiciliado em um lugar quem aí se acha transitoriamente, em tratamento de saúde;
>
> b) *idem*, quem se acha temporariamente em uma cidade de verão;
>
> c) *idem*, quando a pessoa vai em viagem de recreio ou a serviço ao estrangeiro;
>
> d) *idem*, quando a pessoa, como empregado público, entra em gozo de licença e vai gozá-la em outro lugar, temporariamente;
>
> e) *idem*, quando a pessoa vai servir em outro lugar num emprego ou função temporária, transitória ou em comissão".[13]

Mesmo que a pessoa esporadicamente retorne a um lugar específico, mas desde que repetidamente, e em maior sequência que em outros pontos, firma-se o domicílio naquele.

Os elementos apontados pelo parágrafo único do art. 74 não despertam maior interesse, eis que difíceis e improváveis as comunicações às municipalidades do endereço. Não se olvidam as de indefinição do domicílio.

---

[12] *Código Civil dos Estados Unidos do Brasil Comentado*, ob. cit., vol. I, p. 203.
[13] *Código Civil Brasileiro Interpretado*, ob. cit., vol. I, p. 433.

Capítulo XIV

Os Bens

1. O CONCEITO DE BEM, PATRIMÔNIO, COISA E OBJETO

O sentido de *bem* varia. Filosoficamente, as coisas para as quais tende a atividade humana têm um valor objetivo, que é o bem intrinsecamente considerado. Assim, o bem é o que nos faz realizar a perfeição de nossa natureza, é alcançar o máximo da virtude, ou atingir o Ser Supremo, que se identifica com Deus, na teoria de Platão, considerado como a ideia suprema do bem, do fim último. Considera-se, nesta ótica, a antítese do mal. Praticar o bem, também se costuma dizer, isto é, realizar as coisas que estão de acordo com a virtude, e assim com a verdade, a caridade, a benevolência, a bondade, a tal ponto que o significado expressa mais uma qualidade de perfeição.

Nesta extensão de sentido, de enfoque filosófico, identifica-se com um valor positivo, e assim com a verdade, a saúde, a amizade, a sabedoria, a santidade, sendo que Deus é o bem supremo, a que se chega na medida em que o espírito se abstrai dos sentidos e da matéria.

Juridicamente, o bem constitui a coisa material ou imaterial, não necessariamente com valor econômico, e que vem a ser o objeto da relação jurídica que se trava entre os seres humanos, observando Washington de Barros Monteiro: "Bens são valores materiais ou imateriais, que podem ser objeto de uma relação de direito. O vocábulo, que é amplo no seu significado, abrange coisas corpóreas e incorpóreas, coisas materiais ou imponderáveis, fatos e abstenções humanas". Ou seja, o termo *bem* no sentido jurídico designa coisas e ações humanas, ou os entes com natureza corpórea e as prestações ou comportamentos. Clóvis sintetizava o conteúdo desta maneira: "Para o direito, bens são os valores materiais ou imateriais, que servem de objeto a uma relação jurídica".[1]

No significado amplo, e não apenas jurídico, é tudo quanto se apresenta suscetível ou não como objeto de direito, ou pode se incluir ou não em uma

---

[1] *Código Civil dos Estados Unidos do Brasil Comentado*, ob. cit., vol. I, p. 214.

relação jurídica, mas que não se esgota na apreciação econômica, nem na condição de viabilizar a relação jurídica. Apresenta-se ainda atual a explicação de Clóvis Beviláqua: "Os nossos desejos íntimos, as nossas aspirações puramente morais, as satisfações exclusivamente estéticas ou intelectuais realizam-se em domínio estranho à economia política... Para o direito, o bem é uma utilidade, porém com extensão maior do que a utilidade econômica, porque a economia gira dentro de um círculo determinado por estes três pontos: o trabalho, a terra e o valor; ao passo que o direito tem por objeto interesses outros, tanto do indivíduo quanto da família e da sociedade".[2] Realmente, de grande importância o universo de valores ou bens nem sempre com fundo econômico, como a honra, a reputação, os entes morais, a paz, a alegria, o convívio com os parentes, a presença de amigos, a relação com os filhos e o direito de visita, o nome, a indevassabilidade das situações pessoais, o estado civil, e aí a separação e o divórcio, alguns possíveis de submeterem a relações jurídicas e outros não.

De modo que há bens econômicos e bens que não são econômicos, e, incluídos nestes, alguns que não se incluem como objeto da relação jurídica.

A relação jurídica somente existe em função de alguma coisa, ou em vista de um objeto, não se concebendo que duas ou mais pessoas se aproximem contratualmente sem um objetivo ou finalidade. Portanto, qualquer contrato que se realiza, ou toda vinculação entre os indivíduos, sempre se efetua em razão de um motivo, ou um valor, ou um objeto, o que vem a ser o bem no âmbito jurídico. Mas não se pense que o bem sempre é jurídico. Assim tem-se quando se reveste de uma estimativa de valor, ou de uma apreciação positiva, ou de uma utilidade de fundo econômico ou não, mas com viabilidade de submeter-se a uma relação jurídica.

Quando revelam caráter econômico os bens, adquirem a denominação de *patrimônio*. Sem essa nota, desponta o cunho espiritual, envolvendo os entes morais, e centrando-se em grande parte no comportamento, como as relações familiares e as de parentesco. Esta a concepção apresentada por Eduardo Espínola: "Consiste o patrimônio, diz a doutrina, no conjunto dos direitos e obrigações de uma pessoa, apreciáveis em moeda, constituindo o que se chama *universalidade de direito*.[3] Nem todo patrimônio, no entanto, é corpóreo, posto que o lado econômico pode envolver bens morais, como a propriedade industrial, o direito de autor, e o próprio dano moral. Nesta dimensão, costuma-se dizer o *patrimônio moral* de certa pessoa. Quando corpóreo, recebe o nome de *coisa*. No sentido amplo, abrange tudo quanto representa uma estimativa econômica, tanto de ordem material como moral ou espiritual. Todavia, muitas coisas que

---

[2] *Teoria Geral do Direito Civil*, ob. cit., pp. 213 e 214.
[3] *Sistema do Direito Civil Brasileiro*, ob. cit., vol. 1º, p. 454.

integram o patrimônio não são suscetíveis de relação jurídica, como a água de modo geral, as vias públicas, ou seja, os bens indisponíveis por lei.

A *coisa*, por conseguinte, restringe-se ao objeto corpóreo e impessoal, às utilidades patrimoniais corpóreas, exteriorizadas em uma forma concreta. Para Ferrara, é toda parte do mundo exterior, ou "ogni parte del mondo exteriore che può essere assoggettata ala volontà del'uomo ed esser materia di sfruttamento economico".[4] Compreende aquilo que se apresenta externa e objetivamente, exceto o homem, no amplo mundo dos seres inanimados e animados, como a terra, o sol, as estrelas, os vegetais, os móveis e imóveis, os animais. Obviamente, muitas coisas não se prestam para se incluírem na relação jurídica. Não é admissível a concepção dada por muitos pensadores, que veem na coisa o gênero, com um conteúdo mais extenso que o conteúdo de bem. Muito menos o sentido de bem se restringe ao que tem valor econômico e submete-se à relação jurídica.[5]

Já o *objeto* apresenta um significado um pouco diferente, mais amplo que coisa e não tão extenso como bem. A coisa exige exterioridade física, e o bem abrange entes suscetíveis ou não de relação jurídica. Já o termo 'objeto' envolve aquilo que se submete à relação jurídica, que não se limita às coisas corpóreas, e sem englobar aqueles entes não atingíveis pela relação jurídica, como a amizade, a santidade, a pureza, a bondade, as relações de parentesco. Objeto abarca aqueles bens suscetíveis de relação jurídica, podendo ser os corpóreos como os incorpóreos, e nestes incluídos o proceder, o comportamento, a obrigação de fazer. Com simplicidade, considera Orlando Gomes a coisa, ou a prestação.[6] Já Ferrara exemplifica várias classes de objetos, de acordo com o ramo do direito: "Nei diritto de famiglia si considerano come oggetto le persone sottoposte alla signoria, nei diritti delle obbligazioni la prestazione o fatto del debitore, nei diritti reali la cosa".[7]

Necessário esclarecer que o Código Civil de 2002 não se atém à diferenciação de conteúdo dos vários termos, mas, diferentemente do Código revogado, passou a utilizar o termo 'bem'. No art. 79 (art. 43 do Código de 1916), fala genericamente de 'bens', abrangendo tanto o significado de 'patrimônio' como de 'coisa', ao enquadrar como bens o solo e o que o homem nele incorpora. O Código de 1916 empregava o termo 'coisas', conforme seu art. 57, nele incluindo o 'patrimônio'. Notavam-se as diferentes dimensões das palavras nos arts. 43, 47, 52, 54, 58, 59, 69 e 70, dentre outros dispositivos.

---

[4] *Trattato di Diritto Civile Italiano*, ob. cit., vol. I, parte I, p. 729.
[5] A título de exemplo, Décio Moreira, *Elementos de Direito Civil*, ob. cit., p. 53; e Francisco Amaral, *Direito Civil Brasileiro* – Introdução, ob. cit., p. 309.
[6] *Introdução do Direito Civil*, ob. cit., p. 189.
[7] *Trattato di Diritto Civile Italiano*, ob. cit., vol. I, parte I, p. 729.

2. CARACTERÍSTICAS DOS BENS PARA SEREM OBJETO DA RELAÇÃO JURÍDICA

Para figurarem como objeto do direito, ou mais precisamente da relação jurídica, costuma-se apresentar algumas qualidades ou virtudes que devem apresentar os bens.

A primeira concerne à *estimativa econômica*. Parece fora de dúvidas que alguma apreciação patrimonial deve inserir o bem, posto que ninguém vai celebrar um contrato a respeito de coisas sem qualquer valor, posto que faltaria, então, o menor interesse para alguma motivação. Trata-se da expressão pecuniária do bem, de sua significação patrimonial, pela qual se chega ao crédito financeiro que representa. Antônio Chaves amplia a explicação: "O requisito exige, muitas vezes, que a coisa seja considerada quantitativamente. Assim, um grão de arroz é coisa em sentido comum, mas não do ponto de vista jurídico, pois não encontra correspondência em dinheiro".[8]

Em segundo lugar, indispensável a *disponibilização* dos bens. Impende que se incluam dentre os que podem ser disponíveis. Com efeito, é intolerável que alguém contrate sobre a sua vida, sobre as relações de parentesco, o poder familiar, o estado de filho e a condição de cônjuge; sobre a honra, ou dar uma permissão para que seja vilipendiada a honra; e muito menos a respeito da liberdade, isto é, vender a sua liberdade, tornando-se escravo; ou referente à dispensa de defesa em um ataque.

Requer-se, outrossim, que contenham a qualidade de *apropriação individual* ou *pessoal*, encontrando-se no mundo do comércio, sejam de limitação no uso, e de livre negociação. Não se prestam a relações jurídicas, *v.g.*, aquelas coisas de uso comum e universal, como o ar atmosférico, a água dos oceanos, as praias, os espaços comuns.

A possibilidade de *titularidade* e de *posse*, isto é, de passar alguma coisa para o domínio ou a posse de alguém, envolvendo todos os bens comerciáveis, os apropriáveis e afastando os de propriedade pública ou de uso comum do povo, como os arrolados no art. 99 do Código Civil (art. 66 do Código revogado). Não são negociáveis, ainda, as partes do corpo humano enquanto viva a pessoa, a inteligência, a energia física ou força humana.

A viabilidade de *transferência*, por ato *inter vivos*, dos bens e direitos, sem envolver a transmissão da propriedade que advirá por causa da morte. Mais explicitamente, os bens devem ser suscetíveis de transferência enquanto vive o proprietário, e não a contratação da transferência para depois da morte. Não tolera o direito que a pessoa faça a venda do patrimônio que deixará com a sua morte. Não se enquadra nessa vedação, no entanto, a relação jurídica que tenha

---

[8] *Tratado de Direito Civil* – Parte Geral, 3ª ed., São Paulo, Editora Revista dos Tribunais, 1982, vol. I, tomo II, p. 1.002.

como objeto direitos, ou expectativa de direitos. Podem-se contratar direitos que alguém tem a receber. Nesse âmbito estão os direitos sucessórios, os direitos resultantes de uma lide judicial, os direitos sobre uma safra ou produção futura.

3. CLASSIFICAÇÃO DOS BENS

A classificação praticamente envolve a totalidade da matéria do Código Civil que trata dos bens. De grande importância revela-se o estudo, por abranger o objeto da relação jurídica, constituindo um passo para o direito das coisas, que está no Livro III da Parte Especial.

A finalidade da classificação é dar logicidade à compreensão, de modo a facilitar a sua visão de acordo com as especialidades apresentadas, criando tantas classes quantas são as diferenças mais salientes. Agrupam-se na mesma espécie os que têm elementos gerais comuns ou semelhanças salientes. Persistem-se caracteres comuns menos intensos, e surgindo algumas peculiaridades dignas de notas, formam-se subclasses.

Distinguindo as várias espécies, facilitou o direito a sua compreensão, colocando-os em cinco classes, e que são as seguintes: os considerados em si mesmos, os reciprocamente considerados, os vistos na relação com o titular do domínio, os insuscetíveis de serem negociados, e os que têm uma destinação particular. Não se pode, no entanto, esquecer que outras espécies existem, que passam a fazer parte do estudo, como a que classifica os bens em corpóreos e incorpóreos, adotada genericamente em todos os sistemas, e a que inclui os bens em públicos por afetação em vista do uso e da destinação que passaram a ter.

Digna de nota, embora em rápida passagem, é lembrar a distinção, não correspondendo a uma classificação, dos bens em vista de sua utilidade ou desempenho econômico, destacando-se os de produção, os de uso e os de consumo.

Os *bens de produção*, como a expressão sugere, são aqueles que produzem, e assim a terra, as plantações, as fábricas, as águas. Os *bens de uso* trazem utilidade no seu proveito, sendo exemplos os prédios, as roupas, os veículos, as rodovias. E os *bens de consumo* constituem os que desaparecem quando aproveitados, transformando-se em energia, em força, ou que se transformam em outros, o que se verifica nos alimentos, nos combustíveis, na matéria-prima.

No direito romano, a distinção fundamental é a que distribuía os bens em *res manicipi* e em *res nec mancipi*. Os primeiros, para a transferência, dependiam de um ato solene, ou de um sinal. Havia a solenidade da entrega manual de alguma coisa, de sorte que a ausência desse ato formal descaracterizava o contrato. Fazia-se a entrega de um objeto, simbolizando a transferência do bem negociado. Era utilizada na compra e venda de escravos, do solo, de alguns animais de tração, de instrumentos agrícolas. Os segundos se transferiam pela mera tradição, ou pela combinação entre os contratantes.

A distinção e a caracterização são apresentadas por Thomas Marky:

> "A distinção entre *res mancipi* e *res nec mancipi* tem bases históricas. As primeiras, para se lhes transferir a respectiva propriedade, requeriam a prática das formalidades da *mancipatio*, ato solene do direito arcaico. As a segundas podiam ser transferidas pela simples entrega, sem formalidades (*traditio*).
>
> Faziam parte da categoria das *res mancipi* os terrenos itálicos (não os provinciais), os animais de tiro e carga (como cavalo, a vaca, o burro), os escravos e as quatro servidões prediais rústicas mais antigas, que eram *via, iter, actus* e *aquaeductus*. As demais coisas eram *nec mancipi*".[9]

Do tempo antigo ainda é a divisão das coisas em função do uso: *res nullius, res derelictae* e *res communes omnium*.

Na primeira, as coisas não pertencem a ninguém, podendo ser possuídas pelas pessoas, o que se dá pela caça, pela ocupação.

As coisas *derelictae* correspondem às abandonadas, ou voluntariamente deixadas à própria sorte e afastadas da posse, diferentemente do que acontece com as coisas perdidas, quando a pessoa não se despoja da posse voluntariamente, continuando a ser a titular.

As últimas estão na posse de todos, e são as *communes omnium* ou *comuns de todos*, não podendo haver exclusividade de qualquer pessoa, como se dá com o ar, a luz do sol, o mar, as praças públicas, as vias de trânsito.

Passa-se a tratar da classificação, começando pelos bens corpóreos e incorpóreos, e seguindo pelas várias ordens previstas no Código Civil.

4. BENS CORPÓREOS E INCORPÓREOS

Já existente no direito romano a classificação (*res corporales* e *res incorporales*), corresponde à distinção dos bens em vista de sua presença física e ocupação de espaço ou não, sendo ainda apropriada a caracterização de Clóvis Beviláqua: "Bens corpóreos são os que ocupam lugar limitado no espaço. Os bens incorpóreos ou imateriais podem ser objeto de direitos não somente políticos..., mas ainda de direitos privados, como a vida, a honra e a liberdade (nos aspectos em que as considera o direito privado), o nome comercial etc. As ações humanas são também coisas incorpóreas. No direito das obrigações, os objetos dos direitos são sempre ações humanas, isto é, coisas imateriais, ainda que, muitas vezes, tendam a materializar-se. No direito da família puro, também o objeto das relações de direito são ações humanas e não coisas".[10]

---

[9] *Curso Elementar de Direito Romano*, ob. cit., pp. 41 e 42.
[10] *Teoria Geral do Direito Civil*, ob. cit., pp. 224 e 225.

Os bens corpóreos ou materiais são perceptíveis pelos sentidos, enquanto os incorpóreos ou imateriais são perceptíveis pela mente ou intelecto, sendo grande a sua importância, sendo que vão evoluindo para uma expansão cada vez maior. Realmente, nesta gama encontram-se os direitos pessoais ou de personalidade, como ao nome, à vida, ao endereço e domicílio, à presença social, à dignidade, à honra, à saúde, à liberdade, grande parte deles garantidos pela Constituição Federal, nos vários incisos do art. 5º. Num outro ramo, estão os direitos reais, e, assim, à propriedade, à posse; os direitos obrigacionais, ou de exigir prestações e condutas específicas; os direitos de família, como ao parentesco, à assistência econômica. Destacam-se, também, os direitos de propriedade industrial, os direitos de autor, os direitos de software, os de invento, de modelo, de desenho, do nome comercial, de arquitetura e engenharia, todos de fundo econômico, constituindo um verdadeiro patrimônio e protegidos pelo direito.

5. OS BENS CONSIDERADOS EM SI MESMOS

Esta a classe mais extensa, tendo como finalidade a divisão em relação aos diversos tipos, considerando-se as individualidades dos bens, e sem relação entre eles ou deles com as pessoas. Não são apresentados na função de uns para os outros (os principais e os acessórios, estes em vista daqueles), dos entes ou pessoas a que pertencem (públicos e privados), da disponibilização ou comercialização (vendáveis ou não), da destinação (o bem de família). Discriminam-se somente os diversos tipos, procurando-se diferenciá-los pela natureza de cada espécie, mas sem ligá-los com outros, ou sem a finalidade a que se destinam, e muito menos em razão da relação com as pessoas.

Nessa dimensão, existem os bens móveis e imóveis, os fungíveis e infungíveis, os consumíveis e inconsumíveis, os divisíveis, e os singulares e coletivos. A disciplina está no Capítulo I, do Título Único do Livro II da Parte Geral do Código Civil, que vai do art. 79 ao art. 91 do Código Civil (art. 43 ao art. 57 do Código de 1916).

5.1. Bens móveis, semoventes e imóveis

Esta a divisão mais comum e de maior importância no direito civil (mas nada prevendo quanto aos semoventes, que têm o tratamento dos móveis). Vasto o campo jurídico que trata dos bens nessa divisão, seja no Código Civil (arts. 79 a 86), seja em leis esparsas (exemplificativamente, Lei nº 6.766, de 1979, sobre o parcelamento de imóveis loteados; e a Lei nº 6.099, de 1974, sobre o arrendamento mercantil de bens móveis).

Num estágio primitivo, tinha relevância apenas os móveis, já que as terras eram de todos, e nem possuíam os seres humanos espaços físicos delimitados de ocupação. Os bens móveis, como ferramentas, armas, ornamentos, troféus, e posteriormente algumas espécies de animais, utilizados para a tração, mereciam apego e cuidado, incorporando-se às pessoas que os conseguiam, e criando a ideia de domínio.

Quanto aos semoventes, compreendem os animais, não trazendo o Código Civil alguma disciplina específica. Anota Antônio Chaves: "Quanto aos semoventes, a Lei nº 5.197, de 3.01.1967, que dispõe sobre a proteção à fauna e dá outras providências, limita-se a separar os animais de quaisquer espécies que vivem naturalmente fora do cativeiro, constituindo a fauna silvestre, dos demais".[11] Enquanto sujeitos ao comércio, tendo uma estimativa patrimonial, submete-se a disciplina ao regime dos bens móveis.

A característica mais primária que distingue os móveis dos imóveis está na mobilidade: os móveis se deslocam, podendo ser transportados; os imóveis ficam no mesmo lugar constantemente porque enraizados, e estão ligados essencialmente à terra. Não são transportáveis sem a destruição. O art. 82 do Código Civil (art. 47 do Código anterior) exprime a definição de móveis: "São móveis os bens suscetíveis de movimento próprio, ou de remoção por força alheia, sem alteração da substância ou da destinação econômico-social". O oposto ocorre com os imóveis, isto é, não podem ser transportados de um lugar para outro sem destruição.

Tem origem a distinção da classificação romana das coisas em *res mancipi* e *res nec mancipi*. As primeiras envolviam os bens necessários para a agricultura, sobressaindo, pela importância, as terras, as servidões de passagem, o aqueduto, os escravos, e os animais de montaria e tração. As segundas compreendiam os demais bens. Para a transferência daquelas, seguia-se um rigoroso cerimonial, com a entrega simbólica de algo que representasse os bens, e outros procedimentos, enquanto as demais coisas tinham simplificado o rito de mudança de proprietário. Ao tempo de Justiniano é que a divisão se consolidou em móveis e imóveis, mantendo mais complexa a instrumentalização da compra e venda da última espécie, e justamente remontando à tradição da *res mancipi* e da *res nec mancipi*. Compreende-se, daí, que desta modalidade evoluiu a classificação para bens móveis e imóveis.

Na Idade Média prosseguiu a importância dos imóveis, eis que fundada a economia na atividade rural. A partir da Revolução Francesa, iniciou a valorizar-se a propriedade urbana e a adquirir grande destaque os bens móveis e a prestação de serviços, com aburguesamento das cidades, acentuando-se posteriormente com a Revolução Industrial, quando se expandiu em massa os manufaturados, e evoluindo a economia para novos instrumentos de riqueza. Nos tempos atuais, domina a produção industrial, surgindo novas fontes de bens, como os investimentos em títulos de crédito e mobiliários, as ações em companhias, as máqui-

---

[11] *Tratado de Direito Civil* – Parte Geral, ob. cit., vol. I, tomo II, p. 1.030.

nas, os veículos automotores, os eletrodomésticos, os aparelhos eletrônicos e de informatização, e toda série de bens industrializados ou fabricados.

Destaca-se que a divisão em móveis e imóveis abrange igualmente os direitos, posto que atingem toda série de bens. Permitem-se o reconhecimento e a celebração de contratos, no caso de móveis, sobre direitos em veículos, em máquinas, em títulos, em ações de sociedades anônimas; e, no caso de imóveis, em servidões, uso, habitação, locação de prédios.

Costuma-se salientar as diferenças práticas entre móveis e imóveis, sendo as seguintes as de maior destaque, sem olvidar que existem outras:

A primeira está na forma de transferência. Os móveis adquirem-se através da simples tradição, ou pela sua entrega de uma pessoa para a outra, não sendo exigência indispensável um documento particular. Utiliza-se o recibo da importância passada para o vendedor, que este assina, fazendo-se a referência da compra da coisa. A própria nota fiscal serve de prova, embora a sua extração tenha finalidade diversa. Posteriormente, alguns bens são registrados em um órgão apropriado, como os veículos, em nome do adquirente ou proprietário. As transmissões de imóveis impõem maior solenidade, efetuando-se uma escritura, que é um documento historiando ou narrando o ato de compra e venda. Este documento registra-se no Registro de Imóveis, abrindo-se uma matrícula, ou uma inscrição particular de cada imóvel, com a finalidade de dar ciência aos terceiros, prevenindo-os da inviabilidade de outra transmissão. O mesmo procedimento adota-se para as onerações, como a hipoteca, o penhor. Em casos especiais, a escritura é particular, como nas aquisições de imóveis financiados pelo Sistema Financeiro Habitacional.

Não se pode esquecer, em ambas as situações, que a aquisição não é a única causa da compra e venda. Há, ainda, a acessão, o usucapião e a sucessão hereditária.

Uma segunda particularidade está, se casado o vendedor, na necessidade de participação ou não do cônjuge na transferência. Com efeito, em se tratando de imóveis, a alienação, a hipoteca e o penhor requerem a anuência do cônjuge do vendedor, não importando o regime de bens. O art. 1.647 (arts. 235 e 242 do Código anterior) é enfático sobre o assunto, impondo sempre o consentimento do cônjuge. Já os móveis não se subordinam a tal exigência. Qualquer dos cônjuges, desde que proprietário, ou em seu nome o bem, não carece da vênia do outro cônjuge.

De outro lado, quanto aos móveis, o prazo para o usucapião varia entre três e cinco anos, conforme os arts. 1.260 e 1.261 (arts. 618 e 619 do Código de 1916), e para os imóveis, vai de cinco a quinze anos, na forma dos arts. 183 da Constituição Federal, e 1.238, 1.239, 1.240 e 1.242 do Código Civil (arts. 550 e 551 do Código revogado).

Divergem as garantias reais, sendo que, em imóveis, tem-se a hipoteca, enquanto, para os móveis há o penhor. Excetuam-se os navios e aeronaves, que são hipotecáveis, na previsão do art. 1.473, incs. VI e VII (arts. 810, inc. VII, do Código de 1916, e 138 e segs. da Lei nº 7.565, de 19.12.1986).

No pertinente aos imóveis, a sua posse leva a presumir a posse dos móveis que naqueles se encontram.

De acordo com o art. 1.691 (art. 386 da lei civil anterior), a alienação e a gravação de ônus reais dos imóveis de menores depende sempre de autorização do juiz. A rigor, desse dispositivo não se depreende que os móveis estejam livres de tal ato. Pelo fato de o Código Civil considerar o menor e o doente mental incapazes, decorre a incapacidade para quaisquer alienações.

Nas ações que versam sobre imóveis e os direitos a eles inerentes, ambos os cônjuges devem figurar como autores, na previsão do art. 10 do Código de Processo Civil (art. 73 do novo CPC, exceto se o casamento for da separação absoluta de bens, quando somente o proprietário figurará no polo ativo); já a posição de réus contempla mais casos, além das ações que versem sobre direitos reais imobiliários.

A atividade comercial desenvolve-se em torno dos bens móveis. A comercialização de imóveis é uma atividade civil. O Código Comercial não trata dessa atividade em nível de atos do comércio. Está, no entanto, se implantando o comércio de imóveis, como atividade comercial, se exercida por pessoas para tanto habilitadas, nos termos da Lei nº 6.530, de 12.05.1978. Trata-se, no entanto, de uma atividade especial, com registro próprio. O art. 6º claramente indica onde se efetua o registro das pessoas físicas e jurídicas, como condição para o exercício da atividade de intermediação na compra, venda, permuta e locação de imóveis: no Conselho Regional de Corretores Imobiliários.

No âmbito tributário, em vista do art. 155, inc. I, e do art. 156, inc. II, da Constituição Federal, no tocante aos imóveis o imposto é o de transmissão *inter vivos* ou *causa mortis*; e pelo art. 155, inc. II, da mesma Carta, referentemente aos móveis, incide o imposto de circulação de mercadorias e de serviços de transporte e de comunicação. Impossível, pois, exigir o ICMS sobre a atividade de compra e venda de imóveis.

5.1.1. Bens considerados imóveis

Conforme é do conhecimento geral, e já era apregoado por Clóvis Beviláqua, imóveis consideram-se os que não podem ser transportados, ou se deslocar, sem destruição, de um lugar para outro. Não sendo suscetíveis de se moverem, são ligados basicamente à propriedade territorial, ou à terra, e aos prédios. De um modo real, pode-se dizer que são imóveis o solo e os bens incorporados ao solo. Carvalho Santos exprime essas características: "Os bens imóveis, também por alguns denominados 'bens de raiz', são os que absolutamente não se podem transportar sem alteração de sua essência, tais como: o solo, com uma superfície, com os seus acessórios e adjacências naturais, compreendendo as árvores, os frutos pendentes, o espaço aéreo e o subsolo".[12]

A doutrina tradicional costumava dividir os imóveis por natureza, por acessão física artificial, por acessão intelectual e os por determinação legal.

O Código Civil atual, no art. 79 (art. 43 do Código de 1916), inclui nos imóveis o solo e tudo quanto se lhe incorporar natural ou artificialmente: "São bens imóveis o solo e tudo quanto se lhe incorporar natural ou artificialmente". Nesta genérica abrangência, incluem-se o solo com a sua superfície, os seus acessórios e adjacências naturais, compreendendo as árvores e frutos pendentes, o espaço aéreo e o subsolo, como vinha especificado pelo art. 43. inc. I, do Código revogado.

A rigor, como salientam os autores desde os mais antigos, unicamente o solo é imóvel por natureza, composto de partes sólidas e fluídas, sem movimentação, abrangendo a profundidade, a superfície e a altura.[13] Não se pode destacar uma parte, sob pena de alterar a sua substância. Realmente, retirando-se uma porção do imóvel, e deslocando-a, não mais conserva a natureza primitiva. Assim acontece com os metais, as pedras, as árvores cortadas, e outros elementos retirados da terra.

Na categoria de imóveis, pode-se incluir, parafraseando o inc. I do art. 43 do Código de 1916, tudo quanto se encontra ou está sob o solo, e nasce da terra, ou dela advém, como a vegetação, o relevo ou adjacências naturais, os frutos pendentes, as águas provenientes das chuvas e as subterrâneas, e o espaço aéreo. O art. 1.229 do Código Civil (art. 526 do Código revogado) repete essa previsão: "A propriedade do solo abrange a do espaço aéreo e subsolo correspondentes, em altura e profundidade úteis ao seu exercício, não podendo o proprietário opor-se a atividades que sejam realizadas, por terceiros, a uma altura ou profundidade tais, que não tenha ele interesse legítimo em impedi-las".

Não se pode olvidar o disposto no art. 176 da Carta Federal, de maior extensão que o dispositivo acima, quanto aos limites da propriedade: "As jazidas, em lavra ou não, e demais recursos minerais e os potenciais de energia hidráulica constituem propriedade distinta da do solo, para efeito de exploração ou aproveitamento, e pertencem à União, garantida ao concessionário a propriedade do produto da lavra". A exceção também está no art. 1.230 do Código Civil, em previsão que não constava no Código anterior: "A propriedade do solo não abrange as jazidas, minas e demais recursos minerais, os potenciais de energia hidráulica, os monumentos arqueológicos e outros bens referidos por leis especiais".

---

[12] *Código Civil Brasileiro Interpretado*, 9ª ed., Rio de Janeiro, Livraria Freitas Bastos S. A., 1964, vol. II, p. 8.
[13] Teixeira de Freitas, *Esboço*, art. 396, citado por Sílvio Rodrigues, em *Direito Civil – Parte Geral*, vol. 1, ob. cit., p. 116.

O Decreto-lei nº 227, de 1967, em seu art. 85, com as alterações de leis posteriores, também encerra que a jazida é imóvel, mas distinta do solo onde se encontra, não abrangendo a propriedade deste o minério ou a substância mineral.

Quanto às águas, o Código de Águas (Decreto nº 24.643, de 1934, com as alterações do Decreto-lei nº 852, de 1938) considera-as imóveis, rezando o art. 145: "As quedas e outras fontes de energia hidráulica são bens imóveis considerados como coisas distintas do solo em que se encontrem. Assim, a propriedade superficial não abrange a água, o álveo do curso no trecho em que se ache a queda d'água, nem a respectiva energia hidráulica, para o efeito do aproveitamento industrial".

As jazidas ou lavras e as águas são bens imóveis distintos do solo, mas sem deixar de constituir imóveis. Daí que as limitações acima ao direito de propriedade não influem na conceituação de bem imóvel.

Na genérica previsão do art. 79, entram na categoria de imóveis os bens que, por acessão física ou artificial, são incorporados ao solo pelo homem. Referem-se, destaca Serpa Lopes, mostrando-se pertinente ao atual Código o ensinamento, "ao que no imóvel o proprietário mantiver intencionalmente empregado para sua exploração industrial, aformoseamento ou comodidade".[14] Daí o termo 'acessão', eis que acrescido, ajuntado, aposto permanentemente ao que já era imóvel. Não apenas a terra é imóvel, mas também o prédio erguido em sua superfície, a ponte colocada sobre um rio, o viaduto, a elevada, a pista asfaltada, a platibanda, as torres, as estações de transmissão de energia, os trilhos de passagem, e assim quaisquer construções, que não permitem a sua retirada ou o deslocamento sem a destruição. Adverte Caio Mário da Silva Pereira: "Não são consideradas nesta classe as construções ligeiras, que se levantam no solo ou se ligam a edifícios permanentes, e que se destinam à remoção ou retirada, como as barracas de feira, os pavilhões de circos, os parques de diversões que se prendem ao chão por estacas, mas que para própria utilização devem ser retirados e conduzidos para outro local".[15]

Era elucidativo o inc. II do art. 43 do Código de 1916, ao inserir que constitui imóvel "tudo quanto o homem incorporar permanentemente ao solo, como a semente lançada à terra, os edifícios e construções, de modo que se não possa retirar sem destruição, modificação, fratura, ou dano".

Constata-se a aderência física de um modo tão consistente que equivale à implantação, se efetivando através da emersão, mediante escavações no solo, de pedras, ferro, material concretado, tijolos, madeira e outros instrumentos, formando alicerces, colunas, pilastras e daí elevando-se prédios e demais obras, não se possibilitando a posterior retirada sem destruir, partir ou inutilizar.

---

[14] *Curso de Direito Civil*, ob. cit., vol. I, p. 337.
[15] *Instituições de Direito Civil*, ob. cit., vol. I, p. 282.

Antes da incorporação, os bens eram móveis, com individualidade própria, exemplificando-se nos tijolos, no ferro, nas pedras, nas madeiras, no cimento, na areia, etc.

O elemento caracterizador é a adesão permanente ao solo, sem necessidade de amarração ou de um componente externo que mantenha a coisa na terra.

Quanto às sementes, elas aderem aos imóveis desde que lançadas à terra e germinem, brotando ou delas derivando a vegetação ou as árvores.

Se destacados do solo esses bens incorporados, para depois serem novamente reempregados na mesma finalidade, não perdem o caráter de imóveis. É o que assinala o art. 81 (art. 46 do Código anterior):

> "Não perdem o caráter de imóveis:
> I – as edificações que, separadas do solo, mas conservando a sua unidade, forem removidas para outro local;
> II – os materiais provisoriamente separados de um prédio, para nele se reempregarem".

Nos imóveis inclui-se aquilo que se incorpora por acessão intelectual ou por destinação do proprietário, e que era especificado pelo inc. III do art. 43 do Código revogado. Esta acessão é uma forma de transformar um bem móvel em imóvel, por vontade do proprietário, envolvendo tudo quanto no imóvel o proprietário mantiver intencionalmente empregado em sua exploração industrial, aformoseamento ou comodidade. Considerados na sua individualidade, os bens são móveis. Em vista da destinação é que se transformam ou se incorporam no imóvel, de tal sorte que a consideração do imóvel como terra abrange os bens nele colocados.

Indica Antônio Chaves essa espécie de bens: "São imóveis por acessão intelectual os utensílios das oficinas, entendendo todos os objetos móveis, animados ou inanimados, de grande ou pequena dimensão, de fácil ou difícil remoção ou reparação, e enquanto não aderentes ao edifício, os quais devem ser agentes diretos e necessários ao exercício e movimentação do estabelecimento".[16] Na classe desses bens apontam-se os animais, as máquinas, os tratores, os arados, as ferramentas, os jardins, os para-raios, as cercas, os postes de sustentação, as torres de condutores de eletricidade, os ornamentos, as estátuas, os geradores de energia, as escadas fixadas em edifícios, os elevadores, os equipamentos de incêndio, os aparelhos condicionadores de ar, os medidores de consumo de energia elétrica e de água, as grades de proteção, os equipamentos de segurança, e uma infinidade de acréscimos, que podem ser incluídos nas pertenças, termo este significando tudo o que o proprietário mantém em um imóvel com o fim de exploração econômica, de proveito, de comodidade ou de embelezamento.

---

[16] *Tratado de Direito Civil* – Parte Geral, ob. cit., vol. I, tomo II, p. 1.017.

Desponta facilmente a distinção da acessão física artificial. Não se constata a adesão material da coisa móvel no imóvel, elemento esse indispensável na adesão física. É a vontade do proprietário que infunde o caráter de adesividade. Daí a necessidade do vínculo subjetivo, que relaciona a coisa móvel ao bem imóvel, mas de um modo tal que forma um complexo único. Em propriedades rurais constata-se essa destinação, quando se oferece à venda a propriedade com tudo o que nela se encontra, isto é, com máquinas, tratores, animais e outros bens nela depositados. É, na região sul do País, a chamada venda 'com porteira fechada', isto é, com tudo o que se encontra na propriedade. Nos estabelecimentos industriais, é mais comum a situação, quando se incluem as máquinas e ferramentas ao imóvel; também nos comerciais, considerados com os produtos, balcões, mobiliário e mercadorias que se encontram em seu interior.

A qualquer momento esses bens podem ser desvinculados. Na verdade, a acessão intelectual dura enquanto se mantiver a vontade do titular do domínio. A qualquer momento faculta-se-lhe que seja separada essa destinação por aderência. Nesse sentido, encontrava-se a previsão legal no art. 45 do Código de 1916: "Os bens de que trata o art. 43, III, podem ser, em qualquer tempo, mobilizados".

Há outra classe de imóveis, considerada *por determinação legal*, e que se encontra no art. 80 (art. 44 do Código de 1916):

> "Consideram-se imóveis para os efeitos legais:
> I – os direitos reais sobre imóveis e as ações que os asseguram;
> II – o direito à sucessão aberta".

A lei considera como imóveis alguns direitos. Para dar uma proteção mais ampla, a lei atribui a qualidade de imóveis. Esses direitos, de acordo com os autores, além da propriedade, são o direito de superfície, os de uso, usufruto, enfiteuse, anticrese, servidão predial, do comprador do imóvel, o penhor, a hipoteca, a anticrese, de habitação, as apólices da dívida pública oneradas com a cláusula de inalienabilidade desde que provenientes de doação e testamento, e o direito à sucessão aberta, não importando que se constitua a herança unicamente de bens móveis. Escreve sobre esses direitos reais Carvalho Santos que, na verdade, são as mesmas coisas imateriais: "Porém, para segurança maior das relações jurídicas, a lei trata os direitos sobre imóveis como se imóveis fossem, e com eles as respectivas ações, que são os próprios direitos em atitude defensiva, ou considerados por uma de suas faces...

São considerados imóveis: a propriedade, a enfiteuse, as servidões, o usufruto, o uso, a habitação, as rendas expressamente constituídas sobre imóveis, o penhor, a hipoteca e a anticrese".[17]

---

[17] *Código Civil Brasileiro Interpretado*, ob. cit., vol. II, p. 22.

Também se deve incluir na qualidade de imóveis os efeitos que deles emanam. A discussão sobre a posse é um caso, sendo expresso o Código de Processo Civil, no § 2º do art. 10 (§ 2º, do art. 73, do novo CPC), em exigir a participação de ambos os cônjuges nas ações que tratam da composse ou decorrentes de ato por ambos os cônjuges praticados. Assim também na promessa de compra e venda de imóvel loteado ou não, por envolver justamente imóvel.

Inclui-se, na visão de Paulo Nader, a promessa de compra e venda (*Curso de Direito Civil* – Parte Geral, Rio de Janeiro, Editora Forense, 2003, p. 316): "O contrato de promessa de compra e venda, largamente utilizado nos meios imobiliários, desde que seja devidamente formalizado por instrumento público, sem cláusula de arrependimento, e devidamente registrado, gera direito real em favor do promitente comprador. Uma vez cumpridas as obrigações pelo adquirente, poderá este exigir a escritura definitiva, recorrendo, se necessário, à via judicial com pedido de adjudicação. Os artigos 1.417 e 1.418 do Código Civil dispõem a respeito".

Da promessa de compra e venda nas condições acima decorre o direito do promitente comprador do imóvel, que está incluído na relação dos direitos reais do art. 1.225 (art. 674 do Código de 1916).

Em leis especiais, há várias hipóteses de conversão em imóveis, ou a atribuição de efeitos imobiliários, citando-se as seguintes: as cédulas de crédito rural pignoratícia, hipotecária, e pignoratícia e hipotecária (art. 30 do Decreto-lei nº 167, de 14.02.1967); as cédulas de crédito industrial pignoratícia, hipotecária, e pignoratícia e hipotecária (art. 29 do Decreto-lei nº 413, de 9.01.1969); os financiamentos imobiliários pelo Sistema Financeiro Imobiliário, introduzido pela Lei nº 9.514, de 20.11.1997, garantidos pela hipoteca, pela caução de direitos creditórios ou aquisitivos decorrentes de contratos de venda ou proposta de venda de imóveis, e pela alienação fiduciária de coisa imóvel, segundo art. 17, § 1º, sendo que o art. 23, relativamente à alienação fiduciária, reforça a necessidade do registro do contrato.

As ações necessárias para assegurar os direitos sobre imóveis enquadram-se como imóveis, o que requer a participação de ambos os cônjuges, mesmo que um deles apenas seja acionado.

5.1.2. Bens considerados móveis

Os bens móveis definem como aqueles que, sem alteração de sua substância ou da destinação econômico-social podem ser deslocados ou removidos de um lugar para outro. Duas as formas de deslocamento ou remoção: ou por força própria, isto é, através de movimento próprio, que se verifica nos animais, denominando-se, então, semoventes; e por força alheia, compreendendo os demais bens, sendo coisas inanimadas, como as máquinas, os motores, os veículos, os materiais de construção, as mercadorias ou os objetos colocados no comércio para a venda, as moedas ou dinheiro em cédulas, os títulos da dívida pública, as ações de companhias, os enfeites, os adornos, as peças de vestuário, e, assim, uma infinidade de coisas.

A disciplina está no art. 82 (art. 47 do Código de 1916): "São móveis os bens suscetíveis de movimento próprio, ou de remoção por força alheia, sem alteração da substância ou da destinação econômico-social".

Três as espécies de bens móveis: os por natureza, aqueles por antecipação e os por determinação legal.

> a) Os por *natureza*, nos quais se incluem os semoventes ou animais, caracterizam-se como as coisas que podem ser removidas e as que se removem por força própria, todas sem dano à sua substância. Incluem esta categoria os bens que não se enquadram nos imóveis.
>
> b) Aqueles por *antecipação*, isto é, pela vontade do homem, que os torna móveis, embora, pela sua natureza, melhor se incluam no quadro dos imóveis. Destaca-os do imóvel o proprietário para alguma finalidade, sendo a mais comum quando para dá-los em garantia nas dívidas. Desta sorte, os frutos pendentes são oferecidos em penhor, ou a safra futura, ou inclusive um prédio desmontável. Já apontava Clóvis Beviláqua essa forma de tornar móveis os bens que, por sua natureza, seriam imóveis, para serem dados em penhor agrícola: "a) Os animais de qualquer espécie e outros objetos ligados ao serviço de uma situação rural, ainda que sejam imóveis por destino; b) os frutos pendentes pela raiz ou pelos ramos; c) a colheita futura; d) quaisquer acessórios da cultura não compreendidos na escritura hipotecária ou separados dela, depois de compreendidos, com assentimento do credor hipotecário".[18]
>
> c) Os móveis por *determinação legal*, os quais, em algumas vezes, se enquadram como imóveis, e em outras são puramente imateriais. A lei os transforma em móveis para efeitos de tratamento legal. Nessa ordem estão os direitos sobre objetos móveis e as ações correspondentes, os direitos de autor (Lei nº 9.610, de 19.02.1998), os direitos ao nome, à marca, à invenção de modelo e de patente, ao desenho industrial, tidos como bens incorpóreos.

A possibilidade de a lei considerar móveis certos bens está no art. 83 (art. 48 do Código da Lei n 3.071):

> "Consideram-se móveis para os efeitos legais:
> I – as energias que tenham valor econômico;
> II – os direitos reais sobre objetos móveis e as ações correspondentes;
> III – os direitos pessoais de caráter patrimonial e respectivas ações".

---

[18] *Teoria Geral do Direito Civil*, ob. cit., p. 237.

Como se depreende do inc. I, *as energias* passaram a figurar expressamente como bens móveis, isto é, dentre outras, a elétrica, a calorífica, a cinética, a eletromagnética, a mecânica, a química, a radiante, a atômica, a nuclear, a térmica. Já na órbita penal, a energia era equiparada à coisa móvel (art. 155, § 3º, do Código Penal). A força decorrente do movimento da água, ou do combustível, ou do calor, e de outros elementos, enquadra-se na mesma equiparação.

O inc. II contempla os direitos reais que resultam dos objetos móveis, e assim o direito de uso, de gozo, de disposição, bem como as ações para a proteção de tais direitos – ações possessórias, de retomada, de busca e apreensão, dentre outras.

Pelo inc. III, ingressam no rol de coisas móveis os direitos pessoais que tenham um caráter patrimonial, sendo exemplo o valor do aluguel, e, em decorrência, a ação de cobrança na locação.

É de se incluir os materiais destinados às construções, enquanto não empregados no prédio, na previsão do art. 84 (art. 49 do CC de 1916): "Os materiais destinados a alguma construção, enquanto não forem empregados, conservam sua qualidade de móveis; readquirem essa qualidade os provenientes da demolição de algum prédio". Parece óbvio o conteúdo. Não se concebe a classificação como imóvel os materiais que comporão a construção de prédios. Estes, porque inseparáveis do solo, e tornando-se acessões, classificam-se como imóveis. Todavia, enquanto não elaborados na massa, ou não incorporados no prédio, constituem unidades autônomas e fazem parte dos bens móveis. Da mesma forma, se desagregados do prédio, para posterior utilização, como os tijolos, as ferragens, o madeirame.

Em qualquer das classes vistas, conforme adendo do art. 82, correspondente ao art. 47 do Código anterior, o requisito básico está na inalterabilidade da substância ou da destinação econômico-social. A mobilidade ou a remoção não pode afetar a substância, ou seja, mudar a sua natureza. Assim, um veículo automotor mantém-se móvel enquanto se locomove. Desde o momento que é destinado para uma moradia, por mais precária que seja, implantado no solo; ou se utilizado para o depósito de outras coisas, não se conserva a sua classificação como móvel. Nessa eventualidade, ocorre também a alteração da destinação econômico e social. Com efeito, não mais é utilizado para o deslocamento ou transporte de pessoas e coisas, perdendo a função econômica na sua exploração, e a destinação, já que passa a servir de moradia ou depósito.

5.2. Bens fungíveis e infungíveis

Esta classificação, dentro dos bens considerados em si mesmos, envolve a substituibilidade ou não. Bens fungíveis são os substituíveis por outros da mesma espécie, qualidade e quantidade; e infungíveis aqueles que não permitem a substituição. O Código Civil, no art. 85, define unicamente os fungíveis:

"São fungíveis os móveis que podem substituir-se por outros da mesma espécie, qualidade e quantidade". Os infungíveis decorrem, naturalmente, da ausência de tais qualidades. O art. 50 do Código anterior definia uma e outra espécie: "São fungíveis os móveis que podem, e não fungíveis os que não podem substituir-se por outros da mesma espécie, qualidade e quantidade". Evidente a melhor técnica do art. 85, porquanto, pela definição de uma espécie, depreende-se o sentido da espécie contrária. Apropriada a definição de Serpa Lopes, amparado em Ferrara, considerando fungíveis "as coisas que são avaliadas e consideradas no comércio pela sua massa quantitativa, como coisas homogêneas, indiferentes e equivalentes, e por isso substituíveis entre si (carvão, lenha, barra de ferro, material de construção, dinheiro), ao passo que infungíveis são as que são consideradas pela sua qualidade individual, que dá a cada uma delas uma especial assinalação e valor, em razão do que podem ser substituídas sem que isto importe numa alteração ou violação do seu conteúdo, como um quadro de pintor célebre, uma garrafa de determinado vinho com tantos anos".[19]

O primeiro pressuposto, para a fungibilidade, é que se trate de bens móveis, ou de coisas que se locomovem, se transportam, se removem, eis que, do contrário, materialmente inviável a substituição. Muito remotamente encontram-se exemplos da fungibilidade de imóveis. Num loteamento, prometendo-se a venda de um terreno, permite-se, caso não localizado, a substituição por outro se da mesma qualidade, de igual valor e semelhantes características.

Em geral, porém, os imóveis prestam-se para o comodato ou o empréstimo gratuito, previsto no art. 579 (art. 1.248 do Código anterior), para a locação, para o arrendamento, reservando-se o mútuo para as coisas fungíveis. Entregando-se bens fungíveis, há um mútuo ou empréstimo, cobrando o proprietário uma remuneração, que é a taxa de juros. Já o depósito pode consistir em coisas infungíveis – art. 627 (art. 1.265 do Código anterior) e em coisas fungíveis – art. 645 (art. 1.280 do Código anterior). A compensação, na determinação do art. 369 (art. 1.010 do Código anterior), é exclusiva para dívidas líquidas, vencidas, e de coisas fungíveis, isto é, móveis substituíveis umas pelas outras.

O segundo pressuposto está na homogeneidade, na equivalência, na mesma natureza. Não é cogitável a troca de um bem por outro diferente. A norma do art. 85 (art. 50 da lei civil de 1916) requer que a equivalência consista na mesma espécie, na igual qualidade e na idêntica quantidade. Ou seja, quanto à espécie, que os bens tenham os mesmos componentes físicos e químicos – carvão por carvão, trigo por trigo, lenha por lenha; quanto à igual qualidade, que as virtudes ou o grau de perfeição do produto, da mercadoria, dos bens, se equivalham – arroz de primeira qualidade por arroz de primeira qualidade, moedas de um valor por moedas de valor coincidente; e no tocante à quantidade, que se identifiquem os pesos ou o número de peças – tantas sacas do produto por outra igual porção.

---

[19] *Curso de Direito Civil*, ob. cit., vol. I, p. 340.

Na infungibilidade, não se encontram aquelas identidades. O cereal, embora da mesma espécie, não coincide na qualidade – arroz inteiro, de primeira qualidade, por arroz quebrado, de segunda qualidade; carne pura das partes traseiras do animal por carne ossada, da porção dianteira; um quadro de pintor clássico por outro de pintor que está iniciando a carreira. A falta de coincidência pode consistir, também, na quantidade.

A substituição acarreta, sem dúvida, uma alteração de bem, ou de valor, ou de quantidade.

Tem interesse a matéria no direito das obrigações.

Embora se aproprie mais o conceito de fungibilidade ao tipo de obrigação de dar coisas móveis, não se afasta a possibilidade de também a obrigação de fazer tornar-se suscetível de substituição relativamente à pessoa que a executa. Há obrigações que devem ser executadas por pessoas selecionadas, específicas, que apresentam dotes ou capacidades apropriadas para certos serviços; e há aquelas que não reclamam uma vocação ou qualidade determinada, em geral as mais comuns e executáveis pela generalidade dos indivíduos.

As primeiras classificam-se como infungíveis, firmando-se o negócio *intuitu personae*, ou em consideração da pessoa que as confecciona. Importam, neste tipo, as qualidades pessoais do devedor. Contrata-se a sua efetivação com fulcro na capacidade, na profissionalização, ou nos dotes artísticos e culturais. Com efeito, uma cirurgia plástica acertada com médico da confiança ou de renome não permite que venha a ser realizada por outro cirurgião, ou seu assistente, porquanto o fator decisivo da escolha assentou-se nos atributos técnicos ou na fama do profissional. Num outro campo de atividade, se na locação de um imóvel exigiu-se um fiador que prima pela honradez e pela idoneidade econômica, não se vá buscar o cumprimento na confecção do contrato se outro o fiador apresentado, embora com qualidades semelhantes ao anterior.

Já no desempenho de outras atividades, importante apresenta-se o serviço, ou o trabalho. Não interessa quem o executa. Em se acertando uma empreitada no erguimento de edifício, não se revela primordial, e muito menos condição para o cumprimento, o tipo de pessoas chamadas para a obra. De igual modo quando se contrata a pintura de um prédio, ou o conserto de um eletrodoméstico. O contrato é para um serviço especial, sem condicionar a nome do executante.

Conclui-se que as primeiras obrigações enquadram-se entre as infungíveis, posto que insubstituível o trabalho; já as segundas têm por escopo a obra em si, não interessando quem a faz. Daí a fungibilidade.

A infungibilidade se dá quando os contratantes acertam o nome de quem deve executar o trabalho, ou o ofício, ou a obra. Situação comum na maioria das atividades que exigem conhecimento técnico ou profissionalismo. Não interessa tanto a execução, mas quem executa, o que representa confiança e certeza de sucesso. Mas nem sempre se impõe a indicação do executor, ou daquele que faz. Inquestionável que se a encomenda refere-se a uma escultura, exige-se que a erija o artista com quem foi combinada a obra. Procurando-se um cirurgião conhecido em uma especialidade, subentende-se que houve a escolha, não se admitindo a substituição por outro profissional. Assim os clientes que acertam defesas com advogados especialistas, ou que buscam orientação num escritório profissionalizado em um setor do direito.

Do art. 247 (art. 880 do Código de 1916) depreende-se a infungibilidade de certas obrigações: "Incorre na obrigação de indenizar perdas e danos o devedor que recusar a prestação a ele só imposta, ou só por ele exequível".

Parte o dispositivo da própria especialidade deste tipo de obrigação, devendo-se, no entanto, entender a impossibilidade da substituição do executor desde o momento em que o trabalho ou a obra não possa ser executada com as mesmas virtudes ou qualidades que teria se a execução se fizesse com a pessoa com quem se contratou.

De acordo com a regra acima transcrita, exigir-se-ia convenção para que o devedor a faça pessoalmente. No entanto, há situações em que a personalidade da contratação é subentendida, não carecendo que venha dita ou expressa literalmente. É evidente que um serviço especializado só pode ser realizado pela pessoa com quem foi acertado. Não há obrigatoriedade de aceitar-se um quadro com uma paisagem delineada se pintado por um artista distinto daquele a quem se solicitou a obra. Especialmente na prestação de serviços técnicos ou profissionais, impõe-se a prestação por aquele que foi contratado. Entrementes, se possível a execução por qualquer pessoa que entenda do ramo de atividades solicitado, não será obrigatória a sua efetivação por determinado indivíduo.

Mesmo nesta eventualidade, no entanto, permite-se reclamar a execução através de pessoa especificada. No caso, impõe-se, então, a convenção. Unicamente se indicado o nome do executor justifica-se exigir o cumprimento pelo mesmo. É que, dentre uma classe de profissionais disponíveis numa mesma empresa, sempre existem os melhores ou mais aptos, e que desempenham em nível superior a atividade. Para reclamar a infungibilidade do prestador, o art. 247 (art. 880 do Código revogado) estabelece a necessidade da imposição da obrigação a uma pessoa específica.

Quanto às obrigações de dar, as de coisa certa são infungíveis, e nas de coisa incerta domina a fungibilidade, consoante observa Arnoldo Wald: "Enquanto a obrigação de dar coisa certa consiste em entregar coisa infungível (a casa da rua tal, o cavalo que ganhou o primeiro prêmio na última corrida do ano), na obrigação de dar coisa incerta o devedor se compromete a fornecer coisa fungível (um cavalo de raça tal, tantos metros de fazenda etc.)".[20]

---

[20] *Curso de Direito Civil Brasileiro – Obrigações e Contratos*, 5ª ed., São Paulo, Editora Revista dos Tribunais, 1979, p. 18.

As coisas incertas são fungíveis, isto é, incluem-se naquelas que podem ser substituídas por outras da mesma espécie, qualidade e quantidade. Ao cumprir a obrigação, o devedor não entrega o mesmo produto, mas outro com as mesmas virtudes do que existia quando da combinação de vontades. Não apenas da mesma espécie, mas também das mesmas qualidade e quantidade, pois, do contrário, surgiria uma desigualdade na prestação e na contraprestação. Ninguém faz negócio sem prever o tipo de mercadoria que está adquirindo no que se refere à qualidade e a outros predicados. Desde que não especificada uma coisa certa, está subentendida a possibilidade de fungível. Não que necessariamente toda coisa incerta deva ser fungível, mas é possível que algumas coisas incertas sejam fungíveis. Isto especialmente no que se refere a produtos agrícolas e mesmo mercadorias fabricadas em série.

5.3. Bens consumíveis e inconsumíveis

Conforme as palavras indicam, a distinção envolve não propriamente o desaparecimento dos bens, mas a sua transformação. Consomem-se na espécie em que se apresentam, para adquirir outra identidade, ou transformar-se em nova coisa.

O art. 86 (art. 51 do Código anterior) faz exsurgir esse fenômeno: "São consumíveis os bens móveis cujo uso importa destruição imediata da própria substância, sendo também considerados tais os destinados à alienação".

Coisas existem destinadas para o uso, oferecendo a utilidade que lhe é própria sem que decorra a sua destruição, como os veículos, os eletrodomésticos, os livros, as peças de vestuário. Trata-se das não consumíveis, não significando que não se desgastem, ou deteriorem, ou envelheçam com o tempo. Interessa que não se destruam pelo primeiro uso, embora o possam ser com o passar do tempo, ou sujeitam-se a um perecimento progressivo. Já outro tipo de bens conhece-se cujo primeiro uso provoca o desaparecimento ou a destruição, ou, mais objetivamente, a transformação em outro, sendo exemplos comuns o alimento, a bebida, as matérias-primas utilizadas na fabricação de outros bens.

Naquela espécie, estão os bens não consumíveis; na última, os consumíveis. O consumo se divide em duas modalidades: a natural, quando o seu uso acarreta a imediata destruição de sua substância, sendo exemplo elementar os alimentos; e a jurídica, na hipótese de destinada à alienação a coisa, e inserida na segunda parte do art. 86: "... sendo também considerados tais os destinados à alienação". Equivale a afirmar que os bens, embora não consumíveis para quem os usa, tornam-se consumíveis para quem os vende ou comercializa. Um livro insere-se entre os bens não consumíveis para o usuário, o estudante, o leitor, enquanto será consumível para o livreiro, para quem a alienação significa desaparecer ou perecer. Igual a situação das mercadorias colocadas no comércio para a venda, como eletrodomésticos, roupas, utensílios, adornos, veículos, e toda série de objetos destinados à venda.

Antiga controvérsia domina na alienação fiduciária quando são dados em garantia ou alienados fiduciariamente ao credor bens consumíveis. Há uma exegese de que não possam tais bens ser objeto do contrato, pois não é nem da sua natureza e muito menos da finalidade de sua existência que possam ser imobilizados, retirando-os do comércio. Por outras palavras, não soa admissível a alienação fiduciária de coisas que integram estoques e que necessitam ser transmitidas a fim de produzir lucros, com que se pagarão os débitos oriundos de empréstimos para a obtenção do capital de giro. Já Paulo Restiffe Neto, em obra não recente, evidenciava a incongruência da destinação: "Materiais de construção destinados à imobilização, com aderência ou alteração da própria substância, não podem ser objeto de alienação fiduciária em garantia pela impossibilidade de virem a ser destacados sem destruição ou inutilização da obra a que se incorporarem.

O mesmo sucede com a matéria-prima destinada à transformação ou às mercadorias a granel identificáveis individualmente. Não se prestam à excussão específica e tornam ineficaz a garantia real constituída... Os gêneros de consumo imediato ou perecíveis não servem para constituição de garantia fiduciária. Em suma, o critério que deve nortear a matéria é o da verificação da compatibilidade ou não da coisa com as finalidades da garantia. Desde que possa haver identificação em espécie, seja durável ou destinada a permanecer na posse do alienante, pode ser dada em garantia por alienação fiduciária".

5.4. Bens divisíveis e indivisíveis

A divisibilidade importa em fracionamento dos bens sem alterar-lhes as qualidades essenciais, e formando cada parte uma unidade semelhante ao todo. Não pode acarretar alteração da substância, diminuição considerável de valor, ou prejuízo do uso, nos estritos termos do art. 87 (art. 52 do Código revogado): "Bens divisíveis são os que se podem fracionar sem alteração na sua substância, diminuição considerável de valor, ou prejuízo do uso a que se destinam". Se partidos ou divididos os bens, além de se desnaturarem ou descaracterizarem, são destruídos. Inadmissível dividir um quadro pintado a óleo, um livro, uma fábrica, um motor, um veículo, uma casa, um eletrodoméstico, uma música, um direito pessoal, um animal enquanto não destinado ao abate.

Acentuava Carvalho Santos: "As partes, que se destacam e se formam com a divisão, devem ser semelhantes ao todo, representando inteiros da mesma natureza, somente em dimensões menores".[21] A porção destacada adquire uma nova individualidade, uma autonomia, uma unidade, torna-se um novo ser, conservando a natureza do todo anterior do qual adveio. Não constitui

---

[21] *Código Civil Brasileiro Interpretado*, ob. cit., vol. II, p. 45.

um pedaço da coisa da qual se destacou, faltando-lhe os elementos essenciais que caracterizavam aquela. Deve revestir-se dos componentes vitais que lhe dão autonomia e individualidade, formando um todo perfeito, dela nascendo a mesma utilidade e os mesmos serviços prestados pelo todo.

Já indivisíveis, em decorrência da definição da divisibilidade, são as coisas que não comportam o fracionamento. Se forem divididas, perdem a unidade, a individualidade própria, e não servem mais para a utilidade a que eram destinadas.

Dentre as divisíveis, apontam-se especialmente as coisas fungíveis, nada impedindo que se dividam quantidades de produtos ou mercadorias que são da mesma espécie, qualidade e quantidade. Mesmo as infungíveis, em vários tipos, permitem a divisibilidade. É o caso de um prédio, de uma área de terras, desde que obedecidos os limites legais. Quanto ao prédio, tendo dois ou mais andares, construídos sob a forma de apartamentos ou unidades autônomas destinadas a escritórios ou residências, é possível a divisão horizontal, segundo a Lei nº 4.591, de 16.12.1964, permitindo que cada conjunto seja uma propriedade autônoma.

O art. 53 do Código revogado elencava as coisas indivisíveis:

"São indivisíveis:

I – os bens que se não podem partir sem alteração na sua substância;

II – os que, embora naturalmente divisíveis, se consideram indivisíveis por lei, ou vontade das partes".

O Código de 2002 coerentemente nada dispôs, eis que a indivisibilidade decorre da definição da divisibilidade.

O art. 88 (art. 53, inc. II, do diploma civil de 1916) autoriza que, em virtude da lei ou da vontade das partes, as coisas divisíveis se tornem indivisíveis: "Os bens naturalmente divisíveis podem tornar-se indivisíveis por determinação da lei ou por vontade das partes".

Vários os exemplos da interferência do Código Civil, tornando as coisas indivisíveis, mencionando-se os seguintes: o art. 1.386 (art. 707 do Código anterior), a respeito das servidões prediais, não podendo ser divididas em partes distintas, mas a todos se permitindo utilizá-las; o art. 1.420, § 2º (art. 757 do Código revogado), sobre a indivisibilidade da hipoteca dada proporcionalmente pelo condômino sobre a parcela que lhe cabe em um imóvel indivisível; o art. 1.421 (art. 758 do Código revogado), estabelecendo que a hipoteca é indivisível, no sentido de, embora o pagamento parcial da dívida, perdurar na integridade a oneração; o art. 1.791 (art. 1.580 do Código de 1916), firmando que a herança defere-se como um todo unitário, ainda que vários sejam os herdeiros.

Por disposição de um ou mais indivíduos, verifica-se a existência de um contrato sobre a posse ou o domínio comum em um imóvel. Associam-se as pessoas na qualidade de proprietárias, ou de condôminas, firmando a indivisibilidade. Elas estabelecem a indivisibilidade. De modo mais comum, a estabelecem em uma obrigação, tornando-a solidária, podendo ser exigida de qualquer um dos coobrigados.

Revela a matéria grande importância nas obrigações.

Deve-se ter em conta, para aferir a divisibilidade ou não da obrigação, a divisibilidade ou não da prestação. A indivisibilidade da obrigação importa em impossibilidade de fracionar a prestação sem destruí-la ou inviabilizá-la, enquanto a divisibilidade corresponde ao contrário, isto é, ao cumprimento da obrigação através da satisfação de partes ou parcelas, as quais, somadas, chegam à prestação total, não se comprometendo a qualidade. De um lado, na indivisibilidade, se fracionada a obrigação em várias prestações, há a perda ou a destruição da qualidade, enquanto é mantida a qualidade na obrigação divisível. No pagamento, ostenta-se a possibilidade de se dividir, sem ofensa à qualidade, isto é, sem invalidar o adimplemento. Numa obra de arte, ou obra científica, ou num parecer jurídico, de pouco ou nada adianta o cumprimento parcial.

Daí a ideia central: a obrigação considera-se divisível no caso de tornar-se possível o cumprimento parcelado da prestação; já se apresenta como indivisível se a prestação, ou seu objeto, não permite a execução parcial. A possibilidade, pois, ou não do cumprimento parcial é que definirá um tipo ou outro de obrigação. Por outras palavras, há obrigações que só podem ser cumpridas de uma única vez, ou por inteiro, ou no seu todo. Assim como aquela que exige a entrega de um animal, de uma joia, de um quadro ou obra de arte. A divisão desnatura o valor do bem, ou retira a sua individualidade própria. Não que haja inviabilidade da divisão. Um brilhante, um anel de ouro, e assim as joias em geral, perdem o valor, a individualidade, a destinação específica, se divididos. Máxime em se tratando de bens apreciados no seu todo, na sua integridade, e assim as pinturas, as estátuas, as esculturas, uma coleção de livros. De igual modo os utensílios, os aparelhos, os veículos, as máquinas e motores; e, de certa maneira, a grande maioria dos bens móveis infungíveis, possuindo cada qual uma individualidade e uma apreciação ou estimativa pela sua inteireza, posto que impuseram uma estrutura própria. Por conseguinte, a entrega desses bens, ou o fornecimento, é exigível em uma única vez, não se desincumbindo o indivíduo pela entrega de parte cada um deles.

Já as obrigações divisíveis atingem as coisas fungíveis, ou decorrem de relações sobre coisas fungíveis, como no pagamento de uma soma em dinheiro, na entrega de volumes de cereais, na venda de imóvel. O cumprimento parcial é admissível e válido. Quanto aos imóveis, desde que a porção destacada não esteja aquém da permitida por lei (fração mínima de parcelamento, ou módulo rural), admite-se a divisibilidade, e assim o cumprimento parcelado na entrega.

Serpa Lopes conceitua as espécies: "Divisível é aquela fracionável sem prejuízo de sua essência, de modo que as partes resultantes da divisão conservam a mesma qualidade, posto que diversa na quantidade, ao mesmo tempo em que conservam uma proporcionalidade de valor a respeito da coisa inteira...

Indivisíveis aquelas cuja prestação não pode ser fracionada em partes, enquanto não se tem, com o fracionamento, prestações quantitativamente iguais por inteiro e só qualitativamente diversas, de modo que, cumprida parcialmente a prestação, o credor não obtém nenhuma utilidade...".[22]

A divisibilidade ou indivisibilidade está na dependência, pois, da alteração ou não da essência ou substância da coisa, ou da prestação, de sorte a afetar o seu valor e a sua própria importância.

O tratamento no direito brasileiro de ambas as espécies é observado por Orlando Gomes: "a) se a obrigação é *divisível*, e há mais de um devedor, divide-se em tantas obrigações, iguais e distintas, quantos os credores; b) se a obrigação é *divisível*, e há mais de um credor, procede-se do mesmo modo, isto é, o devedor comum paga a cada credor uma parte da dívida, igual para todos; c) se a obrigação é *indivisível* e há pluralidade de devedores, cada um será obrigado pela dívida toda; d) se a obrigação é *indivisível* e há pluralidade de credores, o devedor se desobriga, pagando a todos conjuntamente ou a um, dando este caução de ratificação dos outros credores".[23]

A aplicação da divisibilidade e indivisibilidade dos bens é extensa no direito.

Assim, na extinção do condomínio, deve observar-se a divisibilidade ou não da coisa. Se divisível a coisa, simplesmente procede-se a divisão, entregando-se a cada comunheiro o respectivo quinhão. No caso de indivisível, possibilita-se a adjudicação por um dos consortes. Não querendo, ou inexistindo uma forma de convergência das vontades, vende-se em hasta pública o bem e reparte-se o preço, segundo se constada do art. 1.322 da lei civil (art. 632 do Código revogado). Procedimento este que segue a jurisprudência: "Desde que o imóvel em condomínio seja indivisível e as partes não chegaram a um consenso quanto à adjudicação a um dos condôminos ou a terceiro, a venda judicial é intransponível".[24]

O condômino de coisa divisível está livre para vender a sua quota a quem quiser, não sendo obrigado a oferecê-la previamente aos outros condôminos. Todavia, na indivisibilidade, antes da venda a estranhos, deve oferecê-la aos consortes, pelo mesmo preço, sob pena de sujeitar-se a alienação à anulação, se o condômino depositar o preço e requerer a anulação judicial no prazo de seis meses a contar do registro, tudo de acordo com o art. 504 do Código Civil (art. 1.139 do Código de 1916).

Tratando-se de imóvel rural, há a previsão do art. 65 da Lei nº 4.504, de 30.11.1964, o chamado Estatuto da Terra, que preceitua: "O imóvel rural não é divisível em áreas de dimensão inferior à constitutiva do módulo de propriedade rural".

---

[22] *Curso de Direito Civil* – Obrigações em Geral, 4ª ed., Rio de Janeiro, Livraria Freitas Bastos S. A., 1966, vol. II, pp. 111 e 112.
[23] *Obrigações e Contratos*, 10ª ed., Rio de Janeiro, Forense, 1984, pp. 91 e 92.
[24] TJPR. Apel. Cível nº 57.725-5. 2ª Câm. Cível, de 4.06.1997.

Outras leis advieram, até que a Lei nº 5.868, de 12.12.1972, no art. 8º, introduziu, ao lado do módulo rural, um novo instituto, o da fração mínima de parcelamento, nestes termos: "Para fins de transmissão a qualquer título, na forma do art. 65 da Lei nº 4.504, de 30.11.1964, nenhum imóvel rural poderá ser desmembrado ou dividido em área de tamanho inferior à do módulo calculado para o imóvel ou da fração mínima de parcelamento fixado no § 1º deste artigo, prevalecendo a de menor área".

Nota-se que, entre o módulo rural e a fração mínima de parcelamento, prevalece a área de menor extensão em caso de escolha.

O Decreto nº 72.106, de 18.04.1973, regulamentando a Lei nº 5.868, no art. 39, dispôs: "Para fins de transmissão de qualquer título, divisão em partilha judicial ou amigável, divisão de condomínio, nos termos dos artigos 65 da Lei nº 4.504, de 30.11.1964, e 8º da Lei nº 5.868, de 12.12.1972, nenhum imóvel rural poderá ser desmembrado ou dividido em área de tamanho inferior à prevista no artigo 8º da Lei nº 5.868, de 12.12.1972".

De modo que, entre o modulo rural e a fração mínima de parcelamento, prevalece a de menor extensão.

A interpretação em obedecer ao parâmetro da legislação especial é imposta pela jurisprudência: "Imóvel rural de 4,1 hectares pertencente a cinco herdeiros. Sua indivisibilidade diante de o módulo rural da região ser de dois hectares".[25]

5.5. Bens singulares e coletivos

Há bens singulares e bens coletivos. Os *singulares*, embora reunidos, são os individualmente considerados, cada uma de *per si* – um livro, os diversos produtos colocados à venda considerados individualmente, um animal, um veículo, um quadro, uma ferramenta; os *coletivos*, ou *universalidades*, quando se agrupam, se agregam os bens singulares, abrangendo-os todos, formando uma universalidade única e passando a ter uma individualidade própria, separada dos objetos seus componentes – uma biblioteca, uma galeria de arte, uma loja, um salão de exposição de veículos, o gado.

O conceito de bens singulares está no art. 89 (art. 54, inc. I, do diploma civil de 1916): "São singulares os bens que, embora reunidos, se consideram de *per si*, independentemente dos demais". Já o conceito de bens coletivos decorre do inverso ou contrário de bens singulares, isto é, os bens agrupados ou agregados, formando um todo ou uma unidade.

Os bens singulares ou coletivos provêm de coisas simples ou compostas. Como *simples* têm-se aquelas homogêneas, da mesma natureza, do mesmo mate-

---

[25] TJRJ. Apel. Cível nº 904/97. 1ª Câm. Cível, de 23.05.1997.

rial, como um cavalo, uma mesa, um metal, um cereal; *compostas* são as que se unem, mesmo que de natureza diferente, mas formando certa homogeneidade, e assim um prédio que é o resultado da soma de materiais e da mão de obra; ou de tijolos, de areia, de argamassa, de cimento etc., ou seja, de várias coisas simples; um veículo, feito de máquina, lataria, vidros e pneus.

Tais coisas simples e compostas são materiais ou corpóreas. Mas há, também, as imateriais ou incorpóreas, divididas em simples (um título de crédito, as ações em uma companhia) e compostas (o fundo de comércio, o direito autoral, o direito de propriedade industrial, sempre envolvendo vários elementos ou componentes, como a qualidade, o valor comercial, a capacidade de gerar lucros).

Os bens coletivos, que vinham previstos no inc. II do art. 54 do Código revogado, são denominados *universalidades (universitates)* pelo atual Código, considerando-se os bens em conjunto, de modo a criar uma entidade própria e individuada, dividindo-se em *de fato* e *de direito*.

A universalidade de fato (*universitas facti*) externa-se em um conjunto de coisas corpóreas, visualizadas externamente, com destinação unitária: o rebanho, a biblioteca, a galeria de arte, uma exposição de quadros ou de veículos, a mobília. Define-a o art. 90 (art. 54, inc. II, do Código revogado): "Constitui universalidade de fato a pluralidade de bens singulares que, pertinentes à mesma pessoa, tenham destinação unitária". Essas universalidades fazem exsurgir relações próprias, envolvendo-as, o que não afasta a formação de relações específicas dos bens, ou atinentes aos bens que as compõem, como possibilita o parágrafo único do art. 90: "Os bens que formam essa universalidade podem ser objeto de relações jurídicas próprias". Não se transaciona, *v.g.*, com a universalidade em si, mas com os bens que a compõem. Compra-se parte do conjunto, ou da exposição, ou do conjunto de uma sala.

A universalidade de direito (*universitas juris*) consiste de um conjunto de direitos, e assim a herança, o patrimônio, a massa falida, o fundo de comércio, a empresa, sempre envolvendo relações ativas e passivas. O art. 91 traz o conceito: "Constitui universalidade de direito o complexo de relações jurídicas, de uma pessoa, dotadas de valor econômico". O Código anterior, no art. 57, exemplificava casos de universalidades: "O patrimônio e a herança constituem coisas universais, ou universalidades, e como tais subsistem, embora não constem de objetos materiais".

Não se pode confundir a coisa composta com a universalidade. O edifício é uma coisa composta, posto que resulta da união material de vários elementos, formando uma unidade, o que também ocorre com a máquina, o veículo, e outros bens resultantes da união de elementos diferentes. Já a universalidade significa uma união ideal, englobando bens singulares ou compostos, como o bairro, a cidade, o rebanho, a biblioteca, a pinacoteca, o estabelecimento comercial (*universitas facti*), ou abarcando patrimônios especiais, e assim a massa falida, os bens do ausente, o dote, os bens conjugais, a empresa (*universitas juris*).

Trazia o Código de 1916 regras especiais sobre bens coletivos ou universalidades, não reproduzidas no Código em vigor, pois decorrem de seu conceito. Revelam, no entanto, utilidade, pela explicitação prática. A primeira constava do art. 55 do então Código Civil: "Nas coisas coletivas, em desaparecendo todos os indivíduos, menos um, se tem por extinta a coletividade". Resta óbvio que, numa parelha de animais, se desaparecer a maioria, exceto um, não há possibilidade de manter-se a parelha. Todavia, este dispositivo restringia-se à *universitas rerum*. Na *universitas juris*, a saída de alguma das relações não faz desaparecer o remanescente. Não some o legado de um prédio diante do incêndio da construção, pois remanesce quanto ao solo. Daí manter-se convincente a lição de Sílvio Rodrigues: "Na universalidade de direito contempla-se um todo que emerge das unidades que a compõem, constituindo, por força da lei, uma coisa nova. Assim o patrimônio, assim a herança, que são a reunião de várias relações jurídicas ativas ou passivas. A saída ou a substituição de algumas dessas relações jurídicas não faz com que o remanescente deixe de ser um patrimônio ou uma herança. Se todas, menos uma, das relações jurídicas que compõem um patrimônio ou uma herança desaparecerem, aquela que sobrar continua a ser patrimônio ou herança, frustrando, desse modo, a regra do art. 55, já citada, que se amolda à *universitas rerum*".[26]

A segunda regra especial sobre bens coletivos ou universalidades estava no art. 56 que dizia: "Na coletividade, fica sub-rogado ao indivíduo o respectivo valor, e vice-versa". Aparentemente, era difícil entender o conteúdo. Pelas palavras que compunham o dispositivo, o dono da coisa coletiva se sub-rogava no valor da mesma, naturalmente se alienada, destruída ou desapossada. Mas não era esse o sentido que defendiam os doutrinadores. Procurava-se entender no significado de que, se danificada uma peça ou um bem componente da universalidade, e desde que pesando na coisa ou no bem a cláusula de inalienabilidade, o valor reembolsado pela danificação deveria ser empregado na aquisição de outra peça, que passaria a ocupar o lugar da danificada, sobre ela recaindo a restrição da inalienabilidade. Mas isso ocorre não apenas nessa dimensão. Em todas as coletividades, desaparecendo o bem, o valor que advém fica sub-rogado, de modo a não resultar um vazio na coletividade. Na desapropriação de algo que está incluído na universalidade, o preço é sub-rogado, devendo ocupar o lugar da coisa desapropriada.

Ainda sobre o assunto, acrescenta-se que, nas universalidades, os bens que as integram podem ser substituídos pelo valor que têm. O verbo *sub-rogar*, no caso, expressa a substituição do bem objeto da relação jurídica por outro, ou, mais precisamente, pelo seu valor, que adquirirá o mesmo regime jurídico do bem sub-rogado. De modo que o valor da indenização de um bem que integra uma coleção substitui esse bem destruído.

---

[26] *Direito Civil* – Parte Geral, ob. cit., vol. 1, pp. 128 e 129.

Em outros casos também é assim. Veja-se, por exemplo, no usufruto, quando desaparece a coisa. Estando ela segurada, o direito do usufrutuário fica sub-rogado no valor da indenização do seguro – art. 1.407, § 2º do Código Civil (art. 735, § 2º, do Código revogado).

6. OS BENS RECIPROCAMENTE CONSIDERADOS

Tem-se, aqui, a visão dos bens em relação a si mesmos. Entre eles, cria-se uma relação. Há aqueles que subsistem por si, sem dependência de outros, e os que não subsistem por si mesmos, encontrando-se necessariamente vinculados aos primeiros. Procura-se vê-los do ponto de vista de sua importância no desempenho da função a que se encontram destinados, e sempre no contexto de uns em relação aos outros.

Por outras palavras, como tudo na vida, há coisas mais ou menos importantes; umas que desempenham funções principais, e outras coadjuvantes; bens que se encontram numa posição indispensável, e aqueles que são meramente úteis ou que facilitam a existência, ou que simplesmente não têm qualquer justificação por si mesmos. Assim, há os bens acessórios, as pertenças e as benfeitorias.

Desta classificação decorrem vários efeitos, especialmente no seu proveito, na posse, no exercício do domínio, na destinação, na indenização, e na reivindicação.

Passa-se, pois, a examiná-los do ponto de vista de uns em relação aos outros, segundo as espécies que seguem:

6.1. Bens principais e bens acessórios

Principais são os bens com proeminência entre os existentes, que não podem ser dispensados, e que têm existência própria, autônoma e soberana, tanto concreta como abstratamente, sem precisar de outros bens para o desempenho das funções a que estão destinados. E acessórios denominam-se aqueles bens que têm sua razão de ser em função dos principais, ou que, para existirem, necessitam daqueles.

O Código Civil se revelou extremamente resumido ao disciplinar a matéria, enquanto o anterior estendeu-se amplamente, tendo inclusive definido espécies. O art. 92 (art. 58 do Código revogado) fornece com clareza a distinção: "Principal é o bem que existe sobre si, abstrata ou concretamente; acessório, aquele cuja existência supõe a do principal".

De sorte que os bens principais são essenciais ou substanciais, tornando-se necessários à vida, enquanto os acessórios apresentam alguma utilidade, existindo em razão daqueles, procurando torná-los mais aproveitáveis ou ajudando na finalidade a que estão destinados.

Manifesta-se a relação de acessoriedade entre os bens e entre os direitos. Ou seja, há bens acessórios de móveis e de imóveis, e direitos acessórios de outros direitos, como a cláusula penal de um crédito.

Nem é possível considerar em si mesmos os bens acessórios. Exemplificativamente, os frutos não prescindem da planta da qual se originaram, nem o gado do imóvel, a mobília da residência, as máquinas da fábrica. Na categoria dos direitos, se estabelecem as partes uma cláusula penal, é em vista de um contrato; igualmente, as arras têm em conta uma outra entidade, que é a compra e venda.

A natureza de principal ou acessório é dada, às vezes, pela função econômica que desempenham os bens, como o solo em relação às árvores, ou a casa em vista dos móveis – os primeiros dando a origem e os segundos acrescentando uma função ou utilidade. Também a finalidade caracteriza a distinção, sendo que o acessório está na dependência do principal, destinando-se a dar um suporte, um amparo, um acréscimo a este.

O Código Civil de 1916, mais no sentido exemplificativo, definia uma e outra espécie de bens, como acontecia no art. 61 do Código Civil, no qual discriminavam-se os acessórios do solo. Não seguiu esse método o atual Código, pois o critério mais forte para a distinção está na superioridade das coisas principais em relação às acessórias, envolvendo aspectos que se encontram nas demais formas, como a função que desempenham e o valor econômico de umas e de outras.

Não é difícil distinguir uma espécie da outra. Relativamente aos imóveis, considera-se principal o solo. Tudo quanto nele se incorpora ou se encontra é tido como acessório. Nesta concepção, estão as árvores, os prédios, as plantações. Não se pode olvidar, entrementes, uma mudança de entendimento no pertinente aos prédios. Especialmente aqueles de elevado custo ou alto padrão, como os edifícios ou casas suntuosas, possuem valor superior ao solo onde estão assentados, levando a enquadrá-los na categoria de bens principais, e passando o solo para acessório. Já quanto aos móveis, principais constituem as individualidades autônomas, e acessórios aqueles bens que o completam, o aperfeiçoam, o acompanham, como o enfeite em relação a uma mesa, ou os adornos da mobília. Entrementes, de uns ou outros bens, os acessórios constituem sempre bens móveis, ligando-se aos principais exteriormente, o que se constata, *v.g.*, nas máquinas e instrumentos de uma fábrica, no gado de uma fazenda, nos produtos agrícolas de uma área de terras, nos móveis de uma casa.

A relação de acessoriedade acompanha os direitos pessoais – a cláusula penal, as arras, os juros, os dividendos; e os direitos reais – as servidões, o penhor, a anticrese e a hipoteca.

De sua caracterização decorrem vários efeitos, salientando-se os seguintes:

a) A coisa acessória existe em função da principal, ou mais propriamente, existe unicamente em vista da principal. Não se concebe uma árvore sem o solo, ou a vegetação aquática sem a água. A cláusula penal surgiu para forçar o cumprimento das obrigações.

b) Em razão do caráter subsidiário, de modo geral a coisa acessória segue a principal – *acessorium sequitur principale* –, princípio que vinha esculpido no art. 59 do Código Civil de 1916: "Salvo disposição especial em contrário, a coisa acessória segue a principal". Embora não reproduzida a regra no Código atual, perdura a mesma. Realmente, a menos que se disponha o contrário, quem adquire um imóvel torna-se titular de todos os bens que nele se encontram, isto é, das árvores, das cercas, dos prédios, dos móveis, dos animais, das máquinas. Outras decorrências acontecem, como na acessão, que é forma de aquisição da propriedade imóvel. Do art. 1.248 ao art. 1.252 do Código Civil (art. 536 ao art. 544 do Código anterior) extrai-se que os proprietários ribeirinhos adquirem a propriedade das ilhas que se criam no leito divisório do rio, da extensão de terras por aluvião, avulsão, abandono de álveo, e pela construção de obras ou plantações.

c) Pode-se afirmar que a natureza do bem reveste da mesma natureza o acessório, isto é, o imóvel torna os móveis colocados sobre ele imóveis, o que impõe, para que tanto não aconteça, que se ressalve expressamente tudo aquilo que não integra ou não faz parte do imóvel. No Código Civil de 1916, havia regra específica a respeito de que se considerava imóvel tudo quanto se erguesse no imóvel, tendo ficando omisso o atual Código, eis que a previsão é uma decorrência do conceito de bens principais e acessórios. Eis a norma do art. 43, inc. III, da então lei civil: "São bens imóveis: ... III – tudo quanto no imóvel o proprietário mantiver intencionalmente empregado em sua exploração industrial, aformoseamento ou comodidade".

d) Como decorrência do princípio acima, sem a ressalva, torna-se o proprietário do solo proprietário de tudo quanto está em sua superfície, isto é, dos frutos, das árvores, da vegetação, do maquinário, dos prédios, das águas, o que encontra consonância no art. 1.209 do Código Civil (art. 498 do Código revogado): "A posse do imóvel faz presumir, até prova contrária, a das coisas móveis que nele estiverem".

e) Em se tratando de direitos, a nulidade da obrigação principal enseja não propriamente a nulidade do acessório, mas a perda de sua eficácia. O Código Civil de 1916 previa simplesmente a sua nulidade: "A nulidade da obrigação importa a da cláusula penal". Em verdade, se nula uma compra e venda, não terão efeito as arras, ou não se poderá reclamar o pagamento da cláusula penal, o que é diferente da nulidade, a qual se verificaria caso revelassem aquelas obrigações acessórias algum vício, ou fossem excessivas, ou estipulassem uma cominação exorbitante, ferindo dispositivos da Lei nº 8.078, de 1990.

f) As benfeitorias necessárias e úteis, que constituem uma espécie de bens acessórios, importam em indenização, com direito de retenção, caso o possuidor de boa-fé seja obrigado a devolver a coisa principal, enquanto as voluptuárias poderão ser levantadas, desde que não prejudiquem a coisa. Já em relação ao possuidor de má-fé, restringe-se o direito à indenização pelas necessárias, sem poder retê-las até que seja ressarcido. Esses princípios constam dos arts. 1.219 e 1.220 (arts. 516 e 517 do Código revogado), rezando o primeiro: "O possuidor de boa-fé tem direito à indenização das benfeitorias necessárias e úteis, bem como, quanto às voluptuárias, se não lhe forem pagas, a levantá-las, quando o puder sem detrimento da coisa, e poderá exercer o direito de retenção pelo valor das benfeitorias necessárias e úteis". O art. 1.120: "Ao possuidor de má-fé serão ressarcidas somente as benfeitorias necessárias; não lhe assiste o direito de retenção pela importância destas, nem o de levantar as voluptuárias".

g) A obrigação de dar coisa certa estende-se aos acessórios, a menos que o contrário resultar do título, ou das circunstâncias do caso, de acordo com o art. 233 (art. 864 do Código de 1916): "A obrigação de dar coisa certa abrange os acessórios dela embora não mencionados, salvo se o contrário resultar do título ou das circunstâncias do caso". De modo que o contrato de entrega de uma área de terras, até uma data fixada, alcança tudo o que se encontrar sobre ela. Alienando-se uma área de terras com árvores frutíferas, impõe-se a entrega dos frutos pendentes. A venda de um estabelecimento comercial, se nada se dispuser em contrário, a alienação abrange os móveis, telefones, existência do fundo comercial.

h) Dentro do princípio acima, a cessão de um crédito abrange todos os seus acessórios, como está no art. 287 da lei substantiva civil (art. 1.066 do Código anterior): "Salvo disposição em contrário, na cessão de um crédito abrangem-se todos os seus acessórios".

i) Regra igualmente importante está no art. 364 (art. 1.003 do Código revogado), onde consta que a novação de uma obrigação "extingue os acessórios e garantias da dívida, sempre que não houver estipulação em contrário". Ou seja, renovando-se um contrato de locação, não se renova a fiança, exceto se consentir o fiador.

6.1.1. Espécies de bens acessórios

Não se encontra no Código Civil atual, e nem se encontrava no anterior (havia apenas uma discriminação), uma classificação dos bens acessórios. Para fins de estudo, tem-se firmado uma divisão em três classes: os naturais, os industriais e os civis.

Os naturais advêm do fato da natureza, como os frutos, as árvores, os minerais, o espaço aéreo acima do solo, as coisas que se encontram abaixo do solo. Os industriais decorrem da atividade humana, como as construções, as plantações, as benfeitorias, as máquinas, os instrumentos ou utensílios das fábricas. Os civis nascem de uma relação jurídica, exemplificando-se nos juros, nos dividendos, nos aluguéis, na renda proveniente do arrendamento, a fiança, o aval. Lourenço Trigo de Oliveira apresentava duas espécies: "Dizem-se (as coisas)... acessórias ou pertenças aquelas que estão exteriormente unidas à principal ou seja por efeito da natureza, como a aluvião, o feto, os frutos, ou por efeito da vontade do homem, com o fim de as fazer servir ao uso perpétuo das principais, como, *v.g.*, os animais de cultura a respeito do prédio cultivável".[27]

Mostra-se interessante, no entanto, a discriminação que vinha expressa no Código Civil de 1916, a qual elencava os seguintes bens acessórios, nos arts. 60 a 63: os frutos, os produtos em geral, os rendimentos, os produtos orgânicos da superfície, os minerais contidos no subsolo, as obras de aderência permanente feitas acima ou abaixo da superfície, e as benfeitorias.

Ainda ostenta-se útil essa especificação para a finalidade da visualização e compreensão dos bens acessórios, tendo, no entanto, o caráter exemplificativo.

Abordam-se os seguintes tipos:

a) *Os frutos*

O art. 60 do Código revogado arrolava como acessórios os frutos, que se definem, num sentido restrito, como as utilidades que a coisa organicamente produz, normal e periodicamente, em constante renovação, sem alteração de sua substância. Num âmbito mais amplo, constituem os acréscimos ou as riquezas produzidas por qualquer bem, não importando a espécie, e, assim, sendo provenientes das forças da natureza, como uma safra; da intervenção do homem sobre a natureza, o que se dá numa fábrica; ou dos rendimentos de um capital, quando se denominam civis, constatados nos juros e outras formas de proveitos advindos.

Nesta concepção, classificam-se os frutos em *naturais*, que provêm por força da natureza (vegetais e animais); *industriais*, decorrentes da ação ou da intervenção do homem, com o auxílio de instrumentos como a máquina (objetos de uso doméstico); e *civis*, constituídos das rendas produzidas pelo uso ou proveito dos bens (juros, aluguéis, dividendos). No pertinente às três espécies, existe a regra do art. 1.215 (art. 512 da lei civil revogada): "Os frutos naturais e industriais reputam-se colhidos e percebidos, logo que são separados; os civis reputam-se percebidos dia por dia".

Importante também a distinção quanto ao estado, ou ao momento em que são considerados.

---

[27] *Instituições de Direito Civil Brasileiro*, ob. cit., tomo I, p. 212.

Em primeiro lugar estão os *pendentes*, enquanto unidos à árvore ou à coisa que os produziu, seja pelos ramos, seja pelas raízes. Sobre eles, encontra-se a regra do parágrafo único do art. 1.214 (art. 511 do Código de 1916): "Os frutos pendentes ao tempo em que cessar a boa-fé devem ser restituídos, depois de deduzidas as despesas da produção e custeio; devem ser também restituídos os frutos colhidos com antecipação".

Vêm, em seguida, os *percebidos* ou *colhidos*, que são os já separados ou destacados da planta ou da fonte produtora. Reza, a respeito, o art. 1.214 (art. 510 do diploma civil anterior): "O possuidor de boa-fé tem direito, enquanto ela durar, aos frutos percebidos". Pelo art. 1.216 (art. 513 do diploma civil de 1916), "o possuidor de má-fé responde por todos os frutos colhidos e percebidos".

Há os *estantes*, correspondendo aos separados que se encontram armazenados ou acondicionados para a venda.

Os *percipiendos* equivalem aos que se encontram ligados à coisa, mas que já deveriam ter sido colhidos. Responde por eles o possuidor de má-fé, na linha do art. 1.216 (art. 513 do Código anterior), desde que, "por culpa sua, deixou de perceber", mas assegurando-se o ressarcimento das despesas de produção e custeio.

Finalmente, *consumidos* denominam-se aqueles que não mais existem, porque já utilizados ou aproveitados.

Acrescenta-se a disposição do art. 95, permitindo que os frutos, ainda que não separados do bem principal, podem ser objeto de negócio jurídico – situação que ocorre com frequência, em situação que dá ao contrato o caráter de aleatório. Encontrando-se uma plantação num estágio que infunda alguma garantia promissora de sucesso, faz-se a venda antecipada, com a obrigação de sua entrega ao comprador. Para negócios deste tipo, introduziu-se a chamada garantia da cédula do produto rural, instituto que veio implantado no setor agrícola. Vende-se prematuramente a plantação de determinado produto, com o pagamento antecipado. Não importa que sejam pendentes ou percipiendos os frutos, pois lhes foi dada uma realidade autônoma e separada da coisa que os origina.

b) *Os produtos*

O conteúdo de produtos distingue-se do conteúdo dos frutos, pois este envolve as riquezas advindas dos bens, que nascem e renascem, e aquele se refere à própria coisa, ou compreende as utilidades retiradas da coisa, diminuindo a sua quantidade na medida em que se dá o proveito, posto que não se opera a reprodução.

Realmente, os produtos alteram a coisa quantitativamente, diminuindo-a, como ocorre com o petróleo, os minerais, as florestas, os cereais, as pedras, o sal. Na medida em que se retira o produto, diminui equivalentemente a sua quantidade. O cereal é colhido geralmente em uma única vez, sendo difícil a sua reprodução. Quando tal ocorre, não se constata uma repetição constante e periódica da safra. No máximo, colhem-se os cereais em duas ou mais etapas. Ou, em algumas espécies raras, especialmente naquelas destinadas à alimentação dos animais, o fenômeno da reprodução limita-se a duas ou três vezes, perdurando pelo período de determinada estação do ano.

Com referência aos minerais, não se incluem entre os acessórios, eis que tornados propriedade distinta da do solo desde a Constituição Federal de 1946, preceituando o art. 176 da vigente: "As jazidas, em lavra ou não, e demais recursos minerais e os potenciais de energia hidráulica constituem propriedade distinta da do solo, para efeito de exploração ou aproveitamento, e pertencem à União, garantida ao concessionário a propriedade do produto da lavra".

Como acontece com os frutos, o art. 95 autoriza a venda dos produtos não separados do bem principal. É o que se conhece por venda de safra futura.

De outro lado, conforme o art. 1.232 (art. 528 do Código revogado), os frutos e mais produtos da coisa pertencem, ainda quando separados, ao seu proprietário, salvo se, por preceito jurídico especial, couberem a outrem.

c) *Os rendimentos*

Correspondem os rendimentos aos frutos civis. Ao numerá-los, o art. 60 do Código de 1916 visou tornar clara a especificação como acessórios. Constituem sempre o lucro, ou o resultado positivo, ou a remuneração face à entrega de uma coisa, fungível ou infungível, para o proveito de outrem. Concedem-se o uso e gozo de um bem a uma outra pessoa, a qual retribui mediante o pagamento de quantias periódicas.

Várias as proveniências dos rendimentos, aparecendo como mais comum a do mútuo, ou empréstimo de dinheiro, denominando-se juros os proveitos advindos. O disciplinamento está mormente nos arts. 406 e 407 (arts. 1.062 a 1.064 do Código revogado), e arts. 586 a 592 (arts. 1.256 a 1.264 do Código anterior); no art. 1º do Decreto nº 22.626, de 7.04.1933; e constava, até a Emenda Constitucional n 40, no art. 192, § 3º, da Constituição Federal, envolvendo a matéria profundas controvérsias, sobretudo no pertinente à taxa admitida cobrar pelas instituições financeiras. Outrossim, a locação de coisas e de bens imóveis para fins residenciais ou comerciais também se coloca como outra modalidade frequente, estando a matéria regulada, respectivamente, pelos arts. 565 a 578 (arts. 1.188 a 1.199 do Código revogado) e pela Lei nº 8.245, de 18.10.1991. Seguem o arrendamento rural, as rendas vitalícias, e os dividendos que trazem as ações.

d) *Os produtos orgânicos da superfície*

A sua previsão é como acessórios do solo, e encontrava-se no inc. I do art. 61 do Código de 1916, incluindo-se na previsão ampla do art. 92 do Código atual, e correspondendo aos acessórios naturais e não aos industriais, isto é, restringe-se a espécie àqueles criados pela natureza, não sendo tais os criados pelo engenho ou pela mão humana, servindo de exemplo os oriundos de uma fábrica. De modo que estão aí abrangidos todos os bens que naturalmente apareceram sobre o solo, citando-se a vegetação, os animais terrestres ou aquáticos, as plantas, as matas, isto é, todos aqueles bens que tenham vida vegetal ou animal.

Como asseveram alguns autores, incluem-se nesta categoria os animais, que são coisas geradas ou produzidas pela natureza. Efetivamente, os semoventes são produtos originados por outros semoventes, num ciclo que se repete pelo período da capacidade de procriação. Encontrando-se no solo, parece uma decorrência normal a sua inclusão na venda mesmo que o negócio se refira à área de terras.

e) *Os minerais contidos no subsolo*

Pelo Código Civil anterior, apareciam como acessórios. No entanto, não se pode olvidar o art. 176 da Carta Federal, que separa os minerais da propriedade do solo, e, assim, afasta-os da condição de acessórios: "As jazidas, em lavra ou não, e demais recursos minerais e os potenciais de energia hidráulica constituem propriedade distinta da do solo, para efeito de exploração ou aproveitamento, e pertencem à União, garantida ao concessionário a propriedade do produto da lavra".

Quanto às águas, o Código de Águas (Decreto n° 24.643, de 1934, com as alterações do Decreto-lei n° 852, de 1938), no art. 145, também as separa do solo: "As quedas d'água e outras fontes de energia hidráulica são bens imóveis e tidos como coisas distintas e não integrantes das terras em que se encontrem. Assim, a propriedade superficial não abrange a água, o álveo do curso no trecho em que se ache a queda d'água, nem a respectiva energia hidráulica, para o efeito de seu aproveitamento industrial".

O Decreto-lei n° 227, de 1967, em seu art. 84, com as alterações de leis posteriores, também encerra que a jazida é imóvel, mas distinta do solo onde se encontra, não abrangendo a propriedade deste o minério ou a substância mineral.

O Código Civil atual, em vista das disposições acima, não mais inclui os minerais na qualidade de acessórios.

Não integram os minerais ou o conteúdo de minas as pedras e rochas, sendo ainda atual a discriminação de seus derivados, feita por Carvalho Santos: "Não se consideram minas e reputam-se pedreiras as massas rochosas, que fornecem materiais de construção, calcários e mármores, saibreiras, as barreiras, os depósitos de areia, pedregulhos, ocas, turfas, caulim, amianto e mica, as areias de minério de ferro, os depósitos superficiais de sal e salitre, e os existentes em lapas e cavernas. Também não se consideram minas as fontes de águas termais, gasosas, minerais e mínero-medicinais".[28]

---

[28] *Código Civil Brasileiro Interpretado*, ob. cit., vol. II, p. 78.

f) *As obras de aderência permanente feitas acima ou abaixo da superfície*

Tais obras compõem as construções ou as modificações efetuadas acima ou abaixo da terra. Ou seja, trata-se dos prédios, edifícios, fábricas, casas para residências, galpões, salões, pontes, estradas (acima do solo); e das minas, dos túneis, dos caminhos subterrâneos, dos poços comuns e artesianos, das garagens e quaisquer construções feitas sob o solo. Equivalem essas obras às *acessões*, que não se confundem com as benfeitorias, eis que não se destinam a melhorar o bem.

De acordo com o conceito técnico, a acessão constitui tudo quanto se incorpora ao imóvel natural ou artificialmente, servindo de exemplos as plantações, as construções, a formação de ilhas, o aluvião e a avulsão.

Não perdem o caráter de acessoriedade, ficando sempre vinculadas as referidas obras ou acidentes naturais ao bem principal.

6.2. As pertenças

A rigor, as pertenças estão dentro do gênero de coisas acessórias. No entanto, o Código de 2002 disciplinou este tipo em separado, distinguindo-o dos acessórios e das benfeitorias, embora também se destine a acrescentar um elemento de utilidade ou valor a outros bens. A diferença está no fato de não serem as pertenças partes integrantes da coisa. Destinam-se a dar alguma qualidade ou vantagem ao bem, fator que lhes fornece o caráter de acessoriedade. Há vinculação com a coisa principal, pois são criadas para lhe imprimir maior serventia, ou a aumentar a utilização, ou a trazer vantagens no desfrute. Todavia, mantêm essas coisas a sua individualidade e autonomia, não se incorporando no bem principal, ou constituindo uma unidade.

Quanto às benfeitorias, sabe-se que as mesmas justificam-se em vista das coisas principais, como o telhado, as tubulações de água, os aparelhos, o jardim, integrando-se nelas; já as pertenças, embora dirigidas a imprimir utilidade à coisa principal, podem ser destacadas e consideradas individualmente, destinando-se a aprimorar ou a dar maior utilidade a qualquer coisa principal, e podendo ser deslocadas, e, assim, empregadas em coisas distintas.

Na verdade, em última instância também as pertenças revelam uma ligação com outro bem, não subsistindo por si mesmas, o que revela, no mínimo, a proximidade de significado com os bens acessórios ou as benfeitorias. Entrementes, não chegam a uma dependência e inseparabilidade em relação à coisa principal, o que afasta o princípio de que seguem o principal, fator este que influiu no legislador a não mais adotá-lo em dispositivo expresso.

Este o significado de pertenças, que aparece no Código Civil de 2002, quando o art. 93 define o conteúdo: "São pertenças os bens que, não constituindo partes integrantes, se destinam, de modo duradouro, ao uso, ao serviço ou ao aformoseamento de outro". O art. 94 exclui do negócio aquilo que integra as pertenças: "Os negócios jurídicos, que dizem respeito ao bem principal, não abrangem as pertenças, salvo se o contrário resultar da lei, da manifestação de vontade, ou das circunstâncias do caso". Nesta concepção, na venda de uma propriedade rural, não está o alienante obrigado a entregar tratores, máquinas, bombas de sucção de água, e demais equipamentos ao comprador, exceto se cláusula expressa venha embutida, ou se a lei determinar, ou se impossível a separação, como no caso da instalação elétrica.

Nas pertenças incluem-se todos os bens que se destinam a trazer maior utilidade ou serventia, ou que permitem mais ampla e eficazmente o proveito de um imóvel, havendo várias espécies, descritas por Francisco Amaral: "Entre as várias espécies podemos distinguir, em caráter meramente enunciativo, as pertenças *agrícolas*, máquinas, tratores, instrumentos agrícolas, animais etc., utilizados no preparo, plantio e colheita da produção; as *urbanas*, tudo o que se incorporar aos edifícios residenciais, como os elevadores, as bombas de água, as instalações elétricas, as estátuas, os espelhos, os tapetes; as *industriais*, máquinas e equipamentos utilizados no funcionamento da indústria; as *mobiliárias* como as molduras dos quadros, as garrafas para bebidas; as *navais e aeronáuticas*, como os botes de salvamento, os aparelhos e instrumentos náuticos".[29]

Dentro do mesmo elenco de bens, mas com certa peculiaridade por se distinguirem das coisas principais, estão as *partes integrantes*, que se incorporam em uma coisa, a qual passa a ser composta, e tornando-a viável, útil e funcionável. Trata-se dos bens que dão o acabamento e propiciam o funcionamento do bem principal. Estão nesse rol as janelas, as portas, o telhado, os pavimentos de uma casa; o motor, as rodas, os para-lamas, os faróis de um carro; as divisórias internas de um escritório; os ponteiros de um relógio; a capa externa de um livro; o teclado de um computador, e assim tudo quanto viabiliza a serventia das coisas.

6.3. As benfeitorias

As benfeitorias constituem obras que se realizam nas coisas, ou para a sua conservação, ou para melhorá-las, ou para o embelezamento. Essas as finalidades que estão no art. 96 do Código Civil, que mantém as que vinham no art. 63 do Código revogado.

A simplicidade da definição de Clóvis Beviláqua leva a aprender a exata ideia: "Benfeitorias são as obras que se fazem num móvel ou num imóvel para conservá-lo, melhorá-lo ou simplesmente embelezá-lo".[30] Correspondem aos

---

[29] *Direito Civil Brasileiro* – Introdução, ob. cit., pp. 338 e 339.
[30] *Teoria Geral do Direito Civil*, ob. cit., p. 250.

melhoramentos trazidos à coisa. No entanto, não são todas as obras realizadas que se qualificam como benfeitorias. Aquelas que formam acréscimos, aumentando o espaço do uso, não se consideram obrigatoriamente úteis, posto que, às vezes, podem trazer mais dificuldades e incômodos para o usuário. Ademais, as construções, além de outras obras, enquadram-se como acessões, submetendo-se a um regime especial, previsto nos arts. 1.253 a 1.257, parágrafo único, do Código Civil (arts. 545 a 549 do Código revogado), com o direito à indenização.

Genericamente, incluem-se as benfeitorias na classe dos bens acessórios, eis que se destinam a acrescentar uma valorização ou a trazer uma modificação nos bens principais. Dizem respeito a um dos assuntos de real importância no direito em geral, pelas consequências que redundam nas relações contratuais, especialmente nas locações, no arrendamento rural, na parceria, no exercício da posse de boa ou má-fé e na propriedade. De acordo com a sua natureza, importam ou não em indenização e no direito de retenção.

Passa-se a distingui-las, seguindo a definição do Código Civil, no art. 96 do Código atual (art. 63 do Código anterior), que traz cada espécie em parágrafos distintos, vindo nesta ordem: voluptuárias, úteis e necessárias.

- As *voluptuárias*, equivalendo aos embelezamentos, aos adendos para trazer deleite, descanso, recreio, maior atração e satisfação, como o ajardinamento, a construção de quadra de esportes, a piscina, a colocação de grama nas cercanias da casa, o revestimento das paredes com mármore ou granito. Vêm previstas no § 1º do art. 96 (§ 1º do art. 63 do Código anterior): "São voluptuárias as de mero deleite ou recreio, que não aumentam o uso habitual do bem, ainda que o tornem mais agradável ou sejam de elevado valor".
- As *úteis*, envolvendo o aumento ou a facilitação do uso da coisa, ou as que propiciam uma melhor utilização, servindo de exemplos tradicionais o erguimento de uma garagem ao prédio, a abertura de uma nova entrada, a instalação de aparelhos hidráulicos e sanitários em todas as peças da casa. Estão definidas no § 2º do art. 96 (§ 2º do art. 63 do estatuto civil de 1916): "São úteis as que aumentam ou facilitam o uso do bem". A inclusão de umas ou outras constitui mais fruto da doutrina e da jurisprudência, sendo que os critérios variam de acordo com a evolução dos tempos. De modo que as garagens, presentemente, mais classificam-se como benfeitorias necessárias, dada a necessidade do veículo. De igual modo, uma piscina e quadras de esportes em um clube ou agremiação social tornam-se indispensáveis, sob pena de perda da finalidade a que se destina a entidade.
- As *necessárias*, que são as mais importantes e protegidas pela lei, tendo a finalidade de conservar, de evitar a deterioração, de prevenir os estragos, evidenciadas nas obras de fortalecimento das estruturas, de substituição do telhado, de vigas podres e das tubulações internas e

externas do prédio, o adubamento de uma área de terras, a colocação de cercas ou até muro em volta da propriedade para evitar invasões e dar segurança à própria vida dos moradores. O § 3º do art. 96 (§ 3º do art. 63 da lei civil de 1916) conceitua-as: "São necessárias as que têm por fim conservar o bem ou evitar que se deteriore".

Regras especiais do Código revogado excluíam da classe de benfeitorias alguns bens, que eram nomeados no art. 62:

> "Também se consideram acessórias da coisa todas as benfeitorias, qualquer que seja o seu valor, exceto:
> I – a pintura em relação à tela;
> II – a escultura em relação à matéria-prima;
> III – a escritura e outro qualquer trabalho gráfico, em relação à matéria-prima que os recebe (art. 614)".

O art. 614 citado cuidava da aquisição da propriedade por meio da especificação.

Embora não carecesse que viesse a previsão, as disposições tornavam mais simples a compreensão da matéria. Consoante a explicação tradicional, não fosse como se encontrava na redação acima, poder-se-ia defender que teria mais valor a tela ou a matéria-prima que as obras de arte. Com razão, prima o bem pela obra de arte, e não pela tela ou pelo material sobre o qual se faz a pintura ou a escultura. Nas relações que se tornam litigiosas, a discussão não se resolve sobre o direito à tela, ou à pedra e outros elementos que servem de substrato, mas sobre a arte neles colocada. Quanto ao inciso III, encontrava-se a referência ao então art. 614, que estava incluído em uma seção do Código Civil de 1916 onde era tratada a *especificação*. Consiste a especificação na mudança da matéria-prima, pelo trabalho, em nova espécie, que é atribuída ao especificador, ou àquele que faz a transformação. Essa nova espécie não se enquadra no conceito de benfeitoria.

Para a configuração da benfeitoria, requer-se, outrossim, que os acréscimos ou melhoramentos sejam produção humana, ou que neles se dê a intervenção do proprietário. Tais melhoramentos, como se dá na aluvião, incluem-se nas acessões. A regra do art. 97 (art. 64 do Código revogado) esclarece a matéria: "Não se consideram benfeitorias os melhoramentos ou acréscimos sobrevindos ao bem sem a intervenção do proprietário, possuidor ou detentor". Decorre, daí, a impossibilidade de se pedir a retenção, para forçar a indenização, salientando João Luiz Alves: "É claro que não se poderá justificar a retenção, nem o reembolso pelo melhoramento que não é devido à intervenção do detentor ou do possuidor, porque em sua realização não empregou trabalho ou fez dispêndio, de que deva ser indenizado".[31]

---

[31] *Código Civil da República dos Estados Unidos do Brasil*, ob. cit., p. 65.

Várias são as aplicações das classes de benfeitorias nos múltiplos ramos do direito, contempladas sobretudo no Código Civil, apontando-se ilustrativamente algumas.

Ao possuidor de boa-fé assegura-se o direito à indenização, pelas benfeitorias necessárias e úteis, bem como a retenção, enquanto não pago, se afastado da posse de uma coisa. Já pertinentemente às voluptuárias, reduz-se o direito ao seu levantamento desde que não decorra detrimento da coisa (art. 1.219, estando a regra no art. 516 do Código revogado). Ao possuidor de má-fé, se ressarcem unicamente as benfeitorias necessárias, sem o direito de retenção (art. 1.220, reproduzindo o art. 517 do Código de 1916). Importante caracterizar a boa ou má-fé, o que se faz com perfeição nesta passagem de uma decisão: "A boa-fé representa um estado de consciência do indivíduo em que o possuidor crê possuir legitimamente. Não se pode, entretanto, denominá-la puramente psicológica, já que a boa-fé não se procura no íntimo do agente, senão que na sua projeção externa, no mundo dos fatos. É através dos fatos externos que se chega à conclusão do estado de boa-fé do possuidor, os quais devem levar à certeza moral de sua ocorrência. Aquela consciência interna de boa-fé alegada pelo possuidor deve decorrer de elementos materiais, reais, exsurgentes de uma realidade circunstancial do próprio exercício da posse. Não são suficientes conjecturas; é preciso que as circunstâncias atestem a boa-fé ou levem a ela; não basta alegabilidade; é necessário que os elementos circunstanciais atestem a verossimilhança de sua ocorrência, tornem-na provável...".[32] Nesta ordem, afasta a boa-fé a prova do conhecimento da posse indevida. Igualmente, a notificação para a entrega do bem dentro de um prazo fixado, ou a ciência de defeitos e precariedades na posse.

Nas locações de imóveis residenciais, varia o tratamento legal, eis que restrito o direito incondicional à indenização, com retenção, apenas para as benfeitorias necessárias, enquanto para as úteis é indispensável, para ensejar o mesmo direito, que tenha havido a autorização do locador na sua construção. Para as voluptuárias, é reservada a faculdade do levantamento, desde que não afete o ato a estrutura e a substância do imóvel (arts. 35 e 36 da Lei nº 8.245, de 18.10.1991). Idêntica disciplina aplica-se às locações de coisas de outra natureza, segundo o art. 578 (art. 1.199 do Código anterior).

Permite-se a compensação das benfeitorias com os danos (art. 1.221, reeditando norma do art. 518 do diploma anterior), desde que existentes quando da evicção.

---

[32] TJGO. Apelação nº 46.549-1/188. 2ª Turma Julgadora da 1ª Câmara Cível, de 29.09.1998, onde se transcreve doutrina constante na Apel. Cível nº 37.209, julgada em 29.10.1991 pelo TJ de Santa Catarina, e constante em ADCOAS informatizado – verbete 139.541, em *Revista Forense*, 347/379.

No condomínio, se vendido o imóvel, terá preferência para a adjudicação, indenizando os demais consortes, o condômino que tiver na coisa benfeitorias mais valiosas, e, não as havendo, aquele cujo quinhão for maior (art. 1.322, mantendo regra do art. 632 do Código revogado).

Pelo art. 1.660, inc. IV (art. 271, inc. IV, do Código de 1916) entram na comunhão as benfeitorias em bens particulares de cada cônjuge. Consoante o art. 2.004, § 2º (art. 1.792, § 2º, do Código revogado) não entram na colação as benfeitorias acrescidas aos bens, as quais pertencerão ao herdeiro donatário, correndo também à conta deste os rendimentos ou lucros, assim como os danos e perdas que eles sofrerem.

Na repetição ou restituição da coisa dada em pagamento indevido, ao possuidor de boa-fé são indenizadas as benfeitorias úteis e necessárias, com direito de retenção, segundo o art. 878 (art. 966 do Código anterior), que manda aplicar à matéria o disposto sobre o possuidor de boa ou má-fé. Na posse de má-fé, restringe-se o ressarcimento às benfeitorias necessárias, sem o direito de retenção, e sem poder levantar as voluptuárias.

Ordena o art. 453 (art. 1.112 da lei civil revogada) o pagamento pelo alienante das benfeitorias necessárias ou úteis não abonadas ao que sofreu a evicção.

7. BENS CONSIDERADOS EM FUNÇÃO DA TITULARIDADE DO DOMÍNIO. BENS PÚBLICOS

Nesta divisão dos bens, a classificação tem em vista o tipo de pessoa que exerce a titularidade de domínio. Classificam-se os bens em consideração das pessoas a quem pertencem, recebendo uma denominação específica. Concede-se um tratamento ou um regime próprio em função de quem é titular do domínio. E tendo em conta a titularidade, há um modo pelo qual é exercido o domínio, um regramento apropriado e especial, do qual se ocupam o Código Civil e leis próprias.

Em relação aos respectivos proprietários, os bens são classificados em públicos e particulares – os primeiros por pertencerem ao Poder Público, e os últimos porque são do domínio particular.

Realmente, é o que expressa o art. 98 do Código Civil (art. 65 do Código revogado): "São públicos os bens do domínio nacional pertencentes às pessoas jurídicas de direito público interno; todos os outros são particulares, seja qual for a pessoa a que pertencerem".

Ou seja, abstraídos aqueles bens pertencentes à União, aos Estados, aos Municípios, às autarquias e outras entidades de direito publico, todos os demais, na letra do dispositivo, entram na categoria de particulares, o que não corresponde à realidade. Não apenas os bens pertencentes àquelas entidades entram no rol de públicos, e nem todos os bens excluídos são particulares.

Há mais bens públicos que aqueles titulados em nome das pessoas jurídicas de direito público, e conhecem-se bens que não pertencem a particulares e nem ao Poder Público, como os oceanos, os animais silvestres, as águas pluviais não captadas, os peixes que estão nas águas, várias extensões de terra abandonadas ou ainda sem domínio, as aves, os recursos naturais do fundo dos mares, anotando Antônio José de Souza Levenhagen: "É de ponderar-se, todavia, que nem todas as coisas que não são públicas, forçosamente sejam particulares. Há coisas que, na verdade, não são públicas e nem particulares, como os animais bravios ou selvagens enquanto vagarem livremente na terra, as águas pluviais não captadas etc."[33]

7.1. Classificação dos bens públicos

O art. 99 do Código Civil (art. 66 do Código revogado) faz a classificação tendo em vista a destinação dos bens públicos. Pelo art. 98 (art. 65 do Código de 1916), de um modo simplista, genérico e insuficiente, são considerados públicos os bens que são de propriedade das pessoas jurídicas de direito público interno. A mera condição da titularidade em nome de uma das pessoas jurídicas torna-os públicos, ou consideram-se públicos os pertencentes a qualquer ente de direito público interno.

No art. 99 discrimina-se mais a relação, outras categorias ingressando nessa classe:

> "São bens públicos:
>
> I – os de uso comum do povo, tais como rios, mares, estradas, ruas e praças;
>
> II – os de uso especial, tais como edifícios ou terrenos destinados a serviço ou estabelecimento da administração federal, estadual, territorial ou municipal, inclusive os de suas autarquias;
>
> III – Os dominicais, que constituem o patrimônio das pessoas jurídicas de direito público, como objeto de direito pessoal, ou real, de cada uma dessas entidades".

Nota-se que, além de especificar os diversos tipos, são fornecidos alguns exemplos, com o caráter meramente exemplificativo. Além dos acima previstos, há os bens públicos por afetação, também dignos de estudo. Deu um passo além o Código Civil, envolvendo os bens dominicais das pessoas jurídicas de direito público que têm a estrutura de direito privado, como as empresas públicas e mesmo as sociedades de economia mista.

Passa-se ao exame das diversas espécies.

a) *Os bens de uso comum do povo*

Nesta categoria, incluem-se os bens que pertencem à pessoa jurídica de direito público interno, facultando-se a utilização indistinta e gratuita por todas

---

[33] *Código Civil (Parte Geral)* – Comentários Didáticos, ob. cit., p. 101.

as pessoas (*communes omnium*). Além dos rios, mares, estradas, ruas e praças, citam-se as praias, as lagoas, as pontes, os viadutos, as passarelas, os trilhos, os monumentos, os lugares históricos e preservados, os campos de esporte, os calçamentos, os museus, os passeios, os jardins, os logradouros públicos e uma infinidade de coisas e imóveis. A caracterização aparece no presente aresto: "No uso comum do povo os usuários são anônimos, indeterminados, e os bens utilizados os são por todos os membros da coletividade – *uti universi* – razão pela qual ninguém tem direito ao uso exclusivo ou a privilégios na utilização do bem: o direito de cada indivíduo limita-se à igualdade com os demais na fruição do bem ou no suportar os ônus dele resultantes. Pode-se dizer que todos são iguais perante os bens de uso comum do povo".[34]

A titularidade do domínio é da União, ou dos Estados, ou dos Municípios, ou do Distrito Federal, ou dos Territórios, conforme quem exerce o dever de vigilância, tutela e fiscalização para o uso público. Não é admissível que o povo seja o proprietário, ou que haja um condomínio social, no qual cada cidadão tem a propriedade dos bens em comunhão com todos os outros. Acontece que o domínio exige um titular identificado, não importando que em comunhão, desde que todos que a integram sejam individuados.

Até porque faltaria a identidade da pessoa que pudesse exercer atos de comando, de administração ou gerência. Ao povo, ou à coletividade, reserva-se unicamente o direito de uso, direito esse que integra um dos componentes da propriedade, os quais podem ser desmembrados do titular do domínio, sem prejudicá-lo. Carvalho Santos acrescenta mais um dado importante: "Como se considerar o povo proprietário dos bens de uso comum, se é o Estado quem pode dar-lhe esse caráter e emprestar a essas coisas o caráter especial de indústrias, sob a forma de monopólio ou de livre concorrência? Se é ele quem pode fazer concessões tendo por objeto ditos bens".[35]

Por isso, não se reconhece a legitimidade do particular para a propositura de alguma ação: "O particular não pode opor interdito proibitório em face da administração pública, que age no exercício do seu poder de polícia, uma vez que a ocupação do bem público sempre se dará a título precário, fruto da mera detenção física da coisa, incapaz de produzir os atributos da posse susceptíveis de tutela".[36]

Em princípio, não se condiciona o uso ao pagamento de alguma retribuição. No entanto, a exigência de tarifa ou pedágio não é vedada, como ocorre nas estradas, pontes e túneis, nas entradas de museus e obras de arte, encontrando respaldo no art. 103 (art. 68 do Código anterior): "O uso comum dos bens

---

[34] TJSP. Apelação Cível nº 78.970-5/0-00. 8ª Câm. de Direito Público de Férias, de 26.07.2000, em *ADV Jurisprudência*, nº 46, p. 724, novembro de 2000.
[35] *Código Civil Brasileiro Interpretado*, ob. cit., vol. II, p. 104.
[36] TJDF. Agravo de Instrumento nº 9.026/97. 2ª Turma do , publ. em 2.08.2000, em *ADV Jurisprudência*, nº 46, p. 724, novembro de 2000.

públicos pode ser gratuito ou retribuído, conforme for estabelecido legalmente pela entidade a cuja administração pertencerem".

b) *Os bens de uso especial*

Constituem esses bens mormente os imóveis destinados ao serviço público, no âmbito federal, estadual e municipal. Exemplificam-se nos prédios onde se encontram as sedes dos Poderes, dos ministérios, secretarias, órgãos setoriais, autarquias, departamentos, fundações públicas, os presídios e os mais variados tipos de atividades prestadas (escolas, construções militares, quartéis, hospitais, postos de atendimento médico, fortalezas, faróis, fóruns, delegacias de polícia).

A característica é a destinação especial, e não comum, sendo que a utilização é para a finalidade a que se destinam. De sorte que às pessoas permite-se a entrada ou ingresso em suas dependências desde que para a satisfação de uma necessidade desenvolvida no prédio.

Nada impede a inclusão dos bens móveis de uso especial, porquanto o inc. II do art. 99 não restringe a imóveis a classificação, embora cite alguns tipos como exemplos. Há extensa quantidade de bens móveis com destinação específica, sendo difícil encontrar algum que seja do uso comum. Apontam-se como móveis para fins específicos os veículos, as máquinas, o mobiliário das repartições, os computadores, os telefones, as ferramentas, os armários, os arquivos, as mesas, as cadeiras, e, assim, toda sorte de coisas removíveis que se encontram no interior e fora dos imóveis.

c) *Os bens dominicais ou dominiais*

Nesta classe encontram-se aqueles bens pertencentes à União, aos Estados, ao Distrito Federal, aos Territórios, aos Municípios, às autarquias e até às empresas públicas e sociedades de economia mista, por força do parágrafo único do art. 99, em virtude de um título, que normalmente é a lei, ou o próprio registro imobiliário. Encontra-se um suporte ou uma referência que os torna públicos. Estão abrangidos, em geral, nesta categoria, os bens de uso especial, e muitos daqueles de uso comum do povo. Podem ser móveis como imóveis, não se impedindo a inclusão de semoventes.

A Constituição Federal é a principal referência da dominialidade. O art. 20 nomeia os bens da União:

"I – Os que atualmente lhe pertencem e os que lhe vierem a ser atribuídos;

II – as terras devolutas indispensáveis à defesa das fronteiras, das fortificações e construções militares, das vias federais de comunicação e à preservação ambiental, definidas em lei;

III – os lagos, rios e quaisquer correntes de água em terrenos de seu domínio, ou que banhem mais de um Estado, sirvam de limites com outros países, ou se estendam a território estrangeiro ou dele provenham, bem como os terrenos marginais e as praias fluviais;

IV – as ilhas fluviais e lacustres nas zonas limítrofes com outros países; as praias marítimas; as ilhas oceânicas e as costeiras, excluídas, destas, as áreas referidas no art. 26, II;

V – os recursos naturais da plataforma continental e da zona econômica exclusiva;

VI – o mar territorial;

VII – os terrenos de marinha e seus acrescidos;

VIII – os potenciais de energia hidráulica;

IX – os recursos minerais, inclusive os do subsolo;

X – as cavidades naturais subterrâneas e os sítios arqueológicos e pré-históricos;

XI – as terras tradicionalmente ocupadas pelos índios".

A ressalva do inc. IV, excluindo as áreas referidas no art. 26, II, diz respeito às áreas, nas ilhas oceânicas e costeiras, situadas no domínio dos Estados-membros.

As várias espécies acima são reguladas por leis especiais ou complementares, como pelo Decreto-Lei nº 9.760, de 05.09.1946, que disciplina o uso dos bens imóveis da União; o Decreto nº 1.265, de 11.10.1994, que trata da Política Marítima Nacional; a Lei nº 8.617, de 04.01.1993, dispondo sobre o mar territorial, a zona contígua e a econômica exclusiva, e sobre a plataforma continental brasileira.

Já o art. 26 da mesma Carta arrola os bens dos Estados Federados:

"I – as águas superficiais ou subterrâneas, fluentes, emergentes e em depósito, ressalvadas, neste caso, na forma da lei, as decorrentes de obras da União;

II – as áreas, nas ilhas oceânicas e costeiras, que estiverem no seu domínio, excluídas aquelas sob domínio da União, Municípios ou terceiros;

III – as ilhas fluviais e lacustres não pertencentes à União;

IV – as terras devolutas não compreendidas entre as da União".

Quanto aos Municípios, lhe pertencem os demais bens públicos, sobre os quais exerce a posse ou a ocupação, e que não se encontram registrados em nome de particulares. É comum o registro em seu nome, com origem em aquisições das mais variadas formas, como compra e venda, doações, dações em pagamento, arrematações, adjudicações, e sobretudo em desapropriações. Advêm a titularidade também da lei, como as áreas marginais de rios e afluentes municipais, até certa largura.

Observações específicas fazem-se necessárias sobre alguns bens.

Múltiplas leis especiais incluem outros bens, como o Decreto-lei nº 9.760, de 1946; o Decreto-lei nº 227, de 1967; o Decreto-lei nº 318, de 1967; o

Decreto-lei nº 3.236, de 1941; e a Lei nº 2.004, de 1953,[37] atribuindo à União os bens vagos; os bens perdidos pelos criminosos condenados por sentença em processo da Justiça Federal; as quedas d'água; as jazidas e os minérios; os arsenais e outros materiais da marinha, do exército e da viação; e os bens que foram do domínio da Coroa.

Os terrenos da marinha são de uso comum, pertencendo à União, pois indispensáveis à segurança nacional. Constituem-se de faixas de trinta e três metros de terras fronteiriças às águas dos mares, aos rios navegáveis e aos lagos, contando-se o início a partir do ponto em que chega o preamar médio. Para a ocupação de particulares, indispensável a autorização de órgão próprio da Marinha.

Os terrenos acrescidos são os que se acrescentam aos terrenos da marinha e aos terrenos marginais por meio dos fenômenos chamados aluvião ou avulsão, tornando-se do domínio da União, ou da Unidade Federativa titular das ilhas e dos terrenos marginais ou reservados.

Os terrenos reservados pertencentes à União compõem-se da faixa de quinze metros de largura, que se estendem nas margens dos rios públicos, iniciando a partir do ponto onde não chegam as marés. Se dos Estados-membros os rios, lhes pertencem mencionados terrenos.

As ilhas são de propriedade da União se localizadas no interior de rios e lagos públicos limítrofes com Estados estrangeiros; encontrando-se em lagos e rios interiores do País, integram o patrimônio dos Estados-membros, não se olvidando, consoante o inc. II do art. 26, que também lhe pertencem as áreas nas ilhas oceânicas e costeiras que estiverem no seu domínio.

Quanto ao espaço aéreo, o Código Brasileiro da Aeronáutica (Lei nº 7.565, de 19.12.1986) fixou expressamente a soberania da União, consoante o art. 11: "O Brasil exerce completa e exclusiva soberania sobre o espaço aéreo acima de seu território e mar territorial".

No pertinente ao petróleo, ao gás natural e outros hidrocarbonetos fluídos, constituem monopólio da União (art. 177, inc. I, da CF). Assegurada está a participação, ou a compensação financeira pela exploração, dos Estados, do Distrito Federal, dos Municípios e dos órgãos da administração direta da União no resultado da exploração de referidos minérios, incluídos os recursos hídricos para fins de geração de energia elétrica que se desenvolve nos respectivos territórios, plataforma continental, mar territorial ou zona econômica exclusiva (art. 20, § 1º, da CF).

O subsolo é propriedade distinta para fins de exploração e aproveitamento industrial das minas e riquezas. Efetivamente, reza o art. 176 da Constituição Federal: "As jazidas, em lavra ou não, e demais recursos minerais e os potenciais

---

[37] Revogada pela Lei nº 9.478, de 06.08.1997.

de energia hidráulica constituem propriedade distinta da do solo, para efeito de exploração ou aproveitamento, e pertencem à União, garantida ao concessionário a propriedade do produto da lavra". O assunto é abordado por Rogério Lauria Tucci, em útil estudo: "A propriedade do solo não importa na propriedade das jazidas a elas subjacentes ou das minas que nelas se contenham". Socorrendo-se de doutrina a respeito da matéria, transcreve lição de Manoel Gonçalves Ferreira Filho (*Comentários à Constituição Brasileira*, 2ª ed., Saraiva, São Paulo, 3º vol., p. 176): "Disto decorre que a jazida, ou seja, toda a massa individualizada de substância mineral ou fóssil aflorando à superfície ou existente no interior da terra e que tenha valor econômico..., não integra o patrimônio do proprietário do solo. Assim, este não pode dela dispor, nem autorizar a sua exploração".[38]

O seu aproveitamento depende de autorização ou concessão da União, no interesse nacional, em favor de brasileiros ou empresas brasileiras de capital nacional.

A matéria relativa a minas e jazidas vem regulada pelo vigente Código de Mineração, introduzido pelo Decreto-lei nº 227, de 28.02.1967, com alterações posteriores trazidas pelos Decretos-leis nºs 318, de 14.03.1967; 330, de 13.09.1967; e 723, de 31.07.1969; e pelos Decretos nºs 62.934, de 02.07.1968; e 66.404, de 1º.04.1970, dentre outros diplomas.

De observar, todavia, que as jazidas de substâncias minerais de emprego imediato na construção civil, como é o caso das pedreiras, podem ser aproveitadas pelo proprietário do solo, ou por quem dele tiver expressa autorização, pelo regime de aproveitamento chamado de 'licenciamento' pelas autoridades municipais competentes (art. 8º e seus parágrafos do Decreto-lei nº 227).

d) *Bens públicos por afetação*

Define José Roberto de Andrade Coutinho o que é afetar: "Afetar é destinar, consagrar algo a um determinado fim. Afetação ou consagração é o ato ou fato em decorrência do qual determinados bens que se acham fora do mundo jurídico-administrativo ou não, mas com outra destinação ou traços, entram para o mundo do direito administrativo, mais aptos para a produção de determinados efeitos".[39]

Há bens que se tornam públicos pelo simples uso das pessoas, ou seja, por afetação, que é a destinação de alguma coisa para determinado fim. Se todas as pessoas de uma região passam a utilizar um determinado lugar, o imóvel respectivo torna-se público.

---

[38] "Exploração de Jazida Mineral", em *Revista Forense*, nº 344, p. 297.
[39] "Os Institutos da Afetação e da Desafetação dos Bens Imóveis Públicos", em *Direito Imobiliário – COAD*, boletim semanal, nº 18, p. 377, maio de 1998.

Bem clara é a explicação de Marcelo Caetano: "Que é que justifica a submissão de certos bens ao regime do direito público? ... Primeiro, temos os bens que sendo, por sua natureza, insuscetíveis de apropriação individual, não podem deixar de ser fruídos por todos: é o caso do ar atmosférico e das águas do mar; depois, vêm os bens cuja função, por si própria, é satisfazer necessidades coletivas, isto é, têm inerente à sua existência a utilidade pública. É o que se passa com as estradas, as pontes, as ruas, as praças, os jardins..., abertos ao uso direto e imediato ao público. Todos esses bens possuem utilidade pública inerente à sua existência e utilização. Finalmente, existem outros bens que tanto podem ser afetados ao interesse privado como à utilidade pública. Em si, eles permitem qualquer dos destinos – o gozo particular ou o uso pelo público. É o que sucede, p. ex., com coleções de arte ou de livros que só entram no domínio público quando considerados museus nacionais ou bibliotecas públicas, ou com certos edifícios cuja submissão ao regime do direito público depende de classificação como monumentos nacionais ou como palácios abertos à visita de todos".[40]

Naturalmente, os bens passam ao uso de todos por se tornarem utilizáveis por qualquer pessoa. Não há transferência de domínio, mas de uso.

Hely Lopes Meirelles sustenta que há "áreas originariamente transferidas ao Poder Público, que lhe são transferidas por qualquer dos meios comuns de alienação (compra e venda, doação, permuta, desapropriação), ou são integradas no domínio público, excepcionalmente, por simples destinação, que as torna irreivindicáveis por seus primitivos proprietários. Esta transferência por destinação se opera pelo só fato da transferência da propriedade privada em via pública sem oportuna oposição do particular, independente, para tanto, de qualquer transcrição ou formalidade administrativa".[41]

O uso gera a afetação ao domínio público. Assim, uma coisa passa do domínio privado para a utilização pública, máxime se a prática revela o exercício de poderes pelo ente público através da realização de serviços diversos, como calçamento, abertura de sistema de esgoto e implantação de iluminação. Dispensa esta forma de aquisição qualquer ato formal mediante venda por escritura pública ou desapropriação. O mero uso por todas as pessoas torna a coisa pública. Em direito público, a aquisição da propriedade não se dá somente pela escritura pública e registro imobiliário. A lei constitui, em grande parte dos casos, o título, não sendo, porém, a única forma de transferência e aquisição de domínio. A afetação não requer um título, uma escritura. O mero uso constante e generalizado enseja a dominialidade em favor do Estado. Desde que verificado o fenômeno, realiza-se a transferência de propriedade.

---

[40] "Princípios Fundamentais do Direito Administrativo", citação na Apel. Cível nº 728.094 (E. Infrings.), da 7ª Câm. Civil do 1º TA Civil de São Paulo, em *Revista dos Tribunais*, 615/89.

[41] *Direito Administrativo Brasileiro*, 7ª ed., ob. cit., pp. 518 e 519.

Poderá o Poder Público destinar o bem afetado ao uso comum do povo, ou a um uso especial, conforme melhor se revelar apropriado, ou determinarem as conveniências.

e) *Terras devolutas*

Sabe-se que, ao ser descoberto o Brasil, as terras foram entregues ao rei, que se constituiu seu dono. Alguns anos depois, visando a colonização, foram as terras divididas a doze ricos portugueses, formando-se as capitanias hereditárias. Descumprindo as obrigações impostas aos capitães, e não colonizadas, retornaram à Coroa, isto é, foram devolvidas, tornaram-se devolutas. Constituem, originariamente, aquelas terras que, "tendo sido dadas em sesmaria, foram, posteriormente, em virtude de haverem caído em comisso, devolvidas à Coroa".[42] Evoluiu o conceito para compreender como devolutas as terras que não se acham aplicadas a algum uso público (federal, estadual ou municipal), e que não foram legitimamente incorporadas ao domínio particular.

Tendo-se em vista a Lei das Terras (Lei nº 601, de 18.09.1850), consideram-se devolutas as que se enquadrarem nas seguintes categorias:

a) as que não se acharem no domínio particular por qualquer título, nem foram havidas por sesmaria ou outras concessões do governo, não incursas em comisso;

b) as que não se acharem aplicadas a algum uso público federal, estadual ou municipal;

c) as que não se acharem dadas por sesmarias ou outras concessões do governo e que, apesar de incursas em comisso, foram revalidadas por leis;

d) as que não se acharem ocupadas por posses que, apesar de não se fundarem em título legítimo, forem legitimadas por lei.

Luiz de Lima Stefanini traz um conceito bem apropriado: "...Aquelas espécies de terras públicas (sentido lato) não integradas ao patrimônio particular, nem formalmente arrecadadas ao patrimônio público, que se acham indiscriminadamente no rol dos bens públicos por devir histórico-político".[43]

Resumindo, formam aquelas áreas que restaram após as ocupações do Estado e dos particulares.

---

[42] Altir de Souza Maia, "Prática do Processo Discriminatório de Terras Devolutas", em *Revista de Direito Agrário*, nº 3, ano III, p. 12, 1975.
[43] *A Propriedade no Direito Agrário*, São Paulo, Editora Revista dos Tribunais, 1978, pp. 64 e 65.

Não se confundem com os imóveis não registrados no ofício imobiliário. Sustentar a impossibilidade do usucapião porque as terras sem registro constituem devolutas é desconhecer a sua origem histórica. Para chegar a tanto, cumpre demonstrar que derivam das sesmarias caídas em comisso, ou que retornaram ao Poder Público porque os donatários ou os sesmeiros não as colonizaram, não as cultivaram, ou as abandonaram. Chega-se a esta constatação unicamente por meio do processo discriminatório judicial ou administrativo, regulado pela Lei nº 6.383, de 1976.

Consoante já observado acima, pertencem à União as terras devolutas indispensáveis à defesa das fronteiras, das fortificações e construções militares, das vias federais de comunicação e à preservação ambiental, definidas em lei (art. 20, inc. II, da CF). As demais são atribuídas aos Estados (art. 26, inc. IV, da CF).

7.2. Caracteres dos bens públicos

Vários os tratamentos peculiares e próprios que a lei atribui aos bens públicos. O primeiro corresponde à inalienabilidade, que não é absoluta, mas restrita aos bens de uso comum do povo e aos de uso especial, e enquanto mantiverem a destinação própria, o que se encontra consolidado no art. 100 do Código Civil, que alterou a ordem do Código anterior, cujo art. 67 a estendia genericamente a todos os bens, exceto nos casos e na forma que a lei prescrevesse. Eis a redação do art. 100: "Os bens públicos de uso comum do povo e os de uso especial são inalienáveis, enquanto conservarem a sua qualificação, na forma que a lei determinar".

Quanto aos bens públicos dominicais, permite-se a alienação, desde que observadas as exigências da lei. É o que contempla o art. 101: "Os bens públicos dominicais podem ser alienados, observadas as exigências da lei".

Dessume-se a inalienabilidade dos bens públicos, a menos que uma lei especial autorize a venda, situação que não é incomum. Inúmeras as hipóteses de imóveis e móveis que são vendidos, mediante leilão. Especialmente os veículos, diante da constante necessidade de renovação, submetem-se a leilões. Frequentes revelam-se as vendas de prédios, terras, instrumentos, maquinários, procedidas pelo Banco Central, pela Receita Federal e por órgãos encarregados do patrimônio público.

Os bens de uso comum do povo, aqueles com destinação especial, e os públicos por afetação são alienáveis unicamente enquanto conservarem a qualificação a que estão destinados, nos estritos termos do art. 100. Suponha-se que uma via não seja mais utilizada, ou que um prédio não interessa mais ao Poder Público, ou que uma área de terras utilizada como praça fique abandonada. Tais próprios públicos podem ser vendidos, desde que lei específica autorize.

Outra marca própria consiste na impenhorabilidade, a qual decorre justamente da inalienabilidade. A execução contra a Fazenda Pública, seja da União, dos Estados, dos Municípios, ou das autarquias, segue o procedimento do art. 730 do Código de Processo Civil, que assim ordena: "Na execução por quantia certa contra a Fazenda Pública, citar-se-á a devedora para opor embargos em dez (10) dias; se esta não os opuser, no prazo legal, observar-se-ão as seguintes regras:

> "I – o juiz requisitará o pagamento por intermédio do presidente do tribunal competente;
> II – far-se-á o pagamento na ordem de apresentação do precatório e à conta do respectivo crédito".

O novo CPC traz, no art. 910, prazo maior para opor embargos, que é de trinta dias, além de estabelecer regras específicas de procedimento:

> "Na execução fundada em título extrajudicial, a Fazenda Pública será citada para opor embargos em 30 (trinta) dias.
> § 1º Não opostos embargos ou transitada em julgado a decisão que os rejeitar, expedir-se-á precatório ou requisição de pequeno valor em favor do exequente, observando-se o disposto no art. 100 da Constituição Federal.
> § 2º Nos embargos, a Fazenda Pública poderá alegar qualquer matéria que lhe seria lícito deduzir como defesa no processo de conhecimento.
> § 3º Aplica-se a este Capítulo, no que couber, o disposto nos artigos 534 e 535".

O art. 100 da Constituição Federal, com as alterações da Emenda Constitucional nº 62/2009, dita regras sobre os precatórios e o respectivo pagamento, em obediência à ordem cronológica de apresentação, à exceção dos créditos de natureza alimentícia, que terão preferência, e não concorrem com os precatórios de dívidas comuns, sendo que unicamente entre eles é obedecida a escala de prioridade de pagamento.

A imprescritibilidade constitui outra nota importante dos bens públicos, aspecto que impede a sua aquisição via usucapião, no que, presentemente, é peremptório o art. 102 do Código Civil: "Os bens públicos não estão sujeitos a usucapião". A matéria, até 1933, suscitava controvérsias. O Decreto nº 22.785, de 31.05.1933, no art. 2º, consagrou a imprescritibilidade aquisitiva, a qual, ainda, foi confirmada pelo Decreto-lei nº 9.760, de 5.09.1946, art. 200, com a seguinte redação: "Os bens imóveis da União, seja qual for a sua natureza, não são sujeitos a usucapião".

O Supremo Tribunal Federal assentou a Súmula nº 340, que colocou em prática o princípio: "Desde a vigência do Código Civil, os bens dominicais, como os demais bens públicos, não podem ser adquiridos por usucapião".

Nesta impossibilidade incluem-se as terras devolutas. Com efeito, estabelece o art. 20, inc. II, da Carta Federal que são bens da União as terras devolutas indispensáveis à defesa das fronteiras, das fortificações e construções militares, das vias federais de comunicação e à preservação ambiental, definidas em lei; de outra parte, o art. 26, inc. IV, atribui aos Estados as terras devolutas não compreendidas entre as da União. De sorte que as terras devolutas distribuem-se entre a União e os Estados Federados. São, por conseguinte, bens públicos. Já o § 3º do art. 183 (usucapião urbano), e o parágrafo único do art. 191 (usucapião rural especial), ambos da Constituição Federal, impedem o usucapião dos bens públicos, tendo ambos a mesma redação: "Os imóveis públicos não serão adquiridos por usucapião".

8. OS BENS INSUSCETÍVEIS DE SEREM NEGOCIADOS

Cuida-se dos bens que estão fora do comércio e daqueles que são inalienáveis. Havia norma expressa no art. 69 do Código Civil revogado: "São coisas fora do comércio as insuscetíveis de apropriação, e as legalmente inalienáveis". O atual Código é omisso, porquanto natural a decorrência. Se insuscetível de apropriação, inviável colocar a coisa em um negócio, o que também acontece se há proibição legal.

Os bens objeto de negociação correspondem àqueles que circulam economicamente, como os destinados à compra e venda, à troca, à dação em pagamento, à locação, ao empréstimo, ao mútuo. Mais específica e tecnicamente, são aqueles que circulam de maneira profissional, envolvendo as mercadorias transacionadas com o intuito de resultarem lucros nas operações. Embora nem todos os bens se prestem para essa atividade, como os públicos, ou mesmo que alienáveis, interessa que encerram a capacidade de sua comercialização. A viabilidade de alienação contém a capacidade de inclusão no comércio.

Procura-se identificar quais os bens não negociáveis ou as *res extra commercium*, que se subdividem em três classes: pela natureza, ou pela lei, ou pela vontade das partes.

   a) *Pela natureza*. Correspondem a todos os bens destinados ao uso indistinto de todos, como o ar, a água do mar, a luz do sol, o luar, as estrelas, o que não impede o aproveitamento desses bens, apropriando-se de alguns elementos, com o acréscimo de uma qualidade, e a sua comercialização. Nessa ótica, retira-se água do mar, para a utilização em piscinas, o que se consegue mediante a adoção de técnicas e do beneficiamento. Igualmente, através de aparelhagem, capta-se a energia solar, armazenando-a para fins comerciais.

Dentre os bens inalienáveis, sobressaem aqueles de natureza espiritual, oriundos da personalidade do ser humano, como a liberdade, a honra, o respeito, a dignidade, a saúde, a vida, o estado civil, a nacionalidade, o nome, a paternidade, o parentesco, a capacidade. Realmente, não encontra proteção legal a venda da nacionalidade. Inadmissível, *v.g.*, que um jogador de futebol, mediante uma compensação econômica, renuncie a sua nacionalidade e adquira a do país onde foi contratado, habilitando-se, assim, a representá-lo em competições internacionais.

b) *Pela lei*. Abrangem as coisas que podem ser alienadas, mas a ordem jurídica as coloca fora do comércio. Por várias razões são excluídas da venda: pelo interesse público, ou porque constituem bens públicos, ou para a proteção da pessoa.

Entram no interesse público aqueles bens que são protegidos, porquanto a sua importância é vital para a própria segurança e ordem nacional, incluindo-se em seu rol o petróleo, a água, o gás, a eletricidade, a telefonia. Não se encontram fora da comercialização. Todavia, uma série de restrições existem, ora estabelecendo o monopólio em favor do Estado, ora disciplinando rigorosamente a exploração através do regime de concessões.

Os bens públicos excluem-se do comércio, a menos que uma lei específica autorize a alienação. Se destinados a atender uma necessidade na realização dos fins do Estado, parece óbvia a impossibilidade de alienação.

Para a proteção da pessoa estão as coisas destinadas a atender necessidades vitais, como os bens de menores, impondo-se, sempre, a autorização do juiz, desde que presente a vantagem de seu titular, ou para atender necessidades vitais, na forma do art. 1.691 do Código Civil (art. 386 do Código anterior).

No âmbito da inalienabilidade, considerada genericamente, diversas as limitações, apontando-se, como exemplos:

– A herança de pessoa viva, forte no art. 426 do Código Civil (art. 1.089 do Código anterior): "Não pode ser objeto de contrato a herança de pessoa viva".
– Os bens conjugais, isto é, os adquiridos ou não na constância do casamento, não importando qual o regime adotado, exceto no regime de separação total quanto aos imóveis, a menos que ambos os cônjuges concordem, na forma dos arts. 1.647, I, e 1.687 (arts. 235, inc. I, e 276, do Código da Lei nº 3.071).
– Os bens que, na indenização por ato ilícito, o juiz manda incluir na formação de capital cuja renda garanta o cabal cumprimento, preceituando, a respeito, o art. 475-Q, do Código de Processo Civil: "Quando a indenização por ato ilícito incluir prestação de alimentos, o juiz, quanto a esta parte, poderá ordenar ao devedor constituição de capital, cuja renda assegure o pagamento do valor mensal da pensão".

Eis a regra do art. 533 do novo CPC, em redação alterada, mas que mantém o sentido: "Quando a indenização por ato ilícito incluir prestação de alimentos, caberá ao executado, a requerimento do exequente, constituir capital cuja renda assegure o pagamento do valor mensal da pensão".

- Os bens do devedor, quando iniciada uma execução contra ele, o que decorre do art. 593 da lei de processo civil, que considera em fraude de execução a alienação ou oneração de bens: "I – quando sobre eles pender ação fundada em direito real; II – quando, ao tempo da alienação ou oneração, corria contra o devedor demanda capaz de reduzi-lo à insolvência; III – nos demais casos expressos em lei".

O novo CPC ampliou as hipóteses no art. 792:

> "A alienação ou a oneração de bem é considerada fraude à execução:
>
> I - quando sobre o bem pender ação fundada em direito real ou com pretensão reipersecutória, desde que a pendência do processo tenha sido averbada no respectivo registro público, se houver;
>
> II - quando tiver sido averbada, no registro do bem, a pendência do processo de execução, na forma do art. 828;
>
> III - quando tiver sido averbado, no registro do bem, hipoteca judiciária ou outro ato de constrição judicial originário do processo onde foi arguida a fraude;
>
> IV - quando, ao tempo da alienação ou da oneração, tramitava contra o devedor ação capaz de reduzi-lo à insolvência;
>
> V - nos demais casos expressos em lei".

- O terreno onde está edificado um edifício de condomínio por andares, as fundações, as paredes externas, o teto, as áreas internas de ventilação, além de outras partes comuns, por determinação do art. 1.331 do Código Civil e do art. 3º da Lei nº 4.591, de 16.12.1964.
- As áreas *non aedificandi* ou as destinadas ao sistema de circulação, à implantação de equipamentos urbanos e comunitários, aos espaços livres e praças, na implantação de loteamentos, segundo determina o art. 4º da Lei nº 6.766, de 19.12.1979.
- O desmembramento de imóveis rurais com área inferior a do módulo rural ou à fração mínima de parcelamento, prevalecendo a de menor extensão, de acordo com o art. 65 da Lei nº 4.504, de 30.11.1964 (Estatuto da Terra), combinado com o art. 8º da Lei nº 5.868, de 12.12.1972, e o art. 39 do Decreto nº 72.106, de 18.04.1973.

c) *Pela vontade das partes*. Verifica-se quando a inalienabilidade decorre de convenção livremente pactuada em contrato bilateral, ou de disposição unilateral de vontade. Podem os contratantes firmar, por determinado período, a proibição da venda, ou a preferência atribuída aos sócios ou condôminos em caso de algum deles pretender vender a sua quota. Normalmente, é a inalienabilidade instituída através de cláusula testamentária, facultada pelo art. 1.911 da lei civil (art. 1.676 do Código revogado): "A cláusula de inalienabilidade, imposta aos bens por ato de liberalidade, implica impenhorabilidade e incomunicabilidade".

Igualmente o art. 1.847 do Código Civil (art. 1.722 do Código anterior) permite a incomunicabilidade por disposição testamentária, o que envolve a inalienabilidade: "Calcula-se a legítima sobre o valor dos bens existentes na abertura da sucessão, abatidas as dívidas e as despesas do funeral, adicionando-se, em seguida, o valor dos bens sujeitos à colação".

Pode resultar esta restrição mediante a instituição do bem de família, em obediência ao art. 1.715 (art. 70 do Código revogado): "O bem de família é isento de execução por dívidas posteriores à sua instituição, salvo as que provierem de tributos relativos ao prédio, ou de despesas de condomínio".

Capítulo XV

Os Fatos Jurídicos

1. COMPREENSÃO DOS FATOS, DOS FATOS JURÍDICOS E DOS NEGÓCIOS JURÍDICOS

O assunto que se passa a examinar é da maior relevância, pois procura-se ver quando as coisas que acontecem, ou que as pessoas fazem, entram no mundo jurídico. Tudo o que se verifica na vida, seja no mundo animado ou inanimado, constitui um fato. A coisa nova que surge, ou a modificação do quotidiano, quebrando a realidade estática do universo, denomina-se fato. Confunde-se com o acontecimento, o evento, o fenômeno, o diferente, a modificação. Revela a mutação do universo, dos seres animados e inanimados. Vários os tipos de fatos, salientando-se o da natureza, que se destaca nas forças e manifestações que acontecem na terra e no espaço; o fato humano, que corresponde aos acontecimentos criados pela vontade da pessoa; o fato social, relativo aos comportamentos humanos inter-relacionados; o psicológico, que se fixa no interior da pessoa, no seu espírito e conflitos subjetivos; o religioso, pertinente às tendências do ser humano, à fé, a um ente superior, poderoso, a que todos temem e reverenciam, à perspectiva de uma vida da alma além da morte; o moral, abrangendo as condutas de acordo com o bem ou o mal; o político, que se dirige ao comando do Estado; o fato econômico, centrado na exploração e circulação das riquezas; e o jurídico, objeto do presente estudo, que origina direitos e deveres das relações humanas. As diversas ciências emergem do estudo ou do trato dos fatos, como cosmologia, a sociologia, a psicologia, a ética, a religião, a economia, o direito etc.

Aqueles que interessam à ordem, às condutas ou comportamentos, às obrigações, são objeto do direito. Desde que sejam determinados por uma relação, e em vista de uma ordem legal, entram na esfera da apreciação jurídica. Sintetiza José Abreu: "Somente será fato jurídico o evento, seja de que natureza for, que repercutir juridicamente".

São jurídicos os fatos não apenas porque deles emergem direitos e obrigações, mas porque esses direitos e obrigações se apresentam com a possibilidade de serem exigidos ou reclamados. Por isso, sintetiza Ruggiero, produzem "eventualidades capazes de provocar a aquisição, a perda e a modificação de um direito".[1] O fato social pode redundar na obrigação de saudar os conhecidos, de dar passagem a uma pessoa doente ou idosa, de dialogar respeitosamente, de postar-se de acordo com as boas maneiras, sendo consequente o direito de exigir qualquer uma dessas posturas. Entrementes, de modo geral, não se revelam obrigatórias tais exigências, ou não as impõem explicitamente o Estado, eis que não consta prevista uma penalidade se ocorrer o descumprimento. Por isso, não se afiguram jurídicas. Quando um fenômeno da natureza e uma obrigação nascida de uma relação humana constam assinalados em um diploma jurídico, encontrando apoio na ordem legal imperante, recebem a qualidade de jurídico, tornando-se obrigatórios os direitos e deveres. Com profundidade, prossegue Pontes de Miranda: "Com a incidência da regra jurídica, o suporte fáctico, colorido por ela (= juridicizado), entra no mundo jurídico. A técnica do direito tem como um dos seus expedientes fundamentais, e o primeiro de todos, esse, que é o de distinguir, no mundo dos fatos, os fatos que não interessam ao direito e os fatos jurídicos, que formam o mundo jurídico; donde dizer-se que, com a incidência da regra jurídica sobre o suporte fáctico, esse entra no mundo jurídico".[2] Em termos mais ou menos equivalentes, escreve Alcino Pinto Falcão: "Daí, todos os fatos que não produzem, pela norma, efeitos jurídicos, serem irrelevantes para o direito: não são fatos jurídicos. Na vida diária ocorre a toda hora multidão de fatos aos quais o direito não atribui qualquer efeito: assim, para o direito é irrelevante o fato de uma pessoa natural tomar um banho; mas haverá consequências se o fizer numa casa de banhos, pois aí surgirá um efeito jurídico (pagar o preço)".[3]

Nessa dimensão, os fatos quando jurídicos dividem-se em naturais e humanos.

Os *naturais* advêm espontaneamente, sem depender da vontade humana. Mesmo que se oponha o indivíduo, aparecem e trazem uma posição jurídica, um estado e especialmente direitos e obrigações. Trata-se, nos concernentes à pessoa, do nascimento, da maioridade, da morte, da interdição, da filiação, da paternidade. No que respeita às coisas, citam-se a queda de um edifício, o abandono do álveo pelo rio, o aluvião, a avulsão, o aparecimento de uma coisa ou a sua perda, o incêndio causado por um raio, o naufrágio em razão de uma tempestade.

Os *humanos*, também denominados *voluntários*, decorrem das ações desenvolvidas pelas pessoas e de seus pactos. A vontade humana é que os faz surgir, constituindo uma manifestação externa de um desiderato interior, sendo, pois, voluntários. A exteriorização opera-se através de contratos, de imposições, de

---

[1] *Instituições de Direito Civil*, ob. cit., vol. I, p. 84
[2] *Tratado de Direito Privado* – Parte Geral, ob. cit., tomo I, pp. 74 e 75.
[3] *Parte Geral do Código Civil*, ob. cit., p. 136.

aceitação ou recusa, de contatos, de diálogos, sendo elemento essencial a sua transmissão social. A grande nota está na diretriz que sempre devem ter, a qual centra-se na ordem jurídica. Se conformados com a lei ou o direito, são lícitos; do contrário, ou se violarem a lei, consideram-se ilícitos, havendo quem os cognomine de atos jurídicos ilícitos, embora, em coerência com o sentido do termo *jurídico*, não poderia o mesmo ser incluído.

Aprofunda Nelson Godoy Bassil Dower a distinção: "Tanto os acontecimentos originários dos fatos jurídicos como os decorrentes da atividade humana são espécies do gênero fato jurídico em sentido amplo. Quando defluem da natureza são considerados involuntários; temos, aí, os fatos jurídicos propriamente ditos. Eis alguns: nascimento, cessação de incapacidade, morte natural etc. Se os acontecimentos decorrem da atividade humana, isto é, dependem da vontade, desde que produzam, também, efeitos jurídicos, temos os atos jurídicos, desde que esses atos não tenham sido praticados contra a lei. O casamento, por exemplo, é um ato jurídico por estar caracterizada a voluntariedade dos efeitos que produz".[4]

No Código Civil de 1916, a manifestação lícita da vontade, produzindo efeitos, denominava-se *ato jurídico*. No Código Civil de 2002, em vista de uma tendência nascida da doutrina, e pelo próprio sentido que expressa, recebeu o nome de *negocio jurídico*. É que o conteúdo tem uma dimensão para um ser humano diferente daquele que o realiza. Envolve uma relação, ou somente surte efeitos por causa das inter-relações.

Tanto no Código revogado como no atual, entretanto, o sentido equivale. Não se imprimiu significado diferente. Daí que a menção de *ato jurídico* que aparece na doutrina contém o mesmo significado que *negócio jurídico*.

Sendo, pois, humanos os fatos, levam presentemente a designação de *negócios jurídicos*, mas encontrando-se incluídos no gênero de fatos jurídicos.

Em síntese, atos ou negócios jurídicos, no conceito de Rubens Limongi França, correspondem "a toda manifestação lícita da vontade, que tenha por fim criar, modificar, extinguir uma relação de direito".[5] Está presente a atuação da vontade humana. Henoch D. Aguiar destaca a ligação entre fatos jurídicos e negócios (por ele nominados atos) jurídicos: "Los actos jurídicos son, pues, una especie de los hechos jurídicos, cuya característica sustantiva, aparte de su voluntariedad y de su licitud, común a múltiplos hechos jurídicos humanos..., es el propósito que los determina, o sea, su causa final, el ánimo del agente de establecer con su acto una relación de derechos determinada, ya con una persona o personas individualizadas o no, ya sobre una cosa; de tal manera que las consecuencias jurídicas aparecen como el resultado esperado, de conformidad

---

[4] *Curso Moderno de Direito Civil* – Parte Geral, ob. cit., 1º vol., p. 170.
[5] *Manual de Direito Civil*, ob. cit., 1º vol., p. 253.

al fin perseguido por el autor del acto, del ánimo que inspiró la manifestación de voluntad".

A teoria dos negócios jurídicos está condensada nesta passagem de Caio Mário da Silva Pereira, levando em conta ainda a denominação 'atos jurídicos': "Os voluntários resultam da atuação humana, ou negativa, e, de uma ou outras espécies, isto é, comissivos ou omissivos, influem sobre as relações de direito, variando as consequências em razão da qualidade da conduta e da intensidade da vontade. Sob esse aspecto, e tendo em vista que a conduta humana, numa eventualidade qualquer, pode subordinar-se às normas preestabelecidas pelo ordenamento jurídico, e neste caso a vontade atua de acordo com o direito positivo; ou, ao revés, isolar-se um procedimento individual contraveniente ao comando da lei, em insurreição mais ou menos profunda contra a ordem jurídica, – é costume dividirem-se os fatos voluntários em duas classes: atos jurídicos e atos ilícitos ou atos jurídicos ilícitos".[6]

Os negócios jurídicos constituem-se, por conseguinte, das ações humanas. São a espécie dos fatos jurídicos e neles estão compreendidos, considerados o gênero na classificação em sentido amplo. Em sentido estrito, os fatos jurídicos restringem-se aos eventos ou acontecimentos naturais, que aparecem independentemente da vontade humana. Surgindo a atuação da vontade, tem-se o negócio jurídico.

O ato jurídico, com o Código de 2002, adquiriu uma nova conceituação, já que perdeu o conteúdo que passou para o negócio jurídico. Não veicula ele uma propagação ou declaração da vontade, no sentido de deflagrar efeitos junto a terceiros. Limita-se a um simples comportamento humano coadunado aos limites do direito ou da lei. Resta óbvio que se dá a manifestação da vontade, mas sem gerar ela exigências de outros, ou sem levar a impor um comportamento em face de compromissos assumidos junto a terceiros.

Resta, pois, resumir que o ato jurídico confunde-se com a conduta lícita, mas sem conteúdo negocial. Revela-se na conduta individual ou social, e mesmo de um grupo, de uma pessoa jurídica, de uma sociedade, materializada na prática de uma ação ligada a um comando legal, sem irradiar reações comportamentais, como acontece no pagamento, na interpelação, na doação sem encargos, no reconhecimento espontâneo de um filho.

2. CONCEITO DE FATO JURÍDICO

Em vista das observações *supra*, conceitua-se o fato jurídico da seguinte maneira: os acontecimentos naturais ou humanos capazes de trazer algum efeito

---

[6] *Instituições de Direito Civil*, ob. cit., vol. III, p. 315.

jurídico, ou de redundar em direitos e obrigações, ou que têm alguma previsão na ordem legal vigente. Complementa Luiz Otávio de Oliveira Amaral:

> "Diz-se *fato jurídico* o evento, o acontecimento juridicamente relevante, isto é, suscetível de produzir efeitos jurídicos, que por seu turno podem consistir em *constituição, modifica*ção/confirmação (ou extinção de uma situação jurídica)[7].

Mais resumidamente, define-o Nelson Godoy Bassil Dower: "Fato jurídico é o acontecimento dependente ou não da vontade que venha a influir na esfera do direito".[8] Vê-se, aí, a importância do fato jurídico, valendo transcrever a lição de Henoch D. Aguiar: "El hecho ocupa un lugar preponderante en la vida del derecho, ya que todo vínculo que juridicamente se anuda o se desata, arranca de un hecho o tiene por objeto un hecho".[9]

Elemento essencial não é a implicação nos direitos e obrigações, mas sim a realização de algo previsto na esfera legal ou jurídica. Ao direito interessa, na verdade, unicamente os fatos que revelam tal qualidade. As manifestações que as pessoas realizam aptas de exigir condutas integram os fatos jurídicos, assim como também aquelas meramente permitidas na lei. Tudo o que gira em torno do direito é fato jurídico. Um fenômeno social ou individual que pode trazer consequências na esfera dos direitos é fato jurídico, mas não absorve a sua extensão, pois existem situações sem qualquer eficácia, o que afasta como inteiramente abrangente o conceito de Teixeira de Freitas, lembrado por Sílvio Rodrigues: "Todos os acontecimentos suscetíveis de produzir alguma aquisição, modificação ou extinção de direitos entram na ordem dos fatos de que trata esta seção".[10] Não diverge da ideia de Savigny, pois ínsito o elemento balizador da eficácia: "Chamo fatos jurídicos os acontecimentos em virtude dos quais as relações de direito nascem e terminam".[11] Em verdade, importa a existência de algo que repercute nas relações jurídicas, ou que é capaz de modificar alguma relação já existente, ou que faz nascer alguma relação nova, ou que se realiza porque simplesmente consta assinalado na lei. Mesmo que não chegue a ter efeito, ou a produzir eficácia, como acontece no testamento que, depois de elaborado, vem a ser revogado, ele surgiu em vista de uma previsão legal. Com a sua elaboração, deu-se a realização de um fato incluído no mundo jurídico.

Nesta dimensão posiciona-se Pontes de Miranda: "Fato jurídico é, pois, o fato ou complexo de fatos sobre o qual incidiu a regra jurídica; portanto, o

---

[7] *Teoria Geral do Direito*, ob. cit., p. 212.
[8] *Curso Moderno de Direito Civil* – Parte Geral, ob. cit., 1º vol., p. 170.
[9] *Hechos y Actos Jurídicos*, Buenos Aires, Tipografica Editora Argentina, 1950, vol. I, p. 3.
[10] *Direito Civil* – Parte Geral, ob. cit., vol. 1, p. 159.
[11] "Sistema del Derecho Romano Actual", II, 142, em *Teoria do Fato Jurídico*, de Marcos Bernardes de Mello, ob. cit., p. 83.

fato de que dimana, agora, ou mais tarde, talvez condicionalmente, ou talvez não dimane, eficácia jurídica".[12]

Não é, pois, essencial a eficácia ou a produção de direitos e obrigações para a caracterização do fato jurídico. Normalmente, porém, provoca a produção, a modificação ou a extinção de direitos subjetivos, isto é, produz eficácia.

3. CLASSIFICAÇÃO DOS FATOS JURÍDICOS

Já foi observado no item 1 acima que, se cometidos ou praticados pela pessoa os fatos, adotava-se a denominação *atos jurídicos*, que o atual Código alterou para *negócios jurídicos*. Não está aí uma primeira subdivisão, ou mais propriamente um tipo de fato jurídico. Cuida-se, sobretudo de uma distinção, bem colocada por Carvalho Santos: "Em nosso direito, quando o acontecimento que influi sobre a relação jurídica nasce da vontade humana, o fato toma o nome especial de *ato* ou *ato jurídico* (Cód. Civ., art. 81). Também Cristiano Chaves de Farias e Nelson Rosenvald fazem a distinção: "Ato jurídico, em sentido amplo, é expressão utilizada para designar os acontecimentos que têm no seu suporte fático (tipificação) a presença do elemento volitivo".[13]

De sorte que, em sentido amplo, a expressão *fato*, compreende o ato, como o gênero compreende a espécie; mas, em sentido restrito, *fato*, ou acontecimento involuntário, se opõe a ato, acontecimento voluntário".[14] O citado art. 81 equivale ao art. 185 do atual diploma civil. Assim, e consoante já observado, desde que oriundos da natureza os fatos, dizem-se *naturais*; e se resultam da atuação humana positiva ou negativa, recebem o nome de *voluntários*, passando a ser negócios jurídicos.

Quanto a estes, em que somente neles está o elemento 'vontade humana', há os *lícitos* e os *ilícitos*, isto é, aqueles que se enquadram na ordem legal (exercer a posse em virtude de uma compra e venda), ou, na síntese de Clóvis, "conforme os preceitos da lei",[15] e os que a contrariam (praticar o esbulho).

Dos ilícitos decorre a responsabilidade, isto é, obrigação de indenizar ou ressarcir, que se divide em *contratual*, quando se infringe uma relação contratual; e *legal*, se é violada uma norma jurídica.

No entanto, a classificação específica dos negócios jurídicos será desenvolvida adiante, em assunto específico.

---

[12] *Tratado de Direito Privado*, 3ª ed., Rio de Janeiro, Editora Bosch, 1972, vol. I, p. 77.
[13] *Curso de Direito Civil – 1 – Parte Geral e LINDB*, ob. cit., p. 489.
[14] *Código Civil Brasileiro Interpretado*, vol. II, p. 215.
[15] *Código Civil dos Estados Unidos do Brasil Comentado*.

Já os fatos jurídicos, como referido, constituem os acontecimentos que trazem efeitos jurídicos ou que se encontram contemplados na lei. Não existe propriamente uma classificação de fatos jurídicos no sentido de se identificarem vários tipos. Costumam os autores apresentar alguns contornos ou pequenas peculiaridades, sem a menor importância prática.

Neste esboço de diferenciação, são os fatos jurídicos *positivos* e *negativos*, figurando como exemplos dos primeiros o nascimento, a morte, a queda de um muro; e dos segundos a inexistência de um título dominial ou de posse justa, dando ensejo, diante da ocupação, à competente ação reivindicatória ou possessória. Percebe-se que acontece alguma coisa, trazendo consequências, em virtude de uma previsão legal; ou executa-se um fato sem o competente suporte, dando ensejo a uma conduta restauradora.

Pode-se distinguir os fatos também em *instantâneos*, de súbita ocorrência, e assim o caso fortuito, o nascimento; e em *de formação* ou *progressivos*, o que se verifica na aquisição da propriedade mediante usucapião, ou através de promessa de compra e venda, onde o direito à propriedade se forma na medida em que ocorrem os pagamentos.

Parecida é a classificação em fatos de *execução imediata* (uma compra e venda com pagamento à vista, a morte) e os de *execução diferida* (uma compra e venda em prestações).

Citam-se os fatos de *efeito futuro* e os de *efeito pretérito* – aqueles relativamente aos que produzem consequências não quando acontecem, e sim daí a algum tempo, ou no verificar-se um evento assinalado (o testamento, a doação condicionada, pois se transfere o domínio com a morte do testador ou com a verificação da condição); os últimos quando retroagem no tempo (o casamento dos progenitores tem o condão de reconhecer ou legitimar os filhos preexistentes, ou o reconhecimento do domínio pelo usucapião convalida os negócios de posse anteriores).

Vigora uma tendência em separar os fatos jurídicos em *lícitos* e *ilícitos*, conforme se encontram ou não coadunados às prescrições jurídicas. Entretanto, enquanto colocados sob a ótica do lícito ou ilícito, elemento natural para possibilitar esta distinção é a vontade humana. Desde que decorram da vontade, existe o negócio jurídico, e não o fato jurídico. Os fatos em si não encerram um germe de disposição da vontade. Unicamente se abrangerem as ações humanas, nas quais constitui elemento indispensável a volição, é que aparecem os negócios jurídicos, de acordo com o observado acima.

Uma outra distinção que se encontra na doutrina consiste na que divide os fatos em *simples* e *complexos*, mas verificável mais quando abrange o sentido de negócio jurídico, pois inerente o elemento vontade. Os simples acontecem na assinatura de uma nota promissória, na emissão de um cheque, no reconhecimento de uma dívida; os complexos requerem mais que uma emissão de vontade, como num contrato, ou a emissão de vontade sucessivamente, prolongada no tempo, sendo exemplo o exercício da posse usucapienda.

Costuma-se subdividir os fatos em *ordinários*, que decorrem das forças da natureza, exemplificados no nascimento com vida, em doenças, acidentes, morte, e em acréscimos, sendo exemplos o aluvião, a avulsão, o abandono de álveo; e em *extraordinários*, decorrentes, no conceito de Antônio Chaves, da natureza, como tempestades, raios, inundações, epidemias, incêndios, incidindo sobre situações, direitos e obrigações; ou decorrentes de acontecimentos humanos: guerras, revoluções, greves, crises econômicas, podendo alterar profundamente o quadro das condições em que as obrigações se haviam construído".[16]

4. FORMAÇÃO E AQUISIÇÃO DOS DIREITOS

O direito na acepção de norma forma-se com a sua institucionalização legislativa. Tem-se o direito em abstrato. Todavia, o direito no sentido de prerrogativa, de garantia, de faculdade, advém de um fato ou de um negócio. O nascimento do indivíduo é um fato, do qual eclodem inúmeros direitos. Já a compra e venda classifica-se como negócio, que desencadeia, igualmente, vários direitos. Entra-se, nessa esfera, no direito subjetivo, que se concebe como uma perspectiva de alguém em pretender e alcançar um valor.

O direito subjetivo, visto como possibilidade de pretender e conseguir um valor, somente se justifica quando se estabelece uma relação jurídica entre as pessoas. De um lado, a destinação do direito no sentido de norma é o homem, e de outro o seu conteúdo como dimensão a um valor justifica-se unicamente em função da relação que se realiza entre as pessoas. O enfoque dado leva a justificar a formação do direito na imposição da prevalência dos direitos subjetivos. Realmente, a norma alastra os campos de garantias que tem o indivíduo, enquanto o exercício desses direitos corresponde à realização das perspectivas de conseguir os valores.

Vivendo em sociedade, relacionando-se, exerce a pessoa os direitos, ou adquire-os, resultando, daí, a plenitude de sua vida civil, com o reconhecimento da personalidade. Há a incorporação dos direitos à pessoa, ou a sua conjunção com o indivíduo. Adquirir significa adonar-se, passar para si, exercer o domínio. O Código Civil de 1916 trazia várias normas sobre a aquisição dos direitos, a começar pelo art. 74, que expressava:

> "Na aquisição dos direitos se observarão estas regras:
>
> I – adquirem-se os direitos mediante ato do adquirente ou por intermédio de outrem;
>
> II – pode uma pessoa adquiri-los para si, ou para terceiros;
>
> III – dizem-se atuais os direitos completamente adquiridos, e futuros os cuja aquisição não se acabou de operar".

---

[16] *Tratado de Direito Civil* – Parte Geral, ob. cit., vol. I, tomo II, p. 1.214.

Estabelecia-se como se adquirem os direitos, ou os caminhos para a sua conquista. Os preceitos eram de ordem explicativa e exemplificativa, afigurando-se imprópria a previsão em lei, pois insuficiente. Pelo inc. I, unicamente por ato do adquirente ou de outrem se dava a aquisição, mas a contingência da norma aparecia justamente na possibilidade de outras maneiras existirem.

Por atos (atualmente negócios) do adquirente, significava pela sua intervenção ou decisão, como na compra e venda, ou na locação, ou no arrendamento. Em verdade, ao comprador asseguram-se os direitos de posse, de proveito, de fruição, tanto quanto acontece com a locação e o arrendamento rural. No entanto, constatando-se a incapacidade do adquirente, um terceiro intervém e exerce a representação, como na tutela, na curatela, no poder familiar. Mesmo na capacidade do indivíduo revela-se comum a aquisição por intermédio de outrem, sendo exemplo o mandato, quando se outorga uma procuração.

Lembra-se que não se impede a aquisição por causas diferentes dos negócios do adquirente ou de terceiro. Na avulsão e no aluvião não se denota alguma intervenção do adquirente ou de terceiro. Pelas forças da natureza se opera a aquisição, o mesmo ocorrendo nos mananciais de água.

De conformidade com o inc. II, previa-se que se adquirem para si ou para terceiros os direitos. Normal e comum é a aquisição para a própria pessoa que pratica o ato. Efetua-se uma compra em favor daquele que celebra o contrato, ou aluga-se no lugar daquele que faz o contrato. O proprietário arrenda porque ele é o proprietário. Entrementes, normal que se compre para outrem, ou se efetue uma locação em nome de outrem, ou se contrate seguro para terceiro – situações comuns no cotidiano da vida. Conclui-se que a norma não precisava existir, no que bem andou o atual Código em nada dispor a respeito.

Em sequência, fazia o inciso III a distinção entre direitos atuais e direitos futuros, isto é, os direitos completamente adquiridos e aqueles cuja aquisição estava se operando.

O assunto é de doutrina, sequer devendo constar em lei. Realmente, envolve o conhecimento para fins de distinção. Como atuais compreendem-se uma compra e venda à vista, uma locação, o depósito, o mútuo, e a generalidade dos contratos não dependentes de um evento futuro. Direito futuro, ou aquele cuja aquisição não se concluiu, exemplifica-se na compra e venda sujeita à condição, ou com possibilidade de se desfazer, como a com pacto comissório, ou com a cláusula de retrovenda; a promessa de compra e venda, efetuando-se o pagamento do preço em prestações mensais, é outro exemplo, pois a transferência definitiva da propriedade se efetuará quando da satisfação da última parcela, viabilizando-se, então, a lavratura da escritura pública.

Não equivalem esses direitos a meras esperanças ou previsões (a promessa de uma doação, ou de ser contemplado em um testamento); nem se confundem com expectativas de direito (alguém que já satisfaz as condições para o exercício do direito, mas que não exerceu ainda o seu proveito ou gozo porque falta tempo;

o funcionário público com o direito à vantagem, que não a postulou na devida oportunidade); também divergem dos direitos completos e reconhecidos, mas ainda não exigíveis porque sujeitos a um prazo para o seu exercício (embora verificada a defasagem do aluguel, para a revisão deve-se aguardar o prazo de três anos – art. 19 da Lei nº 8.245, de 18.10.1991).

5. DIREITOS DEFERIDOS E DIREITOS NÃO DEFERIDOS

O parágrafo único do art. 74 do Código de 1916 definia os direitos futuros em deferidos e não deferidos, sendo omisso o atual: "Chama-se deferido o direito futuro, quando sua aquisição pende somente do arbítrio do sujeito; não deferido, quando se subordina a fatos ou condições falíveis". Está-se diante de uma conceituação de cunho puramente ilustrativo, sem relevância prática. Para um melhor conhecimento dos direitos é que se encontra alguma utilidade.

Deferidos são os direitos já conseguidos ou conquistados, mas que não estão ainda sendo usufruídos ou aproveitados por ato de vontade do próprio sujeito adquirente, como nas seguintes hipóteses: alguém que já completou o tempo de serviço para se aposentar, e que permanece em atividade; a conclusão do pagamento de prestações na promessa de compra e venda, não tendo se providenciado na confecção da escritura pública; a satisfação dos pagamentos de um bem financiado pelas regras do arrendamento mercantil, sem providenciar no cancelamento da restrição que consta no registro competente. Indicam os autores também como exemplos a venda a contento e a retrovenda. Daí enquadrarem-se as hipóteses na visão de Serpa Lopes: "Direito futuro deferido... é o que, para complemento de sua aquisição, depende exclusivamente de um ato de aceitação do interessado".[17]

Não deferidos consideram-se os direitos sujeitos a fatos e condições não falíveis, isto é, não sujeitos à vontade de seu sujeito, sendo elucidativos os exemplos apontados por Maria Helena Diniz: "Se alguém faz uma doação de uma casa a B, sob a condição deste se casar, o direito de B sobre o imóvel dependerá da realização de seu casamento, que poderá ocorrer ou não; ou se um recém-casado falecer, deixando mulher grávida e mãe viva, sua mãe apenas herdará seus bens se o nascituro nascer morto; ou, ainda, o direito resultante de promessa de recompensa, que dependera do fato de o credor incerto realizar as condições da promessa para que possa exigi-lo de quem a formulou...".[18] Inclui-se o direito condicional, assim considerado quando se subordina a um evento futuro e incerto, como a doação que se considerará efetuada se exercer a pessoa uma profissão indicada; também o direito eventual se encontra nessa classe, cuja realização depende de uma força estranha à vontade do sujeito ativo (realiza-se a compra e venda de um bem se for liberada a sua importação do exterior).

---

[17] *Curso de Direito Civil*, ob. cit., vol. I, p. 360.
[18] *Curso de Direito Civil Brasileiro*, ob. cit., 1º vol., p. 192.

6. MODOS DE AQUISIÇÃO DOS DIREITOS

Procura-se classificar os direitos segundo o modo pelo qual aparecem no mundo jurídico, destacando-se os originários e os derivados, os onerosos e os gratuitos, os a título universal ou a título singular, e os *inter vivos* ou *causa mortis*.

Originários ou *diretos* são os direitos que nascem no momento em que o respectivo titular se apropria dos bens, ou toma posse de uma coisa, ou inicia a executar algum ato. Eduardo Espínola tem como originário o direito porque "independe de qualquer pessoa, porque sua atribuição ao sujeito coincide com o seu aparecimento objetivo".[19] O modo mais comum de externar esse direito está no usucapião, cujo domínio convalida-se após um período fixado de tempo. Não existe a interposição de outra pessoa na prática da posse, ou a sua transferência de alguém para outrem.

Pela primeira vez surge a relação jurídica entre o sujeito e a coisa, não tendo ela pertencido a outro indivíduo em um passado recente, que equivale ao tempo necessário para a apropriação do domínio. De modo mais abreviado, diz-se que o direito nasceu com o seu titular, ou no mesmo instante em que o titular o adquire.

Os direitos qualificam-se como *derivados* ou *indiretos* quando possuem uma origem diversa antes de passarem para quem os está usufruindo atualmente. De modo simples, explicita-se que o direito já pertencera a outra pessoa. Daí que o pressuposto reside no ato de transmissão. Transfere-se o direito de um indivíduo para outro indivíduo. Requer-se o ato de transmissão, normalmente materializado na escritura pública, e a transcrição no Registro de Imóveis da circunscrição do imóvel.

Esta modalidade de aquisição exemplifica-se na compra e venda, pois há simplesmente uma nova titularidade, ou mais uma titularidade se formado um condomínio.

A distinção entre uma e outra espécie centra-se na existência ou inexistência de uma relação de direito precedente ao momento atual. Desde que o estado de direito já estava consolidado em momento precedente, mas em nome ou em favor de outro sujeito, a aquisição do direito será pelo modo derivado. Caso iniciou a ser exercido o direito pela pessoa que pretende o seu reconhecimento, classifica-se como originário. Aprofunda a distinção Carlos Alberto Bittar: "Na aquisição originária, o titular incorpora o bem a seu patrimônio, sem qualquer dependência de ação alheia, ou seja, seu direito não se condiciona, nem quanto à existência, nem quanto à extensão, ao sujeito anterior, que pode nem ter havido. Na aquisição derivada, tem-se como pressuposto um direito de titular anterior, em que se funda o do interessado, o qual, em virtude do fenômeno da transmissão, se extingue ou se limita, conforme o caso (como

---

[19] *Sistema do Direito Civil Brasileiro*, ob. cit., 1º vol., p. 505.

na transmissão de propriedade, ou na gravação de propriedade com hipoteca, penhor, ou usufruto, e outras hipóteses). É, pois, ao mesmo tempo, mecanismo de aquisição e de perda de direitos".[20]

A distinção dos modos traz grande repercussão prática, sendo exemplo o disposto no art. 1.203 do Código Civil (art. 492 do Código de 1916), que prescreve: "Salvo prova em contrário, entende-se manter a posse o mesmo caráter com que foi adquirida". Também o art. 1.206 (art. 495 do Código revogado), onde se estabelece que "a posse transmite-se aos herdeiros ou legatários do possuidor com os mesmos caracteres".

As regras acima consubstanciam o princípio romano de que ninguém pode transmitir mais direitos a outrem do que ele mesmo possui (*nemo plus juris ad alterum transferre potest quam ipse habet*).

Onerosos consideram-se os direitos sempre que a transmissão se faz acompanhar da contraprestação, como na compra e venda, na qual obriga-se o adquirente a efetuar o pagamento. *Gratuitos* apresentam-se se não há a contraprestação, ou se nada dá em troca aquele que recebe os direitos, encontrando-se o exemplo mais comum na doação pura.

É a *título universal* a aquisição quando envolve uma universalidade ou parte da mesma, verificada mais na transmissão hereditária, pois ao sucessor legítimo transmite-se o todo ou parte do que deixou a pessoa falecida, sem individuar um direito ou bem; a *título singular* classifica-se o modo de adquirir quando se especifica ou particulariza o direito, apresentando-se como exemplo o legado, quando o beneficiado em testamento é contemplado com um ou mais bens determinados, ou mencionados individualmente. O art. 1.207 (art. 496 do diploma civil revogado), a respeito da transmissão da posse, aplica ambos esses tipos de aquisição: quando a título universal a aquisição, o adquirente ou sucessor continua a posse como se encontrava antes; se a título singular, faculta-se a união ou junção da posse do antecessor à que passa a exercer.

Inter vivos denomina-se a aquisição se efetuada por uma disposição de vontade, ou contrato, em que as partes deliberam expressamente a transmissão; já na *causa mortis* opera-se em virtude do decesso do titular, quando transmite-se o patrimônio, envolvendo bens, direitos e obrigações, aos herdeiros.

7. MODIFICAÇÃO DOS DIREITOS

No curso de sua vida, embora se mantenha a substância, é possível a modificação dos direitos. Alteram-se aspectos que envolvem o objeto ou conteúdo, os seus titulares, ou ambos os elementos.

---

[20] *Curso de Direito Civil*, ob. cit., vol. 1, p. 114.

O primeiro campo de modificações, ligado ao objeto ou conteúdo, conhecido como modificação *objetiva*, divide-se em quantitativo e qualitativo.

O quantitativo abrange o aumento ou diminuição do volume ou da extensão dos direitos. O direito à posse estende-se a uma área de terras que, por força da natureza, se anexa à posse que alguém já exercia (aluvião). Ou pode diminuir se, também por obra da natureza, é destacada uma parte de terra da área sobre a qual se mantinha a posse (avulsão). Ainda: no exercício da posse, reduz-se a extensão da área em virtude do reconhecimento de servidão estabelecida sobre parte da mesma; numa ação indenizatória, amplia-se o objeto, mesmo que necessário promover outra lide, se, no curso do tempo, mais danos avolumam-se; admite-se a retenção do imóvel até efetuar-se a indenização das benfeitorias necessárias, na retomada em contrato de locação, se, por motivo de vícios no imóvel alugado, se recusou o locador a saná-los.

Já o qualitativo compreende a mudança do objeto do direito, sem repercutir na quantidade. É frequente a ocorrência nas obrigações de fazer, as quais não as cumpre o devedor. De acordo com o art. 633 do Código de Processo Civil (art. 816 do novo CPC), é lícito ao credor postular a execução, ou haver as perdas e danos, caso em que ela se converte em indenização. Em princípio, cabe essa modificação sempre que o devedor se recusa a cumprir a obrigação, na previsão do parágrafo único do art. 638 do mesmo diploma (art. 821 do novo CPC).

A modificação atingindo os sujeitos ativos do direito é conhecida como *subjetiva*. Muda o sujeito do direito, sem alteração da relação jurídica, ou do direito já reconhecido. Várias as situações que comportam essa troca de titularidade. A mais verificada constata-se na sucessão por morte. Uma vez falecendo o proprietário, ou o possuidor, os direitos que eram fruídos ou aproveitados transmitem-se aos sucessores. Mesmo a alienação ou compra e venda do bem que traz rendimentos transfere para o adquirente a sua fruição. De sorte que se opera a mudança por atos *causa mortis* e por atos *inter vivos*.

Especialmente em títulos que trazem renda ocorre a mudança de sujeito. A venda ou cessão de ações, a cessão ou o endosso de letras de câmbio, de notas promissórias, de duplicatas e de outros títulos de crédito desloca a titularidade para o recebimento do crédito para o cessionário ou endossatário.

Em vez de modificação do sujeito, nada impede que a ele se juntem outras pessoas. Reúne-se o titular a outras pessoas no exercício de direito, o que acontece nos negócios associativos, apresentando-se como exemplo a sociedade. Transfere-se a titularidade individual do direito para a titularidade coletiva.

A modificação do sujeito não se restringe ao polo ativo, mas se estende ao obrigado ou sujeito passivo, como na assunção pessoal de obrigação por outra pessoa, ou aquisição de um bem no qual incide uma obrigação, hipótese esta constatada no condomínio de prédio, já que a combinação do art. 1.336, inc. I, do Código Civil de 2002, com o art. 275, inc. II, letra *b*, do Código de Processo Civil (sem disposição equivalente no novo CPC, cujo art. 318 prevê o procedimento comum a todas as causas, exceto se há previsão específica em contrário; disposição que manda aplicar o procedimento comum nos casos de previsão de ritos especiais do Código de 1973 também se encontram nos arts. 1.046, § 3º, e 1.049 e seu parágrafo único do novo CPC), atribui ao condômino o pagamento das despesas de condomínio, não importando quem o tenha sido no momento da formação da dívida, no que já se manifestou o Superior Tribunal de Justiça: "A cobrança de quotas condominiais deve recair sobre o comprador da unidade adquirida em condomínio, sendo irrelevante o fato de a escritura de compra e venda não estar inscrita no Cartório de Imóveis. Recurso conhecido e provido".[21]

Os direitos personalíssimos não se transferem ou transmitem. Revela-se impróprio falar em transmissão do direito de cidadania, ou do estado de casado, ou de filho, ou de cônjuge, ou do nome que uma pessoa goza em um campo cultural, científico ou político, o que é diferente da transmissão dos resultados econômicos resultantes, que passam para os sucessores no caso de morte do titular.

A modificação *objetiva* e *subjetiva* acontece na alteração quantitativa ou qualitativa dos direitos, e na substituição de sua titularidade. Verifica-se, *v.g.*, a redução do direito de disposição de um veículo, que é vendido com a cláusula de reserva de domínio, de modo a modificar-se o sujeito do direito e a reduzir-se o grau de disponibilidade, eis que, embora reservada a propriedade ao vendedor, não mantém ele a posse.

8. DEFESA DOS DIREITOS

Ao titular é garantida a defesa dos direitos conquistados e reconhecidos pela lei. Seria inútil proclamar direitos, ou proteger a pessoa com a maior gama de direitos, se não proporcionados meios de defesa. O art. 75 do Código Civil de 1916, embora não se fizesse necessário, pois a defesa decorre do reconhecimento do direito, além da matéria ser de direito constitucional e processual, continha regra a respeito: "A todo o direito corresponde uma ação, que o assegura".

As ações judiciais constituem os caminhos assegurados para a defesa, estando seu fundamento último no art. 5º, inc. XXXV, da Carta Magna: "A lei não excluirá da apreciação do Poder Judiciário lesão ou ameaça a direito". Está consagrada, pois, a garantia da proteção ao direito subjetivo, de onde se extrai o princípio de que a todo o direito existe uma ação, ou de que não existe direito sem ação. Alerta Nelson Godoy Bassil Dower: "Toda vez que alguém viola direito subjetivo pertencente ao seu semelhante, mesmo sendo o próprio

---

[21] Recurso Especial nº 174.737-SP. 3ª Turma, publ. em 29.11.1999, em *Jurisprudência ADV– Advocacia Dinâmica*, boletim semanal nº 12, p. 188, março de 2000.

Estado, este, através de seu órgão competente, tem o dever de prestar assistência jurisdicional aos seus súditos, desde que invocado".[22]

Em vários dispositivos encontra-se a proclamação da garantia à defesa dos direitos. O art. 7º do Código de Processo Civil (art. 70 do novo CPC) alardeia que "toda pessoa que se acha no exercício dos seus direitos tem capacidade para estar em juízo". O preceito constitui o substrato para a série de lides previstas e asseguradas na defesa de direitos, os quais abrangem desde o direito de ver satisfeito um crédito, estendendo-se para a proteção da personalidade, do estado pessoal, da família, da propriedade e posse, da sucessão, abrangendo os meios rápidos de amparo, como as ações cautelares de arresto, de sequestro, de busca e apreensão, de depósito, de interpelações e protesto para prevenir direitos, de arrolamento de bens, de caução, de justificação, de atentado, de alimentos, e várias outras, em grande parte arroladas nos arts. 813 e seguintes do Código de Processo Civil (medidas consideradas tutela de urgência pelo art. 301 do novo CPC). Somam-se mais remédios judiciais, de eficácia imediata, dentre os quais salientam-se o interdito proibitório, a reintegração e manutenção liminar de posse, a antecipação da tutela e o mandado de segurança.

Por outras palavras, constitui a ação judicial uma garantia a todos reconhecida para obter a prestação do Estado no sentido de impor a cessação de atos violadores dos direitos subjetivos. Raramente faculta-se à pessoa usar das próprias forças, ou fazer uso da defesa privada, para trancar os ataques. Dentro das exceções, está o art. 188, incs. I e II, do Código Civil (art. 160, incs. I e II, da lei civil anterior), pelo qual "não constituem atos ilícitos: I – os praticados em legítima defesa ou no exercício regular de um direito reconhecido; II – a deterioração ou destruição da coisa alheia, ou a lesão a pessoa, a fim de remover perigo iminente". Já o art. 1.210, § 1º (art. 502 do Código revogado) mune o possuidor turbado ou esbulhado do poder de "manter-se ou restituir-se por sua própria força, contanto que o faça logo", não podendo os "atos de defesa, ou de desforço, ... ir além do indispensável à manutenção, ou restituição da posse".

Mesmo quando demandado judicialmente não se retira a garantia à proteção de direitos, sendo exemplo o art. 1.219 (art. 516 do estatuto civil de 1916): "O possuidor de boa-fé tem direito à indenização das benfeitorias necessárias e úteis, bem como, quanto às voluptuárias, se não lhe forem pagas, a levantá-las, quando o puder sem detrimento da coisa, e poderá exercer o direito de retenção pelo valor das benfeitorias necessárias e úteis".

Para compelir o cumprimento dos atos relativos aos direitos, para desencorajar o inadimplemento, e mesmo para evitar preventivamente a lesão, institui a lei múltiplos instrumentos, como multas, cláusulas penais, arras, fianças, avais e a resolução do contrato, prevista esta no art. 475 (parágrafo único do art. 1.092 do Código revogado), expressando: "A parte lesada pelo inadimplemento pode

---

[22] *Curso Moderno de Direito Civil* – Parte Geral, ob. cit., 1º vol., p. 174.

pedir a resolução do contrato, se não preferir exigir-lhe o cumprimento, cabendo, em qualquer dos casos, indenização por perdas e danos".

A fim de justificar a defesa do direito por meios judiciais, deve estar presente o legítimo interesse econômico ou moral, exigência que vinha no art. 76 da lei civil de 1916, sendo omisso o atual diploma por ter conteúdo processual a disposição. Efetivamente, no art. 3º do Código de Processo Civil vem a regra: "Para propor ou contestar ação é necessário ter interesse e legitimidade". Eis a correspondente redação do art. 17 do novo CPC: "Para postular em juízo é necessário ter interesse e legitimidade"

A falta de interesse jurídico determina o indeferimento da inicial ou a extinção do processo, conforme autorizam respectivamente os arts. 295, inc. III e 267, inc. VI da lei processual civil (respectivamente arts. 330, inc. III, e 485, inc. VI, do novo CPC).

O interesse corresponde a um valor, a uma vantagem ou utilidade que se busca por meio do processo judicial. Conceitua-se como "o proveito ou utilidade que presumivelmente se colherá do fato de propor ou contestar uma ação, no sentido de assegurar ou restabelecer uma relação jurídica".[23] No conceito de Chiovenda, transcrito por Celso Agrícola Barbi, "consiste em que sem a intervenção dos órgãos jurisdicionais o autor sofreria um dano".[24] Surge o interesse, conforme Antônio José de Souza Levenhagen, "quando o direito está ameaçado apenas, ou já tenha sido lesado".[25]

A ninguém assiste propor litígios se não busca alguma vantagem ou utilidade. De igual modo, para contestar ou exercer o direito de defesa, o objeto da lide deve trazer alguma repercussão na pessoa e nos bens da pessoa. Na relação que é instaurada, em vista de um valor ou utilidade que se pretende, procura-se do órgão jurisdicional que se declare, se pronuncie ou se assegure o direito.

Ressalte-se que o interesse, em algumas vezes, não se apresenta essencialmente pessoal ou próprio. O interesse do Estado, ou da ordem pública, concede legitimidade a qualquer brasileiro para o acionamento de outras pessoas, com o objetivo de ressarcir os cofres públicos dos prejuízos acarretados por atos danosos de seus representantes ou de outras pessoas. Dá essa abertura o art. 5º, inc. LXXIII, da Carta Federal: "Qualquer cidadão é parte é parte legítima para propor ação popular que vise a anular ato lesivo ao patrimônio público ou de entidade de que o Estado participe, à moralidade administrativa, ao meio ambiente e ao patrimônio histórico e cultural, ficando o autor, salvo comprovada má-fé, isento de custas judiciais e do ônus da sucumbência".

---

[23] Carvalho Santos, em *Código Civil Brasileiro Interpretado*, ob. cit., vol. II, p. 245.
[24] *Comentários ao Código de Processo Civil*, Rio de Janeiro, Forense, 1975, vol. I, tomo I, p. 49.
[25] *Código Civil – Parte Geral*, ob. cit., p. 112.

Em geral, tende a ação a reequilibrar uma relação de direito ofendida ou quebrada injustamente, ficando impedida a pessoa de usufruir as vantagens próprias do direito.

Outrossim, o significado de interesse *legítimo* abrange a sua legalidade, a licitude ou juridicidade, de modo que não venha coibido em lei.

Já a palavra *legitimidade* quer significar o correto direcionamento da ação, de modo que envolva a parte vinculada ao autor, e não atinja pessoas estranhas, que nada têm a ver com a pretensão ou o litígio.

Será econômico o interesse quando abrange valores mensuráveis monetariamente ou patrimoniais, sendo exemplo a ação indenizatória, ou anulatória de compra e venda. Classifica-se como moral se diz respeito à honra, à família, ao nome, à personalidade, ao estado da pessoa, ao decoro e à profissão, como a ação negatória da paternidade, a anulatória de casamento, a de separação e a de divórcio. Não abrange ação que visa a reparação por ofensas morais, posto que o escopo é econômico. Já no interesse moral procura-se defender algum valor moral ou ligado à personalidade, à família, ao estado da pessoa, dentre outras situações.

Para propor a ação, não basta o legítimo interesse econômico ou moral. A lei processual civil aponta vários outros pressupostos e requisitos. O art. 267, inc. VI (art. 485, inc. VI, do novo CPC), exige, também, a possibilidade jurídica e a legitimidade das partes, isto é, que o pedido se atenha a algo permitido pela lei e se restrinja entre os que se envolveram em uma relação controvertida.

Carlos Alberto Bittar aponta mais elementos: "Além disso, devem concorrer, para a formação da relação, os pressupostos de constituição válida e regular do processo (art. 267, IV). Com isso, é mister, de início, que a ordem jurídica contemple a medida visada; que as partes se achem relacionadas juridicamente (ou seja, que a pretensão do autor se relacione com a posição do réu) e que haja razão para o pronunciamento judicial, pela contabilização entre a providência pedida e a situação fática exposta. Deve, ademais, a dedução do pedido perfazer-se em consonância com as regras definidas nos sistemas judiciário e processual correspondentes (assim, a formulação perante juiz competente para a apreciação; em petição, ou requerimento, estruturada em conformidade com as normas processuais próprias; e representado o interessado por advogado regularmente constituído para a demanda)".[26] O citado art. 267, inc. IV, corresponde ao art. 485, inc. IV, do novo CPC.

Tão amplo o direito de promover a defesa dos direitos que assegura a Constituição Federal a assistência jurídica integral e gratuita aos que comprovarem a insuficiência de recursos (art. 5º, inc. LXXIV), e atribui a certas entidades a representação judicial das categorias que representam, em questões que envolvem os direitos respectivos (art. 8º, inc. III).

---

[26] *Curso de Direito Civil*, ob. cit., vol. 1, p. 116.

9. PERECIMENTO OU EXTINÇÃO DOS DIREITOS

Os direitos fundamentais nunca se extinguem, como os relacionados à vida, à liberdade, à saúde, à cidadania, ao trabalho, ao domicílio, à família. Constituem valores universais e ínsitos à natureza, acompanhando a pessoa durante toda a sua existência.

Há, porém, direitos subjetivos que possuem um ciclo vital, isto é, nascem e perduram enquanto se mantém uma relação jurídica. Num contrato de locação, bastante efêmera é o lapso de tempo dos direitos do locatário ou do locador, e assim na maioria dos contratos de duração limitada.

Deve entender-se o perecimento ou extinção como a desvinculação ou o desligamento do sujeito. Determinados valores, ou faculdades, ou prerrogativas deixam de acompanhar o sujeito da relação jurídica porque esta se esgota ou se extingue. Todavia, como entes abstratos, ou entidades espirituais, persistem enquanto são mantidos institutos ou figuras que os acompanham. Celebrado um contrato de arrendamento rural, aquele que recebe uma área de terras para a sua exploração tem assegurado o uso da terra pelo prazo estipulado. O direito, porém, ao uso nessa figura está inerente a todo tipo de contrato de arrendamento.

Necessário distinguir entre perda e extinção ou perecimento. Enquanto a primeira forma significa mais o desaparecimento durante a existência, geralmente por ato debitado à culpa de quem usufruía, na segunda deixa de existir porque se esgotou ou terminou a relação contratual. Já Nelson Godoy Bassil Dower observa que o perecimento ou desaparecimento leva à extinção: "O desaparecimento do objeto, sendo um dos elementos integrantes da relação jurídica, implica a extinção do direito. Um terremoto ou um raio que destrói completamente o objeto da relação jurídica traz como consequência a extinção do direito".[27]

O Código Civil de 1916 trazia regras gerais sobre o perecimento do direito, não mantendo o Código atual, com razão, a orientação. Acontece que as hipóteses que vinham assinaladas nada acrescentavam aos casos reais. É que a extinção se dá com ou sem a previsão genérica, uma vez ocorrendo. Assim, assinalava o art. 77 que "perece o direito, perecendo o seu objeto". A conclusão que aponta é natural. Ninguém ousará defender que se mantêm os direitos do locador se perece ou se extingue a locação. E assim quanto aos direitos do usufrutuário, do usuário, do doador, se desaparecerem o usufruto, o uso, a doação.

Em suma, resulta a obrigação sem a finalidade, não tendo mais razão de ser, eis que ficou impossível de se efetuar aquilo que se firmou. O Código Civil contempla várias hipóteses de perecimento do direito. O art. 1.223 (art. 520 do Código revogado) diz respeito à perda da posse, isto é, do direito à posse, que se constata quando cessa, embora contra a vontade do possuidor, o poder sobre o bem. Resta óbvio que a destruição da coisa importa em ficar o titular

---

[27] *Curso Moderno de Direito Civil* – Parte Geral, ob. cit., 1º vol., p. 173.

sem o poder que exercia no bem. Já o art. 1.275 (art. 589 do Código revogado) enumera as situações que levam à perda da propriedade, e que são a alienação, a renúncia, o abandono, o perecimento da coisa, a desapropriação. O art. 1.410 (art. 739 do Código revogado) aponta os casos de extinção do usufruto, e, assim, dos direitos que do mesmo resultam.

O art. 78 do Código Civil de 1916 enumerava as hipóteses de perecimento do objeto do direito:

"I – quando perde as qualidades essenciais, ou o valor econômico;

II – quando se confunde com outro, de modo que se não possa distinguir;

III – quando fica em lugar de onde não pode ser retirado".

Na primeira situação, destituem-se da coisa as características marcantes que lhe davam uma identidade ou individualidade, como na perda do motor do veículo, na invasão perene das águas em uma área de terras, no incêndio de uma casa, no desaparecimento do sabor de um produto, na deterioração das qualidades nutritivas de um alimento.

A segunda causa consiste na confusão (mistura de coisas líquidas – água com vinho), comistão (mistura de coisas sólidas ou secas – diversas qualidades de um cereal), ou adjunção (justaposição de uma coisa à outra – fixação de uma peça a um motor).

A terceira previsão está na inacessibilidade do lugar, como na hipótese de uma joia que está no fundo do mar, ou de um abismo.

É normal que se dê a perda do objeto do direito nas previsões acima. Não carecia que viessem indicadas. Daí a ausência de disciplina no Código em vigor.

Não é o perecimento do objeto a única causa do desaparecimento ou extinção do direito. Arrola a lei civil vários outros modos, citando-se os do já referido art. 1.275 (art. 589 do Código revogado) e que são: a alienação – a transferência voluntária de direito que alguém é titular a outrem; a renúncia – quando alguém expressa a vontade de se desfazer e não mais querer o direito, ou, de acordo com a lição de Eduardo Espínola, "a declaração do titular, no sentido de abolir um seu direito";[28] o abandono – o ato pelo qual voluntariamente é repudiado o direito; o perecimento da coisa – como quando se dá o deslocamento, por fenômeno da natureza, de uma área de terra; a desapropriação – o ato que retira a propriedade do poder de seu titular, transferindo-a para um ente público.

Cita-se, ainda, a prescrição ou decadência – que é a inércia do indivíduo, durante um prazo constante na lei, em acionar ou reclamar um direito.

Dão azo ao perecimento vários outros fenômenos previstos no Código Civil, e assim a perda da propriedade por um ato judicial, como no reconhecimento do domínio em favor de outra pessoa através do usucapião – arts. 1.238 e segs.,

---

[28] *Sistema de Direito Civil Brasileiro*, ob. cit., vol. 1º, p. 506.

e arts. 1.260 e segs. (arts. 550 e segs., e arts. 618 e segs. do Código anterior); a resolução do domínio em razão do implemento da condição ou pelo advento do termo – arts. 1.359 e 1.360 (arts. 647 e 648 do Código anterior), e, ainda, em face de uma causa preexistente ou superveniente, constatada a primeira na nulidade da escritura e a segunda na falta de pagamento das prestações; a extinção das servidões e do usufruto por diversas causas – arts. 1.387, 1.389 e 1.410 (arts. 708, 710 e 739 do Código anterior), como pelo não uso por um período equivalente à prescrição (dez anos para as servidões e quinze anos para o usufruto); o falecimento do titular de um direito personalíssimo e intransferível, envolvendo a postulação de um direito que diz com o estado da pessoa, e assim a ação de reconhecimento de paternidade, ou a revogação de doação – art. 555 (art. 1.181 do Código revogado); a perda da posse, que se verifica pela cessação, embora contra a vontade do possuidor, do poder sobre o bem – art. 1.223 (art. 520 do diploma civil de 1916); a extinção do penhor e da hipoteca, que se dá quando extingue-se a obrigação, ou perece a coisa que dá garantia, dentre outras causas – arts. 1.436 e 1.499 (arts. 802 e 849 do Código de 1916).

Algumas regras especiais constavam no Código Civil anterior sobre o perecimento da coisa. Pelo art. 79, "em perecendo por fato alheio à vontade do dono, terá este ação, pelos prejuízos contra o culpado". A previsão decorre normalmente, sem precisar que estivesse prevista, fator que levou a omitir-se o Código em vigor sobre o assunto, como já comentava outrora João Luiz Alves: "O conceito aqui estabelecido, de que o perecimento da coisa por fato alheio à vontade do dono obriga à indenização quem for por ele culpado, é princípio de doutrina, que o direito anterior já reconhecida".[29] Sendo ocasionado o desaparecimento pelo próprio dono, ou por um evento natural, não se atribui responsabilidade a ninguém, devendo o dono suportar as consequências.

Prosseguindo sobre matéria de responsabilidade, o art. 80 do mesmo Código de 1916 deslocava-a para aquele a quem incumbia a guarda da coisa, se ela desaparecesse: "A mesma ação de perdas e danos terá o dono contra aquele que, incumbido de conservar a coisa, por negligência a deixa perecer, cabendo a este, por sua vez, direito regressivo contra o terceiro culpado". O mesmo conteúdo da norma encontra-se inserido no art. 239 (art. 870 da lei civil de 1916), que atribui a responsabilidade do art. 234 (art. 865 do Código revogado), isto é, obriga-se a indenizar quem der causa à perda.

Como incumbidos de guardar a coisa encontram-se os tutores, os curadores, os depositários, os usufrutuários, os mandatários, os administradores, os testamenteiros, os inventariantes. A todos requer-se a diligência habitual e o cuidado que costuma ter quem é proprietário em relação às suas coisas.

Havendo um terceiro culpado, não se retira a responsabilidade de quem tem o dever de vigilância e conservação. Todavia, reserva-lhe a lei a ação regressiva contra o culpado, para cobrar a quantia que restou obrigado a indenizar.

---

[29] *Código Civil da República dos Estados Unidos do Brasil*, ob. cit., p. 77.

Capítulo XVI

Negócios Jurídicos

1. ATO JURÍDICO E NEGÓCIO JURÍDICO NO CÓDIGO CIVIL

Diferentemente do fato jurídico, vinha o ato jurídico definido no Código Civil de 1916, o qual se encontrava no art. 81: "Todo o ato lícito, que tenha por fim imediato adquirir, resguardar, transferir, modificar ou extinguir direitos, se denomina ato jurídico". O Código vigente, além de alterar a denominação para negócio jurídico, não repetiu a definição, entendendo o legislador que não lhe competia trazer conceitos, porquanto outras dimensões tornam-se possíveis de surgir, e não somente aquelas que constavam assinaladas na lei anterior. No entanto, tais especificações do Código anterior são válidas, e decorrem do negócio jurídico, não se podendo olvidá-las.

Mais precisamente, o Código Civil de 1916 cuidou do ato jurídico em geral, sem fazer a distinção entre os atos-negociais e os atos não negociais. Nos primeiros, decorrem relações com terceiros; quanto aos últimos, interessam somente à pessoa que os pratica, e revelam-se nas ações individuais, realizadas segundo a lei, sem ensejar qualquer obrigação ou direito junto a outras pessoas, como as ações individuais, isto é, a conduta pessoal, o respeito às normas de etiqueta, o bom relacionamento, a atividade particular. Ficam no plano individual, e se coadunam ou adaptam à ordem jurídica. Mesmo que desenvolvam uma relação bilateral, não acarretam direitos e obrigações para ambas as partes que integram a relação. A esses atos não negociais refere-se o art. 185 do atual Código, estabelecendo que "aos atos jurídicos lícitos, que não sejam negócios jurídicos, aplicam-se, no que couber, as disposições do Título anterior", isto é, as regras sobre os negócios jurídicos. São os atos que Miguel Reale denomina de "atos jurídicos em sentido estrito, nos quais não há acordo de vontade, como, por exemplo, se dá nos chamados atos materiais, como os da ocupação ou posse de um terreno, a edificação de uma casa no terreno apossado etc."[1]

---

[1] *Lições Preliminares de Direito*, ob. cit., p. 209.

Embora o nome de 'ato jurídico', a regulamentação do Código Civil de 1916 abrange o negócio jurídico, ou o ato jurídico que, sendo ato de vontade, traz efeitos em relação a terceiros.

Primeiramente, cumpre ressaltar o sentido filosófico do ato, concebido o mesmo em função da potência. Toda realização consiste no ato, enquanto a potência é a aptidão para tornar-se alguma coisa, ou a capacidade de evoluir, de adquirir uma existência. Tudo o que existe decorre de uma força, de um ímpeto interior, ou daquilo que se encontrava em potência. Por isso, nada aparecendo já feito, pressupõem-se em tudo a potência e o ato. A realidade existente é uma passagem da potência para o ato.

Já o ato jurídico, no sentido de negócio jurídico, é a concretização ou materialização de uma ideia por um impulso da vontade, de modo a exteriorizar-se num campo da lei ou do direito, criando uma relação com outras pessoas. Na visão de Dimitri Dimoulis, "define-se como qualquer estipulação de consequências jurídicas, realizada por sujeitos de direito no âmbito do exercício da autonomia privada.[2] Enquadra-se na previsão de uma regra ou da ordem jurídica. Constitui uma emanação da inteligência impulsionada pela vontade. Decorre obviamente da manifestação do ser humano, visando expressar uma decisão, com vistas a uma posição que decidiu ou a um apelo externado por outra pessoa. Desdobra-se na exteriorização da vontade para o efeito de criar uma relação jurídica com o mundo ou com as outras pessoas. Há, evidentemente, a fase preliminar da potência, que é a ideia, ou a concepção de um valor ou pretensão. Daí definir-se o negócio jurídico como a manifestação da vontade que gera consequências jurídicas consignadas ou contempladas pela lei ou pelo direito. Ou a exteriorização da vontade, atingindo o mundo físico, mediante uma ação apta a resultar consequências de relevo jurídico, devendo, necessariamente, amoldar-se ao ordenamento jurídico, ou seja, na colocação de Cristiano Chaves de Farias e Nelson Rosenvald, "sofrendo, sempre, as limitações decorrentes da ingerência de normas de ordem pública, notadamente constitucionais, por força da proteção destinada à pessoa humana".[3] Antônio Chaves traça a caracterização do negócio jurídico, ainda quando a denominação era ato jurídico: "Todo pensamento do homem que se exterioriza no mundo físico através de uma ação capaz de produzir efeitos jurídicos de algum relevo passa a ser considerado como ato jurídico, que é, pois, caracterizado pela circunstância de ter, como elemento fundamental, a vontade que deve ser livre".[4]

Distingue-se do fato jurídico em sentido estrito, que se enquadra como o acontecimento independente da vontade humana que produz efeito jurídico, isto é, que cria, modifica ou extingue direitos. No âmbito amplo, todavia, o

---

[2] *Manual de Introdução ao Estudo do Direito*, ob. cit., p. 236.
[3] *Curso de Direito Civil – 1 – Parte Geral e LINDB*, ob. cit., p. 502.
[4] *Tratado de Direito Civil – Parte Geral*, ob. cit., vol. I, tomo II, p. 1.221.

fato jurídico engloba os acontecimentos naturais e os humanos, isto é, todos os eventos que estão previstos na lei, ou que trazem efeitos na ordem dos direitos e obrigações, quer no campo da natureza, quer no humano.

A marca está, pois, em ser um ato da vontade, isto é, um ato de decisão, livre e inteligente, sempre com repercussão junto a terceiros. Não é mister que se faça a manifestação de duas vontades. Uma única vontade basta, desde que de sua declaração surta ou provoque efeitos junto a terceiros, como quando é firmado um compromisso, ou se assume uma obrigação.

Exige-se também a sua licitude, ou que esteja de acordo com os padrões da lei, ou do direito. Do contrário, ou vulnerando a lei, saindo da esfera dos cânones vigorantes e impostos pela sociedade organizada, adquire o nome de ilícito. Todavia, é possível que nenhum efeito traga, ou que não reverte em uma consequência jurídica, como a mera saudação, a simples prestação de um favor, o entabular de uma conversação. Não se extrai dessas práticas algum aspecto jurídico, sendo elas alheias ao direito, no máximo se incluindo entre os atos jurídicos não negociais. Vai além Pontes de Miranda, referindo-se à espécie com o nome de ato jurídico: "O ato humano, que só é de importância para as relações de cortesia ou de bom tom, não é ato jurídico. O ato humano, que só é objeto de apreciação moral, não é ato jurídico. O ato humano, que só interessa à vida política, ou religiosa, ou econômica, não é ato jurídico".[5] Em outra passagem: "Os atos humanos, se alguma regra jurídica incide sobre eles, fazem-se jurídicos; quer dizer: relevantes para o direito. Só assim tem eficácia jurídica".[6]

Efetivamente, para levarem a marca de jurídicos, os negócios devem criar, adquirir, transferir, modificar, resguardar ou extinguir direitos e obrigações. Impõe-se que repercutam em algum direito e tragam algum efeito perante o meio social. Claramente expõe Serpa Lopes: "Se contiver um ato de vontade deliberado para a criação, modificação ou extinção de um direito, toma, nesse caso, o aspecto de um negócio jurídico, ou então apresenta-se contendo uma vontade menos enérgica em relação aos seus fins. Neste último caso, são atos jurídicos lícitos, determinando consequências jurídicas *ex lege*, independentemente de terem sido ou não queridas".[7]

2. A TEORIA DO NEGÓCIO JURÍDICO

A teoria do negócio jurídico é recente, ressaltando a sua distinção do ato jurídico em si, o qual não tem repercussão relativamente a terceiros. José de Abreu Filho vê a distinção do negócio jurídico na autorregulamentação de in-

---

[5] *Tratado de Direito Privado* – Parte Geral, ob. cit., tomo I, p. 79.
[6] *Tratado de Direito Privado* – Parte Geral, ob. cit., tomo I, p. 79.
[7] *Curso de Direito Civil*, vol. I, pp. 365 e 366.

teresses pessoais: "Consistindo, como consiste, no poder que a ordem jurídica confere às pessoas de autorregulamentarem seus interesses".[8] Tal sucedendo, emerge incontroversa a existência de efeitos entre as pessoas.

Caio Mário da Silva Pereira chega ao negócio jurídico a partir da distinção dos atos jurídicos em duas modalidades. Inicia do ato jurídico *lato sensu*, tipo esse que envolve "as ações humanas, tanto aquelas que são meramente jurídicas *ex lege*, independentemente de serem ou não queridas, como aquelas outras declarações de vontade, polarizadas no sentido de uma finalidade, hábeis a produzir efeitos jurídicos queridos. A esta segunda categoria, constituída de uma declaração de vontade dirigida no sentido da obtenção de um resultado, é que a doutrina tradicional denominava ato jurídico (*stricto sensu*), e a moderna designa com o nome de *negócio jurídico*".[9]

O negócio jurídico cria situações novas, ou produz os efeitos queridos pelas partes. Não importa que se desenvolva de conformidade com a lei, o que, aliás, é necessário. A nota distintiva está nos efeitos, que são aqueles criados e pretendidos pelos contratantes, sem olvidar-se o seu enquadramento à norma jurídica, como ressalta Marcos Bernardes de Mello: "A norma jurídica, entretanto, embora não seja a fonte dos efeitos jurídicos, é quem define qual a eficácia que terá o fato jurídico. Os efeitos do fato jurídico são, assim, os atribuídos pela lei. Se a norma jurídica prescreve certo efeito, nenhum outro fator ou circunstância poderá ampliá-lo, reduzi-lo ou eliminá-lo. Se a lei nega a certo fato jurídico determinado efeito, a ninguém é dado o poder de considerá-lo possível de ocorrer".[10]

Esse o pensamento de Carlos Alberto Bittar: "Assim, o elemento nodal da estrutura é a declaração negocial, ou conduta qualificada pelo Direito para a produção dos efeitos desejados pelos interessados. Constitui a manifestação mais expressiva da autonomia privada, ou da autonomia da vontade, sendo apta a estabelecer, a prescrever, a modificar, ou a pôr fim a relações jurídicas, em consonância com a intenção das partes. É comportamento exteriorizador de um conteúdo volitivo, na busca do objetivo visado. Assim, meros acordos de cavalheiros..., com declarações de simples intenções; atos de favor, ou de mera cortesia social; atos normativos, ou produzidos sob o signo da autoridade, não se inserem nesse contexto".[11] Nessa linha Antônio Nogueira de Azevedo, ao salientar que "consiste em uma manifestação de vontade cercada de certas circunstâncias (as circunstâncias negociais) que fazem com que socialmente essa manifestação seja vista como dirigida à produção de efeitos jurídicos".[12]

---

[8] *O Negócio Jurídico e sua Teoria Geral*, ob. cit., p. 22.
[9] *Instituições de Direito Civil*, vol. I, ob. cit., p. 327.
[10] *Teoria do Fato Jurídico*, ob. cit., p. 136.
[11] *Curso de Direito Civil*, ob. cit., vol. 1, p. 123.
[12] *Negócio Jurídico – Existência, Validade e Eficácia*, 2ª ed., São Paulo, Editora Saraiva, 1986, p. 20.

Também no direito italiano essa dimensão, vendo Messineo no negócio jurídico "una dichiarazione di volontà, o un complesso di dichiarazione de volontà, dirette alla produzione di dati effetti giuridici..., che l'ordinamento giuridico riconosce e garantisce".[13]

A teoria dos negócios jurídicos é relativamente recente, não constando expressamente prevista no Código Civil de 1916, e nem o direito romano usava o conceito. Veio da linguagem jurídica alemã a expressão, tendo se tornado conhecida no século XVIII, difundindo-se no século XIX. Várias as explicações que gravitam em torno de sua definição e natureza, predominando a voluntarista do direito alemão, sendo arauto de sua criação Enneccerus. Através dela, a pessoa capaz desenvolve relações jurídicas e provoca efeitos jurídicos. Realmente, por uma declaração de vontade objetiva-se determinado efeito, que se desenrola no nascimento, na modificação ou na extinção de um direito. Marcos Bernardes de Mello liga o seu aparecimento a inspirações ideológicas do Estado liberal: "O conceito de negócio jurídico foi, assim, construído sob a inspiração ideológica do Estado liberal, cuja característica mais notável consistia na preservação da liberdade individual, a mais ampla possível, diante do Estado. Por isso, concebeu-se o negócio jurídico como instrumento de realização da vontade individual, respaldando uma liberdade contratual que se queria praticamente sem limites. Em consequência, esse voluntarismo (que revela intenso individualismo) – tão exagerado que se transformou em dogma – a doutrina passou a ver no negócio jurídico um ato de autonomia da vontade".[14]

Costuma-se estabelecer que, para atingir o negócio jurídico, a declaração de vontade precisa chegar à outra parte, ou envolver a sua vontade. Para tanto, há necessidade do concurso de vontades, materializando-se pela declaração comum, do que são exemplo os contratos em geral. Todavia, toda declaração de vontade destina-se a alguém. Desde que provoque a sua aceitação, está determinando uma conduta, isto é, impondo um juízo de vontade. Mesmo naqueles atos que redundam em obrigações unilaterais, não se deixa de atingir a vontade de outrem, que fica afetada por algum resultado, como acontece na doação, passando a ser, então negócios. Daí Pontes considerar como suficiente a manifestação da vontade: "A pessoa manifesta ou declara a vontade; a lei incide sobre a manifestação ou a declaração, ou as manifestações ou declarações de vontade; o negócio jurídico está criado: a declaração ou declarações, a manifestação ou manifestações da vontade fazem-se jurídicas; entram no mundo jurídico; o mundo jurídico recebe-as, apropria-se delas".[15]

Em síntese, o ato jurídico pode revelar-se em um ato voluntário, mas sem que a vontade desenvolva a criação, ou modificação, ou extinção, de um

---

[13] *Manuale di Diritto Civile e Commerciale*, ob. cit., vol. I, p. 263.
[14] *Teoria do Fato Jurídico*, ob. cit., pp. 131 e 132.
[15] *Tratado de Direito Privado* – Parte Geral, ob. cit., tomo I, p. 91.

efeito, de uma nova situação jurídica, de um contrato, de obrigações, vindo como exemplos o registro de nascimento ou do óbito; assume o sentido de negócio jurídico se produz efeitos por obra da vontade, os quais se encontram contemplados e permitidos na ordem jurídica, sendo o que se verifica na locação, na compra e venda, na permuta, na dação em pagamento, e, assim, na generalidade dos contratos.

3. CLASSIFICAÇÃO DOS NEGÓCIOS JURÍDICOS

Para permitir uma melhor distinção e até compreensão, costuma-se classificar os negócios jurídicos em diversas espécies:

a) *Gratuitos* e *onerosos*. Os primeiros são os que produzem a uma das partes vantagens ou enriquecimento sem exigir-lhe qualquer contraprestação. Exemplo é o contrato de doação pura ou sem compromisso. Os últimos envolvem prestações e contraprestações. Há uma reciprocidade de benefícios ou vantagens para ambos os participantes.

b) *Causa mortis* e *inter vivos*, isto é, em função da morte ou sucessão (testamento) ou para o momento presente (compra e venda). Por outras palavras, destinam-se a produzir efeitos para depois da morte ou durante a vida.

c) *Unilaterais* e *bilaterais*, verificados aqueles quando um indivíduo apenas emite a declaração de vontade de conteúdo obrigacional (testamento, renúncia, promessa de recompensa), ou um grupo de indivíduos que está no mesmo lado; já os últimos ocorrem nas hipóteses de emanar de pessoas que se vinculam. Orosimbo Nonato distingue bem explicitamente as espécies, empregando a palavra 'ato' no sentido de 'negócio': "O ato unilateral resulta, assim, de uma só declaração de vontade, feita por uma ou por mais pessoas, tendente, porém, sempre a produzir efeitos apenas *ex uno altere*, como a promessa de renúncia plena, a remissão de dívida etc. Nos atos multilaterais ou plurilaterais (bilaterais), a relação de direito resulta de várias declarações de vontade, dependentes de vários centros de interesse, para a produção de efeitos para todas as partes, o que ocorre, *v.g.*, na cessão de contrato, na constituição de dote por estranho etc."[16]

Quando uma única pessoa manifesta a vontade, dizem-se simples os negócios unilaterais. Se várias pessoas participam, no mesmo polo, o negócio é complexo. Segundo Emílio Betti, "a participação de várias pessoas num mesmo negócio se dá em virtude de uma comum e igual

---

[16] *Da Coação como Defeito do Ato Jurídico*, Rio de Janeiro, Edição Revista Forense, 1957, p. 19.

legitimação, para a tutela de um mesmo interesse, e, portanto, de maneira que elas atuem todas do mesmo lado".[17]

d) *Principais e acessórios*, conforme existem por si mesmos, bastando-se e tendo vida própria, ou dependem de outro, ao qual segue e se subordina, afigurando-se como exemplos a fiança, as arras, a cláusula penal.

e) *Solenes e não solenes*, tendo em vista a obediência a uma forma previamente indicada e obrigatória (compra e venda de imóvel), ou a ausência de previsão de como são exteriorizados os negócios (compra e venda de bem móvel).

f) *Constitutivos e declarativos*, sempre em consideração se os efeitos iniciam a partir do momento da celebração do negócio – *ex nunc* (locação, adoção), ou desde o nascimento do fato que importou na declaração – *ex tunc* (reconhecimento de filhos, partilha).

g) *Comutativos e aleatórios*. Desde que previstas e correspondentes no valor ou benefício, dizem-se comutativas as relações; se forem incertas e dependentes de certas circunstâncias, denominam-se aleatórias, como acontece no seguro.

h) *Diretos e indiretos*. Se os resultados são imediatos e expressos, temos a primeira modalidade. Quando um resultado colima uma segunda finalidade, não expressamente consignada, configura-se a outra espécie, sendo exemplo a procuração dispensando a prestação de contas e dando quitação, equivalendo ao pagamento de dívida que deve o mandatário ao mandante. Elucidativa a explicação de Francisco Amaral: "A espécie é inadequada ao fim pretendido, como ocorre, por exemplo, quando se outorga uma procuração para cobrança de uma dívida com dispensa de prestação de contas, ou no caso da procuração em causa própria com efeitos de cessão, ou ainda na venda por preço irrisório, visando uma doação, ou ainda uma compra e venda com cláusula de retrovenda, visando apenas um negócio de garantia".[18]

i) *Patrimoniais e extrapatrimoniais*, conforme versem sobre assuntos objeto de aferição econômica, ou aqueles que tratam da compra e venda, da permuta, do seguro; ou sobre direitos da personalidade; sobre o direito de família; e sobre grande parte das ações de estado.

j) *Dispositivos e atributivos*, traduzindo os primeiros a disposição direta de um direito, com um *minus*, um sacrifício patrimonial do declarante, na lição de Orosimbo Nonato, que os exemplifica: "Venda, doação, concessão de servidão, outorga de hipoteca, as modificações do conteúdo de um direito subjetivo, as renúncias etc., abrangendo-se entre os atos

---

[17] *Teoria Geral do Negócio Jurídico*, tradução de Fernando Miranda, Coimbra, Coimbra Editora Ltda., 1969, tomo II, pp. 194 e 195.
[18] *Direito Civil Brasileiro* – Introdução, ob. cit., pp. 410 e 411.

dispositivos os que, posto nem sempre constituam alienação, envolvem prejuízo do patrimônio do agente".[19] Por sua vez, os atributivos são os que conferem acréscimo ao patrimônio de alguém, verificados nas aquisições, como os de compra, de aceitação de herança, de recebimento de liberalidades.

4. A MANIFESTAÇÃO DA VONTADE NOS NEGÓCIOS JURÍDICOS

A vontade constitui o elemento principal ou o cerne do negócio jurídico, pois ela determina a criação, a modificação ou a extinção da expressão do ser humano. Salienta Sílvio Rodrigues que, tendo o Código Civil "partido do pressuposto de que o ato jurídico é o ato lícito de vontade, esta, naturalmente, constitui o substrato daquele, e as regras a seguir estatuídas são uma decorrência lógica de tal posição original".[20] Unicamente depois da manifestação da vontade adquire forma ou negócio jurídico, iniciando a ter validade. Concebe-se a ideia e direciona-se a mesma para conseguir determinado efeito. Quando do direcionamento é que entra em ação a vontade. Uma vez realizada a ideia, surge o efeito, que é o fruto da união da ideia com a vontade.

A exteriorização concretiza-se de maneiras hábeis à percepção ou visualização, como através da palavra, da escrita, do telefone, das mensagens telegráficas, das transmissões pelo computador, do rádio, da imprensa, do fax e de outros sinais convencionais, todos constituindo a sua declaração. Já ponderava sobre o assunto, Clóvis Beviláqua: "O meio mais comum de manifestar a vontade para produzir efeitos jurídicos é a expressão verbal, a palavra falada ou escrita. Mas esta pode ser substituída por outros expedientes, como sinais, símbolos ou outras ações capazes de traduzir claramente a intenção do agente, salvo quando a lei exige uma declaração expressa ou uma determinada forma de declaração".[21]

Para obter um resultado positivo, no entanto, a declaração de vontade deve se tornar conhecida ao destinatário. Por outros termos, impende que seja receptícia, verificada no recebimento, por aqueles a quem se dirige, da mensagem transmitida. Segue José Abreu indicando quando as declarações são receptícias: "As declarações receptícias somente se tornam eficazes quando a declaração é recebida por aqueles aos quais se dirige. Aponta-se como exemplo de tais declarações a despedida de empregado, que somente se efetiva quando este vem a ter conhecimento, real ou presumido, da declaração do empregador".[22] De

---

[19] *Da Coação como Defeito do Ato Jurídico*, ob. cit., p. 23.
[20] *Dos Vícios do Consentimento*, 3ª ed., São Paulo, Editora Saraiva, 1989, pp. 9 e 10.
[21] *Teoria Geral do Direito Civil*, ob. cit., p. 279.
[22] *O Negócio Jurídico e sua Teoria Geral*, ob. cit., p. 49.

sorte que, pretendendo uma pessoa realizar uma compra e venda, a proposta adquire vinculação desde o instante do recebimento por aquele a quem se dirigiu. E para conseguir esse resultado, impõe-se que se emita para o destinatário individual ou especificado.

A aceitação pode operar-se pelo comportamento. Uma atitude que assente ao postulado, ou que não se opõe a um pedido, representa uma resposta positiva. A ocupação de uma coisa corresponde à aceitação de uma proposta. Entrementes, as formas mais utilizadas são a expressa e a tácita. A primeira se exprime mediante a palavra falada ou escrita, ou por diferentes meios que levam diretamente a vontade ao conhecimento de terceiros. Na segunda, emprega o agente um outro gesto qualquer, o qual, interpretado, induz a recepcionar uma manifestação da vontade.

O silêncio serve para revelar a vontade, não significando necessariamente o consentimento, de modo que não tem, aqui, aplicação o adágio 'quem cala consente'. Emite-se uma mensagem de oferecimento de um produto. A falta de resposta não importa em compra. Entretanto, se vencer um contrato de arrendamento ou locação, e nada expressar o proprietário, seu silêncio importa em renovação ou prorrogação do contrato. De igual maneira, se um bem se encontra em poder de terceiro para fins de teste ou experiência, com opção de compra, a omissão em restituir conduz a admitir o propósito de aquisição. Esta concepção do silêncio vem contemplada no Código Civil em vigor, em seu art. 111: "O silêncio importa anuência, quando as circunstâncias ou os usos o autorizarem, e não for necessária a declaração de vontade expressa".

Relativamente ao silêncio, ainda, aponta Antônio Junqueira de Azevedo alguns exemplos de sua previsão no Código Civil, e que se revelam na omissão em dizer ou tomar uma atitude contrária, ou na realização de manifestações que importam em concordar ou aceitar um negócio: "A nosso ver, o problema do silêncio é sempre de forma omissiva, e não, propriamente, de forma tácita ...; assim: a renúncia à ação de anulação por aplicação dos arts. 150 e 151, segunda parte, do Código Civil; a renúncia à prescrição nos termos do art. 161, última parte, do Código Civil; a aceitação do mandato pelo começo de sua execução (art. 1.292 do Código Civil); a aceitação de herança por atos somente com essa qualidade compatíveis e a revogação do testamento cerrado por sua abertura ou dilaceração. Ora, em todos esses casos, a forma é tácita, mas não se põe o problema do silêncio como declaração de vontade. A questão do silêncio é sempre de forma omissiva, e tanto essa omissão poderá ser proposital (quando o caso será de forma expressa), quanto não o ser (quando o caso será de forma tácita). Não é de admirar, pois, que já se tenha dito que, segundo alguns autores, constitui o silêncio uma subespécie da declaração expressa da vontade; entendem outros, no entanto, que a uma subespécie de declaração tácita equivale".[23] Eis a corres-

---

[23] *Negócio Jurídico – Existência, Validade e Eficácia*, ob. cit., p. 148.

pondência dos dispositivos acima, ao atual Código Civil: os arts. 150 e 151, aos arts. 174 e 175; o art. 161, ao art.191; o art. 1.292, ao art. 659.

Pode haver a reserva mental, que não favorece a quem a perpetrou, diante da norma introduzida pelo art. 110 do Código: "A manifestação de vontade subsiste ainda que o seu autor haja feito a reserva mental de não querer o que manifestou, salvo se dela o destinatário tinha conhecimento". Não contemplava o Código anterior regra equivalente. Entende-se por reserva mental a ocultação da vontade real. Manifesta o agente uma declaração enganosa ao outro contratante. Há a divergência entre a manifestação da palavra e a vontade. Diz-se uma coisa, quando se pretende algo diferente, ou não se coaduna a vontade com aquilo que vem expresso. Tem-se uma simulação unilateral.

Pela regra acima, aquele que emite a declaração não pode subtrair-se a cumprir aquilo que expressou, a menos que a outra parte tenha conhecimento da reserva mental. Em suma, vale a palavra dada, pouco importando se a intenção era outra, ou se o emitente pretendeu apenas iludir aquele a quem dirigiu a expressão.

A revelação deve inserir-se na ordem jurídica vigorante, de modo que seus resultados estejam de acordo com as disposições legais.

Preserva a lei a autonomia da vontade, revelada na liberdade de contratar, de modo a não impor maiores restrições. A intervenção do Estado limita-se a alguns setores, como no pertinente às condições do negócio, às cláusulas abusivas ou excessivamente onerosas. Em determinados momentos, autoriza a revisão das cláusulas, sendo que o Código de Defesa do Consumidor (Lei nº 8.078, de 11.09.1990) constitui o estatuto que trata da vontade nos negócios encetados pelas partes, prevendo diretamente os casos que importam em intervenção.

As limitações resultam do Estado e do poder econômico. Disserta, sobre a matéria, José Abreu: "Podemos afirmar, sem temer contestações, que as limitações que vêm sofrendo a autonomia resultam sempre e sempre de uma dessas origens: ou é o Estado quem a enfraquece, sob a inspiração de seu fortalecimento, de um lado (como ocorre com as normas de direito familiar), ou, ainda, premido pela necessidade ou por inspirações socializantes; ou emergem tais limitações do próprio poder econômico, que se nutre do enfraquecimento do indivíduo, submisso às suas imposições".[24]

5. INTERPRETAÇÃO DOS NEGÓCIOS JURÍDICOS

Decorre o negócio jurídico da expressão da vontade, visando alcançar um efeito ou consequência, que deve enquadrar-se dentro da ordem legal. Para atingir essa finalidade, reveste-se o negócio de uma forma, de uma aparência, de uma

---

[24] *O Negócio Jurídico e sua Teoria Geral*, ob. cit., p. 41.

linguagem, de palavras, da escrita, de sinais, de símbolos. Há a exteriorização, materializando-se em contratos, avenças, pactos, combinações, ordens, apelos, leis. E nem sempre se consegue traduzir com fidelidade o que se pretende no íntimo, ou a emissão da vontade. Isto porque os conteúdos vêm através da palavra, a qual varia de significação ao longo do tempo e da evolução da humanidade, e representa o rótulo de um objeto ou substância.

Interpretar não se restringe, porém, a decifrar as palavras, ou a um problema de linguística, mas constitui um processo intelectivo, através do qual procura-se descobrir o conteúdo das normas e das manifestações dos que emitem juízos jurídicos. Envolve a compreensão do texto, a que se chega mediante a investigação dos conteúdos normativos das disposições. Atinge-se a interpretação quando se escolhe uma dentre várias interpretações possíveis, desde que seja razoável, adequada e apropriada para a vida real. Daí, observa Emílio Betti, "o que conta não é tanto o teor das palavras ou a materialidade da conduta, como a situação objetiva em que aquelas são pronunciadas ou subscritas, e esta é tida". Dá-se força, segue o doutrinador italiano, "àquele complexo de circunstâncias em que a declaração e o comportamento se enquadram como seu meio natural e em que assumem, segundo o ponto de vista da consciência social, o seu típico significado e valor".[25]

No assunto em exame, não se colima a compreensão adequada e real da norma, mas sim da manifestação da vontade enquanto produz efeitos jurídicos. O art. 112 do Código Civil, mais enriquecidamente que o art. 85 do Código Civil de 1916, encerra um norte de importância solar, ao preceituar: "Nas declarações de vontade se atenderá mais à intenção nelas consubstanciada do que ao sentido literal da linguagem". No art. 113 (sem equivalente no Código anterior), ordena-se que se observe a boa-fé e os usos do lugar: "Os negócios jurídicos devem ser interpretados conforme a boa-fé e os usos do lugar de sua celebração". Já o art. 114 (art. 1.090 do Código anterior), atinentemente aos negócios benéficos: "Os negócios jurídicos benéficos e a renúncia interpretam--se estritamente".

De sorte que não convém se ater às expressões ou palavras, cujo sentido não raramente é particularizado ou regionalizado. Princípio este encontrado também em outros sistemas, lembrando Messineo: "Per interpretare il negozio, si deve ricercare l'intenzione del soggetto, e non limitarsi al senso letterale delle parole".[26] Procurar-se-á levar a compreensão de acordo com a boa-fé, em vista dos usos e costumes do local. Sobressaindo o caráter benéfico, ou inserindo a renúncia a direitos, não se estende a interpretação a aspectos correlatos.

A doutrina, a jurisprudência e a lei formularam orientações ou regras de interpretação, consolidando princípios como os que seguem.

---

[25] *Teoria Geral do Negócio Jurídico*, ob. cit., tomo II, p. 238.
[26] *Manuale di Diritto Civile e Commerciale*, ob. cit., vol. I, p. 356.

Prestando-se uma cláusula a dois sentidos, leva-se em conta o que mais se ajusta à realidade. Estipulando-se o preço por um arrendamento, sem esclarecer o período que abrange, entende-se que é anual, posto que, normalmente, é fixado de ano a ano.

Não se estabelecendo o preço pela prestação de serviços de pedreiro, a solução deve ser procurada nos usos vigorantes, como nas tabelas dos órgãos de classe, de sindicatos ou associações.

As estipulações duvidosas levam a interpretar-se sempre a favor de quem se obrigou e contra aquele que as elaborou, ou apresentou o contrato de adesão.

Nos contratos de adesão, a interpretação será favorável àquele que adere. Neste tipo de avenças, as estipulações são unilaterais, não se permitindo ao aderente rejeitar as cláusulas uniformes estabelecidas de antemão. Consoante Antônio Herman Vasconcelos Benjamin, "a contratação em massa, exigência das economias de escala, deve ser exercida de forma compatível com os princípios fundamentais da ordem econômica, dentre os quais está a defesa do consumidor (art. 170, nº V, CF). A rapidez que deve informar esse tipo de contratação, que implica necessariamente a conclusão do negócio com base em cláusulas gerais preestabelecidas, não deve servir de pretexto para que se incluam, no bojo de um longo formulário de futuro contrato de adesão, cláusulas draconianas consideradas pelo CDC como abusivas".[27]

Nas obrigações, são favorecidas na exegese as cláusulas do devedor.

Na compra e venda, as dúvidas serão interpretadas contra o vendedor por se encontrar numa posição superior, eis que ele impõe as condições. Envolvendo o negócio um imóvel, no que se refere à extensão também interpreta-se a favor do comprador.

Cuidando a convenção uma universalidade de coisas, compreende as coisas particulares que compõem a universalidade, ainda aquelas de que as partes não tivessem conhecimento, segundo ensina Carvalho Santos, que prossegue exemplificando: "Quando eu faço convosco uma convenção, pela qual vos cedo, mediante certa importância, a minha parte numa herança, quer tenhamos conhecimento dela ou não, a convenção abrange todas as coisas da herança porque a nossa intenção foi tratar de tudo que a compunha. Eu não poderia, pois, insurgir-me contra a convenção sob o pretexto de que descobri posteriormente muitas coisas dependentes da sucessão, das quais eu não tinha conhecimento. Se, entretanto, essas coisas foram encobertas pelo meu coerdeiro, com que eu contratei, tendo ele conhecimento delas, outra será a solução, porque, neste caso, o dolo da parte dele me dá lugar a eu impugnar a convenção".[28]

---

[27] "Das Práticas Comerciais", em *Código Brasileiro de Defesa do Consumidor*, 6ª ed., Rio de Janeiro, Forense Universitária, 1999, p. 553.
[28] *Código Civil Brasileiro Interpretado*, ob. cit., vol. II, p. 289.

Na letra do art. 843 do Código Civil (art. 1.027 do Código anterior), "a transação interpreta-se restritivamente, e por ela não se transmitem, apenas se declaram ou reconhecem direitos".

No pertinente à fiança, consoante art. 819 (art. 1.483 do Código revogado), deve dar-se por escrito, e não admite interpretação extensiva.

No testamento, proclama o art. 1.899 (art. 1.666 do Código anterior): "Quando a cláusula testamentária for suscetível de interpretações diferentes, prevalecerá a que melhor assegure a observância da vontade do testador". Já aconselhava Emílio Betti: "A meta principal da interpretação é, aqui, o pensamento do disponente, ainda que não se encontre exprimido de maneira adequada na declaração, desde que coincida, univocamente, com ela".[29]

Consoante o Código de Defesa do Consumidor (Lei nº 8.078, de 11.09.1990), em seu art. 47, "As cláusulas contratuais serão interpretadas de maneira mais favorável ao consumidor". Extrai Antônio Herman de Vasconcellos e Benjamin os seguintes princípios do dispositivo: "a) A interpretação é sempre mais favorável ao consumidor; b) deve-se atender mais à intenção das partes do que à literalidade da manifestação de vontade (art. 85 do Código Civil); c) a cláusula geral de boa-fé reputa-se ínsita em toda relação jurídica de consumo, ainda que não conste expressamente do instrumento do contrato (arts. 4º, *caput* e nº III, e 51, nº IV, do CDC); d) havendo cláusula negociada individualmente, prevalecerá sobre as cláusulas estipuladas unilateralmente pelo fornecedor; e) nos contratos de adesão, as cláusulas ambíguas ou contraditórias se fazem *contra stipulatorem*, em favor do aderente (consumidor); f) sempre que possível, interpreta-se o contrato de consumo de modo a fazer com que suas cláusulas tenham aplicação, extraindo-se delas um máximo de utilidade (princípio da conservação)".[30] Lembra-se que o art. 85 no texto supra equivale ao art. 112 do atual Código Civil.

6. REQUISITOS DOS NEGÓCIOS JURÍDICOS

A fim de se considerarem válidos os negócios jurídicos, alguns requisitos devem conter, sendo essenciais os que dizem com a sua própria formação. Não se confundem com os pressupostos, que são anteriores e primeiros, compreendendo a estrutura externa, ou os elementos constitutivos, desdobrados nas partes ou pessoas que participam da relação, na vontade, no seu objeto ou finalidade, e na regra jurídica incidente. Efetivamente, não se parte para uma combinação de vontades sem a presença de pessoas, de suas vontades, do objeto almejado, e de uma previsão legal. Acontece que unicamente entre pessoas surgem os

---

[29] *Teoria Geral do Negócio Jurídico*, ob. cit., tomo II, p. 304.
[30] *Das Práticas Comerciais*, trabalho citado, pp. 476 e 477.

negócios jurídicos, os quais decorrem sempre de uma intenção dirigida a uma finalidade prevista ou catalogada no ordenamento jurídico vigorante. Na verdade, desnecessárias maiores observações sobre os pressupostos, eis que, se ausentes, nem sequer enseja-se abertura para o negócio jurídico. Salienta-se apenas que, dentre os pressupostos, ressaltam em importância aqueles que revelam a categoria do negócio, denominados 'elementos categoriais', e destinados, na lição de Antônio Junqueira de Azevedo, a definir cada categoria de negócio e que, portanto, caracterizam sua essência, arrolando-se como exemplos: "O consenso sobre coisa e preço, na compra e venda; a manifestação do *animus donandi* e o acordo sobre a transmissão de bens ou vantagens, na doação; o consenso sobre a entrega e a guarda de objeto móvel, no depósito; o acordo sobre a entrega e o uso gratuito de coisa infungível, no comodato; a declaração de comunidade de vida entre um homem e uma mulher com celebração pela autoridade, no casamento; a disposição de bens para depois da morte, no testamento etc."[31]

Procura-se ingressar no exame dos elementos, e não nos pressupostos, que permitem a validade dos negócios jurídicos, e por extensão, dos atos jurídicos. É que em ambas as espécies existe uma manifestação, ou produzindo efeitos, com a criação, modificação ou extinção de direitos, e exigindo, pois, uma conduta de terceiros, tipificando o negócio; ou somente enquadrada no ordenamento legal, sem exigir condutas de terceiros, e aí tem-se o ato.

E para ensejar a formação do negócio jurídico, as condições primárias e básicas encontram-se no art. 104 do Código Civil (art. 82 do Código revogado):

"A validade do negócio jurídico requer:

I – agente capaz;

II – objeto lícito, possível, determinado ou determinável;

III – forma prescrita ou não defesa em lei".

Todavia, não são os únicos. Há, também, o consentimento, sem o qual inexiste o negócio jurídico.

Costuma a doutrina especificar algumas decorrências, classificadas como naturais e acessórias.

Para que os negócios se enquadrem no ordenamento jurídico e sejam aceitos, e, assim, para que produzam efeitos, impõe-se que tais requisitos venham observados. Necessário o seu exame pormenorizado.

Importa observar que os elementos de formação, para os negócios e demais atos jurídicos formados antes do atual Código Civil, são os que vigoravam na legislação então existente. Os efeitos produzidos posteriormente, entretanto, subordinam-se aos preceitos do Código em vigor, tudo como emana do

---

[31] *Negócio Jurídico – Existência, Validade e Eficácia*, ob. cit., p. 45.

art. 2.035: "A validade dos negócios e demais atos jurídicos, constituídos antes da entrada em vigor deste Código, obedece ao disposto nas leis anteriores, referidas no art. 2.045, mas os seus efeitos, produzidos após a vigência deste Código, aos preceitos dele se subordinam, salvo se houver sido prevista pelas partes determinada forma de execução".

Em consonância com o parágrafo único, nada pode vir estabelecido pelas partes que contrarie os preceitos de ordem pública, e, dentre eles, os trazidos pelo Código Civil: "Nenhuma convenção prevalecerá se contrariar preceitos de ordem pública, tais como os estabelecidos por este Código para assegurar a função social da propriedade e dos contratos".

6.1. Agente capaz

Considera-se um requisito subjetivo, ou diz respeito a uma condição subjetiva para a validade do negócio jurídico. Domina o princípio de que o negócio deve partir da consciência livre do agente, o que só é possível se há capacidade, de onde vem a voluntariedade, sendo que esta deve refletir fielmente o que se passa no interior, como expõe Henoch D. Aguiar: "La voluntariedad del acto no dependerá de la circunstancia de que él sea una prolongación exacta y precisa de los fenómenos psíquicos, sino del hecho de que él sea un reflejo fiel del estado de conciencia del agente, en cuanto éste tuvo el conocimiento claro del acto practicado, ya que él constituye la intención, base de toda imputabilidad".[32]

A matéria sobre as capacidades e incapacidades ficou extensamente desenvolvida no Capítulo X, sendo despiciendo desenvolver um novo estudo sobre quem tem ou não capacidade para realizar negócios jurídicos. Recorda-se que existem pessoas com plena ou relativa capacidade. Vêm definidas no Código Civil as pessoas absoluta e relativamente incapazes. As absolutamente incapazes estão impedidas de praticar negócios por si sós, sendo representadas por quem de direito, necessitando sempre da autorização do juiz. As relativamente incapazes participam pessoalmente dos negócios, mas devendo ser assistidas pelos pais, ou curadores, ou tutores. Há, no entanto, negócios que não precisam desse amparo ou acompanhamento, definidos pela lei, como o ingresso em juízo para suprir o consentimento dos pais.

Como a capacidade repercute na vontade, constitui o elemento que primeiro se exige para a qualquer exteriorização do negócio.

Não se restringe o seu exame a aferir quais as pessoas absoluta ou relativamente incapazes. Há uma série de restrições que a lei prevê para vários negócios. Ou seja, a capacidade e incapacidade não se resumem na menoridade, na enfermidade ou deficiência mental, e causa provisória que impede de exprimir

---

[32] *Hechos y Actos Jurídicos*, ob. cit., p. 97.

a vontade. Inúmeras situações se oferecem colocando condições para a prática do negócio, ou reclamando a presença do cônjuge, ou impondo providências especiais, como a concordância dos condôminos na alienação de imóvel indivisível, a autorização do locador na cessão do contrato de locação. Outros negócios restam simplesmente impedidos. Exemplificativamente, inadmite-se que os tutores, os curadores, os administradores, os testamenteiros, os servidores públicos em geral, os juízes e certos funcionários ou agentes da Justiça adquiram os bens que administram – art. 497 do Código Civil (art. 1.133 da lei civil anterior). Ao ascendente proíbe-se a venda de bens aos descendentes, a menos que haja o consentimento dos demais e do cônjuge do alienante – art. 496 (art. 1.132 do Código anterior). Menciona-se, ainda, a série de restrições relativamente à venda de bens de menores, ao casamento, ao testamento, às doações, dentre inúmeros outros casos.

Estas restrições ou incapacidades são consideradas mais como impossibilidades ou impedimentos para a prática de certos negócios na vida civil.

A validade da vontade pode, outrossim, restar afetada por vários fatores, denominados vícios de consentimento, o que se abordará adiante.

6.2. Objeto lícito, possível, determinado ou determinável

Entra-se no campo da validade do negócio jurídico em função de seu objeto, que deve apresentar-se não apenas lícito, mas também possível, determinado ou determinável, orientando Clóvis, no tocante ao primeiro item: "A declaração da vontade deve ser conforme aos fins éticos do direito, que não pode dar apoio a intuitos imorais, cercar de garantias combinações contrárias aos seus preceitos fundamentais".[33] Para viabilizar a sua realização, dois os elementos básicos: a licitude e a possibilidade. Ou que o negócio jurídico se encontre dentro do sistema legal e esteja dentro das forças do homem, além da determinação ou determinabilidade.

A satisfação desses elementos desdobra-se em setores que se particularizam nas seguintes regras:

a) Que se projete de acordo com a moral, não ofendendo os costumes, os sentimentos de fidelidade conjugal, a educação, a decência, a honestidade.

b) Que não atinja a ordem pública, como a família, a educação, o patrimônio, os direitos fundamentais garantidos pela lei, a filiação, o matrimônio, de sorte a não se dar validade à contratação de trabalho sem as garantias ao descanso remunerado ou às férias.

---

[33] *Código Civil dos Estados Unidos do Brasil Comentado*, ob. cit., vol. I, p. 263.

c) Que estabeleça prestações física e economicamente possíveis, não se admitindo que alguém contrate a compra de um prédio se a sua renda é suficiente apenas para o sustento.

d) Que se afigure possível, ou exista no mundo fático, e apresente viabilidade de ser negociado, o que não acontece quando se transaciona algo fora do comércio. Havendo impossibilidade do objeto, no começo do negócio, e não se apresentando absoluta, ou cessando antes de se realizar a condição a que se subordina, não se invalida o negócio, nos termos do art. 106 (art. 1.091 do Código anterior): "A impossibilidade inicial do objeto não invalida o negócio jurídico se for relativa, ou se cessar antes de realizada a condição a que ele estiver subordinado". Impossibilidade inicial é aquela que existe no começo do negócio, como na compra de um bem que sofre restrições de ordem pública. Essas restrições podem consistir na proibição de construir, ou de exercer, no local, determinada atividade, que objetivava a aquisição. Não se está, pois, diante de uma impossibilidade absoluta, a qual é parcial. Por isso, não resulta nulo o negócio. Também não será invalidado se desaparecer a restrição até o momento em que se consuma a realização do negócio, ou que se efetive a condição a que estava subordinado. Seria a hipótese de condicionar-se a efetivação do contrato ao pagamento total do preço. Se desaparece a impossibilidade até efetivar-se a condição, opera-se a validade do que se contratou.

e) Que seja determinado ou determinável, isto é, que possa ser identificado, localizado, percebido, medido, aferido. Inviável a aquisição de um bem que se confunde com outros, ou se torne impossível a sua descrição e individuação.

A doutrina costuma catalogar vários exemplos de objetos ilícitos ou impossíveis, como empréstimos a juros onzenários, comércio sexual, herança de pessoa viva, renúncia de direitos de personalidade, concessão de poderes para agir contra o próprio outorgante, a compra e venda de bens inexistentes no comércio, a alienação de coisas que são comuns de todos, a locação de um bem por um prazo centenário, a aquisição de direitos de família. Extensa continuaria a relação.

Antônio Chaves traz um elenco de convenções nulas, que bem ilustra um consenso sobre as mais ocorríveis:

"1) Todas as relativas à exploração de casas de tolerância;

2) todas as relativas às relações entre concubinos, desde que tenham por objeto a existência, a manutenção ou a continuação das relações fora do casamento;

3) certas convenções relativas à corretagem matrimonial;

4) as convenções relativas ao jogo;

5) o pacto de *quota litis* entre advogados e cliente;

6) as convenções que têm por objeto a venda ou o tráfico de influência;

7) as que têm por objeto falsear uma adjudicação pública do Estado, ou entravar a liberdade dos leilões;

8) o fato de um marido entregar sua mulher a um terceiro com a finalidade de obter dele vantagens testamentárias;

9) o compromisso de não apresentar queixa;

10) qualquer convenção acarretando proibição de reconhecer sua responsabilidade;

11) a dicotomia, pela qual um cirurgião entrega parte de seus honorários ao médico que lhe obtém a operação;

12) qualquer convenção que consagre sob qualquer forma a usura no empréstimo a juros;

13) quaisquer cláusulas, especialmente as cláusulas penais, que num contrato não tenham outra finalidade senão a de explorar a ignorância ou a falta de atenção alheia..."[34]

O Código de Defesa do Consumidor (Lei nº 8.079, de 11.09.1990) discrimina várias condutas consideradas ilegais. No art. 39, descreve as práticas abusivas, servindo como exemplo a que "condiciona o fornecimento de produto ou de serviço ao fornecimento de outro produto ou serviço, bem como, sem justa causa, a limites quantitativos". Já o art. 51 elenca as cláusulas abusivas, citando-se, para ilustrar, as que impossibilitem, exonerem ou atenuem a responsabilidade do fornecedor por vícios de qualquer natureza dos produtos e serviços ou impliquem renúncia ou disposição de direito. O art. 52, § 1º, limita o máximo da multa a dois por cento do valor da prestação.

A generalidade das leis encerra restrições. A própria disciplina de atividades ou direitos tem a razão de ser no fato de que grande parte dos direitos não é absoluta. Por isso a discriminação de direitos e obrigações, sendo exemplo a Constituição Federal, nos arts. 5º e 6º.

De modo que inaceitável se tenha como objeto do direito uma disposição que contrarie a lei em tese, ou que seja impossível, indeterminada ou indeterminável a sua prática.

6.3. Forma prescrita ou não defesa em lei

A forma, de acordo com velha definição, constitui a revelação da vontade. Elucida Antônio Junqueira de Azevedo: "Forma do negócio jurídico é o meio através do qual o agente expressa a sua vontade", podendo ser "oral, escrita,

---

[34] *Tratado de Direito Civil* – Parte Geral, ob. cit., vol. I, tomo II, p. 1.258.

mímica, ... no próprio silêncio, ou, ainda, em atos dos quais se deduz a declaração de vontade".[35] Dizia-se no direito romano: *forma dat esse rei*, ou a forma dá o ser à coisa, com o que procurava-se garantir a liberdade aos negócios jurídicos, eis que não ficavam ao arbítrio do rei, posto que, para a sua validade, impunha-se o revestimento de uma forma específica.

Presentemente, mantém-se em parte a necessidade para dar garantia às formulações e combinações da vontade. Para a prova, a visualização é importante, de modo a aparecer e não se poder alegar o seu desconhecimento. Quanto melhor instrumentalizadas as convenções ou disposições das vontades, maior a segurança imprimida aos negócios, e menor a chance de controvérsias e inadimplementos. Grande parte dos contratos e obrigações trazem dúvidas e ensejam litígios justamente pela falta da correta formulação, da precária instrumentalização e da deficiente descrição dos direitos e deveres. Por isso, válida a lembrança de Rubens Limongi França: "Os autores têm assinalado uma certa volta ao direito formalístico, imposta pela necessidade de coibir abusos na vida dos negócios. O Registro Civil, especialmente o relativo a operações imobiliárias, constitui um exemplo bastante ilustrativo dessa ponderação".[36]

A lei, para vários negócios, prevê uma forma rígida, descrevendo como devem ser revestidos, e impondo várias solenidades materializas na sua exterioridade. Para muitos negócios, constitui elemento essencial, enquanto para a maioria é livre, não vindo exigida na lei. É o art. 107 do Código Civil (art. 129 do Código anterior) que assim dispõe: "A validade da declaração de vontade não dependerá de forma especial, senão quando a lei expressamente a exigir". Quando determinada por lei, a forma é legal, consistindo, na explicação de Eduardo Espínola: "1º – Em ato público, que é a declaração recebida, de acordo com a lei, por um notário ou por outro oficial público; pelo que ao ato se atribui fé pública; 2º – o escrito particular, que é a declaração da vontade escrita ou subscrita por quem a faz; neste caso, em certos negócios se torna preciso o reconhecimento da firma por um tabelião. Tanto em um como no outro caso, é ordinariamente requerida a presença de um certo número de testemunhas e, algumas vezes, a inscrição do ato em registros especiais".[37]

Vários os negócios que requerem uma forma especial, ditada pela lei, sem a qual não valem, por força do art. 108 (art. 134 do Código anterior): "Não dispondo a lei em contrário, a escritura pública é essencial à validade dos negócios jurídicos que visem à constituição, transferência, modificação ou renúncia de direitos reais sobre imóveis de valor superior a trinta vezes o maior salário mínimo vigente no País". Os atos do casamento vêm minuciosamente descritos, não podendo ser alterados. Os arts. 1.525 e seguintes (arts. 180 e seguintes do Código revogado) apontam as

---

[35] *Negócio Jurídico – Existência, Validade e Eficácia*, ob. cit., p. 145.
[36] *Manual de Direito Civil*, ob. cit., 1º vol., p. 283.
[37] *Sistema do Direito Civil Brasileiro*, ob. cit., vol. 1º, p. 536.

formas de todos os atos ou etapas, ou como os mesmos se desenvolverão. O regime de casamento, quando não for de comunhão parcial, será lavrado por escritura pública, em consonância com o art. 1.536, inc. VII (art. 195, inc. VII, do Código anterior). Pelo art. 1.653 (art. 256, parágrafo único, inc. I, do Código anterior), é nulo o pacto antenupcial se não for feito por escritura pública.

Às próprias partes se faculta a obediência a uma forma especial, no que secunda o art. 109 (art. 133 do Código anterior: "No negócio jurídico celebrado com a cláusula de não valer sem instrumento público, este é da substância do ato". Para a segurança de certas avenças, combinam os envolvidos que seja celebrado por meio de escritura pública, como no caso de renúncia a direitos hereditários, ou de confissão de uma dívida. É de rigor a observância, para imprimir a validade.

Mesmo quando não exigida a forma especial, alguma exterioridade terão que apresentar os negócios, segundo anota Serpa Lopes: "Mas, livre ou especial, uma forma sempre é necessária para dar corpo à vontade manifestada. É o meio de traduzir o elemento volitivo e imprimir-lhe uma função na ordem jurídica e na vida social. Toda coisa deve civilmente constar a fim de se poder dizê-la civilmente existente".[38] Normalmente, a forma consiste na escritura pública, no registro em livros especiais, no lançamento do negócio de constituição ou transferência de direitos imobiliários no Registro Imobiliário, e, assim, várias outras maneiras de documentar o negócio. Se nada assinala a lei, utiliza-se o contrato particular para a transferência de propriedade de bens móveis. Mesmo a palavra verbal serve para alguns tipos de negócios, exemplificando Maria Helena Diniz: "Admite-se a forma verbal, por exemplo, para os contratos cujo valor não exceda certo limite (CC, art. 141, com nova redação dada pela Lei nº 1.768/52 e entendido conforme dispõe o CPC, art. 401); para a doação de bens móveis de pequeno valor (art. 1.168, parágrafo único); para o mandato (art. 1.290), casos em que, como é óbvio, podem as partes adotar, também, qualquer das formas escritas permitidas por lei, não esquecendo que o consentimento pode ser, ainda, dado de modo tácito, resultando do silêncio sob certas circunstâncias".[39] Os arts. 141, 1.168, parágrafo único, e 1.290, acima apontados equivalem, respectivamente, aos arts. 227, 541, parágrafo único, e 656 do Código Civil em vigor. Já o art. 401 do CPC não tem regra equivalente no novo CPC. Necessário referir que o art. 227 do Código Civil foi revogado pelo novo CPC, que entrará em vigor em 17.03.2016.

6.4. O consentimento

Ingressa na formação do negócio o consentimento, isto é, o concurso da vontade, elemento que lhe atribui voluntariedade e liberdade, ou o consenso

---
[38] *Curso de Direito Civil*, ob. cit., vol. I, p. 380.
[39] *Curso de Direito Civil*, 1º vol., ob. cit., p. 266.

consciente, na denominação de muitos, não se esquecendo que consenso compreende a existência de duas vontades que convergem. Corresponde à anuência do manifestante na realização da relação jurídica sobre um objeto determinado. Dá José Abreu o significado etimológico, resultando de "*cum + sentire*, do latim; traduz-se nesta conjugação, nesta harmonia de duas ou mais vontades, não existindo negócio jurídico se tais vontades não se amoldam ou não se ajustam. O consentimento, portanto, nada mais é que a harmonização de duas ou mais vontades sobre o objeto de uma determinada relação jurídica".[40]

Para que tenha valor e se encontre presente, deve ser pleno, sem vícios ou limitações, e especialmente livre, como já observava Pothier: "Le consentement qui forme les conventions doit être libre".[41] Quando atingido por um desses vícios, não está presente a vontade, ensejando a anulação do negócio. Válida a afirmação de Clóvis Beviláqua: "Se o ato jurídico é a cristalização de um determinado movimento da vontade, é preciso que esta efetivamente exista e funcione normalmente, para que se forme a substância do ato".[42] Embora existente a vontade, diversos os fatores que a podem afetar, comprometer ou desequilibrar, salientando-se o erro ou ignorância, o dolo, a coação, a fraude e a simulação, matéria que se desenvolverá adiante. Mesmo que no espírito do agente se encontre a ideia do negócio jurídico pretendido, um desses fatores a desvia ou lhe tira a plena faculdade de agir livremente.

De sorte que o prenúncio da perfeição do negócio jurídico, pelo art. 104, não é suficiente (no que repetiu o art. 82 do Código revogado), posto que todos são unânimes em inserir a sanidade da declaração da vontade como mais um de seus elementos. Válida a declaração negocial se a vontade tiver funcionado normalmente, não tendo sido restringida ou afetada por um dos vícios do consentimento. A declaração de vontade se destina a fazer aparecer exteriormente a vontade interna. Para conseguir esse intento, nenhum vício deve existir.

A plena voluntariedade do negócio, formando o consenso, é atingida através da conjugação dos seguintes pressupostos, como disseca Orlando Gomes: "1º – Duas declarações de vontade distintas no seu conteúdo; 2º – conhecimento de cada parte da declaração de vontade da outra; 3º – integração das duas declarações de vontade; 4º – interdependência das duas declarações de vontade; 5º – consciência de que o consentimento está formado".[43]

O consenso requer uma comunhão de lado a lado, ou seja, as vontades de ambas as partes se comunicam e se conjugam através da proposta e aceitação. Alguém faz a proposta, ou emite uma declaração de vontade. A outra parte

---

[40] *O Negócio Jurídico e sua Teoria Geral*, ob. cit., p. 120.
[41] Robert Joseph Pothier, *Oeuvres Complètes de Pothier*, Paris, P. J. Langlois – Libraire e A. Durand – Libraire, 1844, vol. I, p. 96.
[42] *Teoria Geral do Direito Civil*, ob. cit., p. 282.
[43] *Introdução ao Direito Civil*, ob. cit., p. 351.

toma conhecimento da declaração do proponente, aceitando-a. Existe, pois, a proposta e a aceitação. Uma vez se entrosando as duas declarações de vontade, ou se integrando, é mútuo o consentimento, operando-se o negócio.

7. DECORRÊNCIAS NATURAIS E ACIDENTAIS

Da realização do negócio advêm naturalmente algumas consequências, não carecendo de uma menção expressa. Daí considerarem-se *naturais*, posto que não dependem de uma previsão ou contratação, mas, resume José Abreu, resultam "do próprio vínculo estabelecido entre as partes", não sendo "mais que uma consequência, um efeito da própria relação negocial".[44] Efetuada a compra e venda, necessariamente responderá o vendedor pela integridade da coisa ou pelos vícios redibitórios, segundo deflui do art. 441 do Código Civil (art. 1.101 do Código de 1916), que estatui: "A coisa recebida em virtude do contrato comutativo pode ser enjeitada por vícios ou defeitos ocultos, que a tornem imprópria ao uso a que é destinada, ou lhe diminuam o valor". De igual sorte a evicção, na previsão do art. 447 (art. 1.107 do diploma civil anterior): "Nos contratos onerosos, o alienante responde pela evicção. Subsiste esta garantia ainda que a aquisição se tenha realizado em hasta pública".

A resolução também desponta naturalmente com o mero inadimplemento, diante da permissão do art. 475. Igualmente a disposição do art. 477 assegura ao vendedor exigir garantia do comprador na compra e venda, se lhe sobrevier diminuição do patrimônio, capaz de comprometer ou tornar duvidosa a prestação pela qual se obrigou.

As decorrências acessórias constituem-se de estipulações feitas pelas partes, com o objetivo de modificar alguma ou várias das consequências naturais, sendo exemplos a condição, o modo ou encargo e o termo. Pela condição – art. 121, subordina-se o efeito do negócio jurídico a evento futuro e incerto. Promete-se uma doação caso a pessoa consiga uma produção determinada, acima de uma previsão mínima. Pelo modo ou encargo – art. 136, coloca-se uma exigência no negócio, ou se determina um ônus ou uma obrigação à pessoa para a qual se destina o negócio. Faz-se uma doação de um imóvel para o uso em atividade filantrópica, ou para a construção de um asilo; ou condiciona-se a doação à prestação de assistência econômica e familiar ao doador. Já em referência ao termo – art. 131, tem-se em conta o início do exercício de um direito. Submete-se o efeito do negócio a um acontecimento futuro e certo, sendo exemplo a entrega de um veículo para quando a pessoa atingir a maioridade.

---

[44] *O Negócio Jurídico e sua Teoria Geral*, ob. cit., p. 161.

8. INVOCAÇÃO DA INCAPACIDADE RELATIVA EM PROVEITO PRÓPRIO

Parece óbvia a impossibilidade de se invocar a incapacidade em proveito de um dos envolvidos, a menos que seja incapaz. Realmente, não é aceitável que alguém celebre um contrato com um incapaz, e depois venha a suscitar essa situação para se favorecer, ou desconstituir o negócio. Sendo a incapacidade uma exceção pessoal, unicamente o próprio incapaz ou seu representante tem legitimidade para a alegação. O art. 105 do Código Civil, efetivamente, firma tal princípio: "A incapacidade relativa de uma das partes não pode ser invocada pela outra em benefício próprio, nem aproveita aos cointeressados capazes, salvo se, neste caso, for indivisível o objeto do direito ou da obrigação comum". Estende-se o dispositivo àqueles que se encontravam inconscientes por outros motivos, segundo lembra Francisco Pereira de Bulhões Carvalho: "Também, em geral, as mesmas restrições que devemos admitir quanto à incapacidade do louco, teremos logicamente de estender à perturbação mental transitória. Assim, por exemplo, se tivermos como certo que a incapacidade do louco não pode ser invocada pela parte que com ele contratar..., o mesmo princípio deverá ser aplicado ao caso do contrato celebrado por pessoa tornada inconsciente pela embriaguez, hipnose, ou delírio febril etc."[45]

A quais pessoas se aplica o art. 105?

No Código Civil estão discriminadas quais as pessoas absoluta ou relativamente incapazes. Às primeiras coíbe-se a realização de qualquer negócio, sendo representadas pelos pais, ou tutores, ou curadores, conforme se encontrem sob o poder familiar, sob a tutela, ou a curatela. Quanto às relativamente incapazes, mesmo que devendo participar pessoalmente nos negócios, são assistidas pelas mesmas pessoas referidas. Há, porém, hipóteses em que se reconhece a plena capacidade para alguns negócios ou atos, como na confecção de testamento (a partir dos dezesseis anos – art. 1.860, parágrafo único do vigente Código), ou para pedir ao juiz que supra o consentimento dos pais para casarem.

Exclusivamente às pessoas relativamente incapazes incide a regra. Aos plenamente incapazes reconhece a lei a legitimidade para invocar a nulidade do negócio, desde que tenham restado prejudicados.

Mesmo que seja absoluta a incapacidade, aplicava-se, no regime do Código revogado, a inviabilidade que então vinha em seu art. 83. Não fazia a lei distinção entre uma e outra espécie, não se justificando que um terceiro, ou aquele que se aproveitou da circunstância, viesse posteriormente a aproveitar-se de uma situação por ele próprio provocada. No entanto, já dominava entendimento diferente de parcela da doutrina, proibindo o direito de invocação da incapacidade aos interessados, aos relativamente incapazes, e em benefício próprio.

---

[45] *Incapacidade Civil e Restrições de Direito*, ob. cit., tomo I, 262.

Ressalva a regra a exceção no caso de indivisibilidade do objeto do direito ou da obrigação comum, que aproveita, então, aos interessados capazes, envolvendo os negócios onde há comunhão de interesses, e participando no mesmo lado um capaz e um incapaz, como observa Carvalho Santos.[46] A invocação, porém, continua restrita apenas ao incapaz. O resultado, ou o efeito, é que atinge o capaz, que é condômino junto com o incapaz. Por outras palavras, numa obrigação indivisível, tendo atuado num dos polos um incapaz em parceria ou em conjunto com uma pessoa capaz, a nulidade provocada pelo primeiro traz efeito para o condômino ou parceiro. Não, porém, que se admita a invocação pelo capaz. Figurando como adquirentes duas pessoas, e sendo uma delas incapaz, que passam a ser proprietárias do bem indivisível, somente à incapaz reconhece-se o direito de provocar a anulação. Uma vez alcançado o objetivo da pretensão, o resultado ou efeito alcança integralmente o negócio, ficando nulo o contrato também relativamente ao condômino.

9. A REPRESENTAÇÃO E A ASSISTÊNCIA

Os direitos vêm estabelecidos para todas as pessoas, não importando a capacidade ou incapacidade por enfermidade ou deficiência mental, ou pela idade. Efetivamente, os direitos inerentes à personalidade são consagrados a qualquer ser humano, independente de idade, saúde física ou mental, cor, raça, credo religioso ou convicção política. De igual maneira, o exercício dos direitos de personalidade é assegurado a todos os indivíduos, não se estabelecendo limites em função da idade ou do estado mental.

Todavia, em vista da situação pessoal, ou da falta de discernimento total ou parcial, o exercício se dá por representação ou com assistência. O art. 84 do Código Civil de 1916 enumerava os representantes: "As pessoas absolutamente incapazes serão representadas pelos pais, tutores, ou curadores em todos os atos jurídicos; as relativamente incapazes, pelas pessoas e nos atos que este Código determina". O Código de 2002 não repetiu em separado essa regra, eis que a contém quando trata da proteção das diversas categorias de incapazes, como no art. 1.634, inc. VII (quanto aos filhos sob o poder familiar), no art. 1.747 (quanto aos menores sob tutela), e no art. 1.781 (quanto aos incapazes sob curatela).

Em suma, o incapaz exerce seus direitos por meio dos representantes designados na lei, enquanto o relativamente incapaz é acompanhado ou assistido. A diferença entre capaz e incapaz está no grau de restrição de discernimento ou de percepção intelectual, que se acentua em virtude de fatores como a idade ou a doença mental. E a diferença entre representação e assistência reside no fato de que, em se tratando de incapazes absolutos, são os mesmos substituídos; se envolvidos incapazes relativos, dá-se a intervenção ou acompanhamento no negócio.

---

[46] *Código Civil Brasileiro Interpretado*, ob. cit., vol. II, p. 279.

Os casos de absolutamente incapazes estão arrolados no art. 3º, enquanto os relativamente incapazes constam no art. 4º, com as devidas alterações da Lei nº 13.146/2015 – matéria já estudada.

Na representação, opera-se a manifestação da vontade em nome de alguém. Uma pessoa efetua os negócios jurídicos da vida civil de outrem. Normalmente, a lei designa os representantes. Assim, o pai e a mãe representam os menores, de acordo com os arts. 1.630 e segs. Nomeia-se para a função um tutor, se falecidos os pais, seguindo-se as regras dos arts. 1.728 e segs.. Já a curatela é o instituto de representação, se enfermos ou doentes mentais, incapazes de exprimir a vontade, ébrios e viciados, excepcionais, dentre outras categorias, os incapazes, em consonância com as disposições dos arts. 1.767 e segs., com as alterações da Lei nº 13.146/2015.

A assistência é o instituto que traça as normas de acompanhamento de certa categoria de pessoas não totalmente incapazes. A função é dar amparo, estar presente em negócios específicos da vida civil, que dizem respeito máxime à disposição de bens. As pessoas encarregadas para essa função, como na representação, são as que exercem o poder familiar, os tutores e os curadores. Não há norma específica no Código Civil sobre o exercício da assistência, exceto em relação aos filhos. Entrementes, não se pode concluir que desapareceu o instituto da lei em relação a outras pessoas relativamente incapazes, pois justifica-se pela simples existência da incapacidade relativa.

Outrossim, dizem-se *legais* os representantes ou assistentes quando a própria lei confere a certas pessoas indicadas poderes para administrar os bens e dirigir a pessoa de outrem, como no caso dos pais, dos tutores e curadores; *judiciais* designam-se quando recebem o encargo por nomeação do juiz, o que é comum nos processos judiciais e no abandono de menores; será *convencional* o representante se nomeado pela parte.

Observa-se que a representação não se restringe aos incapazes absolutos ou relativos. Em várias outras hipóteses ocorre, como no inventário, no testamento, na falência, na ausência, na revelia em processo judicial, quando se nomeia um inventariante, um testamenteiro, um síndico, um curador.

Consoante o art. 1.634, inc. VII (art. 384, inc. V, do Código revogado), compete aos pais representar os filhos até aos dezesseis aos de idade, nos atos da vida civil, e assisti-los após essa idade até a maioridade, nos atos em que forem partes, suprindo-lhes o consentimento. Da mesma forma, idêntica função destaca o art. 1.747 (arts. 426 e 427, *caput* e inc. V do diploma anterior) ao tutor, quanto aos menores sob tutela. Pertinentemente ao curador, o art. 1.774 (art. 453 do Código Civil de 1916) estende à curatela as regras estabelecidas para a tutela, o que importa em concluir que a representação se dá até os dezesseis anos, e a assistência vai dessa idade aos dezoito anos.

Os negócios que envolvem disposição ou gravame dos bens patrimoniais dependem de prévia autorização do juiz, sendo permitidos sempre que, no mínimo, não redundarem em prejuízo aos incapazes, segundo se dessume do art. 1.691 (art. 386 do estatuto civil de 1916): "Não podem os pais alienar, ou gravar de ônus real os imóveis dos filhos, nem contrair, em nome deles, obrigações que ultrapassem os limites da simples administração, salvo por necessidade ou evidente interesse da prole, mediante prévia autorização do juiz".

Capítulo XVII

A Representação

1. CONCEITO

O Código Civil de 2002 introduziu, no Capítulo II, do Título I, que integra o Livro III, destinado ao regramento dos fatos jurídicos, a disciplina sobre a representação. O Código anterior não continha disposições sobre o assunto em um capítulo especial. As esporádicas normas que tratavam da matéria vinham nos itens que envolviam as pessoas representadas, como no art. 17, quanto à representação das pessoas jurídicas; no art. 233, inc. II, no pertinente à representação da família; no art. 384, que nomeava os pais na qualidade de representantes da pessoa dos filhos menores; no art. 476, que previa o representante dos sucessores do ausente; no art. 1.588, dispondo sobre a representação do herdeiro renunciante da herança; nos arts. 1.620 a 1.625, sobre a representação de parentes do falecido na sucessão; no art. 1.764, que permitia a representação do testamenteiro mediante procurador.

Salienta-se, porém, que regras especiais também perduram no Código de 2002, ordenando particularizadamente a representação de pessoas incapazes, de pessoas jurídicas, dos herdeiros ou sucessores, da família, dos ausentes e em várias outras situações, que são objeto do estudo de cada um desses setores. O ordenamento ora trazido em um capítulo à parte restringe-se a regras gerais, aplicáveis a todas as formas individualizadas de representação.

De grande importância a introdução de normas dessa ordem, dada a frequência como ocorre a representação, verificada em todos os campos da vida e da atividade humana.

Representar significa estar no lugar de alguém, substituir uma pessoa, fazer o papel que lhe incumbia, projetar a sua vontade em uma relação jurídica. Envolve a noção de substituição da manifestação da vontade. Nesta visão, o ato de vontade de alguém que deve figurar na celebração de um negócio é expressada por uma pessoa distinta da que o celebra. Bem expõe o sentido Mairan Gonçalves Maia Júnior: "A atuação, a vontade expressa necessária à concretização do negócio jurídico, opera-se por outra pessoa, por 'interveniente ou cooperador', o qual 'faz às vezes de', 'apresenta-se no lugar de', agindo e fazendo com que os efeitos jurídicos e econômicos do negócio celebrado por seu intermédio recaiam diretamente na esfera jurídica do substituído, ou seja, do *dominus negotii*".[1]

O representante faz a declaração da vontade, em um negócio, no nome do representado, que suportará as consequências econômicas e jurídicas decorrentes.

Sem a representação, não haveria a eficácia da personalidade jurídica no exercício dos direitos. Os negócios jurídicos pressupõem a capacidade de fato ou a regular representação, sob pena de nulidade, nos termos do art. 104, inc. I, c/c. o art. 166, inc. I, do Código Civil (art. 82 c/c. o art. 145, inc. I, do Código anterior).

Para Roberto de Ruggiero, na representação "alguém pratica um ato jurídico em lugar de uma outra pessoa com a intenção de que esse ato valha como se fosse praticado por essa outra e produzindo realmente para ela os seus efeitos".[2]

Segundo Pontes de Miranda, o representante manifesta ou comunica a vontade, o conhecimento ou sentimento de outrem.[3]

Estende-se na evidenciação Paulo Nader: "A representação é uma criação jurídica que torna possível ou contribui para o exercício dos direitos subjetivos e deveres jurídicos daqueles que estão impedidos, por um motivo ou por outro, de praticarem diretamente atos negociais. A representação, todavia, não se limita à prática de negócios jurídicos, mas se estende também ao campo dos atos jurídicos *stricto sensu*. A sua importância, por outro lado, não se contém na esfera do Direito Civil, pois alcança o *jus positum* como um todo, exclusive o Direito Penal" (*Curso de Direito Civil*, Editora Forense, Rio de Janeiro, 2003, p. 424).

Em suma, pela representação dá-se a manifestação expressa da vontade do participante do negócio jurídico por uma pessoa distinta, a qual se faz presente, atua, decide e exterioriza a vontade daquele. Através dela, efetiva-se a proteção das pessoas incapazes, de modo a não ficarem vulneradas nas vicissitudes dos negócios, especialmente nas situações mais complexas, que exigem atenção, experiência, conhecimento e manejo nos atos da vida civil. Quanto aos capazes, constitui um instrumento de agilização e facilitação das relações econômicas e jurídicas, em especial no tocante àqueles que se encontram impedidos de praticarem diretamente os negócios.

Essa manifestação da vontade de outrem decorre de convenção particular ou de disposição da lei. Normalmente, no primeiro caso há uma convenção ou contrato, sendo exemplos os estatutos sociais de uma pessoa jurídica, que elegem um administrador; a designação de um indivíduo para uma certa função ou atividade em lugar de outrem, como para uma compra, para a assinatura de um contrato, para participar de um evento. No segundo caso, a lei especifica

---

[1] *A Representação no Negócio Jurídico*, São Paulo, Editora Revista dos Tribunais, 2001, p. 22.
[2] *Instituições de Direito Civil*, 3ª ed., São Paulo, Editora Saraiva, 1971, vol. I, p. 241.
[3] *Tratado de Direito Pitado*, Rio de Janeiro, Editor Borsoi, 1954, vol. III, p. 237.

o representante, em várias situações, e, assim, na representação dos filhos, dos incapazes, dos menores sem progenitores.

O art. 115 do Código Civil sintetiza o que se disse: "Os poderes de representação conferem-se por lei ou pelo interessado".

2. DISTINÇÕES

A primeira distinção que se deve fazer é em relação ao mandato. Ambos os institutos envolvem a atribuição de funções ou encargos de uma pessoa a outra. No entanto, se se fixar a atenção para as duas formas, nota-se que no mandato há a nomeação de uma pessoa para exercer uma atividade ou desempenhar uma função em nome de outra, estabelecendo-se os poderes, os atos e negócios que devem ser executados. Discrimina-se a relação de funções. Já na representação, a própria lei especifica o rol de atos e funções, ou o tipo de atividade a ser exercida. Enquanto o mandato não prescinde de uma nomeação, a representação decorre especialmente da lei, como no caso da representação dos pais, dos tutores, dos curadores, do inventariante, dos administradores das pessoas jurídicas, embora também possa advir de convenção. Sendo o mandato um contrato, considera-se produto da vontade consensual de duas partes, enquanto a representação, quando provém de convenção, igualmente não prescinde de duas pessoas, mas podendo constituir-se por império da lei.

Em verdade, despontam situações que não permitem detectar uma diferença saliente. É que no mandato também está presente a representação. Realmente, o mandatário, enquanto realiza atos ou negócios para outro indivíduo, está representando-o. Ou seja, no mandato encontra-se inerente a representação. Diverge um instituto do outro, pois, no aspecto de que a representação decorre da lei, ou da convenção quando a atividade para a qual se dá a nomeação é dirigida para a administração, a gerência, para o desempenho de funções. Já no mandato, constitui-se com vistas a uma finalidade específica, ou para a execução de um negócio, de uma atividade, de um cargo.

Há autores que se alongam para encontrar a distinção em filigranas, pouco concluindo. Escreve Mairan Gonçalves Maia Júnior: "À formação do contrato de mandato concorrem, necessariamente, as vontades do mandante e do mandatário, sendo indispensável o mútuo consenso, como aos contratos em geral. Neste passo, o contrato de mandato caracteriza-se como negócio jurídico bilateral, por ser sinalagmático, estabelecendo direitos e obrigações a ambas as partes contratantes.

Por seu turno, a outorga do poder na representação voluntária é negócio jurídico unilateral, abstrato e receptivo, como já dito antes, sendo despicienda à sua formação a vontade do representante. Existe independentemente de seu exercício pelo representante, ou da realização do negócio jurídico representativo".[4]

---

[4] *A Representação no Negócio Jurídico*, ob. cit., p. 155.

Todavia, não se pode prescindir, na representação voluntária, a vontade do representante. Como aceitar que o ato é unilateral, ou não dependa de uma convenção, com a formulação de direitos e obrigações? Não se desconhece que tanto na representação como no mandato uma pessoa realiza um negócio jurídico por conta de outra, sendo que os efeitos se produzem direta e imediatamente em favor do representado, como se ele mesmo o tivesse praticado. Ora, isso ocorre tanto no mandato como na representação.

Em suma, a distinção é mais de nome, posto que a relação contratual encontra-se em ambas as espécies. Destaca-se o mandato quando a constituição se dá mais para uma finalidade específica, sobretudo para o desempenho de um cargo.

No sentido amplo, a representação desdobra-se em várias facetas ou graus. Assim, existe na atividade do núncio ou mensageiro, ou da pessoa encarregada de transmitir uma mensagem ou um aviso. Enquanto faz a comunicação, está a mando do emitente, mas não chega a emitir um ato de vontade, já que nada delibera ou decide. De qualquer forma, representa-o na comunicação.

Na própria gestão de negócio pode-se vislumbrar um princípio ou resíduo de representação. Embora o gestor não atue pela vontade do dono do negócio, age por conta e no interesse do mesmo. No mínimo, representa um interesse de outrem, mesmo que não tenha recebido essa incumbência.

Encontra-se a representação na atividade do intermediário e do corretor na venda de bens. Consistindo a atividade desses agentes em encaminhar um negócio, em auxiliar numa venda ou em outro contrato, a ação se realiza em nome de alguém. Por outras palavras, agindo por ordem de terceiro, representa--o nessa função.

Em todas as relações com terceiros pode haver a representação, seja qual for a forma de exteriorização, na visão de Fábio Maria de Mattia: "O âmbito da representação não se circunscreve à atividade negocial, mas se estende a toda atividade de relação com terceiros, permanecendo fora do esquema da representação apenas as eventualidades, em que a cooperação ao fato jurídico que se origina da autonomia privada se concretiza no cumprimento de atividades materiais, que não impliquem nenhuma relação jurídica para com terceiros".[5]

3. ELEMENTOS DA REPRESENTAÇÃO

De modo vago, estabelece o art. 120 do Código Civil: "Os requisitos e os efeitos da representação legal são os estabelecidos nas normas respectivas; os da representação voluntária são os da Parte Especial deste Código".

---

[5] *Aparência de Representação*, São Paulo, Editora Rumo Gráfica, 1984, p. 60.

Quando a representação vem ordenada na lei, como a que se exerce em relação aos filhos, ou aos incapazes, os requisitos são aqueles exigidos para que os atos permitidos tenham validade, e que o Código Civil discrimina para cada hipótese. A título de exemplo, os arts. 1.689 e seguintes do Código Civil (arts. 389 e segs. do Código revogado) indicam os direitos, os deveres e os atos que competem aos pais durante o tempo do exercício do poder familiar, como o usufruto sobre os bens dos filhos, a administração de seus bens, a proibição da alienação sem expressa autorização do juiz, a obrigação de prestar alimentos etc. De modo que os requisitos compreendem a obediência às disposições que tratam de tais direitos, deveres e atos.

Se estabelecida por convenção, deve enquadrar-se nos comandos legais que disciplinam o exercício dos direitos e obrigações nos vários campos em que é exercida a representação. Se ela se localiza no direito de família, as respectivas normas incidem; caso situada no direito das coisas, os poderes e negócios praticáveis submetem-se às normas que regem as relações respectivas. E assim em outros setores. Nada se permite realizar a não ser dentro do âmbito autorizado pela lei do setor onde se desempenha a representação. É possível que se faça o proprietário representar na venda de um bem; ou em um contrato de locação; ou no exercício do usufruto. A representação pode abranger os atos ou negócios que são permitidos nesses setores, inviabilizando-se, por exemplo, que faça a venda por um valor que não corresponda ao preço do bem. Em síntese, os requisitos são aqueles impostos para a validade na execução de atos estabelecidos nesses campos do direito civil.

Há, todavia, os requisitos externos, e que se resumem em três itens, ainda na visão de Luiz da Cunha Gonçalves, mas hígidos nos tempos atuais: "Em toda a representação, é indispensável que se verifiquem as seguintes condições: a) intervenção de um terceiro no contrato; b) intenção ou missão de representar outrem; c) poder de representar".[6]

Parece, pelo conceito de representação, que devem estar presentes, no campo de exteriorização, a outorga do poder de representação, a atuação em nome do representado, e a vontade de praticar o negócio para o representado.

Quanto à outorga do poder de representação, significa o recebimento de poderes para atuar em nome do representado, o que se dá por lei ou por convenção. Nesta ultima forma, existirá um instrumento transmitindo poderes, seja através de procuração, ou de uma disposição no contrato, ou nos estatutos da pessoa jurídica.

A atuação em nome do representado corresponde à atividade que exerce o representante não para si próprio, mas em favor daquele.

Já a vontade para agir em favor do representado diz respeito à consciência que o representante deve ter de que negocia em favor de outra pessoa, e não para si.

---

[6] *Tratado de Direito Civil*, São Paulo, Max Limonad editor, 1958, vol. IV, tomo I, p. 78.

4. ESPÉCIES DE REPRESENTAÇÃO

Duas as espécies de representação que mais interessam, e que são a *legal* e a *convencional*, contempladas no art. 115 do Código Civil.

Pela representação legal, que se especifica em judicial quando a nomeação se dá por ato do juiz, o poder de representar vem conferido pela lei, que expressamente discrimina a sua forma, a extensão e a finalidade. Decorre especialmente da incapacidade do sujeito de declarar a própria vontade ou de realizar um negócio em face de sua menoridade, ou da enfermidade ou deficiência mental.

Os limites da representação constam apontados na lei.

Várias as hipóteses previstas. Aponta-se, como exemplo, a representação que exercem os pais quanto à pessoa dos filhos menores, competindo-lhes, na previsão do art. 1.634, inc. VII, do Código Civil:

> "VII - representá-los judicial e extrajudicialmente até os 16 (dezesseis) anos, nos atos da vida civil, e assisti-los, após essa idade, nos atos em que forem partes, suprindo-lhes o consentimento;"

Relativamente aos tutelados, o poder de representação está indicado no art. 1.741; quanto ao ausente, os arts. 24 e 32 cuidam da curadoria de seus bens; já o art. 1.772 (alterado pela Lei nº 13.146/2015 e constando a sua revogação pelo art. 1.072, inc. II, do novo CPC, sendo seu conteúdo substituído pelo art. 755, inc. I, do mesmo diploma) versa sobre os limites da curatela. O art. 308 disciplina o pagamento feito ao representante do credor. O art. 195 garante o direito de indenização por atos prejudiciais causados pelos representantes dos incapazes e das pessoas jurídicas.

São as citações acima apenas algumas das hipóteses que o Código Civil contém sobre a representação.

Fazem parte da representação legal, ainda, as representações exercidas por inventariante, testamenteiro e síndico.

Não se considera, aqui, a representação de pessoas jurídicas de direito público ou privado.

Já a representação voluntária depara-se com uma convenção por meio da qual uma pessoa encarrega uma outra pessoa a substituí-la na realização de um negócio, declarando o ato de vontade em seu lugar. Normalmente, essa outorga de poder se opera por meio de um mandato, ou procuração, onde se inserem os poderes concedidos. O mandato se manifesta de várias maneiras, sendo comum a cláusula inserida em um contrato, autorizando alguém a assinar o documento, ou a ultimar o negócio, ou a proceder a administração. Nos estatutos sociais das pessoas jurídicas, nas atas de assembleia das sociedades anônimas, consta a nomeação do administrador, ou do diretor, ou do presidente, com a gama de poderes necessários para a administração. Quanto às pessoas jurídicas de direito público, a representação se dá na pessoa dos diretores nomeados por ato público.

Uma outra espécie que merece alguma atenção é a que divide a representação em *direta* e *indireta*.

Na direta, age-se em nome do representado, em quem recaem os efeitos jurídicos do negócio celebrado. Ele, na verdade, é o contratante que figura na relação contratual, efetuada por meio de um representante.

Na indireta, a pessoa que figura no polo da relação contratual assume os efeitos, ou suporta as obrigações. Ela deve cumprir o contrato e assume as responsabilidades. Apenas indiretamente essas responsabilidades ou os efeitos repercutem em outra pessoa. Assim acontece na agência ou representação comercial, na concessão comercial ou distribuição, em que o agente tem à sua disposição a coisa que é objeto da negociação. Ele assume a posição de contratante. No entanto, a atividade estende indiretamente os efeitos ao representado comercial, e naquele que fornece os bens na concessão comercial ou distribuição. Sendo este o titular dos produtos, sofrerá os efeitos da eficiência dos negócios que efetua o representante, ou o concessionário, ou o distribuidor. De igual modo na figura do *franchising*, que consiste em um sistema de distribuição de bens e serviços, pelo qual o titular de um produto, ou serviço, ou método, devidamente caracterizado por marca registrada, concede a outro comerciante, que se liga ao titular por relação contínua, licença e assistência para a expansão do produto no mercado. Os negócios realizados restringem-se ao franqueado, mas a sua eficiência e a obediência ao método têm influência no franqueador.

Merece nota a representação por *tempo determinado*, que se destaca pela sua delimitação a um determinado período, ou para a prática de uma finalidade, como a venda de um bem imóvel, para a administração de um prédio de condomínio, quando sempre se fixa um termo até quando se estende o contrato. Nessa ordem igualmente está a representação familiar, ou mais propriamente dos filhos, que se expira ao atingirem os mesmos a idade de dezesseis anos, observando-se que, após, até os dezoito anos, existe a mera assistência.

Tem-se a representação por *prazo indeterminado* se não vem fixado o prazo, ou enquanto dura uma atividade, ou se cumpre uma missão. Incluem-se como exemplos o representante de incapaz por doença mental, ou a constituição de mandatário sem um termo definido.

Conhecem-se outras duas modalidades: a representação *geral* e a *especial* – a primeira dirigida para todos os atos negociais, o que se dá no exercício do poder familiar, ou na curatela sem limitações; e a segunda restrita a alguns atos negociais, exemplificada na conferida para gerenciar as vendas de um estabelecimento comercial.

5. INCIDÊNCIA DOS EFEITOS DA REPRESENTAÇÃO

Naturalmente, os efeitos da representação recaem no representado, no que se revela incisivo o art. 116 do Código Civil: "A manifestação de vontade pelo representante, nos limites de seus poderes, produz efeitos em relação ao representado". A vontade que emite o representante é como se fosse do representado.

De modo que a responsabilidade recai na pessoa do titular do negócio, que assume todos os compromissos e resultados, desde, evidentemente, que se tenham restringido os negócios aos termos da representação. Quem efetivamente contrata é o representado, que se faz representar por uma determinada pessoa, a quem conferiu poderes específicos, importando em limitar o vínculo negocial apenas entre sua pessoa e a outra parte com a qual celebrou a relação jurídica. Neste contexto, revela pertinência o art. 675 (art. 1.309 do Código revogado), na seguinte redação: "O mandante é obrigado a satisfazer todas as obrigações contraídas pelo mandatário, na conformidade do mandato conferido, e adiantar a importância das despesas necessárias à execução dele, quando o mandatário lho pedir".

Em decorrência, não responde o representante pelas obrigações que o titular do negócio não cumpre. Deve a parte injustiçada voltar-se contra o representado, que é o responsável pelos atos de seu preposto ou representante. Daí que figurará o representado no polo passivo das eventuais ações ajuizadas para o cumprimento da obrigação, ou de ressarcimento. Igualmente ele deve acionar os devedores ou aqueles que se revelam inadimplentes.

Como emerge do art. 116, domina a responsabilidade do representado se a atividade do representante atém-se aos limites dos poderes que contam da representação. Daí a cautela que se impõe ao terceiro que contrata com o representante, devendo certificar-se do teor ou extensão da representação, o que conseguirá com o exame do texto onde se lançaram os poderes.

6. REPRESENTAÇÃO NO NEGÓCIO CONSIGO MESMO

Não é o caso em que um representante está no lugar das duas partes que contratam, representando-as concomitantemente. Cuida-se da hipótese de figurar alguém como contratante e de representar o outro contratante. Ao mesmo tempo em que figura na relação contratual como parte, está representando aquela que deveria estar presente para contratar com ele. Coloca a questão Mairan Gonçalves Maia Júnior da seguinte maneira: "Pode ocorrer, porém, que o representante de uma das partes da relação jurídica também seja, ele próprio, parte no negócio jurídico, participando da formação do negócio, como representante, atuando em nome do *dominus negotii*, e como contratante, intervindo com dupla qualidade".[7]

Em princípio, não há impossibilidade na formação de tal relação, conforme já era apregoado pela velha doutrina, sendo exemplo Manuel Inácio Carvalho de Mendonça: "Desde que um indivíduo pode agir ao mesmo tempo por si e

---

[7] *A Representação no Negócio Jurídico*, ob. cit., p. 173.

como representante de outrem, desde que é possível conceber-se que alguém obre como representante de uma pessoa jurídica e de outra física, há, na realidade, dois patrimônios colocados um defronte do outro e desde então é sempre possível entre estes um vínculo obrigacional, tanto e com tanta extensão como entre duas individualidades diferentes".[8] Mesmo o Supremo Tribunal Federal, em decisão não recente, reconheceu, em princípio, a validade: "O contrato consigo mesmo não encontra vedação expressa em nosso direito positivo, nem objeção teórica de monta, pois, na representação, a vontade que se obriga é a do representado, cujo patrimônio é distinto do pertencente ao representante".[9]

O Código anterior não encerrava preceito específico sobre o assunto. Podia-se, no entanto, em um ou outro dispositivo depreender a proibição de figuras parecidas ou equivalentes. Assim, no art. 1.133, inc. II, proibia a compra, em hasta pública, pelos mandatários, dos bens de cuja administração ou alienação estavam encarregados.

O atual Código não vedou o contrato consigo mesmo, ou o autocontrato, mas impõe que venha a permissão em lei, ou em autorização expressa do contratado. Eis a redação do art. 117: "Salvo se o permitir a lei ou o representado, é anulável o negócio jurídico que o representante, no seu interesse ou por conta de outrem, celebrar consigo mesmo".

A restrição imposta justifica-se plenamente, porquanto tênue a relação bilateral. Aquele que ao mesmo tempo é parte e representa o outro contratante deixa pouco espaço para a liberdade, fazendo desaparecer o poder de decisão. Realmente, se numa compra e venda o comprador representa o vendedor, em verdade faz todo o 'negócio' sozinho, decidindo mais em consonância com a sua vontade. Daí a exigência de apenas admitir-se a representação quando o representante é parte se a lei permitir especificamente, ou se uma convenção entre os figurantes autorizar, com a previsão dos termos do negócio, os direitos, encargos, e outras condições.

Em qualquer situação, a regra da moralidade há de imperar, aquilatando-se o conflito de interesses, a ponto de bem serem aferidas a prestação e a contraprestação, na esteira do direito italiano e português.

A fim de evitar manobras de burla à lei, o parágrafo único considera como realizado consigo mesmo o negócio quando o contratante, que age em nome do representado, substabelece os poderes para outra pessoa: "Para esse efeito, tem-se como celebrado pelo representante o negócio realizado por aquele em quem os poderes houverem sido substabelecidos".

Embora as restrições consignadas, não se pense que a situação ocorre raramente. Nos contratos de concessão de crédito bancário, amiúde aparecem cláusulas,

---

[8] *Contratos no Direito Brasileiro*, 3ª ed., Rio de Janeiro, Forense, 1955, vol. I, p. 267.
[9] Recurso Extraordinário nº 104.307-RS. 1ª Turma. Julgado em 22.11.1985, *DJ* de 19.12.1985.

nas quais o mutuário concede poderes para a instituição financeira preencher um título cambiário em seu lugar, geralmente uma nota promissória, com o valor da dívida, se verificada a falta de pagamento das prestações nas datas aprazadas. Os abusos chegaram a ponto obrigar o Superior Tribunal de Justiça a emitir a Súmula nº 60, vazada nos seguintes termos: "É nula a obrigação cambial assumida por procurador do mutuário vinculado ao mutuante, no exclusivo interesse deste".

O Código de Defesa do Consumidor (Lei nº 8.078, de 11.09.1990), no art. 51, inc. VIII, cominou de abusiva a cláusula, com a sua nulidade de pleno direito, que impõe representante para concluir ou realizar outro negócio jurídico pelo consumidor.

Finalmente, os mesmos princípios acima se estendem à dupla representação, isto é, ao negócio em que uma pessoa representa, ao mesmo tempo, as duas partes, como na compra e venda, atuando em nome do vendedor e do comprador. Acontece que desaparece a bilateralidade em uma relação na qual a defesa dos direitos de um dos contratantes importa em desmerecer os interesses do outro.

7. PROVA E EXTENSÃO DOS PODERES NA REPRESENTAÇÃO

É obrigado o representante a provar os poderes que legitimam sua atuação. Não é suficiente a mera alegação da qualidade de representante. Os terceiros têm o direito de examinar a soma de poderes concedidos, o que transmite segurança à manifestação da vontade.

Sobre o assunto, preceitua o art. 118 do Código Civil (art. 1.305 do Código revogado): "O representante é obrigado a provar às pessoas, com quem tratar em nome do representado, a sua qualidade e a extensão de seus poderes, sob pena de, não o fazendo, responder pelos atos que a estes excederam".

Diante da regra transcrita, atuando o representante na qualidade de intermediário, obriga-se a provar a função que exerce, e a agir dentro dos limites da procuração. Daí que assiste aos terceiros, com quem o representante contrata, o direito de impor que se lhes apresente a habilitação da pessoa que o representa, a fim de que sejam aferidos os poderes, sob pena de o representante responder perante ele por qualquer excesso.

A extensão dos poderes coloca-se como uma questão que tem trazido controvérsias. A limitação previamente estipulada pelo representado corresponde à prática daqueles negócios claramente autorizados, de sorte que se perceba a real representatividade ou não daquele que age em nome de outrem.

O desrespeito aos poderes ou à própria natureza da representação caracteriza o que se denomina excesso de poderes, resultando, daí, a necessidade de demandar o reenquadramento dos negócios nos limites previamente previstos.

Na representação legal, o excesso se dá em situações de desrespeito às ordens legais. Nesse quadro, aponta-se o exemplo dos progenitores que oneram ou vendem bens imóveis dos filhos menores, sobre os quais há o poder familiar. No pertinente à representação voluntária ou convencional, embora discriminados os poderes, vai além o representante, como, *v.g.*, alienando bens, ou oferecendo fiança a uma obrigação em favor de terceiro, quando o contrato autoriza a mera administração. Tudo o que excede os poderes conferidos, é inoperante, ou não terá a chancela legal.

Responde o representante pelos danos que causa tanto ao titular do negócio, que o representa, como a terceiros, se procedeu com excesso ou abuso de poder, tal qual acontece com o excesso de mandato.

8. CONFLITO DE INTERESSES NA REPRESENTAÇÃO

Tem-se em conta, neste item, a divergência de interesses entre o representante e o representado. Constitui princípio incontroverso que o representante atue em favor e em abono aos interesses daquele que lhe outorgou a representação. Inadmissível que contrarie sua vontade ou proceda de modo a não conseguir as vantagens próprias do negócio. Para tanto, em primeiro lugar, impõe-se que proceda de acordo com os limites da representação, não excedendo os poderes, ou não realizando atos e atividades que o contrato ou o texto legal não previa. Muito menos se tolera o exercício de funções não contempladas na convenção ou na lei, completamente alheias ao objeto do encargo recebido. A hipótese configuraria o falso representante. Além disso, importa que sempre se tenham em conta os interesses de quem é representado, de modo a satisfazer as razões que determinaram a investidura na representação, praticando os negócios que aproveitam diretamente ao representado, e não a ele, representante, ou a terceiros.

Esta fidelidade aos interesses do representado é exigida pelo art. 119 do Código Civil: "É anulável o negócio concluído pelo representante em conflito de interesses com o representado, se tal fato era ou devia ser do conhecimento de quem com aquele tratou".

Tão natural a previsão acima que é da essência da representação. Por evidente que o representante está no lugar do representado, agindo por ele. Interessa obrigatoriamente que defenda seus interesses, que são aqueles por ele indicados, a ponto de ter afirmado Pontes de Miranda, quando tratava do mandato, mas estendendo-se o conteúdo à representação: "Se o mandatário entende que as instruções do mandante destoam do interesse objetivo desse, tem de seguir as instruções, e não o de que está convicto".[10] É que o desvirtuamento do objeto da incumbência acontece com frequência pela razão de entender o representante que deve agir de conformidade com aquilo que ele acha certo,

---

[10] *Tratado de Direito Privado*, Rio de Janeiro, Editor Borsoi, 1963, vol. 43, p. 43.

e não do que lhe foi encarregado. Já Caio Mário da Silva Pereira aduziu: "O objeto do mandato é geralmente do interesse exclusivo do mandante".[11]

Assim, não se inclui no interesse do representado a cláusula que autoriza a emissão de título de crédito, se não pagas as prestações em dia, em um contrato de concessão de crédito bancário, numa situação mais comum em mandato, mas que equivale à representação.

Assinala o parágrafo único do art. 119 o prazo de decadência para a anulação dos negócios praticados em divergência aos interesses do representado: "É de 180 (cento e oitenta) dias, a contar da conclusão do negócio ou da cessação da incapacidade, o prazo de decadência para pleitear-se a anulação prevista neste artigo". O reduzido lapso temporal indicado restringe-se unicamente para a situação de prática do negócio com divergência dos interesses do representado nas demais infrações, adotam-se os períodos de tempo previstos para a prescrição ou decadência dos negócios jurídicos em geral.

9. REQUISITOS E EFEITOS DA REPRESENTAÇÃO

Obviamente, como em qualquer instituto de direito, é necessário o preenchimento dos pressupostos e requisitos para a configuração e validade da representação, os quais dizem com a capacidade das partes, a licitude do objeto, a sua possibilidade e determinação, a forma de apresentação, e o consentimento, além dos requisitos específicos para o negócio em si.

No atinente à capacidade, unicamente aqueles que se revestem de capacidade civil estão habilitados a funcionar como representantes. Incoerente que se nomeie alguém representante que necessite de assistência ou de representante. No entanto, abre-se uma exceção quando a representação se limita a mandato. O Código Civil, no art. 666 (art. 1.298 do Código revogado), autoriza a constituição de mandatário com a idade entre dezesseis e dezoito anos: "O maior de 16 (dezesseis) e menor de 18 (dezoito) anos não emancipado pode ser mandatário, mas o mandante não tem ação contra ele senão de conformidade com as regras gerais, aplicáveis às obrigações contraídas por menores".

Conjecturou-se afirmar, já no Código anterior, em que a regra equivale à do Código atual, que o dispositivo contrariaria princípio de direito, segundo o qual alguém não teria condições para gerir interesses alheios por não lhe ser reconhecida a capacidade para administrar os próprios.

Entretanto, observava Caio Mário da Silva Pereira, vigorando plenamente a interpretação: "O princípio é, todavia, explicado pela razão de que a incapacidade é instituída em benefício do menor, e desde que seja este devidamente protegido, não há razão para interdizer-lhe a aceitação do mandato. Em jogo

---

[11] *Instituições de Direito Civil*, 3ª ed., Rio de Janeiro, Forense, 1975, vol. III, p. 355.

está o interesse do mandante, cuja capacidade não obsta a que delegue poderes ao menor, se este é da sua confiança".[12]

De qualquer sorte, exclusivamente para o mandato se dá a exceção, além de não se estender para incapacidades diferentes que a da idade.

Quanto aos efeitos, decorrem os efeitos próprios em consonância com a espécie de representação, isto é, se dirigida para uma compra e venda, para uma locação, para um mútuo, para uma formação de um direito real de garantia etc, resultando, respectivamente, a transferência do domínio do bem, a posse ou uso da coisa, a entrega de uma cifra em dinheiro, e a incidência da garantia de penhor ou hipoteca, com o comprometimento do bem.

Na letra do art. 120, os requisitos e efeitos são os que aparecem previstos na lei, se a representação for legal; ou os constantes na Parte Especial do Código, no caso de representação voluntária. Eis a redação: "Os requisitos e os efeitos da representação legal são os estabelecidos nas normas respectivas; os da representação voluntária são os da Parte Especial deste Código".

O teor da norma é assaz genérica, revelando uma disposição que não carece de previsão. Naturalmente, se a representação é legal, e envolve, *v.g.*, os filhos, o pressuposto está na paternidade e na maternidade, enquanto um dos requisitos verifica-se no exercício do poder familiar. Já os efeitos compreendem a exigência da obediência dos filhos, o seu sustento, guarda e educação, dirigir-lhes a criação e formação, tê-los em sua companhia, dentre vários outros discriminados no art. 1.634 e outros dispositivos do Código Civil (arts. 384 e segs. do CC revogado). No pertinente aos órfãos, é dado essencial a morte dos pais ou a perda do poder familiar, aparecendo como requisitos a idoneidade da pessoa nomeada, o grau de parentesco com o filho menor órfão, a inexistência de inimizade em relação ao tutelado, além de outros previstos no art. 1.735 da lei civil (art. 413 do CC revogado). Quanto aos efeitos, citam-se o encargo de dirigir a educação, a prestação de alimentos, a iniciativa de providências para a correção, etc., segundo assinalam os arts. 1.740 e seguintes do diploma civil (arts. 424 e segs. do CC revogado).

Já a representação voluntária requer os pressupostos e requisitos que se exigem para os negócios jurídicos em geral. Pode-se apontar, como exemplos de pressupostos a capacidade do representante, a licitude do objeto visado na representação. Os requisitos são aqueles assinalados para o tipo de representação, como a obediência à forma prescrita ou não proibida na lei, a outorga de poderes, a especificação da finalidade, dos encargos ou incumbências, a realização dos atos que conduzem ao negócio, e, assim, na compra e venda, o recebimento do preço, a entrega da coisa, a manifestação do consentimento. No que se refere aos efeitos, lembram-se as obrigações do representante, os negócios que deve realizar, a obediência aos estritos limites constantes do instrumento, a prestação de contas, e outras decorrências ditadas conforme a espécie de representação que é exercida.

---

[12] *Instituições de Direito Civil*, ob. cit., vol. III, p. 353.

Capítulo XVIII

Da Condição, do Termo, do Prazo e do Encargo

1. ESPÉCIES DE ELEMENTOS QUE COMPÕEM OS ATOS OU NEGÓCIOS JURÍDICOS

Os negócios ou atos jurídicos compõem-se de três tipos de elementos, como é admitido na doutrina.

De um lado, estão os *elementos essenciais*, sem os quais sequer aparecem os atos ou negócios. Formam a sua composição os vários componentes estruturais, que dão especificidade e identidade aos contratos ou atos jurídicos. Cada figura jurídica tem uma individualidade, distinguindo-se das demais, o que consegue porque constituída de determinados elementos que lhe são próprios, e destinando-se à determinada função. Justamente em vista de seus componentes especiais é que se distingue das outras espécies de negócios, vindo a ocupar um lugar insubstituível na vida jurídica.

Adquirindo essa individualidade e presença insubstituível justamente pelos elementos que constituem o negócio, impõe-se que sejam identificados em cada espécie de contrato. Assim, na compra e venda são elementos próprios a coisa, o preço e o consentimento. Já na locação, aparecem o prédio, a sua entrega para o uso por outra pessoa, e o pagamento de um valor. No seguro, dentre outros elementos está a cobertura de riscos especificados. No depósito, é preponderante o compromisso da custódia ou guarda.

De outro lado, decorrem alguns elementos também próprios, ou consequências naturais, que não podem ser subtraídas da figura contratual ou negocial realizada. Não se concebe qualquer contrato sem que dele advenha naturalmente um resultado que é da sua natureza. São os *elementos naturais*, ou que defluem necessariamente para que se verifique a espécie do contrato. Assim, ainda na compra e venda, não se configura a espécie se não há a entrega da coisa, ou se o comprador omite-se em entregar o preço. Na locação, é consequência natural que o locatário receba a posse do bem. No arrendamento rural, uma vez celebrado o contrato, passa o arrendatário a explorar a utilização econômica da coisa.

Finalmente, há os *elementos acidentais*, ou não da essência do ato ou negócio, e nem exsurgem necessariamente. São acrescentados pelas partes, que os incluem não obrigatoriamente, e alteram os elementos naturais. Sabe-se que a entrega da coisa é uma decorrência da locação. Entrementes, os contratantes podem estabelecer que essa entrega se opere daí a um tempo aprazado, ou que fica na dependência de apresentar o locatário um contrato de seguro-fiança. Na doação, condiciona-se a sua efetivação ao conseguir o favorecido a aprovação em um curso científico ou técnico mencionado.

Tais elementos alteram unicamente os elementos naturais, sempre sendo possíveis na generalidade dos contratos, e vindo com a denominação não apropriada de 'modalidades dos atos jurídicos' no Código Civil de 1916.

Alguns autores, apropriadamente, partem para a compreensão explicando que a eficácia dos negócios jurídicos pode subordinar-se a acontecimentos designados pelas partes. Autolimita-se o efeito a um evento previsto. O que normalmente ocorre em uma avença, como a entrega da coisa na compra e venda, fica na dependência de um evento expressamente previsto.

O Código Civil atual assinala três espécies de tais elementos acidentais, sendo a *condição*, o *termo* e o *modo* ou *encargo*. Consideram-se acidentais porque não imprescindíveis ao ato ou negócio, que se perfaz sem eles, e ficando a sua existência na livre deliberação dos agentes da figura negocial pactuada. Não é em todos os contratos que se agregam. No casamento, não é tolerada qualquer cláusula condicional, ou nem se submete a um termo futuro. No reconhecimento de filhos, igualmente não se faz depender o ato de certas condições previamente exigidas, o que é proibido pelo art. 1.613 do Código Civil (art. 361 do Código de 1916): "São ineficazes a condição e o termo apostos ao ato de reconhecimento do filho". Quando se adota um menor, inadmissível que se subordine a vigência do ato no tempo a determinado comportamento da pessoa adotada, o que vinha expresso no art. 375 do Código de 1916, sendo omisso o atual, mas decorrendo naturalmente o princípio: "A adoção far-se-á por escritura pública, em que se não admite condição, nem termo". Nem a aceitação ou renúncia da herança submete-se a condições ou termo, na previsão do art. 1.808 e seus parágrafos (art. 1.583 do Código anterior):

> "Não se pode aceitar ou renunciar a herança em parte, sob condição ou a termo.
>
> § 1º O herdeiro, a quem se testarem legados, pode aceitá-los, renunciando a herança; ou, aceitando-a, repudiá-los.
>
> § 2º O herdeiro, chamado, na mesma sucessão, a mais de um quinhão hereditário, sob títulos sucessórios diversos, pode livremente deliberar quanto aos quinhões que aceita e aos que renuncia".

2. CONDIÇÃO

O conceito está no art. 121 (art. 114 do Código revogado): "Considera--se condição a cláusula que, derivando exclusivamente da vontade das partes, subordina o efeito do negócio jurídico a evento futuro e incerto". Tem-se um elemento voluntário que as partes inserem em um negócio jurídico, não essencial para a sua validade, subordinando os efeitos do negócio a um evento futuro e incerto.

Embora realizado o ato ou negócio jurídico, os efeitos respectivos são de um acontecimento previamente previsto, mas ocorrível no futuro, e de ocorrência incerta. Portanto, três as características da condição: que dependa da vontade das partes, que seja futura, e a sua incerteza.

Quanto à primeira, a condição depende das partes, ou é estabelecida, convencionada, não decorrendo de acontecimento da natureza ou de terceiros alheios ao negócio.

No pertinente à segunda, é óbvio que não se afeiçoa à ocorrência imediata da condição, eis que, do contrário, não seria condição. Subordinando-se a compra e venda de um insumo agrícola à ocorrência de chuva, naturalmente não se efetivará o negócio se não chover quando da celebração da compra, ou não se terá a mesma como condição. Nessa mesma linha, impossível fixar-se em uma condição no passado. Realmente, não é possível prometer uma recompensa a um operário se a produção, no passado, atingiu um nível previsto. Ou se alcançou um patamar de produção, ou não se atingiu. Ou seja, é eficaz ou não o é a estipulação. Não está na dependência de ocorrer um fato, eis que esta já se realizou.

Já em relação à incerteza, constitui elemento inerente, sob pena de já se definir antecipadamente a validade ou não do negócio. Se a pessoa conhece o resultado, ou subordina a consumação de um negócio a uma situação que necessariamente ocorrerá, consistirá a mesma em um termo, como quando se condiciona o proveito de um bem ao alcançar a pessoa determinada idade. Verifica-se quando o acontecimento pode realizar-se ou não, existindo sempre a eventualidade de acontecer ou não.

Não é exigível o cumprimento enquanto não advier a condição. Não se autoriza a uma pessoa exigir a satisfação de um compromisso se não atingida a condição assinalada. Subordina-se o pagamento à complementação de uma prestação de serviços, ou à entrega de uma pintura encomendada dentro de uma série de regras e exigências. É natural a presença dos elementos da futuridade e da incerteza, porquanto não é instantânea a entrega, e depende do preenchimento dos requisitos, sem os quais não se consuma ou se autoriza a exigibilidade daquilo que foi avençado.

O negócio realiza-se, e produz os seus efeitos desde logo. No entanto, a eficácia é que fica suspensa, sempre dependente do advento de algo futuro e incerto. Não ocorrendo a condição, não convalesce o contrato. Os elementos estruturais estão presentes e se efetivam. Entrementes, o elemento natural, que é a entrega da coisa, fica suspenso em vista de mais um elemento que se embutiu, acidental, e a cuja ocorrência fica atrelado para se consumar.

Como requisitos, impõe-se que seja *volitiva*, isto é, que venha de um ato de vontade; que venha de *forma clara e objetiva*, de modo a tornar-se facilmente percebida ou constada; que se refira a fato *futuro*, posto inconcebível a referência a fato pretérito, ou presente, como submeter o contrato à resolução se não se efetuar o pagamento de imediato. A *incerteza* do evento futuro constitui mais um requisito. Se já definido que não haverá a entrega da coisa prometida, nem se realizará o negócio. Deve revelar *possibilidade* o fato futuro e incerto. Verificada a impossibilidade, como a produção em um patamar inatingível, não se mostra válida a condição. Finalmente, cumpre que se revele *lícita* a condição, isto é, não abominada por princípios de direito e pela lei, o que aconteceria se subordinado o negócio à prática de um delito.

2.1. Classificação das condições

Vários tipos de condições podem ser apresentadas ou formuladas, ou existir, sendo que algumas são válidas e outras não. O art. 123 (art. 116 do Código anterior), invalida os negócios jurídicos subordinados às condições impossíveis, ilícitas e incompreensíveis ou contraditórias:

> "Invalidam os negócios jurídicos que lhes são subordinados:
> I – as condições física ou juridicamente impossíveis, quando suspensivas;
> II – as condições ilícitas, ou de fazer coisa ilícita;
> III – as condições incompreensíveis ou contraditórias".

O dispositivo é de grande alcance, eis que a condição simplesmente não vigora, ou não existe, passando o negócio a valer por si próprio, não submetido a qualquer condição.

As acima são algumas das condições, existindo outras.

Passa-se para a análise dos principais tipos, a começar pelas contempladas no artigo acima:

a) *Possíveis e impossíveis*

Dentro de uma divisão mais comum, e de grande incidência, conhecem-se as *possíveis* e as *impossíveis*. Como os termos estão a indicar, dependem da viabilidade ou não de se realizarem.

No tocante às primeiras, que podem acontecer ou ser realizadas de acordo com as leis da física e as normas jurídicas, são estabelecidas como precaução em certos negócios. Coloca-se uma exigência para se concretizar o negócio, servindo inclusive de garantia para o cumprimento do que se estabeleceu. É o caso de se subordinar o pagamento das prestações de um imóvel à conclusão do processo do loteamento, ou de se realizar o pagamento de uma parcela do preço na prestação de uma atividade quando da conclusão de uma etapa das obras – situação comum nos contratos de empreitada.

Já as segundas não se coadunam com a ordem natural das coisas, ou não encontram apoio na lei, denominando-se condições fisicamente impossíveis e condições juridicamente impossíveis.

Consideram-se fisicamente impossíveis quando contrariam a lei da física, ou a capacidade humana, como na promessa de recompensa se conseguir a pessoa uma produção tal em um dia no erguimento de um prédio que demanda uma semana de trabalho; concede-se um prêmio se, em uma maratona, a pessoa atinge cinquenta quilômetros por hora.

No campo jurídico, dá-se a impossibilidade por ofender a lei, ou impor a realização de uma ação que viola o ordenamento legal, como quando se condiciona o pagamento por uma atividade jurídica à obtenção, pelo prestador, de autorização para a venda de tóxicos, ou de qualquer produto cuja circulação interna encontra-se simplesmente vedada; ainda, coloca-se a possibilidade de se conceder um dote desde que o casamento se opere até os quinze anos de idade; sujeita-se o negócio de transferência de um imóvel à renúncia da pessoa em contrair casamento.

Bem claro é Carvalho Santos, quanto às fisicamente impossíveis, no regime do Código anterior: "Assim dispondo o Código, embora contra a melhor doutrina, equivale a dizer que aposta uma condição fisicamente impossível, o ato não será nulo, mas será tido como puro e simples: a condição é como se não fora escrita".

Incluem-se, nas impossíveis, aquelas que estão fora do poder humano. Realmente, não se admite colocar como condição algo que a pessoa não pode fazer. De que adianta subordinar um negócio ao fenômeno de não chover durante seis meses ininterruptos, ou de não ser a terra iluminada em toda a sua extensão pelo sol? Se essas condições vêm colocadas como resolutivas, são havidas como inexistentes, por ordem do art. 124: "Têm-se por inexistentes as condições impossíveis, quando resolutivas, e as de não fazer coisa impossível". De modo que, se postas tais condições como resolvendo o negócio, ou desfazendo o contrato se não realizadas, consideram-se inexistentes; de igual modo, impondo-se que não se faça alguma coisa impossível de fazer, sendo exemplo a entrega de uma gratificação caso se abstiver alguém de casar com pessoa do mesmo sexo, ou se não viajar em um satélite.

Dentre as condições juridicamente impossíveis, apontam-se, ainda, as hipóteses seguintes: a concessão de um benefício se o indivíduo não casar; ou se alguém adotar uma pessoa com a mesma idade do adotante, situação vedada pelo § 3º do art. 42 do Estatuto da Criança e do Adolescente – Lei nº 8.069/1990; ou se renunciar ao poder familiar; ou se um dos progenitores dispensar o outro a prestar alimentos aos filhos; ou se a mulher se prostituir; ou se o indivíduo não votar; ou se não exercer uma profissão.

Tais condições, quando colocadas como suspensivas, isto é, suspendendo o negócio enquanto não realizadas, são inválidas. Como não encontram amparo legal, não têm validade.

A diferença de efeitos, entre a impossibilidade física, tida como inexistente, e a jurídica, considerada inválida, no regime do Código antigo, era bem ressaltada por Silvio Rodrigues, um dos poucos que a destacou: "Por conseguinte, se a impossibilidade é física, o ato prevalece, considerando-se a condição como não escrita; se jurídica a impossibilidade da condição, tanto esta como o contrato em seu todo são nulos".[1]

b) *Lícitas e ilícitas*

Uma segunda espécie está nas condições *lícitas* e nas *ilícitas*, sendo relativamente fácil a compreensão, eis que ligada a distinção à permissão ou não das condições pela lei. Apresenta Antônio José de Souza Levenhagen a distinção: "A condição será lícita quando permitida por lei, como, de regra, são todas as condições não expressamente proibidas por lei. Ilícitas, obviamente, as expressamente proibidas por lei. Na categoria das condições ilícitas, incluem-se as imorais ou contrárias aos bons costumes. Desse modo, serão condições ilícitas as que imponham a proibição de não exercer a profissão, as de não trabalhar etc."[2]

O art. 122 (art. 115 do Código revogado) tem como lícitas todas as condições não contrárias à lei, à ordem pública ou aos bons costumes: "São lícitas, em geral, todas as condições não contrárias à lei, à ordem pública ou aos bons costumes; entre as condições defesas se incluem as que privarem de todo efeito o negócio jurídico, ou o sujeitarem ao puro arbítrio de uma das partes".

O ilícito não é o ato ou negócio, mas a condição, como quando é firmada uma relação de mútuo de dinheiro, com previsão de se efetuar o pagamento desde que celebre o mutuário outro contrato, como de seguro dos bens financiados; celebra-se o casamento sob a condição de se dispensar os deveres de coabitação e de mútua assistência; ajusta-se a locação de um imóvel desde que se dispense a notificação para a desocupação em se tornando por prazo indeterminado o contrato.

A doutrina divide em três subespécies as condições ilícitas: as ilegais, as imorais e as impossíveis, conforme contrariem a lei, os bons costumes ou a moral, ou são irrealizáveis. Dentre as primeiras, consideram-se as que fazem depender, *v.g.*, a concessão de um emprego à renúncia de pagamento pelo desempenho de horas extras de trabalho; ou a doação de um imóvel se o casamento se der com uma pessoa especificada; ou se condiciona o legado à manutenção do estado

---

[1] *Direito Civil* – Parte Geral, ob. cit., vol. I, p. 247.
[2] *Código Civil* – Parte Geral, ob. cit., p. 151.

de solteiro. Nas segundas, incluem-se as que encerram obrigações absurdas e incoerentes, como a de habitar sempre no mesmo lugar; a de mudar de religião; a de casar com uma pessoa de certa família; a de manter-se celibatário; a de conservar-se no estado de viuvez; a de renunciar ao poder familiar; a de desistir definitivamente de alimentos. E nas últimas quando inviáveis física ou juridicamente de serem cumpridas, conforme já analisado antes (a execução de um trabalho em um período de tempo humanamente inviável, ou a adoção do regime de comunhão universal, se maiores as pessoas de sessenta anos de idade). De acordo com o art. 122, a ilicitude abrange aquelas condições que ofendem a ordem pública ou aos bons costumes, que se enquadram nas ilegais e imorais. Realmente, a ordem pública se estabelece dentro de um ordenamento legal, o qual, violado, importa em ofensa à lei; já os bons costumes dizem respeito à boa conduta, à coadunação das atitudes à convivência social pacífica e ordeira, de modo a não destoar do conceito comum de certo e errado.

As condições de fazer coisa ilícita também invalidam o negócio, por referência do art. 123. São exemplos aquelas colocadas para determinado efeito ou resultado. Efetuar-se-á o pagamento se realizado um negócio ou ato que a lei proíbe, ou se o obrigado transgredir a lei, como se importar produtos sonegando impostos ou se contrabandear, ou se esconder mercadorias furtadas, ou se invadir uma área de terras, ou se figurar como testa-de-ferro em um negócio.

c) *Incompreensíveis ou contraditórias*

Esta classe veio introduzida pelo Código de 2002, não figurando no Código anterior.

Como incompreensíveis têm-se as não assimiláveis, ou as ininteligíveis, que a parte não as entende, seja pela redação como aparecem ou pelo conteúdo técnico. Não se acolhe uma condição cujo texto causa confusão, encontra-se mal redigido, ou carece de elementos explicativos, como aquela que submete o pagamento de uma mercadoria à sua aprovação em testes científicos referidos, cujos termos não estão ao alcance dos contratantes; ou a que permite o pagamento antecipado de uma dívida desde que se faça o cálculo com base em uma fórmula em que os fatores são conhecidos unicamente pelo credor.

As condições contraditórias são as incoerentes, expressas em juízos de conteúdo positivo e negativo concomitante. Há uma oposição entre o que se afirma e se nega. Submete-se a entrega de um bem à execução de uma tarefa que o próprio contratante não permite que se realize. Ou subordina-se o pagamento de uma obra ao seu erguimento em local onde está proibida a construção. Promete-se transferir a propriedade de um imóvel ao pagamento do preço em prestações, mas o contrato não permite o pagamento parcelado.

d) *Necessárias e voluntárias*

Conhecem-se as condições *necessárias* e as *voluntárias*, consoante são inerentes à própria natureza do contrato, ou constituem acréscimos vindos por livre disposição das vontades.

Na primeira modalidade, nem precisam ser colocadas, eis que exigidas pelo próprio contrato. Na compra e venda de imóvel, inútil aduzir que será o negócio lavrado por escritura pública, porquanto a outorga da escritura é da essência da transmissão imobiliária. No contrato de depósito, desnecessário referir a transferência da posse, eis que não se configura sem esse elemento. Não encontra qualquer sentido apor a cláusula, no testamento, de que somente será executado se o legatário sobrevir ao testador. O art. 117 do Código de 1916 afastava do conceito de condições essa espécie: "Não se considera condição a cláusula, que não derive exclusivamente da vontade das partes, mas decorra necessariamente da natureza do direito, a quem acede". Como a decorrência é normal ou natural, não carecendo que venha dito, foi omisso o vigente Código.

Na segunda espécie, a condição vem a ser um adendo que não exsurge obrigatoriamente do ajustado, sendo exemplo a que torna obrigatório o pagamento de prestações na promessa de compra e venda de imóvel depois de efetuado o registro do loteamento.

e) *Casuais, potestativas e mistas*

De grande importância as condições *casuais, potestativas e mistas*, pela constância como aparecem nos contratos.

As casuais dependem de um acontecimento fortuito, ou da vontade exclusiva de um terceiro sem nada terem a ver com a vontade humana, como quando a pessoa compromete-se a entregar a totalidade de sua produção se atingir um determinado preço no mercado, ou se for liberada a exportação do produto.

As potestativas subordinam-se à vontade de uma das partes, não se oferecendo qualquer deliberação ou decisão à outra, constituindo as mais frequentemente combatidas e invalidadas. Consideram-se arbitrárias, submetidas ao puro arbítrio de um dos contratantes, eis que, no dizer de Francisco Amaral, "a permanência ou a resolução do negócio depende unicamente da vontade da parte que tem poder de decisão sobre a eficácia, ou não, do ato".[3] Retira a posição de igualdade dos contratantes na relação estabelecida. A unicamente uma das partes assegura-se decidir quanto à continuação do negócio, ou à fixação do preço, ou a qualquer decisão pertinente a seus termos. Assim, *v.g.*, apenas ao promitente vendedor reserva-se o direito de arrependimento ou desistência; somente ao locador se garante a possibilidade de renovação; ao arrendador

---

[3] *Direito Civil Brasileiro* – Introdução, ob. cit., p. 503.

de imóvel rural restringe-se a faculdade de prorrogar o contrato. Ao devedor permite-se pagar quando dispuser de meios, ou quando puder. Insere-se no contrato de comodato que se devolverá o imóvel no momento em que outro for adquirido para a moradia.

A segunda parte do art. 122 (segunda parte do art. 115 do Código de 1916) repele essas condições: "Entre as condições defesas se incluem as que privarem de todo efeito o negócio jurídico, ou o sujeitarem ao puro arbítrio de uma das partes". Costuma-se distinguir essas condições em puramente potestativas e em simplesmente potestativas, mas sem se alcançar uma maior utilidade, conforme ficam ao inteiro arbítrio de um dos contratantes ou também dependam de um acontecimento que escapa à sua inteira alçada. Estas últimas são admitidas, e aparecem com frequência, sendo exemplos as que fazem depender o pagamento de um bem quando for revendido, mas dentro de um certo prazo; ou que permitem a prorrogação do contrato de locação à conveniência do locatário; ou que toleram o direito de arrependimento ou de retrovenda dentro de um período de tempo delimitado; ou que, em também um lapso de tempo marcado, asseguram a preferência na compra da parte indivisa de um imóvel, pertencente a um condômino.

No art. 51 do Código de Defesa do Consumidor, em vários incisos, encontram-se exemplos de condições ilícitas, que se consideram nulas, como as que impossibilitem, exonerem ou atenuem a responsabilidade do fornecedor por vícios de qualquer natureza dos produtos e serviços ou impliquem renúncia ou disposição de direitos (inc. I); as que subtraem do consumidor a opção de reembolso da quantia já paga (inc. II); as que transferem a responsabilidade a terceiros (inc. III); as que deixam ao fornecedor a opção de concluir ou não o contrato, embora obrigando o consumidor (inc. IX); as que permitem ao fornecedor, direta ou indiretamente, variação do preço de maneira unilateral (inc. X); as que autorizam o fornecedor a cancelar o contrato unilateralmente, sem que igual direito seja conferido ao consumidor (inc. XI); as que obrigam o consumidor a ressarcir os custos de cobrança de sua obrigação, sem que igual direito lhe seja conferido contra o fornecedor (inc. XII); as que autorizam o fornecedor a modificar unilateralmente o conteúdo ou a qualidade do contrato, após sua celebração (inc. XIII).

Por último, as condições mistas são aquelas que se subordinam à vontade de uma das partes e de uma terceira pessoa. Há a combinação da vontade de quem se dirige o ato e do acaso. Promete-se doar um imóvel se a pessoa casar com um indivíduo determinado. Nota-se que o evento está na dependência daquele a quem se promete o bem e da pessoa escolhida para casar. Ainda: fornece-se o imóvel para a instalação de uma sociedade se se unir com um parente citado do proprietário. Percebe-se que não basta a vontade do beneficiário, posto que a sociedade depende da concordância do terceiro. Quando a realização da condição depende de um fato externo, e não de terceira pessoa, costuma denominar-se 'promíscua', sendo exemplo a promessa de um prêmio caso consiga a pessoa escalar uma montanha. Vindo ela a adoecer, ou a se acidentar, não podendo efetuar a façanha, não receberá o prêmio.

f) *Positivas e negativas*

Seguindo, temos as condições *positivas* e as *negativas*, consoante se refiram a um fato positivo ou negativo. Cumpre-se o pagamento desde que se vender o imóvel, ou se saldará uma dívida caso não for exigida uma anterior por credor distinto. A distinção é dada com clareza por Orlando Gomes: "É positiva a condição que subordina os efeitos do negócio a acontecimento, que se realizará, ou não (dar-te-ei, se chover).

Negativa, a que subordina os efeitos do negócio à circunstância de não se verificar determinado evento (dar-te-ei, se não casares)".[4] Ocorre quando não se verificam os acontecimentos previstos. Prevê-se a locação do imóvel a uma pessoa se não manifestar outra, que tinha preferência, o interesse num prazo assegurado. Transfere-se a venda de um prédio a uma outra corretora, se a anterior não consegue consumar a transferência até certa data. Procede-se a alienação do imóvel a um terceiro interessado, caso o condômino não manifestar a preferência no prazo consignado na notificação.

g) *Suspensivas e resolutivas*

Têm incidência prática relevante a divisão em condições *suspensivas* e *resolutivas*, segundo a eficácia fica suspensa até realizar-se uma condição, ou cessará se advier a condição prevista.

Nas primeiras, não se efetua o efeito até a ocorrência de um acontecimento futuro e incerto, expressamente assinalado, como quando se condiciona a venda do imóvel à não consecução, pelo seu proprietário, da locação até certa data. Aduz Emílio Betti: "Enquanto a condição está pendente, o negócio a ela sujeito não produz a nova situação jurídica que a lei liga ao tipo de negócios de que aquele faz parte".[5] A sua previsão está no art. 125 (art. 118 do Código anterior): "Subordinando-se a eficácia do negócio jurídico à condição suspensiva, enquanto esta se não verificar, não se terá adquirido o direito, a que ele visa". Submetendo-se, *v.g.*, o crédito a uma condição, não assiste ao credor demandar o devedor, não correndo contra ele a prescrição, e assegurando-se, caso pagar induzido por erro, o direito à repetição. Nelson Godoy Bassil Dower traz um exemplo que bem clareia essas condições: "Na venda a crédito de um imóvel infungível, principalmente a longo prazo, se houver interesse das partes em que a coisa fique na posse do comprador enquanto este estiver pagando as prestações, sob condição de não transferir o domínio senão após o total pagamento do preço, o contrato a ser realizado é o da compra e venda a crédito com reserva de domínio. Através desse sistema, a transmissão do domínio está sujeita à clausula suspensiva, que é o pagamento total das prestações. O credor-vendedor

---

[4] *Introdução ao Direito Civil*, ob. cit., p. 374.
[5] *Teoria Geral do Negócio Jurídico*, ob. cit., vol. III, p. 128.

reterá o domínio do bem até o integral pagamento do preço, e, somente nesse momento, ocorrerá a transferência da propriedade".[6]

Nas resolutivas, advindo a condição cessa o negócio, ou extingue-se o ato com a verificação do acontecimento futuro e incerto. "Enquanto estiver pendente uma condição deste tipo", acrescenta Emílio Betti, "o negócio a ela sujeito produz todos os efeitos próprios do tipo a que pertence".[7] Cessa-se, assim, o pagamento de uma pensão uma vez lograr o favorecido a sua formatura em um curso universitário ou técnico, ou conseguir uma relação de emprego que lhe traz renda suficiente. No entanto, tudo quando foi realizado perdura ou não perde o efeito. Por outras palavras, o surgimento da condição resolutiva não resulta eficácia retroativa, de modo a desconstituírem-se os negócios realizados. Caio Mário da Silva Pereira dá a correta dissecação da matéria: "No ato sob condição resolutiva, inversamente, dá-se desde logo a aquisição do direito, e produz o negócio jurídico todos os seus efeitos. Importa a sua verificação na resolução do próprio negócio e desfazimento do ato. Pendente a condição, vigora a declaração de vontade desde o momento de sua emissão, e pode o titular exercer na sua plenitude o direito criado, que se incorpora, desta sorte, e desde logo, ao seu patrimônio (*adquisitio*). Realizada a condição, extingue-se o direito, resolvem-se as faculdades que o compõem, inclusive aquelas que foram instituídas em benefício de terceiros".[8]

O art. 127 (art. 119 do diploma civil anterior) contempla a espécie: "Se for resolutiva a condição, enquanto esta se não realizar, vigorará o negócio jurídico, podendo exercer-se desde a conclusão deste o direito por ele estabelecido". Em seguimento, completa o art. 128: "Sobrevindo a condição resolutiva, extingue-se, para todos os efeitos, o direito a que ela se opõe; mas se aposta a um negócio de execução continuada ou periódica, a sua realização, salvo disposição em contrário, não tem eficácia quanto aos atos já praticados, desde que compatíveis com a natureza da condição pendente e conforme aos ditames da boa-fé".

O princípio é que perdura o negócio, durante o tempo em que não se realizar. Mas, uma vez verificada, resolve-se o direito que vinha sendo exercido. Nos contratos de execução continuada, ou que vão sendo cumpridos em parcelas, ou periodicamente, não se resolve o contrato quanto aos atos já praticados. Esta disposição veio com o Código em vigor, não constando do diploma revogado. De modo que, no cumprimento de uma atividade, aquelas etapas dos serviços satisfeitas são mantidas. Unicamente as obras que restam não serão executadas. O contrário poderão dispor as partes, se o permitir a natureza do contrato. Já uma promessa de compra e venda comporta a retroatividade da condição resolutiva, se consiste na interrupção dos pagamentos.

---

[6] *Curso Moderno de Direito Civil* – Parte Geral, ob. cit., 1º vol., p. 246.
[7] *Teoria Geral do Negócio Jurídico*, ob. cit., vol. III, p. 128.
[8] *Instituições de Direito Civil*, ob. cit., vol. I, pp. 392 e 393.

A norma, em sua segunda parte, conduz a incursões mais profundas no campo dos negócios de execução ou cumprimento continuado. Se substancial ou mesmo razoável o cumprimento, não cabe a resolução, pois está na regra que a cláusula "não tem eficácia quanto aos atos já praticados". Nesta dimensão, não é aceita a resolução total, mas parcial. Se não praticável a resolução parcial ou proporcional ao que resta a ser cumprido, abre-se ensanchas para exigir de outra forma o atendimento ao crédito, ou crédito pendente de satisfação.

Em se cuidando, ainda, de condição resolutiva, embora seja omisso o Código, é permitido que seja expressa ou tácita (no Código de 1916, o parágrafo único do art. 119 previa a situação). Pode-se colocar no contrato que o advento de uma determinada situação acarreta a resolução. Às vezes, nem é necessário fazer qualquer referência, pois a resolução decorre naturalmente. Nos contratos bilaterais, cuja nota de distinção está na assunção de direitos e obrigações por ambas as partes, aparece inerente a condição resolutiva tácita. A falta de adimplemento das obrigações naturalmente leva à resolução. No caso de expressa, há a previsão da desnecessidade da interpelação, ato que se torna indispensável se não assinalada a viabilidade de resolução, em operando-se o não cumprimento de certa obrigação. É o caso de constar, no contrato, a resolução se pender alguma dívida sobre o imóvel, ou de se noticiar que a falta de pagamento de três ou mais prestações leva à resolução. Todavia, se nada se mencionou, parece evidente a necessidade da antecedente interpelação para purgar a mora, muito embora diga o contrário o art. 397, conjugado com seu parágrafo único (art. 960 do Código revogado): "O inadimplemento da obrigação, positiva e líquida, no seu termo, constitui de pleno direito em mora o devedor". O Parágrafo único: "Não havendo termo, a mora se constitui mediante interpelação judicial ou extrajudicial". A jurisprudência tem se inclinado em exigir sempre a interpelação preliminar, independentemente de constar ou não a previsão de resolução. Assim na promessa de compra e venda, e inclusive no arrendamento mercantil.

Se a resolução encontra fulcro no art. 475 (art. 1.092, parágrafo único, do Código de 1916), exige-se a interpelação, na linha do seguinte aresto, ainda aplicável, dada a equivalência das disposições no presente Código e no anterior: "A cláusula resolutiva tácita pressupõe-se sempre em todos os contratos bilaterais, independentemente de estar expressa, o que significa que qualquer das partes pode requerer a resolução do contrato do inadimplemento da outra.

A resolução do contrato, pela via cunhada no art. 1.092, parágrafo único, do CC, depende de prévia interpelação judicial do devedor, nos termos do art. 119, parágrafo único, do mesmo diploma, a fim de convocá-lo ao cumprimento da obrigação".[9]

---

[9] STJ. Recurso Especial nº 159.661-MS. 4ª Turma, de 09.11.1999, *DJU* de 14.02.2000, *in Revista do Superior Tribunal de Justiça*, 132/413.

Várias as aplicações práticas desse tipo de condições. Enquanto não realizada a condição suspensiva, não se incorpora o direito ao patrimônio do sujeito, sustentando Clóvis Beviláqua, mantendo-se válido o ensinamento ao Código de 2002: "Se a eficácia de um ato jurídico depender de condição suspensiva, enquanto esta se não realizar, o direito a que se refere o ato não se considera adquirido. É apenas uma expectativa de direito, *spes debitum iri*. Todavia, é permitido ao titular do direito eventual exercer os atos assecuratórios de seus interesses".[10] No entanto, uma vez consumada a condição, o direito se incorpora ao sujeito ativo desde o dia da celebração do negócio, abrangendo também o período da vigência da condição. Tem-se, aí, o chamado efeito retroativo ou *ex tunc* das condições. Com efeito, acontecendo o fato que torna exigível o crédito, esse crédito considera-se existente desde o momento da sua constituição. Cabe, pois, a sua exigibilidade com os encargos próprios a partir da celebração do negócio, acompanhados dos frutos produzidos. No mesmo sentido o ensinamento de Carlos Alberto Bittar: "Pendente a condição, remanescem na expectativa de direitos ou de obrigações as partes; ocorrida, opera *ipso jure* e *ex tunc*, tornando os direitos integrados aos patrimônios das partes, os quais passam de potenciais a atuais; e, por fim, caso se não verifique, tornando-se impossível o fato, as partes retornam ao estado anterior ao do negócio".[11] Naturalmente, há a exceção do art. 128, já examinada.

No atinente a direitos reais, não incide a retroatividade, uma vez que, explica Maria Helena Diniz, "só há transferência de propriedade após a entrega do objeto sobre que versam ou da escritura pública devidamente transcrita".[12] Envolvendo direitos reais, pois, durante o espaço de tempo em que vigora a condição os frutos da coisa alienada pertencem ao alienante, justamente porque a transmissão da propriedade se opera com a tradição.

Vindo a condição suspensiva, ou o seu implemento, não terá efeito retroativo sobre os bens fungíveis e móveis, adquiridos de boa-fé (no que se aplica o art. 128), e imóveis cujo título não traga a referência da dita condição. Não pode submeter-se à desconstituição o negócio pelo só fato de operar-se a condição, que envolveu a entrega de coisas fungíveis, nem quanto a móveis ou imóveis, a menos que se ache consignada a condição. Realmente é difícil, uma vez já tendo sido entregues as coisas fungíveis, que se volte ao estado anterior, até porque os bens são consumíveis e se transferem para outras pessoas, devendo se imprimir segurança à sua circulação legal. O mesmo diga-se quanto às demais coisas e aos imóveis sem o registro imobiliário da limitação suspensiva.

Mesmo que não realizada a condição suspensiva, alguns direitos assistem ao titular do direito que está para ser alcançado. Cabe-lhe exercer a defesa e

---

[10] *Teoria Geral do Direito Civil*, ob. cit., pp. 307 e 308.
[11] *Curso de Direito Civil*, ob. cit., vol. 1, p. 142.
[12] *Curso de Direito Civil Brasileiro*, ob. cit., 1º vol., p. 276.

conservação do direito que se encontra em expectativa. O art. 130 (art. 121 da lei de 1916) deixa claro o direito de praticar atos de conservação: "Ao titular do direito eventual, nos casos de condição suspensiva ou resolutiva, é permitido praticar os atos destinados a conservá-lo". Efetivamente, inconcebível que um titular de direito futuro, e ainda dependente de uma condição, não tenha o direito de velar pela conservação, com as necessárias garantias ao seu normal exercício, e as ações assecuratórias da conservação.

Quais os atos conservatórios? Constituem os indispensáveis a afastar os embaraços ou obstáculos para o exercício futuro de um direito, ainda se apresentando útil a exemplificação de Carvalho Santos: "Atos que têm por fim assegurar a prova do direito: reconhecimento de firma, inscrição, registro, exames e vistorias *ad perpetuam rei memoriam*.

Atos que visam a garantir o próprio direito: caução, interrupção da prescrição, protesto, pedido de falência do devedor, constituição em mora".[13]

Acrescentam-se os atos tendentes a impedir a perda ou deterioração do objeto do direito.

O art. 126 (art. 122 do diploma de 1916) dispõe sobre a condição suspensiva de um negócio, e sobre novas disposições embora existente a condição suspensiva: "Se alguém dispuser de uma coisa sob condição suspensiva, e, pendente esta, fizer quanto àquelas novas disposições, estas não terão valor, realizada a condição, se com ela forem incompatíveis". Com efeito, considera-se a entrega de um bem dependente de uma condição futura, a qual, se realizada, opera a transferência. Ora, inconcebível que novas disposições venham sobre o ato que está sob condição, de modo a invalidá-la ou prejudicá-la. Uma vez se contrapondo, ou dispondo em sentido contrário, as posteriores disposições não mantêm qualquer validade. Suponha-se a seguinte eventualidade prática: um indivíduo faz uma venda, que fica em suspensão em face de uma condição a que se subordina. Pendendo essa condição, ou não realizada ainda, pratica uma doação a pessoa estranha. Considerando a possibilidade de não se consumar a venda, porquanto não acontecida a condição, fica inteiramente nula a doação. Diferente a situação se vige um contrato de comodato, que depende, para se consumar, de uma condição. A venda antes de acontecer a condição que torna consumado o comodato não será invalidada, eis que não se contrapõe o comodato à venda. Permite-se que se transmitam bens comodatados.

O art. 129 (art. 120 do Código da Lei nº 3.071) cuida das manobras desenvolvidas para não se verificar a condição suspensiva, e das manobras para que seja levada a efeito a condição resolutiva: "Reputa-se verificada, quanto aos efeitos jurídicos, a condição cujo implemento for maliciosamente obstado pela parte a quem se desfavorecer, considerando-se, ao contrário, não verificada a condição maliciosamente levada a efeito por aquele a quem aproveita o seu implemento".

---
[13] *Código Civil Brasileiro Interpretado*, ob. cit., vol. III, p. 84.

É possível que seja obstada propositadamente pela parte não favorecida a condição. Impede-se que advenha o fato que torna, *v.g.*, definitiva a aquisição, como a efetivação do pagamento restante do preço de um produto. Ou, tomando-se um exemplo com frequência usado, o testador contempla um empregado com um legado, desde que continue a prestar seus serviços à viúva. Entretanto, esta o despede injustificadamente. Impede-se, no caso, a realização da condição.

Pode ocorrer que seja levada a efeito a ocorrência da condição, para obstar, assim, que se complete o negócio jurídico. Esta situação se opera na condição resolutiva. Prevê-se, no contrato, que não atingindo a produção um determinado nível, rompe-se o contrato de empreitada, ou de parceria. O proprietário da obra ou do imóvel impede, através de manobras ilícitas, que se alcance a produção colocada como condição para a renovação do contrato. A ocorrência desse fenômeno não tem o condão de frustrar o negócio previsto.

De um lado, se frustra maliciosamente a condição que leva a adquirir o direito; de outro, procura-se, também com malícia, que se realize, com o que perece o direito.

3. TERMO

Emílio Betti introduz ao conteúdo de termo: "Quando a parte não tem motivo para deixar em suspenso, ou para por em dúvida, o valor vinculativo do negócio, mas tem, em vez disso, interesse em diferir ou limitar no tempo a sua realização prática, fazendo-a começar ou cessar numa certa data, obtém esse efeito apondo-lhe um termo".[14]

Obviamente não no sentido de vocábulo ou palavra, constitui o dia em que inicia a ter efeitos ou se extingue o ato ou negócio jurídico; ou o momento do começo ou da cessação da eficácia de um ato ou negócio jurídico. O termo marca o início ou a extinção do ato ou do negócio, que nem sempre inicia concomitantemente à sua perfectibilização. Prevê a lei um início, e contempla quando se extingue.

Como ocorre com a condição, pode retardar por algum lapso de tempo para a eficácia do ato ou negócio jurídico. Todavia, distingue-se da condição, que submete o efeito do negócio a um evento futuro e incerto. Já o termo não depende da ocorrência de um evento que pode acontecer ou não, mas inicia com a sua ocorrência, a qual é certa e inevitável. Pode-se falar em fatalidade na sua verificação, diversamente da condição, cuja nota fundamental está na eventualidade de acontecer. É a explicação dada por Nelson Godoy Bassil Dower: "Se o momento do acontecimento for futuro, mas inevitável, estaremos frente ao 'termo', que não se confunde com a palavra 'termo' usada no processo e que

---

[14] *Teoria Geral do Negócio Jurídico*, ob. cit., vol. III, pp. 157 e 158.

é uma declaração exarada em processos judiciais. A palavra 'termo' do direito material significa o dia do início do exercício de determinado direito, ou o fim dele. Esse dia, que é fatal, poderá ser certo ou incerto. Certo se há uma data determinada para o acontecimento previsto; caso contrário será incerto. A morte é exemplo de momento incerto, mas inevitável".[15]

Igualmente não se confunde com o prazo, que é a previsão de algum tempo fixado para a entrada em vigor do ato, ou para o mesmo surtir efeito. Mais precisamente, equivale ao lapso de tempo intercalado entre a efetivação do ato ou negócio e sua previsão para valer, ou entre a declaração da vontade, ou a efetivação do negócio, e a superveniência do dia designado. O termo constitui um evento, um fato, um acontecimento que se assinala para começar a surtir efeitos o negócio, e não um mero conjunto de dias, o que se dá no prazo.

Serpa Lopes, em distinção profundamente útil e clara, traz a ideia de obrigação simples, obrigação condicional e obrigação a termo: "A obrigação simples existe a partir do momento em que se dá o consentimento recíproco das partes e a sua execução pode ser exigida imediatamente. A obrigação condicional, como já vimos, nasce no momento em que ocorre o evento. As obrigações a termo, como as obrigações simples, nascem no momento em que ocorre a manifestação da vontade, mas, diferentemente das obrigações simples, a sua execução fica suspensa ou retardada até o momento do evento".[16]

As disposições do Código de 2002 praticamente equivalem àquelas do Código anterior, sendo, pois, válida a doutrina que dissertava sobre o assunto.

3.1. Espécies de termos

Várias as modalidades de termos que se costuma destacar na prática, tanto no direito civil como no processual civil. Destacam-se as seguintes:

a) *Termo inicial*, quando indica o momento em que a eficácia do ato ou negócio deve iniciar, ou marca o início dos efeitos.[17] Usa-se a expressão latina *dies a quo* para significá-lo. Representa um retardamento do exercício do direito para determinado momento, encontrando-se a significação no art. 131 (art. 123 do Código anterior): "O termo inicial suspende o exercício, mas não a aquisição do direito".

Esse período de tempo previsto é conhecido como "termo suspensivo", já que desloca a exigibilidade do direito para certo tempo ou acontecimento, sendo exemplo o contrato de locação por temporada, vigorando no período do veraneio.

---

[15] *Curso Moderno de Direito Civil* – Parte Geral, ob. cit., 1º vol., p. 252.
[16] *Curso de Direito Civil*, ob. cit., vol. I, p. 441.
[17] Ruggiero, *Instituições de Direito Civil*, ob. cit., vol. I, p. 264.

Não envolve a aquisição do direito, que se dá imediatamente. O exercício fica protraído para daí a certo tempo, como se verifica na previsão do pagamento para uma data fixada. Durante o período, os riscos da coisa certa são do devedor, se a ele cabe a entrega. Não assiste ao credor pretender a obrigação antes do tempo assinalado. Todavia, nada impede a promoção de medidas assecuratórias, ou de atos de conservação, de modo a prevenir-se contra os riscos ou perigos que corre o seu direito. Parece, outrossim, evidente que a prescrição inicia unicamente quando do início do exercício do direito, eis que, antes, não há o exercício do direito.

b) *Termo final*, assim considerado quando expressa a data do término ou da cessação dos efeitos do ato ou negócio. Corresponde ao momento em que finda a relação jurídica. Prevê-se que o arrendamento rural se conclui no final da safra que inicia no próximo verão, ou que o depósito se prolonga até concluir-se a construção de um prédio, ou que o início da cobrança de taxa condominial começa com a entrega das unidades habitacionais.

c) *Termo certo*, significando uma data definida do calendário, com a menção do dia, mês e ano, ou um período de tempo específico para a ocorrência de um fato, ou para operar-se o efeito jurídico de um ato ou contrato. Designa-se a data, ou o número de anos, meses e dias, sendo, ainda, comum apontar um determinado fato para determinar o momento em que se opera o feito, ou se torna exigível a obrigação.

d) *Termo incerto*, se equivale a eficácia a um evento que ocorrerá, mas não se sabendo o momento sequer aproximado. Fica indeterminada a data, mesmo que haja alguns elementos que a situem numa época. Promete-se efetuar o pagamento quando da venda do produto a ser colhido, ou acerta-se a entrega de um imóvel vendido justamente no dia em que se conseguir o despejo de um inquilino. A propriedade transfere-se para os herdeiros quando da morte do titular, não se sabendo quando acontecerá. Se, entrementes, a promessa de doação se submete à anterior morte de uma pessoa, está-se diante de uma condição, no que se distingue do termo. De idêntico modo, caso submetida a realização de um negócio à ocorrência de um fato, sendo exemplo o compromisso da entrega de um imóvel a um filho quando o mesmo contrair matrimônio. Embora se insiram elementos do termo incerto, prevalece mais a condição do casamento para dar-se a posse.

Para valer o termo, deve ser ainda possível, como externa Ruggiero: "Deve designar como princípio ou fim da eficácia do negócio um momento que possa na realidade existir. Um termo pode ser absolutamente impossível por inexistência física (o 380º dia do ano; o dia em que atinge a maioridade uma pessoa já morta); e pode ter lugar, mas ser absurdo, por contradição manifesta com a natureza do negócio (o dia da morte do usufrutuário como *dies a quo* na constituição do usufruto...)".[18]

---

[18] *Instituições de Direito Civil*, ob. cit., vol. I, p. 266.

e) *Termo legal ou convencional*, conforme venha estabelecido por lei ou decorra de fixação pelas partes.

f) *Termo suspensivo ou resolutivo*, caracterizando-se o primeiro com o advento de um fato contemplado no negócio, e que o tornará efetivo e concretizado, tal como acontece na condição. Confunde-se, nos efeitos, com o termo inicial, pois marca o momento da perpetração dos efeitos. Exemplo encontra-se no art. 1.923 do Código Civil (art. 1.690 do Código revogado), ao instituir que "desde a abertura da sucessão, pertence ao legatário a coisa certa, existente no acervo, salvo se o legado estiver sob condição suspensiva".

Já o resolutivo marca o dia da cessação dos efeitos de um negócio jurídico. Assim quanto a uma locação, no qual se insere o prazo de duração.

g) *Termo possível*, importando em sua viabilidade, como o início do pagamento ao se colher determinada cultura agrícola, que já se encontra semeada. Já se estabelecendo que a entrega de um bem ocorrerá ao atingir um preço fora do patamar comum, totalmente irreal, importa em reconhecer-se impossível o termo.

3.2. Incidência das regras da condição ao termo

O art. 135 (art. 124 do Código vindo com a Lei nº 3.071) expressamente equipara o termo à condição, no que couber: "Ao termo inicial e final aplicam-se, no que couber, as disposições relativas à condição suspensiva e resolutiva".

As regras do art. 121 ao art. 130 estendem-se ao termo inicial e final. Estes dispositivos tratam da definição de condição, que deriva unicamente da vontade das partes. O art. 122 especifica as condições lícitas. Como importantes, citam-se, ainda, os arts. 123, 124 e 125 – o primeiro quanto às condições que invalidam o negócio; o segundo, delineando como condições inexistentes as impossíveis, quando resolutivas; o terceiro, dispondo sobre a subordinação da eficácia do negócio jurídico à condição suspensiva. De acordo com outros cânones, enquanto não se realizar a condição, pode o titular de direito eventual exercer atos de conservação, como impedir a invasão, ou o esbulho, ou o apossamento por terceiros (art. 130). Se um negócio depende de uma condição futura, não é permitido estabelecer uma situação que inviabilize a condição, ou a torne incompatível, o que ocorre se, *v.g.*, dependendo a entrega da posse do bem à restituição pelo locatário, o proprietário firma antecipadamente um outro contrato de locação futura ara pessoa distinta (art. 126).

De modo que, no lapso destinado a ocorrer o termo, pode o titular do direito praticar atos de conservação ou defesa no tocante ao bem ou benefício que usufruirá; ainda, não terá valor a disposição que, no curso desse lapso de tempo de aguardo para ocorrer a eficácia, a pessoa obrigada aliena o bem a ser recebido, ou transfere a posse para outro indivíduo. Carvalho Santos bem elucidava a questão, mantendo-se atual a lição: "... Aquele que tenha um direito já definitivamente adquirido, cujo exercício está pendente apenas de um dia determinado ou fato certo, não pode ser prejudicado com qualquer ato de disposição realizado *in medio tempore* pelo devedor ou alienante, razão de ser da remissão feita ao art. 122".[19]

Já no pertinente ao termo final, aplica-se o disposto no art. 127, que se refere à condição resolutiva. Em vista do texto deste preceito, enquanto não se realizar a condição negativa, vigorará o negócio jurídico, com permissão para o exercício do direito nele contido. Unicamente quando verificada a condição, extingue-se o direito a que a mesma se opõe. O mesmo incide no negócio sujeito a termo final. Até o momento previsto para chegar à condição que resolve o ato, ou não se realizando o evento resolutivo, vale o negócio jurídico em toda a sua extensão. Permite-se ao titular executar, desde a declaração da vontade, os direitos permitidos pelo negócio. Vindo a condição resolutiva, não se dá a perda de efeito dos negócios praticados antes, sendo válidos, ou não operando a condição resolutiva eficácia retroativa. De modo que se extinguindo um contrato de comodato em razão de verificar-se o aparecimento de um filho que estava ausente, o que fora previsto quando de sua celebração, não ficam invalidados os atos de proveito exercidos, nem podem ser desconstituídos os efeitos que ainda perduram, como o direito de colher os frutos pendentes (art. 128).

Tem incidência, no termo, o texto do art. 129. Reputa-se verificado o termo, no pertinente aos seus efeitos, cujo implemento vier a ser maliciosamente obstado pela parte, a quem desfavorecer. Estipula-se, em um exemplo, a entrega da posse para o momento do término da obra, ou da conclusão do inventário. As condutas protelatórias podem conduzir a considerar-se verificado o termo. Outrossim, se maliciosamente antecipado esse momento, não surtirá efeito, o que se apresenta viável de ocorrer ao se combinar a permanência na moradia de um empregado enquanto previsível a duração de uma atividade; a despedida imotivada ou sem justa causa não resolve o direito da moradia, pelo menos até o tempo suficiente para o término da atividade.

Enquanto não se realiza o termo, fica o titular do direito autorizado a praticar os atos necessários à conservação do bem, de modo a evitar a sua deterioração, ou a perda, ou turbação através de esbulhos e outras ações prejudiciais de terceiros.

4. PRAZO

Já se delimitou o significado de prazo, ao se proceder a sua distinção do termo. Significa o lapso de tempo assinalado ou marcado para a duração

---

[19] *Código Civil Brasileiro Interpretado*, ob. cit., vol. III, p. 100.

de um ato ou negócio jurídico, ou o período marcado para que surta efeitos ou comece a existir, ou para a realização de um ato, especialmente de ordem processual. Mais precisamente, no conteúdo do direito material, compreende o espaço temporal entre a declaração de vontade e a superveniência do termo, ou do instante para a sua vigência. Esse o conceito, perfeitamente atual, dado por Clóvis Beviláqua: "Prazo é o lapso de tempo decorrido entre a declaração da vontade e a superveniência do termo".[20] Efetivamente, equivale ao número de anos, meses, dias, horas, e até minutos ou segundos para que comecem os efeitos de alguma coisa que se combinou, ou de um ato, ou de um contrato.

Na verdade, em princípio a unidade do tempo é o dia, ou o período entre duas meias-noites. Convencionou-se estabelecer a duração do dia entre uma meia-noite e outra meia-noite, tanto que a partir desse momento se inicia a nova contagem das horas ou do dia seguinte.

Entrementes, especialmente em processo, não é raro demarcarem-se os prazos em horas, devendo, então, ser contados com base nessa unidade. O art. 190 do Código de Processo Civil contempla hipóteses desse tipo de prazo:

> "Incumbirá ao serventuário remeter os autos conclusos no prazo de vinte e quatro (24) horas e executar os atos processuais no prazo de quarenta e oito (48) horas, contados:
>
> I – da data em que houver concluído o ato processual anterior, se lhe foi imposto pela lei;
>
> II – da data em que vier ciência da ordem, quando determinada pelo juiz.
>
> Parágrafo único – Ao receber os autos, certificará o serventuário o dia e a hora em que ficou ciente da ordem, referida no nº II".

O novo CPC, no art. 228, alterou os prazos, aportando regra específica para os processos em autos eletrônicos, quando os atos ocorrerão de modo automático, independentemente do ato do serventuário da justiça:

> "Incumbirá ao serventuário remeter os autos conclusos no prazo de 1 (um) dia e executar os atos processuais no prazo de 5 (cinco) dias, contado da data em que:
>
> I - houver concluído o ato processual anterior, se lhe foi imposto pela lei;
>
> II - tiver ciência da ordem, quando determinada pelo juiz.
>
> § 1º Ao receber os autos, o serventuário certificará o dia e a hora em que teve ciência da ordem referida no inciso II.
>
> § 2º Nos processos em autos eletrônicos, a juntada de petições ou de manifestações em geral ocorrerá de forma automática, independentemente de ato de serventuário da justiça".

---

[20] *Teoria Geral do Direito Civil*, ob. cit., p. 311.

A disciplina sobre os prazos é extensa, tendo relevância maior no direito processual civil, revelando grande importância.

A matéria deve ser examinada sob o enfoque do direito material e do direito adjetivo. Pode-se afirmar que o Código Civil, ao cuidar do assunto, ingressa em matéria processual, pois disciplina as condições para a validade dos atos jurídicos sob o enfoque do tempo.

Algumas especificações tornam-se necessárias, para melhor ordenar os assuntos, sobressaindo as seguintes:

a) *Quanto à contagem*. A disciplina está no art. 132 (art. 125 do Código de 1916): "Salvo disposição legal ou convencional em contrário, computam-se os prazos, excluindo o dia do começo, e incluindo o do vencimento". Regra idêntica está no art. 184 do Código de Processo Civil (art. 224 do novo CPC): "Salvo disposição em contrário, computar-se-ão os prazos, excluindo o dia do começo, e incluindo o do vencimento".

b) *Início ou término*. Começa a fluir ou conclui-se no dia útil seguinte, como ordena o § 1º do art. 132 (§ 1º do art. 125 da lei civil de 1916): "Se o dia do vencimento cair em dia feriado, considerar-se-á prorrogado o prazo até o dia seguinte útil". Os §§ 1º e 2º do art. 184 do diploma processual civil seguem em idêntico sentido, porém mais pormenorizadamente.

O § 1º: "Considera-se prorrogado o prazo até o primeiro dia útil se o vencimento cair em feriado ou em dia em que:

I – for determinado o fechamento do fórum;

II – o expediente forense for encerrado antes da hora normal".

Já o § 2º: "Os prazos somente começam a correr do 1º (primeiro) dia útil após a intimação (art. 240 e parágrafo único)".

O novo CPC, nos §§ 1º, 2º e 3º do art. 224, que correspondem aos dispositivos acima, traz a previsão de situações especiais quanto ao início e ao término, como quando o expediente do foro abre e encerra em horários diferentes dos normais, quando houver indisponibilidade da comunicação eletrônica, quando da disponibilização da informação no Diário da Justiça eletrônico e quando não cair em dia útil:

> § 1º: "Os dias do começo e do vencimento do prazo serão protraídos para o primeiro dia útil seguinte, se coincidirem com dia em que o expediente forense for encerrado antes ou iniciado depois da hora normal ou houver indisponibilidade da comunicação eletrônica".
>
> § 2º: "Considera-se como data de publicação o primeiro dia útil seguinte ao da disponibilização da informação no Diário da Justiça eletrônico."
>
> § 3º: "A contagem do prazo terá início no primeiro dia útil que seguir ao da publicação".

c) *Meado do mês.* Conforme o § 2º do art. 132 do Código Civil (art. 125 do diploma civil revogado), "Meado considera-se, em qualquer mês, o seu 15º (décimo quinto) dia". No entanto, comumente emprega-se a expressão para representar o meio do mês, não importando que envolva um ou mais dias abaixo ou acima da metade dessa unidade de tempo. Em termos rígidos, porém, seja o mês de vinte e oito ou trinta e um dias, representa sempre o décimo quinto dia, não importando que não seja o meio do mês.

d) *Mês e ano.* O mês compreende o período de dias de acordo com o número que aparece no calendário. Assim, se fixado o prazo de um mês, e iniciando no dia 1º, no mesmo dia do mês seguinte finda o prazo. Começando no dia 25, e sendo de três meses, nesse dia, passado o período, é que se deu o vencimento. Portanto, no dia 25 encerra-se o prazo. Idêntico critério estende-se ao ano. Se se tomar para a contagem o dia 3, esse o marco do ano seguinte em que já se dá por encerrado.

Não havendo exata correspondência, o término se dá no dia imediato. Por outros termos, iniciando-se a contar em um mês com a duração de trinta e um dias, e começando no dia 31, aí o término será considerado ocorrido no dia 31 do mês seguinte. Mas se o mês seguinte, ou do vencimento, for de trinta dias, tem-se como terminado no dia seguinte imediato, isto é, no dia 1º do outro mês. Contendo o mês 28 dias, e começando no dia 31 de janeiro, no dia 1º de março dá-se o vencimento. Esta a forma que decorre da redação do § 3º do mesmo dispositivo art. 132: "Os prazos de meses e anos expiram no dia de igual número do de início, ou no imediato, se faltar exata correspondência".

Houve substancial diferença em relação à previsão do Código de 1916 – § 3º do art. 125 –, com este texto: "Considera-se mês o período sucessivo de 30 (trinta) dias completos". Não se afastava de sua abrangência o mês com vinte e oito, ou vinte e nove, ou trinta e um dias. Para a contagem eram contados trinta dias. Quando se estipulava o prazo em mês, abrangia esta unidade sempre trinta dias. De sorte que, fixando-se o lapso para pagamento depois de três meses da data do ato, a contagem envolvia três períodos de trinta dias a partir desse dia. Sendo o dia primeiro do mês de março, estendia-se o lapso assegurado até o dia 29 de maio – isto é, trinta dias do mês de março, sobrando um dia, acrescido ao mês de abril, somando-se mais trinta dias, cuja contagem concluía-se em vinte e nove de maio. Se referido o nome do mês, restava óbvio que se observava o número de dias que possuía o mês, como quando se estabelecia o adimplemento em um mês mencionado.

Com o Código atual, parece que ficou mais simples a contagem. O vencimento ocorre sempre no mesmo dia do início, do mês previsto para o término. Se não coincidir o dia com aquele do começo, será o dia seguinte imediato.

Acrescenta-se, quanto ao ano, que corresponde ao período de doze meses, computando-se no dia do mês previsto e concluindo-se no mesmo dia e mês correspondentes do ano seguinte. Não é praticável estender a contagem de doze meses de trinta dias cada ano, eis que provocaria dissonância sensível entre o tempo assim determinado e o tempo astronômico.

e) *Prazo fixado por hora*. Conta-se de minuto a minuto, em obediência ao § 4º do art. 132 da lei civil, que repete regra do § 4º do art. 125 do Código revogado: "Os prazos fixados por hora, contar-se-ão de minuto a minuto". Regra aplicada pela jurisprudência: "Prazo legal fixado em horas. Contagem, minuto a minuto, do momento da intimação. Ao prazo fixado em horas não se aplica a regra de exclusão do dia da intimação; conta-se, de minuto a minuto, do momento da intimação (no caso, da circulação do Diário da Justiça, que publicou a pauta do julgamento), quer se considere incidente o Regimento Interno do TSE, quer por analogia à norma do art. 125, § 4º, do CC".[21]

Não constando a hora, a contagem é consoante a regra geral, isto é, exclui-se o dia do começo e inclui-se o do vencimento: "Porém, na hipótese de intimação feita pela imprensa, onde não se indica a hora em que foi efetuada, o mais razoável é observar a regra geral do art. 184 do CPC, isto é, excluir o dia do começo e incluir o do vencimento por inteiro".[22] A regra equivalente ao mencionado art. 184 está no art. 224 do novo CPC, mudando parte da redação, mas conservando o sentido.

f) *Nos testamentos e nos contratos*. Conta-se a favor do herdeiro e do devedor, por força do art. 133 (art. 126 da lei civil de 1916): "Nos testamentos, presume-se o prazo em favor do herdeiro, e, nos contratos, em proveito do devedor, salvo, quanto a esses, se do teor do instrumento, ou das circunstâncias, resultar que se estabeleceu a benefício do credor, ou de ambos os contratantes". De sorte que, quanto aos testamentos, e não à sucessão hereditária comum, não se considera o prazo a favor do legatário, mas sim do herdeiro, posto aquele se encontra em situação de favorecimento. De difícil aplicação prática a hipótese, não se apresentando exemplos onde o herdeiro reclame a antecipação do prazo. Nos contratos, resolve-se a questão a favor do devedor, facultando-se

---

[21] STF-Pleno, em *RTJ* 144/471, *RT* 191/43, citação de Theotônio Negrão – *Código de Processo Civil e Legislação Processual em Vigor*, 29ª ed., São Paulo, Editora Saraiva, 1998, p. 199.

[22] *RT*, 628/183; neste sentido: *RT*, 600/145; *RJTJESP*, 8/192; *JTA*, 96/109; 109/377, mesmo porque o § 2º do art. 184 não distingue (TFR. AC 116.635-AC-EDcl. Turma. Julgado em 18.12.1987, *DJU* de 18.02.1988, p. 2.384, 2ª col. ementa) – in Theotônio Negrão, *Código de Processo Civil e Legislação Processual em Vigor*, 29ª ed., São Paulo, Editora Saraiva, 1998, p. 200.

que ele solva a obrigação antes do vencimento, salvo se resulta fraude contra credores. Desde que se insira na combinação de vontades, não veda o Código que se tenha em prol do credor. Não parece, pois, nula a cláusula que permite ao titular de um crédito exigir com certa antecipação o pagamento, desde que não verificado o desnível econômico das partes, além de não se tratar especificamente de contrato de adesão e de não incidir o Código de Defesa do Consumidor. O art. 333 (art. 954 do Código de 1916) aponta algumas situações que permitem o direito de cobrar a dívida antes de vencido o prazo, sendo de realce quando ocorre a abertura do concurso de credores.

Importante não olvidar a regra do art. 939 (art. 1.530 do Código civil revogado), que é princípio geral, sobre a inviabilidade do credor antecipar a cobrança, sofrendo, na infringência, sanções como o desconto dos juros devidos e o pagamento das custas em dobro.

g) *Negócios entre vivos sem prazo*. Em princípio, os negócios são exigíveis desde logo, proclamando o art. 134 (art. 127 da lei civil de 1916): "Os negócios jurídicos entre vivos, sem prazo, são exequíveis desde logo, salvo se a execução tiver de ser feita em lugar diverso ou depender de tempo".

A exigibilidade imediata não pode olvidar a realidade. Ao efetuar uma compra, com pronta entrega do produto, é normal se aguarde o espaço de tempo necessário para as atividades de carregamento e transporte. De igual modo, na confecção de uma mercadoria, a cláusula de entrega imediata subordina-se ao tempo necessário para a fabricação.

Mesmo que não se assinale o prazo, não se subentende a obrigação de se entregar imediatamente se a sua natureza assim impede. Ao vender-se uma safra de produto agrícola, fica óbvio que o momento de se atender somente inicia com a colheita.

Regra semelhante ao art. 134 encontra-se no art. 331 (art. 952 do Código revogado): "Salvo disposição legal em contrário, não tendo sido ajustado época para o pagamento, o credor pode exigi-lo imediatamente".

h) *Suspensão e prorrogação do prazo*. Em princípio, de acordo com o art. 178 da lei processual civil, o prazo estabelecido pela lei ou pelo juiz é contínuo, não se interrompendo nos feriados. O novo CPC, no art. 219, tem regra diferente sobre os prazos, ordenando que se contem somente os dias úteis: "Na contagem de prazo em dias, estabelecido por lei ou pelo juiz, computar-se-ão somente os dias úteis".

Conta-se a partir do primeiro dia útil se recair o começo em feriado, e prorroga-se até o dia seguinte se findar também em feriado. A superveniência de férias, na ordem do art. 179 do mesmo estatuto, suspende o curso do prazo, recomeçando a fluir, o que lhe sobejar, no primeiro dia útil ao termo das férias. Já o equivalente art. 220 do novo CPC estabelece o calendário de suspensão do prazo: "Suspende-se o curso do prazo processual nos dias compreendidos entre 20 de dezembro e 20 de janeiro, inclusive".

Também se opera a suspensão, segundo o art. 180 da lei de processo civil (art. 221 do novo CPC), do curso do prazo em razão de obstáculo criado pela parte, ou ocorrendo qualquer das hipóteses do art. 265, incs. I e III, do citado diploma (art. 313, incisos I e III, do novo CPC), casos em que se dará a restituição por tempo igual ao que faltava para a sua complementação. Várias as manobras da parte contrária que ensejam obstáculo para a realização do ato, sendo exemplo a não devolução dos autos em cartório, impedindo a compreensão da decisão judicial que ordenou uma diligência. Consoante os incisos I e III do art. 265 (art. 313, incisos I e III, do novo CPC), ensejam a suspensão a morte ou perda da capacidade de qualquer das partes, do representante legal ou do procurador; e a oposição de exceção de incompetência do juízo, da câmara ou do tribunal, bem como de suspeição ou impedimento do juiz.

Por convenção dos litigantes suspende-se ou prorroga-se o prazo dilatório, sendo que a sua validade depende de requerimento antes do vencimento, e se se fundar em motivo legítimo, de conformidade com o art. 181 da mesma lei processual civil, reiterada no art. 265, II (regra constante, no novo CPC, no art.313, II).

Acrescenta o art. 182 a proibição em reduzir ou prorrogar os prazos peremptórios. No entanto, o novo CPC, no § 1º do art. 222, autoriza a redução, vedando ao juiz que o faça sem o consentimento das partes: "Ao juiz é vedado reduzir prazos peremptórios sem anuência das partes".

Autoriza o mesmo art. 182 (art. 222 do novo CPC) ao juiz prorrogar os prazos nas comarcas onde for difícil o transporte, limitado o acréscimo, porém, ao máximo de sessenta dias (o novo CPC utiliza a expressão "dois meses"), a menos, conforme seu parágrafo único, que se dê essa dilatação por motivo de calamidade pública, quando poderão ser excedidos (§ 2º, do art. 222, do novo CPC).

i) *Prazos iniciados com a intimação*. Começam a correr da data da intimação, segundo o art. 240 do CPC: "Salvo disposição em contrário, os prazos para as partes, para a Fazenda Pública e para o Ministério Público contar-se-ão da intimação". No novo CPC, a regra vem no art. 230 e está em termos mais completos, abrangendo outros órgãos públicos: "O prazo para a parte, o procurador, a Advocacia Pública, a Defensoria Pública e o Ministério Público será contado da citação, da intimação ou da notificação".

Todavia, o início segue a previsão do § 2º do art. 184 (§ 2º, do art. 224, do novo CPC), isto é, se dá no primeiro dia útil seguinte ao da intimação, ou da publicação se desta forma se formalizou a intimação, o mesmo ocorrendo se tal ato aconteceu em dia sem expediente forense, ou de alteração do horário e da duração do expediente, ou se houver indisponibilidade da comunicação eletrônica, de acordo com o parágrafo único, do art. 240, do CPC de 1973, e § 1º, do art. 224, do novo CPC. Acrescentam o art. 183 e seu § 1º, e o art. 186 e seu § 1º, também do novo CPC, que a União, os Estados, os Municípios, o Distrito Federal, as respectivas autarquias e fundações, e mais o Ministério Público serão intimados pessoalmente, o que se efetivará através de seus representantes legais – procuradores, advogados e agentes do Ministério Público, assegurando-se a todos o prazo em dobro. De notar que o § 1º, do art. 183, do novo CPC dá a forma da intimação pessoal: efetiva-se mediante carga, remessa ou meio eletrônico.

No pertinente ao prazo em dobro, excepciona o § 2º, do art. 183, do novo CPC que não se aplica a contagem quando a lei estabelecer, de forma expressa, prazo próprio para o ente público.

j) *Citação e intimação pelo correio, pelo oficial de justiça, por carta de ordem, rogatória e precatória, e por edital.* Dentro do ordenado no art. 241 da lei processual civil, eis o início do prazo:

I – quando a citação ou intimação for pelo correio, da data de juntada aos autos do aviso de recebimento;

II – quando a citação ou intimação for pelo oficial de justiça, da data da juntada aos autos do mandado cumprido;

III – quando houver vários réus, da data de juntada aos autos do último aviso de recebimento ou mandado citatório cumprido;

IV – quando o ato se realizar em cumprimento de carta de ordem, precatória ou rogatória, da data de sua juntada aos autos devidamente cumprida;

V – quando a citação for por edital, finda a dilação assinada pelo juiz. Essa dilação (art. 232, inc. IV, do CPC de 1973, e art. 257, inc. III, do novo CPC) variará entre vinte e sessenta dias, correndo da data da primeira publicação.

O novo CPC, no art. 231, nos incisos e em seus parágrafos, além de alterar a redação, ampliou a discriminação das hipóteses de contagem do prazo:

"Salvo disposição em sentido diverso, considera-se dia do começo do prazo:

I - a data de juntada aos autos do aviso de recebimento, quando a citação ou a intimação for pelo correio;

II - a data de juntada aos autos do mandado cumprido, quando a citação ou a intimação for por oficial de justiça;

III - a data de ocorrência da citação ou da intimação, quando ela se der por ato do escrivão ou do chefe de secretaria;

IV - o dia útil seguinte ao fim da dilação assinada pelo juiz, quando a citação ou a intimação for por edital;

V - o dia útil seguinte à consulta ao teor da citação ou da intimação ou ao término do prazo para que a consulta se dê, quando a citação ou a intimação for eletrônica;

VI - a data de juntada do comunicado de que trata o art. 232 ou, não havendo esse, a data de juntada da carta aos autos de origem devidamente cumprida, quando a citação ou a intimação se realizar em cumprimento de carta;

VII - a data de publicação, quando a intimação se der pelo Diário da Justiça impresso ou eletrônico;

VIII - o dia da carga, quando a intimação se der por meio da retirada dos autos, em carga, do cartório ou da secretaria.

§ 1º Quando houver mais de um réu, o dia do começo do prazo para contestar corresponderá à última das datas a que se referem os incisos I a VI do *caput*.

§ 2º Havendo mais de um intimado, o prazo para cada um é contado individualmente.

§ 3º Quando o ato tiver de ser praticado diretamente pela parte ou por quem, de qualquer forma, participe do processo, sem a intermediação de representante judicial, o dia do começo do prazo para cumprimento da determinação judicial corresponderá à data em que se der a comunicação.

§ 4º Aplica-se o disposto no inciso II do *caput* à citação com hora certa".

Relativamente à carta precatória, rogatória ou de ordem, impõe-se a imediata comunicação por meio eletrônico, conforme o art. 232 do novo CPC:

"Nos atos de comunicação por carta precatória, rogatória ou de ordem, a realização da citação ou da intimação será imediatamente informada, por meio eletrônico, pelo juiz deprecado ao juiz deprecante".

l) *Início do prazo para a interposição de recurso*. Conta-se, conforme o art. 242 do CPC, do dia em que os advogados e os procuradores no processo em geral são intimados da sentença ou do acórdão. Proferida em audiência, reputa-se feita a intimação no ato quando nela procedida a publicação, e tendo-se previamente procedido a intimação para esse ato.

O novo CPC, no art. 1.003, além de fixar o início do prazo, discriminou os intimados: "O prazo para interposição de recurso conta-se da data em que os advogados, a sociedade de advogados, a Advocacia Pública, a Defensoria Pública ou o Ministério Público são intimados da decisão".

Nos §§ 1º ao 6º, descrevem-se situações particularizadas de intimação e o processamento cartorário e os prazos do recurso:

> "1º Os sujeitos previstos no *caput* considerar-se-ão intimados em audiência quando nesta for proferida a decisão.
>
> § 2º Aplica-se o disposto no art. 231, incisos I a VI, ao prazo de interposição de recurso pelo réu contra decisão proferida anteriormente à citação.
>
> § 3º No prazo para interposição de recurso, a petição será protocolada em cartório ou conforme as normas de organização judiciária, ressalvado o disposto em regra especial.
>
> § 4º Para aferição da tempestividade do recurso remetido pelo correio, será considerada como data de interposição a data de postagem.
>
> § 5º Excetuados os embargos de declaração, o prazo para interpor os recursos e para responder-lhes é de 15 (quinze) dias.
>
> § 6º O recorrente comprovará a ocorrência de feriado local no ato de interposição do recurso."

Naturalmente, não se olvida o disposto no art. 184 (art. 224 do novo CPC), excluindo-se o dia do começo, e incluindo o do vencimento.

m) *Aumento do prazo*. Segundo o art. 188 do CPC, computar-se-á em quádruplo o prazo para contestar e em dobro para recorrer quando a parte for a Fazenda Pública ou o Ministério Público. A regra não consta prevista no novo CPC. Todavia, conta-se em dobro os prazos para as manifestações da União, dos Estados, do Distrito Federal, dos Municípios e das respectivas autarquias e fundações de direito público, da Defensoria Pública e do Ministério Público, segundo arts. 183, 185 e 180 do novo CPC.

E tendo os litisconsortes, na previsão do art. 191 da lei processual, diferentes procuradores, contam-se em dobro os prazos para contestar, para recorrer e, de modo geral, para falar nos autos. O novo Código de Processo Civil, no art. 229, mantém em parte a disposição, não favorecendo as partes se, em havendo apenas dois réus, é oferecida defesa por apenas um deles; e nos processos em autos eletrônicos:

> "Os litisconsortes que tiverem diferentes procuradores, de escritórios de advocacia distintos, terão prazos contados em dobro para todas as suas manifestações, em qualquer juízo ou tribunal, independentemente de requerimento.
>
> § 1º Cessa a contagem do prazo em dobro se, havendo apenas 2 (dois) réus, é oferecida defesa por apenas um deles.
>
> § 2º Não se aplica o disposto no *caput* aos processos em autos eletrônicos".

Salienta-se que o disposto no art. 188, enquanto vigorar o Código de Processo Civil de 1973, aplica-se às autarquias e fundações públicas, segundo a Lei nº 9.469, de 10.07.1997. Não há de se cogitar a extensão às sociedades de economia mista e às empresas públicas, até porque o regime jurídico é o das empresas de direito privado (art. 173, § 1º, inc. II, da Carta Federal).

Tem-se estendido o prazo em quádruplo para reconvir,[23] para apresentar exceção,[24] e para impugnar embargos à execução,[25] eis que essas medidas envolvem a defesa – privilégio que cessará com a vigência do novo Código de Processo Civil.

5. ENCARGO OU MODO

Trata-se do encargo ou modo da cláusula instituído no ato ou negócio, através do qual se atribui uma obrigação a quem recebe uma liberalidade, consoante a definição de Eduardo Espínola: "O modo é uma cláusula pela qual se impõem certos encargos àqueles em cujo proveito se constitui um direito ou se pratica um ato de liberalidade".[26] Envolve um ônus exigido em uma disposição gratuita, sendo comum nas doações e nos legados. Obriga-se o donatário a contribuir para o sustento do doador, ou o legatário a construir um monumento em favor do testador, ou a contribuir para determinadas instituições de caridade. O art. 553 (art. 1.180 do Código de 1916) encerra, quanto à doação: "O donatário é obrigado a cumprir os encargos da doação, caso forem a benefício do doador, de terceiro, ou de interesse geral". E o art. 1.938 (art. 1.707 do Código de 1916), já no pertinente ao legado: "Nos legados com encargo, aplica-se ao legatário o disposto neste Código quanto às doações de igual natureza".

Válido explicitar com Emílio Betti o sentido: "Quem, ao celebrar um negócio a título gratuito, *mortis causa* ou *inter vivos*, tem interesse em que o benefício patrimonial seja destinado, no todo ou em parte, a um determinado fim, no interesse próprio ou de um terceiro, provê a esse destino *sub modo*, isto é, impondo à atribuição patrimonial um encargo, que é ao mesmo tempo um limite (*modus*), com aquela finalidade".[27]

Resta evidente que corresponde a uma cláusula acessória, adstrita aos negócios de liberalidade *causa mortis* e *inter vivos*, sendo que, quanto a estes com alguma ocorrência em promessas de recompensa e em outras disposições unilaterais de vontade. Oportuno lembrar a extensão apontada por Orlando Gomes a outros contratos: "O modo ou encargo é determinação acessória que cabe em outros negócios jurídicos. Pode ser aposto à constituição do dote por parte de terceiro, à constituição de renda, à promessa de recompensa, à concessão de privilégio e a outras

---

[23] *Revista Trimestral de Jurisprudência* (STF), 88/6238; *Revista de Jurisprudência do TJ do Estado de São Paulo*, 55/181.

[24] Recurso Especial nº 8.233-RJ. 2ª Turma. Julgado em 17.04.1991.

[25] *Julgados dos Tribunais de Alçada Civil de São Paulo*, 59/143, salvo execução fiscal, cujo prazo é de trinta dias, de acordo com o art. 17 da Lei nº 6.830, de 22.09.1980.

[26] *Sistema do Direito Civil Brasileiro*, ob. cit., vol. 1º, p. 584.

[27] *Teoria Geral do Negócio Jurídico*, ob. cit., vol. III, p. 164.

manifestações de vontade.[28] José Abreu vê sua incidência sobre negócios gratuitos: "Põem-se em relevo as duas principais características do modo ou encargo: sua feição tipicamente restritiva e sua incidência sobre os negócios jurídicos gratuitos".[29]

Em consonância com o art. 136 do Código Civil (art. 128 do Código de 1916), o encargo ou modo não suspende a aquisição do direito, nem o exercício do direito, exceto quando exigido no negócio: "O encargo não suspende a aquisição nem o exercício do direito, salvo quando expressamente imposto no negócio jurídico, pelo disponente, como condição suspensiva".

De grande relevância destacar a função que exerce, às vezes, de condição suspensiva, mas sempre se vier expressamente convencionado. Enquanto não realizado o encargo, não se plenifica o ato ou negócio. Nesta eventualidade, assinala-se que se consolida o negócio, como a doação, desde que realizada uma exigência imposta na sua constituição. Costuma-se citar o exemplo do testador que impõe a obrigação de erguer um túmulo, no qual serão depositados seus restos mortais, como condição para a validade da disposição de transferir um bem ao legatário.

No entanto, em tese não se confunde com a condição, posto que o direito se adquire e se completa desde logo. Unicamente faculta o exercício de uma posterior ação de anulação, por falta de cumprimento do avençado, como não é raro na doação. Já ensinava nesse sentido Clóvis Beviláqua: "A inexecução de encargo torna anulável a liberalidade, cabendo a ação de nulidade ao estipulante ou aos seus herdeiros".[30]

Na verdade, o descumprimento do encargo pode ensejar a ação para forçar que seja adimplido. Ao instituidor cabe optar entre a revogação ou anulação do ato-negócio, ou exigir que seja cumprido o encargo, através da competente cobrança ou execução.

Útil destacar que a iliceidade ou impossibilidade física ou jurídica afasta a validade do encargo, considerando-se como inexistente, observando Antônio Junqueira de Azevedo: "O encargo não escapa às exigências de requisitos: se ilícito ou impossível, ele será, evidentemente, nulo, mas o ato ou negócio de liberalidade, em princípio, será válido".[31] Inconcebível que se coloque uma condição mais gravosa que a própria liberalidade, ou que afronte a lei, exigindo que o beneficiado erga uma casa de jogatina ou de prostituição.

O Código atual trouxe regra a respeito, no art. 137: "Considera-se não escrito o encargo ilícito ou impossível, salvo se constituir o motivo determinante da liberalidade, caso em que se invalida o negócio jurídico". Em vista do preceito, não valem os encargos ilícitos ou impossíveis, sem que invalidem o negócio jurídico. Todavia, quando se trata de uma liberalidade, anulam o negócio. Constando da doação como encargo a prática de um crime, ou a separação conjugal, o próprio ato ou negócio ficará invalidado. De idêntico modo, se a doação de um imóvel acarreta a obrigação de atender uma entidade de indigentes cujo custo ultrapassa o valor do bem.

---

[28] *Introdução ao Direito Civil*, ob. cit., p. 387.
[29] *O Negócio Jurídico e sua Teoria Geral*, ob. cit., p. 211.
[30] *Teoria Geral do Direito Civil*, ob. cit., p. 315.
[31] *Negócio Jurídico – Existência, Validade e Eficácia*, ob. cit., p. 58.

Capítulo XIX

Defeitos dos Negócios Jurídicos

1. VÍCIOS DE VONTADE E DEFEITOS DO CONSENTIMENTO

Segundo já observado, a manifestação da vontade, para surtir efeitos jurídicos, se opera através de atos. Estes, quando envolvem outras pessoas, impondo direitos e obrigações, denominam-se negócios jurídicos. Para se manifestarem, elemento primordial é a vontade plena e livremente consentida. Como sintetizava Henoch D. Aguiar, para assim manifestar-se a vontade devem estar presentes os elementos internos da vontade, que são o discernimento, a intenção e a liberdade: "Los elementos internos de la voluntad son el discernimiento, la intención e la libertad, requeridos conjuntamente en el momento de la ejecución del acto para que éste sea considerado como voluntario e imputable".[1] O elemento volitivo inteiramente soberano se expressa através do consentimento, que constitui, pois, a anuência válida da pessoa no desencadear de uma relação jurídica sobre determinado objeto.

Em face do art. 104 do Código Civil (art. 82 do Código anterior), para a validade do negócio jurídico impõem-se três requisitos: agente capaz, objeto lícito, possível, determinado ou determinável, e forma prescrita ou não defesa em lei. No entanto, restou observado o acréscimo do consentimento ou consenso consciente, que é a exposição da vontade sem qualquer vício ou elemento que iniba a liberdade e a plenitude do conteúdo que é manifestado. Não há consentimento quando a vontade se expressa sem correspondência com aquela que realmente o agente queria exteriorizar. Há a discordância entre a vontade e a sua manifestação, simplifica Ruggiero.[2] Várias as causas que podem truncar, deturpar ou coibir a vontade, denominando-se vícios de consentimento, ou defeitos de vontade, sendo desvios que levam a manifestar um juízo ou pretensão que interiormente não se desejou, ou que não se emitiria se estivesse a parte ciente de seu real conteúdo. Consideram-se vícios de vontade, levando a um ato ou negócio defeituoso, porque a vontade do agente não se formou corretamente. Se inexistisse o vício, não se emitiria a vontade defeituosa.

---

[1] *Hechos y Actos Jurídicos*, ob. cit., vol. I, p. 50.
[2] *Instituições de Direito Civil*, ob. cit., vol. I, p. 224.

Trata-se do erro, da ignorância, do dolo, da coação, do estado de perigo e da lesão, os quais, entrando no interior do juízo, forçam a uma deliberação e a um ato ou negócio divergentes do que está na vontade real, ou, na feliz percepção de Sílvio Rodrigues, causam "uma disparidade entre a vontade e a declaração". Não fossem essas manipulações, coincidiria a vontade real com aquela declarada. No caso de erro, ignorância e dolo, há uma falsa apreciação; na coação, é obrigado o indivíduo a expressar algo que não queria.

Outras defecções ocorrem não na exteriorização da vontade, mas no resultado almejado. Constituem aquelas que exteriormente evidenciam um resultado, mas não coincidente com aquele que interiormente é nutrido. Na exata lição de Serpa Lopes, não se produz "uma desarmonia entre o que se passa no recesso da alma, e o que exterioriza em palavras e atos". Visando prejudicar terceiros, os resultados veladamente desviam-se da lei e ofendem a boa-fé. Denominam-se esses desvios de vícios sociais, sendo protótipos a fraude e a simulação, impondo-se, porém, anotar que, esta, diante da nova classificação do Código Civil, não mais está entre os negócios anuláveis, e sim entre os nulos. Atingem a ordem jurídica, a honestidade, a crença, a confiança, a regularidade dos negócios. Não se atinge a vontade, ou não é a mesma viciada. Ofende-se a ordem legal. Embora desejados os atos ou negócios pelos que os praticam, externamente não parecem com o que se maquinou e se quis no interior do ser humano. Não existe, aí, propriamente um vício de consentimento, ou defeito de vontade, posto que pretendido e realizado o negócio para a finalidade que não aquela que aparece. Fala-se, entrementes, em vício ou defeito porque o ato, ou negócio, ou acontecimento não é o objetivado. Realiza-se externamente a transferência de um bem, a qual se realiza. A finalidade, porém, foi debandar do credor, ou inviabilizar a satisfação de uma dívida. A vontade interior revelou-se diferente da externada. Há, pois, uma vontade revelada falsamente. A denominação mais correta consistiria em falsidade da vontade externada. Daí o correto o afastamento da simulação do rol de defeitos, pois constitui razão de plena ineficácia. O mesmo deveria o legislador fazer com a fraude, eis que também fator de ineficácia, e, assim, de nulidade absoluta do ato ou negócio.

Um e outro tipo (exceto quanto à simulação) são conhecidos pelo mesmo *nomen*, assim tendo se consagrado porque, em qualquer situação, a vontade manifestada não existia, ou não tem correspondência com aquela que realmente o agente queria exteriorizar, ou nutria em seu interior.

Procedente, porém, a crítica lançada pela doutrina, como a de Humberto Theodoro Júnior (em *Comentários ao Novo Código Civil*, vol. III, tomo I – arts. 138 a 184 –, coordenação de Sálvio de Figueiredo Teixeira, Rio de Janeiro, Editora Forense, 2003, p. 3): "Deslocou, também, com inegável acerto, a simulação do campo das anulabilidades para o das nulidades (art. 167).

Cometeu, todavia, um desserviço ao direito civil brasileiro, ao manter a fraude contra credores dentre as causas de anulabilidade do negócio jurídico (arts. 158 a 165), já que os rumos traçados pelo direito comparado contemporâneo e a lição da doutrina nacional desde muito catalogam a impugnação pauliana no âmbito da *ineficácia*, e não da invalidade".

As manifestações defeituosas da vontade vêm previstas nos arts. 138 a 165 do Código Civil (arts. 86 a 113 do Código revogado). São anuláveis, na previsão do art. 171, II (art. 147, inc. II, da lei civil anterior), e se apresentam na seguinte ordem: erro ou ignorância, dolo, coação, estado de perigo, lesão e fraude. De notar que a simulação foi incluída nos negócios nulos.

2. ERRO OU IGNORÂNCIA

Erro e ignorância são equiparados pelo legislador nos seus efeitos, embora os dispositivos específicos refiram-se unicamente ao erro. Reza o art. 138 do Código Civil (art. 86 do Código anterior): "São anuláveis os negócios jurídicos, quando as declarações de vontade emanarem de erro substancial que poderia ser percebido por pessoa de diligência normal, em face das circunstâncias do negócio".

Erro "é a noção falsa a respeito de um objeto ou de determinada pessoa".[3] Ou define-se como "o falso conhecimento de um fato ou de uma norma jurídica".[4]

Corresponde ao estado da mente que não emite uma real manifestação da vontade por falta de conhecimento de seu objeto. Na ignorância, desconhece-se o objeto ou a pessoa completamente. Tem-se uma ideia falsa sobre algo, no primeiro caso, isto é, o agente crê verdadeiro o que é falso, ou falso o que é verdadeiro; ou nada se conhece, na ignorância. Eduardo Espínola bem colocou a diferença: "Filosoficamente se distingue o *erro* da *ignorância*, porque esta significa uma ausência completa de conhecimento e aquele consiste no conhecimento inexato e incompleto ou então na falta parcial do conhecimento das circunstâncias do ato jurídico". Em ambas, finaliza, "é comum a ausência da ideia verdadeira da coisa".[5] Ambas as figuras são puramente fortuitas, provocadas por engano ou equívoco do lesado, sem que a outra parte haja concorrido, de qualquer maneira, para este estado de espírito.

Outrossim, diferencia-se o erro do dolo porque, neste, a vítima incorre em equívoco, induzida intencionalmente pelo agente.

---

[3] Washington de Barros Monteiro, *Curso de Direito Civil* – Parte Geral, Direitos e Obrigações, ob. cit., p. 191.
[4] *Instituições de Direito Civil*, ob. cit., vol. I, p. 234.
[5] *Sistema do Direito Civil Brasileiro*, vol. 1º, p. 548.

2.1. Classificação do erro

A respeito do erro, temos vários tipos, conforme segue.

a) *Erro substancial ou essencial*

É o que vicia o negócio em sua substância, como o nome está a dizer, provocando uma exteriorização da vontade que não seria emitida, se o agente tivesse a representação exata da realidade. Provoca a anulação do negócio, o que não sucede no erro acidental, de acordo com o art. 138 do estatuto civil. É o caso, *verbi gratia*, do casamento com um homem homossexual, que se nega ao débito conjugal; da compra e venda de um terreno constante em determinado local pelos documentos, quando, na prática, situa-se em ponto bem distinto. Deve ser tão flagrante e visível o erro que poderia ser percebido por pessoa de diligência normal, em face das circunstâncias do negócio, como exige o atual Código, diferentemente do anterior. Transparece o erro justamente porque era perceptível pelo comum das pessoas. E porque verdadeiramente aparente é que o erro se torna anulável. O indivíduo consentiu levado por uma concepção falsa sobre o objeto do negócio que as demais pessoas não deixariam de perceber.

Impõe-se, no entanto, que realmente exista o erro, fundado numa razão plausível, de real monta, a justificar a aptidão para levar uma pessoa de mediana inteligência a ser envolvida. Por exemplo, é imperdoável que uma pessoa compre um terreno em um banhado e depois venha a alegar sua imprestabilidade, por ser impróprio para uma construção, pois, ao que tudo indica, é viável depreender o pleno consentimento na aquisição de um bem em tais circunstâncias, sem a presença de erro. Se plenamente escusável, pode ser mantido o negócio, bem colocando o assunto Jayme Landim: "Em vez de anulá-lo e conceder ao lesado, no caso do erro escusável ou culposo, a indenização plena – *damnus emergens* e *lucrum interceptum*, o direito, numa reparação *in natura* que não está excluída em matéria aquiliana, mantém o ato, sem solução de continuidade, a título de sanção preventiva, como a melhor modalidade de ressarcimento específico e direto".[6] Depende, também, da condição da pessoa, de sorte a inadmitir-se a alegação por um conhecedor do assunto, se o negócio envolveu justamente a matéria de sua área de atuação.

Há o entendimento, no entanto, da irrelevância da escusabilidade para caracterizar o erro, em vista do *princípio da confiança* que deve reger as relações humanas. Cristiano Chaves de Farias e Nelson Rosenvald tratam do assunto:

> "Na sistemática do Código Civil de 2002, no entanto, não há mais a exigência do requisito da escusabilidade para a caracterização do erro como defeito do negócio jurídico. É que se adotou o *princípio da confiança*, como corolário da boa-fé objetiva nas relações jurídicas (proclamada como princípio interpretativo

---

[6] *Vícios da Vontade*, Rio de Janeiro, José Konfino – Editor, 1960, p. 48.

fundamental pelo art. 113 do Código vigente), pelo qual basta que o agente tenha se comportado eticamente, acreditando na situação fática que acobertou a sua declaração de vontade. Mais relevante do que a *cognoscibilidade* (conhecimento) é a confiança que se desperta nas relações jurídicas como um todo. Dessa maneira, se um ourives adquiriu um relógio de bronze, acreditando ser de ouro porque quem lhe vendeu era um amigo ou alguém em quem depositava confiança, estará caracterizado o erro e o negócio será anulável. Veja-se, inclusive, que tal compreensão foi abraçada pela Jornada de Direito Civil, sedimentada no Enunciado 12: ... 'Na sistemática do art. 138, é irrelevante ser ou não escusável o erro, porque o dispositivo adota o princípio da confiança'".[7]

O art. 139 (arts. 87 e 88 do Código anterior) destaca o tipo de erro, devendo ser substancial, para anular o negócio:

"O erro é substancial, quando:

I – interessa à natureza do negócio, ao objeto principal da declaração, ou a alguma das qualidades a ele essenciais;

II – concerne à identidade ou à qualidade essencial da pessoa a quem se refira a declaração de vontade, desde que tenha influído nesta de modo relevante;

III – sendo de direito e não implicando recusa à aplicação da lei, for o motivo único ou principal do negócio jurídico".

Para tipificar-se, há o erro se:

– Atingir a natureza do negócio, verificável quando se pensa realizar um negócio e se realiza outro bem diferente. Pretende-se efetuar uma compra e venda, mas a escritura é lavrada como de doação.
– Ater-se ao objeto principal do negócio. Imagina-se comprar um imóvel determinado, mas aparece um outro diferente. A situação é comum no comércio, quando os bens vendidos não revelam as qualidades apregoadas, contemplando o Código de Defesa do Consumidor (Lei nº 8.078, de 11.09.1990) norma a respeito, no § 1º do art. 37: "É enganosa qualquer modalidade de informação ou comunicação de caráter publicitário, inteira ou parcialmente falsa, ou, por qualquer outro modo, mesmo por omissão, capaz de induzir em erro o consumidor a respeito da natureza, características, qualidade, quantidade, propriedade, origem, preço e quaisquer dados sobre produtos e serviços".
– Incidir sobre a identidade ou qualidades essenciais do objeto. Ensinava Pothier: "L'erreur annule la convention, non seulement lorsqu'elle tombe sur la chose même, mais lorsqu'elle tombe sur la qualité de la chose que les contractantes ont eu principalement en vue, et qui fait la substance de cette chose".[8]

---

[7] *Curso de Direito Civil* – 1 – Parte Geral e LINDB, ob. cit., p. 545.
[8] *Oeuvres Complètes de Pothier*, ob. cit., vol. I, p. 92.

Em termos práticos, pensa-se adquirir um maquinário de certa marca e recebe-se um de marca inferior, ou um computador de determinado modelo, com uma capacidade e avanços combinados, quando se faz a entrega outro modelo menos aperfeiçoado. Dentro do objeto, pode-se atingir também pessoas, sendo comum a hipótese no contrato de prestação de serviços, verificando-se, durante o desempenho da atividade, que não oferece o prestador as qualidades solicitadas e por ele apregoadas, consoante o inciso II acima transcrito, e no que também era expresso o art. 88 do Código de 1916: "Tem-se igualmente por erro substancial o que disser respeito a qualidades essenciais da pessoa, a quem se refira a declaração de vontade". Para caracterizar a qualidade essencial, cita Jayme Landim uma regra: "Uma fórmula foi proposta: reputa-se essencial a qualidade quando, na sua falta, a pessoa entra em diferente categoria", acrescentando: "A qualidade há de se referir à pessoa durante um certo tempo: ora se apaga nos contratos de execução instantânea, ora se exalta nas relações de lenta duração em que a confiança assume um relevo especial. A falta da qualidade é contemporânea do erro; há de ser apurada no momento da declaração ou contrato".[9]

Tem grande importância a matéria, tanto que a Lei nº 8.078, de 11.09.1990, que trata do Código de Defesa do Consumidor, encerra, no art. 18, importante regra sobre a fidelidade às qualidades e quantidades dos produtos oferecidos ao fornecedor: "Os fornecedores de produtos de consumo duráveis ou não duráveis respondem solidariamente pelos vícios de qualidade ou quantidade que os tornem impróprios ou inadequados ao consumo a que se destinam ou lhes diminuam o valor, assim como por aqueles decorrentes da disparidade, com as indicações constantes do recipiente, da embalagem, rotulagem ou mensagem publicitária, respeitadas as variações decorrentes de sua natureza, podendo o consumidor exigir a substituição das partes viciadas".

Desde que as qualidades não se inserem na descrição, ou na pretensão do negócio, reconhece-se o erro substancial, consoante a seguinte decisão: "Se a parte compromete-se, mediante contrato, expressamente clausulado, a vender o ponto comercial e sua razão social, livre e desembaraçado de quaisquer ônus, taxas, impostos, dívidas judiciais ou extrajudiciais e, em data anterior ao contrato já era sabedora, através de notificação cartorária, existirem protestos sobre o bem, age de má-fé, induzindo a erro a contratante, pelo que o negócio jurídico deve ser anulado".

– Em sendo de direito, deve constituir-se no motivo único ou principal do negócio jurídico, não podendo caracterizar a recusa na obediência à lei. A questão sempre foi controvertida, não constando previsão no Código de 1916. Há erro de direito se equivocada está a pessoa sobre princípio de direito, ou sobre um instituto jurídico. Dada a especificidade da matéria, se analisará a mesma em subitem logo adiante.

---

[9] *Vícios da Vontade*, ob. cit., p. 219.

b) *Erro acidental ou proveniente da defeituosa indicação da pessoa ou coisa*

Constitui aquele de pequena importância, ou leve, que não recai na essência da declaração e não provoca divergência capaz de justificar a anulação do negócio. O conhecimento ulterior não modificará a conduta do interessado. Versa sobre as qualidades secundárias ou acessórias da coisa ou da pessoa.

Reza, a respeito, o art. 142 (art. 91 do diploma civil de 1916): "O erro na indicação da pessoa ou coisa, a que se referir a declaração de vontade, não viciará o negócio, quando, por seu contexto e pelas circunstâncias, se puder identificar a coisa ou pessoa cogitada". De modo que não induz em erro apto a anular o testamento a indicação da pessoa contemplada como solteira quando é casada. Todavia, numa compra e venda é diferente. Sendo o vendedor casado, aparecendo seu estado civil de solteiro, parece óbvio que não vingará o contrato, já que necessária a presença de ambos os cônjuges no negócio. Quanto a um bem, não oportuniza a anulação o erro no pertinente ao ano de sua fabricação, se presentes os elementos previstos, e não condizem com o ano colocado.

O art. 1.903 (art. 1.670 da lei civil de 1916) ilustra com um exemplo essa espécie de erro: "O erro na designação da pessoa do herdeiro, do legatário, ou da coisa alegada anula a disposição, salvo se, pelo contexto do testamento, por outros documentos, ou por fatos inequívocos, se puder identificar a pessoa ou coisa a que o testador queria referir-se".

c) *Erro de fato e erro de direito*

Incide o primeiro sobre as qualidades essenciais da coisa ou da pessoa. Trata-se do erro comum, nas suas várias espécies acima vistas, como o substancial e o acidental. Origina-se das circunstâncias fáticas, sobre qualidades pertinentes a pessoas ou coisas, como no que respeita à serventia de uma máquina para certa finalidade, o que não se verifica posteriormente.

No tocante ao erro de direito, afaste-se desde logo a ideia de que se trata de escusa do conhecimento da lei e de suas consequências. Cuida-se do desconhecimento da norma jurídica ou de interpretação errônea. Esse motivo de anulação veio aportado ao atual Código, no inc. III do art. 139: "O erro é substancial quando: ... III – sendo de direito e não implicando recusa à aplicação da lei, for o motivo único ou principal do negócio jurídico". Com exatidão, já explicitava José Abreu: "Seria o caso, por exemplo, de alguém acreditar que determinada norma jurídica estava em vigor, quando, em verdade, já fora revogada. A vontade, no erro de direito, é emitida na convicção de que o agente está procedendo rigorosamente dentro dos parâmetros legais, ignorando que a norma legal não mais existe".[10] Igualmente Ruggiero: "A vontade se decide numa

---

[10] *O Negócio Jurídico e sua Teoria Geral*, ob. cit., p. 231.

dada direção pela ignorância ou falsa interpretação de uma norma jurídica".[11] Vende-se, por exemplo, um imóvel loteado, embora não cumpridas as exigências prévias do loteamento impostas por regulamento legal do Município, não porque ignorada essa previsão legal, mas porque se desconhecia que a particularidade do imóvel impunha a sua incidência. Agindo de boa-fé, há um *error juris*, mas não é possível a pessoa subtrair-se das decorrências. Isenta-se o vendedor da sanção penal, apenas, se prevista.

Reza o art. 3º da Lei de Introdução às Normas do Direito Brasileiro: "Ninguém se escusa de cumprir a lei, alegando que não a conhece". Ou seja, a ninguém é dado desconhecer a lei e a sua ignorância não escusa – *nemo censetur ignorare legem* e *neminem ignorantia legis non excusat* – mas a errônea apreciação, ou a ignorância total do conteúdo, ou ambas as hipóteses são suscetíveis de provocar a anulação do negócio. Se o erro recair sobre o fato, é ele de fato; se conhecidos os fatos e o que se ignora é a eficácia que a lei lhes atribui, é de direito. Verifica-se este último não na ignorância da lei, ou no precário informe de uma norma de direito, mas na falsa interpretação, ou inexata aplicação de um preceito. Conduzida a inteligência a não compreender o alcance de uma norma, viável, para certa corrente, a anulação do negócio por ela originado e celebrado em virtude de se encontrar viciada a vontade.

Este aspecto revela suma importância, posto que apresenta a solução a partir da distinção entre erro de direito e ignorância da lei. Já Clóvis separava entre uma coisa e outra. Conclui Maria Helena Diniz: "O erro de direito não consiste apenas na ignorância da norma jurídica, mas também em seu falso conhecimento e na sua interpretação errônea. De qualquer maneira, para anular o negócio, é necessário que esse erro tenha sido o motivo único e principal a determinar a vontade, não podendo, contudo, recair sobre a norma cogente, mas tão somente sobre normas dispositivas, sujeitas ao livre acordo das partes".[12] Entrementes, embora esta tendência da doutrina moderna, que se fez sentir no Código Civil italiano e veio a ser adota pelo Código Civil brasileiro de 2002, não encontra meio de aplicabilidade às situações reais, e ensejando a conduzir ao absurdo de se levar a ignorância da lei para o erro de direito. Basta escusar-se numa pretensa interpretação, mesmo que destemperada, para invocar a isenção de responsabilidades. A obrigatoriedade do direito legislado decorre da necessidade da segurança social, da tranquilidade pública, não podendo sucumbir diante de correntes de pensamento. Por último, haveria uma impossibilidade prática em distinguir até onde chega a ignorância da lei, e quando ocorre o *error juris*.

Sílvio Rodrigues procura demonstrar que se admite o erro de direito quando não infringida a lei: "Ora, quem é conduzido por falso entendimento, ou por ignorância de regra não cogente, não está desobedecendo à lei. Cotejem-se os

---

[11] *Instituições de Direito Civil*, ob. cit., vol. I, p. 236.
[12] *Curso de Direito Civil Brasileiro*, ob. cit., 1º vol., p. 241.

exemplos citados. O testador que ignora não serem herdeiros reservatórios os colaterais, e que, por isso, com ressalva expressa, não instituiu terceiro seu sucessor universal, comete erro de direito, capaz de anular a instituição; entretanto, não descumpriu a lei. Poderiam os beneficiários, nesse exemplo de Ferrer Correa, alegar a ignorância da lei, pois não havia o testador desobedecido ao mandamento legal; o herdeiro legítimo do menor de dezesseis anos, no exemplo de Capitant, que cumpriu o legado por ignorar que infante de tal idade não pode testar, incidiu em erro de direito, mas não descumpriu a lei. Assim, o art. 3º da atual Lei de Introdução não o abrange".[13] Todavia, por supor-se a existência de uma norma, ou por cumprir algo a que não impunha a lei, não se trata propriamente de erro de direito, pois não existia uma ordem legal impondo os negócios. Seria, também, a hipótese de alguém recolher um tributo, quando já fora abolido por lei posterior; ou de os herdeiros reservarem a meação em favor da viúva do *de cujus*, com o qual era casada pelo regime de separação total de bens. Além de difícil a prova de erro nessas eventualidades, há todo um aparato de órgãos públicos e de organização que impede a realização de negócios supostamente determinados pela lei.

Humberto Theodoro Júnior aponta a situação de "alguém contratar na ignorância de certo dispositivo legal, ou de seu correto conteúdo e, por isso, contrair obrigações em seu próprio prejuízo, justamente pela equivocada noção da realidade normativa. Em semelhante conjuntura, é evidente que a parte não contrataria, como fez, caso conhecesse a verdadeira disposição legal pertinente ao negócio.

Para ter-se o erro de direito como causa de anulabilidade é preciso que o declarante não tenha praticado o negócio para negar a regra legal desconhecida ou mal entendida, mas para extrair daí dados e consequências que, na esfera negocial, prejudicariam a ele mesmo e não à ordem jurídica. Ou seja, porque não conhecia a norma legal, o contratante contraiu obrigações ou dispôs de direitos de forma a sofrer prejuízo desnecessário e desarrazoado.

Para extremar o erro de direito da impossibilidade de recusa ao cumprimento da lei ignorada, o art. 139, III, condiciona a anulabilidade, na espécie, a dois pressupostos:

a) o erro não pode corresponder a recusa à aplicação de uma lei, por parte de quem tenha o dever de cumprir-lhe o mandamento;
b) o erro (desconhecimento da lei) tem de ter sido 'o motivo único ou principal do negócio jurídico' a ser invalidado" (*Comentários ao Novo Código Civil*, vol. III, tomo I – arts. 185 a 232 –, coordenação de Sálvio de Figueiredo Teixeira, Editora Forense, Rio de Janeiro, 2003, p. 84).

---

[13] *Dos Vícios do Consentimento*, ob. cit., p. 102.

d) *Erro provocado por falso motivo tido como certo pelo agente*

Preceitua o art. 140 do Código Civil (art. 90 do Código revogado): "O falso motivo só vicia a declaração de vontade quando expresso como razão determinante". Anteriormente, na versão do Código de 1916, aparecia a falsa causa, mas no sentido de motivo, segundo chamava a atenção Sílvio Rodrigues: "É geral o consenso no sentido de que a palavra ali empregada o foi como sinônimo de motivo, ou seja, de causa final".[14]

O agente efetivou determinado negócio sob um motivo que, posteriormente, se apura que não existiu. É a hipótese de se compensar com um imóvel uma pessoa, por um benefício feito. Mas, decorrido algum tempo, descobre-se que a pessoa contemplada não foi a autora de tal negócio. O motivo que levou ao negócio não existiu. Considera-se como motivo a razão de ser, o fim que levou à ação. Normalmente, o motivo comum ou subjacente é diferente daquele que conduz ao negócio. A recompensa é determinada para beneficiar por uma boa ação. Não reside em simplesmente querer agradar a pessoa contemplada.

Sílvio Rodrigues, em outra obra, aponta um exemplo: "O erro sobre o movimento de negócios de um estabelecimento não é substancial; mas, se as partes convencionarem que essa é a razão determinante do contrato, o erro sobre tal assunto é promovido de acidental para substancial, e pode, por conseguinte, ser proveitosamente alegado, para se promover a anulação do ajuste".[15] Entrementes, não figurando expressamente esse motivo, não se anula o negócio. Na mesma linha quando se faz um testamento para compensar um ato de bravura. Descobrindo-se que outra a pessoa autora do ato, não se convalidará posteriormente a disposição testamentária, se promovida uma ação anulatória. Assim se o móvel de uma compra está na jazida que se encontra no subsolo, verificando-se, posteriormente, que riqueza mineral alguma existe. No entanto, para a invalidação, indispensável a referência expressa da razão do negócio.

O motivo deve integrar a mensuração econômica ou de proveito do negócio. Constituirá elemento de apreciação estimativa interna, e não de mera conveniência, ou de razões externas. Nesta apreciação, não é determinante se a aquisição se opera porque o imóvel fica próximo ao local de trabalho, ou pelo fato da previsão da construção de uma rodovia em um de seus lados. Constituem esses fatores circunstâncias externas, e não integrativas da coisa em si.

e) *Erro decorrente da defeituosa transmissão da vontade por meios interpostos*

A previsão está no art. 141 (art. 89 do diploma civil de 1916): "A transmissão errônea da vontade por meios interpostos é anulável nos mesmos casos em que o é a declaração direta".

---

[14] *Dos Vícios do Consentimento*, ob. cit., p. 84.
[15] *Direito Civil – Parte Geral*, ob. cit., vol. I, p. 192.

Se dá a previsão quando o destinatário recebe a proposta ou as bases do negócio, ou as informações, de segunda mão, ou através de um intermediário, de um mensageiro, e, também, através de instrumentos de comunicação, sendo exemplos o faz, o telégrafo, o rádio, o telex, a internet.

A transmissão da vontade chega à pessoa destinada com erro ou defeituosa, seja por deficiências ou falhas dos instrumentos, seja por equívocos ou enganos da pessoa que a transmitiu. Já assim dominava ao tempo do Código anterior, quando Jayme Landim apontava hipóteses: "O intermediário, de boa ou má-fé, omitiu ou alterou a mensagem, a tradução, a emissão; o correio por homonímia ou confusão de endereço entregou a 'B' a carta de 'A'; o telégrafo ou o estabelecimento de radiocomunicação transmitiu 'vendo' onde na minuta do despacho estava 'compro'".[16] Todavia, se a emissão truncada e diferente da mensagem, ou da proposta, ou do anúncio, daquela que expressava a real vontade decorreu de culpa do emitente, prevalece o negócio. Variados os canais de transmissão da vontade, destacando-se o telégrafo, o fonograma, o rádio, a informática, a televisão, o fax, ocorrendo situações frequentes na propaganda e publicidade. O Código de Defesa do Consumidor, no art. 31, traça regra a respeito da oferta e apresentação: "A oferta e apresentação de produtos ou serviços devem assegurar informações corretas, claras, precisas, ostensivas e em língua portuguesa sobre suas características, qualidade, quantidade, composição, preço, garantia, prazos de validade e origem, entre outros dados, bem como sobre os riscos que apresentam à saúde e segurança dos consumidores".

Na mensagem transmitida por pessoa, é verificável a situação nos pedidos de aquisição de mercadorias, em que o representante comercial anota erroneamente as qualidades ou espécies, e quantidades.

f) *Erro proveniente de descuido injustificável*

Não é suficiente que ocorra o erro para viciar o negócio. Necessário que se apresente inevitável, de modo a não se aceitarem escusas. A pessoa não tinha como perceber o verdadeiro estado sobre a coisa, o que leva a admitirem-se razões para errar. Para tanto, não se aceita a ocorrência por negligência. Numa frase define a inescusabilidade Jayme Landim: "Inescusável é sempre o erro do que não entendeu o que todos entendem".[17] Dissecando o assunto, segue Henoch D. Aguiar, o erro "que provenga de una negligencia culpable, ya que la razón para errar existe cuando a pesar de nuestra diligencia para llegar al conocimiento pleno de la verdad, obstáculos que no nos ha sido dable allanar, se han opuesto a la adquisición de dicho conocimiento".[18] De modo que a falta de atenção, ou

---

[16] *Vícios da Vontade*, ob. cit., p. 237.
[17] *Vícios da Vontade*, ob. cit., p. 62.
[18] *Hechos y Actos Jurídicos*, ob. cit., vol. I, p. 163.

de leitura de um contrato, no qual constam as datas para solver as prestações, não isenta o devedor de obedecer ao que se encontra no documento. Ocorre que está presente, aí, a negligência, e nem cabe falar em erro. Pode-se concluir que a parte confiou cegamente na outra, aceitando as desvantagens inseridas no ajuste.

Pondera Sílvio Rodrigues, em texto ainda atual: "Parece, efetivamente, impossível o imaginar que a lei possa autorizar o desfazimento de um ato jurídico, quando gerado por erro inescusável do autor da declaração. Isso porque, embora partindo do pressuposto de ser o negócio jurídico ato eminentemente de vontade, o legislador prestigia sempre a boa-fé dos contratantes. De outro lado, não se poderia admitir que um erro concebido na culpa aproveitasse, pois tal ideia colidiria com o princípio da responsabilidade de quem agiu com imprudência, negligência ou imperícia".[19]

g) *Erro obstativo*

Não é o erro que muda o verdadeiro em falso, ou vice-versa, ou o erro de resultado. Diz respeito ao que traça elementos equivocados para a formação da vontade. Sobre esses elementos elabora-se a declaração de vontade, não sendo ela, pois, equivocada, porquanto formalizada sobre os elementos fornecidos.

Todavia, não deixa de constituir erro. Omitindo ou colocando um elemento errado, que não passava pela vontade do emitente, decorre um tipo diferente de decisão da outra parte, como quando se indica o endereço errado de um imóvel que se pretende alugar. Porque a informação não seguiu aquilo que se passava no interior do emitente, verifica-se o erro.

A explicação de Antônio Junqueira de Azevedo é clara: "O erro obstativo é o erro no *iter*, que vai entre a deliberação e a execução de um ato; trata-se, no campo do negócio jurídico, de hipótese semelhante à de *aberratio ictus* do direito penal. Se digo 'doo', por 'vendo', ou o 'lote 4 da quadra 5', por 'lote 5 da quadra 4', ou se o telegrama utilizado para rejeitar a oferta não transmite o advérbio 'não', de forma que a oferta fica aceita, em vez de rejeitada (erro na transmissão), não se pode falar em defeito na formação da vontade; não há erro no sentido próprio da expressão. Tem-se, nessas hipóteses, o erro obstativo; não há a vontade de realização do negócio a final realizado, e a doutrina francesa, dando sempre elevado valor à vontade real, entende que o caso é de nulidade, ao contrário dos casos de erro próprio, em que, havendo vontade (embora mal formada), a sanção é a anulabilidade. No direito brasileiro, porém, os casos de erro impróprio têm as mesmas consequências do erro próprio, tal e qual ocorria no direito romano, e tal e qual ocorre no direito alemão... a sanção será a anulabilidade".[20]

---

[19] *Dos Vícios do Consentimento*, ob. cit., p. 63.
[20] *Negócio Jurídico* – Existência, Validade e Eficácia, ob. cit., pp. 129 e 130.

h) *Erro de cálculo*

O erro de cálculo envolve equívocos nas operações aritméticas, ou no cômputo de dados que se encontram referidos no contrato. Menciona-se uma certa quantidade de elementos, como preço, ou coisas, quando as frações, ou parcelas, ou porções discriminadas no contrato não conferem, na operação, com tal quantidade. Ao se conferirem os cálculos, de imediato se reconhece o erro, que salta aos olhos e é comprovado pela sua renovação.

A vontade não restou contaminada por algum vício, mas o dado que expressa a sua exteriorização não confere com os elementos que levaram à sua formação. Por isso, não existe vício de consentimento, e nem defeitos da vontade.

Por disposição do art. 143, não enseja a anulação do negócio o erro de cálculo: "O erro de cálculo apenas autoriza a retificação da declaração de vontade". Acontece que não fica atingida a vontade. Existe e mantém-se a disposição sobre determinada quantidade de coisas ou de dinheiro no sentido de uma estimativa, que veio a se expressar em uma grandeza equivocada. Não ficado atingido o negócio, o qual perdura, pois traduz a manifestação da vontade. Daí mostrar-se suficiente uma simples revisão do cálculo, com a retificação, de modo a representar o efetivo equivalente do negócio.

Todavia, se de relevância a diferença, a ponto de transformar a cifra digitada em uma grandeza substancialmente diferente, a circunstância pode revelar um vício de vontade. É aceitável depreender que o consentimento adveio da quantia evidenciada no momento anterior, levando o recálculo a causar tamanha surpresa que importe em impossibilidade de cumprir o avençado. A situação é frequente nas contratações de mútuo com instituições financeiras, quando se ostenta o quadro das prestações amortizáveis, não incluído nelas o acréscimo dos encargos, que se evidencia somente na ocasião do chamamento para pagar. A nova realidade que se oferece não se enquadra no dispositivo acima, pois a anterior é que determinou na formação da vontade.

2.2. Execução do negócio de conformidade com a vontade real

O art. 144 do Código, em previsão que não trazia o Código revogado, afasta a anulação do negócio se a pessoa a quem aproveita o erro se propõe a proceder a execução de acordo com a real vontade do manifestante que se considera prejudicado: "O erro não prejudica a validade do negócio jurídico quando a pessoa, a quem a manifestação de vontade se dirige, se oferecer para executá-la na conformidade da vontade real do manifestante".

Na prática, celebra-se um negócio, e descobre um dos envolvidos o erro em que se deixou induzir o outro. Antes do adimplemento das obrigações, e naturalmente antes que se promova a anulação, a parte que descobriu o erro substancial da outra deve procurá-la, e dispor-se a retificar o ajuste.

Acontece que o negócio se efetuará e concretizará exatamente como se desenhava originalmente na vontade do manifestante, que não sofrerá qualquer prejuízo. Ficando mantido o ato de volição, embora a formalização em termos diferentes, nocivos a um dos contratantes, o outro contratante se dispõe e se oferece a atender o cumprimento nos exatos termos que se afigurava na mente daquele que se considera prejudicado.

Não se apresenta motivo para invalidar o negócio, que vem a firmar-se pela exata razão de ter convalescido a sua vontade. O vício de consentimento, verificável quando se externou o negócio, desapareceu com a manifesta adesão do outro contratante aos termos da pretensão objetivada quando das tratativas iniciais da avença. Para chegar a satisfazer a vontade que imprimiu força ao ato de vontade, será necessário retificar os termos da exteriorização, com a sua adequação ao sentido que objetivava a parte que se sentiu lesada.

2.3. Casos específicos de ignorância

Embora não fazendo o Código distinção prática entre erro e ignorância, consistindo esta no completo desconhecimento de certa realidade, e encontrando--se *in albis* a mente sobre o conteúdo do assunto, alguns dispositivos fazem menção à mesma.

O art. 850 (art. 1.036 do Código anterior), no concernente à transação de litígio já decidido por sentença: "É nula a transação a respeito de litígio decidido por sentença passada em julgado, se dela não tinha ciência algum dos transatores, ou quando, por título ulteriormente descoberto, se verificar que nenhum deles tinha direito sobre o objeto da transação".

O art. 443 (art. 1.103 da lei civil de 1916), em relação aos vícios redibitórios, não exime de responsabilidade o alienante da coisa pelo vício ou defeito oculto, mesmo que não o conhecia, ficando isento unicamente das perdas e danos: "Se o alienante conhecia o vício ou defeito da coisa, restituirá o que recebeu com perdas e danos; se o não conhecia, tão somente restituirá o valor recebido, mais as despesas do contrato".

E o art. 1.974 (art. 1.751 do diploma civil anterior), no que toca ao rompimento do testamento: "Rompe-se também o testamento feito na ignorância de existirem outros herdeiros necessários".

3. DOLO

O dolo consiste "em manobras ou maquinações feitas com o propósito de obter uma declaração de vontade que não seria emitida se o declarante não fosse enganado".[21] A pessoa é levada ao erro por inexato conhecimento da

---

[21] Orlando Gomes, *Introdução ao Direito Civil*, ob. cit., p. 419.

situação de fato em razão de ação de um terceiro, no que se aprofunda Emílio Betti: "O erro na motivação do querer – isto é, o inexato conhecimento da situação de fato com base na qual a vontade se determina à celebração de um negócio, que de outro modo não teria sido celebrado ou que o teria sido em condições diferentes – pode ser, em vez de espontâneo, provocado por engano alheio (dolo)".[22] É o erro intencionalmente provocado. Instigado pela intenção de enganar, o autor mune-se da vontade de induzir o outro ao erro, usando de artifícios não grosseiros ou perceptíveis *a prima facie*. Busca o prejuízo do induzido ou *deceptus* e o proveito próprio ou de terceiros. Como dizia Pothier: "On appelle dol toute espèce d'artifice dont quelqu'un se sert pour en tromper un autre".[23]

A seguinte definição de Clóvis contém tais elementos acima: "Dolo é o artifício ou expediente astucioso empregado para induzir alguém à prática de um ato jurídico que o prejudica, aproveitando ao autor do dolo ou a terceiro".[24]

De terceiro pode advir o dolo, em favor de outra pessoa. Um representante engana a pessoa em favor do representado. Conhecendo este a trama urdida em seu favor, deve arcar com a responsabilidade, e sujeitando-se o ato à anulação.

A vítima comete um erro provocado intencionalmente pela outra parte ou por terceiro. Está inerente a má-fé daquele que retira vantagem. Conclui-se que dois os ingredientes da figura: o erro do induzido e a má-fé daquele que induz. Mais desenvolvidamente, ou pormenorizados, eis os requisitos para a configuração do dolo: a intenção do agente de induzir a vítima a emitir uma declaração de vontade; a gravidade dos artifícios ou manobras que levam a emitir a vontade; que a declaração de vontade tenha como causa tais artifícios; que provenham os mesmos do agente provocador; e que induzam a realizar uma declaração que traga prejuízo.

A distinção do erro assenta-se no fato de ser o dolo produto da ação de um terceiro. É claro Sílvio Rodrigues: "O que distingue um vício do outro é que no primeiro (erro) o engano advém espontaneamente, enquanto no segundo (dolo) ele surge provocado... Existe assim um elemento interno que prejudica a manifestação de vontade, e um elemento externo causador do primeiro. O maquinismo volitivo, tanto no caso de erro, como no de dolo, apresenta idêntico defeito, pois a vontade não se exterioriza se ciente das condições objetivas do negócio. Apenas no primeiro caso a ignorância é espontânea, e no derradeiro ela deflui de induzimento".[25]

---

[22] *Teoria Geral do Negócio Jurídico*, ob. cit., tomo II, pp. 479 e 480.
[23] *Oeuvres Complètes de Pothier*, ob. cit., vol. I, p. 101.
[24] *Teoria Geral do Direito Civil*, ob. cit., p. 286.
[25] *Dos Vícios do Consentimento*, ob. cit., pp. 129 e 130.

3.1. Classificação do dolo

Várias as espécies de dolo, salientando-se as seguintes:

a) *Dolo civil e dolo penal*

Os termos já indicam o campo de abrangência. O civil define-se como o ardil ou expediente astucioso empregado com a finalidade de levar outrem à prática de um negócio prejudicial, em proveito do agente do dolo ou de outra pessoa. Utiliza-se nos contratos ou negócios da órbita civil.

Já penal denomina-se o dolo quando integrante das figuras penais, verificando-se nos casos em que o agente quer o resultado ou assume os riscos de produzi-lo, nutrindo a consciência da antijuridicidade. Se quer o resultado, aceitando a consequência e não retrocedendo no intento, diz-se direto o dolo; já se unicamente assume, sendo que se lhe afigura viável ocorrer o prejuízo, embora não o queira diretamente, denomina-se eventual o dolo, ou indireto.

Nesta dimensão dos campos do direito, distingue-se o dolo em processual civil e processual penal, conforme visem as manobras ilícitas e astuciosas vantagens no processo cível ou criminal, afirmando coisas falsas e provocando incidentes manifestamente infundados. Frequentes as condutas perniciosas unicamente protelatórias, ou com finalidades escusas de induzir em erro o juiz, de alterar a verdade dos fatos, rechaçadas especialmente pelo art. 17 do Código de Processo Civil (art. 80 do novo CPC).

b) 'Dolus bonus' e 'dolus malus'

Formam espécies com alguma utilidade prática no pertinente à segunda. A primeira ocorre nas declarações ilusórias ou elogiosas sobre qualidades das coisas colocadas no comércio, como propaganda através dos meios de comunicação, sendo exemplos os exageros utilizados na descrição da qualidade dos bens, e, nos exemplos de Ruggiero, "as seduções, as blandícies ou qualquer outro artifício menos leal que uma parte adote nos contratos para prevalecer sobre a outra".[26] Na última, há o emprego de manobras enganosas dirigidas a iludir com o fito de prejudicar alguém. É o dolo de que trata o Código Civil, vindo a causar defeito ao negócio jurídico, possibilitando a sua anulabilidade, desde que os artifícios utilizados eram aptos a ludibriar as pessoas atentas e sensatas.

A distinção tem importância porque serve para traçar a linha divisória entre o permitido e o não permitido, ao mesmo tempo em que se alça como critério para caracterizar a propaganda enganosa, cuja previsão está no § 3º do art. 37 do Código de Defesa do Consumidor: "Para os efeitos deste Código,

---

[26] *Instituições de Direito Civil*, ob. cit., vol. I, p. 238.

a publicidade é enganosa por omissão quando deixar de informar sobre dado essencial do produto ou serviço".

Não se presta o *dolus bonus* para anular o negócio desde que não passe de simples exagero, de excessiva enfatização das perfeições, de enumeração de vantagens especiais frente a outros bens de igual tipo, posto que estas práticas constituem mais técnicas de propaganda, de formas de concorrência, admissíveis e toleráveis no mundo dos negócios e das atividades. Embora possam influir no consentimento, o simples exame do bem ou produto permite perceber a existência ou não das virtudes ou propriedades decantadas.

c) *Dolo essencial e dolo acidental*

Essencial, também denominado principal, é o dolo determinante do negócio, que o origina e que sem ele não se teria completado. Apresenta-se nas atitudes ardilosas que levam o contratante a praticar um ato prejudicial a si. É o dolo previsto no art. 145 (art. 92 do Código revogado): "São os negócios jurídicos anuláveis por dolo, quando este for a sua causa". De conformidade com a doutrina, importa se verifiquem os seguintes elementos para a sua configuração:

"I – que haja intenção de induzir o declarante a praticar o negócio jurídico;

II – que os artifícios fraudulentos sejam graves;

III – que sejam a causa determinante da declaração da vontade;

IV – que procedam do outro contratante, ou sejam deste conhecidos, se procedentes de terceiro."

O agente consegue incutir a ideia de um negócio no espírito do outro contratante que não corresponde à realidade. Assim numa compra e venda de um apartamento, apresentando-se uma quantidade de documentos que revela a satisfação de todas as exigências administrativas, quando diferente é a realidade. Ainda, em exemplo de Sílvio Rodrigues, "é anulável o ato jurídico através do qual alguém é dolosamente induzido a vender, por baixo preço, quinhão hereditário relativamente valioso; é evidente o ludíbrio, pois não é admissível que pessoas paupérrimas pudessem despojar-se de bens que viriam enriquecer seu desfalcado patrimônio. O direito, na sua função ética, não pode sancionar uma imoralidade".[27]

O dolo acidental, por seu turno, não conduz à prática do negócio. As manobras empregadas, na verdade, conduziram a efetuar-se o negócio, mas, não fossem elas, de outra maneira se concretizaria. A vítima leva a termo o contrato, porém em condições mais onerosas ou menos vantajosas, em virtude do comportamento envolvente do interessado. As manobras do causante atingem uma particularidade do querer. Num testamento, em exemplo citado

---

[27] *Dos Vícios do Consentimento*, ob. cit., p. 144.

por Carvalho Santos, o testador é convencido a legar um prédio menos valioso a eventual parente, quando pretendia dispor de outro com maior valor. Perdura a disposição de última vontade, embora prejudicada por terceiro.[28] Para compensar-se do prejuízo, possível a indenização por perdas e danos, a critério do lesado, na forma do art. 146 (art. 93 do Código de 1916): "O dolo acidental só obriga à satisfação das perdas e danos e é acidental quando, a seu despeito, o negócio seria realizado, embora por outro modo".

d) *Dolo negativo*

Está previsto no art. 147 (art. 94 do Código anterior): "Nos negócios jurídicos bilaterais, o silêncio intencional de uma das partes a respeito de fato ou qualidade que a outra parte haja ignorado, constitui omissão dolosa, provando-se que sem ela o negócio não se teria celebrado". Apresenta-se, pois, no silêncio de uma das partes, no concernente aos fatos ou às qualidades positivas ou negativas, ou no que diz respeito aos elementos próprios do bem objeto do negócio. A omissão dolosa leva ao vício do consentimento. Efetivamente, dirige-se a vontade a calar a respeito de aspectos do negócio para que não seja advertida a outra parte, situação que seguidamente se verifica na prática. Pelo silêncio, a parte fica ignorando uma circunstância especial da *res*, que, se conhecida, obstaria a formação da relação jurídica.

É o caso de alguém vender um imóvel que está em via de ser atravessado por uma estrada, nada contando ao comprador sobre o fato, que impedirá o erguimento da residência sobre o mesmo. Comum é a espécie na venda de uma área certa, ocultando-se a posse exercida por terceiros, ou o reconhecimento de domínio por usucapião em favor de outrem, ou a impossibilidade do registro imobiliário. O agente oculta uma qualidade negativa, que impediria o negócio se conhecida pelo comprador.

A fim de evitar a sua alegação posteriormente, na venda de coisas deve-se inserir o seu estado de conservação ou os defeitos inerentes.

O silêncio proposital ofende o direito de informar, imposto pelo art. 31 do Código de Defesa do Consumidor: "A oferta e apresentação de produtos ou serviços devem assegurar informações corretas, claras, precisas, ostensivas e em língua portuguesa sobre suas características, qualidades, quantidade, composição, preço, garantia, prazos de validade e origem, entre outros dados, bem como sobre os riscos que apresentam à saúde e segurança dos consumidores".

e) *Dolo de terceiro*

Está contemplada no art. 148 (art. 95 do Código revogado) a possibilidade de anulação por dolo de terceiro, ou do ressarcimento, conforme a existência

---

[28] *Código Civil Brasileiro Interpretado*, ob. cit., vol. II, p. 340.

ou não do conhecimento ou do dever de conhecer daquele a quem o negócio aproveita: "Pode também ser anulado o negócio jurídico por dolo de terceiro, se a parte a quem aproveite dele tivesse ou devesse ter conhecimento; em caso contrário, ainda que subsista o negócio jurídico, o terceiro responderá por todas as perdas e danos da parte a quem ludibriou". Isto é, uma terceira pessoa emprega meios ardis para levar alguém a celebrar um contrato prejudicial a ela com outra pessoa, a qual estava ciente ou deveria ficar ciente que ficaria beneficiada indevidamente, e que conseguiria a efetivação do negócio por causa dos meios ardilosos utilizados na efetivação do negócio. O dolo é de terceiro, tendo praticado o negócio com a cumplicidade da parte beneficiada, que conhecia o dolo ou deveria conhecer. Naturalmente, se esta última conheceu o intento do terceiro, ou deveria conhecer, possibilita-se a anulação. Caso não conhecidas as manobras pela parte beneficiada, ou não havendo cumplicidade, o negócio fica válido, assistindo à vítima unicamente a ação contra o terceiro que a enganou, visando o ressarcimento por perdas e danos.

É como vê a espécie Humberto Theodoro Júnior: "Se o contratante sabe do dolo de terceiro, ou devia conhecê-lo, torna-se responsável pelo duplo efeito da prática ilícita. Sujeita-se tanto ao rompimento do contrato, como à indenização do prejuízo.

Quando, porém, a parte não aderiu ao dolo do estranho, nem direta nem indiretamente, isto é, quando não teve conhecimento dele, nem tinha condições de percebê-lo, o contrato permanecerá intacável. O contratante prejudicado, todavia, terá ação de perdas e danos contra o terceiro.

É bom advertir, outrossim, que terceiro é aquele que, em princípio, não é sujeito do negócio jurídico, nem tem poderes para vincular a parte à sua declaração de vontade".[29]

É necessário que fique bem ressaltado que, para anular o negócio, insta que ambas as partes sejam responsáveis pelo negócio viciado, e que agiram em conjunto.

Não se revela rara a ocorrência do dolo de terceiro. Especialmente na área da representação, vários os negócios que chegam a bom termo porque as pessoas são enganadas pelos representantes ou procuradores. Quem entrega um negócio a um procurador vem a ser lesado pela desonestidade deste, mancomunado com a parte contratante, como num contrato de locação de um imóvel, em que se oculta a total falta de condições do locatário e a inexistência de qualquer patrimônio em nome do fiador.

f) Dolo do representante

A presente situação é semelhante à anterior. Há de se distinguir entre o dolo do representante legal e o dolo do representante convencional. A primeira hipótese

---

[29] *Comentários ao Novo Código Civil*, vol. III, tomo I – arts. 138 a 184, coordenação de Sálvio de Figueiredo Teixeira, Rio de Janeiro, Editora Forense, 2003, p. 151.

acarreta a obrigação do representado em indenizar ou ressarcir a parte prejudicada até a importância do proveito que teve. A segunda acrescenta a obrigação de o representado responder, solidariamente com o representante, por perdas e danos.

Importante caracterizar as duas espécies de representação.

Considera-se legal, também denominada necessária, quando advém de comando legal, e assim exemplifica-se na tutela, na curatela, no poder familiar.

Já convencional tem-se quando instituída por acordo ou contrato entre as partes, como no mandato, na administração, na corretagem.

O art. 149 (art. 96 do diploma civil de 1916) dispõe a respeito: "O dolo do representante legal de uma das partes só obriga o representado a responder civilmente até a importância do proveito que teve; se, porém, o dolo for do representante convencional, o representado responderá solidariamente com ele por perdas e danos".

Em síntese, a responsabilidade vai até o proveito resultante ao representado na representação legal; abrangerá também os prejuízos acarretados ao lesado no caso de convencional.

Acontece que, se decorrente da lei a representação, ou sem a participação da vontade do representado, como acontece na incapacidade por idade ou doença mental, não se afigura razoável impor que arque o representado com as perdas e danos.

Além desta consequência, o dolo do representante, seja ele curador, tutor, ou mandatário, isto é, não importando o tipo de representação, caso constituir-se na causa determinante do negócio, provocará a anulação deste, desde que pleiteada pelo lesado.

Quanto à indenização, segundo o ditame acima, o representado responde até a importância do proveito conseguido, naturalmente se não houve mancomunação com o representante. O ajuste entre os dois torna-os solidariamente responsáveis. Em qualquer hipótese, o representado responde diretamente por todo o dano suportado por terceiro. Mas a ele se oferece, na representação legal, a oportunidade de demandar o representante, no montante da vantagem conseguida por este. E se a vantagem ficou retida com o constituído, contra ele assiste a ação penal, inclusive por apropriação.

Não só a mera ciência do dolo pelo representado importa em responsabilizá-lo, mas também a completa ignorância. É fator decisivo a vantagem acarretada ao representado. Acontece que o art. 149 aponta como pressupostos o dolo do representante e a vantagem conseguida pelo representado. Não se requer a participação nas manobras dolosas utilizadas.

g) *Dolo de ambas as partes*

Nesta eventualidade, ou se as duas partes procedem de má-fé, a nenhum dos contratantes assistirá invocar o vício do consentimento. Acontece que a má-fé e as manobras ardilosas são mútuas, visando cada parte prejudicar a outra, sendo elas culpadas. Vende-se, *v.g.*, um bem com as qualidades diferentes das apregoadas e que levaram ao consentimento, e, ao mesmo tempo, o comprador efetua o pagamento com cheques desprovidos de fundo, sendo ele insolvente, circunstâncias estas desconhecidas da outra parte. Transparece que não há propriamente prejuízo.

O art. 150 (art. 97 do Código anterior) impede a alegação do dolo, para anular o negócio, em hipóteses tais: "Se ambas as partes procederam com dolo, nenhuma pode alegá-lo para anular o negócio, ou reclamar indenização".

Realmente, se as partes envolvidas procedem com má-fé, não se cogita da defesa da boa-fé. Acontece ser da origem do direito a proteção unicamente daquele que foi injustiçado ou enganado.

Não interessa o grau do dolo, isto é, se configurado dolo essencial ou acidental. Basta a conduta delituosa das partes, contrária ao direito, eivada de culpa.

Prevalece o princípio de que não se permite invocar os remédios judiciais para proteger ilegalidades. Por outras palavras, inconcebível arguir a própria torpeza na defesa de uma situação prejudicial. Está a inviabilidade na mesma ordem de quem procura o ajuizamento de uma ação para cobrar a aquisição de mercadoria proibida, como tóxicos ou produtos contrabandeados.

h) *Dolo do menor*

No art. 180 do Código Civil (art. 155 da lei civil anterior), encontramos o seguinte preceito: "O menor, entre 16 (dezesseis) e 18 (dezoito) anos, não pode, para eximir-se de uma obrigação, invocar a sua idade se dolosamente a ocultou quando inquirido pela outra parte, ou se, no ato de obrigar-se, declarou-se maior".

O mero silêncio sobre a incapacidade não constitui dolo. Mas deve vir acompanhada a manifestação de manobra fraudulenta, empregada para se fazer passar por maior, ou que está em pleno gozo de sua capacidade, induzindo a erro a pessoa com quem contratou. Para tanto, cumpre se faça a prova da inquirição sobre a idade, ou que apresentou algum elemento concreto falsificando-a. Nesse quadro é que prevalece a regra acima, numa perpetuação da máxima romana *malitia supplet aetatem*.

Outrossim, restrita a disposição aos relativamente menores, e não a outros incapazes arrolados no art. 4º do Código Civil, em redação da Lei nº 13.146/2015, como os ébrios, os viciados em tóxicos e os pródigos.

Embora praticado por menor o ato ou negócio, e nessas condições caracteriza ato ilícito, equiparando-o o Código ao maior, salienta Carvalho Santos que "os pais e tutores continuam solidariamente responsáveis, nos termos do art. 1.518, parágrafo único, sempre que incorrerem em culpa *in vigilando*". No Código Civil de 2002, a responsabilidade dos pais e tutores está contemplada no art. 932, incisos I e II.

Mesmo equiparando o menor ao maior, prossegue o autor, o "Código quis significar tão somente que ele também é responsável, mas não excluindo nunca a responsabilidade do pai ou tutor, solidariedade que resulta dos princípios reguladores da culpa *in vigilando*, que, longe de serem alterados, foram acolhidos pelo Código".[30]

4. COAÇÃO

Define-se como a pressão física ou moral, ou o constrangimento que sofre uma pessoa, com o fim de ser obrigada a realizar um negócio. Causa a coação medo e temor, elementos que conduzem a praticar o negócio, como esboça Orosimbo Nonato: "Se não produz o medo, se não gera o temor, a violência deixa de atingir o ato jurídico".[31] Quem emite a declaração compulsivamente, sob coação, age em desacordo com a vontade, ou não procede livremente. Portanto, é este o vício de consentimento que diz com a liberdade da vontade.

A clareza de Sílvio Rodrigues bem identifica a espécie: "Se a declaração da vontade não surgiu livremente, tendo, ao contrário, sido imposta à vítima por ameaça do outro contratante ou de terceiros, permite a lei que o prejudicado promova o desfazimento da avença, provando aquela circunstância. No caso, a anulabilidade se funda na existência de coação".[32]

Temos a coação física, chamada *vis absoluta*, que exclui a vontade, tornando o negócio nulo e não simplesmente anulável porque falta um de seus elementos constitutivos, que é o consentimento; e a coação moral, causadora do temor, do medo infundido injustificadamente na vítima, a qual perde a energia moral e a espontaneidade do querer. Na primeira, há o constrangimento corporal, que reduz o sujeito vítima a instrumento passivo do negócio. Na última, a vontade não é completamente eliminada, mas permanece em relativa liberdade, podendo optar entre a realização do negócio, que lhe é exigido, e o dano, com que é ameaçada.

Na *vis absoluta*, "o constrangimento é instrumento de quem constrange; o constrangido não age, nenhuma ação ou parcela de ação é sua. O absolutamente constrangido não quer; o coacto, o relativamente constrangido, a despeito do constrangimento, quer", lecionava Pontes de Miranda.[33]

Conforme a época, adquire a coação uma feição própria, caracterizada sempre pela ameaça. Nos períodos das Idades Média e Moderna, era o absolutismo dos reis e do Estado que impingia temor aos que não possuíam algum título de

---

[30] *Código Civil Brasileiro Interpretado*, 10ª ed., ob. cit., p. 299.
[31] *Da Coação como Defeito do Ato Jurídico*, ob. cit., p. 105.
[32] *Dos Vícios do Consentimento*, ob. cit., pp. 225 e 226.
[33] *Tratado de Direito Privado*, 3ª ed., Rio de Janeiro, Editor Borsoi, 1972, vol. IV, p. 399.

nobreza. Na Idade Contemporânea, dado o predomínio da vontade individual ou da iniciativa privada, e, posteriormente, do capital, o poder econômico passou a exercer pressão nas negociações. Presentemente, adquiriu destaque o Código de Defesa do Consumidor, procurando dar amparo ao consumidor nas relações de consumo, justamente em razão de sua vulnerabilidade (art. 4º, I), com uma série de instrumentos de proteção frente ao poder econômico do fornecedor.

4.1. Requisitos da coação

Os autores, como Washington de Barros Monteiro, Carvalho Santos e Orlando Gomes, revelaram, quase unanimemente, uma ideia geral e histórica da doutrina, consignando os mesmos requisitos para a configuração da coação, assim enumerados e explicados:

> "I – A coação deve ser a causa determinante do negócio, isto é, praticada com o intuito deliberado de obter o consentimento da outra parte, visando a constituição de um negócio jurídico, segundo exige o art. 151 (art. 98 do Código anterior): 'A coação, para viciar a declaração da vontade, há de ser tal que incuta ao paciente fundado temor de dano iminente e considerável à sua pessoa, à sua família, ou aos seus bens'".

Na eventualidade de dirigir-se a ameaça a uma pessoa não ligada à família, o parágrafo único, em inovação quanto ao CC de 1916, desloca ao juiz decidir se fica caracterizada ou não a coação: "Se disser respeito a pessoa não pertencente à família do paciente, o juiz, com base nas circunstâncias, decidirá se houve coação". O dispositivo, além de vago, não orienta e sequer delineia critérios. Em todas as situações controvertidas, recorre-se à decisão do juiz. Se era difícil ao legislador especificar quais as situações de ameaça de um mal a terceiro não ligado à família da pessoa coagida, melhor seria que omitisse alguma disposição, pois de nada adiantou trazer uma regra tão genérica. Advirta-se que o critério a determinar a caracterização deve fundar-se na amizade, ou em um liame e social e profissional forte, entre o coacto e a pessoa sobre a qual pesa a ameaça do mal, como o companheiro, o professor, o aluno, o sócio, o vizinho, o namorado ou a namorada. Possível, ainda, que se proceda o sequestro de um estranho, em um banco, ou avião, ou cadeia pública, ou qualquer estabelecimento, como forma de pressão para extorquir de alguém o dinheiro existente no local, ou forçar a entrega de um preço para a liberação. Evidente que os acertos nesse panorama não ensejam o caráter de obrigatoriedade.

A recompensa moderada feita em momento de perigo, como de incêndio, ameaça de afogamento, doença, para convencer alguém a realizar ações de salvação, ou imposta pelo que se propõe a salvar, é admitida por inúmeros juristas, pois revela liberdade de consentimento, o que inocorre se o pretendido apresenta-se de forma desproporcional. O oferecimento de um bem valiosíssimo, ou de toda a riqueza, está a provar que a coação em que se envolveu o paciente foi de tal natureza, que só podia ser feita sob o influxo de grave perigo. Há privação de vontade. Não convalesce o negócio. No tocante à ameaça de dano contra família, compreende não apenas as pessoas ligadas por parentesco, mas atinge também, na enumeração de Orosimbo Nonato, o adotante, o adotado, "os filhos de criação, os nutridos, aqueles criados e educados como filhos".[34]

> "II – Deve incutir no paciente um temor justificado, como promessa de morte, de escândalo, do ridículo, da denunciação às autoridades, medindo-se o seu grau em consonância da pessoa constrangida, ou seja, o sexo, o temperamento, o estado de ânimo, dentro dos cânones do art. 152 (art. 99 do Código revogado), o qual preceitua: 'No apreciar a coação, ter-se-ão em conta o sexo, a idade, a condição, a saúde, o temperamento do paciente e todas as demais circunstâncias que possam influir na gravidade dela'".

Ameaças há que não deixarão mossas no espírito de um homem e atemorizarão uma mulher, ou que não abalarão o ânimo de uma mulher já feita e experimentada na vida. A juventude, a velhice, a posição social, o sexo, o temperamento impressionável, nervoso ou histérico, entre outros fatores, são levados em conta na apreciação de caso a caso, segundo o explanar de Vicente Faria Coelho.[35]

> "III – O temor deve referir-se a um dano iminente, próximo, irremediável e não remoto, distante, evitável. Configura-se quando a vítima não dispõe mais de meios para subtrair-se ao dano, e nem de socorrer-se junto à autoridade pública.
>
> IV – Há de ser dano considerável, ofendendo o valor moral ou patrimonial do sujeito passivo, isto é, a vida, a liberdade, a honra, a segurança própria e de terceiros a ele ligados, ou o bem econômico, material, pecuniário.
>
> V – Deve referir-se à pessoa do extorquido, à sua família, ou a seus bens. Quanto à família, incluem-se todos os parentes. Diante de situações especiais, e considerando o aspecto social do direito, impossível descartar hipóteses que envolvam pessoas ligadas ao coacto por liames de amizade, subordinação, respeito, afetividade. Mesmo a promessa de um mal estranho limita a liberdade de consentimento, como deixou entrever o parágrafo único do art. 151.
>
> VI – A injustiça da ameaça, ou sem amparo no direito. Justifica Henoch D. Aguiar quando as ameaças são injustas: 'Las amenazas injustas son, en consecuencia, actos ilícitos; porque el que las hace con el fin de conseguir la ejecución de algún acto, carece para emplearlas. No importa que se comprendan o no en las incriminadas por el derecho penal, desde que el derecho civil que las legisla, como generadoras del temor que vicia la voluntad, no exige que sean de las de esa especie'".[36]

---

[34] *Da Coação como Defeito do Ato Jurídico*, ob. cit., p. 194.
[35] *Desquite e Anulação do Casamento*, 1ª ed., Rio de Janeiro, Livraria e Editora Freitas Bastos, p. 121.
[36] *Hechos e Actos Jurídicos*, ob. cit., vol. I, p. 222.

Emílio Betti sintetiza em dois os requisitos: a capacidade da ameaça em impressionar uma pessoa sensata; e a ilegalidade do mal ameaçado: "São requisitos de relevância jurídica da violência: que a ameaça, a que o negócio se mostra ligado por um nexo genético, seja de natureza a impressionar uma pessoa sensata e a fazê-la recear expor-se, a si, ou aos seus parentes mais chegados, ou aos seus bens, a um mal que, segundo a apreciação média da consciência social..., seria grave; e, ainda, que o mal ameaçado seja ilegítimo, isto é, contrário ao direito, e, embora sendo apenas o exercício de um poder jurídico, esteja ligado, sem um nexo objetivo plausível, à obtenção de uma vantagem desproporcional e injusta".[37]

4.2. Coação por ameaça do exercício normal de um direito e por temor reverencial

A promessa de uma queixa-crime, de uma ação penal ou cível não representa coação. É o que Orosimbo Nonato chama de violência justa, inclassificável como defeito do negócio jurídico.[38] Se, porém, a ameaça exceder os limites da normalidade, muda de figura a situação. É o caso de o credor que, para liberar o devedor de uma ação de cobrança, exige seja contemplado em um testamento.

Se a pessoa portadora de um direito incutir pavor ou apreensão no ânimo de outrem; se obrigar a renúncia a um bem de valor superior ao que lhe é devido, verifica-se abuso de direito, tornando-se anulável a manifestação da vontade.

Igualmente, se a mulher assinar uma renúncia de meação para evitar escândalo de um processo por adultério. Não, entretanto, a mera propalação de um processo criminal, ou a atemorização com os efeitos penais de uma infração ou de um descumprimento de uma obrigação. Muito menos se justa a ameaça de exercer um direito, ou se não revela ilicitude a ameaça.

No tocante ao temor reverencial, sabe-se ser ele a deferência que temos para com pessoas a quem respeitamos e admiramos. Aprofunda-se Orosimbo Nonato: "Reverencial se diz o temor de desprazer a pessoas a quem estejamos ligados por certo elo de parentesco ou laços de subordinação ou de afeto; pessoas a quem se deva obediência, a quem se devote respeito".[39] Possível exercer influência na determinação da vontade, mas não tipifica coação, por não ser ilícita nem abusiva, e nem representar ameaça na concretização de certo negócio.

Em última análise, não passa de receio de desgostar pai, mãe, amigo, superior hierárquico ou outra pessoa, sem força de obliterar a vontade livre e servir de apoio para uma ação anulatória.

---

[37] *Teoria Geral do Negócio Jurídico*, ob. cit., tomo II, p. 492.
[38] *Da Coação como Defeito do Ato Jurídico*, ob. cit., p. 167.
[39] *Da Coação como Defeito do Ato Jurídico*, ob. cit., p. 159.

O art. 153 (art. 100 do Código anterior) condensa a matéria: "Não se considera coação a ameaça do exercício normal de um direito, nem o simples temor reverencial". Segue nesse aprofundamento a jurisprudência: "Confessada a emissão de conhecimentos de fretes sem lastro, é inadmissível considerar-se como coação, vício de consentimento suscetível de anular o negócio, a ameaça do exercício regular de um direito, a justificar a anulabilidade do negócio, que permanece válido".[40]

4.3. Coação exercida por terceiro

Na forma do art. 154 (art. 101 e seu § 1º do Código de 1916), desde que a ação coercitiva atue no ânimo do contratante, venha da outra parte ou de terceiro, sempre viciará o negócio. Dispõe o dispositivo: "Vicia o negócio jurídico a coação exercida por terceiro, se dela tivesse ou devesse ter conhecimento a parte a que aproveite, e esta responderá solidariamente com aquele por perdas e danos".

De modo que se a pessoa a quem aproveitou o negócio tiver ou devesse ter conhecimento da coação exercida por um terceiro, responderá solidariamente, junto com aquele, tanto na anulação do negócio como por todas as perdas e pelos danos. É o que está no dispositivo.

Para se aperfeiçoar e valer a ameaça, não se requer o seu conhecimento pelo contratante. Se, porém, pelas circunstâncias especiais que cercam o negócio, e pelo conhecimento das pessoas envolvidas, é possível depreender que o negócio foi celebrado por coação. Neste campo, suponha-se que uma pessoa procure insistentemente adquirir um bem junto a terceiro, que não se dispunha a fazer a venda. Se este terceiro vier a sofrer ameaça de parte do progenitor do interessado em adquirir, mesmo que não a tenha este presenciado, mas conhecendo o caráter violento e arbitrário do progenitor, deveria supor ou detectar a razão da súbita concordância em vender, máxime se ouvira do pai manifestações que importariam em possível ameaça.

Se a parte a quem aproveita a coação não tinha e nem devesse ter conhecimento da coação vinda de terceiro, somente este responderá por todas as perdas e danos, subsistindo o negócio, na previsão do art. 155 (§ 2º do art. 101 do estatuto civil de 1916): "Subsistirá o negócio jurídico, se a coação decorrer de terceiro, sem que a parte a que aproveite dela tivesse ou devesse ter conhecimento; mas o autor da coação responderá por todas as perdas e danos que houver causado ao coacto". Procura-se, para a segurança social, manter o negócio, bem expondo Sílvio Rodrigues: "A possibilidade de se infirmar um

---

[40] TAMG. Apelação nº 284.484-0. 3ª Câmara Cível, de 11.08.1999, em *Revista dos Tribunais*, 779/372.

negócio jurídico, em virtude de vício do consentimento do qual a outra parte não tinha nem podia ter conhecimento, representa séria ameaça à segurança das relações jurídicas, e que a lei não deve encorajar".[41]

4.4. Coação por sugestão hipnótica e a pressuposição

Quando decisiva na manifestação da vontade, ou mesmo atuando como força física modificadora da vontade, a sugestão hipnótica constitui coação, e assim tipifica-se porque não existe o consentimento. Mas, a prova é difícil de ser elaborada, aparecendo exemplos em situações especialíssimas, em que os sujeitos passivos são altamente influenciáveis e portadores de uma hipersensibilidade.

No tocante à pressuposição, a própria palavra sugere o significado: pressupõe-se que algo ocorra e, por isso, decide-se praticar o negócio. Carlos Alberto Bittar desenvolveu o estudo: "Pressuposição é a convicção da existência ou da persistência de certo estado de coisas ou de certo acontecimento pelo contratante, que o conduz à efetivação do negócio jurídico, de modo que, se não se conformasse à realidade, não o teria realizado. É, pois, previsão da parte quanto à situação fática, alcançando a economia do contrato. Pode ser consciente, ou revelada, ou subconsciente, quando apenas tacitamente se perceba".[42]

Apesar de realmente ocorrerem situações que são realizadas unicamente por força de uma previsão, a sua não ocorrência não desconstitui o negócio jurídico. Não há vício de consentimento. Deliberou e decidiu espontaneamente a pessoa, mesmo que levada por fatos externos ligados à natureza, a fenômenos sociais e psíquicos que se desenhavam ocorríveis em sua mente.

Não se pode, outrossim, confundir essa pressuposição com o significado que levou a criar a teoria da base objetiva do negócio, no sentido de manter-se, no futuro, aquele ambiente de equilíbrio econômico verificado quando da celebração do negócio, ou de entender-se que as partes *pressupõem* manter-se, no futuro, as circunstâncias vigorantes quando de sua celebração, e que, uma vez ocorrida a anormal alteração, viabilizaria a resolução do contrato.

5. O ESTADO DE PERIGO

Uma situação comum, mas não prevista no Código anterior, passou a integrar as causas que podem anular o negócio. Envolve o ambiente em que se encontra uma pessoa, quando celebra um negócio, que tolhe a sua vontade, agindo basicamente pela pressão que vive. Corresponde a uma situação de

---

[41] *Direito Civil* – Parte Geral, ob. cit., vol. I, p. 216.
[42] *Curso de Direito Civil*, vol. 1, p. 153.

fato, pela qual uma pessoa, para se livrar de um perigo desencadeado e que a pressiona, assente em um negócio, celebrando-o, não medindo os excessivos efeitos nocivos que lhe causa. Defronta-se o contratante com um perigo iminente e grave, levando-a a celebrar o negócio para livrar a si ou a pessoa de sua família de um grave dano que a parte que com ela contrata conhece e dele se beneficia. A previsão encontra-se no art. 156 do Código Civil, sem paradigma igual ou semelhante no diploma civil de 1916: "Configura-se o estado de perigo quando alguém, premido da necessidade de salvar-se, ou a pessoa de sua família, de grave dano conhecido pela outra parte, assume obrigação excessivamente onerosa".

O pressuposto básico está na situação de perigo em que se encontra a pessoa, podendo originar-se de causa natural (perigo da perda de uma cultura agrícola em face de uma excessiva seca),ou do fato do homem (doença grave que impõe a contratação de empréstimo com encargos elevados).

Não é incomum a previsão. Muitas as eventualidades de se encontrar em perigo um indivíduo, e assumir obrigações de excessivo rigor ou ônus, desproporcional ao benefício. Enfrenta alguém um grave perigo, ou está na premência de solucionar um problema, mas exigindo quem se oferece para prestar socorro um pagamento muito oneroso e desproporcional ao benefício. É o caso da contratação de honorários médicos diante de uma doença grave; ou de remuneração excessivamente alta para a solução de um litígio que precisa de urgente intervenção; ou da prestação de um serviço de transporte em um momento intransferível e de extrema urgência. A prestação que paga a parte não equivale ao preço do serviço, e destoa da média que outras pessoas cobram. Há o estado de perigo consistente no advento da morte, ou da perda de um bem, ou que decorre se não removido um instrumento ou uma substância de um determinado local.

Aquele que exige essa contraprestação extremamente vantajosa está ciente do resultado que procura obter, e da situação de extrema necessidade ou de perigo em que se encontra aquele que precisa do serviço. Para que prevaleça o império da justiça, e com a finalidade de evitar o enriquecimento fácil ou indevido, a lei socorre o prejudicado, com a viabilidade da anulação do negócio.

Humberto Theodoro Júnior aponta dois elementos para a caracterização – um objeto e outro subjetivo (*Comentários ao Novo Código Civil*, vol. III, tomo I – arts. 185 a 232 –, coordenação de Sálvio de Figueiredo Teixeira, Rio de Janeiro, Editora Forense, 2003, pp. 210 e 211):

> "Do ponto de vista objetivo, o contrato para ter-se como anulável deverá representar, para a vítima, a assunção de 'obrigação excessivamente onerosa'. Aqui já não se pode limitar, tal como na lesão, ao desequilíbrio de prestações do contrato bilateral (comutativo), pois o estado de necessidade pode conduzir também a negócios unilaterais viciados em que a prestação assumida seja unicamente da vítima (remissão de dívida, promessa de recompensa, doação, cessão gratuita, renúncia de direitos etc., e até testamento)."

O importante é que, segundo os ditames de boa-fé e de equidade, o negócio praticado seja visto como iníquo e injustificável, acarretando uma oneração para a vítima do estado de perigo não compatível com o negócio que se praticasse fora do contexto de perigo.

Por outro lado, a hipótese de 'estado de perigo', correspondente à figura do conhecido 'estado de necessidade', em que o agente é premido a adotar uma certa conduta para afastar perigo de dano grave e iminente que não poderia de outra forma ser afastado ou evitado. Para os fins do art. 156 do Código, toda via, só se configura o vício de consentimento se o negócio jurídico for praticado em situação de risco de vida ou de lesão à integridade física suportada pelo próprio declarante ou por outra pessoa a ele ligada por laços de família ou equivalentes. É, pois, a necessidade de 'salvar' uma pessoa de grave dano que tem de ocorrer como pressuposto do defeito enfocado.

Para tanto se torna necessário: a) que esteja configurado um mal iminente e grave; b) que o bem ameaçado seja a pessoa que pratica o ato que lhe é excessivamente oneroso, ou outra pessoa a ela intimamente ligada; e c) que esse risco de dano seja a *causa do negócio*.

Do ponto de vista *subjetivo*, a configuração do vício de consentimento depende de a situação de perigo ter provocado um constrangimento capaz de induzir a vítima a determinar sua vontade negocial ser dispor de plena liberdade e consciência, mas governada apenas pelo propósito de 'salvar-se' ou de 'salvar pessoa de sua família' do risco grave existente".

Não se confunde a espécie, embora a perceptível proximidade, com a lesão. Em ambas as figuras, resulta a vantagem manifestamente desproporcional. Todavia, o elemento subjetivo é diferente na lesão e no estado de perigo. Na primeira, celebra-se o negócio sob o premente estado de necessidade, ou por inexperiência; na segunda, o fator subjetivo que debilita a vontade assenta-se no estado de perigo, que pode custar a própria vida, ou a perda e um bem, presente quando da celebração do negócio.

De modo que, realizado sob tal pressão o negócio, permite-se a sua anulação, se a situação era conhecida da outra pessoa, e se de excessiva onerosidade.

Essa possibilidade estende-se igualmente às pessoas da família daquele que celebrou o negócio. Quanto a estranhos, impende se afira o grau de relacionamento com a vítima, devendo estar presentes convincentes elementos para viabilizar a anulação, por ordem do parágrafo único do art. 156, que submete a solução ao juiz, segundo as circunstâncias do caso.

6. A LESÃO NO DIREITO

Dentro do mesmo Capítulo que trata dos defeitos dos negócios jurídicos, o Código Civil disciplina a lesão, sendo que o anterior diploma era totalmente omisso a respeito.

A própria expressão 'lesão no direito' nos dá a ideia do conteúdo do instituto. De um modo bem simples, define-se como lesão ou lesão enorme o negócio defeituoso em que uma das partes, abusando da inexperiência ou da premente necessidade da outra, obtém vantagem manifestamente desproporcional ao proveito resultante da prestação, ou exageradamente exorbitante dentro da normalidade.

Ou, também, conceitua-se como todo o contrato em que não se observa o princípio da igualdade, pelo menos aproximada, na prestação e na contraprestação, e em que não há a intenção de se afazer uma liberalidade. Revelando a falta da equidade, ou a iniquidade enorme, provoca um desequilíbrio nas relações contratuais.

Historicamente, equivalia à alienação da coisa por menos da metade de seu justo preço ou valor. Emanada a regra do direito romano, se estendeu posteriormente e alcançou o direito francês. Com o Código de Napoleão, o critério delimitador ateve-se basicamente no elemento objetivo para a caracterização do princípio: sempre quando o prejuízo fosse igual ou superior a sete doze avos do valor da coisa. Sendo inferior, inexistia a lesão. Mas, pelo direito romano, se ficasse abaixo da metade, era inválida a compra e venda. Predominava, também, um fundamento puramente objetivo, sem se cogitar da pureza das intenções, nem do conhecimento de qual era o justo preço, no momento do negócio.

Como já referido, não adotou o Código de 1916 o instituto. Embora incorporado no diploma civil de 2002, ficou sem interesse, e revela-se um recurso superado pela difícil análise para fins de anulação dos contratos. Além de conter elementos de alguma subjetividade para a caracterização, existem, presentemente, institutos de superior eficiência para o enfrentamento de contratos injustos e eivados de injustiças ou desequilíbrios, como a teoria da base objetiva do negócio. O Código de Defesa do Consumidor traz uma série de instrumentos de proteção à parte contratante mais fraca (consumidor), de maior qualidade que o instituto da lesão. Já em tempos mais antigos advertia Sílvio Rodrigues para as dificuldades, e para a subsunção do instituto em outras figuras: "É que, para ser vitorioso na ação de rescisão do contrato lesionário, deve o prejudicado provar que o outro contratante abusou de sua inexperiência, premente necessidade ou leviandade. Ora, em vez de tentar produzir prova tão difícil, será mais cômodo para o prejudicado recorrer à ação de anulabilidade da avença, fundada em dolo ou coação do outro contratante. Com efeito, se a vítima foi lesada por haver a outra parte se valido de sua inexperiência ou leviandade, é altamente provável que se caracterizem os pressupostos do dolo, e a ação anulatória, com base nesse vício do querer, será vencedora. Se, em vez, um dos contratantes se prevaleceu da necessidade em que se encontrava o outro, para extorquir-lhe o consentimento ao negócio lesivo, a ação anulatória poderá ser deferida com fundamento na coação, se os demais requisitos desse vício também se apresentarem. Daí, talvez, o desinteresse pela nova ação, que talvez não substitua, vantajosamente, os remédios antigos para os mesmos males".[43]

Procurando se encontrar uma adequação da lesão aos tempos atuais, busca-se considerar lesivo o contrato quando resultar uma evidente e injustificada desproporcionalidade entre o preço recebido e o valor da coisa, aproveitando-se o comprador de uma situação subjetiva especial vivida pelo vendedor, como uma necessidade premente, ou inexperiência, ou leviandade (embora não considerada essa causa pelo Código Civil vigente). Não há uma taxação delimitadora entre o preço justo e injusto, ou um grau, na estimativa dos bens, indicador do prejuízo, como regra. Importa reconhecer a gravidade do dano resultante do contrato.

Uma definição nessa linha é a de Paul Ossipow: "La lesión es el perjuicio económico experimentado por una de las partes, en el momento de la conclusión del contrato, consistente en la desproporción evidente entre las prestaciones intercambiadas, determinada por la explotación de su miseria, ligereza o inexperiencia".[44]

Destacam-se três elementos que devem coexistir para a caracterização do negócio lesivo:

> "I – a desproporção entre as prestações;
>
> II – a miséria ou necessidade e a inexperiência (tradicionalmente levava-se em conta também a leviandade, que o direito espanhol conhecia como 'ligeireza');
>
> III – a exploração por parte do lesionante."

Acrescenta-se que o prejuízo econômico importa seja apreciado no momento da conclusão do negócio.

Os romanos davam o nome de lesão *ultra dimidiam* ao negócio em que o preço era inferior à metade do justo, com a conceituação de lesão enormíssima. Migrando o instituto para o direito de outras culturas, passou a chamar-se simplesmente de lesão enorme. Mas, a espécie, na forma e com o significado que se lhe empresta hoje, raramente é conhecida por esta expressão. A palavra 'enorme' expressa uma desproporção evidente e exagerada, inaceitável aos princípios morais e éticos que dirigem as consciências. Não se restringe à conceituação clássica da lesão *ultra dimidiam*, que perdurou até o Direito das Ordenações.

A lesão que atende unicamente o aspecto objetivo, ou o desequilíbrio entre as prestações, fixando índices matemáticos abaixo dos quais não se autoriza o exercício da ação, é conhecida igualmente por lesão objetiva. No entanto, a maioria dos países que consagra o instituto a denomina simplesmente de lesão, seja objetiva ou subjetiva.

---

[43] *Dos Vícios do Consentimento*, ob. cit., p. 220.
[44] *De la Lésion. Étude de Droit Positif et de Droit Comparé*, Paris, Sirey, 1940, p. 291 (tradução para o espanhol).

Nos tempos atuais, denomina-se simplesmente lesão.

Está a figura contemplada no art. 157 e em seus parágrafos do Código Civil com a seguinte redação:

> "Ocorre a lesão quando uma pessoa, sob premente necessidade, ou por inexperiência, se obriga a prestação manifestamente desproporcional ao valor da prestação oposta.
>
> § 1º Aprecia-se a desproporção das prestações segundo os valores vigentes ao tempo em que foi celebrado o negócio jurídico.
>
> § 2º Não se decretará a anulação do negócio, se for oferecido suplemento suficiente, ou se a parte favorecida concordar com a redução do proveito".

6.1. Fundamentos da lesão

Várias as razões que justificam a necessidade do instituto da lesão, como a proteção aos que se encontram em situação de inferioridade. Em determinados momentos, dadas certas premências materiais, a pessoa perde a noção do justo e do consentâneo com a realidade. É conduzida a praticar verdadeiros disparates econômicos. Evidentemente, sua vontade está contaminada por uma pressão muito forte, não agindo livremente.

O direito não pode caminhar divorciado dos princípios morais que imperam na sociedade e que norteiam as consciências a conceberem os relacionamentos dentro de um mínimo de decência e pudor econômico, sob pena de se converterem estes em instrumento de pura especulação e destruição, em vez de se tornarem fatores construtivos da riqueza nacional. Daí a necessidade da equidade. Como dizia Pothier, "l'équité doit régner dans le conventions".[45]

O Estado moderno, cuja legislação intervencionista é de certo modo justa e protecionista, criou, num primeiro momento, no direito brasileiro, o instituto da lesão nos crimes contra a economia popular.

Manifestou a jurisprudência: "Conforme Caio Mário da Silva Pereira, por toda a parte onde ocorre, o instituto da lesão apresenta-se como filho da equidade, afirmando sobretudo a regra moral. No relatório encaminhado ao Ministro da Justiça, sobre o Projeto do Código das Obrigações, a Comissão frisou que se no Direito das Obrigações uma grande parte, vastíssima parte mesmo, é ocupada pela vontade cuja autonomia há de ser reconhecida sob pena de se desfigurar a participação do homem na elaboração das relações privadas, o direito moderno, e com ele o Projeto, não pode desprezar o apelo à regra moral que impera na sociedade e que há de ser presente também nas relações

---

[45] *Oeuvres Complètes de Pothier*, ob. cit., vol. I, p. 102.

econômicas, sem o que estas se converterão em instrumentos de pura especulação e destruição, em vez de serem fatores construtivos da riqueza nacional. No intuito de concretizá-lo, o Projeto não somente amputou os excessos do individualismo e da autonomia da vontade, dirigindo-a no rumo do bem comum, como acolheu alguns tantos institutos em que a ideia dominante é a proteção daquele que, pela força das circunstâncias, é levado a cumprir uma obrigação geradora de proveitos exagerados para a outra parte, ou que se anime de uma força de desequilíbrio entre os sujeitos, com reflexo desfavorável à paz social".[46]

6.2. Natureza da lesão

A lesão enorme, ou simplesmente a lesão, que acarreta um dano patrimonial excedente ao tolerável, torna o contrato anulável simplesmente pela falta de equilíbrio nas prestações? Se a resposta fosse positiva, teríamos apenas um vício do contrato, como o era para Pothier, na explicação de René Dekkers: "Quant à la nature de la lésion, elle reste pour Pothier de qu'elle était dans les écrits de ses prédécesseurs, un vice du contrat".[47] Mas, inevitavelmente, a própria origem da figura inseriu o elemento subjetivo, entendendo-se que existia um defeito no consentimento. Mesmo na Lei Segunda do direito romano, buscava-se proteger o vendedor, que a premência de uma necessidade o obrigava a alienar por preço vil. Continua René Dekkers: "La loi seconde... est fondée sur la faveur que mérite le vendeur, qui n'a vendu avec telle parte, que contraint de le faire par la nécessité des ses affaires, nécessité dont l'acquéreur a voulu injustement profiter...".[48]

A lesão é inassimilável em qualquer um dos vícios de vontade. Possível que envolva aspectos do consentimento, que favoreça a sua expansão e ajude na obtenção de uma vantagem.

Mas caracteriza-se por outros elementos, que desvirtuam a vontade e fazem emitir um querer defeituoso. São a necessidade, a premência temporária ou permanente, a inexperiência, e mesmo a leviandade ou imprudência, que conduzem a querer ou consentir em determinada transação lesiva. A vontade não se expõe livremente. Um fator estranho leva-a a atuar. Um vício tira-lhe a autonomia plena e verdadeira.

Desponta um elemento subjetivo que arrasta as alienações a um preço vil. Não fosse isso, o que explicaria a venda? A mera desproporção não se efetiva desacompanhada de um substrato motivador. Não é uma abstração pura, mas se estabelece a partir de dados subjetivos específicos.

---

[46] TJRGS. Apel. Cível nº 23.177. 2ª Câm. Cível, de 11.12.1974, em *Revista de Jurisprudência do Tribunal de Justiça do RGS*, 53/240.
[47] *La Lésion Enorme*, Paris, Librairie du Récueil Sirey, 1937, p. 150.
[48] *La Lésion Enorme*, ob. cit., p. 132.

Como faz ver Wilson de Andrade Brandão, é a lesão colocada ao lado dos outros vícios de vontade, neles não se confundindo, quanto muito utilizando-os o agente da vantagem para manipular seus interesses.[49]

Tendo contornos próprios, por si apenas provoca a anulação do negócio. Pela inexperiência do vendedor, *v.g.*, ou pela necessidade, mas não porque foi ilaqueada a sua boa-fé, ou houve erro na formação do consentimento, acontece o negócio desastroso.

Preponderando o elemento subjetivo antes analisado para a definição da lesão, cumpre atender-se também o princípio da equidade, que é o conteúdo objetivo ligado à falta de proporcionalidade entre o dado e o recebido, ou, no dizer de Humberto Theodoro Júnior, "na desproporção manifesta entre as prestações recíprocas, capaz de proporcionar lucro exagerado e incompatível com a normal comutatividade do contrato".[50] Encarada como elemento substancial e essência do direito em si, inspira ela a preocupação moderna de proteger os que se encontram em situação de inferioridade. Mantém perenes os princípios fundamentais da justiça. Forma a regra romana do *jus suum cuique tribuere*, ou dar a cada um o seu direito. Não há direitos absolutos. O direito de cada um acaba onde começa o direito dos outros.

A equidade, no ensinamento de Pothier, o grande inspirador do Código Civil francês, impõe a igualdade de proteção e a equivalência de prestações. Revela-se a iniquidade quando notável uma desproporção injusta, o que significa a negação do direito em si.[51]

De modo que a equidade, aliada aos elementos subjetivos, integra a natureza jurídica da lesão. A mera desproporção conduz a um critério puramente objetivo para tipificar a figura em estudo, o que não basta para justificar a rescisão de um negócio. Há de se perquirir os motivos determinadores, ou as razões que constrangeram a vontade, encontrando-se a resposta na inexperiência, numa situação de necessidade muito forte, na leviandade, nas limitações intelectuais, fatores que viciam o consentimento.

6.3. Requisitos e elementos identificadores da lesão

Como corolário do estudo realizado acima, e pelo que sugere o art. 157, chegamos a que a desproporção entre o preço e o valor e o estado subjetivo do alienante formam os requisitos identificadores do contrato lesivo.

---

[49] *Lesão e Contrato no Direito Brasileiro*, Rio de Janeiro, Livraria Freitas Bastos S. A., 1964, p. 112.
[50] *Comentários ao Novo Código Civil*, vol. III, tomo I – arts. 138 a 184, ob. cit., p. 226.
[51] *Tratado das Obrigações Pessoais e Recíprocas*, tradução de Correa Telles, Garnier, Rio de Janeiro, 1906, p. 24.

Quanto à desproporção, a obrigação de pagar o preço é a causa da obrigação de entregar a coisa. Dentro dos princípios da seriedade que regem os negócios, não se admite uma desigualdade exagerada.

Inconveniente estabelecer uma taxa para a desproporção. Num grande negócio, envolvendo valor monetário elevado, um *déficit* de 20% já basta para ensejar o reconhecimento da figura. Vários aspectos merecem um exame detalhado ao se cotejar os preços, como o desastre financeiro do prejudicado, a evidência insofismável de sua derrocada, o conhecimento público e claro de que se deixou lograr. O fato determinante é a situação econômica a que foi conduzido. Perante o consenso geral, ele realizou um péssimo negócio, criticável e inadmissível.

Não raramente, nos deparamos com pessoas que se vangloriam das vantagens enormes conseguidas em certas compras. Com frequência, ouve-se dizer que determinado cidadão ficou arruinado e sem nada em virtude de um mau negócio. Seguidamente, encontramos desafortunados indivíduos que venderam o imóvel onde viviam, resultando eles desprovidos de um lar e impossibilitados de adquirirem uma nova moradia com o montante recebido.

Importa que se verifique a desproporção material e econômica, que compreende o elemento objetivo, segundo a estimativa dos valores vigorantes ao tempo do negócio, por exigência do § 1º do art. 157: "Aprecia-se a desproporção das prestações segundo os valores vigentes ao tempo em que foi celebrado o negócio jurídico". Sempre se deve observar a exceção do § 2º do mesmo dispositivo, pela qual não se anula o negócio se o que obtêve proveito oferecer complemento do valor, ou se reduzir o proveito.

Não basta, porém, o elemento objetivo. Cumpre se analise a situação pessoal e interna do indivíduo.

Verifica-se que, na prática, dificilmente um comerciante sagaz e vivido leva a efeito um negócio prejudicial a seus interesses. Não é raro que obtenha grandes vantagens em detrimento do estado econômico daqueles que estiveram em seus passos, aproveitando-se do estado subjetivo quando do negócio.

O elemento subjetivo consiste, como já observado, e em consonância com o art. 157, no abuso da premente necessidade, da inexperiência (ou leviandade) do lesado. É a regra que já vinha expressa em nossa legislação anterior, encontrada na Lei sobre os Crimes contra a Economia Popular – Lei nº 1.521, de 26.12.1951. No art. 4º, letra *b*, nos deparamos com os elementos acima: premente necessidade, inexperiência e leviandade.

Apreciaremos cada elemento subjetivo.

A necessidade de que a lei fala e que serve para identificar a lesão "não é a miséria, a insuficiência habitual de meios para prover à subsistência própria ou dos seus. Não é a alternativa entre a fome e o negócio. Deve ser a necessidade contratual. Ainda que o lesado disponha de fortuna, a necessidade se configura na impossibilidade de evitar o contrato. Um indivíduo pode ser milionário. Mas, se num momento dado ele precisa de dinheiro de contado, urgente e insubstituível, e para isto dispõe de um imóvel a baixo preço, a necessidade que o leva a aliená-lo compõe a figura da lesão", enfatiza Caio Mário da Silva Pereira.[52]

A necessidade contratual independe do poder econômico do lesado. Importa o fato que obrigou a sacramentar o negócio. O sentido da palavra é amplo. Compreende a situação de penúria por que passa o alienante, como se observou, mas envolve, também, outras acepções, que lhe dão maior extensão. Exemplificando-se, celebra-se um trato com um cirurgião, comprometendo-se a pagar elevados honorários para realizar uma operação de urgência, ou de grande premência. Há um perigo que motiva a decisão, impulsionada pela urgência de um socorro.

Humberto Theodoro Júnior exemplifica a premência:

> "Típico exemplo de premência dessa natureza, embora não o único, é o do devedor insolvente, que, para obter meios de pagamento, vende seus bens a preços irrisórios ou muito abaixo dos preços de mercado. Para considerar-se em estado de necessidade, ou sob premente necessidade, não é necessário que a parte se sinta reduzida à indigência ou à total incapacidade patrimonial, bastando que seu estado seja de dificuldades econômicas ou de falta de disponibilidades líquidas para honrar seus compromissos".[53]

Além da necessidade, um segundo fator que se presta a rescindir o contrato é a inexperiência do lesado. São envolvidas pessoas sem conhecimento maior de valores, desajeitadas na manipulação de certos bens. Estão acostumadas a um *modus vivendi* simples, isolado, longe dos grandes centros. Mesmo que não revelem incultura e aparentem qualidades pessoais, como inteligência, erudição, admissível a verificação do logro a que foram induzidas, se desconhecedoras dos meandros específicos da atividade negocial.

A leviandade, embora não conste do art. 157, constitui-se em mais um elemento apto a provocar a anulação, desde que não aparecendo sozinho, por tirar a seriedade do negócio. Age o lesado com descuido e irresponsabilidade, vindo a suportar considerável prejuízo. Com mais justiça se admite a desconsideração quando os atingidos são os familiares do vendedor. Frequentemente vemos exemplos de alienações desastrosas, executadas por pessoas viciadas em jogos perniciosos, ou dadas a caprichos extravagantes, sem o menor bom senso na valoração dos bens. Quem perdeu o controle dos instintos e o domínio da razão procede incoerentemente e pratica os maiores desatinos. Fortunas são postas fora de um momento para outro, por descuido ou incúria dos perdulários.

Seguramente, o direito não pode acobertar tais negócios, mas incumbe-lhe socorrer as vítimas, recompondo o equilíbrio social e eliminando os desajustes no relacionamento dos cidadãos.

---

[52] *Lesão nos Contratos Bilaterais*, Rio de Janeiro, Forense, 1949, p. 191.
[53] *Comentários ao Novo Código Civil*, vol. III, tomo I – arts. 138 a 185, ob. cit., p. 225.

6.4. A lesão e a lei que trata dos crimes contra a economia popular

A Lei nº 1.521, de 26.12.1951, que substituiu o Decreto-lei nº 869, de 18.11.1938, põe um limite aos lucros desenfreados nos negócios. Estabelece-se um termo à vantagem obtida, não podendo ultrapassar em um quinto do valor corrente ou justo da prestação feita ou prometida. Eis os dispositivos concernentes:

> "Art. 4º Constitui crime da mesma natureza a usura pecuniária ou real, assim se considerando:
>
> a) cobrar juros, comissões ou descontos percentuais, sobre dívida em dinheiro, superiores à taxa permitida por lei; cobrar ágio superior à taxa oficial de câmbio, sobre quantia permutada por moeda estrangeira; ou, ainda, emprestar sob penhor que seja privativo de instituição oficial de crédito;
>
> b) obter ou estipular, em qualquer contrato, abusando da premente necessidade, inexperiência ou leviandade de outra parte, lucro patrimonial que exceda o quinto do valor corrente ou justo da prestação feita ou prometida".

Vêm cominadas penas de detenção e multas aos infratores. Mas, de pouco resultado prático, pois possibilitam a suspensão da execução da pena.

No parágrafo terceiro do dispositivo transcrito, assinala-se que a estipulação de juros ou lucros usurários será nula, devendo o juiz ajustá-los à medida legal, ou, caso já tenha sido cumprida, ordenar a restituição da quantia paga em excesso, com juros legais a contar da data do pagamento indevido.

Evidentemente, se contratos desta espécie constituem delitos, desprovidos de valor jurídico se encontram. Não se trata de mera analogia aos contratos de direito civil. Há uma incidência direta da lei, caracterizando de ilegais os negócios com lucros ou proveito econômico excedente a um quinto do valor patrimonial da coisa envolvida na transação.

Como é nulo o negócio jurídico quando for ilícito, impossível ou indeterminável o seu objeto, a teor do art. 166, inc. II, do Código Civil (art. 145, inc. II, do Código anterior), temos a nulidade dos contratos em que uma das partes obtém um lucro patrimonial excedente a um quinto do valor corrente ou justo, aproveitando-se da premente necessidade, inexperiência ou mesmo leviandade do outro envolvido. Aí está o fundamento jurídico da nulidade no direito brasileiro. O mencionado art. 166, inc. II, comina de nulo o negócio jurídico quando for ilícito o seu objeto. E o art. 4º da Lei nº 1.521 tem como crime 'obter ou estipular', em contrato, lucro superior a um quinto do valor corrente ou justo, naquelas circunstâncias vistas que levam ao assentimento da vontade. Em decorrência, a vantagem desmedida é proibida. Fere-se de nulidade o contrato porque não é tolerado o lucro naquelas cifras. A lei penal contempla como crime a ação vulneradora da norma, e a lei civil comina de nulidade o negócio.

De modo que não é desarrazoado afirmar-se perdurar o instituto em exame vigorando no nosso ordenamento jurídico. Tudo que uma lei penal, comum ou extravagante proíbe, punindo o infrator, não é tolerado pela lei positiva civil. Isto por uma questão de coerência, sob pena de cair por terra a ordem jurídica e social que tutela.

Diante da regra do art. 166, inc. II, do Código Civil, não se pode deduzir que a Lei nº 1.521 tem seu campo de aplicação apenas no âmbito penal, o mesmo acontecendo com todos os mandamentos punitivos que traçam normas de comportamento lícito.

6.5. Contratos anuláveis pela lesão

Qualquer tipo de contrato é atingido pelo instituto da lesão, e não apenas os de compra e venda de imóveis, como defende certa corrente, baseada na Lei Segunda do direito romano, na qual encontramos termos como 'coisa vendida', 'comprador', 'venda', relacionados a imóveis. Se o transmitente é protegido porque vendeu a preço vil, impulsionado pela necessidade, esta obriga a dispor tanto dos móveis, como dos imóveis, e a pagar encargos assoberbantes em mútuos e outras formas de disposição do patrimônio.

O imoral e o injusto atingem a generalidade das coisas apreciáveis através de cotação econômica.

A corrente que reduz a aplicação à venda de imóveis tornou-se obsoleta, numa economia em que os valores mobiliários alcançaram proeminente significação, em que se organizaram verdadeiros feudos com poder de pressão social e domínio político, na explicação de Orlando Gomes.[54] A proteção jurídica não poderia continuar a ser dispensada a um eventual vendedor de bem de raiz, que consentiu em transmiti-lo por preço bem inferior à cotação real. Impõe-se que abranja a massa dos consumidores, das pessoas que precisam utilizar serviços de interesse público, ou necessitam de crédito, enfim de quantos não podem resistir à superioridade econômica das grandes empresas e dos monopólios, que formam verdadeiros cartéis e trustes. Por circunstâncias angustiantes da vida, subordinam-se os carentes e necessitados a contratos que constituem verdadeiras arapucas, provocando enormes sacrifícios, em troca de um socorro monetário momentâneo. Exigem-se condições extremamente desfavoráveis, explora-se a fraqueza e aproveita-se de uma situação drástica para somar lucros. É o império do poder econômico.

---

[54] *Transformações Gerais do Direito das Obrigações*, 2ª ed., São Paulo, Editora Revista dos Tribunais, 1980, p. 32.

6.6. A lesão e a onerosidade excessiva

Não se confundem a lesão nos contratos e a onerosidade excessiva, eis que esta última se verifica no curso do contrato, ensejando mais a sua revisão, ou, embora dificilmente, a resolução. O Código Civil de 2002 trata da espécie no capítulo sobre a extinção dos contratos em razão de causa superveniente. Eis a previsão no art. 478: "Nos contratos de execução continuada ou diferida, se a prestação de uma das partes se tornar excessivamente onerosa, com extrema vantagem para a outra, em virtude de acontecimentos extraordinários e imprevisíveis, poderá o devedor pedir a resolução do contrato. Os efeitos da sentença, que a decretar, retroagirão à data da citação".

O art. 479 permite que seja evitada a resolução, se se equilibrarem as prestações: "A resolução poderá ser evitada, oferecendo-se o réu a modificar equitativamente as condições do contrato".

Já o art. 480 autoriza a revisão: "Se no contrato as obrigações couberem a apenas uma das partes, poderá ela pleitear que a sua prestação seja reduzida, ou alterado o modo de executá-la, a fim de evitar a onerosidade excessiva".

O art. 6º, inc. V, do Código de Defesa do Consumidor (Lei nº 8.078, de 11.09.1990) abre ensanchas para a revisão, se tornar-se excessivamente onerosa a prestação: "São direitos básicos do consumidor: ... V – a modificação das cláusulas contratuais que estabeleçam prestações desproporcionais ou a sua revisão em razão de fatos supervenientes que as tornem excessivamente onerosas".

Inclui-se, entre os seus requisitos, na doutrina de Ruy Rosado de Aguiar Júnior, "além da extraordinariedade dos acontecimentos imprevisíveis e do ônus excessivo para uma das partes, ainda o da extrema vantagem para a outra, o que limite ainda mais o âmbito de abrangência da cláusula. Os fatos modificativos extraordinários incidem quase sempre igualmente sobre as duas partes, tornando inviável a prestação, sem que disso decorra vantagem para a outra; assim, a guerra, as revoluções, os planos de intervencionismo econômico etc."[55]

Resumem-se os requisitos na seguinte ordem:

"I – prestação de uma das partes que se torna excessivamente onerosa;

II – o aparecimento da excessiva onerosidade em decorrência de um acontecimento imprevisível e extraordinário;

III – não se encontrar em mora a parte prejudicada."

---

[55] *Extinção dos Contratos por Incumprimento do Devedor (Resolução)*, Rio de Janeiro, Aide Editora, 1991, p. 152.

7. FRAUDE CONTRA CREDORES

Vasto é o campo abrangido pelo título em epígrafe.

Define-se a fraude como o artifício, as manobras maliciosas que faz uso o agente para prejudicar terceiros, que figuram como seus credores. O instrumento usado é um contrato verdadeiro, no dizer de Carvalho Santos.[56] O negócio manifesta-se psicologicamente perfeito, mas está maculado com o intuito do imoral.

Compõe-se de dois elementos, na explicação dos autores:

> "I – O elemento objetivo, ou o *eventus damni*, prejudicando o credor, e tornando o devedor insolvente, ou agravando o estado de insolvência.
>
> II – O elemento subjetivo, isto é, a má-fé, o propósito malicioso de prejudicar."

Mas, entendem os juristas ser indiferente a presença do *animus nocendi*, bastando que a pessoa tenha a noção ou a consciência de que, celebrando o negócio, esteja prejudicando terceiros. Vendem-se os bens, sabendo-se que o resultado será a incapacidade no pagamento das dívidas. Pouco importa que se realize a transação isoladamente ou não, como na renúncia de herança, no primeiro caso, e na venda fraudulenta, se há concurso de terceiro.

Como assegura a doutrina mais antiga, o defeito do negócio aparece se advém da alienação o estado de insolvência naquele momento, e com aquele negócio de alienação.

Interessando o *eventus damni* sobretudo, como foi salientado, não é bastante o caráter fraudulento ou não da ação. Mas, a insolvência se revelará quando a soma do ativo do patrimônio é inferior à soma do passivo. Os bens restantes tornam-se insuficientes para fazer frente ao montante das dívidas.

7.1. Contratos suscetíveis de anulação por fraude

Classificam-se da seguinte maneira:

> I – *Os contratos de transmissão gratuita de bens*. Na forma do art. 158 (art. 106 do Código anterior), "os negócios de transmissão gratuita de bens ou remissão de dívida, se os praticar o devedor já insolvente, ou por eles reduzido à insolvência, ainda quando o ignore, poderão ser anulados pelos credores quirografários, como lesivos dos seus direitos".

---

[56] *Código Civil Brasileiro Interpretado*, ob. cit., vol. II, p. 411.

Também se tornar-se insuficiente a garantia garante-se a anulação, consoante o parágrafo 1º do mesmo artigo acima:

"Igual direito assiste aos credores cuja garantia se tornar insuficiente".

A insuficiência da garantia comporta a ação revocatória, segundo defende Humberto Theodoro Júnior:

"Quando, porém, a garantia real se mostrar insuficiente para a satisfação integral do crédito, tornar-se-á viável a ação revocatória, mesmo porque em relação à parte da obrigação não acobertada pela garantia real existirá, sem dúvida, um crédito quirografário, passível de lesão pelo ato fraudulento do devedor".[57]

Esta disposição veio a tirar a força dos negócios que levam paulatinamente à insolvência, embora estivesse subentendida no *caput* do art. 158.

Verifica-se a transmissão gratuita através da doação de bens, mesmo do pai para os filhos, em adiantamento da legítima. A renúncia em receber doação, porém, não entra na classe dos negócios lesivos aos credores, pois não importa em redução ao patrimônio do devedor.

A desistência de direitos pessoais opera, em contrapartida, a fraude, como quando o pai emancipa o filho, pondo termo ao usufruto dos bens existentes a seu favor, de modo a impedir a penhora dos rendimentos pelos credores.

O repúdio da herança a que tem direito uma pessoa, revertendo ao monte-mor o quinhão, é uma maneira velada de se cometer fraude. Não se trata de doação, negócio mais comum na vida de um cidadão, mas de hipótese excepcional, e altamente comprometido o comportamento se há dívidas.

II – *Remissão de dívidas*. Corresponde a espécie à inutilização de título creditório, ao perdão e à quitação de dívidas não pagas. Está consignada no art. 158 (art. 106 do Código de 1916), nos seguintes termos: "Os negócios de transmissão gratuita de bens ou remissão de dívida..., poderão ser anulados...". Suficiente o estado de insolvência para que o negócio praticado seja passível de anulação. Nem importa a prova da intenção de prejudicar terceiros credores, muito menos a ciência dos beneficiários da situação de insolvência.

Não se apresenta a fraude, porém, sem a prova da insolvência resultante, como se observou no item anterior. O direito de reclamar a anulação assiste aos credores quirografários, já que os assegurados com garantia real, como penhor e hipoteca, encontrarão completa segurança na satisfação de seus créditos.

Oportuno lembrar a restrição do § 2º do art. 158 (parágrafo único do art. 106 do Código revogado): "Só os credores que já o eram ao tempo daqueles

---

[57] *Comentários ao Novo Código Civil*, vol. III, tomo I - arts.138 a 184, ob. cit., p. 324.

atos podem pleitear a anulação deles". É natural que o crédito do lesado remonte à época anterior aos atos de alienação ou de perdão da dívida. Acontece que somente sofre prejuízos com tais procedimentos aquele que já vinha com o crédito ao seu tempo.

> III – *Os contratos onerosos do devedor insolvente*. Está prevista a hipótese no art. 159 (art. 107 do diploma civil de 1916), com a seguinte redação: "Serão igualmente anuláveis os contratos onerosos do devedor insolvente, quando a insolvência for notória, ou houver motivo para ser conhecida do outro contratante".

A situação encontra guarida na jurisprudência: "Comprovando os autores que eram credores dos réus alienantes ao tempo da alienação do único imóvel daqueles a pessoa ligada por laços familiares, assim como o evento danoso e intuito de fraudar a execução, impõe-se a procedência do pedido...".[58]

Necessária a notoriedade da insolvência, ou a presunção de que era conhecida. É conhecida de todos ou notória quando se apresenta publicamente, manifestada através de execução, de protestos, publicações pela imprensa escrita e falada. É presumida, ou há motivo para ser conhecida do outro contratante, se este não encontra justificação para ignorar o precário estado financeiro do alienante, em virtude do parentesco próximo, do relacionamento comercial, dos negócios mútuos, do protesto de títulos cambiais promovido por ele, adquirente.

Nessa exegese a jurisprudência: "Caracteriza-se a fraude contra credores se por ocasião da outorga de escritura da dação em pagamento, já havia ações de execução ajuizadas contra o devedor".[59]

No caso em exame, se faz necessário, portanto, o *consilium fraudis*, que se define como o conserto, o ajuste, a combinação fraudulenta, redundando em prejuízo dos credores. Este liame entre os contraentes, de parte do devedor pela consciência que deve ter de causar prejuízos aos credores, e de parte do comprador pela notoriedade do estado de insolvência, também se concretiza quando há razão para ser conhecida a situação econômica, conforme revela esta ementa: "O *consilium fraudis* não resulta do acordo prévio entre alienante e adquirente, mas sua demonstração objetiva requer apenas que o credor demonstre que tinha motivo para sabê-lo, quando não foi notória".[60]

Incabível a ação de anulação do negócio se faltar o requisito do *consilium fraudis*. Desde que o adquirente esteja de boa-fé, nem se afigure notória a in-

---

[58] TJPR. Apel. Cível nº 61.321-6. 1ª Câm. Cível. Julgada em 17.02.1998, em *Direito Imobiliário*, boletim semanal, nº 47, p. 888, novembro de 1998.
[59] TJGO. Apelação nº 45.413-6/188. 2ª Turma Julgadora da 1ª Câm. Cível, de 25.08.1998, em *Revista Forense*, 349/334.
[60] Apelação nº 42. 134-5/188, de 24.06.1997, citada em TJGO. Apelação nº 45.413-6/188. 2ª Turma Julgadora da 1ª Câm. Cível, de 25.08.1998, em *Revista Forense*, 349/334.

solvência, nem haja motivo para que ele conhecesse a quantidade de dívidas, não é anulável o negócio, por mais provada que fique a má-fé do devedor.

O art. 160 (art. 108 do diploma civil de 1916), sobre o mesmo assunto, dispõe: "Se o adquirente dos bens do devedor insolvente ainda não tiver pago o preço e este for, aproximadamente, o corrente, desobrigar-se-á depositando-o em juízo, com a citação edital de todos os interessados".

Pressuposto para o depósito liberatório é que o preço contratado tenha sido justo. Se não houver correspondência entre o preço e o valor do bem, há indícios de má-fé. Mas, se o adquirente, ou o devedor, completar o depósito, e aparecendo proporcionalidade, não há razão para inquinar de nulidade o negócio, como, aliás, está no parágrafo único do mesmo art. 160, sanando omissão no Código anterior: "Se inferior, o adquirente, para conservar os bens, poderá depositar o preço que lhes corresponda ao valor real".

> IV – *Pagamento antecipado de dívidas*. Vem assim contemplada a figura no art. 162 (art. 110 da lei civil de 1916): "O credor quirografário, que receber do devedor insolvente o pagamento da dívida ainda não vencida, ficará obrigado a repor, em proveito do acervo sobre que se tenha de efetuar o concurso de credores, aquilo que recebeu".

Justificava a disposição Clóvis, que veio a ser reproduzida no atual Código: "Aberto o concurso creditório... pela insolvência do devedor, entram em rateio os credores pessoais. Se algum deles foi pago antecipadamente, adquiriu situação melhor do que os outros, e em prejuízo destes. É justo que reponha, em proveito de todos, o que recebeu, para entrar com os outros, em igualdade de condições, na partilha dos bens existentes".[61]

Para se tornar sem efeito o pagamento antecipado e obrigar a reposição em favor do acervo, urge a presença dos seguintes elementos: que a dívida não tenha vencido; que tenha sido paga por devedor insolvente; e que seja efetuado o pagamento a credor quirografário. Tratando-se de obrigação vencida, indiferente se o devedor é ou não insolvente. Da mesma forma, sendo o credor privilegiado, vale o pagamento, pois não há prejuízos aos demais titulares de créditos por este motivo. A qualidade do crédito, independentemente da insolvência, sempre prefere ante os créditos comuns.

> V – *Outorga de direitos preferenciais de garantia a um credor, em detrimento de outros*. Segundo o art. 163 (art. 111 do Código de 1916), "presumem-se fraudatórias dos direitos dos outros credores as garantias de dívidas que o devedor insolvente tiver dado a algum credor".

Trata-se de garantia real. A garantia pessoal de um fiador não altera a situação, visto que ele, pagando a dívida, concorrerá à massa do afiançado com

---

[61] *Código Civil dos Estados Unidos do Brasil Comentado*, ob. cit., vol. V, p. 292.

os mesmos direitos dos outros credores. Ou seja, continua a mesma dívida, alterando-se apenas o seu titular.

A vedação legal estende-se, também, às dívidas vencidas, pois pouco importa esta circunstância. Desde que consumado o negócio, presume-se o vício, não se admitindo prova em contrário. Irrelevante a presença do *consilium fraudis*, ou da intenção dos envolvidos na fraude, como já aduzia Carvalho Santos, lembrando a existência de opinião em contrário, que defendia ser absoluta apenas a presunção do art. 823 do então Código revogado, que rezava: "São nulas, em benefício da massa, as hipotecas celebradas em garantia de débitos anteriores, nos quarenta dias precedentes à declaração da quebra ou à instauração do concurso de preferência".[62] Na verdade, a nulidade decorre naturalmente, mas unicamente se provado o intuito de fraude.

No entanto, no art. 823 se cogitava somente da hipótese que tratava, ao passo que no art. 163 se cuida das garantias em geral. Num caso, declara-se a nulidade; no outro, ser anulável o negócio.

7.2. Negócios presumidos de boa-fé

Excetuam-se do vício os negócios considerados indispensáveis à manutenção do estabelecimento mercantil, rural ou industrial do devedor, ou à subsistência do devedor e de sua família, em face de preceito emanado do art. 164 (art. 112 do Código revogado): "Presumem-se, porém, de boa-fé e valem os negócios ordinários indispensáveis à manutenção de estabelecimento mercantil, rural, ou industrial, ou à subsistência do devedor e de sua família".

Acontece que, mesmo insolvente, não escapa o devedor de prover a própria subsistência e a da família. Por isso, na versão da regra acima, os negócios visando atender tais necessidades, são havidos como de boa-fé. Nesta visão, lícita a venda dos produtos de seu estabelecimento, sejam fabricados, estocados ou colhidos, mas desde que frutos da atividade. Não se incluem nessa proteção, ou na boa-fé, a venda de máquinas, de bens do ativo permanente, ou do próprio imóvel.

Refere-se o dispositivo a todas as despesas necessárias à manutenção e preservação do patrimônio, e à subsistência do devedor e sua família, observando que a enumeração trazida pelo artigo não é taxativa. Mas, cumpre sejam caracterizados os negócios para o fim especial de manter o estabelecimento, como na aquisição de uma peça para reposição em uma máquina imprescindível ao funcionamento de uma fábrica. É o caso, outrossim, da compra de sementes, inseticidas, adubos e outros produtos reclamados para o cultivo da agricultura e a manutenção de animais.

---

[62] *Código Civil Brasileiro Interpretado*, ob. cit., vol. II, p. 447.

7.3. Fraude e falência

A Lei de Recuperação de Empresas e Falência, de nº 11.101, de 09.02.2005, a partir do art. 129, discrimina os negócios que não produzem efeito perante a massa, praticados pelo devedor em benefício de um credor e em prejuízo dos demais, tenha ou não o contratante conhecimento do estado econômico do devedor. Pouco importa, igualmente, a intenção de fraudar.

Citam-se, como mais comuns, os seguintes negócios capazes de fraudar, e que a lei lhes empresta efeito:

> "I – Pagamento de dívidas não vencidas, máxime se realizado dentro do termo legal da falência.
>
> II – O pagamento de dívidas vencidas e exigíveis, realizado dentro do termo legal da falência.
>
> III – A constituição de direito real de garantia, inclusive a retenção, dentro do termo legal da falência, tratando-se de dívida contraída antes desse termo."

O termo legal da falência é fixado pelo juiz, na sentença declaratória, designando a data em que se tenha constituído o estado falimentar, caracterizador da insolvência, sem poder retroagi-lo por mais de sessenta dias, contados do primeiro protesto de título cambial por falta de pagamento, ou do despacho ao requerimento inicial da falência, ou da distribuição do pedido de concordata preventiva.

> "IV – A prática de atos a título gratuito, salvo os referentes a objetos de valor inferior a um mil reais, desde dois anos antes da decretação da falência. No caso de venda, se feita antes do termo legal da quebra, não conduz à anulação do ato de alienação, pois a insolvência não iniciara para os efeitos da falência.
>
> V – A renúncia à herança ou a legado, até dois anos antes da declaração da quebra.
>
> VI – A restituição antecipada do dote ou a sua entrega antes do prazo estipulado no contrato antenupcial.
>
> VII – As inscrições de direitos reais, as transcrições de transferência de propriedade entre vivos, por título oneroso ou gratuito, e outros atos de transferência, efetuados após a decretação do sequestro ou da falência, a menos que tenha havido prenotação anterior.
>
> VIII – A venda ou transferência do estabelecimento comercial ou industrial, feita sem o consentimento expresso ou o pagamento de todos os credores, e sem restar patrimônio suficiente para cobrir o passivo.
>
> IX – Os negócios praticados com a intenção de prejudicar os credores, desde que se prove a fraude do devedor e do terceiro que com eles contrataram."

A medida cabível para arrecadar os bens e anular tais negócios é a revocatória, intentada pelo síndico ou qualquer credor, na omissão daquele, figurando como sujeitos passivos os participantes da transação, bem como os herdeiros ou legatários dos que usufruíram vantagem, e os terceiros adquirentes, se conhecedores da intenção do falido em prejudicar os credores.

Várias outras determinações constam expressas, de ordem procedimental.

7.4. Ação própria para anular o contrato

A demanda para a anulação dos negócios eivados de fraude é a revocatória ou pauliana.

Primeiramente, discute-se na doutrina quanto ao tipo de ação. Antônio Janyr Dall'Agnol Júnior defende a validade do negócio jurídico, dada a ausência de vício de consentimento. Unicamente quanto aos efeitos é atacado o negócio, dando margem, para tanto, à ação revocatória. A sua finalidade é atacar os efeitos. Daí ser a demanda revocatória, pois dirige-se a invalidar o resultado do negócio, restritamente aos envolvidos.[63] Em linha semelhante, Yussef Said Cahali restringe ainda mais o campo, para defender que a ação visa somente declarar a ineficácia do ato, e não anulá-lo, tanto que o bem não retorna para o devedor.[64]

Legitima-se para a propositura o credor que já o era antes da prática do ato acoimado de fraudulento. O credor posterior encontra o patrimônio do insolvente sem força de garantia, não havendo interesse para o ajuizamento da ação.

O exercício da ação compete também ao credor sub-rogado, mesmo que o seja após a ação fraudulenta, e desde que o crédito tenha se constituído antes da fraude.

Ao credor quirografário faculta-se o procedimento. Já ao credor com garantia real não assiste esse direito, porquanto o crédito se encontra assegurado, muito embora ocorreram vendas.

Nos contratos onerosos do devedor insolvente, é de capital importância a notoriedade da insolvência, ou a presença de motivo provocador da ciência, para a demanda judicial.

Do lado do devedor, é presunção *juris et de jure* tal elemento. O só fato de conhecer a sua situação impõe o reconhecimento de presunção invencível do *animus nocendi* contra os credores. Necessário não é que tenha a vontade assentada e firme de prejudicar. Basta a consciência de que desfalca o patrimônio próprio, já diminuído, para que surja a fraude. Essa consciência, denominada *consilium fraudis*, transmite-se ao outro participante quando ele também portar má-fé, que se presume desde que notório o estado de insolvência, ou exista motivo que leve a conhecer esta realidade, como já foi analisado.

---

[63] "Fraude contra Credores – Estrutura e Função", em *Ajuris* (*Revista da Associação dos Juízes do RGS*), Porto Alegre, nº 58, p. 17.
[64] *Fraude contra Devedores*, São Paulo, Editora Revista dos Tribunais, 1989, p. 318.

Nas transmissões gratuitas e nas remissões de dívidas, suficiente o estado de insolvência a fim de permitir-se a ação anulatória. Indiferente estejam os contraentes cientes da realidade dos bens, ou ajam com o intuito de prejudicar terceiros. Aliás, não é crível ignorem eles a situação econômica do que pratica liberalidades. A presunção é da configuração da má-fé.

No pagamento antecipado, em que também não se exige o prévio conhecimento da insolvência, é sempre obrigatória a reposição em favor do acervo formador do concurso de credores, desde que se verifique a insolvência.

A garantia de dívida feita a um credor, em detrimento do outro, provoca a anulação independentemente do *consilium fraudis*, ou da notoriedade da insolvência e da existência de motivo que conduza o outro figurante a conhecer tal estado.

Ao réu, na ação pauliana, cabe fazer a prova de sua própria solvência, para ilidir a anulação do negócio.

A respeito da liberalidade, o ônus da prova de que permaneceu solvente e apto para responder por outras dívidas anteriores em favor do credor é de seu encargo, visto que a lei visa primordialmente a proteção deste, não podendo, por isso, impor-lhe a incumbência de demonstrar, o que é dificílimo, não restar ao devedor, em lugar algum, bens de qualquer natureza, que ainda possam bastar à satisfação de seus débitos.[65]

Nas hipóteses dos arts. 158 e 159 (arts. 106 e 107 do Código revogado) – negócios de transmissão gratuita de bens, remissão de dívida e contratos onerosos do devedor insolvente –, posicionam-se como demandados o devedor insolvente, a pessoa com a qual foi celebrada a convenção considerada fraudulenta, ou os terceiros adquirentes que hajam procedido de má-fé. É expresso, a respeito, o art. 161 (art. 109 do Código de 1916): "A ação, nos casos dos arts. 158 e 159, poderá ser intentada contra o devedor insolvente, a pessoa que com ele celebrou a estipulação considerada fraudulenta, ou terceiros adquirentes que hajam procedido de má-fé". De modo que nas transmissões gratuitas de bens, nas remissões de dívidas e nos contratos onerosos, promove-se a lide simultaneamente, acionando-se os participantes do negócio lesivo, e não apenas o devedor insolvente. Alinham-se como réus também os herdeiros e sucessores dos adquirentes falecidos.

Tem-se como terceiro adquirente o comprador dos bens vendidos à pessoa que celebrou o contrato com o devedor; é o subadquirente, ou o segundo adquirente, na explicação dos mestres. Mas, na linguagem do Código, entende-se qualquer subadquirente, mesmo o terceiro, o quarto e assim sucessivamente.

Ponto de capital importância é observar se existe viabilidade da lide contra terceiro, se o primeiro comprador se encontrava em condições de figurar

---

[65] *Revista Trimestral de Jurisprudência*, 75/659.

como réu na ação pauliana. Tendo agido de boa-fé na convenção onerosa, não participando do *consilium fraudis*, ou do ajuste nocivo, falece legitimidade para o terceiro aparecer como sujeito passivo.

Nos negócios de transmissão a título gratuito e na remissão de dívidas, a anulação é sempre inquestionável ou indiscutível, já que dispensável a má-fé, como foi salientado. Nos contratos onerosos, porém, além de impor-se a má-fé do primeiro adquirente quando trata com o vendedor insolvente, orienta a boa doutrina que idêntico requisito é mister esteja na consciência do terceiro. Se, entretanto, o primeiro comprador não agiu fraudulentamente, e vindo o adquirente do primeiro comprador a saber que o negócio foi nocivo aos credores, embora aquele ignorasse a circunstância na ocasião do negócio, e mesmo assim encetando o segundo adquirente a transação, não cabe a anulação. É que, sem revogar a venda inicial, os bens não tornam ao devedor insolvente. Para que esta seja anulada, importa comprovar-se a má-fé dele, primeiro adquirente, e do fraudador, ou devedor insolvente.

Se o terceiro ou quarto adquirentes tiverem procedido de boa-fé, embora haja sucedido o contrário com o primeiro comprador, não se imputam a eles nenhum negócio ilícito e locupletamento indevido. Perdura a compra. Não respondem passivamente na ação, o que já se referiu atrás.

Relativamente aos efeitos da anulação advém a necessária reposição da vantagem ao acervo do concurso de credores, na ordem do art. 165 (art. 113 do Código da Lei nº 3.071): "Anulados os negócios fraudulentos, a vantagem resultante reverterá em proveito do acervo sobre que se tenha de efetuar o concurso de credores". Não voltará para o patrimônio do devedor insolvente.

Se o negócio anulado tinha como finalidade única atribuir direito de preferência, mediante garantia real, a um credor, o alcance da nulidade restringe-se à preferência ajustada, de acordo com o parágrafo único do dispositivo acima: "Se esses negócios tinham por único objeto atribuir direitos preferenciais, mediante hipoteca, penhor ou anticrese, sua invalidade importará somente na anulação da preferência ajustada".

7.5. Fraude de execução

No intento de frustrar o pagamento de uma dívida, há a fraude contra credores, já estudada, e a fraude de execução, incidente no processo de execução, manifestada pelo devedor através de manobras usadas com o objetivo de impedir a execução.

Em alguns casos da primeira figura, importa o reconhecimento da má-fé, como no ajuste oneroso. Na segunda espécie, o elemento 'má-fé' é indiferente, tanto do devedor como do adquirente, sendo ela presumida, em regra *juris et de jure*.

Sucede, *v.g.*, a alienação de certo bem enquanto pendente uma lide capaz de reduzir o devedor à insolvência. Decorrendo a impossibilidade de solver a obrigação por parte do devedor, torna-se ineficaz a transação, independentemente do conhecimento, pelo adquirente, da situação de insolvência a que chegaria o transmitente, ou da ação tramitando em juízo.

Em síntese, o *consilium fraudis*, integrante da fraude contra credores na alienação onerosa, é dispensável na espécie em exame. Indiferente a ciência da situação de insolvência que acarreta a venda, de parte do segundo contraente. Irrelevante a cumplicidade ou não. Este o entendimento ditado desde longo tempo pelo STF: "Fraude de execução. A nulidade da alienação, quando feita na dependência de demanda capaz de alterar o patrimônio do alienante e reduzi-lo à insolvência prescinde do *consilium fraudis*".[66]

É bastante a pendência de uma lide, como tradicionalmente posiciona-se a jurisprudência: "Fraude de execução. Para que se configure fraude de execução, basta a existência de demanda pendente. Não se requer que em tal demanda haja penhora, e muito menos que tenha sido inscrita; bastam a existência da lide pendente e a situação de insolvência do acionista".[67]

Em suma, tem-se em vista na fraude à execução o intuito, que não consiste em lesar simplesmente o credor, mas em burlar a ordem jurídica processual, tornando ineficazes os meios executivos empregados para conseguir a satisfação do credor. De sorte que nem o *consilium fraudis* nem a boa-fé do adquirente são elementos configuradores da fraude à execução. Não se deve, daí, indagar quanto ao elemento subjetivo.

Em decisões bastante comuns, se de boa-fé o adquirente, tem o Superior Tribunal de Justiça mantido o negócio, se não efetuado o registro do ato constritivo: "A sentença faz coisa julgada às partes entre as quais é dada, não beneficiando, bem prejudicando terceiros (art. 472 do CPC). Ainda que cancelado o registro concernente à alienação havida entre o executado e os antecessores dos embargantes, a estes – terceiros adquirentes de boa-fé – é permitido o uso dos embargos de terceiro para a defesa de sua posse. Inexistindo registro de penhora sobre o bem alienado a terceiro, incumbe ao exequente e embargado fazer a prova de que o terceiro tinha conhecimento da ação ou da constrição judicial" (Embargos de Divergência no Recurso Especial nº 144.190. 2ª Seção. Julgado em 14.09.2005, *DJ* de 01.02.2006). O referido art. 472 do CPC corresponde ao art. 506 do novo CPC.

Entretanto, farta a jurisprudência no sentido de dispensar a boa-fé dos adquirentes e a necessidade do registro da penhora, como se pode ver no STJ. Recurso Especial nº 217.824. 3ª Turma. Julgado em 13.04.2004, *DJ* de 17.05.2004).

Constata-se a pendência da lide com a consumação do ato citatório, que, entre outros efeitos, está o de tornar litigiosa a coisa, no que endossa o Superior Tribunal de Justiça: "Se os fiadores efetivaram a doação do imóvel de sua propriedade, antes

---

[66] Recurso Extraordinário nº 78.692, de 23.09.1975, *in Revista Trimestral de Jurisprudência*, 75/514.
[67] Recurso Extraordinário nº 83.466-SP, de 21.09.1976, *in Revista Trimestral de Jurisprudência*, 79/621.

de qualquer ato de constrição e até mesmo da sentença que julgou procedente a ação de despejo, e, por isso mesmo, bem antes da citação válida no processo de execução, não se pode falar em fraude de execução que, na hipótese, a toda evidência, não resta caracterizada". No voto do relator, transcreve-se precedente da mesma Corte: "Não caracteriza fraude à execução a alienação do bem sem que haja o registro do arresto, de penhora ou de citação válida em ação real ou pessoal, que possa repercutir sobre os bens do devedor, nem se podendo afirmar que o adquirente tivesse ciência da constrição (REsp. n° 111.899/RJ. Relator: Min. Eduardo Ribeiro, *DJU* de 08.11.1999)".[68] De modo que não é o mero despacho inicial proferido, ou a distribuição da causa, que produz a litigiosidade.[69] Ademais, admissível não promova o autor o andamento do feito, o que impedirá a constituição em mora do devedor (art. 219 do Código de Processo Civil e art. 240 do novo CPC). O próprio protesto de título não satisfaz o conceito da fraude de execução, como faz ver Mário Aguiar Moura, visto que os atos ensejadores deste instituto são os taxativamente enumerados na lei processual civil, não sendo correto aventar outros.[70]

Não apenas reclama-se a efetivação depois da citação em processo de execução, mas igualmente no de conhecimento, segundo já decidiu o Superior Tribunal de Justiça: "Fraude de execução. Pode ocorrer se a alienação é efetuada após a citação para o processo de conhecimento. Não se faz indispensável que já se tenha instaurado a execução".[71]

Anuláveis definem-se os atos integrantes do negócio eivado de fraude contra os credores; e ineficazes, na fraude de execução.

Embora no efeito prático das duas variantes procura-se fim idêntico – a proteção contra as manobras do devedor –, na fraude de execução evidencia-se mais simples a atividade do agente, prejudicando apenas o exequente. Na fraude contra credores, uma vez reconhecida a anulação, aproveita a todos os titulares de créditos, e pode ser reconhecida enquanto não há ação em juízo. "Desde que haja ação, não importa se a mesma se rege pelo processo de conhecimento ou pelo processo executivo: desde a propositura, a alienação ou a oneração pelo devedor determinarão a fraude de execução", pondera o saudoso prof. Alcides de Mendonça Lima.[72]

Ao contrário do que ocorre com a fraude contra credores, em que a anulação somente é declarada na ação pauliana, na fraude de execução a ineficácia pode ser decretada ou reconhecida no próprio processo de execução, tornando-se

---

[68] Recurso Especial n° 232.363-SP. 6ª Turma, de 27.04.2000, publ. 22.05.2000, em *ADV Informativo*, n° 42, p. 652, outubro de 2000.

[69] O Superior Tribunal de Justiça reitera entendimento nesse sentido, como se percebe em *Revista dos Tribunais* 659/196, 669/186 e 739/234.

[70] Fraude de Execução pela Insolvência do Devedor, in *Ajuris (Revista da Associação dos Juízes do RGS)*, Porto Alegre, n° 12, pp. 59 a 70, 1978.

[71] Agravo Regimental n° 11.981. 3ª Turma. Julgado em 10.09.1991, publ. *DJU* de 23.09.1991.

[72] *Comentários ao Código de Processo Civil*, Rio de Janeiro, Forense, 1974, vol. VI, tomo II, pp. 500 e 501.

possível a alegação em qualquer momento, e inclusive como matéria de defesa em embargos de terceiro.

Dita o art. 593 da lei de processo civil (art. 792 do novo CPC, ampliando os casos):

> "Considera-se em fraude de execução a alienação ou oneração de bens:
>
> I – quando sobre eles pender ação fundada em direito real;
>
> II – quando, ao tempo da alienação ou oneração, corria contra o devedor demanda capaz de reduzi-lo à insolvência;
>
> III – nos demais casos expressos em lei".

Na primeira hipótese, versará a lide sobre direito real, como na reivindicatória. A obrigação está vinculada a um bem certo, ou a um ônus real (penhor, hipoteca, ou anticrese).

No caso seguinte, mister ocorra dano ou prejuízo provado pela insolvência resultante. Não restam bens bastantes para cobrir a obrigação.

Não caracterizam a fraude em exame os atos anteriores ao desencadeamento da ação.

Na terceira situação, vários dispositivos da lei catalogam negócios anuláveis diante do comportamento fraudulento do devedor. Exemplificativamente, destacam-se:

> "I – Na penhora de crédito, representado por letra de câmbio, nota promissória, duplicata, cheque ou outros títulos. Negando o terceiro a dívida em conluio com o obrigado, e se este lhe der quitação, considerar-se-á o negócio como fraude de execução. É o que assenta o art. 672, § 3º, do CPC.
>
> II – Identicamente, a alienação ou oneração de bens ou rendas, ou seu começo, por sujeito passivo em débito para com a Fazenda Pública por crédito tributário, regularmente inscrito como dívida ativa em fase de execução. A norma está inserida no art. 185 da Lei nº 5.172, de 1966, que criou o Código Tributário Nacional. Sobre esta hipótese, foi proclamado: "A expressão 'quando, ao tempo da alienação ou oneração, corria contra o devedor demanda capaz de reduzi-lo à insolvência' envolve tanto o devedor regularmente citado como aquele que, tendo conhecimento da demanda, por questões unicamente formais, ainda não foi alcançado pela citação. A presunção de fraude, no caso, *é juris et de jure*, em face do disposto no art. 185 do CTN, que presume fraudulenta a alienação ou oneração de bens ou rendas, ou o seu começo, por sujeito passivo em débito para com a Fazenda Pública, por crédito tributário regularmente inscrito como dívida ativa em fase de execução. Ineficácia da alienação mantida".[73]

A regra do citado art. 672, § 3º, encontra-se no § 3º do art. 856 do novo CPC.

---

[73] TJSP. Agravo de Instrumento nº 173.303-5/0-2000. 2ª Câmara de Direito Público, de 15.08.2000, *in ADV Jurisprudência*, nº 41, p. 654, outubro de 2000.

Capítulo XX

Invalidade do Negócio Jurídico por Nulidade

1. ABRANGÊNCIA DA INVALIDADE

A teoria do negócio jurídico começou a delinear-se a partir do século XIX, quando se lançaram seus alicerces, especialmente no que se refere aos pressupostos e requisitos. O cunho filosófico e político do negócio, influenciado pela época da autonomia da vontade, revela-se na preponderância da liberdade assegurada nas manifestações bilaterais da vontade. Atualmente ainda dominam tais concepções, mas grandemente atenuadas pelo intervencionismo do Estado através de vários mecanismos, que interferem de modo especial nas relações entre capital e trabalho e entre fornecedor e consumidor.

Regulam-se os negócios ou contratos, pois, pela autonomia da vontade, mas devendo, de acordo com o direito positivo tradicional, obedecer à lei, nos aspectos relativos à capacidade das partes, à licitude de seu objeto, à forma pela qual devem se revestir em alguns tipos, às solenidades exigidas que se pratiquem na sua efetivação para a sua possibilidade legal. Nos últimos tempos, ponderável evolução se faz sentir, nascida da importante preocupação social que se vai imprimindo ao direito, com o abrandamento do princípio da validade de toda sorte de cláusulas se coadunadas a programas formais previstos na lei e se respeitada a voluntariedade do negócio. Adquiriram grande relevância a situação existente quando da celebração do negócio, a correspondência das prestações e contraprestações, a justeza das obrigações pactuadas, a inexistência de abusividade, a moralidade dos encargos. Estão presentes institutos que limitam a autonomia, e que procuram traçar parâmetros de justiça no estabelecimento do objeto e das obrigações do contrato. Diplomas legais específicos disciplinam a autonomia da vontade, como a Lei de Usura (Decreto nº 22.626, de 7.04.1933), a Lei que pune os Crimes contra Economia Popular (Lei nº 1.521, de 26.12.1951), e o Código de Defesa do Consumidor (Lei nº 8.078, de 11.09.1990).

O Código Civil tem como inválidos os negócios ou atos que não preenchem os elementos mínimos, ou não obedecem aos requisitos legais, ou àquelas exigências ordenadas para a sua formalização, como a capacidade do agente, a licitude do objeto e a forma adequada, tornando-se passíveis de nulidade; sujeitam-se à anulação, outrossim, aqueles contaminados por vícios de consentimento ou incapacidade relativa do agente. Efetivamente, pelo modelo atual vigorante, alguns pressupostos e requisitos mínimos devem ser atendidos, que constituem condição para a validade dos negócios. Esses pressupostos e requisitos são o ponto inicial para a constituição do negócio. Sem a sua configuração ou presença, não se pode partir para a análise de outras condições ou elementos, de cunho mais apurado, e que dizem com a justiça, a coerência, a razoabilidade do negócio.

O Código de 2002 incluiu na invalidade a nulidade e a anulabilidade, ou seja, abrange no termo os negócios nulos e os negócios anuláveis. Neste Capítulo, estudam-se os negócios nulos; no seguinte, serão abordados os negócios anuláveis.

A não validade tem um campo bem amplo, decorrente de toda série de infringências ao ato ou negócio jurídico. Com fidelidade apreendeu Francisco Amaral o sentido: "Negócio jurídico inválido é o que não vale para o direito, por não preencher os requisitos legais, não se lhe reconhecendo o poder de produzir as relações jurídicas pretendidas. Consiste na medida jurídica que traduz não só uma sanção do sistema legal para o descumprimento da norma jurídica pertinente à formação do negócio, como também, e principalmente, um julgamento, um juízo de valor acerca da conveniência da própria existência e eficácia da declaração da vontade".[1] A invalidade atinge todos os males que afetam o ato ou negócio, desde a falta de suporte inicial, até a não coadunação à forma ordenada na lei. Não se restringe à ausência de capacidade dos figurantes, ou à ilicitude, à impossibilidade do objeto, dentre outros fatores, mas abarca exigibilidades mais primárias, como a inexistência do próprio objeto contratado, ou da parte falsamente colocada como presente.

Num sentido bem apropriado, acentua Emílio Betti que "a invalidade é aquela falta de idoneidade para produzir, por forma duradoura e irremovível, os efeitos essenciais do tipo..., que provêm da lógica correlação estabelecida entre requisitos e efeitos, no mecanismo da norma jurídica, e é, ao mesmo tempo, sanção do ônus imposto à autonomia privada de escolher meios idôneos para atingir os seus escopos de regulamentação dos interesses".[2]

É, pois, a invalidade o gênero de todas as modalidades de conceitos que não conformam os atos ou negócios praticados pelas partes.

Nesta dimensão, se ausente um dos elementos necessários para a constituição, como uma das partes, ou o objeto, diz-se inválido por inexistente o negócio. Impossível, *v.g.*, tratar-se de um divórcio se os envolvidos não são

---

[1] *Direito Civil Brasileiro* – Introdução, ob. cit., p. 561.
[2] *Teoria Geral do Negócio Jurídico*, tradução de Fernando Miranda, Coimbra, Coimbra Editora Ltda., 1970, tomo III, p. 11.

casados, ou se alguém buscar alimentos em favor de uma pessoa se nenhum grau de parentesco for encontrado entre o pretendente a alimentos e o sedizente obrigado. É inexistente o negócio que obriga a prestar alimentos, e, por consequência, não traz eficácia. De sorte que a ineficácia está ligada à inexistência. Já a nulidade está afeta à falta de um dos requisitos colocados para a validade, como a capacidade. Não se confunde com a ausência da parte, que levaria à inexistência, mas ao não preenchimento dos requisitos para ser parte, como a capacidade. Por outro lado, se a parte é capaz, mas seu consentimento restou viciado pelo erro, ou dolo, ou coação, o negócio é anulável.

Em resumo, inclui-se na invalidade toda sorte de causas que afeta o negócio, seja por inexistência, não produzindo efeitos, seja por falta de um dos requisitos elencados para o seu reconhecimento, ou seja por defeitos na sua origem.

2. INEXISTÊNCIA DO NEGÓCIO E A INEFICÁCIA

Inexistentes se denominam os negócios quando carecem não de um requisito, mas de um elemento essencial, como do preço na compra e venda, ou do objeto, por ter já ocorrido uma venda anterior envolvendo o mesmo bem. Inexiste o negócio ante a falta de elemento essencial para a mera constituição. Como pretender uma rescisão de um contrato de compra e venda se não existiu o consenso sobre o preço? Inadmissível, ainda, a ação de reintegração de posse de um imóvel dado em comodato se esta figura não restou delineada.

Bem evidente a lição de Cunha Gonçalves: "A inexistência legal consiste em faltar a um ato qualquer elemento essencial à sua existência jurídica ou à sua formação, de sorte que, sem esse elemento, tal ato não se pode conceber, é ato embrionário, simples aparência".[3] José de Abreu Filho, em *O Negócio Jurídico e sua Teoria Geral*, 4ª ed., São Paulo, Ed. Saraiva, 1997, p. 339, aponta o negócio inexistente: "Seria aquele que carecesse de elementos indispensáveis para sua própria configuração como uma figura negocial. Tais elementos são indiscutivelmente dois: a vontade e o objeto. Não se pode conceber a existência de um negócio, conforme temos reiteradamente afirmado, se falta o elemento volitivo. Sem a manifestação da vontade, o negócio não pode formar-se, evidentemente".

Em resumo, inexiste o negócio ante a falta de um elemento essencial para a sua formação, o que é diferente se esse elemento não atendeu os requisitos exigidos para o reconhecimento, importando, então, em nulidade. Se um dos nubentes se faz substituir por outra pessoa, inexiste o casamento, não surtindo qualquer efeito, situação diversa da acarretada pelo desatendimento de algum dos requisitos, como o que trata dos impedimentos ou da idade mínima.

---

[3] *Tratado de Direito Privado*, ob. cit., vol. I, tomo I, p. 449.

No caso de ser impossível o objeto do contrato, não se configura a relação jurídica referente ao objeto tratado, mas subsiste a obrigação, dada a viabilidade de seu surgimento. Não é nula, mas ineficaz, a cessão de direitos possessórios feita por quem não é titular desses direitos. Se a disposição da titularidade é feita por quem se encontra totalmente menor, já aí se opera a nulidade. Nessa linha, a omissão na referência da titularidade do domínio de um imóvel, em ação de usucapião, conduz à ineficácia relativamente ao proprietário dominial, eis que inexistente o usucapião em relação a ele.

Igualmente inexistente o casamento celebrado por um juiz de direito, ou uma autoridade qualquer não revestida do múnus imposto pela lei. É ineficaz, por não gerar efeitos quanto ao regime de bens eventualmente escolhido, embora exista o ato, tanto que celebrado.

Na compra e venda especialmente constata-se a ineficácia face à inexistência do objeto, sendo conhecida a lição de Pontes de Miranda: "Podem ser vendidos direitos que pertencem ao vendedor e direitos alheios. Daí existir e valer a compra e venda de coisa móvel ou de prédio que não pertence ao vendedor, de modo que se 'A' vende a 'B' terreno com casa, sem que esse terreno e prédio lhe pertençam, a venda existiu e vale, apenas sendo ineficaz. Se 'A' adquire depois, tem de prestá-los, ou, se não os adquire, tem de indenizar".[4] Não se pode confundir, na lição transcrita, o negócio com o objeto. Existe a compra e venda, mas não há o domínio real da coisa, isto é, do imóvel.

É a aquisição *a non domino* negócio inexistente em face do *vero domino*, mas existe o contrato como forma, tornando-se passível de execução mediante indenização. Fosse nulo, a rescisão seria a solução certa. Diversamente ao que ocorre no direito pátrio, há, na lei francesa, disposição expressa, no art. 1.599 do Código Civil, proibindo a venda de coisa alheia. A propósito, esclarecem Marcelo Planiol e Jorge Ripert, em tradução espanhola: "Toda persona puede vender los bienes que no le pertenezcan. No puede, en cambio, vender aquellos bienes que no le pertenezcan, aun cuando ninguna causa especial los haga inalienables o intransmisibles para su propietário".[5]

Não se reconhece um negócio de promessa de compra e venda de terreno em loteamento irregular, impossível de registro. "O loteamento não só é inexistente como também jamais poderá vir a existir, uma vez que seu projeto não é passível de aprovação. Demonstrada a impossibilidade de formação do loteamento, está configurada a nulidade do contrato, tendo em vista o disposto no art. 37 da Lei nº 6.766/79, que regulamenta o parcelamento do solo: 'É vedado vender ou prometer vender parcela de loteamento ou desmembramento não

---

[4] *Tratado de Direito Predial*, Rio de Janeiro, José Konfino – Editor, 1948, vol. III, pp. 281 e 282.

[5] *Tratado Práctico de Derecho Civil Francés*, Havana, Editora Cultural S. A., 1946, tomo X, p. 38.

registrado". Sabe-se que é pressuposto de validade dos contratos a licitude do objeto contratado. Já que proibida por lei a venda de lotes de loteamentos não registrados e, conforme já dito, sem possibilidade de registro futuro, o objeto do contrato é ilícito, sendo o negócio jurídico viciado em sua origem e, portanto, nulo... O simples motivo de ser o objeto impossível e ilícito já invalida o ato".[6]

Uma vez inexistente, resulta a falta de eficácia, por não trazer efeitos. Podem estar em ordem os pressupostos aparentes. Mas, posteriormente, constata-se que inexiste pelo menos um deles.

3. A NULIDADE DO NEGÓCIO JURÍDICO

Se o ato ou negócio apresenta todos os elementos próprios, mas sendo perpetrado infringindo disposição de lei, ou revelando-se contrário à ordem pública, aos bons costumes, ou não observando a forma prescrita em lei, apresenta-se então a nulidade. Mais aprofundadamente, aponta Emílio Betti que se apresenta inicialmente revestido de uma aparente validade: "A valoração de um negócio como nulo pressupõe, pelo menos, que o negócio exista como *fattispecie*, que, portanto, há uma imagem exterior dos seus elementos, valorável como válida ou inválida e, eventualmente, capaz de gerar, pelo menos, qualquer efeito secundário, negativo ou aberrante, embora essa figura venha, depois, graças a uma análise mais profunda, a revelar-se inconsistente".[7] Ao ser examinado o negócio, depara-se com a infração aos elementos necessários, expondo Orlando Gomes: "Negócio nulo é o que se pratica com infração de preceito legal de ordem pública, ou de normas imperativas. Sua ineficácia é intrínseca, no sentido de que ocorre sem necessidade de prévia impugnação do negócio".[8]

Não se autorizando seja suprimida a nulidade por pretensão das partes envolvidas, nem por decisão judicial, ao juiz ordena a lei a sua decretação de ofício, e ao órgão do Ministério Público o dever de suscitá-la, o oposto do que acontece com a anulabilidade, restrita a alegação a critério das partes.

Pondera Pontes de Miranda: "O negócio jurídico nulo ou o ato jurídico *stricto sensu* nulo corresponde a suporte fático que, nulamente embora, entrou no mundo jurídico... como ato jurídico de suporte fático gravemente deficitário... Não nasceu morto, o que não seria nascer; nasceu impróprio à vida, por sua extrema debilidade".[9] É o caso do segundo matrimônio sem a desconstituição do

---

[6] TJSP. Apel. Cível nº 30.914-4/0. 4ª Câmara de Direito Privado. Julgada em 12.03.1998, in ADV Direito Imobiliário, nº 18, p. 368, 1998.
[7] *Teoria Geral do Negócio Jurídico*, ob. cit., vol. III, p. 18.
[8] *Introdução ao Direito Civil*, ob. cit., p. 431.
[9] *Tratado de Direito Privado* – Parte Geral, 3ª ed., Rio de Janeiro, Editor Borsoi, 1970, vol. IV, p. 28.

primeiro, ou do registro de uma criança em nome de pais não verdadeiros. O ato existe, mas o conteúdo é falso. Chegando ao conhecimento da autoridade, a sua decretação de invalidade é decorrência normal, mesmo independentemente da iniciativa do interessado.

Embora a distinção da nulidade relativamente à inexistência, o tratamento legal é o mesmo para ambas as causas de invalidade, podendo ressaltar uma diferença apenas de grau, apresentando-se maior na última, não sendo rara a identificação das espécies, como revela a exposição de Nelson Godoy Bassil Dower: "O ato nulo de pleno direito nenhum efeito produz em tempo algum, nem em juízo ou fora deste, porque tal ato não teve nascimento, nunca existiu. Nulo é todo ato a que faltam alguns dos requisitos ou formalidades que a lei impõe como essenciais à sua validade, ou que foi formado em desacordo com uma disposição da lei. Sendo nulo, é ato ineficaz, ou seja, a ineficácia jurídica é sanção correspondente aos atos nulos".[10]

As situações de nulidade ou anulabilidade, em princípio, assentam-se na maior ou menor gravidade da infringência à lei. Não necessariamente têm fundo ontológico, ou encontram razão de ser na natureza da infração. A enumeração revela critério da política legislativa adotada quando da fixação do grau de invalidade dos negócios, podendo variar conforme a época e o lugar.

A distinção da anulabilidade, pois, situa-se na ofensa a valores situados numa diferente escala de importância, mostrando-se clara a caracterização de Clóvis Beviláqua: "Quando o ato ofende princípios básicos da ordem jurídica, princípios garantidores dos mais elevados interesses da coletividade, é bem de ver que a reação deve ser mais enérgica, a nulidade deve ser de pleno direito, o ato é nulo. Quando os preceitos que o ato contraria são destinados mais particularmente a proteger os interesses das pessoas, e estas se acham aparelhadas para se dirigirem nas relações da vida social, ou porque tenham capacidade plena ou porque já disponham de certo discernimento que pesa no comércio jurídico, ou porque se acharam, no momento, assistidas pelos recursos que o direito subministra aos incapazes, a reação é atenuada pela vontade individual que se interpõe. O ato, neste caso, é apenas anulável".[11]

As previsões de nulidade encontram-se na lei, não se aceitando a criação de outras, a critério das partes. Entretanto, toda vez que em um diploma constam discriminados os requisitos para a validade de um ato ou negócio jurídico, não sendo observados, enseja-se o reconhecimento de causa de anulação.

Acresce destacar que a nulidade não está submetida a um prazo extintivo, prescricional ou decadencial. A qualquer tempo é arguível ou reconhecível, por força do art. 169, diferentemente da anulabilidade, que

---

[10] *Curso Moderno de Direito Civil* – Parte Geral, ob. cit., 1º vol., 276.
[11] *Teoria Geral do Direito Civil*, ob. cit., pp. 337 e 338.

está submetida a um direito potestativo da parte, e sujeita a um prazo de natureza decadencial.

De uma maneira ou outra, todas as deficiências, precariedades, violações e ofensas subsumem-se numa das previsões que constam nos arts. 166, 167 e 171 do Código Civil (arts. 145 e 147 da lei de 1916).

Algumas características marcam as nulidades, como as seguintes:

- constam previstas em lei, isto é, vêm indicadas em dispositivos específicos;
- nascem com a formação do ato ou negócio, como na incapacidade absoluta, ou na impossibilidade do objeto;
- embora realizem efeitos os negócios praticados, a decretação da nulidade retroage desde o seu nascimento, isto é, tem efeito *ex tunc*, a teor do art. 182 do Código Civil (art. 158 do Código anterior);
- ao juiz permite-se que decrete de ofício a nulidade, a qual é invocável pelo Ministério Público e por qualquer interessado;
- não se permite a ratificação ou confirmação do negócio nulo;
- mesmo que não produzindo efeitos no sentido legal, de acordo com o princípio latino *quod nullum est nullum producit effectum*, vai o negócio tendo eficácia perante terceiros enquanto não se declarar a nulidade. Daí a necessidade de se ingressar com a ação própria para a declaração da nulidade;
- a nulidade tem eficácia *erga omnes*, estendendo-se a todas as pessoas.

A fim de compreender o esquema das nulidades do Código Civil, recorda-se que seu art. 104 (art. 82 do Código anterior) requer que o negócio jurídico, para a sua validade, seja praticado por agente capaz, tenha objeto lícito, possível, determinado ou determinável, e se apresente sob a forma prescrita ou não defesa em lei.

O art. 166 do mesmo diploma (art. 145 do Código de 1916) considera nulo o negócio jurídico quando:

"I – celebrado por pessoa absolutamente incapaz;

II – for ilícito, impossível ou indeterminável o seu objeto;

III – o motivo determinante, comum a ambas as partes, for ilícito;

IV – não revestir a forma prescrita em lei;

V – for preterida alguma solenidade que a lei considere essencial para a sua validade;

VI – tiver por motivo fraudar lei imperativa;

VII – a lei taxativamente o declarar nulo, ou proibir-lhe a prática, sem cominar sanção."

Já o art. 167 (arts. 102 e 105 do CC revogado) acrescenta a nulidade por simulação:

> "É nulo o negócio jurídico simulado, mas subsistirá o que se dissimulou, se válido for na substância e na forma.
>
> § 1º Haverá simulação nos negócios jurídicos quando:
>
> I – aparentarem conferir ou transmitir direitos a pessoas diversas daquelas às quais realmente se conferem, ou transmitem;
>
> II – contiverem declaração, confissão, condição ou cláusula não verdadeira;
>
> III – os instrumentos particulares forem antedatados, ou pós-datados.
>
> § 2º Ressalvam-se os direitos de terceiros de boa-fé em face dos contraentes do negócio jurídico simulado".

4. ESPÉCIES DE NULIDADE

Embora haja controvérsia a respeito do assunto, costuma a doutrina dividir a nulidade em algumas espécies. Esclareça-se, antes, que nada tem a ver a matéria com nulidade e anulabilidade, conceitos estes restritos ao grau de invalidade dos atos ou negócios, estribados na conceituação da lei.

A nulidade é considerada em várias dimensões, salientando-se: a total e a parcial, a textual e a virtual, a da obrigação principal e a da obrigação acessória, a absoluta e a relativa.

A total atinge todo o negócio, como no contrato celebrado por menor sem a devida representação, ou tendo um objeto ilícito.

A parcial restringe-se à parte ou cláusula do negócio. O Código de Defesa do Consumidor (Lei nº 8.078, de 11.09.1990), no art. 51, enumera várias estipulações ou cláusulas nulas de pleno direito, sem que afetem a validade do contrato no restante de seu conteúdo. Já a primeira parte do art. 184 do Código Civil (art. 153 do Código anterior) adverte que "a invalidade parcial de um negócio jurídico não o prejudicará na parte válida, se esta for separável".

A textual assim é denominada porque aparece no *texto* da lei, como a declarada pelo art. 1.548 da lei civil, referente à nulidade do casamento.

Virtual considera-se a nulidade se decorre dos *termos* da lei, como se estabelecidos os requisitos para a caracterização de um contrato, e não se encontrando todos presentes. É a situação do art. 481 do diploma civil, no qual, para se definir o contrato de compra e venda, deve constar a necessidade da presença de três elementos: a transferência de uma coisa, o consentimento e o preço. Também nos dispositivos de lei onde se assina o atendimento de certos elementos, sob a cominação de não valer o negócio.

Tem-se como da obrigação principal a nulidade se atinge o cerne do negócio, envolvendo a sua licitude, a possibilidade jurídica. A respeito, encerra a segunda parte do art. 184: "A invalidade da obrigação principal implica a das obrigações acessórias, mas a destas não induz a da obrigação principal". De modo que, sendo nula uma dívida representada por título cambiário, do mesmo mal padecerá o aval. Se inválido o contrato de locação, não surtirá efeitos a fiança, pois igualmente nula. Quanto à cláusula penal, é natural que a nulidade da obrigação importa a da cláusula penal. Obedece-se ao princípio de que o acessório segue o principal, o que implica também na existência, validade e eficácia do negócio.

Será obrigação acessória se não interfere no contrato principal. Admite-se a nulidade da fiança, sem atingir a obrigação garantida, como quando ausente o consentimento do cônjuge.

É absoluta quando pode afetar a generalidade das pessoas, permitindo-se a alegação pelos que podem suportar algum prejuízo, como os atos do Poder Público que infringem a lei, como no caso de impostos ou taxas que se impõem arbitrariamente.

Designa-se como relativa se restrita aos que atuam no negócio, como numa compra e venda, ou num mútuo com juros superiores ao dobro da taxa legal.

Menciona-se, ainda, a distinção que coloca os negócios nulos como 'nulos de pleno direito' e 'nulos dependentes de declaração judicial'. O Prof. da Universidade de São Paulo, Antônio Junqueira de Azevedo, elucida a matéria: "Para não escrevermos aqui um longo ensaio sobre o tema, fiquemos somente com a primeira dicotomia arrolada, 'nulidade de pleno direito/nulidade dependente de ação', que interessa ao caso. Nem todo ato nulo é nulo de pleno direito. O famoso Regimento nº 737, de 1850, no art. 683, dispunha: 'As nulidades ou são de pleno direito ou dependentes de rescisão'. Em seguida, no art. 684, dava os casos das primeiras e, no art. 685, os da segunda. Por esses artigos, vê-se que as nulidades de pleno direito são pronunciadas pela lei, funcionam *ipso jure*, enquanto as outras são pronunciadas pelo juiz, funcionam *ope judicis*. Essa dicotomia não se confunde com a do 'nulo/anulável', eis que pode haver nulo que não seja de pleno direito e, portanto, exija ação... O Esboço de Teixeira de Freitas denomina as nulidades de pleno direito de 'manifestas' e as demais de 'dependentes de julgamento' (art. 786). Segundo o Esboço, a própria nulidade absoluta pode ser ou manifesta, quando 'pode e deve ser pronunciada pelo juiz' (art. 806), ou dependente de julgamento, quando não pode ser pronunciada ex-ofício pelo juiz (cf. art. 807)".[12]

Em suma, quando declarável de ofício, é nulo de pleno direito o negócio, sendo exemplo o feito por um incapaz já interditado, exigindo-se apenas a juntada de certidão do ato; se a pessoa não está, ainda, sob interdição, impõe-se a necessidade de ato declaratório, em ação ou via judicial.

---

[12] "Ação de Nulidade de Testamento", in *Revista Forense*, 345, p. 177.

5. CAUSAS DE NULIDADE

Segundo observado, encontram-se discriminados na lei os casos de nulidade. É necessária a previsão legal, inadmitindo-se a criação de hipóteses pelo engenho inventivo humano, através de cláusulas em contratos. Mesmo que apontadas situações que comportam a anulação do negócio, para a sua verificação é mister a suscitação pelo interessado, não cabendo ao juiz conhecer e decretar de ofício a nulidade.

As causas de nulidade são as constantes do art. 166 e do art. 167, acima elencadas. Passa-se a abordá-las.

5.1. Pessoa absolutamente incapaz

A hipótese está no inc. I do art. 166, significando a incapacidade de agir e de fato, ou de celebrar contratos e de atuar nos atos da vida civil. Os incapazes estão elencados no art. 3º do Código Civil, alterado pela Lei nº 13.146/2015. Compreendem os menores de dezesseis anos de idade. Também se consideram incapazes se declarada a interdição, nos limites fixados pelo juiz na sentença que pressupõe a incapacidade de exprimir a vontade.Unicamente se acompanhadas dos representantes legais essas pessoas se habilitam a realizar atos ou a praticar negócios jurídicos, a teor do art. 1.634, inc. VII, e do art. 1.747, inc. I, que se referem respectivamente aos filhos menores e aos tutelados.

Qualquer negócio celebrado diretamente pelos referidos indivíduos estão eivados de nulidade absoluta, a qual poderá ser arguida pelos interessados, pelo Ministério Público quando intervir, incumbindo ao juiz a declaração de ofício, desde que tomar ciência de sua existência. Todavia, em não havendo prejuízo, não se anula o negócio, convalidando-se os negócios, e permitindo-se que se efetuem diretamente pelo incapaz, sem necessidade do tutor, como já antevia Enneccerus: "Sólo puede concluir validamente sin asentimiento del tutor aquellos negocios que sólo le procuran una ventaja jurídica, exactamente como el menor de edad".[13]

Essas incapacidades foram analisadas pormenorizadamente no capítulo que trata da 'Capacidade da Pessoa Natural', item 5 e nos vários subitens, não se fazendo necessárias novas abordagens.

5.2. Objeto do negócio ilícito, impossível ou indeterminável

O art. 104 do Código Civil prevê como condição para a validade do negócio jurídico a licitude, a possibilidade e a determinabilidade de seu objeto. A regra veio reafirmada no inc. II do art. 166.

---

[13] *Tratado de Derecho Civil – Parte General*, ob. cit., vol. I, tomo I, p. 379.

Ilícito é o negócio contrário ao direito, apto a infringir os princípios do ordenamento jurídico. Provoca a nulidade do negócio. O termo ilícito não corresponde apenas a negócio ilegal, como as infrações dos negócios, o descumprimento das obrigações; corresponde, também, ao negócio que atenta contra os bons costumes, a moral, a ordem pública e impõe a imoralidade do motivo, que leva alguém a praticar algo absurdo e que ofende os princípios que se encontram na base de nossa concepção de vida. Ilustra Marco Aurélio S. Viana que "o objeto deve ser lícito, ou seja, conforme a lei, a moral e os bons costumes. O direito não reconhece a validade ao negócio que ostenta objeto que fere a moral, a lei e os bons costumes. Toda a ordem jurídica está imbuída da ideia de moral, o que determina deva o negócio jurídico ajustar-se a princípios éticos. O poder criador da vontade encontra como limite natural a lei, a moral e os bons costumes".[14]

Não raramente, é realizado em fraude à lei, procurando aparentar certa conformidade com a ordem jurídica, mas revela-se torpe no fim colimado, como acontece com a aquisição de bens do curatelado, por meio de interposto terceiro.

No conteúdo do conceito de ilicitude, incluem-se os negócios ou as ações que atentam contra os bons costumes, a moral social e a ordem pública. Mas não é atingido tudo aquilo que a moral repele, e sim o que ofende o sentimento ético comum, a consciência pública, a honestidade e o pudor humano.

É a questão do jogo, onde as obrigações oriundas não são sacramentadas pela lei. Nesta linha, condenáveis os ajustes envolvendo o lenocínio e a prostituição. Não se tolera demandar o cumprimento de dever nascido da advocacia administrativa em uma repartição pública, nem é aceitável impor-se o pagamento a um funcionário porque apressou o processamento de certo pedido.

Em outras situações, para se obter um emprego, compromete-se o interessado a pagar uma soma, representada em documento. Ilícita e imoral é a cobrança. Em semelhante situação, a aproximação de casais numa autêntica corretagem matrimonial não enseja obrigação de contraprestação pecuniária.

Contrato completamente inviável, sem proteção legal, é o de vida conjugal por tempo determinado. Mesmo que se reconheçam aspectos legais da união de fato, é inexequível qualquer demanda visando o adimplemento de dever não cumprido, de ordem conjugal.

Inválidas as promessas de mudar de nacionalidade ou de religião; de não exercer certa profissão; de votar ou não votar em um candidato; de casar-se com pessoa definida; de depor ou não depor em juízo; de praticar um ato perigoso para a vida ou a saúde; de abdicar de alimentos; de renúncia futura dos bens na separação conjugal; de não reclamar direitos trabalhistas; de não ingressar com uma ação de indenização se advierem danos no exercício de profissão perigosa.

---

[14] *Curso de Direito Civil* – Parte Geral, Belo Horizonte, Editora Del Rey, 1993, p. 189.

Por outro lado, apresenta-se impossível o objeto fora do comércio ou inatingível.

A impossibilidade classifica-se em natural ou física e jurídica. Na primeira, o que se promete nunca existiu ou não existe mais. É jurídica quando concerne ao que não se permite seja contratado. Írrito torna-se o negócio porque impossível o objeto. Não se autoriza seja constituído por não trazer resultado algum, como na transferência de propriedade imobiliária a quem já consta no registro ser o proprietário.

Na prática, importa o reconhecimento da impossibilidade do objeto em virtude de regras jurídicas impeditivas. É o caso de constituição de direito real em imóvel insuscetível de registro; do contrato de transporte de mercadorias cujo comércio é vedado; de compra e venda de gêneros alimentícios, para o comércio, quando houve o confisco pelo governo. Da mesma forma, quanto ao casamento de duas pessoas do mesmo sexo.

Identicamente, impossível é o objeto nos negócios de compra e venda em que a coisa pereceu, fato desconhecido do comprador; ou se há alienação de coisa fora do comércio, como de área inalienável, de praça pública, de uma espécie de vegetal já desaparecida.

Se indeterminável o objeto, decorre a nulidade. Para tanto, insta que não se estabeleçam critérios de determinação ou delimitação. Tem-se como exemplo a venda de um certo número de hectares de terra, ou de animais, ou de outros bens, sendo impossível chegar a uma definição.

Não se inclui, segundo J. M. Leoni Lopes de Oliveira, em observação quando do Projeto do Código Civil, nessa causa de nulidade o "negócio tendo por objeto coisa indeterminada, desde que se possa determinar, como se verifica na regulamentação da obrigação de dar coisa certa", afirmando "o art. 874 do Código Civil que a coisa incerta será indicada, ao menos, pelo gênero e quantidade. É melhor o sistema do Projeto do Código Civil, que faz expressa menção ao requisito da determinabilidade do objeto: 'A validade do negócio jurídico requer objeto lícito, possível, determinado ou determinável'. O objeto deve ser sempre determinável, sob pena de nulidade. Por exemplo, não é possível obrigar a entregar algo, alguma coisa, ou certo número de animais, isto é, não é possível a incerteza absoluta do objeto, mas admite-se tão somente a incerteza relativa. O objeto pode ser determinado desde o nascimento do negócio jurídico, como pode também ser determinado somente na sua conclusão, mas é sempre necessário que exista um meio de se chegar a essa determinação".[15] O art. 874 mencionado corresponde ao art. 243 do vigente Código, estatuindo: "A coisa incerta será indicada, ao menos, pelo gênero e pela quantidade".

---

[15] *Direito Civil* – Teoria Geral do Direito Civil, ob. cit., vol. 2, p. 926.

5.3. Ilicitude do motivo determinante, comum a ambas as partes

Esta causa veio introduzida pelo Código de 2002, sendo diferente da prevista no inc. II do art. 166, que se refere à ilicitude do objeto.

A ilicitude do motivo diz com a razão que levou a realizar o negócio, ou com o fator subjetivo que conduziu à sua produção. O objeto do negócio não é inválido, ou não se encontra algum impeditivo legal que estanque sua efetivação.

Acontece que há negócios ou atos que nascem com escopos imorais e ilícitos. Apurando-se que o móvel determinante do negócio, embora o mesmo se externe em conformidade com os padrões normais do direito, ofende a moralidade ou a lei, o próprio negócio sofre da invalidade. Nesta ótica, descobrindo-se que duas pessoas acertaram uma locação, ou o arrendamento de uma área de terras, com a finalidade de impedir a posse do proprietário a quem se concedeu a reivindicação, sofre de nulidade a avença. Do mesmo modo, se convencionam vários indivíduos a constituição de uma empresa para um objetivo ilícito, como para explorar o lenocínio. Embora a normalidade na constituição da pessoa jurídica, e conste um objeto social lícito, na verdade o motivo era ilegal. A celebração de uma obrigação anterior com a finalidade de, posteriormente, anular a venda de um imóvel, torna-se nula aquela avença. A compra e venda efetuada para impedir a constrição do bem na exigibilidade de um crédito leva à sua nulidade, porquanto ilícito o motivo que levou ao negócio, revelando-se, no caso, a simulação.

Conforme ressoa do dispositivo, de ambas as partes deve partir a ilicitude do motivo. Não é suficiente o intuito condenável de uma delas apenas, encontrando-se a outra imbuída de boa-fé. Embora não se descarte a nulidade, a razão deve ser buscada em outra causa, como no dolo ou erro.

5.4. Negócio não revestido da forma especial prevista em lei

Lembra-se que o art. 104 do Código Civil afirma a necessidade da forma prescrita ou não defesa em lei para a validade do negócio jurídico. Acrescenta o art. 107 que a validade da declaração de vontade não dependerá de forma especial, a não ser quando a lei expressamente a exigir.

Em síntese, em o impondo a lei, a validade depende da forma que vier assinalada.

Para a sua validade, inúmeros os negócios que devem tomar a forma expressa na lei, como a transferência de bens imóveis; o reconhecimento de filhos havidos fora do casamento, que se procederá, dentre outros modos, por escritura pública, ou no próprio termo de nascimento, ou por testamento; os pactos antenupciais e as adoções, que exigem a escritura pública ou sentença judicial.

Dependem, exemplificativamente, da formalidade prevista na lei o testamento, nas modalidades de público, particular e cerrado; o casamento, através da presença da autoridade civil indicada, e da prévia habilitação, entre outras exigências; a venda judicial de bens, sujeita à hasta pública; a doação de imóvel; o divórcio e a separação judicial.

As formalidades constituem a garantia da validade para as partes, assegurando os direitos e deveres decorrentes.

Extensa é a relação das formas dos vários negócios jurídicos descritos nas disposições legais. Importa assinalar a necessidade de serem observadas para os negócios alcançarem os efeitos visados. Algumas imposições da lei tendem não propriamente a tornar válido o negócio, mas conhecido de terceiros, a fim de garanti-los contra possíveis alienações posteriores. É a hipótese do registro público, destinado a dar publicidade e eficácia.

De outro lado, se os figurantes de certa relação jurídica elegem uma forma pública para dar corpo ao combinado ou acertado, mas sendo a mesma dispensável, a sua nulidade não prejudica o negócio. A nulidade de escritura, porque testemunhada por pessoas incapazes, conserva íntegro e válido o ajustado, que pode ser demonstrado por outros meios. Seria a hipótese de uma promessa de compra e venda, que admite seja instrumentalizada mediante contrato particular. É o que se extrai da conjugação dos arts. 221, parágrafo único, e 183 do Código Civil – o primeiro autorizando se supra a prova do instrumento particular por outras de caráter legal, e o segundo prevendo que a nulidade do instrumento não induz a do negócio jurídico, sempre que este puder provar-se por outro meio. Admitindo-se a substituição da prova por instrumento particular pelos meios de prova existentes em geral, e não sendo obrigatório o instrumento público, evidentemente o negócio aceita os meios comuns para a sua comprovação.

5.5. Negócio praticado com a preterição de alguma solenidade essencial

Consta prevista a nulidade no inc. V do art. 166. O negócio apresenta-se revestido da forma exigida pela lei. Entretanto, falta-lhe algum elemento extrínseco ou alguma solenidade especial e necessária. O vício, pela ausência de requisito formal, contamina todo o negócio. É a situação de um contrato lavrado por escritura pública, mas sem a assinatura das partes; ou quando se vende um bem pertencente a um menor, faltando a autorização do juiz; igualmente, se no casamento não comparece o juiz de paz, ou se falta a publicação de editais; da mesma maneira, se, na lavratura de uma escritura, o titular que lançou o ato não estava em exercício, ou se a sua posse é nula. Embora se observem os requisitos rezados pela lei, não se cumpre algum elemento extrínseco. Exemplo claro está no art. 907, que considera nulo o título ao portador emitido sem autorização de lei especial. Se não autorizado em lei, não há validade na emissão do título.

O Supremo Tribunal Federal tem anulado negócios jurídicos por omissão de solenidades específicas, como na escritura pública em que o instrumento foi lavrado por escrevente, sem a subscrição de tabelião ou oficial maior, em desatenção ao Código de Organização Judiciária. De igual modo, quando ausente a assinatura de testemunhas.[16]

Mais importantes tornam-se as solenidades se determinadas pela lei, como nas disposições de última vontade, para assegurar autenticidade e legitimidade, bem como para dificultar a fraude, a falsificação e a mentira jurídica. Exige a lei – art. 1.864, no testamento público, a presença de duas testemunhas, as quais devem assistir ao ato e ouvir a sua leitura. A compra e venda de ascendentes para um descendente requer a anuência dos demais descendentes e do cônjuge do alienante, sem o que não é válida – art. 496 (art. 1.132 do Código Civil). Com base em Carlos Maximiliano, afirma-se que a "consequência da preterição de qualquer das formalidades prescritas para as declarações de última vontade é a nulidade insanável, absoluta de todo o testamento; fica ele considerado como inexistente".[17] O rigor formal exigido não prevalece apenas *ad probationem*, isto é, como simples meio de prova, mas, sim, *ad solemnitatem*, quer dizer, como requisito substancial do ato ou negócio.

5.6. Negócio visando fraudar lei imperativa

Necessário explicitar que as leis podem ser de imperatividade 'absoluta' ou 'relativa'. As primeiras são as que ordenam e impõem sem deixar margem para alternativas, como as que tratam do casamento, quando estabelecem as formalidades a serem seguidas (art. 1.533 ao art. 1.542 do Código de 2002); as que impedem o contrato de herança de pessoa viva (art. 426 do Código de 2002). As segundas correspondem às que unicamente abrem uma possibilidade, uma permissão, dando liberdade ao contratante na prática de um ato ou negócio. Exemplo claro está na emancipação do filho menor, concedida pelos pais (art. 5º, parágrafo único, nº I, do Código de 2002), ou na escolha do regime de bens a vigorar durante o casamento, sendo necessária a manifestação escrita quando os cônjuges elegerem a separação total do patrimônio.

Como imperativas têm-se as leis 'coativas' ou 'cogentes', e como não imperativas as 'supletivas' ou 'permissivas' – aquelas impondo a submissão incondicionada do indivíduo (*e. g.*, leis penais), e as últimas sujeitas à aceitação do indivíduo, como a lei de doação de órgãos, que incide caso não manifestada em contrário a vontade em algum documento (Lei nº 9.434, de 1997).

Exemplo de negócio tendente a fraudar lei imperativa está na entrega de patrimônio por pessoa casada, sem a presença do outro cônjuge, simulando

---

[16] *Revista Trimestral de Jurisprudência*, 73/246 e 78/494.
[17] *Direito das Sucessões*, vol. I, p. 391, *apud Revista Trimestral de Jurisprudência*, 75/954.

contrair dívidas para o proveito da família; ou a entrega de todo o patrimônio a um futuro herdeiro, sob o pretexto de pagamento por serviços prestados, quando serviço nenhum efetuou tal herdeiro. Se os pais, porém, negam a emancipação de filho menor, sob argumentos inverídicos, não há nulidade, posto que a emancipação é facultativa.

5.7. Negócio nulo ou proibido por expressa declaração da lei, sem estabelecer alguma sanção

Há regras jurídicas que declaram nulos ou proíbem certos atos ou negócios que, porventura, venham a ser praticados. A lei emite a regra jurídica e depois, para protegê-la, discrimina condutas tipicamente contrárias, cominando-as de nulidade ou proibindo-as. No entanto, insta que não preveja outra punição ou sanção pela infração. De sorte que, prevendo a sanção de multa, ou da restituição de parte do preço, ou uma cominação diferente da nulidade, não decorre a nulidade. Serve de exemplo a faculdade do art. 504 (art. 1.139 do Código revogado), que oportuniza ao condômino, a quem não se ofereceu para adquirir a parte comum de outro condômino, no caso de venda, a pretensão de adjudicá-la para si, se o requerer no prazo de cento e oitenta dias, desde que deposite o preço.

Em vários diplomas aparece a previsão específica da nulidade, citando-se alguns exemplos.

Tal ocorre no art. 45 da Lei nº 8.245, de 18.10.1991, rezando que "são nulas de pleno direito as cláusulas do contrato de locação que visem a elidir os objetivos da presente Lei, notadamente as que proíbam a prorrogação prevista no art. 47, ou que afastem o direito à renovação, na hipótese do art. 51, ou que imponham obrigações pecuniárias para tanto". Também relativamente à taxa de juros superior ao dobro da taxa legal – art. 1º do Decreto nº 22.626, de 07.04.1933: "É vedado, e será punido nos termos desta Lei, estipular em quaisquer contratos taxas de juros superiores ao dobro da taxa legal".

No Código Civil encontram-se alguns exemplos contemplando a nulidade. Nesta ordem, o art. 1.548, em redação da Lei nº 13.146/2015, dispõe ser nulo o casamento contraído "por infringência de impedimento".

O art. 1.428: "É nula a cláusula que autoriza o credor pignoratício, anticrético ou hipotecário a ficar com o objeto da garantia, se a dívida não for paga no vencimento".

O art. 850, sobre a transação: "É nula a transação a respeito do litígio decidido por sentença passada em julgado, se dela não tinha ciência algum dos transatores, ou quando, por título ulteriormente descoberto, se verificar que nenhum deles tinha direito sobre o objeto da transação".

O art. 489: "Nulo é o contrato de compra e venda, quando se deixa ao arbítrio exclusivo de uma das partes a fixação do preço".

O art. 548: "É nula a doação de todos os bens sem reserva de parte, ou renda suficiente para a subsistência do doador".

O art. 549: "Nula é também a doação quanto à parte que exceder à de que o doador, no momento da liberalidade, poderia dispor em testamento".

O art. 1900, relativamente aos testamentos:

> "É nula a disposição:
>
> I – que institua herdeiro ou legatário sob a condição captatória de que este disponha, também por testamento, em benefício do testador, ou de terceiro;
>
> II – que se refira a pessoa incerta, cuja identidade não se possa averiguar;
>
> III – que favoreça a pessoa incerta, cometendo a determinação de sua identidade a terceiro;
>
> IV – que deixe a arbítrio do herdeiro, ou de outrem, fixar o valor ao legado;
>
> V – que favoreça as pessoas a que se referem os arts. 1.801 e 1.802".

Explicava Carvalho Santos, em lição aplicável ao atual Código: "Como taxativamente declarado, a nulidade deve ser havida não somente quando a lei diz 'sob pena de nulidade', mas igualmente quanto a frases equivalentes: 'é nulo', ou 'não tem validade', ou 'não produzirá efeito algum', ou 'ter-se-á por não escrito', ou outras semelhantes". E, prosseguindo: "Em regra, a violação da lei proibitiva importa em nulidade do ato, o que acontece, por exemplo, quando a lei usa expressões como estas: 'não pode', 'não é lícito', 'não é permitido', 'só poderá', 'é proibido'".[18]

É o que sucede, *v.g.*, com o art. 1.647, onde está consignado que o marido e a mulher não podem praticar determinados atos sem o concurso do outro cônjuge.

5.8. Simulação

Clóvis Beviláqua, referido por Washington de Barros Monteiro, usa de uma proposição simples para conceituar a simulação, que, aliás, vem desde Teixeira de Freitas: "A declaração enganosa da vontade, visando a produzir efeito diverso do ostensivamente indicado".[19] Acontece, no negócio jurídico, divergência intencional entre o declarado e o pretendido. No dizer de Pontes de Miranda, "entre os figurantes, o ato aparente, sem ofensas, não existe. Aparece, porém não entrou no mundo jurídico... Trata-se de ato jurídico aparente".[20] As partes combinam e manifestam um contrato que aparece contrariamente ao pretendido. A rigor, não se trata de vício da vontade, eis que não atingida em sua formação. Pretende-se realmente aquilo que se passa no interior das

---

[18] *Código Civil Brasileiro Interpretado*, vol. III, ob. cit., p. 250.
[19] *Curso de Direito Civil* – Parte Geral, ob. cit., p. 215.
[20] *Tratado de Direito Privado*, ob. cit., tomo IV, p. 374.

consciências, mas expressando algo diferente. Os terceiros é que são enganados, posto que o efeito é diferente daquilo que é manifestado. Daí concluir Francisco Amaral: "Não é vício de vontade, pois não a atinge em sua formação. É antes uma disformidade consciente da declaração, realizada de comum acordo com a pessoa a quem se destina, com o objetivo de enganar terceiros".[21]

Em suma, o efeito é diferente daquele manifestado, ou do previsto na lei, e assim consegue-se por maquinação das vontades. Por isso, melhor denomina-se defeito do negócio jurídico e não da vontade. De qualquer maneira, segundo uma forte corrente, os terceiros são ilaqueados em sua vontade, ou decorre um prejuízo para eles. E considerando que a vontade não é aquela que se aparentou revelar, há uma defecção ao exteriorizar-se, ou um defeito, tanto que real a divergência entre a vontade e a declaração.

O Código Civil de 2002, seguindo a linha dos Códigos da Alemanha, da Itália e de Portugal, diante da dificuldade em enquadrar-se a simulação como defeito de vontade, afastou-a do Capítulo que tratou dos defeitos do negócio jurídico, em que regulamenta os defeitos do ato de vontade, inserindo-a no Capítulo que disciplinou a sua invalidade. Preferiu, assim, considerá-la como elemento de nulidade do negócio, pois, na verdade, diz com um de seus elementos básicos, que é o objeto. Ocorre que a expressão da vontade encerra uma mentira, buscando iludir terceiros. Não sendo o objeto aquele ostentado externamente, falta um dos elementos para se aperfeiçoar o próprio negócio. Eis a redação do art. 167: "É nulo o negócio jurídico simulado, mas subsistirá o que se dissimulou, se válido for na substância e na forma".

Não se tem um negócio ineficaz, pois não é que a vontade não seja imitida. Aparece externada, mas com um conteúdo diferente daquele externado.

Vários os exemplos na prática, sendo conhecidos os seguintes: a redução do preço no contrato de compra e venda de um imóvel, com vistas à diminuição do *quantum* do imposto de transmissão; a aposição de data anterior ou posterior à real em contratos e títulos de crédito, seja para transparecer que não pertencia o imóvel ao vendedor quando da penhora, seja para fugir ao prazo da prescrição; as compras e vendas ou doações por interposta pessoa, como no caso de venda a descendente; a venda simulada de um imóvel com o objetivo de justificar uma ação de despejo; a venda fictícia de bens para fugir de expropriações em execuções de dívidas; a doação de bens para concubina sob a forma de venda; a colocação de um preço superior na venda de um imóvel alugado para impedir que o locatário exerça o direito de preferência; a alienação forjada do patrimônio para fugir ao pagamento de meação, na separação judicial; a emissão de cambiais a pessoas amigas com a finalidade de execução, e frustrar, desta forma, a execução de dívidas contraídas com credores reais, ou para prejudicar a divisão do patrimônio na separação judicial, já que se deverá incluir também o passivo.

---

[21] *Direito Civil Brasileiro* – Introdução, ob. cit., p. 546.

5.8.1. Características e requisitos

Sobressaem os seguintes requisitos, que revelam também as características da simulação:

a) É declaração bilateral da vontade, tratada com a outra parte, ou com a pessoa a quem ela se destina. Importa o conhecimento da vontade pela pessoa, vontade ignorada por terceiros. No dolo, apenas um dos interessados está a par da maquinação. Emílio Betti destaca essa bilateralidade: "Na simulação, quando as partes de um negócio bilateral, combinadas entre si – ou o autor de uma declaração com destinatário determinado, de combinação com este –, estabelecem um regulamento de interesses diverso daquele que pretendem observar nas suas relações, procurando atingir, através do negócio, um escopo (dissimulado) divergente da sua causa típica".[22]

A questão não é simples. Carvalho Santos e Pontes de Miranda defendem ser possível a simulação dos atos (ou negócios) unilaterais, desde que a declaração de vontade, em si unilateral, na realidade é emitida visando uma relação contratual. Por exemplo, numa promessa de recompensa, pode estar encoberta uma doação em favor de estranho. Admissível que, sozinho, alguém esteja maquinando e obrando em favor de amigo encobrindo-o, de modo a afastar a efetiva bilateralidade da simulação.

b) Não corresponde à intenção das partes, as quais disfarçam seu pensamento. Tanto que Eduardo Espínola definiu a simulação da seguinte forma: "Consiste no fato de mostrar o declarante querer um fim jurídico, ao passo que realmente quer dissimular uma intenção diversa".[23] Neste aspecto, o § 1º do art. 167 é taxativo em apontar hipóteses indicativas da figura em estudo: "Haverá simulação nos negócios jurídicos quando:
I – aparentarem conferir ou transmitir direitos a pessoas diversas daquelas às quais realmente se conferem, ou transmitem;
II – contiverem declaração, confissão, condição ou cláusula não verdadeira;
III – os instrumentos particulares forem antedatados, ou pós-datados".

c) É feita no sentido de iludir terceiros. Nélson Nery Júnior explica como deve ser o conluio simulatório entre as partes contratantes: "Todos os partícipes do negócio jurídico devem estar em concerto prévio, no sentido de ser emitida declaração de vontade em desacordo com a

---

[22] *Teoria Geral do Negócio Jurídico*, ob. cit., tomo II, p. 378.
[23] *Sistema do Direito Civil Brasileiro*, 2ª ed., 1917, vol. 1º, p. 539.

vontade interna, pois do contrário não se trataria de simulação".[24] Os ajustes aparentam ser positivos e certos, mas formam negócios jurídicos fantasiosos, imaginários, não queridos pelos interessados, como na hipótese de uma doação instrumentalizada através de uma escritura de compra e venda, anotando Pontes de Miranda: "É elemento necessário do suporte fático de qualquer dos incisos do art. 102 que haja a intenção de prejudicar a terceiros, ou de violar regra jurídica (art. 103), ou que se dê tal prejuízo ou violação".[25] O art. 102, acima citado equivale ao § 1º do art. 167 do vigente Código, enquanto o art. 103 não veio reproduzido, sendo esta a redação que constava no Código revogado: "A simulação não se considerará defeito em qualquer dos casos do artigo antecedente, quando não houver intenção de prejudicar a terceiros, ou de violar disposição de lei".

5.8.2. Espécies

Duas são as espécies de simulação mais importantes: a absoluta e a relativa.

A primeira se verifica quando a declaração de vontade exprime aparentemente um negócio jurídico, mas as partes não efetuam negócio algum. Há completa ausência de qualquer realidade. É o que acontece nas dívidas fictícias, em favor dos amigos do devedor, para lesar credores reais. Ou nas obrigações contraídas na véspera de um divórcio, objetivando desfalcar o patrimônio do casal e prejudicar a meação da mulher.

Na segunda, o negócio se efetua, mas é de natureza diversa daquela que, de fato, se tenciona realizar, como no exemplo de doação à concubina, mascarada na forma de venda. Ou envolve uma terceira figura, que é o verdadeiro negociante, embora aparecendo, no contrato, um agente interposto ou testa-de-ferro. De igual modo, para viabilizar uma doação a um descendente, instrumenta-se o negócio com roupagem de compra e venda a um estranho, o qual, futuramente, retransmitirá o bem à real pessoa visada.

Finalmente, possível a inclusão de dados inexatos, falsos, como nas transmissões de imóveis, em que se menciona preço inferior, para reduzir o valor do imposto a ser recebido. Em vendas tais, não dizendo respeito a simulação à natureza do ato ou negócio, mas apenas à Fazenda Pública o direito de cobrar o respectivo valor fiscal.

---

[24] *Vícios do Ato Jurídico e Reserva Mental*, São Paulo, Editora Revista dos Tribunais, 1983, p. 47.
[25] *Tratado de Direito Privado*, ob. cit., vol. IV, p. 373.

5.8.3. Simulação e dissimulação

Como se observa, na simulação faz-se parecer verdadeiro o que não existe. Provoca-se uma crença falsa de algo irreal.

Na dissimulação, ao contrário, oculta-se o verdadeiro, ou aquilo que se quis constituir, apresentando-se com um aspecto dissociado do verídico. Em ambas, porém, o agente busca o engano, ora ocultando sobre a inexistência de uma circunstância não verdadeira, ora propalando a inexistência de uma situação real e concreta. Esconde-se, na última, algo que sentimos. Mantém-se o outro contraente distanciado das pretensões que conduzem ao negócio. O art. 167 dá validade ao negócio que se dissimulou, se válido na forma e na forma: "É nulo o negócio jurídico simulado, mas subsistirá o que se dissimulou, se válido na substância e na forma". Representa-se uma dívida através de um outro negócio, como de compra e venda. Na verdade, não se fez este negócio. Não se reconhece no mundo jurídico. Entrementes, a dívida persiste, e pode ser procurado o seu recebimento. Vale o ato que se quis praticar, e não aquele simulado.

5.8.4. Reserva mental

A reserva mental distingue-se da simulação porque envolve uma ocultação da vontade real, manifestando o agente uma declaração enganosa ao outro contratante, o que não acontece na última, que encerra uma impostura bilateral, urdida por ambos os contratantes. O assunto é mais importante do que se imagina, tendo merecido uma monografia de Nélson Nery Júnior, que a conceitua no sentido lato e no sentido estrito: "Em um sentido lato, a reserva mental é o produto da divergência entre a vontade e manifestação, o que implica uma manifestação, mas não uma vontade da manifestação ou de seu conteúdo... Mas, para a conceituação da reserva sob o ponto de vista estritamente jurídico, não se pode levar em consideração divergências que não possam trazer alguma consequência para o direito. Assim, à mentira pura e simples, que não traduza nenhum reflexo no âmbito do direito, não se pode dar importância para o fim de conceituar a reserva mental".[26]

Constitui a reserva mental uma simulação unilateral; o segundo contratante é o enganado. Não é admitida pelo direito diante de sua finalidade intrínseca, que é enganar, formada de negócios eivados de vícios. São elementos próprios para a caracterização, conforme o mesmo autor Nelson Nery Junior: "a) Uma declaração não querida em seu conteúdo; b) propósito de enganar o declaratário (ou mesmo terceiros)".[27]

---

[26] *Vícios do Ato Jurídico e Reserva Mental*, ob. cit., pp. 16 e 17.
[27] *Vícios do Ato Jurídico e Reserva Mental*, ob. cit., p. 18.

Aquele que emite a declaração não pode subtrair-se ao professado, a menos que a outra parte esteja a par da reserva mental. Se não está a par, o negócio subsiste. Demanda-se o cumprimento. Se conhecida, tipifica-se a simulação, invalidando o negócio, como figura estatuída no art. 167, § 1º, inc. II.

Confunde-se, ou, pelo menos, tem proximidade com a reticência, em que alguém deixa entrever, mas não diz diretamente, o que pretende ou deseja efetivamente, com o fito de ludibriar outra pessoa, ou não deixa transparecer, nas palavras, a sincera pretensão incrustada no seu íntimo. Novamente Nélson Nery Júnior esclarece esse tipo de conduta: "A reticência nada mais é do que o silêncio, a abstenção com a intenção de provocar um erro do outro contratante, ou de mantê-lo em erro sobre alguma circunstância do negócio jurídico". É também denominada 'dolo negativo' por uns e de 'dolo omissivo' por outros. A figura do dolo negativo, ou dolo por reticência, ou, ainda, tão somente reticência, consiste em uma conduta de completa abstenção no atuar; é coisa bem diversa daquilo que se denomina 'artifício negativo', que consiste em ocultar, em encobrir ou simular".[28]

Mesmo no gracejo, onde está ausente o escopo de enganar, e sendo a intenção conhecida da outra parte, não prevalece a declaração de vontade, eis que o gracejo jamais constituiu ato de vontade ou negócio jurídico, exposto de modo respeitoso e sério.

5.8.5. Simulação na interposição de pessoa

É a modalidade prevista no inc. I do § 1º do art. 167, que reza configurar-se a simulação quando os negócios jurídicos aparentarem conferir ou transmitir direitos a pessoas diversas daquelas às quais realmente se conferem, ou transmitem.

Configura-se quando a parte, à qual se transferem ou conferem direitos, não aparece no negócio, servindo-se de outra pessoa que, na aparência, fica sendo titular desses direitos.

A pessoa interposta faz o papel de intermediário, colocando-se no meio das duas partes, sem ter interesse pessoal, e esconde o verdadeiro titular do ausente, que não deseja que surja. É o exemplo do testa-de-ferro, o qual intervém na relação como contratante de fato, tornando-se titular dos direitos, para, depois, consumar a transferência à pessoa a que se destina o bem, a qual permanecera fora da transação.

Importante efeito decorre da venda por interposta pessoa, considerado o negócio anulável, enquanto na hipótese de venda direta a descendente por

---

[28] *Vícios do Ato Jurídico e Reserva Mental*, ob. cit., pp. 57 e 58.

ascendente sem o *placet* dos demais descendentes opera-se a nulidade, situação retratada no seguinte excerto de uma decisão:

> "É ato nulo ou anulável, conforme tenha sido feita a alienação diretamente ao descendente ou através de interposta pessoa, como explica o Prof. Roberto Rosas, em seu excelente Direito Sumular:
>
> 'Posteriormente, no entanto, o STF firmou a sua jurisprudência, considerando nula a venda de ascendente a descendente sem o consentimento expresso dos demais descendentes, desde que esta venda de realize diretamente, e anulável se realizada indiretamente.
>
> Será nula a venda realizada diretamente sem o consentimento expresso dos demais descendentes, pois, desta maneira, o negócio não se reveste de forma prescrita em lei (art. 145, III). Realizada indiretamente, a venda será anulável, pois haverá simulação, causa que provoca a anulabilidade do ato (art. 147, II) (RE nº 51.523, rel. Min. Aliomar Baleeiro, *RTJ* 39/655)'".[29]

5.8.6. Simulação através de declaração, confissão ou condição não verdadeira

Vem expressa no inc. II do § 1º do art. 167.

A declaração, confissão, condição, ou cláusula não verdadeira, como está inserido na lei, materializa-se em exemplos como quando um devedor aliena suas propriedades, culminando prejudicar os credores, mas não correspondendo à verdade o contido na escritura. O pagamento não se verificou e a transferência efetiva não aconteceu.

Os negócios expressam uma realidade, mas disfarçando o pretendido caráter que inspirou o instrumento de alienação. Entre os figurantes, em outra hipótese, efetua-se uma doação, consignando-se, entretanto, uma venda no instrumento. Colhe-se da jurisprudência o seguinte exemplo: "Cessão onerosa de meação. Doação disfarçada do marido à mulher em casamento celebrado no regime de separação legal de bens. Incidência da proibição do art. 226 do C. Civil. Se a mulher não tinha pecúnia bastante para pagar o preço constante da escritura de compra e venda de meação de seu marido, com o qual era casada no regime de separação legal de bens, resulta a convicção de que tal cessão onerosa nada mais foi que simulação contida na parte final do art. 226 do Código Civil".[30] O Código em vigor não reproduziu a proibição do art. 226 acima apontado. No entanto, a nulidade decorre do próprio art. 167, § 1º, inc. II.

---

[29] Recurso Especial nº 86.489. Relator: Min. Ruy Rosado de Aguiar, citado no STJ. Recurso Especial nº 52.220-SP. 3ª Turma, publ. em 13.09.1999, em *Revista do Superior Tribunal de Justiça*, 128/221.

[30] TJSP. Apel. Cível nº 204.389. 3ª Câm. Civil, de 03.02.1972, em *Revista dos Tribunais*, 440/87.

5.8.7. Simulação de data

O inciso III do § 1º, art. 167 considera simulação quando os instrumentos particulares forem antedatados, ou pós-datados. As datas apostas nos documentos são falsas. Mas ocorre vício de consentimento unicamente se os contraentes tencionam prejudicar terceiros ou infringir disposições de lei.

Esta espécie de simulação vai rareando cada vez mais, diante da exigência do reconhecimento da firma e da autenticação do papel.

Nas escrituras públicas, conforme orientam os autores, em que o ofício do tabelião está intrinsecamente ligado à fé pública, não se admite a simulação, e sim a falsidade.

5.8.8. Alegação da simulação pelos próprios contratantes

No que era expresso art. 104 do Código anterior, veda-se aos figurantes alegar ou requerer judicialmente, em litígio de um contra o outro, ou contra terceiros, quanto à simulação do negócio, desde que houve intuito de prejudicar ou transgredir a lei. O princípio está ínsito na própria natureza da simulação, não carecendo que seja dito pela lei, daí justificando-se a omissão do vigente Código. É o princípio da moral, que proíbe prevalecer-se alguém de seu próprio ato ilegal – *nemo auditur proprium turpitudinem allegans*. Este o entendimento no qual assenta o bom senso, desacolhendo a pendenga judicial das pessoas envolvidas, mas desde que objetivado por ambas um fim escuso ou ilícito.

Na simulação inocente, porém, a jurisprudência permite a ação do lesado contra aquele que obteve proveito: "Compra e venda. Ação visando à anulação em face de simulação. Prova que evidencia a inexistência de compra e venda, mas mútuo no qual o imóvel figura como garantia de empréstimo a juros abusivos. A simulação não anula o negócio dissimulado, que de fato é a expressão verdadeira do querer das partes, anulando apenas o negócio simulado, que não era o querido e, portanto, era verdadeiramente viciado. Nas simulações inocentes, qualquer das partes contraentes pode contra as outras alegar em juízo a nulidade, que deverá ser julgada para o fim de não produzir o contrato algum efeito ou de fazer valer o seu caráter verdadeiro".[31]

---

[31] TJRGS. Apel. Cível nº 598.103.455. 20ª Câm. Cível, de 09.02.1999, em *ADV Jurisprudência*, nº 22, p. 347, expedição de 06.06.1999. Em outra decisão: "Quem transfere imóvel seu, para garantia de pagamentos de descontos de duplicatas e cheques de empresa, não pratica ato jurídico válido, e sim que tal ato deve ser tido como simulado, pela coação exercida pelo credor, ou credores, contra o *dominus*. Procedência de ação de anulação do ato jurídico mantida"(TJSP. Apel. Cível nº 70.445-4/2. 8ª Câm. de Direito Privado, de 24.03.1999).

O Superior Tribunal de Justiça se pronunciou em idêntica argumentação: "Ter-se como válido e eficaz um ato que as partes não quiseram praticar é absolutamente injustificável, se não incide a hipótese de que cuida o art. 104. Tome-se o exemplo figurado por Carvalho Santos. O proprietário de uma fazenda, devendo afastar-se por longo tempo, simula vendê-la a empregado seu, visando a facilitar a administração do bem. Consigna-se no contrato que o preço não foi pago. Posteriormente, verificando que muito mais conveniente receber aquela importância que ficar com o imóvel, o alienante fictício resolve cobrá-la. Não há como, em um sistema jurídico que tenha alguma preocupação com a justiça, negar-se ao pretenso adquirente a possibilidade de furtar-se ao pagamento, demonstrando que se trata de negócio simulado (*Código Civil Brasileiro Interpretado*, vol. II, Freitas Bastos, 7ª ed., p. 391).

Esse o entendimento amplamente dominante na doutrina".[32]

E quando são partes os herdeiros ou sucessores, a título universal, da pessoa que praticou o ato ou negócio? Nota-se que não são eles tidos como contraentes. Daí por que, no ensinamento da doutrina, figurando como partes, têm legitimidade para sustentar, com proveito, a simulação contra o outro envolvido.

Estende-se o princípio acima igualmente aos cúmplices dos participantes diretos. Não se permite venham eles a arguir a simulação se filiados ao contratante, no momento do negócio. Dentro desta linha, desacolhe-se a pretensão da mulher que pleiteia a anulação de um negócio simulado, para o qual ela concorreu, auxiliando o marido com o consentimento dado, ao assinar o documento conjuntamente, e ciente da maldade perpetrada em desfavor de um terceiro.

5.8.9. Terceiros de boa-fé e legitimidade para arguir a simulação

Encerrava o art. 105 do Código Civil anterior: "Poderão demandar a nulidade dos atos simulados os terceiros lesados pela simulação, ou os representantes do Poder Público, a bem da lei, ou da Fazenda". Como o direito a demandar a nulidade é inerente à simulação, nada regrou de modo direto o atual Código. Não fosse desse modo, nem era possível colocar a simulação como causa de nulidade.

De outro lado, estão a salvo os terceiros de boa-fé, nos termos do § 2º do art. 167: "Ressalvam-se os direitos de terceiros de boa-fé em face dos contraentes do negócio jurídico simulado". Se ficam ressalvados os direitos, decorre obviamente a legitimidade para a ação competente.

Considera-se de boa-fé o terceiro, se desconhecia a simulação. Deve ele, ademais, ser titular de algum direito decorrente do negócio simulado.

---

[32] Recurso Especial nº 243.767-MS. 3ª Turma. Julgado em 21.02.2000, *DJU* de 12.06.2000, *in Revista do Superior Tribunal de Justiça*, 133/314.

Humberto Theodoro Júnior traz exemplos de terceiro de boa-fé: "Um exemplo de terceiro prejudicado é o titular do direito de preferência que venha a ser obstado no exercício dele pela convenção simulada de um preço superior ao de mercado. Demonstrada a falsidade do ajuste, e restabelecido o valor real da operação, sobre ele se permitirá a oportunidade de o terceiro exercer sua preferência. O direito de preferência pode, também, ser prejudicado pela simulação de uma permuta ou de uma doação, porque esses contratos, se verdadeiros, não seriam alcançados pela preferência legal prevista para a compra e venda (art. 513). Anulada a simulação, restabelecer-se-á o direito de preferência, também nesses casos.

Outro exemplo é o locatário que, diante de uma venda simulada, pode sujeitar-se à ruptura da relação *ex locato* (art. 576). Provada a simulação, o falso adquirente não terá poder de levar avante o projeto astucioso de romper a locação, porque seu título é nulo" (*Comentários ao Novo Código Civil* – arts. 185 a 232 –, coordenação de Sálvio de Figueiredo Teixeira, Rio de Janeiro, Editora Forense, 2003, vol. III, tomo I, p. 502).

Entre os terceiros, incluem-se, ao lado dos credores, a mulher, os filhos, os parentes sucessíveis, desde que atingidos pelos prejuízos decorrentes da simulação.

Permite-se a ação dos credores do marido que vendeu os bens à mulher com a qual se encontra casado pelo regime de separação de bens.

Na simulação levada a efeito nas vendas fictícias, uma vez desfeita a pretensa relação jurídica, não tem lugar a devolução do imposto recolhido.

A expressão que vinha inserida no art. 105 'a bem da lei' nada significava, não envolvendo qualquer conteúdo jurídico. Acresce notar, embora omisso o atual Código sobre o assunto, nem sempre os representantes do Poder Público revestem-se da legitimidade para anular o negócio simulado, a não ser quando o órgão por eles representado tenha sofrido lesão.

6. LEGITIMIDADE PARA ALEGAR A NULIDADE

A nulidade é de ordem pública, interessando à própria sociedade, eis que diz com o interesse público. É da segurança do Estado a higidez dos negócios, de modo que prevaleçam as estipulações das declarações de vontade, imprimindo estabilidade nas relações, o que leva a favorecer o próprio desenvolvimento. Nada mais nocivo que a insegurança, pois impede os investimentos, provocando o retraimento do progresso e das próprias atividades humanas. Daí incumbir ao Poder Público munir seus órgãos e as pessoas interessadas de mecanismos e poderes para o ataque de eventuais fatores que desestruturam a validade dos negócios. Nada mais eficiente, para erradicar o mal, que extirpar as causas que o provocam.

Assegura a lei a qualquer interessado e ao órgão do Ministério Público o direito de alegar as nulidades dos arts. 166 e 167, classificadas como absolutas. Outrossim, outorga-se o poder ao juiz de atacá-las, tão logo cheguem ao seu conhecimento, não se permitindo que sejam supridas. Esta a previsão do art. 168: "As nulidades dos artigos antecedente podem ser alegadas por qualquer interessado, ou pelo Ministério Público, quando lhe couber intervir". O parágrafo único, dando ensejo ao juiz para o pronunciamento: "As nulidades devem ser pronunciadas pelo juiz, quando conhecer do negócio jurídico ou dos seus efeitos e as encontrar provadas, não lhe sendo permitido supri-las, ainda que a requerimento das partes".

Dessume-se das regras acima que não cabe à generalidade das pessoas demandar a ação de nulidade. Unicamente se repercute no interesse pessoal, ou no patrimônio próprio, é reconhecida a legitimidade para a iniciativa da nulidade. Nessa ordem, ao credor do devedor admite-se o interesse em propor a lide para invalidar a venda dos bens efetuada, eis que a mesma conduz à insolvência, ou impede a satisfação do crédito.

Ao juiz outorga-se a grave incumbência de declarar a nulidade, sem que se proponha uma ação específica para tanto. Desde que chegue ao seu conhecimento o ato ou negócio eivado de nulidade, mas através de uma ação qualquer, ou de um processo que diga respeito a assunto diferente, tem o dever de enfrentar a nulidade, e erradicá-la, mesmo que importe essa decisão no destino da questão levada ao seu conhecimento. Exemplifica J. M. Leoni Lopes de Oliveira: "Suponha-se que ao juiz foi apresentado testamento feito por menor de dezesseis anos de idade. Ora, encontra-se provada a nulidade, por ter sido o testamento feito por pessoa absolutamente incapaz, incidindo, portanto, a hipótese do art. 145, I, do CC. Nesse caso, o juiz deverá pronunciar a nulidade, quando conhecer do testamento, não lhe sendo possível supri-la, ainda que todos os interessados tenham tal interesse".[33] Lembra-se que o art. 145, inc. I, citado no texto, equivale ao art. 166, inc. I, do atual Código.

No pertinente ao Ministério Público, a legitimidade restringe-se àquelas causas que lhe cabe intervir. Se não participa do processo, por não lhe competir a interferência, a qual se restringe basicamente às hipóteses destacadas pelo art. 82 do Código de Processo Civil (art. 178 do novo CPC), não se aceita a suscitação de nulidade. Nesta ótica, mesmo que verificada a cobrança de juros acima do dobro da taxa legal, ou se se verificar uma transação sobre matéria já decidida em sentença da qual não participara a parte, não é aceitável a intervenção do órgão do Ministério Público, pois não lhe é afeta a matéria debatida. Ainda útil a observação de Carvalho Santos: "O direito de alegar nulidade é uma consequência da sua obrigação de intervir no feito. Se a lei, de fato, o obriga a intervir, é para ter uma ação eficiente, que forçaria o direito correlato de alegar a nulidade. Pois seria desidioso, não cumprindo seu dever, se deparasse uma nulidade evidente e não arguisse esquecendo-se de que um dos seus principais deveres é defender a observância da lei".[34]

---

[33] *Direito Civil – Teoria Geral do Direito Civil*, ob. cit., vol. 2, p. 935.
[34] *Código Civil Brasileiro Interpretado*, ob. cit., vol. III, p. 253.

7. IMPOSSIBILIDADE DE CONFIRMAÇÃO DO NEGÓCIO NULO E SUA IMPRESCRITIBILIDADE

Não se confirma o negócio nulo, e nem é prescritível a nulidade, sempre sendo possível a sua alegação, independentemente do passar do tempo. Nada o pode ratificar. Uma compra e venda feita por documento particular, ou não obedecendo à forma prescrita, não adquire a validade plena com o decurso dos anos. Nem o matrimônio entre um homem e uma mulher já casados se convalida após uma duração por longo lapso temporal. É expresso sobre o assunto o art. 169 do Código Civil: "O negócio jurídico nulo não é suscetível de confirmação, nem convalesce pelo decurso do tempo".

Admite-se, no entanto, que o correr de um extenso período faça surgir um outro direito, como o do reconhecimento do domínio via usucapião. Melhor elucida a matéria J. M. Leoni Lopes de Oliveira: "De fato, se o negócio nulo é daqueles que têm como consequência a transferência de propriedade de uma coisa, e tal transferência se verificou, o possuidor pode, em virtude do decurso do tempo, em defesa, na ação de nulidade, alegar a aquisição por usucapião. Aqui, o fato aquisitivo não é o negócio nulo, mas a posse mansa e pacífica com *animus domini* durante o período exigido pela lei".[35]

Conclui-se que um direito vai se formando com o transcorrer do tempo, o qual se sobrepõe à nulidade, mas sem que a afaste. Esse direito que se constitui e se impõe, se o objeto compreender especialmente matéria de natureza privada, cria uma garantia, paralela à nulidade, mas que não resta afetada por esta. Se um menor efetua a venda de um imóvel, não há como convalidar o negócio. Todavia, adquirindo ele a maioridade, e a partir daí correndo o lapso de tempo de quinze anos, a prescrição aquisitiva sana a nulidade, pois faz emergir um novo direito, que é o reconhecimento do domínio. Não que se convalide o negócio, mas o direito que emerge impede a perda do bem por eventual declaração de nulidade.

O art. 170 deixa entrever a validade de outro negócio que possivelmente pode emergir do negócio nulo: "Se, porém, o negócio jurídico nulo contiver os requisitos de outro, subsistirá este quando o fim a que visavam as partes permitir supor que o teriam querido, se houvessem previsto a nulidade". Assim, malgrado a nulidade do casamento porque contraído por pessoas já casadas, não deixa de resultar a longa convivência os direitos próprios da união estável, inclusive com a partilha do acervo patrimonial formado em sua vigência.

Consta no art. 205 do Código Civil: "A prescrição ocorre em 10 (dez) anos, quando a lei não lhe haja fixado prazo menor".

Houve substancial redução do prazo em relação ao Código Civil anterior, cujo prazo máximo ficava em vinte anos para as ações pessoais, e em dez ou

---

[35] *Direito Civil* – Teoria Geral do Direito Civil, ob. cit., vol. 2, p. 932.

quinze anos para as ações reais, conforme os negócios se davam respectivamente entre presentes ou ausentes.

Pelo dispositivo, presentemente teriam as partes dez anos para promover uma ação de qualquer natureza, dirigida para anular um negócio considerado nulo, como para anular o casamento celebrado entre ascendente e descendente. Além de, em hipóteses dessa natureza, não correr a prescrição – art. 197, inc. I, não fica legalizado o ato pelo mero transcurso do tempo. Na verdade, em ações de estado não se admite a prescrição, na esteira da doutrina de Nelson Godoy Bassil Dower: "Não são todos os atos nulos que prescrevem. Observando a jurisprudência, chegamos à conclusão de que o ato que trata do estado ou da capacidade das pessoas, ou ainda, de direitos patrimoniais, é imprescritível. Veja, a propósito, as seguintes ementas de acórdãos: 'Tratando de ação relativa a estado de pessoa, como é o caso da anulação do registro civil de nascimento, não há falar-se em prescrição' (*in* RT 459/196). 'A ação de contestação de filiação não prescreve em tempo algum'(*in* RT 429/96).

Há, no entanto, uma exceção prevista expressamente pelo art. 208 do CC: 'É também nulo o casamento contraído perante autoridade incompetente (arts. 192, 194, 195 e 198). Mas esta nulidade se considera sanada, se não se alegar dentro de dois anos da celebração'".[36] O art. 208 referido vem reproduzido, em parte, no art. 1.550, inc. V, do atual Código, considerando, porém, na hipótese, anulável o casamento, e não nulo.

Tratando-se, pois, de ações que envolvem o estado da pessoa, como o casamento, a filiação, a menos que lei específica disponha o contrário, o ato não se convalidará com o passar do tempo.

8. EFEITOS DA SENTENÇA QUE DECRETA A NULIDADE

A sentença que enfrenta uma nulidade é declaratória. Limita-se a declarar a nulidade do negócio jurídico. No entanto, permite-se que se faça a declaração na ação específica ajuizada para se pronunciar a nulidade, ou no curso de um procedimento judicial qualquer. O normal é o ajuizamento de uma ação adequada para a finalidade, necessária quando o negócio apresenta a aparência de validade, e afigura-se indispensável a demonstração de fatos, como a incapacidade de uma das partes quando do negócio.

Considera-se de natureza declaratória a sentença porque nada mais faz que afirmar a nulidade do negócio realizado. Não se cria um novo estado. Retorna-se à situação existente antes do negócio. Ou restituem-se as partes ao momento da realização do negócio. Nasce daí o efeito retroativo ou *ex tunc*. Caso não se torne possível o retorno ao estado anterior, o único remédio está

---

[36] *Curso Moderno de Direito Civil* – Parte Geral, ob. cit., 1º vol., p. 280.

na indenização pelo equivalente da prestação, acrescendo-se mais as perdas e danos. Este o caminho que se extrai do art. 182 do Código Civil: "Anulado o negócio jurídico, restituir-se-ão as partes ao estado em que antes dele se achavam, e, não sendo possível restituí-las, serão indenizadas com o equivalente".

Relativamente a terceiros, no entanto, se de boa-fé a posse sobre a coisa que deve ser restituída, prevalecem as regras sobre a posse de boa-fé, e, assim, de ficar com os frutos e proveitos ou benfeitorias, ressaltando Francisco Amaral: "Quanto a terceiros, declarada a nulidade do ato, desfaz-se o direito que acaso tenham adquirido com fundamento nesse ato. Isso não impede, todavia, que se apliquem as regras sobre a posse de boa-fé no tocante a frutos, produtos e benfeitorias realizados na pendência do negócio posteriormente declarado nulo".[37]

Para reclamar a restituição de uma importância a um incapaz, cumpre se prove que a mesma reverteu em benefício do mesmo, a teor do art. 181: "Ninguém pode reclamar o que, por uma obrigação anulada, pagou a um incapaz, se não provar que reverteu em proveito dele a importância paga".

9. SUPRESSÃO DAS NULIDADES E CONVERSÃO DO NEGÓCIO

Consta da parte final do parágrafo único do art. 168 a proibição ao juiz de suprir as nulidades, ainda que presente requerimento das partes. Ofende a estabilidade da lei e a segurança do sistema jurídico convolar um negócio nulo. Corresponderia a compactuar com a violação da lei e da ordem pública. Tendo por objeto um negócio a exploração de atividade ilícita, como do jogo carteado, inútil que as partes transijam sobre o assunto e postulem a homologação do juiz. Nem traz efeitos jurídicos uma ratificação de escritura pública na qual constou um vendedor absolutamente incapaz. Não podem duas pessoas que casaram quando uma delas ainda se mantinha um vínculo conjugal anterior buscar a ratificação de seu casamento.

Há, no entanto, a figura da conversão, pela qual o negócio nulo se converte em outro negócio, quando preencher os requisitos para o mesmo. Embora faltando as condições para a validade de um negócio ou contrato, aparecem as exigidas para uma espécie diferente. Nesta previsão, costuma-se exemplificar com o caso da constituição de uma hipoteca, que, por falta da presença de ambos os cônjuges, considera-se nula. Entrementes, o negócio vale como confissão de dívida. O casamento celebrado por pessoas impedidas não é ratificável, prestando-se, porém, para ensejar a união de fato. Um documento particular não transfere um imóvel; porém, revela-se em um meio de provar a transferência da posse. Na relação, incluem-se os títulos de crédito que revelam vícios de forma, mas que como confissão de dívidas; e a compra e venda de prédio a ser construído, que se converte em ação indenizatória, ou considerar-se como de mútuo.

---

[37] *Direito Civil Brasileiro* – Introdução, ob. cit., p. 573.

Existem legislações (Código Civil italiano, art. 1.424; e Código Civil alemão, art. 140) prevendo a conversão de um negócio nulo em outro, se contiver as exigências necessárias para o mesmo se tipificar.

O Código Civil brasileiro, no que era omisso o Código de 1916, contempla explicitamente a figura, o que já se observou, como se lê de seu art. 170, ao estatuir que, "se, porém, o negócio jurídico nulo contiver os requisitos de outro, subsistirá este quando o fim a que visaram as partes permitir supor que o teriam querido, se houvessem previsto a nulidade".

Explicava Maria Helena Diniz: "Refere-se o Projeto à hipótese em que o negócio nulo não pode prevalecer na forma pretendida pelas partes, mas, como seus elementos são idôneos para caracterizar outro, pode ser transformado em outro de natureza diversa, desde que isso não seja proibido taxativamente, como sucede nos casos de testamento".[38]

---

[38] *Curso de Direito Civil Brasileiro*, ob. cit., 1º vol., p. 287.

Capítulo XXI

Invalidade do Negócio Jurídico por Anulabilidade

1. CONCEITO E DECORRÊNCIA DA IMPERFEIÇÃO DA VONTADE

No Capítulo V, Título I, do Livro III da Parte Geral, disciplina o Código Civil a invalidade do negócio jurídico. A invalidade abrange a nulidade e a anulabilidade do negócio jurídico – aquela estudada no Capítulo anterior, e esta objeto do estudo que segue neste Capítulo. Não é superveniente ao negócio, mas congênita. Aparecendo uma causa posterior à sua formação, tem-se a possibilidade de resolução.

No Código Civil de 1916, não se usava o termo 'invalidade'. A nulidade e a anulabilidade compunham o Capítulo V, Título I, do Livro III, da Parte Geral.

Como se fez no Capítulo anterior, recorda-se que a invalidade atinge todos os males que afetam o ato ou negócio, desde a falta de suporte inicial, até a não coadunação à forma ordenada na lei. Não se restringe à ausência de capacidade dos figurantes, ou à ilicitude, à impossibilidade do objeto, dentre outros fatores, mas abarca exigibilidades mais primárias, como a inexistência do próprio objeto contratado, ou da parte falsamente colocada como presente.

De menor grau e menor intensidade a ofensa à lei que a nulidade, a anulabilidade decorre da violação a vários princípios de direito, mas essencialmente de natureza privada ou particular, sem atingir a ordem jurídica estabelecida pelo Estado. Alcança os atos que ofendem as pessoas, e decorre da presença de vício da vontade na realização do negócio.

Em geral, surge da imperfeição da vontade, da falta de liberdade na sua expressão, da carência de discernimento em decidir, como quando o negócio emana de um incapaz, ou da eventualidade de estar obnuviada a mente por fatores que impedem a perfeita compreensão daquilo que está realizando.

Na lição dos estudiosos, caracterizam-se como anuláveis os atos ou negócios quando emanam da imperfeição da vontade, a qual apresenta certas limitações impostas no momento, que conduziram ao assentimento. Normalmente, são inquinados de anulabilidade os contratos advindos de um incapaz relativo, ou de uma vontade viciada. Trazem os elementos essenciais exigidos para a sua formação, produzindo todos os efeitos e consequências, até serem atacados e anulados pela ação do lesado. Distinguem-se dos negócios nulos no plano da validade, baseados, como se disse, na menor gravidade da deficiência inserida em seu conteúdo. Unicamente por iniciativa do interessado é anulável o negócio. Enquanto não se declara a nulidade, produz e continuará produzindo todos os efeitos, os quais fluem normalmente.

O nosso legislador adotou o critério de classificar as nulidades em absolutas e relativas. Existe, ainda, o ato inexistente, que não traz eficácia. Do ponto de vista prático, porém, é indiferente ser nulo ou inexistente o negócio. Em qualquer hipótese, não valerá. Como mostra Orlando Gomes, "o ato inexistente, salvo quando a inexistência jurídica corresponde à inexistência de fato, é uma aparência de ato. Essa aparência precisa ser desfeita, o que se há de verificar, necessariamente, mediante pronunciamento judicial, a despeito da opinião contrária dos partidários da teoria. O negócio inexistente equivalerá, portanto, ainda sob o aspecto prático, ao negócio nulo".[1]

2. NEGÓCIOS ANULÁVEIS

Em um dispositivo sintetiza a lei civil toda a casuística dos negócios anuláveis, consoante o art. 171:

"Além dos casos expressamente declarados na lei, é anulável o negócio jurídico:
I – por incapacidade relativa do agente;
II – por vício resultante de erro, dolo, coação, estado de perigo, lesão ou fraude contra credores".

No art. 4º, alterado pela Lei nº 13.146/2015, encontramos a relação das pessoas relativamente incapazes:

"I – os maiores de 16 (dezesseis) e menores de 18 (dezoito) anos;
II – os ébrios habituais e os viciados em tóxico;
III – aqueles que, por causa transitória ou permanente, não puderem exprimir sua vontade;
IV – os pródigos".

Quanto aos indígenas, que no regime anterior vinham incluídos na incapacidade relativa, preceitua o parágrafo único que a capacidade será regulada por legislação especial. Nesse sentido, de acordo com a Lei nº 6.001, de 19.12.1973,

---

[1] *Introdução ao Direito Civil*, ob. cit., p. 429.

em princípio, é tido o índio como absolutamente incapaz, impondo-se a sua representação, que compete à FUNAI (Fundação Nacional do Índio). Desde que demonstrado discernimento e efetuar negócios que não lhe trazem prejuízos, reconhece-se a capacidade, ficando inserido na sociedade civilizada.

Outras incapacidades relativas existem, como a do preso condenado, do toxicômano, dos cegos, e dos cônjuges em certos atos ou negócios da vida civil, lembrando, sobre os últimos Francisco Amaral: "É também causa da anulabilidade a falta de assentimento de outrem que a lei estabeleça como requisito de validade, como, por exemplo, nos atos que um cônjuge só pode praticar com a anuência do outro".[2]

Nos arts. 138 a 165 aparecem os vícios de consentimento, que constituem causas que podem perturbar a vontade, ou irregularidades no processo de formação do consentimento, viciando o negócio jurídico unilateral ou bilateral, tornando-o suscetível de anulação. São eles o erro ou ignorância, o dolo, a coação, o estado de perigo, a lesão e a fraude.

Procura a lei proteger a pessoa diante de sua inexperiência, *v.g.*, a fim de evitar que seja iludida, coagida e prejudicada. A validade do negócio fica dependente da vontade do interessado, que é o árbitro da situação, único capaz de saber se lhe convém, ou não, que se mantenha o negócio, ou que se torne ineficaz, decretando-se a nulidade, leciona Carvalho Santos.[3]

As pessoas relativamente incapazes foram estudadas no Capítulo X, relativo à 'Capacidade da Pessoa Natural', sendo despiciendas outras considerações.

Já os vícios de consentimento constam analisados amplamente no Capítulo XIX, sobre os 'Defeitos dos Negócios Jurídicos', em todos os seus itens, também se afigurando inconveniente a repetição das matérias.

3. DISTINÇÃO RELATIVAMENTE ÀS NULIDADES

Já observada no Capítulo anterior, item 3, a distinção entre nulidades e anulabilidades. Ressaltou-se a maior gravidade das primeiras, com violações de leis ou direitos situados num patamar elevado, do interesse geral e tendo a proteção do Estado, enquanto as últimas dizem respeito a uma das partes ou a um grupo de pessoas. Sílvio Rodrigues já ressaltava: "De fato, preceitos há que são de ordem pública, social e econômica do Estado, de modo que a infringência a um preceito dessa natureza representa ofensa direta à estabilidade, senão à estrutura da comunidade. Não raro, o ato tem uma finalidade que colide com a ordem pública, ou que machuca a ideia de moral social ou de bons costumes. É o interesse público que é lesado... Noutras hipóteses, o

---

[2] *Direito Civil Brasileiro* – Introdução, ob. cit., p. 578.
[3] *Código Civil Brasileiro Interpretado*, ob. cit., vol. III, p. 258.

legislador tem por escopo proteger determinadas pessoas, que se encontram em dadas situações, tal como o menor púbere, ou, ainda, o que consentiu inspirado num erro, induzido pelo dolo... Nestes casos, não houve ofensa direta a um interesse social, mas é possível que tenha resultado prejuízo para aquela pessoa que o ordenamento jurídico quer proteger".[4]

De modo que a distinção assenta-se na importância, na espécie de norma ferida e no tipo de pessoas que é atingido.

Várias outras diferenças aparecem.

A segunda parte do art. 177 (art. 152 do Código anterior) trata da legitimidade para a arguição: "Só os interessados a podem alegar, e aproveita exclusivamente aos que a alegarem, salvo o caso de solidariedade ou indivisibilidade". Nesta ordem, a anulação do casamento de menores de dezesseis anos fica na dependência de promoção única do cônjuge menor, de seus representantes legais, e de seus ascendentes – art. 1.552. Quanto ao vício do consentimento, restringe-se a legitimidade para apenas quem teve cerceada a vontade.

Em contrapartida, a nulidade é suscitável inclusive pelo Ministério Público, constituindo dever do juiz a declaração, quando estiver provada – art. 168 e seu parágrafo único.

A anulabilidade permite a ratificação ou confirmação do negócio, enquanto a nulidade não se supre. Vários os dispositivos que regulam essa matéria, como será analisado em item separado. Realce-se que a parte final do parágrafo único do art. 168 não permite ao juiz que supre a nulidade, ainda que a requerimento das partes. Não está o juiz autorizado, *v.g.*, a não decretar a nulidade de um casamento, por se encontrar um dos cônjuges casado antes, mesmo que ambos o requeiram.

Os negócios anuláveis não são imprescritíveis, como acontece com os nulos, matéria que ficou observada no item 7 do Capítulo anterior. Em geral, são previstos os prazos de decadência, como acontece no art. 178, assunto que se detalhará no item 12 do presente Capítulo.

4. EFEITOS DA DESCONSTITUIÇÃO DO NEGÓCIO ANULÁVEL

A sentença tem efeito constitutivo, modificando a situação jurídica das partes daí para frente, em vista do futuro, diferentemente do que acontece com a nulidade, quando é declaratória, ou simplesmente declara o que já se encontra inválido, com efeito, pois, *ex tunc*. Na anulabilidade, embora se anule o negócio desde o seu nascimento, os efeitos atingem normalmente o futuro. Até a data da decisão judicial, permanecem os efeitos, respeitando-se os direitos de terceiros no pertinente aos frutos e proveitos. Apesar de retornar à data da realização a eficácia, no interregno até o veredicto sentencial teve existência o negócio, não se podendo afirmar que não se constituíra.

---

[4] *Direito Civil* – Parte Geral, ob. cit., p. 285.

Há dois dispositivos a respeito da matéria. Em primeiro lugar, a parte inicial do art. 177: "A anulabilidade não tem efeito antes de julgada por sentença, nem se pronuncia de ofício". Em segundo lugar, o art. 182: "Anulado o negócio jurídico, restituir-se-ão as partes ao estado em que antes dele se achavam, e, não sendo possível restituí-las, serão indenizadas com o equivalente".

Daí se conclui que a relação celebrada vale durante o tempo de vigência do negócio, como se dá com uma compra e venda, uma locação, um mútuo, um arrendamento e quaisquer outras avenças. Interrompem-se essas relações a partir do pronunciamento judicial. As ocorrências acontecidas no lapso temporal da validade perduram, não se podendo simplesmente pedir uma indenização cabal dos proveitos havidos. As benfeitorias e os rendimentos não se indenizam, a menos que tenha havido má-fé daquele que é obrigado a restituir a coisa. É o entendimento de Carvalho Santos: "Anulado o contrato translativo da propriedade, a parte que tem de restituir o imóvel não é obrigada à restituição dos frutos percebidos, a não ser que tenham sido percebidos de má-fé".[5]

Desfeito o ato ou negócio, retornam as partes à situação anterior. São repostas as coisas no mesmo estado em que estavam antes da formação do negócio, não se poupando os terceiros. Se transferido o bem ou o direito a uma terceira pessoa, desfaz-se essa avença, suportando quem transferiu as perdas e danos e devendo efetuar o reembolso do que foi pago. Novamente Carvalho Santos manifesta-se, com apoio em Clóvis Beviláqua: "Em relação a terceiros, declarada a nulidade do ato, desfaz-se o direito que, acaso, tenha adquirido com fundamento no ato nulo ou anulado, porque ninguém transfere a outrem direito que não tem. À boa-fé, com razão mais forte, aqui se atenderá, quanto aos frutos e quanto à posse para o usucapião".[6]

5. CONFIRMAÇÃO DOS NEGÓCIOS ANULÁVEIS

Diversos artigos disciplinam a confirmação dos negócios anuláveis. Conforme já anotado no Capítulo anterior, itens 3 e 10, e em vista do parágrafo único do art. 168, veda-se ao juiz suprir as nulidades, não se estendendo aos negócios nulos a confirmação, que no Código anterior vinha como ratificação. Já quanto às anulabilidades, é permitida, vindo disciplinada pelo Código Civil nos arts. 172 a 175.

Passo primeiro para a compreensão da matéria é a definição de confirmação, que, no fundo, não se distingue da ratificação, encontrando-se melhores ensinamentos, sobre o assunto, em Serpa Lopes: "Distingue-se, em doutrina, o conceito de ratificação do de confirmação. 'Confirmação' é a restauração da

---

[5] *Código Civil Brasileiro Interpretado*, ob. cit., vol. III, p. 311.
[6] *Código Civil Brasileiro Interpretado*, ob. cit., vol. III, p. 314.

vontade viciada por parte da própria pessoa que a manifestou daquele modo; 'ratificação', ao contrário, é a intervenção de uma vontade até então inoperante... Assim, confirma, e não ratifica, o menor que, atingindo a maioridade, ratifica um contrato por ele outorgado na menoridade relativa; por seu turno, ratifica o mandante que dá por válidas as obrigações contraídas pelo seu mandatário, excedentes aos poderes outorgados.

Observe-se, porém, que, na sistemática do nosso Código Civil, não existe esta distinção entre confirmação e ratificação, pois ambas as situações são englobadas sob o título de ratificação.

Portanto, pode definir-se a ratificação como sendo o ato pelo qual uma pessoa faz desaparecer os vícios dos quais se encontra inquinada uma obrigação contra a qual era possível prover-se por via de nulidade ou de rescisão".[7]

Ratificação consiste na retirada do negócio jurídico do vício que o inquina de anulável. Torna-se válido um ato que padece de defeitos do consentimento ou dos vícios a que é levada a vontade. Confirmação é reafirmar, corroborar, manter aquilo que antes se declarara, dando maior ênfase. No fundo, os sentidos se confundem, pois quem confirma está ratificando. Não importa, em decorrência, o uso de um ou outro termo.

Unicamente os negócios anuláveis sujeitam-se à confirmação, que são os negócios da mais variada gama de setores – compra e venda, doação, depósito, arrendamento e parceria rural, promessa de compra e venda, mútuo, comodato, locação, e assim toda série de contratos.

Ressalta do art. 172: "O negócio anulável pode ser confirmado pelas partes, salvo direito de terceiro". Ou seja, o negócio praticado por menores relativamente incapazes, sem a assistência dos representantes legais, e os negócios coimados de vícios do consentimento por erro ou ignorância, dolo, coação, estado de perigo, lesão no direito e fraude, passam a valer desde a sua celebração, mas sempre sendo de caráter constitutivo a sentença, ou seja, é assegurado o direito de indenização daquele que, de boa-fé, foi surpreendido por um dos vícios ou defeitos do consentimento.

Cuida-se de um ato unilateral. A parte confirma a relação na qual agira sem o pleno consentimento, ou desconsidera um fator que a favoreceria numa pretensão contestatória. Bem coloca o assunto Serpa Lopes, referindo o termo 'ratificação': "Não sendo um contrato novo, dispensa a intervenção da outra parte interessada. Esta concepção tem o apoio da mais moderna doutrina. Na verdade, na representação, o que prepondera é a vontade do representante. Mas, para que esta vontade vincule o representado, necessário se torna haja sido exercitada, dentro dos limites dos poderes recebidos. Se tal não sucede, o representado tem dois caminhos a eleger: ou a anulação do ato, na parte ex-

---

[7] *Curso de Direito Civil*, ob. cit., vol. I, pp. 454 e 455.

cedente aos poderes concedidos, ou a ratificação (confirmação). Trata-se, por conseguinte, de um movimento pura e simplesmente pertencente ao ratificante, sem a necessidade de outra intervenção, visto que é uma atitude semelhante à renúncia. Nenhuma influência teria a presença de qualquer outro manifestante. Nenhuma expressão teria a intervenção do representante, como, de nenhum modo, nada representaria a do terceiro com quem contratou".[8]

Entrementes, deve-se ponderar a existência de confirmação realizada pelas partes envolvidas na contratação. Trata-se da confirmação de negócios contendo perspectivas de vícios ou defeitos dos dois lados da relação, ou levada a efeito quando se procura reafirmar contratações não muito claras ou explícitas, com dúvidas sobre valores, obrigações, e o objeto, causando certa impressão de violações legais. Com a reafirmação do avençado, torna-se claro que os participantes realmente pretenderam aquilo que se encontra estabelecido.

A confirmação é admitida desde que não atingidos direitos de terceiros. Clara a lição de Washington de Barros Monteiro sobre o assunto: "Mas, aquela ratificação, insista-se, só pode ser efetuada desde que se respeitem direitos de terceiros. Assim, por exemplo, um menor relativamente incapaz aliena prédio de sua propriedade sem observância das formalidades legais; mais tarde, depois de haver adquirido plena capacidade civil, vende o mesmo imóvel a terceiro. É evidente que, nesse caso, não poderá ratificar a primeira alienação, porque tal ratificação afetaria os direitos do segundo adquirente. Conseguintemente, a confirmação não é eficaz contra esse segundo comprador, *ex vi* do disposto no art. 148 do Código".[9]

Pelo texto do art. 148 do Código anterior, deveria retroagir à data do negócio, o que não refletia veracidade, na doutrina de Carvalho Santos: "A ratificação não tem efeito retroativo. Se o ato permanece válido, é porque a lei já havia determinado que, enquanto não for anulado, o ato anulável produz seus efeitos. É, portanto, a preexistência da obrigação que faz com que esta tenha eficácia desde seu início. A ratificação não tem, nem poderia ter essa virtude, por ser de sua essência".[10] Ocorre que, anulado o negócio, fica desfeito, o que é natural, e retornam as pessoas à situação anterior. Mas, uma vez operada a confirmação, segue-se o efeito que vinha desde o início do avençado.

Já o art. 173 ressalta o conteúdo que deve ter o ato de confirmação: "O ato de confirmação deve conter a substância do negócio celebrado e a vontade expressa de mantê-lo".

Não constitui confirmação se referidas as particularidades ou elementos secundários do ato. As partes devem estar cientes da relação que vão realizar. Para tanto, há necessidade de menção ou referência expressa do que era anulável, passando conscientemente a convolar a disposição de vontade.

---

[8] *Curso de Direito Civil*, ob. cit., vol. I, p. 456.
[9] *Curso de Direito Civil* – Parte Geral, ob. cit., p. 277.
[10] *Código Civil Brasileiro Interpretado*, ob. cit., vol. III, p. 265.

De outra parte, obedece-se à forma prevista para o negócio que se está confirmando. Se exigia a escritura pública, a confirmação também se procederá por meio deste instrumento. É comum encontrarem-se escrituras públicas de confirmação, não bastando a mera declaração, alterando ou confirmando os dizeres de um documento público, ou dispondo os envolvidos sobre situações defeituosas, sanando-as.

Requer o mesmo art. 173 a menção expressa do ato que se está confirmando ou admitindo. Equivale a inserir no conteúdo da declaração a menção do negócio que padecia do vício da anulabilidade, com a circunstância ou vício que o combalia, como a menoridade relativa, e que se está afirmando a sua validade, desistindo as partes de qualquer pretensão para a anular.

Todavia, aceita-se também a confirmação tácita, regulada pelo art. 174, onde consta que "é escusada a confirmação expressa, quando o negócio já foi cumprido em parte pelo devedor, ciente do vício que o inquinava". Efetua-se uma ação ou conduta que leva a concluir ter a pessoa desistido de eventual direito a uma anulação. Se consumada a venda quando menor a pessoa, e atingindo ela a maioridade continua a receber as prestações, está admitindo o negócio. De outro lado, se adquire um bem por um preço superior ao real, e prossegue-se no pagamento de quantias parceladas, também revela-se na conduta a confirmação. Apresentando um defeito a mercadoria, ficando ciente o adquirente, e se mesmo assim persiste no uso, ou providencia o conserto, está-se verificando a concordância em manter-se o negócio.

Configura-se este tipo de confirmação quando já verificado o adimplemento parcial, ou se iniciado, avança a pessoa no cumprimento, ou se conclui o adimplemento. Decorre dos fatos a renúncia dos meios garantidos para anular a obrigação, com a transparente vontade de executar na sua integralidade o compromisso.

Em qualquer modalidade, acrescenta J. M. Leoni Lopes de Oliveira, "o ato de ratificação deve ocorrer após ter cessado o vício de que padecia o negócio (incapacidade relativa do agente ou os vícios do consentimento), bem como o ato de ratificação não padeça de vício de invalidade".[11] Verificado qualquer vício de consentimento (erro, violência, dolo, estado de perigo, lesão, fraude), unicamente depois da cessação de tais vícios. Idêntico o tratamento aplicado à incapacidade pessoal.

Está na natureza desta forma de confirmação a eficácia retroativa, atingindo desde o começo o ato ou negócio, expungindo-o de qualquer vício ou defeito, passando a existir como se não tivesse, em seu nascimento, alguma precariedade na sua validade. Conduz à renúncia, de parte do confirmante, das pretensões ou direitos que se lhe assegurava para anular ou desconstituir a combalida relação criada. É o que se dessume do art. 175: "A confirmação

---

[11] *Direito Civil* – Teoria Geral do Direito Civil, ob. cit., vol. 2, p. 944.

expressa, ou a execução voluntária de negócio anulável, nos termos dos arts. 172 a 174, importa a extinção de todas as ações, ou exceções, de que contra ele dispusesse o devedor".

Envolve, inequivocamente, a confirmação uma renúncia. Renúncia ao direito de se desconstituir um negócio, por vício do consentimento ou incapacidade relativa do agente que participou. Por conseguinte, apenas àqueles que têm capacidade plena é se faculta a confirmação, afigurando-se imprescindível a autorização do juiz para as disposições dos incapazes. Não importa a participação dos representantes, eis que os negócios de disponibilidade de bens ou direitos ficam na dependência da concordância do juiz, que é dada desde que não advenha prejuízo ao incapaz.

Por último, introduziu o Código uma confirmação nova, que é a autorização do terceiro, verificável quando o negócio, para ter validade, da mesma dependia. Embora não dada no momento inicial, torna-se válido o negócio, se vier a ser manifestada posteriormente. Numa cessão de contrato de promessa de compra e venda, no qual se introduziu a expressa exigência da concordância do promitente vendedor para a transferência, a posterior autorização convalida a cessão que se procedeu sem tal exigência. É o que encerra o art. 176: "Quando a anulabilidade do ato resultar da falta de autorização de terceiro, será validado se este a der posteriormente".

Casos comuns suscetíveis de acontecer ocorrem na prestação de fiança, faltando a vênia do cônjuge; a venda de um bem do casal; a venda de ascendente a descendente; algum ato de empresário, que se imponha a autorização em assembleia. Dando-se o posterior comparecimento e a adesão, ou a aprovação, convalida-se o negócio, operando-se retroativamente os efeitos.

Em verdade, tem-se uma ratificação do ato celebrado isoladamente.

6. INVALIDADE DO INSTRUMENTO

Consoante o art. 183, "a invalidade do instrumento não induz a do negócio jurídico sempre que este puder provar-se por outro meio". É bem clara a norma em condicionar a validade para os negócios que puderem ser provados por outros meios, ou que a lei abre ensanchas para a liberdade de prova. Impondo que se revista de uma forma específica, é indispensável que a observe o negócio. Prevendo-se um instrumento essencial à exteriorização, não surte os efeitos reservados ao mesmo negócio se viesse materializado com a forma ordenada. Não traz o resultado da transmissão eficaz a compra e venda de um imóvel evidenciado por um contrato particular, ou um recibo de pagamento. A lei expressamente exige a escritura pública, como se demonstrará na abordagem sobre a forma, no Capítulo com o título 'A Forma e a Prova nos Negócios Jurídicos', em seu item 10.

No máximo, produz alguns direitos indenizatórios, ou até possessórios. Instituindo-se uma hipoteca, virá ela por meio de escritura pública, a menos que leis especiais contemplem a possibilidade da cédula rural, como se verifica nos contratos de concessão de crédito rural, ou industrial, ou habitacional, dentre outros. Para o casamento, o nascimento, o óbito, estabelecem-se solenidades e o registro em livro especial. Não serve de registro a mera anotação em um livro não apropriado para tanto. No entanto, produz efeitos no tocante à prova da filiação, ou da existência da pessoa. De igual modo, um escrito particular prova que se realizou uma relação, podendo ensejar direitos de posse ou indenizatórios, apesar de não servir para a finalidade de transferência de propriedade imobiliária.

7. INVALIDADE PARCIAL DO NEGÓCIO, DA OBRIGAÇÃO PRINCIPAL OU DA OBRIGAÇÃO ACESSÓRIA

Consta do art. 184: "Respeitada a intenção das partes, a invalidade parcial de um negócio jurídico não o prejudicará na parte válida, se esta for separável; a invalidade da obrigação principal implica a das obrigações acessórias, mas a destas não induz a da obrigação principal".

Invalidade parcial é aquela que ataca uma parte do negócio, como na locação, se prevista uma cláusula obrigando a restituição do imóvel mediante a mera manifestação do locador, ou a promessa de compra e venda com a estipulação de se desconstituir, caso não implante o Poder municipal infraestrutura urbana num prazo fixado. É, no entanto, no Código de Defesa do Consumidor, introduzido pela Lei nº 8.078, de 11.09.1990, onde estão exemplificados tipos de cláusulas invalidáveis. O art. 51 expressamente refere que apenas as cláusulas relativas ao fornecimento de produtos são inválidas de pleno direito, como as que impossibilitam, exoneram ou atenuam a responsabilidade do fornecedor por vícios dos produtos e serviços; as que implicam renúncia ou disposição de direitos; as que subtraem do consumidor a opção de reembolso da quantia já paga; as que estabelecem obrigações iníquas ou abusivas, colocando o consumidor em desvantagem exagerada, ou que são incompatíveis com a boa-fé ou a equidade; as que firmam a inversão do ônus da prova; as que determinam a utilização compulsória da arbitragem; as que impõem representante para concluir negócio ou contrato; as que permitem a variação de preço pelo fornecedor; as que autorizam o fornecedor a cancelar unilateralmente o contrato; as que obrigam o consumidor a ressarcir custos de cobrança, sem reservar-lhe igual direito quando age contra o fornecedor; as que permitem ao fornecedor alterar o conteúdo do contrato, além de outras estipulações mais de cunho genérico.

Num contrato de mútuo, é frequente a invalidade da taxa de juros, por extrapolar o limite legal, ou do índice abusivo de correção monetária, mantendo-se o valor. No arrendamento rural, impede-se a fixação do preço em frutos ou produtos (Decreto nº 59.566, de 14.11.1966, parágrafo único, do art. 18), entendendo-se que se invalide unicamente a cláusula e não todo o contrato.

Resta evidente que unicamente a parte que sofre de moléstia é anulada se possível destacá-la sem invalidar ou inviabilizar o contrato. Uma compra e venda em que o preço se revela írrito ou nulo implica a nulidade total da avença, por envolver elemento essencial do contrato; de igual modo quanto a uma locação de imóvel para finalidade ilícita; ou no pertinente a um comodato no qual é fixado o preço pelo uso.

Outrossim, consoante já abordado, a invalidade da obrigação principal implica a da acessória, sem admitir-se o inverso, em obediência ao princípio de que o acessório segue o principal. Não prevalece uma fiança, se nula a locação; o aval supõe a validade do título cambiário; a cláusula penal não se manterá quando anulada a obrigação que a acompanha.

De outra parte, a invalidade da fiança não implica a da obrigação principal, como da dívida ou de um contrato de locação. Neste diapasão, a invalidade da hipoteca, porque não acompanhada do consentimento do cônjuge, não faz desaparecer a dívida contraída. Muito menos a cláusula penal inválida afeta as obrigações estampadas no contrato.

Como pressuposto para as conclusões acima delineadas, necessário que se respeite a intenção das partes. Se se provar que a intenção era realmente a má-fé, todo o negócio poderá vir a ser invalidado.

8. NEGÓCIOS PRATICADOS POR MENORES RELATIVAMENTE INCAPAZES

Em função da idade nos limites entre dezesseis e dezoito anos, para a declarar-se a invalidade, não basta o mero fator da idade. Necessário a conjugação de fundamentos diferentes, como os vícios ou defeitos do consentimento, a ilicitude do objeto, a falta de comutatividade entre as prestações e contraprestações, além de outras situações.

Situada a idade do menor no interregno entre dezesseis e dezoito anos, cumpre que seus atos ou negócios civis, aptos a produzirem efeitos jurídicos, tenham o consentimento ou a autorização dos progenitores, ou, em inexistindo estes, venham com a devida assistência do curador, instituído ou nomeado. Ressalte-se, porém, que não se nomeia curador se existir tutor, designado judicialmente ou por testamento.

Os menores relativamente incapazes devem estar presentes nos atos ou negócios, que são realizados por eles. Unicamente necessitam da assistência ou dos pais, ou do tutor, ou do curador. Prescreve o art. 1.690 que compete aos pais, quanto à pessoa do filho menor, representá-lo até a idade de dezesseis anos, e assisti-lo após essa idade, até completarem a maioridade ou serem emancipados. De acordo com o art. 1.747, inc. I, cabe ao tutor representar o menor até os dezesseis anos, e assisti-lo após essa idade. Já a nomeação de curador vem contemplada em algumas hipóteses, como no art. 1.692: "Sempre que no exercício do poder familiar colidir o interesse dos pais com o do filho, a requerimento deste ou do Ministério Público o juiz lhe dará curador especial". Também no § 2º do art. 1.733: "Quem institui um menor herdeiro, ou legatário seu, poderá nomear-lhe curador especial para os bens deixados, ainda que o beneficiário se encontre sob o poder familiar, ou tutela".

Em suma, colidindo os interesses dos progenitores e os do menor, é obrigatória a nomeação, pelo juiz, de curador.

A mera irregularidade, consistente na ausência do representante na prática do ato ou negócio, porém, não é bastante para a sua anulação. Se não se constatarem prejuízos, mas, pelo contrário, ficando o menor atendido em seus direitos, e aproveitando a prestação recebida, não há suporte para a rescisão do negócio. Necessário que acompanhe uma lesão, ou resulte uma inconveniência na operação efetuada.

A realidade fática é que leva a essa exegese. Realmente, é comum as pessoas menores fazerem pequenos negócios, contraindo obrigações de valores módicos, inclusive comprometendo-se a satisfazer prestações do preço junto a estabelecimentos comerciais. Importaria em permitir o proveito ou enriquecimento indevido uma *ratio* contrária.

Admissível, outrossim, a exigibilidade das obrigações contraídas por menores, não se aceitando a escusa da invalidade diante da imposição da assistência, a menos que se restitua o bem adquirido. Se a conduta dos menores evidenciou desídia dos responsáveis, ou falta de vigilância, a responsabilidade recai em suas pessoas.

Para colimar a anulação, a ausência de acompanhamento ou de amparo do assistente deve somar-se a outras exigências, não tão rigidamente reclamáveis se praticado o ato ou negócio por pessoa maior. A mera inconveniência do negócio se evidencia insuficiente quando já com idade superior a dezesseis anos o contratante, importando que se acrescentem outros fatores, como algum dos vícios do consentimento. Já envolvendo um indivíduo com idade inferior, é o quanto basta para se anular.

De qualquer forma, se ausentes elementos do dano, ou mesmo de inconveniência, seria condição essencial para se desconstituir a restituição dos valores ou da prestação que o menor embolsou.

Aduz-se, finalmente, que se restringe a legitimidade de postular a anulação ao menor, representado ou assistido, é óbvio, por seu representante ou assistente legal. Nem àqueles que atuaram ao lado do menor, ou coobrigados, se estende o direito, a não ser que encontrem outras razões para demandar a desconstituição. Todavia, aos herdeiros admite-se que ingressem com a ação competente. Quanto aos credores, permite-se desde que provada a fraude contra credores.

9. OCULTAÇÃO DOLOSA DA IDADE PELO MENOR

Não enseja a anulação quando o relativamente menor se faz passar por maior, ocultando sua idade, em razão do art. 180: "O menor entre 16 (dezesseis) e 18 (dezoito) anos, não pode, para eximir-se de uma obrigação, invocar a sua idade se dolosamente a ocultou quando inquirido pela outra parte, ou se, no ato de obrigar-se, declarou-se maior".

A previsão não é frequente de ocorrer. Na realização dos negócios, em especial se envolvem imóveis ou direitos deles decorrentes, é normal que se exija a prova da idade, com a apresentação de documento de identidade, onde consta a data do nascimento. Nos contratos comuns que diariamente se efetuam, o pagamento se faz normalmente à vista; naquele estabelecido a prestações, se presume o consentimento dos progenitores que fornecem os meios para as aquisições.

Todavia, em se provando a proposital ocultação da idade, ou a referência da maioridade, desde que a aparência não induza culpa da outra parte, não se ampara o menor, em ato posterior, na pretensão de se negar o cumprimento do avençado. Acontece que a ninguém é autorizado tirar proveito da própria imoralidade ou malícia, com prejuízo à pessoa que se encontra de boa-fé.

Para configurar a exigibilidade, o dolo ou voluntariedade na menção da idade desenvolve-se de duas maneiras: ou é negada a menoridade, ao ser inquirido pelo outro contratante, ostentando-se, pois, uma conduta passiva; ou afirma-se a maioridade, numa atitude ativa. Em qualquer caso, visa-se a celebração do ato ou negócio, induzindo a pessoa a contratar através da mentira, da malícia, do deliberado ânimo de enganar.

De sorte que, em se dizendo maior o que presta um aval em um título cambiário, ou a pessoa que dá fiança, sujeita-se a responder pelas obrigações decorrentes.

Vários os elementos que levam a perceber a conduta dolosa, como a mudança do aspecto físico, o crescimento da barba, a alteração da data em certidão do registro de nascimento ou em outros documentos, o suborno de testemunhas, e o próprio registro de nascimento tardio, com o fundamento de que não se encontrava antes registrada.

Provando-se a má-fé do contratante maior, mais se dá razão ao menor. Para ensejar a anulação, revela-se imprescindível que o outro contratante não se encontre em boa-fé. Desde que evidenciada a má-fé, resta mais fácil a anulação, segundo se manifesta Carvalho Santos: "Um outro requisito é necessário para que o menor não tenha o direito de pleitear a nulidade do ato que praticou. Não só o dolo de sua parte; mas também a boa-fé ou a justa credulidade da outra parte contratante".[12]

---

[12] *Código Civil Brasileiro Interpretado*, ob. cit., vol. III, p. 296.

10. RESPONSABILIDADE DO MENOR NA PRÁTICA DE NEGÓCIOS ILÍCITOS

Equipara-se o menor situado na faixa entre dezesseis a dezoito anos ao maior quando as obrigações se originam de negócios ilícitos. O art. 156 do Código Civil de 1916 era expresso sobre o assunto: "O menor, entre 16 (dezesseis) e 21 (vinte e um) anos, equipara-se ao maior quanto às obrigações resultantes de atos ilícitos, em que for culpado". O vigente Código mostrou-se omisso. Entrementes, a responsabilidade decorre das normas que disciplinam a responsabilidade civil. De qualquer forma, insere o art. 116 do Estatuto da Criança e do Adolescente (Lei nº 8.069, de 13.07.1990) preceito que atrela os menores infratores à obrigação de ressarcimento do dano: "Em se tratando de ato infracional com reflexos patrimoniais, a autoridade poderá determinar, se for o caso, que o adolescente restitua a coisa, promova o ressarcimento do dano, ou, por outra forma, compense o prejuízo da vítima".

De sorte que a prática de negócios ilícitos faz incidir a responsabilidade no menor. Se cometer delitos, que resultem danos, é tanto responsável quanto uma pessoa maior. No entanto, não isenta essa atribuição pessoal de responsabilidade os representantes, o que decorre da regra do art. 932 do Código Civil, onde está afirmado que os pais respondem pelos atos ou negócios dos filhos menores que se encontrarem sob seu poder e em sua companhia, escrevendo Gelson Amaro de Souza: "Sempre que os filhos causarem prejuízos a alguém, os pais são responsáveis pelos danos e seus patrimônios responderão pelo ressarcimento dos prejuízos causados".[13] De igual modo recai a responsabilidade no tutor ou curador pelos atos ou negócios das pessoas que se encontrarem em sua tutela ou curatela. Cita-se, a título de exemplo, um aresto que demonstra como a matéria é tratada, embora do tempo da lei civil anterior: "Proprietário do veículo emprestado, o pai também responde pela reparação civil, por acidente culposo causado pelo filho. Precedentes do STJ". Adiante, no voto: "Em tal linha de pensamento, já decidiu a Quarta Turma, em acórdão relatado pelo Ministro Sálvio de Figueiredo, *verbis*: 'Por outro lado, não merece prosperar a tese do recorrente segundo a qual o pai do menor seria parte ilegítima para figurar no polo passivo da demanda. A propósito, tem entendido a jurisprudência que subsiste a responsabilidade solidária dos pais do menor entre 16 e 21 anos, não obstante a regra contida no art. 156 do Código Civil, decorrendo essa solidariedade de imposição legal, por força do art. 1.518, parágrafo único, do Código Civil. Nesta linha também a lição de Carvalho Santos, ao comentar o artigo mencionado' (REsp. nº 13.403. *DJ* de 20.02.1995)". É que assenta a conduta na

---

[13] "Responsabilidade dos Pais pelos Danos causados pelos Filhos", em *Revista dos Tribunais*, nº 778, p. 69.

culpa *in vigiando* e *in eligendo*, segue fundamentando o acórdão.[14] Insta observar que o art. 1.518 referido na ementa equivale ao art. 942 do Código de 2002.

O negócio considera-se ilícito quando infringe algum dispositivo legal, ou vulnera direitos de outras pessoas. Além de contrariar a lei, ofendendo a ordem pública, traz danos às pessoas atingidas. A ilicitude não se restringe aos atos ou negócios que ferem um ditame da lei penal, mas inclusive os de ordem privada, como no descumprimento de um compromisso, nos prejuízos em bens particulares, nas ofensas a contratos, no desrespeito à personalidade. Esta a doutrina de Carvalho Santos: "Convém lembrar também aqui o caso do inadimplemento culposo ou doloso de um contrato, que se pode revestir do caráter de ato ilícito. O menor é sempre responsável *in re deposita, vel comodata, vel alias in contractu*. Suponha-se que o menor cometa uma violação de depósito, ou se aproprie de uma coisa que lhe foi emprestada, e ele inutilmente alegará sua incapacidade, para subtrair-se à reparação do prejuízo. Nestes casos, o credor pode mover a ação contra o menor, não só a ação penal, mas também a ação cível para obter a reparação do prejuízo. Mas, se preferir anular o contrato, obterá com este meio o *quid interest*, não mais podendo invocar este artigo".[15]

Não veda o direito que se mova a ação contra outros incapazes, e mesmo contra os menores de dezesseis anos. É necessário entender que se estatui a responsabilidade dos menores entre dezesseis e dezoito anos em igual nível que a exigida das pessoas maiores. Todavia, não quer o dispositivo significar a impossibilidade de se exigir a responsabilidade junto a outras classes de incapazes. Pelos atos ou negócios nocivos praticados por menores com idade inferior, ou por loucos de todo o gênero, também é permitido o ajuizamento direto contra eles, devendo, entrementes, ser chamados através dos representantes legais.

11. OBRIGAÇÃO ANULADA E RESTITUIÇÃO DO VALOR PAGO A INCAPAZ

O art. 181 contém regra de certa forma dispensável, ao estabelecer, para a restituição de uma quantia paga a um incapaz, a condição da prova de que reverteu em seu proveito: "Ninguém pode reclamar o que, por uma obrigação anulada, pagou a um incapaz, se não provar que reverteu em proveito dele a importância paga".

É normal que os valores entregues trazem proveito à pessoa que os recebe. Tudo quanto alguém recebe importa em um acréscimo, um enriquecimento, um benefício. Daí parecer despicienda a regra. De qualquer modo, pelo seu teor, a quem vai em busca da restituição incumbe provar que o incapaz se enriqueceu

---

[14] STJ. Recurso Especial nº 146.994-PR. 3ª Turma, de 16.03.1999, *DJU* de 1º.07.1999, em *Revista do Superior Tribunal de Justiça*, 127/268.
[15] *Código Civil Brasileiro Interpretado*, ob. cit., vol. III, p. 300.

com os valores embolsados. Ou seja, cabe a demonstração do efetivo recebimento, e que não houve prejuízo ao incapaz com o ato ou negócio. Advém dessa exigência a ilação da seriedade da transação, sem lesão nas prestações e contraprestações.

Funda-se o direito no princípio da equidade, que não tolera o enriquecimento de alguém em prejuízo de outrem. Fere o bom senso a anulação de um negócio, por iniciativa do incapaz, restituindo-se as partes ao estado antes existente, e reter ele as quantias recebidas. Se não prevista esta solução, oportunizar-se-ia a prática de negócios com a finalidade única do enriquecimento indevido. O incapaz celebraria contratos, e depois, em vista de sua idade ou outras deficiências, promoveria a rescisão, embolsando o pagamento e recebendo de volta o objeto da relação.

A obrigação da devolução incide mesmo que a nulidade do negócio tenha se originado da iniciativa da parte capaz. Não importam a sua má-fé, o dolo e outras maquinações. Admissível que, pela conduta indevida, tenham resultado danos, que levam a postular o competente ressarcimento. Todavia, esse direito não afasta a faculdade de buscar a devolução da quantia representativa do proveito.

12. A DECADÊNCIA NO NEGÓCIO JURÍDICO PARA A ANULAÇÃO

Consoante ficou observado no item 8 do Capítulo anterior, os negócios inválidos por nulidade não têm um prazo estabelecido para invocar a prescrição ou a decadência. Os negócios anuláveis, entrementes, submetem-se a lapsos de tempo para a sua desconstituição. Uma vez decorridos, dá-se a sua convalidação, mantendo-se para sempre.

Dois os dispositivos do Código Civil que demarcam os prazos, vindo a matéria posta no próprio Capítulo que disciplina a invalidade, diferentemente do que ocorria com o Código anterior, que a incluía no Título reservado para a prescrição. De outro lado, no vigente Código dá-se o enfoque ao assunto como decadência, enquanto no regime revogado previa-se a prescrição. Nesta nova ótica, decorrido o prazo, desaparece o direito, nenhum remédio mais assistindo à parte para invalidar o negócio, ou buscar algum remédio jurídico, enquanto na prescrição desaparecia a ação específica assegurada pela lei.

Três as previsões que traz o art. 178 para o início da contagem do prazo de quatro anos de decadência:

> "É de 4 (quatro) anos o prazo de decadência para pleitear-se a anulação do negócio jurídico, contado:
> I – no caso de coação, do dia em que ela cessar;
> II – no de erro, dolo, fraude contra credores, estado de perigo ou lesão, do dia em que se realizou o negócio jurídico;
> III – no de atos de incapazes, do dia em que cessar a incapacidade".

É imprescindível uma ação judicial específica para atacar o negócio anulável, não se tolerando que se aproveite outra lide, e se faça nela a declaração de invalidade, o que se aceita em sendo nulo o negócio.

Vindo consignado na lei que determinado ato é anulável, mas havendo omissão quanto ao prazo, será este de dois anos, por expressa menção do art. 179, preceito ausente no diploma civil de 1916: "Quanto a lei dispuser que determinado ato é anulável, sem estabelecer o prazo para pleitear-se a anulação, será este de 2 (dois) anos, a contar da data da conclusão do ato".

Exemplo de hipótese de anulação sem assinalar o prazo consta no art. 461:

> "A alienação aleatória a que se refere o artigo antecedente poderá ser anulada como dolosa pelo prejudicado, se provar que o outro contratante não ignorava a consumação do risco, a que no contrato se considerava exposta a coisa".

Capítulo XXII

Ato Jurídico Lícito e Ato Ilícito

1. ATOS LÍCITOS E ATOS ILÍCITOS

As pessoas normalmente procuram realizar os atos de acordo com o conceito que possuem de licitude, de verdade, de coerência, de legalidade, de bondade e perfeição. É próprio do ser humano coadunar-se a uma ordem, o que lhe dá segurança e faz bem ao espírito. Já enfatizava Eduardo Espínola que "no vasto campo dos atos jurídicos é que a atividade legal se manifesta normalmente, estabelecendo as relações de dependência em que para o sujeito se acha o objeto do direito subjetivo".[1] Todo desrespeito a uma ordem estabelecida constitui uma afronta à vida, um fator de destruição, uma quebra do equilíbrio, e uma violência à harmonia do universo. Tem a ética muito a ver com os princípios e normas ligados à postura e ao comportamento do homem, ditando um regramento de condutas ou ações coadunadas com a lei da natureza. Cada povo precisa de um grande cabedal de força e entendimento para não ofender as regras básicas da natureza.

A ética defronta-se com os conceitos de conduta diante do bem e do mal, indicando o caminho a ser obedecido, de modo a manter-se uma ordem razoável no universo dos grupos sociais. Já a lei importa em um direcionamento obrigatório das condutas, que vai além dos preceitos ditados pela consciência. É do conhecimento de todos a necessidade de determinadas coordenadas na convivência humana. Desde que quebrada a harmonia, ou rompido o equilíbrio, desencadeia-se uma carga negativa de tensões e descontrole das pessoas.

As regras da ética são incorporadas pelo Estado ao direito positivo, mandando que se apliquem a todos os indivíduos. A ofensa a esse direcionamento compromete as condições indispensáveis à existência, impondo-se a repressão estatal.

Por outras palavras, quando o comportamento humano não se conforma com as prescrições legais, desobedecendo-as, representa um ataque à normalidade da

---

[1] *Sistema do Direito Civil Brasileiro*, ob. cit., vol. 1º, p. 591.

vida, e afronta os princípios fundamentais da ética, da natureza, da moral, e, se adotados pelo Estado, da lei. Seguindo as posturas e as normas incorporadas ou oficializadas pelo Estado, seus atos são jurídicos. Se se rebelam contra esses delineamentos, os atos deslocam-se para a ilicitude, a ilegalidade, sendo, pois, ilícitos.

O ato é lícito porque conformado ao direito, ou adaptado ao complexo de atitudes e ações que um Estado elege para que todos sigam ou obedeçam, e entende indispensável para tornar a vida e a convivência possíveis. Já infringindo o quadro de imposições que a própria coletividade impôs, torna-se ilícito, não sendo aceito, sofrendo a repulsa e devendo suportar as cominações para recompor o equilíbrio da estrutura combalida.

Indo adiante, não se restringe o ato lícito à simples conformação do indivíduo ao padrão de condutas traçado pelo Estado. Abrange igualmente as relações desenvolvidas pelas pessoas entre si, sobre elas mesmas e sobre os bens. Quando decidem as pessoas sobre as condutas e o patrimônio, agem de modo a adquirir, resguardar, transferir, modificar ou extinguir direitos. Nessas relações, nasce uma modificação do *status quo*, cria-se uma situação nova, e emerge a exigência de comportamento especial. Outrossim, o ato ilícito não se restringe a não realizar ações exigidas, mas vai além, consistindo em atitudes ou ações praticadas contra a lei. Aparece uma atividade, de cunho negativo e prejudicial às demais pessoas.

O ato ilícito, pois, é toda ação ou omissão que não se mantém dentro da ordem jurídica, ou que o ordenamento condena e aplica sanções. Mas não apenas nessa dimensão, abrangendo mais elementos: causa danos aos outros, ou produz efeitos nocivos, e impõe o dever de reparar. Desde que inerente essa consequência, costuma-se dizer que produz efeito jurídico, mas essa qualidade não no sentido de estar coadunado à ordem legal, e sim de importar em efeitos, ou resultar em direitos (em favor dos prejudicados) e obrigações (exigíveis do autor do ato).

A ilicitude atinge várias dimensões, sendo duas as mais comuns: a penal e a civil. A primeira alastra-se nas condutas que ferem os dispositivos de leis penais, como o Código Penal; já a segunda consiste na violação de direitos subjetivos privados, não considerados crimes. Em ambas as espécies, denota-se a ofensa a um dever legal, ou a uma lei. Aponta Maria Helena Diniz a diferença de esferas penal e civil: "Só que o delito penal consiste na ofensa à sociedade pela violação de norma imprescindível à sua existência, e o civil, num atentado contra o interesse privado de alguém. Todavia, há casos em que o ato ofende, concomitantemente, a sociedade e o particular, acarretando dupla responsabilidade, a penal e a civil. Por exemplo, o delito de lesões corporais (CC, art. 1.538, e CP, art. 129)".[2] O art. 1.538 referido corresponde ao art. 949 do vigente Código Civil.

No direito penal, o ato violador atinge valores que comprometem a ordem pública e atingem a vida social, denominando-se crime ou delito, punido com penas

---

[2] *Curso de Direito Civil Brasileiro*, ob. cit., vol. 1º, p. 290.

restritivas da liberdade e de direitos, multas, e prestações de atividades, dentre outras formas. Já no direito civil, essa ofensa tem o nome de ilícito civil, consistindo as cominações no ressarcimento ou indenização, na compensação através da entrega de outro bem, na exigibilidade de conduta específica, na restrição de direitos.

De notar que há, também, a ilicitude administrativa, quando ofende o patrimônio público; e, numa especificação maior, a ilicitude constitucional e a tributária, de acordo com a ordem de ofensas praticada.

O vigente Código Civil tornou expressa a delimitação entre atos jurídicos lícitos e atos ilícitos, pois disciplinou ambas as espécies. Quanto aos primeiros, consigna o art. 185, cuja ideia se encontrava no art. 81 do Código de 1916: "Aos atos jurídicos lícitos, que não sejam negócios jurídicos, aplicam-se, no que couber, as disposições do Título anterior". Em princípio, convém observar que se o ato aparece conformado com ordem pública e legal, é jurídico, e, decorrentemente, lícito. O ilícito, por contrariar a lei ou o direito positivo, e, assim, a ordem pública, não pode ser jurídico.

O ato lícito está regulado pelo direito que trata dos fatos jurídicos (Livro III), especificado no negócio jurídico (Título I), abrangendo os capítulos I a V, que envolvem as disposições gerais, a representação, a condição, o termo, o encargo, os defeitos dos negócios jurídicos e a invalidade do negócio jurídico. Todo ato que não for negócio, e que se coaduna com as disposições, considera-se jurídico e, assim, é lícito. Por termos diferentes, aquele ato que não está eivado de algum vício de consentimento, que se efetiva por agente capaz, tendo um objeto lícito, possível, determinado ou determinável, e se externa através da forma prescrita ou não defesa em lei, enquadra-se como jurídico.

Outrossim, há a restrição ao ato que não for negócio jurídico, de acordo com o dispositivo acima. Sabe-se que os negócios jurídicos devem criar, adquirir, transferir, modificar, resguardar ou extinguir direitos e obrigações, numa relação com outros seres humanos. Impõe-se que repercutam em algum direito e tragam algum efeito num relacionamento com o meio social. Contêm um ato de vontade deliberado para a criação, modificação ou extinção de um direito, em relação a terceiros. Já o ato jurídico é aquele que fica no âmbito pessoal, e se realiza individualmente. Quando é realizado, não há uma relação com outra pessoa, embora indiretamente possa refletir consequências a terceiros. Interessa somente à pessoa que o pratica, e revela-se nas ações individuais, realizada segundo a lei, sem ensejar qualquer obrigação ou direito junto a outras pessoas. Em suma, os negócios envolvem relações, materializadas nos contratos. Os atos são pessoais, como a conduta culposa numa ação que provoca um acidente, do qual partem efeitos, ma se efetivando no plano individual ou pessoal.

O presente estudo envolve o ato, cuja prática traz consequências, as quais podem prejudicar terceiros. E o ato que importa em consequências, ou despertando repercussões ou reações, é o ilícito.

2. MANIFESTAÇÕES DA CONDUTA NA PRÁTICA DO ATO ILÍCITO

Não existe um único modo interior de agir ilicitamente. Ou procede a pessoa com a deliberada vontade dirigida a infringir um dever, a desrespeitar o regramento jurídico vigente, com repercussões econômicas e morais no patrimônio, na vida das pessoas e na ordem pública; ou não age deliberadamente, atuando sem a intenção, mas descuidando-se de princípios, não seguindo deveres de prudência e atenção que de todos são exigidos. Na primeira forma, há o dolo, verificado quando o agente quer o resultado ou assume o risco de produzi-lo, tendo consciência da antijuricidade. Consiste, também, sobretudo no conceito de dolo civil, nos artifícios ou nas manobras empregados para levar outrem à prática de um ato prejudicial, em proveito do agente do dolo ou de outra pessoa. Na segunda, constata-se a omissão de cuidados e diligência impostos na vida das pessoas. Não aconteceria o evento ilícito se o agente procedesse com as cautelas e a aplicação recomendadas normalmente. É o que se denomina culpa, no sentido restrito, onde não se encontra o elemento vontade como fator determinante do ato.

No sentido amplo, culpa compreende a conduta voluntária e a involuntária, isto é, abrange o dolo e a culpa propriamente dita.

A distinção entre dolo e culpa está em que, no primeiro, deparamo-nos com a violação intencional de uma norma de conduta, ou de um dever, em que há a vontade na contrariedade do direito,[3] na segunda, nota-se apenas uma negligência, ou imprudência, ou imperícia não escusável, em relação ao direito alheio.

Existe a negligência se não observados certos cuidados, necessários para evitar o dano; apresenta-se a imprudência se a pessoa não segue as cautelas normais e que se impõem na conduta; e está presente a imperícia se descumpre as regras e as exigências indispensáveis na realização de um ato ou em uma conduta. A matéria será pormenorizada adiante.

A ilicitude revela-se, também, por comissão ou omissão. Na primeira, acontece a ação humana, agindo ativamente a pessoa. Desempenha uma atividade que atinge o regramento legal, ou delibera afrontar um dever jurídico, procedendo contra o seu comando. Na segunda, se abstém de cumprir o dever a que se obrigara, ou não pratica o ato que está inserido na lei. Com a inércia, há a transgressão de um dever que deveria satisfazê-lo.

3. ATO ILÍCITO E CULPA

O ato ilícito constitui a ação ou omissão resultante do procedimento com culpa. Alguém age ou deixa de agir porque delineia sua conduta na culpa, e

---

[3] Pontes de Miranda, *Tratado de Direito Privado*, 3ª ed., 1971, vol. XXIII, Rio de Janeiro, Borsoi, p. 72.

assim acontece por várias razões: ou porque não segue a lei, ou porque não cumpre as obrigações assumidas, ou porque propositalmente viola a ordem jurídica, ou porque não toma as precauções necessárias recomendadas pelo direito. De modo que a culpa, no sentido amplo, constitui o elemento anímico do ato ilícito. Surge o ato ilícito porque preexistiu a transgressão de uma norma. Mas, nota-se, como afirma com autoridade José de Aguiar Dias,[4] ele aparece quando a culpa traz efeito material, ou quando passa do plano puramente moral para a execução material. Então, se há a repercussão do ato ilícito no patrimônio de alguém, mesmo que moral, e aí está a consumação do ato ilícito, concretiza-se a responsabilidade civil.

Para Capitant, revela-se o mesmo no "ato ou omissão constituindo um descumprimento intencional ou não, quer de uma obrigação contratual, quer de uma prescrição legal, quer do dever que incumbe ao homem de se comportar com diligência e lealdade nas suas relações com os seus semelhantes".[5]

Resumindo, culpa materializada redunda em ato ilícito, o qual desencadeia a obrigação.

Essa afronta à lei e outras maneiras de ofender a ordem jurídica constituem o ato ilícito.

Para a perfeita compreensão da matéria, mostra-se indispensável o exato e amplo entendimento da culpa.

Sempre existiu uma certa dificuldade na sua definição. Para os franceses, empregada na palavra *faute*, que é tida como 'falta', segundo Savatier, "é a inexecução de um dever que o agente podia conhecer e observar. Se efetivamente o conhecia e deliberadamente o violar, ocorreu o delito civil ou, em matéria de contrato, o dolo contratual. Se a violação do dever, podendo ser conhecida e violada, é involuntária, constitui a culpa simples, chamada, fora da matéria contratual, de quase delito".[6]

Ainda no direito francês, já na linha dos Mazeaud, ressalta-se a culpa como um erro de conduta, que ocorre toda vez que nos afastamos do procedimento tido como padrão. Desrespeitando a conduta-padrão, diante de circunstâncias externas que envolvem o fato, incorre o agente em culpa. O erro de conduta não aconteceria se traçássemos o procedimento de acordo com as regras jurídicas.

Noção semelhante à de Savatier encontramos em Caio Mário da Silva Pereira, que, de início, não admite a diferenciação entre dolo e culpa, dizendo que nosso direito fundiu os conceitos; considera a culpa num conceito amplo,

---

[4] *Da Responsabilidade Civil*, 4ª ed., Rio de Janeiro, Forense, 1960, tomo I, p. 136.
[5] Miguel Maria de Serpa Lopes, "Vocabulaire Juridique", apud *Curso de Direito Civil*, 2ª ed., Rio de Janeiro, Ed. Freitas Bastos, 1962, vol. V, p. 197.
[6] *Traité de la Responsabilité Civile*, tomo I, nº 4, p. 5, *in* José de Aguiar Dias, *Da Responsabilidade Civil*, 4ª ed., Rio de Janeiro, Forense, 1960, tomo I, p. 137.

"abrangente de toda espécie de comportamento contrário ao direito, seja intencional ou não, porém imputável por qualquer razão ao causador do dano".[7] Trata-se da violação de uma obrigação preexistente, a qual consiste no dever de não prejudicar ninguém.

Os autores alemães situam a culpa como fenômeno fundamentalmente moral. É a vontade dirigida para um resultado ilícito, com ciência da ilicitude e da infração do dever. Neste sentido, corresponde ao dolo. No aspecto restrito, não se afasta do conceito comum, ou seja, a omissão de cuidados e diligências impostos na vida das pessoas. Não aconteceria o evento ilícito se o agente procedesse com as cautelas e a aplicação recomendadas normalmente. Aproximando-se do sistema objetivo, sustenta-se que o ato ilícito é reconhecido mesmo sem ter o agente consciência da ofensa à regra jurídica.

Os italianos (Impallomeni, Carrara) falam em omissão ou inobservância na apreciação dos resultados dos atos; ou na transgressão da norma de conduta. Mas emerge uma lesão não proposital ou prevista na mente do causador.

Seja qual for a concepção, a conduta impregnada de culpa constitui o ato ilícito. Por outras palavras, das várias ideias colacionadas de culpa chega-se ao conceito do ato ilícito, no sentido amplo, compreendendo toda espécie de comportamento contrário ao direito e ao contrato, seja intencional ou não, ou um erro de conduta, ou uma transgressão da lei, trazendo prejuízo a outrem. Trata-se da ofensa ao direito de outrem, na exata visão de Clóvis, rompendo com a ordem jurídica, ou o ato praticado sem direito, que causa dano a outrem.[8] O resultado do prejuízo a outrem decorre naturalmente, posto que a lei existe para a proteção da sociedade, isto é, para o resguardo de seus valores morais, políticos, sociais, patrimoniais e outros de qualquer espécie. A violação da lei sempre traz prejuízo, mesmo que de natureza social e moral, como a insegurança e a instabilidade públicas.

Esta a ideia que se extrai do art. 186 do Código Civil (art. 159 do Código anterior): "Aquele que, por ação ou omissão voluntária, negligência ou imprudência, violar direito e causar dano a outrem, ainda que exclusivamente moral, comete ato ilícito".

Outrossim, o Código Civil de 2002 trouxe uma nova forma de ato ilícito, definida como o excesso no exercício de um direito, que corresponde ao abuso de direito, segundo externa o art. 187, matéria que restou analisada no Capítulo VI, item 4. "Também comete ato ilícito o titular de um direito que, ao exercê-lo, excede manifestamente os limites impostos pelo seu fim econômico ou social, pela boa-fé ou pelos bons costumes". No exercício de um direito, vai a pessoa além do necessário, ou extrapola a conduta exigível no momento.

---

[7] *Instituições de Direito Civil*, ob. cit., vol. I, p. 456.
[8] *Teoria Geral do Direito Civil*, ob. cit., p. 358.

De acordo com Paulo Nader, o abuso de direito corresponde à "espécie de ato ilícito, que pressupõe a violação de direito alheio mediante conduta intencional que exorbita o regular exercício de direito subjetivo". Adiante: "O abuso de direito tanto é modalidade de ato ilícito, que enseja ação reparadora, promovendo o retorno ao *status quo ante* ou, quando isto não é possível, à indenização. E como ato ilícito, há de reunir todos os elementos caracterizadores deste, distinguindo-se porque tem por base a titularidade de um direito subjetivo" (*Curso de Direito Civil – Parte Geral*, Forense, 2003, pp. 553 e 554).

Concisamente, em vista do art. 187, eis os elementos:

a) A pessoa deve ter assegurado um direito, que lhe é reconhecido por lei, ou dele está revestida juridicamente. Assim, *v.g.*, é titular do direito de retomar a posse de um bem.

b) A conduta é praticada durante o exercício do direito, como na defesa da propriedade, na repulsa de uma agressão, na prática de uma atividade profissional.

c) Há excesso manifesto dos limites impostos pelo seu fim econômico ou social, ou pela boa-fé ou pelos bons costumes. Quem executa ou realiza seu direito vai além do que permite o próprio valor econômico do bem objeto do exercício.

d) Violação do direito alheio. Inconcebível que se destrua um prédio porque traz umidade aos prédios vizinhos, ou que se inutilizem os móveis de uma residência quando de sua retomada em uma ação de despejo; ou que, na repulsa de uma simples agressão, se atente contra a vida do agressor.

e) Dispensa-se a pesquisa do elemento culpa, porquanto o abuso pressupõe a existência do elemento subjetivo. Inconcebível pensar em excesso, ou em abuso, desvinculadamente da culpa. Se o sujeito ativo vai além do que se lhe permitia no momento, procedeu com culpa, por mais leve que seja a sua manifestação.

Outrossim, extrapola o fim social da propriedade a afastamento de ocupantes de um prédio ou imóvel de forma arbitrária, sem dimensionar as consequências, deixando sem abrigo menores e pessoas doentes.

A boa-fé e os costumes também ditam as medidas que devem ter os atos. Nos negócios, quando alguém se aproveita da credibilidade ou da confiança da outra parte, comete ato ilícito, sendo exemplo as compras e vendas cujo pagamento é feito a prazo, exigindo o vendedor encargos elevados ou procedendo anotações de produtos sem conferir com a realidade, ou cobrando valores que fogem à realidade vigente na localidade.

Em todas as formas, há a presença da culpa – seja a voluntariedade do ato, seja a revelada pela imprudência, pela negligência ou imperícia.

4. DOLO E CULPA

Mais atentamente que no item 2 *supra*, procura-se trazer a distinção entre dolo e culpa. Relembra-se, antes, que o termo *culpa* abrange toda violação de direito, seja intencional ou não.

No que tange à distinção entre dolo e culpa, remonta ela ao direito romano. De um lado, deparamo-nos com a violação intencional de uma norma de conduta, ou de um dever, em que há a vontade na contrariedade do direito; de outro, nota-se apenas uma negligência, ou imprudência, ou imperícia não escusável, em relação ao direito alheio.

Ou verifica-se o pleno conhecimento do mal e ocorre a direta intenção de o praticar; ou a violação de um dever que o agente podia conhecer e acatar é a tônica, simplifica Barros Monteiro.[9] No tocante ao dolo, porém, pressupõe-se, de parte do agente, segundo J. M. Leoni Lopes de Oliveira, que se reporta em Clóvis Beviláqua, a consciência de que sua conduta, além de violar um dever jurídico, causa dano a outrem.[10] Ainda no pertinente ao dolo, conhecem-se as modalidades 'direto' e 'eventual', cuja utilidade diz mais com o direito penal, com previsão no art. 18, inc. I, do Código Penal. Definindo-se, nesse ramo do direito, o crime doloso como aquele em que o agente quis o resultado ou assumiu o risco de produzi-lo, considera-se direto na primeira parte e eventual na segunda. Ou seja, no direto, o agente quer produzir a lesão; já no eventual, assume as consequências da conduta apta a causar a lesão.

Os mestres franceses Mazeaud e Mazeaud empregam as expressões 'delito' e 'quase delito' para diferenciar entre dolo e culpa. A primeira equivale ao dolo; a segunda se equipara à culpa.

Culpa delitual ou dolo, ou falta intencional, e culpa quase delitual, ou simplesmente culpa, envolvem conteúdos diversos, mas refletem, em direito civil, consequências semelhantes. O legislador brasileiro, mantendo uma tradição que vem desde o Código anterior, desprezou a distinção. Nem definiu o conceito de culpa, no que agiu com prudência. No texto do art. 186 (art. 159 do Código de 1916) se vislumbram as duas espécies. Ao mencionar ação ou omissão voluntária, está conceituando, ou introduzindo a definição de dolo; ao falar em negligência ou imprudência, está classificando a culpa. De um lado, envolve o elemento interno, que reveste o ato da intenção de causar o resultado; de outro, a vontade é dirigida ao fato causador do dano, mas o resultado não é querido pelo agente. Há a falta de diligência em se observar a norma de conduta.

---

[9] *Curso de Direito Civil* – Direito das Obrigações, 3ª ed., São Paulo, Editora Saraiva, 1962, vol. II, p. 408.
[10] *Direito Civil* – Teoria Geral do Direito Civil, ob. cit., vol. 2, p. 964.

5. FORMAS DA CULPA PROPRIAMENTE DITA

É do conhecimento geral que a culpa propriamente dita, ou a culpa no significado de conduta não intencional, é formada por dois elementos, na previsão do art. 186 (art. 159 do diploma civil anterior): negligência e imprudência. No entanto, a palavra envolve outras formas, ou ostenta-se através de caracteres diferentes dos referidos. Pode haver a imperícia, apesar de não referida no Código, que é mais um elemento integrante da culpa, assim como também podemos falar em descuido, distração, leviandade, indolência etc.

As espécies se entrelaçam. A negligência traz tonalidades de imprevisão. A imprudência envolve desprezo pela diligência. Imperícia e negligência se confundem em vários pontos, pois o incapaz de dirigir um veículo é insensato na observância dos requisitos para o exercício da função.

Por isso, ao expressar a culpa, no art. 186, o Código Civil teve em vista mais o ato ilícito. Previu uma ação contrária ao direito, como já se retirava do Código Civil revogado e doutrinava Aguiar Dias. É o resultado danoso que interessa. Conclui-se que não se deixa de considerar o resultado se a parte não frisou rigorosamente a espécie de culpa pela qual demandou o réu. Não podemos nos fixar na literalidade dos termos.

Imperícia demanda mais falta de habilidade exigível em determinado momento, e observável no desenrolar normal dos acontecimentos. Já negligência consiste na ausência da diligência e prevenção, do cuidado necessário às normas que regem a conduta humana. Não são seguidas as normas que ordenam operar com atenção, capacidade, solicitude e discernimento. Omitem-se as precauções exigidas pela salvaguarda do dever a que o agente está obrigado; é o descuido no comportamento, por displicência, por ignorância inaceitável e impossível de justificar. O seguinte exemplo jurisprudencial revela uma situação comum: "Agindo a administradora sem a devida cautela quanto ao levantamento de dados completos do candidato a locatário e do fiador apresentado, arca com os prejuízos gerados pela sua negligência... Embora os administradores não sejam responsáveis pela inadimplência dos locatários ou de fiadores, têm o dever de, ao alugar um imóvel, levantar os dados completos do candidato e seu fiador. De maneira que, agindo sem a devida cautela inerente às condições de administradora, deve arcar com os prejuízos gerados por sua negligência".[11]

A imprudência revela-se na precipitação de uma atitude, no comportamento inconsiderado, na insensatez e no desprezo das cautelas necessárias em certos momentos. Os atos praticados trazem consequências ilícitas previsíveis, embora não pretendidas, o que, aliás, sucede também nas demais modalidades de culpa.

---

[11] TAPR. Apel. Cível nº 8.150/95, da 4ª Cível. Julgada em 4.12.1995, em *COAD - Direito Imobiliário*, boletim decendial, nº 31, p. 263.

Os significados dos termos não se esgotam nessas meras palavras. Para quem conhece a língua pátria, não é difícil chegar ao sentido que as palavras envolvem.

Tanto se misturam as noções que é mais prático fixar-se a ideia da culpa, inspiradora das três espécies, e compreendida como inobservância das disposições regulamentares, das regras comuns seguidas na praxe e que orientam a ordem e a disciplina impostas pelas circunstâncias.

6. CLASSIFICAÇÃO DA CULPA

De modo amplo, a culpa biparte-se em dolo e em culpa *stricto sensu*, com o sentido da voluntariedade do ato ou, embora não querido, com a assunção dos resultados, sendo bem claro Rui Stoco na distinção: "Quando existe intenção de ofender o direito, ou de ocasionar prejuízo a outrem, há o dolo, isto é, pleno conhecimento do mal e o direto propósito de o praticar. Se não houve esse intento deliberado, proposital, mas o prejuízo veio a surgir, por imprudência ou negligência, existe a culpa (*stricto sensu*)".[12]

Várias outras espécies aparecem, de acordo com o ponto de vista em que é examinada, destacando-se as seguintes:

a) *Quanto à sua intensidade*

Encara-se, aqui, a culpa em sentido estrito, consistente no grau ou intensidade, encontrando-se a grave ou lata, a leve e a levíssima, divisão que nos vem desde o direito antigo.

I – A *grave* ou *lata* é aquela que quase se identifica com o dolo civil. Envolve uma crassa desatenção e a violação de dever comum de cuidado relativamente ao mundo no qual vivemos. Alcança dimensões maiores quando a violação é consciente, embora não almejado o resultado. No dizer de Pontes de Miranda, "é a culpa magna, nímia, como se dizia, que tanto pode haver no ato positivo como no negativo; é a culpa ressaltante, a culpa que denuncia descaso, temeridade, falta de cuidado indispensável. Quem devia conhecer o alcance do seu ato positivo ou negativo incorre em culpa grave".[13]

II – A culpa *leve* revela-se na falta que poderia ser evitada com uma atenção comum e normal no procedimento da pessoa.

---

[12] *Responsabilidade Civil e sua Interpretação Jurisprudencial*, 4ª ed., São Paulo, Editora Revista dos Tribunais, 1999, p. 66.
[13] *Tratado de Direito Privado*, 3ª ed., ob. cit., vol. XXIII, p. 72.

III – A *levíssima* considera-se quando evitável o erro com uma atenção especial e muito concentrada. O ser humano carece de habilidades e conhecimentos na realização de um mister, ou incide em fatos danosos devido à ausência de um maior discernimento na apreciação da realidade. É o acidente de veículo que acontece por causa da falta de capacidade para manobrar quando o carro se encontra entre outros dois.

b) *Quanto ao âmbito de atuação*

Trata-se da culpa contratual e extracontratual.

I – A contratual consiste na violação de um dever determinado, inerente a um contrato. Nasce da violação dos deveres assumidos, como no desempenho do mandato recebido e do depósito, quando os titulares da obrigação não se esmeram em diligência e cuidado. São negligentes na defesa de interesses alheios, ou não se portam com a seriedade que revelariam se a coisa lhes pertencesse. Exemplo de culpa contratual ocorre nos contratos de transporte, cuja responsabilidade é regida pelo Decreto nº 2.681, de 1912.

II – A extracontratual aparece na ofensa de um dever fundado no princípio geral do direito, desrespeitando-se as normas, ferindo os bens alheios e as prerrogativas da pessoa. Por isso, diz-se que são vulneradas as fontes das obrigações. É a chamada culpa aquiliana, nome oriundo da 'Lex Aquilia', do direito romano, e pelo qual o dever de reparar o dano por fato culposo se fundava naquele texto. É a culpa que nasce dos atos ilícitos.

Caio Mário da Silva Pereira fala, também, em culpa *in contrahendo*, caracterizada no ilícito que se localiza na conduta do agente que leva o lesado a sofrer prejuízo no próprio fato de celebrar o contrato. Não resulta de um dever predefinido em contrato, mas nasce do fato de criar o agente uma situação em que a celebração do ajuste é a causa do prejuízo. Admitida no direito alemão, configura-se quando uma das partes induzir a outra à celebração do negócio, muito embora sabedora da impossibilidade da prestação. Destituída de interesse prático, confunde-se mais com a culpa aquiliana.[14]

c) *Quanto à maneira de se exteriorizar*

A conduta, aqui, pratica a falta no exercer uma atividade. Temos cinco modalidades:

I – A culpa *in eligendo*, vindo a ser a forma segundo a qual o agente não procede com acerto na escolha de seu preposto, empregado, repre-

---

[14] *Instituições de Direito Civil*, ob. cit., vol. I, p. 456.

sentante, ou não exerce um controle suficiente sobre os bens usados para uma determinada atividade. Os erros cometidos na direção de um veículo, ou trafegar nele quando não reúne condições econômicas de segurança, provocam a responsabilidade pelo dano superveniente.

II – Culpa *in vigilando*, caracterizada pela falta de cuidados e fiscalização de parte do proprietário ou do responsável pelos bens e pelas pessoas. Exemplificando, não se acompanha o desenvolvimento das atividades dos empregados; admite-se que uma pessoa despreparada execute certo trabalho; abandona-se o veículo com a chave de ignição ligada, em local frequentado por crianças; não são vistoriados os veículos pelo dono; dirige-se um carro com defeitos nos freios e com pneus gastos.

III – Culpa *in comitendo*, a qual exsurge da prática de uma atividade determinadora de um prejuízo, como nos acidentes automobilísticos, na demolição de um prédio em local muito frequentado, sem o afastamento dos transeuntes.

IV – Culpa *in omitendo*, que se verifica nas situações em que o agente tinha a obrigação de intervir em uma atividade, mas nada faz. Depara-se o culpado com a responsabilidade em virtude de sua falta de iniciativa. Há um socorro a prestar, mas queda-se inativa a pessoa.

V – Culpa *in custodiendo*, que se apresenta na ausência de atenção e cuidado com respeito a alguma coisa, facilmente verificável em relação aos animais, que ficam soltos pelas estradas.

7. DA CULPA À RESPONSABILIDADE

Da exposição dos itens anteriores se depreende que a responsabilidade nasce fundamentalmente da culpa. Com precisão diz G. P. Chironi: "La colpa, nel suo significato generale, più lato, o meglio la colposa violazione del diritto altrui, genera la responsabilità che si converte nella riparazione degli effetti diretamente prodotti dalla commessa ingiuria; e se danno non fu cagionato, la riparazione determina l'obbligo di riporre il diritto leso nello stato in cui era prima dell'iffesa; e se danno vi fu, la riparazione si converte nel risarcimento".[15]

Originariamente, da culpa independia a responsabilidade, do que se valeram os opositores para formular a teoria da responsabilidade objetiva. Em tese, porém, toda obrigação se origina da culpa. É a prevalência da responsabilidade subjetiva. Impera no direito alemão que sem culpa não decorrem obrigações,

---

[15] *La Colpa nel Diritto Civile Odierno, Colpa Extra-contrattual*, 2ª ed., Torino, Fratelli Bocca, 1906, vol. II, p. 302.

numa máxima extremista, valendo citar o pensamento de Karl Larenz: "Para la fundamentación del deber de indemnización no basta, sin embargo, en general que el daño se base en una acción o en una omisión que según su carácter objetivo sea antijurídica, sino que además ha de añadirse un factor o elemento subjetivo: al agente le ha de alcanzar culpabilidad. El requisito de la culpa se deriva del principio de la responsabilidad personal. Este afirma que el hombre se reconoce idéntico con su acción, se identifica con ella (como su autor espontaneo), que él juzga del mérito o demérito de sus obras (juicio que es ineludible) y que acepta (o ha de aceptar sobre si) las consecuencias de su acción como algo que a él le concierne directamente".[16]

Quer-se significar que a culpa desemboca, necessariamente, em havendo dano, na responsabilidade. No entanto, como se abordará nos itens seguintes, há também o mero fato em si que leva a ressarcir, ensejando a base para a responsabilidade objetiva. Enquanto fator de obrigações, a culpa enseja a responsabilidade subjetiva.

8. ELEMENTOS DA RESPONSABILIDADE

São quatro os elementos essenciais para formar a responsabilidade: a ofensa a uma norma preexistente, a existência de um dano, a imputabilidade e o nexo causal.

Quanto à ofensa a uma norma, constitui-se da conduta que se dirige a violar voluntariamente a lei, ou não se previne para afastar tal ofensa. Vem a ser o elemento mais singelo para ensejar a responsabilidade. O ato afasta-se da ordem legal ou jurídica imperante, atingindo direitos de terceiros. Desde que decorram danos desta violação, enseja-se à responsabilização. Salienta-se, porém, que não somente a ofensa a uma ordem legal importa em responsabilidade. Existem hipóteses que a lei ordena a responsabilidade, sem que constituam ofensa, como se analisará no estudo da responsabilidade objetiva.

Em relação à existência de dano, tem-se em conta que não é suficiente a ação contra o direito, ou a ordem legal vigorante. Importa que a conduta traga um dano para acarretar a responsabilidade, sendo que é expresso o Código atual em incluir o dano moral, diferentemente do que vinha no Código anterior.

No que se refere à imputabilidade, que consiste na atribuição do dever de indenizar, a matéria exige observações mais delongadas.

De notar, por primeiro, a condição para que o ato seja reputado como ilícito. O primeiro passo é exigir que represente um resultado de uma livre determinação da parte de seu autor. O ato deve proceder de uma vontade soberana.

---

[16] *Derecho de Obligaciones*, trad. ao espanhol por Jaime Santos Briz, Madrid, Editorial Revista de Derecho Privado, 1959, tomo II, p. 569.

Pressupõe que toda pessoa tenha consciência de sua obrigação em se abster da prática de uma ação que possa acarretar um prejuízo injustificado a outrem, atingindo a vida, ou a saúde, ou a liberdade de alguém, explica Serpa Lopes.[17]

Para se caracterizar a imputabilidade, o comportamento se exterioriza com a transgressão deliberada, ou aceita nas suas consequências, das regras impostas pela ordem social e jurídica. Tal violação acontece ou voluntariamente, com dolo, ou culposamente, com negligência ou imprudência. Em outras palavras, urge que o fato lesivo seja voluntário, que se impute ao agente por meio de uma ação ou omissão voluntária, ou então apresente negligência ou imprudência. Todavia, se não existe a vontade, como na coação, não há imputabilidade.

De outro lado, não se limita exclusivamente à pessoa provocadora do dano, mas se estende àquele que deve responder pelo comportamento de outrem, como nos prejuízos causados por menores, débeis mentais, filhos etc. Neste sentido, pondera Aguiar Dias: "De qualquer forma, seja o menor imputável ou não, o ato ilícito que tenha praticado acarreta a responsabilidade substitutiva ou a responsabilidade coexistente de outra pessoa, aquela a quem incumbia a sua guarda".[18]

A partir daí deparamo-nos com a existência da imputabilidade objetiva, independentemente da vontade do agente e da pessoa que responde pelos atos daquele, quando imputável. Por isso, a noção de imputabilidade se ajusta melhor ao conceito de Jorge Mosset Iturraspe, "significando no una capacidad delictual, sino un factor de atribución que se adiciona a la acción o comportamiento humano para generar, dados los restantes presupuestos, responsabilidad civil".[19]

A responsabilidade subsiste em numerosos casos, malgrado a ausência de culpa na ação do obrigado a indenizar, o que se dá na responsabilidade objetiva. Resume-se na obrigação de alguém em responder perante outrem, com a sanção de reparar um dano. A imputabilidade diz respeito às condições pessoais daquele que praticou o ato. Todos os elementos desta se encontram subsumidos por aquela, visto que não pode atribuir a alguém uma obrigação sem a configuração da violação de algum preceito legal ou dever para com terceiro.[20]

Em relação ao nexo causal, importa em localizar a causa que ensejou o dano. Não se atribui a responsabilidade se a conduta não levou ao dano verificado. As discussões envolvem a aplicação das teorias da equivalência das causas e da adequação da causa.

Pela primeira, mesmo que a lesão inicial não seja apropriada para provocar o evento final, deve responder aquele que deu início ao processo dos danos, não importando o surgimento posterior de fatores supervenientes.

---

[17] *Curso de Direito Civil*, 2ª ed., Rio de Janeiro, Editora Freitas Bastos, 1962, vol. V, p. 227.
[18] *Da Responsabilidade Civil*, ob. cit., vol. II, p. 435.
[19] *Responsabilidad por Daños*, Parte General, Buenos Aires, Argentina, 1971, tomo I, p. 104.
[20] Serpa Lopes, *Curso de Direito Civil*, ob. cit., vol. V, p. 191.

Pela segunda, aceita-se a causa que se apropria ao fato danoso verificado, não se valorando o mero incidente inicial, o qual proporcionou um simples dano, que veio a se agravar por outras causas.

Alfredo Orgaz bem adequadamente sustenta faltar o nexo causal "en el caso de que la predisposición del sujeto determine un daño manifestamente desproporcionado en el resultado normal de la acción antijurídica: así, en el ejemplo antes señalado de la lesión leve que produce la muerte a causa de la hemofilia que padecía la víctima, o del ligero golpecillo dado en la cabeza y que determina la muerte en razón de que el sujeto padecía de una debilidad de los huesos craneanos... En estos casos, la acción del agente no puede considerarse adecuado para producir la muerte, y ésta se reputa meramente casual o fortuita. Pero si la acción era por sí misma adecuada para ese resultado, es indiferente que éste se haya producido con la colaboración de las predisposiciones de la víctima".[21]

A responsabilidade do autor direto mede-se de acordo com a natureza da lesão. Pelos eventos que aparecerem, provocados pela natureza da lesão. Pelos eventos que aparecerem, provocados por causas outras, o responsável é a pessoa que os originou por sua culpa.

Aproveitando-se, em parte, a teoria da equivalência das causas, exposta por Mazeaud e Mazeaud, inspirada em Von Buri, segundo a qual todos os acontecimentos que concorreram para a produção do dano são causas do mesmo, diremos que respondem pela indenização não apenas quem deu o primeiro passo para o evento, mas igualmente aqueles que participaram para o desenlace final. No entanto, cumpre notar, desde que os agentes procederam culposamente e as ações tiveram um papel decisivo, neste ponto, a teoria da causalidade adequada, de Von Kries, pela qual a relação entre o acontecimento e o dano resultante deve ser adequada, cabível, apropriada.

Não se atribuindo toda a responsabilidade ao que desencadeou o fato, mas a todos os que atuaram com ações adequadas ao resultado, cada partícipe reparará apenas "les consequences naturelles et probables de la faute",[22] ou de sua ação.

Divide-se a responsabilidade em proporção à gravidade das causas, mas, observe-se, desde que constituam causas. Não se trata de gravidade de culpa, e sim de causalidade. Na primeira, há concorrência de atos para o mesmo resultado, para determinada lesão, e não para decorrências subsequentes, em que cada autor responde pelo fato que praticou.

---

[21] *El Dano Resarcible*, Buenos Aires, Editorial Bibliográfica Argentina, 1962, p. 149.
[22] Henri e Léon Mazeaud, *Traité Théorique et Pratique de la Responsabilité Civile*, 4ª ed., 1949, Tome II, Paris, Sirey, p. 358.

9. RESPONSABILIDADE SUBJETIVA

Pela teoria da responsabilidade subjetiva, só é imputável, a título de culpa, aquele que praticou o fato culposo possível de ser evitado. A responsabilidade não incide quando o agente não pretendeu nem podia prever, tendo agido com a necessária cautela.

No sentir de Caio Mário da Silva Pereira, "a conduta humana pode ser obediente ou contraveniente à ordem jurídica. O indivíduo pode conformar-se com as prescrições legais, ou proceder em desobediência a elas. No primeiro caso, encontram-se os atos jurídicos... No segundo, estão os atos ilícitos concretizados em um procedimento em desacordo com a ordem legal".[23]

O ato jurídico submete-se à ordem constituída e respeita o direito alheio, ao passo que o ato ilícito é lesivo ao direito de outrem. Daí que se impõe a obrigatoriedade da reparação àquele que, transgredindo a norma, causa dano a terceiro.

O ato ilícito decorre da conduta antissocial do indivíduo, manifestada intencionalmente ou não, bem como por comissão ou omissão, ou apenas por descuido ou imprudência. Vale afirmar que o ato ilícito nasce da culpa, no sentido amplo, abrangendo o dolo e a culpa propriamente dita, distinção não importante para a reparação do dano. Por isso, a indenização é imposta a todo aquele que, por ação ou omissão voluntária, negligência ou imprudência, violar direito ou causar prejuízo. A conduta antijurídica se realiza com o comportamento contrário ao direito, provocando o dano. A formação do nexo causal entre aquela conduta e a lesão provocada enseja a responsabilidade.

É ela responsabilidade por fato próprio se o agente provoca o dano. Diz-se por fato de terceiro, se existe vínculo jurídico causal com o terceiro; e denomina-se pelo fato das coisas quando o dano é causado por um objeto ou animal, cuja vigilância ou guarda é imposta a uma pessoa.

10. RESPONSABILIDADE OBJETIVA

A par da responsabilidade em virtude de ato ilícito, há a responsabilidade desvinculada do pressuposto da conduta antijurídica, não se questionando a respeito da culpa. É a responsabilidade objetiva, pela qual a obrigação de reparar o dano emerge da prática ou da ocorrência do fato.

Isto porque o conceito de culpa é insuficiente para justificar o dever de satisfazer muitos prejuízos. Nem todos os males que acontecem se desencadeiam por motivo de atitudes desarrazoadas ou culposas. Basta, para obrigar, a causalidade entre o mal sofrido e o fato provocador.

---

[23] *Instituições de Direito Civil*, ob. cit., vol. I, p. 451.

Foi nos meados do século XIX que se esboçou o movimento jurídico contrário à fundamentação subjetiva da responsabilidade. Sentiu-se que a culpa não abarcava os numerosos casos que exigiam reparação. Não trazia solução para as várias situações excluídas do conceito de culpa. O pensamento deu origem à teoria da objetiva da responsabilidade, que encontrou campo favorável na incipiente socialização do direito, em detrimento do individualismo incrustado nas instituições. Fundamentalmente, é a tese que defende o dever de indenizar pela simples verificação do dano, sem necessidade de se cogitar do problema da imputabilidade do evento à culpa do agente.

De certa forma, partiu-se de um pressuposto largamente aceito hoje em dia, que é o da responsabilidade do proprietário pelos danos provocados por seus bens. Assumiu relevância a questão quando se observava, numa progressão espantosa, o aumento de instrumentos industrializados, cujo uso aumentava as potencialidades humanas, mas oferecendo certo perigo não só aos que os manuseavam, como também a terceiros, que involuntariamente se envolviam com eles. Pelo fato de dispor das vantagens e dos resultados produzidos, entendeu-se decorrer a responsabilidade por todas as consequências, independentemente da questão da culpa. Foi o que os juristas chamaram de risco-proveito. A só existência da máquina já coloca o proprietário numa atitude de obrigação perante a vítima atingida por seus efeitos. Pondo-a em funcionamento, surgem os riscos de prejuízos para estranhos, dando margem ao dever de suportar o justo ônus dos encargos. Chega-se a uma situação de tamanho massacre do homem pelo desenvolvimento da técnica e da ciência que somos forçados a assegurar, com a maior amplitude, a indenização das vítimas, cada vez mais numerosas.

Os acontecimentos prejudiciais aos interesses e ao patrimônio do lesado não encontram explicação em uma conduta censurável do agente. A vida, cada vez mais complexa, nos põe diante de numerosas situações sem que em relação a elas influa o proceder da pessoa. Não é aceitável ficar o homem a descoberto dos prejuízos advindos. É o caso do acidente de trabalho, do prejuízo provocado pela queda de uma parede sobre a propriedade do vizinho, ou sobre um bem de terceiros.

Hipóteses há em que o elemento culpa é tão leve e imperceptível que passa quase desapercebido. É muito perigoso deixar ao arbítrio do seu exame, das limitações do indivíduo, a sua constatação. No acidente provocado por animal, tem-se entendido que a simples fuga do interior de um cercado já é suficiente para tipificar a culpa *in vigilando*, mesmo revelando o proprietário cuidados e diligências incomuns nas medidas atinentes à segurança alheia. Às vezes, fala-se em culpa presumida, sequer reclamando-se a demonstração, como no seguinte julgado: "A culpa presumida dos requeridos, patrões do preposto causador do dano, no mínimo, refere-se à culpa *in eligendo* e culpa *in vigilando*, pois é inquestionável a sua responsabilidade, que não exerce a necessária vigilância sobre seu empregado dando ensejo para que este pratique ato delituoso de forma culposa; desta forma, a Corte Suprema sumulou: 'É presumida a culpa do patrão ou comitente pelo ato culposo do empregado ou preposto'. Tal presunção é *juris et de jure*, vez que, provada a culpa do preposto, está fixada a responsabilidade civil do preponente, não lhe assistindo defesa capaz de afastar de si a responsabilidade que, para ele, defluirá do só fato delituoso do empregado".[24]

Os autores justificam a sua existência com a teoria do risco. Todo aquele que dispõe de um bem deve suportar o risco decorrente, a que se expõem os estranhos. Com maior razão, quando o bem é instrumento que oferece perigo.

O Código Civil de 2002 implantou a responsabilidade objetiva como regra geral, verificada, a par das previsões específicas da lei, em atividades ou profissões de risco. O parágrafo único do art. 927 estabelece: "Haverá obrigação de reparar o dano, independentemente de culpa, nos casos especificados em lei, ou quando a atividade normalmente desenvolvida pelo autor do dano implicar, por sua natureza, risco para os direitos de outrem".

Coloca-se a disposição mais como princípio, já que se revela genérica.

11. APLICAÇÃO DA RESPONSABILIDADE SUBJETIVA E OBJETIVA

Acontece que, no caso da tradição do direito brasileiro, como ocorre, de forma mais ou menos acentuada, na generalidade dos sistemas, a responsabilidade fundamentava-se primordialmente na teoria da culpa subjetiva. O art. 186 do Código vigente, quase reproduzindo o art. 159 do Código anterior, em redação com maior perfeição técnica e envolvendo o dano moral, reza: "Aquele que, por ação ou omissão voluntária, negligência ou imprudência, violar direito e causar dano a outrem, ainda que exclusivamente moral, comete ato ilícito". Há também o ato ilícito, produzido pela culpa, decorrente do excesso no exercício do direito, contemplado no art. 187: "Também comete ato ilícito o titular de um direito que, ao exercê-lo, excede manifestamente os limites impostos pelo seu fim econômico ou social, pela boa-fé ou pelos bons costumes".

Não temos um conceito de culpa, mas os termos conduzem ao conteúdo embasador da responsabilidade. A reparação do dano tem como pressuposto a prática do ato ilícito. Ele gera a obrigação de ressarcir o prejuízo causado. A menor desatenção, a mais insignificante falta, trazendo resultado nocivo, determinam a indenização.

Mas não foi abandonado o sistema objetivo, mesmo anteriormente ao vigente Código, o que se revelava certo, pois ambos os fundamentos, unilateralmente aplicados, se vislumbravam insuficientes para a solução da problemática da responsabilidade. E assim é. Ora encontramos amparo numa das teorias, ora na outra. Há obrigações provocadas pelo fato em si, como no acidente do trabalho. Em outras situações, mesmo se o proprietário empresta o veículo

---

[24] TJMG. Apelação nº 22.585. 2ª Câm., de 17.08.1999, em *Revista dos Tribunais*, 778/354.

à pessoa experiente e habilitada, é ele chamado a responder pelos estragos causados por meio de seu carro. Não importa a inexistência de culpa no ato do empréstimo. Interessa a ação do condutor, reveladora de culpa no evento. Pelos atos dos filhos menores, a responsabilidade dos pais é consequência natural. A noção de culpa é insuficiente para dar cobertura a todos os casos de danos. Observa-se que ações lesivas a terceiros podem ser cometidas por aqueles, sem possibilidade de cominar-se a menor culpa aos pais. Daí que há manifestações como a de G. Marton, verberando a teoria subjetiva, por não ter conseguido corresponder à ideia de uma responsabilidade sã e vigorosa.[25] Os civilistas franceses Saleilles e Josserand voltam-se frontalmente contra este sistema, apregoando, sem maiores rodeios, a necessidade de substituir a culpa pela causalidade, embora restrinja o último sua doutrina às coisas inanimadas.

Entre nós, Alvino Lima, já em tempos antigos, grande conhecedor da matéria, peremptoriamente ousou alardear: "Os problemas da responsabilidade são tão somente os da reparação de perdas. Os danos e a reparação não devem ser aferidos pela medida da culpabilidade, mas devem emergir do fato causador da lesão de um bem jurídico, a fim de se manterem incólumes a interesses em jogo, cujo desequilíbrio é manifesto se ficarmos dentro dos estreitos limites de uma responsabilidade subjetiva".[26]

O risco está na base de tudo, prosseguem os objetivistas. Saleilles argumenta que é mais equitativo e mais conforme à dignidade humana que cada qual assuma os riscos de sua atividade voluntária e livre.[27]

A responsabilidade objetiva tem logrado razoável aceitação no STJ, quando o fato lesivo decorre do exercício de atividades, como o das instituições bancárias: "Os bancos depositários são, em tese, responsáveis pelo ressarcimento dos danos materiais e morais causados em decorrência do furto ou roubo dos bens colocados sob sua custódia em cofres de segurança alugados aos seus clientes, independentemente da prévia discriminação dos objetos ali guardados" (Recurso Especial nº 767.923/DF, da 4ª Turma, j. em 05.06.2007, *DJ* de 06.08.2007).

No entanto, há ponderações a serem feitas.

A aceitação plena e incondicionada compromete a teoria, levando-a ao extremismo. Estabelecer o dever de indenizar pelo simples fato da causalidade é chegar-se às maiores incongruências. É provocar verdadeiro desassossego à vida. Todos os prejuízos conduziriam à reparação. O comerciante melhor contemplado, em um ponto de comércio, seria obrigado a indenizar outro prejudicado pela concorrência. A condenação, por um crítico, de certo livro implicaria o dever de reparar a redução da vendagem decorrente da análise negativa. A

---

[25] *Les Fondaments de la Responsabilité Civile*, Paris, 1958, nº 58, p. 151.
[26] *Da Culpa ao Risco*, São Paulo, l938, p. 101.
[27] Apud *Da Responsabilidade Civil*, de Aguiar Dias, ob. cit., vol. I, p. 70.

propaganda contra o uso do fumo provocaria o direito do fabricante em pedir o ressarcimento pela redução na comercialização etc.

Em síntese, a responsabilidade objetiva configura-se mais quando leis específicas asseguram a indenização, como nos seguros. Nos acidentes de trânsito, a culpa é a força máxima que desencadeia a responsabilidade. Mas o fato em si tem importante relevância, pendendo a presunção sempre em favor da vítima. Ao agente causador do evento compete demonstrar a ausência de culpa. A situação acontecida é considerada a favor do lesado. Prevalece a aparência da culpabilidade do agente provocador.

O Código Civil revogado tinha em conta o ato ilícito em si, como fator de responsabilização. Seria ele que acarretaria o vínculo da obrigação, se danos provocou. Considerava-se ilícito porque praticado contra o direito, com reflexos patrimoniais negativos. Fundamentalmente, este o critério para embasar a responsabilidade, que perdura no Código de 2002, mas que, dando um grande passo, implantou a responsabilidade objetiva quase em igual envergadura que a subjetiva.

Foi alterado o sistema que vigorava no Código anterior, embora, na prática, em face da inteligência imposta pela doutrina e pela jurisprudência, já se impusesse a responsabilidade objetiva das pessoas pelos atos nocivos praticados por outras que se encontravam sob a sua vigilância, ou o seu comando, ou a sua guarda, ou a sua subordinação.

Dois os dispositivos que tratam presentemente da matéria em situações práticas: os arts. 932 e 933.

Eis a redação do art. 932, que equivale ao art. 1.521 do Código revogado:

> "São também responsáveis pela reparação civil:
>
> I – os pais, pelos filhos menores que estiverem sob sua autoridade e em sua companhia;
>
> II – o tutor e o curador, pelos pupilos e curatelados, que se acharem nas mesmas condições;
>
> III – o empregador ou comitente, por seus empregados, serviçais e prepostos, no exercício do trabalho que lhes competir, ou em razão dele;
>
> IV – os donos de hotéis, hospedarias, casas ou estabelecimentos onde se albergue por dinheiro, mesmo para fins de educação, pelos seus hóspedes, moradores e educandos;
>
> V – os que gratuitamente houverem participado nos produtos do crime, até a concorrente quantia".

Já o art. 933 enfatiza a responsabilidade objetiva, alterando substancialmente o texto do art. 1.523 do Código revogado: "As pessoas indicadas nos incisos I a V do artigo antecedente, ainda que não haja culpa de sua parte, responderão pelos atos praticados pelos terceiros ali referidos". Como se não bastasse a regra do art. 932, que já era suficiente para atribuir a responsabilidade das pessoas que nomeia, acresceu-se a do art. 933, reafirmando com mais veemência o princípio, e nem dando ensanchas para provar a inexistência de culpa. Por imposição das regras, todo e qualquer dano causado pelas pessoas mencionadas no art. 932 é reparável pelos que desempenham a guarda ou vigilância, não logrando qualquer êxito a escusa ou a excludente com base na a inexistência de culpa.

Há um dever objetivo de guarda e vigilância imposto aos pais, tutores e curadores. Pelo texto que está na lei extrai-se que o dever de guarda e vigilância se impõe àquele que exerce um poder de mando ou uma autoridade sobre outras pessoas, mantendo-se enquanto as mesmas permanecem na sua companhia. Responsabilizam-se o pai, o tutor, o curador, o empregador, o que hospeda caso se demonstre a culpa do filho menor, do pupilo, do curatelado, do empregado, do interno, do hóspede. Desde que praticado o ato de modo culposo, ofensivo, provocador de danos, responsabilizam-se aqueles que exercem um poder de vigilância ou guarda, independentemente de sua culpa. Não mais se indaga se violado o dever de vigilância ou de guarda. Por outras palavras, os pais são chamados a indenizar pelo fato de serem pais; e, assim, os tutores ou curadores porque estão revestidos do encargo, nem se levando em consideração que estão exercendo um múnus público, ou que prestam um favor, ou que atenderam a um chamado para a solidariedade. Da mesma forma quanto aos empregadores ou comitentes, aos donos de hotéis etc.

A responsabilidade, pois, dos pais, tutores, curadores, do comitente, do empregador, do dono de hotel, de hospedagem, de estabelecimento de albergue passou a constituir como uma garantia ou um seguro para assegurar o ressarcimento das consequências danosas dos atos daqueles que lhes são confiados, ou lhe estão submissos, ou são colocados sob sua vigilância e guarda. Não se dispensa, no entanto, a prova da culpa verificada na prática do ato prejudicial pelos que se encontram sob guarda ou vigilância.

Mais situações especiais vêm disciplinadas.

Assim o parágrafo único do vigente art. 649, que equivale ao parágrafo único do art. 1.284 do Código revogado: "Os hospedeiros responderão como depositários, assim como pelos furtos e roubos que perpetrarem as pessoas empregadas ou admitidas nos seus estabelecimentos".

Por sua vez, ao art. 929 do atual diploma civil, equivalente ao art. 1.519 do Código revogado: "Se a pessoa lesada, ou o dono da coisa, no caso do inciso II do art. 188, não forem culpados do perigo, assistir-lhes-á direito à indenização do prejuízo que sofreram".

Esclareça-se que o inc. II do art. 188 (inc. II do art. 160 do Código revogado) afasta da inclusão de ato ilícito "deterioração ou destruição da coisa alheia, ou a lesão a pessoa, a fim de remover perigo iminente".

O art. 930 (art. 1.520 do Código de 1916): "No caso do inciso II do art. 188, se o perigo ocorrer por culpa de terceiro, contra este terá o autor do dano ação regressiva para haver a importância que tiver ressarcido ao lesado".

O art. 936 (art. 1.527 do Código anterior), a respeito dos danos provocados por animais, em princípio tem caráter de responsabilidade objetiva, admitidas como exceções a prova de culpa da vítima ou a ocorrência de força maior: "O dono, ou detentor, do animal ressarcirá o dano por este causado, se não provar culpa da vítima ou força maior".

Também o art. 937 (art. 1.528 do Código revogado), com preponderância da responsabilidade com amparo na culpa: "O dono de edifício ou construção responde pelos danos que resultarem de sua ruína, se esta provier de falta de reparos, cuja necessidade fosse manifesta".

O art. 938 (art. 1.529 do Código de 1916): "Aquele que habitar prédio ou parte dele, responde pelo dano proveniente das coisas que dele caírem ou forem lançadas em lugar indevido".

A legislação especial regulamenta várias situações de responsabilidade objetiva pelo fato da coisa, citando-se com o exemplo o contrato de transporte (Decreto nº 2.681, de 7.12.1912), que obriga a indenizar os danos provocados pelo veículo independentemente de culpa.

12. SITUAÇÕES EXCLUDENTES DE ILICITUDE

Há situações que provocam prejuízos ao direito de outrem, mas não constituem atos ilícitos. Porque incluídos no rol de direitos subjetivos, relacionados à ordem jurídica, são sancionados e protegidos pela lei. Enquadram-se no exercício do direito garantido às pessoas, não podendo, pois, sofrer a repulsa nas suas consequências. Mesmo que presente o dano, e embora verificada a relação de causalidade entre a ação do agente e o dano a uma pessoa ou aos bens alheios, não decorre o dever de indenizar. A ação humana torna-se legítima, não sofrendo recriminação legal. As hipóteses que se enquadram na isenção de responsabilidade aparecem contempladas em lei, que retira dos atos a qualificação de ilicitude. São previsões legais escusativas, vindo arroladas no art. 188 do Código Civil (art. 160 do Código de 1916), na seguinte redação:

> "Não constituem atos ilícitos:
>
> I – os praticados em legítima defesa ou no exercício regular de um direito reconhecido;
>
> II – a deterioração ou destruição da coisa alheia, ou a lesão a pessoa, a fim de remover perigo iminente".

Constam previstos atos cujos conteúdos são tão importantes e necessários que sobressaem às consequências, ficando legitimados ou não comportando a repulsa.

Segue-se a análise discriminada de cada uma das situações que, embora os prejuízos que provocam, excepcionalmente não reclamam a sanção legal, ou o ressarcimento.

a) *A legítima defesa*

O art. 188, inc. I, (art. 160, inc. I, da lei civil revogada) considera não ilícitos os atos praticados em legítima defesa ou no exercício regular de um direito reconhecido.

Reconhecida a legítima defesa pela sentença penal que transitou em julgado, em face das disposições acima, não é possível reabrir a discussão sobre essa excludente de criminalidade, no âmbito civil. O juiz civil aceita aquilo que ficou reconhecido no juízo penal: "A absolvição baseada no requisito da legítima defesa vincula o juiz civil, pois o ato praticado em legítima defesa é também considerado lícito na esfera civil...".[28]

Não se pense, porém, que a excludente necessita do prévio reconhecimento no juízo penal para valer em matéria cível. Independentes são os campos, podendo vir alegada em qualquer esfera, e prevalecendo se perfeitamente provada.

O indivíduo exerce um direito ao defender a sua pessoa ou os bens que lhe pertencem, direito que emana diretamente da personalidade ou da natureza humana. De acordo com Carvalho Santos, cujos ensinamentos mantêm-se atuais, pois equivalentes as disposições do anterior Código ao vigente, para valer a isenção de responsabilidade devem concorrer os seguintes requisitos, que provêm do direito penal, onde é tratada a legítima defesa: "a) Agressão atual; b) impossibilidade de prevenir ou obstar a ação ou invocar e receber socorro de autoridade pública; c) ausência de provocação que ocasionasse a agressão, ou, em outros termos, a injustiça da agressão".[29] Mais especificamente, com base em Nelson Hungria, Serpa Lopes aponta os elementos assim descritos: "a) agressão atual ou iminente e injusta; b) preservação de um direito, próprio ou de outro; c) emprego moderado dos meios necessários à defesa".[30]

A legítima defesa pode ser própria ou de outrem, não se limitando à proteção da vida, e sim compreendendo todos os direitos aptos a serem lesados. Mas, tratando-se da honra, modifica-se a situação: não se exclui a indenização. É evidente que, no âmbito do direito civil, não se considera a ofensa simplesmente moral como conceito da mesma espécie que o homicídio, perpetrado ou tentado. Trata-se de valores incomensuráveis, insuscetíveis de medida comum por intermédio de critérios racionais.

Quando o ato praticado em legítima defesa faz resultar lesão em pessoa estranha à agressão, a responsabilidade para com esta subsiste. Lembra Carvalho Santos, reportando-se ao dano sofrido por um termo estranho à agressão injusta que deu causa à repulsa: "A agride B; B defende-se. Mas o golpe desferido

---

[28] *Revista Trimestral de Jurisprudência*, 83/649.
[29] *Código Civil Brasileiro Interpretado*, 10ª ed., ob. cit., vol. III, p. 333.
[30] *Curso de Direito Civil*, ob. cit., vol. I, p. 481.

por ele em A vai atingir também C, que passava pelo local. B fica obrigado a indenizar C, muito embora o ato se considere crime justificável".[31]

Pontes de Miranda é do mesmo parecer: "O dano a terceiro, ou coisa de terceiro (não só a coisa, art. 1.520, parágrafo único), é ressarcível; porque é contrário a direito, defendendo-se de A, lesar B; aí, não há defesa".[32] O citado art. 1.520, parágrafo único, está reproduzido no art. 930, parágrafo único, do Código em vigor.

A legítima defesa putativa, isto é, o erro de fato sobre a existência de situação de legítima defesa, não é legítima defesa, se houve negligência na apreciação errônea dos fatos, o que é evidente, como nota o provecto autor.

b) *O exercício regular de um direito reconhecido*

Os atos cometidos no exercício regular de um direito reconhecido constam previstos no inc. I do art. 188 (inc. I do art. 160 do diploma civil de 1916), sob a afirmação de que não constituem delitos, ou não são ilícitos.

Para a doutrina, não há exercício regular de direito se decorre transgressão à lei. Adverte Aguiar Dias: "No exercício regular de direito reconhecido será preciso indagar se não está ele, por uma das muitas razões que justificam a aplicação da doutrina objetiva, submetido a critério mais largo que o da culpa, para constituição da obrigação de reparar".[33] Nota-se a tendência em determinar a indenização, na hipótese de acontecer, eventualmente, uma situação de ofensa a um bem de outrem, apesar de praticada com apoio em tal princípio. De modo um tanto forte, sentencia Cunha Gonçalves: "O exercício do direito não é obrigatório; o seu titular ou sujeito pode realizá-lo, ou não, ou exercê-lo só em parte ou do modo que lhe aprouver. Excetuam-se os direitos que são também deveres, como o poder familiar, a tutela etc."[34]

Pondera Carvalho Santos que o exercício do direito, embora possa gozar da mais ampla liberdade, não pode ir além de um justo limite: "Por isso que todo direito acaba onde começa o direito de outrem".[35] Sintetizando a doutrina francesa, lembra que "todo direito deve ter por limite a satisfação de um interesse sério e legítimo". Para ser legítimo, cumpre que seja normal.

Pontes de Miranda explica como há de se considerar a hipótese para excluir a ilicitude: "Se há dano, o que exerça o direito comete ato ilícito, salvo se regularmente o exerça, donde o ônus da prova, no direito brasileiro, ir ao

---

[31] *Código Civil Brasileiro Interpretado*, ob. cit., vol. III, p. 333.
[32] *Tratado de Direito Privado*, 4ª ed., São Paulo, Editora Revista dos Tribunais, 1974, vol. II, p. 885.
[33] *Da Responsabilidade Civil*, ob. cit., vol. II, p. 885.
[34] *Tratado de Direito Civil*, ob. cit., vol. I, tomo I, p. 475.
[35] *Código Civil Brasileiro Interpretado*, ob. cit., vol. III, p. 340.

culpado do dano, e não ao que sofreu, pois a esse somente incumbe provar o dano e a culpa, apontando a contrariedade do direito. O que alega ter sido o ato praticado no exercício regular do direito é que tem de provar esse exercício e essa regularidade".[36]

Por conseguinte, se o exercício de um direito provocar dano e não era praticado regularmente, constitui abuso de direito, entrando no mundo dos atos ilícitos. Em síntese, ou há abuso de direito, ou a justiça aconselha a indenização pelo critério da responsabilidade objetiva. Não é coerente sofra a vítima, inocentemente, lesões em seus bens, ou na sua pessoa porque o ofensor agiu com respaldo em um direito seu reconhecido pela lei. É possível que inexista a ilicitude, mas sem subtrair o dever de indenizar o dano resultante.

A autoridade de Jorge Giorgi dá força a esta exegese: "El critério que vamos buscando consiste únicamente en investigar si de parte del ofendido existia un derecho por el que le estaba garantido lo que perdió. En verdad, no hay derecho contra derecho; y es absurdo que el ejercicio del derecho propio pueda conducir a la violación del derecho ajeno, no pudiendo proteger la ley contemporáneamente el interés del perjudicado y el interés contrario del que causa el perjuicio. Por no haber reflexionado en esta verdad de buen sentido, algunos escritores han caído en el absurdo de reducir a puro juego de palabras al axioma *qui iure suo utitur, nemini iniuria facit*; sin comprender que la violación del derecho ajeno no puede nunca justificarse como ejercicio de derecho propio, porque no es legítima".[37]

Com respaldo neste ensinamento, que se generaliza no conceito da doutrina mais abalizada, indaga-se da possibilidade de acontecerem acidentes de trânsito amparados no excludente do exercício regular do direito. O condutor será envolvido em alguma situação lesiva a terceiros unicamente porque o exercício de um direito o obrigou?

É difícil acontecer a hipótese. Suponha-se que se pratique um abalroamento para salvar a sua vida. A salvação da vida é um direito garantido a todas as pessoas. Mas aí a figura converte-se em estado de necessidade. Embora se livre a pessoa da responsabilidade criminal, a indenização civil é um dever inderrogável. Em outras circunstâncias da vida, há casos de isenção de responsabilidade, como ilustra o já citado Giorgio: "Por derecho natural y civil a un tiempo es lícito disponer y usar de las cosas propias, así como de nuestra actividad, como nos parezca, aun en perjuicio de los intereses ajenos, siempre que no se viole un derecho de tercero. Quien excava en su terreno y corta la vena de agua al pozo el vecino; quien cultivando el terreno propio rompe las raíces a los árboles del colidante...; quien levanta un edificio, o planta un árbol

---

[36] *Tratado de Direito Privado*, ob. cit., vol. II, p. 291.
[37] *Teoría de las Obligaciones*, trad. ao espanhol da 7ª edição italiana, Madrid, Edição Reus, 1929, vol. 5º, p. 264.

a la distancia legal, pero haciendo esto quita luces o vistas al vecino que no goza de una servidumbre, no comete injuria, ni queda tenido a indemnización de daños, porque usa de su derecho".[38] Não incide o dever de indenizar, nas hipóteses mencionada, porque a lei permite o exercício do direito. No entanto, não havendo a isenção expressa da lei, cabe o ressarcimento.

c) *O estado de necessidade*

Expõe Hélio Tornaghi: "Quanto ao estado de necessidade, convém lembrar que nem sempre ele torna o ato danoso civilmente lícito, mas apenas na hipótese do art. 160, II, e sob as condições do parágrafo único desse mesmo artigo. Portanto, é também sem importância, a não ser na hipótese do art. 160, II, do CC, que haja ou não coisa julgada na esfera penal sobre o estado de necessidade".[39]

A previsão do inc. II do art. 188 (inc. II do art. 160 do diploma civil revogado) consiste na "deterioração ou destruição da coisa alheia, ou a lesão a pessoas, a fim de remover perigo iminente". O parágrafo único do art. 188 (parágrafo único do art. 160 da lei civil anterior) restringe a aplicação da exceção aos casos em que as circunstâncias tornarem o ato absolutamente necessário, e desde que não se excedam os limites do indispensável para a remoção do perigo.

Salienta-se que o art. 929 (art. 1.519 do diploma civil de 1916) prescreve que assiste à pessoa lesada, ou ao dono da coisa, a indenização pelo prejuízo sofrido, se não forem culpados do perigo, previsão que praticamente afasta situações desamparadas da proteção. Já o art. 930 (art. 1.520 do Código revogado) garante ao autor do dano o direito de regresso contra o terceiro provocador do mal, para haver a importância que tiver ressarcido ao dono da coisa.

O estado de necessidade, leciona Cunha Gonçalves, "é uma situação de fato, em que uma pessoa, para se livrar de um perigo desencadeado, sacrifica outra pessoa ou coisa alheia".[40] No plano dos interesses, há um conflito, desencadeando-se o ferimento do direito de outrem, que foi posto em colisão com o do autor da lesão. Aí, sempre se assegura o direito de indenização, a menos que o lesado tenha provocado o perigo. Por isso, "o que pratica o ato em estado de necessidade tem de indenizar o dano que cause, não porque o seu ato seja ilícito (art. 159), não o é (art. 160, I), pois que se lhe preexcluiu a própria contrariedade a direito. Há colisão de interesses, a que o legislador teve de dar solução; e aprouve-lhe meter tais atos no rol dos atos-fatos. Este o ponto cientificamente mais importante. O dever de indenizar cabe ao agente,

---

[38] *Teoría de las Obligaciones*, ob. cit., vol. 5º, p. 262.
[39] *Comentários ao Código de Processo Civil*, São Paulo, Editora Revista dos Tribunais, 1976, vol. I, tomo 2º, p. 138.
[40] *Tratado de Direito Civil*, vol. I, tomo I, ob. cit., p. 318.

e só a ele, ainda que outrem tivesse salvo os seus interesses em virtude ou por causa do ato em estado de necessidade".[41] Os dispositivos referidos no texto correspondem aos arts. 186 e 188, inc. I, do atual diploma civil. Na linguagem do emérito jurista, o que pratica o ato em estado de necessidade é como quem respira, ou anda, ou se senta, ou se deita. O dever de reparar é eficácia do ato-fato jurídico, e não de ato ilícito. O dono da coisa, que sofreu prejuízo, portanto, tem o direito à indenização, por força do art. 929 do Código Civil (art. 1.519 do Código anterior). E o autor do dano poderá acionar o terceiro, se for o caso, isto é, se este foi culpado, para haver a importância despendida no ressarcimento ao titular da coisa.

Martinho Garcez, em primorosa obra sobre a responsabilidade civil, lembra antiga jurisprudência no sentido de que, na esfera civil, o estado de necessidade não evita a reparação do prejuízo que causar a outrem.[42]

O extinto Tribunal de Alçada do Rio Grande do Sul tinha decisão no seguinte sentido: "Se alguém, para livrar-se do perigo iminente, causa dano aos bens de outrem, por certo não pratica ato ilícito. Nem por isso, porém, desobriga-se perante o prejudicado. Daí a regra do art. 1.520 do CC. O autor imediato do dano solve a obrigação e fica com ação regressiva contra o terceiro culpado, para dele haver a importância que tiver ressarcido ao dono da coisa".[43] O art. 1.520 tem seu conteúdo reproduzido pelo art. 930 do Código em vigor.

Em outro aresto: "O causador do dano que age em estado de necessidade responde perante a vítima inocente, ficando com ação regressiva contra o terceiro que causou o perigo".[44]

E o Supremo Tribunal Federal: "Sentença absolutória no juízo criminal. Ainda que tenha reconhecido o estado de necessidade ou ausência de culpa criminal, não arrebata ao causador de grave dano o dever de indenizá-lo". Na fundamentação do acórdão: "O que causou o dano, se a culpa não foi do ofendido, é obrigado a indenizar, ainda que o ato praticado seja lícito, com fundamento no estado de necessidade... ou em defesa de outrem... O estado de necessidade não dá lugar, ele mesmo, a um direito autônomo, que tenha por conteúdo o poder de realizar um ato que viole o direito alheio".[45]

Assinalou Aguiar Dias: "O estado de necessidade, ato ilícito, por sua natureza, não afasta, só por isso, a obrigação de indenizar. O caráter da responsabilidade civil, resultante do ato praticado em estado de necessidade, é objetivo e não subjetivo".[46]

---

[41] Pontes de Miranda, *Tratado de Direito Privado*, ob. cit., vol. II, p. 299.
[42] *Prática da Responsabilidade Civil*, 3ª ed., São Paulo, Editora Saraiva, 1975, p. 222.
[43] *Julgados do Tribunal de Alçada do RGS*, 342/272.
[44] *Revista dos Tribunais*, 454/86.
[45] *Revista Trimestral de Jurisprudência*, 81/542.
[46] *Da Responsabilidade Civil*, ob. cit., vol. II, p. 884.

De modo que transparece a unanimidade de entendimento da obrigação de indenizar, se o dono da coisa lesada não for culpado do perigo. Nesta ordem, se para evitar um acidente, o motorista corta bruscamente a frente de outro veículo, responderá pelos danos, pois não é justo que a vítima suporte os prejuízos físicos e materiais a pretexto da ausência de culpa de parte do autor direto do evento. Este procurará acionar o provocador de seu ato, chamando-o a juízo posteriormente, para que indenize não somente a soma entregue à vítima, mas também a lesão por ele suportada em seu veículo.

12.1. O estrito cumprimento do dever legal

Com respeito ao estrito cumprimento do dever legal, embora reconhecida a causa de exclusão pela justiça criminal, com força de coisa julgada, isto não impede ao juízo cível conhecer do fato, para que se meça a extensão da agressão ou da conduta lesiva, e se avalie o grau de culpa com que o ato tenha sido praticado. Este o magistério de Hélio Tornaghi: "É absolutamente irrelevante no juízo cível que no criminal se haja decidido ter sido o ato danoso praticado no estrito cumprimento do dever legal. Tal circunstância exclui a ilicitude penal, mas não a civil. Nem do art. 159, nem do art. 160 do CC se infere a licitude civil do ato praticado no estrito cumprimento do dever legal. Ao contrário, o que é justo e razoável é que o dano seja ressarcido ou reparado. Na maioria dos casos (aqueles a que os alemães chamam *polizeinot stand*), o problema cai naquele outro das indenizações em direito público".[47] Os arts. 159 e 160 retro citados equivalem aos arts. 186 e 188 do vigente Código Civil.

Com razão indaga Aguiar Dias, mantendo-se a atualidade da colocação: "Que dever legal é, de fato, o que pode causar dano impune? Compreende-se que isente de responsabilidade criminal, mas dá-lo sempre como causa de exoneração da responsabilidade civil é desconhecer o que está hoje assentado na consciência jurídica universal: todo dano injusto deve ser reparado".[48]

Diante destes doutos ensinamentos, chega-se à conclusão de que são indenizáveis os danos provocados pelo policial que, em perseguição a um meliante, projeta a viatura contra pedestre, saindo da pista por não conseguir controlar a direção, em virtude da velocidade desenfreada desenvolvida. Justifica-se o comportamento do ponto de vista funcional, mas não sob o âmbito civil e mesmo criminal.

De maneira idêntica, no tiroteio entre agentes da segurança e criminosos, em local público, não se exime o Estado da responsabilidade pelos danos decorrentes nas pessoas que foram atingidas e nas coisas prejudicadas.

---

[47] *Comentários ao Código de Processo Civil*, ob. cit., vol. I, tomo 2º, p. 138.
[48] *Da Responsabilidade Civil*, ob. cit., vol. II, p. 885.

A ambulância que apressadamente conduz o doente ao hospital, vindo a colidir em outro veículo, em razão de manobra imprudente efetuada, não se livra do dever de reparar o montante apurado dos danos, apesar da urgência do atendimento médico que exigiu o excesso de velocidade.

13. RESPONSABILIDADE CIVIL DO ESTADO

Seguramente, é a responsabilidade do Estado uma das matérias de profunda discussão doutrinária e jurisprudencial na aplicação prática. A França foi quem começou a propagar a teoria da responsabilidade do Estado pelos atos danosos de seus agentes. A ideia iniciou a se propagar depois da Revolução Francesa, firmando-se na metade do século XIX. Foi rompida a política do absolutismo do Estado, que colocava o rei ou soberano acima da própria lei. Na época do despotismo e dos regimes imperiais, nada entrava os desmandos dos monarcas e outros chefes de Estado, que ignoravam completamente os direitos mínimos dos cidadãos.

Ao longo do tempo, dividiram-se as opiniões entre os defensores da responsabilidade subjetiva e da responsabilidade objetiva. Ainda hoje perdura a controvérsia, tanto no direito estrangeiro como no nacional. Em longos pontos de vista, dividem-se os autores a favor de uma ou outra teoria, dominando, presentemente, os que consideram o Estado responsável por todos os atos que trazem prejuízos. Nessa linha, encontram-se Yussef Said Cahali,[49] o Ministro do STF Carlos Velloso,[50] Cretella Júnior,[51] e uma plêiade de outros autores, como Pedro Lessa, José de Aguiar Dias, Amaro Cavalcante, Orosimbo Nonato, Caio Mário da Silva Pereira, Mazeaud e Mazeaud etc.

No entanto, as razões que invocam não raramente revelam a confusão entre uma espécie e outra de responsabilidade. Indispensável a perfeita distinção, para a exata compreensão da matéria.

a) *Responsabilidade subjetiva*

A responsabilidade subjetiva, deixando de lado as várias teses criadas pelos doutrinadores, provém da culpa, da *faute* do direito francês, traduzida por falta. A característica é o comportamento ilícito do Estado, que não atua dentro dos critérios a que se encontrava obrigado. Há uma falta ou carência no desempenho das atividades, que alguns denominam 'falta no desempenho de sua função'. Constata-se uma deficiência no cumprimento das atividades que

---

[49] *Responsabilidade do Estado*, São Paulo, Revista dos Tribunais, 1982, p. 23.
[50] "Responsabilidade Civil do Estado", em *Revista de Informação Legislativa*, nº 96, p. 233.
[51] *O Estado e a Obrigação de Indenizar*, São Paulo, Editora Saraiva, 1980, p. 103.

lhe são afetas. Celso Antônio Bandeira de Mello diz que a responsabilidade, *in casu*, se configura sempre que advém "em decorrência de uma omissão do Estado (o serviço não funcionou, funcionou tardia ou insuficientemente), sendo, então, de aplicar-se a teoria da responsabilidade subjetiva. Com efeito, se o Estado não agiu , não pode, logicamente, ser ele o autor do dano. E se não foi o autor, só cabe responsabilizá-lo caso esteja obrigado a impedir o dano. Isto é: só faz sentido responsabilizá-lo se descumpriu dever legal que lhe impunha obstar o evento lesivo. Deveras, caso o Poder Público não estivesse obrigado a impedir o acontecimento danoso, faltaria razão para impor-lhe o encargo de suportar patrimonialmente as consequências da lesão. Logo, a responsabilidade estatal por ato omissivo é sempre responsabilidade por comportamento ilícito. E sendo responsabilidade por ato ilícito, é necessariamente responsabilidade subjetiva, pois não há conduta ilícita do Estado (embora de particular possa haver) ou imperícia (culpa) ou, então, deliberado propósito de violar a norma que o constituía em dada obrigação (dolo). Culpa e dolo são justamente as modalidades da responsabilidade subjetiva".[52]

O ato deve prender-se à prática de uma função do Estado, como, aliás, vem delineado na jurisprudência: "As pessoas jurídicas de direito público responderão pelos danos que seus funcionários causarem a terceiros, porém, sob a condição subordinativa de que seus agentes pratiquem o ato lesivo no exercício da função, ou seja, na qualidade de funcionário. Hipótese em que um soldado da Polícia Militar, por motivos absolutamente estranhos à sua atividade funcional e à paisana, distante de sua área de serviços, arrebata friamente a vida de um cidadão. Nexo funcional não caracterizado. Decisão mantida".[53]

Constitui função do Estado o conjunto de poderes criados, distribuídos e dirigidos pelo governo, e cuja atividade na execução dos serviços públicos empregados para atender às necessidades e interesses coletivos, e conveniência do Estado, determina a perfeita harmonia de suas funções, no atingir os seus fins específicos.

De outro lado, os atos devem obrigatoriamente revelar alguma atuação dolosa ou culposa. Na primeira, o agente público ou o ente como órgão público ofende e vilipendia os direitos das pessoas físicas ou jurídicas, como na indevida apropriação de bens, na propositada destruição do patrimônio alheio, na deliberada inadimplência de suas obrigações. A segunda é mais frequente e aparece em centenas de modalidades, cujas infrações comuns se percebem na falta de funcionamento do serviço, na sua má apresentação ou deficiência, no retardamento em ser prestado, na simples omissão em funções ou atividades que lhe são próprias, sendo exemplos a precária fiscalização; a não reposição

---

[52] *Ato Administrativo e Direitos dos Administrados*, São Paulo, Editora Revista dos Tribunais, 1981, pp. 144 e 145.
[53] *Revista dos Tribunais*, 581/166.

de serviços essenciais à sociedade; a demora no conserto de uma rua; a não retirada de um obstáculo que nela se encontra, ou na ausência de sinalização; na displicência em afastar situações de perigo; no descaso em deslocar a força pública junto a uma multidão que está para invadir uma área de terras; na não remoção de pessoas que atrapalham a circulação de uma via; na omissão em atender o chamado de alguém que se encontra em uma situação de perigo; na inércia em intervir para reprimir uma horda de pessoas que provoca a destruição de um prédio.

Nos exemplos apontados, como em qualquer situação de falta na prestação do serviço afeta à administração pública, sempre se encontra o elemento culpa. A deficiência do atendimento decorre de negligência ou imperícia. Assim, o disparo de arma de fogo pelo policial, atingindo pessoa estranha à que se encontrava praticando um assalto, denota imperícia ou despreparo do agente da segurança.

Trata-se da culpa administrativa, que se evidencia na inexistência do serviço, no seu mau funcionamento, ou no retardamento da prestação, como é aplicado pelos pretórios: "A administração pública responde civilmente pela inércia em atender a uma situação que exigia a sua presença para evitar a ocorrência danosa".[54] "Quando o comportamento lesivo é omissivo, os danos não são causados pelo Estado, mas por evento alheio a ele. A omissão é condição do dano, porque propicia sua ocorrência. Condição é o evento cuja ausência enseja o surgimento do dano. No caso de dano por comportamento omissivo, a responsabilidade do Estado é subjetiva".[55]

Existem algumas excludentes de responsabilidade, que, na verdade, uma vez verificadas, afastam a própria culpa, de modo a revelar um contrassenso a sua indicação. De qualquer forma, mais no sentido de evidenciar quando desaparece a responsabilidade, lembra-se que são as mesmas que aparecem no art. 160, e já analisadas no item anterior. Acrescentam-se a força maior ou o caso fortuito, e a culpa da vítima, em que os danos decorrem de fatos ou circunstâncias inevitáveis, ou são consequências da má conduta da vítima.

b) *Responsabilidade objetiva*

Já a responsabilidade objetiva importa em assumir o Estado a obrigação de indenizar ou reparar todo e qualquer dano que a pessoa sofre em decorrência de um ato ou omissão de seus agentes, desde que vinculado a uma de suas funções. Por essa teoria, o dano, *v.g.*, causado a um bem de terceiro por um agente ou bem público importa em indenizar, sem perquirir da existência ou não da culpa do causador. Equivale à assunção do risco integral, ou do risco administrativo, pelo qual o Estado arca com a indenização dos prejuízos su-

---

[54] *Revista de Direito Administrativo*, 97/177.
[55] *Julgados do Tribunal de Justiça de São Paulo – Lex*, 183/76.

portados por alguém, sem se indagar do elemento culpa, como acontece com o seguro de acidente do trabalho, ou nas modalidades de seguro total do veículo. Uma vez constatado o dano, decorre a responsabilidade. Tal a exegese que se imprime ao art. 37, § 6º, da Constituição Federal, que já se manifestava na interpretação que se dava ao art. 107 da Carta de 1969, e ao art. 194 da de 1946.

Se aplicada a responsabilidade fulcrada no risco integral, nasceria a obrigação de sempre se indenizar todo dano suportado pelas pessoas físicas e jurídicas, desde que da incumbência do Estado intervir ou ter a iniciativa das providências para que fosse evitado.

Embora a distinção que alguns fazem entre esse risco e a responsabilidade objetiva, os elementos que caracterizam uma e outra espécie se identificam. Encontram-se posições que apontam uma diferença de grau, sendo, todavia, difícil fixar os limites que separam as espécies.

Há, também, os que destacam a responsabilidade pelo risco integral e a pelo risco administrativo. De acordo com a primeira, o Estado responde totalmente pelos danos. Já a segunda comporta a prova, pelo Estado, da culpa do particular, medindo-se o grau de responsabilidade proporcionalmente à culpa do Estado, a qual é mitigada ou temperada conforme se constata a culpa do indivíduo. Todavia, incumbe ao Poder Público a prova da inexistência da culpa de seu agente. Pesquisa-se a relação de causa e efeito entre o dano e o ato, ou o seu nexo causal. É como já se decidiu: "A teoria do risco administrativo, embora dispense a prova da culpa da Administração quanto aos danos causados por seus agentes a terceiro, permite que o Poder Público demonstre a culpa da vítima, para excluir ou atenuar a indenização. Isto porque o risco administrativo não chega ao extremo do risco integral, não significando que a Administração deva indenizar sempre e em qualquer caso o dano suportado pelo particular. Significa apenas e tão somente que a vítima fica dispensada da prova da culpa da Administração, mas esta poderá demonstrar a culpa total ou parcial do lesado no evento danoso, caso em que a Fazenda Pública se eximirá integral ou parcialmente da indenização".[56]

Tal especificação não traz utilidade, posto que se adentra no pressuposto para a admissão da responsabilidade, situado no elemento subjetivo da culpa.

De modo que equivalem à responsabilidade objetiva a pelo risco integral e a pelo risco administrativo.

A responsabilidade objetiva, ou pelo risco integral, ou até pelo risco administrativo, pode entender-se como o dever de ressarcir o dano quando resulta do exercício legítimo e lícito de uma atividade do Estado. Frequentes as hipóteses de execução das funções próprias do Estado, que acarretam prejuízo, sem nada revelar de ilícito, mas importando em indenização. A remoção de terra para a

---

[56] *Revista dos Tribunais*, 677/138.

abertura de uma via, as escavações no solo visando à implantação de vias subterrâneas, o erguimento de prédios, dentre outras atividades, expressam a execução de funções sem que o ato tenha alguma ilegalidade. Igualmente a interrupção de atividades de terceiros, em razão de uma obra pública que as impede, demanda o ressarcimento, mas não tendo origem em elementos da culpa. Unicamente nesse campo aparece a responsabilidade objetiva, considerando-se integral o risco.

Aliás, Rui Stoco, apoiado em doutrina valiosa, nem inclui esse dever de indenização na responsabilidade: "Seriam, em verdade, danos por atividade lícita (Jean Rivero, *Droit Administratif*, Dalloz, 3ª ed., p. 253). Também Zanotini entende o ato lícito como idôneo para gerar responsabilidade da Administração (*Corso de Diritto Administrativo*, 6ª ed., 1950, vol. I, p. 278). Já Aldo Bozzi não admite a responsabilidade por atos legítimos, salientando que, nesses casos, 'a noção da responsabilidade, pelo menos no sentido tradicional, é impropriamente invocada, seja porque a responsabilidade pressupõe um fato ilegítimo e ilícito e, portanto, um *damnum injuria datum*, jurídico e não apenas econômico, pressuposto que se encontra na categoria de que estamos tratando, seja porque a soma de dinheiro que a Administração Pública deve dispor para o sacrifício particular é uma indenização e não, propriamente, um ressarcimento que pode não ser para a entidade equivalente ao sacrifício efetivamente sofrido' (*Istituzioni di Diritto Publico*, 2ª ed., Milano, Dott. A. Giuffrè Editore, 1966, p. 338).

Nestes casos de comportamentos lícitos, como na hipótese de danos ligados à situação criada pelo próprio Poder Público, o fundamento da responsabilidade estatal é, segundo Celso Antônio, uma equânime repartição dos ônus provenientes de atos ou efeitos lesivos".[57]

Não se discute a responsabilidade porque o dano é consequência de uma atividade do Estado, nem sendo possível evitá-lo. O próprio ato que ordena a prática da atividade deve prever o ressarcimento do prejuízo. Já a responsabilidade objetiva é invocada, não raras vezes, para fundamentar a indenização pelos prejuízos ocorridos em um setor no qual intervém o Estado. Nesse ângulo, procura-se a indenização porque o Estado não conseguiu evitar o roubo em uma casa bancária; porque não existiam policiais em uma determinada rua quando da ocorrência de um assalto; porque se deu a falta de luz e água devido a um acidente ou escassez desses produtos, desde que o fornecimento é feito por órgãos estatais; pela demora na conclusão de uma obra pública; pelo fato de não ter o Estado realizado obras de escoamento das águas pluviais.

Ora, se deu o Estado um pronto atendimento ao serviço solicitado; se acorreu ao chamado para evitar um assalto; se forneceu a segurança pública reclamada, não se encontram elementos para a atribuição da responsabilidade objetiva, posto que, *v.g.*, impossível a constante vigilância e fiscalização em todos os pontos e com a suficiência exigida.

---

[57] *Responsabilidade Civil*, ob. cit., p. 507.

De sorte que, desempenhada a atividade pelo Poder Público, dentro das condições que dispõe, não se vislumbra alguma culpa pelas deficiências verificadas, se não provenientes de culpa ou dolo. Não havendo omissão, retardamento, a responsabilidade não incide, posto que desempenhada a função do Estado.

A responsabilidade objetiva, na exata compreensão de seu significado, em função do art. 37, § 6º, da Carta da República, deve ser compreendida de acordo com a realidade, a viabilidade ou a disponibilidade do Estado de atender ou prestar o serviço. Se presta um serviço ligado à saúde, não cabe a indenização por falta de condições materiais e técnicas para o atendimento consoante as exigências impostas pela medicina mais avançada. A segurança que incumbe ao Estado prestar não vai a ponto de se exigir a presença da força policial em todos os pontos de uma cidade. Desde que existente o serviço, pode ser invocado quando necessário. Mas, frente a uma multidão que está para arrombar um estabelecimento comercial, não cabe demandar a responsabilidade se não teve policiais suficientes para impedir o ato de vandalismo. Diferente já a hipótese se total a omissão.

c) *O art. 37, § 6º, da CF e a responsabilidade do Estado pelos atos de seus agentes*

Passa-se a dar o sentido do art. 37, § 6º, da Constituição Federal, que é uma decorrência de tudo quanto se observou. Eis sua redação: "As pessoas jurídicas de direito público e as de direito privado prestadoras de serviços públicos responderão pelos danos que seus agentes, nessa qualidade, causarem a terceiros, assegurado o direito de regresso contra o responsável nos casos de dolo ou culpa".

Desponta o domínio da responsabilidade objetiva do Estado pelos atos dos agentes do Poder Público que revelam culpa ou dolo, que já se encontrava contemplada no art. 43 do Código Civil (art. 15 do Código anterior): "As pessoas jurídicas de direito público interno são civilmente responsáveis por atos dos seus agentes que nessa qualidade causem danos a terceiros, ressalvado direito regressivo contra os causadores do dano, se houver, por parte destes, culpa ou dolo". Ressalta-se esta característica: se verificada uma conduta culposa ou dolosa dos agentes, há a responsabilidade objetiva, ou seja, não se discute o elemento subjetivo no desempenho do ato de contratação ou admissão dos agentes. Indiferente que não se revele culpa na atribuição de funções aos agentes. Mesmo que tenha sido diligente o Estado, pelos erros e prejuízos causados por seus agentes terá que responder.

A responsabilidade objetiva reside, portanto, na obrigação certa e inconteste do Estado em responder pelos atos dos que o representam e executam as funções que lhe são afetas, mas desde que esses atos contenham o elemento subjetivo do dolo ou da culpa, esta revelada em uma de suas modalidades, isto é, na imprudência, negligência ou imperícia.

Vê-se a conjugação das duas espécies de responsabilidade: a objetiva, quanto a suportar sempre as consequências de seus agentes, sendo indiferente se agiu com perfeito zelo na sua contratação ou escolha; e a subjetiva, porque faz depender a responsabilidade da presença de dolo ou culpa nos atos dos agentes.

Hely Lopes Meirelles situa nessa dimensão a responsabilidade objetiva, como se depreende do seguinte texto: "O que a Constituição distingue é o dano causado pelos 'agentes da Administração' (servidores) dos danos causados por atos de terceiros, ou por fenômenos da natureza. Observe-se que o art. 37, § 6º, só atribui responsabilidade objetiva à Administração pelos danos que seus agentes, nessa qualidade, causem a terceiros. Portanto, o legislador constituinte só cobriu o 'risco administrativo' da atuação ou inanição dos servidores públicos; não responsabilizou objetivamente a Administração por atos predatórios de terceiros, nem por fenômenos naturais que causem danos aos particulares. Para a indenização destes atos e fatos estranhos à atividade administrativa observa-se o princípio geral da culpa civil, manifestada pela imprudência, negligência ou imperícia na realização do serviço público que causou ou ensejou o dano. Daí por que a jurisprudência, mui acuradamente, tem exigido a prova da culpa da Administração nos casos de depredação por multidões (TJSP, *RDA*, 49/198; 63/168; 211/189; 255/328; 259/148; 297/301) e de enchentes e vendavais que, superando os serviços públicos existentes, causam danos aos particulares (TJSP, *RT* 54/336; 275/319). Nestas hipóteses, a indenização pela Fazenda Pública só é devida se se comprovar a culpa da Administração. E, na exigência do elemento subjetivo 'culpa', não há qualquer afronta ao princípio objetivo da responsabilidade 'sem culpa', estabelecido no art. 37, § 6º, da Constituição da República, porque o dispositivo constitucional só abrange a 'atuação funcional dos servidores públicos' e não os atos de terceiros e os fatos da natureza. Para situações diversas, fundamentos diversos".[58]

Nessa dimensão, quanto aos atos dos agentes, obviamente se vislumbrado o dolo ou a culpa no comportamento, ou se com dolo ou culpa se omitiram. Esta a interpretação do Supremo Tribunal Federal, embora aparentemente procure desvincular a obrigação do dolo ou da culpa: "A teoria do risco administrativo, consagrada em sucessivos documentos constitucionais brasileiros desde a Carta Política de 1946, confere fundamento doutrinário à responsabilidade civil objetiva do Poder Público pelos danos a que os agentes públicos houverem dado causa, por ação ou por omissão. Essa concepção teórica, que informa o princípio constitucional da responsabilidade civil objetiva do Poder Público, faz emergir, da mera ocorrência de ato lesivo causado à vítima pelo Estado, o dever de indenizá-la pelo dano pessoal e/ou patrimonial sofrido, independentemente de caracterização de culpa dos agentes estatais ou de demonstração de falta do serviço.

---

[58] *Direito Administrativo Brasileiro*, 15ª ed., São Paulo, RT, 1990, pp. 552 e 553.

Os elementos que compõem a estrutura e delineiam o perfil da responsabilidade civil objetiva do Poder Público compreendem: a) a alteridade do dano; b) a causalidade material entre o *eventus damni* e o comportamento positivo (ação) ou negativo (omissão) do agente público; c) a oficialidade da atividade causal e lesiva, imputável ao agente do Poder Público, que tenha, nessa condição funcional, incidido em conduta comissiva ou omissiva, independentemente da licitude, ou não, do comportamento funcional (*RTJ* 140/636); e d) a ausência de causa excludente da responsabilidade estatal (*RTJ* 55/503, *RTJ* 71/99, *RTJ* 91/377, *RTJ* 99/155 e *RTJ* 131/417)...."

Nessa visão embasadora, segue a ementa, "o Poder Público, ao receber o estudante em qualquer dos estabelecimentos da rede oficial de ensino, assume o grave compromisso de velar pela preservação de sua integridade física, devendo empregar todos os meios necessários ao integral desempenho desse encargo jurídico, sob pena de incidir em responsabilidade civil pelos eventos lesivos ocasionados ao aluno".[59]

Desde que se fale em ação ou omissão dos funcionários, está confessada a dependência do elemento subjetivo culpa ou dolo. Se a lesão ocorreu enquanto agiam os agentes, é porque não procederam com diligência; se resultou da ausência de providências ou cuidados, a razão está igualmente na falta de diligência.

Indispensável a caracterização do nexo causal, acompanhado de outros elementos, como a conduta indevida do funcionário, segundo enfatiza o STF: "Os elementos que compõem a estrutura e delineiam o perfil da responsabilidade civil objetiva do Poder Público compreendem (a) a alteridade do dano, (b) a causalidade material entre o 'eventus damni' e o comportamento positivo (ação) ou negativo (omissão) do agente público, (c) a oficialidade da atividade causal e lesiva imputável a agente do Poder Público que tenha, nessa específica condição, incidido em conduta comissiva ou omissiva, independentemente da licitude, ou não, do comportamento funcional e (d) a ausência de causa excludente da responsabilidade estatal. Precedentes. – O dever de indenizar, mesmo nas hipóteses de responsabilidade civil objetiva do Poder Público, supõe, dentre outros elementos (*RTJ* 163/1107-1109, *v.g.*), a comprovada existência do nexo de causalidade material entre o comportamento do agente e o 'eventus damni', sem o que se torna inviável, no plano jurídico, o reconhecimento da obrigação de recompor o prejuízo sofrido pelo ofendido. – A comprovação da relação de causalidade – qualquer que seja a teoria que lhe dê suporte doutrinário (teoria da equivalência das condições, teoria da causalidade necessária ou teoria da causalidade adequada) – revela-se essencial ao reconhecimento do dever de indenizar, pois, sem tal demonstração, não há como imputar, ao causador do dano, a responsabilidade civil pelos prejuízos sofridos pelo ofendido" (Agra-

---

[59] Recurso Extraordinário nº 109.615-2-RJ. Relator: Min. Celso de Mello. 1ª Turma. *DJU* de 2.08.1996. *Revista dos Tribunais*, 733/130.

vo Regimental no Recurso Extraordinário nº 481.110/PE, da 2ª Turma, j. em 06.02.2007, *DJ* de 09.03.2007).

Bem diretamente, um antigo escrito sobre a responsabilidade do Estado dizia: "A responsabilidade do funcionário público é o *substractum* da responsabilidade direta do Estado; onde, de fato, não houver responsabilidade direta do funcionário, não pode haver responsabilidade do Estado".[60]

Não entram nessa conjugação de responsabilidade objetiva e subjetiva unicamente os atos legítimos ou não lícitos do Estado, mas que naturalmente trazem prejuízos, conforme analisado no item anterior.

14. O DANO

O dano é o pressuposto central da responsabilidade civil. Para Adriano de Cupis, "no significa más que nocimiento o perjuicio, es decir, aminoración o alteración de una situación favorable. Las fuerzas de la naturaleza, actuadas por el hombre, al para que pueden crear incrementar una situación favorable, pueden también destruirla o limitarla",[61] e por isso, em princípio, o seu conceito é muito amplo. Mas, no sentido jurídico, importa restringi-lo ao fato humano.

Para Alfredo Orgaz, desdobra-se em dois aspectos. No primeiro, se identifica com a lesão de um direito ou de um bem jurídico qualquer. "La acción u omisión ilícitas entrañan siempre una invasión en la esfera jurídica de otra persona y en este sentido general puede decirse que esta persona sufre un daño, aunque el hecho no haya lesionado sus valores económicos ni afectado su honor o sus afecciones íntimas tuteladas por la ley", ao passo que na segunda dimensão envolve simplesmente "el menoscabo de valores económicos o patrimoniales, en ciertas condiciones (daño material...), o bien, en hipótesis particulares, la lesión al honor o a las afecciones legítimas (daño moral)".[62] Não haverá ato punível, para os efeitos da responsabilidade civil, sem o dano causado. Daí a sua importância, em qualquer dos aspectos vistos.

Envolve um comportamento contrário ao direito. A nota da antijuridicidade o caracteriza, de modo geral. Mas não emana, necessariamente, de um desrespeito à lei ou de uma conduta antijurídica. Possível que nenhuma infração se consuma, e nasça o dever de reparação. Isto porque simplesmente apareceu um dano, a que a lei obriga o ressarcimento. Melhor explica De Cupis: "Puede suceder también que el derecho considere a cierto interés digno de prevalecer,

---

[60] Guimarães Menegale, *Direito Administrativo e Ciência Administrativa*, Rio de Janeiro, 1939, p. 360.

[61] *El Daño*, tradução ao espanhol por Angel Martínez Sarrión, Barcelona, Edição Bosch, 1975, p. 81.

[62] *El Daño Resarcible*, Buenos Aires, Editorial Bibliográfica Argentina, 1952, p. 38.

pero preocupándose, por otro lado, de establecer consecuencias dirigidas a compensar al titular del interés sacrificado. Tiene logar entonces, concretamente, esta situación: el daño que afecta al interés sacrificado por el derecho no es antijurídico, y la reacción que a él corresponde, no es una sanción, por la mera razón de quiem con ella el derecho pretende no garantizar tan solo la prevalencia de un interés, sino, más aún, compensar al sujeto del interés que por él ha resultado sacrificado".[63]

Se alguém persegue um animal em propriedade alheia, e causa danos, não é cominada de antijuridicidade a ação, mas os danos provocados devem ser reparados. A lesão determinada por uma conduta impelida pelo estado de necessidade não isenta da indenização, apesar da ausência da ilicitude. No inadimplemento de um contrato, a lei não prevê uma condenação por conduta antijurídica, mas a obrigação de ressarcir é uma consequência lógica. E assim em inúmeras hipóteses, máxime nos casos de responsabilidade objetiva.

Neste sentido, o art. 186 do Código Civil (art. 159 do Código revogado) emprega as expressões "violar direito e causar dano a outrem, ainda que exclusivamente moral". No dano contratual, não se fala em infração de norma jurídica, mas em inadimplemento de uma obrigação inserida na convenção.

O antijurídico não equivale ao delito. Muitos atos se revestem de antijuridicidade porque violaram uma regra de direito. Entrementes, não passaram para o campo do ilícito. Há infrações que nascem de meras inobservâncias de mandamentos legais, mas não atingem a esfera do delito. Se a culpa macula o ato, originando o dano, aí entramos no mundo do delito. No simples rompimento de um contrato, não há previsão legal de tipicidade penal, embora se configure a antijuridicidade em decorrência do descumprimento de um artigo de lei. O ato não é jurídico mas também não é ilícito.

14.1. Dano patrimonial

De acordo com o interesse protegido nasce a espécie de dano.

No dano patrimonial, há um interesse econômico em jogo. Consuma-se o dano com o fato que impediu a satisfação da necessidade econômica. O conceito de patrimônio envolve qualquer bem exterior, capaz de classificar-se na ordem das riquezas materiais, valorizável por sua natureza e tradicionalmente em dinheiro. Deve ser idôneo para satisfazer uma necessidade econômica e apto de ser usufruível.

O dano diminui o patrimônio da pessoa, ou, como diz Aguiar Dias, citando Fischer, pressupõe sempre ofensa ou diminuição de certos valores econômicos.[64]

---

[63] *El Daño*, ob. cit., p. 93.
[64] *Da Responsabilidade Civil*, ob. cit., vol. II, p. 760.

"Son daños patrimoniales los que producen un menoscabo valorable en dinero sobre intereses patrimoniales del perjudicado", continua Jaime Santos Briz.[65]

Quando os efeitos atingem o patrimônio atual, acarretando uma perda, uma diminuição do patrimônio, o dano denomina-se emergente – *damnum emergens*; se a pessoa deixa de obter vantagens em consequência de certo fato, vindo a ser privada de um lucro, temos o lucro cessante – *lucrum cessans*. É a hipótese do atraso no atendimento de uma obrigação, resultando prejuízos ao credor, que se vê privado de um bem necessário em sua atividade lucrativa. No primeiro tipo, simplesmente acontecendo a perda de determinado bem, o prejudicado não sofre diminuição em seus negócios.

Sobre o assunto, estabelece o art. 402 da lei civil pátria (art. 1.059 do Código revogado): "Salvo as exceções expressamente previstas em lei, as perdas e danos devidas ao credor abrangem, além do que ele efetivamente perdeu, o que razoavelmente deixou de lucrar". A explicação de Carvalho Santos conserva a atualidade, dada a identidade de conteúdo entre o antigo e o novo Código: "O verdadeiro conceito de dano contém em si dois elementos, pois se representam toda a diminuição do patrimônio do credor, é claro que tanto ele se verifica com a perda sofrida, ou seja, a perda ou diminuição que o credor sofreu por efeito de inexecução da obrigação (*damnum emergens*) como também com a privação de um ganho que deixou de auferir, ou de que foi privado em consequência daquela inexecução ou retardamento (*lucrum cessans*)".[66]

Ilustram Marcelo Planiol e Jorge Ripert, com peculiar saber: "La indemnización debe representar tan exactamente como sea posible el daño realmente sufrido por el acreedor debido al incumplimiento o retraso. Ese daño puede componerse de dos elementos distintos, que se hallan indicados en el art. 1.149: por un lado, la pérdida, es decir, el empobrecimiento sufrido por el patrimonio del acreedor (*damnum emergens*); por otro, la ganancia frustrada (*lucrum cessans*). Por ejemplo, si un cantante, contratado para un concierto falta a su compromiso y el concierto no puede celebrarse, el artista tendrá que indemnizar al empresario del espetáculo con quien ha contratado, por un lado, por los desembolsos ya realizados en los preparativos del concierto, y por otro por el beneficio que hubiera obtenido como resultado del concierto".[67]

Frequentemente, os dois efeitos surgem concomitantemente com o dano. Há uma diminuição do patrimônio real, existente no momento, e uma frustração dos resultados positivos decorrentes do não uso do bem material. Um acidente de trânsito, ao proprietário de um táxi, acarreta os estragos no veículo com a batida e o valor não percebido pela paralisação do trabalho de transporte.

---

[65] *La Responsabilidad Civil*, 2ª ed., Madrid, Edição Montecorvo, 1977, p. 140.
[66] *Código Civil Brasileiro Interpretado*, ob. cit., 8ª ed., 1964, vol. XIV, p. 255.
[67] *Tratado Práctico de Derecho Civil Francés*, Las Obligaciones, tradução ao espanhol por Mario Diaz Cruz, Editora Cultural, Havana, 1945, tomo 7º, 2ª parte, pp. 165 e 166.

Vem a propósito a lição de G. P. Chironi, ao considerar o dano no seu duplo resultado, consistindo "en la diminución efectiva sufrida por el patrimonio, y el aumento no efectuado a consecuencia del incumplimiento de la obligción".[68]

14.2. Dano moral

Além do dano patrimonial ou econômico, há o dano moral, pelo Código Civil de 2002 expressamente previsto no art. 186, constituído do sofrimento psíquico ou moral, isto é, das dores, dos sentimentos, da tristeza, da frustração etc.

Quem o provoca comete ato ilícito, submetendo-se a indenizá-lo, consoante a tradição do direito, universalmente consolidado, e veio introduzido pelo nosso atual Código Civil, o que constituiu uma inovação, pois omisso o diploma anterior. Efetivamente, o art. 186 enquadrou no âmbito do ato ilícito o dano moral: "Aquele que, por ação ou omissão voluntária, negligência ou imprudência, violar direito e causar dano a outrem, ainda que exclusivamente moral, comete ato ilícito".

De sorte que a ação ou omissão, seja voluntária, ou por negligência ou imprudência, pode violar direito e causar dano no estrito âmbito moral. Se a conduta, transgredindo o direito, repercutir negativamente no mundo interior do espírito ou dos sentimentos, dá ensejo à reparação.

Em definição de Gabba, lembrada por Agostinho Alvim, dano moral ou não patrimonial é o dano causado injustamente a outrem, que não atinja ou diminua o seu patrimônio.[69] Constitui no que pode denominar-se 'la lesion dell'onore, dell'estimazione, dei vincoli di legittimi affetti, di ogni diritto che allo stato giuridico della personalità s'appartenga".[70]

Revela a expressão um caráter negativo, que é não ser patrimonial. Eis o sentido que lhe dá Yussef Said Cahali: "A caracterização do dano extrapatrimonial tem sido deduzida na doutrina sob a forma negativa, na sua contraposição ao dano patrimonial; assim, 'danno non patrimoniale, conformemente alla sua negtiva expressione letterale, è ogni danno privato che non rientra nel danno patrimoniale, avendo per oggetto un interesse nonpatrimoniale, vale a dire relativo a bene patrimoniale' (Chironi, *De Cupis*, nº 10, p. 51); ou, como anota Aguiar Dias, 'quando ao dano não correspondem as característica de dano patrimonial, dizemos que estamos em presença do dano moral'".[71]

---

[68] Martinho Garcez Neto, "La Culpa", in *Prática da Responsabilidade Civil*, 3ª ed., São Paulo, Saraiva, p. 44.

[69] *In Da Inexecução das Obrigações e suas Consequências*, São Paulo, Editora Saraiva, 1980, p. 219.

[70] G. P. Chironi, *La Colpa nel Diritto Civile Odierno – Colpa Extracontratual*, 2ª ed., Torino, Fratelli Bocca, 1906, vol. II, p. 320.

[71] *Dano e Indenização*, São Paulo, Editora Revista dos Tribunais, 1980, p. 6.

Para Pontes de Miranda, o dano patrimonial é aquele que "alcança o patrimônio do ofendido; moral é o dano que só atinge o ofendido como ser humano, sem repercussão no patrimônio".[72]

Dano moral, ou não patrimonial, reclama dois elementos, em síntese, para configurar-se: o dano e a não diminuição do patrimônio material. Apresenta-se como aquele mal ou dano que atine valores eminentemente espirituais ou morais, como a honra, a paz, a liberdade física, a tranquilidade de espírito, a reputação, a beleza etc.

A Constituição Federal, no art. 5º, incisos V e X, já assegurava o direito de indenização por dano material, moral e à imagem. Protege, sob pena de reparação por dano moral, ou indenização por dano material, a intimidade, a vida privada, a honra e a imagem das pessoas.

a) *Reflexo dos danos morais no patrimônio*

Não se confundem os danos patrimoniais com os morais. Todavia, às vezes, os últimos se refletem nos segundos. A profunda dor moral sofrida com a morte de uma criança em acidente traz grandes consequências: o pai fica impossibilitado de trabalhar por certo espaço de tempo. O traumatismo moral que domina os familiares acarreta a impossibilidade do pai ao trabalho. Por conseguinte, a indenização reveste-se de um cunho altamente patrimonial.

O Código Civil traz muitos exemplos de prejuízos morais, mas que, em última instância, não passam de danos patrimoniais presumidos.

O art. 939 (art. 1.530 do Código revogado) prevê as decorrências do credor que demanda dívida ainda não vencida. Ordena se espere o vencimento e se proceda o desconto dos juros pelo tempo que faltava, com o pagamento das custas em dobro.

Embora, no dizer de Agostinho Alvim, as cominações visem recompor o abalo moral, não resta dúvida que a ação produz abalo de crédito e obriga o demandado a tomar várias providências, com perda de tempo e desgaste econômico.

O que pleiteia dívida já saldada sujeita-se a pagar o dobro da exigida. Mas os transtornos ocasionados refletem nas atividades e nos interesses dos requeridos. Há, pois, lesão patrimonial, mesmo indiretamente.

O art. 953 e seu parágrafo único (art. 1.547 e parágrafo único do diploma civil anterior) sugerem uma das hipóteses bastante evidentes de indenização por dano moral puro. Eis os textos:

> "Art. 953. A indenização por injúria, difamação ou calúnia consistirá na reparação do dano que delas resulte ao ofendido.

---

[72] *Tratado de Direito Privado*, ob. cit., vol. XXIII, p. 30.

Parágrafo único. Se o ofendido não puder provar prejuízo material, caberá ao juiz fixar, equitativamente, o valor da indenização, na conformidade das circunstâncias do caso".

Como é difícil chegar ao prejuízo patrimonial, vem estabelecido o critério capaz de apurar o montante. No fundo, embora a ofensa seja moral, há uma dimensão patrimonial.

Nas ofensas ligadas à liberdade pessoal, exemplificadas no cárcere privado, na prisão por queixa ou denúncia falsa e de má-fé, e na prisão ilegal, o art. 954 e seu parágrafo único (arts. 1.550 e 1.551 do Código revogado) capitulam reparações concernentes ao patrimônio lesado. Sem dúvida, pressupõe também o direito à recomposição do mal experimentado por uma lesão ou um ultraje à liberdade. Daí a conclusão de muitos de que envolve concomitantemente um dano patrimonial e um dano moral. Há casos em que a apuração do prejuízo se socorre de elementos materiais para chegar ao *quantum* do dano moral. Não se afirme, como explana Agostinho Alvim, que a lesão moral sucumba face à patrimonial. Sucede que "há, sem dúvida, uma série de casos nos quais o prejuízo material e o moral se confundem, traduzindo-se o dano moral por uma diminuição atual ou futura do patrimônio (Ripert, cf. *La Riègle Morale dans les Obligations Civiles*, nº 181)".[73] Até porque a possibilidade de se apurar o dano material não arreda a indenização por dano moral.

b) *O dano moral e o dano patrimonial na morte de parente*

Há situações que comportam unicamente a reparação por dano moral, mesmo que ocorra a morte de uma pessoa.

É o caso da morte de filho menor. Com frequência, mormente nas famílias de baixa renda, o filho menor coopera na manutenção e na economia do lar. E para justificar a reparação, uns alicerçam o fundamento no dano patrimonial provocado pela morte. Outros atêm-se ao sentido moral, enfatizando a tristeza e a dor trazida pela perda do familiar. A reparação busca compensar este estado de espírito.

Não é simples a questão.

Encarado o problema sob a ótica da lesão patrimonial, desapareceria a base para o exercício do direito se o filho não é partícipe da economia familiar, o que é verificável quando apenas se dedica aos estudos, assim prosseguindo até os vinte e cinco anos, quando geralmente as pessoas contraem casamento ou passam a ter uma vida independente, e cessam de cooperar no sustento dos parentes próximos ou da família que integravam. Igualmente não se ensejaria aos pais abastados, cujos filhos são vitimados, interesse para ingressarem em

---

[73] *Da Inexecução das Obrigações e suas Consequências*, ob. cit., p. 230.

juízo, se nenhuma colaboração deles receberem. Diante destes raciocínios, há razões óbvias em favor dos defensores da teoria que concebe o dano como moral no acidente causador da morte. A indenização é sempre exigível, independentemente da colaboração prestada quando em vida, como desde o início impôs a jurisprudência.[74] Proclamou-se: "Na verdade, a jurisprudência, buscando emprestar conteúdo real à lei, encaminha-se no sentido da reparação do dano moral, proveniente da dolorosa sensação vivida pelos pais de um menor vítima de ato ilícito. Embora, em princípio, não haja equivalência entre a perda sofrida e o ressarcimento, a indenização guarda, sobremodo, o caráter de satisfação à pessoa lesada. Como ensinam Mazeaud e Mazeaud: 'Conquanto não se alcance um ressarcimento em sentido estrito, tem-se uma sanção civil e, sobretudo, uma satisfação pelo dano sofrido. É o ressarcimento a título de composição do dano moral'".[75]

Em outra oportunidade: "Na ausência de lucros cessantes, parece ser razoável admitir – atendendo até a evolução de nosso direito no sentido da ampla admissão do dano moral – que o dano moral pudesse ser reparado. Procurou demonstrar que, nesse sentido, se inclinava a jurisprudência desta Corte, admitindo, por vezes, expressamente (assim no RE nº 59.940, *RTJ* 39/38 e segs., e no RE nº 74.317, *RTJ* 67/182 e segs.), a reparação do dano moral em caso de perda do filho menor que não exercia trabalho remunerado. E mais: que mesmo quando esta Corte, em inúmeros acórdãos, e nesse sentido é a Súmula 491, declarou que devia ser reparado o dano potencial causado às famílias modestas com a morte do filho menor que embora por ocasião da morte só fosse fonte de despesas, porque representava uma expectativa de ajuda futura, tais decisões não só haviam afastado o óbice do nº II do art. 1.537 (tanto que mandavam calcular esse dano potencial por arbitramento, ou seja, na forma prevista no art. 1.553), mas também, em verdade, davam um colorido econômico a um dano que era puramente moral".[76] O apontado art. 1.537, nº II, equivale ao art. 948, nº II, enquanto o art. 1.553 não encontra parâmetro exato, no atual Código Civil.

De modo geral, todo filho é uma expectativa de amparo aos pais. Embora não exerça nem venha a praticar uma profissão lucrativa, diante de compromissos com estudos, durante o tempo presumido que permaneceria solteiro, ou porque a boa situação econômica dos pais afasta a menor necessidade de amparo, ninguém sabe, argumentam os doutos, se esse estado de coisas continuará, e se no futuro não surgirão contingências que modifiquem a realidade privilegiada vivida quando da morte.

---

[74] *Revista Trimestral de Jurisprudência*, 39/38, 86/560, e Súmula 491.
[75] *Revista Trimestral de Jurisprudência*, 67/182.
[76] *Revista Trimestral de Jurisprudência*, 86/565.

É um argumento válido. Mas há filhos que não contribuem e nunca contribuirão com a menor parcela nas despesas da família. Dentro da realidade de uma organização familiar estável e economicamente sólida, a perspectiva é a desnecessidade de qualquer apoio monetário do filho. Por esta razão, a indenização por morte encontra a sua maior base, para justificá-la, em fundamentos de ordem puramente moral. Que outro argumento tem-se para dar amparo à reparação pleiteada? O dano moral é a única razão que justifica o atendimento das pretensões indenizatórias, indistintamente para todos os casos, malgrado a nenhuma significação da atividade do filho na economia familiar.

Concede-se a reparação por morte através do pagamento de pensões. Além desta verba, postulam-se valores a título da pura dor moral, ou seja, buscam-se duas indenizações: uma pela morte em si, e outra por motivo de sofrimento moral. Em geral, à primeira é dada uma razão patrimonial para pedir. No fundo, porém, ambas se confundem, pois a reparação na forma de pensões envolve um conteúdo moral.

Em resumo, a morte de um filho menor acarretará uma das seguintes situações, relativamente aos pais:

- Ou pode consistir em uma diminuição efetiva do patrimônio com as despesas exigidas pelo evento, prejuízo que os romanos denominavam *lucrum cessans*.
- Ou o dano deriva da perda de um valor que recebia a família, o *lucrum cessans*, "cuando, sin que el patrimonio, en su estado actual, sufra alteración, dejan de entrar en él valores que de otro modo lo hubieran incrementado".[77]
- Ou não acarreta dano material nenhum, pois nada significava o filho economicamente para a família, em termos de vantagens.

Nos três casos emerge o direito à indenização, sendo que, no último, por razões puramente morais. Esta é uma das hipóteses em que mais se concretiza este tipo de ressarcimento, cuja denominação preferida para von Tuhr é com o termo 'satisfacción', usado no direito alemão, no qual o sentido expressa mais uma simples compensação, dando ao ofendido uma quantidade determinada de dinheiro. O lesionado terá, deste modo, um ganho patrimonial, para destiná-lo a satisfazer as aspirações ideais e materiais que entende oportunas.[78] Pois, como já apregoava Chironi, "la morte derivata di fatto illecito, dà al congiunto dell'ucciso, pel solo danno morale cagionato dal dobre della perdita, ragion valida di pretendere risarcimento pecuniario; così pure, la morte di persona

---

[77] A. von Tuhr, *Tratado de las Obligaciones*, 1ª ed., trad. ao espanhol por W. Roces, Madrid, Edição Reus, 1934, tomo I, p. 59.
[78] *Tratado de las Obligaciones*, ob. cit., tomo I, p. 59.

cara; così ancora la fine illecitamente cagionata d'un capo di famiglia, a causa degli affetti lesi, e della mancata cura maritale e paterna; e così parimenti in altre offese che ingiustamente abbian recato dolore".[79]

c) *Espécies de dano moral*

Para melhor caracterizar o dano moral, tem-se procurado estabelecer os vários tipos, em consonância com os campos afetados de valores não patrimoniais, sendo dignos de nota os seguintes:

- O dano que envolve o sentimento, o mundo interior, os valores do espírito. Consiste na dor moral, na tristeza, no profundo abatimento, na saudade, no sentimento de perda e frustração, estados esses do espírito comuns na morte do parente, na ofensa moral lançada por alguém, nos impropérios feitos por terceiros.
- O dano decorrente da dor ou sofrimento físico, como nos ferimentos, nas violências praticadas contra o corpo, no mal-estar que indispõe a pessoa, que é comum na doença. Vale como exemplo a seguinte ementa: "A perda de um braço por menor, como consequência da desídia do médico ou enfermeiro que o tratou constitui dano moral e não estético".[80] É o que se convencionou chamar de *pretium doloris*.
- A ofensa à honra, também frequente, verificável com a difamação, a injúria, o impropério, provocando a humilhação, o vexame, a perda de estima, a desconsideração social. Assim, sendo alguém soqueado injustamente, diante de terceiros e amigos, sofre uma humilhação moral passível de reparação, segundo já decidido.[81]
- Ofensa à imagem e ao nome, equivalendo à honra, mas abrangendo não tanto a ofensa moral, a humilhação, e sim ao bom nome, ao prestígio, à reputação, à estima, ao decoro, à consideração, ao respeito. Exemplo encontra-se no protesto de título mercantil, ou a inscrição do nome da pessoa em cadastro de devedores, sempre indevidamente: "A instituição bancária que, por desorganização ou talvez má-fé, promove, indevidamente, o protesto de duplicatas contra alguém que pagou suas dívidas de forma antecipada, responde pelas consequências da circulação cambiária que imprimiu, devendo a verba, pelos danos morais, ser fixada em vinte vezes o valor do título".[82]

---

[79] *La Colpa nel Diritto Civile Odierno*, ob. cit., p. 321.
[80] *Revista dos Tribunais*, 367/137.
[81] TJSP. Apel. Cível nº 214.304-1/7. 3ª Câm., de 20.09.1994.
[82] *Revista dos Tribunais*, 747/267.

– O dano decorrente dos direitos de personalidade, contidos no art. 5º, incisos V e X, da Carta Federal, agrupados em direitos à integridade física (direito à vida, direito sobre o próprio corpo e direito ao cadáver), e direitos à integridade moral (direito à honra, direito à liberdade, direito ao recato, direito à imagem, direito ao nome, direito de autor). Incluem-se nesse rol as anteriores espécies de danos morais.
– O dano advindo da cicatriz, do aleijão, da marca deixada no corpo por um ferimento, importando em uma modificação da aparência externa, de grande relevo no conceito da imagem corporal.

d) *A reparação e a legitimidade para o pedido*

Justamente por não envolver dano patrimonial, não se adapta a condenação ao significado de ressarcimento ou indenização do dano moral, mas consiste em uma compensação, um lenitivo, uma consolação. Os valores que são pagos não se destinam a restaurar o dano, já que não são mensuráveis a dor moral ou física, a honra, a imagem. Considerando, de outro lado, que não desaparece a dor física, nem retorna o ente querido e muito menos se recompõe a integridade física ou psíquica, a finalidade do dinheiro entregue resume-se a trazer uma compensação, ou a retribuir com uma consolação ou com outro bem aquele que se perdeu. Procura-se dar uma satisfação em outra área, mesmo porque é inestimável a dor moral, tornando difícil uma mensuração econômica. Os bens ou valores espirituais situam-se em uma dimensão diferente da econômica.

Ressalta-se que a legitimidade para postular a reparação restringe-se unicamente ao ofendido, dado o caráter eminentemente subjetivo dos valores morais. Não é aceita a transferência a terceiros do direito, por meio de cessão ou sucessão hereditária, a menos, neste último caso, se ocorrer o decesso depois de proposta a ação reparatória. Neste caso, já está posto em juízo o direito, passando a constituir um patrimônio o seu resultado.

Os valores morais ofendidos consideram-se pessoais, de foro íntimo do lesado, dizendo respeito à individualidade, cuja sensação ou vivência não pode ser avaliada por terceiros. Possível, pois, que uma ofensa, ou a perda de parente próximo, nada signifique para um determinado ser humano, e abale profundamente outra pessoa.

No caso da morte de um parente ou ente querido, opera-se o dano moral indireto ou reflexo. Neste caso, o interesse moral só autoriza a ação quando toque diretamente a quem foi atingido, e, assim, à família do falecido. Estende-se a faculdade reciprocamente ao cônjuge, aos pais e filhos, desde que constituam a mesma entidade familiar, no sentido constitucional. A abrangência engloba a entidade familiar decorrente da união de fato, já que equiparada esta ao casamento. Em suma, restringe-se o direito às pessoas que faziam parte do relacionamento íntimo, familiar ou parental do falecido.

Afora os parentes próximos, não formando as pessoas uma entidade familiar, não se legitimam para postular a reparação, dada a evidência de que outro é o seu grupo familiar, não fazendo parte do grupo em que se deu o decesso do parente.

14.3. Dano contratual e extracontratual

No primeiro caso, o prejuízo deflui do inadimplemento de um compromisso contratual. O descumprimento de um dever contratual é o fator humano mais decisivo na provocação dos danos. É a obrigação o liame jurídico entre dois ou mais sujeitos, que têm por objeto uma prestação determinada. O credor sofre um prejuízo com o proceder da outra parte, que desrespeita o conteúdo da obrigação.

Uma das características básicas deste dano é a possibilidade de substituição da declaração de vontade, negada pelo devedor, por sentença judicial.

O dano extracontratual, ao contrário, consuma-se com a infração de um dever legal. Nele, a antijuridicidade se produz como consequência do ataque a um direito absoluto do prejudicado. Envolve o desrespeito à lei, às normas que traçam a conduta humana e está fundado na culpa aquiliana. Corresponde a qualquer desrespeito a um direito de terceiro, ou a infrações com resultados negativos em relação às partes que se relacionam com o causador. Em tese, há a lesão a uma norma jurídica. Enquanto a norma disciplina um direito, a antijuridicidade se exterioriza como contrariedade à sua aplicação. Este requisito, a contrariedade, obviamente, traz resultados negativos ao patrimônio alheio.

Equivale o dano a qualquer prejuízo que não deriva do inadimplemento de uma obrigação, mas é produzido por um fato que fere a regra jurídica, à qual todos se encontram subordinados. Anota Jaime Santos Briz que ele nasce da violação genérica do princípio *neminem laedere*: qualquer fato do homem provocador de dano a outrem obriga o ressarcimento.[83] O fato humano que o produz é antijurídico e revela contrariedade às normas específicas e aos princípios gerais do direito. Por sua vez, o ato humano consistente no inadimplemento de um dever gera o dano contratual.

14.4. Dano indireto

Costuma-se dizer que um mal nunca vem só, mas, com muita frequência, acarreta outro que, por sua vez, pode determinar um terceiro, e assim sucessivamente.

---

[83] *La Responsabilidad Civil*, ob. cit., p. 135.

No estudo em questão, não nos interessa o resultado imediato ou direito do acidente, como os danos materiais ou físicos. Importa a indagação sobre as consequências remotas e indiretas, *v.g.*, os percalços advindos após o fato, a impossibilidade em atender certo compromisso, a não realização de um negócio combinado antecipadamente, entre outras hipóteses.

Em outras palavras, a obrigação de indenizar restringe-se aos lucros cessantes e aos danos materiais imediatos do acidente? Não cabe declarar a responsabilidade em relação a todas as decorrências, inclusive às mais remotas? O vínculo de causalidade entre o fato e o resultado vai desaparecendo paulatinamente, até sumir por completo?

O que realmente importa é a análise do vínculo de causalidade, que efetivamente pode livrar o demandado do ônus da reparação dos danos indiretos. Indiferente é o fato do direito perseguido se relacionar a um contrato ou a um ato ilícito.

Em princípio, importa visualizar a causa primeira que desencadeia a consequência. Se a culpa inicial não desempenhou um papel suficientemente decisivo na consumação do dano, ou se ausente a culpa inicial não adviria a lesão, o autor não responde pela cadeia de prejuízos remotos e ocorríveis após o evento.

O Código Civil regula a matéria, no art. 403 (art. 1.060 do Código anterior): "Ainda que a inexecução resulte de dolo do devedor, as perdas e danos só incluem os prejuízos efetivos e os lucros cessantes por efeito dela direto e imediato, sem prejuízo do disposto na lei processual". Como norma geral, a indenização há de ser a mais completa possível, preconiza o art. 402 (art. 1.059 do diploma civil revogado). Mas o art. 403 (art. 1.060 da lei civil revogada) tempera o rigor da lei e delimita o alcance ou a extensão da indenização. As perdas e danos, professados pelo nosso direito, não incluem mais que os prejuízos efetivos e os lucros cessantes, mas por efeito direto e imediato da inexecução ou do dano. Vale dizer, é essencial não somente a existência da obrigação ou da lesão, e sim, precipuamente, de uma relação de causa e efeito na inexecução do contrato, ou na prática de um ato delituoso. "Ha de tratarse siempre de daños que sean realmente consecuencia del acto ilícito o de la infracción contractual, ya que entre el hecho que es fuente de responsabilidad y del perjuicio cuya indemnización se reclama tiene que mediar la relación de causa y efecto: es el requisito a que suele darse el nombre de conexión causal", bem esclarece von Tuhr.[84]

Quando desponta uma nova consequência, ou quando o dano não é efeito direto e imediato de um ato ilícito?

Este é o ponto crucial da questão. Não é possível tomar em consideração os prejuízos que só têm uma remota ligação com a inexecução. Em geral, as

---

[84] *Tratado de Obligaciones*, ob. cit., tomo I, p. 61.

partes não preveem mais que as perdas e danos que o credor poderá sofrer referentemente à coisa não obtida, ou danificada. Exemplificativamente, caso se contrate a compra e venda de uma mercadoria, vindo ela a não ser entregue, o compromitente vendedor está obrigado a indenizar o montante pago a mais pela coisa da mesma qualidade, adquirida de uma terceira pessoa. Se por falta do produto, porém, deixa-se de lucrar ou receber pagamentos, não se extrai que surja o ônus de reparar por lucros cessantes. Esta circunstância qualifica-se como causa estranha ao objeto do contrato, não prevista ou assumida pelos envolvidos.

Se é adquirida uma rês e ela está infeccionada por moléstia contagiosa, vindo a morrer e contaminar outros animais, nasce o imperativo do ressarcimento, no valor estipulado para cada animal. Deixando de lavrar as terras com aquele evento, decorre naturalmente o encargo de indenizar pelos lucros perdidos com a não cultivação do solo? Absolutamente. O efeito é remoto. Não desponta o requisito do dano imediato. Cumpria ao proprietário providenciar em outros animais para lavrar, ou tomar medidas adequadas à substituição daqueles dizimados.

Se um motorista incide em uma infração, vindo a ser perseguido por um policial, que provoca um acidente, não responde pelos danos havidos na colisão. Determinou ele a perseguição policial, mas não condicionou o desempenho do carro abalroado a uma velocidade inadequada e perigosa.

Mais situações insustentáveis acontecem. A vítima, embora não faça do veículo um meio de subsistência, teria justificativas e argumentos para reclamar ressarcimento de despesas de táxi, de locação de carros, quando desnecessárias, porquanto outros meios de locomoção mais baratos se ofereciam.

A definição da expressão 'direto e imediato' é de grande relevância para chegarmos ao alcance ou à extensão do ressarcimento.

Com profundidade, Agostinho Alvim, apoiado na doutrina francesa e italiana, explica o conceito daqueles termos, dizendo que nada mais significam senão o nexo causal necessário estabelecido entre o fato e as consequências.[85] Suposto certo dano, considera-se causa dele a que lhe é próxima e está diretamente ligada a ele. Subordinando-se a lesão a uma causa, desde que seja necessária, conduz à indenização. Não se outra opera, por si, o dano. Reclama a lei a existência do liame entre o inadimplemento da obrigação e o dano, de modo que aquele origine o último. Portanto, é o dano consequência direta e imediata de certo ato quando entre ele e o ato se estabeleça uma relação de causa e efeito. A causa remota dificilmente tem o poder de provocar o dano sem o aparecimento de causas próximas ou mais imediatas. Exemplificando, na hipótese salientada por Agostinho Alvim, "se o comprador, após receber a coisa comprada, verifica que a mesma tem defeito oculto, e, tomando dela, vai

---

[85] *Da Inexecução das Obrigações e suas Consequências*, ob. cit., p. 360.

ter com o vendedor, a fim de obter outra, e se se dá o caso que, em caminho, é atropelado por um veículo, responderá o vendedor da coisa por este dano? Não responderá".[86] O comportamento do vendedor surge como causa remota. Desponta a interferência de outros agentes, como a própria culpa do comprador ou do condutor do veículo. Este elemento foi o provocador do evento, rompendo o liame ou o nexo entre o dano e a venda lesiva.

Nesta linha de raciocínio, se um veículo, culposamente, atropela um animal utilizado para lavrar a terra, e o incapacita para o trabalho, teríamos, neste acontecimento, um fator determinante do descalabro econômico do produtor. Entretanto, se indenizado não busca outros meios de preparar a terra, a causa imediata do prejuízo é a falta de iniciativa do agricultor, e não o acidente. Como se observa, o aparecimento de uma nova causa é que rompe o nexo entre o fato lesivo e a obrigação de reparar.

Suponha-se a hipótese da mudança de mobiliário de uma casa para outra, por ordem do proprietário, que afastou o inquilino injustamente. No caminho, a chuva danifica os móveis. Quem suportará os prejuízos? O próprio lesado ou transportador. Ao locador não se atribui alguma parcela de culpa. Os elementos favoráveis aos estragos, como a precipitação de água e o descuido do transportador ou da sedizente vítima, tornaram-se causa mais próxima relativamente à atitude do locador.

Em síntese, ao primeiro fato determinante de um comportamento sobrevém novo fator, que faz nascer uma atitude ou consequência nova. Interrompe-se o nexo, libertando o causador do primeiro dano da responsabilidade da lesão subsequente, eis que uma terceira pessoa se interpõe no desencadear dos resultados, que passa a ordenar o rumo das ações.

Esta é a teoria defendida por Tomaso Mosca, de grande êxito, bem aceita por Agostinho Alvim. Há a interrupção do nexo causal pela superveniência de um novo fato, fazendo cessar a obrigação do autor da primeira causa, que passa a ser remota.[87]

14.5. Danos patrimoniais, estéticos e morais

Eis os ressarcimentos possíveis por danos físicos na pessoa, contemplados expressamente no Código Civil:

a) a indenização discriminada no art. 949 (art. 1.538 do estatuto civil anterior): despesas de tratamento, lucros cessantes e prejuízo que o ofendido prove haver sofrido;

---

[86] *Da Inexecução das Obrigações e suas Consequências*, ob. cit., pp. 360 e 361.
[87] "Nuovi Studi e Nuova Dottrina sulla Colpa nel Diritto Civile, Penale ed Administrativo", in *Da Inexecução das Obrigações e suas Consequências*, ob. cit., 1896, p. 346.

b) e a indenização inserida no art. 950 (art. 1.539 da lei civil revogada): uma pensão correspondente à importância do trabalho, para que se inabilitou, ou da depreciação, que a vítima sofreu, podendo o prejudicado, se preferir, exigir a indenização de uma só vez.

Além das espécies acima, consagra-se uma terceira categoria de indenização, a título de dano puramente moral, expressa em uma soma fixada em arbitramento, de conformidade com a natureza do aleijão ou da deformidade, o estado civil da pessoa, a profissão exerce, o sexo, as circunstâncias especiais e outros fatores que interessam. É o *pretium doloris*. Pontes de Miranda, citando Hermenegildo Barros, já dava a sua razão de ser: "Embora o dano seja um sentimento de pesar íntimo da pessoa ofendida, para o qual se não encontra estimação perfeitamente adequada, não é isso razão para que se lhe recuse em absoluto uma compensação qualquer. Essa será estabelecida, como e quando possível, por meio de uma soma que, não importando uma exata reparação, todavia representará a única salvação cabível nos limites das forças humanas. O dinheiro não os extinguirá de todo: não os atenuará mesmo por sua própria natureza; mas pelas vantagens que o seu valor permutativo poderá proporcionar, compensando, indiretamente e parcialmente embora, o suplício moral que os vitimados experimentam".[88]

A indenização pelos danos patrimoniais não afasta a reparação pelos danos estéticos ou morais. Aliás, tanto uns como outros são devidos cumulativamente, a teor da Sumula nº 37 do STJ: "São cumuláveis as indenizações por dano material e dano moral oriundos do mesmo fato".

Em outro exemplo jurisprudencial prático: "Ficando o ofendido incapacitado para a profissão que exerce, a indenização compreenderá, em princípio, pensão correspondente ao valor do que deixou de receber em virtude de inabilitação. Não justifica seja reduzida apenas pela consideração, meramente hipotética, de que poderia exercer outro trabalho. O julgado consignou que as lesões não deixaram qualquer tipo de sequela, mesmo a psíquica, mas admitiu que resultou inabilitação para a profissão que o autor exerce, em virtude da redução de 60% de envergadura do cotovelo. Entendeu que as pensões arbitradas já compreenderiam o dano moral. Vê-se que, em verdade, a decisão recorrida, embora inicialmente afirmando a inexistência de sequela, admitiu sua presença. Em razão disso, aliás, é que impôs a reparação de danos materiais. Ora, não pode haver dúvida de que a perda de mobilidade do antebraço esquerdo, em virtude da limitação, em grau máximo dos movimentos do cotovelo, acarreta, além de dano material, sofrimento de natureza moral, pelas restrições resultantes para as atividades da vida em geral. Esta Terceira Turma tem reiteradamente

---

[88] "Tratado de Direito Privado", vol. 53, pp. 228 e 229, *in Revista Trimestral de Jurisprudência*, 57/786.

decidido que, em tais circunstâncias, não há necessidade de demonstração do dano moral, por ser isso da natureza das coisas. E ter-se por compreendido o ressarcimento no que é deferido pela perda econômica significa negá-lo".[89]

Sob o primeiro prisma, recupera-se exclusivamente o dano material. Com a verba a título de satisfação moral causado pela cicatriz permanente, ou carência de um membro, ou desfiguração corporal, busca-se atenuar estes males. A natureza é distinta. Clara é a duplicidade do mal sofrido: moral e patrimonial. Por isso, a indenização abrangerá, "além de parcelas outras", as "correspondentes ao dano estético".[90] "Se a vítima experimenta ao mesmo tempo um dano patrimonial defluente da diminuição de sua capacidade para exercer seu ofício e um dano moral derivado do aleijão, deve receber dupla indenização, aquela proporcional à deficiência experimentada e esta fixada moderadamente", acentua a jurisprudência desde época já antiga, fundada em Silvio Rodrigues,[91] que encontra apoio em Ripert e Boulanger: "Finalmente, tiene derecho a una compensación por los dolores y las molestias causadas por la herida, por lo *pretium doloris*. Debe sumárse el perjuicio estético".[92] Nesse sentido a dupla indenização permitida, sendo que o proveniente de dano estético encontra justificativa no prejuízo econômico, segundo distingue a jurisprudência: "Permite-se a cumulação de valores autônomos, um fixado a título de dano moral e outro a título de dano estético, derivados do mesmo fato, somente quando os referidos danos são passíveis de apuração em separado, tendo causas inconfundíveis que devem ficar devidamente explicitadas pelo órgão julgador ao atribuir valores em separado a cada um deles, sob pena de indevido *bis in idem*. A cumulação dos danos moral e estético é atendida quando, ainda que se tenha a estipulação de um valor único, nele se tenha expressamente considerado o valor devido pelos dois danos".[93]

Já o Decreto nº 2.681, de 1912, pelo seu art. 21, sem meias palavras, encarava o problema da dupla indenização: "No caso de lesão corpórea ou deformidade, à vista da natureza da mesma e de outras circunstâncias, especialmente a invalidade para o trabalho ou profissão habitual, além das despesas com o tratamento e os lucros cessantes, deverá pelo juiz ser arbitrada uma indenização conveniente". Essa 'indenização conveniente' só poderia dizer respeito ao *pretium doloris*. Foi o que já se decidiu: "Responsabilidade civil. Dano estético. Em princípio é indenizável o dano estético, consoante o art. 21 do Decreto nº

---

[89] STJ. Recurso Especial nº 233.610-RJ. 3ª Turma, publ. 26.06.2000, *in ADV Jurisprudência*, nº 41, p. 650, outubro de 2000.
[90] *Revista Trimestral de Jurisprudência*, 57/786.
[91] *Julgados do Tribunal de Alçada do RGS*, 37/415. Neste sentido, *Revista Trimestral de Jurisprudência*, 63/760 e 62/528.
[92] *Tratado de Derecho Civil*, Buenos Aires, Editora La Ley, 1965, tomo V, p. 90.
[93] STJ. Recurso Especial nº 203.142-0-RJ. 4ª Turma, *DJU* de 27.03.2000, *in Ementário da Jurisprudência do Superior Tribunal de Justiça*, 27/169.

2.681, de 07.12.1912. Justifica-se a condenação da ré no pagamento de dano estético, por se tratar de solteira, tendo pouco mais de vinte anos, gravemente lesada em seu rosto. Precedentes do Supremo Tribunal Federal".[94]

De outro lado, se deferida a indenização pelo fato do aleijão ou deformidade, sem envolver os danos materiais e lucros cessantes na atividade, outra é autorizada, sob o mesmo pretexto de dano moral? Aquela impede o arbitramento de uma soma equivalente ao prejuízo estético, mesmo que uma deformidade grave tenha marcado a vítima, sem que as despesas de tratamento e outras sejam de monta?

Não cabem duas indenizações pelo mesmo fundamento. Se o lesionado opta pela indenização do dano estético causado pela deformidade, esta já se destina a satisfazer o dano moral, não se autorizando o pleito de uma segunda verba, com respaldo em idêntica razão. Acolhendo-se duplo pedido, dupla seria a indenização. As seguintes emendas evidenciam a inviabilidade:

> "O dano moral é excluído, por haver indenização do dano estético, que compreende aquele".[95]
>
> "O dano estético subsume-se no dano moral. Súmula n° 37 do Superior Tribunal de Justiça. Recurso Especial não conhecido".[96]
>
> "Não há razão para fixação de valor individuado e separado para danos estéticos em consideração apenas à indenização de cunho moral. Eles devem estar englobados no âmbito de alcance dos danos morais propriamente ditos".[97]

---

[94] *Revista Trimestral de Jurisprudência*, 106/416.
[95] *Revista dos Tribunais*, 568/157.
[96] *Revista do Superior Tribunal de Justiça*, 77/246.
[97] *Revista dos Tribunais*, 730/252.

Capítulo XXIII

Prescrição e Decadência

1. TEMPORARIEDADE DA VIDA DOS DIREITOS

Nada do que está no universo é imorredouro ou eterno. A grande angústia humana está na contingência ou limitação de tudo o que existe no mundo corpóreo e temporal. Por mais que se aperfeiçoe o ser humano, nunca transcenderá o tempo. A sua finitude revela-se com o passar dos dias, sendo que a pessoa começa a envelhecer a partir do seu nascimento. Tudo passa, as coisas se deterioram, o mundo fenece, encontrando-se o universo num constante processo de decrepitude. Resplandecem aqueles que se encontram na juventude, tendo a plenitude das forças e dos proveitos, mas seguem o rumo inexorável do processo de deterioração, do que advém a renovação, pela qual uns dão lugar aos outros, em um constante vir a ser. Mas ninguém pode esquecer da tétrica imagem do decrépito, que conseguia balbuciar, num derradeiro esforço: *hodie mihi, cras tibi*. Daí a apropriada observação de J. M. Leoni Lopes de Oliveira: "O tempo não espera por ninguém. O ontem é história. O amanhã é um mistério. O hoje é uma dádiva. Por isso é chamado *presente*".[1]

Assim quanto aos direitos, cuja existência encontra barreiras no tempo. Tal como nascem, se expandem e resplandecem, fatalmente depois de algum tempo podem esvair-se ou sumir, não mais encontrando sustentação na ordem que vigora.

Várias as causas que conduzem à extinção dos direitos, sobressaindo a morte, a resolução, o distrato, o abandono, a rescisão, o perecimento do objeto, a prescrição e a decadência. Às vezes, é abolido o valor, ou o instituto, desaparecendo, em consequência, o direito. Retira-se, em outras situações, a ação que protege o direito. Em certos casos, o tempo faz esvair-se a relação jurídica, exaurindo-se o direito inerente de proteção. Extinguindo-se, em algumas ocasiões, o objeto de um contrato, advém automaticamente o perecimento do direito, observando Clóvis Beviláqua: "O perecimento do objeto de um direito importa necessariamente a sua extinção, porque lhe falta um elemento essencial.

---

[1] *Direito Civil* – Teoria Geral do Direito Civil, ob. cit., vol. 2, 1.014.

Não se compreende um direito, que é um poder de ação, sem objeto que é o bem sobre o qual essa ação se exerce, que é o que a determina e caracteriza".[2]

O desaparecimento tem múltiplas causas, como a destruição, pela qual somem as propriedades e a essência da coisa, que se transforma em outra bem diferente, sendo exemplos a morte do animal e o desabamento do edifício; a perda das qualidades intrínsecas, ou da função da coisa, citando-se a hipótese de um televisor que fica sem imagem, ou sem a recepção e transmissão de imagens; a confusão de coisas, que se misturam e aparece uma essência diferente; o extravio de um objeto, ou a sua perda, ou a sua colocação em lugar inatingível ou de impossível acesso.

Enfim, a vida e a morte são dimensões que se tocam, não se concebendo uma sem a outra.

Dentre as várias causas de extinção ou perecimentos de direitos estão a prescrição e a decadência, indispensáveis para imprimir a própria segurança ao mundo e à vida. Não se encontra estabilidade na existência senão se estiver frente à insegurança ou fraqueza. Criam-se mecanismos de defesa porque sempre iminente o perigo, ou porque nunca é suficientemente forte a garantia ou o direito. De sorte que os institutos da prescrição e da decadência induzem os titulares de bens ou direitos a montar e manter medidas de segurança, sendo apropriada a colocação de que representam fatores de fortalecimento dos direitos.

Quem permanece inerte, desinteressado, indolente, despreocupado, não revela desvelo quanto aos seus direitos e ao patrimônio próprio. De todos se espera um mínimo de autodefesa em relação ao tempo, sempre ciente de que o mesmo pode agir contra si. Grande é a sua repercussão na pessoa de todos os indivíduos, marcando cada etapa da vida. Lembra-se, exemplificativamente, de que aos dezesseis anos a pessoa pode votar e adquire a maioridade relativa. Nessa idade, autoriza-se o homem e a mulher a casar, desde que manifestada a autorização de ambos os pais ou de seus representantes legais. Aos dezoito anos todos se tornam absolutamente maiores, quando inicia a correr o prazo da prescrição. Também aos dezoito anos a pessoa torna-se penalmente responsável. Não se pode olvidar a perda da propriedade imóvel se durante quinze anos se permite a posse por outra pessoa, desde que revestida de certos requisitos. Estabelece a lei uma idade mínima e máxima para o ingresso em certas funções públicas. De modo que o tempo marca a existência do ser humano, máxime no pertinente à prática ou ao exercício dos direitos. Daí a sua importância, colocando-o Eduardo Espínola "como medida para a duração dos efeitos de um fato gerador de direitos".[3]

---

[2] *Teoria Geral do Direito Civil*, ob. cit., p. 376.
[3] *Sistema do Direito Civil Brasileiro*, ob. cit., vol. 1º, p. 600.

2. PRESCRIÇÃO E DECADÊNCIA

O Código Civil, no Título IV do Livro III da Parte Geral, disciplina a prescrição e a decadência. Inicia com a prescrição, dispondo no art. 189 que a violação do direito traz para o titular a pretensão da reparação, ou restauração, ou recomposição: "Violado o direito, nasce para o titular a pretensão, a qual se extingue, pela prescrição, nos prazos a que aludem os arts. 205 e 206". O marco para o início do prazo prescricional é o momento da transgressão ou violação. Tão logo verificado o fato que atingiu e feriu o direito, oportuniza-se o exercício da demanda cabível, que perdura por certo tempo, não sendo indefinido ou eterno. Se não vier a ação cabível em um lapso de tempo que a própria lei assinala, consolida-se a transgressão, e reverte-se em direito a favor do transgressor. Fica o direito desprovido da ação que o protegia, e que era garantida para a sua restauração.

Efetivamente, domina no direito brasileiro a teoria alemã da prescrição, que a considera como a perda da ação atribuída a um direito. Já Clóvis assentava o fundamento desse conceito: "Prescrição é a perda da ação atribuída a um direito, e de toda a sua capacidade defensiva, em consequência do não uso delas, durante um determinado espaço de tempo. Não é o fato de não se exercer o direito que lhe tira o vigor; nós podemos conservar inativos em nosso patrimônio muitos direitos, por tempo indeterminado. O que o torna inválido é o não uso da sua propriedade defensiva, da ação que o reveste e protege".[4] Também Antônio de Almeida Oliveira, bem antes do Código Civil de 1916, ressaltava: "A prescrição é o obstáculo pela lei posto à ação proveniente de direitos, que durante certo tempo deixaram de ser exercidos por aqueles a quem pertencem".[5]

O que desaparece é a ação para a defesa de determinado direito, em razão da inércia ou omissão de um titular ante violações ou ofensas desse direito, durante um período de tempo previsto para exercitar a defesa. O direito está acompanhado de medidas para o seu exercício e a proteção. Se a pessoa não faz uso dos meios assegurados, entende-se que houve a desistência, levando os sistemas jurídicos a retirar a faculdade de defesa.

Pela prescrição, segue Serpa Lopes, se pode "repelir uma ação por ter o autor negligenciado por um tempo determinado de fazer valer ou excitar o direito ao qual ela se refere".[6] Coloca-se a favor de alguém uma defesa contra quem não exerceu, durante um período de tempo fixado em lei, uma pretensão ou um direito. Daí conceber-se como meio para opor-se à ação a fim de que prepondere ou impere o direito. Trata-se de um acontecimento ou recurso natural de defesa, pois o decurso do tempo é que institui esse meio de defesa. Fica a pessoa desprovida da ação para a busca do direito, o qual perde, em

---

[4] *Teoria Geral do Direito Civil*, ob. cit., p. 380.
[5] *A Prescrição em Direito Comercial e Civil*, 1896, p. 1.
[6] *Curso de Direito Civil*, ob. cit., vol. I, p. 496.

decorrência, a sua eficácia. Desaparece a força do direito, de nada mais adiantando. Realmente, mesmo que ele perdure, não é mais suscetível de proveito pelo meio que vinha previsto. Como salienta Sílvio Rodrigues, "desprovido da ação, o direito perde sua eficácia, pois não se faz acompanhar da força coativa que lhe empresta o Estado".[7] Daí a pouca relevância prática se perece a ação ou o direito, ou as longas discussões se há a prescrição da ação ou decadência do direito, porquanto o direito fica sem ação para a sua manifestação ou para que passe a preponderar, como argumenta o mesmo civilista.

Verdade que se extingue somente a ação, continuando a vigorar o direito, mesmo que em estado latente, com possibilidade de, até em vários casos, voltar a atuar. Extinguindo-se a ação, o direito resta sem tutela legal.

Entretanto, não se pode olvidar que, em certos casos, é possível exercitar o direito por uma forma diferente daquela prevista na lei, e que se encontra subsumida em um prazo delimitado. Assim quanto à ação para a cobrança do cheque através do processo de execução, a prescrição opera-se no prazo de seis meses, contado da expiração do prazo de apresentação (art. 59 da Lei nº 7.357, de 2.09.1985); e no tocante às letras de câmbio e notas promissórias, a prescrição dá-se em três anos, a contar do vencimento (art. 70 da Lei Uniforme relativa às letras de câmbio e notas promissórias, promulgada pelo Decreto nº 57.663, de 24.01.1966). Verifica-se a prescrição para o uso do processo de execução, não se subtraindo à parte a competente ação de rito ordinário ressarcitória ou de indenização, com fundamento no enriquecimento ilícito ou sem causa.

De modo que a prescrição é do procedimento ou do tipo especial de ação que o diploma contempla, e não do direito ao recebimento do valor ou da indenização. Pode-se concluir que se dirige para a ação, fazendo, normalmente, e não sempre, desaparecer o direito. Isto com exceção ao crédito tributário, em que a prescrição extingue o direito de recebê-lo, como se dessume do art. 156 do Código Tributário Nacional (Lei nº 5.172, de 25.10.1966): "Extinguem o crédito tributário: ... V – a prescrição e a decadência".

Já a decadência diz respeito ao direito, colocando fim a qualquer pretensão para a sua satisfação. Não se tem em vista o tipo de ação ou lide contemplado para a busca do direito. O próprio direito é atingido, porquanto não procurado, sem importar qual o caminho processual eleito. Por afetar o direito, fazendo-o desaparecer, abrange automaticamente a ação, não se encontrando meio algum para ser aquele exercitado. Sintetiza Carlos da Rocha Guimarães: "A prescrição só atinge o direito de ação, referente a direitos já constituídos, ao passo que a decadência atinge os próprios direitos, quando se trata de direitos potestativos".[8]

Os prazos são extintivos do direito, não importando a ação porventura contemplada na lei. Grandes as confusões que surgem a respeito da matéria, ou

---

[7] *Curso de Direito Civil*, ob. cit., vol. I, p. 319.
[8] *Prescrição e Decadência*, Rio de Janeiro, Forense, 1980, p. 51.

mal apresentada a distinção, em que incorreram inclusive autores de expressão, sendo que muitos se perdem em minúcias que a nada levam. Washington de Barros Monteiro prima pela clareza, ao estabelecer que "a prescrição atinge diretamente a ação e por via oblíqua faz desaparecer o direito por ela tutelado; a decadência, ao inverso, atinge diretamente o direito e por via oblíqua, ou reflexa, extingue a ação".[9] Também atiladamente, expõe a diferença Antônio Luiz da Câmara Leal: "É de decadência o prazo estabelecido pela lei, ou pela vontade unilateral ou bilateral, quando prefixado ao exercício do direito pelo seu titular. E é de prescrição, quando fixado, não para o exercício do direito, mas para o exercício da ação que o protege.

Quando, porém, o direito deve ser exercido por meio da ação, originando--se ambos do mesmo fato, de modo que o exercício da ação representa o próprio exercício do direito, o prazo estabelecido para a ação deve ser tido como prefixado ao exercício do direito, sendo, portanto, de decadência, embora aparentemente se afigure de prescrição".[10]

Em suma, o que predomina é o exercício do direito ou de um tipo de ação – ocorrendo a decadência naquele e a prescrição no último.

Há outros critérios, destacando-se o defendido por Chiovenda, que, inicialmente, separa os direitos em de prestação e em potestativos. Os primeiros têm por finalidade um bem da vida, alcançável mediante uma prestação positiva ou negativa. São os direitos pessoais e reais, encontrando-se neles um sujeito passivo obrigado a uma prestação, seja positiva (dar ou fazer) ou negativa (abster-se). Os segundos compreendem os que a lei confere certo poder de sujeição do sujeito ativo sobre o sujeito passivo. Há um estado de sujeição que o exercício do direito cria para outras pessoas, como o poder do mandante e do doador de revogarem o mandato e a doação – respectivamente arts. 682, inc. I, e 555 do Código Civil (arts. 1.316, inc. I, e 1.181 do Código anterior). São aqueles direitos que a lei, visando a tranquilidade social, fixa prazos para o seu exercício, sem prever uma ação específica. O decurso do prazo sem o exercício desses direitos acarreta o seu perecimento.

Consideram-se sujeitos à prescrição os de prestação, e à decadência os potestativos, salientando Orlando Gomes: "O campo de aplicação da prescrição é mais amplo do que o da decadência. Dirige-se, esta, preferencialmente, aos direitos potestativos. São sempre curtos os prazos extintivos".[11] Humberto Theodoro Júnior acrescenta: "Se a prescrição é a perda da pretensão (força de reagir contra a violação do direito subjetivo), não se pode, realmente, cogitar de prescrição dos direitos potestativos. Estes nada mais são do que poderes ou faculdades do sujeito de direito de provocar a alteração de alguma situação

---

[9] *Curso de Direito Civil* – Parte Geral, ob. cit., p. 297.
[10] *Da Prescrição e da Decadência*, 1ª ed., Rio de Janeiro, Forense, pp. 133 e 134.
[11] *Introdução ao Direito Civil*, ob. cit., p. 461.

jurídica. Neles não se verifica a contraposição de uma obrigação do sujeito passivo a realizar certa prestação em favor do titular do direito. A contraparte simplesmente está sujeita a sofrer as consequências da inovação jurídica. Por isso, não cabe aplicar aos direitos potestativos a prescrição: não há pretensão a ser extinta, separadamente do direito subjetivo; é o próprio direito potestativo que desaparece, por completo, ao término do prazo marcado para seu exercício".[12]

Característica importante é salientada por alguns doutrinadores, que marca a distinção: na decadência, o prazo não se interrompe nem se suspende, correndo contra todos, sendo fatal, ininterrupto e peremptório, terminando sempre no dia preestabelecido, e não podendo ser renunciado; na prescrição, admite-se a interrupção do prazo, o qual também se suspende, aceitando-se a renúncia caso consumada a prescrição. Como se verá, várias as causas de suspensão, como a menoridade e a existência do vínculo conjugal. Depreende-se daí que o prazo, na decadência, é extintivo, esgotando-se indistintamente para qualquer pessoa, enquanto na prescrição encontram-se situações especiais que favorecem casos especiais, como no pertinente aos incapazes, para quem o início se dá apenas com o atingimento da maioridade, ou quando se tornarem capazes.

Carlos da Rocha Guimarães sintetiza as diferenças, sendo elucidativa a sua visão:

> "1. A prescrição extingue somente o direito e ação, a decadência extingue o próprio direito.
>
> 2. O curso da prescrição pode ser interrompido; o da decadência não.
>
> 3. O curso da prescrição pode ser suspenso; o da decadência não, é fatal.
>
> 4. A prescrição atinge direitos patrimoniais e alienáveis; a decadência não.
>
> 5. A prescrição corre contra pessoas certas e determinadas; a decadência corre contra todos.
>
> 6. A prescrição não pode ser renunciada senão depois de consumada (art. 161 do Código Civil); o prazo de decadência pode ser diminuído ou não antes do seu término, conforme o caso, não podendo ser renunciada após o seu término.
>
> 7. A prescrição não opera *ipso jure*, isto é, o juiz não pode, de ofício, dela conhecer; o contrário acontece com a decadência.
>
> 8. A prescrição advém da lei; a decadência pode advir, também, de determinação do juiz ou de ato jurídico (unilateral ou bilateral, gratuito ou oneroso).
>
> 9. A prescrição só é alegada em exceção, isto é, como matéria de defesa; a decadência pode dar lugar à ação.
>
> 10. Na prescrição há um único sujeito de direito; na decadência há dois: um titular de direito permanente, outro de um direito efêmero, a curto prazo".[13]

---

[12] *Comentários ao Novo Código Civil*, vol. III, tomo II – arts. 185 a 232 –, coordenação de Sálvio de Figueiredo Teixeira, Editora Forense, Rio de Janeiro, 2003, p. 344.
[13] *Prescrição e Decadência*, ob. cit., pp. 52 e 53.

O citado art. 161 equivale ao art.191 do vigente Código, mantendo idêntica redação. No entanto, como se verá adiante (itens 9 e 14 do presente capítulo), não mais se impõe a condição da alegação pela parte interessada. Ao juiz é reconhecido o poder de decretar de ofício a prescrição.

O Código Civil de 2002 delineou bem clara a separação. Através de critério bastante operacional, que Miguel Reale denominou critério de operabilidade, definiu a pretensão como objeto da prescrição, discriminando em dois artigos (arts. 205 e 206) os casos de sua ocorrência. Já quanto à decadência, deixou as hipóteses de sua verificação para a regulamentação particularizada, o que se deu, na sua maior amplitude, na Parte Especial do Código Civil.

3. PRESCRIÇÃO E DECADÊNCIA FRENTE À CLASSIFICAÇÃO DAS AÇÕES

Pelo direito romano, as ações classificavam-se levando em conta a natureza do direito pretendido, sendo divididas em reais, pessoais, mistas e prejudiciais. Modernamente, consideram-se as ações de acordo com a natureza do pronunciamento judicial que se busca, ou, na doutrina de Pontes de Miranda, de conformidade com a carga de eficácia.[14]

Foi Giuseppe Chiovenda o inspirador da divisão das ações em condenatórias, constitutivas e declaratórias.

As *condenatórias*, consoante o grande processualista, são as ações pelas quais o autor visa alcançar uma determinada prestação – positiva ou negativa. Um dos pressupostos da ação de condenação é "a existência de uma vontade da lei que garanta um bem a alguém, impondo ao réu a obrigação de uma prestação. Por consequência, não podem jamais dar lugar à sentença de condenação os direitos potestativos".[15]

As *constitutivas* – positivas ou negativas – são as destinadas para se obter a criação, a modificação, ou a extinção de um estado jurídico. Não se destinam para conseguir uma prestação do réu, embora se dirijam para determinada finalidade, ou subjacentemente se vise a prática de uma conduta.

As *declaratórias* dirigem-se para conseguir a afirmação ou negação de um direito, ou do veredicto sobre uma relação. Destinam-se, na lição do mesmo Chiovenda, a "verificar qual seja a vontade da lei, quer dizer, certificar a existência do direito (já direito a uma prestação, já direito potestativo), sem o fim de preparar a consecução de qualquer bem, a não ser a certeza jurídica... O autor que requer uma sentença declaratória não pretende conseguir atualmente um bem da vida que lhe seja garantido por vontade da lei, seja que o bem con-

---

[14] *Tratado de Direito Privado*, Rio de Janeiro, Editor Borsoi, 1971, vol. V, p. 483.
[15] *Instituições de Direito Processual Civil*, tradução ao português por Benvindo Aires, São Paulo, Editora Saraiva, 1942, vol. I, p. 483.

sista numa prestação do obrigado, seja que consista na modificação do estado jurídico atual; quer, tão somente, saber que seu direito existe ou quer excluir que exista o direito do adversário; pleiteia, no processo, a certeza jurídica e nada mais".[16] O Superior Tribunal de Justiça ponderou em sentido idêntico: "O direito é relação jurídica, cujas normas se caracterizam pela coercibilidade. E toda relação jurídica decorre de fato. Encerra, por sua vez, direitos e deveres contrapostos, denominados conteúdo. O fato, por seu turno, constitui ou desconstitui o vínculo; outrossim, enseja modificação, ou mera declaração. A ação declaratória tem por objeto evidenciar projetos, caracterizar relação jurídica. E o interesse dos autos poderá limitar-se a tanto. Não é obrigado, quando disponível o direito, fazer valer a coercibilidade".[17]

Não se pode olvidar, entrementes, que as sentenças condenatórias e constitutivas encerram um conteúdo declaratório. Toda sentença conterá, necessariamente, a declaração da existência da relação jurídica. A carga eficacial preponderante é que definirá o tipo de ação.

As ações condenatórias submetem-se irrestritamente à prescrição e à decadência, aplicando-se a elas plenamente o art. 205 do Código Civil (arts. 177 e 179 do Código anterior). São as ações de prestação ou de pretensão, dividindo-se em ações reais e ações pessoais, enquanto as ações constitutivas e declaratórias não se dirigem para conseguir uma prestação, seja pessoal ou real.

No pertinente às ações constitutivas, afora aquelas que a lei estabelece prazos para a sua propositura (encontram-se hipóteses na enumeração do art. 206 do vigente Código, que corresponde ao art. 178 do Código de 1916), não estão sujeitas a qualquer prazo extintivo por prescrição, classificando-se, pois, como imprescritíveis. Apenas a decadência de direito pode haver, sempre que verificada a previsão legal. Extinto o direito, extingue-se, em decorrência, a ação constitutiva correspondente.

Nesse tipo encontram-se as ações de estado, utilizadas quando alguém quer estabelecer a certeza jurídica a respeito da existência ou inexistência de determinada relação jurídica. Também como constitutivas enquadram-se as ações de nulidade, ou aquelas que têm por objetivo a invalidade dos atos nulos; e as ações de anulação, destinadas a invalidar atos anuláveis. Isto porque se visa não apenas declarar, mas constituir a invalidade, ou deslocar o ato que estava no mundo jurídico, que se considerava válido, para o mundo fático da inexistência ou invalidade. A sentença que pronuncia uma nulidade ou anulabilidade ocasiona uma modificação, que é a transformação de um ato juridicamente nulo ou anulável (mas não percebido) em ato inexistente ou inválido. Há uma modificação do que existia. Constitui-se um novo estado do ato, que se perfaz

---

[16] *Instituições de Direito Processual Civil*, ob. cit., vol. I, pp. 265 e 303.
[17] Recurso Especial nº 187.380-RS. 6ª Turma, publ. em 17.02.1999, em *ADV Jurisprudência*, nº 21, p. 335, maio de 1999.

com a passagem para a invalidade. Decreta-se e não simplesmente declara-se a nulidade, ou a anulabilidade.

Algumas situações perduram enquanto não pronunciadas. Há atos nulos que persistem, se não houver a interferência judicial, como acontece com o casamento putativo – art. 1.561 (art. 221 do Código de 1916); o casamento contraído perante autoridade incompetente, depois de decorrido o prazo de dois anos dentro do qual a nulidade deve ser alegada – art. 1.550, inc. V, c/c. o art. 1.560, inc. II (art. 208 do Código da Lei nº 3.071); a partilha nula depois de decorrido o prazo decadencial de um ano – art. 2.027, parágrafo único (art. 178, § 6º, inc. V, do Código da Lei nº 3.071). De modo que, com o resultado positivo da ação, dá-se a modificação da situação antes existente, o que leva a constituir-se um novo estado.

Diferentemente ocorre com as ações declaratórias. Não visam as ações declaratórias propriamente a proteção ou a restauração de direitos lesados, e muito menos procuram o exercício dos direitos. Considerando que o objetivo da prescrição está em liberar o sujeito passivo de uma prestação, e que a finalidade da decadência é a liberação da possibilidade de sofrer uma sujeição, decorre que a ação declaratória não se compatibiliza com a prescrição ou decadência, eis que não se destina a realizar uma prestação, ou a criar um estado de sujeição. Realmente, se as ações declaratórias não são meio de proteção ou restauração de direitos lesados, nem servem como meio de exercício de quaisquer direitos, decorre que o conteúdo da ação declaratória revela-se inconciliável com o significado de prescrição e de decadência.

4. FUNDAMENTO DA PRESCRIÇÃO E DA DECADÊNCIA

No direito romano, eram estranhos os institutos da prescrição e da decadência. Com o direito pretoriano começaram a surgir exceções à antiga regra da perpetuidade das ações. No entanto, tinha-se a prescrição como um meio de defesa reservado ao possuidor contra terceiros. Na Lei das XII Tábuas foi contemplada a prescrição aquisitiva, reconhecida para os cidadãos e as coisas romanas. No tempo de Justiniano surgiu a distinção em prescrição aquisitiva e extintiva. Passou a haver duas significações: a prescrição propriamente dita, com caráter geral, com a finalidade de extinguir as ações, e o usucapião, utilizado como meio de aquisição do domínio.

A origem da palavra 'prescrição' é latina – *prae* (antes), e *scriptio* (escrito). O significado literal era o escrito posto antes. Mas o sentido envolve o meio colocado à disposição do pretor de não examinar o direito antes de enfrentar a posse *ad usucapionem*, o que se aplicava especialmente para extinguir a ação reivindicatória. A longa duração da posse – *praescriptio longissimi temporis* – servia para justificar a aquisição da propriedade, exceção que se opunha à ação reivindicatória, e que o pretor examinava antes de examinar o mérito.

Grande a importância da prescrição e da decadência. A principal finalidade está em imprimir certeza às relações jurídicas, o que se consegue pelo longo decurso do tempo. Com efeito, se passados vários anos de inércia, incute-se na comunidade a convicção de inexistência do direito. A busca da estabilidade constitui o fator preponderante para justificar tanto a prescrição como a decadência. Não é possível suportar uma perpétua situação de incerteza ou insegurança. Todas as pessoas buscam estabilidade e certeza. Depois de um certo tempo, há de preponderar uma situação de fato sobre uma situação de direito. O fato se sobrepõe ao direito. Mostra-se inconcebível que, passados numerosos anos, ainda vá uma pessoa atrás de pretensos direitos ou bens. Se perpétuo ou reservado indefinidamente o direito de reclamar, desapareceria a estabilidade de toda a espécie de relações. Ficariam enfraquecidos os direitos, e ver-se-ia o devedor em constante ameaça de cobrança de uma dívida, mesmo que passadas décadas de anos. Não teria segurança em adquirir bens, permanecendo enquanto vivesse atrelado a possíveis cobranças.

Caso suprimida a prescrição, as pessoas se sentiriam em permanente estado de insegurança, jamais tendo sossego, e conscientes de, a qualquer momento, terem que suportar um processo de execução. Na aquisição de um imóvel, impor-se-ia o exame de toda a cadeia de transmissões anteriores, desde a primeira compra, para verificar a existência de uma possível transferência *a non domino*. Para prevenir-se de cobranças ou execuções, as pessoas deveriam guardar todos os documentos ao longo da vida, como notas de compra, recibos de pagamentos, títulos de crédito, talões de cheque, extratos bancários e uma infinidade de outros papeis, o que seria impraticável pelos órgãos públicos, instituições financeiras e grandes estabelecimentos comerciais, que travam relações com milhares de indivíduos a cada mês.

De sorte que a prescrição, como reconhece a doutrina, serve à segurança e à paz públicas, dominando o princípio de que *dormientibus non sucurrit ius*.

5. NATUREZA DE ORDEM PÚBLICA DA PRESCRIÇÃO E FACULDADE EM AS PARTES ESTABELECEREM A DECADÊNCIA

Embora não totalmente, reconhece-se a natureza de ordem pública da prescrição, havendo normas que dispõem especificamente sobre a mesma, e não podendo as partes disporem em sentido contrário. Não é autorizado que se alterem os prazos de prescrição constantes do ordenamento jurídico, porquanto os prazos estão disciplinados na lei, não se facultando a disposição em contrário. É peremptório, sobre o assunto, o art. 192 do Código Civil: "Os prazos de prescrição não podem ser alterados por acordo das partes". Nem se valida a prévia renúncia à prescrição, embora possível posteriormente, a teor do art. 191 (art. 161 do Código revogado): "A renúncia da prescrição pode ser expressa ou tácita, e só valerá, sendo feita, sem prejuízo de terceiro, depois que a prescrição se consumar; tácita é a renúncia quando se presume de fatos do interessado, incompatíveis com a prescrição". Caso típico de renúncia encontra-se no pagamento de dívida prescrita, na letra do art. 882 (art. 970 do Código de 1916): "Não se pode repetir o que se pagou para solver dívida prescrita, ou cumprir obrigação judicialmente inexigível".

Nessa concepção de caráter público, não tem validade a disposição que torna imprescritível certa dívida, ou que impede a sua alegação. Encerra o art. 193 (art. 162 do Código revogado): "A prescrição pode ser alegada em qualquer grau de jurisdição, pela parte a quem aproveita".

Permite-se ao juiz conhecê-la de ofício, já que simplesmente revogado o art. 194 (art. 166 da lei civil de 1916), que prescrevia: "O juiz não pode suprir, de ofício, a alegação de prescrição, salvo de favorecer a absolutamente incapaz". A revogação adveio com a Lei nº 11.280, de 16.02.2006, e se impôs em face da redação que foi dada, pela mesma Lei, ao § 5º do art. 219 do CPC: "O juiz pronunciará, de ofício, a prescrição". No novo CPC depreende-se a possibilidade da decretação de ofício da prescrição dos textos dos seguintes dispositivos:

> "§ 1º do art. 332: "O juiz também poderá julgar liminarmente improcedente o pedido se verificar, desde logo, a ocorrência de decadência ou de prescrição".

Art. 487, II, e parágrafo único:

> "Haverá resolução de mérito quando o juiz:
> "I – ...
> II – decidir, de ofício ou a requerimento, sobre a ocorrência de decadência ou prescrição.
> (...)
> Parágrafo único: Ressalvada a hipótese do § 1º do art. 332, a prescrição e a decadência não serão reconhecidas sem que antes seja dada às partes oportunidade de manifestar-se".

Mesmo que permitida a possibilidade de disposição da prescrição em certos casos, tal ocorre unicamente nas situações especificadas pela lei. Em outras palavras, por iniciativa própria veda-se a alteração das regras sobre prescrição, sendo que, quando há possibilidade, os casos constam assinalados na lei.

Quanto à decadência, que envolve a extinção do direito, diferente o tratamento. Desde que verificada, aniquila direitos ou faculdades. É possível que as partes convencionem o exercício de um direito ou de uma faculdade em prazo determinado ou fixado, sob pena de sua extinção. Assim, coloca-se uma cláusula em um contrato, na qual se assegura a concessão de um desconto no preço, se o pagamento se efetuar até uma data prevista. Ou autoriza-se a desistência do negócio, desde que manifestada a vontade do desfazimento num período de tempo avançado. Uma vez decorrido o lapso temporal concedido, não mais assiste pretender a vantagem ou o estipulado. Opera-se a decadência denominada convencional, contemplada no art. 211 do Código Civil: "Se a decadência for convencional, a parte a quem aproveita pode alegá-la em qualquer grau de jurisdição, mas o juiz não pode suprir a alegação". Asseverava Luiz P. Carpenter: "As partes, de comum acordo, podem estabelecer prazos resolutivos convencionais". Adiante: "Fica livre às partes ajustarem prazos preclusivos convencionais, que, entre nós, são mais conhecidos por prazos de caducidade".[18]

Câmara Leal, na linha de Carpenter, ensinava que o prazo decadencial decorre ou da lei ou da vontade humana, caducando o direito de não procurado no tempo previsto: "O objeto da decadência, portanto, é o direito que, por determinação da lei ou da vontade do homem, já nasce subordinado à condição de exercício em limitado lapso de tempo". Continuando, linhas adiante: "Sem que o titular exercite o direito a ele subordinado, opera-se a decadência ou caducidade do direito, que fica por essa forma extinto. Esse é, pois, o principal efeito da decadência: extinguir o direito".[19]

Uma vez, pois, decorrido o tempo concedido para o benefício ou a realização de um ato, não mais assiste qualquer alegação por meio de ação, visando o seu proveito.

6. ESPÉCIES DE PRESCRIÇÃO

O Código Civil, seguindo a orientação da maioria dos sistemas existentes, distingue a prescrição em extintiva e aquisitiva. Há a força extintora e a força geradora de direitos. Na primeira, extingue-se a ação reservada ao titular, ficando eliminado o direito porque desaparece a tutela legal, em razão, na visão de Antônio de Almeida Oliveira, "da inação do credor e o tempo que decorre sem que ele exija o seu pagamento".[20] Na segunda, surge o direito como fruto do tempo que passa, tornando-se modo de adquirir a propriedade pela posse prolongada. Está marcada aquela pela força negativa, acarretando a perda da ação reconhecida a um direito pela falta de uso ou exercício durante um lapso de tempo previsto; a última traz uma força positiva que leva a adquirir um direito, sendo o caso típico do usucapião.

A prescrição extintiva, também conhecida como liberatória, ao mesmo tempo em que prossegue e se completa no correr do tempo, dá ensejo à formação do direito de um terceiro. Daí a perfeita correlação entre ambas, a ponto de uma acarretar a formação da outra. A prescrição extintiva, também conhecida como

---

[18] *Da Prescrição*, 3ª ed., Rio de Janeiro, Editora Nacional de Direito Ltda., 1958, vol. I, pp. 105 e 108.
[19] *Da Prescrição e da Decadência*, 2ª ed., ob. cit., 1959, pp. 119 e 125.
[20] *Da Prescrição em Direito Comercial e Civil*, ob. cit., p. 2.

liberatória, é a mais comum, atingindo especialmente as ações condenatórias, e estando fundamentada na inércia ou omissão do titular do direito durante determinado período de tempo, assinalado para o exercício do direito. A aquisitiva é decorrência da extintiva, pois se forma porque desaparece o direito da outra parte.

O titular negligente perde o direito ao fim de certo tempo, ao passo que uma terceira pessoa o adquire.

Ainda elucidativa a distinção apresentada por Eduardo Espínola:

> "1º – A prescrição aquisitiva tem essencialmente por base a posse, e assim exige a boa-fé; a prescrição extintiva, em regra, dispensa a posse, não exige da parte do devedor o requisito da boa-fé.
>
> 2º – A prescrição aquisitiva pode ser fonte de uma ação ou de uma exceção em proveito do adquirente; a extintiva, sendo praticamente um meio de repelir a ação, se apresenta sempre como exceção.
>
> 3º – O campo da prescrição aquisitiva não é tão vasto como o da extintiva: a primeira limita-se à aquisição da propriedade e dos direitos reais; a extintiva abrange todo o domínio do direito civil, e aplica-se a todas as classes de relações jurídicas".[21]

Maria Helena Diniz apresenta a prescrição extintiva como "uma energia que extingue a ação e todos os recursos de defesa de que o direito é provido, funcionando mais como meio de defesa", enquanto a aquisitiva, que se resume no usucapião, reage como "uma energia criadora de direitos reais, em particular da propriedade, transformando uma situação fática numa realidade jurídica".[22]

Não se pode equiparar o usucapião à prescrição. Enquanto a essência da última está no não exercício de um direito, através de ação apropriada, num determinado espaço de tempo, aquele decorre de ações positivas, da prática de atos, consubstanciados na posse mansa e pacífica, com o *animus domini*, pelo tempo estabelecido na lei. Se resultasse o usucapião da simples falta de uso de um direito, seria suficiente para declará-lo o mero abandono de uma área de terra pelo lapso temporal assinalado para o seu reconhecimento. Imprescindível, além do titular não exercer atos de posse, a prática de condutas evidenciadoras da posse, da ocupação com o intuito de dono, da submissão do bem à vontade do possuidor.

Em resumo, enquanto a prescrição propriamente dita é um modo de extinção da ação para o exercício do direito, o usucapião constitui um modo criador de direitos, verificado pelo exercício de certos atos.

Em face da distinção entre uma e outra espécie de prescrição, e dado o caráter de atuação positiva que deve existir na aquisitiva, unicamente depois de decorrido o prazo necessário para o usucapião é que desaparece o direito

---

[21] *Sistema do Direito Civil Brasileiro*, ob. cit., vol. 1º, p. 605.
[22] *Curso de Direito Civil Brasileiro*, ob. cit., vol. 1º, p. 206.

à indenização na desapropriação indireta, vindo as razões melhor ditas nesta ementa: "Prescrição. Ainda que se trate de direito real, não se verifica, nos termos do art. 177, mas segundo o art. 550 do CC, ou seja, no mesmo prazo estabelecido para a usucapião extraordinária. Assim ocorre porque não se cuida de prescrição extintiva, mas aquisitiva, pelo que a propriedade do particular só passará para o domínio público, que carece de justo título, após o prazo de vinte anos, eis que referido direito real, sendo irrevogável e perpétuo, deixa de extinguir-se pela falta do seu exercício, só desaparecendo em relação ao respectivo titular pela aquisição por outro".[23] Os arts. 177 e 550 apontados no texto equivalem aos arts. 205 e 1.238 do diploma civil em vigor.

6.1. Prescrição intercorrente

Trata-se da prescrição verificada no curso do processo judicial, por fato debitado à própria parte a quem prejudica a sua ocorrência, ou inércia na promoção do regular andamento. Normalmente, acontece quando o processo fica paralisado, sem as providências para retomar o regular prosseguimento por iniciativa do titular de um direito cuja satisfação busca. Daí partir-se do parágrafo único do art. 202 para a sua compreensão: "A prescrição interrompida recomeça a correr da data do ato que a interrompeu, ou do último ato do processo para a interromper". A maioria dos direitos são exercitáveis judicialmente durante um certo espaço de tempo. Verificada a omissão nas providências para a sua consecução, decorre naturalmente o seu perecimento. Embora tenha se procurado um impulso inicial em buscar a satisfação ou o cumprimento do direito, havendo a inércia em certo momento, começa a correr novamente o prazo da prescrição, que passa a ser intercorrente porque ressurge por desleixo da parte em cumprir as medidas que lhe são próprias. Se passar, na paralisação do feito, o mesmo prazo previsto para o direito, consuma-se a prescrição. Por outras palavras, o prazo prescricional a ser considerado para fins de prescrição intercorrente, em inexistindo lei especial disciplinando de modo diferente, coincide com o prazo para o ajuizamento da ação.

No direito do trabalho, o Supremo Tribunal Federal emitiu a Súmula nº 327, que de forma bem objetiva diz que "o direito trabalhista admite a prescrição intercorrente".

Depreende-se que se trata de uma prescrição que ocorre no curso do processo. Não basta à parte, pois, ajuizar a demanda. Cabe-lhe o ônus de mostrar-se atento para o seu regular encaminhamento ao seu término. Aprofundam a compreensão Cristiano Chaves de Farias e Nelson Rosenvald: "A prescrição

---

[23] Apelação Cível nº 63.662-0. 1ª Câm. Cível do TJ do Paraná, de 31.03.1998, em *Direito Imobiliário – COAD*, boletim semanal nº 49, p. 939, dezembro de 1998.

intercorrente é verificada pela inércia continuada e ininterrupta do autor no processo já iniciado, durante um tempo suficiente para a ocorrência da própria perda da pretensão. De modo evidente, havendo andamento regular e normal do processo, não haverá a prescrição intercorrente".[24]

De observar que deve debitar-se a inércia ao titular do direito, e não dos órgãos jurisdicionais a quem cumpre o cumprimento dos atos processuais. Se o cartório não atende à determinação judicial, não é do autor da demanda a inércia, embora ponderável esperar do mesmo as diligências visando o atendimento. Ao autor deve recair a culpa, em razão de sua negligência em providenciar a imposição vinda do juízo.

Inicia a fluência do prazo desde o decurso do lapso temporal ordenado para a realização de uma diligência, interrompendo-se a cada cumprimento. Ou seja, reinicia o prazo sempre que se esgotar o prazo deferido. Não é a mesma coisa que a preclusão, a qul se considera a perda ou extinção de uma faculdade processual, como quando o litigante não recorre de uma decisão proferida pelo juiz, ou deixa de arrolar testemunhas no período de tempo concedido.

No entanto, se o juiz manda que se providencie na anexação de peças processuais para acompanhar o mandado de citação, ou a efetivação do preparo para tal ato, e a parte desleixadamente se omite, inicia a correr o prazo de prescrição.

No caso de cumprimento da sentença, após o trânsito em julgado da sentença, se o vencedor não promover a liquidação no prazo legal, volta a iniciar o lapso prescricional, que será o mesmo estabelecido para a pretensão perseguida. Realmente, depois do trânsito em julgado da sentença, cabe à parte vencedora promover para que haja o devido cumprimento do julgado, embora não se impeça o impulso judicial dado pelo juiz.

É comum a prescrição intercorrente nas ações em que a Fazenda Pública figura como autora, que se omite em encaminhar pedidos para seguir o processo. O art. 40 da Lei nº 6.830, de 22.09.1980, autoriza que o juiz suspenda o curso do processo, se não localizado o devedor ou não encontrado patrimônio para a penhora. Asseguram-se à parte as providências que entender cabíveis, nos termos § 1º do art. 40: "Suspenso o curso da execução, será aberta vista dos autos ao representante judicial da Fazenda Pública". Uma vez vencido o prazo de um ano, o juiz ordenará o arquivamento, conforme o § 2º: "Decorrido o prazo máximo de 1 (um) ano, sem que seja localizado o devedor, ou encontrados bens penhoráveis, o juiz ordenará o arquivamento dos autos". No § 4º, em texto da Lei nº 11.051, de 29.12.2004, está prevista a prescrição intercorrente, a contar do decurso do prazo de um ano do arquivamento: "Se da decisão que ordenar o arquivamento tiver decorrido o prazo prescricional, o juiz, depois de ouvida

---

[24] *Curso de Direito Civil* – 1 – Parte Geral e LINDB, ob. cit., p. 636.

a Fazenda Pública, poderá, de ofício, reconhecer a prescrição intercorrente e decretá-la de imediato".

Em tal sentido se firmou o STJ, conforme o seguinte exemplo:

> "O termo *a quo* para a contagem da prescrição intercorrente inicia-se após findado o prazo de um ano de suspensão da execução, quando não encontrado o devedor ou localizados os seus bens. O enunciado da Súmula 314 do STJ assim dispõe: 'Em execução fiscal, não localizados bens penhoráveis, suspende-se o processo por um ano, findo o qual se inicia o prazo da prescrição quinquenal intercorrente'.
>
> Ademais, entendeu o Tribunal a quo que a exequente manteve-se inerte desde 2000 até a decisão que reconheceu a prescrição intercorrente em 27.10.2008, ou seja, mais de cinco anos".[25]

Apropriada, para o caso, a transcrição do voto, para a verificação dos precedentes invocados, que apoiam o entendimento:

> "Não merece reparos a decisão agravada. A Segunda Turma tem entendimento de que o termo a quo para a contagem da prescrição intercorrente inicia-se após findado o prazo de um ano de suspensão da execução, quando não encontrado o devedor ou localizados os seus bens.
>
> Essa linha de raciocínio está em consonância com o enunciado da Súmula 314/STJ, que assim dispõe: 'Em execução fiscal, não localizados bens penhoráveis, suspende-se o processo por um ano, findo o qual se inicia o prazo da prescrição quinquenal intercorrente'.
>
> No mesmo sentido:
>
> 'Tributário e processual civil. Execução fiscal. Prescrição intercorrente de ofício. Artigo 40, § 4º, da LEF. Suspensão. Intimação pessoal da Fazenda. Prescindibilidade.
>
> Tratando-se de execução fiscal, a partir da Lei nº 11.051, de 29.12.2004, que acrescentou o § 4º ao art. 40 da Lei nº 6.830/80, pode o juiz decretar de ofício a prescrição, após ouvida a Fazenda Pública exequente.
>
> Prescindível a intimação do credor da suspensão da execução por ele mesmo solicitada, bem como do arquivamento do feito executivo, decorrência automática do transcurso do prazo de um ano de suspensão e termo inicial da prescrição (REsp. nº 983.155/SC, Rel. Min. Eliana Calmon, *DJe* de 01.09.2008).
>
> Recurso especial não provido' (REsp. nº 1129574/MG, Rel. Min. Castro Meira, Segunda Turma, julgado em 20.4.2010, *DJe* de 29.4.2010).
>
> 'Tributário – Interrupção da prescrição. Não ocorrência. Despacho que ordena a citação anterior à LC nº 118/05. Interrupção da prescrição apenas com a citação válida. Termo a quo da prescrição. Findado o prazo de um ano de suspensão da execução. Súmula 314/STJ.

---

[25] AgRg no Ag. nº 1.253.088/SC. 2ª Turma. Relator: Min. Humberto Martins. Julgado em 19.08.2010, *DJe* de 3.09.2010.

A configuração do prequestionamento pressupõe debate e decisão prévios pelo Colegiado, ou seja, emissão de juízo sobre o tema. Se o Tribunal de origem não adotou entendimento explícito a respeito do fato jurígeno veiculado nas razões recursais, inviabilizada fica a análise sobre a violação ao preceito evocado pelo recorrente.

Ademais, a jurisprudência do STJ sempre foi no sentido de que, em execução fiscal, somente a citação pessoal interrompe a prescrição, devendo prevalecer o disposto no artigo 174 do CTN sobre o artigo 8º, § 2º, da Lei nº 6.830/80. Consequentemente, somente a citação regular interrompe a prescrição.

O termo a quo para a contagem da prescrição intercorrente inicia-se após findado o prazo de um ano de suspensão da execução, quando não encontrado o devedor ou localizados os seus bens, pois o enunciado da súmula 314 do STJ assim dispõe: 'Em execução fiscal, não localizados bens penhoráveis, suspende-se o processo por um ano, findo o qual se inicia o prazo da prescrição quinquenal intercorrente'.

In casu, o processo ficou paralisado por mais de dez anos.

Agravo regimental improvido' (AgRg no REsp. nº 1.098.708/MG, Rel. Min. Humberto Martins, Segunda Turma, julgado em 20.8.2009, *DJe* de 31.8.2009).

'Processo civil. Execução fiscal. Prescrição intercorrente. Decretação de ofício. Lei nº 11.051/04.

A prescrição intercorrente decretada de ofício, em relação a direitos patrimoniais, tornou-se possível com o advento da Lei nº 11.051/04, que introduziu o § 4º ao art. 40 da LEF. A referida decretação, entretanto, só pode ocorrer quando a execução está suspensa por mais de cinco anos, pois o termo a quo é a data da suspensão e não a do ajuizamento da ação.

Recurso especial conhecido e provido' (REsp. nº 835.169/RR, Rel. Min. Eliana Calmon, Segunda Turma, julgado em 15.8.2006, *DJ* de 30.8.2006).

Ademais, entendeu o Tribunal a quo que a exequente se manteve inerte desde 2000 até a decisão que reconheceu a prescrição intercorrente em 27.10.2008, ou seja, mais de cinco anos, conforme se verifica da simples leitura de trecho do acórdão recorrido (fl. 87e):

'Cabe apontar que o fato de não ter decorrido o lapso prescricional entre a data do arquivamento (10.05.05) e da decisão judicial (27.10.08) não tem o condão de afastar o reconhecimento da prescrição, porquanto o feito restava paralisado, sem impulso útil por parte da exequente, desde 2000, sendo o arquivamento uma mera regularização formal da paralisação da demanda. Dessa feita, paralisado o processo por mais de cinco anos e não havendo qualquer causa suspensiva ou interruptiva da prescrição suscitada pela exequente em seu apelo, correta a sentença ao declarar a prescrição intercorrente e extinguir o feito, porquanto, nos termos do art. 156, V, do CTN, o crédito tributário extingue-se pela prescrição'. Assim, aferir se houve ou não inércia da exequente, em detrimento do que foi analisado e decidido pelo juízo de origem, como requer a recorrente, demandaria o reexame do contexto fático-probatório dos autos, o que é defeso a este Tribunal em vista do óbice da Súmula 7/STJ.

Nesse sentido: 'Processual civil e tributário. Agravo regimental no recurso especial. Execução fiscal.

Interrupção do prazo prescricional pelo despacho do juiz que determina a citação. Art. 174 do CTN, alterado pela LC nº 118/2005. Aplicação imediata aos processos em curso. Exceção aos despachos proferidos antes da vigência da lei. Demora na citação. Inércia da exequente. Prescrição caracterizada. Impossibilidade de reexame. Súmula 7/STJ.

(...) As instâncias ordinárias assentaram que, nada obstante a ação ter sido distribuída em 2001, os autos permaneceram paralisados no sistema eletrônico virtual por mais de cinco anos, visto que a Procuradoria municipal somente os enviou em 15.12.2006. Destarte, assentada essa premissa fática pelo Tribunal local, inviável sua alteração em sede de recurso especial, portanto, é de rigor a incidência da Súmula 7/STJ para decidir de forma contrária e concluir que tal paralisação não se deu por desídia da Fazenda Pública.

(...) Agravo não provido' (AgRg no REsp. nº 1.074.051/PE, Rel. Min. Benedito Gonçalves, Primeira Turma, julgado em 3.9.2009, *DJe* de 14.9.2009).

'Processual civil e tributário. Ausência de inércia da Fazenda Estadual. Verificação.

Impossibilidade. Súmula 07/STJ. Execução fiscal. Suspensão do processo. Prescrição intercorrente. Aplicação da Súmula 314/STJ. Recurso especial parcialmente conhecido e, nesta parte, desprovido' (REsp. nº 1.104.460/SC, Rel. Min. Teori Albino Zavascki, Primeira Turma, julgado em 4.8.2009, *DJe* de 17.8.2009)".

Correndo o prazo de prescrição, uma única vez se permite a interrupção, em vista do art. 8º do Decreto nº 20.910, de 6.01.1932: "A prescrição somente poderá ser interrompida uma vez". O art. 9º do mesmo diploma aduz que, e recomeçará a correr pela metade do prazo da data do ato que a interrompeu: "A prescrição interrompida recomeça a correr, pela metade do prazo, da data do ato que a interrompeu ou do último ato ou termo do respectivo processo".

Entretanto, o prazo para a prescrição inicia somente se determinada a intimação da parte a fim de buscar a medida cabível:

"Nos termos da jurisprudência desta Corte o reconhecimento da prescrição intercorrente só é possível se a parte intimada para dar andamento ao feito não o fizer no prazo estabelecido. Precedentes.

O Agravo não trouxe nenhum argumento novo capaz de modificar a conclusão alvitrada, a qual se mantém por seus próprios fundamentos.

Agravo Regimental improvido".[26]

---

[26] AgRg nos EDcl no REsp. nº 1.169.095/MG. 3ª Turma. Julgado em 14.09.2010, *DJe* de 28.09.2010.

7. PRESCRIÇÃO COMO EXCEÇÃO

Ainda afigura-se coerente o pensamento que vê a prescrição como uma exceção. Já a origem romana aponta tal caráter, eis que apreciada em momento antecedente ao exame do direito que o cidadão buscava, sempre que verificada a propositura tardia de uma demanda. Aponta Serpa Lopes essa concepção: "Tal caráter de exceção foi igualmente consagrado por muitos juristas franceses, cuja doutrina muito influiu nos italianos, tanto que Pacifici-Mazzoni, definindo a prescrição, considerou-a uma exceção mediante a qual se pode, em geral, repelir uma ação por ter o autor negligenciado por um tempo determinado de fazer valer ou exercitar o direito ao qual ela se refere".[27]

Embora se trate de direito material, apresenta-se, quando cabível, como uma preliminar ao direito de fundo ou ao mérito da ação, o que é comum na ação reivindicatória, nas lides possessórias, e outras que tratam de direitos patrimoniais. Nas execuções fundadas em títulos de crédito, é frequente a defesa escudada na prescrição da ação, ou no não uso da ação no tempo oportuno. Constatada a violação do direito, ficou o respectivo titular de ajuizar, no período de tempo concedido pela lei, a ação apta a restabelecer tal direito, o que não fez. Daí, antes de ingressar no mérito do direito reclamado, a parte acionada apresenta a exceção da prescrição, que se apreciará previamente às demais matérias concernentes ao direito propriamente discutido ou procurado.

Tanto vigora essa concepção que se tornou praxe processual examinar a matéria como exceção, previamente a outras questões. Reconhecida, torna-se prejudicial ao mérito do direito que se procura.

8. PRESCRIÇÃO, PEREMPÇÃO E PRECLUSÃO

Há alguns institutos afins, que se assemelham à prescrição, pois também levam à perda do direito, se bem que para determinado ato, e não para a ação.

A *perempção* significa perda ou extinção de uma relação processual, mas sem impedir que se renove a instância, ou se promova nova lide. Por inércia, decorrência de prazo, esquecimento, descuido, extingue-se a ação. Resume-se, consoante Carlos da Rocha Guimarães, em "um prazo meramente processual, decorrente da imposição legal de não deixar o processo paralisado por tempo indeterminado".[28] Deixando a parte de comparecer ao ato, ou não atendendo a uma intimação, não mais se permite a sua realização. Terá que renovar o pedido, para que se lhe permita nova oportunidade, desde que ainda perdure o direito, ou não tenha sobrevindo a prescrição da ação ou a decadência do

---

[27] *Curso de Direito Civil*, ob. cit., vol. I, p. 496.
[28] *Prescrição e Decadência*, ob. cit., p. 144.

direito. Uma vez não alegada uma matéria no prazo assinalado pela lei, extingue-se a faculdade de tornar a suscitá-la, como acontece com o litigante que não ingressa com a exceção de incompetência no prazo de contestação previsto em lei, consoante arts. 297, 300 e 301 do Código de Processo Civil (arts. 335, 336 e 337 do novo CPC).

O parágrafo único do art. 268 do mesmo estatuto (§ 3º do art. 486 do novo CPC) contempla a perempção da ação, se o autor der causa, por três vezes, à extinção do processo pelo não cumprimento dos atos e diligências determinadas no prazo de trinta dias, proibindo-se que promova outra com o mesmo objeto e contra a mesma pessoa, ficando-lhe ressalvada, entretanto, a possibilidade de alegar em defesa o seu direito. Se uma vez der motivo à extinção, aquela lide fica perempta, e não a sua renovação. Extrai-se do exposto que não é alcançado o direito, como bem ressalta Yussef Said Cahali, apoiado em Calmon de Passos: "A perempção não extingue o direito material objeto do processo em que se deu o desfazimento da relação processual; e nisso ela se distingue da decadência. Nem alcança, também, a pretensão de direito material, como ocorre com a prescrição. Ela obsta o exercício da pretensão à atividade profissional do Estado (ação). Por isso mesmo, é suscetível de ser conhecida de ofício, independendo de provocação do interessado. E também, por esse mesmo motivo, subsistem o direito e a pretensão de natureza substancial, oponíveis como defesa".[29]

Já a *preclusão* restringe-se à perda ou à extinção de uma faculdade processual, não mais se permitindo que se pratique ou renove o ato, com o que o processo segue o normal desenvolvimento, até chegar ao objetivo final, que é a concretização do direito reclamado. Comumente, acontece no curso do processo judicial, quando a parte não recorre da sentença no prazo indicado, ou deixa de contestar, ou de falar sobre documentos juntados no lapso concedido na intimação.

Várias as previsões do Código de Processo Civil sobre a preclusão, sendo exemplo o art. 473 (art. 507 do novo CPC): "É defeso à parte discutir, no curso do processo, as questões já decididas, a cujo respeito se operou a preclusão". Igualmente o art. 183 (art. 223 do novo CPC): "Decorrido o prazo, extingue-se, independentemente de declaração judicial, o direito de praticar o ato, ficando salvo, porém, à parte provar que o não realizou por justa causa". O art. 245 (art. 278 do novo CPC), quanto à oportunidade de alegar as nulidades processuais: "A nulidade dos atos deve ser alegada na primeira oportunidade em que couber à parte falar nos autos, sob pena de preclusão". O art. 516 (regra subsumida no art. 1.013 do novo CPC): "Ficam também submetidas ao tribunal as questões anteriores à sentença, ainda não decididas". O art. 601 (parágrafo único, do art. 774, do novo CPC, com a expressa previsão de que a multa será

---

[29] *Aspectos Processuais da Prescrição e da Decadência*, São Paulo, Editora Revista dos Tribunais, 1979, p. 34.

revertida em proveito do exequente): "Nos casos previstos no artigo anterior, o devedor incidirá em multa fixada pelo juiz, em montante não superior a vinte por cento (20%) do valor atualizado do débito em execução, sem prejuízo de outras sanções de natureza processual ou material, multa essa que reverterá em proveito do credor, exigível na própria execução".

A prescrição distancia-se das espécies acima, por envolver a perda da ação reconhecida para o exercício ou a defesa de uma pretensão ou direito, em vista do decurso do tempo, não se permitindo que seja renovada.

9. RENÚNCIA À PRESCRIÇÃO

A renúncia à prescrição consiste no ato pelo qual a pessoa desiste de sua invocação, ou de servir-se, aproveitar-se da mesma quando da exigência de um ato ou do acionamento de uma pretensão. Eis a disciplina, contida no art. 191 da lei civil (art. 161 do Código anterior): "A renúncia da prescrição pode ser expressa ou tácita, e só valerá, sendo feita, sem prejuízo de terceiro, depois que a prescrição se consumar; tácita é a renúncia quando se presume de fatos do interessado, incompatíveis com a prescrição".

Por primeiro, de observar que a renúncia é um ato unilateral, segundo já defendia Luiz F. Carpenter: "Como toda renúncia, a renúncia da prescrição é um ato unilateral. É um ato jurídico que extingue direitos de qualquer natureza, salvo aqueles que a lei não consente sejam renunciados".[30]

Da regra acima se extraem dois requisitos, facilmente perceptíveis:

a) Que não prejudique terceiros, o que pode ocorrer quando o devedor paga uma dívida que não mais poderia ser reclamada em face do decurso do tempo, tornando-se insolvente, ou não tendo meios de satisfazer outras obrigações. Não viesse a proibição, abrir-se-ia um flanco para muitas falcatruas ou fraudes, especialmente quando ausentes garantias para adimplir outras obrigações.

b) Só pode ser exercida depois de consumada a prescrição, isto é, não vale a convenção que a afasta previamente, por constituir um instituto de ordem pública. Do contrário, isto é, se admitida a derrogação antecipada, perderia tal caráter, e importaria em retirar a consistência do instituto. Não se revestem de valor, pois, as cláusulas pelas quais já se manifesta a possibilidade do exercício do direito a qualquer tempo, ou se prolonga no tempo a sua exigibilidade. Nula a disposição que estende o prazo para o ingresso da ação de execução para quatro anos após o vencimento dos títulos cambiais. Nem é possível conceder o prazo de um ano para

---

[30] *Da Prescrição*, ob. cit., p. 151.

a execução de cheque, a contar de sua apresentação no estabelecimento bancário. Não interessa que os direitos sejam patrimoniais e disponíveis.

Nem o encurtamento do prazo deve-se tolerar. Considerando-se que a matéria está regulada na lei, e dada a sua importância pública, não se dá espaço para a introdução de disposições paralelas, de conteúdo diverso daquele que está previsto.

Se já decorrido o prazo concedido pela lei, o devedor ou obrigado está autorizado a abrir mão da prescrição, como assinala o dispositivo, sendo exemplo o art. 882 (art. 970 da lei civil de 1916), que não ampara o pedido da restituição do que se pagou por dívida prescrita, posto que, se tal ocorreu, foi em razão de um ato de vontade, relevando o benefício que lhe estava assegurado.

Pode-se acrescentar mais uma exigência, embora presente em todos os contratos onerosos, que é a capacidade do renunciante, ou que se encontre na livre disposição dos bens. Não sendo assim, indispensável a autorização do juiz, e em vista de consideráveis razões, que devem ser bem sopesadas.

Ressaltam do art. 191 (art. 161 do Código revogado) duas espécies de renúncia: a expressa e a tácita. Pela primeira, vem de modo explícito, documentado ou manifestado verbalmente o ato. A pessoa escreve ou declara pela palavra que satisfaz a obrigação desconsiderando a prerrogativa que o favorecia. Aceita-se qualquer tipo de prova para a demonstração da disposição de vontade, inclusive a testemunhal, como explica Luiz F. Carpenter: "A renúncia expressa tanto pode constar de uma escritura pública, como de uma escritura particular, como de qualquer escrito, *verbi gratia*, uma carta, um telegrama, uma declaração, etc. Também pode ser feita verbalmente a renúncia expressa, e, nesse caso, se provará por produção de testemunhas, quer a declaração verbal tenha sido feita face a face, quer por intermédio do telefone".[31] Pela segunda, a realização de um ato leva a concluir a renúncia. Efetua-se o pagamento da dívida, embora já prescrita, e ciente o devedor. Garante-se uma obrigação prescrita com uma hipoteca, ou solicita-se a prorrogação de prazo para o adimplemento. Faz-se um acordo ou composição para prorrogar a solução da dívida.

Ao Poder Público não se permite a renúncia, vindo bem delineados os fundamentos neste aresto: "O Poder Público pode renunciar a direito próprio, mas esse ato de liberalidade não pode ser praticado discricionariamente, dependendo de lei que o autorize. A renúncia tem caráter abdicativo e em se tratando de ato de renúncia por parte a Administração depende sempre de lei autorizadora, porque importa no despojamento de bens ou direitos que extravasam dos poderes comuns do administrador público".[32]

---

[31] *Da Prescrição*, ob. cit., p. 135.
[32] TJSP. Apel. Cível nº 163.440. 1ª Câm. Cível. *Revista de Jurisprudência do TJ do Estado de São Paulo*, 5/133.

É, também, a lição de Celso Antônio Bandeira de Mello: "A indisponibilidade dos interesses públicos significa que sendo interesses qualificados como próprios da coletividade – internos ao setor público – não se encontram à livre disposição de quem quer que seja, por inapropriáveis. O próprio órgão administrativo que os representa não tem disponibilidade sobre eles, no sentido de que lhe incumbe apenas curá-los – o que é também um dever – na estrita conformidade do que predispuser a *intentio legis*".[33]

10. MOMENTO E LEGITIMIDADE PARA A ALEGAÇÃO DA PRESCRIÇÃO

Consoante o art. 193 (art. 162 do Código revogado), em qualquer momento do processo, e unicamente pelos interessados, é alegável a prescrição: "A prescrição pode ser alegada em qualquer grau de jurisdição, pela parte a quem aproveita". No direito anterior ao Código Civil de 1916, já prevalecia essa possibilidade, como assentava Antônio de Almeida Oliveira: "Pode a prescrição ser oposta em qualquer estado da causa, mesmo em grau de apelação, e na instância da execução, a menos que se deva supor que a renunciou a parte que não quis opô-la in limine litis".[34] Bem precisa a oportunidade da alegação, na seguinte parte de uma ementa: "A regra de que a prescrição pode ser alegada em qualquer instância, pela parte a quem aproveita, não deve ser interpretada de forma absoluta, a se entender que nunca preclui; ausente a alegação da prescrição na peça contestatória e nas razões de apelação, não pode ser suprida em embargos declaratórios, tendo em vista sua natureza meramente integrativa".[35]

Depreende-se que se oportuniza à parte a suscitação tanto em primeira como em segunda instância, não importando que tenha passado omitida ou despercebida na contestação. Nos recursos especial e extraordinário, porém, que exigem, para o conhecimento, o prequestionamento, é imprescindível o prévio debate no acórdão recorrido.

Irrelevante, nas demais situações, que em manifestações anteriores a parte não invocara a prescrição, ou mesmo que intempestiva a contestação, segundo já assentou a jurisprudência: "A prescrição é matéria de direito alegável a qualquer tempo, por isso que irrelevante a tempestividade ou intempestividade da contestação que a argui".[36]

---

[33] *Curso de Direito Administrativo*, 4ª ed., São Paulo, Malheiros, 1993, p. 23.
[34] *A Prescrição em Direito Comercial e Civil*, ob. cit., p. 177.
[35] STJ. Recurso Especial nº 216.939-RS. 5ª Turma, publ. em 12.06.2000, *in* ADV Jurisprudência, nº 43, p. 662, outubro de 2000.
[36] TJSP. Apel. Cível nº 90.882-4/2-00. 9ª Câm. de Direito Privado. Julgada em 29.02.2000, em *ADV Jurisprudência*, boletim semanal nº 19, p. 297, edição de maio de 2000.

Passado todo o processo, até a última instância, sem suscitar-se a exceção, torna-se preclusa, não se admitindo a posterior invocação, nem na fase de liquidação ou execução de sentença, como afirma Maria Helena Diniz: "Na fase de liquidação da sentença é inadmissível a invocação de prescrição, matéria que deve ser objeto de deliberação se invocada na fase cognitiva do processo (*RT*, 475/162)".[37] Na ação rescisória também não se permite que seja aventada, eis que não está dentro do elenco de situações que a ensejam, além de se tratar de matéria totalmente impertinente daquela que se pretende rescindir.

Digno de nota, igualmente, o disposto no art. 810 da lei processual civil (art. 310 do novo CPC), pelo qual, decretando-se a prescrição ou decadência na ação cautelar, estendem-se os efeitos à ação principal, não podendo a parte rediscutir matéria já decidida.

A parte final do art. 193 do Código Civil restringe a invocação à parte a quem aproveita. Sintetiza Antônio de Almeida Oliveira quem tem legitimidade: "Aquele que adquire ou se desonera pela prescrição é por via de regra quem deve ser ouvido a opô-la".[38] Parece natural que ao estranho ou terceiro é impertinente a alegação, prevalecendo, pois, as regras da legitimidade das partes. Antônio Chaves, escudado em Câmara Leal, lembra que os terceiros estão legitimados para a suscitação, se tiverem interesse direto ou indireto:

"São interessados diretos:

a) o sujeito passivo do direito cuja ação se extinguiu pela prescrição; ou o devedor principal da obrigação prescrita;

b) os codevedores solidários da obrigação extinta pela prescrição;

c) os coobrigados em obrigação indivisível prescrita;

d) os coobrigados subsidiários, por garantia pessoal, relativamente à obrigação prescrita;

e) os herdeiros dos obrigados ou coobrigados diretos acima invocados.

São interessados indiretos:

a) a responsável pela evicção, relativamente à coisa cuja evicção se extinguiu pela prescrição;

b) o fideicomissário, relativamente à prescrição da ação tendente a impedir, direta ou indiretamente, os efeitos do fideicomisso;

c) os credores do prescribente insolvente;

d) qualquer terceiro, relativamente à prescrição da ação, cuja não extinção lhe acarretaria dano ou prejuízo".[39]

---

[37] *Curso de Direito Civil Brasileiro*, vol. 1º, ob. cit., p. 207.
[38] *A Prescrição em Direito Comercial e Civil*, ob. cit., p. 81.
[39] *Tratado de Direito Civil – Parte Geral*, ob. cit., vol. I, tomo II, pp. 1.627 e 1.628.

11. A PRESCRIÇÃO E AS PESSOAS JURÍDICAS DE DIREITO PRIVADO E DE DIREITO PÚBLICO

Não estão imunes as pessoas jurídicas, tanto as de direito público como as de privado, às regras da prescrição. Não há, em princípio, privilégio que as isente, ou que assegure imorredouramente os direitos e as ações correspondentes.

No entanto, quanto às pessoas de direito público, regras especiais regulam a prescrição e a decadência.

Destaca-se, em primeiro lugar, o Decreto nº 20.910, de 06.01.1932, cujo art. 1º limita em cinco anos o prazo para reclamar qualquer direito e propor as ações de cobrança de dívidas: "As dívidas passivas da União, dos Estados e dos Municípios, bem assim todo e qualquer direito ou ação contra a Fazenda federal, estadual ou municipal, seja qual for a sua natureza, prescrevem em 5 (cinco) anos, contados da data do ato ou fato do qual se originarem".

O art. 2º, em relação a pensões e direitos e outros direitos: "Prescrevem igualmente no mesmo prazo todo o direito e as prestações correspondentes a pensões vencidas ou por vencerem, ao meio soldo e ao montepio civil e militar ou a quaisquer restituições ou diferenças".

A matéria vinha contemplada no art. 178, § 10, inc. VI, do Código Civil de 1916, prevendo o mesmo prazo para "As dívidas passivas da União, dos Estados e dos Municípios, e bem assim toda e qualquer ação contra a Fazenda federal, estadual ou municipal; devendo o prazo da prescrição correr da data do ato ou fato do qual se originar a mesma ação". O Código de 2002 não manteve a disposição, pois está inserida em legislação especial.

São ressalvados certos direitos, como no caso da propriedade, quando o prazo máximo da prescrição aquisitiva é de quinze anos. Daí, enquanto perdura esse lapso temporal, admitir-se a ação reivindicatória proposta contra pessoa jurídica de direito público: "A perda da propriedade só se consuma depois de vinte anos, quando o titular do domínio já não pode se valer da ação de reivindicação. Inaplicabilidade da regra do art. 1º do Decreto nº 20.910/32 à chamada desapropriação indireta".[40] O prazo de vinte anos, inserido na ementa, foi reduzido para quinze anos pelo art. 1.238 do Código Civil.

Quanto aos bens públicos, são imprescritíveis. Parte-se do art. 100 da lei civil (art. 67 do Código anterior), estabelecendo que os bens públicos de uso comum do povo e os de uso especial são inalienáveis enquanto conservarem a sua qualificação, na forma que a lei prescrever. O Decreto nº 22.785, de 31.05.1933, no art. 2º, consagrou a imprescritibilidade aquisitiva, que, ainda, foi confirmada pelo Decreto-lei nº 9.760, de 5.09.1946, em seu art. 200. A Súmula

---

[40] STJ. Recurso Especial nº 164.481-SP. 2ª Turma publ. em 08.09.1998, em *ADV Jurisprudência*, nº 21, p. 323, maio de 1999.

nº 340 colocou em prática o princípio: "Desde a vigência do Código Civil, os bens dominicais, como os demais bens públicos, não podem ser adquiridos por usucapião".

Excepcionalmente, a Lei nº 6.969, de 10.12.1981, em seu art. 2º, permitiu o usucapião das terras devolutas, mas sem extensão a outros tipos de imóveis públicos. Consoante art. 20, inc. II, da Constituição Federal, as terras devolutas indispensáveis à defesa das fronteiras, das fortificações e construções militares, das vias federais de comunicação e à preservação ambiental entram na classe de públicas federais. Já o art. 26, inc. IV, da mesma Carta, atribui aos Estados as terras devolutas não compreendidas entre as da União.

Para a Fazenda Pública cobrar suas dívidas, assegura o art. 174 do Código Tributário Nacional (Lei nº 5.172, de 25.10.1966) o prazo de cinco anos: "A ação para a cobrança do crédito tributário prescreve em cinco anos, contados da data da sua constituição definitiva".

O parágrafo único, no texto da Lei Complementar nº 118/2005, arrola as hipóteses de interrupção da prescrição:

"A prescrição se interrompe:

I – pelo despacho do juiz que ordenar a citação em execução fiscal;

II – pelo protesto judicial;

III – por qualquer ato judicial que constitua em mora o devedor;

IV – por qualquer ato inequívoco, ainda que extrajudicial, que importe em reconhecimento do débito pelo devedor".

No tocante ao inciso I, coincide com o § 2º do art. 8º da Lei nº 6.830, de 22.09.1980, onde consta que o despacho para a citação é que interrompe a prescrição. A partir daí inicia novo prazo prescricional, que poderá ser interrompido quando da citação. Observa-se, ainda, de acordo com os §§ 2º e 3º do art. 40, a faculdade de o juiz ordenar o arquivamento dos autos, com a sua reativação tão logo encontrado patrimônio penhorável.

A matéria será analisada mais amplamente no item 17 do presente Capítulo.

Para constituir o crédito, após verificar o fato gerador, tem a Fazenda Pública (federal, estadual ou municipal) também o prazo de cinco anos, na previsão do art. 173 do mesmo Código Tributário Nacional, contados:

"I – do primeiro dia do exercício seguinte àquele em que o lançamento poderia ter sido efetuado;

II – da data em que se tornar definitiva a decisão que houver anulado, por vício formal, o lançamento anteriormente efetuado".

Percebe-se que se tipifica, aqui, a decadência, como, aliás, reforça o parágrafo único: "O direito a que se refere este artigo extingue-se definitivamente com o decurso do prazo nele previsto, contado da data em que tenha sido iniciada a constituição do crédito tributário pela notificação ao sujeito passivo, de qualquer medida preparatória indispensável ao lançamento".

Cumpre não confundir, e muito menos somar, o prazo para a constituição e o prazo para a exigibilidade.

Na previsão do art. 168 do Código Tributário Nacional, também de cinco anos assegura-se o prazo para se pleitear a restituição do tributo pago indevidamente, contado da data que considerou a ilegalidade da exigência, seja administrativa ou judicial. Trata-se de prazo decadencial, na lição de Aliomar Baleeiro, pois envolve o direito e não a ação.[41] Seguindo, o art. 169 fixa em dois anos a ação anulatória da decisão administrativa que denegar a restituição.

Convém lembrar que o prazo para a cobrança dos créditos da seguridade social era de dez anos, vindo previsto pelo art. 46 da Lei nº 8.212, de 1991 (dispondo sobre a organização da Seguridade Social e sobre o plano de custeio): "O direito de cobrar os créditos da Seguridade Social constituídos na forma do artigo anterior prescreve em 10 (dez) anos".

No entanto, em sessão plenária de 11 de junho de 2008, os Ministros do Supremo Tribunal Federal, ao negar provimento aos Recursos Extraordinários nº 556664, 559882, 559943 e 560626, declararam inconstitucionais os artigos 45 e 46 da Lei 8.212/1991, reconhecendo que apenas lei complementar pode dispor sobre normas gerais em matéria tributária, com a emissão da Súmula Vinculante nº 8: "São inconstitucionais o parágrafo único do artigo 5º do Decreto-Lei nº 1.569/1977 e os artigos 45 e 46 da Lei nº 8.212/1991, que tratam da prescrição e decadência do crédito tributário". Em uma das decisões, assentou-se:

> "Constitucional. Tributário. Prescrição e decadência. Reserva de lei complementar. Lei ordinária que dispõe de forma contrária àquela normatizada em lei complementar de normas gerais. Art. 146, III, 'b' da Constituição. Art. 46 da Lei 8.212/1991. Processo civil. Agravo regimental. Viola a reserva de Lei Complementar para dispor sobre normas gerais em matéria tributária (art. 146, III, 'b' da Constituição) lei ordinária da União que disponha sobre prescrição e decadência. Precedentes. 'São inconstitucionais o parágrafo único do artigo 5º do Decreto-lei 1.569/77 e os artigos 45 e 46 da Lei 8.212/91, que tratam de prescrição e decadência de crédito tributário' (Súmula Vinculante 8). Agravo Regimental conhecido, mas ao qual se nega provimento".[42]

Também para os entes públicos cobrarem créditos de natureza diversa daquela dos créditos tributários, como indenizações, multas, o prazo é de cinco anos. A matéria foi objeto da Súmula nº 467 do STJ, no tocante à multa por infração ambiental, com a seguinte redação: "Prescreve em cinco anos, contados

---

[41] *Direito Tributário Brasileiro*, 5ª ed., Rio de Janeiro, Forense, 1973, p. 505.
[42] RE 502648 AgR/SC, da Segunda Turma, j. em 19.08.2008, rel. Min. Joaquim Barbosa, *DJe* de 28.11.2008.

do término do processo administrativo, a pretensão da administração pública de promover a execução da multa por infração ambiental".

Dentre os vários precedentes que levaram a consolidação do entendimento, destaca-se a seguinte ementa:

> "Quanto à execução fiscal para a cobrança de dívida ativa de natureza administrativa, embora não incida na espécie o art. 174 do CTN, o acórdão recorrido deve ser mantido, pois consolidou-se a jurisprudência da Primeira Seção no sentido de que nesse caso é aplicável, por isonomia, o prazo prescricional de cinco anos estabelecido no Decreto 20.910/32. Precedentes: REsp. nº 1.115.078/RS, Rel. Min. Castro Meira, *DJe* de 6.4.2010; REsp. nº 1.112.577/SP, Rel. Min. Castro Meira, *DJe* de 8.2.2010; REsp. nº 1.105.442/RJ, Rel. Min. Hamilton Carvalhido, julgado em 9.12.2009; REsp. nº 1.044.320/PE, Rel. Min. Eliana Calmon, *DJe* de 17.8.2009; EREsp. nº 961.064/CE, 1ª Seção, Rel. p/ acórdão Min. Castro Meira, *DJe* de 31.8.2009.
>
> Não bastasse a ocorrência da prescrição, o processo de execução fiscal não se mostra como via adequada para a cobrança judicial de dívida que tem origem em fraude relacionada à concessão de benefício previdenciário.
>
> Recurso especial não provido".[43]

Outrossim, ao juiz se reconhece, em execução fiscal, a faculdade de reconhecer de ofício a prescrição verificada antes do ajuizamento da ação, como vem decidindo o STJ, que emitiu a Súmula nº 409:

> "Em execução fiscal, a prescrição ocorrida antes da propositura da ação pode ser decretada de ofício".

Dentre os vários julgados que levaram à consolidação do entendimento acima, cita-se o Recurso Especial com a seguinte ementa:

> "Apenas as hipóteses nas quais transcorreu o prazo prescricional, contado da decisão que ordenou o arquivamento dos autos da execução fiscal por não haver sido localizado o devedor ou encontrados bens penhoráveis, estão sob a disciplina do art. 40, § 4º, do CTN. Os demais casos encontram disciplina na redação do art. 219, § 5º, do CPC, de modo que a prescrição da ação executiva pode ser decretada de ofício sem a exigência da oitiva da Fazenda exequente. Orientação ratificada no julgamento do Recurso Especial representativo de controvérsia nº 1.100.156/RJ, examinado sob o Rito do art. 543-C do CPC e da Resolução STJ nº 08/2008.
>
> Não se está diante de prescrição intercorrente e, consequentemente, não se aplica ao caso a regra do art. 40, § 4º, da LEF. O art. 219, § 5º, do CPC, que

---

[43] REsp. 1.125.508/GO. Relator: Min. Mauro Campbell Marques. 2ª Turma. Julgado em 3.08.2010, *DJe* de 24.08.2010.

permite ao juiz decretar de ofício a prescrição, foi corretamente aplicado pelo acórdão recorrido".[44]

O citado art. 219, § 5º, do CPC de 1973 ordena que o juiz decrete de ofício a prescrição.

O novo CPC permite o conhecimento de ofício da prescrição e da decadência nos arts. 332, § 1º, e 487, II, e seu parágrafo único.

12. A PRESCRIÇÃO QUANTO AOS RELATIVAMENTE INCAPAZES E ÀS PESSOAS JURÍDICAS

Protege a lei aqueles que não têm capacidade plena, e não se encontram na administração de seus bens. Já em relação aos absolutamente incapazes, não corre a prescrição, como se verá adiante. Se, porventura, os representantes legais deixaram ocorrer a prescrição, ou deram causa para que se verificasse, devem responder pelas consequências. O art. 195 do Código Civil regula o assunto: "Os relativamente incapazes e as pessoas jurídicas têm ação contra os seus assistentes ou representantes legais, que derem causa à prescrição, ou não a alegaram oportunamente". A mesma cominação incide em caso de decadência, quando os assistentes ou representantes legais derem causa à decadência, ou não a alegarem oportunamente, por força do art. 208.

Acontece que a prescrição corre contra os relativamente incapazes e, inquestionavelmente, contra as pessoas jurídicas, dada a restrição de que se encontram apenas os totalmente incapazes ao abrigo de sua suspensão.

Garante o Código a ação indenizatória, e não a restituição *in integrum*, pela qual se assegura a recuperação do bem, ou o recebimento do equivalente. Estabelecendo a indenização, o montante compreenderá o bem perdido com as perdas e danos, sendo, pois, mais benéfica que a simples restituição.

Por esta ação, segue Carvalho Santos, restritamente aos incapazes relativos, a que se restringia o Código Civil de 1916: "Os relativamente incapazes poderão cobrar de seus representantes legais (pai, tutor, marido ou curador) os prejuízos que tiverem sofrido com a consumação da prescrição, como, *v.g.*, poderão cobrar a importância do crédito a que tinham direito e que perderam com a prescrição da ação de cobrança, de sorte que, afinal, nenhum prejuízo sofrerão, recaindo todos sobre o representante culpado. O mesmo acontecerá no caso da prescrição da ação real, em que eles poderão cobrar dos seus representantes o

---

[44] AgRg no Ag. nº 1.302.295-BA. Relator: Min. Castro Meira. 2ª Turma. Julgado em 10.08.2010, publ. em 19.08.2010.

valor da coisa, que, se não fora a culpa do representante deixando consumar-se a prescrição, eles poderiam ter reivindicado do prescribente".[45]

Como se percebe, não se assegura a anulação do ato ou da perda do direito à ação. A prescrição consumou-se, e não volta atrás. Cabe unicamente o ressarcimento.

A previsão é para o caso de ter o relativamente menor ou a pessoa jurídica representante legal. Não havendo, da mesma forma respeita-se a prescrição, ficando afastado qualquer ressarcimento.

13. SUCESSÃO NA PRESCRIÇÃO

Tendo a sucessão decorrido durante certo período, e transferindo-se o bem ou direito para outra pessoa, segue o seu curso, somando-se os lapsos temporais. Esta situação estende-se a todas as hipóteses, embora o Código faça menção entre uma pessoa e seu sucessor, segundo proclama o art. 196 (art. 165 do Código anterior): "A prescrição iniciada contra uma pessoa continua a correr contra o seu sucessor".

Em face do dispositivo, extrai Luiz Carpenter: "Isto posto, diremos agora que não somente contra o originário sujeito ativo da ação pessoal (*v.g.*, de cobrança de dívida), ou real (*v.g.*, de reivindicação) corre a prescrição, mas também contra o seu sucessor, quer a título universal (herdeiro), quer a título singular (cessionário, legatário etc.)".[46]

Exemplo típico da sucessão ou soma dos tempos verificados está no usucapião, autorizando o art. 1.243 (art. 552 do Código de 1916) à sua posse acrescentar a de seus antecessores, contanto que ambas sejam contínuas e pacíficas.

Entrando na relação de direito uma outra pessoa, não se transforma a natureza da relação, continuando a correr a prescrição. Totalmente incongruente restringir a soma de prazos unicamente para o caso de sucessão por herança. Deve-se estender a regra a qualquer situação, ou à sucessão a título singular, e não apenas à sucessão a título universal. Constituiria um absurdo entender que o lapso de tempo transcorrido contra o devedor não possa somar-se àquele que seguiu após a cessão da dívida a outra pessoa. Importa o fato de manter a relação o mesmo caráter, não importando que se transfira de uma para outra pessoa. Mesmo assim, alguns autores da maior envergadura (como Clóvis Beviláqua) defendem posição contrária.

---

[45] *Código Civil Brasileiro Interpretado*, ob. cit., vol. III, pp. 389 e 390.
[46] *Da Prescrição*, ob. cit., p. 226.

14. POSSIBILIDADE DE O JUIZ DECRETAR DE OFÍCIO A PRESCRIÇÃO E A DECADÊNCIA QUE ENVOLVEM DIREITOS DE PESSOAS ABSOLUTAMENTE CAPAZES

Pela redação original do Código Civil de 2002, tratando-se de direitos de pessoas capazes, incumbia às partes suscitar a prescrição. Com efeito, estatuía o art. 194: "O juiz não pode suprir, de ofício, a alegação de prescrição, salvo se favorecer a absolutamente incapaz". Não se operava a prescrição *ipso jure* dos direitos de capazes, fossem quais fossem. Impunha-se sempre que viesse pedido dirigido pelo que se encontrasse no processo, ou ao interessado a quem a alegação aproveitasse.

Com a Lei nº 11.280, de 16.02.2006, art. 11, houve uma fundamental mudança no sistema que vigorava, pois ficou revogado o art. 194.

Por outro lado, o art. 3º da mesma Lei deu nova redação ao § 5º do art. 219 do Código de Processo Civil: "O juiz pronunciará, de ofício, a prescrição" (o conteúdo do preceito está no § 1º do art. 332 do novo CPC: "O juiz também poderá julgar liminarmente improcedente o pedido se verificar, desde logo, a ocorrência de decadência ou de prescrição". Também encontra-se a previsão no art. 487, II, do mesmo diploma: "Haverá resolução quanto o juiz: ... II – decidir, de ofício ou a requerimento, sobre a ocorrência de decadência ou prescrição"). Antes de o juiz decretar a decadência ou a prescrição, todavia, necessária a prévia audiência das partes, em especial aquela que a decretação prejudicial. Sobre o assunto, escrevem Cristiano Chaves de Farias e Nelson Rosenvald:

> "É preciso, ainda, registrar que, em respeito ao princípio constitucional do contraditório e da ampla defesa, antes de conhecer a prescrição de ofício, deverá o julgador cientificar as partes. Não poderá, à toda evidência, pronunciá-la sem antes intimar as partes, até mesmo porque poderá ter ocorrido renúncia (expressa ou tácita), ou mesmo alguma causa interruptiva ou suspensiva. De fato, não é adequado o indeferimento oficioso da inicial porque o magistrado não possui uma bola de cristal para antever a inexistência de causas impeditivas, suspensivas ou interruptivas do curso da prescrição. Em sendo assim, caso o juiz reconheça a prescrição de ofício, em sentença de improcedência *prima facie*, sem oportunizar às partes (em especial ao próprio autor) um momento para a apresentação de eventuais argumentos contrários, haverá evidente afronta à garantia constitucional do contraditório, o que torna nula a decisão. O Superior Tribunal de Justiça, inclusive, vem abraçando esse entendimento e exigindo a cientificação das partes para o reconhecimento *ex officio* da prescrição" (STJ, Ac. 2ª T., REsp. 1.005.209/RJ, Rel. Min. Castro Meira, j. 8.04.2008, *DJU* de 22.04.2008, p. 1)".[47]

---

[47] *Curso de Direito Civil* – 1 – Parte Geral e LINDB, ob. cit., pp. 432 e 433.

Deve-se aduzir que o novo CPC encerra disposição expressa sobre a antecedente ouvida no parágrafo único do art. 487: "Ressalvada a hipótese do § 1º do art. 332, a prescrição e a decadência não serão reconhecidas sem que antes seja dada às partes oportunidade de manifestar-se".

Perdeu força a corrente de doutrinadores que propugnava serem eternos e imorredouros os direitos, até que suprimidos por um diploma ou uma nova ordem jurídica. Passaram a ser havidas como temporárias, limitada a sua promoção a um certo período de tempo, as ações relativas a direitos disponíveis, em especial os patrimoniais, enquanto as que tratam do estado da pessoa, mormente as ligadas aos direitos de personalidade, mantiveram-se imprescritíveis, como sempre aconteceu. Não importa que essas ações interessem unicamente aos envolvidos, à semelhança das que se dirigem à anulação do casamento em certas hipóteses, ou das que envolvem a menoridade relativa.

Parece correta a inovação introduzida no diploma processual civil de 1973 pela Lei nº 11.280/2006. Em verdade, a prescrição insere-se nas matérias que dizem com a própria possibilidade do processo, e, neste enfoque, embora havendo resolução do mérito (art. 269, inc. IV, do CPC em vigor, e art. 487, inc. II, do novo CPC), cabe a sua apreciação antes do ingresso da matéria de fundo. Com efeito, ordena o art. 295, inc. IV, do Código de Processo Civil que a petição inicial será indeferida "quando o juiz verificar, desde logo, a decadência ou a prescrição (art. 219, § 5º)".

No novo Código de Processo Civil, o reconhecimento da prescrição e da decadência conduz à resolução do mérito do processo, nos termos de seu art. 487, II:

"Haverá resolução de mérito quando o juiz:

I – ...

II – decidir, de ofício ou a requerimento, sobre a ocorrência de decadência ou prescrição".

Assim, na vigência do novo CPC, em vez de indeferir a inicial, o juiz dará o veredicto de mérito com o reconhecimento da prescrição ou da decadência.

Outrossim, há a referência, no art. 295, inc. IV, ao art. 219, § 5º. O conteúdo de tal art. 219, § 5º, corresponde aos textos do art. 487, inc. II (quanto ao julgamento de ofício), e ao art. 332, § 1º (possibilidade de conhecer liminarmente a matéria) do novo CPC, que contém regra semelhante à prevista no art. 295, inc. IV, do CPC/1973.

Conclui-se que o assunto da prescrição ou decadência precederá às questões de mérito propriamente dito. O enfrentamento é prejudicial de discussões trazidas no processo dirigidas à *causa petendi*, possuindo a matéria um forte caráter de ordem pública.

Há direitos relativos ao estado dos indivíduos que dizem com a ordem pública, como os concernentes ao casamento, ao nascimento, à legitimidade dos filhos, à tutela, à curatela, ao poder familiar, dentre outros assuntos. Os casos de invalidade absoluta são indicados pela própria lei, não havendo, aí, a prescrição.

Essas matérias revelam interesse público, máxime as que estão ligadas à personalidade, obtendo maior proteção do Estado. Não se reserva aos interessados disporem sobre as mesmas, a não ser em raras exceções, nas quais apenas se aponta a anulação, e expressamente indicadas pela lei. Muito menos ao juiz se reconhece tal faculdade.

Quando a prescrição favorece o Estado, ou se pleiteia um direito contra o Estado, e não vem alegada por seu representante, já havia exegese que reconhecia ao juiz a competência para a sua declaração de ofício. Isto com base no princípio de que, pertencendo o interesse público à coletividade, ostenta-se de rigor indisponível. Não sendo permitida a renúncia à prescrição sem amparo em lei, de igual modo não se tolera que o juiz deixe de reconhecer a prescrição, se presente. É como propugnava, antes da mudança da lei processual civil de 1973, e ao tempo do Código Civil de 1916, o juiz federal Edilson Pereira Nobre Júnior: "Penso que a melhor exegese a ser legada ao art. 166 do Código Civil é a de que a regra que enuncia – vedação ao juiz reconhecer de ofício prescrição – somente se dirige aos direitos cujo titular, ou representante, poderá dispor. A utilização da expressão *patrimoniais*, no lugar de disponíveis, vocábulo mais apropriado, decorre do fato de, quase sempre, aqueles se confundirem com o campo da disponibilidade jurídica".[48] O art. 166 acima citado equivale ao art. 194 do Código Civil de 2002, dispositivo revogado pela Lei nº 11.280.

15. A PRESCRIÇÃO DOS DIREITOS ACESSÓRIOS

Os acessórios prescrevem concomitantemente com o principal, segundo vinha na letra do art. 167 do Código Civil de 1916: "Com o principal prescrevem os direitos acessórios". Está-se diante do velho princípio *accessorium sequitur suum principale*, que também vinha materializado do art. 59 do mesmo diploma revogado: "Salvo disposição especial em contrário, a coisa acessória segue a principal". O Código atual omitiu as duas regras, eis que constituem princípios que fluem naturalmente do direito. No entanto, faz referência à exceção, no art. 190, que pode ser concebida como um incidente acessório da pretensão principal: "A exceção prescreve no mesmo prazo em que a pretensão".

Não cabe reclamar direitos acessórios, como cláusula penal, e encargos remuneratórios, se o contrato está prescrito. Se assegurado o prazo de três anos

---

[48] "Prescrição: Decretação de Ofício em favor da Fazenda Pública", *in Revista Forense*, 345/33.

para a ação de execução de uma nota promissória, não perdura por mais tempo o aval. Ou seja, na previsão da lei, o reconhecimento da prescrição de uma dívida acarreta a mesma sorte quanto às garantias que a acompanham. Todavia, o mesmo não se aplica no sentido inverso. Por outras palavras, a prescrição do acessório não importa na prescrição do principal. Exemplificando, consoante o art. 206, § 3º, inc. III (art. 178, § 10, inc. III, do Código anterior), em três anos prescrevem os juros, dividendos ou quaisquer outras prestações acessórias, pagáveis em períodos não maiores de um ano, com capitalização ou sem ela. A dívida, porém, remanesce por um período de dez anos.

Como direitos acessórios incluem-se os frutos, as rendas, os juros, os danos, as despesas, a hipoteca, o penhor, a cláusula penal, cujo período de tempo de validade, para a alegação de nulidade, não coincide necessariamente com o direito que acompanham, o qual poderá estender-se com mais longevidade no tempo.

16. SUSPENSÃO DA PRESCRIÇÃO

Trata-se de situações em que a prescrição não corre, ficando paralisada no tempo. Há um lapso no tempo, ou um vazio, como que se o período previsto para a prescrição ficasse parado. Esses fatores que fazem parar o tempo prescricional denominam-se causas suspensivas da prescrição. Exemplifica Luiz F. Carpenter: "De maneira que, tratando-se, por exemplo, de uma prescrição cujo prazo é de cinco anos, se sobrevém a causa da suspensão quando já transcorreram dois anos do prazo, a prescrição dorme (*praescriptio quiescit, dormit*) por todo o tempo que durar a suspensão e, cessada esta, tem ainda a prescrição que correr três anos para que então se diga acabada, completa, adquirida, consumada, perfeita".[49]

Primeiramente, cumpre salientar a distinção entre causas que impedem o início da prescrição e causas que param o prazo no seu curso, ou enquanto corria, sintetizando Luiz F. Carpenter: "... As causas que suspendem a prescrição produzem o seguinte efeito: a) obstam a que o curso da prescrição principie, se não preexistentes ao nascimento da ação; b) obstam a que o curso da prescrição continue, se supervenientes ao nascimento da ação".[50] As primeiras não deixam começar o período prescricional, sendo exemplos a duração da sociedade conjugal, ou a incapacidade da pessoa. Não começa o prazo enquanto vige a sociedade conjugal, ou até que a pessoa atinja a capacidade plena. Diz-se que há um fato obstativo do começo do prazo. Já as segundas intervêm para estancar o prazo que vinha correndo, sendo exemplo as hipóteses de ausência de

---

[49] *Da Prescrição*, ob. cit., p. 302.
[50] *Da Prescrição*, ob. cit., p. 302.

um indivíduo do Brasil, por força da prestação de serviço público. Em síntese, para a prescrição que já iniciara. Conta-se o lapso de tempo que ocorreu antes do fato, e acrescenta-se o período que segue depois de cessada a causa que o suspendeu. Há um intervalo, que deve ser descontado do prazo assinalado para dar-se a prescrição.

Lembra-se, também, da diferença entre suspensão e interrupção. Enquanto a primeira consiste na parada do curso da prescrição, ou o retardamento de seu início, a segunda significa a inutilização do período prescricional ocorrido, devendo reiniciar novamente a contagem.

Princípios de ordem moral impedem o curso do prazo, ou o paralisam, como acontece entre os cônjuges, os ascendentes e descendentes, ou enquanto dura o poder familiar. A afetividade, o relacionamento, a proximidade e outros fatores são incompatíveis com situações limitadoras de direitos, ou que levam à sua extinção. Mais razões existem, e assim as defensivas ou de proteção, que, segundo Caio Mário da Silva Pereira, "impedem ou suspendem a prescrição contra os absolutamente incapazes, contra os ausentes do Brasil em serviço público, contra os que se acharem servindo nas forças armadas em tempo de guerra".[51]

Na relação das situações contempladas no Código constam as causas impeditivas ou suspensivas.

As impeditivas se encontram nos arts. 197, incs. I a III, 198, inc. I, e 199, incs. I e II (arts. 168, incs. I a III, 169, inc. I, e 170, incs. I e II, do Código anterior), não correndo:

a) Entre os cônjuges, na constância da sociedade conjugal, pois impraticável que a conservação de um direito contra o outro cônjuge ficasse na constante dependência de medidas interruptivas da prescrição. A insegurança seria total.

b) Entre ascendentes e descendentes, durante o poder familiar. A razão é também a segurança que deve imperar entre os parentes. Enquanto se mantém a relação, não correm os prazos da prescrição, perdurando os direitos e assegurando-se as ações correspondentes, sejam de execução de dívidas, sejam quanto ao domínio sobre os bens.

c) Entre tutelados ou curatelados e seus tutores ou curadores, enquanto durar a tutela ou curatela. Já que existe um dever de proteção de parte dos tutores e curadores, constituiria uma contradição a possibilidade de aquisição de direitos contra os tutelados ou curatelados; também quebraria a confiança a situação inversa, isto é, se estes últimos adquirissem direitos em detrimentos daqueles.

---

[51] *Instituições de Direito Civil*, ob. cit., vol. I, p. 485.

d) Contra os absolutamente incapazes, que são os elencados no art. 3º do Código Civil, nesta ordem: – os menores de dezesseis anos; – os que, por enfermidade ou deficiência mental, não tiverem o necessário discernimento para a prática desses atos; – os que, mesmo por causa transitória, não puderem exprimir sua vontade. Mesmo que declarada posteriormente a incapacidade, em ação de interdição, alcança-se o ato realizado anteriormente, conforme o entendimento da jurisprudência: "A sentença de interdição, em nosso direito, é declaratória e não constitutiva (art. 452 do CC). Assim, não é o julgado que cria o estado de incapacidade, mas a alienação mental. Por conseguinte, a sentença de interdição produz efeitos *ex tunc*, razão pela qual poderão eventuais interessados postular a anulabilidade dos atos praticados pelo incapaz que tiverem sido realizados antes dela, uma vez provado que se efetuaram numa fase em que já se definia a insanidade mental. Outrossim, a incapacidade do agente obsta o começo do prazo prescricional, por expressa determinação legal (art. 169, I, do CC), pouco importando a nomeação de curador que o represente em processo de interdição".[52] Os arts. 452 e 169, I, acima referidos, equivalem aos arts. 1.773 e 198, inc. I, do vigente Código Civil.

Ressalta-se que o art. 1.773 será revogado com a entrada em vigor do novo Código de Processo Civil, a ocorrer em 17.03.2016.

Em relação aos incapazes acima descriminados também não corre a decadência, segundo excepciona o art. 208 do Código Civil.

e) Pendendo condição suspensiva. Inviável que comece a prescrição, se ainda não realizada a condição que enseja o direito.

f) Não estando vencido o prazo. Parece óbvio que não segue a prescrição se o direito está sujeito a um prazo que ainda não venceu.

O art. 168, inc. IV, do Código revogado incluía como impeditiva a prescrição "em favor do credor pignoratício, do mandatário, e, em geral, das pessoas que lhe são equiparadas, contra o depositante, o devedor, o mandante e as pessoas representadas, ou seus herdeiros, quanto ao direito e obrigações relativas aos bens confiados à sua guarda". Isto porque é inaceitável, pelo bom senso, que aqueles que exercem algum poder sobre os bens entregues para fins de garantia possam alegar o direito de posse sobre os bens dados em garantia. No entanto, dada a obviedade da decorrência, sendo consequência do encargo exercido, fez bem o atual diploma civil omitir a anterior regra.

---

[52] TJSP. Agravo de Instrumento nº 145.328-5/8. 9ª Câm. de Direito Privado, de 1º.12.1999, em *Revista dos Tribunais*, 778/170.

As causas suspensivas vêm arroladas nos arts. 198, incs. II e III, 199, inc. III (arts. 169, incs. II e III, e 170, inc. III, do Código anterior), e 200:

a) Contra os ausentes do País em serviço público da União, dos Estados, ou dos Municípios. Encontrando-se a pessoa fora do Brasil, e impossibilitada de reclamar ou defender o direito, não soa com o bom direito admitir que corra a prescrição.

b) Contra os que se acharem servindo nas Forças Armadas, em tempo de guerra. Acontece que, nessas circunstâncias, fica a pessoa restringida em defender seus interesses pessoais, porquanto colocada à disposição do exército ou de outras facções das forças armadas.

c) Pendendo ação de evicção, porquanto somente depois de ganha a ação do evicto, o comprador mune-se de ação contra o vendedor para obrigá-lo a responder pela evicção. Daí iniciar nesse momento o prazo para a prescrição. Enquanto dura a ação de evicção, fica suspenso o prazo de prescrição.

d) Quando a ação se originar de fato que deva ser apurado no juízo criminal, não correrá a prescrição antes da respectiva sentença definitiva. Ao titular do direito se faculta aguardar o trânsito em julgado da sentença condenatória, e promover a execução no juízo cível, conforme também permite o art. 63 do Código de Processo Penal. Não se conclua que se o fato ensejador de um direito comportar uma ação penal, necessariamente se deva aguardar o julgamento do juízo criminal. Assim, numa pretensão indenizatória por acidente de trânsito, não se suspende a ação cível até que se chegue ao final do processo-crime. Unicamente se já decidida a controvérsia sobre quem seja o autor é que, no cível, não mais se discutirá sobre o assunto. Comprovado, no processo criminal, que o demandado na ação cível não foi o autor da ação lesiva, essa definição fará coisa julgada também no cível, por determinação do art. 935 do Código Civil (art. 1.525 do Código revogado). E se no processo-crime é discutido assunto que influirá no juízo cível, à parte é facultado o pedido de suspensão da lide, não correndo a prescrição durante esse interregno. De igual modo não fluirá se não ingressar o lesado com a demanda, pois faculta-se esperar a decisão no crime.

e) Acrescenta-se que a suspensão, nas obrigações solidárias, alcança todos os credores se indivisíveis, consoante o art. 201 (art. 171 do Código de 1916): "Suspensa a prescrição em favor de um dos credores solidários, só aproveitam os outros se a obrigação for indivisível". Considera-se indivisível a obrigação se impossível fracioná-la sem destruí-la ou inviabilizá-la, o que acontece numa obra de arte, num escrito jurídico, num trabalho científico. Se solidária e divisível a obrigação, restritamente ao credor a quem socorre um fato suspensivo alcança a suspensão do prazo, o que se verifica no crédito definido que um incapaz tem a receber.

Mais hipóteses existem relativamente à suspensão, reguladas por leis especiais, como pelo Código Tributário Nacional (Lei nº 5.172, de 25.10.1966), sendo proveitosa, a respeito, a síntese feita por Roque Joaquim Volkweiss: "Causas suspensivas da contagem do prazo prescricional (que fazem com que este, uma vez iniciado, tenha alguns de seus períodos não computados):

a) As previstas nos arts. 155 (parágrafo único), 172 (parágrafo único), 179 (§ 2º) e 182 (parágrafo único), relativas ao tempo em que o sujeito passivo indevidamente (de má-fé) se utilizou, mediante dolo (intenção de agir no sentido de tirar proveito da situação) ou simulação (atitudes enganosas, dando à sua conduta mera aparência de licitude), do benefício da moratória, da remissão, da isenção ou da anistia, quando, por aquelas razões, tenham sido tais favores revogados pela autoridade administrativa.

b) A prevista no § 3º do art. 2º da Lei nº 6.830, de 1980, relativa ao prazo, de cento e oitenta dias (ou até a distribuição da judicial de execução fiscal, se esta ocorrer antes de findo aquele prazo, podendo este, portanto, ser de até cento e oitenta dias), necessário à inscrição do crédito tributário em dívida ativa (formalização, em título executivo, hábil à sua cobrança judicial).

c) A prevista no art. 40 da mesma Lei nº 6.830, de 1980, relativa ao tempo, de até um ano, na ação judicial de cobrança do crédito tributário, enquanto não for localizado o devedor ou enquanto não forem encontrados bens sobre os quais possa recair a penhora".[53]

Acrescenta-se, finalmente, que a suspensão, nas obrigações solidárias, alcança todos os credores se indivisíveis, consoante o art. 201 (art. 171 do Código de 1916): "Suspensa a prescrição em favor de um dos credores solidários, só aproveitam os outros se a obrigação for indivisível". Considera-se indivisível a obrigação se impossível fracioná-la sem destruí-la ou inviabilizá-la, o que acontece numa obra de arte, num escrito jurídico, num trabalho científico.

17. INTERRUPÇÃO DA PRESCRIÇÃO

O efeito principal da interrupção é bem diferente da suspensão: simplesmente fica inutilizado o tempo da prescrição já decorrido. É como já dizia Antônio de Almeida Oliveira: "É a interrupção da prescrição o fato que inutiliza a prescrição começada contra o credor ou proprietário, eliminando do cálculo

---

[53] *Direito Tributário Nacional*, 2ª ed., Porto Alegre, Livraria do Advogado Editora, 1998, p. 265.

o tempo decorrido, mas não impedindo que ela comece de novo".[54] Sabe-se que a nota marcante da prescrição está na falta de exercício da pretensão ao direito subjetivo lesado ou posto à disposição para a fruição. Decorrido o prazo assegurado, não há como exercitar a procura do direito na forma que vinha prevista. Todavia, contempla a lei alguns atos que denotam a prática do exercício do direito, ou a vontade de não deixar correr a inanição. Expõe com clareza J. M. Leoni Lopes de Oliveira: "Logo, toda vez que o titular do direito subjetivo lesado pratica um ato de exercício do direito subjetivo lesado, tal ato determina a interrupção da prescrição".[55]

Causas de interrupção, pois, são determinados eventos expressamente previstos na lei que, uma vez verificados, determinam o recomeço do curso da prescrição. Perde-se o período de tempo já transcorrido. Vale lembrar a síntese dada por Clóvis Beviláqua, que também salienta a distinção relativamente à suspensão: "Pela interrupção da prescrição, inutiliza-se a prescrição já começada. Difere da suspensão em que, nessa última, a prescrição continua o seu curso, logo que desaparece o impedimento, e na interrupção o tempo anteriormente decorrido fica perdido para o prescribente, ainda que, em seu favor, se inicie nova prescrição, cujo lapso de tempo se conta, desde que se ultima o ato interruptivo, se novamente volta à inação o titular do direito".[56]

O credor do direito deve promover um ato que revele a intenção de exercício do direito, ou a sua não perda, a menos quando expressamente o devedor tem a iniciativa de reconhecer o direito daquele, através de declaração ou outro ato inequívoco, como no pagamento parcial, ou no encaminhamento de declaração de novação da obrigação.

As situações ou modos que estabelecem a interrupção estão elencadas no art. 202 do Código Civil (art. 172 do diploma civil de 1916), que, no seu *caput*, restringe a uma única vez a sua ocorrência, limitação esta omitida pelo Código anterior:

a) O despacho do juiz, mesmo incompetente, que ordenar a citação, se o interessado a promover no prazo e na forma da lei processual. É como veio no inc. I do referido art. 202 do Código Civil: "Por despacho do juiz, mesmo incompetente, que ordenar a citação, se o interessado a promover no prazo e na forma da lei processual".

Pelo teor da regra, incumbe à parte obter do juiz o despacho citatório. Não é suficiente o mero ingresso da lide, com a simples distribuição. E se é encaminhada a ação, não se logrando êxito em conseguir a decisão, seja pela

---

[54] *A Prescrição em Direito Comercial e Civil*, ob. cit., p. 155.
[55] *Direito Civil – Teoria Geral do Direito Civil*, ob. cit., vol. 2, pp. 1.025 e 1.026.
[56] *Teoria Geral do Direito Civil*, ob. cit., pp. 396 e 397.

demora no encaminhamento, seja pela ausência do juiz, seja pela descura do mesmo no cumprimento de suas funções? Está-se diante de um quadro que facilmente acontece. Comum é a desídia tanto de juízes como de funcionários, ocorrendo casos de se impedir inclusive o acesso de advogados aos gabinetes para pedidos verbais de providências. Ora, em casos tais a única solução está na medida contemplada no parágrafo único do art. 133 do Código de Processo Civil (parágrafo único do art. 143 do novo CPC). Decorrido o lapso de tempo de dez dias sem advir o despacho, buscará a parte que o escrivão lhe forneça uma certidão, onde constem a data da distribuição, e o decurso do tempo ocorrido. Diante de tal circunstância, flagrada documentalmente, configura-se justo motivo para se operar a interrupção.

Pode-se ir mais longe: decorrido o período de dois dias da ida do processo ao juiz, sem que venha o despacho, dá-se a razão para a interrupção, por inteligência do art. 189, inc. I, do CPC. O prazo passa a cinco dias com o art. 226, inc. I, do novo Código de Processo Civil.

Constitui a citação o ato através do qual se provoca a responder a pessoa contra a qual a qual se reclama um direito, isto é, se quer a prática de um ato, ou sua abstenção, ou a entrega de uma coisa.

O Código Civil de 1916 continua uma redação bem diferente, prevendo que a citação pessoal feita ao devedor, ainda que ordenada por juiz incompetente, é que resultaria a interrupção.

Pela nova ordem, basta o despacho do juiz ordenando a citação, mas desde que a parte promova a realização do ato, de acordo com as regras processuais, quando retroagirá o efeito interruptivo à data do proferimento da ordem de citação. No caso, previne o § 2º do art. 219 do CPC: "Incumbe à parte promover a citação do réu nos 10 (dez) dias subsequentes ao despacho que a ordenar, não ficando prejudicada pela demora imputável exclusivamente ao serviço judiciário". No CPC novo, é diferente a redação da regra equivalente, constante do art. 240, § 2º, prevendo que, não realizadas pelo autor as providências necessárias para a citação, não retroagirá a interrupção à data da propositura da ação: "Incumbe ao autor adotar, no prazo de 10 (dez) dias, as providências necessárias para viabilizar a citação, sob pena de não se aplicar o disposto no §1º".

Cumpre notar que se imputa à parte a demora ou a não realização do ato se ela não anexa os documentos necessários para a citação, ou não encaminha a precatória de citação, ou omite-se em efetuar o preparo, ou não encaminha à publicação o edital, quando em lugar incerto e desconhecido o réu. Não se lhe debita a responsabilidade na demora dos serviços cartorários em expedir o mandado, ou do oficial de justiça em conseguir o cumprimento. Sobre este aspecto – demora da citação –, há a Súmula nº 106 do Superior Tribunal de Justiça: "Proposta a ação no prazo fixado para o seu exercício, a demora na citação, por motivos inerentes ao mecanismo da Justiça, não justifica o acolhimento da arguição de prescrição ou decadência".

Não se efetivando a citação, e mais para evitar situações duvidosas, o juiz prorrogará o prazo até o máximo de noventa dias, que fará de ofício, ou a pedido do interessado, em consonância com o § 3º do mesmo cânone processual (sem regra correspondente no novo CPC). O melhor caminho é sempre peticionar para que se faça a citação, postulando, se não concretizado o ato, a prorrogação do prazo em até noventa dias.

Por último, conclui § 4º do art. 219 que, não efetuada a citação nos prazos e de acordo com as medidas ordenadas, considera-se não interrompido o prazo. É omisso o novo CPC a respeito, visto que está evidente a não ocorrência da interrupção se não efetuada a citação.

A redação do inc. I do art. 202 do Código Civil contempla a interrupção com despacho do juiz que ordenar a citação. O art. 219 do Código de Processo Civil (art. 240 do novo CPC) havia implantado a mesma causa de interrupção. Eis o texto do art. 219: "A citação válida torna prevento o juízo, induz litispendência e faz litigiosa a coisa, e, ainda quando ordenada por juiz incompetente, constitui em mora o devedor e interrompe a prescrição". Uma vez acontecida a citação, retroage a interrupção à data da propositura da ação, na forma que ainda consta do § 1º do mesmo dispositivo (§ 1º do art. 240 do novo CPC): "A interrupção da prescrição retroagirá à data da propositura da ação".

Cabe esclarecer que o art. 240 do novo CPC não mais repete a interrupção da prescrição, como consta do art. 219 do CPC de 1973. E isto justamente porque tal causa de interrupção já se encontra no art. 202, I, do Código Civil. Atingem as disposições acima igualmente a decadência – art. 220 do Código de Processo Civil: "O disposto no artigo anterior aplica-se a todos os prazos extintivos previstos na lei" (§ 4º do art. 240 do novo CPC, mencionando expressamente a decadência). Sem dúvida, a decadência extingue o direito, na linha assentada pela Jurisprudência: "Não pode haver dúvida de que a decadência é um ato extintivo. Em princípio, pois, as regras do art. 219 a ela haverão de aplicar-se. Objeta-se que o § 1º do art. 219 cuida da interrupção da prescrição. Não poderia aplicar-se à decadência, em que o curso do prazo não é suscetível de interromper-se. A objeção não me parece válida. Cumpre interpretar a regra com as necessárias adaptações, e não tornar letra morta o citado art. 220. Certo que o prazo decadencial não se interrompe. A aplicação a ela do dispositivo em exame far-se-á lendo-se 'o direito considerar-se-á exercido' em lugar de 'a prescrição considerar-se-á interrompida'. E o § 4º, em sua parte final, significará 'haver-se-á por não exercido o direito'".[57] O art. 219 referido equivale ao art. 240 do novo CPC, enquanto os §§ 1º e 4º têm seus conteúdos incluídos nos

---

[57] STJ. Recurso Especial nº 42.804-1-RJ. 3ª Turma. Relator: Min. Eduardo Ribeiro. Julgado em 25.04.1994, *DJU* de 23.05.1994, p. 12.606 – *Revista do Superior Tribunal de Justiça*, 7/456. No mesmo sentido, em *Revista dos Tribunais*, 681/199. Citações de Theotônio Negrão, em observações ao art. 220 do CPC.

§§ 1º e 2º do mesmo art. 240 do novo CPC. O art. 220, também citado, está compreendido, quanto ao efeito retroativo, no § 4º do art. 240 do novo CPC.

Salienta-se que o comparecimento do réu nos autos supre a citação, também constituindo fator de interrupção, segundo exegese que se deve dar ao § 1º do art. 214 do CPC: "O comparecimento espontâneo do réu supre, entretanto, a falta de citação". O novo CPC, no § 1º do art. 239, encerra uma previsão mais extensa, dizendo quando inicia o prazo para contestar ou embargar: "O comparecimento espontâneo do réu ou do executado supre a falta ou a nulidade da citação, fluindo a partir desta data o prazo para apresentação de contestação ou de embargos à execução".

Se comparecer unicamente para arguir a nulidade, e acolhida, dá-se a interrupção, considerando-se feita a citação, a contar do momento da intimação do *decisum* à própria parte ou ao advogado, na letra do § 2º do mesmo art. 214. O § 2º do art. 239 do novo CPC traz uma previsão diferente, se rejeitada a alegação de nulidade, considerando o réu citado se de conhecimento o processo, ou seguindo o andamento se de execução o feito: "Rejeitada a alegação de nulidade, tratando-se de processo de: I - conhecimento, o réu será considerado revel; II - execução, o feito terá seguimento".

Depreende-se que ao demandado ou executado insta que não se restrinja à alegação da nulidade, devendo alegar toda matéria que interessa à sua posição.

Relativamente ao direito tributário em favor da Fazenda Pública, a interrupção pela citação encontra disciplina específica. O § 2º do art. 8º da Lei nº 6.830, de 1980, assinala que o despacho do juiz ordenando a citação, na ação judicial de cobrança ou execução de crédito, é que interrompe a prescrição. No mesmo sentido o parágrafo único, inc. I, do art. 174, do Código Tributário Nacional - CTN, que teve nova redação com a Lei Complementar nº 118, de 9.02.2005, como entende o STJ:

> "Conforme entendimento firmado no julgamento do REsp. nº 999.901/RS, de relatoria do Ministro Luiz Fux, submetido ao regime do artigo 543-C, do CPC, somente após a vigência da Lei Complementar nº 118/2005, que alterou a redação do artigo 174, parágrafo único, I, do CTN, o despacho de citação passou a constituir causa de Interrupção da prescrição.
>
> O mero despacho que determina a citação não possuía o efeito de interromper a prescrição, mas somente a citação pessoal do devedor, nos moldes da antiga redação do artigo 174, parágrafo único, I, do CTN; todavia, a Lei Complementar nº 118/2005 alterou o referido dispositivo para atribuir efeito interruptivo ao despacho ordinatório de citação. Por tal inovação se tratar de norma processual, aplica-se aos processos em curso. Cabe assinalar que o referido recurso repetitivo assentou que a data da propositura pode ser anterior; todavia, o despacho que ordena a citação deve ser posterior à vigência da nova redação do art. 174, dada pela Lei Complementar nº 118/2005, sob pena de retroação.

No presente caso, muito embora tenha decorrido cinco anos entre a data da constituição do crédito tributário e a citação do devedor, o Tribunal de origem registrou que a demora na citação não se deu por culpa do exequente, mas por morosidade do mecanismo judiciário. Decisão agravada em consonância com o entendimento firmado no julgamento do Recurso Especial nº 1.102.431-RJ, de relatoria do Ministro Luiz Fux, submetido ao regime do artigo 543-C, do CPC no sentido de que 'a verificação de responsabilidade pela demora na prática dos atos processuais implica indispensável reexame de matéria fático-probatória, o que é vedado a esta Corte Superior, na estreita via do recurso especial, ante o disposto na Súmula 07/STJ'.

Agravo regimental não provido".[58]

O art. 543-C, referido no aresto acima, equivale ao art. 1.036 do novo CPC.

Considerado o Código Tributário Nacional lei complementar, não se aceita que outra lei trate diferentemente de matéria tributária, especialmente sobre prescrição e decadência, como consta no art. 146 da Constituição Federal: "Cabe à lei complementar: ... III – estabelecer normas gerais em matéria de legislação tributária, especialmente sobre: ...b) obrigação, lançamento, crédito, prescrição e decadência tributários".

b) O protesto, nas condições do inciso anterior. Realiza-se esta medida através de qualquer aviso ou comunicação destinado a prevenir responsabilidade, a conservar e manter o direito, e a transmitir uma disposição da vontade. O procedimento é judicial, porquanto assim estabelece o inc. II do art. 202 (inc. II do art. 172 do Código revogado), ao se exigir que se obedeçam as condições do inciso que cuida da citação, a qual é judicial. A respeito, assinala a Súmula nº 153 do STF: "Simples protesto cambiário não interrompe a prescrição". Todavia, como se verá adiante, o atual Código Civil acrescentou o protesto cambial como fator de interrupção.

O art. 867 do Código de Processo Civil trata do protesto judicial: "Todo aquele que desejar prevenir responsabilidade, prover a conservação e ressalva de seus direitos ou manifestar qualquer intenção de modo formal poderá fazer por escrito o seu protesto, em petição dirigida ao juiz, e requerer que do mesmo se intime a quem de direito".

Os arts. 726 e 727 do novo CPC contêm textos mais completos, regulamentando também as notificações e interpelações, e incluindo a publicação de edital se o assunto interessa ao público em geral:

"Art. 726: Quem tiver interesse em manifestar formalmente sua vontade a outrem sobre assunto juridicamente relevante poderá notificar pessoas participantes da mesma relação jurídica para dar-lhes ciência de seu propósito.

---

[58] AgRg no Ag 1.303.691/MS. Relator: Min. Benedito Gonçalves. 1ª Turma. Julgado em 24.08.2010, *DJe* de 31.08.2010.

§ 1º Se a pretensão for a de dar conhecimento geral ao público, mediante edital, o juiz só a deferirá se a tiver por fundada e necessária ao resguardo de direito.

§ 2º Aplica-se o disposto nesta Seção, no que couber, ao protesto judicial".

Art. 727: "Também poderá o interessado interpelar o requerido, no caso do art. 726, para que faça ou deixe de fazer o que o requerente entenda ser de seu direito".

De modo que, procedendo-se judicialmente (desde que não se objetive a notificação ou interpelação para determinado efeito), e não se permitindo outro meio, o protesto segue os trâmites traçados pela lei processual civil, sendo de realce os requisitos indicados pelo art. 868 do mesmo diploma (regra omitida no novo CPC): "Na petição o requerente exporá os fatos e os fundamentos do protesto". Cumpre se diga a razão do ato, a finalidade específica de interromper a prescrição, a sua necessidade, o perigo se não efetuar-se, e revelando-se o direito que se entender incidir a favor do protestante. Nesta linha, há a Súmula nº 154, do STF, não dando o efeito de interrupção à vistoria: "Simples vistoria não interrompe a prescrição".

Do contrário, faculta-se ao juiz indeferir o pedido, previne o art. 869 (regra omitida pelo novo CPC): "O juiz indeferirá o pedido, quando o requerente não houver demonstrado legítimo interesse e o protesto, dando causa a dúvidas e incertezas, possa impedir a formação de contrato ou a realização de negócio lícito".

Procede-se a intimação ou notificação pessoal, procurando-se a pessoa em seu endereço, ou em onde exerce suas atividades. O art. 870 (sem dispositivo equivalente no novo CPC, eis que o regramento é o mesmo para a citação ou notificação por edital) indica as hipóteses da intimação por edital, como se o ato visa atingir o público em geral, a fim de prevenir os que se relacionam com determinada pessoa que está sendo interrompida a prescrição, e que os direitos eventualmente adquiridos são afetados pelo ato notificatório; se desconhecido ou incerto o notificando, ou estiver em lugar ignorado ou de difícil acesso; se a demora da intimação pessoal pode prejudicar os efeitos da interpelação ou protesto.

No que interessa ao caso, observa-se, ainda, a previsão do art. 871 (nada dispondo, a respeito, o novo CPC), não admitindo defesa e nem contraprotesto nos autos, mas assegura-se esta última medida em processo distinto. Realizado o ato, mandará o juiz a entrega dos autos à parte independentemente de traslado, depois de pagas as custas e de decorridas quarenta e oito horas desta decisão.

Regras importantes aparecem no novo CPC, mas no tocante à notificação ou interpelação. Assim, inclui seu art. 726 a notificação para que o requerido faça ou deixe de fazer aquilo que o requerente entenda do seu direito. O art. 728 manda que se ouça o requerido em duas situações: "I – se houver suspeita de que o requerente, por meio da notificação ou do edital, pretende alcançar fim ilícito; e II – se tiver sido requerida a averbação da notificação em registro público".

c) O protesto cambial. Esta causa de interrupção veio aportada pelo Código de 2002, não figurando no Código de 1916. Qualquer protesto de título cambial, levado a efeito no Cartório de Protesto de Títulos Mercantis, provoca a interrupção da prescrição, recomeçando a fluir o prazo. Pela inovação, tem-se mais uma causa de interrupção, sendo relevante quanto aos títulos de crédito.

O protesto leva-se a efeito de acordo com os arts. 882 e seguintes do Código de Processo Civil (sem regulamentação específica no novo CPC, pois o protesto cambial dos títulos de crédito submete-se à lei que os regulamenta. Ao protesto judicial, no entanto, existe a previsão no § 2º do art. 726, no sentido de se aplicar o disposto à notificação ou interpelação, no que couber).

O Decreto nº 2.044, de 31.12.1908 disciplina o protesto da letra de câmbio e nota promissória, indicando os elementos que deverá conter o instrumento, e expressando, no art. 32, a necessidade do ato, tirado em tempo útil e na forma regular, para efeitos do direito de regresso contra o sacador, endossadores e avalistas. A Lei Uniforme sobre a Letra de Câmbio e Nota Promissória, introduzida no Brasil pelo Decreto nº 57.663, de 24.01.1966, acrescenta, no art. 53, a perda do direito de ação contra os endossantes, contra o sacador e outros coobrigados, à exceção do aceitante, se não feito o protesto por falta de aceite ou de pagamento, no devido prazo legal. A Lei nº 7.357, de 02.09.1985, viabiliza o protesto igualmente para a falta de pagamento do cheque, enquanto a Lei nº 5.474, de 18.07.1968, nos arts. 13 e 14, disciplina o protesto da duplicata.

Assim, além dos efeitos de assegurar o direito de regresso contra os coobrigados e da caracterização oficial da mora, o protesto cambial passou a interromper o prazo prescricional.

d) Pela apresentação do título de crédito em juízo de inventário ou em concurso de credores (art. 202, inc. IV, do Código de 2002, art. 172, inc. III, do Código de 1916). Uma vez verificado o inventário dos bens do devedor, ou a abertura de concurso de credores, a apresentação do título de crédito nos respectivos autos produz a interrupção do tempo de prescrição. Os títulos de crédito são autuados em apenso ao processo.

e) Por qualquer ato judicial que constitua em mora o devedor. Além do protesto, indicado no inc. II do art. 202 (inc. II do art. 172 do Código de 1916), outros atos podem ser indicados. A citação em processo cautelar tem esse efeito, apontando-se, ainda como exemplos, as medidas cautelares previstas nos arts. 796 e seguintes do Código de Processo Civil (arts. 294, parágrafo único, e artigos seguintes do novo CPC, sendo que as medidas cautelares do Código de 1973 inserem-se na tutela provisória de urgência, cautelar ou antecipada do novo CPC, que pode ser concedida em caráter antecedente ou incidental); o pedido de recebimento do valor devido, feito nos autos; ou o cumprimento de sentença da parte líquida de uma condenação. Assim também a notificação judicial ou extrajudicial, através da qual se dá conhecimento a uma pessoa de determinada intenção, como a pretensão de retomar um imóvel no caso de uma locação, ou de comunicar a extinção de uma relação de comodato que vinha se mantendo, com o que não perdura o prazo da prescrição aquisitiva que vinha se formando.

f) Por qualquer ato inequívoco, ainda que extrajudicial, que importe reconhecimento do direito pelo devedor. Trata-se do ato do devedor reconhecendo a sua obrigação e o direito do credor em receber o crédito. Vários os atos que importam em reconhecimento, como o pagamento de juros, a postulação para que seja concedido mais prazo, o oferecimento de garantias, a satisfação parcial da dívida, a aceitação da prorrogação do prazo, o pedido de abatimento ou desconto, a renovação da dívida, a negociação para acerto de contas. A respeito, ementou o Superior Tribunal de Justiça: "Nos termos do art. 172, V, do Código Civil, 'a prescrição interrompe-se por qualquer ato inequívoco, ainda que extrajudicial, que importe reconhecimento do direito pelo devedor'. No caso dos autos, esse ato se deu com o pagamento parcial da indenização securitária".[59] Insta notar que o art. 172, V, citado, equivale justamente ao art. 202, inc. VI, do vigente Código Civil.

17.1. Interrupção da prescrição e improcedência ou extinção da ação

Amiúde têm aparecido dificuldades, relativamente à prescrição, frente aos efeitos da improcedência da ação. Vale ou mantém-se a interrupção do prazo decorrente do despacho que ordenou a citação? Em princípio, se válida a citação (de acordo com o Código Civil anterior), ou válido o ato do juiz que ordena a citação (de acordo com a redação do vigente Código Civil), opera-se a interrupção, consoante precedentes jurisprudenciais, sendo digno de nota o seguinte enunciado, do Supremo Tribunal Federal: "Civil. Prescrição. A citação que não interrompe a prescrição é aquela declarada nula, por defeitos a ela inerentes, ou a ela anteriores (Código Civil, art. 175). A absolvição de instância, por não promover o autor os atos e diligências a seu cargo (Cód. de Proc. Civil de 1939, art. 201, inc. V), não retira à citação precedente seus efeitos interruptivos da prescrição".

Necessário observar que o art. 175 do Código Civil de 1916 consignava expressamente que não se interrompia a prescrição com a citação nula por vício de forma, por circuncta, ou por se achar perempta a instância, ou a ação. O

---

[59] Recurso Especial nº 195.425-0-SP. 4ª Turma. *DJ* de 08.03.2000, *in Ementário da Jurisprudência do Superior Tribunal de Justiça*, 27/170.

Código em vigor não reproduziu a norma, o que fez bem, eis que, no tocante aos vícios de citação, ou do ato que a determina, considerou unicamente para efeito de interrupção o decorrente de despacho emanado de juiz incompetente. Importa em concluir que os demais vícios, porventura verificados, não acarretam a interrupção.

Mas, não havendo vício de citação ou do despacho que a ordena, mesmo o insucesso da ação importa em interrupção.

No curso do voto do acórdão que emanou o enunciado acima, extraem-se estes fundamentos:

> "Por outro lado, ao entender não interrompida a prescrição por citação feita em ação na qual o réu viera a ser posteriormente absolvido de instância, o acórdão, certamente, negou vigência ao art. 175 do Código Civil, segundo o qual 'a prescrição não se interrompe com a citação nula por vício de forma, por circunducta ou por se achar perempta a instância ou a ação'.
>
> Todas essas formas se referem à ineficácia inerente à própria citação, ao passo que, no caso dos autos, a citação feita de nenhum defeito padecia, vindo o réu a ser absolvido de instância por uma causa superveniente à citação, isto é, porque o autor, não promovendo os atos e diligências que lhe cumpria, abandonara a causa por mais de trinta dias... Nesse caso, não abrangida pelo art. 175 do Código Civil, a citação anterior era válida, e interrompera a prescrição".[60]

Já o Superior Tribunal de Justiça: "A citação válida, realizada em ação cujo pedido restou a final desatendido, sob o argumento de ser a via processual eleita pelo autor imprópria ao reconhecimento do direito reclamado, tem o condão de interromper o lapso prescricional para o ajuizamento da ação própria. Hipótese que não se enquadra nas exceções do art. 175, CC.

O que releva notar, em tema de prescrição, é se o procedimento adotado pelo titular do direito subjetivo denota, de modo inequívoco e efetivo, a cessação da inércia em relação ao seu exercício. Em outras palavras, se a ação proposta, de modo direto ou virtual, visa à defesa do direito material sujeito à prescrição".[61]

Socorre-se o voto do ensinamento de Câmara Leal: "Resumindo, poder-se-á dizer que dá-se a interrupção da prescrição sempre que o titular do direito pleiteia, em juízo, o reconhecimento do direito prescribindo, quer por meio de ação, quer de defesa, ou promove medidas judiciais de proteção ao mesmo...

Diversos Códigos estrangeiros consideram a prescrição como não interrompida, apesar da validade da citação, se o autor desiste da ação, ou a demanda se torna perempta, ou é rejeitada. Nesse sentido dispõem os Códigos francês, italiano, alemão e chileno.

---

[60] Recurso Extraordinário nº 87.064-4-MG, de 19.05.1981. Relator: Min. Décio Miranda.
[61] Recurso Especial nº 23.751-1-GO, de 15.12.1992. Relator: Min. Sálvio de Figueiredo.

Nosso legislador, porém, tendo dado à citação, em si, o efeito de interromper a prescrição, só à nulidade desta, por defeito de forma, ou à sua ineficácia por circundação, ou à sua inadmissibilidade por perempção da instância da ação é que atribui o efeito de impedir a interrupção prescricional.

Do destino da demanda não cogitou o nosso Código, de modo que, qualquer que seja sua sorte, ela não retrotrairá, influindo sobre a prescrição, para infirmá-la.

É que os Códigos citados atribuem a eficácia da interrupção mais à sentença da demanda do que à citação, segundo se infere da lição de Coviello: é de se notar, todavia, que, a estrito rigor, não é tanto a demanda judicial que interrompe a prescrição, como a sentença que a esta se segue, a qual, porém, tem efeito retroativo ao dia da demanda. Na verdade, se a demanda é perempta ou rejeitada, por qualquer razão, a prescrição não é interrompida.

Essa não foi a orientação da nossa Lei. À citação deu ela a virtude interruptiva da prescrição, e a ela somente atendeu, para que, independente do resultado da demanda, pudesse operar eficazmente a interrupção".[62]

Prossegue o Relator do acórdão do STJ, explicando que, inclusive, na hipótese de inviável a pretensão ajuizada, e extinta ou finalizada a ação por questões de ordem meramente processual, diferente das elencadas no art. 175 do então Código Civil, "é de ser havida por interrompida a prescrição na data em que regular e validamente houver sido citado o réu. Isto porque, proposta ação visando a assegurar o exercício de um direito, e efetuada, sem vícios, a citação do requerido, tal proceder equivale, quanto ao efeito interruptivo da prescrição, ao ajuizamento de processo preparatório, ação declaratória, ou mesmo ao protesto judicial formulado com esse intuito (art. 172, II)". O art. 172, II, apontado no texto, equivale ao art. 202, II, do diploma civil atual.

Já no voto do Min. Barros Monteiro, reforçam-se os fundamentos acima: "Se um simples protesto judicial (art. 172, II, do CC) e até uma medida cautelar preparatória, como produção antecipada de prova, tem o efeito de interromper a prescrição da pretensão indenizatória..., não há de se negar esse efeito interruptivo a uma ação de conhecimento, com o objeto de declaração e anulação, a envolver as questões básicas da pretensão indenizatória".

Em mais uma decisão do Superior Tribunal de Justiça, foi ementado: "A citação válida interrompe a prescrição, ainda que o processo seja extinto sem julgamento de mérito, salvante as hipóteses do art. 267, incs. II e III, do CPC".[63] O mencionado art. 267, incs. II e III, corresponde ao art. 485, incs. II e III, do novo CPC.

---

[62] *Da Prescrição e da Decadência*, 4ª ed., Rio de Janeiro, Forense, 1982, pp. 178 e 183.
[63] Recurso Especial nº 38.606-SP. Relator: Min. Ari Pargendler. Julgado em 15.10.1996.

No voto: "A citação não traz o efeito de interromper a prescrição unicamente nas hipóteses dos incisos II e III do art. 267 da lei processual civil porquanto os referidos incisos introduziram o significado de perempção da instância, a qual está inserida no art. 175 do Código Civil, e que constitui, ao lado da nulidade da citação e da citação circuncducta, uma das causas de não interrupção". O 267, incs. II e III, corresponde ao art. 485, incs. II e III, do novo CPC. O art. 175, também referido, não encontra regra correspondente no Código Civil de 2002.

No entanto, anulando-se o processo desde o seu início, fatalmente fica anulada a citação, o que importa em não se interromper a prescrição, como deixa entrever Yussef Said Cahali, em obra bastante útil sobre a matéria: "Não diverge substancialmente desse entendimento a lição de Pontes de Miranda, apenas com a distinção assim preconizada: a) decretada a nulidade, ou anulado o processo, *ab initio*, sem ser por incompetência do juízo, a citação não interrompeu o curso da prescrição (4ª Câmara do TACivSP, 03.03.1937, *RT* 108/602; 3ª Câmara do TACivSP, 07.02.1938, *RT* 118/687...); b) decretada a nulidade, sem ser atingida a citação, houve interrupção e continua eficaz (2ª Turma do STF, 24.10.1944, *RF* 102/473; TACivSP, 3ª Câmara, 05.03.1937, *RT* 122/1.565...)".[64]

18. O RECOMEÇO DA PRESCRIÇÃO INTERROMPIDA

Uma vez interrompida a prescrição, recomeça a correr a partir da data do ato que a interrompeu, ou do último ato do processo acionado para a interrupção. É como sinaliza o parágrafo único do art. 202 (art. 173 do Código anterior): "A prescrição interrompida recomeça a correr da data do ato que a interrompeu, ou do último ato do processo para a interromper".

De sorte que necessário observar concretamente as situações:

a) Operando-se a interrupção pelo protesto judicial; pelo protesto cambial; pela apresentação do título de crédito em juízo de inventário ou em concurso de credores; por qualquer ato judicial que constitua em mora o devedor; por qualquer ato inequívoco, ainda que extrajudicial, que importe reconhecimento do direito do devedor, a prescrição recomeça a contar da data do ato que a interrompeu.

b) Dando-se a interrupção pelo despacho do juiz que ordenar citação, a partir do último ato realizado no processo é que reinicia o prazo contestacional, no que se revela claro Carvalho Santos, que considera o ato interruptivo a citação, mas valendo a explicação para a nova tipificação do Código vigente: "Porque o prazo da prescrição anteriormente de-

---

[64] *Aspectos Processuais da Prescrição e da Decadência*, ob. cit., p. 52.

corrido é inutilizado com a citação, mas deste momento da citação não começa a correr o novo prazo. Verifica-se um interregno, dentro do qual o novo prazo não começa a correr. Somente com o último termo da demanda ou quando esta tiver fim é que começa a correr o prazo para a prescrição".[65]

Pontes de Miranda revela clareza na explicação, igualmente fixando-se na citação: "Se há interrupção por citação, de acordo com o art. 172, I, a prescrição começa a correr depois que se dá, com eficácia definitiva, o último ato no processo em que a citação a interrompeu, ou de qualquer ato processual, se o processo parou. A interrupção não é, aí, punctual; é duradoura: quando se ultima o processo, cessa a eficácia interruptiva; quando se para o procedimento, retoma-se o curso. Ultima-se o processo (= completa-se o último ato do processo) quando nele não mais cabe recurso (coisa julgada formal)".[66] O art. 172, I, referido acima, tem norma correspondente no art. 202, I, do atual Código Civil.

Não se pode olvidar a regra do § 1º do art. 219 do Código de Processo Civil (art. 240, § 1º, do novo CPC), fazendo retroagir a prescrição para a data da propositura da ação. Desde esse momento fica interrompida a prescrição, recomeçando a contagem, na sua integralidade, com a realização do último ato do processo no qual se consumou a interrupção. No conceito do último ato está o trânsito em julgado da sentença do processo, embora o pensamento contrário de Carvalho Santos, do qual se discorda, dados os exatos termos claros do parágrafo único do art. 202, cuja redação coincide com a do art. 173 do Código anterior: "O texto legal fala em data do último ato do processo para interromper a prescrição. Mas, com isso não quer exigir que a prescrição somente comece a correr de novo após a sentença final. Pois o que o Código quer dizer é que a prescrição começa a correr de novo da data do último termo judicial que se praticar por efeito da citação inicial da demanda. Antes mesmo da suspensão da instância, pois, recomeça a correr o prazo da prescrição".[67] Endossando-se o pensamento do velho doutrinador, aquelas ações cujos prazos são extremamente curtos (como de um ano para a cobrança de dívidas pelos hospedeiros ou fornecedores de víveres, para a pretensão do segurado contra o segurador de responsabilidade civil, dentre outros casos) encontrariam novamente a prescrição antes de seu término, eis que as ações perduram, em geral, por longos anos.

A interrupção retroage à data do momento do ingresso de qualquer ação, e inclusive da execução, no que é expresso o art. 617 do Código de Processo Civil (art. 802 e seu parágrafo único do novo CPC): "A propositura da execução,

---

[65] *Código Civil Brasileiro Interpretado*, ob. cit., vol. III, p. 436.
[66] *Tratado de Direito Privado – Parte Geral*, ob. cit., vol. IV, p. 229.
[67] *Código Civil Brasileiro Interpretado*, ob. cit., vol. III, p. 438.

deferida pelo juiz, interrompe a prescrição, mas a citação do devedor deve ser feita com observância do disposto no art. 219". O referido art. 219 corresponde ao art. 240 do novo CPC.

No caso de concurso de credores, prevê o art. 777 do mesmo diploma acima (sem disposição equivalente no novo CPC, constando de seu art. 1.052 que, até a edição de lei específica, as execuções contra devedor insolvente, em curso ou que venham a ser propostas, permanecem reguladas pelo Livro II, Título IV, da Lei nº 5.869, de 11 de janeiro de 1973), que "a prescrição das obrigações, interrompida com a instauração do concurso universal de credores, recomeça a correr no dia em que passar em julgado a sentença que encerrar o processo de insolvência". E encerra-se o processo com a sentença que declarar extintas as obrigações, a qual deverá ser publicada por edital.

Uma vez operada a interrupção, o novo prazo que reinicia a correr é o mesmo previsto para a prescrição da ação. Nova contagem deve fazer-se, observando o mesmo prazo estabelecido na lei.

19. LEGITIMIDADE PARA PROMOVER A INTERRUPÇÃO DA PRESCRIÇÃO

Indica o art. 203 do Código Civil quem pode alegar a interrupção da prescrição: "A prescrição pode ser interrompida por qualquer interessado".

O art. 174 do Código de 1916 discriminava os legitimados para tanto, nas hipóteses do art. 172:

"Em cada um dos casos do art. 172, a interrupção pode ser promovida:

I – pelo próprio titular do direito em via de prescrição;

II – por quem legalmente o represente;

III – por terceiro que tenha legítimo interesse".

Percebe-se que a nova previsão simplesmente sintetizou a discriminação do antigo art. 174, que servia para evidenciar hipóteses, sem afastar mais casos.

Não há dúvida que a iniciativa de pedir a interrupção está no titular do direito que se encontra em fase de prescrição, citando-se, como exemplos, aquele que tem uma área de terras ocupada por estranhos, ou que dispõe de um título de crédito, ou que tem um seguro a receber.

Igualmente ao representante do titular do direito se reconhece o direito de promover a interrupção; isto não apenas àqueles que receberam mandato expresso e convencional, mas também àqueles que ocupam tal posição em virtude de lei, incluindo-se o tutor, o curador, o que exerce o poder familiar, desde que relativa a incapacidade do representando, eis que contra os absolutamente incapazes, arrolados no art. 3º do Código Civil (art. 5º do Código anterior), não corre a prescrição.

Quanto ao terceiro com legítimo interesse, estão o fiador e o avalista de uma pessoa que tem um crédito a receber, e a pessoa que é credora de um terceiro cujo direito sobre um bem corre o risco de perder-se pela prescrição. No tocante ao fiador e ao avalista, a razão encontra-se no fato de que, perecendo o crédito, terão eles que arcar com a obrigação que estão garantindo. No tocante ao credor de uma pessoa que tem um direito a receber, e que está em vias de prescrição, acontece que, se se operar a prescrição, ficará prejudicado o seu crédito, ou não o receberá. Justifica-se, pois, a legitimidade para buscar a interrupção do prazo prescricional.

Todas as hipóteses acima não passam de exemplificações e resumem-se na regra do atual art. 203: estão legitimados todos quantos tenham algum interesse.

20. CITAÇÃO NULA E PRESCRIÇÃO

A lei civil de 1916, na previsão do art. 175, era expressa no sentido de que a nulidade da citação não interrompia a prescrição: "A prescrição não se interrompe com a citação nula por vício de forma, por circundacta, ou por se achar perempta a instância, ou a ação". O Código em vigor não encerra alguma norma sobre o assunto. No entanto, ao referir no inc. I do art. 202 (art. 172, inc. I, do Código de 1916), que a interrupção se opera inclusive pelo despacho de citação proferido por juiz mesmo que incompetente, já deixa entender que qualquer outra citação eivada de irregularidade ou nulidade não acarreta o efeito interruptivo.

Sempre que houver nulidade de citação, não se interrompe a prescrição, ressalvada, pois, a situação de vir ordenada por juiz incompetente. A nulidade pode surgir de três causas, que vinham previstas no Código de 1916: por vício de forma, por circundacta e por perempção de instância.

Há vício de forma se não obedecidos os requisitos legais, estabelecidos pelo Código de Processo Civil nos arts. 223 - citação pelo correio (art. 248 do novo CPC), 225 - citação pelo oficial de justiça (art. 250 do novo CPC), e 232 - citação por edital (art. 257 do novo CPC). Se presente a nulidade, não existe o ato. Não compactua com o direito a citação por edital quando conhecido o demandado, ou a procedida por funcionário não revestido da função de oficial de justiça. Igualmente, se ficar apurado que os elementos inseridos no relato da citação forem falsos, ou se configurados vícios de consentimento.

Salienta-se que o comparecimento espontâneo do réu supre a citação, dentro do assinalado no § 1º do art. 214 do Código de Processo Civil (art. 239, § 1º, do novo CPC). O ingresso espontâneo nos autos equivale, por ficção legal, à citação, sendo válida, pois, a arguição da interrupção da prescrição, o que arreda a nulidade possivelmente existente por vício de forma do ato citatório.

Considerava-se circunducta, no regime anterior, a citação quando não alegada ou acusada em audiência, ou mesmo em outro ato no processo. Omitia o interessado a alegação de que fora citado, não se operando, daí, a interrupção. Todavia, não mais exige o vigente sistema processual civil tal providência. Basta a mera citação para consumar-se a prescrição, não carecendo que a parte a confesse nos autos.

Finalmente, a perempção de instância, expressão comum no antigo direito processual, equivalia à perda do direito a um ato judicial por não se cumprir determinada providência, como na realização de uma diligência, e, especificamente, na falta de suscitação, no momento oportuno, de uma matéria prejudicial. Diante da omissão, extinguia-se o processo. Já a perempção da ação correspondia à perda da ação, eis que julgada improcedente. Sobre determinado assunto, não assistia promover outra lide. Nesses casos, não ocorria a interrupção prescricional, o que se considerava normal. Não importava a regularidade da citação em dito processo. Situação comum constatava-se quando uma pessoa ingressava com uma ação de reintegração de posse contra alguém que se encontrava ocupando um bem. Se improcedente a lide, embora efetuada a citação, não possuía o ato o condão de interromper a prescrição. No entanto, há de se considerar, no caso, o que foi desenvolvido no item 18.1 do presente Capítulo, não prevalecendo o efeito interruptivo unicamente se anulado o feito desde o início, isto é, desde os atos anteriores à citação, e inclusive esta.

21. A EXTENSÃO DA PRESCRIÇÃO FRENTE A TERCEIROS E SOLIDARIEDADE

Em princípio, a interrupção da prescrição atinge unicamente a pessoa que a suscita. Não interessa que litigue junto com outras pessoas. De igual modo, se operada quanto a um codevedor, ou seu herdeiro, não prejudica os demais coobrigados. O art. 204 (art. 176 do Código anterior) é explícito sobre esses princípios: "A interrupção da prescrição por um credor não aproveita aos outros; semelhantemente, a interrupção operada contra o codevedor, ou seu herdeiro, não prejudica aos demais coobrigados".

De modo que, figurando vários credores junto a um devedor, não se pense que a propositura da ação de cobrança por um deles vá a citação favorecer aos demais titulares de créditos, interrompendo relativamente a eles o prazo de prescrição. Mesmo que um só o fato ensejador da obrigação, cada credor terá que propor a sua lide, ou promover a citação quanto ao seu crédito. Sendo dois ou três os indivíduos com valores a receber pela venda de um imóvel que pertencia a eles, cada um terá que acionar o comprador, relativamente ao montante que lhe cabe.

Já no polo passivo, se vários os coobrigados, e acionado um apenas, somente contra ele interrompe-se o prazo prescricional. Exemplifica-se a situação na demanda ajuizada contra aquele que deve uma parcela de uma dívida, sendo o restante da responsabilidade de outros obrigados. A citação do acionado não traz efeitos interruptivos quanto aos demais.

Entrementes, se houver solidariedade no crédito ou na obrigação, diferente é a solução. Na solidariedade ativa, qualquer dos titulares está autorizado a procurar o recebimento, dando-se a quitação com o pagamento a um deles, seja qual for. Já na passiva, aciona-se um dos obrigados, à escolha do credor, ou podendo ser reclamado o direito junto ao obrigado que eleger a parte credora. Acontece que os vários credores solidários são reputados um só credor, assim como os vários devedores solidários são havidos como um só devedor. Embora um dos credores ingresse com a medida de interrupção, todos são favorecidos; identicamente, integrando mais de uma pessoa no lado passivo, a todas alcança a mesma interrupção. Exemplo claro está na indenização por acidente de trânsito promovida contra o condutor do veículo e o proprietário, sendo que a citação de um ou outro acarreta a interrupção do lapso de tempo da prescrição.

É como estatui o § 1º do art. 204 (§ 1º do art. 176 do diploma civil de 1916): "A interrupção por um dos credores solidários aproveita aos outros; assim como a interrupção efetuada contra o devedor solidário envolve os demais e seus herdeiros".

Entretanto, entre os herdeiros não existe solidariedade. Não podem eles alegar a solidariedade, para efeitos de pretender a interrupção. Nesta ótica, dando-se a interrupção contra um dos herdeiros do devedor, não se estende a mesma aos coerdeiros e nem aos demais devedores. É o que assevera o § 2º do mesmo dispositivo (§ 2º do art. 176 do Código revogado): "A interrupção operada contra um dos herdeiros do devedor solidário não prejudica os outros herdeiros ou devedores, senão quando se trate de obrigações e direitos indivisíveis". O princípio é uma decorrência da regra do art. 276 (art. 905 do Código anterior), segundo a qual, "Se um dos devedores solidários falecer deixando herdeiros, nenhum destes será obrigado a pagar senão a quota que corresponder ao seu quinhão hereditário, salvo se a obrigação for indivisível; mas todos reunidos serão considerados como um devedor solidário em relação aos demais devedores".

Promovendo, pois, alguém um protesto contra um dos herdeiros do devedor, para efeitos de interrupção, não se favorecem os demais credores, nem se estende a interrupção contra os restantes herdeiros ou devedores, exceto se indivisíveis os direitos e obrigações. Como indivisível tem-se a obrigação da entrega de um animal, ou de uma obra de arte, ou de uma joia, em que várias pessoas se obrigaram a cumprir. Falecendo uma delas, o acionamento do respectivo herdeiro estende os efeitos interruptivos da prescrição aos demais obrigados, sejam herdeiros ou não, porquanto impossível reclamar o cumprimento por apenas um dos obrigados ou de seus sucessores de parte da obrigação. Evidentemente, inconcebível que se exija de um dos herdeiros a confecção de uma parte da escultura, o que não acontece quanto a uma dívida em dinheiro ou em coisas infungíveis.

Carvalho Santos bem explicitava a exceção, em lição que se aplica ao vigente Código: "A interrupção feita por um herdeiro de um dos diversos titulares de um direito ou obrigação indivisível falecido aproveita a esse herdeiro, aos seus coerdeiros e aos demais titulares; da mesma maneira, a interrupção operada contra um herdeiro de um dos diversos responsáveis por um direito ou uma obrigação indivisível falecido prejudica a esse herdeiro, aos seus coerdeiros e aos demais responsáveis...

O Código neste ponto aceita a indivisibilidade, não só tendo em vista a prestação, mas igualmente o objeto dela, contra o que está aceito pela melhor doutrina".[68]

Em suma, sendo indivisíveis as prestações, a interrupção promovida por um dos herdeiros do credor alarga os efeitos para os demais credores, e atinge não só aquele herdeiro contra o qual se promove a interpretação, mas aos demais herdeiros ou responsáveis.

Importante efeito traz a interrupção da prescrição relativamente ao fiador: simplesmente faz interromper o prazo da responsabilidade do fiador. É o que assevera o § 3º do art. 204 (§ 3o do art. 176 do Código anterior): "A interrupção produzida contra o principal devedor prejudica o fiador". Constitui a regra a aplicação do princípio da acessoriedade da fiança, deixando de existir a responsabilidade do fiador tão logo desapareça a do devedor.

Em outros termos, promovendo o credor a interrupção da prescrição contra o devedor, fatalmente fica interrompida a prescrição contra o fiador, sem a necessidade de que providencie na sua notificação. De modo que reinicia o prazo prescricional também contra o fiador. Entrementes, o inverso não se reveste do mesmo efeito, isto é, interpelando o fiador para que não se consuma a prescrição, não alcança a consequência o devedor principal, sendo necessária também a sua interpelação. Acontece que o acessório não afeta ou arrasta o principal.

22. PRAZOS DA PRESCRIÇÃO

Discrimina o Código Civil vários prazos para operar-se a prescrição. Esclareça-se que o prazo de prescrição constitui o espaço de tempo que vai entre o seu termo inicial previsto para procurar o direito, e o derradeiro momento assegurado para tanto, ou o período de tempo reservado à pessoa para buscar o direito.

O início do prazo coincide com o instante da ofensa ao direito, ou a contar do dia em que nasce a pretensão, ou naquele em que se permite a reclamação. Se envolve a matéria ocupação de imóvel, o começo será a data da invasão; em se cuidando de título cambial, a partir do vencimento.

---

[68] *Código Civil Brasileiro Interpretado*, ob. cit., vol. III, p. 456.

Sobre a incidência dos prazos vindos com o novo Código, é necessário observar que se dá unicamente se não reduzidos em relação à previsão do Código anterior, e se já transcorrido mais de metade do tempo que vinha fixado, de conformidade com o art. 2.028 do Código Civil: "Serão os da lei anterior os prazos, quando reduzidos por este Código, e se, na data de sua entrada em vigor, já houver transcorrido mais da metade do tempo estabelecido na lei revogada". Cuida o dispositivo dos prazos que foram reduzidos pelo Código de 2002, ficando afastada qualquer possibilidade de incidir em prazos não reduzidos. Os prazos reduzidos serão os da lei anterior desde que preenchida a condição imposta, e que é o transcurso de mais da metade do prazo fixado no Código Civil de 1916.

Distinguem-se os prazos prescricionais em duas grandes classes: os da prescrição ordinária e os da prescrição especial.

22.1. Prazo ordinário

Pela *prescrição ordinária*, nos casos não especificamente regulados pela lei, segue-se a regra do art. 205: "A prescrição ocorre em 10 (dez) anos, quando a lei não lhe haja fixado prazo menor".

Bem diferentemente tratava o assunto o Código Civil anterior, no art. 177, que rezava: "As ações pessoais prescrevem, ordinariamente, em 20 (vinte) anos, as reais em 10 (dez), entre presentes, e entre ausentes em 15 (quinze), contados da data em que poderiam ter sido propostas".

A este dispositivo fazia expressa menção o art. 179: "Os casos de prescrição não previstos neste Código serão regulados, quanto ao prazo, pelo art. 177". No Código em vigor, a regra equivalente se encontra no seu art. 179, consignando que, para a hipótese de não vir contemplado algum prazo, fica o mesmo em dois anos: "Quando a lei dispuser que determinado ato é anulável, sem estabelecer prazo para pleitear a anulação, será este de 2 (dois) anos, a contar da data da conclusão do ato".

A regra geral, no regime do Código anterior, discriminava os prazos em consonância com a natureza das ações em pessoal ou real. Quanto às ações que envolviam direitos pessoais, o prazo prescricional era de vinte anos. Essas ações decorrem de obrigação que a pessoa deve cumprir, e, assim, obrigação positiva (de dar e de fazer), ou deve abster-se, isto é, obrigação negativa (de não fazer). Esse era o interregno para as ações de responsabilidade, como para a reparação de danos, para a indenização, para a cobrança, para cumprir, para a desconstituição de um negócio, para a abstenção de um ato. Incidia sempre que omissa a lei em especificar um prazo diferente.

Já no tocante às ações reais, ou fundadas em um *ius in re*, tendo como objeto a coisa sobre a qual recaía o direito real, o prazo encurtava-se para dez anos se corria a ação entre pessoas presentes, ou seja, residentes no mesmo município; e para quinze anos na eventualidade de dirigida a demanda contra pessoas sitas em municípios diversos daquele onde estava o autor. De duas maneiras protegia-se e ainda protege-se o domínio: a) pela proteção defensiva, exercida através das ações possessórias; b) pela proteção ofensiva, que se executa mediante as ações petitórias, em que se procura recuperar o domínio. Salienta-se que nunca prescreve o direito de recuperar o domínio, e mesmo a posse. Sempre se mostra oportuna a ação. A parte demandada é que suscitará a execução de aquisição do domínio pela prescrição aquisitiva. Todavia, outras ações existem, também ligadas ao domínio, e que versam sobre os direitos restritivos, as que envolvem o usufruto, as servidões, a enfiteuse, os direitos reais de garantia (penhor, hipoteca e anticrese). Unicamente a estas últimas, e às aforadas para discutir algum aspecto sobre uma aquisição, ou para reclamar contra a instituição de direitos de garantia, é que se aplicavam os prazos de prescrição de dez ou quinze anos.

Não abrangia o prazo de dez ou quinze anos as ações petitórias, ou admitidas para reclamar o domínio, a posse, a reivindicação. Com efeito, e ainda é assim no vigente Código Civil, ao titular do domínio não se delimitava e não se delimita um prazo para buscar o imóvel do poder de quem se apossou ilegalmente dele, ou para se reclamar contra invasões. Se demorou mais de quinze anos, daquele que praticou o esbulho ou se apossou é que se exige a prova da posse com determinados requisitos para invocar a seu favor a prescrição aquisitiva, que se fixa como exceção. Oportuna a conclusão de Nelson Godoy Bassil Dower: "Em realidade, a regra do art. 177 é para as ações pessoais que têm o seu tempo de prescrição fixado em vinte anos. As ações reais, que aparecem neste artigo, seguem a regra concernente ao usucapião e, assim, só pelo usucapião é que prescreve o direito de propriedade. Por exemplo, a ação real de reivindicação não prescreve enquanto o imóvel não for usucapido, ou seja, a ação real prevista pelo art. 177 deve ser entendida em relação direta com a perda do domínio pela prescrição aquisitiva (usucapião).

Chega-se à seguinte conclusão: a prescrição extintiva não ocorre nas ações reais, porque só se extingue a ação em função da prescrição aquisitiva, ocasionando-se o usucapião em favor do novo titular. Portanto, é defeituosa a redação do art. 177 que induz a pensar que a propriedade prescreve em dez anos entre presentes, e em quinze entre ausentes".[69] Lembra-se que o art. 177 citado corresponde ao art. 205 do Código em vigor.

Observa-se que a prescrição atingia unicamente às ações que tratavam de algum aspecto dos direitos reais, como para reclamar contra uma escritura pública, ou um ato de registro imobiliário, além das situações acima destacadas. Eram as ações de usufruto, de servidões, enfiteuse, direitos reais de garantia (penhor, hipoteca e anticrese).

---

[69] *Curso Moderno de Direito Civil* – Parte Geral, ob. cit., 1º vol., p. 369.

Presentemente, em face do art. 205, não mais se faz a distinção em ações pessoais ou reais, e a estas não importando se correm entre presentes ou entre ausentes. O prazo é sempre de dez anos.

Quanto à petição de herança, que envolve direito pessoal, de acordo com uma corrente com raízes no direito anterior, dá-se a prescrição em dez anos (antes o prazo era de vinte anos), mas iniciando a partir do reconhecimento da paternidade. A investigação de paternidade é que se apresenta imprescritível, segundo argumentação ditada pelo Supremo Tribunal Federal: "Ação de investigação de paternidade, cumulada com petição de herança. Não há que falar em ação única de investigação de paternidade. Não tem pertinência a alegação de negativa de vigência ao disposto no art. 473 do Código de Processo Civil.

Infrutífera é a arguição de negativa de vigência ao disposto no art. 178, § 9º, inc. V, letra b, do Código Civil. A ação de investigação de paternidade é imprescritível, enquanto a prescrição de petição de herança é vintenária (art. 177 do CC). O *dies a quo* do prazo prescricional é o da abertura da sucessão do pretendido pai, eis que não há sucessão de pessoa viva. Na espécie não fluiu o prazo prescricional".[70] Os mencionados arts. 178, § 9º, inc. V, e 177 do Código Civil de 1916 correspondem aos arts. 178, *caput*, e 205 do Código atual; já o art. 473 do CPC corresponde ao art. 507 do novo CPC. A Súmula nº 149 do STF dispôs em idêntica aplicação: "É imprescritível a ação de investigação de paternidade, mas não o é a de petição de herança".

O direito a investigar a paternidade é imprescritível porque trata-se de um direito de estado civil. Ponderam Planiol e Ripert: "Como el tiempo no puede hacer desaparecer el derecho de alegar un estado civil, tampoco puede hacer adquirir el derecho de alegar otro estado, el cual sería necesariamente la negación del precedente. Poco importa que durante un largo período se haya poseído un estado civil contrario a la realidad legal; siempre se puede acreditar el verdadero estado".[71]

Já quanto ao início do prazo para a petição de herança, lavra forte dissídio, havendo uma corrente que inicia a contagem a partir do reconhecimento da paternidade, e não da abertura da sucessão. Mário Moacyr Porto é desse sentir: "É princípio universalmente aceito que o prazo de prescrição somente se inicia quando surge o direito à ação. O Código Civil italiano, em seu art. 2.935, acolhe o princípio, ao dispor: 'A prescrição começa a correr do dia em que o direito pode ser exercido'.

Parece-nos, assim, que, antes do julgamento da ação de investigação de paternidade ilegítima, o filho natural, não reconhecido pelo pai, jamais poderá propor a ação de petição de herança para o fim de lhe ser reconhecida a

---

[70] STF. Recurso Extraordinário nº 94.931-RJ. 2ª Turma, de 7.12.1982, em *Lex – Jurisprudência do Supremo Tribunal Federal*, 53/87.

[71] *Tratado Práctico de Derecho Civil Frances*, ob. cit., tomo I, p. 11.

qualidade de herdeiro, com o direito à herança do seu indigitado pai. A ação de investigação de paternidade, na hipótese em causa, é um inafastável pressuposto, uma prejudicial incontornável, para que o filho possa intentar a ação de petição de herança...".[72]

Efetivamente, essa é a melhor exegese, porquanto não pode iniciar a prescrição sobre um direito não formado judicialmente.

Com o Código vigente, introduzido pela Lei nº 10.406, altera-se o tratamento da questão.

Ademais, resta evidente que a não inclusão de herdeiro no inventário revela nulidade absoluta, tornando a omissão suscetível de invocação a qualquer momento, por força do art. 169 da lei civil em vigor, proclamando a impossibilidade de confirmação do negócio jurídico nulo, sequer convalescendo pelo decurso do tempo.

Em decorrência, sempre possível o aviamento da ação de descoberta da paternidade, com a posterior busca da herança sonegada. Àqueles que se encontram na posse e mesmo na propriedade dos bens herdados resta a oposição por direito de usucapião, alegando o decurso do prazo que acarreta a prescrição aquisitiva.

22.2. Prazos especiais

Unicamente se a lei não fixar prazo mais curto é que incide o prazo de dez anos, tanto para as ações pessoais como para as ações reais, não mais persistindo a distinção que vigorava no diploma civil de 1916. Quando a lei traz lapsos temporais mais curtos, em vista dos interesses destacados, fugindo à regra comum, denominam-se especiais os prazos, que vão de um a cinco anos, em previsões bem diferentes daquelas que estabelecia o Código Civil de 1916, que iam de dez dias a cinco anos. Constam os períodos temporais expressamente mencionados nos vários parágrafos e incisos do art. 206 (art. 178 do Código anterior), em uma ordem que inicia pelo menor prazo e segue até o maior.

Salienta-se que o atual Código Civil trouxe profundas modificações em relação ao diploma anterior, afastando várias situações que apareciam neste último, e não mais confundindo os prazos decadenciais com os prescricionais. Exemplificativamente, lembra-se que não vieram contemplados os prazos constantes nos §§ 1º, 2º, 3º, 4º, incisos. I e II; no § 5º, incisos I a IV; no § 6º, inc. XI; no § 7º, inc. I; no § 8º; no § 9º, incisos I a VI, do Código anterior, que eram considerados de decadência. Consoante já se observou (item 3 do presente Capítulo), nos próprios dispositivos que tratam dos institutos constam

---

[72] "Ações de Investigação de Paternidade Ilegítima e Petição de Herança", em *Revista dos Tribunais*, nº 645, p. 10.

regulados os prazos decadenciais. Vários dos lapsos de tempo que vinham arrolados decorriam de tratamento diferenciado atribuído ao homem e à mulher. Em vista da igualdade absoluta, não subsiste fundamento para assegurar algum período de tempo para a mulher invocar ou procurar um direito desrespeitado nas relações com o marido, e assim vice-versa, como na eventualidade de encontrar-se a mulher já desprovida de virgindade quando do casamento.

Na enumeração de hipóteses que seguem se terá em conta unicamente as prescrições que assinala o atual Código.

22.2.1. A pretensão para o pagamento das despesas de hospedagem e de alimentação

O prazo de um ano, consoante § 1º, inc. I, do art. 206 (§ 5º, inc. V, do art. 178 do Código anterior) assegura-se para "a pretensão dos hospedeiros ou fornecedores de víveres destinados a consumo no próprio estabelecimento, para o pagamento da hospedagem ou dos alimentos". A redação do dispositivo revela certa dificuldade. Resta, porém, certo que a prescrição é da ação de cobrança, e que o prazo inicia a partir da homologação judicial do penhor legal requerido judicialmente sobre as bagagens e quaisquer bens que estiverem com as pessoas hospedadas ou os consumidores.

Deve-se buscar a homologação do penhor legal, não bastando a apreensão dos bens. Para tanto, em obediência aos arts. 874, 875 e 876 do Código de Processo Civil (as regras vêm inseridas nos arts. 703, 704, 705 e 706 do novo CPC), o hospedeiro ou dono do hotel, bem como o fornecedor de alimentos, devem apresentar um pedido ao juiz, com a relação das despesas, tomando como base os preços colocados em tabela impressa e afixada ostensivamente em lugares de maior frequência dos hóspedes ou frequentadores, como em salas, nos quartos ou apartamentos, e na entrada do prédio. Cita-se o hóspede ou devedor, assegurando-se o prazo de vinte e quatro horas para pagar ou se defender. Resta evidente que se procede ao chamamento por edital se desconhecido o endereço.

Vindo a defesa, apreciará o juiz a matéria, definindo a existência ou não da obrigação. Não impugnado o pedido, haverá uma simples homologação pelo juiz. Incidirá o pagamento nos bens apreendidos, que deverão, obviamente, ser previamente avaliados.

Depois de quarenta e oito horas da homologação serão os autos entregues ao autor do pedido, independente de traslado, salvo se a parte contrária houver requerido certidão. Nesta eventualidade, depois de fornecido o documento, entregam-se os autos. Todavia, cumpre observar o início do prazo após o trânsito em julgado da decisão, conforme refere Humberto Theodoro Júnior: "O processo é contencioso e dessa sentença cabe apelação; de maneira que o prazo de quarenta e oito horas para a entrega dos autos, a que alude o art. 876, deve ser contado do respectivo trânsito em julgado, e não da homologação".[73]

Unicamente depois de obedecidos os trâmites exigidos para a homologação é que inicia o prazo de um ano da prescrição.

O novo CPC regula a matéria com várias diferenças, acrescentando novos aspectos procedimentais, como a homologação extrajudicial e a adoção do procedimento comum a partir da audiência preliminar, se contestado o pedido. Eis os preceitos dos arts. 703, 704, 705 e 706:

> "Art. 703. Tomado o penhor legal nos casos previstos em lei, requererá o credor, ato contínuo, a homologação.
>
> § 1º Na petição inicial, instruída com o contrato de locação ou a conta pormenorizada das despesas, a tabela dos preços e a relação dos objetos retidos, o credor pedirá a citação do devedor para pagar ou contestar na audiência preliminar que for designada.
>
> § 2º A homologação do penhor legal poderá ser promovida pela via extrajudicial mediante requerimento, que conterá os requisitos previstos no § 1º deste artigo, do credor a notário de sua livre escolha.
>
> § 3º Recebido o requerimento, o notário promoverá a notificação extrajudicial do devedor para, no prazo de 5 (cinco) dias, pagar o débito ou impugnar sua cobrança, alegando por escrito uma das causas previstas no art. 704, hipótese em que o procedimento será encaminhado ao juízo competente para decisão.
>
> § 4º Transcorrido o prazo sem manifestação do devedor, o notário formalizará a homologação do penhor legal por escritura pública".
>
> "Art. 704. A defesa só pode consistir em:
>
> I - nulidade do processo;
>
> II - extinção da obrigação;
>
> III - não estar a dívida compreendida entre as previstas em lei ou não estarem os bens sujeitos a penhor legal;
>
> IV - alegação de haver sido ofertada caução idônea, rejeitada pelo credor".
>
> "Art. 705. A partir da audiência preliminar, observar-se-á o procedimento comum".
>
> "Art. 706. Homologado judicialmente o penhor legal, consolidar-se-á a posse do autor sobre o objeto".
>
> § 1º Negada a homologação, o objeto será entregue ao réu, ressalvado ao autor o direito de cobrar a dívida pelo procedimento comum, salvo se acolhida a alegação de extinção da obrigação.
>
> § 2º Contra a sentença caberá apelação, e, na pendência de recurso, poderá o relator ordenar que a coisa permaneça depositada ou em poder do autor".

---

[73] *Curso de Direito Processual Civil*, Rio de Janeiro, Forense, 1985, vol. II, p. 1.293.

22.2.2. A pretensão do segurado contra o segurador, ou deste contra aquele

Em matéria que envolve seguro, embora mantendo o prazo de um ano, como vinha no anterior, o vigente Código Civil tentou explicitar melhor o início da contagem da prescrição, ao inserir, no inc. II do § 1º, do art. 206 (art. 178, § 6º, II, do diploma civil de 1916), que prescreve em um ano "a pretensão do segurado contra o segurador, ou deste contra aquele, contado o prazo:

a) para o segurado, no caso de seguro de responsabilidade civil, da data em que é citado para responder à ação de indenização proposta pelo terceiro prejudicado, ou da data que a este indeniza, com a anuência do segurador;
b) quanto aos demais seguros, da ciência do fato gerador da pretensão".

Conforme vem explícito no item 'a', está regulado o prazo de prescrição no seguro de responsabilidade civil, quando assiste ao responsável o ressarcimento junto à seguradora. Especialmente nos acidentes de veículos, existindo o contrato de seguro para a cobertura da indenização a que está obrigado o causador do dano, começa o prazo de um ano a partir da data em que se dá citação na ação ressarcitória promovida pelo terceiro. Nota-se que, ingressando em juízo a demanda, desde o momento da citação terá um ano o responsável que contratou a cobertura do seguro, para promover o recebimento do valor correspondente.

A redação assinala o prazo de um ano, a iniciar na data da citação, mesmo que continue em andamento o pleito no curso do lapso de tempo, o que traz certa dificuldade, pois há a possibilidade de ser julgada improcedente a lide, que importa em não se dever o seguro. Na verdade, em face da redação da norma, o que se viabiliza é a denunciação da lide à seguradora, para que a integre, e fique ciente de sua responsabilidade, nos termos do art. 70, inc. III, do diploma processual civil (art. 125, inc. II, do novo CPC).

Acorrendo o responsável à indenização em favor do terceiro, cumpre que dê ciência ao segurador, iniciando o prazo de um ano da data do pagamento. Na hipótese, não importa em automática obrigação do segurador em repor a quantia entregue. Garante-se ao mesmo o exame da obediência dos requisitos do contrato. Fixa a lei unicamente o prazo de prescrição, não envolvendo aspectos contratuais.

Nos demais contratos de seguro, quando cabe ao segurado o direito à cobertura de sinistros previstos, como no seguro de vida e de saúde, o prazo de um ano inicia a partir da ciência do fato gerador da pretensão. Desde a data da ciência do fato gerador que importa em cobertura do seguro começa o lapso de um ano. Nesta parte, é mantida a tradição do direito anterior, contando-se o prazo do dia em que o interessado tiver conhecimento do mesmo fato. A

Súmula nº 101 do Superior Tribunal de Justiça solidificou dita prescrição ânua, ao alardear: "A ação de indenização do segurado em grupo contra a seguradora prescreve em 1 (um) ano".

Já vinha consolidada, no entanto, a interpretação de que a contagem do prazo inicia a partir do momento da ciência da recusa em pagar pela seguradora, ou da obstinação do segurado em cumprir a sua obrigação. Se em período anterior desenvolviam-se tratativas para o acerto amigável, inafastável que não era, ainda, ocasião de propor a demanda pertinente. Envolvendo seguro de vida, flui o prazo desde a constatação definitiva da incapacidade, como se colhe dos seguintes exemplos pretorianos: "Seguro de vida em grupo. Prescrição. Prazo. Termo inicial. Fluência a partir da constatação da redução da capacidade total e permanente. Não existindo data indicativa ou consolidação das moléstias que teriam acometido o autor, o termo *a quo* do lapso prescricional conta-se a partir da constatação da redução da capacidade total e permanente".[74] "... O prazo prescricional, na hipótese de seguro de vida em grupo, passa a fluir da data em que o segurado tem conhecimento inequívoco da moléstia profissional".[75]

Não se pode olvidar que o lapso de um ano restringe-se unicamente à relação entre segurador e segurado, sem qualquer repercussão quanto ao beneficiário ou pessoa designada como favorecida.

Outrossim, desde que incida o Código de Defesa do Consumidor, importantes consequências se extraem. Vem expresso, no art. 3º, § 2º, da Lei nº 8.078, de 1990, o significado de "serviço qualquer atividade fornecida no mercado de consumo, mediante remuneração, inclusive as de natureza bancária, financeira, de crédito, *securitária*, salvo as decorrentes das relações de caráter trabalhista". O art. 1º declara expressamente o objetivo da lei, que é a proteção e defesa do consumidor. O *caput* do art. 2º dá o conceito de Consumidor: "é toda pessoa física ou jurídica que adquire ou utiliza produto ou *serviço* como destinatário final". Por conseguinte, resta evidente a proteção do *serviço de seguros* no âmbito do Código de Defesa do Consumidor. A Lei nº 8.078, pois, incluiu a atividade securitária na relação dos serviços, para efeito de aplicação dos princípios gerais de defesa ao consumidor. Embora o contrato de seguro venha regido pelo Código Civil, aplicáveis, concomitantemente, os dispositivos da Lei nº 8.078. Nesta ótica, aduz Antônio César Siqueira, incidem as regras que "definem as cláusulas abusivas, a propaganda enganosa, bem como aquelas regras que esclarecem a responsabilidade pelo fato do serviço.

Neste ponto, o art. 14 e seus parágrafos fixam os parâmetros para a responsabilidade civil dos fornecedores pelo fato do serviço. Pelo § 1º, é defeituoso

---

[74] TJSP. Apelação Cível c/Rev. nº 489.631. 8ª Câm. de Direito Privado, de 31.07.1997, em *Revista dos Tribunais*, 779/273.
[75] TJSP. Embargos de Declaração nº 500.895. 11ª Câm. de Direito Privado, de 23.03.1998, em *Revista dos Tribunais*, 779/273.

o serviço quando não fornece a segurança que o consumidor dele pode esperar, levando-se em conta, entre outras circunstâncias, o modo de seu fornecimento, o resultado e os riscos que razoavelmente dele se esperam e a época em que foi fornecido".[76]

Igualmente apropriado o art. 27 do mesmo Código de Defesa do Consumidor, o qual fixa em cinco anos o prazo de prescrição para as pretensões reparatórias formalizadas unicamente pelos segurados, e não pelos fornecedores, eis que se encontram estes fora da proteção do referido ordenamento. Eis a redação do dispositivo: "Prescreve em cinco anos a pretensão à reparação pelos danos causados por fato do produto ou do serviço prevista na Seção II deste Capítulo, iniciando-se a contagem do prazo a partir do conhecimento do dano e de sua autoria".

A Seção II cuida da responsabilidade pelo fato do produto e do serviço, ou seja, dentre outros assuntos, da falta de qualidade do produto ou serviço, de seus defeitos, das informações insuficientes e inadequadas ou enganosas.

De modo que, pelo menos no que diz respeito às ações que procuram responsabilizar o fornecedor com amparo nos preceitos inseridos na Seção II do Capítulo IV da Lei nº 8.078 (do art. 12 ao art. 17), mostra-se coerente considerar o prazo prescricional de cinco anos.

22.2.3. *A pretensão na percepção de emolumentos, custas e honorários de árbitros e peritos*

É de um ano o prazo de prescrição para os tabeliães, auxiliares da justiça, serventuários judiciais, árbitros e peritos promoverem a percepção de emolumentos, custas e honorários, em consonância com o § 1º, inc. III, do art. 206 do Código Civil (art. 178, § 6º, inc. VIII, do Código revogado).

Inclui-se nesse prazo a pretensão de todos os que desempenham atividades ligadas à justiça e aos cartórios judiciais e extrajudiciais, como escrivães, oficiais de justiça e oficiais dos registros públicos. Não alcança a parte vencedora de uma lide, e que adiantou as custas, para reembolsar-se junto ao perdedor. Consoante os termos do dispositivo, a regra dirige-se aos que desempenham as atividades acima. Aquele que despendeu custas ou quaisquer despesas tem assegurado o prazo de cinco anos para a devida cobrança, de acordo com o art. 206, § 5º, inc. III, da lei civil.

Normalmente, segundo os regimentos locais de custas e emolumentos, antes da realização do ato procede-se o depósito prévio, sendo, pois, difícil a

---

[76] "A prescrição nos Contratos de Seguro e o Código de Defesa do Consumidor", em *Revista de Direito do Consumidor*, nº 26, São Paulo, Editora Revista dos Tribunais, pp. 25 e 26, abril/junho de 1998.

ocorrência de hipóteses de exigibilidade judicial. Tanto na esfera da atividade judicial, como na extrajudicial, adianta o interessado as custas e emolumentos, em obediência ao que determina, quanto às despesas dos atos judiciais, a regra do art. 19 do Código de Processo Civil (art. 82 do novo CPC).

Já no pertinente às custas dos árbitros e peritos, é igualmente normal que sejam antecipadas, ordenando o juiz que a parte faça o depósito, em obediência do assinalado pelo art. 33 e seu parágrafo único, da mesma lei processual (art. 95, §§ 1º e 2º, do novo CPC).

Para a cobrança, nas situações pendentes, o prazo será de um ano, contado sempre da data da exigibilidade definitiva.

22.2.4. A pretensão contra os peritos, pela avaliação de bens que entram para a formação do capital de sociedade anônima

Estabelecido, no § 1º, inc. IV, do art. 206 do Código Civil, o prazo de um ano para a eventual pretensão dos que participam de sociedades anônimas, contra os peritos, "pela avaliação dos bens que entram para a formação do capital de sociedade anônima, contado da publicação da ata da assembleia que aprovar o laudo". A norma envolve a prescrição em direito societário, não vindo prevista no diploma anterior. Pressupõe a avaliação de má-fé do perito destacado para estimar economicamente os bens com que os sócios formam sua participação no capital social de uma sociedade anônima.

Com efeito, estabelece o art. 7º da Lei nº 6.404, de 15.12.1976, que "O capital social poderá ser formado com contribuições em dinheiro ou em qualquer espécie de bens suscetíveis de avaliação em dinheiro". E sobre a avaliação, o art. 8º fornece o procedimento: "A avaliação dos bens será feita por 3 (três) peritos ou por empresa especializada, nomeados em assembleia-geral dos subscritores, convocada pela imprensa e presidida por um dos fundadores, instalando-se em primeira convocação com a presença de subscritores que representem metade, pelo menos, do capital social, e em segunda convocação com qualquer número".

De acordo com as normas que seguem, apresenta-se laudo fundamentado, com o critério de avaliação e os elementos de comparação adotados e instruído com os documentos relativos aos bens avaliados. Finalmente, o § 6º do art. 8º contempla a responsabilidade dos avaliadores e do subscritor perante a companhia, os acionistas e terceiros, pelos danos que "causarem por culpa ou dolo na avaliação dos bens, sem prejuízo da responsabilidade penal em que tenham incorrido".

Justamente para ensejar a reparação dos danos que causarem com a avaliação é que se previu o lapso de tempo de um ano, que se conta a partir da publicação da ata da assembleia que vier a aprovar o laudo de avaliação.

Na previsão do art. 287, inc. I, letra 'a', da Lei nº 6.404, também consta de um ano o prazo de prescrição da ação, contra os peritos, e estendendo-o também contra os subscritores do capital, para deles haver reparação civil pela avaliação de bens, contado o prazo da publicação da ata da assembleia geral que aprovar o laudo.

22.2.5. Pretensão dos credores não pagos contra os sócios ou acionistas e os liquidantes

Igualmente envolve direito societário a norma do inc. V, § 1º, do art. 206, concedendo o prazo de um ano para "a pretensão dos credores não pagos contra os sócios ou acionistas e os liquidantes, contado o prazo da publicação da ata de encerramento da liquidação da sociedade".

Sabe-se que a Lei das Sociedades Anônimas (Lei nº 6.404, de 15.12.1976) prevê a dissolução da companhia por três modos: de pleno direito, por decisão judicial e por decisão administrativa. A primeira modalidade, segundo seu art. 206, encontra as seguintes causas de dissolução: por término do prazo de duração, nos casos previstos no estatuto, por deliberação da assembleia geral, pela existência de um único acionista, e pela extinção, na forma da lei, da autorização para funcionar. A segunda modalidade se dá quando anulada a sua constituição, quando provado que não pode preencher o seu fim, e em caso de falência. Já a terceira decorre da decisão da autoridade administrativa competente, sempre que a lei determinar.

Verificada a dissolução, procede-se à liquidação, que se realiza ou pelos órgãos próprios da companhia, ou por decisão judicial. Não satisfeitos os credores dos acionistas ou titulares das ações, assegura-se a competente ação de indenização, até completar o seu crédito. Se o liquidante desviou o capital, ou não agiu corretamente na distribuição do produto resultante da liquidação, também responde por perdas e danos. É como está no art. 218 da lei em pauta: "Encerrada a liquidação, o credor não satisfeito só terá direito de exigir dos acionistas, individualmente, o pagamento de seu crédito, até o limite da soma, por eles recebida, e de propor contra o liquidante, se for o caso, ação de perdas e danos. O acionista executado terá direito de haver dos demais a parcela que lhes couber no crédito pago".

Conta-se o prazo para reclamar da publicação da ata onde constam os resultados da liquidação, isto é, os valores que cabem aos credores dos acionistas.

Idêntica previsão de prazo prescricional encontra-se no art. 287, inc. I, letra 'b', da Lei nº 6.404.

22.2.6. Pretensão a prestações alimentícias

Conforme § 2º do art. 206 (inc. I do § 10 do art. 178 do Código revogado), em dois anos prescrevem as prestações alimentícias, ou dívidas oriundas de pensão de alimentos, a partir da data em que se vencerem, sendo que pelo Código anterior o prazo se ampliava para cinco anos. Necessário observar que a prescrição alcança unicamente as prestações, sem atingir o direito, suscetível de ser invocado a qualquer tempo, como já revelava incisivamente o art. 23 da Lei nº 5.478, de 25.07.1968, quando o prazo era de cinco anos: "A prescrição quinquenal referida no art. 178, § 10, inciso I, do Código Civil só alcança as prestações mensais e não o direito a alimentos, que, embora irrenunciável, pode ser provisoriamente dispensado".

De modo que a prescrição de dois anos refere-se unicamente à prestação periódica que está fixada em sentença ou convencionada em acordo. Opera-se em relação a cada prestação que se encontra vencida, mantendo-se o direito de exigir as demais. Explica João Claudino de Oliveira e Cruz: "A ação para pedir alimentos é que é imprescritível, pois corresponde ao direito a alimentos e sendo este irrenunciável segue-se que a ele corresponde aquela ação, que o assegura (art. 75 do Código Civil), isso porque – como acentua Oliveira Castro – 'se o direito existe, subsiste concomitantemente a faculdade de torná-lo efetivo mediante a competente ação, dentro da fórmula do art. 75 do Código'".[77] O invocado art. 75 não constou repetido no Código de 2002, eis que sua natureza é processual, constando regulado o direito à ação nos arts. 3º a 6º do Código de Processo Civil (respectivamente, arts. 17, 19 e 18 do novo CPC, que não encerram dispositivo correspondente ao art. 5º). Prescrição é reconhecida pela jurisprudência, formada ao tempo do anterior Código, quando o prazo alongava--se para cinco anos: "A prescrição quinquenal atinge apenas as prestações das pensões alimentícias, e não o direito a alimentos, irrenunciável. As parcelas não atingidas pela prescrição são exigíveis na execução, mesmo as vencidas após o ajuizamento da ação e não expressamente pedidas pela exequente (art. 290 do CPC). Interrompida a prescrição pela citação do devedor, são exigíveis na execução as prestações vencidas a menos de cinco anos antes do ato citatório".[78] O mencionado art. 290 equivale ao art. 323 do novo CPC.

Acontece que o direito a alimentos é perpétuo, expondo Carlos da Rocha Guimarães como se forma: "Para a obtenção desse direito, necessário se faz que exista o vínculo de família do alimentando com aquele que pode vir a ser o obrigado a pagar-lhe alimentos. Quando a existência desse vínculo é mera possibilidade e não direito já constituído, a ordem jurídica atribui ao interessado o direito de constituí-lo por intermédio do Judiciário. Ocorre tal situação, por exemplo, no caso do direito de investigação de paternidade. Trata-se, evidentemente, de um direito perpétuo munido de um direito de ação, como meio de efetivá-lo".[79]

---

[77] *Dos Alimentos no Direito de Família*, Rio de Janeiro, Revista Forense, 1956, p. 39.
[78] *Revista de Jurisprudência do TJ do RGS*, 143/225.
[79] *Prescrição e Decadência*, ob. cit., p. 127.

Finalmente, adverte Humberto Theodoro Júnior, em *Comentários ao Novo Código Civil*, vol. III, tomo II – arts. 185 a 232 –, coordenação de Sálvio de Figueiredo Teixeira, Editora Forense, Rio de Janeiro, 2003, p. 321, que "não se deve confundir, outrossim, o débito alimentar proveniente das relações de direito de família com o pensionamento imposto como forma de reparação do dano pessoal advindo de ato ilícito (lesões corporais ou homicídio). A prescrição das parcelas estatuídas em ação de responsabilidade civil não segue as regras das dívidas alimentares, mas a da 'pretensão de reparação civil' (art. 206, § 3º, V)". Nessa inteligência, é lembrada a posição do STJ e do STF (REsp. nº 45.194-9, da 3ª Turma, *DJU* de 6.05.1996; REsp. nº 1.021/RJ, da 4ª Turma, *DJU* de 10.12.1990; RE nº 91.586-9, j. em 02.10.1979, em *RT* 548/254).

22.2.7. Pretensão às prestações relativas a aluguéis

É de três anos o prazo para a "pretensão relativa a aluguéis de prédios urbanos ou rústicos", segundo o § 3º, inc. I, do art. 206 (art. 178, § 10, inc. IV, do diploma civil revogado).

Conta-se o prazo, que no Código anterior era de cinco anos, do vencimento de cada parcela. Decorrido o período assinalado, não mais assiste a pretensão para a cobrança.

O aluguel vem a ser a renda pela locação do imóvel, seja urbano ou rústico. Não se trata do uso para exploração agrícola, pecuária, agroindustrial, extrativa ou mista, como se dá com o arrendamento ou a parceria.

Não se incluem na espécie de aluguéis as despesas ou quotas de condomínio, de acordo com a *ratio* do Superior Tribunal de Justiça, com base no Código anterior: "A Corte já enfrentou a matéria e decidiu (Relator o Senhor Ministro Waldemar Zveiter) que 'o prazo prescricional da ação de cobrança de quotas condominiais é de vinte anos, regulado pelo artigo 177 do Código Civil' (REsp. nº 88.885/RS, *DJ* de 17.02.1997). Em outra oportunidade, decidiu a Corte que, 'à falta de norma específica, incide a geral do Código Civil, para os direitos pessoais', destacando o voto condutor do Ministro Eduardo Ribeiro que a 'Lei nº 4.591/64 regulou minuciosamente as questões relativas ao condomínio por unidades autônomas. Se nada dispôs sobre a questionada prescrição é porque não se pretendeu excluir a aplicação da norma genérica. Não é dado ao juiz, nas circunstâncias, criar regra nova'".[80]

---

[80] STJ. Recurso Especial nº 202.618-SP. 3ª Turma. julgado em 09.11.1999, *DJU* de 27.03.2000.

22.2.8. Pretensão ao recebimento de prestações vencidas de rendas temporárias ou vitalícias

Fixado em três anos o prazo para a pretensão em receber prestações vencidas de rendas temporárias ou vitalícias, a teor do § 3º, inc. II, do art. 206 (art. 178, § 10, inc. II, do diploma civil revogado).

No pertinente às rendas temporárias ou vitalícias são as contempladas nos arts. 803 a 813 do Código (arts. 749 a 754, e 1.424 a 1.431 do Código Civil de 1916), ou seja, as constituídas sobre bens móveis ou imóveis, iniciando o prazo a partir do momento de sua exigibilidade. Consoante definição de Clóvis Beviláqua, a constituição de renda "é a relação jurídica, em que uma pessoa entrega a outra um imóvel, a título oneroso ou gratuito, a fim de que esta, por determinado tempo, lhe forneça dou a outrem certa renda periódica".[81]

O art. 803 (art. 1.424 do diploma civil anterior) bem expressa a ideia: "Pode uma pessoa, pelo contrato de constituição de renda, obrigar-se para com outra a uma prestação periódica, a título gratuito". Complementa o art. 804: "O contrato pode ser também a título oneroso, entregando-se bens móveis ou imóveis à pessoa que se obriga a satisfazer as prestações a favor do credor ou de terceiros".

22.2.9. Pretensão em haver juros, dividendos ou quaisquer prestações acessórias

Na previsão do § 3º, inc. III, do art. 206 (art. 178, § 10, inc. III, do Código anterior), dá-se em três anos a prescrição da "pretensão para haver juros, dividendos ou quaisquer prestações acessórias pagáveis, em períodos não maiores de 1 (um) ano, com capitalização ou sem ela".

No que diz com os juros e outras prestações periódicas, a prescrição no lapso de tempo de três anos restringe-se às parcelas pagáveis anualmente ou em períodos menores. Não tem aplicação a regra se combinados prazos maiores, ou prevista a satisfação junto com o capital, o que é comum no mútuo.

Mesmo os juros capitalizáveis, isto é, indo acrescer o capital, e sobre este assim avolumado calculando-se novos juros no período seguinte, ingressam no período prescricional, porquanto se somam aos juros exigíveis periodicamente. Hipótese bastante frequente encontra-se nos contratos de concessão de crédito bancário, quando se estipula a exigibilidade em geral a cada período de seis meses.

Os dividendos correspondem aos lucros das sociedades anônimas distribuídos aos sócios. Retiram-se dos lucros líquidos as importâncias destinadas

---

[81] *Direito das Coisas*, 5ª ed., Rio de Janeiro, Forense, vol. I, p. 342.

à formação dos fundos de reserva (reserva legal, reservas estatutárias, reservas para contingências), e outras para finalidades contempladas nos estatutos, e distribui-se o restante entre os sócios. Dividendo é justamente a parte que cabe a cada sócio, proporcional às ações que possuir na sociedade, sendo o resultado da divisão dos lucros líquidos pelo número de ações. A matéria está regulada nos arts. 201 a 205 da Lei das Sociedades Anônimas. No art. 287, inc. II, letra 'a', da citada lei, está inserido o mesmo prazo prescricional.

O prazo de prescrição inicia na data em que se estabelece a exigibilidade, definida na assembleia geral de acionistas.

As prestações acessórias referem-se a remunerações pelas aplicações investidas geralmente em estabelecimentos bancários, como nos Certificados de Depósito Bancário (CDBs), nas diversas espécies de letras e de investimentos representados por papéis.

22.2.10. Pretensão ao ressarcimento por enriquecimento sem causa

Na letra do § 3º, inc. IV, do art. 206, opera-se em três anos a prescrição da pretensão ao ressarcimento por enriquecimento sem causa. A disposição constitui uma novidade em nosso sistema jurídico, posto que omitida no direito positivo anterior, quando se tinha como prazo prescritivo o de vinte anos.

Naturalmente, inicia o período temporal no momento da verificação do dito enriquecimento. Inúmeras as situações que comportam o ressarcimento, sendo o elemento configurativo o proveito resultante a uma das partes de uma relação contratual ou extracontratual. Assim, a falta de pagamento da dívida no momento oportuno, o investimento de capital recebido sem a retribuição pelo tempo em que ficou a parte usufruindo do mesmo capital, o acréscimo feito em uma obra a pedido do contratante, o empréstimo de um instrumento que trouxe vantagens à pessoa, a utilização de uma área de terras no cultivo econômico, a permanência em um imóvel além do prazo combinado, o pagamento do preço inferior ao vigente no mercado, são alguns exemplos.

Se o proveito se dá através de uma ação que infringe especificamente um ditame legal, agindo com dolo ou má-fé, como na prática de um crime (furto, apropriação indébita, não restituição do bem que se tem em depósito) considera-se ilícito o enriquecimento sem causa; se ocorre um mero proveito material por descumprimento de contrato, ostenta-se como unicamente sem causa (não restituição do bem no momento combinado).

22.2.11. Pretensão à reparação civil

De três anos o prazo para intentar a reparação civil, conforme está no art. 206, § 3º, inc. V, do Código Civil – preceito sem correspondente no Código

Civil anterior, quando vigorava o lapso temporal de vinte anos para a ação de reparação.

Pelo vigente estatuto, todas as ações indenizatórias que visam a reparação de qualquer dano têm o prazo limitado em três anos para o ajuizamento.

Uma vez provado o dano, cabe a ação de reparação. Tem direito a pedir reparação toda a pessoa que demonstre um prejuízo e sua injustiça. Leva-se a efeito a reparação com a atribuição de uma quantidade de dinheiro suficiente para que compense, por sub-rogação, a um interesse.

Existem dois modos de reparar o dano: de um lado, está o ressarcimento, que consiste na recomposição da situação anterior, mediante a compensação de uma soma pecuniária equivalente. De outra parte, vem a reparação específica, ou a integração, pela qual a obrigação ressarcitória se concretiza com a restituição ao sujeito do estado anterior ao dano. Mesmo não cancelando o dano no mundo dos fatos, cria uma realidade materialmente correspondente à que existia antes de se produzir a lesão. O ressarcimento, diferentemente, estabelece uma situação econômica equivalente àquela que foi comprometida pelo dano, através de uma indenização em dinheiro. Revelando caráter pecuniário, se expressa na prestação, ao prejudicado, de uma soma, em dinheiro, adequada para originar um estado de coisas equivalente ao anterior. Ao prejudicado assiste o direito de exigir uma importância destinada a reequilibrar a sua posição jurídica.

Importa, mais que as distinções subjetivas, que seja restaurado o prejuízo causado.

Fundamentalmente, duas causas provocam o direito à indenização, imposto como obrigação legal.

A primeira nasce do inadimplemento, pelo devedor, de um dever de dar, fazer ou não fazer. É a reparação pelo dano contratual. A lei protege o credor e o cerca de meios legais a fim de que o obrigado satisfaça aquilo a que se comprometera. Busca-se dar ao titular do direito subjetivo a prestação prometida.

Em segundo lugar, a prática de um ato ilícito determina o ressarcimento dos danos, o que se verifica com a reposição das coisas em seu estado anterior. Se há a impossibilidade para a reposição, ao prejudicado resta a opção da indenização em dinheiro por perdas e danos.

Todavia, de observar que não só os atos ilícitos são fonte de indenização. Há a responsabilidade objetiva, ou decorrente do risco, instituída por leis especiais, onde não se questiona a respeito da licitude ou ilicitude do evento que desencadeia o dano.

A reparação assume contornos próprios, segundo a causa que a faz nascer. Às vezes, os prejuízos são devidos porque o compromisso definitivo restou descumprido. Há impossibilidade de satisfação. Em outras ocasiões, o atendimento se verifica após certa demora, mais ou menos prolongada, a qual produz prejuízos. No primeiro caso, temos a reparação compensatória;

no segundo, ela é moratória. Nada impede a acumulação de ambos os modos, quando o atraso no atendimento, primeiramente observado, se transforma em inobservância definitiva.

Opera-se a reparação através do pagamento das perdas e danos, representado por uma soma em dinheiro equivalente ao valor da prestação descumprida, ou aos prejuízos sofridos com o inadimplemento, ou equivalente à perda do bem acarretada pelo ato ilícito, advindo por determinação legal independente da culpa, que enseja a responsabilidade objetiva.

Uma vez ocorrido o dano, nasce o direito à reparação, começando a correr o prazo de prescrição de três anos.

22.2.12. Pretensão à restituição de lucros ou dividendos recebidos de má-fé

Tem-se mais uma previsão que aparece no Código Civil de natureza societária, e que não vinha contemplada no Código anterior. Prescreve em três anos, nos termos do § 3º, inc. VI, do art. 206, a pretensão de restituição dos lucros ou dividendos recebidos de má-fé, correndo o prazo da data em que foi deliberada a distribuição.

Os lucros, na definição do art. 191 da Lei nº 6.404, de 15.12.1976, são o resultado do exercício que remanescer depois de deduzidos os prejuízos acumulados, a provisão para o Imposto de Renda, e as participações de empregados, administradores e partes beneficiárias.

De outro lado, os dividendos constituem a parte que cabe a cada sócio, proporcionalmente às ações que possuir na sociedade, após a dedução dos custos e dos fundos de reserva legal e estatutária, que se abatem do lucro líquido.

O art. 201 da mesma Lei nº 6.404 firma que a companhia somente pode pagar dividendos à conta de lucro líquido do exercício, de lucros acumulados e de reserva de lucros, preferencialmente aos titulares de ações preferenciais.

O recebimento dos lucros ou dividendos de má-fé importa no dever de restituição. A má-fé se ostenta na distribuição sem as prévias e obrigatórias deduções que a lei estabelece, e relativas aos prejuízos e às provisões para o Imposto de Renda e aos fundos de reserva, e desde que ausente o levantamento ou em desacordo com os resultados do mesmo. É o que prevê o § 2º do art. 201 da Lei nº 6.404, ao prever que se configura "quando os dividendos forem distribuídos sem o levantamento do balanço ou em desacordo com os resultados deste". Se ocorreu o recebimento de boa-fé, ou fora das hipóteses acima, não nasce a obrigação da restituição.

O mesmo prazo de prescrição se encontra no art. 287, inc. II, letra 'c', da Lei nº 6.404, ao se referir à "ação contra acionistas para restituição de dividendos recebidos de má-fé, contado o prazo da data da publicação da ata e assembleia-geral ordinária do exercício em que os dividendos tenham sido declarados".

22.2.13. Pretensão ao ressarcimento contra fundadores, administradores, fiscais e liquidantes de sociedades anônimas

Ainda no âmbito do direito comercial e societário está a prescrição assinalada no art. 206, § 3º, inc. VII, não contemplada no Código revogado, reservando o prazo de três anos para "a pretensão contra as pessoas em seguida indicadas por violação da lei ou do estatuto, contado o prazo:

a) para os fundadores, da publicação dos atos constitutivos da sociedade anônima;

b) para os administradores, ou fiscais, da apresentação, aos sócios, do balanço referente ao exercício em que a violação tenha sido praticada, ou da reunião ou assembleia geral que dela deva tomar conhecimento;

c) para os liquidantes, da primeira assembleia semestral posterior à violação".

No exercício de direitos contra as pessoas acima nomeadas, em decorrência de atos prejudiciais e desrespeitosos à lei ou aos estatutos, inicia o prazo trienal sempre na data da publicação dos atos constitutivo da sociedade (na ação contra os fundadores), da apresentação do balanço (na ação contra os administradores e fiscais), e da primeira assembleia geral semestral que se seguir à violação (na ação contra os liquidantes).

Cabe aos acionistas e outros interessados intentar a ação reparatória ou de ressarcimento contra os desmandos, o excesso de mandato, os desvios de fundos e valores, a desídia no desempenho das funções, a apropriação do patrimônio da sociedade, a omissão de medidas administrativas, e toda série de atos e negócios prejudiciais, desde que presente a má-fé e até a culpa. Exemplificativamente, os eventos que acarretam a responsabilidade dos administradores decorrem do desrespeito dos deveres a eles impostos, vindo a discriminação no especialmente no art. 158 da Lei nº 6.404. Já em relação aos liquidantes, o art. 217 da citada lei disciplina a responsabilidade.

Disposições semelhantes, embora em maior extensão, aparecem no art. 287, inc. II, letra 'b', da Lei nº 6.404, ao assinalar a prescrição em três anos, nos seguintes termos:

> "b) a ação contra os fundadores, acionistas, administradores, liquidantes, fiscais ou sociedade de comando, para deles haver reparação civil por atos culposos ou dolosos, no caso de violação da lei, do estatuto ou da convenção de grupo, contado o prazo:
>
> 1) para os fundadores, da data da publicação dos atos constitutivos da companhia;
>
> 2) para os acionistas, administradores, fiscais e sociedades de comando, da data da publicação da ata que aprovar o balanço referente ao exercício em que a violação tenha ocorrido;

3) para os liquidantes, da data da publicação da ata da primeira assembleia-geral posterior à violação;

Quanto à hipótese assinalada no inc. II, letra *b*, nº 2, do art. 287, definiu o Superior Tribunal de Justiça: "Nos termos da regra contida no art. 287, II, *b*, 2, da Lei nº 6.404/76, a prescrição para o acionista apurar a responsabilidade do administrador de sociedade anônima ocorre em 3 (três) anos, sendo o seu termo inicial a data da publicação da ata que aprovar o balanço".

No voto do relator, apontam-se precedentes: "'Sociedade anônima. Responsabilidade de administradores. Prescrição. O termo *a quo* do prazo prescricional, para apurar a responsabilidade de administradores a pedido do acionista, é a data da publicação da ata que aprovar o balanço referente ao exercício em que a violação tenha ocorrido (Lei nº 6.404/76, art. 287, II, *b*, 2). Não releva o momento em que o acionista tenha tido conhecimento do fato' (REsp. nº 36.334-9/SP, da 3ª Turma, rel. Min. Eduardo Ribeiro).

'Nos termos de precedentes da Corte, o termo inicial da prescrição para a ação destinada a apurar responsabilidade de administradores de sociedade anônima é a data da publicação da ata em que a violação tenha ocorrido e não a data em que tenha o interessado tido conhecimento do ilícito' (REsp. nº 54.458/SP, rel. Min. Carlos Alberto Menezes Direito).

'Prescreve em três anos a ação contra administradores e sociedades de comando para deles haver reparação civil por atos culposos ou dolosos (art. 287, II, *b*, da Lei nº 6.404/76).

Assim, em face da regra contida no art. 287, II, *b*, 2, da Lei nº 6.404/76, a prescrição, no caso em exame, ocorre em três anos, da data da publicação da ata que aprovar o balanço...' (REsp. nº 16.410-0/SP, rel. Min. Sálvio de Figueiredo Teixeira)".[82]

22.2.14. Pretensão para haver o pagamento de títulos de crédito

Também de três anos o prazo prescricional para a pretensão ao pagamento de título de crédito, a contar do vencimento, ressalvadas as disposições de lei especial, em razão do art. 206, § 3º, inc. VIII, do Código Civil, sendo que o Código anterior não continha regra correspondente.

Como está no dispositivo, ressalvam-se as disposições das leis especiais. Nesse sentido, unicamente se nada consignar em contrário a lei que regula o título de crédito incide a norma do Código Civil. Quanto à letra de câmbio e à nota promissória, já vinha estabelecido o prazo de prescrição de três anos, segundo

---

[82] Recurso Especial nº 179.008. Relator: Min. Cesar Asfor Rocha. 4ª Turma, de 9.05.2000, *DJU* de 26.06.2000, *in ADV Informativo*, nº 44, p. 685, novembro de 2000.

deflui do art. 70 da Lei Uniforme de Genebra em matéria de letra de câmbio e nota promissória (Decreto nº 57.663, de 24.01.1966): "Todas as ações contra o aceitante relativas a letras prescrevem em 3 (três) anos a contar de seu vencimento".

Já as ações do portador contra os endossantes e o sacador seguem a segunda parte do mesmo dispositivo, pela qual "prescrevem num ano, a contar da data do protesto feito em tempo útil, ou da data do vencimento, se se trata de letra que contenha cláusula 'sem despesas'".

Por sua vez, de acordo com a alínea terceira ainda do art. 70, "as ações dos endossantes uns contra os outros e contra o sacador prescrevem em 6 (seis) meses a contar do dia em que o endossante pagou a letra ou em que ele próprio foi acionado".

Em relação à duplicata, a disciplina está no art. 18 da Lei nº 5.474, de 18.07.1968:

> "A pretensão à execução da duplicata prescreve:
>
> I – contra o sacado e respectivos avalistas, em 3 (três) anos, contados da data do vencimento do título;
>
> II – contra endossantes e seus avalistas, em 1 (um) ano, contado da data do protesto;
>
> III – de qualquer dos coobrigados, contra os demais, em 1 (um) ano, contado da data em que haja sido efetuado o pagamento do título".

Relativamente ao cheque, encontra-se o prazo no art. 59 da Lei nº 7.357, de 02.09.1985: "Prescreve em 6 (seis) meses, contados da expiração do prazo de apresentação, a ação que o art. 47 desta lei assegura ao portador". No que endossa a jurisprudência: "Se o cheque é apresentado ao sacado fora do prazo de apresentação, que é de trinta dias na mesma praça, a prescrição ocorre em seis meses, contados da data de expiração do prazo de apresentação, ou seja, a prescrição ocorre em sete meses a contar da data da emissão".[83] E se apresentado antes do prazo, também inicia a prescrição quando da expiração: "O lapso prescricional do art. 59 da Lei do Cheque (Lei nº 7.357/85) somente tem início a partir da expiração do prazo para apresentação do cheque, independentemente de o credor havê-lo feito em data anterior".[84]

Quanto ao regresso, segue o parágrafo único do art. 59: "A ação de regresso de um obrigado ao pagamento do cheque contra outro prescreve em 6 (seis) meses, contados do dia em que o obrigado pagou o cheque ou do dia em que foi demandado".

---

[83] TAPR. Apelação Cível nº 142.935-0. 7ª Câm. Cível, de 14.02.2000, in *ADV Jurisprudência*, nº 31, p. 491, agosto de 2000.

[84] STJ. Recurso Especial nº 162.969-PR. 4ª Turma, publ. em 05.06.2000, em *ADV Jurisprudência*, nº 45, p. 716, novembro de 2000.

A ação de enriquecimento contra o emitente e outros obrigados, que se locupletaram injustamente com o não pagamento do cheque, completa o art. 61, prescreve em 2 (dois) anos, contados do dia em que se consumar a prescrição prevista no art. 59 e seu parágrafo".

22.2.15. Pretensão do beneficiário e do terceiro prejudicado ao seguro obrigatório

Reza o inc. IX do § 3º do art. 206 do Código, também em matéria sem precedente no Código revogado, que prescreve em três anos a pretensão do beneficiário contra o segurador, e a do terceiro prejudicado, no caso de seguro de responsabilidade civil obrigatório.

Consoante já observado, o período prescricional na pretensão do segurado contra o segurado, e deste contra aquele, nas outras espécies de seguro, é de um ano – art. 206, § 1º, inc. II.

No seguro de responsabilidade civil obrigatório ampliou-se para três anos o prazo.

Constitui este seguro a obrigação assumida pelo segurador em indenizar sinistros dos quais resultam danos pessoais, como contraprestação pelo pagamento de prêmios satisfeitos pelo segurado, tudo de acordo com as regras previamente combinadas no contrato, que estão rigidamente estampadas em lei e em regulamentos. É devida a cobertura independentemente de culpa, dominando a responsabilidade objetiva. Encontra-se regulado o seguro pela Lei nº 6.194, de 19.12.1974, tratando da indenização imposta em acidentes pessoais, destinada às pessoas transportadas ou não em veículos, que venham a ser mortas ou lesadas em acidentes por veículos em circulação. Denomina--se Seguro Obrigatório de Danos Pessoais por Veículos Automotores de Via Terrestre, ou simplesmente DPVAT.

A finalidade principal do seguro é estabelecer a garantia de uma indenização mínima. O pagamento resulta do simples evento danoso, tendo por base a responsabilidade objetiva dos usuários de veículos pelos danos pessoais que venham a causar, sem qualquer vinculação da culpa.

Presentemente, por força da Lei nº 8.441, de 13.07.1992, os valores dos seguros obrigatórios e dos prêmios são estabelecidos através de resoluções do Conselho Nacional de Seguros Privados – CNSP.

De acordo com a Lei nº 6.194 e regramentos administrativos do Conselho Nacional de Seguros Privados – CNSP, a cobertura abrange os danos pessoais causados ao proprietário e/ou motorista, aos seus beneficiários ou dependentes, e aos terceiros que são vítimas com danos pessoas em acidentes de trânsito.

O beneficiário e o terceiro prejudicado têm o prazo de três anos para o encaminhamento da documentação relativa ao acidente, que está indicada no art. 5º da Lei nº 8.441. Efetuado o encaminhamento, em quinze dias deve o segurador adimplir a obrigação. A partir do vencimento desse período de tempo, novo prazo de três anos é assegurado para o exercício da pretensão indenizatória.

A respeito do prazo de prescrição, a matéria mereceu amplo debate no STJ, em julgamento no qual o Min. Luis Felipe Salomão endereçou voto defendendo o prazo prescricional do art. 205 do CC, de dez anos, mas restando, juntamente com outros ministros, vencido ante o voto do Min. Fernando Gonçalves, adotado pela maioria, e merecendo a reprodução:

> "Na assentada do dia 22 de abril de 2009, pelo voto do relator – Min. Luis Felipe Salomão – foi conhecido e provido o recurso especial interposto por Maria Benvinda de Jesus contra acórdão da Trigésima Segunda Câmara Cível do Tribunal de Justiça do Estado de São Paulo, sendo acolhida a tese de que o prazo prescricional para cobrança, por terceiro beneficiário, do DPVAT – Seguro Obrigatório de Danos Pessoais Causados por Veículos Automotores de Vias Terrestres é o prazo geral de 10 anos, previsto no art. 205 do Código Civil.
>
> Na ocasião, os Ministros Vasco Della Giustina e Paulo Furtado proferiram voto acompanhando o relator. Diante da existência de inúmeros precedentes desta Corte em sentido diverso, solicitei vista dos autos para melhor capacitação acerca da controvérsia.
>
> A discussão, em linhas gerais, pode ser assim delimitada – se for considerado que o DPVAT ostenta a natureza de seguro obrigatório de responsabilidade civil, o prazo prescricional para sua cobrança é de três anos, em face da incidência do art. 206, § 3º, inciso IX, do Código Civil, que está assim redigido:
>
> 'Prescreve:
>
> (...)
>
> § 3º Em três anos:
>
> (...)
>
> IX – a pretensão do beneficiário contra o segurador, e a do terceiro prejudicado, no caso de seguro de responsabilidade civil obrigatório'.
>
> Por outro lado, se tomado como seguro obrigatório de danos pessoais, a ação de cobrança, em vista da falta de regulamentação específica, prescreve no prazo geral de dez anos, estabelecido no art. 205 do Código Civil. Colocada nestes termos a questão, com a vênia devida, tenho que a solução alvitrada pelo Tribunal de origem deve prevalecer.
>
> Com efeito, os argumentos daqueles que acolhem a tese de que o DPVAT é seguro obrigatório de danos pessoais podem ser assim resumidos:
>
> (a) A legislação que inicialmente regula o seguro o denomina 'seguro de responsabilidade civil dos proprietários de veículos automotores de vias terrestres, fluvial, lacustre e marítima, de aeronaves e dos transportadores em geral' (Decreto-lei nº 73, de 21.11.1966). As novas leis que se seguiram sobre o tema, porém, tratam o seguro como de 'danos pessoais causados por veículos automotores de vias terrestres', o que evidenciaria a nítida pretensão do legislador em afastar do mencionado seguro a ideia de responsabilidade civil.

(b) A Lei nº 8.374/91, que atualmente regula o DPVAT, a ele se refere como seguro de danos pessoais, sendo que, quando deseja se reportar a seguros de responsabilidade civil, o faz expressamente.

(c) A ideia de culpa é inteiramente estranha ao seguro DPVAT, porque o recebimento da indenização prescinde de sua demonstração, assim como da comprovação do pagamento do prêmio. Nesse contexto, sendo a culpa indissociável do conceito de responsabilidade civil, o DPVAT não pode ser enquadrado como seguro dessa espécie.

(d) Os seguros de responsabilidade civil têm por objetivo a proteção do segurado, enquanto o DPVAT, em face de sua índole social, é contratado para salvaguarda da vítima.

A matéria merece alguma reflexão. Em primeiro lugar, a responsabilidade civil não está fincada na ideia de culpa, como a princípio se julgava, mas sim na de equivalência, de contraprestação, como ensina Rui Stoco (Tratado de Responsabilidade Civil, 5ª ed. São Paulo: Revista dos Tribunais, p. 90). Tanto é assim, que já no século XIX a doutrina objetiva ganha contornos, baseada na teoria do risco, para a qual, na presença desse, a responsabilidade surge da simples constatação da ocorrência do evento danoso com a produção de algum prejuízo, sem se cogitar da culpabilidade.

Dessa natureza as disposições do art. 927, parágrafo único, do Código Civil (inserido no Titulo IX, do Livro I, da Parte Especial, denominado – Da Responsabilidade Civil): 'Haverá obrigação de reparar o dano, independentemente de culpa, nos casos especificados em lei, ou quando a atividade normalmente desenvolvida pelo autor do dano implicar, por sua natureza, risco para os direitos de outrem'.

Nessa seara foi concebido o DPVAT, instituto de índole eminentemente social, como bem assinalado pelo relator, criado para minimizar os danos experimentados por vítimas de acidente com veículos automotores, cuja utilização foi tida, já em 1966, como atividade que, por sua natureza, implica risco aos direitos dos outros.

É de se ver, por conseguinte, que conquanto o recebimento da indenização relativa ao DPVAT dispense a demonstração de culpa, isso não significa que deixe de ser um seguro de responsabilidade civil.

Na verdade, esse equívoco em concluir que a ideia de culpa é inseparável do conceito de responsabilidade civil talvez explique a decisão do legislador de excluir da denominação do DPVAT o termo responsabilidade civil, o guardando apenas para as hipóteses de seguro cujo recebimento da comprovação dela não prescinda. De todo modo, a denominação escolhida pelo legislador não é suficiente para, de per si, alterar a natureza jurídica do instituto.

Com efeito, me valho da doutrina de José de Aguiar Dias reproduzida no voto do relator, para melhor esclarecer o ponto, *verbis*:

'O seguro de responsabilidade se distingue dos outros seguros de dano porque garante uma obrigação, ao passo que os últimos garantem direitos; ele surge como consequência do ressarcimento de uma dívida de responsabilidade a cargo do segurado; os demais nascem da lesão ou perda de um direito de propriedade (seguro do prédio contra incêndio, do navio contra a fortuna do mar, das mercadorias transportadas), de um direito real (seguro do prédio gravado pelo credor hipotecário) ou simples direito de crédito (seguro de mercadoria transportada pelo transportador que quer o preço do transporte) (*Da responsabilidade civil*, 11ª ed., Rio de Janeiro, Renovar, 2006, pp. 1124 e 1132)'.

Do excerto transcrito se extrai que o seguro de responsabilidade garante uma obrigação. No caso do DPVAT, a obrigação garantida é a de que os condutores de veículo automotor irão ressarcir os danos causados pelo exercício dessa atividade que, como assinalado, implica risco aos direitos dos demais.

Trata-se, portanto, de dívida de responsabilidade a cargo do segurado, como ratificam as normas contidas nos arts. 7º, § 1º e 8º da Lei nº 6.194/74, *verbis*:

'Art. 7º A indenização por pessoa vitimada por veículo não identificado, com seguradora não identificada, seguro não realizado ou vencido, será paga nos mesmos valores, condições e prazos dos demais casos por um consórcio constituído, obrigatoriamente, por todas as sociedades seguradoras que operem no seguro objeto desta lei.

§ 1º O consórcio de que trata este artigo poderá haver regressivamente do proprietário do veículo os valores que desembolsar, ficando o veículo, desde logo, como garantia da obrigação, ainda que vinculada a contrato de alienação fiduciária, reserva de domínio, leasing ou qualquer outro.

Art. 8º Comprovado o pagamento, a Sociedade Seguradora que houver pago a indenização poderá, mediante ação própria, haver do responsável a importância efetivamente indenizada'.

Nesse passo, o DPVAT, como os demais seguros de responsabilidade civil, é contratado para salvaguarda do segurado, beneficiando de forma indireta as vítimas expostas ao risco da atividade por ele exercida.

Seria de se questionar, por outro lado, qual o direito de propriedade, ou o direito real, ou mesmo o direito de crédito que estaria sendo assegurado pelo DPVAT para este ser tido como seguro de dano, nos termos da lição acima transcrita. De fato, os seguros de dano recaem sobre um bem, ou sobre um direito de cuja eventual perda ou deterioração o titular quer se ver ressarcido. Nesse passo, é a partir do valor do bem, ou do crédito, que se calcula o valor do prêmio. Assim, o seguro contra incêndio de uma mansão situada em um bairro nobre é mais oneroso, em condições normais, do que o de um pequeno imóvel na periferia.

O DPVAT, a seu turno, possui um prêmio de valor fixo, isto é, dentro da mesma categoria de veículos, o valor a ser pago é idêntico. Assim no caso de veículos de passeio, por exemplo, pouco importa se para um automóvel de luxo, zero, ou para um modelo popular, usado, o valor do prêmio anual em abril de 2009 corresponde a R$ 93,87 (informação colhida no site oficial do seguro obrigatório – http://www.dpvatseguro.com.br).

Isso se explica justamente porque o risco coberto é o da atividade exercida pelo instituidor, qual seja, conduzir veículo automotor, potencialmente lesiva, não havendo qualquer relação com o valor do bem, como no caso dos seguros de dano.

Cumpre esclarecer, no mais, que o fato do seguro ser pago aos beneficiários independentemente do adimplemento do prêmio somente denota sua índole social, porém não retira sua finalidade de proteção do segurado, que será chamado, como visto, a responder pelos valores da indenização. Nesse sentido, estipula o art. 23 da Resolução nº 154 do Conselho Nacional de Seguros Privados, que regulamenta a Lei nº 6.194/74, *verbis*:

'Efetuado o pagamento da indenização, a sociedade seguradora poderá, mediante ação própria, de rito sumaríssimo, contra o responsável, haver o ressarcimento da importância efetivamente indenizada, salvo se, na data da ocorrência do evento, o veículo causador do dano estiver com o bilhete de seguro DPVAT em vigor'.

Não é por outra razão que a súmula 246/STJ estabelece: 'O valor do seguro obrigatório deve ser deduzido da indenização judicialmente fixada'.

Feitas essas considerações, é possível concluir que o DPVAT exibe a qualidade de seguro obrigatório de responsabilidade civil e, portanto, prescreve em três anos a ação de cobrança intentada pelo beneficiário. No caso dos autos, tendo o acidente ocorrido em 20.01.2002 e a demanda sido ajuizada somente em 08.08.2006, o reconhecimento da prescrição é de rigor.

Ante o exposto, não conheço do recurso especial".[85]

Inteligência esta que se consolidou na Súmula nº 405, da mesma Corte: "A ação de cobrança do seguro obrigatório (DPVAT) prescreve em três anos".

22.2.16. Pretensão relativa à tutela

É de quatro anos a prescrição para a pretensão decorrente da tutela, iniciando a contar da data da aprovação das contas, de acordo com o art. 206, § 4º, do Código Civil, sem dispositivo semelhante no diploma civil de 1916.

No exercício da tutela, impõe o art. 1.755 (art. 434 do Código de 1916) o dever dos tutores em prestarem contas da administração, mesmo que tenham sido dispensados pelos pais dos tutelados. No final de cada ano de administração, nos termos do art. 1.756 (art. 435 do Código revogado), apresenta-se unicamente o balanço, que é a discriminação de todos os eventos – movimentação econômica, entradas de valores e gastos –, o qual será submetido à apreciação do juiz. Uma vez aprovado, anexa-se aos autos do processo de tutela. A prestação de contas, no entanto, em princípio, é feita de dois em dois anos, de acordo com o art. 1.757 (art. 436 do Código anterior), a menos que haja determinação diferente do juiz, ou afastamento do cargo, quando se oferecerá a prestação de contas. A prestação é efetuada em juízo, ouvindo-se, como primeiro passo, os interessados, e neles incluído o agente do Ministério Público. Quaisquer valores resultantes da administração, após o pagamento das despesas, deverão ser depositados em estabelecimento bancário oficial, na conta que o juiz ordenar seja aberta, cuja movimentação ficará na dependência da autorização do juiz.

---

[85] REsp. nº 1.071.861/SP. Relator para o acórdão: Min. Fernando Gonçalves. Segunda Seção. Julgado em 10.06.2009, *DJe* de 21.08.2009.

Depois de apresentadas as contas, com a devida intimação dos interessados, irão os autos ao juiz, para a devida apreciação. Uma vez proferida a decisão da homologação ou aprovação, abre-se o prazo de quatro anos para a ação que a parte lesada entender cabível.

22.2.17. Pretensão para a cobrança de dívidas líquidas

Nos termos do § 5º, inc. I, do art. 206, em disposição sem regra equivalente no Código Civil de 1916, fixa-se em cinco anos o período de tempo de prescrição "da pretensão de cobrança de dívidas líquidas constantes de instrumento público ou particular".

O que se tem em conta, no preceito, é a dívida não regulada por leis especiais, mormente no que se refere às devidas para a Fazenda Pública.

A dívida que constar certificada ou comprovada em documento público é aquela que vem confirmada e aceita em escritura pública de confissão de dívida, que constitui a espécie mais comum. Frequente, também, a que vem certificada em documento público extraído em peças de processos judiciais, como a relativa às custas, às condenações, aos honorários.

A obrigação pecuniária inserida em documento particular também tem o limite temporal da prescrição de cinco anos, se outro prazo especial não vier estabelecido por lei própria, como acontece na obrigação inserida no título de crédito, em que a lei que o regulamenta estabelece o prazo, consoante se descreveu em item anterior, sobre a 'pretensão para haver o pagamento de títulos de crédito'.

Não se pense que o documento público ou particular, no qual está expressa a obrigação de pagar, seja qualquer um dos apontados para o processo de execução extrajudicial – art. 585, inc. II, do Código de Processo Civil (art. 784, incisos II, III e IV, do novo CPC): "a escritura pública ou outro documento público assinado pelo devedor; o documento particular assinado pelo devedor e por duas testemunhas; o instrumento de transação referendado pelo Ministério Público, pela Defensoria Pública ou pelos advogados dos transatores". Esses documentos são os permitidos para a execução extrajudicial.

A dívida que se submete à prescrição acima é a inserida em qualquer documento público ou particular, mesmo que não ostente a assinatura de testemunhas, ou não venha referendado pelos órgãos indicados.

Uma vez ocorrido o vencimento, a partir daí inicia a correr o prazo de prescrição.

22.2.18. Pretensão dos profissionais liberais, dos procuradores judiciais, dos curadores e professores por seus honorários

O inc. II do § 5º do art. 206 engloba a pretensão de vários titulares ou profissionais no recebimento de sua remuneração, a qual, no Código de 1916, se desdobrava em cinco itens (art. 178, § 6º, incisos VI, IX e X, e § 7º, incisos III e IV). Dá-se a prescrição em cinco anos para a "pretensão dos profissionais liberais em geral, procuradores judiciais, curadores e professores pelos seus honorários, contado o prazo da conclusão dos serviços, da cessação dos respectivos contratos ou mandato".

Como profissionais liberais classificam-se todos quantos se dedicam a serviços autônomos, na modalidade do contrato de prestação de serviços, por habilitações próprias ou especializações adquiridas na formação técnica e inscrição em órgãos profissionais que concedem autorização para o exercício. De acordo com o tipo de serviço, há uma classe de profissionais liberais. Têm-se, assim, a título de exemplo, na área da saúde, os médicos, os enfermeiros, os fisioterapeutas, cirurgiões, farmacêuticos, os dentistas; na área da construção, nomeiam-se os engenheiros, os arquitetos e os agrimensores; na área do direito, os advogados; na área da economia, os contadores, os economistas, os auditores; na área rural e da saúde animal, os agrônomos, os veterinários e os zootécnicos. Ou seja, em quaisquer áreas das atividades humanas existem presentemente as profissões com a respectiva competência que lhe dá a habilitação adquirida através da formação em cursos superiores, ou mesmo em cursos técnicos, e até pelo simples e constante exercício de um ofício. Nesse sentido, idêntico prazo deve estender-se a outros profissionais ligados à construção, como ao construtor licenciado ou ao mestre-de-obras, pelos serviços que prestam.

Como professores incluem-se todos quantos se dedicam ao ensino em qualquer grau (mestres, orientadores, auxiliares, administradores de aulas particulares, pesquisadores dirigidos ao ensino).

A prescrição está restrita para os que prestam serviços autônomos, sem vínculo empregatício, posto que, aí, é diferente o regime jurídico, normalmente prevendo um prazo prescricional diferente.

A cobrança de honorários advocatícios, estendendo-se o regramento aos estagiários e solicitadores ou inscritos na Ordem dos Advogados do Brasil em caráter temporário, tem o termo inicial ou no vencimento do contrato, ou na decisão final e transitada em julgado, ou no momento da revogação do mandato. O mesmo período prescricional de cinco anos já vinha constando no art. 25 da Lei nº 8.906, de 04.07.1994, desta maneira redigido:

> "Prescreve em cinco anos a ação de cobrança de honorários de advogado, contado o prazo:
>
> I – do vencimento do contrato, se houver;
>
> II – do trânsito em julgado da decisão que os fixar;

III – da ultimação do serviço extrajudicial;
IV – da desistência ou transação;
V – da renúncia ou revogação do mandato".

Como procuradores judiciais classificam-se os que exercem funções ligadas à representação judicial de pessoas jurídicas de direito público, ou de autarquias, ou até de sociedades de economia mista. Já os curadores são os nomeados judicialmente para defender os interesses levados a juízo, havendo nomeação do juiz para o cargo.

22.2.19. Pretensão para reaver o que se despendeu em juízo

Em cinco anos prescreve a pretensão para reaver do vencido tudo aquilo que foi despendido em juízo, de acordo com regra introduzida no art. 206, § 5º, inc. III, do Código Civil, regra sem precedente no Código revogado. Depreende-se que a parte de um processo, quando adianta custas e honorários a perito, terá o prazo de cinco anos para voltar-se contra o perdedor da demanda, com a finalidade do ressarcimento.

Ao ingressar com uma ação, efetua-se o pagamento de custas aos servidores do cartório, de emolumentos ou taxa judiciária, e inclusive, em alguns Estados, de contribuições a entidades de classes dos servidores da justiça. Após a sentença, que define o vencedor da lide, aquele que efetuou os adiantamentos pode ressarcir-se dos gastos que fez, tendo, para tanto, o prazo de cinco anos, que inicia a partir do trânsito em julgado da sentença.

O art. 19 do Código de Processo Civil (art. 82 do novo CPC) manda, "salvo as disposições concernentes à justiça gratuita, cabe às partes prover as despesas dos atos que realizam ou requerem no processo, antecipando-lhes o pagamento desde o início até sentença final, e bem ainda, na execução, até a plena satisfação do direito declarado pela sentença".

Na ordem do § 1º (sem regra correspondente no novo CPC) "o pagamento de que trata este artigo será feito por ocasião de cada ato processual". Mesmo as despesas exigidas pelos atos determinados pelo juiz de ofício, ou a requerimento do Ministério Público, e não aquelas que advierem de atos postulados pelo beneficiário da justiça gratuita, devem ser adiantadas pelo autor, em obediência ao § 2º do art. 19 (§ 1º, do art. 82, do novo CPC).

Vários outros dispositivos do mesmo Código cuidam do adiantamento das despesas, como o art. 24 (art. 88 do novo CPC), incumbindo ao requerente do procedimento de jurisdição voluntária adiantar as despesas, que serão rateadas entre os interessados; o art. 33 (art. 95 do novo CPC), que atribui ao litigante que requerer o exame o adiantamento da remuneração do perito, ou ao autor quando o exame for pretendido por ambas as partes; o art. 28 (art. 92 do novo CPC), que faz depender do depósito das despesas e dos honorários pelo autor a propositura de nova ação, se o juiz decretar a extinção do processo a requerimento do réu.

22.2.20. A pretensão nas dívidas trabalhistas e no FGTS

Havendo vínculo empregatício ou relação de trabalho, a prescrição opera-se em cinco anos, com a permissão de cobrar até dois anos depois de encerrado o contrato de trabalho. Por outros termos, pode a parte abranger o período de cinco anos na reclamatória ou ação trabalhista. Reconhece-se a faculdade, porém, de reclamar os direitos até dois anos do encerramento do contrato, seja o trabalhador urbano ou rural, tendo desaparecido a diferença de prazo, que desfavorecia o último, com a Emenda nº 28, de 25.05.2000. Assegura-se unicamente a cobrança dos direitos pelo período que vai até os dois anos posteriores ao encerramento do contrato, não importando que o trabalho seja de natureza urbana ou rural. Daí para trás engloba-se o período de cinco anos para buscar os direitos trabalhistas.

É o que se encontra no art. 7º, inc. XXIX, da Carta Federal, na Emenda nº 28/2000:

> "Ação, quanto a créditos resultantes das relações de trabalho, com o prazo prescricional de 5 (cinco) anos para os trabalhadores urbanos e rurais, até o limite de 2 (dois) anos após a extinção do contrato de trabalho".

Estendendo-se o prazo de cinco anos a qualquer indenização decorrente da relação de trabalho, abrange o seguro de acidente do trabalho. É que o contrato de seguro não pode ser interpretado como uma relação autônoma e independente da relação de emprego, mas como decorrência desta e, assim, sujeita ao prazo prescricional estabelecido. No caso de indenização civil por acidente do trabalho (art. 7º, inc. XXVIII, da CF), é também de cinco anos o prazo, já que envolve relação trabalhista. Todavia, de observar quando ocorreu o acidente.

Existem três situações de prescrição relacionadas a reparação civil por acidentes do trabalho, e a serem distinguidas.

Na primeira, se a ciência da lesão se der ainda no Código Civil de 1916 e começar a fluir a prescrição, deve-se aplicar a regra de transição prevista no Código Civil de 2002, em seu art. 2.028. O Código de 1916 estabelecia prazo prescricional vintenário, e o atual Código fixou em três anos a prescrição. Para evitar prejuízo às partes, o legislador propôs uma regra de transição, pela qual os prazos serão os da lei anterior, quando reduzidos pelo novo Código Civil e se, na data de sua entrada em vigor, já houver transcorrido mais da metade do tempo estabelecido na lei revogada.

A segunda situação se opera quando a ciência da lesão e a ação proposta ocorrerem depois de janeiro de 2005 (data da entrada em vigor da EC nº 45/2004). Aí a prescrição aplicável é a trabalhista (artigo 7º, XXIX, da Constituição), pois a competência da Justiça do Trabalho para resolver esses conflitos foi expressamente confirmada na emenda.

Por último, se a ciência da lesão aconteceu após a vigência do novo Código Civil (janeiro de 2003) e antes da EC nº 45 (janeiro de 2005), a prescrição é civil, de três anos (art. 2006, § 3º, inc. V, do CC).

Lembra-se que o art. 11 da Consolidação das Leis do Trabalho simplesmente limitava em dois anos o lapso de tempo. A partir do momento do ingresso da ação em juízo, assegurava-se a reclamação de direitos até dois anos para trás. Não vinha reservado algum prazo para o ingresso judicial, durante o qual não corresse a prescrição.

Em relação ao Fundo de Garantia por Tempo de Serviço, previsto no art. 7º, inciso III, da Constituição Federal, o prazo da prescrição é de trinta anos, nos termos do art. 23, § 5º, da Lei nº 8.036/1990: "O processo de fiscalização, de autuação e de imposição de multas reger-se-á pelo disposto no Título VII da CLT, respeitado o privilégio do FGTS à prescrição trintenária".

A jurisprudência trabalhista consagrou a regra, respeitado o prazo de dois anos depois de cessada a relação de trabalho:

> "FGTS – Prescrição trintenária: É de trinta anos o prazo para se exigir o correto depósito na conta vinculada do trabalhador, observado o prazo de dois anos após o término do contrato de trabalho."

Nesse sentido o entendimento jurisprudencial consagrado, consubstanciado nas Súmulas 362 do TST e 210 do STJ, e ainda o art. 23, § 5º, da Lei nº 8.036/90.[86]

Sobre o assunto, emitiu o STJ a Súmula nº 210: "A ação de cobrança das contribuições para o FGTS prescreve em 30 (trinta) anos".

Também o TST lançou a Súmula nº 362, a respeito: "É trintenária a prescrição do direito de reclamar contra o não recolhimento da contribuição para o FGTS, observado o prazo de 2 (dois) anos após o término do contrato de trabalho".

No entanto, o STF, em razoável e coerente entendimento, após o reconhecimento de repercussão geral, considerou inconstitucional o final do § 5º do art. 23 da Lei nº 8.036/1990, a partir da lesão do direito, tendo em vista a necessidade de certeza e estabilidade nas relações jurídicas, já que o FGTS situa-se dentro dos direitos assegurados ao trabalhador urbano e rural, cujo prazo prescricional está fixado no art. 7º, XXIX, da Constituição Federal, sendo de cinco anos. Eis a ementa da decisão, da relatoria do Min. Gilmar Mendes:

> "Recurso extraordinário. Direito do Trabalho. Fundo de Garantia por Tempo de Serviço (FGTS). Cobrança de valores não pagos. Prazo prescricional. Prescrição quinquenal. Art. 7º, XXIX, da Constituição. Superação de entendimento

---

[86] TRTMG. Recurso Ordinário nº 00245-2009-140-03-00-4 RO. 4ª Turma. Julgado em 16.09.2009, publ. em 28.09.2009.

anterior sobre prescrição trintenária. Inconstitucionalidade dos arts. 23, § 5º, da Lei 8.036/90 e 55 do Regulamento do FGTS aprovado pelo decreto 99.684/90. Segurança jurídica. Necessidade de modulação dos efeitos da decisão. Art. 27 da Lei 9.868/99. Declaração de inconstitucionalidade com efeitos ex nunc. Recurso extraordinário a que se nega provimento".[87]

As razões da mudança de entendimento estão bem claras e compatíveis ao caráter de direito trabalhista que encerra o FGTS, cuja visibilidade transparece neste trecho do voto do Ministro Relator:

"Isso porque o art. 7º, XXIX, da Constituição de 1988 contém determinação expressa acerca do prazo prescricional aplicável à propositura das ações atinentes a 'créditos resultantes das relações de trabalho'.

Eis o teor do referido dispositivo constitucional:

'Art. 7º (...) XXIX – ação, quanto aos créditos resultantes das relações de trabalho, com prazo prescricional de cincos anos para os trabalhadores urbanos e rurais, até o limite de dois anos após a extinção do contrato de trabalho' (redação determinada pela Emenda Constitucional 28/2000).

Desse modo, tendo em vista a existência de disposição constitucional expressa acerca do prazo aplicável à cobrança do FGTS, após a promulgação da Carta de 1988, não mais subsistem as razões anteriormente invocadas para a adoção do prazo de prescrição trintenário.

Nesse sentido o magistério de Sérgio Pinto Martins:

'Com a Constituição de 1988, o FGTS passou a ser um direito do trabalhador (art. 7º, III, da Constituição). O prazo de prescrição para sua cobrança também deve observar os prazos normais do inciso XXIX do art. 7º da Constituição. Dessa forma, não poderia o parágrafo 5º do art. 23 da Lei 8.036 tratar diversamente da Constituição e especificar o prazo de prescrição de trinta anos. Se a lei maior regula exaustivamente a matéria de prescrição no inciso XXIX do artigo 7º, não poderia a lei ordinária tratar o tema de forma diferente' (MARTINS, Sérgio Pinto. Prescrição do FGTS para o empregado. 'In': *Repertório IOB de Jurisprudência*. Trabalhista e Previdenciário. 13/99).

Não há dúvida de que os valores devidos ao FGTS são 'créditos resultantes das relações de trabalho', na medida em que, conforme salientado anteriormente, o FGTS é um direito de índole social e trabalhista, que decorre diretamente da relação de trabalho (conceito, repita-se, mais amplo do que o da mera relação de emprego).

Registre-se que a aplicabilidade do disposto no art. 7º, XXIX, da Constituição à cobrança judicial dos valores relativos FGTS foi reconhecida até mesmo pelo Tribunal Superior do Trabalho, embora apenas de forma parcial, restritiva e até mesmo contraditória.

---

[87] STF, Pleno, ARE nº 709.212/DF, j. 13.11.2014.

Refiro-me à edição, em 2003, do Enunciado 362, segundo o qual '*é trintenária a prescrição do direito de reclamar contra o não recolhimento da contribuição para o FGTS, observado o prazo de 2 (dois) anos após o término do contrato de trabalho*'. Em outras palavras, a Corte Trabalhista entendeu ser aplicável apenas a parte do dispositivo constitucional que prevê o prazo de dois anos após a extinção do contrato de trabalho, olvidando-se do disposto na primeira parte do dispositivo (o direito de reclamar o depósito do FGTS somente alcançaria os últimos cinco anos).

Tal entendimento revela-se, a meu ver, além de contraditório, em dissonância com os postulados hermenêuticos da máxima eficácia das normas constitucionais e da força normativa da Constituição.

O princípio da proteção do trabalhador, não obstante a posição central que ocupa no Direito do Trabalho, não é apto a autorizar, por si só, a interpretação – defendida por alguns doutrinadores e tribunais, inclusive pelo Tribunal Superior do Trabalho – segundo a qual o art. 7º, XXIX, da Constituição estabeleceria apenas o prazo prescricional mínimo a ser observado pela legislação ordinária, inexistindo óbice à sua ampliação, com vistas à proteção do trabalhador".

Decidiu o STF, também, nos termos do voto do Relator, modular no tempo os efeitos decisão, de modo a respeitar as situações de prazos já iniciados e que se encontram em andamento:

"A modulação que se propõe consiste em atribuir à presente decisão efeitos *ex nunc* (prospectivos). Dessa forma, para aqueles cujo termo inicial da prescrição ocorra após a data do presente julgamento, aplica-se, desde logo, o prazo de cinco anos. Por outro lado, para os casos em que o prazo prescricional já esteja em curso, aplica-se o que ocorrer primeiro: 30 anos, contados do termo inicial, ou 5 anos, a partir desta decisão. Assim se, na presente data, já tenham transcorrido 27 anos do prazo prescricional, bastarão mais 3 anos para que se opere a prescrição, com base na jurisprudência desta Corte até então vigente. Por outro lado, se na data desta decisão tiverem decorrido 23 anos do prazo prescricional, ao caso se aplicará o novo prazo de 5 anos, a contar da data do presente julgamento."

22.2.21. Pretensão nas obrigações da União, dos Estados, Municípios e de outros órgãos públicos

Previa o inc. VI do § 10 do art. 178 do Código de 1916 a prescrição em cinco anos das "dívidas passivas da União, dos Estados e dos Municípios, e bem assim toda e qualquer ação contra a Fazenda federal, estadual ou municipal; devendo o prazo da prescrição correr da data do ato ou fato do qual se originar a mesma ação". Nada dispõe o atual Código sobre o assunto, porquanto próprio da legislação específica.

A matéria já restou estudada no item 11 do presente Capítulo. Salientam-se alguns pontos capitais.

O Decreto nº 20.910, de 06.01.1932, no art. 1º, limita em cinco anos o prazo para reclamar qualquer direito e propor as ações de cobrança de dívidas: "As dívidas passivas da União, dos Estados e dos Municípios, bem assim todo e qualquer direito ou ação contra a Fazenda federal, estadual ou municipal, seja de que natureza for, prescrevem em 5 (cinco) anos, contados da data do ato ou fato do qual se originaram".

O art. 2º, em relação a pensões e direitos e outros direitos: "Prescrevem igualmente no mesmo prazo todo o direito e as prestações correspondentes a pensões vencidas ou por vencerem, ao meio soldo e ao montepio civil e militar ou a quaisquer restituições ou diferenças".

O STJ já aplicou as regras acima nas indenizações por desapropriação indireta:

> "Para que fique caracterizada a desapropriação indireta, exige-se que o Estado assuma a posse efetiva de determinando bem, destinando-o à utilização pública, o que não ocorreu na hipótese dos autos, visto que a posse dos autores permaneceu íntegra, mesmo após a edição do Decreto 750/93, que apenas proibiu o corte, a exploração e a supressão de vegetação primária ou nos estágios avançado e médio de regeneração da Mata Atlântica.
>
> Trata-se, como se vê, de simples limitação administrativa, que, segundo a definição de Hely Lopes Meirelles, 'é toda imposição geral, gratuita, unilateral e de ordem pública condicionadora do exercício de direitos ou de atividades particulares às exigências do bem-estar social' ('Direito Administrativo Brasileiro', 32ª edição, atualizada por Eurico de Andrade Azevedo, Délcio Balestero Aleixo e José Emmanuel Burle Filho – São Paulo: Malheiros, 2006, pág. 630).
>
> É possível, contudo, que o tombamento de determinados bens, ou mesmo a imposição de limitações administrativas, traga prejuízos aos seus proprietários, gerando, a partir de então, a obrigação de indenizar.
>
> Não se tratando, todavia, de ação real, incide, na hipótese, a norma contida no art. 1º do Decreto 20.910/32, o qual dispõe que 'todo e qualquer direito ou ação contra a Fazenda Federal, Estadual ou Municipal, seja qual for a sua natureza, prescreve em cinco anos contados da data do ato ou fato do qual se originarem'. Assim, publicado o Decreto 750/93 no DOU de 11 de fevereiro de 1993, não resta dúvida de que a presente ação, ajuizada somente em 10 de fevereiro de 2003, ou seja, decorridos quase dez anos do ato do qual se originou, foi irremediavelmente atingida pela prescrição, impondo-se, desse modo, a extinção do processo, com resolução de mérito, fundamentada no art. 269, IV, do Código de Processo Civil. Recurso especial provido".[88] O art. 269, IV, no acórdão mencionado, vem reproduzido no art. 487, II, do novo CPC.

---

[88] REsp. nº 901.319/SC. Relatora: Min.ª Denise Arruda. Primeira Turma. Julgado em 17.05.2007, *DJU* de 11.06.2008.

A prescrição para promover a ação anulatória de lançamento de débito fiscal também é de cinco anos, por força do art. 1º do Decreto nº 20.910, contado o prazo a partir da notificação fiscal do ato administrativo do lançamento, o que é confirmado pela jurisprudência do STJ:

> "O prazo prescricional adotado em sede de ação declaratória de nulidade de lançamentos tributários é quinquenal, nos moldes do art. 1º do Decreto 20.910/32 (Precedentes: AgRg no REsp. nº 814.220/RJ, Rel. Ministra Eliana Calmon, Segunda Turma, julgado em 19.11.2009, *DJe* de 02.12.2009; AgRg nos EDcl no REsp. nº 975.651/RJ, Rel. Ministro Mauro Campbell Marques, Segunda Turma, julgado em 28.04.2009, *DJe* de 15.05.2009; REsp. nº 925.677/RJ, Rel. Ministro Luiz Fux, Primeira Turma, julgado em 21.08.2008, *DJe* de 22.09.2008; AgRg no Ag 711.383/RJ, Rel. Min. Denise Arruda, *DJ* de 24.04.2006; REsp. nº 755.882/RJ, Rel. Ministro Francisco Falcão, *DJ* de 18.12.2006).
>
> Isto porque o escopo da demanda é a anulação total ou parcial de um crédito tributário constituído pela autoridade fiscal, mediante lançamento de ofício, em que o direito de ação contra a Fazenda Pública decorre da notificação desse lançamento".[89]

No voto do relator, citam-se precedentes:

> "'Esta Corte já se pronunciou no sentido de que o prazo prescricional adotado na ação declaratória de nulidade de lançamentos tributários é quinquenal, nos termos do art. 1º do Decreto 20.910/32, contado a partir da notificação fiscal do ato administrativo do lançamento. Precedentes: REsp. nº 894.981/RJ, Rel. Min. Luiz Fux, Primeira Turma, *DJ* de 18.6.2008; REsp. nº 892.828/RJ, Rel. Min. Teori Albino Zavascki, Primeira Turma, *DJ* de 11.6.2007.
>
> Na espécie, constatado o decurso de cinco anos entre a notificação do lançamento e o ajuizamento da ação, há de se reconhecer a prescrição em relação aos lançamentos referentes ao exercício de 1999 e anteriores...' (AgRg nos EDcl no REsp. nº 975.651/RJ, Rel. Ministro Mauro Campbell Marques, Segunda Turma, julgado em 28.04.2009, *DJe* de 15.05.2009).
>
> 'Processo civil e tributário. Inconstitucionalidade da cobrança do IPTU progressivo, da TCLLP e da Tip. Ação anulatória de lançamento fiscal. Prescrição quinquenal. Aplicação do art. 1º do Decreto 20.910/32. Ajuizamento de ação anulatória do lançamento posterior à propositura do executivo fiscal. Ausência de embargos à execução. Possibilidade. Ausência de prequestionamento. Indicação de dispositivo não debatido na instância a quo (art. 267, VI, do CPC). Violação do art. 535 do CPC não configurada.
>
> O prazo prescricional, em sede de ação declaratória de nulidade de lançamentos tributários, é quinquenal, nos moldes do art. 1º do Decreto 20.910/32 (Prece-

---

[89] REsp. nº 947.206/RJ. Relator: Min. Luiz Fux. Primeira Seção. Julgado em 13.10.2010, *DJe* de 26.10.2010.

dentes: AgRg no Ag 711.383/RJ, Rel.ª Ministra Denise Arruda, *DJ* de 24.04.2006; REsp. nº 766.670/RJ, Relator Ministro Luiz Fux, *DJ* de 31.08.2006; REsp. nº 755.882/RJ, Rel. Ministro Francisco Falcão, *DJ* de 18.12.2006).

Isto porque a presente demanda retrata hipótese em que o direito de ação contra a Fazenda Pública decorre da notificação do lançamento de ofício, e não da extinção do crédito tributário (art. 168, I, do CTN), porquanto não encerra o caso *sub judice* pleito de repetição do indébito, mas de anulação total ou parcial de um crédito tributário definitivamente constituído.

In casu, o ora Recorrente ajuizou, em 02.07.03, ação anulatória dos lançamentos fiscais que constituíram créditos tributários relativos ao IPTU, TCLLP e TIP – tributos eivados de vício de inconstitucionalidade – referentes aos exercícios de 1995 a 1999, tendo sido os lançamentos efetuados nos meses de janeiro dos respectivos anos.

Consequentemente, na ausência de norma específica a regular a matéria, o prazo prescricional a ser observado é quinquenal, nos moldes do art. 1º do Decreto 20.910/32, razão pela qual ressoa inequívoca a ocorrência da prescrição quanto aos lançamentos efetuados nos exercícios de 1995 a 1998.

O ajuizamento de ação anulatória de lançamento fiscal é direito constitucional do devedor – direito de ação –, insuscetível de restrição, podendo ser exercido tanto antes quanto depois da propositura da ação exacional, não obstante o rito previsto para a execução contemple a ação de embargos do devedor como instrumento hábil à desconstituição da obrigação tributária, cuja exigência já esteja sendo exercida judicialmente pela Fazenda Pública (Precedentes: REsp. nº 854.942/RJ, *DJ* de 26.03.2007; REsp. nº 557.080/DF, *DJ* de 07.03.2005).

Os embargos à execução não encerram o único meio de insurgência contra a pretensão fiscal na via judicial, porquanto admitem-se, ainda, na via ordinária, as ações declaratória e anulatória, bem assim a via mandamental.

A fundamental diferença entre as ações anulatória e de embargos à execução jaz exatamente na possibilidade de suspensão dos atos executivos até o seu julgamento.

Nesse segmento, tem-se que, para que a ação anulatória tenha o efeito de suspensão do executivo fiscal, assumindo a mesma natureza dos embargos à execução, faz-se mister que seja acompanhada do depósito do montante integral do débito exequendo, porquanto, ostentando o crédito tributário o privilégio da presunção de sua veracidade e legitimidade, nos termos do art. 204, do CTN, a suspensão de sua exigibilidade se dá nos limites do art. 151 do mesmo Diploma legal (Precedentes: REsp. nº 747.389/RS, Rel. Min. Castro Meira, *DJ* de 19.09.2005; REsp. nº 764.612/SP, Rel. Min. José Delgado, *DJ* de 12.09.2005; e REsp. nº 677.741/RS, Rel Min. Teori Albino Zavascki, *DJ* de 07.03.2005).

In casu, verifica-se que o pedido da ação anulatória não teve a pretensão de suspender a exigibilidade do crédito tributário, mas tão somente de desconstituir lançamentos tributários eivados de ilegalidade, razão pela qual subsistente o direito subjetivo de ação.

A apreciação, em sede de Recurso Especial, de matéria sobre a qual não se pronunciou o tribunal de origem (ilegitimidade ativa ad causam), é inviável, porquanto indispensável o requisito do prequestionamento. Ademais, como de sabença, 'é inadmissível o recurso extraordinário, quando não ventilada na decisão recorrida, a questão federal suscitada' (Súmula 282/STF).

Os embargos de declaração que enfrentam explicitamente a questão embargada, qual seja, a existência de obscuridade e erro material, não ensejam recurso especial pela violação do artigo 535, II, do CPC.

A questão relativa à ausência de comprovação dos pagamentos e da propriedade dos imóveis não restou analisada pelo acórdão da apelação, não tendo sido sequer alvo dos embargos declaratórios opostos pelo recorrente, por isso que não há qualquer omissão a ser suprida.

Recurso especial parcialmente provido, para decretar a prescrição da ação quanto ao exercício de 1998, nos termos da fundamentação expendida' (REsp. nº 925.677/RJ, Rel. Ministro Luiz Fux, Primeira Turma, julgado em 21.08.2008, *DJe* de 22.09.2008)".

O art. 267, VI, do CPC tem redação equivalente no art. 485, VI, do novo CPC. Já o art. 535, II, vem em redação um pouco diferente contemplado no art. 1.022, II, do novo CPC.

Estende o art. 2º do Decreto-lei nº 4.597, de 19.08.1942, às autarquias e aos demais órgãos públicos o mesmo prazo prescricional: "O Decreto nº 20.910, de 6 de janeiro de 1932, que regula a prescrição quinquenal, abrange as dívidas passivas das autarquias, ou entidades e órgãos paraestatais, criados por lei e mantidos mediante impostos, taxas ou quaisquer contribuições exigidas em virtude de lei federal, estadual ou municipal, bem como a todo e qualquer direito e ação contra os mesmos".

Entretanto, se a lei comum contempla prazo menor para certas matérias, prevalece a mesma ante o Decreto nº 20.910, como no caso de reparação civil por dano, cujo prazo prescricional é de três anos, forte no art. 206, § 3º, inc. V, do Código Civil, segundo entendimento já esposado pelo STJ:

> "O legislador estatuiu a prescrição de cinco anos em benefício do Fisco e, com o manifesto objetivo de favorecer ainda mais os entes públicos, estipulou que, no caso da eventual existência de prazo prescricional menor a incidir em situações específicas, o prazo quinquenal seria afastado nesse particular. Inteligência do art. 10 do Decreto nº 20.910/32.
>
> O prazo prescricional de três anos relativo à pretensão de reparação civil – art. 206, § 3º, V, do Código Civil de 2002 – prevalece sobre o quinquênio previsto no art. 1º do Decreto nº 20.910/32.
>
> Recurso especial provido".[90]

Prescreve a ação popular em cinco anos, forte no art. 21 da Lei nº 4.717, de 29.06.1965: "A ação prevista nesta Lei prescreve em 5 (cinco) anos".

---

[90] REsp. nº 1.137.354/RJ. Relator: Min. Castro Meira. Segunda Turma. Julgado em 8.09.2009, *DJe* de 18.09.2009.

A repetição de indébito ou de tributo pago indevidamente contra as pessoas jurídicas de direito público deve ser exercida também no prazo de cinco anos, em consonância com o art. 168 do Código Tributário Nacional (Lei nº 5.172, de 25.10.1966):

> "O direito de pleitear a restituição extingue-se com o decurso do prazo de 5 (cinco) anos, contados:
> I – nas hipóteses dos incisos I e II do art. 165, da data da extinção do crédito tributário;
> II – na hipótese do inciso III do art. 165, da data em que se tornar definitiva a decisão administrativa ou passar em julgado a decisão judicial que tenha reformado, anulado, revogado ou rescindido a decisão condenatória".

Os incisos I e II do art. 165 concernem à cobrança ou pagamento espontâneo de tributo indevido ou maior que o devido em face de legislação tributária aplicável, ou em face da natureza ou circunstâncias materiais do fato gerador efetivamente ocorrido; e a erro na identificação do sujeito passivo, na determinação de alíquota aplicável, no cálculo do montante do débito ou na elaboração ou conferência de qualquer documento relativo ao pagamento. Já o inciso III refere-se à reforma, anulação, revogação ou rescisão de decisão condenatória.

A matéria foi tratada pelo STJ, ressaltando o início do prazo na data da extinção do crédito tributário:

> "A ação de repetição de indébito, ao revés, visa à restituição de crédito tributário pago indevidamente ou a maior, por isso que o termo a quo é a data da extinção do crédito tributário, momento em que exsurge o direito de ação contra a Fazenda Pública, sendo certo que, por tratar-se de tributo sujeito ao lançamento de ofício, o prazo prescricional é quinquenal, nos termos do art. 168, I, do CTN (Precedentes: REsp. nº 1.086.382/RS, Rel. Ministro Luiz Fux, Primeira Seção, julgado em 14.04.2010, DJe de 26.04.2010; AgRg nos EDcl no REsp. nº 990.098/SP, Rel. Ministro Benedito Gonçalves, Primeira Turma, julgado em 09.02.2010, DJe de 18.02.2010; AgRg no REsp. nº 759.776/RJ, Rel. Ministro Herman Benjamin, Segunda Turma, julgado em 17.03.2009, DJe de 20.04.2009; AgRg no REsp. nº 1.072.339/SP, Rel. Ministro Castro Meira, Segunda Turma, julgado em 03.02.2009, DJe de 17.02.2009).
>
> *In casu*, os ora Recorridos ajuizaram ação anulatória dos lançamentos fiscais que constituíram créditos tributários relativos ao IPTU, TCLLP e TIP, cumuladamente com ação de repetição de indébito relativo aos mesmos tributos, referente aos exercícios de 1995 a 1999, sendo certo que o pedido principal é a restituição dos valores pagos indevidamente, razão pela qual resta afastada a regra do Decreto 20.910/32. É que a demanda foi ajuizada em 31.05.2000, objetivando a repetição do indébito referente ao IPTU, TCLLP, TIP e TCLD, dos exercícios de 1995 a 1999, ressoando inequívoca a inocorrência da prescrição

quanto aos pagamentos efetuados posteriormente a 31.05.1995, consoante decidido na sentença e confirmado no acórdão recorrido".[91]

São lembradas várias decisões a respeito do assunto, no voto do relator:

"Ao revés, a ação de repetição de indébito visa à restituição de crédito tributário pago indevidamente ou a maior, por isso que o termo a quo é a data da extinção do crédito tributário, momento em que exsurge o direito de ação contra a Fazenda Pública. Tratando-se de tributo sujeito ao lançamento de ofício, o prazo prescricional é quinquenal, nos termos do art. 168, I, do CTN. À guisa de exemplo, confiram-se os seguintes precedentes:

'Tributário. Recurso especial representativo d controvérsia. Art. 543-C, do CPC. Repetição de indébito. Contribuição ao FUSEX. Tributo sujeito ao lançamento de ofício. Prescrição. Termo inicial.

(...)

Destarte, o prazo prescricional a ser aplicado às ações de repetição de indébito relativas à contribuição ao FUSEX, que consubstancia tributo sujeito ao lançamento de ofício, é o quinquenal, nos termos do art. 168, I, do CTN.

In casu, as parcelas pleiteadas referem-se a recolhimentos indevidos efetuados de 30.9.1991 a 29.03.2001, tendo sido a ação ajuizada em 04.06.2007, por isso que ressoa inequívoca a ocorrência da prescrição.

6. Recurso especial desprovido' (REsp. nº 1.086.382/RS, Rel. Ministro Luiz Fux, Primeira Seção, julgado em 14.04.2010, *DJe* de 26.04.2010).

'Processual civil. Tributário. Agravo regimental. Embargos de declaração. Recurso especial. Repetição de indébito. Contribuição de servidor inativo. Embargos acolhidos. Integração nos limites da impugnação. Tributo sujeito a lançamento de ofício. Prescrição. Prazo quinquenal. Art. 168,I, do CTN. Precedentes da Primeira Turma deste Tribunal.

Ação objetivando afastar desconto incidente sobre contribuição previdenciária destinada ao Instituto de Previdência do Estado de São Paulo – IPESP recolhida sobre os proventos de servidores aposentados.

Nos embargos declaratórios opostos pelos autores (fls. 409/412), que complementaram a decisão que analisou o recurso especial, não se apreciou questão fora dos limites do apelo nobre, pois se limitou a integração ao exame do prazo prescricional a ser observado na restituição da contribuição em debate, tema este solucionado pelo Tribunal de Justiça do Estado de São Paulo.

Quando do julgamento do AgRg no REsp. nº 1.096.074/SP, da relatoria do eminente Ministro Francisco Falcão, *DJ* de 26.2.2009, a Primeira Turma do STJ decidiu, em síntese, que: a) a hipótese de descontos de contribuição de seguridade incidente sobre a remuneração de servidor configura-se lançamento de

---

[91] REsp. nº 947.206/RJ. Relator: Min. Luiz Fux. Primeira Seção. Julgado em 13.10.2010, *DJe* de 26.10.2010.

ofício e não por homologação; b) nesse panorama, o prazo prescricional a ser observado, no caso, é o quinquenal, conforme disciplina o art. 168, I, do CTN.

De igual modo: REsp. nº 949.788/SC, Relator Ministro Franciso Falcão, *DJ* de 20.10.2008.

5. Agravo regimental não provido' (AgRg nos EDcl no REsp. nº 990.098/SP, Rel. Ministro Benedito Gonçalves, Primeira Turma, julgado em 09.02.2010, *DJe* de 18.02.2010).

'Tributário. IPTU. Repetição de indébito. Tributo lançado de ofício. Termo inicial do prazo prescricional. Juros de mora. Percentual de 1% ao mês. Honorários advocatícios. Sentença contra a Fazenda Pública. Art. 20, § 4º, DO CPC.

No caso de lançamento de ofício, o prazo de prescrição quinquenal para pleitear a repetição de indébito é contado da data em que se considera extinto o crédito tributário, qual seja, a partir do efetivo pagamento do tributo, nos termos do art. 168, inciso I, c/c o art. 156, inciso I, do CTN.

Na restituição do indébito tributário, os juros de mora são devidos, à razão de 1% ao mês, conforme previsto no art. 161, § 1º, do CTN, não prevalecendo o disposto no art. 1.062 do Código Civil de 1916. Precedentes do STJ.

Vencida a Fazenda Pública, a fixação dos honorários advocatícios é estabelecida de acordo com o § 4º do art. 20 do CPC, de forma equitativa pelo juiz, sem a imposição de observância dos limites previstos no § 3º do mesmo dispositivo legal.

In casu, a apreciação da fixação dos honorários advocatícios, por não configurar valor irrisório ou exorbitante, demanda reexame das circunstâncias fáticas da causa, o que é vedado em Recurso Especial, ante o disposto na Súmula 7 do STJ.

Agravo Regimental não provido' (AgRg no REsp. nº 759.776/RJ, Rel. Ministro Herman Benjamin, Segunda Turma, julgado em 17.03.2009, *DJe* de 20.04.2009).

'Processual civil. Tributário. Taxa de iluminação pública (TIP). Ação de repetição de indébito. Prescrição quinquenal. Termo inicial. Pagamento indevido. Tributo sujeito a lançamento de ofício.

O prazo prescricional para o ajuizamento de ação de repetição de indébito se implementa em cinco anos, contados da extinção do crédito tributário, no tocante a tributos sujeitos a lançamento de ofício, segundo o disposto nos arts. 156, I, e 168, I, do CTN. Precedentes.

No caso concreto, o ajuizamento da ação ocorreu em 2000, para pleitear a restituição dos valores pagos ao Município a título de Taxa de Iluminação Pública cujos pagamentos foram efetuados entre 1990 a 1994, portanto, está prescrita a pretensão.

Agravo regimental provido' (AgRg no REsp. nº 1.072.339/SP, Rel. Ministro Castro Meira, Segunda Turma, julgado em 03.02.2009, *DJe* de 17.02.2009) (...)".

Os arts. 543-C e 20, § 4º, do CPC, referidos no aresto acima, equivalem aos arts. 1.036 e 85, § 8º, do novo CPC.

Necessário distinguir quando prescrevem as prestações ou o direito. Desde que não enfrentado o fundo do direito, unicamente as primeiras são atingidas pelo lapso prescricional. Do contrário, se é necessário a declaração ou o enfrentamento de um ato, o próprio direito está à mercê da caducidade, o que importa em decadência, se decorridos mais de cinco anos desde o momento de sua exigibilidade. Nessa linha a jurisprudência: "Quando a ação busca configurar ou restabelecer uma situação jurídica, a prescrição deve ser contada a partir do momento em que a parte teve o seu direito atingido, de forma inequívoca, passando a ter a possibilidade de acionar o Poder Judiciário para satisfazer a sua pretensão; a prescrição, consequentemente, faz-se sobre o próprio fundo do direito".

O que seja o fundo de direito, ou quando uma lide versa sobre o mesmo, vem explicado no curso do voto, que transcreve lição do Ministro Moreira Alves, colhida no Recurso Extraordinário nº 110.419/SP, de 8.03.1989: "Fundo de direito é expressão utilizada para significar o direito de ser funcionário (situação jurídica fundamental) ou os direitos a modificações que se admitem com relação a essa situação jurídica fundamental, como reclassificações, reenquadramentos, direito a adicionais por tempo de serviço, direito à gratificação por prestação de serviços de natureza especial etc. A pretensão ao fundo do direito prescreve, em direito administrativo, em cinco anos a partir da data da violação dele, pelo seu não conhecimento inequívoco. Já o direito a perceber as vantagens pecuniárias decorrentes dessa situação jurídica fundamental ou de suas modificações ulteriores é mera consequência daquele, e sua pretensão, que diz respeito a *quantum*, renasce cada vez em que este é devido (dia a dia, mês a mês, ano a ano, conforme a periodicidade em que é devido o seu pagamento), e, por isso, se restringe às prestações vencidas há mais de cinco anos, nos termos exatos do art. 3º do Decreto nº 20.910/32, que reza:

'Quando o pagamento se dividir por dias, meses ou anos, a prescrição atingirá progressivamente as prestações, à medida que completarem os prazos estabelecidos pelo presente decreto'.

Se o Estado paga, reconhece, portanto, a existência incontroversa do 'fundo do direito', mas paga menos do que é constitucional ou legalmente devido, o direito ao pagamento certo renasce periodicamente".[92]

Num outro exemplo, enquadra-se no fundo do direito a discussão sobre a situação funcional da pessoa em um cargo: "Em se tratando de ação para rever o enquadramento funcional, a prescrição alcança o próprio fundo do direito".[93]

22.2.22. Pretensão no direito de autor

Era de cinco anos a prescrição da ação civil por ofensa a direitos de autor, contado o prazo da data da contrafação, como defluía do inc. VII do § 10 do art. 178 do Código Civil de 1916.

---

[92] STJ. Recurso Especial nº 264.056-MG. Relator: Min. Edson Vidigal. 5ª Turma. Julgado em 26.09.2000, *DJU* de 16.10.2000.
[93] STJ. Embargos Infringentes em Recurso Especial nº 180.769-PB. 3ª Seção, de 08.09.1999, em *Revista do Superior Tribunal de Justiça*, 126/347.

Presentemente, os direitos de autor vêm disciplinados na Lei n° 9.610, de 19.01.1998, cujo dispositivo (art. 111) sobre a prescrição restou vetado, e nada de novo aparecendo introduzido. Por conseguinte, na falta de previsão específica, dá-se a prescrição em dez anos, em virtude do art. 205 do Código Civil.

Necessário ter-se uma ideia dos direitos de autor, que se dividem em morais e patrimoniais.

Morais são aqueles que objetivam garantias à propriedade da obra, de sorte a manter intocável a paternidade na criação intelectual, que reflete a própria personalidade do autor.

Visam, assim, proteger a personalidade do criador, que se manifesta na obra, e dizem com o direito do inédito, o direito de reivindicar a paternidade da obra, o direito de sua integridade, de arrependimento e de retirar a obra de circulação, de destruição, de tradução e de modificação.

A discriminação desses direitos está no art. 24 da Lei n° 9.610, havendo aqueles que tratam da paternidade da obra (incs. I e II), os que disciplinam a sua integridade (incs. IV e V), os direitos que se dirigem à publicação (incs. III e VI), e o direito concernente à preservação (inc. VII).

Já o art. 25 reserva exclusivamente ao diretor de obra audiovisual o exercício de direitos morais. Por sua vez, o art. 26 permite que o autor repudie a autoria de projeto arquitetônico alterado sem o seu consentimento, respondendo o proprietário da construção pelos danos que causar ao autor se, depois do repúdio, der como sendo dele a autoria do projeto. Finalmente, instituíram-se a inalienabilidade e a irrenunciabilidade dos direitos morais, o que já consagrava a lei anterior.

Patrimoniais consideram-se os direitos que dizem respeito aos resultados econômicos da obra, assegurados ao autor. Advêm eles da reprodução e da comunicação do trabalho intelectual ao público. Com isso, possibilita-se ao criador auferir os proventos econômicos compensatórios de seu esforço. Carlos Alberto Bittar ressalta a decorrência da comunicação ao público e da reprodução de tais direitos: "O direito patrimonial manifesta-se, positivamente, com a comunicação da obra ao público e a reprodução, que possibilitam ao seu criador auferir os proventos econômicos que lhe puder proporcionar".[94]

A matéria aparece extensamente regulada no Capítulo III da Lei n° 9.610, iniciando no art. 28 e terminando no art. 45.

O art. 28 assegura ao autor o direito exclusivo de utilizar, fruir e dispor da obra literária, artística ou científica.

O elenco de direitos está no art. 29:

"I – a reprodução parcial ou integral;
II – a edição;

---

[94] *Direito de Autor na Obra feita sob Encomenda*, São Paulo, Editora Revista dos Tribunais, 1977, p. 21.

III – a adaptação, o arranjo musical e quaisquer outras transformações;

IV – a tradução para qualquer idioma;

V – a inclusão em fonograma ou produção audiovisual;

VI – a distribuição, quando não intrínseca ao contrato firmado pelo autor com terceiros para uso ou exploração da obra;

VII – a distribuição para oferta de obras ou produções mediante cabo, fibra ótica, satélite, ondas ou qualquer outro sistema que permita ao usuário realizar a seleção da obra ou produção para percebê-la em um tempo e lugar previamente determinados por quem formula a demanda, e nos casos em que o acesso às obras ou produções se fará por qualquer sistema que importe em pagamento pelo usuário;

VIII – a utilização, direta ou indireta, da obra literária, artística ou científica, mediante:

a) representação, recitação ou declamação;

b) execução musical;

c) emprego de alto-falante ou de sistemas análogos;

d) radiodifusão sonora ou televisiva;

e) captação de transmissão de radiodifusão em locais de frequência coletiva;

f) sonorização ambiental;

g) a exibição audiovisual, cinematográfica ou por processo assemelhado;

h) emprego de satélites artificiais;

i) emprego de sistemas óticos, fios telefônicos ou não, cabos de qualquer tipo e meios de comunicação similares que venham a ser adotados;

j) exposição de obras de artes plásticas e figurativas;

IX – a inclusão em base de dados, o armazenamento em computador, a microfilmagem e as demais formas de arquivamento do gênero;

X – quaisquer outras modalidades de utilização existentes ou que venham a ser inventadas."

O principal direito está evidentemente na percepção do pagamento pelo contrato de edição ou de cessão. Uma vez não verificada uma anuência no preço, a solução encontra-se no art. 57, ordenando que o preço da retribuição será, então, arbitrado "com base nos usos e costumes".

Conta-se o prazo prescricional da data da contrafação. Necessário definir o significado do termo. Na singela ideia do art. 5º, inc. VI, da Lei nº 9.610, conceitua-se como a reprodução não autorizada. A Lei anterior, de nº 5.988, de 14.12.1973, em seu art. 64, apresentava uma conceituação mais ampla: "Considera-se contrafação, sujeitando-se o editor ao pagamento de perdas e danos, qualquer repetição de número, bem como exemplar não numerado, ou que apresente número que exceda a edição contratada". Envolve, também, o plágio, figura que contém elementos da contrafação. Nas duas formas, estampa-se a utilização indevida de obra alheia, mais precisamente a reprodução ilícita:

no plágio, pelo aproveitamento de ideias e texto, sem referir a origem ou a autoria; na contrafação, desprezando-se a autorização ou licença para publicar. No fundo, em ambas as espécies há a usurpação de direitos e proveito moral ou econômico ilícito, embora mais presente a falsidade no plágio.

22.2.23. Pretensão para a reparação do dano moral por crime de imprensa

A rigor, é de três meses o prazo prescricional da ação reparatória por dano moral assegurado pela Lei de Imprensa. Com efeito, reza o art. 56 da Lei nº 5.250, de 09.02.1967: "A ação para haver indenização por dano moral poderá ser exercida separadamente da ação para haver reparação do dano material, e sob pena de decadência deverá ser proposta dentro de 3 (três) meses da data da publicação que lhe der causa".

No entanto, a partir do art. 5º, inc. X, da Constituição Federal, exegese diferente se consagrou. Encerra este dispositivo: "São invioláveis a intimidade, a vida privada, a honra e a imagem das pessoas, assegurado o direito à indenização pelo dano material ou moral decorrente de sua violação".

O voto do Des. Marco Aurélio dos Santos Caminha enfrenta o conflito entre o art. 56 da Lei nº 5.250 e o inc. X do art. 5º: "Em verdade, com o advento da Constituição Federal de 1988, o art. 56 da antiga Lei de Imprensa, nº 5.250/67, restou sem sentido.

A norma constitucional consagrou a ampla reparabilidade do dano moral, equiparando as duas espécies de danos – moral e material.

Nem teria sentido manter prazo tão restrito para um dano tão grave, quanto o moral, enquanto no patrimonial inexiste prazo, afora os prescricionais e decadenciais para o exercício do direito à reparação.

A Constituição atribuiu isonomia às espécies de dano, e assim, também, em relação aos prazos para intentar a ação de reparação. A previsão exígua de três meses contados da data da publicação da notícia prejudicial não mais existe.

O dano moral, quer quando é buscado segundo as regras do direito comum, quer quando esteia-se nas diretrizes da antiga Lei de Imprensa, segue como princípio, nem poderia ser de outra forma, as regras constitucionais. E a atual Constituição Federal não prevê prazo para o exercício do direito, nem estabelece qualquer tipo de limitação à reparação dos danos morais".

O Des. Carlos Alberto Alvaro de Oliveira, em preciosos adendos, segue apontando doutrina e precedente do Superior Tribunal de Justiça: "Em primeiro lugar, porque a Lei de Imprensa só cuidava da reparação na hipótese de crimes contra a honra, e a nova Constituição não formulou qualquer restrição, consagrando amplamente o ressarcimento, como se verifica dos incisos V e X do art. 5º. De mais a mais, como bem pondera Arruda Miranda (*Comentários à Lei de Imprensa*, 3ª ed., São Paulo, RT, 1995, nº 725, p. 746), não seria compreensível um prazo tão restrito para o ressarcimento de dano tão grave como é o de natureza moral em relação ao material que não está sujeito a prazo decadencial. Tampouco se pode admitir se trate de forma desigual situações em tudo iguais, prestigiando a ofensa feita pela imprensa, cujo alcance é muito maior do que aquelas cometidas por outros meios.

Nesse sentido se pronunciou, em decisão recente, o Superior Tribunal de Justiça (*v.g.*, REsp. nº 120.615/RS, relator Min. Sálvio Figueiredo Teixeira, 25.10.1999, *DJU* de 27.03.2000)".[95]

Nesta visão, o prazo é de três anos, por tratar-se de ação de reparação civil, incluindo-se o prazo no art. 206, § 3º, inc. V, do vigente Código.

Se o ofensor não é pessoa ligada à imprensa, embora veiculada a imputação pelos meios de comunicação, incide o direito comum na esteira da inteligência ditada pela seguinte ementa: "Se o dano moral resultou de entrevista, cujo ofensor não é jornalista ou profissional da comunicação, a reparação é regida pelo Código Civil (art. 159 c/c. art. 1.547). Nesse caso, não há se cogitar do prazo decadencial do art. 56 da Lei da Imprensa, eis que a regência da matéria é a do art. 177, também do Código Civil. Tratando-se de entrevista, se o entrevistado não é profissional da comunicação e dele partiram as ofensas cujo dano se quer ver reparado, é ele parte legítima para figurar no polo passivo".[96] Os invocados artigos 159, 1.547 e 177 equivalem aos artigos 186, 953 e 205 do Código em vigor.

22.2.24. Pretensão nas sociedades por ações

Várias as situações contempladas na Lei nº 6.404, de 15.12.1976, envolvendo a prescrição nas sociedades por ações, além das hipóteses adotadas pelo atual Código Civil, no art. 206, § 1º, incisos IV (ações contra peritos que avaliaram o capital social) e V (ações dos credores contra sócios ou acionistas e liquidantes), § 3º, incisos III (ação para o recebimento de dividendos), VI (ação para a restituição de lucros ou dividendos), e VII (pretensão contra fundadores, administradores, fiscais e liquidantes), e já abordadas.

Para anular a constituição da sociedade, o prazo da prescrição é de um ano – art. 285: "A ação para anular a constituição da companhia, por vício ou defeito, prescreve em 1 (um) ano, contado da publicação dos atos constitutivos".

---

[95] Embargos Infringentes nº 599403920, do 3º Grupo de Câmaras Cíveis do Tribunal de Justiça do RGS, de 07.04.2000, *in Revista da Ajuris – Associação dos Juízes do Rio Grande do Sul*, nº 78, pp. 480 e 481, junho de 2000 (nova série).

[96] TJAP. Apelação nº 361/97. Câmara Única. Julgada em 21.10.1997, em *Revista Forense*, 343/459.

O art. 286 estende para dois anos o lapso de tempo, para fins prescricionais, da ação "para anular as deliberações tomadas em assembleia geral ou especial, irregularmente convocada ou instalada, violadoras de lei ou de estatuto, ou eivadas de erro, dolo, fraude ou simulação".

O art. 287 fixa em três anos o lapso para a ação contra acionistas para restituição de dividendos recebidos de má-fé, contado o prazo da data da publicação da ata e assembleia geral ordinária do exercício em que os dividendos tenham sido declarados.

No mesmo período assegura a ação contra os administradores ou titulares de partes beneficiárias para restituição das participações no lucro recebidas de má-fé, contado o prazo da data da publicação da ata da assembleia geral ordinária do exercício em que as participações tenham sido pagas. Ainda por três anos permite-se a ação contra o agente fiduciário de debenturistas ou titulares de partes beneficiárias para dele haver reparação civil por atos culposos ou dolosos, no caso de violação da lei ou da escritura de emissão, a contar da publicação da ata da assembleia geral em que for tomado conhecimento da violação. Por último, durante três anos reserva-se a ação contra o violador do dever de sigilo de que trata o art. 260 para dele haver reparação civil, a contar da data da publicação da oferta".

Outrossim, expressa o art. 288 que, "quando a ação se originar de fato que deva ser apurado no juízo criminal, não ocorrerá a prescrição antes da respectiva sentença definitiva, ou da prescrição da ação penal".

22.2.25. Pretensões sobre as águas públicas

É de trinta anos o prazo prescricional de posse para a aquisição do direito de proteção sobre as águas públicas que alguém aproveita, segundo o que se extrai do art. 47 do Código de Águas (Decreto nº 24.643, de 24.06.1934): "O Código respeita os direitos adquiridos sobre estas águas, até a data de sua promulgação, por título legítimo ou posse trintenária". Acrescenta o parágrafo único que "estes direitos não podem ter maior amplitude do que os que o Código estabelece, no caso de concessão".

Daí decorre que a posse das águas públicas por trinta anos dá a proteção legal, a qual é outorgada, também, por título legítimo. O art.1º do mesmo estatuto discrimina as águas públicas, citando-se, a título de exemplos, as de mares, de rios e lagos navegáveis; as de canais e de braços de rios públicos; as de uso comum do povo.

Sobre a prescrição decorrente da posse pelo prazo de trinta anos, já se pronunciou o Supremo Tribunal Federal, conforme lembrança em um Recurso Especial do Superior Tribunal de Justiça: "Queda d'água. Fornecimento de energia elétrica ajustado em contrato entre particulares. Cessação do fornecimento pela companhia cessionária de serviços públicos.

Prescrição prevista no art. 47, parágrafo único, do Código de Águas. Preliminares rejeitadas".

Explicita-se no acórdão que o prazo de trinta anos se estende aos velhos direitos e também para os novos.[97]

23. INÍCIO DO PRAZO PRESCRICIONAL DA AÇÃO INDENIZATÓRIA POR ILÍCITO PENAL

Decorrendo da prática de ilícito penal a ação de indenização, entende-se que o prazo começa a fluir a partir do trânsito em julgado da sentença condenatória. A matéria foi bem posta no seguinte julgamento:

> "A prescrição de ação indenizatória, por ilícito penal praticado por agente do Estado, tem como termo inicial o trânsito em julgado da sentença penal condenatória. Precedentes do STJ: AgRg no Ag 951.232/RN, Segunda Turma, *DJ* de 05.09.2008; REsp. nº 781.898/SC, Primeira Turma, *DJ* de 15.03.2007 e REsp. nº 439.283/RS, Primeira Turma, *DJ* de 01.02.2006".[98]

Merecem transcrição as passagens abaixo do voto do Relator, que se reporta em vários precedentes:

> "A prescrição de ação indenizatória, por ilícito penal praticado por agente do Estado, tem como termo inicial o trânsito em julgado da sentença penal condenatória., consoante se conclui dos seguintes julgados:
>
> 'Agravo de instrumento. Agravo regimental. Responsabilidade civil do Estado. Indenização. Prescrição. Termo inicial após a sentença penal trânsita. Agravo regimental não provido.
>
> A jurisprudência desta Corte tem entendimento firmado no sentido de que em se tratando de ação civil *ex delicto*, com o objetivo de reparação de danos, o termo a quo para ajuizamento da ação somente começa a fluir a partir do trânsito em julgado da ação penal. Agravo regimental não provido' (AgRg no Ag 951.232/RN, Rel. Ministra Eliana Calmon, Segunda Turma, julgado em 22.04.2008, *DJ* de 05.09.2008).
>
> 'Processual civil. Recurso especial. Administrativo. Responsabilidade civil do Estado. Indenização por danos morais e materiais. Prescrição quinquenal. Decreto 20.910/32. Termo inicial.

---

[97] Recurso Extraordinário nº 96.645-5. Relator: Min. Soares Muñoz. Julgado em 15.08.1983, citado no Recurso Especial nº 23.915-MG. 2ª Turma. Julgado em 16.11.1999, *DJU* de 17.12.1999, in Revista do Superior Tribunal de Justiça, 129/173.
[98] REsp. nº 1.109.303-RS. Relator: Luiz Fux. 1ª Turma do STJ. Julgado em 4.06.2009, *DJe* de 5.08.2009.

Os danos morais decorrentes de ação injusta, ainda que judicial, tem como termo *a quo* o trânsito da sentença que exonera o autor da caluniosa injustiça. É que, *mutatis mutandis*, aplica-se, *in casu*, a jurisprudência cediça no Eg. STJ que: 'Administrativo. Responsabilidade civil do Estado. Ação indenizatória *ex delicto*. Prescrição. Termo inicial. Trânsito em julgado da sentença penal.

O entendimento predominante no STJ é o de que, em se tratando de ação civil *ex delicto*, objetivando reparação de danos morais, o início do prazo prescricional para ajuizamento da ação só começa a fluir a partir do trânsito em julgado da ação penal (AgRg no Ag 441273/RJ, 2ª T., Min. João Otávio Noronha, *DJ* de 19.04.2004; REsp 618934/SC, 1ª T., Min. Luiz Fux, *DJ* de 13.12.2004).

Recurso especial desprovido' (REsp. n° 743.503/PI, Relator Ministro Teori Zavascki, *DJ* de 07.11.2005).

'A pendência da incerteza acerca da condenação impede aduzir-se a prescrição, posto instituto vinculado à inação. Isto porque, diante da apuração judicial de fato danoso, em nome da segurança jurídica, evitam-se decisões conflitantes sobre mesma situação fática. É assente em doutrina que: 'Não é toda causa de impossibilidade de agir que impede a prescrição, como faz presumir essa máxima, mas somente aquelas causas que se fundam em motivo de ordem jurídica, porque o direito não pode contrapor-se ao direito, dando e tirando ao mesmo tempo' (Câmara Leal in Da Prescrição e da Decadência, 1978, Forense, Rio de Janeiro, p. 155).

É cediço que o termo a quo do prazo prescricional para o ajuizamento de ação de indenização, por dano moral e material, conta-se da ciência inequívoca dos efeitos decorrentes do ato lesivo. In casu', o ora recorrente ajuizou Ação Ordinária de Indenização por danos morais contra o Departamento de Edificação de Obras Hidráulicas – DEOH, afirmando que na qualidade de funcionário da aludida autarquia, em 1983 foi acusado injustamente de ter se apropriado de 17.190 ORTNs, sendo punido administrativamente com suspensão de 30 dias, sem a possibilidade de apresentar defesa durante a sindicância e a decisão. Subsequentemente, o recorrente foi réu na ação de ressarcimento que transitou em julgado no ano de 1999, dispondo a partir desta data de mais cinco anos para interpor ação indenizatória, a qual foi ajuizada em 2003, revelando-se inocorrente a prescrição.

Recurso especial provido' (REsp. n° 781.898/SC, Rel. Ministro Luiz Fux, Primeira Turma, julgado em 01.03.2007, *DJ* de 15.03.2007 p. 270).

'Processual civil e administrativo. Recurso especial. Indenização. Ilícito penal. Prescrição. Termo inicial. Trânsito em julgado da sentença condenatória. Precedentes do STJ. Recurso especial parcialmente conhecido e, nessa parte, provido.

O recurso especial fundado na alínea 'c' exige a observância do contido nos arts. 541, parágrafo único, do Código de Processo Civil, e 255, § 1°, 'a', e § 2°, do RISTJ.

O Superior Tribunal de Justiça não é competente para analisar suposta violação de dispositivos constitucionais, a teor do contido nos arts. 102, III, da Constituição Federal.

O termo inicial para a propositura de ação indenizatória decorrente de ilícito penal é a data do trânsito em julgado da sentença condenatória. Precedentes.

Recurso especial parcialmente conhecido e, nessa parte, provido' (REsp. nº 439.283/RS, Rel. Ministra Denise Arruda, Primeira Turma, julgado em 15.12.2005, *DJ* de 01.02.2006 p. 430)". O citado art. 541, parágrafo único, corresponde ao art. 1.029, § 1º, do novo CPC).

24. A PRESCRIÇÃO E O CUMPRIMENTO DA PRETENSÃO INDENIZATÓRIA

Mesmo que preceda a liquidação da sentença, há o momento do cumprimento, cujo início rege-se pelo art. 475-J do CPC (art. 523 e seu § 1º do novo CPC). Tem o credor o prazo de seis meses para dar o início ao cumprimento, sob pena de arquivamento, mas admitida a reativação (§ 5º, do art. 475-J, do CPC de 1973, e sem previsão no novo CPC). Dentro do princípio da lógica que deve reger o processo, se a pretensão de cumprir tem um prazo, não se afigura coerente que fique livre a própria liquidação de qualquer prazo para ser promovida. É que se apresenta como um pressuposto para o cumprimento da sentença.

Uma vez operado o trânsito em julgado da sentença, deve iniciar a liquidação, dentro do lapso de tempo assegurado para o cumprimento.

Atualmente não pairam dúvidas que o processo de execução de título judicial (nomenclatura que vigorava antes da reforma do CPC de 1973) ou de cumprimento da sentença tem existência autônoma, livre e distinta do processo de conhecimento (observadas as peculiaridades das executivas lato sensu). Luiz Rodrigues Wambier, Renato Correia de Almeida e Eduardo Talamini observavam, ainda anteriormente à reforma vinda com a Lei nº 11.232, que "a atividade de conhecimento não se confunde com a execução. No Brasil, como em vários sistemas processuais, estabeleceu-se até um processo autônomo de execução (Livro II do CPC, art. 566 e seguintes) – o que evidencia, também, que a execução não é apenas acessório, elemento estritamente vinculado à cognição".[99] O citado art. 566, e os artigos em sequência, acima referidos, correspondem ao art. 778 e artigos seguintes do novo CPC.

O objetivo de ambos é diverso, pois no processo cognitivo busca-se a solução, enquanto no executório a realização das pretensões.

Ressalta-se que até mesmo nas condenatórias o decisum que pacifica o conflito aplicando a lei ao caso concreto encerra o cumprimento, inexistindo atos subsequentes. Cumprida a obrigação pelo devedor, não haverá lugar para

---

[99] Luiz Rodrigues Wambier, *Curso Avançado de Processo Civil*, volume 2: processo de execução/Luiz Rodrigues Wambier, Flávio Renato Correia de Almeida, Eduardo Talamini; Coordenação Luiz Rodrigues Wambier – 6ª ed. Rev., atual. e amp. – São Paulo, Editora Revista dos Tribunais, 2004, p. 39. Trilhando o mesmo entendimento: Sérgio Shimura, *Título Executivo*, São Paulo, Saraiva, 1997. pp. 11/15.

o cumprimento. Somente diante do inadimplemento deste é que, por manifesta e inequívoca vontade do credor, nova fase é instaurada, com nova relação processual.

O início do prazo prescricional para o requerimento do cumprimento da sentença, pelo credor, coincide com o término dos 15 (quinze) dias para que o devedor, devidamente intimado na pessoa de seu advogado, cumpra, voluntariamente, a sentença transitada em julgado. A partir daí é que nasce, para o credor, a pretensão correspondente ao cumprimento definitivo da sentença, já que, antes do escoamento do prazo, pode haver o pagamento voluntário. Não importa que se reserve o prazo de seis meses para dar início ao cumprimento.

Conta-se, pois, a prescrição do cumprimento da sentença a partir do trânsito em julgado da sentença do processo de conhecimento. Assim, tratando-se de cumprimento de sentença decorrente da condenação por danos materiais, o credor deve dar início ao procedimento em, no máximo, três anos (art. 206, § 3º, V, do Código Civil), a contar do dia posterior ao não cumprimento voluntário da sentença, sob pena de configuração da prescrição superveniente *stricto sensu*, a ser reconhecida pelo magistrado de ofício. Na hipótese de cumprimento de sentença oriunda de condenação ao pagamento de quantia constante de instrumento público ou particular, o credor, necessariamente, deverá iniciar a fase de cumprimento da sentença no prazo máximo de cinco anos (art. 206, § 5º, I, do Código Civil), a contar do dia posterior ao não cumprimento voluntário da sentença, pelo devedor, e assim sucessivamente, conforme seja o prazo prescricional da ação condenatória que ensejou o surgimento do título executivo judicial (sentença).

Pela lógica ou pelo princípio da melhor razoabilidade, o mesmo prazo prescricional estabelecido para o direito incide no cumprimento da sentença. Ainda tem a melhor exegese a antiga Súmula 150, do STF: "Prescreve a execução no mesmo prazo da prescrição da ação".

Em conclusão, dada a omissão da iniciativa em exigir o cumprimento, opera-se a prescrição, eis que não se pode esquecer que, assim como pela prescrição "se dá a aquisição de um direito", também se opera "a liberação de uma obrigação", o que acontece "pela inação do titular do direito ou credor da obrigação, durante um lapso temporal previsto legalmente".[100]

25. A DECADÊNCIA NO CÓDIGO CIVIL

O Código Civil de 1916 não dispôs separadamente sobre a decadência. Tratou unicamente da prescrição. No entanto, numerosas das hipóteses previstas como de prescrição eram típicas de caducidade ou decadência, além de, espe-

---

[100] Cf. Thomas Marky, *Curso Elementar de Direito Romano*, São Paulo, Saraiva, 1995, p. 149.

cificamente, em vários dos dispositivos da Parte Especial, contemplar prazos decadenciais. O atual Código, em sua Parte Geral, traz um capítulo próprio sobre a decadência (Capítulo II do Título IV do Livro III), com normas genéricas, ao mesmo tempo em que vários dispositivos tratam de prazos decadenciais.

Cumpre relembrar que a decadência atinge diretamente o direito, fazendo desaparecer as ações que eram previstas para a proteção ou para invocar o direito. Outorga-se o exercício do direito, aliás como na prescrição. Todavia, se não empreendido ou procurado, há a completa extinção, enquanto na prescrição tal ocorre com a ação apontada, não tornando inviável outra forma de recompor o direito, se possível, como a ação indenizatória por perdas e danos ou por enriquecimento sem causa.

O Código de 2002 traz regras genéricas sobre a decadência, despontando aquela da qual se extrai a incidência das regras da prescrição ao instituto, com as exceções que refere, nos termos do art. 207: "Salvo disposição legal em contrário, não se aplicam à decadência as normas que impedem, suspendem ou interrompem a prescrição". Daí declina-se que as causas que impedem, suspendem ou interrompem a prescrição não têm aplicação à decadência. As regras que tratam de tais matérias se encontram nos artigos 197 a 204 do Código. Como a decadência envolve o direito em si, nada suspende o prazo em que a mesma se dá. Desta sorte, ela continua entre os cônjuges, na constância da sociedade conjugal. E assim também entre os ascendentes e descendentes, durante o poder familiar, sendo que o despacho ordenando a citação não a interrompe.

Contempla, no entanto, o art. 208 uma exceção, em relação aos incapazes, em dispositivo que tem alcance também aos assistentes e representantes que deram causa à prescrição, ou não a alegaram no tempo oportuno: "Aplica-se à decadência o disposto nos arts. 195 e 198, inciso I".

Eis o disposto no art. 195: "Os relativamente incapazes e as pessoas jurídicas têm ação contra os seus assistentes ou representantes legais, que derem causa à prescrição, ou não a alegarem oportunamente". Trata-se da responsabilidade por desídia na promoção de medidas inerentes à assistência ou representação, e na omissão da oportuna alegação da prescrição, tendo em vista, aqui, os relativamente incapazes, embora ao juiz se permita o seu conhecimento em qualquer hipótese (havendo partes capazes ou incapazes), de acordo com o art. 219, § 5º, do CPC. (arts. 332, § 1º, e 487, II, e seu parágrafo único, do novo CPC).

Já o art. 198, inc. I, da lei civil, excepciona o curso da prescrição contra os incapazes de que trata o art. 3º, em redação da Lei nº 13.146/2015, que são os menores de dezesseis anos. Acrescentam-se aquelas pessoas que tiveram a interdição declarada, nos limites da sentença. Por conseguinte, não segue a prescrição contra tais pessoas.

Esta, seguramente, se revela como uma das grandes novidades do vigente Código, em relação ao revogado. Ordenou a aplicação da causa de impedimento ou suspensão da prescrição à decadência, consistente na proibição do curso do prazo contra os absolutamente incapazes. Da regra nova emergem consequências importantíssimas no exercício dos direitos daqueles que eram menores, e que tinham o óbice da decadência aplicada indistintamente para capazes ou incapazes.

Diferentemente da prescrição, em que art. 191 admite a renúncia depois de consumada, tal não se dá com a decadência fixada em lei, por força do art. 209: "É nula a renúncia à decadência fixada em lei". Em todas as previsões legais, não podem os interessados dispensá-la, ou torná-la sem efeito, de modo a perdurarem os direitos indefinidamente. Sem validade, *v.g.*, a disposição que permite o ingresso com a ação depois dos trinta dias para obter a redibição ou o abatimento do preço na alienação de coisa móvel com vício redibitório, assegurado no art. 445.

Entrementes, se a decadência for convencional, ou se encontrar estabelecida pelas partes, cabe a renúncia, posto que proibida somente na fixada em lei, consoante é expresso o art. 209.

Conhecerá o juiz de ofício da decadência se estabelecida por lei, em virtude do art. 210 do Código Civil: "Deve o juiz, de ofício, conhecer da decadência, quando estabelecida por lei". Na prescrição, em face da revogação do art. 194 do Código Civil, e da nova redação trazida ao § 5º do art. 219 do Código de Processo Civil (arts. 332, § 1º, e 487, II, e seu parágrafo único, do novo CPC), de igual modo está o juiz obrigado a reconhecer a prescrição, declarando-a de ofício, mesmo diante do silêncio das partes.

Contempla o art. 211 do Código Civil a decadência convencional, verificada nas disposições negociais ou contratuais firmadas pelas partes. Os envolvidos em uma relação jurídica demarcam prazos para o exercício de determinado direito. Numa promessa de compra e venda, inclui-se um período de tempo durante o qual cabe a faculdade de resolução. Em uma locação, reserva-se ao locatário o direito de aquisição do imóvel, se manifestar a preferência, dentro de um número de dias fixado após o término do contrato. Na sociedade, consigna-se o direito a uma categoria de sócios para a subscrição de ações ou de capital em suas quotas, no aumento de capital, dentro de um período temporal constante nas cláusulas dos estatutos sociais.

Uma vez decorrido o lapso concedido, não mais cabe invocar o direito que estava previsto. Se vier alegar o direito fora do prazo permitido, a parte a quem aproveita a decadência está autorizada a suscitá-la em qualquer grau de jurisdição, tanto em primeira como na segunda instância. Entrementes, ao contrário do que acontece na decadência legal, ao juiz não cabe conhecer de ofício da matéria, ou suprir a alegação, já que de interesse estritamente particular.

Quando não previsto o prazo de decadência, prevalece o constante no art. 205, que é de dez anos. Assim é por decorrência da norma do art. 207, que afasta a aplicação exclusivamente das regras da prescrição que a impedem, a suspendem ou a interrompem.

Tome-se como exemplo a doação inoficiosa. Há a nulidade de doação por ofensa ao art. 549, que estatui: "Nula é também a doação quanto à que exceder a de que o doador, no momento da liberalidade, poderia dispor em testamento". Não se apresenta, na situação, vício de consentimento, em que a prescrição é a do art. 178, inc. II, e que se consuma em quatro anos.

Primeiramente, de salientar que o prazo inicia somente depois da abertura da sucessão, no que se revela bem explícito Carlos Maximiliano: "Quer se trate de doações, quer de algum legado, o legitimário, ou representante seu, pode reclamar e acionar só depois da abertura da sucessão. O seu direito advém da herança, e esta não existe enquanto vive o disponente".[101]

Seguindo, o direito para reduzir as liberalidades é de dez anos. Não se encontra uma previsão legal que contemple prazo diferente.

Na mesma inteligência a *opinio* dos pretórios: "A ação, na realidade, tem por objeto compelir os herdeiros beneficiados com as doações inoficiosas a trazer à colação os bens que receberam além de suas legítimas.

Em sendo essa a hipótese jurídica objeto de apreciação, a prescrição, no caso, é a do art. 177 do CC, que é a de vinte anos e cujo prazo só se inicia com a morte do doador".[102] Observa-se que o prazo atual é de dez anos, por comando do art. 205 do Código Civil.

Outro exemplo encontra-se no art. 548, prevendo a nulidade da doação de todos os bens, sem reserva de parte, ou renda suficiente para a subsistência do doador.

26. EXEMPLIFICAÇÕES DE DECADÊNCIA

As seguintes previsões constituem hipóteses de decadência, que se colhem ao longo do Código Civil, não afastando, no entanto, a existência de outras:

- Art. 45, parágrafo único, fixando em três anos o prazo para o direito de anular a constituição das pessoas jurídicas de direito privado, por defeito do ato respectivo, contado o prazo da publicação de sua inscrição no registro.
- Art. 48, parágrafo único, que reserva o prazo de três anos para procurar anular as decisões das pessoas jurídicas que tiverem administração coletiva, se violarem a lei ou o estatuto, ou forem eivadas de erro, dolo, simulação ou fraude.

---

[101] *Direito das Sucessões*, 5ª ed., Rio de Janeiro, Livraria e Editora Freitas Bastos, 1941, vol. III, p. 39.
[102] TJSP. Agravo de Instrumento nº 13.353-4/5. 1ª Câm. de Direito Privado.

- Art. 68 (art. 29 do CC de 1916), outorgando o prazo de dez dias para os membros de uma fundação que discordaram da alteração dos estatutos se manifestarem, a fim de lançar as impugnações que acharem justas, devendo o expediente ser encaminhado ao Ministério Público.
- Art. 119, parágrafo único, estabelecendo o prazo de cento e oitenta dias, a contar da conclusão do negócio ou da cessação da incapacidade, para pleitear a anulação do negócio concluído pelo representante em conflito de interesses com o representado.
- Art. 178 (art. 178, § 9º, inc. V, letras 'a', 'b' e 'c', do Código anterior), prevendo em quatro anos o prazo para pleitear a anulação do negócio jurídico, contado:

"I – no caso de coação, do dia em que ela cessar;

II – no de erro, dolo, fraude contra credores, estado de perigo ou lesão, do dia em que se realizou o negócio jurídico;

III – no de atos de incapazes, do dia em que cessar a incapacidade."

Nas hipóteses acima, melhor se afiguraria considerar-se o prazo como de prescrição, consoante defendia já Pontes de Miranda, neste texto: "O prazo de prescrição da ação de anulação por fraude contra credores é de quatro anos".[103] Em outro momento de sua obra, justificando, com base nas regras do Código Civil anterior: "O art. 178, § 9º, V, *b)*, quarta parte, adotou o prazo de quatro anos por simetria com as prescrições das outras ações de anulação por defeitos de vontade, não por sugestão histórica da L. 7, C, *de temporibus in integrum restitutionis*, 2, 52, que as Ordenações Afonsinas (Livro III, Título 126, § 5º), Manuelinas (Livro III, Título 86, § 7º) e Filipinas (Livro III, Título 41, § 6º) receberam".[104] Salienta-se que, por envolver anulabilidade, fica na dependência da parte a suscitação do vício, inclusive com reflexos na interrupção do prazo. Pelo próprio caráter da causa de rescisão do ato ou contrato, decorre a melhor coadunação à prescrição, porquanto, em se tratando de decadência, predominaria o interesse público, tanto que nenhuma outra ação ou defesa se permitiria. Está mais na conveniência do interessado a invocação do vício. Omitindo-se em apontá-lo, desaparece a ação de anular ou rescindir o contrato, mas não de exercitar uma indenização pelos prejuízos decorridos. Deixa-se para a conveniência do diretamente prejudicado, inclusive, a oportunidade de propor a ação, com a faculdade de provocar a interrupção do prazo. Fatores como os lembrados concluem pela melhor capitulação das hipóteses como de prescrição.

---

[103] *Tratado de Direito Privado*, 4ª ed., São Paulo, Editora Revista dos Tribunais, 1983, vol. VI, p. 383.

[104] *Tratado de Direito Privado*, 4ª ed., São Paulo, Editora Revista dos Tribunais, vol. IV, p. 482.

O prazo restringe-se àqueles que participaram do negócio. Não comporta estender a decadência para terceiros, porquanto possível que sequer tenham ficado cientes do vício do consentimento.

Normalmente, parte-se do dia do término da prática do ato viciado, que, na prática envolve o momento de sua realização, ou, quanto aos atos dos incapazes, do dia da cessação da incapacidade. No entanto, defende-se a tese do início a partir do registro imobiliário do contrato, relativamente a terceiros: "Segundo pensa-se, respeitados os entendimentos divergentes, o prazo deve ser contado a partir do registro do ato, *data venia*.

É que a lei substantiva fala em lapso temporal para o ajuizamento da ação e alguém só pode ter interesse de agir quando tomar conhecimento da ocorrência do ato ou negócio que tenha causado ou venha a causar prejuízos ao seu direito. No sistema brasileiro, um negócio translativo do direito de propriedade só produzirá efeitos perante terceiros quando for registrado no Cartório de Registro de Imóveis competente; antes dessa providência, existe apenas uma relação de direito pessoal, envolvendo os intervenientes do ato ou negócio; para eles, intervenientes do ato ou do contrato; para eles, intervenientes, isto é, participantes da relação jurídica, o prazo será contado a partir do ato ou do contrato; para terceiros, só a contar do registro". Transcreve o acórdão passagem do Recurso Especial nº 36.065-0-SP, sendo importante este trecho, que se refere a prazo prescricional em vez de decadencial, em vista do sistema jurídico de 1916: "Quanto a atos jurídicos anuláveis por simulação ou por fraude contra credores, o terceiro pode não ter conhecido o vício do ato jurídico, por não ter conhecido o próprio ato jurídico. Ignoraria o vício e a existência da própria ação; seria absurdo que contra ele corresse o prazo prescricional sem que estivesse apto a propor ação... E a data do ato jurídico, quanto a terceiro, é a do registro e, ainda depois de prescrita a ação de anulação, tem o terceiro a exceção de simulação viciante ou a *exceptio pauliana*".[105]

Estende-se a decadência quadrienal a todos os casos de anulabilidade dos atos jurídicos, que tenham por base um dos vícios do consentimento.

Costumam os autores, quando tratam da matéria, ingressar no estudo da venda de bem por ascendente a descendente. A proibição consta no art. 496 do Código Civil, proibindo que os ascendentes vendam seus bens aos descendentes, sem que os outros descendentes expressamente consintam. Indaga-se qual o prazo de decadência. Muitos defendem o lapso de quatro anos, por envolver simples caso de anulabilidade, começando quando da morte do ascendente, eis que o direito do herdeiro sobre o patrimônio do ascendente só é adquirido após a morte deste. Já outros sustentam o prazo de dez anos (vinte anos no sistema do Código de 1916), iniciando a partir do momento da venda.

---

[105] TJSP. Apelação nº 2.115-4/4. 1ª Câmara de Direito Privado. Julgada em 07.05.1996, em *Revista dos Tribunais*, 732/211.

A causa real da nulidade é a infringência taxativa ao preceito legal. O entendimento está consolidado na Súmula nº 494 do STF, revocatória da Súmula nº 152, revelando a exegese dada ao então art. 1.132, quando se tinha em conta a prescrição, e não a decadência: "A ação para anular venda de ascendente a descendente, sem consentimento dos demais, prescreve em vinte anos, revogada a Súmula nº 152".

A *ratio* foi adotada pelos julgados dos demais pretórios, como transparece nos seguintes exemplos, tendo em conta a prescrição, posto que fundados em dispositivos do Código de 1916: "Venda de ascendente a descendente. Ação para anulá-la, não só no caso de ser realizada diretamente, mas também por interposta pessoa, prescreve em vinte anos da data do ato".[106] "É de vinte anos, contados da data do ato, o prazo prescricional da ação anulatória de venda de ascendente a descendente, mesmo por interposta pessoa".[107] No entanto, em se tratando de venda por interposta pessoa, divergindo do último aresto, já aí o ato é anulável, aplicando-se o prazo prescricional de quatro anos, consoante testemunha o seguinte aresto: "Prescreve em quatro anos, contado o prazo, no caso de simulação, do dia em que se realizou o contrato (Código Civil, art. 178, § 9º, V). Não se tratando de venda de ascendente para descendente, à espécie não se aplica o princípio das Súmulas nºs 152 e 494-STF. Segundo o art. 165 do Código Civil, 'a prescrição iniciada contra uma pessoa continua a correr contra o seu herdeiro'. Juridicamente, não se renova o prazo a cada transmissão". Aduz-se, no voto: "É que, por ser a hipótese em que caracterizada a simulação, há de se aplicar a regra que disciplina os atos anuláveis, por vício de vontade, com prescrição de quatro anos, contada da data da abertura da sucessão, que no caso lhes favorece, também".[108] Os mencionados arts. 178, § 9º, inc. V, e 165 correspondem aos arts. 178 e 196 do vigente Código.

Quanto ao início, em verdade não pode o herdeiro dispor do direito enquanto não lhe for transmitido. Unicamente depois da morte do ascendente é que se lhe confere e inicia o direito. Todavia, não se lhe impede o ingresso ainda quando em vida do ascendente, até para precaver-se contra outros atos de posterior alienação por iniciativa do herdeiro favorecido. Se é proibida a

---

[106] *Revista de Jurisprudência do Tribunal de Justiça do RGS*, 80/379; ainda, nºs 21/145, 52/423, 53/368, 70/749 e 74/595.

[107] *Revista dos Tribunais*, 432/81. Também, nºs 417/161, 443/121, 504/112, 571/100; e em *Revista Trimestral de Jurisprudência*, 33/146. No Superior Tribunal de Justiça, domina também a mesma orientação, como testemunha o Recurso Especial nº 208.521-RS. 4ª Turma. Julgado em 06.12.1999, em *Revista dos Tribunais*, 778/230.

[108] STJ. Recurso Especial nº 52.220-SP. 4ª Turma, de 04.05.1999, publ. em 13.09.1999, em *Revista do Superior Tribunal de Justiça*, 128/221. A mesma inteligência consta no Recurso Especial nº 208.521-RS. 4ª Turma. Julgado em 06.12.1999, em *Revista dos Tribunais*, 778/230, citado na nota anterior.

venda em favor de um dos herdeiros, e se essa transmissão só pode operar-se em vida, coerente que se ataque desde logo o ato, ou desde quando violada a lei.

- Art. 179, sem regra equivalente no Código revogado, limitando em dois anos o prazo para postular a anulação do ato, a iniciar da conclusão do mesmo, quando a lei declara anulável determinado ato, sem estabelecer o prazo para providenciar na sua decretação.
- Art. 445 (art. 178, §§ 2º e 5º, da lei civil anterior), onde se garante o prazo de trinta dias para obter a redibição ou o abatimento no preço, se a coisa for móvel; e de um ano, se tratar-se de imóvel, contado da entrega efetiva. Se já estava na posse, conta-se o prazo da alienação, reduzido à metade. No entanto, por força do § 1º do mesmo artigo, se o vício, por sua natureza, só puder ser conhecido mais tarde, o período decadencial principia a correr no momento em que dele tiver ciência a parte lesada, até o máximo de cento e oitenta dias, caso o bem for móvel; e até o máximo de um ano, se cuidar-se de imóvel. Envolvendo a transação animais, aplica-se o mesmo prazo assinalado para as coisas móveis, se não houver regra disciplinando diferentemente a matéria, consoante o § 2º.

Em vista do art. 446, os prazos acima não correm, em existindo cláusula de garantia, e enquanto a mesma perdurar. Cabe ao adquirente, porém, denunciar o defeito nos trinta dias seguintes ao seu descobrimento, sob pena de decadência.

- Art. 501, garantindo o prazo de um ano para as ações de abatimento de preço ou complementação de área nas compras e vendas de imóveis com áreas superiores ou inferiores às constantes no contrato. Conta-se o lapso de tempo a partir do registro do título. Havendo atraso na imissão da posse no imóvel, atribuível ao alienante, a partir da entrega fluirá o prazo de decadência.
- Art. 504 (art. 1.139 do Código de 1916), que limita o prazo de cento e oitenta dias para o condômino preterido, na venda de imóvel comum, exercer o direito de preferência.
- Art. 505 (art. 1.140 do Código revogado), concedendo o prazo de três anos para exercer o direito assegurado na retrovenda, de reaver o imóvel, restituindo o preço recebido e reembolsando as despesas. Conta-se o prazo a partir da data da escritura.

A questão cuida de compra e venda de imóvel com a cláusula de retrovenda, contemplada no art. 505: "O vendedor de coisa imóvel pode reservar-se o direito de recobrá-la no prazo máximo de decadência de 3 (três) anos, restituindo o preço recebido e reembolsando as despesas do comprador, inclusive as que, durante o período de resgate, se efetuaram com a sua autorização escrita, ou para a realização de benfeitorias necessárias".

- Art. 512 (art. 1.147 do Código revogado), quanto à venda a contento, impondo que, em não havendo prazo estipulado para a declaração do agrado pelo comprador, o vendedor terá o direito de intimá-lo, judicial ou extrajudicialmente, para que o faça em prazo improrrogável. Naturalmente, colocará o vendedor o prazo, não podendo revelar-se exíguo, ou de alguns dias.
- Art. 513, parágrafo único (art. 1.149 do Código anterior), que preserva o prazo de cento e oitenta dias, se a coisa for móvel, ou de dois anos, se imóvel, a partir do ato da venda, durante o qual prevalece a cláusula de preempção ou preferência em favor do vendedor, na venda do bem que o comprador fizer no curso de tal prazo.
- Art. 516 (art. 1.153 do Código revogado), que estabelece o dever de o comprador ofertar para o vendedor a coisa objeto da venda, a fim de que este exerça o direito de preempção ou preferência na compra, tanto por tanto. O prazo, para dizer do interesse, em se tratando de coisas móveis, limita-se a três dias; já no pertinente a imóveis, estende-se para sessenta dias. Eis a regra: "Inexistindo prazo estipulado, o direito de preempção caducará, se a coisa for móvel, não se exercendo nos 3 (três) dias, e, se for imóvel, não se exercendo nos 60 (sessenta) dias subsequentes à data em que o comprador tiver notificado o vendedor".
Ou seja, insere-se uma cláusula obrigando-se o comprador a oferecer, antes, a oportunidade do vendedor em readquirir a mesma coisa, em conformidade com o assegurado pelo dispositivo acima.
- O art. 550 (art. 1.177 da lei civil de 1916), reservando o prazo de dois anos para a anulação da doação feita pelo cônjuge adúltero ao seu cúmplice, devendo a ação vir promovida pelo outro cônjuge ou seus herdeiros.

Realmente, o art. 550 assegura ao outro cônjuge ou aos seus herdeiros necessários a anulação da doação do cônjuge adúltero ao seu cúmplice, até dois anos depois de dissolvida a sociedade conjugal. Não significa que se impeça a promoção da lide competente durante a vigência da sociedade conjugal, obviamente ajuizável apenas pelo outro cônjuge.

Cuida-se da anulação de doação de um dos cônjuges ao concubino, apesar de o art. 1.642, inc. V assegurar o direito tanto do marido como da mulher em reivindicar os bens comuns, móveis ou imóveis, doados ou transferidos pelo outro cônjuge ao concubino, desde que provado que os bens não foram adquiridos pelo esforço comum destes, se o casal estiver separado de fato por mais de cinco anos.

A nulidade ou anulação de doações restringe-se tão somente às pessoas casadas, não sendo possível a aplicação aos solteiros, viúvos, separados ou divorciados.

– Art. 554, dispondo que a doação a entidade futura caducará se, em dois anos, a mesma não se constituir legalmente.
– Art. 559, que limita em um ano o prazo para a ação de revogação de doação tendo como amparo as hipóteses de ingratidão discriminadas no art. 557. Consoante os arts. 555 a 557, revogam-se as doações por inexecução do encargo recebido do doador, e por ingratidão do donatário, sendo admitidas, neste último fundamento, unicamente as seguintes eventualidades: se o donatário atentou contra a vida do doador ou cometeu crime de homicídio doloso contra ele; se cometeu contra ele ofensa física; se o injuriou gravemente ou o caluniou; e se, podendo ministrá-los, recusou ao doador os alimentos de que este necessitava.

Inicia o prazo decadencial na data do fato revelador do fato ensejador da causa. Na repetição de fatos, não se conceberá o evento no significado de continuidade, mas considera-se cada um deles de forma autônoma. Na ofensa física, repetida em três momentos distintos, o período da decadência fluirá separadamente, a contar de cada ofensa.

De outra parte, extrai-se do art. 560 que a revogação não se transmite aos herdeiros do doador, nem prejudica os do donatário. Mas aqueles podem prosseguir na ação iniciada pelo doador, continuando-a contra os herdeiros do donatário, se este falecer depois de ajuizada a lide. Trata-se, pois, de ação personalíssima, a ser intentada pelo doador, a ponto de não permitir o Código a propositura por outras pessoas, dirigindo-se a demanda apenas contra o ingrato. A respeito, pontificou no Superior Tribunal de Justiça, sobre o assunto, tendo em conta o então art. 1.185, que está substituído pelo art. 560 do atual Código: "A disposição do artigo 1.185 do Código Civil, estabelecendo que personalíssimo o direito de pedir a revogação da doação, só se aplica quando isso se pleitear em virtude de ingratidão do donatário e não quando o pedido se fundar em descumprimento de encargo". Aduz-se, no curso do voto: "Não se justificaria, com efeito, que apenas o doador pudesse postular a revogação. Essa restrição se justifica quando se trata de ingratidão. Em tal caso, razoável se limite a titularidade da ação ao doador, pois, a quem praticou o ato de liberalidade e foi vítima da ofensa, em que se traduziu a ingratidão, se há de reservar a decisão sobre se é o caso de desfazê-lo. A mesma razão não se apresenta quando se cuida de inadimplemento de encargo".[109]

---

[109] Recurso Especial nº 95.309-SP. Relator: Min. Eduardo Ribeiro. 3ª Turma. Julgado em 27.04.1998, *DJU* de 15.06.1998, em *Direito Imobiliário*, boletim semanal nº 47, p. 892, novembro de 1998.

Finalmente, considerando que o prazo acima restringe-se à anulação por inexecução de encargo e por ingratidão, extrai-se que as demais causas de se anular ou revogar submetem-se ao prazo comum de dez anos, previsto no art. 205.

- Art. 618, parágrafo único, assegurando o prazo de cento e oitenta dias para o dono da obra em propor a ação contra o empreiteiro de materiais e execução, a contar do aparecimento do vício ou defeito relativamente à solidez e segurança do trabalho, nos contratos de empreitada de edifícios e outras construções respeitáveis, valendo o direito durante cinco anos desde a conclusão da obra.

Conforme entendimento predominante, o prazo de cinco anos é de simples garantia. Durante seu curso, o construtor obriga-se a assegurar a solidez e a garantia da construção. Mas não envolve a indenização pelos prejuízos que advierem da imperfeição da obra. Bem explícito é Washington de Barros Monteiro, sobre o prazo que anteriormente era de vinte anos e hoje encurtou-se para dez anos, para reclamar o valor da indenização, decorrente de vícios verificados durante o mencionado lapso de cinco anos: "Só ao cabo de vinte anos prescreve a ação... para a reposição da obra em perfeito estado".[110]

Carvalho Santos é mais incisivo nesta *opinio*: "O prazo de cinco anos aí prefixado não diz respeito ao exercício da ação que o proprietário pode intentar contra o construtor, em razão de sua responsabilidade. Esta sim é que se presume sempre, se se manifestam os vícios da obra ou sobrévem a ruína nesse prazo.

De fato, nos termos do texto que comentamos, o construtor fica obrigado a garantir a solidez e a segurança da construção que fizer pelo prazo de cinco anos. Mas não obriga a lei que o dono da obra intente a sua ação nesse mesmo prazo. Pelo que parece evidente que a sua ação prescreverá em vinte anos, contados do momento em que se verificar a falta de segurança ou solidez da obra".[111]

A aplicação jurisprudencial era pacífica nessa exegese, observando, entrementes, que o período decadencial passou a ser de cento e oitenta dias a começar do surgimento do vício ou defeito.

- Art. 859, relativamente ao concurso com promessa de recompensa, afirmando ser condição essencial, para valer, a fixação de um prazo. Tal prazo fica a critério do programador do concurso.
- Art. 1.251, onde se assinala o prazo de um ano, para a ação do proprietário do prédio desfalcado contra o do prédio aumentado pela avulsão, contando-se o prazo do dia em que ocorreu a avulsão.

---

[110] *Curso de Direito Civil – Direito das Obrigações*, 2ª ed., São Paulo, Editora Saraiva, 1962, 2º vol., p. 207.
[111] *Código Civil Brasileiro Interpretado*, ob. cit., 8ª ed., 1964, vol. XVII, pp. 347 e 348.

O art. 1.251 explica o fenômeno da avulsão, e as viabilidades oferecidas ao dono do prédio desfalcado: "Quando, por força natural violenta, uma porção de terra se destacar de um prédio e se juntar a outro, o dono deste adquirirá a propriedade do acréscimo, se indenizar o dono do primeiro ou, sem indenização, se, em 1 (um) ano, ninguém houver reclamado". Não verificada a reclamação no período mencionado, consolida-se a propriedade em nome do dono do prédio no qual se deu a anexação.

Observa Clóvis Beviláqua, tendo em vista os arts. 541 e 542 do Código anterior, cujos conteúdos se repetem no atual art. 1.251 e em seu parágrafo único, que a faculdade, "segundo determina o art. 541, dá opção ao réu para aquiescer na remoção da terra, que se veio juntar ao seu prédio, ou para indenizar o reclamante. Decorrido um ano, declara o art. 542, a junção da terra ficará definitivamente incorporada ao prédio onde se acha, perdendo o antigo dono o direito de reivindicá-la ou de ser indenizado...".[112]

- Art. 1.302, prevendo o lapso de ano e dia após a conclusão da obra, para o proprietário exigir que se desfaça janela, sacada, terraço ou goteira sobre o seu prédio. Escoado o prazo, não se lhe permite, por sua vez, edificar abrindo janela, ou fazendo eirado, terraço ou varanda a menos de metro e meio do terreno vizinho, ou impedindo ou dificultando o escoamento de águas da goteira, com prejuízo para o prédio vizinho.

A norma enseja dúvidas. Mesmo concordando na obra irregular, o dono do prédio serviente reveste-se de titularidade para o desfazimento?

Os autores, ao tempo da norma do art. 576 do Código de 1916, dividiam a anuência em expressa e tácita. Não aceitavam a possibilidade da retirada ou do desfazimento se não fosse expressa. O disposto no então art. 576 só se referia à anuência tácita ou presumida. Mostrava-se coerente a exegese, e estende-se ao atual art. 1.302. Realmente, contra o disposto pelas partes nada se pode exigir. Não contraria preceito legal a disposição de suas vontades.

O prazo é computado a partir da obra e não da abertura da janela, ou da construção de sacada, terraço ou varanda.

Se o dono, durante o referido lapso de tempo, fica inerte, firma-se o direito do vizinho, que se transforma em verdadeira servidão de continuar com a janela no estado em que a colocou. Escoado o prazo, não se conclua que fica autorizado a construir desrespeitando a restrição do art. 1.302.

- Art. 1.481, que oferece o prazo de trinta dias, a contar do registro do título aquisitivo, para o adquirente de imóvel hipotecado manifestar o direito de remi-lo, citando os credores hipotecários e propondo importância não inferior ao preço por que o adquiriu.

---

[112] *Código Civil dos Estados Unidos do Brasil Comentado*, ob. cit., vol. I, p. 380.

– Art. 1.555 e seus parágrafos 1º e 2º, fixando o prazo de cento e oitenta dias para o menor em idade núbil, quando não autorizado por seu representante legal, pedir a anulação do casamento. Estende-se a faculdade aos seus representantes legais ou aos herdeiros necessários. Inicia o prazo, para a propositura da ação, do dia em que cessou a incapacidade, se o menor a ajuizar; a partir do casamento, para o caso dos representantes promoverem a lide; e da morte do incapaz, se os herdeiros forem os autores.

– Art. 1.560, prevendo, para ser intentada a ação de anulação do casamento, a contar do dia da celebração, os seguintes prazos:

"I – de cento e oitenta dias, no caso do inc. IV do art. 1.550, isto é, no casamento celebrado por incapaz de consentir ou manifestar, de modo inequívoco, o consentimento;

II – de dois anos, se incompetente a autoridade celebrante;

III – de três anos, nas hipóteses dos incisos I a IV do art. 1.557, onde consta que se considera erro essencial sobre a pessoa do outro cônjuge os seguintes casos:

a) o que diz respeito à sua identidade, sua honra e boa fama, sendo esse erro tal que o seu conhecimento ulterior torne insuportável a vida em comum ao cônjuge enganado;

b) a ignorância de crime, anterior ao casamento que, por sua natureza, torne insuportável a vida conjugal;

c) a ignorância anterior ao casamento, de defeito físico irremediável, ou de moléstia grave e transmissível, pelo contágio ou herança, capaz de pôr em risco a saúde do outro cônjuge ou de sua descendência;

d) a ignorância, anterior ao casamento, de doença mental grave que, por sua natureza, torne insuportável a vida em comum ao cônjuge enganado.

IV – De quatro anos, se houver coação."

– Art. 1.560, § 1º, fixando o prazo de cento e oitenta dias para exercer o direito de anular o casamento dos menores de dezesseis anos, iniciando, para o menor, do dia em que o menor perfez essa idade, e da data do casamento, para seus representantes legais e ascendentes.

– Art. 1.560, § 2º, onde consta o prazo de cento e oitenta dias para a anulação do casamento realizado pelo mandatário, sem que ele ou o outro contraente soubesse da revogação do mandato, e não sobrevindo coabitação entre os cônjuges, contando o lapso de tempo a começar da data em que o mandante tiver conhecimento da celebração.

– Art. 1.614, concedendo o prazo de quatro anos para o filho maior impugnar o reconhecimento da paternidade ou maternidade, a iniciar da maioridade ou emancipação: "O filho maior não pode ser reconhecido sem o seu consentimento, e o menor pode impugnar o reconhecimento, nos quatro anos que se seguirem à maioridade, ou à emancipação".

É bem possível que o filho venha a saber que sua mãe, em sua vida de aventuras, no período presumível da concepção, tenha tido em momentos próximos mais de uma ligação amorosa. E, certamente, constitui razão ponderável ao filho a pretensão de rejeitar a paternidade não verdadeira, para buscar a que entende real, que poderá, inclusive, trazer repercussões sociais e econômicas mais vantajosas.

Não se pode negar o direito se incapaz o filho, que será representado, no caso, pelo curador nomeado na interdição, ou por outro que o juiz designará na própria ação.

Quanto ao menor, percebe-se o prazo de quatro anos para viabilizar a impugnação a contar do início da maioridade. No entanto, nada impede que ele ingresse antes com a ação, ou enquanto menor, se devidamente representado ou assistido.

- Art. 1.649, que reserva o prazo de dois anos, contado do término da sociedade conjugal, para providenciar na anulação do ato praticado sem autorização do outro cônjuge, nos seguintes casos, apontados no art. 1.647:

    "I - alienação ou gravação de ônus real os bens imóveis;

    II - pleito, como autor ou réu, acerca desses bens ou direitos;

    III - prestação de fiança ou aval;

    IV - doação, não sendo remuneratória, de bens comuns, ou dos que possam integrar futura meação."

Interessa, no caso, observar a existência de atos cuja validade depende da presença do marido e da mulher, como os que envolvem transmissões ou onerações de imóveis, e concessão de fiança ou aval.

- Art. 1.815, parágrafo único, assegurando o prazo de quatro anos para o direito de demandar a exclusão do herdeiro ou legatário, contado da abertura da sucessão; e o art. 1.965, parágrafo único, que estabelece em quatro anos o período decadencial para exercer o direito de provar a causa de deserdação, a contar da data da abertura do testamento.

O art. 1.814 autoriza a exclusão dos herdeiros:

    "I - que houverem sido autores, coautores ou partícipes de homicídio doloso, ou tentativa deste, contra a pessoa de cuja sucessão se tratar, seu cônjuge, companheiro, ascendente ou descendente;

    II - que houverem acusado caluniosamente em juízo o autor da herança ou incorrerem em crime contra a sua honra, ou de seu cônjuge ou companheiro;

    III - que, por violência ou meios fraudulentos, inibirem ou obstarem o autor da herança de dispor livremente de seus bens por ato de última vontade."

Consoante o art. 1.815, dependerá de sentença a exclusão do herdeiro ou legatário em qualquer dos casos citados de indignidade.

As causas de deserdação dos descendentes pelos ascendentes, além das constantes no art. 1.814, aparecem no art. 1.962, sendo:

"I – ofensa física;

II – injúria grave;

III – relações ilícitas com a madrasta ou o padrasto;

IV – desamparo do ascendente em alienação mental ou grave enfermidade."

Já as causas de deserdação dos ascendentes pelos descendentes, a par das inseridas no art. 1.814, estão no art. 1.963:

"I – ofensa física;

II – injúria grave;

III – relações ilícitas com a mulher ou companheira do filho ou a do neto, ou com o marido ou companheiro da filha ou o da neta;

IV – desamparo do filho ou neto com deficiência mental ou grave enfermidade."

– Art. 2.027, parágrafo único, que delimita em um ano o prazo para anular a partilha, desde que contenha os vícios e defeitos que invalidam os negócios jurídicos em geral.

O art. 2.027 trata da partilha anulável. O prazo de um ano é para a anulabilidade e não para a nulidade, cuja alegação não é limitada pelo decurso do tempo, por força do art. 169 do Código atual.

Washington de Barros Monteiro salienta, primeiramente, o conteúdo do art. 1.805, equivalente ao atual art. 2.027, de tornar anulável a partilha pelos vícios e defeitos que invalidam, em geral, os atos jurídicos, sendo esses vícios e defeitos "o erro ou ignorância, o dolo, a coação e a simulação, definidos no Capítulo II, Título I, do Livro III, do Código Civil..." (atualmente Capítulo IV, Título I, do Livro III, da Parte Geral do Código). De ressalvar que, presentemente, a simulação é ato nulo (art. 167 do Código).

Todavia, a partilha pode impregnar-se de nulidade absoluta, nos termos do art. 166, como "a partilha de que tenha participado pessoa absolutamente incapaz, sem intervenção de seu representante legal; ou que tenha abrangido objeto ilícito ou impossível; ou que haja sido elaborada com inobservância de disposição legal de natureza taxativa".

Em casos tais, finaliza o mencionado autor, não se pode admitir um prazo tão curto para o que denomina prescrição, sendo atualmente o prazo para a decadência.[113]

Pontes de Miranda endossa a posição de estabelecer o prazo vintenário (pelo Código atual o prazo seria de dez anos) a favor de quem não foi parte no ato de partilha.[114]

Jefferson Daibert refere que a então prescrição estendia-se por vinte anos porque existiria um ato nulo na partilha, e "ato nulo não chega a nascer, não pode produzir efeitos, e se é, como afirmamos, natimorto, é imprescritível. Contudo, poder-se-ia aplicar-lhe a prescrição dos direitos pessoais, que é de dez anos".[115]

Orlando Gomes, distinguindo os atos nulos e anuláveis, observa o caso de faltar um dos elementos essenciais à partilha, como na participação de herdeiro menor quando amigável o arrolamento: "Não se trata, no caso, de vício ou defeito da vontade, mas de falta de um elemento sem o qual o ato não pode ter validade. Será, pois, nulo de pleno direito, não se lhe aplicando a disposição do art. 1.805 do Código Civil, mas a regra geral de que não prescrevem os atos nulos, ou, quando muito, prescrevem em vinte anos".[116]

Insta observar que, pelo presente Código – art. 169 –, não se fixa algum tempo para suscitar a nulidade. Se passar um lapso de quinze ou mais anos na posse de um bem, com os requisitos previstos para o usucapião, pode-se dar, aí, o reconhecimento desta forma de aquisição do domínio, tornando sem efeito a nulidade.

Sílvio Rodrigues traz uma exegese bem aceitável para encontrar a explicação de que os arts. 1.805 e 178, § 6º, inc. V, do mesmo Código Civil de 1916, e, assim, o art. 2.027 e seu parágrafo único do atual Código, cujos conteúdos equivalem, se restringem aos casos de anulabilidade: "Primeiro, porque o art. 178, § 6º, inc. V, do Código Civil refere-se especificamente ao art. 1.805, que cuida apenas, e tão só, da partilha anulável, e não da nula, de modo que só se aplica aos casos de anulação por defeito de erro, dolo, coação, simulação ou fraude. Segundo, porque os atos nulos, conforme vimos, são imprescritíveis".[117]

Parece que aí está o cerne da questão.

Conclui-se, conforme a jurisprudência: "Todos os vícios processuais, inclusive os da sentença, uma vez transitada em julgado, passam a ser relati-

---

[113] *Curso de Direito Civil – Direito das Sucessões*, 4ª ed., São Paulo, Editora Saraiva, 1962, pp. 311 e 312.
[114] *Tratado de Direito Privado*, São Paulo, Editora Revista dos Tribunais, 1974, vol. 6º, p. 349.
[115] *Direito das Sucessões*, Rio de Janeiro, Forense, 1976, p. 372.
[116] *Sucessões*, Rio de Janeiro, Forense, 1973, p. 333.
[117] *Direito Civil, Direito das Sucessões*, São Paulo, Editora Saraiva, 1972, vol. VII, p. 283.

vos, e desde que cobertos pela *res judicata*, somente são apreciáveis em ação rescisória, específica à desconstituição do julgado. Um deles, porém, restou indene à transformação da *querela nulitatis*, em ação rescisória: a falta de citação inicial, que permaneceu como citação *ipso iure*, com todo o vigor de sua conceituação absoluta de tornar insubsistente a própria sentença transitada em julgado".[118]

É fora de dúvida que a lei tem em conta, no art. 2.027, exclusivamente os vícios e defeitos que tornam anulável a partilha.

E não poderia ser diferente a exegese. Inconcebível que objetivasse dar a lei o mesmo tratamento para situações de intensidade diferente. Os fatores que ensejam a nulidade são de conteúdo bem mais grave. Realmente, quem não participou do inventário, ou teve um bem particular incluído na partilha, ou, mesmo participando, era menor ou totalmente incapaz, e não foi regularmente representado, não se encontra no mesmo pé de igualdade da pessoa que, participando, foi enganada na distribuição do patrimônio.

Válida esta conclusão de João Alberto Leivas Job, escrevendo sobre o art. 1.805, que equivale ao art. 2.027 ora em vigor: "O art. 1.805... do Código Civil brasileiro apenas determina as condições em que a partilha é ato jurídico anulável, permanecendo o mesmo capítulo omisso a uma referência especial aos casos de partilha enquanto ato nulo".[119]

Na mesma posição, o Supremo Tribunal Federal, há bastante tempo, restringindo os arts. 178, § 6º, inc. V, e 1.805, do Código de 1916, e, assim, o art. 2.027 e seu parágrafo único, do presente Código, aos atos anuláveis, e referindo-se à prescrição: "I – Prescrição ânua do art. 178, § 6º, V, do Código Civil para a partilha simplesmente anulável e não a nula. II – Os prazos do art. 178 não se aplicam aos atos nulos, mas apenas aos anuláveis... Nesses casos, há a prescrição ordinária e não a breve e excepcional de um ano, nem a decadência inerente à rescisória".[120]

No pertinente à partilha amigável, lavrada por instrumento público, ou reduzida a termo nos autos do inventário, ou constante de escrito particular homologado pelo juiz, há a disciplina específica, no tocante à prescrição (que deve ser havida como decadência, para manter coerência com o vigente Código Civil) pelo art. 1.029 e seu parágrafo único do Código de Processo Civil (art. 657 e seu parágrafo único do novo CPC): a anulação por dolo,

---

[118] TJRGS. Agravo de Instrumento nº 589034555. 6ª Câmara Cível, de 27.06.1989, em *Revista de Jurisprudência do TJRGS*, 142/152.

[119] *Da Nulidade da Partilha*, 2ª edição, São Paulo, Editora Saraiva, 1986, pp. 5 e 6.

[120] Recurso Extraordinário nº 94.302-1-SC, de 17.09.1982, em *Lex – Jurisprudência do Supremo Tribunal Federal*, 48/108.

coação, erro essencial ou intervenção de incapaz prescreve em um ano, a contar:

"I – no caso de coação, do dia em que ela cessou;

II – no de erro ou dolo, do dia em que se realizou o ato;

III – quanto ao incapaz, do dia em que cessar a incapacidade."

Em outros diplomas vêm apontados prazos decadenciais. Assim, o Código de Processo Civil, no art. 495 (art. 975 do novo CPC), reserva o prazo extintivo de dois anos, a contar do trânsito em julgado da sentença, para a propositura da ação rescisória. A Lei nº 1.533, de 31.12.1951, assegura o prazo de cento e vinte dias para o lesado propor a ação de mandado de segurança, mas observando o modo de contagem do prazo: "Em se tratando de prestações de trato sucessivo, o prazo decadencial do direito ao mandado de segurança conta-se a partir de quando se exigiu o pagamento de cada uma das prestações".[121] Não se propondo o *mandamus* no prazo, dá-se a decadência: "Decorrido o prazo de cento e vinte dias para a impetração do *writ of mandamus*, não sendo o mesmo ajuizado, verifica-se a ocorrência da decadência, ensejadora da extinção do processo, pelo mérito (art. 269, IV, do CPC)".[122] O citado dispositivo corresponde ao art. 487, inc. II, do novo CPC.

A Lei nº 8.245, de 18.10.1991, disciplinando as locações de prédios urbanos, no art. 33, reserva o prazo de seis meses para o locatário manifestar o direito de preferência, no caso de venda do imóvel a estranho, sem que lhe tenha sido oferecido.

Para propor a ação rescisória, o prazo é de dois anos, sendo que o inc. VIII do § 10 do art. 178 do Código Civil revogado assinalava o prazo de cinco anos, mantendo-se omisso o atual diploma. A matéria está no art. 495 do Código de Processo Civil, que expressa: "O direito de propor ação rescisória se extingue em dois (2) anos, contados do trânsito em julgado da decisão".

No novo CPC, a regulamentação do prazo consta no art. 975 e em seus vários parágrafos, que acrescentam exceções em relação ao regime anterior se fundada a ação em prova nova, quando o prazo alonga-se para cinco anos, e em relação ao começo do prazo, quando a demanda tem como causa a simulação ou a colusão das partes:

"O direito à rescisão se extingue em 2 (dois) anos contados do trânsito em julgado da última decisão proferida no processo.

§ 1º Prorroga-se até o primeiro dia útil imediatamente subsequente o prazo a que se refere o *caput*, quando expirar durante férias forenses, recesso, feriados ou em dia em que não houver expediente forense.

---

[121] STJ. Recurso Especial nº 53.366-PR. 1ª Turma. *DJU* de 12.12.1994, p. 34.329.
[122] STJ. Recurso em Mandado de Segurança nº 10.702-MG. 1ª Turma, de 22.06.1999, em *Revista do Superior Tribunal de Justiça*, 126/68.

§ 2º Se fundada a ação no inciso VII do art. 966, o termo inicial do prazo será a data de descoberta da prova nova, observado o prazo máximo de 5 (cinco) anos, contado do trânsito em julgado da última decisão proferida no processo.

§ 3º Nas hipóteses de simulação ou de colusão das partes, o prazo começa a contar, para o terceiro prejudicado e para o Ministério Público, que não interveio no processo, a partir do momento em que têm ciência da simulação ou da colusão".

Trata-se de um prazo de decadência, não se suspendendo nem se interrompendo. De modo que a citação não tem o efeito de interromper, como acontece na prescrição.

Em princípio, inicia o prazo de dois anos a partir do primeiro dia útil seguinte ao trânsito em julgado da sentença ou do acórdão que se procura rescindir.[123] Naturalmente, em se tratando de acórdão ou decisão de instância superior, desde que não interposto serodiamente. Se intempestivo, portanto, e até se presente a ilegitimidade de parte, não se leva em consideração a interposição do recurso. Enquanto corre o recurso, seja de que espécie for, não se conta o prazo. Mesmo que recebido no efeito meramente devolutivo, ou se constitua de embargos de declaração, ou de agravo regimental em agravo de decisão denegatória de recurso extraordinário ou especial, não se conta o prazo.[124] Em se cuidando de reexame necessário, o lapso temporal inicia depois de transitada em julgado a sentença para a parte em favor da qual se instituiu dito reexame. Ao outro litigante não pode favorecer essa dilatação, dando-se o começo quando, para ele, a sentença se tornou definitiva.

Se o prazo vence durante o período das férias forenses, dá-se a prorrogação até o primeiro dia útil seguinte ao seu término.

---

[123] STJ. Recurso Especial nº 41.488-1-RJ. 6ª Turma. Julgado em 1º.03.1994.
[124] STJ. Recurso Especial nº 13.415-RJ. 3ª Turma. Julgado em 25.05.1992.

Capítulo XXIV

A Forma e a Prova nos Negócios Jurídicos

1. DISTINÇÕES. CONCEITO E IMPORTÂNCIA DA FORMA

No Código Civil de 1916, a forma e a prova vinham disciplinadas conjuntamente no Capítulo IV, Título I, Livro III, da Parte Geral. O vigente Código trata, no Título V, do Livro III, da Parte Geral, somente da prova, sob a compreensão de que a forma está subsumida naquela. No entanto, não se conclua que não cuida da forma propriamente dita. Há dispositivos dedicados somente à forma, como se verá. Embora a distinção dos assuntos, eis que a forma prende-se à manifestação dos atos ou negócios, enquanto a prova diz com a sua demonstração, há certa proximidade e, às vezes, identificação, pois a primeira, em não poucos casos, constitui ou revela a segunda. Que melhor prova existe, por exemplo, que a própria escritura pública nas transmissões imobiliárias? Aliás, a lei mesma (art. 108 do Código Civil, que não se afastou do texto do art. 134 do Código anterior) encarrega-se de impor que a forma, em situações previstas, faz a prova plena. Não se pode esquecer, entrementes, que a forma integra a obrigação, ao passo que a prova não passa de um meio para certificar a sua existência.

Em vista da distinção de natureza, por questão de método, e para melhor delimitação, tratar-se-á de cada assunto distintamente.

Sabe-se que os atos ou negócios jurídicos são emanações da vontade. Esses produtos necessitam aparecer, ou se revelam em declarações, as quais se exteriorizam através de formas. Consoante Antônio Junqueira de Azevedo, que se apoia em Betti, "a vontade, como fato psicológico meramente interno, é alguma coisa de impossível de se agarrar, e incontrolável, que pertence unicamente ao foro íntimo da consciência individual. Somente na medida em que se torna reconhecível no ambiente social, seja como declaração, seja como comportamento, ela se torna um fato social".[1] Efetivamente, a vontade sai do

---

[1] *Negócio Jurídico* – Existência, Validade e Eficácia, ob. cit., p. 98.

intelecto ou da consciência por meio de uma declaração ou uma conduta, a qual, por sua vez, se revela mediante a forma. Dá Henoch D. Aguiar esse ciclo de formação do negócio: "La expresión traduce al mundo exterior un estado de conciencia que sin ella permanecería en la intimidad de nuestro ser, ignorado de los demás. Sólo puede traducirse por un hecho perceptible, que complete el proceso de la voluntad de lo subjetivo a lo objetivo, éste, como última etapa de una elaboración consciente que termina en el acto".[2]

A vontade, não ficando reclusa no íntimo do espírito, mas vindo ao exterior pela declaração da vontade, se corporifica através da forma, que se define como o aspecto visível do conteúdo da vontade. A declaração de vontade revela o conteúdo interno do que pensa e quer o agente através de elementos visíveis ou comportamentos. Trata-se do modo concreto de manifestação de vontade, ou do meio de expressão da vontade, ou do aspecto externo que a declaração assume, no pensamento de Francisco Amaral.[3]

Compreende a exteriorização da vontade, ou o conjunto de elementos ou instrumentos pelos quais se torna visível a vontade nos negócios jurídicos, ou, numa expressão do gosto de muitos doutrinadores fundados em Clóvis, o conjunto das solenidades que devem ser observadas para que a declaração de vontade tenha eficácia jurídica.

O ato de vontade ou negócio somente se concretiza através da declaração quando passa do mundo interno para o externo, sendo que atinge este derradeiro momento se está revestido de alguma visualização, a qual se realiza em solenidades, como a palavra, a escrita, os gestos, a conduta, a voz e outros sinais apropriados.

Embora a tendência ao informalismo e ao desapego a fórmulas para a visualização da declaração da vontade, não resta dúvida que a certeza extrínseca depende de sinais indispensáveis para a sua constatação. O complexo de medidas, de técnicas, e de meios para dar um contorno, visualizar e materializar o ato ou negócio, desemboca no formalismo, o qual, juntamente com a publicidade, se arvora como fator de garantia do direito. Embora com bem menos rigor que no direito romano e no vetusto direito luso, a forma alça-se em importância pela segurança que transmite nos negócios. Antônio Chaves advertia, com profundo acerto: "Uma vez que não é o mesmo não ser e não aparecer, e que uma obrigação, que não pode ser provada, escapa à justiça humana, a determinação das formas e das provas das obrigações constitui um requisito extrínseco das mesmas, não menos essencial do que os requisitos intrínsecos".[4] Realmente, sem considerar os casos cuja observância da forma prevista diz com a validade do negócio, incontáveis as situações que a inobservância traz

---

[2] *Hechos y Actos Jurídicos*, ob. cit., vol. I, p. 95.
[3] *Direito Civil Brasileiro* – Introdução, ob. cit., p. 426.
[4] *Tratado de Direito Civil* – Parte Geral, vol. I, tomo II, ob. cit., p. 1.270.

profundas dificuldades, e oportuniza a não se convalidar o mesmo. Em todos os negócios jurídicos, há a parte intrínseca, como a vontade e a licitude do objeto; e a parte exterior, que é exposição ou revelação concreta do ato ou negócio. Muitas as relações contratuais que não convalescem por causa da precariedade da exteriorização. Gravíssimos os problemas que aportam os negócios mal revelados ou formalizados. Quantas avenças sucumbem, ou convertem-se em perdas e danos, pela inobservância da forma. Exemplificativamente, estatuindo a lei determinado modo de se perfectibilizar a transferência de imóveis, não há como considerar efetuada a transferência mediante um simples contrato particular ou recibo de pagamento.

Entrementes, não se permite cair no polo oposto. Não se pense que, por causa da observância absoluta da forma, se tornem válidas estipulações eivadas de vícios ou nulidades. Grande parte dos contratos de adesão, quando a forma adquire perfeição absoluta, com regras sobre as mais imprevisíveis situações, encerra vícios insanáveis face às obrigações injustas e ao desequilíbrio nas obrigações. O Código de Defesa do Consumidor (Lei nº 8.078, de 11.09.1990) é pródigo em apontar cláusulas contratuais nulas, como as enumeradas no art. 51. Especialmente os contratos envolvendo operações bancárias, apesar da perfeição da forma, são frequentemente objeto de revisões, pouco significando a existência ou discriminação pormenorizada de cláusulas com a previsão das obrigações. Especialmente as confissões de dívida sujeitam-se à revisão, pouco valendo a intenção de inovar, não prevalecendo a inclusão de cláusula de que a parte está plenamente ciente das obrigações que está assumindo.

A matéria é das mais debatidas, merecendo profunda atenção quando envolve contratos de adesão em relações de consumo. Há sempre uma vinculação entre forma e conteúdo, sendo este que deve preponderar. Já no antigo direito era importante a forma, quando os negócios, para valerem, dependiam de uma série de formalismos, símbolos e fórmulas, como historia Washington de Barros Monteiro: "Assim, na compra e venda, entre os romanos, forçoso era que o comprador perguntasse: *dari spondes?*, e que o vendedor respondesse: *spondeo*. Nulo seria o contrato em que não se observasse esse ritual, extensivo também no processo, cujo rigor era tal, que se proclamava: *si virgula nequit cadit causa*".[5] Com o passar dos tempos foi se atenuando a sacramentalidade das fórmulas dos contratos, especialmente na Idade Média, por influência da moral cristã e dos teólogos, sob o enfoque de valores assentados na honestidade e na palavra dada. Já com a Idade Moderna seguiu a tendência. Posteriormente, depois da Revolução Francesa, e com o surto do capitalismo, quando passou a preponderar a liberdade contratual, a fim de assegurar o domínio da vontade, a tendência foi dar prestígio ao contrato, com a introdução de fórmulas para obrigar ao cumprimento das estipulações firmadas.

---

[5] *Curso de Direito Civil* – Parte Geral, ob. cit., p. 250.

2. A FORMA LIVRE

Grande parte dos negócios não requer forma especial, permitindo-se às partes estabelecer a maneira de sua exteriorização. Há figuras jurídicas onde constam assinalados os direitos e obrigações pela lei, impondo-se a sua obediência na celebração. No entanto, não se descreve a forma a ser obedecida, dando-se plena liberdade na sua manifestação, o que constitui um princípio dominante no direito moderno, conhecido como o princípio da forma livre. Efetivamente, assim como são incontáveis os interesses, de igual modo não é possível delimitar as maneiras de se externarem. Exemplificando, preveem as leis grande quantidade de contratos, como a compra e venda, a doação, o comodato, o mútuo, a locação, o depósito, o arrendamento rural, o *leasing*, a parceria, a promessa de compra e venda, o empréstimo, a distribuição, e assim incontáveis outras modalidades que envolvem a transferência de bens, a prestação de serviços, o uso, sem que se descreva como devem se formalizar.

Há um modo especial unicamente quando a lei ordena, traçando os rumos ou caminhos e as exigências determinadas para se externarem os negócios. Tal acontece, exemplificativamente, na compra e venda de imóveis, na constituição de direitos, onerações ou garantias sobre imóveis, no casamento, na escolha do regime de bens, na adoção. Em outros contratos, assinala-se a via do instrumento particular, mas enumerando-se os requisitos mínimos que hão de constar nos contratos. Na promessa de compra e venda, indicam-se os elementos a serem colocados nas avenças, segundo se depreende da Lei nº 6.766, de 19.12.1979, no art. 26; igualmente no arrendamento mercantil, regulado pela Lei nº 6.099, de 12.09.1974, no art. 5º.

Quando ordenada uma forma especial, torna-se condição para a validade do negócio. É o que acontece no casamento, na compra e venda de imóveis, na constituição de garantias reais. Não se considera realizado o casamento se os nubentes se afastarem das normas constantes dos arts. 1.525 e seguintes do Código Civil (arts. 180 e seguintes do Código anterior). De modo algum se dá a transferência do domínio com a simples emissão de um recibo de pagamento do valor do imóvel. Não basta a mera desistência de uma herança, ou dos direitos de meação, para transmitir a propriedade dos bens. Outros negócios tornam-se necessários, como o inventário apresentado em juízo, quando se realizará uma série de atos tendentes à transmissão.

O art. 107 consagra o princípio da forma livre, exceto se a especial vier determinado pela lei: "A validade da declaração de vontade não dependerá de forma especial, senão quando a lei expressamente a exigir". O art. 104 coloca a forma prescrita ou não defesa em lei como um dos pressupostos para a validade do negócio jurídico. Decorre daí que se a lei exigir determinada forma, é de rigor a sua obediência, para a validade do negócio jurídico. O art. 154 do Código de Processo Civil (art. 188 do novo CPC) repete praticamente a mesma regra, mas com restrição aos atos realizados no processo: "Os atos e termos processuais não dependem de forma determinada senão quando a lei expressamente a exigir, reputando-se válidos os que, realizados de outro modo, lhe preencham a finalidade essencial".

Na ótica do Código Civil, não transfere a propriedade a mera promessa de compra e venda, nem uma declaração de desistência de direitos sobre um imóvel. É como se pronunciou Orlando Gomes: "Quando a forma é vinculada, não vale o negócio jurídico se não a revestir. Sendo requisito essencial, sua falta acarreta-lhe a nulidade de pleno direito. Entretanto, a própria lei pode cominar sanção diferente para preterição de formalidade necessária".[6] No entanto, nos contratos em geral de valor não superior a dez salários mínimos, tal é a liberdade da forma, que permitida a comprovação mediante prova exclusivamente testemunhal.

3. A FORMA ESPECIAL

Unicamente quando a lei prever ou exigir uma maneira específica de se exteriorizar o negócio é obrigatória a observância para a sua validade. Trata-se do meio técnico para a exteriorização da vontade, ou das condições externas de sua expressão. Diante da determinação, não cabe optar por caminhos diferentes, os quais podem suscitar apenas alguns direitos, mas sem impor o negócio. Mostrava-se incisivo o art. 130 do Código Civil de 1916, sobre o assunto: "Não vale o ato jurídico, que deixar de revestir a forma especial, determinada em lei (art. 82), salvo quando esta comine sanção diferente contra a preterição da forma exigida". A cominação decorre da inobservância da exigência da forma que aparece prevista na lei, de sorte que não se faz necessária a previsão da nulidade ou invalidade.

Realmente, a observância da forma constitui-se em condição para a validade do negócio, ou para atingir o resultado, que se estabelece em forma *ad substantiam* ou *ad solemnitatem*. A inobservância acarreta a nulidade, o que se verifica, por exemplo, na adoção, no pacto antenupcial, no casamento, nos testamentos. O art. 166, incisos IV e V (art.145, incisos III e IV, do Código revogado), é peremptório em prever a nulidade: "É nulo o negócio jurídico quando: ... IV – não revestir a forma prescrita em lei; V – for preterida alguma solenidade que a lei considere essencial para a sua validade". A *ad substantiam* constitui o ato em si, como o casamento perante o juiz de paz, e a inscrição no registro civil, ou a escritura de compra e venda de imóvel; a *ad solemnitatem* abrange o conjunto de providências para a realização do ato ou negócio, ou, na visão de Francisco Amaral, "o conjunto dos atos que compreendem a forma e as medidas preparatórias ou consequentes do ato, necessárias à respectiva eficácia, como, por exemplo, o

---

[6] *Introdução ao Direito Civil*, ob. cit., p. 362.

conjunto de atos jurídicos necessários à realização do casamento e o registro da escritura de aquisição de um imóvel no Registro de Imóveis".[7]

A obediência à forma ordenada revela-se imprescindível para a validade do negócio, exceto se a lei, de modo expresso, acarrete cominações diferentes. Várias as previsões legais de forma especial ou solene, ou de exigências próprias, as quais aparecem impostas em vista da importância ou da natureza do ato ou negócio. Além de facilitar a sua demonstração, não permitindo tergiversações, imprimem certeza e normalmente trazem a proteção do Estado. Significa a forma para o ato ou negócio o mesmo que a moeda para o dinheiro, consoante comparação dos doutrinadores, simplificando a pesquisa da prova de sua existência e o exame do atendimento dos requisitos para a configuração do negócio.

A forma especial, verificada quando a lei ordena um modo peculiar de se expor o ato ou negócio, vem materializada de duas maneiras: ou por instrumento público, ou por instrumento privado ou particular. Nessas dimensões, pode explicitar exigências, ou requisitos, ou ritos, ou solenidades, como nos testamentos, nos quais múltiplas se afiguram as formalidades. E isso tanto na forma pública como na particular – situação comum também nos testamentos, descrevendo o Código Civil um extenso rol de elementos a serem observados, e até ritos, o que acontece na determinação da leitura das disposições pelo oficial público ou testador, conforme se tratar de testamento público ou particular – arts. 1.864, inc. II, e 1.876, § 1º do Código Civil (arts. 1.632, inc. III, e 1.645, incs. I e II, ambos do Código revogado).

Depreende-se, daí, que a forma especial abrange o instrumento público e o particular – vindo mais comumente disseminada no primeiro. Outrossim, se discrimina a lei os requisitos para determinados contratos, como na promessa de compra e venda (Lei nº 6.766, de 1979), e na concessão de crédito rural, industrial e comercial por meio de cédulas hipotecárias e pignoratícias (respectivamente, Decreto-lei nº 67, de 1967; Decreto-lei nº 413, de 1969; e Lei nº 6.840, de 1980), não significa que está dispondo sobre a forma. Na verdade, trata dos elementos para a configuração da espécie ou natureza contratual alvitrada. Da mesma maneira quanto à fiança, que se prestará sempre por escrito, em obediência ao art. 819 do Código Civil (art. 1.483 do Código anterior), sobre o que decidiu o Superior Tribunal de Justiça: "O art. 1.483 do CC dispõe expressamente que a fiança deve se dar por escrito e não admite interpretação extensiva. Assim sendo, se houve o ajustamento do valor da locação maior do que estipulado no contrato, com a transigência da locatária, os fiadores não estarão obrigados a responder pelo débito cobrado, não havendo que se falar em assentimento tácito".[8]

---

[7] *Direito Civil Brasileiro* – Introdução, ob. cit., p. 426.
[8] Recurso Especial nº 34.981-7-SP. 6ª Turma, de 13.12.1994, em *Revista do Superior Tribunal de Justiça*, 125/77.

Salienta-se que a forma pública decorre da vontade das partes ou da imposição da lei. No primeiro caso, os que realizam o ato ou negócio elegem o instrumento público para a sua materialização, consignando a exigência como condição de validade. Num documento, firma-se a obrigação da confecção através de instrumento público. De conformidade com o art. 109 (art. 133 do Código revogado), "no negócio jurídico celebrado com a cláusula de não valer sem instrumento público, este é da substância do ato". No entanto, alguma cautela é necessária na exegese da regra, posto que a posterior eleição do modo particular importa em revogação do que se dispusera antes, desde que a lei dê liberdade na escolha da forma. No pertinente à imposição pela lei, não podem as partes alterar a exigência. A obediência à imposição constitui condição para a validade do ato ou negócio. Dada a importância da matéria, virá desenvolvida em item separado.

A forma, em não raras situações, vem ordenada para efeitos probatórios, ou *ad probationem*, como bem enfoca Caio Mário da Silva Pereira: "A declaração de vontade existe e é válida, mas a produção de seus efeitos pode vir a depender do requisito formal. Ela é eficaz, mas, como a comprovação do ato está na dependência da forma, ficará sem consequências, por falta de exigibilidade".[9] A lei aponta a forma que deve ser adotada, ou a inserção de alguns elementos, como a assinatura de testemunhas – *v.g.*, o art. 215, § 5º (art. 134, § 5º, do Código anterior), quando os comparecentes em uma compra e venda de imóvel não forem conhecidos do tabelião; e a publicação de editais para a ciência de terceiros – *v.g.*, o art. 28 (art. 471 do Código revogado), que manda, no procedimento de declaração da ausência, publicar editais, para ciência de interessados, da sentença que determinar a abertura da sucessão provisória. De sorte que, malgrado realizado e válido o ato ou negócio, para atingir os efeitos plenos, ou passar a valer em relação a todos os terceiros, são indispensáveis as medidas preconizadas pela lei.

4. O FORMALISMO E O CONSENSUALISMO

Pelo formalismo, domina o apego à forma, vindo as manifestações da vontade revestidas ou inseridas em minuciosas regras, nas quais se descrevem todas as combinações, elencando os direitos, obrigações e consequências, com a previsão de cominações no descumprimento. Quanto mais insegurança contém uma avença, e menor garantia oferecem as partes no adimplemento, maior a imperatividade de cuidados, que se concretizam na minúcia de cláusulas e previsões que procuram trazer garantia na satisfação dos deveres.

---

[9] *Instituições de Direito Civil*, vol. I, ob. cit., p. 411.

Cresce a necessidade do formalismo nas relações impessoais, baseadas estritamente em valores econômicos. Numa sociedade de consumo, onde não se ingressa na realidade particular das pessoas, resta evidente a necessidade de rigor na formalização das relações, que se concentram na esfera comercial. Nos dias atuais, torna a adquirir força a forma não somente por motivo de segurança, mas também em razão da variedade de contratos, da necessidade de crédito, das compras a prazo, da entrega condicional de bens. Mormente nos contratos bancários é forte o formalismo, onde tudo deve ser descrito e ficar previsto, não se efetuando qualquer transação sem a devida e antecedente combinação. De realce a exigência do formalismo nos negócios com os entes públicos, não se admitindo a interpretação fora dos estritos termos de suas cláusulas.

Já o consensualismo assenta na liberdade de forma. Vincula-se e obriga-se a manifestação da vontade independentemente de forma, ou concede-se plena liberdade na elaboração dos contratos, porquanto as partes firmam-se sobretudo na honradez e no empenho da palavra dada, o que é comum nas comunidades mais simples e onde as pessoas se conhecem. Não se confunde o princípio com a ausência de instrumentalização das avenças, mas na liberdade em dar forma aos contratos, dentro do princípio do art. 107 (art. 129 do Código de 1916).

5. A ESCRITURA PÚBLICA E OUTROS INSTRUMENTOS PARA O SUPORTE DE ATOS OU NEGÓCIOS FORMAIS E ATOS OU NEGÓCIOS NÃO FORMAIS

Para a validade de muitos atos e negócios, a obediência à forma é imprescindível. Embora a matéria se encontre incluída dentre os dispositivos que tratam sobretudo da prova, envolve mais a forma, pois diz com o seu aparecimento ou apresentação no mundo fático, ou às providências que devem ser executadas para se alcançarem os efeitos pretendidos. Todavia, não se pode olvidar a pertinência à prova, eis que a forma leva à demonstração.

O estudo que aqui se desenvolverá cuida da maneira como deve se revelar o ato ou negócio para efeito de sua plena validade.

Os atos ou negócios formais e os não formais referem-se aos atos ou negócios com forma prescrita em lei e àqueles com forma livre. A forma especial compreende o modo de exteriorização e o conjunto de solenidades impostos pela lei, considerados essenciais para a validade do ato ou negócio. Visa dar garantia e autenticidade à manifestação da vontade. Já o modo livre de se externar, ou consensual, submete-se à formalização externa dada pelas partes, ou a elas compete modelar os atos ou negócios, havendo completa autonomia da vontade, o que não significa que descurem de seus pressupostos e requisitos. Dentre outras espécies, sobressaem a compra e venda de coisas móveis, a locação de quaisquer bens, o mandato, o comodato, o depósito, o arrendamento, a parceria.

A disciplina prende-se longamente aos atos ou negócios formais, posto que estabelecidos em lei. Os não formais submetem-se à forma que as partes convencionam dar. Outrossim, a forma divide-se em pública e particular, conforme lavrada por tabelião ou oficial público, ou por instrumento particular com as exigências, particularidades e solenidades que a lei discrimina.

Dentre vários outros, apontam-se os seguintes atos ou negócios que seguem forma especial determinada em lei:

– Os pactos antenupciais e as adoções – respectivamente arts. 1.653 (art. 256, parágrafo único, inc. I, do CC pretérito) – impondo a escritura pública –, e 1.623, parágrafo único (art. 134, inc. I, do Código de 1916) – exigindo a sentença judicial. Quanto aos primeiros, a permissão para a celebração e a disciplina encontram-se nos arts. 1.639 e seguintes (arts. 256 e seguintes do Código anterior); no pertinente às segundas, a regulamentação vem nos arts. 1.618 e seguintes do Código (art. 368 do Código de 1916, e art. 47 da Lei nº 8.069, de 13.07.1990 – Estatuto da Criança e do Adolescente, observando-se que a adoção pelo então Código Civil, envolvendo pessoas maiores, efetuava-se por escritura pública, enquanto a da Lei nº 8.069 restringia-se a pessoas menores, sendo constituída por sentença proferida pelo juiz).
– Os contratos constitutivos ou translativos, modificativos ou de renúncia de direitos reais sobre imóveis – art. 108 do Código (inc. II do art. 134 do Código de 1916), com valor acima de trinta vezes o maior salário mínimo vigorante no País, que se efetuam mediante escritura pública.

Os contratos constitutivos compreendem aqueles que incidem sobre imóveis, trazendo restrições ou encargos, como a hipoteca, enquanto os translativos expressam as alienações ou transmissões de imóveis. Os modificativos abrangem as alterações verificáveis nos direitos reais, estendendo-os ou reduzindo-os, o que acontece em uma promessa de compra e venda, modificando o exercício da posse, ou na restrição ou ampliação das garantias. Os de renúncia atingem extinção de um direito real, verificando-se, *v.g.*, na renúncia do direito ao usufruto.

Não são todos os negócios que interferem na gravação de um ônus e na transmissão de bens imóveis que se executam mediante escritura pública. Há exceções, previstas em leis especiais. Assim, os contratos de transferência com financiamento regido pelo Sistema Financeiro da Habitação elaboram-se pela forma particular, devendo ser assinados pelas partes e por testemunhas, levando--se a registro imobiliário. É o que permite a Lei nº 4.380, de 21.08.1964, em seu art. 61, § 5º. As hipotecas na concessão de crédito rural, industrial e comercial celebram-se mediante cédulas, dentro do autorizado pelo Decreto-lei nº 167, de 1967; pelo Decreto-lei nº 413, de 1969. A promessa de compra e venda, que, a rigor, exige a posterior escritura pública de compra e venda, dispensa esse ato se envolver loteamento irregular, tendo sido ordenado e complementado pelo

Município. Uma vez chegado ao término o pagamento das prestações, a mera comprovação enseja o registro da titularidade do compromitente comprador. Essa a conclusão que se dessume do art. 41 da Lei nº 6.766, de 1979, o qual prescreve: "Regularizado o loteamento ou desmembramento pela Prefeitura Municipal, ou pelo Distrito Federal quando for o caso, o adquirente do lote, comprovando o depósito de todas as prestações do preço avençado, poderá obter o registro de propriedade do lote adquirido, valendo para tanto o compromisso de venda e compra devidamente firmado".

A escritura pública, pelo teor do art. 215, lavrada em notas de tabelião, é documento dotado de fé pública, fazendo prova plena. Todavia, insta distinguir que a fé pública é quanto às declarações, e não no pertinente à veracidade das mesmas, segundo já distinguiu o Superior Tribunal de Justiça: "Documento público faz prova dos fatos que o funcionário declarou que ocorreram na sua presença. Assim, tratando-se de declarações de um particular, tem-se como certo, em princípio, que foram efetivamente prestadas. Não, entretanto, que o seu conteúdo corresponda à verdade" (*RSTJ* 87/217; ainda, REsp. nº 28.768-/RJ, da 3ª Turma, j. em 3.11.1992, *DJU* de 30.11.1992, conforme Theotônio Negrão, em *Código de Processo Civil e Legislação Processual em Vigor*, Ed. Saraiva, 35ª ed., 2003, p. 428).

A fé pública cinge-se, pois à existência das declarações dos figurantes no negócio jurídico, realizadas na presença do oficial, mas sem abranger a veracidade da própria declaração. Dentro desta linha, "a transcrição, em escritura, de atestados médicos faz prova de que foram exibidos ao tabelião, mas não de que seu conteúdo corresponda necessariamente à verdade" (REsp. nº 33.719-0-GO, da 3ª Turma do STJ, j. em 24.04.1993, *DJU* de 10.05.1993). Todavia, a parte que alega a falsidade da sua declaração de que recebeu o preço da compra e venda, colhida pelo tabelião, tem o ônus de provar tal fato (CPC, art. 389, I, e novo CPC, art. 429, I), que nada mais é do que decorrência do regime geral do ônus da prova, conforme orientação jurisprudencial. Nessa exegese se impõe a leitura do art. 364 do CPC: "O documento público faz prova não só da sua formação, mas também dos fatos que o escrivão, o tabelião, ou o funcionário declarar que ocorreram em sua presença".

O novo CPC reproduz a regra no art. 405, com mais abrangência quanto aos agentes que praticarem o ato: "O documento público faz prova não só da sua formação, mas também dos fatos que o escrivão, o chefe de secretaria, o tabelião ou o servidor declarar que ocorreram em sua presença".

Várias as exigências impostas para a sua confecção, disseminadas nos parágrafos e incisos do art. 215 (art. 134 do Código de 1916, e em leis esparsas), preponderando as seguintes:

> "I – deverá conter a data e o local de sua realização;
>
> II – o reconhecimento da identidade e capacidade das partes e de quantos hajam comparecido ao ato, por si, como representantes, intervenientes ou testemunhas;

III – nome, nacionalidade, estado civil, profissão, domicílio e residência das partes e demais comparecentes, com a indicação, quando necessário, do regime de bens do casamento, nome do outro cônjuge e filiação;

IV – manifestação clara da vontade das partes e dos intervenientes;

V – referência ao cumprimento das exigências legais e fiscais inerentes à legitimidade do ato;

VI – declaração de ter sido lida na presença das partes e demais comparecentes, ou de que todos a leram;

VII – assinatura das partes e dos demais comparecentes, bem como a do tabelião ou seu substituto legal, encerrando o ato."

Verificando-se que algum dos presentes não sabe ou não pode assinar, outra pessoa capaz o fará por ele, a seu rogo, com a expressa menção, nos termos do § 2º do art. 215 (§ 2º do art. 134 do Código pretérito): "Se algum comparecente não puder ou não souber escrever, outra pessoa capaz assinará por ele, a seu rogo".

Utiliza-se a língua nacional na redação do texto, como ordena o § 3º do art. 215 (§ 3º do art. 134 do CC anterior): "A escritura será redigida na língua nacional".

Não sabendo algum dos comparecentes a língua nacional, nem entendendo o tabelião o seu idioma, convoca-se tradutor público para servir de intérprete, ou, se inexistir na localidade, pessoa capaz, de idoneidade e conhecimentos bastantes para a tradução. É como se encontra no § 4º do art. 215 (§ 4º do art. 134 do CC de 1916): "Se qualquer dos comparecentes não souber a língua nacional e o tabelião não entender o idioma em que se expressa, deverá comparecer tradutor público para servir de intérprete, ou, não o havendo na localidade, outra pessoa capaz que, a juízo do tabelião, tenha idoneidade e conhecimento bastante".

Não sendo qualquer das pessoas presentes conhecida do tabelião, nem puder identificar-se por documento, necessária a presença de, pelo menos, duas testemunhas que a conheçam e atestem a sua identidade – § 5º do mesmo artigo (§ 5º do art. 134 do CC revogado): "Se algum dos comparecentes não for conhecido do tabelião, nem puder identificar-se por documento, deverão participar do ato pelo menos duas testemunhas que o conheçam e atestem sua identidade".

A mera posse não requer forma especial para a transferência, e muito menos a escritura pública, conforme já ponderou o Superior Tribunal de Justiça: "O mesmo Código que estabeleceu a indispensabilidade da escritura pública para os atos ou negócios translativos de direito real sobre imóveis, cuidou de também enumerar quais seriam os direitos reais. E entre eles não inclui a posse. Parece-me claro que, para os efeitos da própria lei em que inserida a exigência, a posse não haverá de ser tratada como um direito real. Não se pretendeu, evidentemente, submetê-la à regulamentação prevista para os direitos de tal espécie. Referindo-se o art. 134, II, aos direitos reais, e os havendo enumerado o Código no art. 674, não se pode dizer que aquele primeiro dispositivo alcance também a posse, não arrolada no segundo".[10] Esclareça-se que citados arts. 134, II, e 674 equivalem aos arts. 108 e 1.225 do vigente Código.

- A instituição de bem de família, que se fará por escritura pública ou por testamento, por força do art. 1.711 da lei civil (art. 70 do Código anterior): "Podem os cônjuges, ou a entidade familiar, mediante escritura pública ou testamento, destinar parte de seu patrimônio para instituir bem de família, desde que não ultrapasse 1/3 (um terço) do patrimônio líquido existente ao tempo da instituição, mantidas as regras sobre a impenhorabilidade do imóvel residencial estabelecida em lei especial".
- A celebração do casamento segue formas rituais próprias e sacramentais, segundo consta dos arts. 1.535 e 1.536 (arts. 194 e 195 da lei civil de 1916), rezando o primeiro: "Presentes os contraentes, em pessoa ou por procurador especial, juntamente com as testemunhas e o oficial do registro, o presidente do ato, ouvida aos nubentes a afirmação de que pretendem casar por livre e espontânea vontade, declarará efetuado o casamento...". Complementa o segundo dispositivo: "Do casamento, logo depois de celebrado, lavrar-se-á o assento no livro de registro...".
- A exigência da tradição para que o negócio adquira eficácia jurídica, pois determina o ato da entrega material da coisa ou do título ao proprietário, o que acontece em várias espécies. É o que se verifica no penhor, segundo o art. 1.431 (art. 768 do Código anterior): "Constitui-se o penhor pela transferência efetiva da posse que, em garantia do débito ao credor ou a quem o represente, faz o devedor, ou alguém por ele, de uma coisa móvel, suscetível de alienação". Também no penhor de título de crédito, rezando o art. 1.458 (art. 791 do diploma civil revogado): "O penhor, que recai sobre título de crédito, constitui-se mediante instrumento público ou particular ou endosso pignoratício, com a tradição do título ao credor, regendo-se pelas Disposições Gerais deste Título e, no que couber, pela presente Seção". Nas obrigações de dar coisa certa – art. 237 (art. 868 do Código anterior): "Até a tradição pertence ao devedor a coisa, com os seus melhoramentos e acrescidos, pelos quais poderá exigir aumento no preço; se o credor não anuir, poderá o devedor resolver a obrigação". No comodato – art. 579 (art. 1.248 do Código de 1916): "O comodato é o empréstimo gratuito de coisas não fungíveis. Perfaz-se com a tradição do objeto". Na transferência do domínio de bens móveis – art. 1.267 (art. 620 do Código revogado): "A propriedade

---

[10] Recurso Especial nº 61.165-2-RS. 3ª Turma. Julgado em 23.04.1996, *DJU* de 23.06.1996, em *Revista dos Tribunais*, 731/225.

das coisas não se transfere pelos negócios jurídicos antes da tradição". Em sequência, o parágrafo único (art. 261 e parágrafo único do Código de 1916): "Subentende-se a tradição quando o transmitente continua a possuir pelo constituto possessório; quando cede ao adquirente o direito à restituição da coisa, que se encontra em poder de terceiro; ou quando o adquirente já está na posse da coisa, por ocasião do negócio jurídico".

- A alienação e a hipoteca de embarcações de navegação em alto-mar se fazem por escritura pública – art. 468 do Código Comercial: "As alienações ou hipotecas de embarcações brasileiras destinadas à navegação do alto-mar só podem fazer-se por escritura pública, na qual se deverá inserir o teor do seu registro, com todas as anotações que nele houver (arts. 472 e 474); pena de nulidade...".
- A locação ou arrendamento de bens imóveis de menores, bem como a alienação ou onerações, dependem de autorização do juiz, levando-se em conta sempre o proveito que resultarem a eles, de acordo respectivamente com os arts. 1.747, inc. V, e 1.691 (arts. 427, inc. V, e 386 e 388 do Código revogado).
- Qualquer que seja o regime de bens no casamento, a alienação, a hipoteca e outras onerações de bens imóveis, além da prestação da fiança e do aval, exigem sempre a presença de ambos os cônjuges – art. 1.647 (arts. 235, 236 e 242 do Código de 1916).
- Para o reconhecimento de filhos, abrem-se várias alternativas, como no próprio termo do nascimento, mediante escritura pública, através de testamento, e por manifestação expressa e direta perante o juiz, segundo permite o art. 1.609 (art. 357 do Código de 1916 e art. 1º da Lei nº 8.560, de 29.12.1992). Assim também a transação permite mais de um caminho, pelo que enseja o art. 842 do Código Civil (art. 1.028 da lei civil revogada): "A transação far-se-á por escritura pública, nas obrigações em que a lei o exige, ou por instrumento particular, nas em que ela o admite; se recair sobre direitos contestados em juízo, será feita por escritura pública, ou por termo nos autos, assinado pelos transigentes e homologado pelo juiz".
- Quanto à partilha, dentro da permissão do art. 2.015 (art. 1.773 da lei civil de 1916), sendo os herdeiros capazes, poderá fazer-se amigavelmente, ou por escritura pública, ou termo nos autos do inventário, ou escrito particular homologado pelo juiz.
- As fundações, na liberdade assegurada pelo art. 62 (art. 24 do Código anterior), são criadas por escritura pública ou por testamento.
- Os arts. 1.805, § 2º (art. 1.582 do Código revogado) e 1.806 (art. 1.581 do Código revogado) abrem ensanchas a que a aceitação da herança se faça de modo expresso ou tácito, enquanto a renúncia se efetivará por escritura pública ou por termo judicial nos autos.

- Os testamentos formalizam-se através de várias formas, como o público, o cerrado, o particular, o marítimo e o militar, oportunizando-se ao interessado decidir pela escolha, mas não se tolerando a abdicação das formalidades assinaladas para cada modalidade, de acordo com os arts. 1.862 e seguintes (arts. 1.629 e seguintes do Código de 1916).
- Os contratos particulares de promessa de compra e venda de imóveis loteados ou não loteados, cessões de compromissos de compra e venda e promessas de cessão de direitos relativos a imóveis, loteados ou não, urbanos ou rurais, são lavrados por documento público ou particular, dentro do permitido pelo Decreto-lei nº 58, de 10.12.1937 – arts. 11 e 22 –, e pela Lei nº 6.766, de 19.12.1979 – arts. 25 e 26; ainda, os contratos de aquisição de imóvel objeto de arrendamento residencial (*leasing* imobiliário) – Lei nº 10.188, de 12.02.2001; os contratos de alienação fiduciária em garantia em de imóveis – Lei nº 9.514, de 21.11.1997, dentre várias outras espécies.

Em suma, os atos ou negócios formais são aqueles que se manifestam ou se expressam através de um perfil contemplado na lei, a qual fornece as exigências para se externar e obriga a observância do cumprimento de formalidades ou solenidades para surtirem efeito. Com a sua observância, garante-se a autenticidade, assegura-se a livre manifestação da vontade das partes, e facilita-se a prova do negócio jurídico. Já os atos ou negócios não formais submetem-se à forma que os contratantes decidirem, não significando a ausência completa de regras quanto à forma. Necessárias a redação em linguagem clara, a nomeação e identificação das partes, a finalidade do ato, a relação de direitos e deveres, dentre outros requisitos. Para atestar a veracidade dos estipulantes ou contraentes, e visando situar no tempo o ato ou negócio, reconhecem-se as assinaturas ou autentica-se o documento.

6. A PROVA NOS NEGÓCIOS JURÍDICOS. CONCEITO E FINALIDADE

Já lembrada, no item 1 acima, a proximidade entre a forma e a prova, sendo que da primeira decorre a segunda. Constitui a forma o meio para revelar a existência do negócio, o qual, na verdade, não carece de prova, eis que se constitui com a sua manifestação. Ademais, quase sempre não se questiona quanto à realidade do negócio, mas dos elementos válidos para o seu reconhecimento como ente jurídico. Pode, isto sim, a forma levar ao reconhecimento da prova. Basta a evidência da forma para a constatação da prova. Neste diapasão, a escritura pública do negócio de aquisição de um imóvel é suficiente para concluir quanto à prova da transmissão, levando a admitir a existência da voluntariedade do negócio, do pagamento e da coisa. Em suma, a forma leva a pressupor que a prova está presente. Daí ter-se a mesma como fator de segurança não apenas do negócio, mas também de sua validade.

No sentido amplo, define-se a prova como a evidência ou demonstração de um ato ou negócio jurídico. Mais precisamente, resume-se em ostentar a verdade de um fato, ou, segundo Eduardo Espínola, "o meio de fazer conhecer a verdade, de se apurar a existência de um fato jurídico".[11] Para Clóvis Bevilápqua, conceitua-se como "o conjunto dos meios empregados para demonstrar legalmente a existência de um ato jurídico".[12]

Relativamente ao negócio jurídico, conceitua-se como os meios que levam a formar a convicção sobre a existência de declarações de vontade, unilaterais ou bilaterais, emitidas para formar, modificar ou extinguir direitos e obrigações. Constitui-se do acervo de elementos que conduz a reconhecer uma declaração de vontade que reflete efeitos externos àquele que a emite.

De acordo com a doutrina, o que se revela correto, existe profunda comunicação entre o direito civil e o direito processual civil no trato da prova. Ambos os ramos cuidam do mesmo assunto, parecendo que um invade a esfera do outro. Todavia, ao primeiro ramo compete a disciplina dos meios de prova e dos seus requisitos, enquanto ao segundo reserva-se a abordagem da técnica e da maneira de sua apreciação. Mostra-se bem didático Caio Mário da Silva Pereira ao separar os respectivos campos: "O direito civil define os meios de prova, enuncia os lineamentos do regime a que se submeterá a comprovação do fato jurídico, natural ou voluntário, e especialmente a declaração de vontade. O direito processual afirma os preceitos que presidem à apreciação da prova em juízo, e à técnica de trazê-la à consciência do julgador. Assim, não cabe ao processo, porém ao direito civil, determinar o requisito formal para a emissão de vontade visando a certo efeito, e via de consequência a condição legal de sua comprovação. Mas não compete ao direito civil, e sim ao processual, adotar ou rejeitar o princípio da liberdade do juiz para decidir segundo a sua convicção íntima".[13]

Evidencia Humberto Theodoro Júnior a relação de abrangência entre direito material e direito instrumental: "A prova é um daqueles temas que não se circunscrevem a um só ramo do direito. Dela tem de cuidar o direito material, para disciplinar sobretudo os problemas da forma do ato jurídico em sentido lato. Dela também tem de ocupar-se o direito processual, porque é por meio dela que se conhecem, em juízo, os fatos relevantes para solução dos litígios em torno dos contratos e obrigações em geral" (*Comentários ao Novo Código Civil* – arts. 185 a 232 – coordenação de Sálvio de Figueiredo Teixeira, Editora Forense, 2003, vol. III, tomo II, p. 385).

Em verdade, nem sempre se constata uma divisão estanque de campo. Vários os enunciados legais do Código Civil que ingressam na técnica da

---

[11] *Sistema do Direito Civil Brasileiro*, tomo 1º, p. 631.
[12] *Teoria Geral do Direito Civil*, ob. cit., p. 321.
[13] *Instituições de Direito Civil*, ob. cit., vol. I, p. 412.

apreciação, como se denota no parágrafo único do art. 219 (parágrafo único do art. 131 do Código anterior), prevendo que as declarações enunciativas não eximem os interessados em sua veracidade do ônus de prová-las. A regra entra em assunto que está mais amplamente regulado no art. 333 do Código de Processo Civil (art. 373 do novo CPC). Este diploma vai mais longe, definindo os fatos que não dependem de prova, o que se encontra no art. 334 (art. 374 do novo CPC), e apontando importantes elementos que servem de prova, como a confissão e os documentos. Vários os assuntos regulados concomitantemente, sendo exemplos o os impedimentos de testemunhas, os incapazes para depor, as escusas aventáveis. A grande finalidade da prova assenta-se na defesa dos direitos. Neste particular, concede-se à mesma fundamental importância, pois não adianta ter um direito se não se conseguir prová-lo. Ou seja, se o indivíduo não logra provar o direito, é como se não o tivesse. Como princípio, vale um direito caso conseguir-se provar a sua existência. Não vinga a mera presunção daquilo que é afirmado por um indivíduo. Mais precisamente, deve-se provar os fatos que ensejam o direito, eis que este se origina dos fatos. O direito está na lei, sendo suficiente a sua revelação. O que incumbe à parte ofendida é revelar os fatos que ensejam o reconhecimento da ofensa ao direito. Daí que, em questões que dizem com a ofensa do direito, a exigência é trazer à tona o fato da ofensa do direito.

A prova sempre constituiu um dos assuntos da maior preocupação no direito, sobretudo no que diz com a valorização dos meios como se ostenta. Justamente porque o reconhecimento do direito está na dependência da prova de sua violação, avança-se na pesquisa de obter meios técnicos na demonstração dos fatos, especialmente no que pertine ao estado da pessoa, aos acontecimentos que levam a procurar o seu restabelecimento, e ao estudo de conclusões científicas de certos eventos, como os acidentes de trânsito. Pelo fato de avançar o direito, de se aperfeiçoarem os instrumentos de aferição, de medida, e de constatação, avança-se na busca da qualidade da prova, de modo a imprimir mais certeza e justiça na aplicação do direito.

Extenso o campo da prova, iniciando por princípios básicos de direito substantivo, e trilhando os múltiplos setores dos instrumentos admitidos, como a confissão, o depoimento testemunhal, as perícias, as vistorias, os documentos, as presunções, os exames, o arbitramento, os cálculos. O Código de Processo Civil de 1973 dedica um capítulo inteiro (Capítulo VI do Título VIII; da mesma forma o novo CPC, que é o Capítulo XI, Título I – Livro I da Parte Especial) sobre a matéria, iniciando no art. 332 (art. 369 do novo CPC) e concluindo no art. 443 (art. 484 do novo CPC). Várias as monografias, algumas extensas, que tratam da prova, como a de Moacyr Amaral Santos, uma das mais completas, cujo valor se mantém através do tempo.

Resta óbvio que se deve dar realce, nos itens que seguem, ao estudo material e processual da prova, porquanto interdependentes os setores, um precisando do outro.

7. REQUISITOS PARA A ADMISSIBILIDADE DA PROVA

Costuma-se delinear algumas exigências para admitir-se a prova, ou condições para a sua validade e proveito nos litígios sobre direitos.

O primeiro requisito é a sua *admissibilidade*, ou a *legalidade*, encontrando como regra principal o art. 5º, inc. LVI, da Constituição Federal, estatuindo: "São inadmissíveis, no processo, as provas obtidas por meios ilícitos". Dentro da vedação, encontram-se as provas que, para a sua consecução, viola-se uma norma ou um direito assegurado à personalidade, como o sigilo da correspondência, instituído no art. 5º, inc. XII, da mesma Carta: "É inviolável o sigilo da correspondência e das comunicações telegráficas, de dados e das comunicações telefônicas, salvo, no último caso, por ordem judicial, nas hipóteses e na forma que a lei estabelecer para fins de investigação criminal ou instrução penal". A Lei nº 9.296, de 24.07.1996, veio a regular a escuta telefônica, permitindo o devassamento em hipóteses como as constantes no art. 1º: para prova de investigação criminal e em instrução processual penal. O art. 2º aponta as situações que impedem a intercepção:

> "Não será admitida a interceptação de comunicações telefônicas quando ocorrer qualquer das seguintes hipóteses:
>
> I – não houver indícios razoáveis da autoria ou participação em infração penal;
>
> II – a prova puder ser feita por outros meios disponíveis;
>
> III – o fato investigado constituir infração penal punida, no máximo, com pena de detenção".

Até porque a escuta telefônica, com a gravação ou degravação magnética de conversas, ofende o princípio do contraditório e atinge a intimidade da pessoa, sendo antiga a orientação pretoriana que veda esse meio de prova.[14]

No quadro da inviabilidade está a exigência de prova que ofenda a intimidade, a vida privada, a honra e a imagem do indivíduo, sendo exemplo a realização de determinados exames de sangue para apurar a paternidade discutida em juízo, encontrando a negativa apoio no art. 5º, inc. X, também da Carta Federal: "São invioláveis a intimidade, a vida privada, a honra e a imagem das pessoas, assegurado o direito à indenização pelo dano material ou moral decorrente de sua violação".

O Supremo Tribunal Federal já esposou tal tese: "Investigação de paternidade. Exame DNA. Condução do réu 'debaixo de vara'. Discrepa, a mais não poder, de garantias constitucionais implícitas e explícitas – preservação da dignidade humana, da intimidade, da intangibilidade do corpo humano, do império da lei e da inexecução específica e direta de obrigação de fazer – provimento judicial

---

[14] *Revista Trimestral de Jurisprudência*, 84/609, 110/798; *Revista dos Tribunais*, 603/178, 649/65, 654/132.

que, em ação civil de investigação de paternidade, implique determinação no sentido de o réu ser conduzido ao laboratório, 'debaixo de vara', para coleta do material indispensável à feitura do exame DNA. A recusa resolve-se no plano jurídico-instrumental, consideradas a dogmática, a doutrina e a jurisprudência, no que voltadas ao deslinde das questões ligadas à prova dos fatos".[15]

Todavia, a negativa pode ser considerada a desfavor da pessoa, o que não se confunde com presunção de admitir a imputação, conforme bem assentou o Tribunal de Justiça do Rio de Janeiro: "Princípios constitucionais da integridade física, da intimidade e da dignidade humana. A recusa é ônus processual, interpretada em desfavor do investigado. Não caracteriza confissão. Ninguém pode fazer ou deixar de fazer alguma coisa, senão em virtude de lei. Inexistência de norma legal que obrigue o apelado a submeter-se à perícia. A negativa não implica presunção de paternidade, devendo ser analisada dentro do conjunto probatório, podendo ser considerada a desfavor. Deve-se respeitar a deliberação do investigado".[16]

Embora tais entendimentos, o Superior Tribunal de Justiça já decidiu quanto à obrigatoriedade se a ordem emana do juiz, forte em respeitáveis fundamentos: "Tem o julgador iniciativa probatória quando presentes razões de ordem pública e igualitária, como, por exemplo, quando diante de causa que tenha por objeto direito indisponível (ações de estado), ou quando, em face das provas produzidas, se encontre em estado de perplexidade ou, ainda, quando haja significativa desproporção econômica ou sociocultural entre as partes.

Diante do sentido publicista cada vez maior que se tem atribuído ao processo contemporâneo, o juiz deixou de ser mero expectador inerte da batalha judicial, passando a assumir posição ativa, que lhe permite, dentre outras prerrogativas, determinar a produção de provas, desde que o faça com imparcialidade e resguardando o princípio do contraditório.

Na fase atual de evolução do direito de família, não se justifica, sobretudo quando custeada pela parte interessada, desprezar a produção de prova genética do DNA, que a ciência tem proclamado idônea e eficaz".[17]

O art. 231 do Código Civil contém regra importante contra quem se recusa ao exame: "Aquele que se nega a submeter-se a exame médico não poderá aproveitar-se de sua recusa". De modo impede-se inclusive a alegação da falta da prova da paternidade.

---

[15] Tribunal Pleno. *Habeas Corpus* nº 71.373-RS. Relator para o acórdão: Min. Marco Aurélio. Julgamento em 10.11.1994, publ. em 22.11.1996.

[16] TJRJ. Apel. Cível nº 3.323/99. 8ª Câm. Cível, publ. 09.12.1999, em *ADV Jurisprudência*, nº 20, p. 314, maio de 2000.

[17] Recurso Especial nº 215.247-PB. 4ª Turma. Julgado em 05.10.1999, *DJU* de 06.12.1999, em *Revista do Superior Tribunal de Justiça*, 129/359.

O segundo requisito consiste na *possibilidade*, isto é, que se encontre a prova dentro dos meios aptos a ser conseguida. Não é tolerável a incumbência de evidenciar elementos totalmente impossíveis de serem trazidos aos autos, como a inexistência de infração penal em todas as comarcas do país; ou a de que não há depósito bancário nas instituições financeiras de uma grande metrópole ou de um Estado. Nesse campo se inclui a prova que excede a capacidade econômica da pessoa. Seria ordenar a juntada aos autos de farta documentação, que deve ser fotocopiada, ou conseguida em local distante.

Segue a *pertinência* da prova, de modo a se referir e a se apropriar ao caso em discussão. Incabível que venham aos autos elementos, ou que se leve a termo inquirição de testemunhas, sem a menor ligação ou interesse ao assunto discutido.

Também *concludente* há de se evidenciar a prova, de modo a servir para efetivamente esclarecer os fatos discutidos, de nada servindo se alastra as dúvidas, ou se aumenta a insegurança.

Finalmente, insta que se observe o consagrado princípio do *contraditório*, proclamado no art. 5º, inc. LV, da Carta Federal, assim erigido: "Aos litigantes, em processo judicial ou administrativo, e aos acusados em geral, são assegurados o contraditório e a ampla defesa, com os meios e recursos a ela inerentes". De sorte que, dentre outras hipóteses, é relativa a prova emprestada, produzida em feito no qual não participou a parte que está sofrendo processo onde se utiliza tal prova. Segundo Theotonio Negrão, "não vale a prova emprestada, quando colhida sem caráter contraditório..., e sem a participação daquele contra quem deve operar, como é o caso de prova colhida em inquérito policial (*RJTJESP* 99/201, *RP* 43/289 à p. 290).

Vale, porém, a prova emprestada 'colhida em regular contraditório, com a participação da parte contra quem deve operar' (*JTA* 111/360, ou entre as mesmas partes e a propósito de tema sobre o qual houver contraditoriedade (*RT* 614/69, bem fundamentado, 719/166/207, *RJTAMG* 29/224).

A prova colhida em litígio contra terceiro vale como prova emprestada, contra quem colaborou na sua colheita (*RJTJSP* 105/217, bem fundamentado)".[18]

8. O ÔNUS NA PRODUÇÃO DA PROVA

Já no direito romano vigorava o princípio de que incumbia a produção da prova a quem alega o fato, e não a quem o nega: *Ei incumbit probatio, qui dicit, non qui negat*. Trata-se de um princípio universalmente aceito, posto que, para o ingresso em juízo, condição primeira está na descrição dos fatos e na sua

---

[18] *Código de Processo Civil e Legislação Processual em Vigor*, 29ª ed., São Paulo, Ed. Saraiva, 1998, 309.

prova. Sustentando o autor da demanda a existência de um crédito a seu valor, contra determinado devedor, cabe-lhe apresentar o título de seu crédito. Se se fundar no domínio uma lide, o título acompanhará a inicial. Sendo possessória a postulação, o alegado esbulho e a turbação constituem suportes de exclusiva demonstração a cargo do esbulhado ou turbado.

Encontra-se consubstanciada a regra no art. 333, inc. I, do Código de Processo Civil (art. 373, inc. I, do novo CPC): "O ônus da prova incumbe: I – ao autor, quanto ao fato constitutivo do seu direito". É a regra observada pelos pretórios: "O ônus da prova, quanto ao fato constitutivo de seu direito, incumbe ao autor (art. 333, inciso I, do CPC); não logrando este demonstrar à sociedade que o atraso da obra ocorreu por conta do proprietário do imóvel reformado, leva à improcedência da pretensão deduzida. A quitação em relação ao preço procedida, sem ressalva, quanto às parcelas ajustadas e pagas, conduz à presunção do pagamento, com a extinção da obrigação, tornando injustificável a exigência de cobrança a título de acréscimo no valor pactuado, antes definido contratualmente". De observar a correspondência do art. 333, inc. I, ao art. 373, inc. I, do novo CPC.[19]

Numa ação reivindicatória, reserva-se ao promovente demonstrar a titularidade do domínio e a ocupação ilegal por estranho.

Entrementes, envolvendo a matéria relação de consumo, a Lei nº 8.078, de 11.09.1990, no art. 6º, inc. VIII, desloca para o fornecedor a incumbência de fazer a prova, sobretudo porque ele detém os elementos que ensejam fornecê-la: "São direitos básicos do consumidor: ... VIII – a facilitação da defesa de seus direitos, inclusive com a inversão do ônus da prova, a seu favor, no processo civil, quando, a critério do juiz, for verossímil a alegação ou quando for ele hipossuficiente, segundo as regras ordinárias de experiência". Do contrário, não encontra a parte viabilidade de propor a ação. Se se mover uma ação atacando a excessividade de encargos, exige-se da instituição financeira que traga os extratos de contas, com as especificações dos juros, índices de correção monetária e da comissão de permanência, capitalização, multas e outras cominações. Esta a inteligência imposta pelos pretórios: "Se o documento essencial à propositura da causa se encontra em poder do réu, e ficando demonstrado se tratar de relação de consumo, não deve o magistrado indeferir a inicial, mas determinar que o réu, uma vez contestado o feito, traga aos autos o documento, acarretando para ele o ônus probatório".[20]

Em outra decisão, o então Des. Cavalieri Filho sintetiza a imposição no seguinte aresto: "A inversão do *onus probandi*, a critério do juiz, é princípio

---

[19] TJDF. Apelação nº 35.638/95. 5ª Turma, publ. em 14.08.1996, em *Direito Imobiliário*, nº 5, p. 32, fevereiro de 1997.

[20] TJRJ. Apelação nº 5.699/98. 12ª Câm. Cível, publ. em 10.12.1998, em *ADV Jurisprudência*, nº 21, p. 332, maio de 1999.

do Código do Consumidor, que tem por finalidade equilibrar a posição das partes ao processo, atendendo aos critérios da verossimilhança do alegado pelo consumidor, ou de sua hipossuficiência. Estabelecida a inversão pelo juiz, a prova a ser produzida passa a ser do interesse do fornecedor, sob pena de não elidir a presunção que milita em favor do consumidor, em face da plausibilidade de sua alegação". No voto, aventa sérias razões para a inversão: "A prova, não raro, além de onerosa e cara, é extremamente difícil, encontrando-se em poder do fornecedor os elementos técnicos, científicos ou contábeis. Como poderia o consumidor, por exemplo, provar o defeito de um determinado produto – digamos que um medicamento lhe causou um mal –, se não tem o menor conhecimento técnico ou científico para isso? Se para o consumidor essa prova é praticamente impossível, para o fornecedor do medicamento, todavia, ela é perfeitamente possível, ou, pelo menos, muito mais fácil. Quem fabricou o produto tem o completo domínio do processo produtivo, pelo que tem também condições de provar que o seu produto não tem defeito. O que não se pode é transferir esse ônus para o consumidor".[21]

Quanto aos fatos impeditivos, modificativos ou extintivos do direito do autor, à parte que se defende incumbe a demonstração, por força expressa do art. 333, inc. II, da lei de processo civil (art. 373, inc. II, do novo CPC). Sendo a ação de cobrança, e alegando o demandado que está paga a prestação, cabe-lhe trazer ao processo o recibo de pagamento ou a guia do depósito na conta bancária do credor. À pretensão da ação reivindicatória, o réu oporá a exceção de usucapião, mas fazendo a prova do exercício da posse durante o lapso de tempo previsto pela lei especial que embasa o pedido. À cobrança de uma dívida fiscal, opõe-se a extinção, em face da prescrição, com supedâneo no art. 174 do Código Tributário Nacional (Lei nº 5.172, de 25.10.1966), que encerra: "A ação para a cobrança do crédito tributário prescreve em cinco anos, contados da data da sua constituição definitiva".

Denota-se do que se escreveu que os fatos devem ser provados, e não o direito. Por isso, assentou o STJ no REsp. nº 261.028-RJ, da 3ª Turma, j. em 30.05.2001, *DJU* de 20.08.2001: "Provado o fato, não há necessidade da prova do dano moral". Em outra decisão do mesmo Pretório, proferida no REsp. nº 556.031, da 4ª Turma, j. em 27.09.2005, *DJU* de 7.11.2005, justificou-se a desnecessidade da prova do dano moral: "Na indenização por dano moral, não há necessidade de comprovar-se a ocorrência do dano. Resulta ela da situação de vexame, transtorno e humilhação a que esteve exposta a vítima". Justifica Clóvis Beviláqua, no tocante ao direito, que é ele aplicado, cuja função recai no juiz, que é o órgão vivo da lei. Todavia, adverte, "se o direito aplicável for costumeiro, como repousa sobre um fato, que é a repetição constante de um

---

[21] TJRJ. Agravo de Instrumento nº 863/99. 2ªª Câm. Cível, de 6.04.1999, em *Revista Forense*, 348/311.

certo modo de compreender determinada relação de direito, é mister prová-lo. Também o direito estrangeiro deve ser provado... a mesma necessidade de prova está adstrito o direito estadual ou municipal, quando aplicado fora das circunscrições territoriais para as quais foi promulgado".[22]

Princípios que estão contidos no art. 337 do Código de Processo Civil (art. 376 do novo CPC): "A parte, que alegar direito municipal, estadual, estrangeiro ou consuetudinário, provar-lhe-á o teor e a vigência, se assim o determinar o juiz". O conteúdo da regra já vinha no art. 14 da Lei de Introdução às Normas do Direito Brasileiro: "Não conhecendo a lei estrangeira, poderá o juiz exigir de quem a invoca prova do texto e da vigência".

Que o juiz deva conhecer o direito corresponde à verdade no pertinente aos princípios, noções, e cultura jurídica. No que concerne à lei, há certa relatividade na exigência, diante da proliferação incontrolada de diplomas legais que se constata nas últimas décadas, impondo-se que se alegue a lei incidente para a hipótese trazida em juízo.

Outrossim, o teor do art. 337 (art. 376 do novo CPC) leva a induzir que, além de alegar a lei ou o direito incidente, a parte está obrigada a trazer aos autos o texto da lei, com a publicação oficial ou em órgão que sugira a autenticidade do texto. Exemplifica e expõe o prof. Jacob Dolinger: "Independentemente da escolha da lei aplicável pelas partes, tendo a sentença concluído que o contrato em questão foi efetivamente assinado pelas partes em Nova Iorque, a lei deste Estado americano se aplica com fundamento no art. 9º, *caput*, da Lei de Introdução ao Código Civil... Tanto a Lei de Introdução ao Código Civil, art. 14, como o Código de Processo Civil, art. 337, ao disporem sobre a incumbência que o juiz pode atribuir para a consecução da prova do direito estrangeiro, dizem que ela será dirigida a 'quem a invoca' (Lei de Introdução) ou a 'parte que alegar' (CPC). A ideia subjacente nestes dispositivos é que a parte que tem interesse na aplicação do direito estrangeiro – geralmente é esta que assim requer – poderá receber a tarefa de colaborar com o magistrado na obtenção da prova do direito estrangeiro".[23] De esclarecer que a Lei de Introdução ao Código Civil passou a denominar-se Lei de Introdução às Normas do Direito Brasileiro (Lei nº 12.376/2010) e que o art. 337 do CPC equivale ao art. 376 do novo CPC.

Não se incluindo na órbita estadual, municipal, ou estrangeiro o direito, nem no costume, não se requer a juntada dos textos. Basta apontar a lei, transcrever o texto, e indicar a data da publicação no órgão de imprensa oficial. Inadmissível confundir a desnecessidade de prova do texto legal federal ou incidente

---

[22] *Teoria Geral do Direito Civil*, ob. cit., pp. 322 e 323.

[23] "Aplicação do Direito Estrangeiro – Ônus da Prova – Sentença – Escolha da Lei Aplicável pelas Partes – Papel do Magistrado – Apreciação pelo Tribunal", *in Revista Forense*, nº 344, pp. 272 e 273.

em todo o País com a desobrigatoriedade de indicar, apontar e transcrever a lei, máxime se especial, e não integrar diplomas ou Códigos comuns. E mais, mesmo que se trate de direito estrangeiro, partindo a aplicação da iniciativa pessoal do juiz, não é da parte o ônus de prová-lo, aspecto tratado por José Carlos Barbosa Moreira: "Significa isso que, se o órgão judicial, de ofício, resolve aplicar direito alienígena, não invocado por nenhum dos litigantes, de jeito algum lhe é lícito impor a qualquer destes o ônus de provar o teor e a vigência da norma pertinente; muito menos, extrair da omissão do litigante em produzir a prova consequências e ele desfavoráveis. Tocará ao próprio juiz, no caso de desconhecimento, tomar as iniciativas que lhe parecerem adequadas para esclarecer-se".[24]

9. A PROVA E OS FATOS NOTÓRIOS

Os fatos notórios são aqueles conhecidos por todos, ou os que, junto com outras hipóteses, a quase generalidade das pessoas admite, constando do art. 334 do Código de Processo Civil (art. 374 do novo CPC): "Não dependem de prova os fatos: I – notórios; II – afirmados por uma parte e confessados pela parte contrária; III – admitidos, no processo, como incontroversos; IV – em cujo favor milita presunção legal de existência ou de veracidade".

Adquirem relevância os fatos notórios, ou aqueles eventos que todos conhecem, que a experiência comum ou o bom senso admitem, como a dor pela morte de um ente querido, de um amigo, do cônjuge. Não se exige prova do sofrimento, da dor, da tristeza. Quem não sabe do sofrimento por que passam as pessoas ante a morte de um parente próximo? Não há como ignorar as evidências da humilhação e do sentimento de baixa estima em face de ofensas morais proferidas por outros seres humanos. Assim, a dor moral dos pais em decorrência da perda de um filho é de presunção irrefragável, uma presunção *hominis*, dispensando meios de prova, porquanto as relações humanas entre pais e filhos é inegavelmente presunção de vida. Por outras palavras, a perda de um filho, de um pai, de uma mãe, de um irmão produz, sempre, um intenso sofrimento, que se considera uma reação humana que acontece com todos. Presume-se a lesão do pai como decorrência necessária da morte do filho.

Theotônio Negrão e José Roberto F. Gouvêa, em *Código de Processo Civil e legislação processual em vigor*, da Editora Saraiva, São Paulo, 2007, 39ª ed., pp. 477 e 478, arrolam uma série de situações, com amparo em decisões dos tribunais, exigindo a mera demonstração dos fatos para ensejar reconhecido o dano moral: morte de filho, morte de cônjuge ou de pai, morte de outro pa-

---

[24] "Garantia Constitucional do Direito à Jurisdição – Competência Internacional da Justiça Brasileira – Prova do Direito Estrangeiro", *in Revista Forense*, 343, p. 381.

rente próximo, diagnóstico inexato de doença, atraso de embarque de viagem internacional, publicação indevida de fotografia de uma pessoa, uso indevido da imagem da pessoa, bloqueio de linha de celular decorrente da cobrança indevida de fatura já quitada, restituição indevida de cheque por falta de fundos, devolução de cheque pré-datado, protesto de duplicata sem causa, protesto de título já quitado, indevida inscrição de nome em cadastro de devedores ou sem a comunicação prévia do devedor.

Nesse mesmo campo tem importância o art. 335 do estatuto acima citado (art. 375 do novo CPC), quanto àquilo que decorre da experiência comum, e que todos têm noção pela sabedoria da vida: "Em falta de normas jurídicas particulares, o juiz aplicará as regras de experiência comum subministradas pela observação do que ordinariamente acontece e ainda as regras de experiência técnica, ressalvado, quanto a esta, o exame pericial".

Há, também, os fatos incontroversos (inc. III, do art. 334, do CPC de 1973, e inc. III, do art. 374, do novo CPC), que não é possível negá-los, e que não estabelecem debate entre os indivíduos. Verificam-se quando, afirmados por uma das partes da lide, não rebatidos ou negados pela outra. É o caso de não se negar as cominações imputadas. Alega-se que se operou a sublocação de imóvel alugado, nada contrapondo o inquilino na contestação, aceitando, pois, a infração que lhe é assacada. Aquilo que não está controvertido deve ter-se como verdade, incumbindo ao juiz aceitar, não se carecendo de produção de prova, a menos que o pleito esteja desconexo com o direito.

Na mesma concepção enquadram-se os fatos afirmados por uma parte e confessados pela parte contrária (art. 334, inc. II, do CPC de 1973, e art. 374, inc. II, do novo CPC), ou não negados, pois, de acordo com o art. 302 do diploma processual (art. 341 do novo CPC), "cabe também ao réu manifestar-se precisamente sobre os fatos narrados na petição inicial", presumindo-se "verdadeiros os fatos não impugnados".

10. A FORMA LIVRE E A FORMA ESPECIAL DA PROVA

Em regra, permite-se qualquer meio de prova, desde que não vedado ou impedido pela lei. Observadas as limitações impostas, não se proíbe a utilização dos meios necessários para esclarecer os fatos arguidos no processo. O princípio encontra-se no art. 332 do Código de Processo Civil (art. 369 do novo CPC): "Todos os meios legais, bem como os moralmente legítimos, ainda que não especificados neste Código, são hábeis para provar a verdade dos fatos, em que se funda a ação ou defesa". De modo que não se encontra no direito uma escala de valoração das provas, ou uma preferência por determinado tipo, eis que todas, dada a espécie de processo, têm o seu lugar apropriado. Verdade que alguns tipos de prova são mais propensos para a cabal demonstração dos fatos, como se dá com as perícias e toda série de levantamentos técnicos, eis que averiguam cientificamente os fatos trazidos ao processo, imprimindo maior certeza e segurança. Já a prova testemunhal, em contrapartida, revela extrema precariedade, vindo prenhe de dúvidas, porquanto facilmente manobrada e de total inconsistência fática. Basta levar em conta as limitações da memória, do caráter das pessoas, do grau de inteligência e percepção, bem como a inconstância do interior psíquico ou da alma humana, sempre sujeita a alterações ou mudanças, agindo ou manifestando-se de acordo com os sentimentos, as impressões momentâneas e as simpatias a que todo ser humano está sujeito.

Tem vingado a admissibilidade inclusive da gravação telefônica como meio idôneo de prova, de acordo com o seguinte aresto: "Gravação de conversa telefônica feita pela autora da ação de investigação de paternidade com testemunha do processo. Requerimento da juntada da fita, após a audiência da testemunha, que foi deferido pelo juiz. Tal não representa procedimento em ofensa ao disposto no art. 332 do CPC, pois aqui o meio de produção da prova não é ilegal, nem moralmente alheia. Objetivo do processo, em termos de apuração da verdade material ('a verdade dos fatos em que se funda a ação ou a defesa')".[25] O citado art. 332 corresponde ao art. 369 do novo CPC.

A maior parte das pretensões não demanda uma prova especial ou individuada, como as ações de investigação de paternidade, de reivindicação, de reconhecimento de domínio, as possessórias, as indenizatórias ou reparatórias. Já outras, de caráter mais específico, dependem de elementos técnicos, carreados aos autos pela ciência, sendo exemplo as que envolvem a propriedade industrial, desenhos, inventos e patentes, o direito de autor, as retificações de registro imobiliário. Mesmo assim, não se trata de ações que imponham uma forma especial, para as quais, na lição de Caio Mário da Silva Pereira, em caráter excepcional, "a lei exige determinada prova para certo fato, e, então, a pessoa que dele pretende extrair consequências jurídicas terá de fornecer a prova especial dele. É por isso que o nascimento se prova pelo assento respectivo; o pacto antenupcial por escritura pública; a obrigação de valor superior à taxa legal por escrito público ou particular".[26]

Efetivamente, a prova especial é imposta expressamente pela lei, configurando-se também quando não admitida uma única modalidade, como consta do art. 401 do Código de Processo Civil (regra que não aparece no novo CPC): "A prova exclusivamente testemunhal só se admite nos contratos cujo valor não exceda o décuplo do maior salário mínimo vigente no país, ao tempo em que foram celebrados". Nesta ordem, surgiu a Súmula nº 149, do Superior Tribunal de Justiça, vazada nestes termos: "A prova exclusivamente testemunhal não

---

[25] STJ. Recurso Especial nº 9.012. 3ª Turma. Julgado em 24.02.1997, em *Revista Forense*, 342/307.
[26] *Instituições de Direito Civil*, ob. cit., vol. I, p. 414.

basta à comprovação da atividade rurícola, para efeito da obtenção de benefício previdenciário". Igualmente a Súmula n° 27, do Tribunal Regional Federal da 1ª Região, sobre assunto semelhante, mas específico da atividade urbana: Não é admissível prova exclusivamente testemunhal para reconhecimento de tempo de exercício de atividade urbana e rural". Ao afastar um tipo de prova, já fica cerceada a plena liberdade na sua escolha. Todavia, o assunto é controvertido, vindo mais extensamente analisado em item abaixo.

Regra clara sobre a prova especial está no art. 220 do Código Civil (art. 132 do Código revogado): "A anuência ou a autorização de outrem, necessária à validade de um ato, provar-se-á do mesmo modo que este, e constará, sempre que se possa, do próprio instrumento". Em vista deste preceito, o consentimento para a prestação de fiança que o cônjuge der virá no próprio instrumento de prestação, ou mesmo em outro documento, mas sempre por escrito. A permissão para ceder a locação, ou sublocar, na previsão do art. 13 da Lei n° 8.245, de 18.10.1991, depende de consentimento expresso e por escrito do locador. No entanto, se não manifestada a oposição em trinta dias, decorre o consentimento, segundo a letra do § 2° do mesmo dispositivo.

A constituição de vários atos ou negócios depende da forma da escritura pública ou de sentença, vindo elencados alguns no art. 108, no parágrafo único do art. 1.640 e no art. 1.623 e seu parágrafo único, do Código Civil (art. 134 do Código anterior), o que se estende para a prova. Unicamente por escritura pública, ou sentença, ou pelo registro público são provados tais atos ou negócios, citando-se o pacto antenupcial (quando diverso o regime adotado daquele da separação parcial), a adoção e os contratos constitutivos ou translativos de direitos reais sobre imóveis, além de inúmeros outros, como o casamento, o registro civil do nascimento e do óbito.

No entanto, a forma especial não se resume à escritura pública. A homologação de um ato ou negócio pelo juiz, o assentamento de disposição de vontade num termo de audiência, a publicação de editais, as certidões expedidas por pessoas que gozam de fé pública, a decisão ou sentença judicial constituem outras modalidades de prova por instrumentos públicos, eis que elaboradas por pessoas incumbidas oficialmente, com a previsão dos atos por lei. Acresce notar, ainda, que várias formas especiais de prova são elaboradas por instrumento particular, vindo expressa a autorização pela lei. Exemplo está no art. 1.862, inc. III, do Código Civil (art. 1.629, inc. III, do Código revogado) prevendo o testamento particular. Em leis especiais encontram-se previsões de prova especial, elaborada através de documento particular, como a promessa de compra e venda, ordenando o art. 25 da Lei n° 6.766, de 19.12.1979, os elementos que apresentará o contrato; o contrato de compra e venda através de financiamento pelo Sistema Financeiro da Habitação, permitindo o art. 61, § 5°, da Lei n° 4.380, de 21.08.1964, que se faça por instrumento particular.

11. OS MEIOS DE PROVAS

Consoante o art. 332 do Código de Processo Civil (art. 369 do novo CPC), admitem-se todos os meios legais de prova, bem como os moralmente legítimos, ainda que não especificados no Código. Discrimina o art. 212 do Código Civil (art. 136 do Código de 1916) vários meios, sem, no entanto, esgotar a matéria. Assim, incluem-se as gravações fonográficas ou magnéticas de ligações telefônicas, os dados lançados em computadores, o e-mail, o fax, as fotografias, as cartas, os telegramas, as intercepções de conversa telefônica alheia desde que autorizadas judicialmente, as contas bancárias cuja quebra de sigilo veio permitida por ordem do juiz. De certo modo, incluem-se entre as provas documentais.

Eis a numeração: confissão, documento, testemunha, presunção e perícia. O art. 136 Código de 1916 incluía nas modalidades os 'atos processados em juízo', que na verdade constituem a própria definição do direito procurado, e os 'exames e vistorias' e 'arbitramento', que integram a perícia.

Ao interessado assiste a escolha da prova que se mostra apropriada, sem que um meio eleito afaste outro, também da conveniência da parte.

Assinala-se que esses meios são permitidos na ausência de regra que imponha uma prova diferente e mencionada. O casamento, o nascimento, o óbito, e assim todos os atos cartorários, têm a forma descrita na lei, de sorte a não ser suprida pelos meios que estão no art. 212. Não pode passar despercebido, ainda, que o documento público, em várias oportunidades, se previsto em norma, constitui uma prova especial. Todavia, assiste aos interessados expressar suas relações através do documento público, como se dá comumente com a procuração e as confissões de dívida.

Quanto à permissão ou à legalidade da prova, aliada a outros princípios, já restou observada a matéria no item nº 7, *supra*.

Parte dos meios elencados no art. 212 está longamente disciplinada no Código Civil de 2002.

Eis as provas constantes do art. 212, com a devida explicitação:

11.1. A confissão

O sentido revela o ato pelo qual a parte manifesta ou aceita a verdade de um fato, reconhecendo-o, mesmo que contrário aos seus interesses e venha a favorecer o rival ou adversário. A disciplina do instituto está nos arts. 348 a 354 da lei de processo civil (arts. 389 a 395 do novo CPC), constando a definição no primeiro (art. 389 do novo CPC): "Há confissão, quando a parte admite a verdade de um fato, contrário ao seu interesse e favorável ao adversário".

Considerada a rainha das provas, é grande o seu valor probante, dividindo-se em *judicial* e *extrajudicial*, segundo está no dispositivo acima.

Judicial denomina-se quando feita em juízo, e extrajudicial se lançada fora dele.

Várias regras traça o Código de Processo Civil sobre estas espécies de confissão. Consoante o art. 349 (art. 390 e parágrafos do novo CPC), a "judicial pode ser espontânea ou provocada". A primeira, tanto que requerida pela parte, prossegue o dispositivo, "se lavrará o respectivo termo nos autos". A segunda "constará do depoimento pessoal prestado pela parte", abrindo-se ensanchas para ser feita pela própria parte, ou por mandatário com poderes especiais (parágrafo único, do art. 349, do Código atual, e § 1º, do art. 390, do novo CPC). Importante enfatizar a sua finalidade, lembrada por Nelson Godoy Bassil Dower: "É necessário acentuar que o depoimento pessoal tem a finalidade principal de provocar a confissão da parte, a qual será inquirida pelo juiz e responderá pessoalmente aos fatos questionados ou indagados, não podendo levar seu depoimento por escrito para lê-lo à medida que for sendo interrogada. Além do mais, a parte depoente não é obrigada a depor sobre fato criminoso, desonesto, infame ou torpe que lhe é imputado, ou ainda sobre aquele que deve guardar sigilo profissional (CPC, art. 347)".[27] O dispositivo mencionado equivale ao art. 388 do novo CPC, que acrescenta mais a seguinte hipótese de escusa: quando não possa responder sem desonra própria, de seu cônjuge, de seu companheiro ou de parente em grau sucessível.

A judicial, ainda, faz prova contra o confidente, sem, no entanto, prejudicar os litisconsortes. Não é admissível essa reversão do efeito da prova se compreende direitos indisponíveis, citando-se, como exemplos, aqueles que envolvem os direitos fundamentais do ser humano, e, assim, a vida, a saúde, a liberdade, o estado das pessoas, a filiação. Neles não se enquadra a separação no casamento, tanto que permitido se proceda ela amigavelmente ou por mútuo consenso.

Não abrange, também, os direitos da Fazenda Pública, tendo a Súmula nº 256 do Tribunal Federal de Recursos proclamado: "A falta de impugnação dos embargos do devedor não produz, em relação à Fazenda Pública, os efeitos da revelia".

O art. 351 do CPC (art. 392 do novo CPC) é concernente a direitos indisponíveis: "Não vale como confissão a admissão, em juízo, de fatos relativos a direitos indisponíveis". Vem a exceção confirmada pelo art. 320, inc. II, do diploma citado (art. 345, II, do novo CPC).

Tem a ver o dispositivo com o Código Civil de 2002, que introduziu algumas restrições quanto à validade, em consideração à capacidade da pessoa. Consta de seu art. 213: "Não tem eficácia a confissão se provém de quem não

---

[27] *Curso Moderno de Direito Civil* – Parte Geral, ob. cit., 1º vol., p. 269.

é capaz de dispor do direito a que se referem os fatos confessados". Quem emite uma confissão deve revestir-se da capacidade de dispor dos direitos em torno dos fatos confessados. Já professavam os romanos: *Qui non potest dare non potest confiteri*.

Na confissão feita por representante, o parágrafo único limita a eficácia "nos limites em que este pode vincular o representado". Ou seja, a capacidade depende da vinculação do representante, assumindo ele a responsabilidade pelo que confessa, em nome do representado, fora dos poderes recebidos. Há a eficácia, de parte do representado, se a declaração se mantiver nos limites da outorga de poderes passados pelo representado. Trata-se da aplicação do princípio emanado do art. 116 do Código Civil: "A manifestação de vontade pelo representante, nos limites de seus poderes, produz efeitos em relação ao representado".

Na representação legal de incapaz, os poderes são de gestão, situação que afasta a confissão em nome e em prejuízo do representado. Não vale a confissão de incapaz, seja por si ou seja através de seu representante, por força da regra que os efeitos válidos somente nascem da confissão de pessoa capaz e no exercício e gozo de seus direitos.

A revelia induz à confissão, na previsão do art. 319 do CPC (art. 344 do novo CPC): "Se o réu não contestar a ação, reputar-se-ão verdadeiros os fatos afirmados pelo autor".

Várias as normas que se deparam nos dispositivos processuais: se emanada a confissão de erro, dolo ou coação, desfaz-se ou revoga-se por ação anulatória, se pendente o processo no qual foi lançada; ou por ação rescisória, caso promovida a revogação depois de transitado em julgado o processo no qual foi proferida (art. 352 do CPC de 1973, e art. 393 do novo CPC), competindo a medida ao confitente, e passando aos seus herdeiros desde que iniciada a ação, se falecer aquele (parágrafo único do art. 352 do CPC de 1973, e parágrafo único, do art. 393, do novo CPC). O art. 214 da lei civil alterou em parte o dispositivo, permitindo a anulação se decorreu de erro de fato ou de coação, omitindo o vício do dolo: "A confissão é irrevogável, mas pode ser anulada se decorreu de erro de fato ou de coação". Se disciplinou o assunto, não mais prevalece o art. 352 do CPC, nem poderia advir o parágrafo único, do art. 393, do novo CPC, no aspecto em que há diferença. Restou afastado o dolo, sob o entendimento de que esse vício não compromete a vontade de revelar fato verdadeiro. E isto porque se revela no artifício, na astúcia para induzir alguém a confessar um fato contrário a seu interesse, e não para mentir, ou inventar um fato. Realmente, não cabe a anulação do depoimento porque alguém foi induzido, por artifícios ou espertezas a confessar.

O novo Código de Processo Civil, no art. 393, omitiu o dolo, confirmando que não é causa de anulação.

Se o dolo se dirigir a convencer uma pessoa a confessar fato que lhe traz prejuízo, mesmo assim mantém-se a validade. Todavia, se se convencer alguém a acreditar numa versão inverídica, e conseguir-se a externar a declaração, torna-se possível a anulação, mas já o vício que se caracteriza é o erro. Opera-se a exposição de fato não verdadeiro por força da malícia engendrada por terceiro.

O art. 353 cuida da confissão extrajudicial, e nela incluída a inserida em testamento, sempre de valor probante, com plena eficácia, e sujeita a invalidar-se por vícios da vontade ou defeitos do consentimento. Permite-se ao juiz o poder de exame quanto à sua validade. Eis o texto do dispositivo: "A confissão extrajudicial, feita por escrito à parte ou a quem a represente, tem a mesma eficácia probatória da judicial; feita a terceiro, ou contida em testamento, será livremente apreciada pelo juiz".

O novo CPC não traz uma regra equivalente. Todavia, pelo contexto geral dos dispositivos que tratam da matéria, tal confissão é perfeitamente admitida. Assim depreende-se do art. 394, embora não especificando-a, como fez o art. 353 do Código de Processo Civil em vigor: "A confissão extrajudicial, quando feita oralmente, só terá eficácia nos casos em que a lei não exija prova literal".

Deve-se aceitar a confissão como um todo, e não somente o que é conveniente, a menos que fatos novos venham alegados, nos termos do art. 354 do CPC: "A confissão é, de regra, indivisível, não podendo a parte, que a quiser invocar como prova, aceitá-la no tópico que a beneficiar e rejeitá-la no que lhe for desfavorável. Cindir-se-á, todavia, quando o confitente lhe aduzir fatos novos, suscetíveis de constituir fundamento de defesa de direito material ou de reconvenção".

Consta a regra no art. 395 do novo CPC, com pequena diferença de redação:

> "A confissão é, em regra, indivisível, não podendo a parte que a quiser invocar como prova aceitá-la no tópico que a beneficiar e rejeitá-la no que lhe for desfavorável, porém cindir-se-á quando o confitente lhe aduzir fatos novos, capazes de constituir fundamento de defesa de direito material ou de reconvenção".

Em princípio, pois, não é divisível a confissão, de sorte a impedir a consideração nos tópicos que interessam, rejeitando-a no que se revelar desfavorável. Nesta ótica, se confessado o empréstimo a título de comodato por um determinado prazo, a parte adversa deve aceitar todo o fato, e não apenas o mero empréstimo sem prazo definido. Entrementes, excepciona-se a regra quando vierem aduzidos fatos novos pelo confitente, suscetíveis de constituir fundamento de defesa de direito material ou de reconvenção. Ou seja, a confissão feita em juízo será aceita por inteiro, sem tolerar-se que se acate ou aproveite apenas o que é útil para a parte, recusando a restante. Mas, aparecendo fatos novos, não se pode obrigar a aceitá-los. Embora aparentemente teórica a regra, acontece na prática. Uma pessoa confessa que está na posse de um imóvel que não lhe pertence. No entanto, justifica a sua permanência em face de autorização recebida do proprietário. De igual modo, se reconhecida a permanência em um prédio após vencido o contrato, esclarece-se que tal ocorre em razão das benfeitorias necessárias erguidas. Pontes de Miranda aponta mais exemplos: "Confessou a dívida, mas aduziu que depositara no banco a quantia e o credor fora avisado, não tendo ido receber, nem feito transferir para a conta; confessou que lhe entregara o autor da ação ações ao portador, ou endossadas, de determinada empresa, mas as ações tinham tido substituição dos títulos, por estarem perdidas; confessou percentual dos frutos, porém ocorreram grandes chuvas que os destruíram. O juiz, diante da contestação da outra parte, tem de apreciar as declarações *pro se* e *contra*, conforme as circunstâncias" (*Comentários ao Código de Processo Civil*, vol. IV, Forense, 1979, pp. 441 e 442).

Nas justificações, que constituem fatos novos, não se impõe a aceitação.

Preceito de igual natureza se encontra no parágrafo único do art. 373 do CPC (parágrafo único, do art. 412, do novo CPC), quanto ao documento particular: "O documento particular, admitido expressa ou tacitamente, é indivisível, sendo defeso à parte, que pretende utilizar-se dele, aceitar os fatos que lhe são favoráveis e recusar os que são contrários ao seu interesse, salvo se provar que estes se não verificaram". Na previsão do cânone, se o documento é aceito, a sua integralidade deve ser aceita, a menos que se demonstre que alguns fatos consignados não aconteceram, como no caso do pagamento que, embora referido, não se verificou.

Versando sobre direitos imobiliários próprios ou de terceiros, a confissão de um dos cônjuges não vale sem a do outro, eis que prepondera a regra da presença de ambos os cônjuges em assunto que disponha sobre imóveis (parágrafo único, do art. 350, do CPC de 1973, e parágrafo único, do art. 391, do novo CPC).

Divide-se a confissão, ainda, em *expressa* e *tácita*, conforme traduzida por palavras ou escrito, ou por um comportamento determinado, que leva a entender a admissão de fatos articulados pela parte adversa. Na expressa, vem exteriorizada em palavras, ou pela escrita, ou até por gestos e símbolos, a admissão dos fatos. Se não é contestada uma alegação, considera-se tácita ou ficta, encontrando fundamento no art. 302 da mesma lei processual civil (art. 341 do novo CPC, em redação diferente, mas que mantém idêntico conteúdo):

> "Cabe também ao réu manifestar-se precisamente sobre os fatos narrados na petição inicial. Presumem-se verdadeiros os fatos não impugnados, salvo:
>
> I – se não for admissível, a seu respeito, a confissão;
>
> II – se a petição inicial não estiver acompanhada do instrumento público que a lei considerar da substância do ato;
>
> III – se estiverem em contradição com a defesa, considerada em seu conjunto".

Em algumas situações, não incide a presunção acima, referidas no parágrafo único do artigo 302: quando o advogado é dativo (ou designado pelo juiz), quando se nomeia curador e nas atuações do Ministério Público (art. 341 do novo CPC, que, ao em vez do Ministério Público, contempla o defensor público). A lei teve em conta uma realidade decorrente do possível desleixe ou desatenção no exercício de cargos por pessoas nomeadas, ou que exercem o cargo por nomeação do juiz.

Ainda sobre a confissão tácita ou ficta, o art. 343, nos parágrafos 1º e 2º (art. 385 e seu § 1º, do novo CPC), manda intimar a parte para prestar depoimento pessoal, sob a cominação de, em não comparecendo, ou em se recusando a depor, se lhe aplicar a pena de confissão.

Através de procuração viabiliza-se a confissão, desde que outorgados poderes especiais, o que decorre da combinação dos arts. 38 e 349, parágrafo único, do Código de Processo Civil (respectivamente, arts. 105 e 390, § 1º, do novo CPC).

11.2. Os documentos

Costuma-se dizer que o documento é a mais nobre das provas.

Em princípio, considera-se o registro físico da declaração da vontade, o que não importa que se faça em papel que tenha lançada a assinatura do declarante.

Por outras palavras, o documento constitui o elemento concreto, no qual são descritos, representados ou narrados atos ou negócios jurídicos. Não apenas através da palavra vem a descrição, mas também por outros símbolos, e, assim, do desenho, da figura, da fotografia, da pintura e de qualquer meio que procura traduzir um pensamento ou ideia.

Seu alcance não se identifica ao conteúdo do instrumento, que se revela mais extenso, porquanto alberga mais elementos do que os escritos ou papéis com símbolos e reprodução de imagens ou figuras. Efetivamente, os instrumentos abrangem, além dos documentos, outros equipamentos, e assim as máquinas, os levantamentos, as reproduções de toda espécie (mecânicas, fotográficas, eletrônicas), as perícias, as gravações, os telefonemas, as ilustrações, o e-mail, o fax, os objetos, o corpo de delito, e uma infinidade de coisas corporais ou objetos exteriorizados, que servirão de suporte para formar a convicção. Pode-se concluir que os instrumentos equivalem ao gênero, enquanto os documentos situam-se como espécie, ao lado das testemunhas, das presunções, dos indícios.

Costuma-se identificar uma distinção mais sutil: a expressão *instrumento* emprega-se para designar a forma como se corporifica ou materializa um ato ou negócio, podendo fazer-se por meio de sinais, elementos e agentes públicos, sendo exemplo a escritura pública; e por meio de componentes particulares, ou agentes que não integram os entes públicos, nem possuem fé pública. Já a denominação *documento* se destina para fins probatórios, abrangendo unicamente os escritos e papéis com a inserção de algum conteúdo, de uma mensagem, de uma afirmação. Dividem-se em públicos e privados, conforme elaborados por autoridades ou agentes públicos ou por indivíduos ou por pessoas sem essa qualidade. Não é fácil, porém, delimitar a distinção.

Interessa, no caso, algumas considerações sobre documentos, afastado o sentido de instrumento.

Os documentos, ou suporte sobre os quais se manifestam os atos ou negócios geralmente pela escrita, se restringem ao sentido por último apontado. Normalmente constituem-se de papéis elaborados por agentes públicos ou por pessoas particulares. Os produzidos por entes públicos chamam-se documentos públicos, sendo feitos perante o oficial público e na presença de duas testemunhas, pela autoridade e por agentes públicos no exercício de suas funções, como escrituras públicas, guias de imposto, atos notariais, anotações e inscrições nos registros públicos, certidões de atos administrativos e de processos passadas pelas autoridades competentes, traslados, escritos processuais, informações, leis, decretos, atos declaratórios, resoluções, circulares, ordens. Aqueles feitos ou impressos por indivíduos ou pessoas particulares, sem qualquer participação do Estado, trazem a descrição do ato, as assinaturas das partes ou de seus representantes, a presença de testemunhas, exemplificados nos contratos particulares, nos recibos, nas letras de câmbio e promissórias, nas duplicatas, nos cheques, nas declarações, nos protocolos de intenções, nas petições e uma infinidade de outras espécies.

Requer-se que os documentos sejam apresentados no seu original, valendo, porém, as cópias autenticadas, ou as certidões expedidas por pessoas competentes e revestidas de função pública.

Quanto às certidões, devem ser oferecidas no prazo de quinze dias, por ordem do art. 1º da Lei nº 9.051, de 18.05.1995: "As certidões para a defesa de direitos e esclarecimentos de situações, requeridas aos órgãos da administração centralizada ou autarquias, às empresas públicas, às sociedades de economia mista e às fundações públicas da União, dos Estados, do Distrito Federal e dos municípios, deverão ser expedidas no prazo improrrogável de quinze dias, contado do registro do pedido no órgão expedidor".

Vasta a regulamentação da prova documental, tanto no Código Civil como no Código de Processo Civil, sendo necessária a especificação em itens.

11.2.1. A presunção de veracidade das declarações constantes nos documentos

No tocante ao Código Civil, o primeiro dispositivo que expressamente fala da prova documental está no art. 219 (art. 131 do Código revogado), relativamente às declarações: "As declarações constantes de documentos assinados presumem-se verdadeiras em relação aos signatários". A disposição contém um princípio de presunção, cuja relatividade acentua-se nos contratos de adesão, quando aparecem previamente elaborados, assistindo aos aderentes unicamente aceitar, sequer permitindo-se a discussão ou rejeição de cláusulas abusivas, servindo de exemplo as descritas no art. 51 da Lei nº 8.078, de 11.09.1990, que são havidas como nulas. De outro lado, não é em todos os atos que basta a assinatura. Lembra Alcino Pinto Falcão, argumentando em torno do Código Civil anterior, art. 131 (art. 219 do atual) e do art. 1.645, inc. I (art. 1.876 do atual): "De tudo se vê a particular importância que decorre da assinatura; mas a regra do art. 131, que se contenta com a assinatura, não se aplica a todos os atos jurídicos: o art. 1.645, inc. I, não se satisfaz com a assinatura, exigindo no caso do testamento particular que este seja escrito e assinado pelo testador; assim também para a procuração por instrumento particular, de acordo com o art. 1.289 e seu parágrafo segundo (mas para a procuração para o foro, basta a assinatura..." E tão pouco a presunção contemplada no art. 131 cobre todo o conteúdo do documento: só abrange as disposições principais e o que disser à legitimidade das partes".[28]

O parágrafo único do art. 219 do Código Civil (parágrafo único do art. 131 do Código revogado) acrescenta: "Não tendo relação direta, porém, com as disposições principais ou com a legitimidade das partes, as declarações enunciativas não eximem os interessados em sua veracidade do ônus de prová-las". Há a distinção de dois tipos de disposições: as principais e as enunciativas. Aquelas dizem com os elementos próprios do contrato, como, na locação, o imóvel, o preço, o prazo, a entrega para o uso. Todas estipulações sobre tais elementos presumem-se verdadeiras. Já as enunciativas são as esclarecedoras, ou as que apresentam dados sobre os elementos do contrato. Assim quando uma cláusula explicita onde se fará o pagamento dos aluguéis, ou especifica as condições do imóvel. Desde que se refiram aos elementos essenciais do contrato (ao preço, ao bem, ao prazo, ao uso), também presumem-se verdadeiras. Se não têm relação a esses elementos, ou à legitimidade das partes, não eximem os interessados do ônus de prová-las. É o que acontece quando consta do contrato de uma compra e venda que o preço já se encontra pago em razão de uma dívida que tinha o vendedor para com o comprador. Essa dívida que preexistia não tem relação com o preço, impondo-se a sua prova. A declaração de sua existência não passa de começo de prova. Também no mútuo, vindo encargos correspondentes à remuneração que a instituição financeira paga na captação. Sem dúvida, os juros são devidos. Sua taxa ou percentual, porém, dependem da prova do montante pago na captação de recursos. Em suma, trata-se de uma declaração enunciativa.

11.2.2. Prova da anuência ou autorização para a prática de um ato ou negócio

Muitos atos ou negócios dependem de anuência ou autorização de terceiros para a sua prática, cuja prova se produzirá da mesma maneira que o

---
[28] *Parte Geral do Código Civil*, ob. cit., p. 266.

ato ou negócio jurídico. É o que se dessume do art. 220 (art. 132 do Código revogado): "A anuência ou a autorização de outrem, necessária à validade de um ato, provar-se-á do mesmo modo que este, e constará, sempre que se possa, do próprio instrumento". Em vista deste preceito, o consentimento para a prestação de fiança que o cônjuge der virá no próprio instrumento de prestação, ou até em outro documento, mas sempre por escrito. A permissão para ceder a locação, ou sublocar, na previsão do art. 13 da Lei nº 8.245, de 18.10.1991, depende de consentimento expresso e por escrito do locador. No entanto, se não manifestada a oposição em trinta dias, decorre o consentimento, segundo a letra do § 2º do mesmo dispositivo. A concordância dos filhos com a doação pelos progenitores para um único filho integrará a escritura pública de doação.

O art. 1.647 do Código Civil (arts. 235, 236 e 242 do Código anterior) discrimina vários atos ou negócios em que o marido e a mulher necessitam do consentimento do cônjuge para a sua realização. Esta autorização virá no próprio ato ou negócio previsto, como a alienação de imóveis ou a sua gravação de ônus. Se o ato ou negócio requer a escritura pública para a sua efetivação, de igual modo o consentimento ou autorização pelo outro cônjuge se lavrará por instrumento público.

Na sequência de exemplos, lembra-se o caso do filho entre 16 e 18 anos, que carece de autorização dos pais para contrair matrimônio – art. 1.517 (art. 183, incs. XI e XII, do Código revogado); a adoção, que se submete ao consentimento dos pais do adotado – art. 1.621 (art. 372 do CC revogado); as alienações de imóveis, as doações, e as instituição de garantias necessitam do consentimento do cônjuge que não aparece como proprietário, salvo no regime de separação obrigatória de bens – art. 1.647 (art. 235 do CC de 1916); a validade do pacto antenupcial feito por menor condiciona-se à aprovação do representante legal – art. 1.654, sem norma equivalente no Código de 1916; nas vendas de ascendentes para descendentes, não se prescinde do consentimento das demais pessoas que também são descendentes – art. 496 (art. 1.132 do Código revogado).

A matéria é um tanto complexa, e traz problemas frequentes, sendo um deles no tocante à procuração para a venda de um imóvel. Efetuando-se o instrumento por escritura pública, aparentemente o teor do art. 220 (art. 132 do anterior Código) ordena que a procuração também venha de igual modo. Entrementes, é necessário refletir e analisar o conteúdo da norma. Unicamente a anuência ou autorização submete-se ao mesmo padrão de prova, sem qualquer pertinência com a procuração. Assim, não tem interferência com a procuração. Esta a inteligência que vinha de Carvalho Santos, lembrando a doutrina tradicional, sempre favorável à desnecessidade do instrumento público.[29] Entrementes, adveio o art. 657 do Código de 2002, mandando seguir a

---

[29] *Código Civil Brasileiro Interpretado*, ob. cit., vol. III, p. 132.

forma usada para o ato a ser praticado: "A outorga do mandato está sujeita à forma exigida por lei para o ato a ser praticado. Não se admite mandato verbal quando o ato deva ser celebrado por escrito". No mesmo entendimento está a cessão de direitos sobre imóveis, não permitindo que se faça sem autorização, e impondo o documento público.

Apresentam-se casos de imposição de autorização do juiz, devendo as partes buscá-la através de um procedimento judicial, expedindo-se um alvará ou mandato, sendo exemplo o suprimento de autorização dos pais para pessoas relativamente casarem – art. 1.525, inc. II.

11.2.3. Cláusula que estabelece o instrumento público

Neste campo, pela mera contratação das partes, faz-se imprescindível o instrumento público, em obediência ao art. 109 da lei civil: "No negócio jurídico celebrado com a cláusula de não valer sem instrumento público, este é da substância do ato".

Diante da cláusula impondo essa forma, subentende-se que não era, a rigor, obrigatório o uso do instrumento público, que passa a se exigir exclusivamente porque as partes assim deliberaram. No entanto, se, posteriormente, vem a forma diferente da combinada ou prevista, a *ratio* leva a concluir que decidiram diversamente as partes, o que força a homenagear a autonomia da vontade, mantendo válido o contrato.

O motivo da regra está na proteção de certos negócios, cuja importância econômica, ou moral, ou familiar recomenda se sirvam as pessoas de instrumento público, conseguindo-se maior segurança e seriedade. Elege-se a homologação pelo juiz de um negócio, o que ajuda a afastar algumas eivas de nulidade ou vícios. Impondo tal solenidade, ficam mais tranquilos os contraentes, e logra-se conseguir credibilidade pública na avença que firmaram.

Não se torna público o instrumento apenas quando lavrado perante o tabelião ou notário, ou quando efetuado o registro por um oficial público. Sobretudo se passados em cartório judicial, se lançados em termos de audiências, se conferidos por um agente que tenha fé pública, se atestados ou autenticados por uma autoridade com poderes para tanto, trazem o caráter de públicos os atos.

11.2.4. A obrigatoriedade da escritura pública como prova e documentos públicos

Alguns atos ou negócios são de extrema importância, tornando-se obrigatória a sua materialização forma pública. A lei é peremptória em ordenar que se façam por escritura pública, estando nomeados nos arts. 108, 1.640, parágrafo único e 1.653, e já tendo merecido o assunto exame em itens anteriores.

Se não vierem a lume por escritura pública, quando exigida, não se consideram formados ou constituídos, havendo sempre a faculdade do arrependimento, sendo que havia, no Código Civil anterior, regra expressa, exteriorizada no art. 1.088 da lei civil, que rezava: "Quando o instrumento público for exigido como prova do contrato, qualquer das partes pode arrepender-se, antes de o assinar, ressarcindo à outra as perdas e danos resultantes do arrependimento, sem prejuízo do estatuído nos arts. 1.095 a 1.097". Não é possível a sua substituição por outra forma, no que é peremptório o art. 366 do Código de Processo Civil (art. 406 do novo CPC): "Quando a lei exigir, como da substância do ato, o instrumento público, nenhuma outra prova, por mais especial que seja, pode suprir-lhe a falta". De sorte que impossível substituir a prova do registro de nascimento por testemunhas, ou o ato do casamento mediante uma instrução judicial, ou uma compra e venda de imóvel mediante indícios e presunções. Reforça Nelson Godoy Bassil Dower: "Os contratos constitutivos ou translativos de direitos reais sobre imóveis de valor superior ao fixado por lei (CC, art. 134), o testamento público (CC, art. 1.632), a criação de fundações (CC, art. 24), os pactos antenupciais só podem ser ultimados por escritura pública".[30] Os arts. 134, 1.632, e 24, acima referidos, correspondem, respectivamente, 108, 1.864 e 62 do atual Código.

A importância do documento público é que o torna oponível relativamente às pessoas nele constantes e a terceiros, a menos que o contrário venha disposto, ou se outra formalidade seja imposta, como o registro público, exigido na escritura pública ou no contrato de compra e venda, de promessa de compra e venda, e de constituição de direitos garantias e ônus sobre imóveis. Se lavrado o ato ou negócio por quem tem fé pública, não apenas decorre a autenticidade da forma, mas também do ato ou negócio. Efetivamente, lembra Caio Mário da Silva Pereira: "No que diz respeito ao conteúdo da declaração, vigora a presunção de autenticidade, no sentido de que se tem como exata a circunstância de que o agente a fez, nos termos constantes do texto. Mas é de se distinguir a inexatidão ou falsidade material, incompatível com a autenticidade do ato notarial, com a falsidade ideológica ou intelectual, pela qual não responde o oficial público, e que se positiva no descompasso entre o conteúdo do ato e a verdade. A falsidade material, quando alegada, atenta contra a honorabilidade do oficial; a falsidade ideológica tange às pessoas que participam do ato, poupando, em regra, de acusação o notário".[31]

Os atos ou negócios que não dispensam a escritura pública estão numerados nos arts. 108, 1.640, parágrafo único e 1.653 do Código Civil mais exemplificativamente, e constituindo-se dos pactos antenupciais e dos contratos constitutivos ou translativos de direitos reais sobre imóveis. Nesses atos

---

[30] *Curso Moderno de Direito Civil* – Parte Geral, 1º vol., ob. cit., p. 267.
[31] *Instituições de Direito Privado*, ob. cit., vol. I, p. 417.

ou negócios se inclui a cessão de direitos hereditários, observando Nelson Godoy Bassil Dower: "Exemplo típico de ato jurídico realizado através dessa forma é a cessão de direito hereditário que pede instrumento público, por ser legalmente considerado imóvel (CC, art. 44, III). O TJSP decidiu: 'A cessão de direitos hereditários é negócio jurídico que reclama forma própria e única – a escritura pública – sendo, portanto, impróprio o instrumento particular' (*in* RT 627/110)".[32] O mencionado art. 44, III, é repetido no art. 80, inc. II, do vigente Código Civil.

Além da escritura pública, outros atos públicos aparecem, não tendo menos valor que aquela, embora, às vezes, o Código empregue a expressão *instrumento público* no significado de *escritura pública*. São os atos judiciais, feitos em cartório ou nos autos de um processo; as certidões extraídas de autos por escrivães, tabeliães, oficiais públicos (oficial do registro civil de casamento, de nascimento, de óbito, de protesto de títulos, e de outras funções ligadas à vida civil e comercial), e outros funcionários a cujos atos a lei empresta fé pública; as certidões e atos extraídos de livros das repartições oficiais ou públicas, como as fiscais, as policiais, as administrativas em geral; os instrumentos guardados em arquivos públicos; os atos de aprovação dos testamentos cerrados; as notas de corretores, de juntas comerciais, de órgãos de classe ligados a repartições públicas; os boletins de ocorrência policial e certidões; as microfilmagens; os atos passados por embaixadas e consulados, relativos a documentos vindos de um país para valerem em outro, com a obrigatoriedade da versão em português por tradutor oficial, segundo o art. 224 do Código Civil; as publicações oficiais, como resoluções, leis, decretos, estatutos, circulares, e uma infinidade de atos das autoridades.

Quanto aos boletins de ocorrência, a relatividade é ressaltada pela jurisprudência: "O policial comparece ao local e consigna no boletim o que lhe foi referido pelos envolvidos ou testemunhas, quando então a presunção da veracidade é a de que tais declarações foram prestadas, mas não se estende ao conteúdo delas ('o documento público não faz prova dos fatos simplesmente referidos pelo funcionário'" (REsp. nº 42.031-RJ, da 4ª Turma do STJ).

Na classe dos documentos públicos estão os que se elaboram no processo judicial, ou os atos processados em juízo, que adquirem a categoria de prova indiscutível, eis que aferidos judicialmente, ou produzidos com a presença das partes interessadas em processo judicial. No art. 136 do Código Civil de 1916, vinham especificados como uma classe de prova. Pelo atual Código, dada a omissão na referência, devem integrar a categoria dos documentos públicos. Normalmente, a sua existência ou validade é proclamada no processo. Além da sentença, vários outros atos consideram-se processados em juízo, e assim as declarações que constam nos autos, as certidões, os depoimentos das partes

---

[32] *Curso Moderno de Direito Civil* – Parte Geral, ob. cit., 1º vol., p. 266.

e das testemunhas, a generalidade dos termos lavrados pelos funcionários que têm fé pública, as cartas de arrematação ou adjudicação, as cartas de remissão, as publicações por edital, os despachos proferidos pelo juiz, os formais de partilha, os alvarás judiciais, as petições feitas pelos litigantes, as audiências, as inspeções judiciais as perícias, os acordos, a conciliação, sendo os últimos regulamentados pelos arts. 440 a 446 do CPC de 1973 (arts 481 a 484, 368, 360 e 361, parágrafo único, do novo CPC).

Servem de prova pela autenticidade de que se revestem. Não é possível duvidar de sua existência, nem de seu conteúdo, o que não importa em sempre admitir a sua validade para determinado tipo de prova.

Dentre os mais importantes, estão as sentenças ou decisões transitadas em julgado, ou que não dependem de recursos, mas com eficácia unicamente entre as partes envolvidas (art. 472 do CPC, e art. 506 do novo CPC), restringindo-se o campo de ação ao objeto discutido (art. 468 do CPC, e art. 503 do novo CPC), e servindo para as situações que tenham a mesma causa de pedir (arts. 473 e 474 do CPC de 1973, e arts. 507 e 508 do novo CPC). Ou seja, não pode tornar a suscitar a questão decidida e definida, em obediência ao princípio esculturado no art. 5º, inc. XXXVI, da Carta Maior.

Inclui-se nos atos processados em juízo a prova emprestada, que é a que se retira de um processo e se aproveita em outro, ou a prova transplantada de um processo para outro. Para a sua validade, alguns requisitos são necessários, como a presença das mesmas partes tanto no feito onde se produziu a prova como naquele em que será aproveitada; a observância do princípio do contraditório, isto é, a oportunidade de participação da parte, por seu advogado, no momento de sua produção; a pertinência entre si das matérias discutidas; e a autenticidade das fontes de procedência. Mesmo que não plenamente admitida, sempre revelará utilidade, no entanto, como indício ou presunção.

Quanto aos documentos feitos no exterior, os requisitos para a sua validade submetem-se às exigências do local da elaboração, em face do princípio *locus regit actum*. A sua autenticidade é conferida pela autoridade consular ou pelas embaixadas, a quem cabe reconhecer a firma. Especialmente os documentos fiscais, o reconhecimento dá-se pelos serviços alfandegários ou pelas delegacias fiscais existentes nos Estados.

Sobre os traslados e as certidões, o art. 216 do Código Civil reconhece a qualidade de prova: "Farão a mesma prova que os originais as certidões textuais de qualquer peça judicial, do protocolo das audiências, ou de outro qualquer livro a cargo do escrivão, sendo extraídas por ele, ou sob a sua vigilância, e por ele subscritas, assim como os traslados de autos, quando por outro escrivão consertados".

O termo *consertado* expressa conferir, examinar, constatar a cópia extraída com a original.

O art. 217 do Código Civil, no tocante aos traslados e certidões que o tabelião ou oficial de registro extrair: "Terão a mesma força probante os traslados e as certidões, extraídos por tabelião ou oficial de registro, de instrumentos ou documentos lançados em suas notas".

Essas mesmas regras encontram-se previstas no art. 365 do Código de Processo Civil (art. 425 do novo CPC).

Os traslados ou certidões serão havidos como instrumentos públicos, desde que os originais houverem sido produzidos em juízo como prova de algum ato, a teor do art. 218 da lei material civil.

O Código de Processo Civil, nos arts. 364, 365, 366 e 367 (respectivamente, arts. 405, 425, 406 e 407 do novo CPC), trata da mesma matéria, com o acréscimo no último de que, se feito por oficial público incompetente o documento, ou sem a observância das formalidades legais, mas desde que subscrito pelas partes, tem a mesma eficácia probatória do documento particular.

11.2.5. *Os documentos particulares*

O documento particular representativo do ato ou negócio é admitido quando não expressamente exigido o documento público. Para valer como prova, restringe-se unicamente aos capazes, que tenham a disposição e administração dos bens e devendo vir assinado pelas partes participantes e intervenientes. As exigências constam no art. 221 do Código Civil: "O instrumento particular, feito e assinado, ou somente assinado por quem esteja na livre disposição e administração de seus bens, prova as obrigações convencionais de qualquer valor, mas os seus efeitos, bem como os da cessão, não se operam, a respeito de terceiros, antes de registrado no registro público".

Regra parecida está no art. 368 do Código de Processo Civil (art. 408 do novo CPC): "As declarações constantes do documento particular, escrito e assinado, ou somente assinado, presumem-se verdadeiras em relação ao signatário".

Salienta-se, primeiramente, que um e outro dispositivos se dirigem aos atos ou negócios não submetidos, pela lei, a um instrumento público, ou a uma forma especial.

Percebe-se que a elaboração é feita pelas partes envolvidas no ato ou contrato, ou a mando delas, que assinarão os escritos. Várias as formas de elaboração, como a manuscrita, a datilografada, a digitada, a impressa, sendo relevantes as assinaturas, e não mais constando a obrigatoriedade da presença de testemunhas, que o Código Civil anterior as impunha para a possível demonstração da normalidade no ato da assinatura.

Para permitir que se opere a representação no ato de se firmar, requer-se que seja mencionado o representante e se especifique o mandato ou instrumento de procuração.

Não aparece a exigência do reconhecimento da assinatura, eis que o documento vale por si. Importa a validade em si, embora se recomende a cautela, porquanto representa uma garantia quanto à efetiva autoria da firma e ao momento em que foi lançada.

Costuma-se usar duas maneiras de reconhecimento: por comparação, e pela verificação *in loco* da assinatura, quando de seu lançamento, com melhor prestígio a primeira modalidade, eis que o ato de reconhecer padece das imperfeições de análise e percepção daquele que faz a comparação.

O registro do Cartório de Títulos e Documentos (arts. 127 e 129 da Lei nº 6.015, de 31.12.1973) estende a terceiros os efeitos do documento, viabilizando a oponibilidade *erga omnes*.

O que se contém no documento, se admitido, deve considerar-se indivisível, não cabendo à parte utilizar-se dele somente o que lhe convém, recusando os fatos contrários ao seu interesse, salvo se provar que estes não ocorreram, nos termos do parágrafo único do art. 373 do CPC (parágrafo único, do art. 412, do novo CPC): "O documento particular, admitido expressa ou tacitamente, é indivisível, sendo defeso à parte, que pretende utilizar-se dele, aceitar os fatos que lhe são favoráveis e recusar os que são contrários ao seu interesse, salvo se provar que estes se não verificaram". De regra, pois, tudo o que consta inserido no documento considerado verdadeiro é aceito ou recusado. Não impugnada a sua autenticidade, entende-se que o mesmo ocorre com o conteúdo. No entanto, há relatividade na disposição. Admissível que retrate com fidelidade uma transação, mas não quanto à exação das obrigações. Não raramente, insere-se cláusula estabelecendo que a quitação do preço, ou de parte do mesmo, se dá com a assinatura, quando tal não acontece, tornando-se admissível buscar a prova da falta de pagamento, especialmente se tal se deu através de cheque não honrado.

Qualquer escrito de autoria de uma pessoa obriga, caso seja provada a sua origem. Nesta ordem estão as cartas, o telegrama, o fonograma, o fax, a transmissão via *e-mail* e outras formas informatizadas (*v. g.*, Internet), o radiograma, a fotografia, a cinematografia, os avisos bancários. Importa a comprovação da origem, ou a fonte, o que é suficiente para obrigar. Quanto ao telegrama, ao radiograma e outros meios de transmissão, há uma regra que os equipara aos documentos particulares. Está no art. 374 do Código de Processo Civil (art. 413 do novo CPC) esta correspondência, desde que o original constante da estação expedidora tenha sido assinado pelo remetente. No entanto, a presunção, dentro do contemplado no art. 375 do mesmo estatuto (art. 414 do novo CPC), é que o telegrama e o radiograma presumem-se conforme o original, caso provada a data da expedição e do recebimento pelo destinatário.

Para o conhecimento de recursos enviados através de telex, tem o Superior Tribunal de Justiça exigido o reconhecimento da assinatura do remetente (AI nº 108.162-SP, da 2ª Turma, j. em 1º.01.1996, *DJU* de 31.03.1997; REsp. nº 51.764-8/SP-EDcl., da 1ª Turma, j. em 05.12.1994, *DJU* de 13.02.1995).

Mas, se contestada a autenticidade, há de se trazer a prova do original, como expressamente exige o art. 222 do Código Civil, sem precedente no Código antigo: "O telegrama, quando lhe for contestada a originalidade, faz prova mediante conferência com o original assinado".

No pertinente à cópia fotográfica do documento, em última instância também se requer a exibição do original, por ordem do art. 223 do mesmo diploma, também de conteúdo inédito em relação ao Código pretérito: "A cópia fotográfica de documento, conferida por tabelião de notas, valerá como prova de declaração da vontade, mas, impugnada a sua autenticidade, deverá ser exibido o original". Daí se perceber a relatividade da autenticação pelo tabelião de notas.

A exigibilidade do original é de rigor em se tratando de título de crédito, quando o credor quer realizar o seu direito, em vista do parágrafo único do mesmo art. 223: "A prova não supre a ausência do título de crédito, ou do original, nos casos em que a lei ou as circunstâncias condicionarem o exercício do direito à sua exibição". Dados os princípios da literalidade, da cartularidade, da abstração e da autonomia que impregnam os títulos de crédito, tanto que a quitação se dá com a entrega do título ao devedor, é imprescindível o exercício do direito com a exibição do documento original.

Dá ênfase o Código Civil de 2002 à prova fotográfica, cinematográfica, aos registros fonográficos (reprodução de sons) e a outras reproduções mecânicas ou eletrônicas, eis que revelam a realidade constada, a qual não pode ser desmentida. Pela fotografia, é reproduzida a realidade visualmente. Na fonografia, reproduz-se o som. Expõe o art. 225, sem regra correspondente no Código de 1916: "As reproduções fotográficas, cinematográficas, os registros fonográficos e, em geral, quaisquer outras reproduções mecânicas ou eletrônicas de fatos ou de coisas fazem prova plena destes, se a parte, contra quem forem exibidos, não lhes impugnar a exatidão".

Quanto à fotografia, mesmo que desacompanhada de negativos, é aceita se elementos secundários confortarem os elementos pretendidos demonstrar (*RT*, 592/164).

A elasticidade das provas particulares encontra respaldo no parágrafo único do art. 221 do Código Civil, autorizando a substituição do documento particular por outros elementos: "A prova do instrumento particular pode suprir-se pelas outras de caráter legal". Pode-se colocar uma condição: desde que não estejam envolvidos valores, transmissões, quitações, imóveis, dívidas determinadas, dentre outras hipóteses. Realmente, como demonstrar um pagamento senão através de recibo ou declaração escrita? Difícil admitir a simples prova testemunhal, inclusive em contratos especiais, e assim de promessa de compra e venda, de arrendamento mercantil, de alienação fiduciária. Há, também, a limitação do art. 227 da lei civil, dispositivo revogado pelo art. 1.072 do novo CPC – Lei nº 13.105, de 16.03.2015 -, a entrar em vigor somente no dia 17.03.2016, que fixa um valor a partir do qual é insuficiente a prova testemunhal: "Salvo os casos expressos, a prova exclusivamente testemunhal só se admite nos negócios jurídicos cujo valor não ultrapasse o décuplo do maior salário mínimo vigente no País ao tempo em que foram celebrados". O art. 401 da lei de processo civil (sem regra correspondente no novo CPC) repete a disposição, com pouca diferença de redação.

Não soa bem aceitar a prova testemunhal para evidenciar o patrimônio de uma sociedade, ou para comprovar que a posse de um imóvel assenta-se no comodato.

Não se tolera olvidar a advertência inserida no final do art. 221 do diploma civil, sobre a necessidade de registro no ofício competente para a eficácia junto a terceiros. Realmente, o registro dos contratos traz a consequência de sua validade relativamente a terceiros, como se dá no registro da promessa de compra e venda, da compra e venda com alienação fiduciária, do arrendamento mercantil, do comodato, da locação. A título de exemplo, a Lei nº 8.245, de 1991, em seu art. 8º, mantém a locação, se alienado o imóvel no curso do contrato de locação, desde que contenha cláusula sobre a continuidade, e estiver o contrato averbado junto à matrícula do imóvel. Nota-se que ficam respeitados os direitos do contrato, não se facultado ao terceiro adquirente buscar a restituição do prédio.

11.2.6. Autenticação do documento

A rigor, os documentos virão exibidos no seu original, de sorte a não ensejarem dúvida. A lei, porém, permite a apresentação através de cópia, desde que autenticada. Fazem a mesma prova do original as certidões sobre a coincidência com o documento original, ou a correspondência de seus caracteres e elementos com os originais.

Para surtir esse efeito, o meio apropriado denomina-se *autenticação*, que nada mais é que uma certidão da equivalência ao original, ou de que reproduz o original. Dentro do conteúdo da autenticação, inclui-se o reconhecimento da assinatura ou firma como sendo a do subscritor ou assinante e participante do documento.

Vários os dispositivos do Código de Processo Civil que cuidam da matéria. Primeiramente, no art. 369: "Reputa-se autêntico o documento, quando o tabelião reconhecer a firma do signatário, declarando que foi aposta em sua presença".

O art. 411 do novo CPC, que corresponde ao dispositivo acima, inclui outras espécies de documentos autênticos:

"Considera-se autêntico o documento quando:

I – o tabelião reconhecer a firma do signatário;

II – a autoria estiver identificada por qualquer outro meio legal de certificação, inclusive eletrônico, nos termos da lei;

III – não houver impugnação da parte contra quem foi produzido o documento".

Já o art. 383 (art. 422 do novo CPC) dá validade, servindo de prova, à reprodução mecânica, como a fotográfica, cinematográfica, fonográfica ou de outra espécie, se aquele contra quem foi produzida lhe admitir a conformidade. Se negada a validade, uma perícia confirmará ou não a autenticidade, caso impossível acostar o original.

O art. 384 (art. 423 do novo CPC) também cuida da reprodução fotográfica ou obtida por outros processos de repetição, mas atestada a identidade com o documento original pelo escrivão e outros agentes com poderes para tanto: "As reproduções fotográficas ou obtidas por outros processos de repetição, dos documentos particulares, valem como certidões, sempre que o escrivão portar por fé a sua conformidade com o original". A mera certidão que confere a cópia com o original é suficiente para dar autenticidade, o que é praxe nos documentos fornecidos pelos cartórios judiciais e mesmo por repartições públicas. Todavia, em inovação vinda com o art. 223 do Código Civil de 2002, se houver impugnação, cumpre a quem portar a cópia exibir o documento original: "A cópia fotográfica de documento, conferida por tabelião de notas, valerá como prova de declaração da vontade, mas, impugnada sua autenticidade, deverá ser exibido o original". Nota-se a tendência de se relativizar a autenticação das cópias reprográficas ou fotográficas dos documentos.

Os princípios acima valem igualmente para os documentos públicos, a eles aplicando-se a certidão da autenticidade ou coincidência, segundo ordena o art. 365 do Código de Processo Civil (art. 425 do novo CPC).

Quanto aos documentos fornecidos pelo foro judicial, dá o art. 385 (art. 424 do novo CPC) validade à cópia, quando conferida pelo escrivão a conformidade com o original: "A cópia de documento particular tem o mesmo valor probante que o original, cabendo ao escrivão, intimadas as partes, proceder à conferência e certificar a conformidade entre a cópia e o original". Nunca se deve olvidar, porém, a restrição do art. 223 do Código Civil.

Consoante os §§ 1º e 2º do art. 385 (regras que constam mais abrangentemente nos §§ 1º, 2º e 3º, do art. 422, do novo CPC), a conferência, se envolver fotografia, se fará com o respectivo negativo, que não poderá faltar; sendo a fotografia publicada em jornal, exigir-se-ão o original e o negativo. Se não impugnada a ausência de negativo ou da peça original, não resta invalidada a prova, na esteira de jurisprudência do Superior Tribunal de Justiça.[33]

Eis as disposições dos parágrafos do art. 422 do novo CPC:

"§ 1º: As fotografias digitais e as extraídas da rede mundial de computadores fazem prova das imagens que reproduzem, devendo, se impugnadas, ser apresentada a respectiva autenticação eletrônica ou, não sendo possível, realizada perícia.

---

[33] Agravo nº 42.659-0-MG. 4ª Turma. Julgada em 14.02.1993, *DJU* de 28.02.1994.

§ 2º: Se se tratar de fotografia publicada em jornal ou revista, será exigido um exemplar original do periódico, caso impugnada a veracidade pela outra parte.

§ 3º: Aplica-se o disposto neste artigo à forma impressa de mensagem eletrônica".

A Lei nº 9.492, de 10.09.1997, sobre o protesto de títulos mercantis, disciplina a reprodução por microfilmagem dos documentos, ou de microfilme, em seu art. 39: "A reprodução de microfilme ou do processamento eletrônico da imagem do título ou de qualquer documento arquivado no tabelionato, quando autenticado pelo tabelião de protesto, por seu substituto ou escrevente autorizado, guarda o mesmo valor do original, independentemente de restauração judicial".

Quanto às declarações de vontade emitias via internet, por *e-mail*, resulta a autenticidade se criada a assinatura digital, que se revela em uma técnica destinada a lacrar o conteúdo do documento. Conseguindo-se este meio de segurança, permanece íntegro o conteúdo. Forma-se a certeza da autenticidade da mensagem enviada para outra pessoa. Para tanto, uma das técnicas de manter a autenticidade está na criptografia, ou a escrita de um conteúdo dando-se sinais às letras, conhecidos unicamente por aquele que os recebe.

Há um tratamento especial respeitante às peças de processos ou expedientes que correm nas repartições públicas. A autenticidade reconhecida pelos funcionários dispensa o ato atestatório de notário ou escrivão. Aos funcionários da repartição se reconhece fé pública para atestar a origem e a fidelidade das cópias extraídas. Mas às pessoas jurídicas de direito é dispensada a providência da autenticação. Tal dispõe a Lei nº 10.522, de 19.07.2002, cujo art. 24 expõe que "as pessoas jurídicas de direito público são dispensadas de autenticar as cópias reprográficas de quaisquer documentos que apresentar em juízo". No entanto, se o documento é utilizado por particulares, impõe-se a autenticação, seja por funcionários da repartição, seja pelo notário.

11.2.7. O "fac-símile"

Grandes controvérsias decorreram da introdução do *fac-símile*, ou simplesmente do *fax*, no tocante à necessidade ou não de chegar o original na data do prazo para a prática do ato. Os tribunais têm revelado insegurança no trato da matéria. Numa interpretação totalmente enviesada e desconexa com a realidade, impunha, para o conhecimento do ato (contestação, recurso, pedido de diligência, indicação de testemunhas), que até o vencimento do prazo viesse o original da postulação ou do documento. O Supremo Tribunal Federal, em várias decisões a respeito do assunto, não conhecia do recurso se não ratificado no prazo recursal.[34] Nessa linha, de pouco adianta o *fac-símile* ou *fax*, eis

---

[34] *Revista Trimestral de Jurisprudência*, 139/329, 146/883, 150/936, 151/630, 154/217, 157/502.

que, de qualquer forma, deverá chegar o original no processo até esgotar-se o prazo. Mas desponta posição diferente, no sentido de que a valia do recurso apresentado mediante o sistema 'fac-símile' não prescinde da juntada aos autos do original, que surte efeitos ainda que ocorra após o termo final do prazo assinado para a interposição do recurso.[35]

No Superior Tribunal de Justiça domina a controvérsia, sendo repetidas as decisões admitindo a tempestividade do recurso enviado no prazo por *fax*, eis que "numa época de 'fax', de computador, de 'Internet', de *e-mail*, não faz sentido exigir-se que o original de recurso tempestivamente interposto chegue dentro do prazo legal".[36]

Realmente, não encontra sentido aceitar o *fax* e exigir a chegada ao juízo ou ao pretório do original dentro do lapso de tempo previsto para o recurso. Parece que o original terá de ingressar nos dias que se seguirem à juntada do *fax* e até que a parte contrária venha a se manifestar. Inviável que dê entrada depois de transcorrido o prazo para a outra parte responder. Alguns tribunais, disciplinando a matéria, concederam o prazo de cinco dias para a apresentação do original no protocolo do órgão judiciário. De qualquer modo, o *fax* há de ingressar no registro do órgão judiciário no período de tempo ordenado pela lei para a sua prática.

A Lei nº 9.800, de 1999, parece que solucionou a controvérsia, pois expressamente assinala o espaço de tempo de até cinco dias, após o vencimento do prazo, para a apresentação do original, com o que o Superior Tribunal de Justiça passou a aceitar a interposição de recurso mediante *fax*, desde que ocorrida a situação antes da lei mencionada.[37]

11.2.8. As cartas e os registros domésticos e os livros comerciais como provas

Em diversos artigos o Código de Processo Civil cuida de documentos domésticos e dos livros comerciais.

As cartas e quaisquer registros domésticos levam-se contra de quem os escreveu, desde que enunciem o recebimento de um crédito; contenham anotação, a qual tem a finalidade de suprir a falta de título em favor de quem é apontado como credor; e expressem conhecimento de fatos para os quais não se exija determinada prova (art. 376 do CPC de 1973 e art. 415 do novo CPC). Já que elaborados no seio do conjunto familiar, incoerente colocar dúvidas sobre sua autenticidade.

---

[35] *Revista Trimestral de Jurisprudência*, 142/334.
[36] *Revista do Superior Tribunal de Justiça*, 79/333.
[37] Agravo Regimental no Recurso Especial nº 16.738-MG. 2ª Turma, de 4.04.2000, *DJU* de 15.05.2000, em *Revista do Superior Tribunal de Justiça*, 133/153.

Dentro desta realidade enquadram-se as notas de compras, ou anotações em livros e cadernos lavradas em casas comerciais, para pagamento posterior. Entrementes, as observações ou notas escritas pelo credor em qualquer parte do documento representativo da obrigação levam-se a favor do devedor (art. 377 do CPC de 1973, e art. 416 do novo CPC), não importando se o documento se encontra com o credor ou com o devedor (parágrafo único, do art. 377, do CPC de 1973, e parágrafo único, do art. 416, do novo CPC).

Pontes de Miranda dá o sentido de cartas e registros domésticos: "Aliás, 'domésticos, como adjetivo de registros, não é só no sentido de feitos em residência ou domicílio, ou entregues à empregada ou ao mordomo. As cartas são as que são entregues por empresa ou pessoa física encarregada, ou pelo próprio signatário. A respeito do próprio 'registro doméstico' devemos afastar referência exclusiva à residência ou domicílio. Pode ser a carta enviada ao escritório, ou ao gabinete, ou a outro lugar em que se exerce profissão, ou ao próprio banco, ou restaurante, em que se costuma entregar, ou ficou assente que fosse. Quanto ao registro, pode ser em livro de contabilidade ou para qualquer ocorrência, ou simples caderno ou folhas de anotações. Abstraia-se do sentido estrito de doméstico".[38]

Já os livros comerciais provam contra o seu autor, ou o respectivo dono, tendo como válidos os lançamentos neles efetuados, a menos que se evidencie que não correspondem à verdade, ônus que compete ao respectivo titular (art. 378 do CPC e art. 417 do novo CPC). A matéria sobre os livros comerciais, dentre outras normas, era regulada pelo Código Comercial, onde especialmente se especificavam os de uso obrigatório e os requisitos que deviam ter; pela Lei nº 6.404, de 15.12.1976, a qual enumera os livros necessários para as sociedades anônimas; e pela Lei nº 5.474, de 18.07.1968, cujo art. 19 cuida do livro de registro das duplicatas. A escrituração segue normas próprias, como as contidas no Decreto-lei nº 486, de 03.03.1969, e no Decreto nº 64.567, de 22.05.1969.

Salienta-se, ainda, apesar do art. 378 do CPC de 1973 (art. 417 do novo CPC), que os livros provam a favor de seu autor nos litígios entre comerciantes, se atenderem aos requisitos legais, ou se lançados todos os atos ou negócios havidos na empresa (art. 379 do CPC de 1973 e art. 418 do novo CPC), mas levando-se a escrituração contábil tanto a favor como contra o titular, de acordo com o teor dos registros que encerram, de modo a considerar-se ela indivisível, isto é, devendo-se apreciar o todo, tanto o que é favorável como o que não o é para o autor (art. 380 e art. 419 do novo CPC). A mesma apreciação leva-se em conta na prova decorrente da confissão e do documento particular (arts. 354 e 373, parágrafo único, do CPC vigente, e arts. 395 e 412, parágrafo único, do novo CPC).

---

[38] *Comentários ao Código de Processo Civil*, 2ª ed., Rio de Janeiro, Forense, 1979, vol. IV, p. 491.

Importante regra, a respeito, está no art. 226 do Código Civil, pela qual prejudicam as pessoas a quem pertencem se mal formalizados, ou favorecem a quem os confeccionou corretamente, ainda mais se outros subsídios confortarem os escritos: "Os livros e fichas dos empresários e sociedades provam contra as pessoas a que pertencem, e, em seu favor, quando, escriturados sem vício extrínseco ou intrínseco, forem confirmados por outros subsídios". Nem sempre, porém, é suficiente a prova produzida por fichas e livros. Quando a lei exigir a escritura pública, ou um escrito particular com determinados requisitos, não basta o mero lançamento da operação nos livros. Nesses moldes está delineado o parágrafo único do art. 226 da lei civil: "A prova resultante dos livros e fichas não é bastante nos casos em que a lei exige escritura pública, ou escrito particular revestido de requisitos especiais, e pode ser ilidida pela comprovação da falsidade ou inexatidão dos lançamentos". De sorte que não basta o mero lançamento de uma operação de compra e venda no livro, sem o devido documento que transfere a propriedade.

Dos princípios expostos, se retira que, pretendendo o empresário se prevalecer de sua própria documentação, cumpre que faça a sua apresentação perfeita do ponto de vista legal e formal. Para tanto, impende que tenha o livro sido submetido ao registro público e à autenticação. Sem essas providências, e mesmo em se verificando rasuras e emendas sem a devida ressalva, não socorrerá ao empresário a documentação, no que também se estende para as finalidades fiscais, impondo-se que a documentação demonstre a remessa das mercadorias devidamente formalizada.

Uma vez necessário, atendendo postulação ou de ofício, tem o juiz autoridade para determinar a exibição de livros e documentos, extraindo-se a suma que interessar ao litígio, em vista dos arts. 381 e 382 do CPC (arts. 420 e 421 do novo CPC).

11.2.9. A prova da data nos documentos para valer contra terceiros

De grande importância a prova da data da confecção do documento, mormente para efeitos de fazer prova junto a terceiros, e afastar a possível alegação de fraude. Deve existir um elemento seguro que garanta ter o documento sido firmado em um dado momento. Várias as situações que comportam dúvida, como se a promessa de compra e venda ocorreu antes ou depois de uma alienação definitiva. Especialmente quanto à fraude de execução, desponta como fundamental a data em que aconteceu o negócio de alienação, isto é, se antes ou depois da propositura da ação apta a levar à insolvência o devedor. A definição não raramente é prejudicada pela ausência de elementos seguros sobre o momento da alienação. Se se constatar ter acontecido em momento anterior, não há como sustentar a fraude de execução. Mas, efetuando-se depois, especialmente da penhora, o art. 593 do Código de Processo Civil (art. 792 do novo CPC) faz presumir a fraude de execução.

Um dos elementos mais apropriados e convincentes reside na comprovação da data da lavratura, o que se consegue mediante o reconhecimento da assinatura do assinante.

A matéria está regulada no art. 370 do CPC (art. 409 do novo CPC, com igual conteúdo, embora pouco diferente a redação):

"A data do documento particular, quando a seu respeito surgir dúvida ou impugnação entre os litigantes, provar-se-á por todos os meios de direito. Mas, em relação a terceiros, considerar-se-á datado o documento particular:

I – no dia em que for registrado;

II – desde a morte de algum dos signatários;

III – a partir da impossibilidade física, que sobreveio a qualquer dos signatários;

IV – da sua apresentação em repartição pública ou em juízo;

V – do ato ou fato que estabeleça, de modo certo, a anterioridade da formação do documento".

A redação dos incisos acima é igual à redação dos incisos do art. 409 do novo CPC.

O registro (inc. I) constitui o meio mais eficiente para evidenciar a data, e a validade frente a atos posteriores sobre o mesmo objeto. Há, sobre o assunto, a Súmula nº 489, do STF, nestes termos: "A compra e venda de automóvel não prevalece contra terceiros de boa-fé, se o contrato não foi transcrito no registro de títulos e documentos".

A interpretação, em grande parte secundada pela jurisprudência, foi abrandando a inteligência, firmando a validade do negócio, embora sem o registro, frente a outra alienação posterior, concernente ao mesmo bem, desde que à saciedade induvidoso o momento do primeiro ato. A própria Suprema Corte revisou sua posição anterior, como se vê do Recurso Extraordinário nº 109.137-RJ, ao proferir: "Não se aplica a Súmula nº 489 ao caso de acidente de veículo vendido antes do evento, embora não registrada a operação no Detran ou no cartório".

Possível proclamar a regra geral de que a omissão do registro não implica invalidade do negócio. Importa somente em maior discussão quanto à credibilidade do documento, em relação a terceiros. A tendência é admitir o instrumento particular não registrado, prevalecendo contra terceiros, se provada a data do ato. Com efeito, se o recibo é válido para gerar o certificado de propriedade de um bem, como de um veículo, é válido por si mesmo, ou subsiste pelo seu próprio conteúdo, e não em razão do outro documento que ele originou. De suma importância é a data inserida em seu conteúdo, a fim de esclarecer se foi elaborado antes ou depois da ocorrência, e evitar uma provável simulação.

E a data é provada com o reconhecimento da assinatura, ou a sua apresentação em estabelecimento público (inc. IV), quando atestada a data do ingresso, geralmente mediante protocolo. A entrada do documento em repartição pública equivale ao comparecimento no tabelionato, para o reconhecimento das assinaturas.

Todavia, se impossível comprovar a data, porque inexistente ou não perceptível, considera-se o ato feito desde a morte de algum dos signatários, ou a partir da impossibilidade física sobrevinda a qualquer dos signatários (incs. II e III). Se se reclama encontrar a data quando ainda vivos os signatários, ou plenamente capazes, assiste a demonstração por quaisquer meios de prova.

Prova-se, também, por um ato ou fato pelo qual se infira a anterioridade do documento, exemplificando Pontes de Miranda: "Por outro lado, se houve ato ou fato que revele a anterioridade do documento em relação a ele. Por exemplo: o negócio jurídico é relativo à garantia da bagagem para transporte, ou viagem, ou à compra de passagens, ou à festa de casamento ou de aniversário, realizada em determinada data".[39] Parece óbvio que se há uma garantia da bagagem no transporte, o contrato nasceu antes da viagem. Igualmente, se adquiridos bens destinados a preparativos para o casamento, a aquisição necessariamente deve preceder a esse evento.

11.2.10. Autoria dos documentos

Autor do documento é aquele que o fez ou confeccionou e assinou, ou, quando representado, ordenou que fosse feito e assinado, não se devendo, neste caso, atribuir a autoria ao que elaborou, e sim àquele que ordenou que se fizesse. Nos livros, fichas, assentamentos, notas e programas comerciais, e em quaisquer profissões, o titular do estabelecimento ou empreendimento é o autor dos documentos.

Mesmo se ausente a assinatura, não se depreende que não haja a autoria. Na verdade, desde que feito e emitido o documento por um estabelecimento ou até por uma pessoa, se perfeitamente identificada, não ilide a autoria a ausência da assinatura. Frequente a situação no fornecimento de propagandas e toda série de papéis representativos de propostas e transações sem a assinatura. Exemplos comuns são as notas fiscais ou simples recibos passados por lojas, os apontamentos, anotações, livros, fichas de sociedades civis, comerciais, prestadoras de serviços, de associações. Não se costuma assinar os lançamentos feitos em fichas e livros, ou agendas, e históricos, boletins e regulamentos, mas ninguém duvida da autoria ou da autenticidade. A entrega de folhetos e demais propagandas obriga o emissor, constituindo oferta, havendo lei que determina cumprir o que é oferecido, consoante o art. 30 da Lei nº 8.078, de 11.09.1990: o que leva a admitir-se a autoria se evidenciados os dados identificadores: "Toda informação ou publicidade, suficientemente precisa, veiculada por qualquer

---

[39] *Comentários ao Código de Processo Civil*, ob. cit., vol. IV, p. 480.

forma ou meio de comunicação com relação a produtos e serviços oferecidos ou apresentados, obriga o fornecedor que a fizer veicular ou dela se utilizar e integra o contrato que vier a ser celebrado".

Os livros comerciais, carnês emitidos e outros papéis de empresas ou sociedades não trazem a assinatura. Provada a origem, porém, fica definida a autoria.

O art. 371 do Código de Processo Civil (art. 410 do novo CPC) bem define a matéria:

> "Reputa-se autor do documento particular:
>
> I – aquele que o fez e o assinou;
>
> II – aquele por conta de quem foi feito, estando assinado;
>
> III – aquele que, mandando compô-lo, não o firmou, porque, conforme a experiência comum, não se costuma assinar, como livros comerciais e assentos domésticos".

11.2.11. Regulamentação da prova documental

Segundo já lembrado, extensa a regulamentação da matéria sobre a prova, eminentemente de natureza processual, com realce à documental.

Além dos pontos observados, merecem destaque os seguintes:

- Apreciará o juiz livremente a fé que deve merecer o documento sobretudo quando, em ponto substancial e sem ressalva, contiver entrelinha, emenda, borrão ou cancelamento (art. 386 do CPC de 1973 e art. 426 do novo CPC).
- Cessa a fé do documento público ou particular, declarando-se judicialmente a falsidade, a qual consiste em formar documento não verdadeiro, e em alterar documento verdadeiro (art. 387 e seu parágrafo único do CPC de 1973 e art. 427 e seu parágrafo único do novo CPC).
- Cessa a fé do documento particular quando lhe for contestada a assinatura e enquanto não se lhe comprovar a veracidade; e, quando assinado em branco, for abusivamente preenchido (art. 388 do CPC e art. 428 do novo CPC).
- Verifica-se o abuso no preenchimento de documento, dentre outras situações, se, recebido o documento já assinado, com o texto não escrito no todo ou em parte, for preenchido violando o pacto feito com o signatário (parágrafo único do art. 388 do CPC e parágrafo único art. 428 do novo CPC).
- É assegurado o direito de impugnação da autenticidade pela parte contra a qual foi produzido o documento particular, através da arguição de falsidade, como assegura o art. 373 (art. 412 do novo CPC), seguindo-se o procedimento previsto nos arts. 390 e seguintes (arts. 430 e segs. do novo CPC).

- Legítima é a determinação, expedida pelo juiz, a pedido da parte interessada, para a exibição integral dos livros comerciais e dos documentos do arquivo, na liquidação da sociedade, na sucessão por morte de sócio, e quando e como determinar a lei, tudo com fulcro no art. 381 (art. 420 do novo CPC).
- Cabe a ordem, também emanada do juiz, de ofício ou a pedido, para extrair dos livros e documentos as partes ou a suma que interessarem ao litígio, ou para as reproduções mecânicas autênticas, segundo faculdade do art. 382 (art. 421 do novo CPC).
- Compete à parte, contra quem foi produzido o documento particular, alegar, no prazo do art. 390 (art. 430 do novo CPC, que restringe a suscitação na contestação, na réplica ou no prazo de quinze dias, contado a partir da intimação da juntada aos autos do documento), na contestação ou em dez dias, se lhe admite ou não a autenticidade da assinatura e a veracidade do contexto. No silêncio, presume-se que o tem como verdadeiro (art. 372 do CPC, sem regra igual no novo CPC).
- Cessa a presunção da veracidade ou a eficácia da admissão expressa ou tácita do contido no documento, no silêncio da parte, se obtido o mesmo por erro, dolo ou coação (parágrafo único do art. 372 do CPC, sem regra igual no novo CPC).
- Na contestação ou no prazo de dez dias, contado da juntada aos autos, em qualquer tempo e grau de jurisdição, permite-se suscitar o incidente de falsidade do documento, seguindo o procedimento os trâmites dos arts. 390 a 395 (arts 430 a 433 do novo CPC, sendo o prazo de quinze dias, contado da réplica ou a partir da intimação da juntada aos autos do documento).
- Compete à parte instruir a petição inicial, ou a resposta, com os documentos destinados a provar suas alegações (arts. 396 a 399 do CPC e arts. 434 a 438 do novo CPC).
- Admite-se, em qualquer momento do processo, a juntada de documentos novos destinados a fazer prova de fatos ocorridos depois dos articulados, ou para contrapô-los aos que foram produzidos nos autos (art. 397 e art. 435 do novo CPC).
- Dá-se vistas à parte contrária, pelo prazo de cinco dias, sempre que novos documentos vierem aos autos (art. 398 e § 1º do art. 437 do novo CPC).
- Autoriza-se ao juiz requisitar junto às repartições públicas e em órgãos particulares toda a espécie de documentos, como livros, fichas, procedimentos administrativos, cópias, extratos bancários etc., para fazer prova no processo, devendo mandar extrair certidões ou reproduções que interessarem, no lapso de trinta dias, devolvendo-se, após, os documentos (CPC, art. 399 e seu § 1º, e art. 438 e seu § 1º do novo CPC).

11.3. As testemunhas

A exposição ou narração de fatos por pessoas que os presenciaram constitui mais um meio de prova, de grande importância e bastante comum. Como testemunhas consideram-se as pessoas que presenciaram os fatos, o que as habilita a prestarem depoimentos em juízo, a fim de descrevê-los e narrar a sua existência. Por isso, devem expor em juízo o que conhecem sobre fatos relevantes para a causa. Relatando-os, colaboram para a instrução da prova. Enunciam os acontecimentos percebidos pelos sentidos, e os revelam tal como permanecem guardados na mente ou lembrança, ou do jeito que se encontram na memória. Fazem a sua descrição ou a narração de forma objetiva, sem elucubrações, ilações ou juízos, posto que aí há uma elaboração, fugindo do conceito de constatação.

A testemunha depõe sobre fato realmente acontecido, ou sobre um evento verificado, que ela presenciou ou assistiu, o que dá realismo ao que vai expor. Não se coloca na posição de examinadora da situação, para extrair decorrências ou conclusões, o que está afeto ao perito, ou ao que inspeciona. Atuam como elementos que apanharam os fatos ou a situação e levam a revelá-los, além dos sentidos, isto é, da visão, da audição, do olfato, do paladar e do tato, as sensações internas, a sensibilidade humana, a impressão que causam os fatos, e, neste campo, o sentimento de pesar, a agradabilidade que causou o evento, a sensação muscular (dor, prazer). Ao presenciar uma desavença ou atrito entre pessoas, a testemunha revelará o que sentiu frente aos disparates havidos, ou o estado interior causado pelo evento, levando, pois, a acrescentar que igualmente as sensações sensoriais constituem canais para a revelação do testemunho. Assim igualmente quando presencia um incêndio, no tocante à sensação corporal.

Pelas várias contingências próprias deste tipo de prova, costuma-se considerá-la com reserva, dando-se-lhe uma importância subsidiária ou complementar. Tal a importância que lhe dá o parágrafo único do art. 227 do Código Civil (parágrafo único do art. 141 do Código anterior): "Qualquer que seja o valor do negócio jurídico, a prova testemunhal é admissível como subsidiária ou complementar da prova por escrito".

É a prova que mais se presta para a falsificação ou industrialização, aparecendo não raramente testemunhas profissionais, chamadas constantemente em numerosos casos, levando a justificar-se a fama de ser a prova testemunhal a mais prostituta das provas. Mesmo assim, até época não remota era a mais apropriada e utilizada na investigação de paternidade, e ainda se presta para o chamado divórcio direto, ou aquele que se concede se separados de fato os cônjuges por um espaço de tempo igual ou superior a dois anos (art. 40 da Lei nº 6.515, de 26.12.1977). De igual modo, comum a sua utilização nas ações possessórias; na defesa em uma ação reivindicatória, na qual se alega a posse vintenária; nas ações de usucapião, e nas de separação litigiosa, para a demonstração de conduta violadora dos deveres conjugais por um dos cônjuges.

11.3.1. Espécies de prova testemunhal

Costuma-se distinguir algumas espécies de testemunhas:

a) As *instrumentárias*, quando arroladas, devendo comparecer se chamadas, cabendo-lhes narrar que presenciaram a realização do ato. Normalmente são convocadas para testemunhar um escrito, como o do registro de nascimento, de casamento, de uma escritura pública. Incumbe-lhes apenas referir que assistiram o ato, sem exigir-se que conheçam seu conteúdo. Explica Caio Mário da Silva Pereira que são estranhas ao negócio jurídico, assinando "o ato jurídico juntamente com as partes, em garantia de que houve o ato tal como redigido, e que foi efetivamente por elas firmado".[40] Em regra, duas as testemunhas arroladas, sendo raras as exceções, e, assim, nos testamentos, quando são em número de cinco. Há inúmeros casos de exigência expressa pela lei, como pelo art. 585, inc. II, do CPC (art. 784, inc. II, III e IV, do novo CPC) – documento particular para valer como título de execução extrajudicial; e pelos arts. 1864 e seguintes do Código Civil – testemunhas nos vários tipos de testamentos.

b) As *judiciárias* ou *de fato*, significando aquelas que conhecem o fato alegado, por tê-lo presenciado, depondo sobre o que ocorreu ou narrando o conteúdo dos acontecimentos.

c) As *referenciais* ou *abonatórias*, utilizadas especialmente para trazerem esclarecimentos sobre pessoas, o que é comum no processo penal.

d) As *indiciárias*, ou aquelas que depõem sobre o que ouviram dizer, chamadas também *testemunhas de ouvida*, servindo elas para confirmar fatos não presenciados, mas o rumor, os comentários dos mesmos. São as de menor valor, não passando seus depoimentos de indícios ou reforço do que está afirmado e vem manifestado através de outras provas mais fortes.

11.3.2. Pessoas que não podem testemunhar

Afasta o art. 228 do Código Civil, alterado pela Lei nº 13.146/2015, algumas categorias de pessoas para servirem de testemunhas, em vista da imaturidade, da incapacidade, do parentesco, do interesse que as liga à causa discutida, ou da união conjugal. É de esclarecer que o Código Civil inclui nos impedidos aqueles que no Código de Processo Civil aparecem como incapazes, impedidos e suspeitos (art. 405 do CPC atual e art. 447 do novo CPC):

"Não podem ser admitidos como testemunhas:
I – os menores de 16 (dezesseis) anos;

---

[40] *Instituições de Direito Civil*, ob. cit., vol. I, p. 420.

II - (revogado);

III - (revogado);

IV - o interessado no litígio, o amigo íntimo ou o inimigo capital das partes;

V - os cônjuges, os ascendentes, os descendentes e os colaterais, até o terceiro grau de alguma das partes, por consanguinidade, ou afinidade".

Os incs. II e III, no texto anterior à Lei nº 13.146/2015, consideravam impedidos de testemunhar "aqueles que, por enfermidade ou retardamento mental, não tiverem discernimento para a prática dos atos da vida civil" e "os cegos e surdos, quando a ciência do fato que se quer provar dependa dos sentidos que lhes faltam".

Ocorre que a Lei nº 13.146/2015 não mais considera incapaz a pessoa limitada no entendimento, ou o deficiente mental e intelectual, bem como os cegos e surdos, tendo-os como aptos para os atos da vida civil, a menos que decretada a interdição, nos limites fixados pela sentença.

O § 1º autoriza ao juiz colher o depoimento das pessoas acima "para a prova de fatos que só elas conheçam". Todavia, a prova está comprometida, servindo unicamente de subsídio se combinar ou se entrosar com outros elementos carreados ao processo. De acordo com o § 2º, "a pessoa com deficiência poderá testemunhar em igualdade de condições com as demais pessoas, sendo-lhe assegurados todos os recursos de tecnologia assistiva".

A disciplina vem regulada também na lei processual, estando longamente contemplada no art. 405 do Código de Processo Civil de 1973 (art. 447 do novo CPC de 2015), incluindo três categorias de pessoas que não podem servir de testemunhas, não coincidindo com as acima mencionadas pelo art. 228 do Código Civil, na alteração trazida pela Lei nº 13.146/2015: os incapazes, os impedidos e os suspeitos: "Podem depor como testemunhas todas as pessoas, exceto as incapazes, impedidas ou suspeitas". O CPC/2015 manteve a ordem do estatuto processual revogado, com alguma diferença de redação, em seu art 447: "Podem depor como testemunhas todas as pessoas, exceto as incapazes, impedidas ou suspeitas". Enquanto o diploma processual divide as impossibilidades de depor em três categorias, o Código Civil inclui todas as impossibilidades nos impedidos. Confrontando-se os termos dos preceitos, nota-se que os casos de incapazes e de suspeição enumerados na lei processual encontram-se na classe única de impedidos do Código Civil.

O § 1º do art. 405 do CPC (§ 1º do art. 447 do novo CPC, com pequena diferença de redação) excepciona os incapazes, isto é, aqueles que não podem praticar pessoalmente os atos da vida civil:

"São incapazes:

I - o interdito por demência;

II - o que, acometido por enfermidade, ou debilidade mental, ao tempo em que ocorreram os fatos, não podia discerni-los; ou, ao tempo em que deve depor, não está habilitado a transmitir as percepções;

III – o menor de dezesseis (16) anos;

IV – o cego e o surdo, quando a ciência do fato depender dos sentidos que lhes faltam".

O § 2º do art. 405 do CPC (§ 2º do art. 447 do novo CPC) inclui nos impedidos os que a lei, em vista de certas circunstâncias especiais, afasta da capacidade para servirem de testemunhas. Impede-se que deponham porque se envolveram, de alguma forma, com o processo ou com os fatos que se encontram em litígio, ou porque aparecem ligados por algum parentesco ou união com as pessoas que estão no processo. Resumidamente, não se situam fora da relação processual, ou não são estranhos ao processo. Diante da participação no processo, ou das relações com os figurantes do feito, fica evidente o interesse na causa. Eis as situações arroladas nos vários incisos do dispositivo:

> "São impedidos:
> I – o cônjuge, bem como o ascendente e o descendente em qualquer grau, ou colateral, até o terceiro grau, de alguma das partes, por consanguinidade ou afinidade; salvo se o exigir o interesse público, ou, tratando-se de causa relativa ao estado da pessoa, não se puder obter de outro modo a prova, que o juiz repute necessária ao julgamento do mérito;
> II – o que é parte na causa;
> III – o que intervém em nome de uma parte, como o tutor na causa do menor, o representante legal da pessoa jurídica, o juiz, o advogado e outros, que assistam ou tenham assistido as partes".

Essas impossibilidades apresentam um grau de maior complexidade que as incapacidades.

O § 3º do mesmo art. 405 da lei de processo civil (§ 3º do art. 447 do novo CPC) versa sobre os suspeitos, ou aquelas pessoas não propriamente proibidas de depor, mas, se depuserem, sujeitam-se a não merecerem crédito ao que disseram em juízo. O tipo de caráter, de pessoa ou personalidade retira qualquer crédito às declarações. Estas as previsões, pelo § 3º, dos depoimentos que não merecem crédito, sendo que os referidos nos incisos I e II não se encontram no rol do § 3º do art. 447 do novo CPC:

> "São suspeitos:
> I – o condenado por crime de falso testemunho, havendo transitado em julgado a sentença;
> II – o que, por seus costumes, não for digno de fé;
> III – o inimigo capital da parte, ou o seu amigo íntimo;
> IV – o que tiver interesse no litígio".

Tendo em vista o confronto das normas do Código Civil e as do Código de Processo Civil, parte das hipóteses discriminadas nos §§ 1º, 2º e 3º do art. 405 do CPC (§§ 1º, 2º e 3º do art. 447 do novo CPC) constam, embora sob redação e extensão diferentes, no art. 228 do Código Civil. Não aparecem os incisos I e II do § 3º da lei adjetiva civil, como também não se encontram no § 3º do art. 447 do novo CPC, razão, pois, que não devem as pessoas nelas indicadas ser impedidas de prestar depoimento como testemunhas.

Sendo a matéria processual, preponderam sempre as normas do Código de Processo Civil.

Merecem análise algumas, por revelarem mais complexidade.

Os incapazes por idade, por enfermidade ou retardamento mental, não aptos a discernirem os atos da vida civil, não externam condições de apreender o significado dos fatos que acontecem e são aferidos pelos seus sentidos, e, depois, reproduzi-los em juízo com a fidelidade necessária, a ponto de conterem a verdade.

Em relação aos cegos e surdos, restringe-se a incapacidade de depor quando o conhecimento dos fatos depende dos sentidos que faltam. Nesta ordem, reconhece-se a capacidade para o cego depor sobre fatos ouvidos; quanto ao surdo, está habilitado a expor em juízo aquilo que presenciou.

Inconcebível que se arrole como testemunha aquele que é parte ou tenha interesse na causa, e assim devem-se entender o representante da parte, o tutor, o curador, o progenitor, o advogado. Estende-se a proibição àqueles que trataram do caso ou processo, e assim o juiz, o promotor de justiça, além de outras pessoas, como o perito sobre fatos que não dizem respeito à investigação que fez.

Exemplifica-se o interesse em várias situações, como no caso da ação reivindicatória, arrolando-se como testemunha a pessoa que transferiu o domínio do imóvel; ou indicando-se a locatária de um imóvel para servir de testemunha em favor daquele contra o qual é ajuizada uma demanda possessória. Muitas vezes arrolam-se para servir de testemunhas pessoas que atuaram no mesmo trabalho de uma das partes da ação, e que também já tiveram um litígio sobre idêntico assunto, ou que estão sendo demandadas. Ainda, pessoas que se desentenderam com o contendente, ou já prestaram atividades com o mesmo. Fica o depoimento comprometido, pois, dentro da normalidade, perduram e se incrustam na alma os eventos marcantes da vida, os ressentimentos, as mágoas, os dissabores, os contratempos.

Já a inimizade capital e a amizade íntima tiram a credibilidade, porquanto dificilmente as pessoas depõem a favor de quem odeiam ou contra as muito próximas e unidas afetivamente.

Não se incluem entre os impedidos os empregados, porquanto não contemplada na relação essa espécie de vínculo. Entrementes, suficiente o bom senso para não validar o depoimento. Sendo insofismável a subordinação, e tornando-se provável a demissão se o relato dos fatos contrair os interesses do patrão ou da empresa onde é exercido o trabalho, não se ostenta coerente aceitar o compromisso de testemunha livre, desimpedida e insuspeita. É incontornável o constrangimento a que se submete o empregado, o qual vem a ser chamado para explicitar fatos em uma ação dirigida contra seu empregador e superior.

Não se deve ir ao extremo oposto, e dar como suspeita a pessoa que mantém um mero relacionamento com uma das pessoas envolvidas na rusga judicial, como o locatário em relação ao locador, ser colega de trabalho do litigante, ou participar de atividades sociais comuns, ou existir relação de vizinhança.

Não se admitem como testemunhas o cônjuge, os ascendentes e os descendentes e os colaterais até o terceiro grau, sejam progenitores, avós ou bisavós, por razões óbvias, eis que não se pode exigir deles o depoimento e muito menos que digam a verdade. Constrangedora a situação de se obrigar, *v. g.*, que os pais ou filhos venham a juízo e relatem fatos relativos às suas vidas ou a atos praticados.

Quanto ao parentesco colateral é aquele que parte de um tronco comum, sem descenderem as pessoas umas das outras. Há um ascendente comum, do qual advêm os descendentes, e formando-se uma relação de parentesco entre, *v.g.*, os filhos dos descendentes, de acordo com o art. 1.592 do Código Civil. 'Grau' expressa a distância que separa uma geração da outra. Para a contagem, na linha do art. 1.594, conta-se do parente até o ascendente comum, descendo, e até chegar ao outro parente. Sendo o pai o parente comum, e procurando-se saber o grau de parentesco entre os irmãos, vai-se até o pai, contando-se um grau (uma geração) e descendo-se para o irmão, no que se adiciona mais um grau. Daí serem os irmãos parentes em segundo grau. Entre tios e sobrinhos, o parentesco é de terceiro grau, porquanto o tio é irmão do pai do sobrinho. Percorre-se a escala que vai do tio ao sobrinho, isto é, do tio para o respectivo pai, no que se galga um grau, e desce-se para o pai do sobrinho, atingindo-se mais um grau; finalmente, segue-se até o sobrinho, culminando por percorrer o terceiro grau.

Por afinidade considera-se o parentesco entre o cônjuge e os familiares do outro cônjuge. Trata-se do parentesco criado por lei, ou do parentesco civil, ou ficção de parentesco. No entanto, vai até o primeiro grau esse parentesco na linha reta, e não passa do segundo grau na linha colateral. Na primeira, parte-se do genro e chega-se ao sogro, ou da nora até seus sogros, o que dá um grau. Na segunda, equivale a contagem como se procede quanto aos irmãos: os afins denominam-se cunhados ou cunhadas, e a afinidade será em segundo grau porque se sobe do afim, na hipótese genro, até, *v.g.*, o sogro, e retorna-se a ele, genro.

Essas regras estendem-se às uniões de fato, decorrentes da convivência perene.

Entrementes, abre uma exceção o inc. I do § 2º, art. 405 do CPC (inc. I do § 2º do art. 447 do novo CPC): em exigindo o interesse público, ou envolvendo a matéria o estado da pessoa, não se podendo obter de outro modo a prova, autoriza-se o testemunho das referidas pessoas, mas sem o compromisso de dizer a verdade. O princípio também se encontra no § 1º do art. 228 do Código Civil, em redação da Lei nº 13.146/2015. Poderão depor como testemunhas os familiares e os parentes próximos, porquanto são as pessoas que mais acompanham a vida dos envolvidos, seguindo, aliás, inteligência pretoriana sedimentada: "Em tema de investigação de paternidade, a prova testemunhal é obtida, normalmente, através de pessoas com estreitos contados com as partes envolvidas, sem que isso desabone seus depoimentos. Acoimar de tendenciosos os depoimentos por amizade das testemunhas com a mãe do autor de nada vale, se elas sequer foram contraditadas e, ainda assim, podiam ser ouvidas, como simples declarantes, e o juiz aferia a sua sinceridade e senso de verdade, no confronto das provas. *In casu*, resultou comprovado, *quantum satis*, que a concepção coincidiu com a época das relações sexuais constantes e seguidas mantidas pelo indigitado pai com a mãe do investigante".[41]

Nas separações, nas questões que versam sobre direito de família, e até naquelas que se circunscrevem ao círculo parentesco, não importando o tipo de interesse, normalmente os familiares ou as pessoas próximas estão a par do que acontece, devendo-se aceitar os respectivos depoimentos.

Uma observação merece a indicação do juiz como testemunha. Em obediência ao disposto no art. 409, observar-se-ão os seguintes caminhos: I – se tiver o mesmo conhecimento dos fatos que possam influir no processo, declarar-se-á ele impedido de continuar no processo, determinando a sua remessa ao substituto legal, sendo defeso à parte que o incluiu no rol, desistir de seu depoimento; II – nada sabendo o juiz do processo, mandará excluir o seu nome do rol de testemunhas.

11.3.3. Escusas permitidas para não depor

Em princípio, há a regra do art. 339 do Código de Processo Civil (art. 378 do novo CPC): "Ninguém se exime do dever de colaborar com o Poder Judiciário para o descobrimento da verdade".

Existem, no entanto, exceções. Alguns motivos descreve o art. 406 do mesmo diploma (art. 448 do novo CPC) que dispensam o depoimento, por trazerem consequências nocivas ao depoente, ao cônjuge e aos parentes, ou

---

[41] TJSC. Apel. Cível nº 22.746. 2ª Câm. Cível, de 27.08.1982, em *Jurisprudência Catarinense*, 50/226.

porque o estado ou a profissão ordena que se deve guardar sigilo. Eis a redação do dispositivo:

"A testemunha não é obrigada a depor de fatos:

I – que lhe acarretem grave dano, bem como ao seu cônjuge e aos seus parentes consanguíneos ou afins, em linha reta, ou na colateral em segundo grau;

II – a cujo respeito, por estado ou profissão, deva guardar sigilo".

Também o Código Civil, no art. 229, dispositivo revogado pelo novo CPC, em seu art. 1.072, a partir de sua entrada em vigor, pois a matéria é processual, apresentava escusas, em maior amplitude que as acima:

"Ninguém pode ser obrigado a depor sobre fato:

I – a cujo respeito, por estado ou profissão, deva guardar segredo;

II – a que não possa responder sem desonra própria, de seu cônjuge, parente em grau sucessível, ou amigo íntimo;

III – que o exponha, ou às pessoas referidas no inciso antecedente, a perigo de vida, de demanda, ou de dano patrimonial imediato".

Quanto ao segredo, que deve ser guardado por estado ou profissão, serve de exemplo a confissão diante dos padres. Nada pode obrigá-los a revelar a confissão, posto que constitui um dever substancial decorrente de uma das primordiais funções, que diz respeito ao perdão dos pecados.

Nesta linha, enquanto desempenhada a função na qual se está revestido, não se permite ao Estado o poder de impor a revelação de seus segredos inerentes, como garante o art. 5º, inc. XIV, da Carta Suprema: "É assegurado a todos o acesso à informação e resguardado o sigilo da fonte, quando necessário ao exercício profissional".

A Lei nº 8.906, de 4.07.1994 (Estatuto da Advocacia), no art. 7º, inc. XIX, cataloga como direito dos advogados "recusar-se a depor como testemunha em processo no qual funcionou ou deva funcionar, ou sobre fato relacionado com pessoa de quem seja ou foi advogado, mesmo quando autorizado ou solicitado pelo constituinte, bem como sobre fato que constitua sigilo profissional". De acordo com o art. 34, inc. VII, da citada Lei, a violação, sem justa causa, do sigilo profissional, ou seja, a divulgação a não ser em casos estritamente necessários, constitui infração.

Em princípio, quaisquer dados conhecidos no exercício da profissão encontram-se protegidos, não se autorizando a revelação, sendo comum na área da medicina, da psicologia, da psiquiatria, da farmacologia, do jornalismo, isto é, das profissões liberais em geral. O segredo encontra fundamento no direito constitucional da privacidade do cidadão, mesmo em se tratando de bem disponível.

A matéria é bastante controvertida no concernente ao sigilo bancário, o que é diferente de sigilo profissional, invocável no depoimento da testemunha. Lembra-se, no tocante àquele, de que permite o art. 38, § 5º, a Lei nº 4.595, de 31.12.1964, a sua quebra quando houver processo instaurado e o exame for considerado indispensável pela autoridade competente. Em igual sentido, o art. 197 do Código Tributário Nacional (Lei nº 5.172, de 25.10.1966) autoriza a autoridade administrativa a intimar pessoas, tabeliães, escrivães, bancos, empresas etc., para prestarem informações sobre bens, negócios ou atividades de terceiros. Entretanto, a jurisprudência tem limitado ao máximo a quebra de tal sigilo, havendo decisões do Superior Tribunal de Justiça permitindo o devassamento das contas bancárias unicamente por meio de autorização judicial e se a pessoa sobre processo por fato criminoso.[42]

A possibilidade de se revelar os lançamentos nas contas bancárias veio reafirmado pela Lei nº 8.021, de 12.04.1990, em seu art. 8º, desde que iniciado o procedimento fiscal próprio contra os sonegadores: "Iniciado o procedimento fiscal, a autoridade fiscal poderá solicitar informações sobre operações realizadas pelo contribuinte em instituições financeiras, inclusive extratos de contas bancárias, não se aplicando, nesta hipótese, o disposto no art. 38 da Lei nº 4.595, de 31 de dezembro de 1964".

Relativamente aos segredos de estado, o art. 5º, nº 4, da Lei nº 1.079, de 10.04.1950, enquadra como crime "revelar negócios políticos ou militares, que devam ser mantidos secretos a bem da defesa da segurança externa ou dos interesses da Nação".

Ao ser interrogada, a testemunha requererá a escusa de depor, alegando os motivos, decidindo o juiz, após ouvidas as partes no próprio ato da audiência (art. 414, § 2º, do CPC, e art. 457, § 3º, do novo CPC). Todavia, quando intimada a testemunha, faculta-se que dirija um requerimento ao juiz, expondo a razão que a isenta a depor. Ouvirá o juiz as partes, e decidirá, o que pode ocorrer antes da audiência.

11.3.4. Restrições à prova exclusivamente testemunhal

A prova testemunhal se presta para toda série de enganos, falsidades e veleidades, pois é próprio do ser humano o instinto de defesa, levando a utilizar-se de meios não honestos para alcançar essa finalidade, incluindo-se a prova testemunhal ilegalmente preparada para socorrer à sua versão. Daí, com razão, limitar-se essa prova aos contratos de somenos importância econômica. Neste propósito, o art. 400 da lei de processo civil (arts. 442 e 443 do novo CPC), ao mesmo tempo em que a permite se a lei não dispuser de modo diverso,

---

[42] *Revista dos Tribunais*, 710/184.

com tom peremptório ordena que o juiz indefira a inquirição de testemunhas sobre fatos:

"I – já provados por documentos ou confissão da parte;
II – que só por documento ou por exame pericial puderem ser provados".

Com efeito, na escala de grau na importância da prova, a documental está em contundente superioridade, eis que mais técnica e precisa. Além disso, certos fatos unicamente através de prova documental serão comprovados, sendo exemplos as transmissões de bens, o pagamento, o nascimento, o óbito, o casamento, e assim uma série de atos ou negócios previstos na lei.

O art. 401 do mesmo estatuto (sem previsão no novo CPC), reproduzindo conteúdo do art. 227 do Código Civil, dispositivo que não mais vigorará quando da entrada em vigor do novo CPC, circunscreve ao montante do décuplo do maior salário mínimo vigente no país o contrato comprovável mediante testemunhas: "A prova exclusivamente testemunhal só se admite nos contratos cujo valor não exceda o décuplo do maior salário mínimo vigente no país, ao tempo em que foram celebrados".

Mesmo assim, qualquer que seja o valor do negócio jurídico, aceita-se a prova testemunhal como subsidiária ou complementar da prova por escrito, por força do parágrafo único do mesmo artigo do art. 227 do Código Civil (revogado pelo novo CPC): "Qualquer que seja o valor do negócio jurídico, a prova testemunhal é admissível como subsidiária ou complementar da prova por escrito". Como regra, pois, naqueles atos ou negócios onde a previsão é a instrumentalização através de documentos, não é aceitável a prova testemunhal. Nesta dimensão, sempre se exige um começo de prova documental nas relações que ensejam direitos previdenciários. Está a exigência consolidada na Súmula nº 149 do Superior Tribunal de Justiça: "A prova exclusivamente testemunhal não basta à comprovação da atividade rurícola, para efeito da obtenção de benefício previdenciário". E na Súmula nº 27, do Tribunal Regional Federal da 1ª Região, quanto à soma de atividade urbana e rural: "Não é admissível prova exclusivamente testemunhal para reconhecimento de tempo de exercício de atividade urbana e rural".

Há, no entanto, séria controvérsia sobre o assunto.

Para a comprovação do tempo de serviço, com finalidades previdenciárias, a exigência de início de prova material está no § 3º do art. 55 da Lei nº 8.213, de 24.07.1991: "A comprovação do tempo de serviço para os efeitos desta Lei, inclusive mediante justificação administrativa ou judicial, conforme o disposto no art. 108, só produzirá efeito quando baseada em início de prova material, não sendo admitida prova exclusivamente testemunhal, salvo na ocorrência de motivo de força maior ou caso fortuito, conforme disposto no Regulamento". O assunto, no entanto, tem revelado controvérsia. O Superior Tribunal de Justiça já considerou o dispositivo transcrito marginalizado frente à Constituição Federal: "A Constituição da República admite qualquer espécie de prova. Há uma restrição lógica: obtida por meio ilícito (art. 5º, LVI). Note-se: integra o rol dos direitos e garantias fundamentais. Evidente a inconstitucionalidade da Lei nº 8.213/91 (art. 55, § 1º) que veda, para a comprovação de tempo de serviço, a prova exclusivamente testemunhal. A restrição afeta a busca do direito justo. O STJ entende em sentido contrário".

Justificando o posicionamento, segue o Min. Luiz Vicente Cernicchiaro: "O autor e o réu (sentido amplo do termo, para alcançar qualquer espécie de postulante e a quem se postula) têm direito de demonstrar o que afirmam. Processualmente, ressaltam-se dois princípios: contraditório e defesa ampla.

A propósito, mais uma vez, invoque-se a Constituição. Ao conferir o acesso ao Judiciário, lógico enseja comprovar as alegações. Valho-me de redação categórica: são inadmissíveis, no processo, as provas obtidas por meios ilícitos (art. 5º, LVI). Logo, a conclusão é evidente: podem ser utilizados todos os meios de prova, desde que não sejam ilícitos, isto é, contrastantes com os princípios de direito. E mais: ilicitude de prova não se confunde (identifica) com delimitação de prova.

Constitucionalmente, todos os meios de provas são admitidos. A dicção da Lei Maior não deixa dúvida alguma. A Constituição proíbe, isto sim, as provas obtidas por meios ilícitos... Em assim sendo, a legislação ordinária não pode fazer nenhuma restrição a meios de prova. Deverá, em consequência, para ajustar-se à norma fundamental, coibir os procedimentos ilícitos de sua obtenção e proclamar, para fim meramente declaratório, a inexistência de qualquer efeito probante... A prova testemunhal (não se confunde com a forma testemunhal da prova) é constitucionalmente consentida. Em consequência, nenhuma lei pode estabelecer restrições para alguém demonstrar, em juízo, a existência, ou inexistência, do fato da *causa petendi*".[43]

A tese, brilhantemente defendida, vai adiante, lembrando outra decisão do mesmo Pretório.

Existem certas relações, embora o valor ou a estimativa superem o patamar contemplado no art. 401 (sem previsão no novo CPC), que são comprováveis sobretudo por testemunhas, raramente sendo possível encontrar meios concretos, documentos, ou dados objetivos. É o que se verifica na prestação de serviços, nos contratos de trabalho, na sociedade de fato, no exercício da posse em imóvel, nas turbações e nos esbulhos, nas ofensas morais, tendo o Superior Tribunal de Justiça, em diversas oportunidades, já aceito a prova exclusivamente testemunhal.[44]

Vários dispositivos processuais tratam especificamente de situações que permitem a prova testemunhal:

- O art. 402, inc. I (art. 444 do novo CPC), não importando o valor do contrato, se houver começo de prova por escrito, máxime se o docu-

---

[43] Recurso Especial nº 177.214. 6ª Turma, de 22.09.1998, em *Revista Forense*, 346/268.
[44] *Revista do Superior Tribunal de Justiça*, 69/442.

mento advém da parte contra quem se quer fazer a prova ou utilizar o documento.
- Ainda o art. 402, inc. II (art. 445 do novo CPC), se impossível conseguir a prova escrita da obrigação, em casos como de parentesco, depósito necessário ou hospedagem em hotel.
- O art. 404, inc. I e art. 446, inc. I, do novo CPC), em favor da parte inocente, para provar a simulação dos contratos. No entanto, o normal é que o ajuste se dá em ato ou negócio bilateral, ou as partes ajustem aparentemente um ato ou negócio, e, na realidade, pratiquem outro bem diferente. Nos atos unilaterais defende-se a sua possibilidade, desde que acertada a intenção diferente com terceiro. Mas, sempre que um dos contratantes trama o ato ou negócio de modo a enganar o outro, a figura que se apresenta é o dolo. E se os dois urdem a simulação, nem se admite que venham alegar alguma falcatrua. Repetindo Pontes de Miranda: "Parte inocente não pode haver, se os figurantes do negócio jurídico agiram fraudulentamente, ou se, como autor e réu ou como autores ou réus, estão a agir fraudulentamente...".[45]
- O art. 404, inc. II (art. 446, inc. II, do novo CPC), para a demonstração dos vícios de consentimento. Aqui estão os vícios de consentimento. Neste campo, se a pessoa que expressa a vontade não conhecia a divergência entre o manifestado e o querido, configura-se o erro; desconhecendo a conduta de outrem, intencionalmente levada a obter a manifestação da vontade com dados não verdadeiros ou falsos, está-se diante do dolo; se obtida a expressão da vontade mediante intimidação, ocorre coação; se se constitui de um artifício para tornar o devedor insolvente, tem-se a fraude.

11.3.5. O ato da ouvida da testemunha

Uma série de providências antecede o depoimento. Inicia com o arrolamento, o qual, quando não constar da inicial ou da contestação, se fará até dez dias antes da audiência, se o juiz não marcar prazo diferente, excluindo-se, na contagem, o dia do começo, que é o da audiência,[46] de acordo com inteligência do art. 407 do Código de Processo Civil (art. 450 do novo CPC, que não prevê o prazo para a apresentação, depreendendo-se que a fixação fica a cargo do juiz).[47] Precisar-se-ão o nome, a profissão e a residência, a

---
[45] *Comentários ao Código de Processo Civil*, ob. cit., vol. IV, p. 573.
[46] *Revista dos Tribunais*, 696/203.
[47] Alterado pela Lei nº 10.358, de 27.12.2001.

fim de que a parte contrária possa tomar ciência de sua identificação, para a possível impugnação.

Até a quantidade de dez testemunhas permite o parágrafo único do mesmo artigo que se arrole, com a faculdade de o juiz dispensar se entender que a prova feita já convence sobre os fatos que se quer instruir. O novo CPC, no art. 357, em seu § 6º, estabelece o número de três testemunhas para cada fato; e, no § 7º, concede ao juiz o arbítrio de fixar o número segundo a complexidade da causa e os fatos individualmente considerados: "O juiz poderá limitar o número de testemunhas levando em conta a complexidade da causa e dos fatos individualmente considerados".

Normalmente, se inquirem na audiência de instrução as testemunhas, exceto, dentre outras hipóteses, aquelas que são ouvidas na própria casa ou em outro local em razão de doença, as que residem em comarca diferente, e aquelas a que o art. 411 da lei processual civil (art. 454 do novo CPC) concede regalia ou tratamento especial por motivo da função que exercem, como o Presidente da República, o Vice-Presidente, os membros dos demais poderes, os Ministros de Estado e outras autoridades, inclusive Governadores dos Estados e Procuradores Gerais.

Às testemunhas residentes em comarcas diferentes daquela do processo cabe a inquirição por carta precatória. Admite o novo CPC, no art. 453, §§ 1º e 2º, a inquirição por meio de videoconferência ou outro recurso tecnológico de transmissão de sons e imagens em tempo real. Vejam-se as regras:

> "§ 1º: A oitiva de testemunha que residir em comarca, seção ou subseção judiciária diversa daquela onde tramita o processo poderá ser realizada por meio de videoconferência ou outro recurso tecnológico de transmissão e recepção de sons e imagens em tempo real, o que poderá ocorrer, inclusive, durante a audiência de instrução e julgamento.
>
> § 2º: Os juízos deverão manter equipamento para a transmissão e recepção de sons e imagens a que se refere o § 1º".

Interessa destacar como se procederá a inquirição. Desde que devidamente intimada, por mandado ou por carta postada no correio sob registro ou com entrega em mão própria, salvo se comprometer-se a parte no comparecimento espontâneo, ou procedida a requisição se tratar-se de funcionário público ou militar, realiza-se o ato de ouvida no dia e hora aprazados. O juiz ouvirá separada e sucessivamente as testemunhas, sendo que em primeiro lugar as do autor, seguindo-se com as do réu (art. 413 do CPC e art. 456 do novo CPC). Isto sempre depois de tomados os depoimentos pessoais das partes, quando postulados.

Precederá à inquirição o ato de qualificação, sendo indispensável que se colham o nome por inteiro, e dados sobre a profissão, a residência e o estado civil. Em continuação, indagará do parentesco com os litigantes e do interesse no objeto do litígio.

Assegura-se à parte lançar a impugnação, com a alegação de fato que importe em incapacidade, impedimento ou suspeição. Negada a contradita pelo depoente, permite-se a prova do alegado através de documento ou inquirição em até três testemunhas, o que se fará no mesmo ato, mas em apartado. Se provada a impugnação, o juiz dispensará a testemunha, ou a inquirirá sem tomar-lhe o compromisso de dizer a verdade.

Não admitida ou comprovada qualquer das impossibilidades do art. 405 do CPC (art. 447 do novo CPC), como incapacidade, impedimento ou suspeição, nem aceita a recusa levantada pelo próprio depoente com amparo nos incisos do art. 406 (art. 448 do novo CPC), depois de advertida a testemunha das cominações penais do falso testemunho se faltar com a verdade (art. 415, parágrafo único, do CPC de 1973, e art. 458, parágrafo único, do novo CPC), prestará o compromisso de dizer a verdade do que souber e lhe for perguntado. Passa-se, em seguida, ao interrogatório sobre os fatos articulados, sendo o juiz que perguntará no início, a teor do art. 416 do CPC. Em ato contínuo, formulará as perguntas a parte que arrolou a testemunha, transferindo-se o direito de reinquirir à parte contrária, que formulará as perguntas, sempre por meio do juiz. Cabe ao juiz escoimar das perguntas as sutilezas ou subterfúgios, de modo a torná-las claras e apropriadas para os esclarecimentos que são procurados.

O novo CPC alterou a ordem e a forma de inquirição. Por primeiro, interrogará diretamente o advogado da parte que arrolou a testemunha, seguindo-se o advogado da outra parte, podendo o juiz inquirir em qualquer momento. O art. 459 e seu § 1º revelam tal forma:

> "As perguntas serão formuladas pelas partes diretamente à testemunha, começando pela que a arrolou, não admitindo o juiz aquelas que puderem induzir a resposta, não tiverem relação com as questões de fato objeto da atividade probatória ou importarem repetição de outra já respondida.
> § 1º - O juiz poderá inquirir a testemunha tanto antes quanto depois da inquirição feita pelas partes".

Aconselha-se a transcrição de palavras e expressões regionais ou próprias da cultura do depoente, de modo a não se desvirtuar o sentido ou não se interpretar diferentemente do significado dado pela cultura e pelos costumes da testemunha.

Importantes regras são acrescentadas pela lei, como sobre o tratamento com urbanidade das testemunhas pelas partes e outros atuantes no processo, impondo-se que não se façam perguntas impertinentes, capciosas ou vexatórias, ou desconsiderando a condição social e cultural. Se desnecessárias as perguntas, ou sem nexo e relação com os fatos pretendidos demonstrar, faculta-se ao juiz indeferi-las, mas transcrevendo-se no termo as mesmas, se a parte requerer. Embora omisso o Código a respeito, se a parte persistir na formulação de perguntas com o nítido propósito de tumultuar, tem autoridade o juiz para chamar à ordem a parte e até para prendê-la, dentro dos poderes gerais estabelecidos pelos arts. 125, 445 e 446 do diploma processual civil (arts. 139 e 360 do novo CPC).

À testemunha garante-se a faculdade de examinar as peças dos autos, de modo a inteirar-se do assunto que trata o processo, e do contexto sobre o qual é indagada. Não impede a lei que apresente documentos a respeito da matéria de sua inquirição, especialmente se envolve questão técnica, que exige noções ou conhecimentos científicos ou fáticos de uma realidade que se quer evidenciar.

Depois de colhidos os depoimentos, e lançados em termo por meio de datilografia, estenotipia, digitação, taquigrafia, e outras formas adotadas, inclusive gravação, o que se estende às partes, serão os mesmos assinados pelos presentes ao ato, ou, se determinada a degravação e a conversão em linguagem convencional na hipótese de estenotipia e taquigrafia, marcará o juiz um prazo para o exame e a assinatura de todos em cartório, presumindo-se a concordância se não comparecerem as partes.

O novo CPC trata do assunto no art. 460 e em seus parágrafos, abrangendo o processo eletrônico.

Às próprias testemunhas abre-se essa oportunidade, às quais assegura-se peticionar, reclamando contra textos mal apreendidos e postulando um novo depoimento, ou retificações, de modo a imprimir fidelidade ao que foi dito. Na gravação, ou no uso de símbolos ao se colher o depoimento, dificilmente se admite a impugnação ou retificação, eis que esses métodos traduzem com fidelidade o que expressa o depoente. Não podendo ou não sabendo escrever, assina alguém a rogo da mesma, referindo-se a circunstância no termo da audiência ou do próprio depoimento.

Sendo surda a testemunha, far-se-ão as perguntas por escrito, mostrando--as o juiz ao depoente e lendo-as às partes. Nomeia-se intérprete para traduzir as manifestações do surdo-mudo, ou do mudo, se não der ele a resposta por escrito. Se for analfabeto, o intérprete transmitirá ao surdo, por sinais, o conteúdo da pergunta, colhendo a resposta, e convertendo-a em palavras, se ele não souber se expressar ou revelar-se mudo. Igualmente intérprete haverá para a testemunha cega e surda.

Não sabendo a testemunha o idioma nacional, designará o juiz, sob compromisso, um tradutor, que verterá as perguntas para a sua língua e traduzirá as respostas ao português.

Para melhor evidenciar a realidade dos fatos, ou se controvertida a prova, ou contraditórios os depoimentos, havendo indícios de falsidade nas declarações, asseguram-se várias providências ao juiz, de ofício ou a requerimento, como ordenar a ouvida de testemunhas referidas, a acareação das testemunhas ou delas com a parte, a apresentação aos autos de documentos que disserem possuir, e que interessam ao caso.

Garante-se às pessoas que vieram depor o pagamento, até em três dias, de despesas necessárias ao comparecimento, segundo arbitramento feito pelo juiz (art. 419 do CPC e art. 462 do novo CPC). Não se descontará de seu salário o correspondente ao tempo de afastamento, nem terá qualquer prejuízo em seu tempo de serviço ou direitos trabalhistas, desde que comprovado por atestado a convocação e a presença ao ato judicial.

A matéria é vasta, predominando o caráter processual, e orientando o Código Processual a rota da ouvida, com minúcias relativamente a certa categoria de pessoas.

11.4. A presunção

Inclui o Código Civil a presunção como meio de prova. Não é fácil a sua conceituação, prestando-se a se confundir com o indício. Equivale à conclusão que se extrai de um fato conhecido para chegar-se a outra decorrência. Pela série de elementos encontrados, ou acontecimentos sobre a mesma questão, presume-se que o assunto discutido deve seguir aqueles parâmetros que serviram para a questão anterior. Chega-se ao que é provável de acontecer em vista da ocorrência sempre em um mesmo sentido de fatos anteriores, do mesmo gênero. Pelo que aconteceu dentro de circunstâncias especiais, naturalmente acontecerá o mesmo no futuro, desde que mantida a conduta anterior. Assim, se um cidadão dá uma assistência a alguém equivalente à que se devota aos filhos, pode-se deduzir que o indivíduo favorecido é seu filho. Firma-se, através de um raciocínio lógico, uma consequência que advém quase que necessariamente de certos fatos.

Já o indício compreende um elemento concreto que se verifica em um acontecimento, mas não suficiente para revelá-lo inteiramente. Significa um sinal, um vestígio, uma circunstância (daí denominar-se prova circunstancial), de onde se parte para determinada conclusão provável. Ou pelo elemento encontrado, relacionado com outro ou com um fato, chega-se a uma conclusão bastante certa, ou a outro fato. Daí corresponder a um elemento real, concreto, visualizado, diferentemente da presunção, a qual fica mais num plano abstrato e lógico, ou indutivo, e podendo partir não de dados concretos, mas de ilações. Em um determinado momento, os indícios podem levar à presunção. Um exemplo distinguirá perfeitamente uma espécie da outra. Em um acidente de trânsito, o sinal dos rastros dos pneus constitui indício de freada do veículo. Se os rastros se estendem na pista contrária, conduzem a concluir pela culpa do motorista, que invadiu uma área que não lhe era própria. Se o sinal está numa curva, esse indício pode levar à presunção de excesso de velocidade, pois o veículo teve de frear forte num local de perigo. O fato de a colisão dar-se na pista contrária na qual trafegava o veículo, mas não se encontrando rastros de pneus ou freada, faz presumir a culpa do motorista desse veículo, o qual, para afastar essa presunção, deverá provar que transpôs a sua pista porque o outro carro a invadira. Em suma: pelo indício, a sua sucessão leva a depreender a culpa – rastros de freada que iniciam na pista de onde vinha o veículo e que se alastram na pista contrária; pela presunção, basta um evento para extrair conclusões – o local do acidente; finalmente, um fato apresenta-se como indício e conduz à presunção – o sinal de rastros dos pneus faz ver a freada (indício) na curva, que incita a concluir o excesso de velocidade (presunção).

Trata-se a presunção mais de um raciocínio, de um silogismo, ou de um processo lógico, na concepção de Francisco Amaral: "As presunções não são, na verdade, meios de prova, mas processos lógicos que se baseiam nas regras da experiência da vida (CPC, art. 335), segundo o que um fato é consequência típica de outro".[48] O dispositivo citado corresponde ao art. 375 do novo CPC.

No entanto, não convém deter-se exageradamente na distinção com indícios, dada a proximidade existente entre ambas as modalidades, havendo quem afirme que as duas constituem etapas de um mesmo processo: a presunção parte de indícios, ou dos indícios chega-se à presunção.

Por conseguinte, pode-se definir este meio de se chegar à verdade como a conclusão a que se chega de uma série de fatos semelhantes ou da mesma natureza, ou de um único fato antecedente. Pela circunstância de estarem convivendo um homem e uma mulher ao tempo da concepção de uma criança, conclui-se que a mesma é sua filha. Igualmente, vendo-se o tratamento carinhoso dispensado a uma criança por um indivíduo, a ilação é a sua filiação. Diante do descaso demonstrado no tocante ao pagamento de dívida em prestações, deduz-se o completo desinteresse no adimplemento. Verificado abandono de um bem pelo proprietário, extrai-se que ele não o quer mais.

O Código Civil contempla vários casos de presunção. É um exemplo o art. 324 (art. 945 do diploma anterior), no pertinente ao pagamento: "A entrega do título ao devedor firma a presunção do pagamento". Efetivamente, se o título foi passado ao devedor, o que mais se deduz senão a entrega porque houve o pagamento ou porque se deu o perdão da dívida? Pelo art. 658 (art. 1.290, parágrafo único, do Código revogado), o mandato, na falta de estipulação de retribuição, presume-se gratuito. Faz o art. 581 (art. 1.250 do Código de 1916) presumir a duração do comodato pelo tempo necessário para o uso concedido, na ausência de se convencionar um prazo. Se um indivíduo está constantemente prestando serviços para uma outra pessoa, infere-se que há uma relação de emprego entre os dois.

11.4.1. Espécies de presunções

Costuma-se distinguir duas espécies de presunções: as *legais* e as *de fato* ou *do homem*.

---

[48] *Direito Civil Brasileiro* – Introdução, ob. cit., p. 432.

As *legais* são criadas pelo direito positivo, ou constam na lei, dividindo-se em duas modalidades: as absolutas e as relativas.

As primeiras valem como prova instituída, afirmação incontroversa, situação definitiva, postulado certo. São as presunções chamadas *juris et de jure*, conforme costumeiramente conhecidas, não admitindo prova em contrário. Alguns exemplos do Código Civil distinguem melhor esta modalidade.

Conhecido é o princípio de que ninguém pode isentar-se de cumprir a lei, alegando o seu desconhecimento, o que exsurge do art. 3º da Lei de Introdução às Normas do Direito Brasileiro: "Ninguém se escusa de cumprir a lei, alegando que não a conhece". A razão assenta-se na presunção de que todos conhecem a lei.

Encerra, em outra situação, o art. 163 (art. 111 do Código anterior): "Presumem-se fraudatórias dos direitos dos outros credores as garantias de dívidas que o devedor insolvente tiver dado a algum credor".

Em mais um caso, está no art. 174 (art. 150 da lei civil anterior): "É escusada a confirmação expressa, quando o negócio já foi cumprido em parte pelo devedor, ciente do vício que o inquinava". Por diferentes termos, mesmo que contenha vício o negócio, e se já cumprido em parte, não há necessidade de confirmação, eis que a mesma é presumida.

O art. 574 (art. 1.195 do Código de 1916), no pertinente à transformação da locação por prazo determinado para prazo indeterminado: "Se, findo o prazo, o locatário continuar na posse da coisa alugada, sem oposição do locador, presumir-se-á prorrogada a locação pelo mesmo aluguel, mas sem prazo determinado".

As segundas, ou *juris tantum*, constituem princípio de certeza, começo de veracidade, em tese fato real, mas admitindo prova em contrário, isto é, admitindo que não seja aquilo que aparece. Embora consideradas pela lei como verdadeiro o fato, aceitam-se provas em contrário. Eis situações tipificadoras da presunção relativa:

> Art. 8º (art. 11 do Código revogado): "Se 2 (dois) ou mais indivíduos falecerem na mesma ocasião, não se podendo averiguar se algum dos comorientes precedeu aos outros, presumir-se-ão simultaneamente mortos".
>
> Art. 133 (art. 126 do Código revogado): "Nos testamentos, presume-se o prazo em favor do herdeiro, e, nos contratos, em proveito do devedor, salvo, quanto a esses, se do teor do instrumento, ou das circunstâncias, resultar que se estabeleceu a benefício do credor, ou de ambos os contratantes".
>
> Art. 129 (art. 131 do Código anterior): "As declarações constantes de documentos assinados presumem-se verdadeiras em relação aos signatários".
>
> Art. 1.597 (art. 338 do diploma civil de 1916): "Presumem-se concebidos na constância do casamento os filhos:
>
> I – os nascidos 180 (cento e oitenta) dias, pelo menos, depois de estabelecida a convivência conjugal;

II – os nascidos dentro nos 300 (trezentos) dias subsequentes à dissolução da sociedade conjugal, por morte, separação judicial, nulidade e anulação do casamento;

III – havidos por fecundação artificial homóloga, mesmo que falecido o marido;

IV – havidos, a qualquer tempo, quando se tratar de embriões excedentários, decorrentes de concepção artificial homóloga;

V – havidos por inseminação artificial heteróloga, desde que tenha prévia autorização do marido".

Art. 1.203 (art. 492 da lei civil de 1916): "Salvo prova em contrário, entende-se manter a posse o mesmo caráter com que foi adquirida".

Art. 324 (art. 945 do Código anterior). "A entrega do título ao devedor firma a presunção do pagamento".

Art. 551 (art. 1.178 do Código anterior). "Salvo declaração em contrário, a doação em comum a mais de uma pessoa entende-se distribuída entre elas por igual".

Art. 581 (art. 1.250 do Código anterior). "Se o comodato não tiver prazo convencional, presumir-se-lhe-á o necessário para o uso concedido; não podendo o comodante, salvo necessidade imprevista e urgente, reconhecida pelo juiz, suspender o uso e gozo da coisa emprestada, antes de findo o prazo convencional, ou o que se determine pelo uso outorgado".

Mais outras previsões aparecem na lei. Sempre se permite elaborar prova contrária, para evidenciar que não acontece a situação trazida no preceito.

As presunções *de fato* ou *do homem* são as que decorrem da própria vivência e são do normal desencadear dos acontecimentos ou de tudo o que ocorre na vida. Formam-se dos fatos notórios, do julgamento da vida, da observação geral, das máximas ou ditames. Todos têm reações apropriadas e comuns em consonância com determinados tipos de fatos ou de elementos que se apresentam. Acumula-se na consciência social um vasto saber frente às situações da vida, constituindo a experiência, o uso, o conhecimento da vida. De sorte que da morte faz presumir-se necessariamente a dor, o sofrimento. Quem é ofendido sente-se melindrado. A pessoa que presta um serviço normalmente espera uma remuneração. O favor feito a alguém demanda a gratidão. Não se pode esperar uma declaração dos pais desfavorável à pessoa dos filhos.

O Código Civil contém um dispositivo acerca da relatividade desse tipo de presunção: não são admitidas nas situações em que é afastada a prova testemunhal. Reza o art. 230: "As presunções, que não nas legais, não se admitem nos casos em que a lei exclui a prova testemunhal". O dispositivo fica revogado com a entrada em vigor do novo CPC, conforme previsão de seu art. 1.072, inc. II.

Os arts. 334 e 335 da lei processual civil (arts. 374 e 375 do novo CPC) tratam da presunção do homem, salientando-se este último, que manda o juiz aplicar as regras da experiência comum, subministradas pela observação do que ordinariamente acontece e ainda as regras de experiência técnica.

11.5. Perícia

Na perícia, podem ser incluídos os exames, as vistorias, a inspeção judicial e o arbitramento.

Os exames e as vistorias deslocam-se mais para a construção técnica da prova, ou seja, fazem parte da prova propriamente pericial, alçando-se esses meios como os mais perfeitos e induzindo a alcançar-se certeza superior frente aos outros instrumentos. No entanto, há uma distinção, se tomar-se o sentido literal dos termos.

Conceitua-se o *exame* como o estudo ou a verificação *in loco* dos fatos que foram trazidos a juízo, e que reclamam esclarecimentos mais apurados para a definição do juiz. Resume-se na constatação prática dos elementos afirmados pelas partes. Não abrange um estudo demorado, pormenorizado, mais próprio da perícia. Examinam-se livros, notas, contas, obras de arte, e pessoas, com o fim de conferir o que é afirmado, relatando-se ou reproduzindo os dados colhidos.

Contempla o Código Civil um dispositivo sobre o exame, de grande importância prática, e que pode ser aplicado àqueles que se recusam a submeter-se ao exame de sangue, especialmente na retirada de material para o DNA, com vistas à aferição da paternidade. Trata-se do art. 231, que afasta o proveito em favor daqueles que se recusam: "Aquele que se nega a submeter-se a exame médico necessário não poderá aproveitar-se de sua recusa".

Já a *vistoria* constitui um ato de verificação ocular, não tanto afeto a apurar o que está escrito, anotado ou calculado. Restringe-se a constatar o aspecto físico ou corporal, o fato, o elemento alegado, como uma área de terras, os sinais de um esbulho, a fisionomia de uma pessoa, o aspecto da cicatriz, os sinais de rompimento de um objeto ou de um acidente, as fissuras de uma parede.

Tanto o exame como a vistoria não pressupõem necessariamente perícia, nem conhecimentos técnicos. Embora a indispensabilidade de algum saber ligado ao setor, não se aceitando, *v.g.*, que alguém relate o que está nos livros contábeis se não tem saber sobre contabilidade, o exame não compreende o estudo profundo sobre a técnica do que está lançado, nem se lhe pede que informe quanto aos vícios ou sonegação de dados da contabilidade. Leva-se a efeito o exame do que se encontra escriturado. Em idêntica situação, a vistoria não aprofunda o estudo técnico da obra, ou as causas da morte de alguém. Vendo-se o estado físico de um doente mental, percebe-se a alienação pelos traços fisionômicos, pela conduta, pela falta de coordenação das ideias. Não se fornece o diagnóstico ou tipo de patologia.

Lembra-se da possibilidade da chamada vistoria *ad perpetuam rei memoriam*, ou a produção antecipada de prova, que se realiza ante a iminência do perecimento de prova, ou para retratar e ficar conservado um fato transeunte ou com perigo de desaparecer, vindo a matéria disciplinada nos arts. 846 a 851 do diploma processual (arts. 381 a 383 do novo CPC).

A *inspeção judicial* enquadra-se na vistoria, com a diferença de que é concretizada pelo juiz, na instrução do processo. Realiza-se pela verificação que pessoalmente realiza o juiz, em várias hipóteses, como examinando uma pessoa, olhando um objeto, apurando a ocorrência de um fato relatado. Para tanto, dirige-se ao local, acompanhado de escrivão e das partes, e inclusive de perito ou pessoa com conhecimentos técnicos, se entender indispensável, ditando ao serventuário tudo quanto for constatado ou apurado, que anotará em auto circunstanciado, e inclusive documentando através de fotos, desenhos, croquis e outras formas. O procedimento está ordenado nos arts. 440 a 443 do Código de Processo Civil (arts. 481 a 484 do novo CPC).

Assinala o art. 442 (art. 483 do novo CPC) as hipóteses recomendáveis para a inspeção:

> "O juiz irá ao local, onde se encontre a pessoa ou coisa, quando:
>
> I – julgar necessário para melhor verificação ou interpretação dos fatos que deva observar;
>
> II – a coisa não puder ser apresentada em juízo, sem consideráveis despesas ou graves dificuldades;
>
> III – determinar a reconstituição dos fatos".

A *perícia* é a prova técnica por excelência. Embora abrangendo o exame, a vistoria e a avaliação (art. 420 do Código de Processo Civil de 1973 e art. 464 do novo CPC), o sentido empregado é para o levantamento de uma situação que exige conhecimentos técnicos ou especiais, indo bem mais além que um exame ou constatação fática da realidade. O exame e a vistoria constituem etapas ou passos da perícia.

Procura-se esclarecer um ou vários pontos do processo. Costuma-se dizer que a finalidade é fornecer elementos ao juiz, que não possui conhecimentos sobre assuntos não ligados ao direito, como manifesta-se Nelson Godoy Bassil Dower: "A finalidade da perícia, quer através de um único laudo, quer através de um segundo feito por uma nova perícia, visa ajudar o juiz na apreciação de determinados motivos probatórios, esclarecendo pontos, sem os quais o magistrado se vê impossibilitado de fazer justiça".[49] Mesmo que verdadeira a observação, o fundamental está na indispensabilidade de constar no processo a prova do que se busca solucionar.

Várias regras processuais regulam o procedimento da perícia, como a que refere que consiste a mesma em exame, vistoria ou avaliação, na linha do art. 420 (art. 464 do novo CPC); a que dá autorização ao juiz para indeferir o pedido se a prova não depender de conhecimento especial de técnico, ou se for desnecessária em vista de outras provas produzidas, ou se a realização mostrar--se impraticável, segundo o parágrafo único do art. 420 (art. 464, § 1º, do novo CPC), no que encontra respaldo também no art. 130 (art. 370, parágrafo único,

---

[49] *Curso Moderno de Direito Civil* – Parte Geral, ob. cit., 1º vol., p. 270.

do novo CPC). Outrossim, em consonância com o art. 427 (art. 472 do novo CPC), autoriza-se ao juiz dispensar a prova pericial se as partes, com a inicial ou a contestação, apresentaram sobre as questões de fato pareceres técnicos ou documentos elucidativos suficientes, desde que a matéria em discussão não enseja deturpação ou desvios de interpretação.

Ao juiz incumbe a nomeação do perito, assegurada às partes a indicação de assistentes no prazo de cinco dias do despacho de nomeação, com a apresentação de quesitos (art. 421 do CPC de 1973 e art. 465 do novo CPC)), os quais, se impertinentes, sujeitam-se a ser indeferidos pelo juiz, a quem incumbe formular outros, necessários para o deslinde da causa (art. 426 do CPC de 1973 e art. 470 do novo CPC). Enquanto o perito é da confiança do juiz, os assistentes o são dos litigantes, não estando sujeitos a impedimento ou suspeição, e dispensados estes, assim, do compromisso.

O perito oficial cumprirá escrupulosamente o encargo, independentemente do termo do compromisso, cuja falta não acarreta a nulidade do laudo (art. 422 do CPC de 1973 e art. 466 do novo CPC).

A perícia não requer obrigatoriamente conhecimentos técnicos, mas especialidade no assunto que se procura esclarecer, no que lembra Pontes de Miranda: "A especialidade, em sentido lato, do perito pode dispensar cultura, e até instrução; pode exigir alto nível de ambas. Daí perito cientista, de conhecimentos científicos raros, e perito analfabeto, como o entendido em extração de borracha no Amazonas ou em podamento de cafeeiro na Colômbia".[50]

Não revelando, entrementes, ciência específica sobre o assunto, faculta-se a substituição pelo juiz, o que também é permitido se deixar de cumprir o encargo no prazo concedido, com a comunicação ao órgão profissional a que pertence, e a aplicação de multa, fixada em vista do valor atribuído à causa e do prejuízo decorrente do atraso no processo (art. 424 do CPC de 1973 e art. 468 do novo CPC. Todavia, quanto ao prazo para a entrega do laudo, ante pedido justificado, concede-se a prorrogação (art. 432 do CPC de 1973 e art. 476 do novo CPC).

Ao próprio *expert* nomeado assegura-se a não aceitação do encargo, por motivo pessoal, desde que justificado; às partes também cabe a impugnação, se presente uma razão grave, citando-se como exemplos a suspeição ou o impedimento (art. 423 do CPC de 1973 e art. 467 do novo CPC).

Em vários assuntos, não se dispensa a cultura técnica ou científica, como quando o exame tiver por objeto a autenticidade ou a falsidade de documento, ou for de natureza médico-legal, quando o perito será escolhido, de preferência, entre os técnicos dos estabelecimentos oficiais especializados, com a remessa, pelo juiz, dos autos e do material sujeito a exame ao diretor do estabelecimento (art. 434 do CPC de 1973 e art. 475 do novo CPC). Sendo objeto da perícia a

---

[50] *Comentários ao Código de Processo Civil*, ob. cit., vol. IV, p. 625.

autenticidade da letra e firma de uma ou várias pessoas, faculta-se a requisição até pelo perito de documentos em repartições públicas, ou solicitar ao juiz que colha exemplares de dizeres diferentes em folhas de papel, para efeito de comparação (parágrafo único do art. 434 do CPC de 1973 e § 3º do art. 478 do novo CPC). No desempenho da função, assegura-se ao perito e aos assistentes a utilização de todos os meios permitidos para a elaboração e a instrução do laudo, como inquirir testemunhas, solicitar informações, analisar documentos, efetuar levantamentos, desenhar aspectos dos fatos, traçar croquis das coisas ou imóveis objeto do exame, juntar plantas, desenhos, fotografias e outros formas de representação (art. 429 do CPC de 1973 e § 3º do art. 473 do novo CPC).

Durante a efetivação da perícia, autoriza-se o oferecimento de quesitos suplementares, dando o escrivão ciência à parte contrária (art. 425 do CPC de 1973 e art. 469 do novo CPC).

Se requisitar-se a realização da perícia em outro juízo, nele se procederá a nomeação de perito e de assistentes (art. 428 do CPC de 1973 e § 6º do art. 465 do novo CPC).

Apresenta-se o laudo com a antecedência mínima de vinte dias antes da audiência de instrução e julgamento (art. 433 do CPC de 1973 e art. 477 do novo CPC). Para tanto, deve o perito ficar intimado do prazo e da audiência. Nos dez dias seguintes, os assistentes técnicos oferecerão seus pareceres, independentemente de intimação (parágrafo único do art. 433 do CPC de 1973 e § 1º do art. 477 do novo CPC, sendo que o prazo para oferecimento de pareceres é de quinze dias),[51] mas desde que antes tenham ciência do prazo dado ao perito oficial e da data da audiência. A desnecessidade de intimação é esposada pelo Superior Tribunal de Justiça, que atribui à parte interessada diligenciar para que seu assistente técnico apresente o laudo no prazo de lei.[52] Intimadas as partes, faculta-se o oferecimento de quesitos elucidativos, na forma de perguntas, que serão respondidos durante a audiência de instrução (art. 435 do CPC de 1973 e § 3º do art. 477 do novo CPC)), intimando-se o perito e os assistentes pelo menos até cinco dias antes da data designada (o § 4º do art. 477 do novo CPC estabelece o prazo de dez dias).

Outrossim, não envolvendo a matéria complexidade, ou nos casos bem simples, cuja elucidação consistirá no relato do que se viu, ou na explicitação dos fatos acontecidos, não se requer rigorosamente a confecção de laudo escrito. Consistirá a perícia, então, em inquirição do perito, que se efetuará na audiência de instrução e julgamento (§ 2º do art. 421, não havendo regra equivalente no novo CPC).

---

[51] Alterado pela Lei nº 10.358, de 27.12.2001.
[52] STJ. Recurso Especial nº 4.835-SP. 3ª Turma. Julgado em 27.11.1990, publ. no *DJU* de 17.12.1990.

Não fica o juiz adstrito ao laudo pericial para o julgamento, máxime se a matéria revela predominante teor jurídico, se outros elementos contiver o processo, ou se a prova dos fatos não comporta a solução trazida no laudo pericial, o que já mereceu inteligência do Superior Tribunal de Justiça: "Na livre apreciação da prova, o julgador não se acha adstrito aos laudos periciais, podendo, para o seu juízo, valer-se de outros elementos de prova existentes nos autos, inclusive de pareceres técnicos e dados oficiais sobre o tema objeto da prova, tanto mais quando, como no caso, adota conclusões de um dos laudos, com adaptações determinadas por dados científicos que se acham nos autos".[53]

Entrementes, se estritamente técnica, precisa e científica a matéria discutida, como na investigação de paternidade, quando se procura descobrir a filiação pelo perfil do DNA; na apuração de valores através de cálculo; na delimitação de extensão territorial mediante a agrimensura; na infecção por doença, parece inviável dispensar a perícia, pois necessária para discussão de assunto que os estudos e a ciência esclarecerão.

Como se disse, ao juiz reconhece-se a faculdade de substituir o perito se não tiver ele conhecimentos técnicos ou científicos exigidos para a tarefa, e se não cumprir o encargo no prazo que lhe foi assinado sem motivo legítimo (art. 424, I e II, do CPC de 1973, e art. 468, I e II, do novo CPC); tem ele, ainda, o poder, de ofício ou a requerimento das partes, de mandar realizar nova perícia, a qual seguirá as mesmas linhas e examinando os mesmos fatos da primeira, quando a matéria não lhe parecer suficientemente esclarecida (art. 437 do CPC de 1973 e art. 480 do novo CPC), a qual servirá, também, para corrigir omissões ou inexatidões de resultados de exames anteriores (art. 438 do CPC de 1973 e § 1º do art. 480 do novo CPC). A segunda rege-se pelas regras fixadas para a primeira (art. 439 do CPC de 1973, e art. 480, § 2º, do novo CPC), não substituindo a primeira. Deve o juiz apreciar o valor de uma e outra, ou conjugar os elementos que trazem e apurar os pontos de convergência (art. 438, parágrafo único, do CPC de 1973, e § 3º do art. 480 do novo CPC).

O Código Civil, no art. 232, encerra uma regra sem nexo, ao estabelecer que "a recusa à perícia médica ordenada pelo juiz poderá suprir a prova que se pretendia obter com o exame".

O *arbitramento* constituía o último meio de prova indicado no art. 136 do Código Civil de 1916, não mais constando contemplado no Código de 2002. A rigor, porém, está dentro da perícia, pois envolve pesquisa, estudo, inteligência de elementos já existentes ou fixados no processo. Ou seja, procede-se o arbitramento através de perícia. Não compreende propriamente a comprovação de novos fatos, possível unicamente na liquidação por artigos. Procede-se a estimativa de acordo com o ordenado pela sentença, já estando presentes os elementos a serem observados. O sentido que é dado pelo Código de Processo Civil consiste na estimativa do

---

[53] Agravo de Instrumento nº 27.011-1-RS. 3ª Turma. Relator: Min. Dias Trindade. Julgado em 28.11.1992.

valor, em moeda nacional, dos bens móveis e imóveis, e dos direitos. Acompanha a quase generalidade de processos que envolvem indenização, desapropriações, alimentos, inventários, execuções. Se compreende a estimativa de bens, mormente em processos de execução e em inventários, realiza-se por meio da avaliação.

Em vários casos está previsto o arbitramento no Código de Processo Civil, como: na litigância de má-fé, para apurar o dano decorrente (art. 18, § 2º, do CPC de 1973, e art. 81, § 3º, do novo CPC); na especialização de hipoteca legal, a fim de estabelecer o valor da responsabilidade (art. 1.206 do CPC atual, sem previsão da regra no novo CPC); para a fixação de perdas e danos de coisa não entregue (art. 627, §§ 1º e 2º, do CPC atual, e art. 809, §§ 1º e 2º, do novo CPC). O Código Civil contempla também situações que tornam suficientes o arbitramento: na fixação de alimentos, atendo-se o juiz à necessidade do alimentando e à possibilidade do alimentante – art. 1.694, § 1º (art. 400 do Código revogado); na locação de serviços, quando não foi estipulada a retribuição devida ao prestador – art. 596 (art. 1.218 do Código revogado); nas obras feitas em condomínios, se não concordarem os condôminos no preço das obras de divisa – art. 1.329 (art. 644 do Código anterior). Nos contratos de locação, após decorrido o período de três anos de duração, permite-se a revisão judicial do aluguel, fixando-se outro, cujo valor será encontrado através de perícia, e arbitrado pelo juiz na sentença, em processo específico (Lei nº 8.245, de 1991, arts. 19, 68 e segs.).

11.6. Ata notarial

O novo Código de Processo Civil, aprovado pela Lei nº 13.105, de 16.03.2015, introduziu um novo meio de prova, que é a ata notarial. Trata-se de um escrito realizado pelo tabelionato, através do notário ou agente autorizado e que tem fé pública, sobre determinada constatação, ou aferição de um evento, de um dado, de uma realidade, e mesmo de um fato, buscando a certificação para a utilização em lides judiciais. Constitui o registro de fatos com um grau de confiabilidade elevado, servindo, inclusive, para substituir com eficiência a via judicial da antecipação de prova, e até a inspeção judicial.

Adquire valor pelo poder certificante, pela fé pública do notário ou agente (preposto) do tabelionato, ao relatar e reproduzir com fidelidade os fatos, as coisas, pessoas ou situações, e mesmo os acontecimentos que verifica ou constata *in loco*.

Esta certificação encontra amparo no art. 7º, inc. II, da Lei nº 8.935/1994, que confere ao notário, dentre outras atribuições, a de realizar ou lavrar as atas notariais.

Eis as disposições do novo Código de Processo Civil sobre este meio de prova, que estão no art. 384 e em seu parágrafo único:

> "A existência e o modo de existir de algum fato podem ser atestados ou documentados, a requerimento do interessado, mediante ata lavrada por tabelião.
>
> Parágrafo único. Dados representados por imagem ou som gravados em arquivos eletrônicos poderão constar da ata notarial".

Bibliografia

ABRÃO, Nelson. *Sociedade por Quotas de Responsabilidade Limitada* (atualização por Carlos Henrique Abrão), 6ª ed., São Paulo, Revista dos Tribunais, 1998.

ABREU FILHO, José. *O Negócio Jurídico e sua Teoria Geral*, São Paulo, Saraiva, 1984; e 4ª ed., 1997.

AGUIAR, Henoch D. *Hechos y Actos Jurídicos*, Buenos Aires, Tipográfica Argentina, 1950, vol. I.

AGUIAR DIAS, José de. *Da Responsabilidade Civil*, 4ª ed., Rio de Janeiro, Forense, 1960, tomos I e II.

AGUIAR JUNIOR, Ruy Rosado de. *Extinção dos Contratos por Incumprimento do devedor (Resolução)*, Rio de Janeiro, Aide, 1991.

ALBUQUERQUE MELLO, Celso D. *Curso de Direito Internacional Público*, Biblioteca Jurídica Freitas Bastos, 1º vol.

ALMEIDA, Cléber Lúcio de. "Abuso do Direito no Projeto do Código Civil", *in Revista Forense*, nº 347.

ALVES, João Luiz. *Código Civil da República dos Estados Unidos do Brasil Anotado*, Rio de Janeiro, F. Briguiet & Cia. – Editores e Livreiros, 1917.

ALVIM, Agostinho. *In Da Inexecução das Obrigações e suas Consequências*, São Paulo, Saraiva, 1980.

AMARAL, Francisco. *Direito Civil Brasileiro – Introdução*, Rio de Janeiro, Forense, 1991.

ARECO, Juan S. *La Irretroactividad de la Ley y los Contratos Sucesivos*, Buenos Aires, Editorial Guillermo Kraft Ltda., 1948.

ASCENSÃO, José de Oliveira. *Introdução à Ciência do Direito*, 3ª ed., Rio de Janeiro, Livraria Editora Renovar, 2005.

AUGUSTIN, Sérgio. "Algumas Considerações sobre o Conceito Histórico do Costume", *in Revista da AJURIS – Associação dos Juízes do RGS*, Porto Alegre, nº 75, setembro de 1999.

AZEVEDO, Antônio Junqueira de. "Ação de Nulidade de Testamento", *in Revista Forense*, nº 345.

AZEVEDO, Antônio Nogueira de. *Negócio Jurídico – Existência, Validade e Eficácia*, 2ª ed., São Paulo, Saraiva, 1986.

BALEEIRO, Aliomar. *Direito Tributário Brasileiro*, 5ª ed., Rio de Janeiro, Forense, 1973.

BARBI, Celso Agrícola. *Comentários ao Código de Processo Civil*, Rio de Janeiro, Forense, 1975, vol. I, tomo I.

BARBOSA, Rui. *Obras Completas*, vol. 25, tomo IV, *in* DIAS, José de Aguiar. *Da Responsabilidade Civil*, 4ª ed., Rio de Janeiro, Forense, 1960, vol. 2.

BARBOSA MOREIRA, José Carlos. "Garantia Constitucional do Direito à Jurisdição – Competência Internacional da Justiça Brasileira – Prova do Direito Estrangeiro", *in Revista Forense*, nº 343.

BARROS MONTEIRO, Washington de. *Curso de Direito Civil – Parte Geral*, 3ª ed., São Paulo, Saraiva, 1962.

_____. *Direito das Sucessões*, 4ª ed., 1962.

_____. *Direito de Família*, 5ª ed., 1962.

BAUDRY-LACANTINERIE, G. *Précis de Droit Civil*, Paris, Librairie de la Société du Recueil Gal. des Lis et des Arrèts, 1905, tomo I.

BEVILÁQUA, Clóvis. *Teoria Geral do Direito Civil*, Rio de Janeiro, Livraria Francisco Alves, 1908.

_____. *Código Civil dos Estados Unidos do Brasil Comentado*, Rio de Janeiro, Livraria Francisco Alves, 1953, vol. I.

_____. *Direito das Coisas*, 5ª ed., Rio de Janeiro, Forense, vol. I.

BETTI, Emílio. *Teoria Geral do Negócio Jurídico*, tradução de Fernando Miranda, Coimbra, Coimbra Editora Ltda., 1969, tomo II; 1970, tomo III.

BITTAR, Carlos Alberto. *Curso de Direito Civil*, Rio de Janeiro, FU – Forense Universitária, 1994, vol. I.

_____. *Direito do Autor na Obra feita sob Encomenda*, São Paulo, Revista dos Tribunais, 1977.

BITTENCOURT, Mário Diney Corrêa. "Fundações. Direito civil. Dissolução. Possibilidade de incorporação de seu patrimônio a outra fundação. Impossibilidade de transformação em sociedade", *in Revista Forense*, nº 349.

BOBBIO, Norberto. *Teoria do Ordenamento Jurídico*, 4ª ed., Brasília, UnB, 1994.

BRANDÃO, Wilson de Andrade. *Lesão e Contrato no Direito Brasileiro*, Rio de Janeiro, Livraria Freitas Bastos S. A., 1964.

BRIZ, Jaime Santos. *La Responsabilidad Civil*, 2ª ed., Madrid, Montecorvo, 1977.

BUZAID, Alfredo. *Da Ação Direta*, 1958, p. 132, *in* DELGADO, José Augusto. "O Direito Adquirido nas Relações de Direito Privado e nas Relações de Direito Público", publicado em *Jurisprudência Brasileira*, nº 101, Curitiba, Juruá, 1985.

CAHALI, Yussef Said. *Aspectos Processuais da Prescrição e da Decadência*, São Paulo, Revista dos Tribunais, 1979.

_____. *Fraude contra Devedores*, São Paulo, Revista dos Tribunais, 1989.

_____. *Responsabilidade do Estado*, São Paulo, Revista dos Tribunais, 1982.

_____. *Dano e Indenização*, São Paulo, Revista dos Tribunais, 1980.

CÂMARA LEAL, Antônio Luiz da. *Da Prescrição e da Decadência*, 1ª ed., Rio de Janeiro, Forense; 4ª ed., 1982.

CAPITANT. *Vocabulaire Juridique*, apud LOPES, Miguel Maria de Serpa. *Curso de Direito Civil*, 2ª ed., Rio de Janeiro, Freitas Bastos, 1962, vol. V.

CARPENTER, Luiz F. *Da Prescrição*, 3ª ed., Rio de Janeiro, Editora Nacional de Direito, 1958; 4ª ed., Rio de Janeiro, Forense, 1982.

CARVALHO, Afrânio de. *Instituições de Direito Privado*, 3ª ed., Rio de Janeiro, Forense, 1980.

CARVALHO, Amilton Bueno de. *Magistratura e Direito Alternativo*, São Paulo, Acadêmica, 1992.

CARVALHO DE MENDONÇA. *Contratos no Direito Brasileiro*, 3ª ed., Rio de Janeiro, Forense, 1955, vol. I.

CARVALHO SANTOS, J. M. de. *Código Civil Brasileiro Interpretado*, 10ª ed., Rio de Janeiro, Livraria Freitas Bastos S. A., 1963, vols. I e III; 9ª ed., 1964, vol. II; 7ª ed., 1961, vol. VI; 8ª ed., 1964, vol. XVII.

CASTRO FILHO, José Olympio de. *Comentários ao Código de Processo Civil*, Rio de Janeiro, Forense, 1976, vol. X.

CATHARINO, José Martins. *Tratado Elementar de Direito Sindical*, 1ª ed., São Paulo, LTr Editora, 1977.

CENEVIVA, Walter. *Lei dos Registros Públicos Comentada*, São Paulo, Saraiva, 1979.

CHAVES, Antônio. *Adoção, Adoção Simples e Adoção Plena*, 3ª ed., São Paulo, Revista dos Tribunais, 1983.

_____. *Tratado de Direito Civil* – Parte Geral, 3ª ed., São Paulo, Revista dos Tribunais, 1982, vol. I, tomo II; , 1984, tomo II, vol. II.

CHIOVENDA, Giuseppe. *Instituições de Direito Processual Civil*, tradução ao português por Benvindo Aires, São Paulo, Saraiva, 1942, vol. I.

CHIRONI, G. P. *La Colpa nel Diritto Civile Odierno, Colpa Extra-contrattual*, 2ª ed., Torino, Fratelli Bocca, 1906, vol. II.

_____. *La Culpa*, in GARCEZ NETO, Martinho. *Prática da Responsabilidade Civil*, 3ª ed., São Paulo, Saraiva.

COELHO, Fábio Ulhoa. *Curso de Direito Comercial*, São Paulo, Saraiva, 1998, vol. 1.

COELHO, Vicente Faria. *Desquite e Anulação do Casamento*, 1ª ed., Rio de Janeiro, Freitas Bastos.

COUTINHO, José Roberto de Andrade. "Os Institutos da Afetação e da Desafetação dos Bens Imóveis Públicos", in *Direito Imobiliário – COAD*, boletim semanal, nº 18, maio de 1998.

COVELO, Sérgio Carlos. *A Obrigação Natural*, São Paulo, Liv. e Ed. Universitária de Direito Ltda. – LEUD, 1996.

CRISTIANI, Cláudio Valentim. O direito no Brasil colonial, em *Fundamentos de História do Direito*, organizador Antonio Carlos Wolkmer, 4ª ed., Belo Horizonte, Del Rey Editora, 2009.

CUNHA GONÇALVES, Luiz da. *Tratado de Direito Civil*, 1ª ed., São Paulo, Max Limonad Editor, 1955, vol. I, tomo I.

_____. *Aparência de Representação*, São Paulo, Rumo Gráfica, 1984, p. 60.

CUPIS, Adriano de. *El Daño*, tradução ao espanhol por Angel Martínez Sarrión, Barcelona, Bosch, 1975.

CUVILLIER, Armand. *Introdução à Sociologia*, tradução de Luiz Damasco Penna e J. B. Damasco Penna, São Paulo, Companhia Editora Nacional – Editora da Universidade de São Paulo, 1966.

DAIBERT, Jefferson. *Direito das Sucessões*, Rio de Janeiro, Forense, 1976.

DALL'AGNOL JUNIOR, Antonio Janyr. "Fraude contra Credores – Estrutura e Função", *in Ajuris* (Revista da Associação dos Juízes do RGS), Porto Alegre, nº 58.

DEKKERS, René. *La Lésion Enorme*, Paris, Librairie du Récueil Sirey, 1937.

DIAS, José de Aguiar. *Da Responsabilidade Civil*, 4ª ed., Rio de Janeiro, Forense, 1960, tomo I.

DIMOULIS, Dimitri. *Manual de Introdução ao Estudo do Direito*, 5ª ed., São Paulo, Thomson Reuters – Revista dos Tribunais, 2013.

DINAMARCO, Cândido Rangel. *A Reforma do Código de Processo Civil*, 2ª ed., São Paulo, Malheiros, 1995.

DINIZ, Maria Helena. *Curso de Direito Civil*, 3ª ed., São Paulo, Saraiva, 1993, 1º vol., Teoria Geral do Direito Civil.

_____. *Compêndio de Introdução à Ciência do Direito*, 2ª ed., São Paulo, Saraiva, 1989.

_____ *Lei de Introdução às Normas do Direito Brasileiro Interpretada*, 18ª ed., São Paulo, Editora Saraiva, 2013.

_____. "Sociedade e Associação", *in Contratos Nominados*, coordenação de Yussef Said Cahali, São Paulo, Saraiva, 1995.

DOLINGER, Jacob. "Aplicação do Direito Estrangeiro – Ônus da Prova – Sentença – Escolha da Lei Aplicável pelas Partes – Papel do Magistrado – Apreciação pelo Tribunal", *in Revista Forense*, nº 344.

DOWER, Nelson Godoy Bassil. *Curso Moderno de Direito Civil*, 2ª ed., São Paulo, Nelpa, 1996, 1º vol., parte geral.

DURANTON. *Corso di Diritto Civile secondo il Codice Francese*, Torino, Libreria Della Minerva Subalpina, 1839, vol. I.

ENNECCERUS, Ludwig. *Tratado de Derecho Civil* – Parte General, tradução da 39ª edição alemã, Barcelona, Bosch, 1947, vol. I, tomo 1.

ESPÍNOLA, Eduardo. *Systema do Direito Civil Brasileiro*, Rio de Janeiro, Livraria Francisco Alves, 1917, vol. 1º.

FALCÃO, Alcino Pinto. *Parte Geral do Código Civil*, Rio de Janeiro, José Konfino, 1959.

FARIAS, Cristiano Chaves de; ROSENVALD, Nelson. *Curso de Direito Civil – 1 – Parte Geral e LINDB*, 13ª ed., São Paulo, Editora Atlas, 2015.

FERNANDES, Milton. *Proteção Civil da Intimidade*, São Paulo, Saraiva, 1977.

FERRARA, Francesco. *Trattato di Diritto Civile Italiano*, Roma, Athenaeum, Dottrine Generali, 1921, vol. I, parte I.

FERRAZ JUNIOR, Tercio Sampaio. *Introdução ao Estudo do Direito*, 6ª ed., São Paulo, Editora Atlas, 2012.

FERREIRA, Waldemar. *Instituições de Direito Comercial*, 2ª ed., Rio de Janeiro, Freitas Bastos, 1947, vol. II, tomo I.

FILHO, José Olympio de Castro. *Comentários ao Código de Processo Civil*, Rio de Janeiro, Forense, 1976, vol. X.

FREITAS, Teixeira. *Esboço*, art. 396, citado por Sílvio Rodrigues, em *Direito Civil – Parte Geral*, 27ª ed., São Paulo, Saraiva, 1997, vol. 1.

FUGA, Bruno Augusto Sampaio. Teoria crítica: influência na filosofia do direito, no ordenamento jurídico e no poder, em *Direito & Teoria Crítica*, Organizador Clodomiro José Bannwart Júnior, Birigui – SP, Editora Boreal, 2015.

GARCEZ, Martinho. *Prática da Responsabilidade Civil*, 3ª ed., São Paulo, Saraiva, 1975.

GIORGI, Jorge. *Teoría de las Obligaciones*, trad. ao espanhol da 7ª edição italiana, Madrid, Reus, 1929, vol. 5º.

GOMES, Hélio. "Medicina Legal", in *Revista dos Tribunais*, nº 529, vol. I.

GOMES, Orlando. *Introdução ao Direito Civil*, 3ª ed., Rio de Janeiro, Forense, 1971.

_____. *Obrigações e Contratos*, 10ª ed., Rio de Janeiro, Forense, 1984.

_____. *Novas Questões de Direito Civil*, São Paulo, Saraiva, 1979.

_____. *Questões de Direito Civil*, 3ª ed., São Paulo, Saraiva, 1974.

_____. *Transformações Gerais do Direito das Obrigações*, 2ª ed., São Paulo, Revista dos Tribunais, 1980.

GUIMARÃES, Carlos da Rocha. *Prescrição e Decadência*, Rio de Janeiro, Forense, 1980.

GUIMARÃES, Ilves José Miranda. *Direito Natural – Visão Metafísica e Antropológica*, Rio de Janeiro, Forense Universitária, 1991.

GUIMARÃES, Menegale. *Direito Administrativo e Ciência Administrativa*, Rio de Janeiro, 1939.

ITURRASPE, Jorge Mosset. *Responsabilidad por Daños – Parte General*, Buenos Aires, Argentina, 1971, tomo I.

JOLIVET, Régis. *Curso de Filosofia*, 7ª ed., tradução de Eduardo Prado de Mendonça, Rio de Janeiro, Livraria AGIR Editora, 1965.

JOSSERAND, Louis. *Derecho Civil*, Buenos Aires, Ediciones Jurídicas Europa-América – Bosch y Cía. – Editores, 1950, vol. I, tomo I.

JÚNIOR, Cretella. *O Estado e a Obrigação de Indenizar*, São Paulo, Saraiva, 1980.

JÚNIOR, Nélson Nery. *Vícios do Ato Jurídico e Reserva Mental*, São Paulo, Revista dos Tribunais, 1983.

LARENZ, Karl. *Derecho de Obligaciones*, trad. ao espanhol por Jaime Santos Briz, Madrid, Revista de Derecho Privado, 1959, tomo II.

LEIVAS JOB, João Alberto. *Da Nulidade da Partilha*, 2ª ed., São Paulo, Saraiva, 1986.

LEVENHAGEN, Antônio José de Souza. *Código Civil (Parte Geral) – Comentários Didáticos*, São Paulo, Editora Atlas, 1978.

LIMA, Alcides de Mendonça. *Comentários ao Código de Processo Civil*, Rio de Janeiro, Forense, 1974, vol. VI, tomo II.

LIMA, Alvino. *Da Culpa ao Risco*, São Paulo, 1938.

LIMONGI FRANÇA, Rubens. *Manual de Direito Civil*, 4ª ed., São Paulo, Revista dos Tribunais, 1980, 1º vol.

LORENZETTI, Ricardo Luis. *Fundamentos do Direito Privado*, tradução do espanhol por Vera Maria Jacob de Fradera, São Paulo, Revista dos Tribunais, 1998.

LOUREIRO, Lourenço Trigo de. *Instituições de Direito Civil Brasileiro*, 4ª ed., Rio de Janeiro, B. G. Garnier, 1871, tomo I.

LUHMANN, Niklas. *El Derecho de la Sociedad*, Ciudad del Mexico, Universidad Iiberoamericana, 2002, vol. 2.

LUNA, Everardo da Cunha. *Abuso de Direito*, 2ª ed., Rio de Janeiro, Forense, 1988.

MAIA, Altir de Sousa. "Prática do Processo Discriminatório de Terras Devolutas", *in Revista de Direito Agrário*, nº 3, ano III, 1975.

MAIA JÚNIOR, Mairan Gonçalves. *A Representação no Negócio Jurídico*, São Paulo, Revista dos Tribunais, 2001.

MARKY, Thomas. *Curso Elementar de Direito Romano*, São Paulo, Saraiva, 1995.

MARMITT, Arnaldo. *Perdas e Danos*, Rio de Janeiro, Aide, 1992.

_____. *Bem de Família*, Rio de Janeiro, Aide, 1995.

MARTINS, Pedro Baptista. *O Abuso do Direito e o Ato Ilícito*, 3ª ed., Rio de Janeiro, Forense, 1997.

MARTON, G. *Les Fondaments de la Responsabilité Civile*, Paris, 1958, nº 58.

MASCARO, Alysson Leandro. *Lições de Sociologia do Direito*, São Paulo, Editora Quartier Latin do Brasil, 2007.

MAXIMILIANO, Carlos. *Direito Intertemporal*, 2ª ed., Livraria Freitas Bastos.

_____. *Hermenêutica e Aplicação do Direito*, 9ª ed., Rio de Janeiro, Forense, 1979.

_____. *Direito das Sucessões*, vol. I, p. 391, *apud Revista Trimestral de Jurisprudência*; 5ª ed., Rio de Janeiro, Freitas Bastos, 1941, vol. III.

MAZEAUD, Henri, Léon e Jean. *Lecciones de Derecho Civil*, Buenos Aires, Ediciones Jurídicas Europa-América, 1959, vol. II, parte primeira.

MAZEAUD, Henri e Leon. *Traité Théorique et Pratique de la Responsabilité Civile*, 4ª ed., Paris, Sirey, 1949, tomo II.

MEDEIROS, Morton Luiz Faria de. "A clareza da Lei e a Necessidade de o Juiz interpretá-la", *in ADV Seleções – COAD*, novembro de 2000.

MEIRELLES, Hely Lopes. *Direito Administrativo Brasileiro*, 15ª ed., São Paulo, Revista dos Tribunais, 1990; 18ª e 25ª ed., São Paulo, Malheiros, 1993 e 2000.

_____. "Princípios Fundamentais do Direito Administrativo", citação na Apel. Cível nº 728.094 (E. Infrings.), da 7ª Câm. Civil do 1º TA Civil de São Paulo, *in Revista dos Tribunais*, nº 615.

MELLO, Celso Antônio Bandeira de. *Ato Administrativo e Direitos dos Administrados*, São Paulo, Revista dos Tribunais, 1981.

_____. *Curso de Direito Administrativo*, 4ª ed., São Paulo, Malheiros, 1993.

MELLO, Marcos Bernardes de. *Teoria do Fato Jurídico*, 4ª ed., São Paulo, Saraiva, 1991.

MENDONÇA, Manoel Inácio Carvalho de. *Contratos no Direito Civil Brasileiro*, 4ª ed., Rio de Janeiro, 1957, tomo II.

MESSINEO, Francesco. *Manuale di Diritto Civile e Commerciale*, 7ª ed., Milão, Dott. A. Giuffrè, 1947, vol. I.

MIRANDA, Maria Bernadete. *O Ato Constitutivo e o Titular da Empresa Individual de Responsabilidade Limitada*, em: <http://www.uninove.br/marketing/fac/publicacoes_pdf/direito/v5_n1_2014/Bernadete1.pdf>.

MONTESQUIEU, Charles Louis. *Esprit des Lois*, Liv. I, Cap. 3, citação de BEVILÁQUA, Clóvis. *Teoria Geral do Direito Civil*, Rio de Janeiro, Livraria Francisco Alves, 1908.

MORAES, Maria Celina Bodin de. "Constituição e Direito Civil": Tendências, *in Revista dos Tribunais*, nº 779.

MORAES, Walter. *Questões de Direito de Autor*, São Paulo, Revista dos Tribunais, 1977.

_____. *Teoria Geral e Sucessão Legítima*, São Paulo, Revista dos Tribunais, 1974.

MOREIRA, Décio. *Elementos de Direito Civil – Parte Geral*, Revista dos Tribunais, 1983.

MOURA, Mário de Assis. *Inventários e Partilhas*, 2ª ed., São Paulo, Saraiva & Cia. – Livraria Acadêmica.

MÜLLER, Friedrich. *Teoria Estruturante do Direito*, São Paulo, Editora Revista dos Tribunais, 2008.

NADER, Paulo. *Curso de Direito Civil – Parte Geral*, Rio de Janeiro, Forense, 2003.

NASCIMENTO, Amauri Mascaro. *Direito Sindical*, 2ª ed., São Paulo, Saraiva, 1991, p. 241.

NEGRÃO, Theotonio. *Código de Processo Civil e Legislação Processual em Vigor*, 29ª ed., São Paulo, Saraiva, 1998.

NOBRE JÚNIOR, Edilson Pereira. "Prescrição: Decretação de Ofício em Favor da Fazenda Pública", *in Revista Forense*, nº 345.

NOGUEIRA, Rubem. *Curso de Introdução ao Estudo do Direito*, 2ª ed., São Paulo, Editora Revista dos Tribunais, 1989.

NONATO, Orosimbo. *Da Coação como Defeito do Ato Jurídico*, Rio de Janeiro, Revista Forense, 1957.

OLIVEIRA, Antônio de Almeida. *A Prescrição em Direito Comercial e Civil*, 1896.

OLIVEIRA, J. M. Leoni Lopes de. *Direito Civil – Teoria Geral do Direito Civil*, Rio de Janeiro, Lumen Juris, 1999, vol. 2.

OLIVEIRA, Luís Maurício Sodré de. *Notas sobre a Interpretação do Direito*, trabalho publicado em Tribuna da Magistratura, Cadernos de Doutrina, São Paulo, setembro/99.

OLIVEIRA AMARAL, Luiz Otávio. *Teoria Geral do Direito*, Rio de Janeiro, Editora Forense, 2004.

OLIVEIRA E CRUZ, João Claudino de. *Dos Alimentos no Direito de Família*, Rio de Janeiro, Revista Forense, 1956.

ORGAZ, Alfredo. *El Dano Resarcible*, Buenos Aires, Editorial Bibiliográfica Argentina, 1962.

OSSIPOW, Paul. *De la Lésion*. Étude de Droit Positif et de Droit Comparé, Paris, Sirey, 1940 (tradução para o espanhol).

PACIFICI-MAZZONI, Emidio. *Istituzioni di Diritto Civile Italiano* – Parte General, 3ª ed., Florença, Eugenio e Filippo Cammelli – Editori-Librai, 1880, vol. I.

PEIXOTO, Afrânio. *Medicina Legal – Psicopatologia Forense*, 5ª ed., Rio de Janeiro, Livraria Francisco Alves, 1938, vol. II.

PEREIRA, Caio Mário da Silva. *Instituições de Direito Civil*, 9ª ed., Rio de Janeiro, Forense, 1986, vol. I; 3ª ed., 1975, vol. III; 1976, vol. VI, *Direito das Sucessões*.

_____. *Lesão nos Contratos Bilaterais*, Rio de Janeiro, Forense, 1949.

PIMENTA, José da Costa. *Filiação*, Coimbra Editora, 1986.

PLANIOL, Marcelo e RIPERT, Jorge. *Tratado Práctico de Derecho Civil Frances*, Havana, Cultural, 1946, tomos X e XI.

PONTES DE MIRANDA, Francisco Cavalcanti. *Comentários à Constituição de 1967*, São Paulo, Revista dos Tribunais, 1968, tomo V.

_____. *Comentários ao Código de Processo Civil*, 2ª ed., Rio de Janeiro, Forense, 1979, vol. IV; 4ª ed., 1995.

_____. *Tratado de Direito Predial*, Rio de Janeiro, José Konfino, 1948, vol. III.

_____. *Tratado de Direito Privado* – Parte Geral, 4ª ed., 2ª tiragem, São Paulo, Revista dos Tribunais, 1983, tomo I; 4ª ed., Revista dos Tribunais, 1974, vol. II;

_____ *Tratado de Direito Privado*, Rio de Janeiro, Borsoi, 1954, vol. III; 3ª ed., Rio de Janeiro, Borsoi, 1972, vols. I e IV; São Paulo, Max Limonad, 1958, tomo I, vol. IV; 4ª ed., São Paulo, Revista dos Tribunais, 1983, vols. VI e IX; 4ª ed., Revista dos Tribunais, vol. IV; Rio de Janeiro, Borsoi, 1971, vol. V; São Paulo, Revista dos Tribunais, 1974, vol. VI; 3ª ed., Rio de Janeiro, Borsoi, 1971, vol. XXIII; Rio de Janeiro, Borsoi, 1963, vol. 43.

_____. "Tratado de Direito Privado", vol. 53, *in* Revista Trimestral de Jurisprudência.

PORTANOVA, Rui. *Motivações Ideológicas da Sentença*, Porto Alegre, Livraria do Advogado, 1992.

PORTO, Mário Moacyr. "Ações de Investigação de Paternidade Ilegítima e Petição de Herança", *in Revista dos Tribunais*, nº 645.

POTHIER, Robert Joseph. *Oeuvres Complètes de Pothier*, Paris, P. J. Langlois – Libraire e A. Durand – Libraire, 1844, vol. I.

_____. *Tratado das Obrigações Pessoais e Recíprocas*, tradução de Correa Telles, Rio de Janeiro, Garnier, 1906.

RÁO, Vicente. *O Direito e a Vida dos Direitos*, São Paulo, Resenha Universitária, 1978, tomo I, vol. II.

REQUIÃO, Rubens. *Curso de Direito Comercial*, 18ª ed., São Paulo, Saraiva, 1992, 2º vol.

RESTIFFE NETO, Paulo. *Garantia Fiduciária*, 2ª ed., São Paulo, Revista dos Tribunais, 1976.

RIPERT, Jorge e PLANIOL, Marcelo. *Tratado Práctico de Derecho Civil Francés*, tradução de Mario Diaz Cruz, Havana, Cultural, 1946, tomo I.

RIPERT e BOULANGER. *Tratado de Derecho Civil*, Buenos Aires, La Ley, 1965, tomo V.

RODRIGUES, Sílvio. *Direito Civil* – Parte Geral, 27ª ed., São Paulo, Saraiva, 1997, vol. I.

_____. *Direito de Família*, 13ª ed., São Paulo, Saraiva, vol. VI.

_____. *Direito das Sucessões*, Saraiva, 1972, vol. VII.

_____. *Dos Vícios do Consentimento*, 3ª ed., São Paulo, Saraiva, 1989.

RODYCZ, Wilson Carlos. "Codificar ou não Codificar – Tendências Atuais", *in Revista da AJURIS – Associação dos Juízes do RGS*, nº 75, setembro/1999.

ROSS, Alf. *Direito e Justiça*, 1ª edição, reimpressão, tradução de Edson Bini, São Paulo, EDIPRO – Edições Profissionais Ltda, 2003.

ROUBIER. "Dinstinction de l'Éffet Rétroactif et de l'Éffet Immédiat de la Loi", *in Révue Trimmestrielle du Droit Civil*, 1928.

RUGGIERO, Roberto de. *Instituições de Direito Civil*, tradução da 6ª edição italiana por Ary dos Santos, 3ª ed. brasileira, Saraiva, 1971, vol. I.

RUMNEY, Jay; NAIER, Joseph. *Manual de Sociologia*, 6ª ed., tradução de Octávio Alves Velho, Rio de Janeiro, Zahar Editores, 1968.

RUZYK, Carlos Eduardo Pianovoski. *Institutos Fundamentais do Direito Civil e Liberdade (s)*, Rio de Janeiro, GZ Editora, 2011.

SALVAT, Raymundo M. *Tratado de Derecho Civil Argentino – Fuente de las Obligaciones*, 2ª ed., Buenos Aires, Tipografica Editora Argentina, 1957, vol. II, *Contratos*.

SANTOS, Rita Maria Paulina dos. *Dos Transplantes de Órgãos à Clonagem*, Rio de Janeiro, Forense, 2000.

SARLET, Ingo Wolfgang. *A Eficácia dos Direitos Fundamentais*, 12ª ed., Porto Alegre, Livraria do Advogado Editora, 2015.

SERPA LOPES, Miguel Maria de. *Curso de Direito Civil*, 6ª ed., Rio de Janeiro, Livraria Freitas Bastos, 1988, vols. I e II; 4ª ed., 1966, vol. II; 2ª ed., 1962, vol. V.

SGARBI, Adrian. *Hans Kelsen* – Ensaios Introdutórios (2001-2005), Rio de Janeiro, Editora Lumen Juris, 2007.

SILVA, José Afonso da. *Curso de Direito Constitucional Positivo*, 9ª ed., São Paulo, Revista dos Tribunais; 14ª ed., São Paulo, Malheiros, 1997.

SIQUEIRA, Antônio César. "A Prescrição nos Contratos de Seguro e o Código de Defesa do Consumidor", *in Revista de Direito do Consumidor*, São Paulo, Revista dos Tribunais, nº 26, abril/junho de 1998.

SOUZA, Gelson Amaro de. "Responsabilidade dos Pais pelos Danos Causados pelos Filhos", 'in' *Revista dos Tribunais*, nº 778.

STEFANINI, Luiz de Lima. *A Propriedade no Direito Agrário*, São Paulo, Revista dos Tribunais, 1978.

STOCO, Rui. *Responsabilidade Civil e sua Interpretação Jurisprudencial*, 4ª ed., São Paulo, Revista dos Tribunais, 1999.

STRECK, Lenio Luiz. *Hermenêutica Jurídica e(m) Crise*, 10ª ed., Porto Alegre, Livraria do Advogado Editora, 2011.

TAVARES BORBA, José Edwaldo. *Direito Societário*, 5ª ed., Rio de Janeiro, Renovar, 1999.

TEIXEIRA, João Régis F. *Introdução ao Direito Sindical*, São Paulo, Revista dos Tribunais, 1979.

THEODORO JÚNIOR, Humberto. "Abuso de Direito Processual no Ordenamento Jurídico Brasileiro", *in Revista Forense*, nº 344, p. 46.

_____. *Comentários ao Novo Código Civil*, coordenação de Sálvio de Figueiredo Teixeira, Rio de Janeiro, Forense, 2003, vol. III, tomos I (arts. 138 a 184) e II (arts. 185 a 232).

_____. *Curso de Direito Processual Civil*, Rio de Janeiro, Forense, 1985, vol. II.

TORNAGHI, Hélio – *Comentários ao Código de Processo Civil*, São Paulo, Revista dos Tribunais, 1976, vol. I, tomo 2º.

TROPER, Michel. *A filosofia do direito*, tradução de Ana Deiró, São Paulo, Martins Editora Livraria Ltda, 2003.

TUCCI, Rogério Lauria. "Exploração de Jazida Mineral", *in Revista Forense*, nº 344.

THUR, Andreas von. *Derecho Civil*, tradução de Tito Ravà, Buenos Aires, Depalma, 1946, vol. I.

_____. *Tratado de las Obligaciones*, trad. ao espanhol por W. Roces, 1ª ed., Madrid, Reus, 1934, tomo I.

VASCONCELOS BENJAMIN, Antônio Herman. *Das Práticas Comerciais, in* Código Brasileiro de Defesa do Consumidor, 6ª ed., Rio de Janeiro, Forense Universitária, 1999.

VELLOSO, Carlos. "Responsabilidade Civil do Estado", *in Revista de Informação Legislativa*, nº 96.

VIANA, Marco Aurélio S. *Curso de Direito Civil* – Parte Geral, Belo Horizonte, Del Rey, 1993.

VOLKWEISS, Roque Joaquim. *Direito Tributário Nacional*, 2ª ed., Porto Alegre, Livraria do Advogado, 1998.

WALD, Arnoldo. *Curso de Direito Civil Brasileiro* – Introdução e Parte Geral, 7ª ed., São Paulo, Revista dos Tribunais, 1992.

_____. *Obrigações e Contratos*, 5ª ed., São Paulo, Revista dos Tribunais, 1979.

WAMBIER, Luiz Rodrigues. *Curso Avançado de Processo Civil*: processo de execução/ Luiz Rodrigues Wambier, Flávio Renato Correia de Almeida, Eduardo Talamini; Coordenação Luiz Rodrigues Wambier, 6ª ed. Rev., atual. e amp., São Paulo, Revista dos Tribunais, 2004, vol. 2.

WEBER, Thadeu. Ética e Filosofia do Direito, Petrópolis/RJ, Editora Vozes Ltda, 2013.

WOLKMER, Antonio Carlos. O direito nas sociedades primitivas, em *Fundamentos de História do Direito*, organizador Antonio Carlos Wolkmer, 4ª ed., Belo Horizonte, Del Rey Editora, 2009.

REVISTAS DE JURISPRUDÊNCIA E DE DIREITO

ADV INFORMATIVO – Advocacia Dinâmica

ADV JURISPRUDÊNCIA – COAD, boletim semanal

BIBLIOGRAFIA

ADV SELEÇÕES – COAD
AJURIS – Revista da Associação dos Juízes do RGS
DIREITO IMOBILIÁRIO, edição COAD, boletim semanal
EMENTÁRIO DE JURISPRUDÊNCIA DO SUPERIOR TRIBUNAL DE JUSTIÇA
JURISPRUDÊNCIA BRASILEIRA, Curitiba, Juruá
LEX – JURISPRUDÊNCIA DO SUPREMO TRIBUNAL FEDERAL
REVISTA FORENSE
REVISTA DE JURISPRUDÊNCIA DO TRIBUNAL DE JUSTIÇA DO RGS
REVISTA DE JURISPRUDÊNCIA DO TRIBUNAL DE JUSTIÇA DE SÃO PAULO
REVISTA DIALÉTICA DE DIREITO TRIBUTÁRIO
REVISTA DO SUPERIOR TRIBUNAL DE JUSTIÇA
REVISTA DOS TRIBUNAIS
REVISTA TRIMESTRAL DE JURISPRUDÊNCIA
STF – REVISTA DE DIREITO PROCESSUAL

www.grupogen.com.br

Imprensa da Fé